DAS GESPRÄCH

POETIK UND HERMENEUTIK

Arbeitsergebnisse einer Forschungsgruppe

BISHER ERSCHIENEN:

I	NACHAHMUNG UND ILLUSION hrsg. von Hans Robert Jauß
II	IMMANENTE ÄSTHETIK, ÄSTHETISCHE REFLEXION Lyrik als Paradigma der Moderne hrsg. von Wolfgang Iser
III	DIE NICHT MEHR SCHÖNEN KÜNSTE Grenzphänomene des Ästhetischen hrsg. von Hans Robert Jauß
IV	TERROR UND SPIEL Probleme der Mythenrezeption hrsg. von Manfred Fuhrmann
V	GESCHICHTE – EREIGNIS UND ERZÄHLUNG hrsg. von Reinhart Koselleck / Wolf-Dieter Stempel
VI	POSITIONEN DER NEGATIVITÄT hrsg. von Harald Weinrich
VII	DAS KOMISCHE hrsg. von Wolfgang Preisendanz / Rainer Warning
VIII	IDENTITÄT hrsg. von Odo Marquard / Karlheinz Stierle
IX	TEXT UND APPLIKATION Theologie, Jurisprudenz und Literaturwissenschaft im hermeneutischen Gespräch hrsg. von Manfred Fuhrmann / Hans Robert Jauß Wolfhart Pannenberg
X	FUNKTIONEN DES FIKTIVEN hrsg. von Dieter Henrich / Wolfgang Iser

DAS GESPRÄCH

Herausgegeben von
Karlheinz Stierle und
Rainer Warning

1984

WILHELM FINK VERLAG MÜNCHEN

ISBN 3-7705-2244-3 (gebunden)
ISBN 3-7705-2243-5 (kartoniert)

© 1984 Wilhelm Fink Verlag, München

Satz: Compotext, München
Druck: Weihert-Druck KG, Darmstadt
Buchbindearbeiten: Graph. Betrieb Ferdinand Schöningh, Paderborn

INHALTSVERZEICHNIS

VORWORT I

I. SYSTEMATISCHE ASPEKTE

1.	JÜRGEN MITTELSTRASS	Versuch über den sokratischen Dialog	11
2.	ODO MARQUARD	Das Über-Wir — Bemerkungen zur Diskursethik	29
3.	HANS ROBERT JAUSS	*Versöhnung im Streit der Philosophen	45
4.	THOMAS LUCKMANN	Das Gespräch	49
5.	WOLFHART PANNENBERG	Sprechakt und Gespräch	65
6.	GUNTHER WENZ	*Sprechen und Handeln	77
7.	WOLFGANG PREISENDANZ	*Können Gespräche mehr oder minder Gespräch sein?	85
8.	MANFRED FRANK	Einverständnis und Vielsinnigkeit oder: Das Aufbrechen der Bedeutungseinheit im ‚eigentlichen Gespräch'	87
9.	RENATE LACHMANN	*Ebenen des Intertextualitätsbegriffs	133
10.	KARLHEINZ STIERLE	*Werk und Intertextualität	139
11.	WOLF-DIETER STEMPEL	Bemerkungen zur Kommunikation im Alltagsgespräch	151
12.	JOHANNES CREMERIUS	Das psychoanalytische Gespräch ...	171
13.	WOLFGANG ISER	*Zur Phänomenologie der Dialogregel	183
14.	GÜNTHER BUCK †	Das Lehrgespräch	191

II. HISTORISCHE PARADIGMEN

1. REINHART HERZOG — Non in sua voce — Augustins Gespräch mit Gott in den *Confessiones* 213

2. WALTER HAUG — Das Gespräch mit dem unvergleichlichen Partner — Der mystische Dialog bei Mechthild von Magdeburg als Paradigma für eine personale Gesprächsstruktur 251

3. WALTER HAUG — *Der Ackermann und der Tod 281

4. MAX IMDAHL — Sprechen und Hören als szenische Einheit — Bemerkungen im Hinblick auf Rembrandts *Anatomie des Dr. Tulp* 287

5. KARLHEINZ STIERLE — Gespräch und Diskurs — Ein Versuch im Blick auf Montaigne, Descartes und Pascal 297

6. WOLFGANG ISER — Dramatisierung des Doppelsinns in Shakespeares *As you like it* 335

7. JÜRGEN SCHLAEGER — Vom Selbstgespräch zum institutionalisierten Dialog — Zur Genese bürgerlicher Gesprächskultur in England 361

8. BERNHARD LYPP — Eine anticartesianische Version des Selbst — Zu Rousseaus Selbstgesprächen 377

9. HANS ROBERT JAUSS — Der dialogische und der dialektische *Neveu de Rameau* oder: Wie Diderot Sokrates und Hegel Diderot rezipierte 393

10. JÜRGEN SCHLAEGER — *Warum ist die Philosophie so wenig dialogisch? 421

11. RAINER WARNING — Gespräch und Aufrichtigkeit — Repräsentierendes und historisches Bewußtsein bei Stendhal 425

12. HANS ROBERT JAUSS	*Anmerkungen zum idealen Gespräch	467
13. WOLFGANG PREISENDANZ	Zur Ästhetizität des Gesprächs bei Fontane	473
14. RENATE LACHMANN	Bachtins Dialogizität und die akmeistische Mytho-Poetik als Paradigma dialogisierter Lyrik	489
15. RENATE LACHMANN	*Zur Semantik metonymischer Intertextualität	517

PERSONENREGISTER 525

SACHREGISTER 529

Die mit * gekennzeichneten Titel sind aus den Diskussionen hervorgegangene kürzere Beiträge.

VORWORT

Die Forschungsgruppe ‚Poetik und Hermeneutik' legt hiermit die Arbeitsergebnisse ihres XI. Kolloquiums vor, das vom 5.–19. Oktober 1981 in der Werner-Reimers-Stiftung in Bad Homburg stattfand. Bei Erscheinen des Bandes kann die Gruppe nun schon auf mehr als zwei Jahrzehnte gemeinsamer Arbeit zurückschauen, die mit einer Zeit des Umbruchs in den Geisteswissenschaften, ihrer Erschütterung, Erneuerung und Behauptung zusammenfielen.

Das Gespräch, dem dieses Kolloquium gewidmet war, bringt sich als Form und als Thema in der Geschichte des europäischen Bewußtseins seit seinen frühesten Anfängen immer neu und oft gebieterisch zur Geltung, besonders in Augenblicken von Orientierungskrisen und an Schwellen, wo das Bewußtsein in neue Welten eintritt. Immer wenn die Geltung der Diskurse, mit denen das Bewußtsein sich ins noch Unformulierte hineinarbeitet, problematisch wird, scheint der Rückgang auf das Gespräch als Wurzel unserer ausgreifenden diskursiven Formationen unvermeidlich. Daß gegenwärtig das Gespräch unter vielerlei Hinsichten ein weites Interesse der Humanwissenschaften findet, könnte als Indiz dafür aufgefaßt werden, daß unsere Diskurswelt erneut vor die Erfahrung einer Orientierungskrise im Fortgang der Erkenntnis gestellt ist.

Die Vielfalt der historischen und systematischen Aspekte, die das Gespräch von seinen elementarsten zu seinen komplexesten Formen bietet, läßt sich auf die Themenstellung eines Kolloquiums nicht reduzieren. Lückenlosigkeit konnte weder in systematischer noch historischer Hinsicht angestrebt werden, doch war Repräsentativität der angesprochenen Themen und Fragen beabsichtigt. Dabei kamen philosophische und theologische Perspektiven ebenso zur Geltung wie Perspektiven der Soziologie, der Psychoanalyse und Pädagogik, der Sprach-, Literatur- und Kunstwissenschaft. Das Gespräch als gesellschaftliches Ritual und elementare Form der Kommunikation wurde ebenso erörtert wie das Gespräch als literarische Form der sich im Austausch der Gedanken erst vollziehenden Einsicht. Die Frage, inwieweit das Gespräch unter der Idee eines idealen Gelingens stehe, oder ob die Vorstellung vom idealen Gespräch zugunsten distanzierterer Weisen der deskriptiven Betrachtung aufzugeben sei, brach in den Diskussionen immer wieder auf, ohne daß sie indes zur Entscheidung hätte gebracht werden können.

Wenn zum Bedauern der Herausgeber ein Beitrag von seiten der Klassischen Philologie zur Form des Gesprächs fehlt, wie es von Platon zuerst als literarische Form der Darstellung des sich entfaltenden Gedankens verwirklicht wurde, so ist das sokratische Gespräch als Ursprung der europäischen Idee des Gesprächs doch ausdrücklich zum Gegenstand der Reflexion gemacht und darüber hinaus immer wieder expliziter oder impliziter Bezugspunkt der Arbeiten dieses Bandes.

Nach dem Schwerpunkt ihrer Fragestellungen sind die Beiträge in systematische Ortsbestimmungen und historische Paradigmen unterteilt. Doch erweist sich im einzelnen immer wieder, wie wenig historische und systematische Betrachtung sich trennen lassen und wie fruchtbar die Öffnung der systematischen auf die historische und der historischen auf die systematische Betrachtungsweise ist. Andererseits kann gerade am Paradigma des

Gesprächs auch wieder deutlich werden, wie beide Zugänge durch die Perspektive einer ästhetischen Erfahrung bereichert werden können, die weder im Systematischen noch im Historischen aufgeht.

Das Gespräch, auch das wissenschaftliche, bedarf des Orts, der ihm günstig ist. Erneut durfte auch dieses Kolloquium die bewährte Gastfreundschaft der Werner-Reimers-Stiftung in Anspruch nehmen, die wiederum auch finanzielle Förderung und organisatorische Hilfeleistung einschloß. Die Gruppe ‚Poetik und Hermeneutik' sagt hierfür der Stiftung und ihrem Direktor, Herrn Konrad von Krosigk, und allen Mitarbeiterinnen und Mitarbeitern der Stiftung, insbesondere Frau Gertrud Söntgen, ihren herzlichen Dank. Danken möchten die Herausgeber auch allen, die bei der Publikation des Bandes mitgeholfen haben, insbesondere Elke Kaiser und Michael von Killisch-Horn, die die Korrekturen betreuten, sowie Dorothee Baxmann und Patricia Oster, die mit der Erstellung von Autoren- und Sachregister betraut waren. Nachdrücklicher Dank gebührt schließlich dem Verlag, der auch unter schwierigen Bedingungen nie sein Engagement für die Reihe ‚Poetik und Hermeneutik' in Frage stellte.

Günther Buck, dem das Kolloquium einen Beitrag zum Lehrgespräch verdankt, ist nicht mehr unter uns. Erstmals gehörte er dem Kreis von ‚Poetik und Hermeneutik' bei seinem 5. Gespräch über „Geschichte – Ereignis und Erzählung" an. Er war ein Pädagoge, dem es mit der philosophischen Begründung seines Faches ernst war und der die große Tradition der europäischen Erziehungs- und Bildungstheorie unbeirrt durch die Konjunkturen des Augenblicks zur Geltung brachte. Sein Andenken wird im Kreis von ‚Poetik und Hermeneutik' lebendig bleiben.

Karlheinz Stierle
Rainer Warning

I. SYSTEMATISCHE ASPEKTE

JÜRGEN MITTELSTRASS

VERSUCH ÜBER DEN SOKRATISCHEN DIALOG*

> „ein Gespräch wir sind",
> F. Hölderlin, *Friedensfeier*

Im Unterschied zur Unterhaltung, die der gegenseitigen Darstellung dessen, was man ist und was man meint, und der gegenseitigen Mitteilung dessen dient, was der Fall ist und was der Fall sein soll, folgt der *philosophische Dialog* als eine von dieser und anderen Formen des Gesprächs abgehobene Form sprachlicher Verständigung dem Zweck der (philosophischen) Wissensbildung. In seiner Eigenschaft als *Sokratischer* Dialog gilt für ihn zudem die Unterstellung, daß neben bzw. ineins mit *Wissensbildung* auch die Bildung einer *philosophischen Orientierung* und die Bildung eines *philosophischen Subjekts* Zweck seiner Veranstaltung ist. Das heißt: der philosophische Dialog ist seiner Idee nach diejenige Form des Gesprächs, zu dessen Wirkungen von vornherein die Bildung oder Beförderung von philosophischem Wissen und philosophischer Orientierung sowie die Bildung oder Beförderung eines autonomen (philosophischen) Subjekts gehören sollen. Insofern treten im philosophischen Dialog neben die allen Formen des Gesprächs gemeinsamen ‚theoretischen' Elemente Frage und Antwort, Behauptung und Bestreitung die Elemente Beweis und Widerlegung und neben die wiederum allen Formen des Gesprächs gemeinsamen ‚praktischen' Elemente Streit und Verständigung das Element der (in ihren Wirkungen aufzusuchenden) Reziprozität von Lehren und Lernen oder die Bildung eines gemeinsamen (philosophischen) Subjekts der Wissensbildung.

Diese Idee des philosophischen Dialogs ist eine Sokratische, der Sokratischen Gesprächspraxis entnommene Idee, und sie ist, weil von Platon um ihre ‚theoretische' Darstellung in literarischen Dialogen ergänzt, auch eine Platonische Idee. Die Frage ist, ob sie allein zur historischen Orientierung der Philosophie, der Beschäftigung der Philosophie mit sich selbst bzw. dem, was Philosophie einmal war, oder zur Idee der Philosophie selbst gehört, d.h., ob sie (noch immer) etwas mit dem zu tun hat, wie die Philosophie philosophisches Wissen bildet und wie die Philosophie zu einer philosophischen Orientierung, damit auch zu philosophischen Subjekten, führt. Beides, die Analyse der Sokratisch-Platonischen Idee des philosophischen Dialogs und die Beantwortung der Frage, ob und gegebenenfalls was eine solche Idee für die Praxis einer ‚philosophischen Forschung' taugt, ist Gegenstand der folgenden Überlegungen und ihrer Formulierung in sieben Sätzen.

---

* Inzwischen auch erschienen in *Wissenschaft als Lebensform*, Frankfurt/M. 1982 (stw 376), S. 138–161.

I

Wirkung des philosophischen Dialogs ist eine philosophische Orientierung, in der philosophische Situations- und Selbstverständnisse die Idee des Menschen als eines Vernunftwesens befördern. Im philosophischen Dialog stehen nicht irgendwelche Meinungen oder Probleme, sondern die Subjekte der philosophischen Wissensbildung auf dem Spiel. Darin beruht der agonale und der Sokratische Charakter dieser Dialogform.

Es ist nicht so sehr das Handeln selbst, auf das sich eine *Vernunftvermutung* bezieht, sondern das Vermögen, vergangenes Handeln (auch in institutionellen Zusammenhängen) zu vergegenwärtigen und zu beurteilen und zukünftiges Handeln unter vergegenwärtigten, und das heißt auch: unter vorweggenommenen Alternativen zu planen. Nicht das Handeln, sondern gerade das *Nicht-Handeln,* die Möglichkeit, Handlungsketten zu unterbrechen, um ‚nachdenklich' die Wirkungen eigenen und fremden Handelns und die zukünftigen Wirkungen fortgesetzten Handelns zu erwägen, macht uns in erster Linie zu dem, was wir der Idee nach und auf die Gattung bezogen sind: vernünftige Wesen. Wir sagen, daß etwas – eine Handlung, ein Handlungszusammenhang, ein handelnd verwirklichter Zustand – ‚vernünftig' ist, und wir meinen damit, daß das, was ist – eine Handlung, ein Handlungszusammenhang, ein Zustand –, Wirkung einer vernünftigen Erwägung ist. Die Forderungen nach Klarheit, Begründung und Rechtfertigung, die sich auf das Handeln und seine Wirkungen beziehen, gebieten in diesem Sinne *Einhalt* – das Handeln wird unterbrochen –, sie machen das Handeln zu einem Gegenstand des Nachdenkens. (Daß auch derjenige, der nachdenkt, ebenso wie derjenige, der redet, in einem besonderen Sinne handelt, ist eine sprachpragmatische Einsicht, die von dieser Unterscheidung zwischen ‚handanlegendem' Handeln und ‚nachdenklichem' Nicht-Handeln unberührt bleibt.)

Wer das Handeln unterbricht, um nachzudenken, ist sich seiner Sache nicht mehr gewiß. (Handlungs-)Zweck und (Handlungs-)Folgen treten auseinander, die Einheit der Handlung, die stets Einheit von gebildetem und verwirklichtem Zweck ist, zerbricht, sie wird ‚in Frage gestellt', sie wird zum ‚Problem'. *Probleme* sind natürlich keine (alleinige) Wirkung des Nicht-Handelns, d.h. Folge des Nachdenkens, sie sind vielmehr in der Regel einfach ‚da', drängen sich dem Handelnden auf. Sich seiner Sache nicht mehr sicher sein, ist in diesem Sinne etwas, das einem ‚passiert', eine Wirkung der ‚Welt' und zwar sowohl der Welt, die wir, im Blick auf das, was wir getan haben, *können* (die gesellschaftlich verfaßte Welt), als auch der Welt, die wir, im Blick auf das, was wir von jeher sind, *nicht können* (die Natur, die wir in Teilen selber sind).

Probleme, die sich dem Handeln stellen, werden auf der Grundlage von *Beratungen* gelöst oder erweisen sich nicht zuletzt in der Form einer vergebliches oder in seiner intendierten Einheit zerbrochenes Handeln begleitenden Beratung als unlösbar. Philosophieren ist eine Form der Beratung. Das gilt selbst für den Monolog: „Wer philosophiert, fingiert einen Dialog und scheitert, wenn der Dialog sich nicht verwirklichen läßt"[1]. Der

---

[1] K. Lorenz, *Elemente der Sprachkritik – Eine Alternative zum Dogmatismus und Skeptizismus in der Analytischen Philosophie,* Frankfurt/M. 1970, S. 13. Zu den einleitenden Bemerkungen über Bestimmungen des (philosophischen) Dialogs vgl. ders., „Dialog", in *Enzyklopädie Philosophie und Wissenschaftstheorie I,* hg. J. Mittelstraß, Mannheim/Wien/Zürich 1980, S. 471–472.

philosophische Dialog, dessen Idee auch den philosophischen Monolog organisiert, ist allerdings eine Beratung über Probleme, die in der erwähnten Weise nicht so sehr ‚da' sind, die vielmehr, in der Form der Beratung, *vorweggenommen* werden. Vorweggenommen nicht in der Weise, daß sie etwa auch einer Beratung nach dem Modell ‚technischer' Problemlösungskompetenz, d.h. nach dem Expertenmodell technischer Kulturen (wie der unsrigen), prinzipiell zugänglich wären, sondern so, daß hier Fragen gestellt werden, die der ‚technische Verstand' nicht stellt, und Antworten gesucht werden, die ‚technisches Anwendungswissen' transzendieren. Der philosophische Dialog *fingiert* in gewisser Weise Probleme (Probleme, die die Welt und die handelnden Subjekte *nicht* haben); die *Verwirklichung* ihrer Lösung aber soll zur Bildung ‚wahrer' Situations- und Selbstverständnisse führen. Der philosophische Dialog also als der ‚Ort', an dem die Bildung ‚wahrer' Situations- und Selbstverständnisse auf eine der Idee vernünftiger Orientierungen verpflichtete Weise geschieht.

Wo Probleme sind, da sind auch verschiedene *Meinungen* – Problementstehungsmeinungen, Problemvermeidungsmeinungen, Problemlösungsmeinungen usw.. Auch das Umgekehrte gilt: wo es keine verschiedenen Meinungen gibt, da gibt es auch keine Probleme, da ist offenbar alles klar, scheint die Einheit des Handelns (und des Lebens) ungestört. Daß dies auch dann ein bloßer Schein ist, wenn ein solcher Zustand wirklich sein sollte, ist ein Wissen, das der philosophische Dialog bildet. Seine Perspektive ist ja nicht, Probleme zum Verschwinden zu bringen (etwas, womit der ‚technische Sachverstand' beschäftigt ist), sondern Auskunft über die Idee des Menschen als eines Vernunftwesens und die Idee eines ‚vernünftigen Lebens' zu gewinnen. Mit anderen Worten: der philosophische Dialog ist seinem Wesen nach eine Beratung über Probleme, die wir, unter dem Gesichtspunkt einer Verwirklichung der genannten Ideen, haben *sollen*.

Weil die Ideen des Vernunftwesens und des vernünftigen Lebens sich nicht an Problemlösungen binden lassen, die der ‚technische' Verstand bewirkt, sondern nur an die Herstellung einer *philosophischen Orientierung*, die diesen Ideen und ihrer Verwirklichung dienlich ist, ist die Philosophie immer ‚im Streit' und der philosophische Dialog ein Mittel, diesen Streit selbst noch unter der Idee eines vernünftigen Miteinander auszutragen. Ihr Nachdenken, das das Handeln (in Natur und Gesellschaft) unterbricht, hat zudem mit einer philosophischen Wissensbildung die Veränderung der beteiligten Subjekte und die Bildung eines gemeinsamen Subjekts (des Subjekts der philosophischen Wissensbildung) zum Ziel. Derartige ‚subjektive' Leistungen, im philosophischen Dialog erbracht, sind nur in einem Für und Wider möglich, das nicht Meinungen, sondern die Subjekte selbst erfaßt. Wirkung des philosophischen Dialogs ist mit einer neuen, philosophischen Orientierung ein ‚neues' Subjekt, das im Untergang des alten, daher unvermeidlich ‚im Streit', ‚im Kampf' entsteht. *Im philosophischen Dialog stehen die Subjekte, nicht ihre Meinungen, auf dem Spiel*. Nicht im Sinne ihrer drohenden Zerstörung, sondern im Sinne einer (natürlich auch verfehlbaren) ‚Annäherung' an die Idee des Vernunftwesens, ihrer ‚Verähnlichung mit Gott', wie es bei Platon (unter der entlastenden Perspektive der Lächerlichkeit des Philosophen) heißt[2]. Wo dieses Ziel Inhalt des philosophischen Dialogs ist, ist der Dialog *Sokratisch*. Sein *agonaler* Charakter leitet sich aus dem Ernst der Auseinander-

---

[2] Theait. 176b.

setzung her, in der nicht irgendwelche Meinungen oder Probleme, sondern die Subjekte selbst auf dem Spiel stehen.

II

Die in einer Verständigungsorientierung zum Ausdruck kommende praktische Intention und die in einer Begründungsorientierung zum Ausdruck kommende theoretische Intention philosophischer Dialoge transzendiert die in der Agonalität des Anfangs der Vernunft beschlossene Bedingung einer Besonderung der Subjekte. Dialektik, durch diese Intentionen charakterisiert, ist der Weg, auf dem sich das Ziel philosophischer Forschung, nämlich eine philosophische Orientierung, bereits verwirklicht.

Im philosophischen Dialog spiegelt sich der agonale *Anfang der Vernunft*. Der Heraklitische Satz, daß der Krieg Vater aller Dinge sei[3], gilt im Umkreis der Sokratischen und Platonischen Konstitution des philosophischen Dialogs auch für die Genesis einer philosophischen Orientierung. Das heißt: Selbständigkeit wird hier ebenso wie in allen anderen Aspekten, die die Bildung des autonomen Subjekts betreffen, nicht *gewährt*, sondern *errungen* – gegen die Welt (herrschende ‚objektive' Orientierungen) und gegen sich selbst (herrschende ‚subjektive' Orientierungen). Daß die *Agonalität* des Anfangs der Vernunft mit dem Ziel der Bildung eines *gemeinsamen* Subjekts (des Subjekts der philosophischen Wissensbildung) verträglich ist, nicht im Dienst der Vereinzelung der Subjekte, sondern der Überwindung ‚geteilter' Subjektivität steht, ist die Sokratische Einsicht und das Sokratische Postulat gegenüber philosophischen Dialogen. In der Sokratischen Dialektik, die sich aus der Gegenseitigkeit von Dialogbeziehungen herleitet, transzendiert die Agonalität des Anfangs der Vernunft ihre eigene, in der Besonderung der Subjekte liegende Bedingung.

‚Dialektik' kommt von διαλέγεσθαι: ‚sich etwas auseinanderlegen', ‚überlegen', ‚sich besprechen', in transitiver Verwendung: ‚etwas (mit anderen) besprechen'. Dialektik charakterisiert (ursprünglich) den Dialog in der Funktion der Beratung. Διαλέγεσθαι, das ist, wie Xenophon über die Sokratische Form des Philosophierens berichtet[4], ‚zusammenkommen und gemeinsam beraten' (συνιόντας κοινῇ βουλεύεσθαι), ‚Dialektiker' (nach Platon) derjenige, ‚der zu fragen und zu antworten weiß'[5]. Wo ferner die Beratung im Dialog unter Regeln gebracht bzw. institutionalisiert wird, dient ‚dialektisch' der Kennzeichnung des Gebrauchs derartiger Regeln bzw. einer institutionell gefaßten ‚dialogischen' Praxis. Dies ist zugleich der Punkt, in dem sich historisch und systematisch die Wege der Dialektik in einen sophistischen und einen Sokratischen Weg trennen. Auf dem sophistischen

---

[3] *VS* 22 B 53 (H. Diels, *Die Fragmente der Vorsokratiker – Griechisch und Deutsch* (Berlin 1903), I–III, 5. Aufl. hg. W. Kranz, Berlin [6]1951, I, S. 162.
[4] *Mem.* IV 5, 12. Vgl. L. Sichirollo, Διαλέγεσθαι – *Dialektik – Von Homer bis Aristoteles*, Hildesheim 1966, S. 18ff.
[5] *Krat.* 390c.

Weg wird die ‚dialektische Kunst' (διαλεκτικὴ τέχνη) ein zu beliebigen Zwecken einsetzbares ‚eristisches' Argumentationsverfahren, das durch eine geschickte Wahl von Ausgangsunterscheidungen und Argumenten Behauptungen, darunter (gewissermaßen zur Dokumentation ‚dialektischer' Allmacht) die Negation bereits ‚begründeter' Behauptungen[6], begründen läßt: „Wer die Kunst der Rede kennt, der wird auch über alles richtig reden können. Denn wer richtig reden will, der redet über das, was er weiß. Er wird folglich alles wissen. Denn er kennt ja die Kunst aller Reden; alle Reden aber beziehen sich auf das, was es gibt"[7]. Wer über alles reden kann, der kennt alles. ‚Vernunft' erscheint hier als ein sprachliches, nämlich ‚dialektisches' Vermögen, aber so, daß eristische Kunstfertigkeit an die Stelle einer *forschenden* Wissensbildung tritt. Agonalität ist damit zum Selbstzweck geworden, Recht*haben* zum (vermeintlichen) Ausweis von Recht*tun*.

Auch der Sokratische Weg der Dialektik kennt den ‚Streit mit Worten' und die ‚Widerlegung' des Dialogpartners, doch werden im Sokratischen Dialog *eristische* Elemente, die der faktischen Durchsetzung der eigenen Meinung und des eigenen Willens dienen, durch *elenktische* Elemente ersetzt. Diese charakterisieren denjenigen Argumentationsteil, der Scheinwissen als solches erkennbar werden läßt. Darum ist auch das elenktische Verfahren nicht, wie das eristische Verfahren, durch den ‚Betrug mit Worten', sondern durch die Befolgung eines Wahrhaftigkeitspostulats bzw. eines expliziten Betrugsverzichts[8] charakterisiert. Sein Ziel ist die begründete Übereinstimmung (Homologie), nicht die bloße Durchsetzung partikularer Positionen. Unterstellt man mit Sokrates und Platon, daß der Wille zum Rechthaben nicht der eigentliche intentionale Gehalt von Dialogen, darunter philosophischen Dialogen, ist, dann stellt sich die Eristik bzw. die von Platon (historisch zu Recht oder nicht) durch Eristik charakterisierte Sophistik als die Perversion einer ursprünglichen *dialektischen Intention*, nämlich des *verständigungs-* und *begründungsorientierten* Dialogs dar. Dialektik, in der nach Sokrates und Platon die Agonalität des Anfangs der Vernunft die in ihr liegende Bedingung einer Besonderung der Subjekte unter einer Vernunftvermutung transzendiert, ist daher auch durch eine *praktische Intention,* die auf Verständigung bzw. Übereinstimmung geht, und durch eine *theoretische Intention,* die auf Begründung geht, charakterisierbar. Verständigung aber hat die Befolgung eines Postulats der Wahrhaftigkeit, Begründung die Befolgung eines Postulats begrifflicher Strenge zur Grundlage. Im Platonischen λόγον διδόναι sind beide Elemente, das praktische und das theoretische, vereinigt; Dialektik wird, was sie im Sinne einer dialektischen Intention immer schon war, nämlich zum Inbegriff des philosophischen Dialogs. Umgekehrt konstituiert das Fehlen der praktischen Intention und die Reduktion der theoretischen Intention auf eine ‚Kunst des Widerspruchs' (ἀντιλογικὴ τέχνη), d.h. die Deduktion von Widersprüchen, den eristischen Dialog:

---

[6] Vgl. *Euthyd.* 271c–272a.
[7] Δισσοὶ λόγοι, VS 90 A 8, 3–5 (H. Diels, *Die Fragmente der Vorsokratiker II*, S. 415).
[8] Vgl. *Theait.* 167d/e.

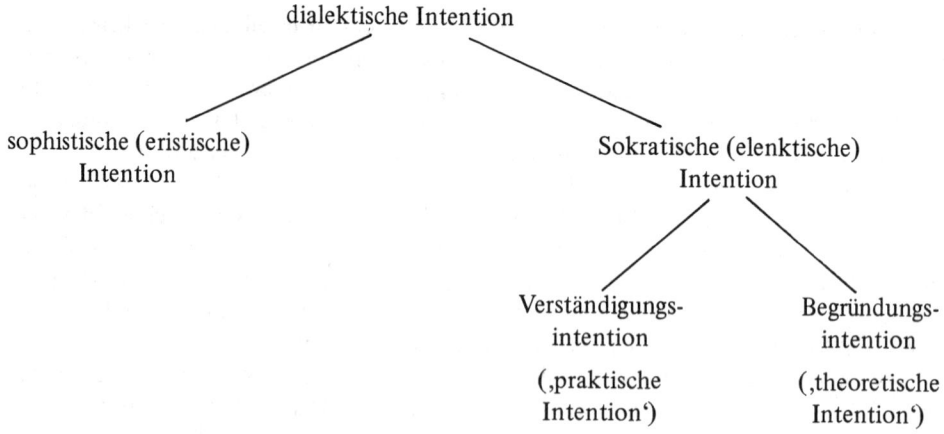

Im Sokratischen Dialog bzw. in der Sokratischen Form einer dialektischen Intention verwirklicht sich schon im *Weg*, nicht erst mit Erreichen eines ‚materialen' Wissens, das eigentliche Ziel einer philosophischen Bemühung, nämlich eine *philosophische Orientierung*. Eine Überwindung der sophistischen Intention erfolgt nicht durch besseres Wissen, sondern durch besseres Tun; Dialektik im Sokratisch-Platonischen Sinne ist nicht nur eine *Form der Argumentation*, sondern auch und in wesentlicher Absicht eine (philosophische) *Lebensform*.

Während Platon in der Vergegenwärtigung Sokratischer Orientierungen den in seiner dialektischen Form *praktischen* Anfang der Vernunft darzustellen sucht, stellt Aristoteles ihren *theoretischen* Anfang dar: eine Vernunftvermutung wird über die erkenntnistheoretische Explikation der These, daß alle Menschen von Natur aus nach Wissen streben[9], begründet. Zugleich bleibt jedoch mit der Charakterisierung der Dialektik als eines ‚Denkens in Alternativen'[10] der ‚dialektische' Ursprung des philosophischen Wissens und die Bestimmung einer philosophischen Orientierung durch praktische Postulate auch bei Aristoteles präsent. Weil die Menschen (schon nach Heraklit) nicht wissen, was sie tun, und nicht wissen, was sie sagen, ist der philosophische Dialog der ausgezeichnete Ort, an dem diese anthropologische Verlegenheit vergegenwärtigt und über die Herstellung einer philosophischen Orientierung überwunden wird. Dies macht noch einmal, auch bei Aristoteles, die Agonalität des Anfangs der Vernunft aus.

III

Platons Anamnesis-Theorem (Wissen als Wiedererinnerung) errichtet keine ‚Hinterwelt' des Geistes, sondern dient der Sicherung des konstruktiven Charakters theoretischen Wissens und einer Autonomieunterstellung. Es ergänzt das ‚dialektische' Modell der Wissensbildung und des Anfangs der Vernunft durch die Idee der ‚Theoria' und des selbständigen Lernens.

---

[9] *Met.* A1.980a1.
[10] Vgl. *An. pr.* 24a25.

Der Leser Platonischer Dialoge, insbesondere der sogenannten ‚Sokratischen' Dialoge, stößt im Zusammenhang mit Erläuterungen der Wissensbildung auch auf ein ganz anderes Modell des Anfangs der Vernunft: das Modell der ‚Wiedererinnerung' (ἀνάμνησις). Im Gegensatz zum ‚dialektischen' Modell erfolgt der Anfang der Vernunft im ‚anamnetischen' Modell nicht ‚in der Rede' und nicht *agonal*, sondern ‚in der Seele' und *kontemplativ*. Nicht wer ‚zu fragen und zu antworten weiß', wäre auf dem richtigen Wege, sondern derjenige, der über die bessere Erinnerung verfügt. Die ‚erkenntnistheoretischen' Würfel sind, so scheint es, schon gefallen, bevor sich die philosophischen Subjekte um eine vernünftige Orientierung und Wissensbildung ‚dialektisch' bemühen. Wer die Anamnesislehre Platons so versteht, hat den Platonischen Wortlaut, möglicherweise aber nicht die Platonische Einsicht, die mit diesem Wortlaut verbunden ist, auf seiner Seite. Das läßt sich schon im Einführungszusammenhang dieses Kernstücks des erkenntnistheoretischen Platonismus verdeutlichen.

Im *Menon* geht es um das Problem der Lehrbarkeit der Tugend. Um dieses Problem zu lösen, soll vorab erläutert werden, was Tugend ist. Auf die Frage, ob man suchen könne, was man nicht kennt (in diesem Falle ein klares Verständnis von Tugend), antwortet Platon mit der Explikation seiner Anamnesislehre: Wissen wird im Modus der Wiedererinnerung verfügbar. Dieser behauptete Sachverhalt wird anhand eines geometrischen Beispiels, des Problems der Verdoppelung eines Quadrats, demonstriert[11]. Ein geometrischer Laie, durch Sokrates *argumentativ*, jedoch nicht *belehrend* geführt, löst dieses Problem; sein Problemlösungswissen wird durch Hinweis auf ein ‚vorgeburtliches' Wissen erklärt. An dieses Wissen ‚erinnert sich' die Seele angesichts empirischer Gegenstände (anschaulicher Figuren im Sand) und empirischer Handlungen (Konstruktionshandlungen an anschaulichen Figuren). Auf den ersten Blick scheint damit tatsächlich ein Stück mythischer Anthropologie (zu erkenntnistheoretischen Zwecken) vorzuliegen, zumal Unsterblichkeitsbeweise (im *Phaidon*) den Kontext der Anamnesislehre bilden: ein mythischer Wanderer wie der Pamphylier Er, dem es zu astronomischen Demonstrationszwecken (im 10. Buch der *Politeia*) vergönnt ist, aus dem Totenreich auf die Erde zurückzukehren, erinnert sich.

Doch dies ist nur ein Stück metaphorischer Vergegenwärtigung. In Wahrheit geht es bei dem Platonischen Anamnesis-Theorem gar nicht um beibehaltene archaische Wiedergeburtsvorstellungen in erkenntnistheoretischen Zusammenhängen, sondern um drei (für Platon wohl gleichgewichtige) systematische Dinge: (1) Die Lösung eines konkreten geometrischen Problems – dieser Teil ist mathematikhistorisch relevant. (2) Die Darstellung theoretischer Zusammenhänge und theoretischer Gegenstände anhand empirischer Zusammenhänge und empirischer Gegenstände – dieser Teil ist für die Ausbildung der Platonischen Ideenlehre (die Rede von den Ideen als den ‚Urbildern' empirischer Gegenstände) und damit wissenschaftstheoretisch für die Ergänzung des Begriffs des theoretischen Satzes durch den Begriff des *theoretischen Gegenstandes* relevant[12]. (3) Die Vorstellung der Idee eines selbständigen Lernens – dieser Teil ist für die Bildung der Idee eines philosophischen Subjekts als des *Subjekts der Wissensbildung* relevant. Alle drei Teile sind darin

---

[11] *Men.* 82b–85b.
[12] Vgl. dazu Verf., „Platon", in *Klassiker der Philosophie I (Von den Vorsokratikern bis David Hume)*, hg. O. Höffe, München 1981, S. 38–62, hier S. 45ff.

aber nicht Gegensatz, sondern Korrelat einer ‚dialektischen' Vorstellung des Zusammenhangs von Produktion und Reproduktion des Wissens. Die ‚anamnetische' Fiktion, die die Wissensbildung als Vergewisserung dessen erscheinen läßt, was man schon weiß, dient hier der Sicherung des *konstruktiven* Charakters ‚theoretischen' Wissens und einer *Autonomieunterstellung*. Es sind *unsere* Konstruktionen, die das ‚theoretische' Wissen ausmachen, d.h., wir verdanken unser Wissen weder einer ‚Aufdringlichkeit' der Dinge noch einer ‚Laune der Götter', sondern allein uns selbst: wir ‚können schon', was wir *tun*, und wir ‚wissen schon', was wir *erkennen*. Die Rede von einem ‚anderen Ort', an dem die Seele ‚geschaut' hat, was sich als Wissen in konkreten Problemlösungssituationen bildet[13], ist nichts anderes als metaphorischer Ausdruck einer *theoretischen*, auf die ‚Objektivität' des (zumal theoretischen) Wissens bezogenen, und einer *praktischen*, auf die ‚Subjektivität' der Wissensbildung und ihre autonomen Strukturen bezogenen Leistung. Sinnbild dieser Leistung ist die ‚Theoria' (in ihrer Platonischen und Aristotelischen Konzeption). Mit anderen Worten: das Anamnesis-Theorem ist keine Lehre von einer ‚Hinterwelt' des Geistes, sondern erneut eine – mit dem ‚dialektischen' Modell verträgliche – (metaphorische) Formel für den Anfang der Vernunft und die Form des Wissens. Der Platonismus des Anamnesis-Theorems Platons ist eine Erfindung des Platonismus und seiner Gegner.

Damit ist auch gezeigt, daß die Sokratische Formel vom wissenden Nicht-Wissen nicht etwa im Gegensatz zum Anamnesis-Theorem steht. So wie die Frage einen bestimmten Wissenshorizont, ein rahmenartiges Situations- und Selbstverständnis, voraussetzt, so die Feststellung des Nicht-Wissens ein thematisches Vor-Wissen (dessen, worum es in der Frage geht). Und wie jemand fragt, weil er etwas *nicht mehr* weiß oder etwas *noch nicht* weiß, dabei aber *weiß,* worum es ihm fragend geht (was ‚in Frage steht'), so weiß auch derjenige, dem wie dem Sokrates der ‚Sokratischen' Dialoge ein Nicht-Wissen klar wird, wonach er zu suchen hat. Die Feststellung des Nicht-Wissens ist nicht das ‚Ende' einer Bemühung (wie im eristischen Dialog), sondern selbst eine Stufe des Wissens. Unser Nicht-Wissen ist Teil unseres Wissens, und zwar dialektischer Teil. Es ist in der Tat derselbe Sokrates, der die Formel vom wissenden Nicht-Wissen und das Anamnesis-Theorem vertritt; er ist, wie Platon selbst, kein Platonist.

Wichtiger als die Verträglichkeit von Formel und Theorem ist allerdings, unter den Konstitutionsbedingungen des philosophischen Dialogs, der Umstand, daß im Sokratischen Dialog *Wissens*bildungsprozesse in erster Linie als *Bildungs*prozesse aufgefaßt werden, d.h. als Prozesse, in denen nicht nur ‚objektiv' gültiges *Wissen*, sondern auch ‚subjektive' *Autonomie* erzeugt wird. Wissen kann nach Sokratischer und Platonischer Überzeugung nicht von der Person dessen, der weiß bzw. Wissen erwirbt, abgekoppelt werden. Zumindest gilt dies für ein philosophisches Wissen. Dahinter steht die Einsicht, daß Wissen etwas mit dem Leben des Einzelnen zu tun hat, mit dessen (subjektiver) Autonomie. Anders ausgedrückt: der Sokratisch-Platonische Begriff der *Person* wird über Leistungen definiert, die praktischer und theoretischer Teil von Wissensbildungsprozessen sind. Daher rührt auch der sogenannte ‚Intellektualismus' der Sokratischen Ethik, d.h. die Behauptung, daß sich wider besseres Wissen bzw. wider bessere Einsicht in das, was zu tun ist, nicht handeln läßt. Jedenfalls nicht unter Gefährdung der Einheit von Person und Handlung.

---

[13] Vgl. *Men.* 81c/d; *Phaid.* 74a ff.

IV

Im Sokratischen Dialog erfolgt der Anfang der Vernunft weder unter Berufung auf fremde noch unter Berufung auf eigene Autorität. ‚Sich im Denken (im Dialog) orientieren' heißt nicht, sich an die Stelle anderer zu setzen, sondern mit anderen die Vernunftstelle zu finden.

Mit dem ‚anamnetischen' Modell ist in der Platonischen Theorie des philosophischen Dialogs das ‚mäeutische' Modell der Wissensbildung und des Anfangs der Vernunft systematisch und ‚genetisch' verbunden. Im Sinne der behaupteten Selbständigkeit des Lernens ‚lehrt' der Platonische Sokrates nicht; er assistiert lediglich, wenn auch so, daß der vernunft- und wissensbildende Dialog als ein Lernprozeß verstehbar bleibt. Die Sokratische Formel vom wissenden Nicht-Wissen erscheint hier als Kernstück einer *epistemischen Mäeutik*, deren Funktion es ist, den Übergang vom Zustand des bloßen Meinens, in dem die Menschen nicht wissen, ‚was sie tun und sagen', und der eristisch herbeigeführten Aporie, in der mit dem vermeintlichen Wissen auch das Meinen seine Selbstverständlichkeit verloren hat, in den Zustand der Wissensbildung methodisch zu machen. Die Sokratische Rolle ist dabei die Rolle dessen, der den Forschungsprozeß in Bewegung hält, ihn durch Erschütterung vermeintlicher Sicherheit (Sokrates als ‚Zitterrochen'[14]) und durch Beihilfe zur Selbständigkeit (Sokrates als ‚Hebamme'[15]) fördert. Der Umstand, daß der Platonische Sokrates mehr weiß, als er zu erkennen gibt, ist dabei systematisch ohne Belang. Es ist ja gerade das Ziel dessen, der im Dialog den Part der epistemischen Mäeutik vertritt, sich selbst überflüssig zu machen.

Es wäre allerdings ein Mißverständnis, wollte man in der epistemischen Zurückhaltung des Platonischen Sokrates nur ein Stück philosophischer Regie sehen, die den Dialog ‚in Gang hält', indem sie dem Wissenden den Mund verschließt. Vielmehr geht es unter dem Gesichtspunkt der Konstitution des philosophischen Dialogs darum, nicht nur die Berufung auf *fremde* Autorität (darunter geltende Meinungen), sondern auch die Berufung auf *eigene* Autorität als der Sache der Vernunft abträglich abzuwehren. Inhalt vernünftiger Selbständigkeit, die der philosophische Dialog verwirklichen soll, ist ein Denken, das sich weder auf fremde noch auf eigene Autorität beruft. Anders ausgedrückt: zu den Schwierigkeiten eines philosophischen Dialogs gehört auch, *sich nicht selbst an die Stelle anderer zu setzen*, wenn es darum geht, ‚sich im Denken zu orientieren'. Vorausgesetzt ist dabei natürlich, daß es im philosophischen Dialog nicht um den Transport gesicherten Wissens von einem Subjekt zum anderen geht, sondern um den Anfang der Vernunft und den Eintritt in selbständige Wissensbildungsprozesse, kurz: um eine philosophische Orientierung. Der philosophische Dialog ist jene ‚anthropologische' Stelle, an der versucht wird, im Rahmen von Wissensbildungsprozessen die Singularität des anderen *und die eigene Singularität* zum Verschwinden zu bringen. Daß dabei nicht die Subjekte verschwinden, d.h. eine richtig verstandene Subjektivität preisgegeben wird, ist eine weitere Eigenschaft

---

[14] *Men.* 80a–d.
[15] *Theait.* 148d–151d.

des philosophischen Dialogs. Sie unterscheidet ihn z.B. von der Meditation, in der sich mit der Aufgabe eigener Ansprüche auch das Subjekt verliert.

Subjekt des philosophischen Dialogs ist der Philosoph – nicht als magister artium, sondern als Gesprächspartner des Sokrates. Die Platonische Definition des philosophischen Dialogs über dialektische, anamnetische und mäeutische Eigenschaften fordert auch hier Bescheidenheit; eine Annäherung an die Idee des Vernunftwesens, die der philosophische Dialog leisten soll, geht für Beteiligte und Unbeteiligte, wie eine Platonische Karikatur vorsorglich erkennen läßt, nicht ohne erhebliche Beeinträchtigungen ‚weltlicher' Perspektiven ab. Philosophen ‚wissen nicht einmal den Weg zum Markt'[16], ‚Feste mit Flötenspielerinnen' zu besuchen, ‚fällt ihnen im Traum nicht ein'[17], ihre Seelen schweifen ‚unter der Erde' und ‚über dem Himmel', nur nicht ‚im Staate', wo allein ihr Körper wohnt[18]. Thales, der, von einer thrakischen Magd verspottet, in einen Brunnen fiel, weil seinem Sternenblick das, was vor seinen Füßen lag, unbekannt blieb, ist, seit Platon dieser Anekdote zu philosophischem Ausdruck verhalf, das Sinnbild des Philosophen, der ‚aus Unerfahrenheit in Gruben und in allerlei Verlegenheit hineinfällt'[19]; aber eben auch Sinnbild dessen, der, unbemerkt von Thrakerinnen und dem, was man den gesunden (und geschäftigen) Menschenverstand nennt, nicht ‚schwindelnd von der Höhe herüberhängt', wenn von Gerechtigkeit und Ungerechtigkeit, von Glück und Elend die Rede ist[20]. Der aufrechte Gang führt zwar häufig in ‚Gruben' und ‚allerlei Verlegenheiten', aber er führt, nach Platon, ‚unter der sterblichen Natur' auch zur ‚Verähnlichung mit Gott'[21]. Daran sollten allerdings wieder keine falschen Hoffnungen geknüpft werden. Schließlich bleiben auch den Göttern der Griechen, wenn man ihren Erzählern Glauben schenken darf, thaletische Mißgeschicke ‚unter der sterblichen Natur' nicht erspart, was sie wiederum uns, den Unähnlichen, ähnlich macht. Eine philosophische Orientierung ist offenbar etwas, das zwischen Menschen und Göttern ausgemacht werden muß – mit leichten Vorteilen übrigens (in griechischer Perspektive) auf seiten der Menschen, was die Bereitschaft und die Fähigkeit betrifft, in einen philosophischen Dialog zu treten.

V

Philosophie läßt sich nicht sagen (in Form von Lehrbuchwissen), sondern nur tun (in Form von philosophischen Dialogen bzw. einer verwirklichten philosophischen Orientierung). Philosophie ist argumentatives Handeln unter einer Vernunftperspektive und insofern eine Lebensform.

Wenn der philosophische Dialog Medium der (philosophischen) Wissensbildung und der philosophischen Orientierung ist, dann in Form konkreter Dialoge. Der Grund ist selbst

---

[16] *Theait.* 173c/d.
[17] *Theait.* 173d.
[18] *Theait.* 173e.
[19] *Theait.* 174c.
[20] *Theait.* 175c/d.
[21] *Theait.* 176b.

ein ‚dialogischer': das geschriebene Wort antwortet nicht. Ist sie „einmal geschrieben, so irrt auch überall jede Rede gleichermaßen unter denen umher, die sie verstehen, und unter denen, für die sie nicht gehört, und versteht nicht, zu wem sie reden soll und zu wem nicht"[22]. Das heißt erstens, daß erst die Möglichkeit von Frage und Antwort einen Dialog konstituiert. Wo nicht mehr gefragt und nicht mehr geantwortet wird, geht ein Dialog ‚direkt' in *Forschung* über. Resultate der Forschung lassen sich aufschreiben, Forschungsprozesse im strengen Sinne nicht. Wichtig ist dabei vor allem eine *pragmatische* Perspektive; es geht um das Zustandekommen von Dialog und (mittelbar) Forschung, nicht um Bedeutungen, d.h. um eine semantische Ebene. Das führt zweitens zur These Platons, daß sich Philosophie ‚nicht in Worte fassen läßt'[23]. Wo Philosophie in Worte gefaßt, d.h. aufgeschrieben wird, verliert das, was gesagt wird, seinen pragmatischen Zusammenhang mit der Situation (dem Dialog), in der (in dem) es gesagt wird. Selbst unter Berücksichtigung des möglichen *exemplarischen* Charakters einer derartigen Situation, auf den auch die ‚geschriebenen' Platonischen Dialoge abheben, kommt es zu einer ‚Verselbständigung' des geschriebenen Wortes: das geschriebene Wort ‚irrt umher'; es vermag die Rolle philosophischer Dialoge, nämlich Träger einer philosophischen Orientierung zu sein, nicht oder doch nur in der Weise eines Berichts zu übernehmen. Es trägt Bedeutungen, keine Praxis[24].

Zudem geht das, was philosophisches Wissen im Dialogkontext von bloßer Meinung unterscheidet, im schriftlichen Kontext verloren. Mitteilbarkeit philosophischen Wissens ist nach Platon durch Transformation von Einsichten in Meinungen erkauft. Wo der pragmatische Zusammenhang fehlt, ist die eigentliche Leistung des philosophischen Dialogs, nämlich die Überführung von Meinungen in habituelle Einsichten, damit Teile einer philosophischen Orientierung, wieder rückgängig gemacht. Einsichten und Meinungen haben nur pragmatisch eine verschiedene, semantisch dieselbe Struktur. In diesem Sinne ist Philosophie nach Platon stets *argumentatives Handeln unter einer Vernunftperspektive* oder, wie es zuvor unter dem Stichwort Dialektik hieß, eine *Lebensform*. Gegensatz dieser Form der Philosophie ist die monologische Meditation, in Platons Erfahrungsbereich etwa das ‚dunkle' Denken Heraklits, und die eristische Auseinandersetzung, in Platons Erfahrungsbereich repräsentiert durch die Sophistik.

Die Platonische ‚Schriftkritik' ist demnach nicht etwa ein Hinweis auf den systematisch ‚unvollendeten' Charakter der Dialoge Platons, wie unter dem Stichwort der ‚ungeschriebenen Lehre' häufig behauptet wird[25], sondern Ausdruck der mit der Wahl der Dialogform selbst schriftlich ‚versinnlichten' Einsicht, daß sich philosophisches Wissen, d.h. eine philosophische Orientierung, dessen Träger der konkrete philosophische Dialog ist,

---

[22] *Phaidr.* 275d/e (Übersetzung hier wie bei anderen Zitaten nach F. Schleiermacher, *Platons Werke* I–VI, hgg. W.F. Otto / E. Grassi / G. Plamböck, Hamburg 1958–1960).
[23] *Epist.* VII 341c.
[24] Vgl. dazu auch die einschlägigen Analysen bei W. Wieland, *Platon und die Formen des Wissens*, Göttingen 1982.
[25] Vgl. H.J. Krämer, *Arete bei Platon und Aristoteles – Zum Wesen und zur Geschichte der Platonischen Ontologie*, Heidelberg 1959 (Abhandlungen der Heidelberger Akademie der Wissenschaften, philos.-hist. Kl. 1959, 6. Abh.), S. 24ff., 400ff.; ders., „Retraktationen zum Problem des esoterischen Platon", in *Museum Helveticum* 21 (1964) S. 137–167, hier S. 143ff.; K. Gaiser, *Platons ungeschriebene Lehre – Studien zur systematischen und geschichtlichen Begründung der Wissenschaften in der Platonischen Schule*, Stuttgart ²1968, S. 3, 588. Kritisch dazu: K. v. Fritz, „Die philo-

nicht in ein ‚Lehrbuchwissen' transformieren läßt. Deshalb unterscheidet Platon auch zwischen dem Wissen (ἐπιστήμη) der Wissenschaften und einem ‚dialektischen' Wissen (τοῦ διαλέγεσθαι ἐπιστήμη)[26], ohne damit die heute geläufige Unterscheidung zwischen Wissenschaft und Philosophie zu treffen, die von einem semantischen Mißverständnis auf der Ebene der Sätze herrührt (Unterscheidung zwischen empirischen und analytischen Sätzen auf der einen Seite, ‚metaphysischen' Sätzen auf der anderen Seite). Gemeint ist vielmehr, daß erst der ‚dialektische' Umfang mit dem Wissen dieses zu dem macht, was es nach Platon sein soll, nämlich zu einem ‚philosophischen' Wissen. Orientierungen in der Wissensbildung der Wissenschaften sollen als ‚philosophische' ausgewiesen, die Idee der Wissensbildung um ihre ‚dialektischen' Anfänge wieder ergänzt werden. In diesem Sinne besagt auch die auf den ersten Blick so spekulativ anmutende Platonische Konzeption einer ‚Idee des Guten', die sowohl die ‚Wahrheit der Dinge' als auch das ‚Vermögen der Erkenntnis' gewährleistet[27], nichts anderes, als daß die praktische und theoretische Intention der ‚Dialektik' im Wissen der Wissenschaften verwirklicht werden soll. Platons berühmte Mathematikerkritik, die der Unterscheidung zwischen dem Wissen der Wissenschaften und einem ‚dialektischen' Wissen vorausgeht[28], macht denn auch deutlich, daß diese ‚Ergänzung' nicht etwa eine Einbuße an ‚wissenschaftlicher' Rationalität bedeutet, sondern ‚Lücken', in diesem Falle Anfänge, die keine sind, erkennbar macht[29].

Damit ist auch dem Eindruck falscher Esoterik gewehrt, den die Formel, daß sich Philosophie ‚nicht in Worte fassen läßt', nahelegt. Es geht hier nicht um ‚Erfahrungen', die sich jeder Kontrolle entziehen, auch nicht um ein ‚höheres' Wissen, das nur ‚Eingeweihte' zu gewinnen vermögen, sondern um die Vermittlung von *Einstellungen*, die *Vernunft*, auch die Vernunft in den Wissenschaften, gerade befördern sollen. So ist z.B., und auch dies ist Teil der erwähnten Mathematikkritik Platons, die Verdeutlichung des λόγον διδόναι, d.h. die Herausstellung einer (theoretische und praktische Elemente einschließenden) *Begründungsverpflichtung*, zentraler Teil der Platonischen ‚Philosophie'. Als solcher ist diese Verpflichtung gerade nicht *esoterisch* — sie wendet sich an jede Form der Wissensbildung —, aber auch nicht bloß *methodologisch* — ihre Übernahme ist abhängig vom ‚guten Willen', vom Eintritt in die mit ihr gegebene philosophische Orientierung. Zu einer solchen Übernahme soll im philosophischen Dialog ‚geführt' werden; ‚demonstrieren' läßt sie sich nicht.

---

sophische Stelle im siebten platonischen Brief und die Frage der ‚esoterischen' Philosophie Platons", in *Phronesis* 11 (1966) S. 117–153, hier S. 144ff.; ferner, im Rahmen einer umfassenden Dokumentation der einschlägigen Texte und ihrer Interpretation, W.K.C. Guthrie, *A History of Greek Philosophy IV (Plato – The Man and his Dialogues: Earlier Period)*, Cambridge 1975, S. 56ff., V (*The Later Plato and the Academy*), Cambridge 1978, S. 418ff.

[26] *Pol.* 511b/c.
[27] *Pol.* 508d–509b.
[28] *Pol.* 510c–e.
[29] Vgl. Verf., „Die Entdeckung der Möglichkeit von Wissenschaft", in *Archive for History of Exact Sciences* 2 (1962–1966) S. 410–435, hier S. 425ff., wiederabgedruckt in: ders., *Die Möglichkeit von Wissenschaft*, Frankfurt 1974, S. 29–55, 209–221, hier S. 43ff. Zur näheren Erläuterung des Verhältnisses von ‚Mathematik' und ‚Philosophie' in der *Politeia*, im wesentlichen am Begriff des ‚hypothetischen Verfahrens' orientiert, vgl. R.C. Cross / A.D. Woozley, *Plato's Republic – A Philosophical Commentary*, London/New York 1964, S. 231ff.

Heute wird an dieser Stelle in der Ethik von einem ‚Dezisionismusrest', eben einer ‚Entscheidung' für die Vernunft, gesprochen[30]. Damit wird im Sokratisch-Platonischen Sinne etwas Richtiges gesehen und häufig gleichzeitig etwas Falsches suggeriert. Richtig ist, daß keine Demonstrationen und keine *Deduktionen* zu einer philosophischen Orientierung führen, falsch ist, daß der Eintritt in eine philosophische Orientierung der gleichen Art sei wie ein unüberlegtes Handeln (nach der Formel ‚ich tu's, weil ich's will'). Im Grunde ist dabei schon die Rede von einem ‚Eintritt' in eine philosophische Orientierung mißverständlich. Ein solcher Punkt läßt sich in Wahrheit gar nicht isolieren, auch nicht in einem philosophischen Dialog. Dieser muß vielmehr durch sich selbst *zeigen,* daß eine philosophische Orientierung existiert bzw. daß die Subjekte in einem philosophischen Dialog eine philosophische Orientierung verwirklichen. Darüber hinaus läßt sich über die ‚Vernunft' des einzelnen nichts sagen.

VI

Dialogwissen ist nur in einem Dialog darstellbar. Während Lehrbuch und philosophischer Traktat unter dem Zwang systematischer Vollständigkeit stehen, ‚transportiert' der literarische (philosophische) Dialog in exemplarischer und das Allgemeine konkretisierender Form Erfahrungen mit dem Denken und einer philosophischen Orientierung.

Indem Platon die philosophische Wissensbildung in Form von *Dialogwissen* darstellt, trägt er seiner Formel, daß sich Philosophie ‚nicht in Worte fassen läßt', Rechnung, ohne damit von vornherein auf die Möglichkeit der Weitergabe einer philosophischen Orientierung zu verzichten. Angesichts der Sokratischen Dialogpraxis stellt Platon in den Dialogen seine *Erfahrung* mit dieser Praxis dar. Das ist ‚theoretisch' konsequent und ‚literarisch' einsichtig. Die Dialogform von Texten, insbesondere wenn es sich dabei um ‚philosophische' Texte handelt, vermag deren Textcharakter teilweise aufzuheben: der Leser wird in den Dialog über Identifikations- und Beurteilungsleistungen ‚hineingezogen', auch wenn es sich dabei in erster Linie nicht um ‚koargumentierende' Leistungen, sondern um Illusionsleistungen handelt. Mit anderen Worten: der Dialog ist diejenige Form der Schriftlichkeit, die noch am ehesten fähig ist, das Ziel der Herstellung einer philosophischen Orientierung mit Rezeptionsvorgängen zu vermitteln. Verwechslungsmöglichkeiten mit einem Lehrbuchwissen entfallen, *aporetische* Strukturen unterstreichen den *situationsvarianten* Charakter einer Philosophie, die nicht ‚objektives Wissen', sondern philosophische Einstellungen zu ‚transportieren' sucht.

Zwanglos ergeben sich dabei aus der Wahl der Dialogform, die der Platonischen Definition der Philosophie als eines argumentativen Handelns unter einer Vernunftperspektive folgt, auch gewisse Darstellungsvorteile gegenüber den sonst üblichen Lehrbuch- oder Traktatformen. Ein Dialog nach Art der Platonischen Dialoge erlaubt (1) das Ausklam-

---

[30] Vgl. dazu F. Kambartel, „Wie ist praktische Philosophie konstruktiv möglich? Über einige Mißverständnisse eines methodischen Verständnisses praktischer Diskurse", in *Praktische Philosophie und konstruktive Wissenschaftstheorie,* hg. F. Kambartel, Frankfurt/M. 1974, S. 10ff.

mern bestimmter Fragestellungen und Probleme für den Fall, daß diese nicht oder noch nicht befriedigend behandelt werden können, (2) den Vortrag von Meinungen und Teilen geltenden (darunter z.B. auch wissenschaftlichen) Wissens ohne explizite Stellungnahme, (3) die Zurückhaltung eigener Positionen z.B. für den für Platon relevanten Fall, daß diese mit der von Sokrates im Dialog vertretenen Position nicht übereinstimmen oder selbst noch nicht in diskutierbarer Form festgelegt sind. In allen genannten Fällen wird das, was nicht erörtert werden soll oder kann, im Dialog einfach nicht erwähnt, ein Zwang zur systematischen Vollständigkeit, unter dem Lehrbücher und Traktate stehen, besteht nicht. Ein Dialog erlaubt aber auch (4) die Revision von Positionen ‚im Laufe der Erörterung‘, ohne daß dies die Notwendigkeit nach sich zöge, die vorausgegangenen Teile, die nun nicht mehr ‚stimmen‘ bzw. nicht mehr vertreten werden sollen, neu zu schreiben (wiederum im Gegensatz zur systematischen Form der Lehrbuch- und Traktatliteratur, die nicht zuläßt, daß man auf Seite 188 sagt, man habe sich auf Seite 73 geirrt). Und ein Dialog erlaubt schließlich ohne Bruch der literarischen Form (5) den Einsatz literarischer Mittel wie Situationsbeschreibungen (die natürlich für die Darstellung philosophischen Wissens als Dialogwissens wesentlich sind), Ironie und mythische Erzählungen. So dienen die in den Platonischen Dialogen zunächst überraschend zahlreichen Mythen einerseits veranschaulichenden und erläuternden Zwecken, die ‚dialogisch‘ nicht darstellbar sind, andererseits der Vergegenwärtigung dessen, was in einer systematisch kontrollierbaren Form noch nicht zur Verfügung steht, z.B. die Rede über die Seele und deren Unsterblichkeit (im *Phaidon* und *Phaidros*).

Mit diesen Darstellungsvorteilen, die die Dialogform mit sich bringt, entlastet der (geschriebene) philosophische Dialog keineswegs nur (zugunsten ‚literarischer‘ Qualitäten) von gewissen systematischen Zwängen, denen Lehrbuch und Traktat unterliegen, er begegnet vielmehr auch wirkungsvoll deren unter Systematisierungszwängen entstehenden Tendenz zur *dogmatischen* Form. An die Stelle ‚theoretischer‘ (dogmatischer) ‚Vollständigkeit‘ tritt hier die ‚exemplarische Vergegenwärtigungsleistung‘ als wesentliche Eigenschaft philosophischer Wissensbildung und ihrer literarischen Vermittlung. Insofern der Dialog nicht so sehr ‚theoretisches‘, sondern *exemplarisches Wissen* vermittelt, zudem ein Wissen, mit dessen Bildung sich der Leser (als dialogisches Ich) selbst (zumindest partiell) zu identifizieren vermag, den er sogar fortführen kann (wozu andere literarische Formen wie Roman und Drama keine Veranlassung bilden), erfüllt er auch die Aristotelische Charakterisierung der Poesie, nämlich ‚philosophischer‘ (wissenschaftlicher) zu sein als die Geschichtsschreibung[31], in besonderem Maße: der philosophische Dialog stellt *das Allgemeine*, hier in Form einer philosophischen Orientierung, dar. In seiner exemplarischen und das Allgemeine *konkretisierenden* Leistung steht er damit zwischen dem faktischen Dialog, in dem die Philosophie nicht gesagt, sondern getan wird, und dem wissenschaftlichen Text, der durch sich allein keine philosophische Orientierung zu vermitteln vermag. Der philosophische Dialog gibt in Form eines ‚aufgeschriebenen‘ Dialogs, nach Platon, in exemplarischer Weise eine philosophische *Dialogerfahrung* wieder, und indem er dies tut, vermag auch er (mittelbar) zu lehren, was ‚Philosophie‘ ist.

---

[31] *Art. poet.* 9.1451b5–6.

VII

Vernunft ist nicht demonstrierbar, sie zeigt sich im philosophischen Dialog. Sie ist insofern ihrem Wesen nach dialogische Vernunft wie Transsubjektivität als ‚Inhalt' der philosophischen Orientierung eine Leistung von Subjekten, der lebensweltlichen Subjektivität, ist.

Die Rede vom Sokratischen Dialog unterstellt, daß mit der philosophischen Wissensbildung die Bildung einer philosophischen Orientierung und die Bildung eines philosophischen Subjekts verbunden ist. Nur im Medium einer philosophischen Orientierung und nur über in einer philosophischen Orientierung stehende Subjekte erfolgt eine philosophische Wissensbildung. Dies macht die Idee des philosophischen Dialogs im Sokratisch-Platonischen Verständnis der Philosophie sowie die Vorstellung aus, daß Wissensbildungsprozesse in erster Linie als Bildungsprozesse aufgefaßt werden müssen. Diese Vorstellung ist wiederum nicht nur geeignet, ein besseres Verständnis der ‚Philosophie' und ‚philosophischer Forschung' zu vermitteln, sie läßt sich auch auf eine Analyse der Konstitutionsbedingungen nicht-philosophischen Wissens anwenden. So gehört es zum Begriff der *Rekonstruktion* wissenschaftlichen Wissens, daß dieses als Resultat sowohl eines *historischen* als auch eines *argumentativen* Prozesses begreifbar ist. Jedes Wissen hat eine ‚Geschichte' und eine, in Platonischen Kategorien gesprochen, ‚dialektische' Struktur. Eine solche Vorstellung hat denn auch mit der Unterscheidung zwischen ‚interner' und ‚externer' Geschichte Eingang in die neuere Theorie der Wissenschaftsgeschichte gefunden. Bei Lakatos bestimmt sie sogar wieder die Form der Darstellung selbst: im Rahmen historischer Fallstudien zur Mathematik enthält ein Dialog zwischen ‚Lehrer' und ‚Schülern' die ‚interne' Geschichte (z.B. der Descartes-Eulerschen Vermutung, daß zwischen Eckenzahl E, Kantenzahl K und Flächenzahl F eines Polyeders die Beziehung $E - K + F = 2$ besteht), während historische und ‚biographische' Informationen, die dieser Konzeption entsprechend die ‚externe' Geschichte ausmachen, in den Anmerkungen stehen[32]. Der Dialog ist der Darstellung nicht äußerlich, sondern gibt die ‚innere' Struktur wissenschaftlicher Entwicklungen wieder („the dialogue form should reflect the dialectic of the story"[33]).

Was hier für wissenschaftliche Entwicklungen geltend gemacht wird, gilt in besonderem Maße für philosophische Entwicklungen. Diese sind ohne Inanspruchnahme ‚dialektischer' Orientierungen, d.h. ohne die Unterstellung, daß ihre Wissensbildung die Struktur von Dialogbeziehungen aufweist, in Wahrheit kaum verständlich, selbst wenn ihre (historischen) ‚Erscheinungen' eher auf das Gegenteil schließen lassen, philosophische Entwicklungen geradezu als Monumente ‚monologischer' Vereinzelung erscheinen.

---

[32] I. Lakatos, *Proofs and Refutations – The Logic of Mathematical Discovery*, hgg. J. Worrall / E. Zahar, Cambridge etc. 1976. Zur Unterscheidung zwischen ‚interner' und ‚externer' Geschichte vgl. ders., „History of Science and its Rational Reconstructions", in *PSA 1970 – In Memory of Rudolf Carnap* (Proceedings of the 1970 Biennial Meeting Philosophy of Science Association), hgg. R.C. Buck / R.S. Cohen, Dordrecht 1971 (*Boston Studies in the Philosophy of Science VIII*), S. 105ff., wiederabgedruckt in ders., *Philosophical Papers I–II*, hgg. J..Worrall / G. Currie, Cambridge etc. 1978, I, S. 118ff.
[33] *Proofs and Refutations* S. 5.

Die Anwendbarkeit des dialogischen Modells der Wissensbildung auf wissenschaftliche und philosophische Entwicklungen ist allerdings nicht das Entscheidende. Sollte sie sich nämlich als nicht gegeben erweisen, ist damit nicht auch schon die Sokratische Idee des philosophischen Dialogs selbst hinfällig geworden. Entscheidend ist vielmehr, daß dieser Idee nach der philosophische Dialog, und nur er, Träger und einlösende Instanz von Vernunftvermutungen ist. Vernunft ist nichts, das sich in irgendeiner Weise demonstrieren ließe, sondern etwas, das sich im philosophischen Dialog *zeigt*. Sie zeigt sich in rechtverstandener Agonalität: die Subjekte arbeiten ihre Subjektivität aneinander ab. *Transsubjektivität* als ‚Inhalt‘ der philosophischen Orientierung ist daher auch stets eine Leistung *konkreter Subjekte;* andernfalls wäre sie auch von ‚Objektivität‘ als einer Eigenschaft instrumentalen Wissens nicht unterscheidbar. Mit anderen Worten: Transsubjektivität ist etwas, das nur Subjekte *können,* das nur die konkrete lebensweltliche Subjektivität *kann*. Der philosophische Dialog, dem es weder um die Demonstration subjektiver Überlegenheit (in Verfolgung einer sophistischen Intention) noch um den bloßen Austausch von Meinungen, sondern um die Herstellung einer philosophischen Orientierung und Transsubjektivität der philosophischen Subjekte (Sokratische Intention) geht, ist damit das Medium dessen, was Platon als ‚in der Philosophie leben‘ bezeichnet hat[34]. Philosophie insofern, noch einmal, nicht als ein gegenüber den ‚Wissenschaften‘ konkurrierendes Modell der Wissensbildung, sondern als *Lebensform*.

Teil dieser Lebensform ist dann auch die ‚philosophische Forschung‘ in Form von theoretischen Ausarbeitungen (z.B. in Logik, Ethik und Wissenschaftstheorie), ‚begrenzt‘ durch Einschränkungen, die sich die *dialogische Vernunft,* d.h. Vernunft, die sich nur im Dialog *zeigt,* selbst setzt. Ihre Grenzen sind Grenzen der Transsubjektivität, nicht Grenzen der Dinge oder der Methoden. Dies widerspricht keineswegs der prinzipiellen ‚Offenheit‘ des Dialogs, die in dessen Form liegt. Der philosophische Dialog demonstriert daher auch die prinzipielle Offenheit der philosophischen Forschung: über eine philosophische Orientierung läßt sich nicht abschließend befinden.

Platon, der die Idee des philosophischen Dialogs, gebildet auf dem Hintergrund einer Sokratischen Dialogerfahrung, der Philosophie zu ihrem Wesen macht, hat bereits selbst damit begonnen, die ‚philosophische Forschung‘ gegenüber der Lebensform, dessen Teil sie ihrer Sokratischen Form nach ist, allmählich zu verselbständigen. Neben die Weitergabe der Sokratischen Dialogerfahrung tritt der Aufbau eines philosophischen Wissens, das, wenngleich noch immer unter kooperativen Perspektiven, seinen ‚Sitz‘ in einer Lebensform zunehmend verbirgt. Die Sokratische Einheit der philosophischen Orientierung tritt zurück; die Gefahr des Übergangs von einem ‚dialogischen‘ oder ‚dialektischen‘ *systematischen Denken* zu einem ‚monologischen‘ *Denken in Systemen* wird zu einem in der Geschichte der Philosophie immer größer werdenden Schatten der ursprünglichen Platonischen Idee philosophischer Wissensbildung. *Der Platonismus holt Platon ein.*

Mit dem Platonismus konkurriert (nach Gilbert Ryle) die Universität: „Die Unpersönlichkeit der späten Dialoge Platons, wie die der Vorlesungen des Aristoteles, spiegelt die Entstehung der Philosophie als Forschung mit eigenem Antrieb, eigenen Techniken und selbst mit einem eigenen akademischen Curriculum wider. Platon ist nun mit der

---

[34] *Theait.* 174a/b.

Schaffung einer professionellen philosophischen Prosa befaßt. Wie der Disput um des Sieges willen der Diskussion um der Entdeckung willen weicht, so die Literatur der elenktischen Auseinandersetzung der Literatur einer kooperativen philosophischen Untersuchung. Die Universität ist entstanden"[35]. Eine Universität, in der mit dem philosophischen Dialog auch eine philosophische Orientierung zu verschwinden beginnt. Auch die Universität unserer Tage hat noch Philosophie (als ein Fach unter Fächern), aber sie hat — Sokrates und Platon, aber auch Kant, Fichte und Hegel sei es geklagt — keine philosophische Orientierung mehr. Insofern ist auch der hier vorliegende Versuch über den Sokratischen Dialog wohl eher ein Beitrag zur Vergangenheit als zur Gegenwart der Philosophie und der Universität.

---

[35] „Plato", in *The Encyclopedia of Philosophy VI*, hg. P. Edwards, London/New York 1967, S. 333.

ODO MARQUARD

DAS ÜBER-WIR
Bemerkungen zur Diskursethik

Der Mensch ist das „zoon logon echon", das Diskurswesen, wenn „Diskurs" meint, „daß die Leute sprechen"[1]: sie sprechen beim Tun, sie tun durch Sprechen, und stets gibt es Situationen, in denen sie vermeintlich nur sprechen, und zwar mit Mitmenschen: im Gespräch. Insofern war Sokrates repräsentativ für das Menschliche, indem er Gespräche führte.

Zugleich begann Sokrates eine ausgezeichnete Form des Gesprächs: mit seinen Dialogen fing (avant la lettre) die philosophische Ethik an, die er — das betonen die Gesprächsethiker — essentiell an das Gespräch band, so daß es für ihn die Ethik nur als Gespräch gab: Sokrates (der durch Platon überlieferte Sokrates) war der erste Diskursethiker. Zum Beginn der philosophischen Diskursethik gehörte dabei zugleich, was am Anfang des ersten Buchs der *Politeia* beschrieben wird: daß Kephalos geht (331 B f.). Der in und aus der Sitte lebende Alte braucht sie nicht und hat ihr nichts zu sagen. Zur Voraussetzung der Diskursethik gehört, daß die Traditionskonvention abtritt, daß die „Sozialregulationen"[2] „postkonventionell"[3] werden: die philosophische Diskursethik „kompensiert" die Verbindlichkeitsdefizite des postkonventionellen Zeitalters[4], und das gelingt ihr — konventionskritisch, reflexionsselig — nur durch ethische Normenrechtfertigung im philosophischen Gespräch, im herrschaftsfreien Diskurs. Das jedenfalls meinen die Diskursethiker.

Ich erlaube mir Zweifel daran, daß wir im strengen Sinn im postkonventionellen Zeitalter leben, und daß wir ganz und gar — mit Kopf und Kragen, mit Haut und Haaren — darauf angewiesen sind, unsere Lebensorientierungen durch das Gespräch der philosophischen Ethik zu erzeugen: durch den philosophisch-ethischen Diskurs. Wo damit wirklich ernstgemacht würde, träfe am Ende jene skeptische Bemerkung wirklich zu, die Jacob Burckhardt in einer Vorlesung auf Sokrates münzte: „er wollte die Menschen βελτίους ποιεῖν, besser machen. Aber er machte sie nur konfus und ließ sie stehen"[5]. Es existiert eine Geschichte, in der ein Insasse eines Bootes in sturmgepeitschter See den Stoßseufzer ausstößt: wir befinden uns jetzt alle ganz und gar nur noch in Gottes Hand!; drauf ein

---
[1] M. Foucault, *Die Ordnung des Diskurses* (1970), Frankfurt/M. 1977, S. 7.
[2] A. Gehlen, *Moral und Hypermoral — Eine pluralistische Ethik* (1969), Frankfurt/Bonn ²1970, S. 38.
[3] Vgl. K.-O Apel, 2. Kollegstunde, in K.-O. Apel / D. Böhler, *Funkkolleg Praktische Philosophie / Ethik* (1980/81).
[4] Vgl. K.-O. Apel, ebd., 1. und 2. Kollegstunde; vgl. ders., *Transformation der Philosophie* (1973), Bd 2, Frankfurt/M. 1976, S. 360; ders., „Sprechakttheorie und transzendentale Sprachpragmatik — Zur Frage ethischer Normen", in *Sprachpragmatik und Philosophie*, hg. K.-O. Apel, Frankfurt/M. 1976, S. 143.
[5] Zit. nach R. Marx. „Nachwort", in J. Burckhardt, *Weltgeschichtliche Betrachtungen* (Knaurs Taschenausgabe Bd 55), Stuttgart 1978, S. 327.

anderer: ich glaube nicht, daß es schon so schlimm um uns steht[6]. Die Diskursethiker – im Blick auf die verwirrende Komplexität und die scheinbar entwirrende Reflexivität der modernen Welt – seufzen nicht, sondern jubeln: wir befinden uns jetzt alle ganz und gar nur noch in der Hand der philosophischen Diskursethik. Hier möchte ich – und formuliere damit die im folgenden vertretene These – meinerseits analog sagen: ich glaube nicht, daß es schon so schlimm um uns steht.

Diese These – die zwei Teile hat: daß die totale Angewiesenheit auf die philosophische Diskursethik schlimm wäre, und daß wir erfreulicherweise nicht total auf die philosophische Diskursethik angewiesen sind, die also die totale Auslieferung der Menschen an das Gespräch skeptisch relativiert – kann ich im folgenden nur selektiv traktieren; doch auch schon so ergeben sich sechs Abschnitte, nämlich diese: 1. Ethik und Lebenserfahrung; 2. Die Cartesianisierung der Ethik durch den absoluten Diskurs; 3. Parlamentarische Debatte und unendliches Gespräch; 4. Die Unvermeidlichkeit von Üblichkeiten; 5. Der böse Blick aufs Vorhandene und der nachträgliche Ungehorsam; 6. Small talk.

1. (Ethik und Lebenserfahrung). – Auch wenn Sokrates ihr Protagonist ist, ist die Diskursethik eine Angelegenheit nicht der antiken, sondern der modernen und gegenwärtigen Welt. In dieser Gegenwart ist jüngsthin – durch die Einführung oder Projektierung des Unterrichtsfachs Ethik als Ersatzfach der Sekundarstufe I der Schulen für das aus Religionsmündigkeitsgründen mit vierzehn Jahren abwählbare Fach Religion – in sehr konkreter Gestalt die Frage aktuell geworden: ob philosophische Ethik eine Sache für sehr junge Menschen sein kann. Aristoteles hatte das verneint. Vielleicht kann man die moderne Ethik, soweit Kant ihr das Programm gemacht hat (was auch für den resokratisierten Kantianismus der Diskursethik zutrifft), als den Versuch verstehen, von jener Bedingung loszukommen, die für Aristoteles diese Verneinung notwendig machte.

Aristoteles – in der *Nikomachischen Ethik* – betrachtet die Ethik als „Teil der Wissenschaft" (1094 a 27) und schreibt: für sie „ist ein junger Mensch nicht ein geeigneter Hörer (...) Denn er ist unerfahren in der Praxis des Lebens; die Untersuchung" auch der Ethik „geht aber gerade von dieser aus und behandelt diese" (1095 a 2ff.): Aristoteles bindet seine Ethik an die Lebenserfahrung. Darum kann seine Ethik Glücksethik sein, während für Kant „Glück" zu unbestimmt und vieldeutig ist, um zum ethischen Grundsatz zu taugen: Kant mißtraut der Bestimmung des Glücks durch Lebenserfahrung, auf die Aristoteles ständig rekurriert, dessen Ethik aus Sätzen der Lebenserfahrung besteht. Die Lebenserfahrung zeigt: es gibt das genießende, das handelnde, das beschauliche Leben; in der Regel werden Menschen durch gelungene Mischung dieser Lebensweisen glücklich; doch gibt es verschiedene Wege zum Glück. Die Lebenserfahrung zeigt: Glück liegt in der Selbsthingabe an erfüllende Wirklichkeit als die vernünftige Lebenskunst (areté), möglichst wenig Wichtiges zu verpassen (Buch 1), und Glück liegt in der Selbstbewahrung vor bedrohlicher Wirklichkeit als die vernünftige Lebenskunst (areté), möglichst wenig Wichtiges zu verlieren. Die Lebenserfahrung zeigt: der Zufall (Besitz, physische Vorzüge, der zuträgliche Lebensort) gehört zum Glück wie die Kunst, sich von ihm nur begrenzt

---

[6] Ich nahm an, diese Geschichte stamme von Brecht: das scheint nicht zu stimmen. Es handelt sich wohl um eine ‚Umerinnerung' eines bei W. Preisendanz, *Über den Witz*, Konstanz 1970, S. 13/14 zitierten Witzes.

abhängig zu machen. Die Lebenserfahrung zeigt: obwohl das Glück in Handlungen liegt, die Selbstzweck sind, ist kein Mensch unmittelbar zum Glück; wer das Glück unmittelbar intendiert — wer, statt einen bestimmten Beruf oder eine bestimmte Sache zu tun, dies verweigernd ausschließlich und direkt nur glücklich sein will (das Programm unserer Selbsterfahrungsgruppen) — wird niemals glücklich. Die Lebenserfahrung zeigt die Tunlichkeit der Regel „nichts im Übermaß": die Lehre von der Tugend als Mitte ist die lebenserfahrene Spezifizierung dieser Lebenserfahrung. Die Unterscheidung von ethischen und dianoetischen Tugenden ist die Antwort der Lebenserfahrung auf den sokratisch-platonischen Satz „Tugend ist lehrbar": teils (als dianoetische) ist sie es, teils (als ethische) nicht. All das — und vieles andere — zeigt die Lebenserfahrung; und sie dies zeigen zu lassen: das ist — für Aristoteles — Ethik, dadurch ist sie Pflege der Lebenskunst. Die Lebenserfahrung, an die Aristoteles die Ethik bindet, besteht aus der Bestätigung oder Korrektur von Lebensgewohnheiten: um sie bestätigen oder korrigieren zu können, muß man sie zunächst einmal haben; auch das braucht ein gewisses Alter. Lebenserfahrung ohne Konventionen ist leer; Konventionen ohne Lebenserfahrung sind blind: indem Aristoteles die Ethik an die Lebenserfahrung bindet, bindet er sie an schon erprobte Lebensgewohnheiten, an überlieferte Konventionen: sie ist die Anknüpfung (Hypolepsis) an Üblichkeiten, an Traditionen. Diese — traditionelle Konventionen, Lebensgewohnheiten, Lebenserfahrung — sind etwas, was man in ein Gespräch einbringen, aber niemals ausschließlich durch ein Gespräch — schon gar nicht durch ein absolutes Gespräch, zu dem sie nicht zudürfen — erwerben kann: insofern — und wenn man den platonischen Sokrates exklusiv als Diskursethiker versteht — entsokratisiert Aristoteles die Ethik. Wenn man allerdings Sokrates vor allem als die Urfigur jenes lebensklugen „Laien" mit docta ignorantia begreift, der Reflexionsspiele auf den Boden der Lebensweltatsachen zurückholt und — durch common sense in der Reflexion — Reflexionsschlösser mit diesem Boden konfrontiert: dann im Gegenteil sokratisiert Aristoteles die Ethik, indem er sie entplatonisiert; denn er bindet sie — als Abwehr jeder Ethik, die spinnt — an die Lebenserfahrung.

Kant hat diese aristotelische Form der Ethik eudämonismuskritisch negiert: er etabliert die Ethik des unbedingten und autonomen Sittengesetzes, das „a priori", d.h. ‚unabhängig von aller Erfahrung' gültig und verpflichtend ist, und zwar als „kategorischer Imperativ": lebe universalistisch, d.h. handle nur nach universalisierbaren Maximen. Ich meine: man kann — die aufs Können des Lebens bedachte Glücksethik des Aristoteles und die aufs Sollen des Allgemeinen bedachte Gesetzesethik von Kant kontrastierend — sagen, daß der Apriorismus der Ethik Kants die Antwort ist auf die Frage: wie ist Ethik ohne Lebenserfahrung möglich? Der ethische Apriorismus ist die Negativierung der Lebenserfahrung als Instanz der Ethik; darum orientiert sie sich primär an ethischen Konflikten, aus denen Üblichkeit und Lebenserfahrung keinen Ausweg wissen, bis der apriorische Imperativ (wenn auch formalistisch-sibyllinisch) als Retter erscheint, während Aristoteles seine Ethik primär am durchschnittlichen Gelingen orientierte und die Konflikte den Tragödiendichtern überließ, von denen nicht die Ethik handelt, sondern die Poetik. Kants ethischer Apriorismus hat — Hegel[7] zum Trotz — der modernen Ethik das

---

[7] Hegel, *Grundlinien der Philosophie des Rechts* (1821): vgl. dort seine Kritik des Standpunktes der „Moralität" (§§ 105–141) durch den der „Sittlichkeit" (§§ 142–360).

Programm gemacht; besonders darum muß man – wenn es stimmt, daß der ethische Apriorismus (in Kants Grundlegungsschriften) der Versuch einer Ethik ohne Lebenserfahrung ist – fragen: wie kommt es, daß die moderne Ethik in ihrer repräsentativen Form sich nicht mehr auf die Lebenserfahrung verlassen mag? Die Notwendigkeit dieser Frage wird meistens verdrängt durch die Konstruktion eines selbstverständlichen Fortschritts der Ethik, der (mit der antizipierenden Diskursethik des platonischen Sokrates als Schrittmacher) vom konventionalistischen Empirismus des Aristoteles zum autonomen Apriorismus Kants läuft und nur noch den Schritt zur vollen Diskursethik machen muß, um perfekt zu werden. Aber dem ethischen Apriorismus entgleitet die Lebenserfahrung: das ist ein wirklicher Verlust; denn Lebenserfahrung ist das Remedium gegen Weltfremdheit. Warum wird dieses Remedium gerade modern preisgegeben? Diese Frage ist nicht überflüssig, sondern im Gegenteil dringlich: warum löst die moderne und gerade die moderne Ethik repräsentativ die Bindung an die Lebenserfahrung?

Der Versuch einer Antwort muß auf ein Phänomen führen, das gerade für die moderne Welt charakteristisch ist. Das aber ist ihr „Erfahrungsverlust"[8]: es scheint, daß in der modernen Welt die Haltbarkeit der Lebenserfahrung nachläßt und ihre Verderblichkeit zunimmt, weil in dieser Welt jene Situationen immer schneller vergehen, in denen und für die sie erworben wurde. Die Veraltungsgeschwindigkeit der Lebenserfahrung wächst, weil die Wandlungsgeschwindigkeit der modernen Welt zunimmt. Darauf hat – durch Generalisierung der Krisentheorie Burckhardts[9] – R. Koselleck[10] hingewiesen: die neuzeitliche Beschleunigung des Weltveränderungstempos treibt „Erfahrung" und „Erwartung" auseinander, die in der vorneuzeitlichen Welt (mit naturaler Abstützung) durch Üblichkeiten zusammengebunden waren. Aus den Traditionen, Konventionen, Üblichkeiten – die Erwartungshorizonte bilden, welche durch Lebenserfahrung tangierbar (zu bestätigen oder zu korrigieren) sind – wandert die Erwartung aus und wird futurisch, utopisch, illusionär; die Lebenserfahrung hingegen – die immer weniger zu orientieren vermag – kommt aufs Altenteil und stirbt ab: so verliert sie die Tauglichkeit, Instanz zu sein für die Ethik. Es ist nur scheinbar paradox, daß gerade im selben Augenblick die Erfahrungswissenschaften aufblühen: wo die lebensweltliche Kraft der Erfahrung schwindet, soll sie durch Delegation an Erfahrungsspezialisten gerettet werden. Je fleißiger, erfolgreicher, spezialsprachlicher und apparateintensiver aber diese Erfahrungsexperten arbeiten, desto weniger können wir ihnen noch wirklich folgen, desto mehr also müssen wir ihre Ergebnisse vertrauensvoll hinnehmen: in dem Maße, in dem die Welt – wie Kant sagt – zum „Gegenstand möglicher Erfahrung" für wissenschaftliche Experimentierexperten wird, hört sie zugleich für uns alle überwiegend auf, Gegenstand möglicher eigener Erfahrung zu sein. So wird gerade auch durch die Erfahrungswissenschaften der lebensweltliche Erfahrungsverlust radikalisiert und dadurch selbst noch der erfahrenste Alte beständig zurückgeworfen in die Lage des unerfahrensten Jungen: Alter und Jugend werden in Dingen

---

[8] Vgl. H. Lübbe, „Erfahrungsverluste und Kompensationen – Zum philosophischen Problem der Erfahrung in der gegenwärtigen Welt", zuerst in *Gießener Universitätsblätter* Bd 12 (1979) S. 42–53.

[9] J. Burckhardt, *Weltgeschichtliche Betrachtungen* (1868) IV: „Die geschichtlichen Krisen", interpretiert als „beschleunigte Prozesse": *Gesammelte Werke*, Bd 4, S. 116.

[10] Vgl. R. Koselleck, *Vergangene Zukunft – Zur Semantik geschichtlicher Zeiten*, Frankfurt/M. 1979.

Erfahrung indifferent und gerade dadurch provoziert, ihre Differenz nunmehr kompensatorisch durch demonstrativ-theatralische Differenzspiele zu suchen; das gehört zur modernen Infantilisierung der Menschen. Dabei leben nicht nur Erfahrung und Erwartung sich auseinander, sondern — als wichtiger Spezialfall — auch Erfahrung und Verpflichtung: wo die Lebenserwartung veraltet und verdirbt, muß die moralische Verpflichtung von ihr unabhängig gemacht und zum apriorischen Sollen werden. Der ethische Apriorismus — als Wille, die Verpflichtung von der Lebenserfahrung unabhängig zu machen durch ihre Rettung in die Autonomie — ist so (scheint es) das Epiphänomen dieses Erfahrungsverlusts der modernen Welt.

Stimmt das wirklich? Im fünften Abschnitt werde ich auf diesen Punkt zurückkommen durch die Frage: wird der ethische Apriorismus durch den modernen Erfahrungsverlust nötig, oder wird umgekehrt der moderne Erfahrungsverlust überdramatisiert, um den ethischen Apriorismus nötig erscheinen zu lassen?

2. (Die Cartesianisierung der Ethik durch den absoluten Diskurs). — Die Diskursethik — die ein Gegenwartsphänomen ist, obwohl sie sich durch den antiken Gesprächsethiker Sokrates inspirieren läßt — ist die Resokratisierung des ethischen Kantianismus, die Überführung des ethischen Apriorismus ins ethische Gespräch. Zu dieser „Transformation der Philosophie"[11] kommt es, weil beim ethischen Apriorismus ein Ausgleich für den Verlust der Lebenserfahrung nötig wird: der philosophisch-ethische Diskurs — sozusagen das absolute Gespräch— ist die Kompensation für den Ausfall der Lebenserfahrung im ethischen Apriorismus. Er ist — weil dort endliche Menschen an einem absoluten Gespräch, empirische Subjekte an einer transzendentalen Aufgabe mitwirken — zwar „apriorischer" als die Konventionen und Lebenserfahrungen, zugleich aber „empirischer" als das apriorische Sittengesetz kantischer Provenienz. Diese Zwischenlage des ethischen Diskurses — daß er das Apriori empirisiert — hat H.-M. Baumgartner[12] zur These bewogen: der ethische Diskurs „ist" nicht das Sittengesetz, sondern „schematisiert" (versinnlicht) es. Das unterstützt die Intention von Krings, der eine prädiskursive Instanz des ethischen Diskurses verlangt, weil jeder faktische Diskurs sein eigener genius malignus zu werden vermag: darum braucht er ein prädiskursives Korrektiv, das ihn davor zurückhält, und er braucht ein prädiskursives Prinzip, weil in jeden Diskurs von jedem Teilnehmer die Anerkennung jedes Teilnehmers schon mitgebracht werden muß als der prädiskursive „unbedingte Entschluß von Freiheit für Freiheit als „Bejahung anderer Freiheit"[13]: der Diskurs selber realisiert diesen Urentschluß. Als „Schema" dieses initialen „Aktus der Freiheit" — kantianischer wohl: als seine „Hypotypose"[14] — macht der Diskurs die transzendentale

---

[11] K.-O. Apel, *Transformation der Philosophie* (1973), etwa im Sinne von Bd 2, Frankfurt/M. 1976, S. 430: Transformation des „methodischen Solipsismus" auch der klassischen — kantianischen — Transzendentalphilosophie in eine Philosophie und philosophische Ethik, die „das einsame Denken als defizienten Modus der Kommunikation begriffen hat".

[12] Diskussionsbemerkung von H.-M. Baumgartner in *Normenbegründung — Normendurchsetzung*, hg. W. Oelmüller, Paderborn 1978, S. 238ff.; vgl. S. 278.

[13] H. Krings, „Reale Freiheit — Praktische Freiheit — Transzendentale Freiheit", in *Freiheit — Theoretische und praktische Aspekte des Problems*, hg. J. Simon, Freiburg/München 1977, S. 107; ders.: „Freiheit — Ein Versuch, Gott zu denken", in *Philosophisches Jahrbuch* Bd 77 (1970), S. 233.

[14] Kant, *Kritik der Urteilskraft* (1790) § 59.

Freiheit zur konsensualen, also „den transzendentalen Gesichtspunkt zu dem gemeinen": das war Fichtes – moralpädagogisch orientierte – Definition der „schönen Kunst"[15]; vielleicht ist der ethische Diskurs nur als ästhetisches Phänomen gerechtfertigt. Das würde erklären, warum diese moralische Anstalt gern zur Schaubühne wird, auf der man nicht nur konsensual, sondern auch konsensationell operiert, und warum in ihr die Fiktion eine so große Rolle spielt[16]; denn der ethische Diskurs ist dann eben das, was Schiller der Schönheit zu sein nahelegte: „Freiheit in der Erscheinung"[17]. Versucht also die Diskursethik eine *Ästhetisierung der Moral?*

Die Diskursethiker bestreiten das natürlich: sie wollen vielmehr die *Demokratisierung der Moral*[18]. Sie machen die Autonomie konkret, indem sie – sozusagen – beim kategorischen Imperativ die Mitbestimmung einführen. An die Stelle des apriorischen Sittengesetzes tritt die diskursiv-dialogische (kommunikative) Sittengesetzgebung, an der alle Betroffenen – alle Menschen – chancengleich teilhaben sollen, indem nur durch den Konsens aller im – „kontrafaktisch" als „unverzerrt", „herrschaftsfrei" „unterstellten" – ethischen Fundamentalgespräch die sittlichen Normen legitimiert, d.h. als verbindlich erwiesen werden: der kategorische Imperativ wird zum Resultat eines absoluten Gesprächs, das in sich selber „unhintergehbare" „pragmatische Universalien" als sein Ursprungsminimum entdeckt und konsensual rechtfertigt, die es ermöglichen und tragen. Damit wird – gewissermaßen – das Daimonion im Sinne des Sokrates, das Gewissen im Sinne Kants, das Über-Ich im Sinne Freuds, das bei den Genannten stets auch (gewissensphänomenologisch plausibel) Einsamkeit bedeutet, aus dieser Einsamkeit herausgeholt und in das Gespräch aufgelöst, das als Polylog jener „Metainstitution"[19], die das freie Gewissensbildungskollektiv darstellt, der absolute Diskurs ist, der kommunikativ, rational, konsensual über Gut und Böse entscheidet. Durch diese – als Demokratisierung der Moral gedeutete – Verwandlung des apriorischen Sittengesetzes in die diskursive Sittengesetzgebung wird aus dem Über-Ich das Über-Wir.

Ich bezweifle die Triftigkeit der Deutung des absoluten Diskurses als Demokratisierung der Moral: diese Deutung hat eher den Charakter einer Selbstbehauptungsparole der Dis-

---

[15] Fichte, *System der Sittenlehre* (1796) § 31.
[16] J. Habermas, „Vorbereitende Bemerkungen zu einer Theorie der kommunikativen Kompetenz" in J. Habermas / N. Luhmann, *Theorie der Gesellschaft oder Sozialtechnologie – Was leistet die Systemforschung?*, Frankfurt/M. 1971, S. 140; vgl. Verf., „Kunst als Antifikation" in *Poetik und Hermeneutik X,* München 1983, S. 35–54, dort bes. S. 36/37 und S. 49/50.
[17] Schiller, *Kallias oder über die Schönheit,* dort Brief an Gottfried Körner vom 25.1.1793, in *Sämtliche Werke,* hgg. Fricke / Göpfert, Bd 5, S. 400.
[18] Vgl. J. Habermas, a.a.O.; K.-O. Apel, „Das Apriori der Kommunikationsgemeinschaft und die Grundlagen der Ethik", in ders., *Transformation der Philosophie,* Bd 2, S. 358–435; vgl. auch Bd 1, S. 217: „Zweifellos ist nun die Philosophie – seit den Tagen, da sie zum ersten Mal im Dialog einzelner Menschen die Grundlagen der Staatsverfassung und der menschlichen Gesittung diskutierte, also seit Sokrates – die eigentliche ,idée directrice' einer vom Mythos und den ihm zugehörigen archaischen Institutionen entbundenen Meta-Institution der Sprache, die als ,Logos' ihrerseits alle anderen Institutionen allererst begründen soll. So gesehen, ist die parlamentarische Demokratie eine institutionelle Inkorporation des Geistes der Philosophie (...). Wer daher das Unterfangen der griechischen Philosophen, das Dasein des Menschen auf den Logos zu gründen, für restlos gescheitert ansieht, sollte wissen, daß er damit auch die Möglichkeit der Demokratie im Grunde verneint."
[19] Ebd.

kursethik, die zu ihrer eigenen Ermutigung dient und zur Ermutigung derer, die Einwände gegen sie erheben. Sie hat dann ähnliche Funktion wie die diskursethische Distinktionsfreudigkeit; denn die Diskursethik siedelt auf dem Gipfel von Distinktionen aus ähnlichem Grund wie Burgen auf dem Gipfel von Bergen: um Angreifer schon vor dem Angriff zu ermüden. Ich meine indessen: die Diskursethik ist – und zwar diesseits von „demokratisch" und „undemokratisch" – vielmehr die *Cartesianisierung der Moral* durch den absoluten Diskurs des Über-Wir. Der Ausdruck „Cartesianisierung" bezieht sich dabei nicht auf das, was Descartes – in der ‚provisorischen Moral' des *Discours de la méthode*, von der noch die Rede sein wird – zur Ethik gesagt hat[20], sondern auf den ‚methodischen Zweifel' im Sinne der ersten der *Meditationes*[21] und die Technik seiner Besiegung im Sinne der zweiten. „Cartesianisierung der Moral" besagt dann: die Diskursethik etabliert den absoluten Diskurs als den methodischen Zweifel an Normen[22]. Die Zweifelsregel von Descartes bestimmt: „in dubio contra traditionem", anders gesagt: alles, was nicht (durch die „certa methodus") erwiesenermaßen wahr ist und also falsch sein könnte (das sind alle vorhandenen Urteile), ist so zu behandeln, als ob es falsch ist, und zwar so lange, bis es – durch „scientia more certa methodo" – „clare et distincte" als wahr erwiesen ist; solange dies nicht der Fall ist, muß alles Urteilen ausgesetzt werden: denn alle Urteile sind nicht etwa solange erlaubt, bis sie durch Falsifikation verboten, sondern solange verboten, bis sie durch exakte Verifikation erlaubt werden. Entsprechend verfährt diskursethisch der absolute Diskurs; seine – stillschweigend praktizierte – Verdächtigungsregel bestimmt: „in dubio contra traditionem" („sive conventiones"), anders gesagt: alles, was nicht (durch Konsens des herrschaftsfreien Diskurses) erwiesenermaßen gut ist und also böse sein könnte (das sind alle vorhandenen Lebensorientierungen), ist so zu behandeln, als ob es böse ist, und zwar so lange, bis es – durch den absoluten Diskurs – konsensual als gut gerechtfertigt ist[23]; solange dies nicht der Fall ist, muß alles konventionsgeleitete Handeln ausgesetzt, hilfsweise suspektiert werden: denn alle praktischen Lebensorientierungen sind nicht etwa solange erlaubt, bis sie durch Malitätserweis verboten, sondern solange verboten, bis sie durch diskursive Legitimierung erlaubt werden. In beiden Fällen werden also die geschichtlichen Vorgaben vorsorglich negiert: wie Descartes die Wissenschaft nicht mehr dem naturwüchsigen Wildwuchs der Geschichte überlassen wollte und darum die „certa methodus" als Geschichtsersparungsverfahren erfand, will die Diskursethik die Moral nicht mehr dem naturwüchsigen Wildwuchs der Geschichte überlassen und erfindet

---

[20] *Œuvres de Descartes*, hgg. Adam / Tannery, Bd 6, S. 22ff.
[21] *Œuvres de Descartes*, Bd 7, S. 17ff.
[22] Vgl. K.-O. Apel, „Die Kommunikationsgemeinschaft als transzendentale Voraussetzung der Sozialwissenschaften", in ders., *Transformation der Philosophie*, Bd 2, S. 221: „cartesische Radikalisierung der transzendentalen Fragestellung"; vgl. ders., „Das Apriori der Kommunikationsgemeinschaft und die Grundlagen der Ethik", ebd., bes. S. 392–394: es „ist der methodische Ansatz des augustinisch-cartesischen Zweifels (...) auch für die Ethik (...) verbindlich", freilich unter Vermeidung „des ‚methodischen Solipsismus' des cartesischen Denkstils" (S. 393); vgl. S. 411; denn es „muß die Geltung moralischer Normen (also die Geltung von Sollensansprüchen praktischer Sätze) prinzipiell ebenso eingeklammert und in Frage gestellt werden wie die Wahrheitsgeltung theoretischer Sätze über Tatsachen": S. 392.
[23] Ebd. S. 424: „Im Apriori der Argumentation liegt der *Anspruch*, nicht nur alle ‚Behauptungen' der Wissenschaft, sondern darüber hinaus alle menschlichen *Ansprüche* (auch die impliziten Ansprüche von Menschen an Menschen, die in Handlungen und Institutionen enthalten sind) zu *rechtfertigen*".

darum das Geschichtsersparungsverfahren des absoluten Diskurses. In beiden Fällen wird also die Vernunft etabliert, indem das geschichtlich Vorhandene negiert wird; und in beiden Fällen steht – im Namen der Freiheit zum Wahren bzw. der Freiheit zum Guten – am Anfang die Befreiung von dem, was man schon ist (die Befreiung von der Freiheit, sich nicht total zur Disposition stellen zu müssen). Denn das sittlich Vorhandene ist verboten, bis es diskursiv erlaubt ist: durch seine vorsorgliche Negation hat es die Begründungslast für seine Bonität gegenüber dem absoluten Diskurs, und zwar zu dessen Begründungsbedingungen. Dadurch wird – denn es ist bei dieser diskursiven Fortschreibung des ethischen Kantianismus die Fortschreibung der Kantischen „Gerichtshofvorstellung" vom Gewissen[24] durchaus naheliegend – der absolute Diskurs des Über-Wir zum absoluten Tribunal, vor dem alles Vorhandene – mit dem Status des „suspect" auf der Suche nach dem „certificat de civisme" – seine Unschuld zu den Beweisbedingungen dieses diskursiven Tribunals zu beweisen versuchen muß und so lange als schuldig gilt, wie ihm das nicht zur absoluten Zufriedenheit des absoluten Diskurses gelingt: die Beweislast hat das Vorhandene.

3. (Parlamentarische Debatte und unendliches Gespräch). – Durch diesen Suspektierungszwang als Prämisse – der dem Cartesischen Dubitationszwang entspricht – unterscheidet sich der *absolute Diskurs* toto coelo von zwei anderen multilateralen Gesprächsformen, die modern repräsentativ geworden sind: von der *parlamentarischen Debatte* und dem *unendlichen Gespräch;* denn beide nehmen – im Unterschied zum absoluten Diskurs – Rücksicht auf das geschichtlich Vorhandene, indem beide dieses geschichtlich Vorhandene nicht – methodisch vorsorglich – in praktischer Absicht total negieren: die parlamentarische Debatte, die an die Bedingung der gewaltenteiligen Demokratie gebunden ist, negiert es nicht einmal vorsorglich und niemals total; das unendliche Gespräch, das an die Bedingung der ästhetischen Situation gebunden ist, negiert es jedenfalls nicht in praktischer Absicht. Meine kurze Erläuterung dazu bildet einen Kontrastexkurs, der der Verwechslung von absolutem Diskurs, parlamentarischer Debatte und unendlichem Gespräch vorbeugen soll.

Die parlamentarische Debatte steht durch Handlungszwang unter Zeitdruck. Sie ist prinzipiell befristet und trägt dem Rechnung, indem sie nicht bis zum Konsens diskutiert, sondern die Debatte durch Abstimmung beendet, in der durch Mehrheit entschieden wird. In der gewaltenteiligen Demokratie hat sie die Normenänderungskompetenz der Legislation. Deswegen ist ihre Entscheidung in der Regel ein Beschluß zur Abänderung der vorhandenen Normenlage. Sie setzt also diese vorhandene Normenlage – auch und gerade als geschichtlich vorgegebene Sittenlage – in dem Sinne voraus, daß sie so lange erlaubt bleibt, wie sie nicht ausdrücklich durch – stets nur partielle – Abänderungsbeschlüsse (Gesetze) verboten wird, wobei jedes Verbot limitiert ist durch das Gebot des Minderheitenschutzes. Insofern kann man – formal beschreibend und pointierend – sagen: in der parlamentarischen Debatte hat jede Teilnehmerformation das Gesprächsziel, den politischen Gegner in den Genuß des Minderheitenschutzes zu bringen (den der absolute Diskurs nicht kennt, weil es beim absoluten Konsens keine Minderheiten gibt). Der Antrag

---

[24] Heidegger, *Sein und Zeit*, Halle 1927, S. 293.

auf Abänderung bedarf der Begründung: die Beweislast hat der Veränderer[25]; dieser Beweislast kann – aber stets nur für nichttotale, d. h. partielle Änderungen – häufig erfolgreich genügt werden, was an der Gesetzesproduktion von Parlamenten ablesbar ist. Aus all diesem – und manch anderem mehr – folgt: wer den absoluten Diskurs (oder seine raison d'être) mit der parlamentarischen Debatte (oder deren raison d'être) verwechselt, tut dies zu Unrecht.

Das unendliche Gespräch steht nicht unter Handlungszwang und daher nicht unter Zeitdruck. Es ist prinzipiell unbefristet auch im Sinn einer unlimitierten Lizenz zu Gesprächspausen, denn ein unendliches Gespräch braucht und kann nicht zuendegeführt werden, verliert also durch Unterbrechungen keine Zeit. Darum können unendliche Gespräche – nur scheinbar paradox – kurz sein, im Unterschied zum absoluten Diskurs, der lang sein muß und darum durch „Diktatur des Sitzfleischs" (Weinrich) bedroht ist. Unendliche Gespräche haben keine praktischen Ziele (oder haben sie nur als Vorwand): insofern ist das geschichtlich Vorhandene – diesseits von Verbot und Erlaubnis – unendlich interessantes Sujet für Interpretationen, deren Ergebnisse – das definiert die ästhetische Situation – hochgradig folgenlos sind, hilfsweise – bei potentiell praktischen Gesprächsfolgen – gut entsorgt sein mussen (z.B. durch jene sicheren Deponien, die die Bücher sind). Gesprächsziel ist das Gespräch selber: Anregung dadurch, daß im Gespräch jeder sich bewegt, aber nicht zum Konsens, der allenfalls ein transitorischer Zufall ist (während der absolute Diskurs konsenszielig auf einen Zustand aus ist, in dem der Plural seiner Teilnehmer überflüssig wird, ist für das unendliche Gespräch der Plural seiner Teilnehmer niemals überflüssig: weil es umso interessanter wird, je mehr jeder Gesprächsteilnehmer etwas anderes meint als jeder andere). Die Frage: „was kommt heraus?" ist beim unendlichen Gespräch zu ersetzen durch die Frage: „wer kommt heraus?" mit der Antwort: „alle, und zwar möglichst verschieden". Weil so das unendliche Gespräch nicht unter Konsensdruck oder Entscheidungszwang steht, braucht es keine Beweislastregel: statt Begründungspflichten gibt es nur Begründungsneigungen, die – in wechselnden Formen der Lastenverteilung – exzessiv ausgelebt werden können aber nicht müssen. Aus all diesem – und manch anderem mehr – folgt: wer den absoluten Diskurs (oder seine raison d'être) mit dem unendlichen Gespräch (oder dessen raison d'être) verwechselt, tut dies zu Unrecht.

Parlamentarische Debatte und unendliches Gespräch unterscheiden sich daher – als ‚uncartesianisierte' Gespräche – vom absoluten Diskurs. Zugleich unterscheiden sie sich auch voneinander: ich folge hier also nicht der Ansicht von C. Schmitt, der – rekurrierend auf die von Donoso Cortes ausgehende Charakteristik des Bürgertums als ‚diskutierender Klasse'[26] – den „heutigen Parlamentarismus" mit dem „unendlichen Gespräch" zusammenbringt[27]: beide sind vielmehr durchaus verschiedene Gesprächsformen und nicht durcheinander substituierbar. Wohl aber mag es sein, daß beide nur in Symbiose miteinander leben können, denn immerhin – scheint mir – replizieren beide (mit erklärbarer

---

[25] Vgl. M. Kriele, *Theorie der Rechtsgewinnung,* Berlin 1967; ferner Verf., *Abschied vom Prinzipiellen,* Stuttgart 1981, bes. S. 16.
[26] „una clasa discutidora", zit. bei C. Schmitt, *Politische Theologie,* Berlin/Leipzig ²1934, S. 75.
[27] Ebd. S. 69ff.; vgl. außerdem C. Schmitt, *Die geistesgeschichtliche Lage des heutigen Parlamentarismus* (1923), Berlin ⁵1959, S. 46, und: *Politische Romantik,* Berlin ²1925.

Verzögerung) auf das Trauma des konfessionellen Bürgerkriegs, der ein politisch gewordener hermeneutischer Bürgerkrieg war. Darum mußte er sowohl politisch als auch hermeneutisch beantwortet werden. Die politische Antwort ist die staatliche Autorität („auctoritas, non veritas, facit legem"), deren nachabsolutistische Form die parlamentarische Debatte ist als „gehegter Bürgerkrieg"[28]. Die hermeneutische Antwort ist die „Literarisierung" der Hermeneutik („originalitas, non veritas, facit interpretationem"), deren nachaufklärerische Form das unendliche Gespräch ist, das die Pflicht zu einer einzigen heilsabsoluten Interpretation verwandelt in die Lizenz zu einer offenen Vielzahl von heilsfragenentlasteten Interpretationen[29]. Es mag also sein, daß das unendliche Gespräch nur im Schutz der parlamentarischen Debatte, die parlamentarische Debatte nur flankiert durch die Entlastung der Hermeneutik von Heilsfragen im unendlichen Gespräch gedeiht. Jedenfalls aber ist es wichtig, beide Gesprächsfomen nicht mit dem absoluten Diskurs zu verwechseln und diesen nicht mit ihnen.

4. (Die Unvermeidlichkeit von Üblichkeiten). – Denn – das war bisher meine These – der absolute Diskurs ist die Cartesianisierung der Moral; aber – das ist nun im folgenden meine weitere These – die Cartesianisierung der Moral kann nicht gelingen: sie scheitert an der menschlichen Endlichkeit d. h. Sterblichkeit.

Die Menschen müssen sterben, sie sind „zum Tode"[30]. Diese Aussage ist diesseits aller existentialistischen Emphase philosophisch zentral und läßt sich auch ganz unemphatisch ausdrücken: in der menschlichen Gesamtpopulation beträgt die Mortalität hundert Prozent. Der Tod aber – wie lange er auch zögert – kommt immer allzubald: vita brevis. Jedenfalls ist das Menschenleben zu kurz für den absoluten Diskurs. Es ist nicht nur dieser oder jener Handlungszwang, sondern es ist – alle Handlungszwänge erzwingend und verdringlichend – der Tod, der uns nicht die Zeit läßt, auf das absolute Ergebnis des absoluten Diskurses – die konsensuale Legitimation aller lebensnötigen Moralnormen – zu warten, der im übrigen nicht beschleunigt wird durch orthosprachliche Zurüstungen: eher im Gegenteil. Wenn aber durch den absoluten Diskurs und seinen methodischen Zweifel an Normen die geschichtlich-faktisch vorhandenen Lebensorientierungen (die nicht diskursiv legitimiert, sondern nur konventionell, nur Üblichkeiten sind) so lange verboten bleiben, bis sie diskursiv-konsensual erlaubt werden (bis der absolute Diskurs zum umfassenden Moralkonsens gekommen ist), dann läuft das im Effekt hinaus auf das Verbot, mit dem Leben anzufangen, bevor es ist: denn der Tod ist schneller als der diskursethisch absolute Diskurs über alle lebensnötigen Moralnormen.

Darum kann man sagen: die Diskursmoral ist für die Menschen die Moral für ihr Leben nach dem Tode, die die Frage nach der Moral für ihr Leben vor dem Tode offenläßt. Doch gerade für ihr Leben vor dem Tode brauchen die Menschen die Moral: wenn es also die legitimierte Diskursmoral – wegen der absoluten Dauer ihrer Konsensarbeit – noch nicht gibt, und wenn es also die faktische Moral – durch den methodischen Normenzweifel des absoluten Diskurses – nicht mehr gibt, muß offenbar ein interimistischer Moralersatz

---

[28] Formulierung von Günter Maschke.
[29] Vgl. Verf., „Frage nach der Frage, auf die die Hermeneutik die Antwort ist", in ders., *Abschied vom Prinzipiellen*, bes. S. 127ff.
[30] Heidegger, *Sein und Zeit* S. 235ff.

herbei, der in diese Zeitlücke – die unser Leben ist – einrückt. Das wurde bei Descartes zum Argument für das, was er – im dritten Kapitel seines *Discours de la méthode* – die ‚provisorische Moral'[31] nannte. (Sein Bild: wenn man ein Haus abreißt, um sich ein neues zu bauen, muß man für eine Zwischenunterkunft sorgen.) Die provisorische Moral muß auch und gerade für die Diskursethik aktuell werden, wo die Diskursethik – als Cartesianisierung der Moral – konsequent wird; denn sonst diskutiert der absolute Diskurs sozusagen nach dem Motto: „vor mir die Sintflut" (ein wenig scheint mir K.-O. Apels „Teil B der Ethik", die als Ethik der „strategischen" Durchsetzung des „Kommunikativen" die „teleologische Suspension des Ethischen" in der Form der Ethik ist, dieses Motto zum Grundsatz zu machen[32]).

Freilich: die provisorische Moral ist für die Diskursethik ebenso nötig wie ruinös. Denn entweder ist die provisorische Moral selber kein Produkt des absoluten Diskurses; dann verfällt auch sie dessen methodischem Zweifel an Normen. Oder die provisorische Moral ist doch selber ein Produkt des absoluten Diskurses: dann läßt sie ihrerseits einigermaßen absolut auf sich warten und braucht ihrerseits – als interimistischen Moralersatz – wiederum eine weitere provisorische Moral, und so fort. Diese Aporie entsteht – abgeschwächt – auch dann, wenn die provisorische Moral eine andersartige umfassende Neuerfindung auch nur eines provisorischen Minimums aller lebensnötigen Normen sein soll: auch dann reproduziert sie das Problem, zu dessen Lösung sie dienen sollte. Das ist nur dann nicht der Fall, wenn sie identisch ist mit der geschichtlich vorhandenen Moral. Daraus folgere ich: die provisorische Moral ist unvermeidlich identisch mit der faktischen – der geschichtlich vorhandenen – Moral und ihren Üblichkeiten. Descartes hat das nicht ausdrücklich gesagt und vielleicht auch nicht in voller Schärfe gesehen; immerhin bestätigen die von ihm im dritten Kapitel des *Discours* formulierten ‚Maximen der provisorischen Moral' diese Identität: Anpassungsmaxime, Entschiedenheitsmaxime (die Konsequenz in der Fortsetzung des längst Entschiedenen verlangt) und Selbstbesiegungsmaxime laufen – im Sinn skeptischer Tradition – darauf hinaus, den vorhandenen Sitten zu folgen: die provisorische Moral ist auch bei Descartes identisch mit der faktischen – der geschichtlich vorhandenen Moral – und ihren Üblichkeiten. Das unterstreicht, wie es ist: für die Menschen sind Üblichkeiten unvermeidlich[33], und zwar auch und gerade dann, wenn sie – zugunsten diskursiv legitimierter Normen – im Diskurs vorsorglich negiert werden. Dadurch kommt es zu jener Dialektik des absoluten Diskurses, die ihm selber verborgen bleibt, solange er – wegen Betriebsblindheit des Kommunikationsapriori – in der Naivität seiner internen Reflexionen verharrt: die Üblichkeiten, die er negiert, muß er zugleich verlangen; auch und gerade „postkonventionell" müssen wir „konventionell" bleiben; und je absoluter der absolute Diskurs wird, umso unausweichlicher schickt er die Menschen zurück in moralische Konventionen, in die unvermeidlichen Üblichkeiten.

Der diskursethisch absolute Diskurs ist also zugleich die direkte Entmächtigung und die

---

[31] *Œuvres de Descartes,* hgg. Adam / Tannery, Bd 6, S. 22: „normale par provision".
[32] Vgl. K.-O. Apel, „Diskussionseinleitung", in *Transzendentalphilosophische Normenbegründungen,* hg. W. Oelmüller, Paderborn 1978, S. 169ff., und meine Diskussionsbemerkung dazu ebd. S. 193–195.
[33] Vgl. Verf., „Über die Unvermeidlichkeit von Üblichkeiten", in *Normen und Geschichte,* hg. W. Oelmüller, Paderborn 1979, S. 332–342.

indirekte Ermächtigung der schon vorhandenen Üblichkeiten: gezwungenermaßen. Was dabei den absoluten Diskurs zwingt, die Menschen in die faktisch vorhandene Moral der Üblichkeiten zurückzuschicken, das ist der Tod: weil die Menschen sterben, können sie den Üblichkeiten (den Konventionen, der geschichtlich vorhandenen Moral) nicht beliebig entrinnen; sie haben – denn der Tod kommt immer allzubald: vita brevis – schlichtweg keine Zeit dazu. Dabei stimmt, was die Diskursethiker diagnostizieren: die vorhandene Moral der Üblichkeiten ist Zufall, aber – das wird selten berücksichtigt – keiner, bei dem es den Menschen freisteht, diesen oder einen ganz anderen Zufall zu wählen, sondern einer, in dem sie drinstecken und dem sie fast gar nicht – nämlich stets nur wenig – entkommen können. Die geschichtlich vorgegebenen Üblichkeiten sind keine beliebig wählbaren und abwählbaren Beliebigkeiten, sondern negationsresistente Schicksale: gerade als Sitten kommen sie jeder ‚Wahl, die wir sind'[34] zuvor als die ‚Nichtwahl, die wir sind'. Ihre grundsätzliche Zufälligkeit und enorme Komplexität verwehrt es den Menschen, sie – die gegebene Morallage – dauernd komplett zu überprüfen: mit diesem Diskurs eben werden die Menschen nicht fertig. Was besprochen, überprüft, begründet werden kann, sind vielmehr überschaubare Änderungen, Kleinkorrekturen der Normenlage: darum liegt, wenn hier überhaupt begründet werden soll, die Begründungspflicht vernünftigerweise beim Veränderer, denn er allein – wenn er überschaubare Veränderungen vorhat – kann ihr genügen. Seine Abänderungsbegründung aber braucht die vorhandene Sitten- und Normenlage als „Handlungsgrundlage"[35]. Normenänderungsethik ist nur incrementalistisch möglich; Ethik ohne Hypoleptik ist ruinös. Denn wir können uns aus den geschichtlich vorgegebenen Üblichkeiten – dem, was gilt, weil es schon galt – nicht in beliebigem Umfang hinausdiskutieren: das limitiert den absoluten Diskurs. Ohne schon vorhandene Moralüblichkeiten kommen wir Menschen nicht aus. Wir sind – durch unsere Sterblichkeit – zur Konventionalität gezwungen: gerade in Dingen Moral sind wir – diesseits von Diskurskonsens und Gewalt – Kostgänger der Selbstverständlichkeiten. Wer alle Konventionen in Frage stellt oder auch nur zu viele, läßt uns nicht leben.

5. (Der böse Blick aufs Vorhandene und der nachträgliche Ungehorsam). – Aber – meinen die Diskursethiker – es ist gar nicht die Diskursethik allein, die die vorhandenen Moralkonventionen negiert. Ihr methodischer Zweifel an Normen ratifiziert nur, was die Realität selber tut. Denn die moderne Wirklichkeit selber negiert die Moralkonventionen, und zwar durch jene Verfassung, von der schon die Rede war: es ist das wachsende Veränderungstempo der modernen Welt, das die Konventionen verschleißt. Gerade weil die Üblichkeiten – durch die hohe Innovationsgeschwindigkeit – immer schneller veralten und absterben, müssen sie ersetzt werden: durch den ethischen Diskurs. Selbst wenn er unmöglich wäre, wäre er nötig[36].

Aber dieser Einwand verkennt die moderne Welt, denn in Wirklichkeit bleibt auch sie

---

[34] Vgl. Sartre, *L'Etre et le néant*, Paris 1943, S. 638.
[35] N. Luhmann, „Status quo als Argument", in *Studenten in Opposition*, hg. H. Baier, Bielefeld 1968, S. 81.
[36] Vgl. K.-O. Apel, *Transformation der Philosophie*, Bd 2, S. 363, dort allerdings als Scheinparadoxie formuliert: „Eine universale, d.h. intersubjektiv gültige Ethik solidarischer Verantwortung scheint demnach zugleich notwendig und unmöglich zu sein."

konventionsfreundlich. Dies mache ich geltend, indem ich jene Frage, die ich zum Schluß des ersten Abschnitts aufgeworfen hatte, folgendermaßen beantworte: nicht das moderne Wandlungstempo (mit den Folgen Erfahrungsverlust und Üblichkeitenverschleiß) macht die Sollens- und Diskursethik nötig, sondern umgekehrt: damit die Sollens- und Diskursethik nötig erscheine, wird das moderne Wandlungstempo (mit den Folgen Erfahrungsverlust und Üblichkeitenverschleiß) überdramatisiert. Diese These ist — in der Grundfigur — die modernisierte Wiederholung von Hegels Argument gegen die Sollensethik[37]: die Sollensethik trennt — wegen befürchteter Geltungserosion des nur faktisch Geltenden (durch Befolgungs- und Anerkennungsdefizite) — das Sollen vom Sein: aus Vorsicht. Damit hat sie recht für den schlimmsten Fall und erklärt drauf den schlimmsten Fall zum durchgängigen Fall, um durchgängig recht zu haben: das aber — meint Hegel — gelingt ihr nur durch einen wirklichkeitsunterbietenden Wirklichkeitsbegriff: durch Negativierung des Intakten, Verbösung des Guten, Blindmachung fürs Vernünftige; sie entwickelt Verleugnungszwänge. Die Rettung der Normen in das Kontrafaktische lebt von Faktizitätsvermiesungen: vom bösen Blick aufs Vorhandene.

Dieser böse Blick ist auch dort am Werk, wo in der modernen Welt nur noch die Veränderungsbeschleunigung gesehen wird und nicht auch ihre Kompensationen, die die Konventionen nach wie vor abstützen. Ich kann hier nur einige wenige Hinweise dafür geben, daß das moderne Wandlungstempo ein wohlkompensierter Vorgang ist: nur weil er das ist, ist er aushaltbar. Die wachsende Veraltungsgeschwindigkeit wird modern kompensiert durch Zunahme der Reaktivierungschancen fürs Alte: durch den Konservierungsenthusiasmus des historischen und ökologischen Sinns, durch das Dauerphänomen nostalgischer Reprisen, durch Rettung der Lebenserfahrung in die autonom und ästhetisch werdende Kunst, durch die Technik der Anpassung alter Optiken an neue Situationen, also die „Hermeneutik" genannte Altbausanierung im Reiche des Geistes. Zugleich wird — basal — die wachsende Innovationsgeschwindigkeit modern kompensiert durch Stabilitätszugewinne ihrer funktional differenzierten Teilsysteme: das hat vor allem N. Luhmann betont. Man kann eine Menge Wandlungstempo vertragen, wenn Gehalt und Zeitung regelmäßig kommen, die Technik Not-Überfluß-Schwankungen neutralisiert, der Markt seine Schuldigkeit tut, Administration und Jurisdiktion kalkulierbar bleiben und die an all diesem hängenden Gewohnheiten nicht in Frage gestellt sind. Daß alles fließt, wird aushaltbarer, wenn stets auch — sobald man es braucht — das Leitungswasser fließt. Nie fuhr in Deutschland die Eisenbahn pünktlicher als seit 1835: die moderne Zunahme der Mobilität wird kompensiert durch das Zuverlässigkeitswachstum etwa des Verkehrs. Die Beschleunigung des Wirklichkeitswandels wird neutralisiert durch basale Stabilitäten: der moderne Zuwachs an Geschichte — an ewiger Wiederkehr des Ungleichen — wird kompensatorisch unterlagert durch den Eintritt ins „posthistoire". So wird — ethisch relevant — der Konventionenverschleiß modern kompensiert durch neue (globalere) Konventionalitäten erheblichen Ausmaßes: das moderne Zeitalter des zunehmenden Wandlungstempos ist zugleich das Zeitalter seiner Kompensationen. Das alles muß die Diskursethik übersehen, um sich nötig vorzukommen: durch das falsche Stichwort „postkonventionell"

---

[37] Vgl. Verf., „Hegel und das Sollen" (1963), in Verf., *Schwierigkeiten mit der Geschichtsphilosophie*, Frankfurt/M. ²1982, S. 37–51.

macht sie sich kompensationsblind. Und weil sie die zahllosen anderen Kompensationen übersieht, hält sie sich selber für die einzige und will darum – kompensationsblindheitskompensatorisch – mehr werden als „nur" eine Kompensation: nämlich zum Protagonisten des Jenseits zur vorhandenen Welt. Denn sie übersieht „die Rose am Kreuz der Gegenwart" (Hegel) durch bösen Blick aufs Vorhandene.

Von diesem Negationszwang schon beim Beschreiben lebt die Diskursethik, die (trotz Peirce) zuerst in Deutschland in einigem Zeitabstand zum Ende des zweiten Weltkriegs wirklich erfolgreich wurde. Ihr Negationszwang wurde gerade dort begünstigt und zusätzlich aktualisiert durch jenes spezifisch deutsche Nachkriegsphänomen, das man – mit einem Gegenbegriff zu Freuds „nachträglichem Gehorsam"[38], durch den Freud das „Über-Ich", die Genese des Gewissens erklärte – beschreiben kann als nachträglichen Ungehorsam[39]. Er ist ein – spezifisch deutscher – fehllaufender Vergangenheitsbewältigungsversuch. Als man sich in der Bundesrepublik – angesichts der Schrecken der jüngsten deutschen Vergangenheit – vom schlechten Gewissen darüber, daß Ungehorsam und Aufstand gegenüber dem Nationalsozialismus in der Regel unterblieben waren, nicht mehr durch die Mühe des Wiederaufbaus ablenken konnte, holte man diesen Ungehorsam und Aufstand nach: weil der Nationalsozialismus kein vorhandener Gegner mehr war nun (mit mancherlei Aufwand, das Heute mit dem Damals durch zusammengreifende Faschismustheorien gleichzusetzen) gegen die vorhandenen Verhältnisse der Bundesrepublik und (durch globalere Entfremdungstheorien) gegen jedes faktisch Vorhandene überhaupt. Es war dies die Zeit des umgekehrten Totemismus: darum wurden nun die „Tabus" gerade gebrochen und die „Totems" gerade geschlachtet und aufgegessen; nach der materiellen Fresswelle kam so die intellektuelle Fresswelle. Dieser nachträgliche Ungehorsam war ein Entlastungsarrangement: man braucht – wo Schuldvorwürfe es überlasten – das Gewissen, schien es, nicht mehr zu *haben,* wenn man das Gewissen *wird,* das alles faktisch Vorhandene verurteilt, zum Vergangenen zu werden. Die Angeklagten entkommen dem Tribunal, indem sie es werden: so etwa durch Beitritt zum absoluten Diskurs, der gerade nun rechtzeitig durch die Diskursethik aufgerufen wurde. Diese – nachträglich ungehorsame – Flucht aus dem Gewissenhaben in das Gewissensein wurde zum Prinzip der Avantgarde, die nur noch die anderen die Vergangenheit sein läßt, indem sie selber nur noch die Zukunft ist. Durch diesen Entlastungsmechanismus wurde die Negation des faktisch Vorhandenen nachgerade unwiderstehlich und ebendadurch die Diskursethik aktuell. Denn durch den nachträglichen Gehorsam entsteht das Über-Ich: das Gewissen, das man hat; durch den nachträglichen Ungehorsam hingegen entsteht das Über-Wir: das Gewissen, das man – statt es zu haben – nur noch ist: der absolute Diskurs.

6. (Small talk). – Wenn aber die moderne Wirklichkeit nicht nur die wandlungstempobedingte Dauernegation des Vorhandenen ist, sondern auch deren Kompensation, so daß das „postkonventionelle" Zeitalter zugleich das „konventionelle" Zeitalter bleibt: dann muß die moderne Situation der Ethik neu überdacht werden. Denn dann können – im Gegensatz zur herrschenden Lehre der modernen philosophischen Ethik – die Üblich-

---

[38] Freud, *Totem und Tabu* (1912), in *Gesammelte Werke,* Bd 9, S. 173ff.
[39] Vgl. Verf., *Abschied vom Prinzipiellen* S. 9ff.

keiten und die Lebenserfahrung entscheidende Bedeutung behalten für die Ethik: gerade darum – scheint mir – kann gegenwärtig die Nachfrage nach dem ethischen Apriorismus ebenso nachlassen wie die nach seiner Transformation in den absoluten Diskurs. So sind für die Ethik Konsequenzen fällig bei ihrer Einschätzung der Lebenserfahrung und des Konventionellen (a) und bei ihrer Einschätzung der Rolle des Gesprächs (b): auf beide Konsequenzen weise ich – wenn auch nur ganz kurz – abschließend hin.

a) Die moderne philosophische Ethik kann und muß – und zwar durch Abbau ihrer Faktizitätsphobie (also durch Depotenzierung ihrer Abwehrmechanismen gegen das Konventionelle) – zu einer Korrektur ihrer modernen Geringschätzung der Lebenserfahrung und der Üblichkeiten kommen. Das hat – bereits unmittelbar nach Kant – Hegel geltend gemacht: er hat in seiner Rechtsphilosophie gegenüber einer Ethik nur der „Moralität" (§§ 105ff.) auf einer Ethik auch und gerade der „Sittlichkeit" (§§ 142ff.) bestanden: die Sittlichkeit der Üblichkeiten und der Lebenserfahrung kann auch modern als Instanz der Ethik im Spiel bleiben. Auch die moderne Ethik kann es sich also leisten, auf Weltfremdheit zu verzichten, indem sie jenes Remedium gegen Weltfremdheit rehabilitiert, das die Lebenserfahrung ist, und indem sie – statt alle Lebensorientierungen permanent diskursiv zur Disposition zu stellen – an vorhandene Üblichkeiten anknüpft. Dies – nota bene – erklärt, warum die Lebenserfahrungssätze der Ethik des Aristoteles, die gerade das paradigmatisch getan hat, für die Pflege der Lebenskunst auch heute tatsächlich plausibel sind und lehrreich bleiben. Es ist eine Rearistotelisierung der modernen Ethik fällig. Die Warnung des Aristoteles, daß „ein junger Mensch nicht ein geeigneter Hörer" der Ethik sei, ist dann freilich ernstzunehmen: doch nicht zum Zwecke einer Wiedervertreibung des Unterrichtsfachs Ethik aus der Sekundarstufe I der Schulen, sondern als Hinweis auf die wirklichen Schwierigkeiten, die gerade dort bestehen, die Ethik an die Lebenserfahrung auch sehr junger Menschen anzuschließen. Justament das ist – als „ethische Urteilsbildung in Handlungssituationen"[40] – nötig: nicht der Trip ins total diskursive Negationsspiel, sondern der Anschluß an Lebenserfahrungen und an geltende Üblichkeiten, die in unserer Republik in eminenter Weise der Grundrechteteil des Grundgesetzes formuliert. Diese Form der Anknüpfung – auch das ist ein Resultat meiner Überlegungen – darf die „ethische Urteilsbildung" nicht nur an exemplarischen (und natürlich schon gar nicht an nur modischen) Konflikten orientieren, sondern auch an exemplarischen Gelungenheiten: die Erziehung durch Vorbilder – durch gute „Beispiele" (G. Buck) – ist gerade im Falle der Ethik nicht obsolet. Obsolet ist inzwischen eher der Weg in die diskursive Dauerproblematisierung dieser faktisch geltenden Verbindlichkeiten: wenn schon der absolute Diskurs in fundamentale Aporien gerät, dann erst recht der absolute Diskurs für Vierzehnjährige. Denn insgesamt gilt: wäre die menschliche Moral nur noch durch den philosophisch absoluten Diskurs – durch die philosophische Ethik als umfassendes Moralerzeugungsunternehmen – zu retten, so wäre sie überhaupt nicht zu retten; doch, um es zu wiederholen: ich glaube nicht, daß es schon so schlimm um uns steht.

b) Wenn aber die moderne philosophische Ethik auf den absoluten Diskurs verzichten kann, so bedeutet dies – als Entlastung der Menschen vom absoluten Diskurs – die Ent-

---

[40] R. Baumann / F. Zimbrich in *Einführung des Faches Ethik an beruflichen und allgemeinbildenden Schulen*, hg. Hessisches Institut für Lehrerfortbildung, Fuldatal/Kassel 1982, S. 45ff.

lastung der Menschen zum Gespräch. Denn der absolute Diskurs ist — als das Über-Wir — ein Gesprächsverhinderungsgespräch: er muß die, die an ihm teilhaben, ganz haben; so beansprucht er den menschlichen Vorrat an Kommunikationsrede total und verlangt dadurch von den Menschen das sacrificium sermonum: auch hier befreit er von einer Freiheit, nämlich von der Freiheit zu den vielen besonderen Gesprächen[41]. Wo aber die Menschen davon ablassen dürfen, durch das universale Gespräch des absoluten Diskurses sich selber in die Allsamkeit zu entziehen, bleibt als Alternative keineswegs nur die Einsamkeit übrig, obwohl auch diese — die Unvermeidlichkeit, ein Einzelner zu sein — fundamental zum Menschen gehört: als Einsamkeit des Todes und als Einsamkeit jenes Gewissens, mit dem man gerade allein ist, wo man „nur noch seinem Gewissen folgen" kann. Zwischen Allsamkeit und Einsamkeit liegt für die Menschen das bunte Terrain der Mehrsamkeit: das Feld der multilateralen Gespräche, zu denen die parlamentarische Debatte gehört und das unendliche Gespräch: jenes Gespräch, in dem Normen in kleinen — prozedual geregelten — Schritten korrigiert werden, und jenes Gespräch, in dem man hermeneutisch philosophiert, auch in Sachen Ethik; doch gerade diese multilateralen Gespräche dementieren durchweg die falsche Alternative, daß es nur gebe: diskursiven Konsens oder Gewalt (Habermas), indem sie auf einem Tertium, auf gemeinsamen Selbstverständlichkeiten aufruhen und dadurch, daß sie geführt werden, bezeugen, daß es diese gemeinsamen Selbstverständlichkeiten gibt. Schließlich ist da die Zweisamkeit mit ihren bilateralen Gesprächen, mit Zwiegesprächen, mit Dialogen: „vielleicht" — heißt es in einem der frühesten dialogistischen Texte unseres Jahrhunderts — „gibt es auch in der Tat eine Wahrheit, die wahr ist nur zwischen zwei Menschen"[42]; aber selbst deren Ort wäre nicht nur das Gespräch, wenn doch zu ihr — etwa — ebenfalls gehören kann: Mitsein als Mitleiden; einander auch ohne ein Wort verstehen; miteinander lachen, miteinander weinen; miteinander schweigen; miteinander schlafen; miteinander auf den Tod warten; miteinander Pferde stehlen können; und so fort. Wir leben nicht nur ein Gesprächsleben, sondern einzig ein Leben, zu dem auch ein Gesprächsleben gehört. Das — meine ich — vergißt der absolute Diskurs; er ist — neben allem anderen — auch noch die Hypertrophierung des Gesprächs: auf Kosten sowohl der Nichtgespräche als auch der Gespräche, aus denen unser Leben besteht. Dieser diskursiven Verabsolutierung des Gesprächs gegenüber gilt, was Hobbes von der Wissenschaft sagte („science is but a small power"), sinngemäß vom Gespräch gerade auch vom philosophischen: ‚philosophical talk is only a small talk'; denn „seit ein Gespräch wir sind" sind wir nicht nur ein Gespräch, vor allem kein absolutes.

---

[41] In diskursethischen Überlegungen kommt üblicherweise der „Skeptiker" als Figur des Gesprächsverweigerers vor. Demgegenüber ist daran zu erinnern, daß gerade der Diskursabsolutist — wo er mit dem Alternativanspruch ‚entweder absolutes Gespräch oder gar keines' auftritt — der Verweigerer all jener Gespräche ist, die keine absoluten Diskurse sind, und daß das Verweigern des Skeptikers gerade die Verteidigung dieser Gespräche zumindest sein kann.

[42] V.E. v. Gebsattel, *Moral in Gegensätzen — Dialektische Legenden,* München 1911, S. 14.

HANS ROBERT JAUSS

VERSÖHNUNG IM STREIT DER PHILOSOPHEN

„Die Philosophie ist immer im Streit" (JM, S. 13) — wenn es sich auch heute, bei der Eröffnung unseres Gesprächs über das Gespräch so verhält, scheinen die Philosophen — hier: Jürgen Mittelstraß (JM) und Odo Marquard (OM) — sich selbst der Maxime nicht ganz sicher zu sein, daß „der philosophische Dialog ein Mittel (ist), diesen Streit selbst noch unter der Idee eines vernünftigen Miteinander auszutragen" (JM, S. 13). Haben sie doch den Literaturhistoriker und Ästhetiker zum ‚Moderator' erwählt (um das Modewort zu gebrauchen, das in unserer Zeit bezeichnenderweise den biederen Schiedsrichter seligen Angedenkens verdrängt hat), um dafür zu sorgen, daß zwei streitbare Philosophen — und sei es unter vorläufigem Suspens der Vernunft — miteinander dialogisch werden können. Als der vermittelnde, gelegentlich lächelnde Dritte gedenke ich so zu verfahren (mögen ihn hernach die Hunde beißen...), daß ich zunächst ihren Gegensatz aus den Vorlagen referiere und — aus didaktischen Gründen auch dramatisiere —, um hernach zu behaupten und zu begründen, warum mir dieser Gegensatz gleichwohl komplementar, auf Versöhnung angelegt erscheint.

Zunächst will es scheinen, als ob durch JM und OM ein nahezu kontradiktorischer Gegensatz philosophischer Positionen repräsentiert sei. JM will die Diskursethik dadurch erneuern, daß er sie unter die Aufgabe einer dialogischen Vernunft stellt. Das soll erfordern, den sokratischen Dialog gegen eine herrschende Deutungstradition (den Platonismus) aufzubieten, um der philosophischen Forschung ihre zeitnotwendige Legitimation zu verschaffen. Angesichts des flagranten Erfahrungsschwundes in der gegenwärtigen Lebenspraxis sei die vornehmste Aufgabe philosophischer Forschung, das notwendige Orientierungswissen in einer entfremdeten Lebenswelt wiederzugewinnen und zu vermitteln.

OM hingegen spricht der philosophischen Diskursethik gerade diese Legitimation ab. Die Prätention der Diskursethik, ihr Versuch einer Demokratisierung der Moral, sei in Wahrheit eine Cartesianisierung der Ethik, der absolut gesetzte Diskurs sei gerade nicht geeignet, die verlorene praktische Lebensorientierung wieder zu ermöglichen, und zwar aus folgenden Gründen: einmal, weil das Menschenleben in seiner Kürze und Endlichkeit nicht ausreiche, zum herrschaftsfreien Diskurs und durch ihn zum solidarischen Handeln zu gelangen, zum andern, weil die Kompensation einer provisorischen Moral für die Diskursethik ebenso unabdingbar wie ruinös wäre, da sie dann unweigerlich mit der faktischen Moral (sprich: Unmoral) identisch werde, zum dritten, weil der böse Blick der Diskursethik aufs Vorhandene nurmehr ein „nachträglicher Ungehorsam" sei, so daß es sich letzten Endes unter dem alten Über-Ich besser leben lasse als unter dem neuen „Über-Wir". Das Fazit von OM ist das Paradox, daß gerade und erst die Entlastung der Menschen vom absoluten Diskurs die Entlastung der Menschen zum Gespräch erhoffen lasse. Zeigt nach Walter Benjamin die erste Parodie einer literarischen Form oft schon ihr uneingestandenes Ende an, so hat OM das Verdienst, nunmehr in seiner maliziösen Liebenswürdigkeit das verdiente Ende der Diskursethik angekündigt zu haben!

Biographische Anmerkungen aus hermeneutischer Sicht: wie ernst es OM mit seiner Empfehlung der Entlastung des Menschen vom absoluten Diskurs als verbliebener Zukunftschance zu sein scheint, geht daraus hervor, daß er für diese Empfehlung heute selbst Kant opfert, mit dessen Geburtsjahr er dereinst die vor- und nachmarquardische Philosophie zu scheiden pflegte. Wie ernst es andererseits JM mit seiner These: „Dialogwissen ist nur in einem Dialog darstellbar" zu sein scheint, geht daraus hervor, daß er dabei seiner Mühen als Verfasser einer neuen, konstruktivistischen Enzyklopädie (sprich: eines nichtdialogischen Lehrbuchs) nicht gedenkt ...

Versöhnung ist immer schon im Streit der Liebenden – so absolut diese Gegenpositionen auch zunächst artikuliert zu sein scheinen, bin ich gleichwohl der Meinung: „la guerre de Troyes n'aura pas lieu!". Eingedenk des Privilegs, das OM der literarischen Hermeneutik zuerkannt hat, den drohenden Bürgerkrieg durch Uminterpretation dogmatischer Glaubenssätze zu vermeiden (*originalitas non veritas facit interpretationem*), möchte ich behaupten und hernach aus einer Analyse der beiden Vorlagen begründen: auch in diesem aktuellen Fall muß das „Sein zum Text" nicht in ein „Sein zum Tode" führen. Denn auch hier besteht die Chance, durch die Eröffnung eines wiederum offenen Dialogs zur Bildung eines gemeinsamen Subjekts (JM, These 1) zu gelangen, das durchaus erlaubt, eine gemeinsame Wahrheit zu teilen und dabei die Besonderung der einzelnen Subjekte nicht sogleich wieder im absoluten Diskurs aufzuheben. Meine Uminterpretation benötigt lediglich eine Erinnerung an die Begriffsgeschichte von „Diskurs" und kann daraufhin zeigen:
1. Die Kontrahenten meinen – wenn sie „Diskurs" sagen – nicht das gleiche;
2. sie betrachten – wenn sie „Vernunft" sagen – dasselbe vom entgegengesetzten Ende;
3. sie haben nicht denselben Gegner anvisiert;
4. ihr Gegensatz wie ihre Lösungsvorschläge gehen von einer nahezu einhelligen Diagnose des gegenwärtigen Zustands aus;
5. der „schwache Trost", mit dem OM endigt, und der starke Trost, den uns JM auf den Weg geben will, ergänzen sich durchaus; wenn es zum Schwure kommt, rekurrieren JM und OM gleichermaßen auf die von beiden offenbar benötigte ästhetische Erfahrung und geben damit dem Nicht-Philosophen die Chance, ihren Dialog zum Polylog zu erweitern, anders gesagt: eine beginnende Wahrheit zwischen zwei Menschen als wahrheitsfähige Fiktion für einen sich erweiternden Kreis zu erproben.

In der Begriffsgeschichte von „Diskurs" (discours, discorso) konkurrieren zwei Grundbedeutungen (nach K. Stierle):
I. Argumentieren unter dem Anspruch logischer Verknüpfung (Exposition eines Arguments);
II. Diskurrieren in der Hin- und Herbewegung der ‚allmählichen Verfertigung eines Gedankens' (Vortrag einer Rede).

Im letzten Jahrzehnt ist der Diskursbegriff bekanntlich ausgeufert und hat dabei die Nachfolge von „oratio" übernommen. Dabei hat I. die Bedeutung der fachsprachlichen oder gattungshaften, festen Regeln folgenden, monologischen Darlegung (z.B. der philosophische, der politische, der lyrische, der narrative Diskurs) und II. die Bedeutung der vielstimmigen, in der Beziehung zu einem oder mehreren Partnern sich entfaltenden Rede angenommen. Die letztere, der dialogische Diskurs, kann durch „institutionelle Schließung" (K. Stierle) immer wieder in den monologischen Diskurs zurückgenommen werden: dem offenen Dialog droht stets das Verfallen in den monologischen Diskurs.

1. OM meint I. und fügt „absolut" zu Diskurs hinzu (unterstellt er dies zu Recht seinen Gegnern?). Hier lautet das Stichwort: „Kephalos muß gehen". Der absolut gewordene, d.h. unter Konsenszwang stehende Diskurs steht bei OM im Gegensatz zur parlamentarischen Debatte wie zum unendlichen Gespräch. JM meint II. und stellt den Diskurs unter die Bedingung, sich weder auf eigene noch auf fremde Autorität berufen zu dürfen. Nun lautet das Stichwort: „Kephalos darf bleiben!". Hier dient das dialogische Prinzip dem selbständigen, an der Meinung des anderen sich bildenden Lernens, das nie zum Ende kommen kann.

2. Für JM kann sich die – nicht demonstrierbare – Vernunft nur im philosophisch gestellten Problem zeigen. Seine Crux ist der „Anfang der Vernunft" (oder: wie kann Kephalos fürs Gespräch gewonnen werden). OM hingegen kritisiert die philosophische Diskursethik als „Moral für das Leben der Menschen nach dem Tode, die die Frage nach der Moral für ihr Leben vor dem Tode offenläßt" (OM, S. 38). Seine Crux ist das Zuendekommen der Vernunft und ihrer Reflexionsspiele (oder: muß Kephalos auf der Strecke bleiben?).

3. OM zielt auf Diskursethiker wie Apel und im besonderen auf Habermas, für die es nach seiner Meinung nur die Alternative gebe zwischen diskursivem Konsens oder Gewalt; JM zielt auf die Hybris des technokratischen Verstands, der im naiven Glauben an Expertenwissen das primäre Orientierungswissen für die Lebenspraxis verfehle.

4. Auf die „Erfahrungsspezialisten" zielt aber auch OM, obschon hier nur mit dem linken Auge: „wo die Lebenserfahrung schwindet, soll sie durch Delegation an Erfahrungsspezialisten gerettet werden" (OM, S. 32). Ist etwa die Konstatierung und Kritik am Erfahrungsverlust der modernen Welt für OM wie für JM der tiefere Anlaß, im Zorn zurück- oder mahnend vorauszublicken?

5. Angesichts dieser Malaise bietet uns OM den – wie mir scheint – schwachen Trost, gegen Lübbe an übersehene, doch hilfreiche Kompensation (vulgo: ‚Bier macht den Durst erst schön') zu erinnern und gegen Habermas den Spieß umzukehren: „Damit die Sollens- und Diskursethik nötig erscheine, wird das moderne Wandlungstempo überdramatisiert" (OM, S. 41). JM hingegen setzt eine starke, doch – wie mir scheint – selbst wieder überdramatisierte Hoffnung auf Philosophie, wenn sie Handeln unter der Bedingung des offenen Dialogs unter eine Vernunftperspektive stelle und sich selbst wieder „als Lebensform" verstehe. Ist hier etwa nicht die eine Ehre der anderen wert? Da der Vorwurf der Überdramatisierung den modernen Erfahrungsverlust nicht einfach beiseiteschaffen kann und da andererseits seine Unterdramatisierung den hic et nunc geforderten neuen Anfang der Vernunft nicht auch schon möglich macht, rekurrieren die beiden Kontrahenten gewiß nicht zufällig auf dasselbe Rezept. OM fordert: „Es ist eine Rearistotelisierung der modernen Ethik fällig" (OM, S. 43), die JM bereits – aber mit welchem Recht? – schon im Gang sieht. Täusche ich mich, wenn meine Betrachtung zu ergeben schien, daß dieser Streit der Philosophen im Anfang mit gegensätzlichen Positionen einsetzte, die in der Mitte in ein Verhältnis wechselseitiger Kompensation treten und am Ende eine Versöhnung erwarten lassen, die nunmehr von ihnen selbst auszuführen wäre?

Ich habe mir dabei selbst ein aristotelisches Prinzip, die Entfaltung einer Fabel vom

Anfang über die Mitte zum Ende, zunutze gemacht, mithin ein ästhetisches Prinzip, das mich dazu verführt, an die beiden Kontrahenten jeweils noch eine Gretchenfrage zu stellen, von der ich hoffe, daß sie ihre Versöhnung fördern kann: Odo und Jürgen, wie hältst du's mit dem Ästhetischen? Denn OM hat die ästhetische Erfahrung unter die Kompensation des Erfahrungsverlustes in der modernen Welt aufgenommen, hingegen an Aristoteles gerühmt, daß er seine Ethik primär am durchschnittlichen Gelingen orientierte und die Konflikte den Tragödiendichtern überließ. Wenn es sich heute damit umgekehrt verhalten sollte, worüber sollten dann die Dichter eigentlich schreiben? JM sieht nicht allein in der platonischen Anamnesis eine Fiktion zur Sicherung des konstruktiven Charakters theoretischen Wissens. Er empfiehlt dem philosophischen Dialog, auch heute wieder, Probleme zu fingieren, deren Lösung zur Bildung „wahrer Selbstverständnisse" dienen soll. Benötigt also auch für ihn der ethische Dialog nicht nur beiläufig, sondern notwendig das Ästhetische, das er indes an anderer Stelle als den „Betrug mit Worten" an dem eristischen Verfahren rügen zu müssen glaubt?

THOMAS LUCKMANN

DAS GESPRÄCH

I

Daß Gespräche etwas, ja sogar etwas Wesentliches mit Sprache zu tun haben, scheint schon zur Bestimmung dessen zu gehören, was mit diesem Wort überhaupt sinnvoll gemeint sein kann. Bei näherer Betrachtung erweist sich der Sachverhalt allerdings als weniger einfach und eindeutig als es der erste Anschein verspricht. Kein Zweifel, Gespräche werden meist gesprochen. Wenn normale erwachsene Menschen untereinander Gespräche führen, bedienen sie sich einer Sprache. Übrigens, um gleich zu Beginn Mißverständnissen vorzubeugen, mit „Sprache" meine ich ganz unmodern das, was schon der gesunde Menschenverstand unter Sprache versteht. *Nicht* irgendein Zeichensystem, irgendeinen „Code" — oder gar nur ein Sammelsurium von Ausdrucksformen. Ich verwende das Wort nur für ein Gefüge sinnvoller Lautungen, genauer: für das entwicklungsgeschichtlich einzigartige und menschengeschichtlich jeweils besondere System von Lautformen, welche in bestimmten Anordnungen — und unter manchen Umständen auch schon für sich — Bedeutungen „haben".

Trotz der gewohnten Sprachlichkeit von Gesprächen wäre es dennoch ein Irrtum anzunehmen, daß Gespräche ausschließlich aus Worten bestehen oder auch nur „wesentlich" aus Worten bestehen müßten. Ein solcher Irrtum liegt Schriftgelehrten einer hochgradig versprachlichten (schon das ist kein universeller Zustand!) und dazu noch überaus verschriftlichten (das erst recht nicht) Kultur verständlicherweise nahe. Er ist der mythologisch ehrwürdigen Annahme verwandt, daß die Sprache am Anfang steht, daß sie dem menschlichen Denken und Handeln irgendwie — essentiell, logisch oder gar faktisch — vorangeht. Man könnte fast meinen, daß Sprache — und ganz besonders die zu Papier gebrachte — heute die Funktion des Heiligen Geistes übernommen hat. Bevor wir zum Gesprächsthema zurückkehren, mögen daher einige allgemeine Bemerkungen angebracht sein. Vor dem Hintergrund der neueren paläoanthropologischen und ethnologischen Forschung zunächst einige Überlegungen zur Naturgeschichte menschlicher Kommunikation[1]. Dann, vor dem Hintergrund der neueren sogenannten Spracherwerbs- und Sozialisationsforschung, noch ein paar Worte zur Entwicklung des Sprechens bei Kindern.

II

Für eine gesellschaftstheoretische Betrachtung von Kommunikation können die ein-

---

[1] Diese Überlegungen wurden ausführlicher in „Personal Identity as an Evolutionary Problem", in *Human Ethology: Claims and Limits of a New Discipline*, hgg. M. von Cranach / K. Foppa / W. Lepenies / D. Ploog, Cambridge 1979, dokumentiert. Hier übernehme ich zusammenfassende Formulierungen aus „Gesellschaft und Sprache; Soziologie und Dialektologie", in *Dialektologie — Ein Handbuch zur deutschen und allgemeinen Dialektforschung*, hgg. W. Besch / H. Knoop / W. Putschke / H.E. Wiegand, Berlin 1983.

facheren Stufen der naturgeschichtlich grundlegenden kommunikativen Vorgänge als gegeben angesetzt und, zumindest im Prinzip, außer acht gelassen werden. Von zentralem Interesse hingegen ist Kommunikation im engeren Sinn, Kommunikation zwischen Organismen. Was charakterisiert diese? Einmal ist es Wechselseitigkeit, d.h. die „Rückkoppelung" von Information zwischen Organismen; sie beruht auf dem Verhalten und der entsprechenden Wahrnehmung des Verhaltens der Organismen (in der Form von Bewegung, Geruch, Farben, Lauten usw.). Zum zweiten gehört dazu eine für die Gattung verbindliche Festlegung gattungsspezifisch bedeutsamer kommunikativer Vorgänge in einem „Code". Dieser ist bis hin zu den Säugetieren recht starr festgelegt; er wird genetisch vermittelt. Drittens ist es die Abstraktion, d.h. die Bezogenheit kommunikativer Vorgänge nicht nur auf das konkret in einer kommunikativen Situation Gegebene, sondern auch auf Situationstranszendentes und damit auf etwas Allgemeines. Intentionalität, d.h. die mehr oder minder bewußte Verfügung über die kommunikativen Mittel der Gattung, ist zuletzt zu nennen, da dieses Merkmal interorganismischer Kommunikation entwicklungsgeschichtlich sehr spät auftritt. Wechselseitigkeit und Gesellschaftlichkeit des „Codes", vor allem jedoch Abstraktion und Intentionalität sind Merkmale der Kommunikation, die je einzeln, aber erst recht in der Art ihrer Verschränkung bei verschiedenen tierischen Gattungen unterschiedlich ausgeprägt sind. Ein hohes Maß an Abstraktion findet man z.B. bei der Informationsvermittlung zwischen Bienen durch Tänze; eindeutig intentionale kommunikative Vorgänge sind bei Schimpansen zu beobachten. Die komplizierteste Stufe der Kommunikation ist in der gleichzeitigen Verschränkung hochgradiger Wechselseitigkeit, hochgradiger Gesellschaftlichkeit des „Codes", hochgradiger Abstraktion und hochentwickelter Intentionalität erreicht. Diese findet man mit Sicherheit beim homo sapiens, vermutlich aber schon einige Schritte weiter zurück in der hominiden Vorfahrensreihe. Diese Verschränkung bildet eine Voraussetzung für die Entwicklung genetisch nicht festgelegter und innerhalb der Gattung wandelbarer Kommunikationssysteme. Mit anderen Worten: sie bildet die Voraussetzung für Kommunikationssysteme, welche geschichtlich aufgebaut und gesellschaftlich interaktiv, statt genetisch vermittelt werden und so als „Systeme" Geschichte haben.

In der Entwicklung menschlicher Kommunikation sind verschiedene genetisch bestimmte physiologische Funktionen vorausgesetzt. So gehören z.B. zur Körperbeschaffenheit des Menschen eine hohe durchschnittliche Gehirnkapazität, die Greifhand, der aufrechte Gang und die verschiedenen anatomischen Voraussetzungen des Sprechens, wie die Beschaffenheit und Lage der Stimmbänder, des Mundes, der lautverstärkenden Hohlräume usw. Mit der Physiologie sind die für die Gattung Mensch bezeichnenden Bewußtseinsfunktionen verbunden: die Fähigkeit, feine Unterschiede wie auch komplexe Gesamtgestalten und Zeitstrukturen zu erfassen, so z.B. – und vor allem – im Bereich des Sehens und Hörens. Dazu gehören eine hohe Abstraktionsfähigkeit in der Verarbeitung von Erfahrungen und ein komplexes, Informationen aufbewahrendes Gedächtnis, ein subjektiver Wissensvorrat.

Die meisten in der menschlichen Kommunikation vorausgesetzten Vorgänge laufen automatisch ab und dringen im Normalfall nicht ins Bewußtsein (z.B. Atmung). Aber auch unter den bewußten kommunikativen Vorgängen sind nicht alle eindeutig beabsichtigt, sind nicht Elemente entworfenen Handelns. Ein erschrecktes Zusammenzucken, ein

Weinkrampf sind bewußt, aber nicht beabsichtigt. Auch beim Gesichtsausdruck und bei vielen Gebärden ist die Schwelle zwischen beabsichtigtem und nicht beabsichtigtem Verhalten – also zwischen bloßem Verhalten und Handeln – schwer zu ziehen. Selbstverständlich haben jedoch auch unwillkürliche Ausdrucksgebärden – wie z.B. Erröten, bestimmte paralinguistische Vorgänge usw. – einen kommunikativen Gehalt. Aber diese Vorgänge sind nicht wechselseitig, sind nicht intentional und sind folglich auch nicht zeichenhaft sozial. Es ist jedoch klar, daß die Grenze zwischen Vorgängen, in denen sich unsere Natürlichkeit noch deutlich zeigt, und Vorgängen bewußter Anwendung eines gesellschaftlich-geschichtlichen Zeichensystems fließend ist. Zu beachten ist auch, daß viele kommunikative Vorgänge, die ursprünglich bewußt und beabsichtigt sind, in so etwas wie sekundäre Passivität absinken können. Dabei kann es sich sowohl um körperliche Fertigkeiten handeln, wie z.B. die Mundstellung zur richtigen Aussprache eines bestimmten Konsonanten, als auch um Sinndeutungen, wie z.B. das Erfassen der Bedeutung der Wortstellung in einem Satz. Durch häufigen Gebrauch werden solche kommunikativen Tätigkeiten voll routinisiert, sie sind aber *nicht* den phylogenetisch frühen, ursprünglich automatischen Vorgängen gleichzusetzen. Alle körperlichen und viele bewußtseinsmäßige, geistige Voraussetzungen der menschlichen Kommunikation sind also in der natürlichen Lebensform der Gattung begründet. Außerdem enthalten die meisten auch schon spezifisch menschlichen kommunikativen Vorgänge instinktive Bestandteile. Während wir aber die Entwicklung der Anlagen zum Sprechen ohne weiteres als einen evolutionären Vorgang verstehen können, und während wir auch noch in einem wesentlich naturwissenschaftlichen, ethologischen Paradigma die instinktiven Bausteine der menschlichen Kommunikationsformen erklären können, gibt es keine adäquate naturgeschichtliche Erklärung für die Ausbildung der Sprache. Eine solche Erklärung muß auf geschichtliches Handeln zurückgreifen.

Sprachen sind historische Zeichensysteme: Geschichtlichkeit, Zeichenhaftigkeit und Systemcharakter sind notwendig miteinander verbunden. Wir können sie sinnvoll zwar nur als eine Entwicklung aus „primitiven" vorzeichenhaften Kommunikationsformen verstehen, aber eben als eine Entwicklung, die eine „neue" Ebene von Kommunikation hervorgebracht hat. Diese Ebene ist den genetisch vermittelten, instinktiv gesteuerten, also phylogenetisch frühen Formen von Kommunikation in der menschlichen Gattung teils überlagert, teils nebengeordnet und teils ersetzt sie sie. Unter Geschichtlichkeit der Sprachen verstehe ich den Umstand, daß ihre Struktur – das System von Bedeutungen und Verkörperungen in Lautformen – nicht das Resultat von natürlichen Auswahl- und Anpassungsmechanismen ist, sondern das Sammelergebnis menschlicher Handlungen. Die Merkmale der Sprachen verkörpern sich ihrerseits im Sprechen nicht einfach hinter dem Rücken der Handelnden, sondern gehen, wenn auch in noch so routinisierter Weise, in Handlungsentwurf und Handlungsverwirklichung ein. Die Sprachstrukturen sind das Sediment, das ergon kommunikativer Akte über die Generationen hinweg.

Unter Zeichenhaftigkeit verstehe ich (nach Husserl) ein besonderes Appräsentationsverhältnis, nämlich eine auf subjektiven Bewußtseinsleistungen beruhende, aber intersubjektiv konstituierte Verschränkung von Bedeutung und Verkörperung[2]. Zweifellos weist

---

[2] Eine sorgfältigere Analyse der Konstitution sprachlicher Zeichensysteme habe ich versucht in „As-

die intersubjektive Gültigkeit von Zeichen phylogenetisch und ontogenetisch auf primitive Formen der unmittelbaren kommunikativen Beziehungen zurück. Gewiß werden auch Zeichen in unmittelbaren Beziehungen zwischen Menschen angewandt und werden so in „primitivere" Formen der Kommunikation eingebettet. Aber der intersubjektive Aufbau und die intersubjektive Einbettung sind zwar die (natur-)geschichtliche Voraussetzung und situative Anwendungsbedingung von Zeichen und Zeichensystemen, treffen jedoch nicht deren historische Struktur und Funktion. Die Sprache als Zeichensystem besteht aus einem appräsentativen Geflecht von wahrnehmungsmäßig und erfahrungslogisch geschichteten Sprachformen und handlungslogisch geordneten Erfahrungsschemata. Die Erfahrungsschemata entstammen der Vielfalt individueller Erfahrungen, die sich als typische in subjektiven Wissensvorräten ablagerten. Die Zeichenstrukturen, in denen sich die Erfahrungsschemata verkörpern, werden ihrerseits in *individuellen* Ausdrucksformen und *individuellen* Deutungen, das aber im Handlungszusammenhang *sozialer* Situationen, verändert, erweitert und verfestigt. Schließlich werden sie in gesellschaftlich geregelten Vorgängen über die Generationen hinweg vermittelt, sie werden Tradition, sie werden historisiert. Das sprachliche Zeichensystem, dieses appräsentative Geflecht von Lautformen und Bedeutungsstrukturen, verkörpert intersubjektiv relevante subjektive Erfahrungsschemata; die Verkörperungen bilden sich in kommunikativen Akten aus, welche die Grundstruktur sozialer Handlungen haben. Kurzum, das sprachliche Zeichensystem ist die geschichtliche Ablagerung konkreter Kommunikation; die Bedeutungsstruktur der Sprache ist historisch objektiv.

Der Natur der Sache entsprechend läßt sich in der Rekonstruktion der Entwicklungsgeschichte der Sprache nur über Homologien (mit unseren nicht-sprechenden Vettern), Analogien (die oft gefährlich spekulativ sind) und physiologische Voraussetzungsniveaus (die irgendwie nicht den Kern der Sache zu treffen scheinen) argumentieren. Anders liegen die Dinge in der Entwicklungsgeschichte des Sprechens bei Kindern, wo ja die geschichtliche Gegebenheit der Sprachen schlicht vorausgesetzt werden kann. Hier können wir auf unmittelbare Beobachtung und Experiment zurückgreifen. Schon die frühen Forschungen Piagets und Wygotskis und die zwischen ihnen geführte Debatte haben wichtige Einsichten gebracht. Es wurde deutlich, daß der Erwerb der Sprache nicht nur bestimmte, sich in Phasen entwickelnde Bewußtseins- und Denkfähigkeiten voraussetzt (die teils problematischen Einzelheiten, z.B. die „egozentrische Phase" Piagets, können wir hier beiseite lassen), mit deren Hilfe das Kind in eine weitere Wirklichkeit hineinwächst, sondern auch gewisse Formen sozialer Beziehungen zwischen dem Kind und anderen Menschen (Erwachsenen und Kindern), in denen dem Kind Wirklichkeit vermittelt wird. Aber erst in der neueren Forschung[3] wurden in anschaulichen Beobachtungen und sinnreichen Experi-

---

pekte einer Theorie der Sozialkommunikation", in *Lexikon der germanistischen Linguistik*, hgg. H.P. Althaus / H. Henne / H.E. Wiegand, Tübingen 1979. Vgl. auch mein „Soziologie der Sprache", in *Handbuch der empirischen Sozialforschung*, hg. R. König, Stuttgart 1979, Bd 13.

[3] Aus der schnell wachsenden Forschungsliteratur einige besonders aufschlußreiche Titel: J.S. Bruner, „Acquiring the Uses of Language" (Berlyne Memorial Lecture), in *Canadian Journal of Psychology (Revue Canad. Psychol.)* 32, 4 (1978) S. 204–218; E. Tronik / H. Als / L. Adamson, „Structure of Early Face-to-Face Communicative Interactions", in *Before Speech – The Beginning of Interpersonal Communication*, hg. M. Bullowa, London / New York / Melbourne 1979; C. Trevarthen / P. Hubley,

menten nicht nur die ersten Jahre, sondern schon die frühen Monate des kindlichen Umgangs mit der Welt untersucht. Es zeigt sich, daß schon das Kleinkind stufenweise handlungsrelevantes Wissen über seine Umgebung erwirbt und erstaunlich früh in komplexe soziale Beziehungen zur Mutter tritt, die durch Intentionalität und Wechselseitigkeit gekennzeichnet sind. Bevor es anfängt zu „sprechen" und lange bevor es (auch nur in Ein-Wort-Sätzen) sprechen kann, lernt das Kind, kommunikativ zu handeln, beziehungsweise wächst in die Fähigkeit, kommunikativ zu handeln, hinein. Es wird deutlich, daß dieses kommunikative Handeln schon recht früh eine gewisse Autonomie des Kindes (z.B. in selbständigen Aufmerksamkeitszuwendungen und -abwendungen) voraussetzt, aber auch mehr oder minder automatische pädagogische Strategien seitens der Mutter (z.B. durch das stufenweise Heraufschrauben der Handlungskomplexität, welches von Bruner besonders sorgfältig untersucht und von ihm mit dem einprägsamen, der Pokersprache entlehnten Ausdruck „raising the ante" bezeichnet wurde). Jedenfalls zeigt auch die Ontogenese unmißverständlich, daß sowohl (kommunikative) Handlungsfähigkeit und kommunikative Praxis als auch bestimmte kognitive Fähigkeiten („Abstraktion" etc.) und subjektives Wissen (Typisierungen etc.) von Wirklichkeit der Sprache „vorangehen", mehr noch, daß das Sprechen und in einem gewissen Sinn auch die Sprache auf sie aufbaut.

III

Wir sehen auch ohne weit ausgreifende phylo- und ontogenetische Überlegungen, daß es bei Gesprächen um eine Form der Kommunikation geht, die in ihrer Situationsgebundenheit irgendwie „primitiv" und zugleich lebendig „konkret" erscheint. Wir wollen das Wort „Gespräch" in seiner Bedeutung nicht ungebührlich ausweiten. Wir halten also daran fest, daß Gespräche zeichengebundene Kommunikation sind, sich mithin üblicherweise der Sprache bedienen. Wir halten aber erst recht daran fest, daß Gespräche im Vergleich mit anderen Formen der Kommunikation durch ein Höchstmaß an Unmittelbarkeit und Wechselseitigkeit gekennzeichnet sind, abgesehen davon, daß sie, wie alle Arten des Handelns, selbstverständlich auch intentionalen Charakter haben. Gespräche setzen die leibhaftige Gegenwart wenigstens zweier Menschen voraus — und sind übrigens über eine gewisse niedrige Höchstzahl von Partnern hinaus unmöglich. Leibhaftige Gegenwart ist ja nur Voraussetzung zu wechselseitiger Aufmerksamkeit —und diese ist die Grundlage für das, was Alfred Schütz die Synchronisation zweier Bewußtseinsströme nannte. Im übrigen ist zeichenhafte Kommunikation selbstverständlich auch ohne eine solche Synchronisation zweier Bewußtseinsströme möglich (etwa Briefwechsel); Synchronisation zweier Bewußtseinsströme (innerhalb bestimmter Grenzen auch mehrerer) ist auch ohne (zeichenhafte) Kommunikation möglich (etwa in einer Prügelei). Gespräche kommen aber nur dann zustande, wenn zeichenhafte Kommunikation zwischen „synchronisierten Bewußtseinsströmen" stattfindet. Sogar in Fällen, in denen wir das Wort schon nicht mehr

---

„Secondary Intersubjectivity: Confidence, Confiding and Acts of Meaning in the First Year", in *Action, Gesture and Symbol — The Emergence of Language*, hg. A. Lock, London / New York / San Francisco 1978; J. Dore, „Conditions for the Acquisition of Speech Acts", in *The Social Context of Language*, hg. I. Marková, Chichester / New York / Brisbane / Toronto 1978.

ganz in seinem eigentlichen Sinn verwenden, bei Telefongesprächen oder — weniger modern und nicht mehr so direkt sprachabhängig — bei Trommelgesprächen, wird das erreicht, was im Normalfall die leibhaftige Gegenwart des anderen schafft: Synchronisation.

Das Höchstmaß an Unmittelbarkeit, das durch die leibhaftige Gegenwart der Gesprächspartner gegeben ist, hat für die Sprachlichkeit des Gesprächs gewichtige Folgen. Die Bedeutungsautonomie des „Nur"-Gesagten wird im Gespräch eingeschränkt, wie ja Sprechen überhaupt durch intersubjektive Zeit „kontaminiert" ist und eine eigene „innere" Kontextualisierung der Rede aufbaut. Das Gesagte ist nicht gewissermaßen zufällig in die konkrete, leibliche Intersubjektivität und Zeitlichkeit der Situation eingebettet. Nichtsprachliches ist nicht ein beliebig wechselnder Hintergrund. Das Gesagte wird von außersprachlichen — über die bedeutungsbestimmende Satzmelodie hinausgehenden — Lautmomenten nicht nur begleitet, von Gesten nicht nur unterstrichen, im Gesichtsausdruck nicht nur veranschaulicht[4]. Das Gesagte — und dazu gehört ja auch das Nichtgesagte — ist vielmehr mit Körperhaltung, Gestik, Gesichtsausdruck systematisch verbunden: jetzt verschmolzen, jetzt zusammen mit der einen oder der anderen Ausdrucksform kontrapunktisch entwickelt, jetzt von der einen ersetzt, jetzt von der anderen aufgehoben. Und das nicht „monologisch", sondern in Wechselbeziehung zum konkreten (plurimodalen) kommunikativen Handeln und Verhalten des Gesprächspartners.

Genauer: alles, was ein Gesprächspartner unwillkürlich tut, kann zwar etwas über ihn anzeigen, kann z.B. als Geräusch peinlich, als Farbwechsel verräterisch usw. sein, ist also für das Gespräch relevant, greift aber in den Aufbau und den Ablauf des Gesprächs eben nur mittelbar ein. Hingegen sind alle leiblichen Äußerungen, die willkürlich hervorgebracht werden *können* (was immer dann im Einzelfall zutreffen mag: Alibiformeln, die etwas Beabsichtigtes als Unwillkürliches deklarieren, sind uns allen bekannt) und die vom Gespächspartner als (möglicherweise) intentionaler Bestandteil des kommunikativen Handelns gedeutet werden können, für das Gespräch insgesamt konstitutiv und somit an der Bestimmung des aktuellen Sinns des Gesagten und unter Umständen sogar seiner Bedeutung beteiligt. Dies gilt für außersprachliche Laute wie Räuspern, Knurren, Zischen usw., erst recht aber für jene Lautungen des Sprechens, die nicht ein Bestandteil des Sprachsystems im engeren Sinn sind (selbstverständlich variiert das, was zum Sprachsystem gehört oder nicht gehört, z.B. Tonhöhe, von Sprache zu Sprache). Entsprechendes gilt auch für die sprachersetzende, sprachbegleitende und sprachunabhängige Gestik und die — durch fließende Grenzen gekennzeichnete — Mimik.

Sprechen (la parole; ich vermeide den allzu leicht irreführenden Begriff des Sprechakts) ist nicht einfach die situative und selektive Verkörperung eines Sprachsystems (la langue), ist nicht der konkrete Teil für das abstrakte Ganze. Sprechen verwirklicht vielmehr be-

---

[4] In der Analyse der nicht-sprachlichen Modalitäten der face-to-face-Kommunikation hat die letzte Zeit einige Fortschritte gebracht: D. Morris et al., *Gestures — Their Origins and Distribution*, New York 1979. Aus der sprunghaft anwachsenden Forschungsliteratur: P. Collet / P. Lamb, „Describing Sequences in Social Interaction" (MS — Department of Experimental Psychology, Oxford 1980); A. Kendon, „Geography of Gestures", in *Semiotica* (ersch.); S. Frey / U. Jorns / W. Daw, „A Systematic Description and Analysis of Nonverbal Interview", in *Ethology and Nonverbal Communication in Mental Health*, hg. S.A. Corson, London 1980; Verf., „Verhaltenspartituren: Notation und Transkription", in *Zeitschrift für Semiotik* H. 1/2 (1979).

stimmte syntaktisch-semantisch-phonetische Optionen der Sprache[5] – und zwar in systematischer Beziehung zu gleichzeitig zu wählenden, mehr oder minder konventionalisierten Optionen der anderen kommunikativen Modalitäten in der face-to-face- (und ear-to-mouth-usw.) Situation. Es verwirklicht diese Optionen unter mehr oder minder, je nach gesellschaftlich definiertem Handlungszusammenhang, starr institutionalisierten Selektionsregeln des Sprachgebrauchs. Was für Sprechen im allgemeinen gilt, trifft selbstverständlich auch für den in vieler Hinsicht für das Sprechen paradigmatischen Fall, das Gespräch, zu.

Im übrigen ist eine „natürliche" Sprache für das Zustandekommen von Gesprächen gar nicht unerläßlich. Auch wenn Menschen aus dem einen oder anderen Grund unfähig sind zu sprechen, können sie dennoch Gespräche führen. Sie müssen nur ein System von Zeichen (dann eben nicht auf Lautungen aufbauenden Zeichen) beherrschen, welche dem Partner Bedeutungen appräsentieren, und dies muß in der Synchronisation der Bewußtseinsströme geschehen. Wenn man sagt, daß Taubstumme miteinander ein Gespräch führen, z.B. in der ASL (American Sign Language), tut man zwar vielleicht der Etymologie des Worts, aber nicht dem Wesen der Sache Gewalt an. Allerdings ist dann das Gespräch um eine Modalität potentieller Kommunikation ärmer. Und die Modalität, die verloren geht, erlaubt materialiter eine so hochgradige Differenzierung und Kombination von Elementen in der Zeit, daß sie phylogenetisch gewiß nicht zufällig zum Bedeutungsträger menschlicher Sprache geworden war.

Die Tatsache bleibt, daß im Normalfall, für die meisten Leute in den meisten ihrer Gespräche, eine „natürliche" Sprache den Hauptanteil an gesellschaftlich objektivierten Bedeutungen zur intersubjektiven Verkörperung ihrer subjektiven Absichten beisteuert. Das heißt, daß der Kern des sich im Gesprächsverlauf verwirklichenden Handlungssinns (und der manifeste Handlungssinn von Gesprächen ist ja kommunikativer Art) gesellschaftlich sozusagen versteckt über die Sprache mitgeformt wird. Und das heißt weiter, daß die subjektive Ablagerung des Gesprächs – die Verortung des Erfahrungssinns eines Gesprächs in der Erinnerung – weitgehend „sprachlich" gelenkt wird. Und das heißt schließlich, daß in der erzählenden Rekonstruktion von jüngst und erst recht längst abgelaufenen Gesprächen – also in einer Versprachlichung von Sprachlichem und Nichtsprachlichem[6] – der sprachliche „Gehalt" meist den wichtigsten Platz einnimmt.

Das zeigt sich in den, allerdings bei den meisten Erwachsenen recht seltenen, Fällen, in denen man die Führung des Gesprächs (aufzugreifende Themen, mögliche Alternativen) im voraus plant, Zielvorstellungen festlegt usw. Man überlegt sich, was man sagen, fragen, erzählen wird, was der andere sagen, fragen könnte, kaum je aber, was für ein Gesicht man dazu machen wird (solche Fälle sind im Vergleich mit vielen anderen Handlungen deshalb so selten, weil Gespräche typisch mehrere Funktionen zugleich haben und kein eindeutig umrissenes Ziel zur „erfolgreichen" Erlangung des Gesprächszwecks brauchen; weil sie ferner mit Hilfe von Versatzstücken verschiedenster Art eine verhältnismäßig hohe Routinisierung zulassen; und weil nichtinstitutionalisierte Gespräche *relativ* folgenlos zu sein

---

[5] Ich übernehme die Ausdrucksweise Halliday's. Vgl. M.A.K. Halliday, *Explorations in the Functions of Language*, London 1973.
[6] Für diesen Vorgang fand Goffman den einprägsamen Satz: „Conversation burns everything." (in E. Goffman, *Forms of Talk*, Philadelphia 1981, S. 38).

scheinen und daher keine besonders hohe Bewußtseinsspannung fordern. Gespräche sind üblicherweise nicht „rationales Handeln" im Weberschen Sinn). Das zeigt sich bei Versuchen, sich an Gespräche zu erinnern: das Gesagte steht meist im Vordergrund — und zwar so, daß es den Hintergrund verdeckt. Und das zeigt sich schließlich bei typischen Nacherzählungen von Gesprächen, dem wohlbekannten: „Und dann hat sie gesagt ..." „und dann habe ich sie gefragt ..." usw., dem selteneren: „und plötzlich errötete sie ..." und dem noch selteneren: „darauf hob er den rechten Oberarm um 20 Grad in der Vertikalen und zugleich um fünf Grad nach rechts".

Selbstverständlich beachtet man sowohl bei anderen wie (manchmal) bei sich selbst auch nicht-sprachliche Bestandteile eines Gesprächs; man erinnert sich an sie, man erwähnt sie — wenn sie relevant erscheinen. Nur eben: relevant erscheint Nicht-Sprachliches in Gesprächen — im Gegensatz zu Prügeleien — meist nur insofern, als es sich der (sprachgeschulten) Aufmerksamkeit als besonders auffällig oder dramatisch aufdrängt. Durchschnittlich relevant erscheint meist doch nur das Gesagte — zumindest in unserer Gesellschaft, in unserer hochverbalen Art von kommunikativer Kultur. Im Gespräch *handeln* wir normalerweise fast nur sprachlich, außersprachlich *verhalten* wir uns zumeist nur. Wir merken kaum, wie sehr dieses Verhalten den Verlauf des Gesprächs beeinflußt. Dies gilt übrigens nicht im gleichen Maß für professionelle (und nicht-professionelle) Schauspieler. Es ist auch äußerst fraglich, ob es für Gespräche in manchen anderen Kulturen zutrifft, in denen Aufmerksamkeit für außersprachliche kommunikative Vorgänge bewußter geschult wird. Wir wissen ja aus mehr oder minder systematischen Untersuchungen und Beobachtungen, daß es schon in unseren eigenen Gesellschaften klassenspezifische und regionale Variationen einer kommunikativen Kultur gibt oder gab.

IV

Einschränkungen dieser Art („in unserer Gesellschaft ...", „in einer anderen kommunikativen Kultur ..." usw.) künden an, daß es Zeit geworden ist, den Begriff des Gesprächs genauer zu fassen. Wir müssen uns entschließen, ob wir „Gespräch" als eine allgemeine menschliche Kommunikationsform bestimmen oder als Oberbegriff für eine Vielfalt gesellschaftlich unterschiedlicher und historisch veränderlicher Weisen der Kommunikation verwenden wollen. Es gibt ein Für und Wider auf beiden Seiten.

Gespräch als universale Form der Kommunikation? Dafür spricht zunächst die Genauigkeit, mit welcher wir seine allgemeine Struktur bestimmen können: *zeichengebundene Kommunikation bei einem Höchstmaß an Unmittelbarkeit und Wechselseitigkeit, also unter der Bedingung voll synchronisierter Bewußtseinsströme der Beteiligten.* Das alles trifft jedoch für die face-to-face-Kommunikation im allgemeinen zu, wenn wir von der „primitiven" Stufe, die durch nicht-zeichenhafte Verständigung gekennzeichnet ist, absehen. Das einzige, was dafür sprechen könnte, „Gespräch" als Synonym für face-to-face-Kommunikation einzusetzen, ist, daß es im Deutschen besser klingt. Dagegen ist das Wort leider mit seinen — auf deutsch mit einer solchen Verwendung stimmigen — Sinnhöfen in andere Sprachen kaum übersetzbar. Conversation? Razgovor? Behalten wir also den Begriff der face-to-face-Kommunikation für die universelle, grundlegende, durch Unmittel-

barkeit und Wechselseitigkeit gekennzeichnete menschliche Kommunikationsform bei —
und erinnern wir uns daran, daß Gespräche, was immer sie sonst noch sein mögen, an der
Grundstruktur dieser Kommunikationsform teilhaben.

Die Frage drängt sich auf, ob das Gespräch nicht durch Hinzuziehung weiterer Strukturmerkmale zwar enger als face-to-face-Kommunikation, aber dennoch als universelle Kommunikationsform zu bestimmen sei. Von verschiedenen Seiten wird als solches Merkmal „Gleichheit" angeboten. Nun gut, man wird gewiß nicht sagen können, daß so etwas wie „Gleichheit" face-to-face-Kommunikation im allgemeinen kennzeichnet. Könnte man demnach nicht jenen möglichen besonderen Typ dieser Kommunikationsform, der außer durch Wechselseitigkeit und Unmittelbarkeit auch noch mit „Gleichheit" ausgezeichnet ist, als Gespräch bezeichnen? Ein solcher Typ wäre gewiß denkbar. Aber gibt es ihn auch wirklich? Und wenn ja, gibt es ihn überall?

Nehmen wir einmal an, daß es neben den (nebenbei bemerkt, entwicklungsgeschichtlich, nämlich phylo- und ontogenetisch gerade besonders wichtigen) „ungleichen" Weisen der unmittelbaren und wechselseitigen Kommunikation in den meisten, wenn nicht allen Gesellschaften auch noch eine andere Ausprägung dieser Kommunikation gibt, die durch „Gleichheit" gekennzeichnet ist. Es gibt in der Tat überall: in archaischen, traditionellen und modernen Gesellschaften, in solchen, die über das Verwandtschaftssystem nur schwach geschichtet sind oder hierarchisch in Kasten oder Stände oder ökonomisch in soziale Klassen gegliedert sind, kommunikative Situationen, in denen die Partner „gleich" sind. Aber wenn die „Gleichheit" in das Gespräch gleichsam hineingetragen wird, also durch vorgängige Statushomogenität der Partner bewirkt wird, ist sie nicht ein immanentes Strukturmerkmal des Gesprächs selbst. Gespräche, durch solche „Gleichheit" definiert, wären dann zwar noch immer als sozial-strukturell bestimmte Möglichkeit der face-to-face-Kommunikation anzutreffen, aber keinesfalls als universelle Kommunikationsform zu betrachten.

Fragen wir uns aber jetzt, ob es nicht darüber hinaus in allen Gesellschaften Situationen gibt, in denen die Kommunikationspartner auch bei vorgängiger Statusheterogeneität, sozusagen einem inneren Zwang der Kommunikationsform folgend, „Gleichheit" *spielen*? Die Frage ist schwer zu beantworten. Eine wechselseitige, unmittelbare Kommunikationsform, in welcher „Gleichheit" als Strukturmerkmal *institutionalisiert* wäre, würden wir in den meisten Gesellschaften vergeblich suchen. Die meisten der einigermaßen greifbar institutionalisierten Kommunikationsformen, die gemeinhin als Gespräch bezeichnet werden, zeigen demgegenüber wenig „Gleichheit". Im Beichtgespräch, in der höfischen Konversation, dem Beratungsgespräch zwischen Sozialarbeiter und Klient, dem Verkaufsgespräch, ja auch dem wissenschaftlichen Disput, der ja unter dem Regulativ der „Gleichheit" steht, zerrinnt uns der Begriff der „Gleichheit" zwischen den Fingern, und es bleibt wenig übrig, das nicht auf das allgemeine Strukturmerkmal „Wechselseitigkeit" zurückgeführt werden könnte. Schließlich wollen wir ja nicht, entgegen dem Sprachgebrauch, alle institutionalisierten Formen des „Gesprächs" zu Scheingesprächen erklären, um den Begriff nur für Kommunikationsweisen in Anspruch zu nehmen, die es in Wirklichkeit vielleicht gar nicht gibt. Denn wollten wir „Gespräche" durch völlige Abwesenheit von Institutionalisierung bestimmen, was bliebe dann noch übrig? Dennoch ist es nicht unsinnig, ja, nicht einmal ganz wirklichkeitsfern, anzunehmen, daß intentionale Wechselseitigkeit zu einer gewissen, wenn noch so provisorischen „Gleichheit" der Kommunikationspartner drängt. Diese ist nicht restlos und ausschließlich auf Wechselseitigkeit zurückzuführen. Diese ist z.B. im bloßen Befehlen und Gehorchen wie auch in vielen anderen unmittelbaren Kommunikationsvorgängen gegeben. Sie ist vielmehr in der zeitweiligen Fügung unter eine wechselseitige Verstehens- und Verständigungsregel begründet. Dies ist zwar nicht Gleichheit im sozial-strukturellen Sinn, wohl aber eine Ebenbürtigkeit auf Zeit, eben für die Dauer des Gesprächs. Selbstverständlich ist diese Art der „Gleichheit" geschichtlich wandelbar und ganz unterschiedlichen sozialen, religiösen und „theoretischen" Deutungen unterworfen. Sie ist daher in den verschiedenen historischen Ausprägungen der face-to-face-Kommunikation über die Wechselseitigkeit als solche und als sich durchziehendes Element der „Gleichheit" nur schwer faßbar. Dazu kommt, daß die Abstufungen von Macht und Ohnmacht, Überlegenheit und Unterlegenheit nicht nur von außen, von der sozialen Schichtung und den Institutionen – „der Gesellschaft" – in das Gespräch gebracht werden, sondern in ihm selbst, nämlich im konkreten Handeln selbst – intersubjektiv – entstehen können. Die „Gleichheit", welche diese Kommunikationsform kennzeichnen mag, ist also nicht nur schwer faßbar, sondern auch immer gefährdet.

Anstatt uns zu bemühen, „Gespräch" um jeden Preis als eine universelle Kommunikationsform zu bestimmen, dürfte es nach all diesen Überlegungen insgesamt nützlicher erscheinen, es als einen (wenn auch nicht gerade besonders genauen) Oberbegriff für jene historischen Ausprägungen der unmittelbaren Kommunikation zu verwenden, die den in den vorangegangenen Überlegungen angesprochenen Kriterien in konkret mehr oder minder abweichenden Formen einigermaßen deutlich genügen. Die Frage nach der Universalität des Gesprächs kann dabei getrost ausgeklammert werden. Wie weit oder wie eng die Grenze der Abwandlungen gezogen werden soll, braucht jedenfalls nicht im Abstrakten entschieden werden. Unter „Gesprächen" verstehen wir also zeichengebundene und im Normalfall sowohl sprachliche wie außersprachliche Kommunikation unter der Bedingung hochgradiger Unmittelbarkeit und Wechselseitigkeit und bei provisorischer, historisch wandelbarer „Gleichheit". Darüber hinaus gehört zu „Gesprächen", daß sie typisch mehrfunktional und *verhältnismäßig* schwach institutionalisiert sind. Die Möglichkeit unterschiedlicher Funktionsvorherrschaften ist natürlich bei einem gewissen Grad der Institutionalisierung nicht von vornherein auszuschließen. Ebenfalls nicht, daß unter bestimmten Bedingungen „Gleichheit" als Merkmal dieser Kommunikationsform in einem gewissen Ausmaß (z.B. als anrufbares Regulativ) selbst institutionalisiert wird.

Wir verstehen also „Gespräche" als unterschiedliche Ausprägungen eines bestimmten Typs der universalen, durch Unmittelbarkeit und Wechselseitigkeit ausgezeichneten Kommunikationsform, der face-to-face-Kommunikation. Die Merkmale dieses Typs prägen sich geschichtlich konkret in kommunikativen Gattungen aus. „Gespräch" wird so als Vermittlungsbegriff zwischen einer universellen kommunikativen Form und historischen Gattungen verwendet. Er soll jene Gattungen umfassen, die durch Mehrdimensionalität (sprachlich/außersprachlich), Mehrfunktionalität, ein relativ schwaches Institutionalisierungsniveau sowie situative und provisorische „Gleichheit" gekennzeichnet sind. Die Grundstruktur der kommunikativen Form ist, wie gesagt, universal, und ihre Merkmale sind trennscharf: entweder unmittelbar oder mittelbar, entweder wechselseitig oder einseitig. Die Merkmale des (heuristischen) Typs „Gespräch" prägen sich in historischen Gattungen unter veränderlichen Verwirklichungsbedingungen unterschiedlich und in unterschiedlichen Verbindungen aus. Und zwar nicht als Dichotomien, sondern als Verbindungen von Kontinua: mehr oder minder „gleich", mehr oder minder multidimensional, mehr oder minder multifunktional, mehr oder minder (schwach) institutionalisiert. Die Verwirklichungsbedingungen sind im wesentlichen durch die sozial geprägten Interessenzusammenhänge der Handelnden bestimmt, die „hinter" der jeweiligen Kommunikation stehen. Diese Interessen können sich geschichtlich, von Epoche zu Epoche, verschieben; sie variieren von einem sozialen Wissensvorrats- und Kulturtyp zum anderen und sind sozial-strukturell (von Stand zu Stand, Klasse zu Klasse) unterschiedlich. Daher muß „Gespräch" in seiner historischen Verwirklichung als kommunikative Gattung nicht nach einer abstrakten Norm bemessen, sondern immer im Feld anderer kommunikativer Gattungen der Epoche, des Kulturtyps, der gesellschaftlichen Struktur anvisiert und in Beziehung zu — und Absetzung von — ihnen betrachtet werden.

Kommunikative Gattungen können ganz allgemein als gesellschaftlich verfestigte und intersubjektiv mehr oder minder verbindliche Vorprägungen kommunikativer Vorgänge angesehen werden. Gleich allgemein können wir sagen, daß die Funktion solcher Verfestigungen die Lösung eines spezifisch kommunikativen „Problems" ist. Nun haben kommunikative Vorgänge als solche eine Grundfunktion: die Lösung (oder Vorbereitung, Verhinderung, Besiegelung einer Lösung) von nicht eigentlich kommunikativen „Problemen" (Belehrung, Belobung, Bestrafung, Beschimpfung; Planung gemeinsamen Handelns, Rekonstruktion intersubjektiv und sozial bedeutsamer Erfahrungen und Ereignisse; deren Legitimierung; Vermittlung sozial relevanten Wissens; Aufrechterhaltung von Gefühls-, Handlungs- und Schicksalsgemeinschaften usw.). Die jeweilige Grundfunktion kann selbstverständlich auch in gattungsmäßig nicht vorgeprägten kommunikativen Vorgängen erfüllt (und verfehlt) werden. Sie bleibt andererseits auch in gattungsmäßig geprägten kommunikativen Vorgängen bestimmend — nur daß der Vorgang in seiner Struktur eben vorgeprägt ist. Die Funktion einer kommunikativen Gattung ist auf die Grundfunktion des kommunikativen Vorgangs aufgestuft; sie besteht in der Lösung des spezifisch *kommunikativen* „Problems": mit welchen Mitteln und unter welchen Bedingungen die nicht eigentlich kommunikativen „Probleme" (um derentwillen ja überhaupt erst eine derartige Kommunikation stattfindet) zu lösen sind.

Vorgeprägt kann vieles sein. So die Situation, in der die Gattung zur Anwendung kommen darf, soll, muß. Dann der Status (z.B. Geschlecht, Alter etc.) der Partner im kommunikativen Vorgang. Weiters der vorgangs-*interne* Status der am Vorgang Beteiligten (z.B. Sprecher/Hörer; Vorsinger/Nachbeter usw.). Vor allem auch das sprachliche Repertoire bzw. überhaupt die kommunikativen (einschließlich Ausdrucks-) Repertoires und die Stilebenen, die der Gattung angemessen sind. Schließlich typische Anfänge, Beendigungen und, selbstverständlich, Verlaufsformen (z.B. Redezugzuweisungen). Und als Gattung vorgeprägt kann irgendeine typische Verbindung der vorgeprägten Elemente sein.

Vorgeprägt sind die Erwartungen der Beteiligten durch das Wissen, daß kommunikative Vorgänge mit bestimmten Funktionen in typischen Situationszusammenhängen— ceteris paribus — in einer gewissen Weise verlaufen werden. Gattungen sind „wirklich", insofern sie den Beteiligten „wirklich" sind — das heißt, wenn ein Wissen um sie in dem sie betreffenden gesellschaftlichen Wissensvorrat abgelagert ist und von ihnen in den subjektiven

Wissensvorrat einigermaßen adäquat übernommen wurde. „Wissen um eine Gattung" muß natürlich nicht ein explizites Regelwissen sein; es genügt, wenn es als ein (ungefähres) Rezeptwissen vorliegt. Dieses muß allerdings – sofern es sich um alltägliche kommunikative Gattungen handelt – zum Allgemeinwissen in der Gesellschaft gehören. Der Gebrauch mancher Gattungen mag in einer bestimmten Gesellschaft auf Experten beschränkt sein; der Gattungskanon selbst gehört in diesem Fall zum Sonderwissen. Aber auch für allgemein gebräuchliche kommunikative Gattungen mag sich im Bereich des Sonderwissens ein Gattungskanon ausgebildet haben, während der allgemeine Gebrauch der Gattung weiterhin auf einem ungefähren Rezeptwissen beruht[7]. Damit eine Gattung „wirklich" ist, genügt jedenfalls, daß die Handelnden ein praktisch anwendbares Rezeptwissen um die Verbindung von situativen, prozeduralen und sprachlichen Bestandteilen und damit eine Minimaltaxonomie der Gattungen bzw. des Gattungsfelds in ihrer Gesellschaft besitzen. Ob es darüber hinaus in einer bestimmten Gesellschaft in einer bestimmten Epoche auch voll entwickelte Gattungstaxonomien oder gar explizite Gattungstheorien gibt (und ob diese vorwiegend von religiösen, Kunst- oder Wissenschaftsexperten betrieben werden) und welchen Einfluß voll entwickelte Theorien dieser Art auf das allgemein verbreitete Rezeptwissen um die Gattungen nehmen, sind Fragen, auf die hier nicht eingegangen werden kann.

Verfestigung heißt mehr als nur gesellschaftliche Objektivierung: die Bestandteile einer Gattung sind gesellschaftlich ja schon immer längst objektiviert, nämlich als Elemente in Systemen sprachlicher und außersprachlicher Zeichen und als typische Ausdrucksformen. Als solche sind sie in gesellschaftlichen Wissensvorräten vor jeder denkbaren kommunikativen Gattung abgelagert. Mit Verfestigung ist also mehr als Objektivierung eines „Codes" gemeint: eine mehr oder minder starke *Institutionalisierung* der Verbindung (sozusagen des ganzen Paktes) der Elemente verschiedener „Codes". Die Abweichungen, nämlich die Erwartungsverletzungen, werden mit Sanktionen verschiedenster Art belegt. (Dennoch scheint es mir nicht sinnvoll, so weit zu gehen, daß man Gattungen schlicht als Institutionen definiert.)

Situativ, funktional und prozedural deutlich vorgeprägte, stark institutionalisierte Kommunikationsformen sind als Gattungen verhältnismäßig leicht zu bestimmen. Sie in Absetzungen zu anderen Gattungen – und erst recht im Unterschied zu nicht zu Gattungen „geronnenen" Kommunikationsformen – zu erkennen, zu beschreiben und zu „erklären", ist weder grundsätzlich noch methodologisch besonderen Schwierigkeiten ausgesetzt. Das zeigen die bemerkenswerten Leistungen der Kulturanthropologie, insbesondere einer ihrer neueren Forschungsrichtungen, der sogenannten Ethnographie der Kommunikation und der nach-Proppschen volkskundlichen Forschung[8]. So werden z.B. mit großer Sorg-

---

[7] Zu den Begriffen „Allgemeinwissen", „Sonderwissen", „Rezeptwissen" usw. vgl. P. Berger / Th. Luckmann, *Die gesellschaftliche Konstruktion der Wirklichkeit*, Frankfurt/M. 1980, Kap. I, 3, sowie A. Schütz / Th. Luckmann, *Strukturen der Lebenswelt I*, Frankfurt/M. 1979, Kap. IV, C. Wie sich Wissen um Gattungen geschichtlich ausbildet und verändert, wäre in einer Verbindung wissenssoziologischer, literaturhistorischer und ethnologischer Arbeit noch viel genauer als bisher zu erforschen.

[8] Vgl. allgemein: E. Ojo Arewa / A. Dundes, „Proverbs and the Ethnography of Speaking Folklore", in *American Anthropologist* 66, 6 (1964); D. Ben-Amos, „Analytical Categories and Ethnic Genres", in *Genre* 2 (1969). Einige Beispiele: G.H. Gossen, „Verbal Duelling in Chamula", in

falt genealogische Rezitationen in gewissen Bantu-Königtümern nach Form, Funktion, Personal (in diesem Fall systematisch geschulten Fachleuten) und Situation bzw. Anlaß untersucht; Schmähreden unter den jugendlichen Mitgliedern schwarzer Gangs in den Slums amerikanischer Großstädte werden in ihrer ritualisierten Ablaufform festgehalten; die Gattungen des „erhitzten" Redens (um eine „lokal" gebräuchliche Bezeichnung zu übernehmen) werden in Funktion, Repertoire und Stil von anderen kommunikativen Gattungen unterschieden und auf die ausgefeilte „lokale" Taxonomie, nämlich die Taxonomie der Handelnden, der Chamula-Indianer des südlichen Mexiko selbst, bezogen[9]. Ja, schon die frühen ethnographischen Ausflüge der Literaturwissenschaft bzw. der Klassizistik in die serbische Heldenepik haben die Gattung über ihren Formelcharakter hinaus nach Produktions- und Rezeptionsbedingungen beschrieben[10].

Wenn man sich darauf beschränken könnte, nur solche Kommunikationsformen als Gattungen anzusehen, die hochgradig institutionalisiert sind, hätte man bei ihrer Erkennung keine Schwierigkeiten. Solche Gattungen sind in den entsprechenden gesellschaftlichen Wissensvorräten typischerweise deutlich markiert; das Wissen um die Gattung ist meist schon in eine zumindest angedeutete „lokale" Gattungstheorie eingefügt. In solchen Gattungen, auch wenn es sich noch nicht um voll ausgegrenzte Kunstgattungen handelt, ließe sich im allgemeinen auch schon von einer Gattungsgeschichte von „innen" sprechen, von einem mehr oder minder bewußten, fachmännischen Konstruieren und Vermitteln eines Gattungskanons — in manchen Fällen vielleicht sogar von einem individualisierten Wert der Gattungsexemplare. Aber da sind wir schon gewiß an der Grenze alltäglicher kommunikativer Gattungen angelangt, und mit den Fragen, die Begriffe wie „Gattungsgeschichte von innen" und „Wertcharakter der Gattungsexemplare" betreffen, können wir uns hier nicht weiter befassen[11].

Wenn man aus wissenssoziologischen und kulturtheoretischen Erkenntnisinteressen sozusagen den gesamten kommunikativen „Haushalt" einer Gesellschaft zu fassen sucht, kann man sich jedoch ganz bestimmt nicht damit begnügen, nur die stark institutionalisierten — oder gar nur die künstlich-kunstvoll ausgegrenzten — kommunikativen Formen als Gattungen anzusehen und den Rest als „ungebundene" — und vermutlich gesellschaftlich belanglose — Kommunikation zu vernachlässigen. Die Vermutung ist nicht

---

Speech Play, hg. B. Kirshenblatt-Gimblett, Philadelphia 1976; B.J. Toelken, „The ‚Pretty Language' of Yellowman: Genre, Mode and Texture in Navaho Coyote Narratives", in *Genre* 2, 1 (1969); B.A. Rosenberg, „The Formulaic Quality of Spontaneous Sermons", in *Journal of American Folklore* 83 (1970); R.D. Abrahams, „Genre Theory and Folklorists", in *Folknarrative Research*, hgg. J. Penikäinen / T. Juurikka, Helsinki 1976; M.-L. Ryan, „On the Why, What and How of Generic Taxonomy", in *Poetics* 10 (1981) S. 109–126.

[9] B.G. Blount, „Agreeing to Agree on Genealogy: A Luo Sociology of Knowledge", in *Sociocultural Dimensions of Language Use*, hgg. M. Sanches / B.G. Blount, New York 1975, S. 117–136; E.M. Albert, „Cultural Patterning of Speech Behavior in Burundi", in *Directions in Sociolinguistics — The Ethnography of Communication*, hgg. J. Gumperz / D. Hymes, New York 1972; G.H. Gossen, „Chamula Genres of Verbal Behavior" in *Toward New Perspectives in Folklore*, hgg. A. Paredes / R. Baumann, Austin 1972, S. 145–167; W. Labov, „Rules for Ritual Insults", in *Studies in Social Interaction*, hg. D. Sudnow, New York 1972, S. 120–169.

[10] Vgl. dazu: *The Making of Homeric Verse — The Collected Papers of Milman Parry*, hg. A. Parry, Oxford 1971 und A.B. Lord, *Der Sänger erzählt*, München 1979.

[11] Es sind Fragen vor allem an die Literaturwissenschaft! Vgl. H.R. Jauß, „Theorie der Gattungen und Literaturen des Mittelalters", in *Grundriß der romanischen Literaturen des Mittelalters*, hg. M. Del-

unbegründet, daß zwischen den auffälligen, stark institutionalisierten kommunikativen Gattungen und den – im Durchschnitt vermutlich doch nur subjektiv belangvollen – „spontanen" kommunikativen Vorgängen ein weiter Bereich gattungsartiger Kommunikation liegt. Ein Verständnis der Kommunikation in diesem Bereich ist für ein Verständnis der Wissensvermittlung, der Identitätsbildung und der Gruppenformation in einer Gesellschaft von einiger, vielleicht sogar von entscheidender Bedeutung.

Bei nicht deutlich institutionalisierten Kommunikationsformen, insbesondere bei schwacher Vorprägung situativer und prozeduraler Bestandteile des kommunikativen Vorgangs, begegnen wir unvermeidlich dem Problem der Erkennbarkeit der Gattung. Dort, wo historische Rekonstruktion aus Quellen und nicht ethnographische Beschreibung ex vivo nötig ist, verschärft sich natürlich das Problem ganz außerordentlich. Das bedeutet, daß wir gerade dort, wo es sich um die Beschreibung gesprächsartiger Gattungen handelt, besonderen Schwierigkeiten begegnen und daß diese Schwierigkeiten nahezu unüberwindlich erscheinen müssen, wenn es um historische Rekonstruktionen gesprächsartiger Gattungen und nicht deren ethnographische Fixierung geht. Die Frage, ob hier Gattungsbegriffe überhaupt noch sinnvoll sind, ist nicht leicht zu beantworten. Dort, wo die Funktion des Vorgangs und die Rollendefinitionen und Erwartungshorizonte der Beteiligten recht genau feststellbar sind – etwa bei Beratungsgesprächen zwischen Sozialarbeitern und Klienten in modernen „Sozialstaaten" (und wenn zudem Protokollierung bzw. Tonbandaufnahme zu Hilfe genommen werden können, um Strukturmerkmale des Vorgangs herauszupräparieren) –, wird das Problem verhältnismäßig leicht lösbar sein. Etwas schwieriger ist es dort, wo Ethnographie in Sozial- und Kulturgeschichte übergeht: z.B. in der Beschäftigung mit Brautwerbegesprächen in bäuerlichen Gesellschaften. Tradition, fixierte Elemente und beispielhafte Einübung in die Tradition werden in diesem Beispiel erkennbar und rekonstruierbar sein, teilweise auch die Einzelheiten der kommunikativen Vorgänge selbst. Aber bei situativ und funktional noch schwächer vorgeprägten Gesprächsarten wird das Problem noch schwieriger und – falls ethnographische Bestandsaufnahme nicht möglich ist, sondern nur indirekte Rekonstruktion über (in ihrer kommunikativen Struktur) andersartige Quellen übrig bleibt – schlicht unlösbar.

Die Mündlichkeit gesprächsartiger Gattungen bedingt eine entschwindende, schwer zu rekonstruierende Geschichtlichkeit. Das Gespräch ist offensichtlich ein Paradebeispiel einer mündlichen Gattung. Es kann kaum – und dann nur unter radikalen Strukturveränderungen – in ein schriftliches Genre verwandelt werden: Briefwechsel. Gespräche werden zwar gelernt, aber in den meisten Kulturen in recht unscheinbarer Weise. Versatzstücke werden routinisiert, aber nicht überall gibt es Gesprächsschulen, Apprentissagesysteme usw., wie das bei vielen anderen mündlichen und erst recht schriftlichen Gattungen der Fall ist. Sie sind uns nur für die stärker institutionalisierten Formen des Gesprächs

---

bouille, Heidelberg 1972, Bd 1, S. 103–138; W. Vosskamp, „Gattungen als literarisch-soziale Institutionen", in *Textsortenlehre – Gattungsgeschichte,* hg. W. Hinck, Heidelberg 1977; K. Stierle, „Die Verwilderung des Romans als Ursprung seiner Möglichkeit", in *Literatur in der Gesellschaft des Spätmittelalters* (Begleitreihe zum GRLMA 1), hg. H.U. Gumbrecht, Heidelberg 1980; H.U. Gumbrecht, „Erzählen in der Literatur – Erzählen im Alltag", in *Erzählen im Alltag,* hg. K. Ehlich, Frankfurt/M. 1980.

bekannt. Geishas werden in Konversation geübt. Für gewöhnliche Gespräche gibt es jedoch kaum systematische Unterweisung.

Betrachten wir zuletzt noch eine theoretische und methodologische Schwierigkeit, der die mündlichen — und somit auch alle gesprächsartigen — Gattungen ausgesetzt sind. Auf eine grob vereinfachte Formel gebracht: sowohl unter dem Aspekt der Struktur als der Funktion als auch der Trägerschaft herrschen im allgemeinen ziemlich klare Verhältnisse bei *mündlichen* Genres in „*mündlichen*" Kulturen. Bei *schriftlichen* Genres in *Schrift*kulturen ist die Sache ihrer Verfügbarkeit in Texten wegen einfacher, wegen des Nebeneinanders mündlicher und schriftlicher Genres aber zugleich unübersichtlicher. Bei Gesprächen haben wir es mit einem wesentlich mündlichen Genre zu tun (das in manchen literarischen Genres, z.B. „Dialogen", nur in radikalen Transformationen auftaucht), dem kein literarisches Genre auch nur annähernd entspricht, das aber von Menschen geübt wird, die in einer außerordentlich stark verschrifteten Kultur leben. So kommt es zu merkwürdigen Brechungen und Transformationen. Daraus ergeben sich zwar keine rein theoretischen, aber etliche methodologische und forschungspraktische Probleme. Nicht nur reden die Leute nach der Schrift, manche führen Gespräche nach der Literatur.

WOLFHART PANNENBERG

SPRECHAKT UND GESPRÄCH*

In der philosophischen Anthropologie dieses Jahrhunderts ist der Entwurf A. Gehlens dadurch gekennzeichnet, daß er den Menschen als das „handelnde Wesen" in den Mittelpunkt des von ihm entworfenen Bildes stellt. Gehlen hat damit weniger die Ansätze seines Vorbilds Herder als vielmehr die des frühen Fichte und Nietzsche sowie andererseits die Sicht des amerikanischen Pragmatismus weitergeführt. Auch seine Behandlung der Sprache ist dem damit gegebenen Rahmen eingeordnet. Sie nimmt in Gehlens Anthropologie breiten Raum ein, weil sie ihm mit Recht als grundlegend für das gesamte Weltverhältnis des Menschen gilt. Dabei bleibt das Verhältnis der Sprache zum Grundbegriff des Handelns eigentümlich zwiespältig. Auf der einen Seite betrachtet Gehlen die Sprache als konstitutiv für die Struktur des Handelns: erst die durch die Sprache vermittelte „Übersicht" — so heißt es im Anschluß an Schopenhauer — befähigt den Menschen zum Handeln. Auf der anderen Seite werden jedoch die sensomotorischen Wurzeln der Sprache selber schon als „Aktionen" und das Wort als „abgeschlossene Handlung" bezeichnet[1]. Dabei ging es Gehlen nicht um einen Vorrang des denkenden Subjekts. Vielmehr wollte er das Denken als „lautloses Sprechen" und die „bebilderte Innenwelt" des Bewußtseins durchaus erst als Funktion der Sprache verstanden wissen, dieses alles aber als „Leistung" des handelnden Menschen zur Bewältigung der ihn überflutenden Reizvielfalt durch ein selbstgeschaffenes Netz von symbolischen Bedeutungen. B. Liebrucks hat die von ihm kritisierte Position Gehlens wohl etwas vereinfacht im Sinne der These vom Menschen als handelndem Wesen, so daß die erwähnte Ambivalenz der Darstellung Gehlens bei ihm zurücktritt. Aber er hat Gehlen mit Recht entgegengehalten, „daß die Sprachlichkeit des Menschen niemals in der Handlung, daß die Handlung dagegen immer in der Sprachlichkeit begründet liegt"[2]. Von einer Handlung kann nämlich — wie auch Gehlen einmal erwähnt — nur dann gesprochen werden, wenn eine „Übersicht" über das Handlungsfeld besteht (s.o.), die nur durch sprachvermitteltes Denken erworben wird.

Die Kennzeichnung des Sprechens als Handeln ist weit verbreitet und tritt meist wie selbstverständlich auf. Dabei kann der philosophische Hintergrund im Pragmatismus oder in einem pragmatistisch gedeuteten Behaviorismus liegen, aber auch im Idealismus[3]. Den Rang einer theoretischen Position hat diese Auffassung durch die aus der sprachanalytischen Philosophie kommende Sprechakttheorie gewonnen, die sich im Gegensatz

---

* Inzwischen auch erschienen in *Anthropologie in theologischer Perspektive*, Göttingen 1983, S. 351–365.
[1] Vgl. bei A. Gehlen, *Der Mensch* (1940), Bonn ⁶1958, S. 53 (und S. 253f.), andererseits ebd. S. 257, 270.
[2] B. Liebrucks, *Sprache und Bewußtsein I*, Frankfurt/M. 1964, S. 83.
[3] So ist nach F. v. Kutschera eine „sprachliche Äußerung" als solche schon eine „Handlung" (*Sprachphilosophie* (1971) München ²1975, S. 17). Auch A. Schütz (*Der sinnhafte Aufbau der sozialen Welt — Eine Einleitung in die verstehende Soziologie* (1932) (stw 92), Frankfurt/M. 1974, S. 162ff.) bezeichnet die sprachliche Äußerung ohne weiteres als „Ausdruckshandlung" bzw. „Kundgabe-

zum Strukturalismus nicht den allgemeinen Strukturen der Sprache, sondern dem konkreten Sprechen zuwendet, dieses aber eben als ein Handeln bestimmt.

Der Oxforder Philosoph J.L. Austin hat 1955 in Vorlesungen an der Harvard University den Aussage- oder Behauptungssätzen, die für den logischen Positivismus das Modell sinnvollen Sprechens überhaupt bildeten, die „performativen" Äußerungen gegenübergestellt, die nicht einen vorgegebenen Sachverhalt aussprechen, sondern durch das Aussprechen den Sachverhalt, auf den sie sich beziehen, allererst konstituieren. Es handelt sich um Äußerungen wie: „ich taufe dieses Schiff auf den Namen ‚Queen Elizabeth'..." oder: „ich verspreche dir, dich morgen zu besuchen". Von solchen Äußerungen sagt Austin: „the uttering of the sentence is, or is part of, the doing of an action"[4]. Schon Austin selbst weitete diese Beobachtung zu einer Charakterisierung aller Sprachäußerungen als „illokutionärer" Akte, also als Handlungen aus[5]. J. Searle hat sodann die Sprechakttheorie weiter ausgebaut und sie insbesondere durch die Frage nach Regeln, die nach Analogie von Spielregeln die Ausführung von Sprechakten bestimmen, mit der Spieltheorie verbunden. Während Austin noch bemerkte, daß seine Sprachtheorie der Grundlegung durch eine allgemeine Theorie des Handelns bedürfe, glaubt Searle dieser Forderung durch den Nachweis einer expliziten oder impliziten (z.B. durch einen institutionellen Kontext der Äußerung gegebenen) Regelbindung der Sprechakte als Kriterium für ihr Gelingen und Mißlingen Rechnung getragen zu haben. Er kann daher schreiben, „daß eine Sprachtheorie (...) Teil einer Handlungstheorie ist, und zwar einfach deshalb, weil Sprechen eine regelgeleitete Form des Verhaltens ist"[6].

Aber ist das ausreichend, um die Anwendung des Handlungsbegriffs auf alle sprachlichen Äußerungen zu rechtfertigen? Wenn ein Verhalten unbewußt Regeln genügt, deren Identifizierung andern überlassen bleibt, wird man noch nicht von einem Handeln sprechen können. Erst wenn die Einhaltung einer Regel *intendiert* wird, liegt zweifellos eine Handlung vor. Dann ist nämlich ein auf die Realisierung eines Zieles gerichtetes Verhalten ge-

---

handlung" (S. 164), vgl. S. 174. G. Höpp (*Evolution der Sprache und Vernunft*, Berlin 1970, S. 3ff.) führt wie selbstverständlich die zielgerichtete Handlung als Grundbegriff für die Beschreibung der Sprachentwicklung ein. Auch J. Piaget kann den Begriff des „Verhaltens" ohne weiteres mit dem der „Handlung" ersetzen; vgl. Piaget, *Das Erwachen der Intelligenz beim Kinde*, Stuttgart 1969. M. Black kennzeichnet „Sprechen" als „purposive activity" und schreibt: „Normally, we speak in order to achieve some purpose; and that is why we can appraise the success or failure of acts of speech, judging them by reference to what we try to accomplish when we speak" (*The Labyrinth of Language*, New York 1968, S. 91). Die Beispiele ließen sich nahezu beliebig vermehren.

[4] J.L. Austin, *How to do Things with Words*, hg. J.O. Urmson, Oxford 1962, S. 5.

[5] Ebd. S. 98ff. Nach Austin ist jeder „lokutionäre" Akt, d.h. die Äußerung eines Sachverhalts (saying something), zugleich auch ein „illokutionärer" Akt, nämlich Vollzug einer Handlung – als Antwort auf eine Frage, Information, Versicherung, Warnung usw. Auch das Behaupten gilt als eine solche Handlung (S. 103). Dabei unterscheidet sich der illokutionäre vom perlokutionären Akt dadurch, daß beim ersteren das Ergebnis der Handlung bei ihren Adressaten (wiewohl es intendiert sein mag) nicht mitgenannt ist (vgl. S. 108ff.).

[6] J. Searle, *Sprechakte – Ein sprachphilosophischer Essay* (1969), dt. Frankfurt/M. 1971 S. 31. Zum Regelbegriff vgl. S. 54ff., zur Verankerung der Regeln in Institutionen S. 80ff. Siehe auch Austin, *How to do Things* S. 106. Als Beschreibung der „pragmatischen Dimension des Sprachgebrauchs" ist die Sprechakttheorie inzwischen auch in der Linguistik sowie in der Literaturtheorie einflußreich geworden (W. Iser, *Der Akt des Lesens*, München 1976, S. 89ff. behandelt sie beispielsweise als grundlegend für die Deutung fiktionaler Texte). Siehe bes. D. Wunderlich, *Studien zur Sprechakttheorie*, Frankfurt/M. 1976, S. 119ff.

geben, und ein solches erfüllt den Begriff der Handlung. D. Wunderlich hat daher — unter Bezugnahme auf die Handlungstheorie von A.J. Goldman — die Grundlage der Sprechakttheorie mit Recht im Begriff des Handelns als eines Zwecke intendierenden Verhaltens gesehen und entsprechend neu formuliert[7].

Es besteht heute weitgehend Einverständnis darüber, daß der Begriff des „Handelns" im „engeren Sinne" durch den Bezug auf Ziele definiert ist, die durch das Handeln erreicht werden sollen[8]. Dabei wird Handeln einerseits vom allgemeineren Begriff des „Verhaltens" unterschieden[9], andererseits vom Begriff der „Tätigkeit" (Praxis)[10]. Die letztere Unterscheidung geht auf Aristoteles zurück, der das Handeln, das sein Ziel (als ein erst noch zu erreichendes) außer sich hat, als unvollkommene Praxis von der vollkommenen Tätigkeit unterschied, die ihren Zweck in sich selber hat und daher auch nicht durch das Erreichen dieses Zieles an ihr Ende kommt, also von sich her unbegrenzt fortsetzbar ist (Met. 1048 b 21ff.). In diesem Sinne sind etwa Sehen und Denken Tätigkeiten, aber auch einfachhin Leben oder Sein. Vom modernen Begriff des Verhaltens wäre die so gefaßte Tätigkeit dadurch zu unterscheiden, daß sie ihr telos in sich selber hat, was man nicht von allen Verhaltensformen sagen kann, weder vom Handeln, noch etwa vom Weinen, Frieren oder Hungrigsein. Innerhalb des allgemeinen Oberbegriffs Verhalten sind vielmehr neben triebhaftem Verhalten, reaktivem Verhalten und Handeln die Gebiete der Befindlichkeiten, des Erlebens und der zweckentlasteten Tätigkeiten zu unterscheiden. Ob nicht das Sprechen eher zur letzteren Verhaltensart zu rechnen ist als zum zweck-

---

[7] D. Wunderlich, *Studien zur Sprechakttheorie* S. 30–50: „Handlungstheorie und Sprache", bes. S. 37. Wunderlich bezieht sich auf A.J. Goldman, *A Theory of Human Action*, Englewood Cliffs 1970. Nach Goldman sind Handlungen zweckhaft von Wünschen her strukturiert (S. 49ff., 114), die aber selber keine Akte sind (S. 92f.).

[8] Siehe etwa T. Passons / E.A. Shils, *Toward a General Theory of Action*, Cambridge/Mass. 1967, S. 53ff. (vgl. auch S. 5); A. Schütz, *Der sinnhafte Aufbau der sozialen Welt — Eine Einleitung in die verstehende Soziologie* (1932), Frankfurt/M. 1974, S. 74ff. M. Weber hat scheinbar abweichend von diesem „finalen" Handlungsbegriff das „zweckrationale" Handeln als einen Handlungstyp unter anderen, nämlich neben wertrationalem, affektuellem und traditionalem Handeln unterschieden (*Wirtschaft und Gesellschaft* (1921), Tübingen ⁵1972, S. 12f.). Doch diese Unterschiede betreffen mehr die Motivation des Handelns als seine Struktur. Auch wertrationales und traditionales Handeln sind in ihrer Struktur zweckbestimmt, nämlich durch den Zweck der Wertrealisierung bzw. der Traditionsbewahrung. Beim Begriff des affektuellen Handelns ist (im Blick auf Webers Beispiele) nicht immer klar, wo die Grenze zwischen affektiv motiviertem, aber immer noch rational strukturiertem Handeln und bloß triebhaftem Verhalten zu ziehen ist.

[9] Zur Abgrenzug des „intentionalen Handelns" von stimuliertem Verhalten vgl. J. Habermas: „Zur Logik der Sozialwissenschaften", in *Philosophische Rundschau* Beih. 5 (1967) S. 58–79, bes. S. 76. Der Begriff des Handelns muß jedoch auch von einem nicht auf das Merkmal der äußerlichen Stimulierbarkeit eingeengten Verhaltensbegriff abgegrenzt werden. So hat schon A. Schütz (*Der sinnhafte Aufbau der sozialen Welt* S. 77) das durch einen „vorgefaßten Plan", durch „Entwurfcharakter" gekennzeichnete Handeln von anderweitig auf Künftiges gerichtetes Verhalten (das also durchaus als Sichverhalten gedacht ist) unterschieden. W. Kamlah (*Philosophische Anthropologie — Sprachliche Grundlegung und Ethik*, Mannheim 1972, S. 49) faßt Handeln als „Spezialfall von ‚sich verhalten' ", weil auch das Sichüberlassen und das Erleiden Verhaltensformen sind, man aber z.B. Weinen oder Frieren schlecht als Handlungen bezeichnen kann. Auch A.J. Goldman (*A Theory of Human Action*) unterscheidet Handlungen von Zuständen und „things that *happen* to a person, that he *suffers* or undergoes" (S. 46f.), aber nicht von Tätigkeiten ohne Zweckrichtung.

[10] Dazu siehe bes. E. Tugendhat, *Selbstbewußtsein und Selbstbestimmung*, Frankfurt/M. 1979, S. 211f.

haften Handeln? Bevor in dieser Frage eine Entscheidung getroffen wird, muß zunächst die Struktur des Handelns noch genauer in den Blick genommen werden.

H. Reiner hat in seiner phänomenologischen Analyse der Struktur der Handlung zwischen der „Stellungnahme" zum Ziel oder Zweck, dem die Handlung gilt, und dem eigentlichen Handlungsvorsatz unterschieden[11]. Die Stellungnahme zum Handlungsziel hat, wie Reiner im Anschluß an D. v. Hildebrand darlegt, gemüthaften Charakter (S. 74f., vgl. 53ff.). Sie ist Sache des Gefühls, also der Kongruenz des betreffenden Zielgehaltes zum Ganzen unseres personalen Daseins in seiner „Identität", wie wir im Rückgriff auf früher Gesagtes Reiners Beschreibung interpretieren können. Wegen dieser Ganzheitlichkeit der Zustimmung zu einem Ziel oder Zweck steht dann auch, was bei Reiner unerwähnt bleibt, der Einzelzweck immer schon in einem übergreifenden Zusammenhang von Zwecksetzungen, wenn auch das Ganze des sich vollziehenden Lebens nicht in der Weise durchrationalisiert sein muß, daß alles Verhalten auf einen einzigen Endzweck bezogen wäre. Gegenüber der gefühlsmäßigen Identifizierung mit dem Zweck ist der eigentliche Handlungsvorsatz auf die Mittel bezogen, die zur Realisierung des erstrebten Zwecks führen sollen. Obwohl Handlungsvorsatz und Bejahung des Ziels oft in einem Gesamtakt des Sichentschließens verbunden sind (S. 74f.), scheint uns die von D. v. Hildebrand betonte Beziehung des Vorsatzes auf die Mittel des Handelns doch wichtig im Hinblick auf die Differenz zwischen Handlung und Tätigkeit. Der Handlungsvorsatz und die durch ihn eingeleitete Ausführung müssen sich auf die Mittel als auf die nächsten Schritte richten, die zur Realisierung des Zieles zu tun sind. Eben dadurch entsteht die momentane Trennung von Mittel und Ziel, die für die Handlung charakteristisch ist. Bei der Herstellung eines Gegenstandes muß die Aufmerksamkeit auf die jeweiligen Handgriffe konzentriert werden, die nacheinander erfolgen müssen, damit nicht das Material verpfuscht wird oder noch größerer Schaden entsteht. Die Tätigkeit im Sinne des aristotelischen Praxisbegriffs ist hingegen vom Ziel nicht getrennt, so daß für sie die Differenz von Mittel und Ziel nicht entsteht. Allerdings ist auch das menschliche Handeln nicht in jeder Hinsicht vom Ziel getrennt, da das Ziel ja antizipiert im Geiste gegenwärtig ist. Insofern ist auch im Handeln ein Moment der Praxis lebendig. Je mehr die einzelnen Momente einer Handlung gekonnt sind — etwa beim Spiel eines Musikstücks —, desto mehr nähert sich die Handlung dem Charakter der Praxis, wird sie als Handlung aufgehoben und so zum Spiel, zur reinen Darstellung. Im Spiel ist der Tätige unmittelbar bei sich selbst, indem er zugleich ganz aufgeht im Vollzug des Spieles. In der Handlung dagegen ist der Handelnde nur in der Antizipation des Ziels mit sich eins. Die notwendige Konzentration auf die Mittel ist zugleich mit dem Risiko einer Entfremdung verbunden, die erst durch die Realisierung des Ziels aufgehoben wird. Darum schließt das Ich sich durch den Vollzug der Handlung mit sich selbst zusammen[12]. Aber zugleich ist die zeitüberbrückende Einheit des Ich im Vorgriff auf das Ziel nicht nur schon vorausgesetzt, sondern muß auch über den ganzen Ablauf der Handlung hinweg aufrechterhalten bleiben. Es muß diesen Ablauf im Vorhinein

---

[11] H. Reiner, *Freiheit, Wollen und Aktivität — Phänomenologische Untersuchungen in Richtung auf das Problem der Willensfreiheit*, Halle 1927, S. 69ff. Die folgenden Seitenangaben im Text verweisen auf dieses Werk.

[12] Siehe dazu D. Wyss, *Strukturen der Moral — Untersuchungen zur Anthropologie und Genealogie moralischer Verhaltensweisen*, Göttingen 1968, S. 59.

beherrschen, „in der Hand behalten": sonst geriete das Ziel aus dem Blick, und der Handelnde verlöre sich in der unvorgesehenen Eigendynamik der Mittel, die ihn zu ganz andern Ufern tragen kann, als er wollte. Die Einheit des Ich als Subjekt also ist für die Handlung grundlegend. Die Handlung ist überhaupt der einzige Lebensbereich, für den der Begriff des Subjekts zuständig und unentbehrlich ist. Die Hypertrophie des Subjektbegriffs im neuzeitlichen Denken ging zusammen mit der Tendenz, alle Gegebenheit in Handlung aufzuheben. Aber es zeigte sich bereits in früherem Zusammenhang, daß die Einheit und Selbigkeit des Ich (und damit auch seine Funktion als Subjekt von Handlungszusammenhängen) erst in Prozessen der Identitätsbildung konstituiert wird. Darum ist die Welt des Lebens und Erlebens weiter als der Herrschaftsbereich des Subjekts, daher auch weiter als der Umkreis des Handelns. Darum ist es vermessen, die Ganzheit des Lebens durch das eigene Handeln konstituieren zu wollen. Folgt man solcher vermessenen Strategie, so kann die Ganzheit des Lebens in den einzelnen Lebensbereichen nur zerstört werden. An dieser Stelle liegt die kritische Relevanz der paulinischen und reformatorischen Rechtfertigungslehre für die Anthropologie. Die positiven Möglichkeiten des Handelns liegen immer nur im einzelnen und besonderen innerhalb eines anderweitig gewährleisteten Lebensganzen. Weil es aber die Identitätsbildung ebenso wie die (darum dem Gefühl zugehörige) Identifikation mit dem jeweiligen Handlungsziel immer schon mit dem Ganzen des individuellen Lebens zu tun haben – und darauf beruht auch die Möglichkeit des Zusammenwirkens mehrerer Individuen zu gemeinsamen Zwecken, weil der einzelne das Ganze seines Lebens nur in der Gemeinschaft gewinnen kann, – darum geht die der Identität des Handelnden entsprechende „Übersicht" über das Handlungsfeld hinaus über den Mittel-Zweck-Zusammenhang der einzelnen Handlung. Die Voraussicht der Folgen und Nebenfolgen des eigenen Handelns gehört zum Begriff des Handelns selber: ohne solche Übersicht könnte weder die Abfolge der Mittel bei der Ausführung des Vorsatzes dem Ziel zugeordnet werden, noch wäre der Handelnde verantwortlich für sein Tun. Umgekehrt unterstellt die Gesellschaft dem Handelnden eine auf das Ganze des eigenen Daseins und darum auch der gesellschaftlichen Lebenswelt bezogene Identität, indem sie ihm Verantwortung und Schuld für sein Tun und Unterlassen zumutet.

Wir kommen nun auf die Frage zurück: Ist Sprechen ein Handeln? Oder ist es eine Tätigkeit im oben bezeichneten Sinne? Die Antwort muß sich vor übermäßiger Vereinfachung hüten. Es gibt nämlich Formen des Sprechens, die zweifellos die Struktur der Handlung erkennen lassen. Das gilt jedenfalls für die von Austin herausgestellten Performativa. Das Taufen eines Schiffes oder eines Kindes ist ebenso eine Handlung wie das Eröffnen einer Versammlung und der Urteilsspruch des Richters. Die dabei verwendeten Formeln sind allerdings jeweils nur Teilhandlungen. Gerade darum gilt für sie das Gebot der Sorgfalt, die der Handelnde im Hinblick auf die Mittel zu beobachten hat, die seinen Zweck herbeiführen sollen. Ähnlich steht es beim Beispiel des Versprechens, mit dem Searle die Einzeldarstellung seiner Sprechakttheorie beginnt. Das Versprechen ist in der Tat eine Handlung und Teil einer Handlung, die auf das Ziel seiner Einlösung bezogen ist, wenn das Versprechen aufrichtig und regelrecht gegeben wird. Die Einheit und Selbigkeit des Ich, die sich als grundlegend für die Einheit des Vorsatz, Mittel und Ziel verbindenden Handlungsbogens erwies, ist auch hier fundamental; denn der Versprechende stellt sich selber als den Garanten für die Erfüllung seines Versprechens hin, und eben deshalb muß er sorgfältig darauf achten, ob auch in seiner Macht steht einzuhalten, was er verspricht. Auf den ersten Blick könnte es scheinen, daß das Versprechen nicht in jeder Hinsicht die Kriterien des Handlungsmodells erfüllt. Insbesondere könnte zweifelhaft sein, ob es selber die Funktion des Mittels erfüllt. Ist das Eintreten der versprochenen Zukunft denn abhängig von dem gegenwärtig gegebenen Versprechen? Ist also das Ziel des Versprechens wirklich die künftige Erfüllung? Liegt sein Ziel nicht eher in der gegenwärtigen Beglückung dessen, dem das Versprechen gegeben wird? Diese Funktion des Zuspruchs ist sicherlich wichtig, aber es ist doch auch deutlich, daß das Versprechen unaufrichtig wäre, wenn der Versprechende nur auf seine gegenwärtige Wirkung zielen würde: die Freude des Empfängers hängt gerade an der verheißungsvoll in Aussicht gestellten Zukunft. Diese Zukunft als Gegenstand des Versprechens soll ja an dem Empfänger Wirklichkeit werden. Und insofern ist das Versprechen dann auch Mittel zu diesem Ziel, indem es nämlich den Empfänger für die verheißende Zukunft gewinnt oder zu der Hoffnung auf sie ermutigt und in ihr bewahrt.

Performative Äußerungen also sind in der Tat Handlungen. Das Problematische der Sprechakttheorie liegt in der Verallgemeinerung dieser Entdeckung mit Hilfe des Begriffs des illokutionären Aktes. Es ist nicht richtig, daß etwa das Behaupten oder Konstatieren ebenso ein Sprechakt sei wie das Versprechen; denn die alltäglichen Behauptungen treten im allgemeinen nicht explizit als Behauptungen auf, die ihrer Struktur nach wahr oder falsch sein können. Es wird einfach gesagt „wie es ist". Daß es sich dabei um eine (bloße) Behauptung handelt, ist schon vom Standpunkt eines Dritten aus gesehen oder gehört einer Reflexion auf das Gesagte an. Darin ist der Fall des Behauptens oder Konstatierens ein wesentlich anderer als der des Versprechens. Denn bei letzterem gehört der Handlungsaspekt zum Bewußtsein des (explizit) Versprechenden selber. Beim Konstatieren hingegen wird der Handlungsaspekt erst unterstellt, und zwar von demjenigen, der die Wahrheit des Gesagten bezweifelt oder dahingestellt sein läßt, wie der Sprechakttheoretiker, weil er sich für anderes interessiert als wovon die Rede ist. Die Reflexion, die den Akt des Konstatierens in den Blick bringt, geht also an der Intention des Konstatierenden vorbei[13]. Schon deshalb kann das Konstatieren keine Handlung sein, denn bei der Handlung umfaßt die auf das Ziel gerichtete Intention den ganzen dahin führenden Weg der Handlung mit; sonst bliebe der Blick auf das Ziel bloßer Wunsch, keine Handlung. Bei der Interpretation konstatierender, aber auch emotionaler Äußerungen ersetzt die Sprechakttheorie das sprachliche Ereignis durch etwas anderes, das sie stattdessen unterstellt. Sie unterstellt insbesondere, bei allen diesen Äußerungen gehe es um Kommunikation. Die Äußerung sei ein Mittel zum Zweck der Mitteilung und insofern Handlung. Auf diesen Punkt richtet sich die von N. Chomsky an Searle geübte Kritik. Für Chomsky geht es in der sprachlichen Äußerung in erster Linie um Ausdruck von Sinngehalten, also um ihre Darstellung. Die Intentionen, die der Sprecher darüber hinaus mit seiner Äußerung ver-

---

[13] Auch G. Seebaß (*Das Problem von Sprache und Denken*, Frankfurt/M. 1981) erhebt gegen die Sprechakttheorie den Vorwurf, sie sei in mehrfacher Hinsicht der Gefahr erlegen, „daß die zugrunde gelegten ‚Paradigmen' unzulässig verallgemeinert" und dadurch wichtige Aspekte des faktischen Sprachgebrauchs „verstellt werden". Das habe insbesondere „zur Verkennung der Sonderstellung des Wahrheitsanspruchs und (als Folge davon) zur inadäquaten Behandlung auch des ‚propositionalen Gehalts' geführt" (S. 450).

binden mag, bleiben demgegenüber sekundär: „The ‚instrumental' analysis of language as a device for achieving some end is seriously inadequate"[14]. Schneidend scharf formuliert Chomsky: „The point is, I think, that the ‚communication theorists' are not analyzing ‚meaning', but rather something else: perhaps ‚successful communication' "[15].

Mit Recht hat James M. Edie darauf hingewiesen, daß in unserem Sprechen normalerweise nicht die sprachliche Gestalt unserer Äußerung, sondern die Sache, der wir uns zuwenden, im Zentrum unserer Aufmerksamkeit steht. Dabei kann es sich um die Person handeln, zu der wir sprechen, oder um den Gegenstand, dem unser Gespräch gilt, oder schließlich auch nur den gemeinsamen Zweck, den wir zusammen mit dem Partner verfolgen[16]. Mit dieser Beobachtung bringt Edie jenen Boden des Miteinandersprechens in den Blick, der der Sprechakttheorie unzugänglich bleiben muß: das Gespräch. Die gemeinsame Sache stiftet die Gemeinsamkeit des Gesprächs und damit auch Kommunikation. Unter den drei von K. Bühler unterschiedenen Grundfunktionen der sprachlichen Äußerung – Ausdruck, Darstellung, Mitteilung – kommt der Darstellung die Führung zu[17]; denn sie vermittelt zwischen Ausdruck und Mitteilung. Der subjektive Ausdruck kann den andern nur erreichen, ihm zur Mitteilung werden durch das Medium der Darstellung. Das gilt sogar für die performativen Äußerungen: die Taufformel bringt zur Darstellung, was durch die Handlung am Täufling geschieht; das Versprechen stellt seinen Inhalt dar als

---

[14] N. Chomsky, *Reflections on Language*, New York 1975, S. 69. Diese pointierte Formulierung soll wohl kaum die Mitteilungsfunktion der Sprache überhaupt in Abrede stellen. Nur kommt ihr nicht die Führung zu, wo es um das Verständnis der Sprache geht. In diesem Sinne gesteht J.M. Edie (*Speaking and Meaning – The Phenomenology of Language*, London 1976) der Auffassung, daß die schon vorgefundene und erworbene Muttersprache Instrument der Kommunikation sei, das Recht einer Teilwahrheit zu: „But it is not the whole truth. Language is more than an instrument" (S. 145). – Zur Problematik des instrumentellen Sprachverständnisses gehört auch die Deutung des Wortes als *Zeichen*, bes. im Behaviorismus (Ch. Morris, *Science, Language and Behaviour*, New York 1955). Demgegenüber forderte schon S.K. Langer (*Philosophy in a New Key* (1942) PB 25, New York 1948, S. 88f.), Sprache nicht in erster Linie als „communication by sound" aufzufassen, sondern als symbolische Erfassung der Wirklichkeit, die nicht – wie das bloße Zeichen – eine Aktion des Adressaten evoziert (S. 48), sondern dazu veranlaßt, den Gegenstand wahrzunehmen („conceive" S. 49). Etwas abweichend von S.K. Langer, die nicht nur das Zeichen, sondern auch das Symbol vom Gegenstand trennt, indem sie es auf „conceptions" bezieht (ebd.), wird man besser mit H.G. Gadamer sagen, daß das Symbol dadurch vom Zeichen verschieden ist, daß es nicht nur auf etwas anderes verweist, sondern den Gegenstand, indem es ihn repräsentiert, „unmittelbar gegenwärtig sein läßt" (*Wahrheit und Methode*, Tübingen 1960, S. 46). Von daher wird verständlich, daß wir im Sprechen nicht mit der Sprache als Instrument, sondern mit der durch sie gegenwärtigen Sache beschäftigt sind. Gewiß ist das Wort *auch* Zeichen – aber vornehmlich für den, der (noch) nicht versteht und mittels des Wortes zum Verständnis der Sache zu gelangen hofft. Sobald er versteht, ist ihm das Wort zum Symbol geworden, in welchem ihm die Sache gegenwärtig ist. Dadurch unterscheiden sich Wort und Satz vom Wegweiser, den man hinter sich läßt, indem man seinem Hinweis folgt. Vgl. auch die Ausführungen von E. Heintel, *Einführung in die Sprachphilosophie*, Darmstadt 1972, S. 40ff., zum „überzeichenmäßigen" Charakter der Sprache.

[15] N. Chomsky, *Reflections* S. 68. Chomsky wendet sich hier besonders gegen P.F. Strawson, der in seiner Oxforder Antrittsvorlesung (*Meaning and Truth*, London 1970) einen fundamentalen Gegensatz zwischen den an der Ausdrucksfunktion der Sprache orientierten „formalen Semantikern" und den „theorists of communication-intention" statuiert hatte. Vgl. aber auch J. Searle, *Sprechakte* S. 194, n.6 und 7.

[16] J.M. Edie, *Speaking and Meaning* S. 144.

[17] F. Kainz, *Psychologie der Sprache I*, Stuttgart 1941, S. 174f., sagt sogar, daß die Darstellung „keine bestimmte Sprachleistung neben anderen ist, sondern das fundamentale Wesensmoment der Sprache, das hinter ihren sämtlichen Leistungen steht und diese erst ermöglicht". Vgl. S. 70ff.

dem Empfänger zugedachte Wohltat. Den Darstellungsaspekt des Spiels hat die Sprechakttheorie bei ihrer Deutung der Sprache mit den Mitteln der Spieltheorie zu ihrem Schaden nicht berücksichtigt[18]. Mag es auch im Gespräch Momente des Wettstreits geben — im gelingenden Gespräch bleiben sie der Sache, der das Gespräch gilt und die in ihm zur Darstellung kommt, untergeordnet.

E. Goffman hat 1967 eine Analyse des Gesprächs unter Gesichtspunkten der Interaktion der Gesprächsteilnehmer vorgelegt[19]. Dabei zeigt sich sehr deutlich, wie beschränkt die Ergiebigkeit des Handlungsaspekts für die Beschreibung der Gesprächssituation ist. Goffman beginnt mit den Voraussetzungen auf seiten der Teilnehmer. Dazu gehört außer den Erfordernissen der eigentlichen Sprachkompetenz vor allem das „spontane Engagement" der Teilnehmer: man muß „selbst ein angemessenes Engagement aufbringen" und gleichzeitig „mit seinen Handlungen auch gewährleisten, daß die andern ihr Engagement aufrechterhalten" (S. 127). In diesem Sinne wird das Gespräch als „Interaktion" charakterisiert. Man kann aber schon hier fragen, ob das „spontane Engagement" sachgemäß als eine Leistung oder Handlung des betreffenden Teilnehmers gekennzeichnet werden kann. Wenn es nämlich diesen Charakter hat, die Teilnehmer des Gesprächs sich zur Aufmerksamkeit zwingen, dann wird das Gespräch nicht recht vom Fleck kommen, weil es selber etwas Gezwungenes behält. Darum heißt es denn auch bei Goffman, gemeinsames spontanes Engagement sei so etwas wie eine unio mystica, ein „sozialisierter Trancezustand", in welchem die „Konversation ein Eigenleben hat" (S. 124). Die Atmosphäre des Gesprächs ist damit sehr treffend beschrieben, nur sprengt die Beschreibung völlig den begrifflichen Rahmen des Handlungsschemas und daher auch der Interaktion. Das von Goffman beschriebene Phänomen liegt eher auf der Ebene des Erlebens, dem man sich „überläßt"[20]. Doch auch damit wäre noch nicht die ekstatische und gleichzeitig Gemeinsamkeit stiftende „Dichte" der Atmosphäre des gelingenden Gesprächs bezeichnet. Nicht von ungefähr spricht Goffman von einem „Trancezustand".

Früher nannte man die Energie, die einem solchen Zustand knisternder Spannung innewohnt, „Geist", und warum soll man eigentlich nicht vom „Geist" (spirit) eines Gesprächs reden? Diese Bezeichnung trifft genau, worum es sich hier handelt und ist jedenfalls nicht durch „Interaktion" ersetzbar. Die heute verbreitete Zurückhaltung gegenüber dem Geistbegriff wegen seiner metaphysischen Überlastung, insbesondere wegen seiner Verquickung mit einer dualistischen Anthropologie, die den Menschen nicht mehr unbefangen in der leiblichen Einheit seines Lebensvollzuges zu sehen vermochte[21], ist verständlich und berechtigt. Aber man braucht deswegen nicht schon den Ausdruck überhaupt zu

---

[18] Auch E. Tugendhat, *Vorlesungen zur Einführung in die sprachanalytische Philosophie*, Frankfurt/M. 1976, S. 258, beanstandet, daß Searle die von ihm beabsichtigte spieltheoretische Deutung der Sprache unvollständig durchführt. Das von Searle vorgeschlagene „Regelsystem" endet dort, wo es anfangen müßte, nämlich bei der bloßen Benennung des Eröffnungszugs des Spiels. Tugendhats Kritik bleibt jedoch im Rahmen des Wettkampfmodells des Spiels. Das Phänomen der Sprache wird in erheblich größerer Tiefe zugänglich, wenn das Modell des Spiels auch und besonders im Hinblick auf dessen Darstellungsfunktion herangezogen wird, wie das H.G. Gadamer andeutet (*Wahrheit und Methode* S. 464f.) im Rückgriff auf seine Interpretation des Spiels (ebd. S. 97ff.).
[19] E. Goffman, *Interaktionsrituale — Über Verhalten indirekter Kommunikation* (1967), dt. Frankfurt/M 1971. Die folgenden Seitenverweise im Text beziehen sich auf dieses Werk.
[20] Vgl. nochmals W. Kamlah, *Philosophische Anthropologie* S. 49.
[21] Vgl. zum folgenden auch B. Liebrucks, *Sprache und Bewußtsein II*, Frankfurt/M. S. 57ff.

meiden, auch um den Preis der Sprachlosigkeit vor Phänomenen wie hier dem Gespräch. Es muß allerdings klar umgrenzt werden, was das Wort „Geist" besagt, und vor allem, was es nicht besagt, um unerwünscht weitgehende, verdeckt eingeschleppte Assoziationen, die dann unversehens den Gedanken ungerechtfertigt in traditionelle Bahnen gleiten lassen, zu vermeiden. Das heißt nicht, daß die Aussagen traditioneller Geistphilosophie in jeder Hinsicht von vornherein abzulehnen wären, aber der in ihnen steckende Wahrheitsgehalt kann nur schrittweise wiedergewonnen werden. Deshalb sind alle Konnotationen eines Dualismus von Geist und Materie, der mit dem Verhältnis von Bewußtsein und leiblichem Dasein verknüpft wird, zurückzuhalten. Das Wort „Geist" soll zunächst nur das von Goffman beschriebene, eigentümliche Phänomen des Gesprächs als eines Zustands der Ergriffenheit bezeichnen, in dem die „Konversation ein Eigenleben hat". Man wird dann freilich nicht umhin können, sich der Ergriffenheit im Spiel und überhaupt der ekstatischen Verfaßtheit des menschlichen Lebensvollzuges zu erinnern, die sich in Momenten solcher Ergriffenheit in besonderer Dichte äußert. Das hier als „geistig" zu bezeichnende Phänomen ist nicht nur sozial, sondern auch im individuellen Lebensvollzug gegenwärtig. Das ändert aber nichts daran, daß es sich dabei weder um ein „Vermögen" des Menschen, noch um einen „Teil" seiner anthropologischen Struktur handelt. Viel treffender ist Goffmans Beschreibung als „Trancezustand", womit auch die Differenz zu dem, was man gewöhnlich unter „Bewußtsein" versteht, bezeichnet ist. Damit soll nicht die Möglichkeit ausgeschlossen werden, daß vielleicht das individuelle Bewußtsein selber schon als ein solcher „Trancezustand" verstanden werden könnte, doch das ist jetzt nicht zu entscheiden. Wichtiger ist zunächst die Feststellung, daß das Bild des Trancezustandes und das Erleben einer besonderen „Atmosphäre" der Bedeutung der Wörter für „Geist" in den Anfängen auch unserer kulturellen Überlieferungen näher stehen als die Vorstellungen, die spätere Entwicklungen der Metaphysik damit verbunden haben. Im Alten Testament bedeutet „ruah" zunächst Hauch, Atem, Wind, erst von daher dann auch belebende Kraft, die Gott dem Menschen bei der Schöpfung in die Nase bläst (Gen. 2,7), die aber doch nie ganz in die Verfügung des Menschen übergeht und ihn beim Tode „mit dem letzten Atemzug", wie auch wir noch sagen, wieder verläßt und zu Gott zurückkehrt[22]. Nicht unähnlich sind die Vorstellungen, die sich im griechischen Denken ursprünglich mit dem Wort „pneuma" verbanden, wenn auch die Entwicklung seiner Wortbedeutung dann in anderer Richtung lief[23]. Jedenfalls scheint noch der Johannesevangelist auf das Verständnis seiner Leser gerechnet zu haben, wenn er Christus zu Nikodemus sagen ließ: „Das Pneuma weht, wo es will, und du hörst sein Sausen wohl, aber du weißt nicht, woher es kommt und wohin es geht" (Joh. 3,8). Der Geist des Gespräches also oder, mit E. Goffman zu reden, der „sozialisierte Trancezustand", in dem seine Teilnehmer sich befinden, bewegt sie dazu,

---

[22] Eccl. 9,7. Siehe die eingehenden Ausführungen zum alttestamentlichen Geistverständnis bei H.W. Wolff, *Anthropologie des AT*, München 1973, S. 57–67. Mir scheint die enge Zusammengehörigkeit des im Menschen wirkenden Geistes mit dem Gottesgeist noch stärkerer Betonung zu bedürfen: der menschliche Geist ist Teilhabe an Gottes Geist, auch wenn diese Teilhabe mit hineingezogen wird in die Verselbständigung und Abwendung des Menschen von Gott. Siehe dazu meinen Artikel „Der Geist des Lebens", in *Glaube und Wirklichkeit*, München 1975.
[23] Vgl. G. Verbeke, „Geist (Pneuma)", in *Historisches Wörterbuch der Philosophie* Bd 3, Darmstadt 1974, S. 157–162 (Lit.).

„sich spontan vom Gesprächsthema hinwegtragen zu lassen"[24]. Wie geschieht das? Indem – wie man so sagt – ein Wort das andere gibt. Der Gesprächsverlauf liegt nicht im vorhinein fest. Seine Liberalität hat Raum für immer wieder neue, überraschende Wendungen, damit auch für den individuellen Einsatz jedes neuen Redners. Dennoch verläuft das gelingende Gespräch nicht zusammenhanglos. Zusammenhanglosigkeit der Äußerungen führt schnell zur Auflösung der Gesprächsatmosphäre. Wie aber bildet sich der Zusammenhang des nicht vorweg festgelegten Gesprächsverlaufes? Was gibt die Beschreibung, ein Wort gebe das andere, eigentlich zu verstehen? Wie vollzieht sich solches „Geben"? Das läßt sich näher erläutern im Hinblick auf die Unbestimmtheit und Vieldeutigkeit der Wörter.

Die Wörter der natürlichen Sprachen bezeichnen nicht in scharf abgegrenzter Weise Klassen von Gegenständen, Tätigkeiten, Qualitäten, Beziehungen. Die Wortbedeutung ist nicht schlechthin auf das Spektrum von Verwendungsmöglichkeiten eingegrenzt, die das Lexikon verzeichnet. Sie ist dehnbar und sprachgeschichtlich wandelbar, freilich nicht beliebig, sondern immer nur in Verbindung mit einem Sinn, der in der Wahl und Verwendung gerade dieses Wortes seinen Ausdruck findet. Das Wort ist also immer durch ein Ineinander von Bestimmtheit und Unbestimmtheit gekennzeichnet. Seine Bestimmtheit erhält es im Zusammenhang des jeweiligen Satzes[25]. Dessen Bestimmtheit verdankt sich geradezu der Unbestimmtheit der Wörter. Letzere erlaubt es, die Wörter zu unabsehbar vielfältigen Sätzen zu verbinden. Auch im Satz aber verliert sich die Unbestimmtheit nicht gänzlich. Darum ist der Sinn des einzelnen Satzes erst durch den Zusammenhang der Rede oder der Situation, in der er gesprochen wurde, festgelegt. Dementsprechend muß die

---

[24] E. Goffman, *Interaktionsrituale* S. 147. Goffman formuliert das allerdings in unfreiwillig paradoxer Weise als eine Verpflichtung der Teilnehmer. Die Heterogenität des von ihm beschriebenen Phänomens im Verhältnis zu dem der Beschreibung zugrunde gelegten Interaktionsmodell wird in das Verhalten der Gesprächsteilnehmer projiziert: „Einerseits sind die Teilnehmer gehalten, sich spontan vom Gesprächsthema hinwegtragen zu lassen, andererseits sind sie gezwungen, sich selbst zu kontrollieren, so daß sie jederzeit in der Lage sind, die Rolle des Kommunikators zu spielen und auf die heiklen Punkte zu achten, die die andern leicht dazu bringen, ,krank' zu werden" (S. 147, vgl. schon S. 127). Die Lösung des Problems sucht Goffman in der gegenseitigen Hilfe der Gesprächspartner, statt darin, daß sie sich auch in ihrem Verhalten zueinander vom Geist des Gesprächs leiten lassen (womit der angeführte Konflikt wegfiele). Das Gelingen des Gesprächs kann sich nur „einstellen"; man kann es nicht herbeizwingen, sondern nur vermeiden, daß es gestört wird. Wenn der Handlungsaspekt im Verhalten der Partner in den Vordergrund tritt, so ist das das Ende des Gesprächs. So erklärt sich, daß trotz Befolgung aller Regeln korrekten sozialen Verhaltens – und gerade deswegen – „die Interaktion schlaff, fade und platt werden kann" (S. 143, Anm. 9). Der nach Goffman zum Engagement verpflichtete Gesprächsteilnehmer kann „gerade nicht in der Absicht handeln, diese Verpflichtungen erfüllen zu wollen, denn solches Bemühen würde ihn zwingen, seine Aufmerksamkeit vom Thema der Konversation auf das Problem, sich spontan zu engagieren, zu verlagern" (S. 127). Darin zeigt sich der Unterschied von Interaktion und Gespräch. In der Diskussion hingegen und im Disput haben die Beiträge der Teilnehmer tatsächlich Handlungscharakter. Hier werden vorbedachte Formulierungen wie im Turnier als Handlungen eingesetzt. In der Diskussion herrscht nicht die zwanglose Atmosphäre des Gesprächs, und es ist ein Glücksfall, wenn dennoch das Interesse an dem wahren Sinn des diskutierten Sachverhalts die Oberhand gewinnt und eine dem Gespräch analoge Atmosphäre der Gemeinsamkeit entstehen läßt.

[25] Zur relativen Unbestimmtheit des Einzelwortes und seiner Bestimmung durch den Zusammenhang des Satzes vgl. J. Stenzel, *Philosophie der Sprache* (1934), München 1964, S. 48, sowie schon S. 16. Zur Unbestimmtheit der Wörter s.a. W.V.O. Quine, *Word and Object* (1960), Cambridge/Mass. S. 125ff., wo jedoch nicht jedem isolierten Wort als solchem schon Unbestimmtheit zugeschrieben

Interpretation sich am Kontext der Rede orientieren, und zwar sowohl an ihrem engeren als auch an ihrem weiten und weitesten Kontext[26].

Das Ineinander von Bestimmtheit und Unbestimmtheit des Wortes im Sprachgebrauch hat nun eine Konsequenz für den Prozeß der Rede: im Fortgang des Sprechens wird fortschreitend neue Bestimmtheit artikuliert, die zugleich immer wieder und noch von einem „unbestimmten Möglichkeitshof unscharfer Bedeutung" umgeben ist[27]. Die Konnotationen des Gesagten bilden aber zugleich Ansatzpunkte für eine mögliche Fortsetzung, die angesichts der Vielzahl der Konnotationen und an sie sich anknüpfender Assoziationen an jedem Punkt des Gesprächs verschiedene Richtungen nehmen kann. Insofern gibt tatsächlich ein Wort das andere, und die Verbindung der so sich herstellenden Einheit des Gesprächsfadens mit der immer neuen Wendung seines Verlaufs gehört ganz wesentlich zum Reiz des Gesprächs[28].

Der Gang des Gesprächs steht darüber hinaus von vornherein und in jeder Phase in einem Ganzheitshorizont. Jede Äußerung ist ein zeitlicher Prozeß, und während seines Ablaufes greift der Hörer auf das Ganze des Satzes und des in Entfaltung begriffenen Redezusammenhangs vor[29], so wie umgekehrt der Redende aus einem Vorgriff auf das Ganze, das er sagen will, nacheinander formuliert. Aus der im Prozeß des Hörens fortlaufend korrigierten Antizipation erwächst die eigene Äußerung, aus der wiederum der vorige Redner entnehmen kann, inwieweit er sich verständlich machen konnte. In der Wechselseitigkeit des Redens und Hörens aber sind die Teilnehmer des Gespräches zugleich in einer übergreifenden Gemeinsamkeit verbunden, aus der das „Eigenleben" ihres Gesprächs

---

wird. Nach F. v. Kutschera (*Sprachphilosophie* S. 125ff.) bezieht Quine ähnlich wie Wittgenstein die Wortbedeutung auf den Gebrauch (S. 129), insistiert aber auf dessen Unbestimmtheit. Daraus ergibt sich sowohl die Unentscheidbarkeit von analytischen und synthetischen Urteilen als auch die Pluralität möglicher Übersetzungen eines und desselben Satzes.

[26] J. Stenzel, *Philosophie der Sprache* S. 16. W.V.O. Quine, *From a Logical Point of View* (1952), Cambridge/Mass. ²1963, S. 85ff., vertritt eine kontextuelle Theorie der Wortbedeutung (S. 166), die im Unterschied zur Wortfeldtheorie (vgl. H. Geckeler, *Strukturelle Semantik und Wortfeldtheorie*, München 1971, S. 49ff., vgl. S. 100ff. zu J. Trier) nicht nur den lexematischen Kontext (Geckeler S. 85f.), sondern den aktuellen Sprechkontext im Blick hat. Vgl. auch F. v. Kutschera, *Sprachphilosophie* S. 112ff. Er schreibt Quine die Auffassung zu: „Die Bedeutung eines Terms ändert sich mit unseren Annahmen über die Welt" (S. 108); vgl. dazu Quine, *Word and Object* S. 12f., sowie *From a Logical Point of View* S. 41f.

[27] B. Liebrucks, *Sprache und Bewußtsein II*, S. 242. Vgl. auch H.G. Gadamers Bemerkung, die sprachliche Äußerung halte „das Gesagte mit einer Unendlichkeit des Ungesagten in der Einheit eines Sinnes zusammen und läßt es so verstanden werden. Wer in dieser Weise spricht, mag nur die gewöhnlichsten und gewohntesten Worte gebrauchen und vermag doch eben dadurch zur Sprache zu bringen, was ungesagt ist und zu sagen ist" (*Wahrheit und Methode*, S. 445).

[28] Der Gesichtspunkt fortschreitender Artikulation der Bedeutung im Prozeß des Sprachgebrauchs eröffnet auch einen Zugang zum Verständnis des sprachgeschichtlichen Bedeutungswandels der Wörter. Vgl. B. Liebrucks, *Sprache und Bewußtsein II* S. 243. P. Ricœur („La Structure, le mot, l'événement", in *Le Conflit des interprétations*, Paris 1969, S. 93f.) betont die metaphorische Struktur des Prozesses, in welchem die jeweilige aktuelle Polysemie der Wörter begründet ist. N. Chomsky hat mit der Weiterbildung seiner generativen Transformationsgrammatik zu einer „Spurentheorie" dem Phänomen der Polysemie zunehmend Rechnung zu tragen versucht. Dagegen hat jedoch M. Wandruszka die Zufälligkeit der Polysemien und Polymorphien der Sprachbildung betont, die sich „auf keine allgemeinen Strukturbedingungen zurückführen lassen" („Sprache und Sprachen", in *Der Mensch und seine Sprache*, hgg. A. Peisl / A. Mohler, Frankfurt/M. 1979, S. 7–47).

[29] G. Seebaß, *Das Problem von Sprache und Denken* S. 325ff., 334f.

erwächst[30]. Diese Gemeinsamkeit kann durch das Thema des Gesprächs begründet sein, das von den einander ablösenden Äußerungen nach verschiedenen Seiten hin entfaltet wird und dessen Ganzheit jeder der Teilnehmer antizipiert zugleich mit der gerade stattfindenen Äußerung des Redners. Die Einheit des Gesprächs kann aber auch einfach durch das gegenseitige Gefühl emotionaler Verbundenheit gegeben sein, deren im Gefühl gegenwärtige Ganzheit sich dann in einer zwanglosen Folge von Äußerungen zu unterschiedlichen Themen konkretisieren kann, durch die sich die Gesprächspartner gegenseitig ihrer Verbundenheit vergewissern. Doch auch da, wo die Einheit des Gesprächs durch ein gemeinsames Thema gegeben ist, gewinnt dieses erst im Verlaufe des Gesprächs seine spezifische Gestalt. In jedem Falle vollzieht sich in gelingendem Gespräch „eine Verwandlung ins Gemeinsame hin, in der man nicht bleibt, was man war"[31]. Dennoch ist im Prozeß des sich noch entwickelnden Gesprächs zugleich immer schon die geistige Einheit der „Sache" vollendet gegenwärtig, die seine Atmosphäre ausmacht und von den Partnern wechselseitig ebenso antizipiert wird wie sie sich im Fortgang des Gesprächs konkretisiert. Der Aufmerksamkeit auf die im Umriß andeutungsweise sich zeigende Sache verdankt sich jeder den Gang des Gesprächs fördernde Beitrag. Aus der Konzentration auf das Ganze des Gesprächs fällt dem Redenden das rechte Wort zu. Es handelt sich nicht eigentlich um eine mit Überlegung vollzogene Wahl, es sei denn, alle Wahl wäre in diesem Sinne „zufällig", daß sie aus der Kraft der im Gefühl gegenwärtigen Ganzheit des Lebens vollzogen wird[32]. Letztlich ist auch die jeweils besondere Sache des Gesprächs einbezogen in die Ganzheit des Lebens, die durch sie repräsentiert und gegenwärtig ist. In diesem Horizont werden die beiden vorhin unterschiedenen Typen des Gesprächs als zusammengehörig erkennbar, als Modifikationen der Grundthematik, die letztlich alles Interesse am Gespräch, an seinen besonderen Themen und am Ereignis der Kommunikation begründet: der Gegenwart des Lebens selber. In dem „Trancezustand", der die Teilnehmer eines gelingenden Gesprächs erfaßt, äußert sich der Geist des Lebens in seiner Ganzheit. Das ist die religiöse Dimension der Sprache, mit Schleiermachers Religionstheorie gesprochen: das Universum des Sinnes, das faßbar wird im jeweiligen Thema und seiner Artikulation oder auch nur als gegenwärtig erlebt wird im Gefühl der Übereinstimmung mit dem Partner, die sich im Austausch dann fast beliebiger Äußerungen artikuliert.

---

[30] E. Goffman, *Interaktionsrituale* S. 124. Die Einführung des Begriffs „Geist" im Hinblick auf diese Eigentümlichkeit des Gespräches, die in diesem Abschnitt versucht wurde, unterscheidet sich übrigens wesentlich von den Ausführungen von L. Weisgerber über „Die geistige Seite der Sprache und ihre Erforschung", Düsseldorf 1971, S. 14f., 28ff. Zwar geht auch Weisgerber von der Sprache als sozialem Phänomen aus, aber er orientiert sich nicht am aktuellen Sprechvorgang. Was bei ihm „Geist einer Sprache" heißt, ist in Wahrheit nur das Sediment eines Lebensprozesses sprachlicher Verständigung, der seine reinste Gestalt im Gespräch hat.
[31] H.G. Gadamer, *Wahrheit und Methode* S. 360. Die „Sache" des Gesprächs, die solche Gemeinsamkeit begründet (S. 349), muß freilich nicht immer durch ein gemeinsames Thema gegeben sein: das versuchen die vorangehenden Sätze zu verdeutlichen.
[32] Zur „Wortwahl" vgl. J. Stenzel, *Philosophie der Sprache* S. 45ff.

GUNTHER WENZ

SPRECHEN UND HANDELN

„Von einer Sprachhandlung zu sprechen, sträubt sich die Sprache selbst"[1]. Dieses Votum von B. Liebrucks steht quer zu der Selbstverständlichkeit, mit welcher Sprechen heute vielfach als ein Handeln gekennzeichnet wird. Die Basis hierfür liefert zumeist die sog. Sprechakttheorie, wie sie von J.L. Austin begründet und von J. Searle u.a. weiterentwickelt wurde. Zu den Voraussetzungen, Implikationen und Wahrheitsmomenten dieser Theorie hat W. Pannenberg das Nötige gesagt[2]. Im folgenden soll (I) Pannenbergs Kritik an der generalisierenden Ausweitung des Handlungsbegriffs auf alle Sprachvollzüge durch weitere Beobachtungen zum Phänomen des Gesprächs unterstrichen und sodann (II) aufgrund des erhobenen Phänomenbefundes auf die notwendig sprachliche Verfassung sinnvollen Handelns sowie auf die grundlegende Bedeutung hingewiesen werden, die hierbei der Religion zukommt.

I

Während eine Handlung, indem sie zweckorientiert dem Muster von Plan und Durchführung folgt[3], im Erledigen ihrer Aufgabe gleichsam sich selbst erledigt, kommt ein gelungenes Gespräch im Erreichen seines Zieles gewissermaßen auf sich selbst zurück: die Gesprächspartner scheuen das letzte Wort, vertagen sich und scheiden mit dem Wunsch nach Wiederholung, da man sich noch viel zu sagen hat. Selbstverständlich trifft diese Charakteristik in besonderer Weise für das sog. zwanglose persönliche Gespräch zu, aber selbst im sachlichen, ganz objektiven Problemstellungen gewidmeten Diskurs schwingt, sofern er gelungen ist, noch etwas mit von jener Selbstzwecklichkeit ursprünglicher Gesprächssituation. Geht ein Gespräch hingegen ganz in äußeren Zwecken auf, stellt sich bald tendenzielle Sprachlosigkeit, das befremdliche Bewußtsein ein, daß man sich im Grunde nichts zu sagen hat, bzw., was dasselbe ist, schon alles gesagt hat[4]. Solcher Selbstabschluß verkehrt das Gespräch, dessen Wesen nur einen gleichsam offenen Abschluß erlaubt, und macht es zuletzt unmöglich.

---

[1] B. Liebrucks, *Sprache und Bewußtsein I: Einleitung – Spannweite des Problems – Von den undialektischen Gebilden zur dialektischen Bewegung*, Frankfurt/M. 1964, S. 89f.
[2] Vgl. Vorlage Pannenberg in diesem Band S. 65–76.
[3] Zur Bestimmung des Handlungsbegriffs vgl. Vorlage Pannenberg S. 66ff.
[4] Unterstellt sich Sprache völlig bestimmten Zwecksetzungen und den aus ihnen resultierenden Sachzwängen, veräußert sie stets und zwangsläufig sich selbst und macht zudem sinnvolles Handeln unmöglich, welches ja nicht darin bestehen kann, alles Nicht-Ich unmittelbar den Zwecken eines Handlungs-Ich einzuordnen und so ‚fertig' zu machen, vielmehr zur Aufgabe hat, das – zuletzt nur sprachlich mögliche – offene Zusammensein der Verschiedenen zu befördern. – Das wird man besonders zu bedenken haben, wo immer man das Gespräch in den Dienst der ‚Behandlung' stellt: die Gefahr der Manipulation wird nur verhindert, wo die ursprüngliche Gesprächssituation nicht verlassen, d.h. wo man bleibend darauf aus ist, den anderen zu Wort kommen und das Eigene selbst zur Sprache bringen zu lassen (vgl. Vorlage Cremerius in diesem Band S. 171–182). Dem verstehenden

Wie das Ende, so stellt auch der Anfang des Gesprächs einen seiner potentiellen Krisenpunkte dar. Einer muß bekanntlich beginnen, soll aus dem Gespräch überhaupt etwas werden. Dieser Anfang versteht sich nun aber keineswegs von selbst, sondern hebt an mit einem Vorgriff auf die erhoffte Replik. Wie Fragen ursprünglicherweise immer schon auf Antworten aus sind, so ermöglicht generell erst das antizipativ zugegene Wort des Gegenübers die Offenheit sprachlichen Überschreitens eigener Unmittelbarkeit. Wer ein wirkliches Gespräch beginnen will, fängt also keineswegs mit sich selbst an. Vielmehr ist der Gesprächsanfang stets mitbestimmt durch eine mehr oder minder vertrauensvolle Antizipation der erwarteten Entgegnung. Bleibt sie aus und die Anrede unerwidert, fällt das erste Wort auf sich selbst zurück, um peinlich zu verstummen. Daran zeigt sich, daß sich offene Rede nicht durch eine planmäßige Handlung herstellen läßt. Während Handeln ein durchaus selbsttätiges Beginnen darstellt, bleibt ein gelungenes Gespräch in der personalen Sphäre des Unverfügbaren. Es läßt sich nicht machen, und jeder Versuch, die Offenheit der Rede zu erzwingen, bewirkt das gerade Gegenteil von dem, was er bezweckt. Denn die Freiheit des Wortes erträgt keine äußere Dominanz. Deshalb sind Gespräche zwischen Herr und Knecht, wo ihr Verhältnis nicht ausdrücklich zur Sprache gebracht, sondern stillschweigend vorausgesetzt wird, stets von einer unterschwelligen Sprachlosigkeit bestimmt, die übrigens auch den Herrn betrifft, sofern er vom Knecht nur das Echo seiner eigenen Rede zu hören bekommt[5].

Die Freiheit des Wortes wohnt nur unter freien, paritätischen Partnern. Deshalb darf denn auch aus dem Anfang des Gesprächs keine wie auch immer geartete Dominanz abgeleitet werden. Wer, weil er das erste Wort gehabt bzw. nicht gehabt hat, das letzte Wort haben will, führt von vornherein kein Gespräch. Im gelungenen Gespräch hingegen hebt sich dessen äußerer Initiationsakt auf in ein gemeinsames Beginnen. Erst wenn die letzte Äußerlichkeit des förmlichen Anfangs im Vollzug des Gesprächs ‚eingegangen' ist, stellt sich jene Selbstverständlichkeit ein, in der ein Wort — gleichsam von selbst — das andere gibt und die identisch ist mit der Evidenz seines Gelingens.

Diese Evidenz ist, wie gesagt, nicht herstellbar. Sie stellt sich, wenn überhaupt, wie von selbst her. Man kann deshalb fragen, ob nicht jede bewußte, reflexive Beziehung auf den Gesprächsgang, sei es während des Gesprächs oder auch danach, dessen Evidenz hintergeht, indem sie die gleichsam selbstvergessene Hingabe dessen, der ganz bei der Sache und völlig vom Gesprächsfluß hingerissen ist, mit der distanzierten Haltung eines Beobachters vertauscht. In der Tat wird man sagen müssen, daß die Reflexion, sofern sie sich als Kalkül eines zweckorientierten Handlungs-Ich versteht, die Evidenz des Gesprächsgelingens nicht nur verdunkelt, sondern verstellt. Die Erfahrung gelungenen Gesprächs läßt sich nicht ‚machen'. Vielmehr wird die für das Gesprächsgelingen konstitutive Offenheit der Rede

---

Zuhören kommt deshalb im beratend-therapeutischen Gespräch eine besondere Bedeutung zu. Wie Hiob zu seinen redseligen Freunden sagt: „Höret doch meiner Rede zu und lasset mir das euren Trost sein" (Hiob 21,2). Im Grunde freilich hängt das Gelingen eines jeden Gesprächs an der Korrespondenz von offenem Wort und offenem Ohr. Wer nicht hören kann oder stets das letzte Wort haben muß, hat die Sphäre des Gesprächs verlassen.

[5] „Ich möcht sicher sein, daß da keine Kluft mehr ist zwischen uns. Sag, daß keine Kluft ist! — Ich nehm's als einen Befehl, Herr Puntila, daß keine Kluft ist!" (B. Brecht, *Herr Puntila und sein Knecht Matti*, Sz. 1; vgl. G. Bauer, *Zur Poetik des Dialogs — Leistungen und Formen der Gesprächsführung in der neueren deutschen Literatur*, Darmstadt 1969, bes. S. 80–83).

von den wirklich, d.h. mit ‚Herz und Mund' am Gespräch Beteiligten so elementar wahrgenommen, daß ausgeschlossen ist, sie direkt auf die Aktivität des jeweiligen Sprechers zurückzuführen.

Freilich darf die Erfahrung jenes urtümlichen Gegebenseins offener Rede (K. Løgstrup) im gelungenen Gespräch nun nicht zu einer Substantiierung der Sprache bzw. des Gesprächs an sich führen, welche die sprechenden Subjekte zu bloßen Momenten einer sich selbst sprechenden Sprache herabsetzt. Die Subjektausblendung eines dergestalten Sprachontologismus würde verkennen, daß offene Rede gegeben ist nur in der bzw. als die Parrhesie sprechender Subjekte. Schließlich wird das gewiß ‚wunderbare' Phänomen gelungenen Gesprächs ja auch nicht mit staunend offenem Mund wahrgenommen, sondern eben dadurch, daß man ins Gespräch eintritt. Ebenso ergibt sich die evidente Selbstverständlichkeit, die charakteristisch ist für sein Gelingen, normalerweise erst im Laufe des Gesprächs, d.h. als Resultat, und steht nicht etwa bereits als fixe Gegebenheit an dessen Anfang. Die Unmittelbarkeit, die ein gelungenes Gespräch zweifellos kennzeichnet, ist insofern keine unvermittelte, sondern durchaus vermittelt, ohne deshalb aufzuhören, unmittelbar zu sein. Mit anderen Worten: im gelungenen Gespräch vollziehen die sprechenden Subjekte durchaus und nichts anderes als die Freiheit ihrer Rede, deren Offenheit indes gerade daran hängt, daß die Gesprächspartner sich ihre Freiheit nicht abstrakt, in der Weise bloß selbstbestimmter Selbsttätigkeit nehmen. Denn an der wechselseitigen Aufgeschlossenheit von Freiheit und Abhängigkeit, Aktivität und Passivität im Gespräch hängt sein Gelingen.

Auf dieser Basis muß dann auch das Problem der Sachhaltigkeit eines Gesprächs erörtert werden. Man hat ja im Bereich der Existentialphilosophie und -theologie den wesentlichen Modus der Sprache in der unmittelbaren personalen Selbstzusage gefunden, dergegenüber die Aussagefunktion und somit die verschiedenen Sachinhalte der Sprache als abkünftige Modi (Heidegger) abgewertet wurden. Allerdings ist schwer vorstellbar, wie sich jene Existenzmitteilung unmittelbar, d.h. ohne Vermittlung inhaltlicher Aussagen, und gleichwohl sprachlich vollziehen soll, will man nicht an ein Phänomen wie den Schrei, sei es des Schmerzes oder der Lust, denken, der freilich eher präverbaler Natur sein dürfte und unter menschlichen Bedingungen zur Sprache kommen will, d.h. auf verbale Übersetzung drängt, durch welche aus einem bloß unmittelbaren Reiz-Reaktions-Verhalten wieder ein Sich-Verhalten wird. Das verbale Gespräch aber „bewegt sich immer schon in Aussagen und Aussagezusammenhängen, und ohne dieses Moment könnte gar keine Verständigung über dieselbe Sache zwischen den Partnern des Gesprächs stattfinden"[6]. Von der Aussagefunktion der Sprache kann man also auch dann nicht abstrahieren, wenn man die Selbstmitteilung in das Zentrum des Sprachereignisses stellt.

Unbeschadet dessen gilt jedoch zugleich, daß der Sprechende niemals so bei der Sache ist, daß er bloß abbildend sagt, was der Fall ist (Wittgenstein). Denn nur indem man in der Sprache bereits zu Hause ist, kann man ein Ding überhaupt be-sprechen und be-stimmen. „Der Mensch lebt niemals in einer Welt ansichseiender Dinge, sondern immer in einer Welt seiner Erscheinungen, von denen wir wissen, daß Sprache sie vor ihn hinstellte"[7]. Ist somit

---

[6] W. Pannenberg, *Wissenschaftstheorie und Theologie*, Frankfurt/M. 1973, S. 178.
[7] Liebrucks, *Sprache und Bewußtsein I*, S. 127.

die Objekterkenntnis selbst sprachlich verfaßt, so gilt es zugleich zu bedenken, „daß ein Subjekt dem anderen Subjekt in der Sprache etwas über die Dinge mitteilt. Die Subjekt-Objektbeziehung zeigt sich hier, nur Moment innerhalb des ganzen Erkenntnisprozesses wie seiner Resultate zu sein, da auch Erkenntnis immer den Partner hat, sei dieser auch in der Form eines Bewußtseins vorgestellt, das *alle* Menschen gemeinsam haben. Nicht Subjekt-Objekt, sondern Subjekt-Subjekt-Objekte!"[8] Die Dinge sprechen ihre eigene Sprache also nur im menschlichen Sprachzusammenhang. Sach- und Beziehungsaspekt, Aussage- und Mitteilungsfunktion lassen sich mithin im Sprachereignis niemals auseinanderdividieren. Das Verständnis einer Aussage hängt gewiß ebensosehr an der geklärten Beziehungsstruktur[9], wie die Klärung der Beziehung nicht anders denn über Aussagen erfolgen kann. Von daher ist auch der Zusammenhang von Sprachvorgang und Inhalt des Gesagten zu entfalten. Seine Bestimmtheit ist dem Wort zweifellos konstitutiv, freilich als Moment. Der Vollzug des Gesprächs umgreift auch das, was in der konkreten Bestimmtheit des Wortes nicht unmittelbar gegeben ist. Jede Antwort muß deshalb durch neues Antworten selbst zur Frage werden können. Dies bedeutet keineswegs den geschwätzig-nichtssagenden Leerlauf eines infiniten Geredes, in dem jeder Sinn zergeht, stellt vielmehr den lebendigen, erfüllten Prozeß stetiger Vermittlung des Verschiedenen dar, der das Wesen des Gesprächs ausmacht.

An diesem Kriterium hat sich schließlich der humane Wert verschiedener Gesprächsformen[10] sowie die Entscheidung darüber zu bemessen, wie das Verhältnis von Gespräch und Reflexion sinnvoll bestimmt werden soll. – Erweist sich das sog. literarische, also schriftlich fixierte Gespräch einem sortierenden Verfahren noch halbwegs zugänglich, so sind die formalen Differenzierungsmöglichkeiten des aktuellen Gesprächs typologisch kaum zu fassen, zumal wenn man bedenkt, daß sie durch die kommunikative Valenz von Gestik, Mimik, Tonlage etc. noch einen beträchtlichen Zuwachs erfahren[11]. Nun liegt es nahe, daß auch die Art und Weise reflexiver Präsenz in den varianten Gesprächsformen differiert. Zwar ist unter der Voraussetzung, daß in einem Gespräch Aussagen gemacht werden (was die Bedingung der Möglichkeit seiner Verständlichkeit ist und zugleich voraussetzt, daß man weiß, was man sagt), davon auszugehen, daß es sich beim entwickelten Gespräch nicht um ein präreflexives Phänomen handelt; allerdings kann der ‚Einsatz' der Reflexion durchaus verschiedenartig ausfallen. Immerhin läßt sich im Blick auf unser Thema generalisierend soviel feststellen: weiß man im Gespräch üblicherweise wohl, *was* man sagt, so gewöhnlich nicht, *daß* man es sagt. Der Sprech*akt* selbst wird normalerweise nicht ausdrücklicher Gegenstand der Reflexion des Sprechenden, sondern ist gleichsam stillschweigend im Gesprächsvollzug aufgehoben. Freilich *kann* das *Daß* des Sprechens

---

[8] Ebd. S. 3.
[9] Vgl. W.B. Lerg, *Das Gespräch – Theorie und Praxis der unvermittelten Kommunikation*, Düsseldorf 1970. Lerg interessiert sich vor allem für die Genese des sog. Gerüchts.
[10] Was eine mögliche Typologie der Formvarianten des Gesprächs betrifft, so hätte sie zunächst mit der nicht unbedacht zu übergehenden Schwelle von der Mündlichkeit zur Schriftlichkeit, mit dem zentralen Unterschied zwischen dem lebensweltlichen und dem schriftlich fixierten Gespräch zu rechnen. Lebt das Alltagsgespräch durchaus vom Verklingen des Wortes, bewirkt die Schriftsprache die dauerhafte Konservierung, die das Gesprächsereignis und seinen ‚Sitz im Leben' nicht unwesentlich verändert.
[11] Vgl. Vorlage Luckmann in diesem Band S. 54ff.

durchaus Reflexionsgegenstand des Sprechenden werden. Geht er als solcher ausdrücklich in das Gespräch ein, ist dagegen nichts zu sagen, und zwar deshalb nicht, weil vom Gesprächspartner faktisch etwas dagegen gesagt werden kann. Bestimmt hingegen der Reflex auf das *Daß* der Rede und der darin mitgesetzte Plan ihres *Wie* unausdrücklich die Gesprächsbeiträge, wird Sprache ‚hintergangen' und die Sphäre des Gesprächs vorweg verlassen. Denn das Gespräch wird damit äußeren Zweckinteressen unterstellt, die selbst gerade nicht zur Sprache kommen. Das Gespräch wird zur ‚Mache'. Das ist immer und notwendig dann der Fall, wenn das Gespräch unter die Ägide zweckorientierten Handelns gerät. Im gelungenen Gespräch hingegen ist der Handlungsaspekt der Rede aufgehoben, d.h. bewahrt und negiert zugleich.

Entsprechendes gilt von der Reflexion. Versucht sie das Gespräch herzustellen und herbeizuzwingen, wird sie es im Ansatz zerstören. Überläßt sie sich hingegen dem Zuvorkommen offener Rede, findet sie in ihr den unbeschränkten Freiraum ihrer Selbstentfaltung. Die mit sich alleingelassene Reflexion gleicht wie ein solipsistisches Handeln einem leeren, in sich verkehrten Kreisen, der strukturellen Gestalt monomanischer Ich-Einsamkeit; sprachlich verfaßt hingegen können Reflexion und Handeln sich im anderen explizieren und so sinnvoll sich selbst entwickeln und die Integration des Verschiedenen vollziehen, zu der das Gespräch bestimmt ist. An dieser vermittelnden Funktion haben schließlich alle Gesprächstypen Maß und Ziel. Sein formaler Reichtum gereicht dem Gespräch solange zur Fülle, als es die Härte einer bloßen Fakteninnen- und -außenwelt (Liebrucks) in eine Welt der Sprache übersetzt und nicht selbst − sprachvergessen − zum reinen Faktum degeneriert.

II

Damit ist indes nicht gesagt, daß sich die Sprache der Tat widersetzte oder sich zu ihr auch nur unaufgeschlossen verhielte. Sie ist im Gegenteil die Bedingung der Möglichkeit sinnvollen Handelns gerade dadurch, daß sie Handlungen, indem sie sie sprachlich und d.h. verantwortungsfähig gestaltet, davor bewahrt, zu intransigenten Faktizitäten zu gerinnen. Während sich die Untat durch den Umkreis der Sprachlosigkeit, den sie bewirkt, in ihrer Verkehrtheit zu erkennen gibt, ist die ‚gute Tat' gerade dadurch ausgezeichnet, daß sie sich in Sprache übersetzen, mithin verantworten läßt.

Nun entsteht freilich ein Problem dadurch, daß reale Verantwortung stets auf Konsens zielt und auf möglichst umfassende Übereinstimmung aus ist; denn verantworten muß ich mich eigentlich immer vor anderen, nie bloß vor mir selbst, wenngleich die Reflexivität der Selbstverantwortung durchaus konstitutiv zur Beziehungsstruktur gehört, welche Verantwortlichkeit prägt. Konsensbildungen haben aber unter den Bedingungen der Endlichkeit stets nur vorläufigen Charakter. Die nämlichen endlichen Bedingungen aber bewirken zugleich jenen Entscheidungsdruck, der es unmöglich macht, Handlungen prinzipiell zu vertagen und der zwanglosen Unendlichkeit des Gesprächs zu überlassen. Was also tun, wenn schon nicht nicht gehandelt werden kann?

Auch die Theoretiker der sog. Diskursethik gestehen ja zu, daß es nötig ist, „um die *kritische Theorie* mit der *Weltveränderung* zu vermitteln, zu jeder Zeit ein Engagement ein(zu)gehen, das nicht mehr durch (kommunikatives, d. Verf.) Wissen gedeckt werden kann"[12]. Damit meldet sich ein dezisionistischer Rest, der, so gering er auch veranschlagt werden mag, das gesamte Kommunikationssystem zu sprengen droht. Um dies zu verhindern, fordert K.-O. Apel, daß die dogmatischen Handlungsentscheide (und die damit gesetzte Parteilichkeit) „der praktischen Vernunft noch einmal durch theoretische Reflexion auf den Status des hypothetischen Vorschlags reduziert und in Frage gestellt werden können". Genau dies geschehe „im ‚theoretischen Diskurs' der praktisch engagierten Philosophie: Er stellt, seinem kritischen Anspruch nach, den permanenten Versuch dar, den Standpunkt der idealen unbegrenzten Kommunikationsgemeinschaft in der Gemeinschaft der Argumentierenden vorwegzunehmen und gegen die Idiosynkrasien der Gegenwart zu Geltung zu bringen"[13].

Als praktische Strategie zur Verhinderung intransigenter Faktizitäten ist dieses Programm gewiß von eindrucksvoller Humanität. Daß man, solange man miteinander spricht, einander nicht tötet, genügt zu beweisen, daß das Leben an der Sprache hängt[14]. Gleichwohl bleiben eine Reihe von gedanklichen Schwierigkeiten: da der Problemdruck, der zu Entscheidungen zwingt, im endlichen Leben zumeist ein bestimmter ist, auf den befristet reagiert werden muß, entsteht eine Differenz zwischen der Unendlichkeit idealer Kommunikation und der terminierten Entscheidungszeit, die sich im faktischen Handeln auch dann gleichsam zum Selbstabschluß bringt, wenn sie die getane Tat unter den Vorbehalt des Hypothetischen stellt. Denn auch hypothetisches Handeln ist faktisches Handeln, das, einmal gezeitigt, in die Sphäre irreversibler Kontingenz getreten, mithin zum Faktum geworden ist, das sich nicht mehr ohne weiteres gesprächsweise zurücknehmen läßt. Die Sprache der Fakten behält deshalb stets einen Anklang an letzte Worte. Damit soll nicht revoziert werden, daß die Verantwortlichkeit des Handelns daran hängt, daß man sich nicht nur vor, sondern auch nach getaner Tat zur Rede stellen läßt; aber auch die beste Absicht ist nicht davor gefeit, daß ihre Handlungen zu Fakten sich verfestigen, die sich sträuben, restlos zur Sprache gebracht zu werden. Auch die beste Tat produziert ‚Kontingenzschutt', wenngleich nur als Beiwerk.

Man kann das dann auch so sagen: wir sind als Handelnde – und man kann, wie gesagt, nicht nicht handeln – allzumal Sünder, die Vergebung nötig haben, eine Vergebung, die wir uns nicht selbst zusprechen können. Oder positiv formuliert: in der Religion wird die Differenz zwischen Idealem und Realem ausdrücklich thematisch; insofern vermag ein sinnvoller, kultivierter Umgang mit der lebensgeschichtlichen Faktizität solcher Differenz nur aus Religion zu erwachsen.

Man könnte freilich auch versucht sein, die Differenz zwischen Realem und Idealem dadurch zu bewältigen, daß man sie einzieht und die Idealität bestimmten endlichen Subjekten zuhanden sein läßt. Die diskurstheoretische Rede von Kompetenz im Zusammen-

---

[12] K.-O. Apel, „Die Kommunikationsgemeinschaft als transzendentale Voraussetzung der Sozialwissenschaften", in *Neue Hefte für Philosophie* 2/3 (1972) S. 1–40, hier S. 12 mit Verweis auf Goethes Aperçu: „Der Handelnde ist immer gewissenlos."
[13] Ebd.
[14] Dieser Zusammenhang ist allemal evident: gelingt ein Gespräch, kommt gleichsam das Leben zu sich. Nicht von ungefähr stellt sich die größte Erlebnisdichte zumeist gar nicht sosehr im unmittelbaren, als vielmehr im mitgeteilten Leben her, wie ja bekanntlich auch mit-geteilte Freude sich verdoppelt, mit-geteiltes Leid hingegen sich halbiert.

hang idealer Kommunikationsgemeinschaft bei J. Habermas und K.-O. Apel hat eine problematische Tendenz in diese Richtung. Denn der Kompetente steht in Gefahr, „die Rolle des Sozialingenieurs (einzunehmen), der herstellt, ohne freizustellen"[15]. Damit aber wäre erneut Sprache auf Handeln reduziert und die Sphäre gemeinsamer, herrschaftsfreier Kommunikation verlassen. Die Forderung nach absolutem Diskurs unter der Ägide handlungskompetenter, das Über-Wir[16] verwaltender Subjekte, die Gewissen sind, statt es zu haben, würde, konsequent verfolgt, zur Tribunalisierung einer unter totalem Veröffentlichungszwang stehenden Wirklichkeit führen. Demgegenüber anerkennt die freie Kommunikation grundsätzlich paritätischer Partner, die keinem wie auch immer gearteten Handlungs-Ich unterstellt werden, auf vermittelte Weise die Ineffabilität des Individuums, da ihr sprachlich verfaßter Einheitsgedanke gerade nicht auf Gleichschaltung, sondern auf die Identität der Verschiedenen als Verschiedener aus ist. Der Geist offener Rede setzt mithin eine Sphäre des Privaten frei, ohne sie deshalb einer solipsistischen Willkür zu überlassen. Denn im Geist offener Rede ereignen sich Ich-Konstitution und Ich-Vollzug zugleich; in ihm weiß das Subjekt seine Freiheit mithin als eine sich gegebene. Indes weht dieser Geist nur, um es noch einmal zu sagen, wo er nicht als Besitz kompetenter Handlungssubjekte reklamiert wird.

Aber auch in ästhetische Kategorien läßt er sich nicht einholen. Gegen die Theorie des absoluten Diskurses wurde ja häufig eingewandt, daß sie sich, indem sie das Gespräch mit Konsensdruck belaste, seiner eigentlichen, nämlich entlastenden Möglichkeiten begebe. Die Präferenz für eine unendliche, konsensdruckbefreite Kommunikation impliziert indes, so verlockend sie ist, die Gefahr, das Gespräch zum bloß ästhetischen Spiel zu verklären, dem jeder wirkliche Ernst abgeht. Nun sollte der Ruf: „Spaß beiseite" im Gespräch gewiß nicht allzubald erschallen, zumal dann nicht, wenn der Spaß nicht auf Kosten anderer geht, sondern die feine Form der Selbstironie annimmt. Gleichwohl bleibt auch das spielerische Gespräch dem Menetekel unterstellt: man kann nicht nicht handeln! Will man sich ihm entziehen und die Realität zugunsten ästhetischer Idealität hinter sich lassen, wird einen die Härte faktischen Entscheidungszwanges umso massiver treffen und belehren, daß man die Differenz zwischen Idealem und Realem im endlichen Dasein nicht ungestraft überspringt. Der Weg vom ästhetischen zum unglücklichen Bewußtsein jedenfalls ist nicht weit.

Deshalb noch einmal meine These: ein kultivierter Umgang mit der Differenz zwischen Idealem und Realem, unter der das endliche Dasein allzumal steht, ist nur dort möglich, wo sie weder eingezogen noch überspielt, sondern ausdrücklich wahrgenommen und ausgehalten wird. Dies ist freilich nur möglich im Vertrauen auf das Zuvorkommen von Sinn, von dem, wie gesagt, auch ein gelungenes Gespräch lebt. Indem die Religion ausdrücklich auf jenes Sinnzuvorkommen verweist, übt sie zugleich die Kunst des Unterscheidens zwischen Gott und Mensch ein, welche verhindert, ein Endliches an die Stelle des Absoluten zu setzen. Erst wo man sich vom Absoluten selbst getragen wissen darf, ist man nämlich von allen Absolutismen entlastet. Vom Handeln freilich befreit die Religion

---
[15] H.G. Gadamer, „Replik", in *Hermeneutik und Ideologiekritik*, Frankfurt/M. 1971, S. 283–317, hier S. 315.
[16] Vgl. hier und zum folgenden Vorlage Marquard in diesem Band S. 29–44.

nicht: sie erwartet indes vom Subjekt nicht mehr, durch Handeln sich allererst eine Existenz und eine Welt zu schaffen. Sie weiß alles menschliche Tun vielmehr im Gegensatz zu einem selbstbegründenden und selbstrechtfertigenden Handeln als ein sich gegebenes Geben, das aus der göttlichen Sinnzusage lebt. Eben darauf und nicht auf einen wie auch immer gearteten Quietismus hebt die reformatorische Einsicht ab, daß die Christen für das Reich Gottes nur wirken können, wenn sie der Sorge um dessen Kommen zugleich enthoben sind. Erst wo menschliche Tätigkeit nicht mehr als Selbstkonstitution, sondern als dankbarer Vollzug sich gegebener Freiheit gedacht wird, ist menschliches Handeln zudem in eine Verantwortung gestellt, die auch den unvermeidbaren Rest kontingenter Faktizität, der jeder menschlichen Tat anhaftet, nicht dem Selbstabschluß überläßt, sondern gewissermaßen sprachoffen hält, indem sie ihn dem Urteil Gottes unterstellt und mithin zu seiner Vergebungsbedürftigkeit sich bekennt. Insofern ist auch und gerade die Religion ein unverzichtbarer Anwalt der sprachlichen und damit humanen Verfassung der Wirklichkeit.

WOLFGANG PREISENDANZ

KÖNNEN GESPRÄCHE MEHR ODER MINDER GESPRÄCH SEIN?

Th. Luckmann stellt sich in seiner Vorlage (S. 56) die Frage, ob man „Gespräch" als eine allgemeine und menschliche Kommunikationsform bestimmen oder als Oberbegriff für eine Vielfalt gesellschaftlich unterschiedlicher und historisch veränderlicher Weisen der Kommunikation verwenden solle. Er entscheidet sich, „Gespräch" als einen – wenn auch losen – Oberbegriff für kommunikative „Gattungen" zu verwenden, welche bestimmten Kriterien in historisch konkreten Abwandlungen genügen (S. 57ff.). In der Tat ist wohl kein Wort aus dem zugehörigen Wortfeld geeignet, an Stelle von „Gespräch" einen die vielen freien und institutionalisierten „Gattungen" umfassenden Oberbegriff abzugeben (ganz abgesehen von zahlreichen sowieso schon mit „Gespräch" gebildeten Komposita): weder Unterhaltung noch Plauderei, noch Besprechung, noch Unterredung, noch Klatsch, noch Interview usf.

Aber vergeht sich Luckmanns Vorschlag nicht an der ‚Wesenheit' des Gesprächs, an den Ansprüchen, die mit diesem Begriff verbunden werden? K. Stierle definiert in seiner Vorlage „Gespräch als eine normative Idee der gelungenen Kommunikation" (S. 298), und nennt es die „reichste Form dialogischen Sprechens" (S. 301) – wieviel von dem, was Luckmann unter „Gespräch" subsumieren möchte, läßt sich subsumieren, ohne daß damit der Begriff „Gespräch" degradiert würde?

Luckmann spricht S. 56 von den in andere Sprachen kaum übersetzbaren „Sinnhöfen" des deutschen Worts „Gespräch", und er fragt mit Rücksicht auf einige institutionalisierte Formen des Gesprächs (die höfische Konversation, das Beichtgespräch, das Beratungsgespräch zwischen Sozialarbeiter und Klient, das Verkaufsgespräch): „Wollen wir alle institutionalisierten Formen des Gesprächs als Scheingespräche betrachten? Was bleibt dann empirisch übrig?"

Genau diese nüchterne, entauratisierende Sicht aber wird in mir virulent, wenn ich in einer Reihe von Vorlagen, insbesondere aber auf den letzten Seiten der Vorlage von W. Pannenberg (S. 72ff.) auf einen Begriff des Gesprächs stoße, bei dessen Konstitution die doch allein dem deutschen Wort anhaftenden „Sinnhöfe" extrem zur Geltung kommen: in dem emphatischen Pochen auf „die ekstatische und gleichzeitig Gemeinsamkeit stiftende ‚Dichte' der Atmosphäre des gelingenden Gesprächs", in der Übernahme und Überbietung von Goffmans Beschreibung des Gesprächs als „Trancezustand", als „Differenz zu dem, was man gewöhnlich unter ‚Bewußtsein' versteht", in dem Bekenntnis zu Gadamers These, in jedem Falle vollziehe sich in gelingendem Gespräch „eine Verwandlung ins Gemeinsame hin, in der man nicht bleibt, was man war"?

Ich sehe hier etwas am Werke, was O. Marquard in seiner Vorlage, in ganz anderem Zusammenhang, eine „Hypertrophierung des Gesprächs" nennt (S. 44). Denn in Abwandlung eines Satzes von W.-D. Stempel in seiner Vorlage (S. 167) bleibt doch festzustellen, daß in Pannenbergs Perspektive fast alles, was Luckmann in einen Oberbegriff sozial und historisch unterschiedlicher Kommunikationsweisen faßt, unter das hier nicht wissenschaftliche, sondern theologische Verdikt eines defizienten Modus fallen muß – eben aufgrund einer sei es theologischen oder philosophischen Hypertrophierung des Gesprächs, die unvermeidlich an Kants kritischen Begriff der Hypostasierung (KrV A 386, 392) denken läßt. Insofern scheint mir Pannenbergs Abgrenzung seiner Rede vom „Geist" eines Gesprächs gegen einen metaphysisch überlasteten Geistbegriff (S. 72f.) am Ende doch umsonst zu sein. „Metaphysik ist die *Hypostasierung von Idealen*" liest man bei Windelband (*Einleitung in die Philosophie,* ² 1920, S. 34; Hervorh. dort). Wie steht es in dieser Beziehung mit Pannenbergs „Geist des Gesprächs", der qua „Trancezustand" die „Teilnehmer eines gelingenden Gesprächs" erfasse und in dem sich „der Geist des Lebens in seiner Ganzheit" äußere? Mir persönlich ist jedenfalls klar, welcher in keinem fremdsprachlichen Äquivalent evozierbare ‚Sinnhof' in der Frage (vornehmlich von Theologen und Philosophen) gemeint ist, ob man „gute Gespräche" gehabt habe.

Freilich, es bedarf schon des Goldgrunds „religiöse Dimension der Sprache", um dem Profanen zu verwehren, daß er bei dem „ekstatische(n) und gleichzeitig Gemeinsamkeit stiftende(n)" Wesen des gelingenden Gesprächs, wo „tatsächlich ein Wort das andere (gibt)", auf arg banale Vorstellungen eines solchen „sozialisierte(n) Trancezustand(s)" gerät; etwa auf ein „Ereignis der Kommunikation", wie es in der 1. Strophe eines Gedichts von Wilhelm Busch beschrieben wird:

> Die Liebe war nicht geringe.
> Sie wurden ordentlich blaß;
> Sie sagten sich tausend Dinge
> Und wußten immer noch was.
> (*Studienausgabe,* Zürich 1974, Bd 1, S. 91)

Den Fall in die Tiefe der Information bringt dann die 3. Strophe.

MANFRED FRANK

EINVERSTÄNDNIS UND VIELSINNIGKEIT
oder:
Das Aufbrechen der Bedeutungs-Einheit
im „eigentlichen Gespräch"

Übers *Gespräch* aus einem literatur- oder sprachtheoretischen Interesse denken heißt: sich der elementaren Tatsache besinnen, daß die Sprache ein soziales Phänomen ist. Es gibt ‚Sprache' nur als eine idealisierende Abstraktion aus unzähligen Redehandlungen, die ihrerseits unvollständig beschrieben sind, wenn man sie nicht als Antworten auf andere Reden (als ein Weiter- oder als ein Widerreden) begreift. Unter einem ‚Gespräch' verstehen wir, auf einem noch vortheoretischen Niveau, jene merkwürdig doppelgesichtige Struktur, in der ein Individuum seine soziale Verwurzelung in einer von anderen Individuen schon gedeuteten Welt immer zugleich mit dem Bewußtsein bezeugt, daß es seinerseits aufgerufen ist, sich zur Sphäre des Allgemeinen in seiner Eigenständigkeit – als ein antwortendes, widersprechendes, kurz: semantisch schöpferisches Wesen – zu äußern. Die Wirklichkeit des Gesprächs bestätigt die Geltung der Sprache als ein „fait social", und es schränkt sie ein. Es bestätigt sie, denn nur durchs Kommunizieren gibt es Sprache als einen vielen gemeinsamen Sinn- und Verständigungsrahmen. Aber das Gespräch ficht diesen Rahmen zugleich auch an, weil wir nur denjenigen Austausch von Zeichen als ein Gespräch bezeichnen werden, in dem die Antwort freigestellt ist. Dem, der (in gewissen Grenzen, versteht sich) frei ist, Antwort zu geben, ist die Gemeinschaftlichkeit des symbolisch besiegelten Einverständnisses zur Disposition gestellt; an seinem Vermögen, dieses Einverständnis neu und anders zu deuten, bricht sich die Einheit des sozialen Code.

Die Trivialität dieser Beobachtung schließt nicht aus, daß die Sprachwissenschaft (und, wie zu zeigen sein wird, auch die mit dem Problem der sprachlichen Kommunikation befaßten Disziplinen) sie gern ignoriert haben. Erweitert man den Sinn von ‚Antwortgeben' über den Bereich der Information über Sachverhalte oder Haltungen des Sprechers hinaus auf die fundamentale Fähigkeit, Deutungen von Sachverhalten neu und anders zu deuten als die Sprachgemeinschaft (oder der Gesprächspartner), dann tastet man zugleich eine Grundvoraussetzung weiterer Fraktionen der Sprachwissenschaft an, derzufolge die semantische Identität eines Ausdrucks (oder einer Äußerung) im Akt der Übertragung nicht gefährdet sein darf. Diese Grundvoraussetzung ist keineswegs willkürlich oder unnachvollziehbar, sondern ist impliziert in den Spielregeln des wissenschaftlichen Arbeitens: würde die Sprache – sofern man ihr, wie z.B. F. de Saussure das tat[1], erst im und als Gespräch Wirklichkeit zuspricht – in den Akten der Kommuni-

---

[1] *Cours de linguistique générale (1908/9)*, „Introduction", hg. R. Godel, in *Cahiers Ferdinand de Saussure* 15 (1957), S. 8: „Cette unité complexe (de la langue et de l'individu) doit trouver sa sphère au moins dans deux individus; donc troisième unité complexe (...) constituée par un minimum de deux individus. Le passage de la bouche de A à l'oreille de B, et réciproquement, sera

kation ihr Repertoire unabsehbar transformieren, dann könnte man die sprachlichen Zeichen nicht mehr ohne weiteres (im Sinne Freges) als „Typen" charakterisieren, die in unendlich vielen Redeverwendungen (als „tokens") ohne ins Gewicht fallenden Bedeutungsverlust sich durchhalten. Mit der Möglichkeit, die „type"-,,token"-Unterscheidung der Logiker auch auf die Spielmarken eines sprachlichen Systems anzuwenden, wäre aber die Möglichkeit verloren, die Gespräche, als die die Sprache sich verwirklicht, wissenschaftlich zu beherrschen, d.h. unter eine beschränkte Menge von Regeln zu stellen, die sich gleichförmig in beliebig vielen Dialogen durchhalten.

Eine nicht-szientistische Variante der Verdrängung des eigentlichen Gesprächs aus der Theorie der Sprache (und damit eine andere Form der Rückkehr zu einem monologistischen Sprachmodell) ist die in der Hermeneutik und in der sprachanalytischen Philosophie (nach Wittgenstein) verbreitete Rede, es seien nicht die Individuen, die sprechen, sondern in deren Reden und durch sie hindurch spreche die Sprache sich selbst. Hinter dem Schein einer Aufwertung des Gesprächs schließt diese (nur als metonymische Figur verständliche) Rede dem monologischen Sprachmodell sich an, dem das Gespräch nur ein besonderer Fall eines allgemeinen Phänomens ist, dessen Gesetze beherrscht, wer über eine Theorie (nicht des Gesprächs, sondern) der Sprache verfügt.

Ich will im folgenden keinen Beitrag zu einer Phänomenologie des Gesprächs und auch keinen Vorschlag zur Methodik der Gesprächsanalyse liefern, sondern in zwei Argumentationsanläufen Konsequenzen aus der gerade entgegengesetzten Arbeitshypothese entfalten, die da lautet, daß die Sprache ihre Wahrheit nur im und als Gespräch erlangt und daß die Anerkennung der Fundamentalität des Gesprächs für die Sprachwissenschaft es unmöglich macht, die Rede von einer im eigentlichen Sinnaustausch identisch sich erhaltenden Bedeutung mit Sinn zu erfüllen. Sollte dies plausibel zu machen sein, so wäre – glaube ich – die Aussicht auf die Möglichkeit, das sogenannte „Sprachgeschehen" als einen systematisch beherrschbaren Prozeß mit fixierbaren Regeln und klar distinguierten Spielmarken zu beschreiben, empfindlich eingeschränkt.

Im ersten Teil argumentiere ich historisch. Ich frage mich, in welcher (geistes)geschichtlichen Konstellation die Arbeitshypothese, der ich folge, Chancen hatte aufzukommen, und wie sie sich theoretisch entfaltet (dabei wird Schleiermachers Versuch im Mittelpunkt stehen, die spekulative Vernunft in einer als „eigentliches Gespräch" gedachten Dialektik zu fundieren). – Im zweiten Teil werde ich – in kritischer Abhebung vom monologischen Paradigma zeitgenössischer Kommunikationstheorien – mißkannte Tendenzen der Saussureschen Sprachtheorie teils gegen deren Vereinnahmung im Strukturalismus verteidigen, teils daraufhin befragen, inwiefern sie eine vom Dogma der semantischen Identität befreite Theorie des Gesprächs vorbereiten helfen.

---

toute la vie de la langue, ce qui implique chaque fois le passage par l'esprit des sujets parlants. Pour se servir de la double unité complexe, il faut au moins deux individus; à un seul, la langue ne servirait de rien. La langue est fait pour communiquer avec ses semblables. Enfin, ce n'est que par la vie sociale que la langue reçoit sa consécration."

EINVERSTÄNDNIS UND VIELSINNIGKEIT

I

Das um die Wende vom 18. zum 19. Jahrhundert erwachende Interesse am ‚Gespräch' hat den Charakter eines Symptoms und ist schon zu seiner Zeit in diesem Sinne gedeutet worden. Es steht im Zusammenhang mit dem Niedergang eines über Jahrhunderte unangefochtenen Deutungsmodells, wonach die Welt – gleichgültig, ob man einen empiristischen oder einen rationalistischen Standpunkt bezieht – in Gedanken, Vorstellungen oder Zeichen so vergegenwärtigt werden kann, daß die Beziehungen, die zwischen dem Gegenstand und seinem Repräsentanten bestehen, analysiert, rekonstruiert, kurz: in vernünftiger Weise aufgeklärt werden können. Ich spreche im folgenden vom Repräsentations-Modell der Sprache (bzw. des Erkennens). Es drückt sich beispielhaft aus in den rationalistischen Konzepten einer universellen Charakteristik einer allgemeinen Auslegungskunst oder einer Universalgrammatik. In ihrer einfachsten Bedeutung meint ‚Repräsentation' die Vorstellung, daß erstens die Gedanken (sie seien gefaßt als platonische Ideen oder als bloße „ideas" im Sinne von Hume oder Berkeley) einen wesenhaften Bezug auf den Gegenstand bewahren (was nicht unbedingt heißt, daß sie ihn ikonisch abbilden: er kann Vernunftvorstellung oder Ding an sich sein) und daß zweitens die Zeichen der Universalgrammatik die einfachen Ideen der Vernunft und die syntaktischen Regeln die Formen ihrer Verbindung im Urteil abbilden. Unter dieser Voraussetzung besteht eine prästabilierte Harmonie zwischen den ewigen Ratschlüssen einer (theologisch oder rationalistisch gedachten) Vernunft und den sprachlichen Formen, in denen die Vernunft-Urteile (in Sätzen und als Sätze) sich artikulieren. Einen Satz verstehen heißt alsdann: verstehen, was an ihm vernünftig ist (das Vernünftige, z.B. die „res imperceptibiles" der wundergläubigen Evangelien, läßt sich nicht verstehen); und vernünftig ist (in merkwürdig zirkelhafter Folgerung), „was die Worte nach der Vernunft und den Regeln der Seele in uns vor Gedanken erwecken können"[2].

Dergleichen vernünftige und nach den invarianten „Regeln der Seele" komponierte Gedanken bezeichnen stets Sachen, wie sie an sich, also unabhängig von individueller Deutung, *sind*. Darum bedürfen Sätze, die auf Vernunftaxiomen beruhen und als solche unmittelbar Wahrheit (Denknotwendigkeit, Sachhaltigkeit und Allgemeinheit) für sich beanspruchen dürfen, genaugenommen nicht der Vermittlung durch Akte des Verstehens. Eher könnte man sagen, daß sie sich kraft paritätischer Teilhabe der Kommunikationspartner an der gemeinsamen Vernunft ‚von selbst' verstehen. Auf jeden Fall – und das gilt emphatisch noch für den Lessing der Schrift *Über den Beweis des Geistes und der Kraft* – ist nicht die Geschichte das Maß ihrer Wahrheit. Der geschichtliche Kontext, aus dem sie auftauchen, wird vielmehr verdächtigt, ihre Vernünftigkeit zu verstellen, sie zu trüben oder in den Geweben von Mythen und anderen superstitiösen Deutungsmustern gefangen zu halten, wie sie unaufgeklärten Populationen eignen. Die Aufgabe der Interpretation wird dann darin bestehen, die mögliche Wahrheit eines gegebenen Textes (oder einer vernommenen Rede) – und das heißt im allgmeinen zugleich: der durch sie bezeichneten Sache oder Idee – durch Verfahren der kritischen Aussonderung bzw. der

---
[2] J. M. Chladen, *Einleitung zur richtigen Ausleggung vernünfftiger Reden und Schriften*, Leipzig 1742, § 155, S. 86.

historischen Erklärung von ihren unvernünftigen Überfremdungen zu befreien. Die berühmte Standortgebundenheit des Interpreten, wie sie in Chladens Theorie des „Sehe-Punctkes" (§ 308ff.) zum Ausdruck kommt, relativiert diesen Standpunkt nur zum Schein; tatsächlich wird dadurch nicht mehr und nicht weniger behauptet, als daß eine Sache von mehreren Seiten betrachtet werden kann, ohne daß die Verschiedenheit der über sie gefällten Urteile zu deren Unverträglichkeit führen muß (sollte das der Fall sein, so muß sich ein unvernünftiges Urteil eingeschlichen haben, das analytisch ausgeschieden werden kann). – In grober Vereinfachung darf man sagen, daß bis etwa zur Mitte des 18. Jahrhunderts die Auslegung als spezifisches Problem in den sprachbezogenen Wissensformen keine Rolle spielt, weil die Sprachform in ihrer Wahrheit eine logische Form abbildet und weil die logische Form der Urteils-Synthesen unmittelbar auf Tatsachen bezugnimmt, so daß die vernünftige Rede mit der sachhaltigen Rede zusammenfällt und das Problem einer Verständigung über den spezifischen Verwendungssinn einer Rede oder über die Art und Weise der sprachlichen Konstruktion von Welt gar nicht erst aufkommt.

Wenn es aufkommt, so in Form eines beträchtlichen Schocks, von dem nicht weniger als die klassische Auffassung von Vernunft erschüttert wird. Foucault hat wahrscheinlich nicht übertrieben, wenn er im zweiten Teil von *Les mots et les choses* (Paris 1966) den Bruch mit dem Repräsentations-Modell und die Auflösung des Paradigmas der *Ordnung* in dasjenige der *Geschichte* (Voltaire prägt 1764 den Begriff ‚Geschichtsphilosophie') als ein „événement fondamental" bezeichnet: „un des plus radicaux sans doute qui soit arrivé à la culture occidentale pour que se défasse la positivité du savoir classique, et que se constitue une positivité dont nous ne sommes sans doute pas entièrement sortis. (...) De là une série presque infinie de conséquences" (S. 232, 256).

Foucault hat seine Analyse des epistemologischen Bruchs unter den Gesichtspunkten des Lebens (Biologie), des Wertes (Ökonomie) und der Bedeutung (Philologie, Sprachwissenschaft) durchgeführt. Es wäre ebensogut möglich, ihn in Termen der Gesellschaftstheorie, der Religionswissenschaften und aller derjenigen Disziplinen zu entfalten, die mit dem Problem der intersubjektiven Verständigung zu tun haben. Zweifellos sind diese Hinsichtnahmen untereinander liiert: so hat der ‚Tod Gottes' – Ergebnis einer instrumentalistischen Verengung der Bedeutung von ‚Vernunft' auf die Praxis der Dekomposition, der radikalen Analyse aller synthetischen Realitäten – unmittelbare Konsequenzen im Bereich der sozialen Beziehungen (Verlust an Brüderlichkeit, d.h. Verlust der Möglichkeit, die Verbindung als vorrangig oder als vorgängig vor der Trennung zu beurteilen); und dieser Verlust eines *inneren* Bandes zwischen den Menschen bringt wiederum das Problem ihrer symbolischen Interaktionen (Verständigung) hervor. Ich werde mich, um dem Rahmen unseres Kolloquiums zu entsprechen, auf den letzten dieser Aspekte beschränken, leugne aber keineswegs, daß diese Beschränkung nur aus Gründen der Arbeitsteilung und der Abstraktion zulässig erscheinen kann.

Den Einsatzpunkt meiner Überlegungen müssen ein paar Thesen grob andeuten, deren Ausführung und Rechtfertigung einer anderen Arbeit vorbehalten ist. Erstens meine ich, daß die Zerstörung der Ordnung der Repräsentation – auf der intellektuellen Ebene – Hand in Hand geht mit der Zerstörung dessen, was Habermas – im Bereich der Gesellschaft – die repräsentative Öffentlichkeit und die Ausbildung einer spezifisch bürgerlichen Öffentlichkeit genannt hat. Ich glaube zweitens, daß die bürgerliche Öffentlichkeit

– die ihre ersten Triumphe in der Welt der Literatur feiert – ein Resultat der analytischen Mitgift im Konzept von Rationalität ist: die großen synthetischen Realitäten des Feudalismus werden – nach dem Vorbild des aufkommenden naturwissenschaftlichen Atomismus – in ihre kleinsten Elemente zerschlagen; eines unter ihnen ist das Menschenwesen: kombinationsfähig, aber von Natur bindungslos und nach dem theoretischen Modell des Atoms konzipiert. Die Beziehungen des Menschen zum Menschen sind, wo nicht Sentimentalität diese Einsicht erschwert, rein äußerlich und mechanisch; die ideale Staatengründung wäre Ergebnis eines Vertrags (einer Konvention). In dieser Situation – das ist die dritte These – erwacht (in Deutschland sichtbarer als in Frankreich) ein neues Interesse an der Synthese (als Gemeinschaft oder Kommunikation) und an der Geschichte: die Aufklärung tritt ins Stadium der Romantik ein[3].

In Herders Schriften stellt sich dies exemplarisch dar. Einerseits bezeugt sein Interesse am Phänomen der sprachlichen Verständigung, das erstmals hier bis in pathetische Stillagen gesteigert erscheint, das Aufdämmern einer literarischen Öffentlichkeit und mithin einen Sieg' der analytischen Vernunft über die synthetische. Andererseits wird die analytische Tendenz ausbalanciert durch ein charakteristisches und für die Zeit des Sturm und Drang repräsentatives Interesse an der Synthese. Dies gegenläufige Interesse artikuliert sich entweder in der Ansicht, daß die Vernunft, deren transhistorische Geltung der Rationalismus unbewiesen unterstellt hatte, selbst erst in synthetischen Akten der Einbildungskraft (die anschließend durch Formationsregeln universalisiert und übertragbar gemacht werden) entspringt[4], also selbst ein geschichtliches Institut sei; oder in der Idee einer „Volksgemeinschaft" – ein Begriff, der von Beginn eine latente oder offene Opposition gegen den analytisch-mechanistischen Vernunftbegriff mit sich führte, dem in vielen programmatischen Texten des Frühidealismus der Krieg erklärt wird. Ich will das ausschnitthaft an der Geschichte der Semantik des Begriffs „Volk" beleuchten, dessen Zwiespältigkeit die Krise der deutschen Aufklärung besonders schlagend belegt.

Im Deutschen meint „Volk", seit der Mitte des 18. Jahrhunderts, vor allem die Einheit einer Sprach- und Kulturgemeinschaft – eine Definition, in der die juridische Konnotation einer konstituierten (politischen) Gemeinschaft, einer „Nation", zunächst noch nicht enthalten ist[5]. Seine klassenkämpferische Aufladung erhielt „Volk" in dem Augenblick, in dem der Ausdruck die Menge der Regierten im Gegensatz zur Obrigkeit – und zwar der Regierten unabhängig von ihrer sozialen Schichtung untereinander – bezeichnet: also der ‚geringeren Klassen' (in jenem seltsam undifferenzierten Plural, wie er typisch ist für das wenig ausgeprägte Klassenbewußtsein des deutschen Bürgertums). Diesen Mangel an Präzision ersetzt der Begriff „Volk" durch seine – im Gegensatz zur Semantik des französischen „peuple" – von Beginn an synthetische und zuweilen sogar religiöse Mitgift: die Universalität des „Volks" besteht nicht in der stratifizierten Gleichheit beziehungsloser, einander (im Wortsinne) gleichgültiger, in ihrem Wesen homogener Monaden mit identischen Rechten, sondern darin, daß sich die Mitglieder dieser Klasse als *Verständi-*

---

[3] Vgl. K. Peter, *Stadien der Aufklärung*, Wiesbaden 1980
[4] „Unsere Vernunft bildet sich nur *durch Fictionen.* Immerdar suchen und erschaffen wir uns ein *Eins in Vielem* und bilden es zu einer Gestalt; daraus werden *Begriffe, Ideen, Ideale*" (Herders *Sämmtliche Werke*, hg. B. Suphan, Berlin 1877ff., Bd 18, S. 485).
[5] Vgl. Grimms *Deutsches Wörterbuch*, 12. Bd/II. Abtl., Leipzig 1951, S. 453ff.

gungsgemeinschaft begreifen. Zunächst bedeutet das, daß sich das Deutsche, die Sprache der von der feudalen Kultur (und ihrem frankophonen Diskurs) abgeschnittenen geringeren Klassen, also der Teilhaber desjenigen Verständigungsmittels, in dem sich de facto die Traditions- und Kommunikationsprozesse der ‚großen Masse' ohne Bildungsprivileg abspielen, als Basis einer eigenständigen, muttersprachlichen Kultur-Formation gegen die Sprache der Feudalität oppositiv behauptet. Zum anderen aber neutralisiert diese Definition von Universalität die revolutionäre Aufladung von „Volk" (gegenüber der herrschenden Klasse); denn wenn die Sprache – mit Herder verstanden als Medium prinzipiell unbegrenzter Kommunikationsprozesse – dem Volk zum Selbstbewußtsein als Klasse verhilft, so überwindet sie doch zugleich die Klassenschranken im Vorblick auf eine Gemeinschaft als einen synthetischen Verband von Bürgern, die nicht nur äußerlich über den Staat (über das System der Mittel), sondern auch unmittelbar durch das System der Umgangssprache und das ihr eingeschriebene Weltbild miteinander *verständigt* sind. Diese Verständigung umfaßt auch Mitglieder, die im soziologischen Sinn nicht zum „Volk" gehören und virtualisiert so den faktischen Klassengegensatz. Diese Tendenz verstärkt sich – wieder im Gegensatz zu Frankreich – dadurch, daß sich in Deutschland keine geschichtlich-politisch induzierte Notwendigkeit zur Unterscheidung einer Nation (eines konstituierten Volkes) und eines Volks-als-Verständigungsgemeinschaft ergab: denn eine Konstitution erwarb das deutsche Bürgertum aus eigener Macht nie und hielt sich darum mit Vorliebe an Jacob Grimms „Bestimmung des Volkes als des Inbegriffs von Menschen, welche dieselbe Sprache reden"[6]. Die Gefahren, die in dieser Verkürzung liegen, sind bekannt. Es lag darin freilich auch ein utopisches Moment, das seine Realisierung in Deutschland nur in korrumpierter Form erlebte, auf dem aber selbst das Eintreten eines so unverdächtigen Autors wie Sartre für den „esprit de synthèse" beharrt: in der Idee der Verständigungsgemeinschaft lag der Anspruch einer Begründung von sozialen Werten aus intersubjektiver Einhelligkeit; und dieser Anspruch geht in der liberalistischen Version des Staates, die insofern für die eigentliche Erbin der aufgeklärt-analytischen Semantik von „Volk" gelten darf, verloren. Die bürgerlich-demokratische Verfassung, so liest man etwa beim jungen Marx, löst die Bande zwischen den Individuen auf, atomisiert die gesellschaftlichen Körper und macht das Universalitätsaxiom zu einer sentimentalen Bemäntelung der inneren Beziehungslosigkeit zwischen den Bürgern[7].

In Herders Idee der Volksgemeinschaft dagegen sah man zunächst einen Optimismus der Synthese aufbrechen. Er manifestiert vor allem die Reaktion auf das Absterben eines theozentrischen Weltbildes und der Möglichkeit, Formen von „Geselligkeit" fortan noch theonom zu rechtfertigen. Der Verlust einer transzendenten Legitimationsinstanz soll nun aufgefangen werden durch die Institution einer universellen Verständigungsgemeinschaft; und genau das ist die *Situation, in der die Hermeneutik als Theorie eines potentiell unbegrenzten Gesprächs geboren wird.* Das Problem, auf das sie antwortet, ist: wie soll sich die Verständigungsgemeinschaft legitimieren? Sie hat dazu keine andere Möglichkeit, als indem sie den autoritativen und analytisch zersetzten Vernunftbegriff des repräsentativen Rationalismus durch eine Ethik der Synthese (des universellen Ge-

---

[6] *Kleinere Schriften,* Bd 7, Berlin 1884, S. 557.
[7] MEW 1, S. 367ff; vgl. Sartre, *Situations II,* S. 17ff.

sprächs) ersetzt. In ihm werden, wie Habermas es nennt (aber er variiert nur Formulierungen, die man bei Herder, Humboldt, den Schlegels oder Schleiermacher finden konnte), Geltungsansprüche an die diskursive Willens- und Meinungsbildung der betroffenen Sprachgemeinschaft angebunden[8].

Dieser zwischen 1750 und der romantischen Epoche aufkommende Optimismus der Synthese kann freilich schon bei Herder — dem ersten Theoretiker der Sprache, der erkennbar mit dem Modell der Repräsentation gebrochen hat — nicht verschleiern, daß er dem Bewußtsein einer Krise entsprungen ist. Der nicht-kommunikative (analytische) Vernunftbegriff garantierte immerhin — anders, aber in funktionaler Hinsicht homolog zum Weltbild der Religion — die intellektuelle und ethische Einhelligkeit all derer, die unter seiner Anerkennung miteinander ins *Gespräch* traten. Genau dies ist nun nicht mehr garantiert, sondern wird zu einer Sache der Anstrengung des Begriffs in der unhegelischen Variante als Anstrengung zur diskursiven Einigung in endlosen Verständigungsprozeduren, die unter Bedingungen kapitalistischer Arbeitsteilung und wachsender Differenzierung des geselligen Verkehrs im modernen Staat immer komplizierter werden (ein großer Teil der modernen Literatur beklagt ihre Unmöglichkeit). Nicht nur die Einheit des Vernunftbegriffes ist mit dem Erwachen des historischen Bewußtseins in Frage gestellt; es ist fortan nicht einmal mehr ausgemacht, daß alle Menschen in einer gleichen Welt leben; denn die Welt ist jedem Menschenwesen durch den Vorrat an sprachlichen Schemata erschlossen, über die es verfügt; die Welt eines Menschen ist ebenso differenziert wie seine Fähigkeit, Zeichen voneinander zu unterscheiden; ein außer- oder übersprachliches Kriterium dafür, daß alle Sprecher ihre Welt gleich schematisieren und gleich differenziert wahrnehmen, ist nicht erschwinglich. Das ist die Situation, in der die Hermeneutik aufblüht und den Imperativ des Miteinander-Sprechens als kategorisch erfährt; aber die Entdeckung der Relativität von handlungs- und erkenntnisorientierenden Axiomen auf diskursiv erzielte Übereinkünfte (und das Bewußtsein ihrer prinzipiellen Unhintergehbarkeit sowohl wie Unüberprüfbarkeit) affiziert den hermeneutischen Optimismus des Alles-Verstehens zugleich mit jenem charakteristischen Skeptizismus, welcher der Hermeneutik fortan so oft zum Vorwurf wurde (ein Vorwurf, der sich seinerseits befragen lassen muß, von welchem archimedischen Ort aus er spricht).

Bekannt ist Schleiermachers lakonische Unterscheidung zweier Praktiken des Verstehens: einer „laxeren" (die erst aufmerkt, wenn manifestes Nicht-Verstehen fremder Rede die Kontinuität der mitvollziehenden Gedankenbildung unterbricht) und einer „strengeren" (die umgekehrt das Nicht-Verstehen vorsichtshalber für den Normalfall nimmt und dafür eintritt, daß „das Verstehen auf jedem Punkte muß gewollt und gesucht werden")[9].

---

[8] Vgl. J. Habermas, *Rekonstruktion des Historischen Materialismus*, Frankfurt/M. 1976, S. 327.
[9] F. D. E. Schleiermacher, *Hermeneutik und Kritik* (fortan im Text zit.: HuK), mit einem Anhang sprachphilosophischer Texte hg. und eingeleitet von M. Frank, Frankfurt/M. 1977, hier S. 92. Ich gebe hinfort Belege für Zitate aus anderen Texten Schleiermachers nach folgenden Siglen:
PhE: *Entwürfe zu einem System der Sittenlehre*, nach den Handschriften neu (kritisch) hg. O. Braun, Leipzig 1913;
Dial J: *Dialektik*, hg. L. Jonas (= SW III, 4.2), Berlin 1839;
Dial O: *Dialektik*, hg. R. Odebrecht, Leipzig 1942 (Neudruck 1976);
SW: *Sämmtliche Werke*. I. Abtl. Bde 1–13 *Zur Theologie*; II. Abtl. Bde 1–10 *Predigten*; III. Abtl. *Zur Philosophie und vermischte Schriften*, Berlin 1834–1864.

Die Maxime der strengeren Praxis unterstellt also, daß nicht – wie die Aufklärungshermeneutik will – das Verstehen von selbst sich ergibt (und nur Unverständliches einer ausdrücklichen Verständigungsanstrengung bedarf), sondern daß umgekehrt das Nicht-Verstehen die gewöhnliche Erfahrung ist. Ist Nicht-Verständnis grundsätzlich – auch bei sogenannten logischen Operationen – zu unterstellen, dann muß der Wille zur reflektierten (d.h. kritischen) Überprüfung des vermeintlichen Konsensus in jedem Lesen so gut wie in jedem Gespräch universalisiert werden: d.h. *jeder* Glaube, verstanden zu haben, muß kritisch in die Revision verwiesen werden. Es ist dieser Gedanke, auf den die Rede vom Universalitätsanspruch der Hermeneutik zurückgeht. Er setzt voraus, daß die gemeinsame und gleichsinnige Repräsentanz der Welt für alle in ihr sozialisierten und kulturalisierten Subjekte nicht mehr ausgemacht ist, d.h. daß die sprachlichen Zeichen und die Gesetze, nach denen sie verknüpft werden, die Einhelligkeit eines Seinsverständnisses für alle Mitglieder eines kulturellen Zusammenhangs nicht mehr garantieren.

Schleiermacher hat das auch und besonders an der alltäglichen Erfahrung des Miteinander-Redens nachgewiesen. Nicht nur die Evangelien (die schon wegen ihrer minderen literarischen Qualität und der Ungewißheit ihrer Quellen und ihrer Überlieferung problematisch sind) und nicht erst die Texte der alten Schriftsteller verlangen nach der strengeren Praxis des methodischen Zweifels am Fundament des Miteinander-Verständigtseins: auch ein „bedeutendes Gespräch" (das meint: ein solches, das nicht, wie die „Wettergespräche", „ein Minimum" an exegetischer Aufmerksamkeit verlangt: HuK S. 83) ist „genauerer Betrachtung wert", da sein Sinn sich nicht im Konventionellen erschöpft, wie es mit Hilfe von Wörterbuch und Grammatik rekonstruierbar ist, sondern „zwischen den Zeilen (zu) lesen" zwingt, da es eine gegenüber der usuellen Sicht der Dinge *neue* Welterfahrung artikuliert (HuK S. 315/6). Ja, das bedeutende Gespräch, in welchem eine innovative und vorerst noch singuläre Interpretation eines Sachverhalts ins Dasein drängt, deren kein einzelner für sich fähig gewesen wäre (es handelt sich nicht um eine Horizont-Verschmelzung, sondern um eine Horizont-Veränderung), – das Gespräch empfiehlt Schleiermacher sogar der besonderen Aufmerksamkeit des Exegeten:

Insbesondere möchte ich, um bei dem stehenzubleiben, was uns am nächsten liegt, dem Ausleger schriftlicher Werke dringend anraten die Auslegung des bedeutsameren Gesprächs fleißig zu üben. Denn die unmittelbare Gegenwart des Redenden, der lebendige Ausdruck, welche die Teilnahme seines ganzen geistigen Wesens verkündigt, die Art, wie sich hier die Gedanken aus dem gemeinsamen Leben entwickeln, dies alles reizt weit mehr als die einsame Betrachtung einer ganz isolierten Schrift dazu, eine Reihe von Gedanken zugleich als einen hervorbrechenden Lebensmoment, als eine mit vielen anderen auch anderer Art zusammenhängende Tat zu verstehen, und eben diese Seite ist es, welche bei Erklärung der Schriftsteller am meisten hintangestellt, ja großenteils ganz vernachlässigt wird. (HuK S. 316)[10]

---

[10] So auch, Schleiermacher folgend, W. Dilthey: „Die Auslegung, die um ihrer selbst wegen getrieben wird, ohne äußeren praktischen Zweck, tritt so schon im Gespräch auf. Jedes bedeutende Gespräch fordert auf, die Äußerungen des Unterredners in einen inneren Zusammenhang zu bringen, der in seinen Worten nicht von außen gegeben ist. Und je genauer wir den Mitunterredner kennen, desto mehr reizt der verborgene Fortgang in seinem Anteil am Gespräch, den Gründen desselben nachzuspüren. Und der berühmte Interpret der platonischen Dialoge hebt nachdrücklich hervor, welchen Wert für die Auslegung von Schriftwerken die Vorübung in solcher Interpretation des gesprochenen Wortes hat" (W. Dilthey, *Der Aufbau der geschichtlichen Welt in den Geisteswissenschaften*, eingel. von M. Riedel, Frankfurt/M. 1981, S. 279).

Die humanistische Ethik, die dem Appell ans „διαλέγεσθαι: Gespräch führen und Philophiren" zumal (PhE S. 164 = HuK S. 367) eingeschrieben ist, läßt aus heutiger Perspektive leicht übersehen, welche tiefe Erschütterung den aufgeklärten Rationalismus zu der Bescheidung vermocht hat, das Urteil über den Sinn der eigenen Rede fremder Rede und Argumentation anzuvertrauen. Die rationalistische Konzeption maß dem Gespräch keine wahrheitskonstituierende Kraft bei; wohl nahm sie an, daß die Universalität analysierter Konzepte und vernünftiger Urteile in einem potentiell unbegrenzten Gespräch zu manifestieren und zu bewähren sei. Doch war diese Allgemeinheit nicht dialogisch gedacht: was wahr ist, ist wahr aus der eigentümlich gewaltlosen Kraft seiner Evidenz (seines Aussich-heraus-Einleuchtens); nicht darum, weil es in wirklichem Gespräch anderer Beistimmung erworben hat[11]. Im Falle eines evidenten Vernunftsatzes (z.B. eines a priori gültigen Grundsatzes wie der Formulierung des Satzes vom Grunde oder des kategorischen Imperativs) besteht zwar das Recht, ja die Notwendigkeit, jedem denkbaren Gesprächspartner dessen Zustimmung anzusinnen. Das bedeutet aber durchaus nicht, daß dessen wirkliche Beistimmung der Wahrheit etwas zusetzt, so wenig wie seine faktische Nicht-Beistimmung der Wahrheit etwas entzieht.

Unter solchen epistemologischen Voraussetzungen hatte der Ausdruck „Dialektik" wenig Aussicht, günstig besetzt zu werden; nicht durchgängig (und mit charakteristischen Ausnahmen, die einem anderen Wortgebrauch entspringen), aber weitgehend diente er der Bezeichnung für sophistische Erschleichungs-Strategien (die überreden, nicht überzeugen möchten) oder für Phänomene des Zweideutigen (wie etwa die Vernunft-Antinomien), die durch Rekurs auf die Erfahrung nicht entschieden werden können, da sie ‚überschwänglicher' Spekulation entspringen. Zumindest für Kant ist diese Begriffsverwendung verbindlich (vgl. KrV A S. 405ff./B S. 432ff.), und von ihm her wirkte sie sprachnormierend zunächst auch auf den Idealismus.

Die Ächtung des Terms „Dialektik" hat als erste Implikation die Absonderung der Vernunftwahrheit von dem durch Rede und Gegenrede Bewährten. Wahre Sätze sind Repräsentationen entweder von (kantisch gesprochen) Grundsätzen der Vernunft oder von empirisch gehaltvoll gemachten (angewandten) Verstandesbegriffen; nicht daß sie Sätze — Elemente der Grammatik — sind, gründet ihre Dignität. Das Sprachliche läßt sich vom Reich des Intelligiblen fernhalten.

Erst wenn die Sphäre des Intelligiblen aufhört, fraglosen Konsens zwischen Geistern

---

[11] Dieser Standpunkt spricht besonders deutlich aus Fichtes Räsonnements über den *Ursprung der Sprache* (in: J. G. Fichtes *Nachgelassene Schriften*, hg. H. Jacob, Bd 2, Berlin 1937, S. 146ff.). Zeichenvermittelte Kommunikation ist ihm ein notwendiges Implikat der Individualität: das absolute Ich setzt sich als Einzel-Ich, das sich von allen anderen Einzel-Ichs unterscheidet bzw. zu denselben in Gemeinschaft begibt. Im Verfolg dieses Gedankens, den die Schrift über die *Grundlage des Naturrechts* näher ausführt, kommt Fichte zu dem Urteil: „Es gibt kein Kriterium der Wahrheit als die allgemeine Übereinstimmung, ausgenommen in Gewissensfragen" (S. 161). Das klingt, aus dem Kontext genommen, wie ein Bekenntnis zur Konsensus-Theorie der Wahrheit, ist aber anders gemeint: Fichte bekräftigt nachdrücklich, daß ein Denken ohne Zeichen sehr wohl möglich sei, denn zur Entwicklung der Vernunft bedürfe es lediglich der Begriffe (S. 183, § 476). Die Zeichenbildung ist nach dem Repräsentationsmodell gedacht: sie dient lediglich der Objektivierung von Gedanken zum Zwecke der Mitteilung: der intersubjektive Konsens bestätigt darum zwar die Wahrheit, aber nur insofern, als dieselbe den nicht-kommunikativen Wahrheitsbeweis durch den Geist und das absolute Erkennen zuvor bestanden hat.

zu stiften (und ihn unangefochten auch zu verbürgen), kann die Dimension des sprachlich (gesprächsweise) Sich-Verständigens ihre untergrabende Macht antreten. Unter Rückbesinnung auf den ursprünglichen Sinn des *Dialégesthai* — des gesprächsweise Übereinkommens — hat Schleiermacher von Dialektik gesprochen und sie als „Organ der Philosophie" zu rehabilitieren gesucht. Die Verfahrensweise, die er der Dialektik zudenkt, ist von der des Rationalismus diametral unterschieden: das unendliche Gespräch bestätigt nicht — per repraesentationem — die Verallgemeinbarkeit von Vernunftwahrheiten, sondern stellt Wahrheiten — als Etappen von Verständigungsprozessen — allererst her: „Fortgesetztes Vergleichen einzelner Akte des Erkennens durch die Rede, bis ein identisches Erkennen herauskommt. Wird dieses Grundverhältnis (nämlich die Verwiesenheit von Sprache und Denken und mithin diejenige mindestens zweier Interlokutoren aufeinander) verletzt, so leidet beides, Wissen und Sprache, Schaden" (PhE S. 164 = HuK S. 367). Was unter diesem „fortgesetzten Vergleichen" zu verstehen sei, erkären bestimmter Schleiermachers Vorlesungen über *Dialektik* (SW III, 4.2), deren Titel-Begriff nach 1831 ausdrücklich definiert ist als „Darlegung der Grundsätze für die kunstgemäße Gesprächführung im Gebiet des reinen Denkens" (Dial J S. 568, Dial O S. 5 = HuK S. 412). Eine der Pointen dieser Definition — etwa im Unterschied zum Hegelschen, aber auch zum Solgerschen Sprachgebrauch — ist das Wörtlichnehmen von „Dialektik" als ‚Kunst der Gesprächsführung im reinen Denken'. Mit Hegel und Solger teilt Schleiermachers Wortgebrauch zwar die Ausrichtung auf das, was alle idealistischen Philosophen das *reine Denken* nennen (nämlich die handlungszwangentlastete und Geltungsansprüche virtualisierende Form des Denkens, die Schleiermacher in Abrenzung gegen jede intellektuelle Tätigkeit, die „um eines anderen willen" geschieht (Dial O S 6 = HuK S. 412) und ihren Zweck außer sich sucht — die technisch-praktischen und die geschäftlichen Diskurse z.B. — als ein „Denken um des Denkens selbst willen" charakterisiert (Dial O S. 6 = HuK S. 413). Das reine Denken sucht sein Ziel in sich selbst; und dieses Ziel wäre das *Wissen*, ein Zustand der „Unveränderlichkeit und Allgemeinheit", in welchem alle reinen Denk-Inhalte für alle Teilnehmer einer idealen „Denkgemeinschaft" miteinander zusammenbestehen (Dial O S. 10 = HuK S. 417): ein Zustand des Vernunft-Konsensus. Im Unterschied jedoch zu Hegel, der in der Solger-Rezension die streng dialektische Form scharf von der bloß dialogischen unterscheidet[12], legt Schleiermacher Wert auf die Feststellung, daß er das Dialektische nicht als spekulativen Monolog der Vernunft nur mit sich, sondern als „*eigentliches Gespräch*" (Dial O S. 9 = HuK S. 416) verstanden wissen möchte.

Zur Rechtfertigung dieses Wortgebrauchs führt er zwei Argumente ins Feld. Das eine ist schon von Schelling her bekannt und besagt, daß ein rein denk-immanenter Widerspruch (wie ihn die spekulative Dialektik pflegt) ein nur virtueller (also kein) Widerspruch sein würde; denn im Bereich des reinen Begriffs — der Denkmöglichkeit — könne wirkliche Kontradiktion nicht stattfinden (Dial O S. 19 ff. = HuK S. 426 ff.). Anders gesagt: nur zwischen echten Behauptungen kann „Streit" entstehen: zwischen reinen Potenzen — wie dem *Sein* und dem *Nichts* der Hegelschen *Logik* — ist kein „wirklicher

---

[12] Vgl. K. W. L. Heyses Vorwort zu Solgers *Vorlesungen über Ästhetik,* Leipzig 1829, Neudruck Darmstadt 1969, XII.

Gegensatz, keine wirkliche Dissonanz. (...) Es geht (...) alles ganz friedlich zu (...), die thun einander nichts"[13].

Das andere Argument ist zeichentheoretisch und führt an, daß die Vorstellung von einem sprachunabhängigen (also: nicht-artikulierten) Denken einer baren Abstraktion entspringt. Differenzen im Medium des Ideellen können sich nur auf der Grundlage eines materiellen (z.B. phonischen) Unterschieds darstellen; andernfalls bliebe das Denken eine amorphe Nebelmasse (PhE S. 164/5 = HuK S. 367), die um ihrer Bestimmtheit („Distinktheit") willen erst durch das zu führen ist, was Lacan den „défilé du signifiant" nennen wird. Gerade dies Argument zehrt ja vom Angriff aufs Repräsentations-Modell des 17./18. Jahrhunderts, demzufolge das Sprechen gleichsam nomenklatorisch die einfachen Ideen (oder Urimpressionen) der Seele und die von der Vernunft zwischen ihnen gestifteten Verknüpfungen benennend wieder-vergegenwärtigt. Ist aber einmal gezeigt, daß gedankliche Unterscheidungen an Differenzen zwischen Ausdrucksträgern gebunden sind[14] (was nicht schon heißt, daß die *durch* dieselben generiert werden, sondern nur, daß sie *nicht ohne* dieselben bestehen), dann reduziert sich der vermeintliche Unterschied zwischen Denken und Sprechen, wie schon Hamann und Herder in freilich undeutlichen Intuitionen geahnt hatten, auf den des innerlichen oder des lauten Sprechens[15].

Schleiermacher unterstellt also der „Dialektik" der Hegelschen *Logik* (und damit dem ganzen idealistischen System, das sich ja aus der Logik und nur aus ihr entfaltet), selbst in der Version als spekulatives Selbstgespräch, nicht der Gliederungen der Sprache entraten (dieselben allenfalls übersehen) zu können. Nun ist die Sprache von ihrem Wesen her sozial und also nur der inerte Reflex unzähliger Gesprächsführungen, deren semantische Struktur auch in der Übung des spekulativen (nicht: spekulären) Selbstgesprächs erhalten bleibt; mithin, so lautet der Schluß, muß die Dialektik jedenfalls im eigentlichen Gespräch fundiert werden (Dial O S. 9 ff. = HuK S. 416 ff.) und die Ebene der *realen* Interaktion einbeziehen. Es muß *wirklich* mit anderen gesprochen worden sein, wo immer ein reales und nicht nur begrifflich-monologisches *Wissen* in Anspruch genommen wird. Schleiermacher drückt das auch in den Worten aus, der dialektische Widerspruch müsse sich als ein realer Widerspruch in der Kontinuität eines Gesprächs geltend machen. Anders könne keiner der Partner sicher sein, wirklich die Sphäre seiner (subjektiven) Vorstellungen zu überschreiten und dem Anderen in seiner irreduziblen Alterität zu begegnen. (Diese Erfahrung liefert bereits das eigentliche Selbstgespräch, insofern es, innerlich *sprechend*, der sozialen Dimension, dem „extra nos", begegnet.)

---

[13] F. W. J. Schellings *Sämmtliche Werke* (hinfort zit.: Schelling SW), hg. K. F. A. Schelling, I. Abt. Bde 1–10; II. Abt. Bde 1–4, Stuttgart 1856–61, hier: I, 10, S. 137.
[14] An „das bestimmte Unterscheiden der bedeutenden Einheiten" (PhE S. 162 = HuK S. 365) und deren Rekombinationen in Wörtern und Syntagmen: „Ein Saz kann nur wiedergegeben werden durch Combination im einzelnen verschiedener Elemente" (*Psychologie* = SW III, 6, S. 518).
[15] Vgl. vor allem HuK S. 77: „Dies führt auf die Einheit von Sprechen und Denken, die Sprache ist die Art und Weise des Gedankens, wirklich zu sein. Denn es gibt keinen Gedanken ohne Rede. Das Aussprechen der Worte bezieht sich bloß auf die Gegenwart eines andern und ist insofern zufällig. Aber niemand kann denken ohne Worte. Ohne Worte ist der Gedanke noch nicht fertig und klar."

> Das Gespräch (...) entsteht sogleich, wenn wir eine Hemmung setzen als Selbstgespräch, wenn entweder von einem Gliede der Reihe aus zwei andere entstehen, die nicht zugleich gewiß werden wollen, und also ein Schwanken zwischen beiden, oder auch, wenn zwar nur ein Gedanke entstehet, um dessentwillen aber, wenn er gewiß sein soll, ein anderes, schon gewiß Gewesenes aufhören müßte, gewiß zu sein. Ebenso als eigentliches Gespräch, wenn von demselben Punkt aus dem einen Unterredner ein anderes Denken gewiß wird als dem andern, und beide Gedanken nicht zugleich gewiß werden wollen, oder wenn einer von beiden, damit ihm dasselbe wie dem andern gewiß werde, ein ihm schon gewiß Gewesenes als nicht mehr gewiß ausstreichen müßte. Diese Zustände nun sind es, welche wir durch die Ausdrücke *Zweifel* und *Streit* bezeichnen, ohne welche mithin das Bedürfnis unserer Disziplin gar nicht vorhanden sein würde. (Dial O S. 9/10 = HuK S. 416/7)

Bevor ich die methodischen Konsequenzen aus Schleiermachers Konzeption einer dialektischen Dialogik weiter entfalte, will ich den noch anstehenden Vergleich mit Solger aufnehmen. Solger teilt bekanntlich mit Schleiermacher den romantischen Minimalkonsens in der Überzeugung, daß das Absolute keinem adäquaten Begriff sich enthülle (damit ist schon im Kern der Gedanke der Repräsentation abgewehrt) und darum nur inadäquat und indirekt („allegorisch") gewahrt werden könne[16]. Ein hervorragender Modus der Rede vom Absoluten ist die *Ironie,* die jede Position durch die Art und Weise, *wie* poniert wird, zugleich anficht, die Aussage einerseits versuchend und andererseits als unzulänglich zurücknehmend. Man könnte sich vorstellen, daß Solgers Interesse am dialogischen Philosophieren die Idee der Transzendenz des Wissensgrundes systematisch ausbeutet, um dem Systemzwang der Hegelschen Dialektik ein offenes (sein Resultat nicht schon im ersten Schritt voraussetzendes) Philosophieren entgegenzusetzen. Merkwürdigerweise hat Solger aber der künstlerischen Sprache diese Fähigkeit, jenseits der Unzulänglichkeiten des reinen Denkens „anspielend" aufs Absolute zu verweisen, allein zuerkannt und die Dialog-Form zwar gern als künstlerisch[17] oder als Mischung der dogmatischen und der poetischen Abhandlung (N. S. I, S. 220 f.) charakterisiert, doch aber den philosophischen Dialog an die kurze Leine der dogmatischen Argumentation genommen.

Der Einsatz des gesprächsweise zu Verhandelnden steht für den Autor des Dialogs (der sozusagen, dem Verfasser der platonischen Dialoge vergleichbar, am Gespräch nicht teilnimmt und seinen Verlauf als Autor, nicht als Gesprächspartner organisiert) vor Beginn des Ins-Gespräch-Tretens fest. Adelbert gibt im *Erwin* an, das Gespräch als Darstellungsform darum gewählt zu haben, weil nur das Gespräch „den inneren Mittelpunkt und die äußere Erscheinung einer Idee zugleich, und als eins und dasselbe auszudrücken" imstande sei[18]. Die Formulierung macht deutlich, daß der äußeren Erscheinung — also dem realen Verlauf — des Gesprächs nicht mehr zugestanden wird, als was in den Spielraum der dialektischen Selbstentfaltung einer *Idee* eingepaßt werden kann. Noch deutlicher wird Anselm zu Beginn des dritten Gesprächs:

---

[16] Dazu ausführlich Verf., *Das Problem „Zeit" in der deutschen Romantik,* München 1972, S. 97–129.
[17] Z.B. in *Solger's nachgelassenen Schriften und Briefwechsel,* hgg. L. Tieck/F. von Raumer, Leipzig 1826 (zit.: N.S.), hier I, S. 15.
[18] *Erwin – Vier Gespräche über das Schöne und die Kunst,* Nachdruck der Ausgabe Berlin 1907, hg. W. Henckmann, München 1970, S. 4.

> Zwar ist die schönste Form der Philosophie in ihrer künstlerischen Ausbildung gewiß das Gespräch, wie vor allem das Beispiel des göttlichen Platon beweist; aber das muß dann auch ein Kunstwerk im höheren Sinne des Wortes sein, worin sich die streitenden Meinungen schon voraus in der alles umfassenden Anlage versöhnt haben. Von selbst aber und durch den Zufall, wodurch die Menschen wirklich zusammengeführt werden, kann doch dergleichen nicht entstehen. (*Erwin* S. 190/1)

Zwar widersprechen die Freunde der Aufforderung zu ‚pythagoreischer Zurückhaltung' und zu stillem, widerspruchslosem Lauschen; doch wird zugleich die pädagogische (oder maieutische) Absicht der Zwischenrede deutlich, die nur das Verständnis der Teilnehmer kontrollierbar macht (*Erwin* S. 192), ohne den Lauf der Entwicklung der höchsten Idee des Schönen zu beeinflussen[19]. Gewiß nennt Solger (z.B. im Brief vom 7.2.1807 an Raumer) die „Kunst der Dialogen (...) die höchste Form der Philosophie" (N. S. I, S. 146); doch scheint mir, daß er das eigentlich Dialogische in der Tat nur streckenweise, und zwar um des „lebhafteren Schwungs des Ausdrucks" willen, zuläßt, während „da (...), wo die Gegensätze gegeneinander gestellt werden, alles ganz logisch und einfach in Schlüssen fortschreitet" (N. S. I, S. 251). In dieser Überzeugung stimmt er mit Hegel überein, dessen „Dialektik", wie er am 26.4.1818 an Tieck schreibt, mit der seinen „fast denselben Weg genommen, wenigstens die Sache ganz von derselben, und zwar neuen, Seite angegriffen"[20]. Von hier versteht man Hegels Aussetzungen in den *Jahrbüchern für wissenschaftliche Kritik* (Juni 1828, S. 860 ff.) recht gut; denn Hegel verkennt den untergründig undialogischen, aufs streng Dialektische abzielenden Vortrag des *Erwin* durchaus nicht, sondern beanstandet gerade dies, daß Solger das Festhalten des Fadens durch den Charakter der Konversation und den sich überall einstellenden Schein des Zufälligen zwar nicht vereitle, aber unnötig erschwere (*Jahrbücher* S. 865 f.). Diese Kritik lautet also nicht auf Mißkennen des Wesens eines streng spekulativen Vortrags, sondern rügt das Gewand der Darstellung als etwas bloß Akzidentelles und ‚Beiherspielendes'.

Von ganz anderer Natur ist Schleiermachers Kritik an Solger (in seiner Akademie-Rede *Bei der Aufnahme des Herrn v. Raumer am 3.7.1827*, in SW III,3, S. 174 f., aber auch in einigen Briefen). Schleiermacher, dessen Vorrede zur Platon-Übersetzung Solger so stark beeindruckt hatte, tadelt in sanften Worten die Konsequenzlosigkeit der Dialogform für den Vortrag von Solgers philosophischer Doktrin, der damit nur eine Popularisierung zuteil geworden, nicht aber der Durchbruch zum Paradigma einer wirklich dialogisch konzipierten Dialektik gelungen sei.

Nun ist charakteristisch, daß unter den Theoretikern der Frühromantik – vielleicht mit der Ausnahme Friedrich Schlegels, der den „Dialog (...) eine Kette, oder ein(en) Kranz von Fragmenten" nennt[21] und damit gerade ihn als Form für das, was die Früh-

---

[19] Die leitende Rolle Adelberts (H. Lotze spricht in seiner *Geschichte der Ästhetik in Deutschland*, München 1868, S. 152, von einer „tyrannischen Gesprächsführung") ist von je als „dramaturgische Schwäche" des *Erwin* gerügt worden (vgl. Henckmann, S. 502); wie mir scheint, beruht sie nicht auf einem einfachen Fehler, sondern ergibt sich aus der Unentschiedenheit im Begriff der Solgerschen Dialektik.

[20] *Tieck and Solger – The complete correspondence with introduction, commentary, and notes*, hg. P. Matenko, New York/Berlin 1933, S. 423.

[21] Fr. Schlegel, *Kritische Ausgabe* (zit.: KA) seiner Werke und Briefe, hg. E. Behler, München/Paderborn/Wien 1958ff., hier: Bd II, S. 176, Nr. 77.

romantik allgmein als ‚System der Systemlosigkeit' kennzeichnet[22], in Betracht zieht –, – es ist charakteristisch, daß unter den *Symphilosophuntes* des Jenaer Kreises kein einziger, selbst Schleiermacher nicht, den die Zeitgenossen doch einträchtig als den unerreichten Meister des ‚eigentlichen Gesprächs' ausgezeichnet haben und der einige, darunter auch sehr gelungene, Texte in Gesprächsform verfaßt hat, einen dialogischen Text auf dem Felde des ‚reinen Denkens' versucht hat. Von der gelungenen Praxis der Symphilosophie und der Sympoesie geben nichtspekulative Texte wie Tiecks *Phantasus,* Schleiermachers *Weihnachtsfeier,* Schellings *Clara,* Fr. Schlegels *Gespräch über die Poesie* und die Briefwechsel der Jenaer Freunde ungleich eindrucksvollere Proben als etwa Schellings *Bruno* oder Solgers *Philosophische Gespräche,* die unter Anknüpfung an Platons Vorbild einen nicht immer siegreichen Kampf der streng systematischen Organisation mit der didaktischen Tendenz des dialogischen Genres vorführen. Fast stets, besonders im *Bruno* und im *Erwin,* sind die Gesprächschancen ungleich verteilt und ergreift allmählich einer der Gesprächsteilnehmer die Regie und wird – oft schon durch den Dialogtitel angezeigt – zur Hauptperson. Gespräche, in denen es Hauptredner gibt, sind aber ungesellig.

Um es auf eine Formel zu bringen: die philosophischen Gespräche der Romantiker geben viel schlechtere Anschauung von dem, was Schleiermacher als „freie Geselligkeit" bezeichnet hat und was etwa in Tiecks *Phantasus* aufs anmutigste gestaltet ist. Der Titel „freie Geselligkeit" scheint auf den Begriff bringen zu wollen, was Schleiermacher an Umgangsformen im Schlegel-Kreis kennengelernt hatte.

Die „Idee der *freien Geselligkeit"* ist aus dem Gegensatz zur Idee des Staates entwickelt. Als Staatsbürger ist der Einzelne Rechtsperson, seine Eigentümlichkeit tritt zurück hinter dem System des sittlichen Lebens, dessen „Function" sie ist (PhE S. 96, 94). Aber auch das gegenteilige Extrem, die Reduktion der Verkehrsformen auf die „Eigenthümlichkeit und Unübertragbarkeit" der Einzelsubjekte, ist vom Konzept der freien Geselligkeit fernzuhalten. Deren Idee besteht vielmehr darin, die absolute Gemeinschaftlichkeit und mechanische Uniformität der Rechtssphäre mit dem Anspruch der Einzelpersonen, ihre Eigentümlichkeit hervortreten zu lassen, zu synthesieren: „Eine gemeinschaftliche Eigenthümlichkeit muß also das vereinigende Princip sein" (PhE S. 95). Anders gesagt: in freier Geselligkeit individualisieren sich die Funktionsträger des „Standes der Allgemeinheit" (Hegel) und lassen die strenge Identität der objektiven Vernunft- und Sprachnorm durch die Wechselwirkung mit anderen Weltansichten und Lebensstilen modifizieren; umgekehrt ergeht an die Individuen die Aufforderung, ihre individuelle Art und Sicht symbolisch zu vermitteln, d.h. das Einzelne und Unübertragbare zu einem gesellschaftlichen Ereignis werden zu lassen:

Nemlich das als Organ eigenthümlich Gebildete ist zugleich Object der Erkenntniß und Symbol für die Andern, und es wird gleich mit diesem Bewußtsein und in dieser Idee gebildet. Sonst wäre das Versezen des Erkennens in die Eigenthümlichkeit eine Beschränkung. Nur durch diese Gemeinschaft wird sie aufgehoben und das Bewußtsein wieder erzeugt. Dies ist die Idee der *freien Geselligkeit.* Ihre eigentliche Tendenz ist die Eigenthümlichkeit der Organe zur Anschauung zu bringen. (PhE S. 96)

---

[22] Vgl. KA XVIII, S. 80, Nr. 614; 287, Nr. 1091; Novalis, *Schriften,* hgg. P. Kluckhohn / R. Samuel, Stuttgart 1960ff. (zit.: NS) II, S. 288/9; III, S. 98).

Die freie Geselligkeit bringt in vollkommener Weise Schleiermachers Idee des *individuellen Allgemeinen* zum Ausdruck. Während die Objektivität der Sitte und des Rechts einem grammatischen System gleichen, dessen einzelne Ereignisse aus dem Begriff des Ganzen abgeleitet und vorhergesehen werden können, gibt die freie Geselligkeit dem Individuum die Chance zur Selbstentfaltung, d.h. zur freien Modifikation des Allgemeinen und Gemeinschaftlichen. Dadurch verändert sich zugleich der Inhalt des Allgemeinen selbst: er steht in Funktion zu den Akten der einzelnen Individuen, die immer, sofern sie sich frei entfalten dürfen, über den Rahmen dessen hinausgehen, was bisher für Sitte galt. Das „begrenzende Princip" der freien Geselligkeit, sagt Schleiermacher, „ist die Verständlichkeit" (PhE S. 128), d.h. die Anerkennung der Spielregel wechselseitiger Mitteilung. Alle Mitteilung bedarf „verständlicher Symbole, als Sprache" (ebd.). Das bedeutet aber nicht, daß die verwandten Symbole nicht die Spur einer individuellen Gebrauchsweise behalten und − auf dem Umweg über die Anerkennung durch die Gesellschaft − an den Sprach- und Sitten-Gebrauch der Allgemeinheit rückentäußern sollen. Verständlichkeit impliziert nämlich (das ist eine der Pointen von Schleiermachers Theorie der geselligen Mitteilung) mitnichten Konformität mit der bisherigen symbolischen Ordnung (der Institution); im Gegenteil wird verstanden im emphatischen Sinne erst dort, wo ein Symbol individuell modifiziert wurde und wo der Gesprächspartner den novatorischen Beisatz „erraten" muß. Kommunikation auf die Entzifferung oder Buchstabierung der sozialen und juridischen Codes einschränken hieße: aus Menschengesellschaften Ameisenstaaten zu machen. Eine Sozietät, die „Darstellung des Individuellen" verhinderte und ihre jedesmalige Allgemeinheit der beständigen Kritik durch individuelle Transformationen entzöge, wäre eine Maschinengesellschaft, in der auch „schöne Kunst" unmöglich wäre. Denn Kunst teilt mit freier Geselligkeit dies, daß sie sowohl mitteilsam und verständlich, wie auch innovativ, also Darstellung des Eigentümlichen ist (PhE S. 129, vgl. S. 336ff.). − So verschwimmt Schleiermachers Theorie der Geselligkeit mit seiner Theorie der sprachlichen Kommunikation. Ein Passus aus der Vorlesung über Sittenlehre (*Ethik* von 1812/13) macht dies besonders deutlich:

Da jeder nach dem allgemeinen Schematismus Bildende doch mit seiner Eigenthümlichkeit bildet und in jedem Denkenden die Eigenthümlichkeit mitdenkt, eben so auch das vollendete Eigenthum nicht für sich von vorne herein gebildet wird, sondern sein Entstehen auf dem identischen Bildungsprozeß ruht, und jeder bewegte und erregte Zustand nur durch die Dinge kommt, welche mit der objektiven Vorstellung zugleich uns berühren, so kann das Gebiet des Identischen nicht anders als zugleich ein Eigenthümliches und das Eigenthümliche nicht anders als zugleich ein Identisches sein.
Die Realität des relativen Gegensatzes beruht also darauf, daß es nicht eine Gemeinschaft schlechthin gebe und ein Eigenthum schlechthin usw., sondern ein gemeinschaftliches Eigenthum und eine eigenthümliche Gemeinschaft, und ein eigenthümliches Wissen und eine identische Erregtheit und Eigenthümlichkeit der Erregung.
Da die Persönlichkeit, indem sie sich sezt, dieses mit ihrem ganzen Wesen thut, also auch mit ihrer Tendenz sich aufzuheben, und indem sie sich aufhebt, dies thut auch mit ihrer Tendenz sich zu sezen, so muß jedes Sezen ein aufhebendes Sezen und jedes Aufheben ein sezendes Aufheben sein. Also auch das ganze Gebiet gemeinschaftlicher Besiz und besessene Gemeinschaft, alles Eigenthum gesellig und alle Geselligkeit Eigenthum bildend, alles Erkennen sprachbildend, alle Sprache Erkenntniß bildend, alle Gemüthsbildung darstellend und alle Darstellung gemüthsbewegend. (PhE S. 270/1 = HuK S. 366/7)

Hielte man die Prämissen, unter denen Schleiermachers Sprach- und Gesellschaftstheorie steht, als Richtmaß an die philosophischen Dialoge der Romantik und zumal an deren theoretisches Selbstverständnis, so würde ein bedeutender Abstand sichtbar. Dies scheint mir selten bemerkt und in Detailanalysen noch gar nicht herausgearbeitet worden zu sein.

Bevor ich Schleiermachers Idee einer kommunikativen Wahrheitssuche — wie sie seine Theorie der freien Geselligkeit spekulativ fundiert — genauer ins Auge fasse, ist ein Wort zur romantischen Platon-Nachfolge angebracht. Ich glaube, daß das Mißverhältnis zwischen der romantischen Gesprächstheorie und den (wenigen) philosophischen Dialogen, die in der Zeit entstanden sind, teilweise erklärt werden kann, wenn man die Texte mit denen Platons selbst und nicht mit Schleiermachers Konsensustheorie vergleicht. Umso interessanter wird sein zu erfahren — auch diese Frage ist kaum je gestellt worden —, ob Schleiermachers Dialektik, eigenem Selbstverständnis zufolge, identisch sei mit derjenigen Platons, so wie Schleiermacher sie zuerst in der Einleitung zu seiner Platon-Übersetzung von 1804 dargelegt hat[23].

Ich will sie (die oft berufen und selten gelesen wird) kurz charakterisieren. Es ist von Beginn bezeichnend, daß Schleiermacher die philosophischen Schriften des Platon zwar unter den Titel „Gespräche" stellt (z.B. III, S. 17ff.) und ihre „dialogische Form" in immer neuen Wendungen als Musterform der Argumentation rühmt (z.B. S. 9f.). Das hindert ihn aber nicht, seinen Zeitgenossen den überraschenden Vorwurf zu machen, sie hätten, verwirrt von der an die attische Komödie angelehnten Dramaturgie des großen „philosophischen Künstlers" (S. 6) und unter dem Eindruck der kolloquialen Präsentation der Argumente, es sich nehmen lassen, „die große Absichtlichkeit in der Zusammensetzung seiner Schriften gehörig zu würdigen, und soviel möglich zu ahnden" (S. 7).

Denn niemand wird in Abrede sein, daß außer den allgemeinen Schwierigkeiten, die es hat, irgend einen Andern als den Gleichgesinnten auf dem Gebiete der Philosophie gründlich zu verstehen, in Beziehung auf den Platon noch als eigenthümliche Ursach hinzukommt seine gänzliche Abweichung von den üblichen Formen der philosophischen Mittheilung. (S. 7)

Die weitaus größte Masse derselben werde bestritten einerseits durch die enzyklopädische (mehrere besondere Wissenschaften unterteilende und systematisch aufeinander beziehende) und andererseits durch die fragmentarische Form des Philosophierens. Über beide, auffälligerweise zumal über die letzte, findet Schleiermacher böse und spöttische Worte; und jedem ist klar, wen unter seinen Zeitgenossen er da ins Visier nimmt: den Geist Platons atmen weder die systematischen Rekonstruktionen der Ideenlehre, die die bei Platon mannigfach verschlungenen Aufgaben in Einzeldisziplinen wie die Ethik, Ästhetik und Metaphysik zergliedern, noch das über seinen Standort nur nicht verständigte Drauflosdenken derer, die in Platon den Ahnherrn des systematisch unkontrollierten Spekulierens erkennen. Beide Rezeptionen kommen aber nach Schleiermacher darin überein, daß sie die Demarche der dialogischen Form im Kern mißverstehen entweder als „eine ziemlich unnüze mehr verwirrende als aufklärende Umgebung der ganz gemeinen Art seine Gedanken darzulegen" (S. 10) oder als eine nur exoterische Äußerungsweise, der Platon „seine eigentliche Weisheit gar nicht, oder nur in geheimen schwer aufzufindenden Andeutungen" anvertraut habe (S. 11). Schleiermachers eigenes Kriterium fürs ‚echte Verständnis' der platonischen Schriften ist die Fähigkeit, sie als solche — in ihrer dialogischen Form — nachzuvollziehen, d.h. die Sätze an ihrem Ort und ihrem Kontext stehen

---

[23] *Platons Werke* von F. Schleiermacher. Ersten Theiles erster Band, Berlin 1804.

zu lassen und ihren Inhalt nur auf das zu beziehen und nur von dem abzuheben, worauf Platon selbst sie bezogen oder wovon er sie unterschieden wissen wollte. Das gilt entsprechend für das Verhältnis der Gespräche untereinander und zum Ganzen des platonischen Denkens (S. 16/17).

Worin sieht Schleiermacher aber das Positive der platonischen Gesprächstechnik? Er beruft sich auf die berühmte (in unseren Tagen zumal durch Derrida wieder in Erinnerung gebrachte) *Phaidros*-Stelle, in der die schriftliche Belehrung den Vorwurf erfährt, den denkenden Mitvollzug des Lesers ungewiß und unüberprüfbar zu machen, während der

so hoch herausgehobene Vorzug des mündlichen Unterrichts (es) sei, (...) daß hier der Lehrende in einer gegenwärtigen und lebendigen Wechselwirkung stehe mit dem Lernenden, und jeden Augenblick wissen könne, was dieser begriffen, und so der Thätigkeit seines Verstandes nachhelfen, wo es fehlt; daß aber dieser Vortheil wirklich erreicht werde, beruht, wie Jeder einsieht, auf der Form des Gesprächs, welche ein lebendiger Unterricht nothwendig haben muß. (S. 18)

Bei aller Emphase, die hier der lebendigen und „ununterbrochen fortschreitenden Wechselwirkung zwischen den Gesprächspartnern" zuteil wird, bleiben doch drei Vorbehalte unübersehbar, die Schleiermacher anbringt. Erstens grenzt er die „bildende Dialektik" (S. 18) ein auf den Zweck der „Belehrung" und des „Unterrichts" (eine nie ganz symmetrisch verlaufende Form des Diskurses, die das Prädikat der „Wechselseitigkeit" kaum verdient); zweitens kann er nicht übersehen, daß die platonischen Dialoge nur „Nachahmungen jenes ursprünglichen gegenseitigen Mittheilens" der mündlichen Unterredung (S. 19), also an ihnen selbst *schriftliche* Texte sind; und drittens legt er Wert auf die Feststellung, daß Platons dialogische Form „keineswegs das Ganze seiner Methode" erschöpft (S. 19) – Platon bediene sich strategischer Mittel (das Aufwerfen von Fragen, die Schürzung von Rätseln, das Hervortreiben manifester Widersprüche, bei denen stehenzubleiben unmöglich ist, usw.), um den Leser anzutreiben, sich der von vornherein „beabsichtigten Idee" mit Mitteln eigener „Selbstthätigkeit" zu nähern. Eine von fremdem Vorauswissen dergestalt vororientierte Selbsttätigkeit bleibt freilich gelenkt; das „Gemeinsame" der Wahrheitssuche steht unter der beständigen Kontrolle des ungeselligen Kriteriums gedanklicher Kohärenz und des Imperativs der Integrierbarkeit in ein System, dessen Geltung zwar *im* Gespräch bewährt und ausgesprochen, doch nicht *vom* Gespräch begründet wird. Schleiermachers Platon ist ein genialer Pädagoge, der, statt die Gestalt des vollendeten Systems darzubieten, den Leser auf den Weg des Findens zurückverweist, über den derlei Wahrheiten am sichersten erworben und operationalisiert werden konnten (darin unterscheidet sich die Methode des platonischen Idealismus am entschiedensten etwa von demjenigen Spinozas oder Schellings); Platon zu einem dialogischen Dialektiker zu machen, der das System *aus* den verallgemeinbaren Übereinkünften des realen Gesprächs gewinnt, hieße ihn mit den Sophisten verwechseln, denen der Mangel eines transdiskursiven Wahrheitskriteriums die Grenze zwischen Überredung und Überzeugung verwischt (vgl. S. 58ff.). Der Rest des Schleiermacherschen Interesses gilt darum der Rekonstruktion der inneren „Ordnung" der platonischen Dialoge in ihrer „natürlichen Folge", der Prüfung ihrer Echtheit und endlich den spezifisch hermeneutischen Fragen ihrer Abhängigkeit von (gedanklichen, politischen und grammatischen) Standards der Zeit und deren Überformung durch einen individuellen Gestaltungswillen („Styl"). Vor allem der Stilfrage widmet Schleiermacher geistvolle und eindringende Beobachtungen; er rühmt z. B. die Art, wie Platon die Umstände und die Partner seiner Gespräche bis in Stilzüge hinein „individualisirt" (S. 40). Aber selbst in dieser sein späteres Forschen bahnenden Fragerichtung bleibt Schleiermachers Platonbild merkwürdig vor-dialektisch (im Sinne seiner eigenen Gesprächstheorie, wie er sie seit 1811 entwickeln wird); die platonische „Dialektik" hat nur den Status einer „Technik der Philosophie", die zu präavisierten „Ideen" den Weg bahnt (S. 49; vgl. S. 65 ff.). Daß Stilzüge den Inhalt des Gedankens beeinflussen und daß es mithin nicht möglich ist, die Sicht der Ideen von der individuellen Art abzutrennen, wie diese sprachlich artikuliert und schematisiert sind: das ist ein Gesichtspunkt, den Schleiermachers Einleitung zu Platon so wenig verfolgt wie die Einleitungen zum *Phaidros*, zum *Protagoras*, zum *Laches* usw. und die Anmerkungen zu den Dialogen.

Ich glaube, dem Scheiermacherschen *Platon* einiges Gewicht einräumen zu sollen, da diese Edition den vielleicht mächtigsten Impuls zur Wiederbelebung der Diskussion über Grenzen und Reichweite des spekulativen Dialogs gestiftet hat. Gleichwohl müssen wir feststellen, daß Schleiermachers eigene Konzeption einer Dialektik über das, was er als platonischen Keimgedanken beschreibt, beträchtlich hinausgeht. Wahrscheinlich muß man das Bild, das Schleiermacher von Platons Methode der Gesprächsführung zeichnet, ganz fernhalten von dem, was er in seinem eigenen Namen zu diesem Thema vorbringt. Ein wichtiges Dokument, das es möglich macht, die oft versuchte Engführung des Schleiermacherschen *Platon* mit Schleiermachers dialektischem Selbstverständnis anzufechten, sind die Äußerungen, die Schleiermacher zu einer Zeit, da er bereits Vorlesungen über die Dialektik gehalten hat, über die sokratische und platonische Dialektik getan hat. In der *Geschichte der Philosophie* (zuerst 1812, dann wieder 1819/20 und 1823 vorgetragen) nennt er Sokrates den „Urheber der systematischen Philosophie" (SW III, 4.1., S. 81) und verteidigt diese Ansicht wie in der *Platon*-Einleitung gegen das Vorurteil vom asystematisch vorgehenden Eklektiker, auf den sich die Freunde des fragmentarischen Philosophierens beziehen möchten. Die philosophiegeschichtlich bedeutsame Entdeckung des Sokrates sei nicht das philosophierende Gespräch, sondern die These, daß alle menschliche Erkenntnis daran zu messen sei, ob ihr „die Idee der Erkenntnis (...) einwohne oder nicht" (S. 82). Interessant ist in diesem Zusammenhang Schleiermachers Urteil über das Wesen der sokratischen Ironie:

Jene nämlich ist nichts anderes, als das Zusammensein der Idee der Erkenntniß in ihm mit der Abwesenheit realer Einsichten, also buchstäblich das Wissen, daß er nichts wisse. Jeder aufgestellte Saz ist ihm daher etwas dem/ Werth nach unbekanntes, und nur indem er ihn an die Idee der Erkenntniß hält, erfährt er erst diesen Werth. (...) Seine constante indirect dialogische Form beruht nun auf den Merkmalen, woran er in der Vorstellung die Erkenntniß erkannte; theils nämlich daran, daß eine solche bei jeder Combination von jedem Widerspruch frei bleiben müsse, theils daran, daß sie nothwendig müsse heuristisch sein für das Princip der Erkenntniß und jede Anwendung desselben. Daher war es ihm so gleichgültig, von welchem Gegenstande er ausging. (S. 83/4)

Die Idee der Erkenntnis entspringt demnach in einer transdiskursiven Intuition, die den Sokrates die Odyssee jedes beliebigen Gesprächs gefahrlos und sicher bestehen läßt; und sie wird im zur Kunstform erhobenen platonischen Dialog nur explizit gemacht. Die Ironie ist – ganz im Sinne des bekannten Novalis-Wortes[24] – der Kompaß, der in jeder Ge-

---

[24] „Sokratie ist die Kunst – von jedem gegebenen Orte aus den Stand der Wahrheit zu finden und so die Verhältnisse des Gegebenen zur Wahrheit genau zu bestimmen" (NS II, S. 545).

sprächskonstellation auf die Idee der Erkenntnis zeigt. Platons Dialoge gründen auf der „Voraussezung (...), daß das Princip in jedem sein muß und muß können lebendig gemacht werden. Daher konnte er auch die maieutische Methode zur Vollkommenheit bringen" (S. 97). Die Maieutik bringt nur heraus, was inwendig schon feststeht; sie bringt es im Gespräch heraus, aber nicht das Gespräch als solches begründet die Wahrheit der Ideen. Platon „ist als erster systematischer Philosoph anzusehen" (S. 98); seine „Dialektik" ist, streng genommen, keine Dialogik, sondern eine „combinatorische Kunst", die alle denkbaren Aussagen unter den Gesichtspunkten prüft, ob Verknüpfungen statthaft sind und ob Zerteilungen richtig vorgenommen wurden. Dialektische Vernunft erkennt das innere Band zwischen dem Bestimmungs- und dem Unterscheidungsgrunde; sie ist in diesem Sinne eristisch, aber sie eignet sich nicht zur Grundlage einer Konsensus-Theorie der Wahrheit, wie sie Schleiermachers eigene *Dialektik* ausarbeitet.

Deren Grundzüge will ich, den historischen Teil meines Referats beschließend, wenigstens andeuten.

Im Unterschied zur platonischen Dialektik, die — wie das Zitat belegen konnte — eine „combinatorische Kunst" sein will, rechnet Schleiermachers Dialektik nicht mit der Möglichkeit, transhistorische Spielregeln einer universellen Vernunft zur Begründung von verallgemeinbaren Übereinkünften angeben zu können. Ein solches System von Kategorien und Verknüpfungsfiguren gliche Leibnizens *Characteristica universalis,* einer Idee, der Schleiermachers Akademierede vom 7. Juli 1831 in respektvoller Weise widerspricht (SW III, 1, S. 138–149): „Wir haben es leicht zu sagen, es habe nur im Rausch mathematischer Begeisterung geschehen können, daß er (Leibniz) die Grenzscheidung zwischen beiden Gebieten (der Mathematik und der Sprache) übersehen" (SW III, 1, S. 140/1). Auch sonst läßt sich zeigen, daß Schleiermacher ein solches „Unternehmen, die Sprache ähnlich dem mathematischen Calculus zu behandeln", „höchst verkehrt" nennt (PhE S. 165 = HuK S. 368). Denn

> es giebt (...) keine allgemeine Sprache, also auch keine allgemeine Gleichheit der Konstruktion. (...) Alle Bestrebungen, zu einer allgemeinen Sprache zu gelangen, sind mißlungen; denn die Verständigung über die allgemeine Sprache selbst ist den einzelnen Sprachen unterworfen. (...) Die Identität der Konstruktion des Denkens ist nichts Allgemeines, sondern in Grenzen eingeschlossen. (Dial O S. 375/6 = HuK S. 461)

Dieser Satz gilt jedoch nicht nur für das Verhältnis der Sprachen untereinander, sondern auch für die Varietäten innerhalb einer und derselben Nationalsprache. Schleiermacher spricht von verschiedenen nicht konzentrischen Sphären, deren umfassendste die Nationalsprache, deren elementarste der Individualstil sei. Zwischen diese Extreme sieht er allerlei „excentrische Kreise" eingelagert[25]:

> Was aber die Relativität des Denkens in einer und derselben Sprache betrifft: so ist auch diese eine unleugbare Erfahrung; in jeder Sprache giebt es eine Menge excentrischer Kreise, die sich einander theilweise ausschließen. Die Aufgabe ist zu unterscheiden, was für das Gesammtgebiet der Sprache all-

---

[25] Fast in denselben Begriffen beschreibt Saussure den Sachverhalt: „Il n'y a pas de langue universelle. (...) il n'y a pas *une* langue pour *la* société. <Deux diversités: Une diversité relative (diversité dans l'unité); une diversité radicale.> Il y a diversité dans l'unité. Il n'y pas un seul idiome qui ne soit géographiquement divisé" etc. (*Cours de linguistique générale,* hg. R. Engler, 1. Band Wiesbaden 1968, S. 28).

gemeingültig ist, was nicht, und zwar sowol in der gemeinschaftlichen als in der eigenen Begriffsbildung. Was das leztere betrifft: so ist die Klarheit über die Stufe, auf der in dieser Hinsicht unser Denken steht, und darüber, in welcher Beziehung wir ein allgemeines Verständnis unserer Begriffe verlangen können und wiederum in welcher Beziehung nicht, eine Kunst, die durch Regeln nicht erworben werden kann und darauf ruht, daß jeder sich in jedem Augenblikke selbst beobachte und die Begriffsbildung hemme, um den Irrthum gleich im Werden zu ertappen. (Dial J S. 259 = HuK S. 410/1)

Die Radikalität dieser These ist erstaunlich, wenn man sie im diskursiven Rahmen des idealistischen Philosophierens betrachtet. Sie ist über zwei Stufen der Argumentation errichtet. Die erste kennen wir schon. Sie besagt, daß Gedanken gegeneinander nur ausprofiliert werden können (nicht in einer Logik, sondern) im Rahmen eines differentiellen Systems von Ausdrücken: eines „allgemeinen Bezeichnungssystems" (Dial O S. 372ff. = HuK S. 458ff.). Damit ist kein prinzipieller Einwand etwa gegen Kants Freilegung der in allen Urteilen operanten Funktionen (der Kategorien) erhoben; wohl aber werden die welt- und bedeutungskonstituierenden Kategorien als grammatische Kategorien umgedeutet. Fundamentaler noch als die Interpretationsleistung des Kategorienapparats erscheint nun die von der Sprache vorgenommene Weltdeutung. Bekanntlich ging Schleiermacher so weit, selbst die Axiome der Euklidischen Geometrie nicht als zeitlos gültige Evidenzen (synthetische Urteile a priori) durchgehen zu lassen, sondern empfahl, sie abzuleiten aus dem Weltbild des Euklid (HuK S. 181). Damit ist Herders Gedanke ins Extrem gesteigert, wonach die Vernunft, die in zirkelhafter Argumentation die geschichtliche Relativierung ihrer eigenen Formation als nichtvernünftig verbietet, selbst ein evolutionäres Ereignis der Gattung sei, also einen Index des Gewordenseins trage und den Anspruch auf Unbedingtheit zu Unrecht erhebe. „Dasselbe gilt sogar von der Mathematik", sagt Schleiermacher (ebd.). Die nachempiristische Wissenschaftstheorie unserer Tage würde seiner Ansicht nicht widersprechen, daß die relative Zählebigkeit der mathematischen oder auch physikalischen Konsensbildungen keinen Beweis für ihre Zeitlosigkeit und also auch kein trennscharfes Kriterium zur Abgrenzung von den Konsensbildungen in den sogenannten Geisteswissenschaften liefert.

Zur Reduktion der Vernunftoperationen auf sprachliche Handlungen kommt aber — bei Schleiermacher — eine weitere Reduktion radikalisierend hinzu: die Ansicht nämlich, daß die Bedeutungen der Wörter und die Pertinenz der Verknüpfungsregeln in letzter Instanz von den denkenden Individuen determiniert werden. Daraus folgt die Unvorhersehbarkeit (und Unentscheidbarkeit) des Sinns von Sätzen und die Notwendigkeit einer universalisierten hermeneutischen Reflexion.

Ich möchte diesen Schritt als Angriff aufs Dogma der *semantischen Identität* kennzeichnen. M.E. gehört es — wie ich im zweiten Teil meines Textes zeigen will — zu den wirkungsgeschichtlich folgenreichsten Einsichten der Schleiermacherschen Dialektik.

Zunächst muß man sehen, welchen Effekt die These von der individuellen Determination des Sinns von Äußerungen hat. Der Sprachrelativismus (den in anderer Form ja auch Humboldt und die amerikanischen Neo-Humboldtianer vertreten) ist für sich allein noch kein Beweis für die Unhintergehbarkeit des dialektischen Gesprächs. Denn man könnte sich vorstellen, daß — wie es ein großer Teil der strukturalen Linguistik und weitere Fraktionen der sprachanalytischen Philosophie annehmen — jede Nationalsprache zwar ein von dem anderer Nationalsprachen unterschiedenes (womöglich nicht adäquat übersetzbares) Weltbild in sich schließt, daß die Formationsregeln, in denen dies Weltbild artikuliert ist, sich aber verbindlich rekonstruieren lassen: es gäbe alsdann eine Grammatik des klassischen Griechisch oder des klassizistischen Französisch mit je eigenen Weltbildern, deren Regeln lernbar wären. (Das gilt entsprechend für die kleineren Regelsysteme innerhalb einer Nationalsprache, die Wittgenstein mit Schleiermacher[26] als „Sprachspiele" bezeichnet hat.) Wer sie beherrscht, kann, wenn er sich keiner Regelverletzung schuldig macht, auf sicheres Verständnis bei anderen Teilnehmern derselben Sprach(spiel)-Formation rechnen. In diesem Sinne wären die nach dem Schlüssel eines nationalsprachlichen Code (oder eines Sprachspiels) generierten Äußerungen nicht begründungsbedürftig durch permanente Rückversicherung in der Weltkonstruktion anderer Subjekte[27].

Dieser Ansicht widerspricht Schleiermacher jedoch. Er bedient sich dabei einer Anregung, die Schelling im *System des transzentalen Idealismus* (und wieder in der *Philosophie der Kunst*) gegeben hatte und die ihrerseits Herders *Metakritik* verpflichtet ist, nämlich

---

[26] Schleiermacher, *Pädagogische Schriften*, hgg. E. Weniger/Th. Schulze, Düsseldorf 1957, I, S. 21; Wittgenstein, *Philosophische Untersuchungen*, § 7.

[27] Im Titelaufsatz seiner Essay Sammlung *Ontological Relativity and Other Essays*, New York / London 1969, verficht W. V. O. Quine die Ansicht, daß keine Möglichkeit besteht, Bedeutungen oder Bedeutungsverwandtschaften über das hinaus festzustellen, was im Verhalten („behavior") eines Sprechers zutagetritt. Dabei treten *strukturelle Unbestimmtheiten* auf, deren Referenz (Freges „Bedeutung") ebenso unentscheidbar ist wie ihre Bedeutung (Freges „Sinn"). Quine zeigt dies zunächst am Beispiel der Übertragung eines Ausdrucks aus einem nationalsprachlichen Notationssystem in ein anderes, wobei mehrere gleich mögliche (da gleich gut mit dem beobachtbaren Verhalten der Sprecher übereinstimmende und also nicht reduzierbare) semantische Realisationen miteinander konkurrieren, und zieht daraus den Schluß, daß eine beide Sprachsysteme übergreifende Bedeutungszuweisung ausgeschlossen werden muß (die „eigentliche" Bedeutung eines fremdsprachigen Ausdrucks bleibt unentscheidbar). Für diese Unerforschlichkeit von Referenz und Bedeutung wählt Quine die Bezeichnung „ontological relativity". ,Ontologische Relativität' meint: Relativität der Identitätsfixierung ... kraft deren Dinge oder Zeichen beherrscht bzw. (was auf das gleiche hinausläuft) von anderen Referenten oder Zeichen abgegrenzt werden können. Die ontologische Relativität findet nach Quines Überzeugung ihre Grenze darin, daß es jederzeit möglich bleibt, den fraglichen Sachverhalt unter Bezugnahme auf ein und nur ein sprachliches Rahmensystem (die eigene Muttersprache z. B.) zu deuten: in einem *absoluten* Sinn bleiben Bedeutung und Sinn natürlich auch hier noch unerforschlich. Aber die ,absolute' Referenz eines Zeichens erforschen zu wollen, ist ein unsinniger Versuch, der das Wesen von Zeichensystemen fundamental mißkennt. Jede symbolische Ordnung kann den Sinn von Ausdrücken immer nur relativ auf die in ihr geltende Konvention bestimmen und erschließbar machen. – Das szientistische Vorurteil, das in Quines Schlichtungsversuch durchschlägt, besteht in der Unterstellung, es gebe ein gegen die individuellen Deutungshypothesen der jeweils ganz verschieden sozialisierten und verschieden auf ihre Welt sich entwerfenden Einzelsprecher indifferentes ,Rahmensystem', dessen Beachtung deutungsunabhängig sei und jedem Sprecher als Preis für die Einhaltung der Regeln die Einlösung der geltenden Bedeutungen ermögliche. In Wahrheit zeigt Schleiermacher, daß sich der *ontologische Relativismus* auch ins System der Muttersprache (und in alle ihre Subsysteme bis hinein in die Idiolekte) erstreckt, indem er betont, daß die interpretatorische Kompetenz der Individuen, die sprechend zu den generativen Regeln sich verhalten und diese verändern, prinzipiell systematisch nicht kontrolliert werden kann. Definiert man (wie Quine es tut) eine Theorie als eine Menge vollständig interpretierter Sätze (genauer: als eine deduktiv abgeschlossene Menge, die alle ihre logischen Konsequenzen, die in derselben Notation abgefaßt sind, in sich enthält), dann – so muß man sagen – gibt es keine Theorie der Identität der Bedeutung. Mir scheint dagegen ratsam, den Term „Theorie" aus einer solch rigiden (und mit dem Standpunkt des semantischen Behaviorismus im Grunde unvereinbaren) Idealisierung zu lösen: in dem Sinn, wie Saussure das (unter Verweis auf den irreduzibel hypothetischen und deutungsabhängigen) Charakter jeder semantischen Identifikation vorgeschlagen hatte (darin mit Schleiermacher einig).

den „ganzen Mechanismus der Sprache" aus dem abzuleiten, was Kant den empirischen Schematismus genannt hatte (Schelling SW I, 3, S. 509; I, 5, S. 408).

Das Schema, die Mitte haltend zwischen der Allgemeinheit des Begriffs und dem jeweils einzigartigen Bilde, in dem derselbe sich jeweils präsentiert, hält zwei Extreme zusammen: das Universelle und das Einzelne. Von derselben Art sind, nach Schleiermacher, alle sprachlichen Zeichen. Kant selbst hatte in diese Richtung gewiesen, wenn er den Schemata die Aufgabe zudachte, Begriffe mit „*Bedeutung*" – d.h. mit Objekt-Bezug – auszustatten (KrV A S. 145/B S. 185). Freilich tat er das nur im Hinblick auf die reinen Verstandesbegriffe, deren Schemata er die adäquate Repräsentation der Regel zutraute, nach der kategorial bestimmte Objektivität überhaupt konstituiert wird, während er die Bestimmung eines empirischen Begriffs (z.B. desjenigen eines Tieres) problematisierte. Empirische Begriffe basieren nämlich auf der Einheit der Handlung, die verschiedene Einzelvorstellungen unter einer gemeinschaftlichen Vorstellung versammelt. Da der Gesichtspunkt, unter dem die Zentrierung des Anschauungsmaterials geschieht, demselben äußerlich ist (da, mit anderen Worten, das Sinnliche den Begriff, der es in der Einheit eines Bewußtseins zusammengreift, nicht bereits in sich enthält noch von ihm impliziert wird) und keiner a priori verbindlichen Regel folgt (KrV A S. 78/B S. 103)[28], wird man keine vollkommene Zusammenstimmung dieser Synthese mit allen einzelnen Individuen, die in ihr befaßt sind, erwarten[29]. Folglich ist jede Wahl eines empirischen Begriffs – insbesondere eines Wortzeichens – eine Hypothese auf die Schematisierung des Erfahrungsmaterials durch die anderen Mitglieder einer Denk- oder Sprachgemeinschaft; sie ist eine *Hypothese* – nicht mehr. Sprechend sich mitteilen und Gesprochenes verstehen heißt: Hypothesen über die Art und Weise der Weltkonstruktion anderer Sprecher und also Vermutungen über den Sinn ihrer Ausdrucksketten anstellen[30]. Dies gilt nach Schleiermacher auch für

---

[28] Ich habe die Schleiermachersche Schema-Theorie ausführlicher dargestellt in *Das individuelle Allgemeine – Textstrukturierung und -interpretation nach Schleiermacher*, Frankfurt/M. 1977, S. 185ff.

[29] Dazu auch A.N. Whitehead, „Verstehen", in *Die Hermeneutik und die Wissenschaften*, hgg. H.-G. Gadamer / G. Boehm, Frankfurt/M. 1978, S. 71f. und Verf., „Die Entropie der Sprache – Überlegungen zur Debatte Searle-Derrida", in ders., *Das Sagbare und das Unsagbare – Studien zur neuesten französischen Hermeneutik und Texttheorie*, Frankfurt/M. 1980, S. 141ff.

[30] Der Hypothesenbildung auf seiten des Rezipienten steht, auf der Seite des Textes, die Appellstruktur gegenüber, die, nach Sartres Vorbild, von den Vertretern der Konstanzer Schule mit Recht so stark betont wird. Eine eindrucksvolle Formulierung dieses Phänomens hat schon Fichte in seinem 1797er Kolleg über *Logik und Metaphysik* gefunden: im Unterschied zur Wahrnehmung eines Objektes, sagt er dort, hat die Wahrnehmung von sprachlichen Zeichen das Eigentümliche, daß ich ein schon Erkanntes erkennen muß. Nun kann ein Objekt unmittelbar demonstriert werden; eine symbolisch vermittelte Erkenntnis „muß (ich erst) hervorbringen", d.h. ich muß den in ihrer barer Objektivität unsichtbar gebundenen Appell „für absichtlich erkennen; sonach muß die Aufforderung, daß ich etwas erkennen solle, mit dem Objekte, das mir gegeben wird, darinne liegen. Meine freie Reflexion muß geleitet werden, und das ist eben der Charakter des Zeichens. (...) Es ist nicht Freiheit, daß das Objekt da ist, sondern die Aufforderung zur Leitung der Reflexion darauf. (...) Also der Charakter des Zeichens ist Leitung der Freiheit durch Freiheit, oder Leitung der freien Reflexion eines andern zur Erkenntnis. Soll ich ein Zeichen verstehen, so gehört dazu, daß ich es als Zeichen eines andern freien Wesens anschaue; denn sonst bedeutet es mir nicht einen mitgeteilten Begriff. Also ein Zeichen ist nur in sofern, als es dafür gehalten wird; wird es für ein Objekt gehalten, so ist es kein Zeichen. Wechselwirkung durch Zeichen ist also Bedingung der Menschheit" (in Fichte, *Nachgelassene Schriften*, Bd 2, S. 150).

In besonders klaren Worten widerspricht Fichte also der noch in der heutigen Linguistik vertretenen, von Saussure als „illusion naturaliste" verworfenen Ansicht, Verständnis lasse sich durch

die von Kant ‚rein' genannten Begriffe (also auch für die Kategorien): es gibt keine transzendentale Semantik, deren Zeichen und Regeln der Interpretation durch andere Individuen entraten könnten; denn alles, was sprachlich ist, steht in dem Doppelbezug des individuellen Allgemeinen und der verallgemeinten Individualität. Mehr als das intuitive Richtmaß, wie (d.h. nach welcher Regel) der Sinn einer Äußerung zu konstruieren sei, kann das Schema nicht bieten. Die Fixierung der semantischen (und referentiellen) Identität von Zeichen (und Designaten) bleibt Hypothese (Erweiterungsschluß): sie erlangt niemals die Sicherheit und Prognostizierbarkeit eines Kalküls, das deduzierbare Fälle beherrscht. Die Grenzen, die die Einheit eines Zeichens gegen die Einheiten aller anderen Zeichen abgrenzen, müssen zwar eng genug gezogen sein, um Verständigung überhaupt zu ermöglichen; sie sind aber auch hinlänglich geöffnet, um abweichende Interpretationen durch fremde Individuen eindringen und wirksam werden zu lassen[31].

Schleiermacher leugnet übrigens keineswegs, daß der (Nach-)Vollzug eines fremden Sinns einer *Regel* folgt. Das ergibt sich schon aus der Übernahme von Kants Definition des Schemas als einer „Vorstellung von einem allgemeinen Verfahren der Einbildungskraft, einem Begriff sein Bild zu verschaffen" (KrV A S. 140/B S. 179/80). Die Schwierigkeit des Sich-im-Gespräch-Verständigens besteht also nicht in der Abwesenheit einer Regel, nach der die Sinn-Ausdrucks-Synthesen in den Zeichen vorzunehmen sind, sondern in der Tatsache, daß das Herausfinden (bzw. die Anwendung) der jeweils von einem Individuum befolgten Regeln „nicht wieder unter Regeln zu bringen sei, wie das der Fall ist bei allem was wir im höheren Sinne des Wortes Kunst nennen" (HuK S. 360)[32]. Darum spricht Schleiermacher, wie vor ihm schon Schelling, von einer bloßen *Intuition* („*Anschauung*") der Regel (Schelling SW I,3, S. 508), im Unterschied zu einer begrifflichen Beherrschung derselben: die sprachlichen Schemata werden von der Anschauungsseite her 'intuiert', ihre Begriffs-Bestimmung bleibt ein Akt der (re)produktiven Einbildungskraft[33], deren Hypothesen intersubjektiv, aber ohne letzte Garantie auf identische Konstruktion bei allen Gesprächsteilnehmern, bewährt werden müssen.

Unter diesen Umständen empfiehlt Schleiermacher den Partnern eines Gesprächs die Beachtung der „Hauptregel von vorne herein immer das skeptische Verfahren anzuwen-

---

Zeichen „mechanisch" determinieren („Eine unmittelbare Einwirkung ist nicht möglich; denn freie Wesen verhalten sich nicht nach dem Gesetze des Mechanismus, der Kausalität, sondern der Wechselwirkung" (S. 149f.)). Eine fremde Äußerung verstehen heißt vielmehr: sich durch die Voraussetzung, den Appell einer fremden Freiheit zu empfangen, zu einer Hypothese auf den *Sinn* des Appells motivieren zu lassen. Alles Verstehen ist motiviert, nicht nezessitiert: damit meine ich, daß es kein generativer, sondern ein interpretatorischer Akt eigener Ordnung ist und daß es nicht durch einen Reflex verursacht werden kann, sondern nur durch Vermittlung eines Interpretanden zustandekommt, ohne Sinn überhaupt und diesen bestimmten Sinn insbesondere zu unterstellen, kann kein Objekt als ein Zeichen erschlossen werden: auch nicht vom vorgeblichen Zwang eines grammatischen Code. Darauf werde ich zurückkommen.

[31] Schleiermachers Standard-Definition des Schemas lautet, es sei ein allgemeines, in gewissen Grenzen verschiebbares Bild (Dial O S. 31 = HuK S. 437; vgl. HuK S. 106 und Dial O S. 372ff.).

[32] Vgl. HuK S. 81: „Das volle Geschäft der Hermeneutik ist als Kunstwerk zu betrachten, (…) weil mit den Regeln nicht auch die Anwendung gegeben ist, d.i. nicht mechanisiert werden kann."

[33] Diese Formulierung begegnet wieder in der Herderschen, wonach die Vernunft sich selbst in Fiktionen (Akten der Einbildungskraft) bilde. Nietzsches Aufsatz über „Wahrheit und Lüge im außermoralischen Sinn" hat sie neuerdings, vor allem in Frankreich, überaus populär gemacht; tatsächlich steht sie in einer reicheren Tradition.

den ohne jemals die Voraussetzung, daß es zwischen uns ein identisches Denken gibt, fallen zu lassen" (Dial J S. 260 = HuK S. 411).

Diese „Hauptregel" gilt auch für die Dialektik des *eigentlichen Gesprächs:* das Bewußtsein der nur hypothetischen Gewißheit der Rekonstruktion fremder Zeichen erlöst die Gesprächsteilnehmer nicht von der Notwendigkeit, sich aufs Vernunftideal einer vollständigen Einigung zu beziehen. Schleiermacher spricht von ihm als von der Idee der Wahrheit und versteht darunter das allgemeine und metadiskursive Rechtfertigungs-Kriterium für die Gültigkeit aller in Einzelgesprächen erzielten Erkenntnisse: es wäre ein Wissen, in bezug auf welches alle ernstgemeinten Aussagen als Vorgriffe betrachtet werden können und das mit keiner von ihnen, die untereinander durchaus strittig sein können, weder zusammenfällt noch unverträglich ist (Dial O S. 11ff. = HuK S. 418ff.). Über die Hinsichtnahme („Richtung") auf dieses Ziel muß Einigkeit bestehen zwischen den Partnern eines Gesprächs im Bereich des „reinen Denkens"; denn ohne die „Voraussetzung" (HuK S. 419 o., vgl. Dial O S. 91ff.) eines (wie immer unerreichbaren Wissens-Ideals gäbe es in Anbetracht der unaufhebbaren Strittigkeit der einander begegnenden Meinungen sowie der Unzugänglichkeit einer das Gespräch ‚von oben' meisternden „Wahrheit" keinerlei Gewähr für die Intersubjektivität der jeweils erzielten diskursiven Übereinkünfte. (Diese Voraussetzung einer regulativen Idee des reinen Gesprächs antizipiert Habermasens Vorgriff auf eine ideale Sprechsituation in allen Einzelheiten[34].)

Eine im Postulat der idealen Wissenseinheit implizierte weitere Voraussetzung der Dialektik ist die Selbigkeit des Gegenstandes, dem divergierende Prädikate zugesprochen werden. Bei einem auf Wissen abzweckenden Diskurs muß Einigkeit über Ziel *und* Gegenstand des Gesprächs herrschen, und der Dissens kann nur in den Positionen der Gesprächspartner gründen (Dial O S. 19ff. = HuK S. 425ff.). Wenn das Subjekt X die Behauptung „Aa" aufstellt und das Subjekt Y „Bb" behauptet, kann kein Widerspruch, sondern (da die Gegenstände der unterschiedlichen Urteile nicht dieselben sind) bloß eine „Ver-

---

[34] Vgl. „Vorbereitende Bemerkungen zu einer Theorie der kommunikativen Kompetenz", in J. Habermas/N. Luhmann, *Theorie der Gesellschaft oder Sozialtechnologie – Was leistet die Systemforschung*, Frankfurt/M. 1971, S. 136.
Der *regulative* Sinn dieser Richtung des Willens auf Einigung verkommt in Adam Müllers Rede übers Gespräch (in *Zwölf Reden über die Beredsamkeit und deren Verfall in Deutschland*, Leipzig 1816, S. 27–48, wiederabgedruckt in *Die Kunst des Gesprächs – Texte zur Geschichte der europäischen Konversationstheorie*, hg Cl. Schmölders, München 1979, S. 237–248) zu einer *faktischen* Voraussetzung: damit zwei nach Lebensgeschichte und Gedankenbildung „durchaus verschiedene Sprecher, die einander geheimnisvoll und unergründlich sind", in ein „wahres Gespräch" eintreten können, muß zwischen ihnen im voraus schon gesichert sein „eine gewisse gemeinschaftliche Luft, ein gewisser Glaube, ein Vertrauen, ein gemeinschaftlicher Boden der Wahrheit und der Gerechtigkeit" (S. 238/9). Dieser Fundus an Gemeinschaftlichkeit soll aber, Müller zufolge, nicht als Diskursmaxime, sondern in einer kodifizierten Form des sozialen Verhaltens bestehen: Müller appelliert an den Code des „guten Geschmacks", des gesellschaftlichen „Takts" und der „gesellschaftlichen Harmonie", ja selbst an die Spielregeln der („französischen") Rhetorik: kurz an Formen geregelten Miteinander-Umgehens, die ihr Gesetz aus den Verkehrsformen des Hochabsolutismus und besonders des von Müller gerühmten „siècle de Louis XIV" entlehnen (S. 243, passim). Ein „wahres Gespräch" eingehen, hieße alsdann: zunächst Bedingungen repräsentativer Öffentlichkeit wiederherstellen, Feudalität zur Norm der Wechselseitigkeit erheben und die Offenheit des Diskurses an die kurze Leine des rhetorischen Codes nehmen. – Dies ist die konservativ-altständische Variante der romantischen Dialektik. Ich unterscheide sie streng von den Diskursmaximen der Schleiermacherschen *Dialektik.*

schiedenheit" von Aussagen entstehen. Ein „Widerspruch" könnte nur zwischen Behauptung des Typs „Ab und A-b" auftreten. Aber auch hier geht der Streit nicht um A, sondern um seine begriffliche Schematisierung: die Frage, ob ihm b zukommt oder nicht.

Sehr wertvoll und, wie ich meine, viel zu wenig beachtet für eine Dialektik des Gesprächs ist, was Schleiermacher an Handhaben und Verfahren zur Auflösung solcher Widersprüche vorgeschlagen hat. Zunächst muß man sehen, daß er die dialektische von der formalen Logik unterscheidet (Dial O S. 33ff. = HuK S. 438ff.). Während diese den Gegenstand des Urteils gleichsam stehen läßt, verstrickt jene ihn in den Prozeß, der sich zwischen Widerspruch und Aufhebung abspielt. Sie widerspricht damit — auf zeichentheoretischem Fundament — der Meinung, der Sachverhalt, auf den Prädikationsakte der Aussage sich beziehen, bleibe an ihm selber und vom Beurteilungsakt unabhängig, was er ist. Dagegen meint Schleiermacher, daß die Extension eines Begriffs (und mithin der Gegenstand, den er sehen läßt) ein Effekt der Schematisierung sind, daß folglich der Sinn (die individuelle Verständnis-Hypothese) die Bedeutung (die intersubjektive Geltung, den „Wert") eines Ausdrucks (oder einer Äußerung) und die Art ihres Weltverweises begründet.

Schleiermacher fragt sich selbst, ob dies Zugeständnis nicht dem Postulat der Selbigkeit des Gegenstandes widerstreite. Das wäre aber nur dann der Fall, wenn die Methode der Dialektik auf ein Organon der Aussagenlogik reduziert werden dürfte. Die Selbigkeit des Gegenstandes, auf den die widerstreitenden Aussagen des dialektischen Gesprächs sich beziehen, ist indessen kein einzelnes Ding, auch kein einzelner Sachverhalt, sondern die Wahrheit (das „Sein") von Sachverhalten überhaupt. Jedes eigentliche Gespräch richtet sich, wie wir sahen, aufs höchste Wissen, d.h. auf das allen auseinanderstrebenden Einzelerkenntnissen gemeinsame (weil sie fundierende) „allgemeine Wissen" = A. A oder das Sein ist das in allem Einzelwissen (qua *Wissen*) unzulänglich in Anspruch Genommene.

A nun kann sein: das ganze Sein (A) oder ein „vereinzeltes Sein" (A'). Es kann sein Grund von Seiendheit (reines Daß) oder Seiendes („Gegenstand", Resultat eines bestimmten „Teilungsaktes" des „ganzen Seins"). Damit sind zwei mögliche Widerspruchstypen vorgegeben. In beiden herrschte Einigkeit über die Richtung auf A (das Sein): sie ist mit der Einwilligung, in das Gespräch einzutreten, vorausgesetzt. Einmal jedoch kann Subjekt X b von A' prädizieren („im seienden A denke ich b"), während Subjekt Y sagt: „b kann ich nicht in das seiende A denken, ohne daß dieses als solches aufhöre" (Dial O S. 22 = HuK S. 428/9). Es gibt also widersprechende Beurteilungen eines als identisch intendierten Teilungsaktes. Strittig ist nicht A', das „seiende A", sondern b in bezug auf A'. Die Prädikationen, sagt Schleiermacher, heben sich in diesem Falle gegenseitig auf: denn im Gegensatz zum Aussagenkalkül wird nun der Teilungsakt, der A' konstituiert, als solcher strittig. Der Streit ist dann nicht unter Verweis auf A' zu entscheiden, sondern nur, wenn die Partner es durch ihre Urteile einhellig charakterisieren: bis dahin muß der Diskurs weitergetrieben werden. Nimmt man dagegen A (das Sein) als Voraussetzung des Diskurses weg, so hebt sich — nach Schleiermacher — die Aufhebung selbst auf; denn über das Konträre von „b oder -b" kann kein Streit entstehen (so wenig wie zwischen den Potenzen „Sein" und „Nichts" zu Beginn der Hegelschen *Logik*), weil sie nicht in kontradiktorischer Opposition auf ein als identisch und seiend Unterstelltes bezogen werden (ebd.).

Im zweiten der möglichen Typen eines dialektischen Streits geht es um den „Teilungsakt selbst" und als solchen. Subjekt X sagt „A'", während Subjekt Y „-A'" behauptet. Hier besteht nicht Uneinigkeit über die Zusprechbarkeit oder Nichtzusprechbarkeit von b zum seienden A, sondern über den Bestand dieses Seinssektors selbst. „Das Aufgehobene", sagt Schleiermacher, ist hier „irgend eine oder auch jede zwischen beiden selbig gewesene Teilung des Seins, und dies ist das Maximum des Streits". Auch er kann in dieser Form nur entstehen, wenn ein vom Urteil der Debattanten unabhängiges Kriterium für die Entsprechung oder Nichtentsprechung der Urteile über den Teilungsakt nicht beigebracht werden kann. Und zusätzlich gilt für ihn, was auch für den ersten Widerspruchstyp galt, daß selbst in ihm die Selbigkeit des Seins als solchem vorausgesetzt wird (würde auch dies bestritten, so löste sich die Unverträglichkeit des explodierenden Widerspruchs in der indifferenten Verschiedenheit einer Behauptung, die nicht in das „Gebiet" des Seins fällt, von einer solchen, die sich in diesem Gebiet ansiedelt (ebd.)).

Das Eigentümliche des dialektischen Streits, so wie Schleiermacher ihn in der spätesten Fassung seiner *Dialektik* entwirft, besteht also darin, daß der Diskurs hier gleichsam absolut wird. In Ermangelung eines transdiskursiven Kriteriums für die „wahre" Beurteilung eines Seienden müssen die Gesprächspartner jedes aufrichtig ihm zuerkannte Prädikat in die Formulierung ihres möglichen Einverständnisses mit einbeziehen. Kein Gegenstand eines Urteils ist gleichgültig gegen die individuelle Interpretation, vermöge deren ihn die Einzelsubjekte – die letzten Instanzen jeder Bedeutungskonstitution – durch Akte der Hypothesenbildung in Schemata einfassen. Die prädizierte Sphäre erweitert sich gleichsam beständig mit dem Meinen. Im Durchschauen der Relativität des eigenen Standpunkts ist schon der Durchblick auf die Wahrheit eröffnet: nicht zugunsten einer positiv fixierbaren materialen Aussage (die wäre gerade relativ, indem sie einen bloß provisorischen Konsens festschriebe und damit, daß sie den Sinn von Sein bereits erschöpfend artikuliert zu haben beanspruchte, sogar in Unwahrheit sich verkehrte), sondern in Gestalt einer jede Einzelerkenntnis totalisierenden und nie vollendbaren Bewegung auf Wahrheit hin.

Das ist die conditio des Gedankens unter Umständen, da sich die Vernunft vom Repräsentations-Modell emanzipiert hat. Fortan gilt die Rede von einer systematisch kontrollierbaren Identität der Bedeutungen als vor-kritisch; alle Verständigungs-Absichten, die auf verallgemeinbare Aussagen abzielen, sind auf den langen Weg des unendlichen Gesprächs verwiesen. Niemand wird leugnen – man mag es beklagen oder begrüßen –, daß die Philosophie in der Nachbarschaft der postempiristischen Wissenschaftstheorie unserer Tage ihn längst beschritten hat. Die Ästhetik und die moderne Kunst verdanken ihm vielleicht ihr Aufblühen; denn der von Wahrheitsansprüchen entlastete schöne Schein wird unter Bedingungen der Nicht-Fixierbarkeit des Seins in einer definitiven Interpretation zu einer von keinem kognitiven Medium überbietbaren Form der Verständigung über Welt.

II

Wenn ich recht sehe, bieten uns die Hauptrichtungen der gegenwärtigen Linguistik und Sprachphilosophie das Bild einer allmählichen Verdrängung der romantischen Erfahrung, daß die Sprache ihre Wirklichkeit nur im Gespräch hat[35]. Der berühmte Satz, in dem Saussures *Cours de linguistique génerale* abschließend seine „idée fondamentale" resümiert (und der bekanntlich gar nicht von ihm herrührt, sondern von Bally und Sechehaye eingeschwärzt wurde), bietet dafür einen eindrucksvollen Beleg: *„la linguistique a pour unique et véritable objet la langue envisagée en elle-même et pour elle-même"* (édition critique préparée par Tullio de Mauro, Paris 1972, ²1980, S. 317). Man könnte diese Formulierung, die sich ähnlich schon bei Humboldt und Grimm findet und eine Art Topos der Sprachwissenschaft wiederauffrischt[36], trivial finden, wüßte man nicht, daß „die Sprache" hier im Geiste des Strukturalismus verstanden ist als das „System der *langue*" (also: als der *„code",* vgl. *Cours* S. 31, passim; S. 423, Anm. 66) unter Abstraktion sowohl von den innovativen Akten (die Saussure, wie Schleiermacher, im individuellen Sprachgebrauch gründen ließ)[37] wie von der Ebene der lebendigen symbolischen Interaktion (des Gesprächs).

Ich wage im folgenden eine starke Vereinfachung. Sie soll eine gemeinsame Prämisse sprach- und texttheoretischer Modelle sichtbar machen, die als eine Art stillschweigenden Minimalkonsenses so weit auseinanderstrebende Schulen wie den (text)linguistischen Strukturalismus, die Generations-Grammatik, die analytische Sprachphilosophie, die Informations- und die Sprechakt-Theorie in der Einheit eines Paradigmas versammelt. Alle diese Richtungen vollziehen den *linguistic turn* und bezeugen dadurch ihren Ursprung in der Krise der Reflexions- (oder Repräsentations-) Philosophie. Im Gegensatz jedoch zur hermeneutischen Sprachtheorie der Romantik suchen sie den Verlust einer in Vernunftbegriffen durchgängig interpretierten Welt (wie sie von der Universalgrammatik zum Zwecke der Mitteilung repräsentiert wird) zu ersetzen durchs Modell des sprachlichen „Code" (der Grammatik, des Sprach-Systems, der Taxonomie der illokutionären Akte etc.), aus dem die Einzelereignisse der situierten Rede zu deduzieren wären wie besondere Fälle aus einer allgemeinen Regel. Die gemeinsame Konsequenz dieser rationalistischen Renegation der Krise des Rationalismus ist die Schwierigkeit, die die genannten Schulen mit dem Problem der semantischen Innovation, mit dem Sprachwandel und mit der Bestimmung des Status von Identität der Zeichen haben. Der Minimalkonsens der Sprachtheorien, die mit dem Code-Modell arbeiten, gründet sich auf ein Interesse, das sich als szientistisch kennzeichnen läßt: um der wissenschaftlichen Beherrschbarkeit des Gegenstandes Sprache (und Gespräch) willen ist die Voraussetzung unumgänglich, daß die sprachlichen Ereignisse Gesetzmäßigkeiten gehorchen, die zwar

---

[35] Saussure hat dies ausdrücklich hervorgehoben: *Cahiers F. de Saussure* (zit.: CFS) 15 (1957), S. 8.
[36] Diesen Hinweis verdanke ich Ludwig Jäger. Vgl. auch die Anm. von de Mauro, éd. critique préparée, S. 476f.
[37] „Dans la langue, il y a donc toujours un double côté qui se correspond: elle est *sociale* (...) Formes, grammaire n'existent que socialement, mais les changements partent d'un individu" (CFS 15 (1957), S. 9). Vgl. *Cours,* hg. de Mauro, S. 231: „Rien n'entre dans la langue sans avoir été essayé dans la parole, et tous les phénomènes évolutifs ont leur racine dans la sphère de l'individu" (vgl. S. 138).

nicht unbedingt, wie der Rationalismus des 17. und 18. Jahrhunderts wollte, den Status der Außerzeitlichkeit haben müssen (es mag sich um konventionelle Systeme handeln), doch aber sicherstellen, daß mehrere Vorkommen solcher sprachlichen Ereignisse als Realisationen eines und desselben sprachlichen (oder pragmatischen) *Typus* rekognosziert werden können. In Searles Worten:

> Any linguistic element written or spoken, indeed any rule-governed element in any system of representation at all must be repeatable, otherwise the rules would have no scope of application. To say this is just to say that the logician's type-token distinction must apply generally to all the rule-governed elements of language in order that the rules can be applied to new occurences of the phenomena specified by the rules. Without this feature of iterability there could not be the possibility of producing an infinite number of sentences with a finite list of elements; and this, as philosophers since Frege have recognized, is one of the crucial features of any language[38].

Dies Zitat formuliert die Grundannahme des Code-Modells sehr präzise; und es macht zugleich klar, daß die theoretische Entscheidung auf Beherrschung-durch-Systematisierung die Seinsweise des Gegenstandes der Sprachwissenschaft im vorhinein definiert. Unter der Voraussetzung (aber auch nur unter der Voraussetzung), daß Sprachen systematisch verfaßt sind, ist analytisch wahr, daß jede Wiederholung eines sprachlichen Typs (oder einer typisierten sprachlichen Handlung) „involves the notion of the repetition of the same"[39].

Freilich ist die Wahl der konventionalistischen Auffassung der Sprache selbst nur durch eine Dezision zu begründen; nichts beweist, daß diese Ansicht bezogen werden *muß*. Die Erfahrung der Verschiebung der Einheit der Bedeutung im „eigentlichen Gespräch" und die Einsicht in die Unentscheidbarkeit der Zuweisung eines „token" unter den Titel eines „type" lassen das Codemodell sogar als besonders ungeeignet erscheinen, einer Theorie des Gesprächs als Grundlage zu dienen. Damit hängt zusammen, daß das Gespräch diejenige Form von handlungszwangentlastetem und Geltungsansprüche virtualisierendem Redegebrauch ist, in der Bedeutungen kooperativ gebildet, modifiziert oder für untauglich befunden werden, einen gemeinsam ins Auge gefaßten Sachverhalt zu bezeichnen. Gälte fürs Gespräch die szientistische Prämisse, daß im Hin und Her von Rede und Gegenrede die *Selbigkeit* des sprachlichen Typus nicht angetastet werden darf, dann reduzierte sich alles Sprechen auf die Übung der „parole vide", als welche das Gespräch von den „Techniken", die sich „Conversational Analysis" nennen, zuallermeist in Anschlag gebracht wird. Charakteristisch ist (um ein Beispiel zu geben), daß D.E. Allen und R.F. Guy[40] den Gegenstandsbereich ihrer Studie von vornherein durch die Reichweite von „relevant ratio measures to analyze basic social processes" eingrenzen (S. 5). Konversation (die ohnehin mit dem nicht zusammenfällt, was bei Schleiermacher „eigentliches Gespräch" heißt) wird nicht aus ihrem Selbstverständnis entwickelt, sondern anvisiert durchs Raster von „mensural, graphic, and analytical techniques" (ebd.). Um der Meßbarkeit und Analysierbarkeit konversationeller Interaktionen willen wird konsequent postuliert die Gemeinsamkeit und Gleichsinnigkeit der Weltansicht beider Partner (wie wäre die ihrerseits zu messen?) und die Fähigkeit des jeweils Angesprochenen, die gesendeten Wortfolgen „more or less

---

[38] „Reiterating the Differences: A Reply to Derrida", in *Glyph* 1 (1977), S. 199.
[39] Searle, „Reiterating" S. 207.
[40] *Conversational Analysis – The Sociology of Talk*, The Hague/Paris 1974.

perfectly"[41] auf die gleichen Bedeutungen hin zu überschreiten, mit denen sie in des Senders Geist assoziiert waren (S. 11). Kommunikation folgt also dem Modell der Ein- und Ausgabe identischer Typen, und das auf mehreren Ebenen:

As a bond the conversational relation manifests mental, physical, and social properties. For the establishment of a mental bond, there must be a shared language and a vocabulary in common. In conjunction with the shared vocabulary there must be mutually coherent associations among the words as a shared focus of interest. (S. 11)

Wenn Konversationen zu einer Erweiterung des Horizonts der Partner führen, so darum, weil sie entweder das Vokabular des einen von ihnen erweitern oder ihm neue Informationen zutragen: Transformationen des lexischen oder pragmatischen Repertoires sind nicht vorgesehen; denn die „predefined relation" (S. 12) zwischen den Partnern ist aufgrund der Unterstellung von „conventional rules of interaction" allererst den Techniken der Analyse zugänglich; und das betrifft auch die Individualitäten der Partner: „Any veridical consideration as a system of action must recognize the functional equality of all participants in the system" (S. 25). „At the same time the conversational relation is strictly bound to a conventional system of usage and to an extensive but finite shared vocabulary" (S. 31). Solcherart überformt von Prämissen, die um der Theorieförmigkeit des analytischen Zugangs willen aufgestellt wurden, wird das Gespräch zum gleichgültigen Exempel, an dem das szientistische Modell sich selbst erfüllt. All das, was zu erklären wäre: wie z.B. die Einheit der Bedeutung eines Zeichens im Prozeß des Gedankenaustauschs sich erhalten und in seiner Identität für beide Gesprächspartner erkannt werden kann, wird ausgeklammert: die theoretischen Ausgangspostulate *verlangen* einfach die Identität der Bedeutungen (und des Bedeutungs-Vorrats), und den Postulaten folgend konstruiert die Analyse gehorsam konversationelle Ereignisse mit klar definierten Spielmarken, deren Hauptzweck „a maximally effective exchange of information" ist[42].

Was berechtigt, hier von ‚leerer Rede' zu sprechen?

Diesen Ausdruck hat Jacques Lacan 1953 in seinem großen Kongreßbericht über *Fonction et champ de la parole et du langage en psychanalyse* eingeführt und damit an die fundamentale, in den zeitgenössischen Sprachwissenschaften gleichwohl vernachlässigte[43] Tatsache erinnern wollen, daß jede Rede nach Antwort ruft und ohne dieses Abzielen auf Beantwortung ‚leer' bleibt („toute parole appelle réponse", „il n'est pas de parole sans réponse" (E S. 247). Das Leerbleiben der Rede meint nicht, daß sie faktisch keine Antwort erfährt. Im Gegenteil kann das Schweigen eines der Partner als Signal des ‚Widerstandes' begriffen werden, während sein bereitwilliges Respondieren Zeichen

---

[41] Hier handelt sich's um eine Standart-Auskunft der analytischen Philosophie; vgl. auch Searle, „Reiterating" S. 202, der unterstellt, daß die Intentionen eines Sprechers/Autors „may be more or less perfectly realized by the words uttered, whether written or spoken". Ein Kriterium, diesen Hof von Unbestimmtheit (und möglicherweise: Alteration) des Wortsinns zu erfassen, besteht aber gar nicht, wenn vorausgesetzt wird, daß überhaupt nur verstanden werden kann, wenn ein „token" als Realisation eines „type" rekognosziert wird; einem sprachlichen „type" mehrere Interpretationen zuordnen, hieße: die „type"-„token"-Unterscheidung untergraben und das Code-Modell aushöhlen.
[42] So H.P. Grice in „Logic and Conversation", in *Speech Acts,* hgg. P. Coles/J.L. Morgan, New York 1975, S. 47.
[43] „L'évidence du fait n'excuse pas qu'on le néglige" (*Ecrits*, Paris 1966, S. 247; hinfort zit.: E).

dafür sein kann, daß er sich zur Prallmauer einer Stimme macht, die nicht als Antwort, sondern bloß als Echo zum Ohr des Sprechers zurückkehrt. Die leere Rede vereinnahmt die Antwort des Anderen in einer Dialektik nicht des eigentlichen, sondern des spekulären Selbstgesprächs, dessen beide Rollen von einem und demselben Subjekt gespielt werden. Die hermeneutische „Horizont-Verschmelzung" *kann* ein Beispiel eines solchen Schein-Dialogs sein, wenn jedenfalls entweder der Interpretand – z.B. der Text – in den Sinnhorizont des Interpreten eingeht oder beide Interlokutoren gemeinsam in das autonome „Sinnkontinuum" der Tradition „einrücken", die alsdann, in zwei Rollen verkleidet, einen spekulativen Monolog nur mit sich selbst führen würde (jedes Verstehen des Anderen wäre eigentlich nur ein *Sich*-Verstehen)[44].

Typische Formen der leeren Rede sind, außer der Horizont-Verschmelzung, die hermeneutische (oder psychoanalytische) *Einfühlung* – „cette tarte à la crème de la psychologie intuitionniste, voir phénoménologique, a pris dans l'usage contemporain une extension bien symptomatique de la raréfaction des effets de la parole dans le contexte social présent" (E S. 252) – und das kybernetische Modell der konversationellen Informationsübermittlung, demzufolge ein encodierter Inhalt von einem anderen Subjekt nach denselben Regeln decodiert wird, bei gleichbleibender und gewährleisteter Bedeutung.

Auf den ersten Blick gibt es keinen größeren Gegensatz als den der Einfühlung und des Decodierens: während in der Einfühlung das sprechend-verstehende Subjekt sich selbst im Wege steht und statt des anderen immer nur sich selbst begegnen kann (dies ist seine narzißtische Strategie, versteht sich), geht nach dem informationstheoretischen Modell das Subjekt wirklich aus sich heraus, indem es seine Botschaft den überindividuellen Regeln des „discours" (dessen, was Lacan den „ordre symbolique" nennt) anvertraut. Nun hat Lacan oft in spöttischen Wendungen die Verwandtschaft des informationstheoretischen Code-Modells mit dem Modell, nach dem die Bienensprache entschlüsselt wurde, betont und damit den Punkt treffen wollen, daß beide Modelle – „pour les résultats les plus confus" – das Faktum des Verstehens an Spielregeln binden wollen, deren unerbittlicher Starre allein zugetraut wird, die Eindeutigkeit der Botschaften zu gewährleisten (E S. 18 f., 297). Ein Code wäre dann ein System von Paaren signifiant/signifié derart, daß jedem Ausdruck nach bestimmten Konventionen ein und nur ein Sinn zugeordnet ist: der Ver-schlüsselung des Sinns durch den Sprecher folgte die Ent-schlüsselung durch den Hörer; und die Identität der Botschaften würde garantiert durch die Übersubjektivität der Verschlüsselungs-Regeln. Nach Lacans Ansicht ist dies keine wissenschaftlich gangbare Alternative zur Irrationalität des Einfühlens. Beide Modelle halten ein am Reflexionsmodell (des spekulären Monologs) orientiertes Gesprächsideal hoch: gerade die Relativität der diskursiven Vernunft auf eine „acceptation de principe d'une règle du débat qui ne va pas sans un accord explicite ou implicite sur ce qu'on appelle son fonds" – gerade diese Abhängigkeit von einem je und je historisch instituierten „corps de règles" (Recht, sogar Logik nennt Lacan unter den Paradigmata desselben) bannt die diskursive Vernunft in den Narzißmus spekulierbarer und nahezu immer antizipierbarer Vorverständigung über den Einsatz des Gesprächs, das zu führen sie vorgibt („ce qui équivaut presque toujours à un accord anticipé sur son enjeu") (E S. 430/1).

---

[44] H.-G. Gadamer, *Wahrheit und Methode*, Tübingen ²1965, S. 351, 261ff., 246, 432ff.

Von diesen Formen des leeren Sprechens unterscheidet Lacan ‚die symbolische Interpretation' (E S. 254), mit der die „parole pleine" anhebt (ebd.). Ähnlich dem, was Schleiermacher als die „strengere Praxis" bezeichnet hatte (HuK S. 92), überprüft sie ihr wirkliches Verständnis, indem sie es zuvor einem ‚Widerstand' unterwirft, d.h. gerade nicht vorab schon glaubt, verstanden zu haben: „C'est qu'elle nous présente la naissance de la vérité dans la parole" (E S. 255/6).

Im Verweis auf eine mögliche ‚Wahrheit' des Diskurses liegt ein Mißverständnis vorgezeichnet: als sei es denkbar, ein von den Vorurteilen des Subjekts abstrahierendes, authentisches Verstehen zu fordern. Lacans Argument geht jedoch in eine andere Richtung. Er meint, daß das Verstehen (als Einbringen eines fremden Horizonts in den eigenen) noch nicht die Garantie dafür biete, daß wirklich der Andere in seiner Andersheit zur Geltung gekommen ist. In diesem Sinne möchte die ‚symbolische Interpretation' — die den Widerstand weniger aufbaut, als daß sie sein Bewußtsein wachhält — Kommunikation nicht unterbrechen, sondern allererst herstellen, indem sie eigentliches Kommunizieren (Rede und *Antwort*) von der Übung des spekulativen Selbstgesprächs-bei-Gelegenheit-eines-anderen-(Textes/Diskurses) deutlich unterscheidet, diesem das Prädikat ‚imaginär', jenem das der Wahrheit verleihend. Es gibt eine untrügliche Probe auf das Gelingen oder Mißlingen des ‚vollen Gesprächs': das ist das Kriterium der semantischen Novation[45]. Ein semantischer „Horizont" (im Sinne Gadamers) bleibt so lange in sich geschlossen, wie er den Sprecher/den Interpreten nicht — durch eine Art schockhafter Enttäuschung seiner Vorerwartung — veranlaßt, ‚erratend' („devinant") einen ihm bisher unzugänglichen Sinn (was nicht heißt: eine ihm neue Vokabel oder Information) sich zuzueignen. Eine solche innovative — Bedeutungserwartungen nicht bestätigende, sondern zerstörende — Sinnzueignung kann nur in wirklicher Berührung mit dem Anderen gelingen, den Lacan mit großem A schreibt. Verstanden im emphatischen Sinne des Wortes wird nur dort, wo zuvorbestehende Vorurteile des Interpreten nicht etwa durch eine Geste des ‚guten Willens' virtualisiert, sondern als reale Effekte der Rede des Anderen zerstört, außer Kraft gesetzt oder desorganisiert werden.

Um diesen Effekt zu entbinden, muß aber nicht nur das Einfühlungsmodell aufgegeben werden, sondern ebensosehr das nur scheinbar kommunikationsfreundlichere Modell der Horizontverschmelzung oder das Code-Modell, die zwar die „Sprache an und für sich selbst betrachtet" oder als autarke „spekulative Struktur" berücksichtigen, nicht aber die beständige Subversion, die die encodierte oder tradierte Botschaft durch die Antwort des Anderen erleidet. Intersubjektiv ist ein Diskurs nämlich nicht schon dann, wenn — kraft der Gleichförmigkeit aller sprachlichen Schemata — beliebig viele Subjekte nach gleichen Demarchen an ihm teilnehmen können, sondern erst, wenn die Rede des einen Subjekts vom Horizont des anderen nicht, und zwar grundsätzlich nicht antizipiert werden kann und insofern allerdings ‚unbewußt' bleiben muß. (‚Unbewußt', sagt Lacan, meint nicht, daß beim eigentlichen Gespräch nichts gedacht oder nichts vorgestellt würde, sondern daß keiner der Partner sicher wissen kann, *was* der Andere bei den Zeichen, die er äußert, denkt und vorstellt: „L'inconscient est cette partie du discours concret en tant que trans-

---

[45] „La *novation* analogique (mieux qu'innovation)" (Saussure, *Cours de linguistique générale 1908-1909*, hg. R. Godel, in CFS 15 (1957), S. 88).

individuel, qui fait défaut à la disposition du sujet pour rétablir la continuité de son discours inconscient" (E S. 258 f.).

Die Nicht-Entscheidbarkeit (und Nicht-Vorhersehbarkeit) des Sinns einer Rede gründet also gerade in dem, worin die Systemtheorie der Sprache seine Entscheidbarkeit und Vorhersehbarkeit festmachen will: in seiner Symbolizität und Intersubjektivität (ebd.). ‚Wahr' ist nur *die* Zwischenmenschlichkeit, in der der Mensch dem Menschen als einem Anderen begegnet, der mit den zuhandenen sprachlichen Mitteln anderen Sinn machen kann als jener selbst und der sich dieser Möglichkeit allaugenblicklich bedient, sofern nur ernsthaft kommuniziert und kein bloßes „Wettergespräch" geführt wird (HuK S. 83). Darum ist auch jede Beschreibung der Effekte eines Gesprächs schief, die das Einzelsubjekt für den Ort hält, in dem, durch das Gespräch, Kontinuität (im Sinne eines motivierten Lebenszusammenhangs) hergestellt würde; es ist die Intersubjektivität des Gesprächs selbst und als solche, in der Bedeutung sich bildet; und d.h.: es ist weder der individuelle Zeichenvorrat („trésor"), über den ein Subjekt verfügt, noch die Grammatik einer ‚Sprache an und für sich selbst betrachtet' (als Idealisierung des Gesamts aller Redeverwendungen), die den Sinn einer Rede verbürgt, noch auch ein verselbständigtes ‚Überlieferungsgeschehen'; sondern es ist die Antwort und das Verständnis des Anderen, die über diesen Sinn entscheiden, und zwar immer vorbehaltlich und vorläufig, weil das Gespräch offen ist und nur durch Schicksal oder Gewalt ein Ende findet.

L'omniprésence du discours humain pourra peut-être un jour être embrassée au ciel ouvert d'une omnicommunication de son texte. Ce n'est pas dire qu'il en sera plus accordé. Mais c'est là le champ que notre expérience polarise dans une relation qui n'est à deux qu'en apparence, car toute position de sa structure en termes seulement duels, lui est aussi inadéquate en théorie que ruineuse pour sa technique. (E S. 265)

In anderer, und doch vergleichbarer Weise hat Sartre die Antwort (bzw., im Falle der Lektüre: die Rezeption) zum Kriterium gelingender Kommunikation gemacht. Diese wird nicht bloß darum zum Problem einer Theorie des Gesprächs und der Sprache, weil die Regeln des Code keinem Einzelnen vollkommen bekannt oder adäquat von ihm verinnert sind, sondern weil grundsätzlich nicht der Sprecher, sondern der, der die Antwort gibt, über den Sinn der Anrede entscheidet[46]. Der irreduzibel duale und ungleichzeitige Charakter der Kommunikation macht aber ein von beiden Partnern geteiltes Urteil über den Sinn ihres Gesprächs unmöglich.

Sartre hat dies in einem wenig bekannten Passus des 1. Teils seines *Idiot de la famille*[47] vorgeführt. Wenn die Bedeutung eines Zeichens (oder einer Äußerung), so heißt es dort, grundsätzlich nicht auf der Ebene der Erzeugung, sondern der Aufnahme (durch den Anderen) konstituiert wird, dann muß die semiologische Synthesis, die ein Zeichen stiftet, selbst kommunikativ begründet werden. In diesem Augenblick entsteht aber das Problem, wie sich die semantische Identität der Äußerung feststellen läßt: offenbar ist keiner der Partner dazu imstande.

---

[46] Vgl. *Que peut la littérature*, hg. Yves Buin, Paris 1965, S. 107ff.
[47] Paris 1971/72, hinfort zit.: IF.

C'est la Vérité qui est en cause: pour qu'il (Gustave) la *reconnaisse* et l'affirme – ne fût-elle que le déguisement d'une erreur ou d'un mensonge – il faut et il suffit que l'Autre l'ait estampillée. Et, bien entendu, il ne se tromperait guère s'il envisageait le Vrai comme une œuvre commune et comme une exigence de réciprocité: je ne *saurai* jamais rien que l'Autre ne me garantisse mais il faut ajouter que le Savoir d'autrui n'a d'autre garantie que moi. (IF I, S. 159)

Die Wahrheit – die Geltung, die Intersubjektivität, das Wissen – gründet also in wechselseitiger Anerkennung. Aber in dieser Wechselseitigkeit gibt es eine latente und unüberwindliche Ungleichzeitigkeit. Denn so wenig ich zum Konsens fähig bin, indem ich die „parole de l'Autre" gläubig akzeptiere, so wenig gelange ich zur Wahrheit, indem ich sie unter Berufung auf selbst erfahrene ‚Evidenzen' lediglich (individuell) bestreite. Denn ein individueller Zweifel wird ja ebenfalls erst dadurch zur Gewißheit, daß der Andere ihn mitträgt, ihn unterstreicht oder, wie Sartre sagt, ihn ‚abstempelt'. Mit einem Wort: jede Anrufung von Evidenzen hat hypothetischen Charakter: sie appelliert an die Zustimmung des Anderen, von der ich mich freilich meinerseits nicht anders überzeugen kann, als daß ich sie –' wieder durch eine Hypothese – glaube (auch das symbolisch vermittelte Zeugnis des Anderen bedarf, um wahr zu sein, meiner Garantie).

Or chaque signification vraisemblable comporte par elle-même une hypothèque sur notre croyance: l'univers des signes est d'abord celui de la foi: dans toute phrase entendue, dans tout mot qui résonne à mon oreille, je découvre une affirmation souveraine qui me vise, qui exige que je la reprenne à mon compte. (IF I, S. 162/3)

Ich könnte also keinem wirklichen Diskurs standhalten ohne die Bereitschaft, den in der fremden Rede verborgenen Appell in mir zu aktualisieren. Aber die Ethik der (zustimmungsfähigen) Behauptung setzt voraus das Selbstvertrauen, also die Selbstbehauptung in jedem Etwas-Behaupten oder -Akzeptieren. Asymmetrisch wäre jedes Gespräch, in welchem entweder der Andere oder ich zur Entscheidungsinstanz würden. Die „opération idéale" – deren Spielregel ich bei jedem Eintreten ins Gespräch stillschweigend schon anerkannt haben muß (IF I, S. 163) – entfaltet Sartre als eine aus zwei Momenten zusammengesetzte Tätigkeit: zunächst schenke ich der Rede des Anderen mein Gehör, ich suspendiere methodisch meinen Zweifel bis zu dem Augenblick, da ich sie *verstanden* habe. Aber dieser relativ passive Moment – ‚Vertrauen eines Menschen einem anderen gegenüber' – wird sofort zugunsten der Wechselseitigkeit überschritten:

J'affirme souverainement ce qui m'est souverainement affirmé. Pourtant, je serais dupe à chaque instant des mensonges, des erreurs si je ne disposais – en principe sinon dans chaque cas – de véritables *réducteurs*. Ou plutôt je n'en ai qu'un mais qui varie sans cesse: l'évidence. Cela veut dire que je reprends l'affirmation de L'Autre, conformément à son exigence, mais en présence de la chose, à travers l'intuition que j'en ai. La croyance disparaît automatiquement: elle cède la place à l'acte. A présent je *sais*: par un oui, par un non, par un peut-être que j'arrache à la chose – ou par un silence qui permet toutes les conjectures – j'ai transformé la vraisemblance en vérité. Telle est du moins l'opération idéale. (ebd.)

Die Idee einer Überprüfung symbolisch übermittelter Wahrheitsansprüche hat freilich Grenzen darin, daß eine reine, nicht sprachlich schematisierte ‚Evidenz' ausgeschlossen werden muß und daß, wenn dies der Fall ist, die vermeintliche Evidenz wieder in das sich zurückverwandelt, was sie eigentlich ist: Appell an die Zustimmung des anderen Subjekts, ihre Wahrheit mitzutragen. Alsdann aber ist die Wahrheit abermals nur Hypothese: die semantische Symmetrie einer hypothetischen Einigung ist nie von beiden Seiten des Gesprächs aus bezeugbar, sie hat einen unauflöslich tentativen Charakter, der sich zwar kommunikativ bewähren kann, aber ohne die Garantie eines Wissens[48].

Bleiben wir bei Sartres Beispiel einer Aussage mit Wahrheitsanspruch. Wahr ist eine Proposition des Anderen nur, wenn ich sie meinerseits erneut affirmiere. Erst mit diesem Akt wird sie auch für den Anderen wahr; denn es hilft nichts, den Sachen selbst ins Gesicht zu schauen: solange sie nicht durch „propositional attitudes" artikuliert sind, haben sie keine Geltung im Bereich der Ordnung des Symbolischen, d.h. sind sie nicht ‚reaffirmiert' (IF I, S. 166). Andererseits ist die individuelle Zustimmung unerläßlich für die Wahrheit, und die Wahrheit trägt immer einen Index der Herkunft aus individueller Affirmation. Das Paradox des Gesprächs ist also, daß für wahr nur gelten kann, was sowohl individuell bekräftigt wie auch inter-individuell aufrechterhalten wird. Die individuelle ‚Evidenz' hat ihre Wahrheit in der Zustimmung des Anderen; aber diese Zustimmung ist selbst niemals ‚evident', denn sie wird ihrerseits bewährt durch die freie „réaffirmation" durch mich, die ihre Wahrheit wieder in die Schwebe bringt (ebd.). Mit einem Wort: es gibt keinen dem Diskurs übergeordneten Ort, von dem aus die semantische (bzw. veritative) Identität der Äußerung bezeugt werden könnte: beide Gesprächspartner entwerfen – in Gestalt ‚konjekturaler Hypothesen' (IF I, S. 56) – permanent die Einheit der Bedeutung dessen, worüber sie glauben einig geworden zu sein; aber sie tun es ohne die Gewißheit, darin Erfolg zu haben. Die Einheit der Bedeutung, um die es den Partnern des Gesprächs geht, steht also in Frage. Sie scheint den Status einer regulativen Idee zu haben, auf die das Gespräch abzweckt, ohne ihre Verwirklichung denken zu können.

Die unüberwindbare Asymmetrie der Sinnentwürfe miteinander sprechender Subjekte scheint in der Ungleichzeitigkeit von Rede und Gegenrede zu gründen. Die Zeit ist, nach einem berühmten, von Sartre oft zitierten, Wort Hegels „das Sein, das, indem es *ist*, *nicht* ist, und indem es *nicht* ist, *ist*" (*Enzyklopädie* § 258). Auf die im Gespräch übertragene Zeichenkette angewandt, könnte man sagen, daß, so wie ihre Distinktheit in ihrer Linearität und also im zeitlichen Nacheinander der Laute entsprang, so auch ihre Bedeutsamkeit als kommunikatives Ereignis die Zeit nicht stillstellt, sondern ihr entspringt. Zu zwei verschiedenen Zeiten interpretiert, kann eine und dieselbe Ausdruckshülse die Identität ihres Sinns nicht garantieren. Und das nicht, wie etwa E. D. Hirsch (in *Validity in Interpretation*) vermutet, aufgrund eines hermeneutischen Kurzschlusses, der die ‚Historizität aller Interpretationen' für ein Hindernis des jederzeit möglichen ‚objektiven' Textverständnisses hält; sondern aufgrund einer *strukturell* zu nennenden Eigenschaft aller Äußerungen – besonders natürlich der langlebigen, da *geschriebenen* Äußerungen: der Texte –, daß sie nämlich die Identität von Ausdruck und Bedeutung weder – wie es die Konser-

---

[48] Ähnlich dachte Schleiermacher: „Daß (...) die Sprache uns eine hinlängliche Gewähr ist für die Identität des Prozesses, d.h. daß ich gewiß bin, es müsse, wer mit mir dasselbe Wort ausspricht, auch dabei dasselbe innere Bild konstruieren und dadurch dieselben einzelnen organischen Affektionen bilden, erscheint freilich nur als Voraussetzung, die sich beständig bewähren muß und, indem sie sich bewährt, für wahr erklärt wird. (...) Wir sind beständig in der Probe begriffen, und so auch in der Wahrnehmung der Identität der Konstruktion. Alle Mitteilung über äußere Gegenstände ist beständiges Fortsetzen der Probe, ob alle Menschen ihre Vorstellungen identisch konstruieren. (...) Allein diese Identität, sowohl an sich, als insofern sie zu bestimmtem Bewußtsein gebracht werden kann, hat ihre Grenzen, welche die Relativität des Wissens ausmachen" (Dial O S. 373/4 = HuK S. 459/60).

ventheorie der Schrift seit Platon behauptet – über längere Zeiträume bewahren *noch* auch zu *einem* Zeitpunkt (t) gewährleisten kann. Diese letztere – stärkere – These behauptet, daß die Zeichen, die im Gespräch getauscht (oder die Texte, die zu verschiedenen Zeiten interpretiert) werden, nicht zunächst eine Identität besessen haben, die vom Rezipienten nur nicht (mehr) adäquat eingelöst würde, sondern daß die Zeitlichkeit der Zeichenartikulation eine semantische Identität der Zeichen zu keiner Zeit zu denken erlaubt. Erst mit der Entfaltung dieser These wird es möglich sein, die Idealisierungen des Code-Modells als unhaltbar zu überführen.

Ich möchte diesen entscheidenden Angriff aufs Modell einer synchron gedachten und von aller Verzeitlichung unbetroffenen Sprach-Struktur auf der Grundlage von Äußerungen Ferdinand de Saussures führen, der zu Unrecht gerade für den Begründer dieses Modells gilt. Seit über 10 Jahren besitzen wir, herausgegeben von Rudolf Engler, eine zweibändige kritische Saussure-Ausgabe (Wiesbaden 1968 und 1974), die das, was uns die ersten Bearbeiter der nachgelassenen drei Vorlesungsnachschriften übermittelt haben, als eine strukturalistische Fälschung des Saussureschen Werks haben erkennen lassen[49]. Von den wichtigen Arbeiten Ludwig Jägers und Christian Stetters abgesehen, steht die wissenschaftliche Ausbeutung dieser Edition noch bevor.

Saussure hatte seine Entdeckung der systematischen Verfaßtheit von Sprache gerade nicht mit dem Gedanken einer ursprünglichen Identität der Zeichen bestritten. Ihr gilt vielmehr, wie schon R. Godels kritische Edition der Vorlesungsnachschrift des zweiten *Cours* (von 1908/9) ans Licht gebracht hatte, sein angestrengtestes Fragen. Daß die Identität der Zeichen ihm fraglich werden mußte, folgt eigentlich schon aus seiner so berühmten und oft zitierten Äußerung, daß in einer Sprache „tout consiste en différences"[50] (CFS 15 (1957), S. 16). Wenn nichts, so hält er der „illusion naturaliste" der Junggrammatiker entgegen, an der Lautsubstanz von selbst bedeutungsträchtig ist, dann muß die Einheit und Disktinktheit eines Zeichens anders zustandekommen. Nämlich auf Grund zweier Prinzipien: der zeitlich-linearen Sukzession einerseits und eines ihr entgegenstrebenden Verallgemeinerungsprozesses andererseits. Durch den Zeitfluß und nur durch ihn können sich Elemente voneinander unterscheiden: die „chaîne parlée" basiert ja ad infinitum auf einer Relation der Nicht-Identität. Christian Stetter hat sie als Relation des „anders als" gedeutet[51]: ist ein Term a gegeben, von dem ein zweiter als -a unterschieden, also etwa mit b identifiziert wird, so ergibt die Negation von b (also: - -a) das Kontinuum aller möglichen Laut*einheiten*. – Nun könnte die bare Negativität des Unterscheidens und Verfließens nimmermehr das Bewußtsein der Einheit und gleichsinnigen Wiederholbarkeit eines sprachlichen Zeichens gewährleisten ohne ein in die Gegenrichtung wirkendes

---

[49] Ich zitiere aus dieser Ausgabe im folgenden nach den üblich gewordenen Siglierungen: ein vorgestelltes EC verweist auf den ersten Band der Ausgabe, der die drei Vorlesungen Saussures bietet; N bezeichnet den zweiten Band, der die wichtigen *Notes* enthält. – Die folgenden Gedanken verdanken viel der Lektüre des noch unveröffentlichen Manuskripts über *Grundlagen der Pragmatik*, das mir Christian Stetter in einer Kopie überließ. Die Grundidee der Saussure gewidmeten Passagen dieses Buchs ist veröffentlicht in dem Aufsatz „Peirce und Saussure", in Κωδικας/Code 2 (1979) S. 124–149.
[50] Eine andere berühmte Formulierung lautet: („Il n'y a dans la langue que des différences et pas de quantité positive" (CFS 15 (1957), S. 93).
[51] „Peirce and Saussure" S. 135.

Prinzip der „mémorisation" oder „recollection des unités phonatoires successives" (N 15 (3318.6)), also eines Prinzips, das – ähnlich der Kantischen „Synthesis der Rekognition" – das vergangene Element und den Ort seines Auftretens im Zusammenhang mit anderen Elementen im Gedächtnis festhält (N 15 (3316.2ff.)). *Was* da festgehalten wird, kann nun freilich nicht das Element – bzw. die Elementkonfiguration (*Gestalt*) – selbst sein (die sind ja gerade vergangen), sondern nur ihr Stellvertreter: nennen wir ihn a'. Die unterscheidende Beziehung findet also – streng genommen – nicht zwischen den Elementen a und -a statt, sondern zwischen a' und -a, zwischen einem vergangen-(v)erinnerten und einem gegenwärtig vernommenen und nun *als* a interpretierten Element. Man sieht, daß Saussures Konzept des sprachlichen Werts – wie es von den linguistischen und literaturwissenschaftlichen Strukturalisten zugeeignet wurde – keinesfalls verstanden werden kann als Idee einer zeitlos-synchronen Struktur von Elementen, die einander durch Opposition wie Moleküle in einem Kristallgitter dauerbar begrenzen. Denn zwei Werte lassen sich einander nur in der Zeit und kraft der Unterscheidungsmöglichkeit eines Vor und Nach entgegensetzen (N 15 (3317.2)). Der Wertbegriff schließt also den der Zeit nicht aus: er wäre ohne denselben undenkbar. Ein Element kann nur dadurch begrenzt und semantisch identifiziert werden, daß ihm – zeitlich – ein anderes folgt, das vom Bewußtsein – im Rahmen eines kontinuierlichen Bewußtseinsstroms – als mit jenem *nicht*-identisch erkannt wird. Und das gilt auch für das memorierte Element selbst: a' ist mit a nicht schon von selbst, etwa durch seine Lautgestalt oder Natur, identisch – das wäre ja gerade der ‚naturalistische Fehlschluß', vor dem Saussure warnt –, sondern nur vermöge einer *schöpferischen Interpretationsleistung*: „Elle comporte, cette identité, un élément subjectif, indéfinissable. Le point exact où il y a identité est toujours délicat à fixer" (EC S. 243, III C S. 294). Es handelt sich hier um ein *hypothetisches Urteil*, für das keine anderen als hermeneutische Kriterien zur Hand sind. Anders gesagt: weil „événement" und „représentant de l'événement" weder gleichzeitig existieren noch auch durch ihre Lautgestalt identifizierbar sind, bedarf es eines Erweiterungsschlusses, der die Einheit der Bedeutung (auf der Ebene der *langue*) durch ein transsemiologisches Sprecherbewußtsein allererst fundiert, und zwar auf eine permanent widerrufbare und instabile Weise.

Die Rede vom letztfundierenden Sprecherbewußtsein findet sich wirklich bei Saussure selbst:

Cette perspective du grammairien, du linguiste a pour étalon, la perspective des sujets parlants, et il n'y a pas d'autre méthode que de se demander quelle est l'impression des sujets parlants. Pour savoir dans quelle mesure une chose est, il faut rechercher dans quelle mesure elle est dans la conscience des sujets parlants, elle signifie. Donc, une seule perspective, méthode: observer ce qui est ressenti par les sujets parlants. (CFS 15 (1957), S. 75; vgl. S. 41f. und 94f.)

Ist dies mehr eine methodologische Reflexion auf die Heuristik des Sprachwissenschaftlers, so gibt es andere Formulierungen Saussures, die keinen Zweifel lassen, daß er das Bewußtsein (oder, wie er auch sagt, das Denken) der sprechenden Subjekte für den konstitutiven Grund der Bedeutungsbildung und -unterscheidung annimmt: „C'est la pensée qui délimite les unités: il y a toujours rapport avec la pensée. (...) il s'agit toujours de la découpure qui fait la pensée dans la masse parlée qui est informe" (S. 68; vgl. S. 7/8, 28, 41, 76, 82). „Le son vocal (...) est l'instrument de la pensée (...), sans exister pour soi, indépendamment de la pensée (...). Le son vocal n'est pas un mot que dans la mesure exacte, constante, qu'il lui est attaché un sens" (S. 7/8). Diese Sinnzuweisung nimmt das Sprecherbewußtsein auf dem Wege der Hypothesenbildung vor: das Denken (nicht *la langue*) setzt Einschnitte in den an sich formlosen Redefluß. „L'unité ne préexiste pas. C'est la signification qui la crée" (S. 41). Die Bedeutung („la signification") ist also nichts anderes als ein Entwurf, den das Sprecherbewußtsein auf die Artikulation der anderen Sprecher unternimmt, ohne letzte Gewißheit zu erreichen. Die Ordnung des Intersubjektiven behält darum einen prinzipiell hypothetischen oder, wie Saussure gern sagt, imperativischen Charakter:

> Il est certain que le terme de loi appelle deux idées.
> 1) Celle de la régularité ou de l'ordre, d'une part, et
> 2) celle de son caractère impératif, d'une nécessité impérative.
> (...) loi équivaut à arrangement, à formule d'un ordre établi. Elle (...) a un caractère impératif dans ce sens que les individus ne peuvent s'en écarter, mais vis-à-vis de la communauté, c'est absolument précaire; rien n'en garantit la stabilité, cet ordre est à la merci du lendemain. Aucune sanction n'est donné. (S. 72)

Im Unterschied zur Geltung eines Naturgesetzes, das seine „événements" notwendig beherrscht, kann einem Imperativ zuwidergehandelt werden: seine Notwendigkeit gilt nur hypothetisch, denn sie setzt einen niemals empirisch zu bewährenden Entwurf auf das Bewußtsein der ‚sprechenden Mehrheit' voraus: das einzige Geltungskriterium für sprachliche Werte ist die intersubjektive Bewährung; ein nie ganz kontrollierbarer Prozeß: „Le passage de la bouche de A à l'oreille de B, et réciproquement, sera toute la vie de la langue, ce qui implique chaque fois le passage par l'esprit des sujets parlants. (...) (Un événement linguistique) sera vrai s'il existe chez les sujets parlants" (S. 8 und 95).

Man kann die prinzipiell hypothetische Natur der Bedeutungskonstitution auch anders plausibel machen: Anzahl und Ordnung der von einem (differentiell bestimmten) Zeichen oder von einer Texteinheit[52] fernzuhaltenden Oppositionen existieren nicht a priori. Ihre Menge ist durch neue Kombinationsmöglichkeiten und durch textanalytische Phantasie unabsehbar zu erweitern[53]; folglich ist der Prozeß der semantischen Identifikation – d. h. der Auslegung – vollständig niemals durchführbar: der Umweg über das System der Differenzen, kraft deren ich die Einheiten a' und a identifizieren kann, führt durch die Unendlichkeit[54] („le nombre des groupes d'association est infini" (S. 83). „La langue

---

[52] Ich unterscheide, der Arbeitshypothese des literaturwissenschaftlichen Strukturalismus folgend, in diesem Zusammenhang nicht zwischen Zeichen und Text. Die Arbeitshypothese besagt, in äußerster Vereinfachung, daß Texte, obzwar Gebilde, deren kleinste Einheiten Phoneme und Morpheme sind, analysiert werden können. So betrachtet, wäre der *Text* ein synchrones Schrift-System, das die Bedeutung seiner Elemente ganz ebenso determinierte und sicherte, wie das bei der Identitätsbildung der Zeichen *im* und *durch* das System einer Sprache der Fall ist.

[53] C'est pourquoi „l'activité créatrice ne sera qu'une activité combinatoire, c'est la création de nouvelles combinaisons" (EC I R 2.77, al. 2573).

[54] „Je mannigfaltiger Etwas individualisirt ist", notiert Novalis, „desto mannigfacher ist *seine Berührung* mit andern Individuen – desto *veränderlicher seine Grenze* – So unsre Welt – Sie gränzt an unendliche Welten –". „Von der Trüglichkeit und Alldeutigkeit aller Symptome" (Novalis, *Schriften*, hgg. P. Kluckholm/R. Samuel, 2. Aufl. Stuttgart 1960ff., Bd III, S. 261, Nr. 113 und Bd II, S. 610, Nr. 402.

est alors le vaisseau à la mer, non plus en chantier: on ne peut déterminer sa course *a priori,* par la forme de sa coque, etc." (S. 25f.)). Die Identifikation beruht also immer auf dem, was Sartre eine „hypothèse compréhensive" (IF I, S. 56) nennt: „La vérité de cette restitution ne peut être prouvée; sa vraisemblance n'est pas mesurable." Ihre Gültigkeit muß sich in sozialer Praxis stets aufs neue bewähren, etwa durch Beistimmung anderer Interpreten (aber wir sahen, daß dieser Prozeß ebenfalls unendlich ist und nie zu einem *Wissen* führen wird).

Aus diesem Grunde ist, was bei Saussure ‚kontinuierliche Transformation/Alteration' konstituierter Bedeutungen heißt, keine Panne strukturaler Theoriebildung, sondern ihre Voraussetzung: gründet die Identität eines Zeichens oder einer Zeichenkette in einer Interpretation – das sind Saussures eigene Worte: „Il faut donc (un) acte d'interprétation qui est actif" (CFS 15 (1957), S. 89) – , dann lassen sich Textauslegungen zwar motivieren, aber keineswegs, wie Schleiermacher sagt, „mechanisieren" (HuK S. 81). Man muß alsdann die Illusion eines ursprünglichen, mit sich identischen Textsinns fahrenlassen und sehen, daß Text und Interpretation nicht zwei Seiten einer teilbaren Arbeit – der Produktion und der Rezeption – sind, sondern daß bereits die *im* Text selbst verwobenen Ausdrücke nur kraft einer Interpretation bestehen, d.h. den Status von Zeichen erwerben. Nicht die Auslegung verfehlt also – wie die Theoretiker einer ‚objektiven Interpretation' (Betti, Hirsch u.a.) wollen – den ursprünglichen Sinn der Textäußerung; der Text selbst besitzt Sinn nur „dià hypóthesin", nur vermutungsweise[55]. Darum ordnet Saussure die Sprachwissenschaft dem Spektrum der interpretierenden Disziplinen zu: die Sprache steht in einem beständigen Re-interpretationsprozeß, der darin gründet, daß die von einer bestehenden Sprachgemeinschaft vorgenommene Artikulation/Differenzierung in jedem Augenblick neu und anders vorgenommen werden kann:

> La langue peut être considérée comme quelque chose que, de moment en moment, interprète la génération qui la reçoit; c'est un instrument qu'on essaie de comprendre. La collectivité présente ne l'interprète pas du tout comme les générations précédentes, parce que, les conditions ayant changé, les moyens, pour comprendre la langue, ne sont pas les mêmes. Il faut donc le premier acte d'interprétation, qui est actif. (...) Cette interprétation se manifestera par les distinctions d'unités (c'est à quoi aboutit toute activité de langue). (CFS 15 (1957), S. 89)

Sich verändern und neu interpretiert werden kann die Sprache aber nur unter der Bedingung, daß eine Garantie auf die Bedeutungsgleichheit eines zweimal gesagten Wortes nicht besteht („Il est intéressant de se demander sur quoi nous faisons reposer l'affirmation de l'identité d'un même mot prononcé deux fois de suite, de ‚Messieurs!' et ‚Messieurs!' (...) Cette question: sur quoi repose l'identité? est la plus grave, parce qu'elle revient tout à fait à la question de l'unité" (S. 38)[56]. Die Möglichkeit der ‚Nova-

---

[55] Genau dies ist's übrigens, was Schleiermacher, und nach ihm Sartre, den „divinatorischen Akt" nannten und bald mit „Erraten", bald mit „Konjizieren" übersetzten. „On devine en lisant", schrieb auch Proust (*A la recherche du temps perdu,* hgg. P. Clarac/ A. Ferré (Bibl. de la Pléiade), Paris 1954, III, S. 656).

[56] Vgl. *Cours,* hg. de Mauro, V/VI: „Le point de départ des réflexions de Saussure est la conscience aiguë de l'individualité absolue, unique, de chaque acte expressif, cet acte qu'il appelle *parole* (...) / (...) si l'on répète deux fois le même mot on communiquera deux choses différentes: la première et la seconde fois. (...) Le même mot, répété dans le discours d'une même personne, a, d'un moment à l'autre, une exécution différente: si on ne fait vraiment abstraction d'aucun détail, le

tion'⁵⁷ (in Analogie zu anderen, schon sprachüblichen morphologischen und/oder syntagmatischen Fügungen) ist nur die produktive Seite der strukturellen Nicht-Festgelegtheit der Bedeutung. Saussure spricht von einem „immense phénomène" (S. 88). Die Novation verschiebt den bis dahin geltenden Wert eines Terms durch eine Neuartikulation des sprachlichen Materials. Darum bleibt sie – als ein zunächst singuläres Ereignis – so lange rein virtuell, wie nicht auch ein anderer Sprecher – durch einen Akt hypothetischer Deutung – sie sich zueignet und benützt: alsdann ist ihr der Durchbruch in die Sprach*wirklichkeit* gelungen:

> Tant que je ne fais qu'interpréter, il n'y a pas de fait d'analogie, mais seulement possibilité. Le premier qui utilise la nouvelle unité (...) crée l'analogie, qui peut être adopté ou non par la communauté. (S. 90)
> C'est un fait grammatical, mais il est pur produit d'une interprétation. (S. 100)
> La création analogique apparaît comme un chapitre particulier, une branche de l'activité générale, des phénomènes d'interprétation de la langue, de la distinction des unités. (S. 92)

Es ist dieser prinzipiell hypthetische Charakter jeder denkbaren symbolischen Ordnung, welcher die Einfältigkeit der regelgesteuerten Sinnzuschreibung vereitelt. Als reines System von Virtualitäten könnte die Grammatik einer Sprache niemals semantische Effekte vorschreiben⁵⁸; sie könnte allenfalls einen Kodex von „hypothetischen Impera-

---

sens précis, dans sa réalité concrète, apparaît d'une manifestation à l'autre comme fermé d'associations et de résonances émotives différentes; et la phonie réelle, elle aussi (...)." – Ebenso August Boeckh, *Enzyklopädie und Methodenlehre der philologischen Wissenschaften*, hg. E. Bratuschek, Neudruck Darmstadt 1966, S. 126: „Daher kann man nie dasselbe noch einmal produzieren."

⁵⁷ Die Prägung „Novation" findet sich bei Saussure selbst: „C'est à ces deux phénomènes (groupes d'associations et groupes de syntagmes: S. 79ff.) que se rattache un immense phénomène: le phénomène de *l'analogie*, ce qu'on appelle: les phénomènes d'analogie, la création analogique, la *novation* analogique (mieux qu'innovation), qui se produit à tout moment. Il y a du neuf, donc il y a du changement" (CFS 15 (1957), S. 88).

⁵⁸ Davon gehen aber, wenn ich recht sehe, von Wittgenstein beeinflußte Versuche, unser Selbstbewußtsein über die Semantik zu vermitteln, aus. Ein jüngeres Beispiel dafür liefern Ernst Tugendhats Vorlesungen über *Selbstbewußtsein und Selbstbestimmung*, Frankfurt/M. 1979. Um die These auszuschließen, das Bewußtsein habe einen veritativ privilegierten Zugang zu sich, postuliert er eine „veritative Symmetrie" zwischen Aussagen aus der „ich"- und solchen aus der „er"-Perspektive über meine psychischen Erlebnisse und Befindlichkeiten. Dies Postulat ist verständlich, denn anders scheint es nicht, die *semantische Identität* der Bedeutungen dessen, worauf ich mit dem Indexwort „ich" und worauf ein anderer mit „er" referiert, nicht beherrschen zu lassen. – Indessen bleibt diese Bedeutungsidentität eine reine Voraussetzung, da sie epistemisch nicht von beiden Seiten der Bezugnahme gleichermaßen adäquat („symmetrisch") zugänglich ist, also epistemisch nicht ihrerseits kontrolliert werden kann. Diesen Mangel an kontrollierbarer Intersubjektivität – also an Wahrheit – soll nun die funktionierende Kommunikation zwischen zwei Ichs wettmachen; und das gelingt ihr lebenspraktisch auch. Zu glauben, die pragmatische Bewährung impliziere die Verifizierbarkeit der Bewußtseinsinhalte der beiden Subjekte so, daß ich gleiches Wissen mit den psychischen Zuständen eines anderen haben kann wie dieser selbst, geht indessen zu weit. Schließlich ist das Feld der zwischenmenschlichen Verständigung ein Prozeß unentwegter Sinntransformationen. Die lassen sich aber unter der Voraussetzung einer stabilen semantischen Symmetrie zwischen „ich φ" und „er φ" nicht erklären.
Anders gesagt: wenn ich das unmittelbare epistemische Selbstbewußtsein („daß ich φ") über die sprachliche Konvention *vermittle*, dann muß ich so weit gehen zu sagen: ich bin mit mir („daß ich φ") nur in dem Maße bekannt, wie ich Kenntnis der Grammatik und Lexik der Sprache habe, mit denen ich meine Bewußtseins-Erlebnisse *bezeichnen* kann. (Andernfalls gäbe es keine *semantische Symmetrie* zwischen „ich φ" und „er φ".)
Aber Sprechen heißt Kommunizieren. Was ein Ausdruck bedeutet, darüber entscheide nicht ich

tiven" des Typs befassen: „Willst du X oder Y erfolgreich verwenden, so mußt du ..."
Der Diskurs einer Epoche wäre alsdann ein offenes System hypothetischer Gebote, das gewisse Verhaltenszeichen nahelegt, aber keineswegs determiniert. Im Unterschied zu naturgesetzlichen Zusammenhängen erwerben − wie wir sahen − symbolische Ordnungen die ihnen eigene Kausalität nur vermöge einer freien interpretatorischen Zusprechung, die eine (phonische, graphische usw.) Materie *als* ein Zeichen und als *dieses* Zeichen (und mithin als Motiv für eine bestimmte Handlung) annimmt. Die statistische Gleichförmigkeit der Praktiken, die den Diskurs einer Epoche als Ausdruck des ‚objektiven Geistes' erschließbar macht, verhindert darum keineswegs, daß dies Ensemble von Werten, Wahrheiten, Ideologien, Mythen und Mystifikationen (die miteinander, zumal in einer Klassengesellschaft, in vielfältigem Konflikt stehen) einem ‚vielfältigen und widersprüchlichen Verständnis' der Gesellschaftsmitglieder unterworfen ist (vgl. Sartre, IF III, S. 49). Der von früheren Generationen konstituierte Sinn der Zeichen, der mir als Imperativ angemutet wird, ist zwar ‚das Passiv der Idee' (ebd.) und schränkt die Spannweite meiner Entwürfe ein, so wie die *Schrift* den Spielraum der Interpretationen eindämmt:

Elle a brisé l'intériorité de la pensée originelle − présence translucide du tout aux parties et des parties au tout − et lui a substitué la *lettre*, en la pénétrant jusqu'au plus infime d'elle-même d'un éparpillement extérieur. L'idée devient chose: imprimée, sa tendance à persévérer dans son être est précisément celle de la chose. (IF III, S. 49/50)

Gleichwohl bleibt wahr, daß eine aufs Schriftzeichen reduzierte Botschaft keinen Sinn mehr besäße. In einer verlassenen Bibliothek lebt kein Geist mehr: Papier und Tinte und

---

(allein), sondern die Kommunikationsgemeinschaft. Folglich bin ich nicht (allein) autorisiert zu bestimmen, was ein Ausdruck meint. Denn, wie Humboldt sagt, in jedem Sich-Verständigen-mit-anderen prallen zwei Vorstellungsweisen aufeinander, von denen nur „der allgemeinere Teil sich deckt, (während) der individuellere überragt" (W. v. Humboldt, *Gesammelte Schriften*, hg. A. Leitzmann, Berlin 1903−35, Neudruck 1968, V, S. 413). Es gibt also nie die Kontrolle, ob „vollkommenes Verstehen" stattgefunden hat, weil es keine Kontrolle gibt über die „wahre" Bedeutung eines Ausdrucks zum Zeitpunkt (t). Außer um den Preis einer synchronischen Querschnittslähmung des Kommunikationsprozesses weiß ich *nie* sicher, was ein Ausdruck meint. Also kenne ich − gerade *weil* ich kommunizierend auf die Sinngebungen der anderen angewiesen bin − nie definitiv die Bedeutung des Ausdrucks „ich φ". D.h. ich verfüge über kein adäquates und unmittelbares Selbstbewußtsein im Sinne Tugendhats.
Ist das der Fall, dann muß der These von der Sprachabhängigkeit des Selbstbewußtseins in einem entscheidenden Punkt widersprochen werden. Die Sprachabhängigkeit verhindert nicht, daß jeder Sprecher die Grenzen der bisherigen Kodifikation von Zeichen sprechend − und zwar unbewußt − permanent nach Maßgabe seiner individuellen Art und Weise, Welt zu erschließen (d.h. erlernte Konventionen anwendend zu verändern), verschiebt, entstellt, neu einzieht oder dies tun *kann* (eine strukturelle Möglichkeit wird nicht eingeschränkt, indem man Fälle nennt, in denen eine Veränderung nicht stattgefunden hat: es geht um die Verände*bar*keit).
Offenbar ist es möglich, Sinn neu zu entwerfen; und d.h. Sinn zu machen, wo eine Konvention noch nicht existiert. Und es ist ebenso offenbar, daß ich innovativen Sinn *verstehen* kann. Leugnet man dies nicht, dann muß man auch zugestehen, daß es semantische Diskriminationen auch diesseits der konventionellen Regeln geben muß − so wahr ich diese Regeln selbst verändern kann. Genau diese unabsehbare semantische Kreativität denken Sprachtheoretiker wie Schleiermacher und Saussure als „Subjekt"; und es scheint mir in diesem Sinne unabweisbar, daß die Asymmetrie im epistemischen Zugang zweier Selbste zu sich auch für die Semantik Konsequenzen hat, in der sie ihre Erfahrungen „daß ich φ" mitteilen. Die veritative (ich ziehe vor zu sagen: die semantische) Symmetrie des aus der „ich-" und des aus der „er-" Perspektive über die Bewußtseinserlebnisse eines Subjektes Geäußerten bleibt reines Postulat.

Druckerschwärze haben ihre Bedeutung verloren. Die Reduktion des hypothetischen und imperativischen Charakters jedes symbolischen Appells auf die reine Materialität des Übertragungsorgans nimmt dem Ausdruck („signifiant") gerade seine Zugehörigkeit zu einer kulturell gedeuteten Welt. Die soziale Natur eines (literarischen oder umgangssprachlichen) Gesprächszusammenhangs befreit die Teilnehmer also nicht von dem ‚dualen Charakter' symbolischer Mitteilung, deren Bedeutung immer nur hypothetisch realisiert werden kann.

Dans la mesure (...) où, dans l'intimité d'une chambre, dans des salles de classe ou de bibliothèque, des millions de personnes lisent des millions de livres dont chacun contient des références à d'autres ouvrages en cet instant non consultés, une totalisation détotalisée s'opère, c'est-à-dire que chaque lecteur totalise sa lecture *à sa manière* qui est, à la fois, voisine et radicalement distincte de la totalisation qu'une autre lecture en une autre ville, en un autre quartier tente de réaliser *avec le même livre*. De ce point de vue, la multiplicité des totalisations individuelles (elles ne se rapportent pas toutes au même livre à des secteurs différents du savoir écrit dont beaucoup, cependant, renvoient implicitement les uns aux autres) paraît irréductible. (IF III, S. 50)[59]
Ce qui nous importe, pour l'instant, c'est ce caractère double de l'Esprit objectif, qui ne peut être *en nous* dépassement vers l'idée que s'il est *dehors* une matière ouvrée. La garantie de sa permanence, c'est sa chóséité: il n'existe point, il *est* et les seuls dangers qui le menacent viennent de l'extérieur, des grandes forces naturelles et des désordres sociaux. Aussi quand, par sa lecture, je transforme la chose en idée, la métamorphose n'est jamais entière: c'est une idée-chose qui pénètre en moi puisque cet être hybride qui ne peut ressusciter que par moi a nécessairement sa réalité hors de moi comme pensée figée en matière et puisque cette pensée, dans l'instant que je la fais mienne, reste définitivement *autre*, comme pensée dépassée d'une autre qui m'ordonne de la ressusciter. Ce n'est pas tout: car cette idée que je m'approprie, je sais que d'autres lecteurs se l'approprient au même moment: il s'agit d'hommes que j'ignore, qui ne sont pas faits comme je suis et qui dépassent le même matériel vers des significations voisines mais sensiblement différentes. Ainsi chaque lexème reste *en moi* extérieur à moi dans la mesure où il s'enrichit à mes yeux de mille interprétations qui m'échappent: il apparaît que le livre, mode fini de l'Esprit objectif, est, par rapport au lecteur interne-externe. La lecture est une intériorisation selon des procédés définis mais la phrase n'est jamais entièrement soluble. Sa matérialité indestructible lui vient à la fois de la rigidité figée du *vestige* et de son rapport multiple – pour chaque lecteur – aux autres. (...) En ce sens l'écrit laisse apercevoir à travers lui la Société comme un des éléments de sa dualité essentielle. (IF III, S. 51/2)

Unter diesen Umständen muß man das Modell einer „Textgrammatik" – also eines pragmatisch-semantisch-syntaktischen Code, aus dem alle Elemente eines Textes ganz ebenso zu deduzieren wären wie sprachliche Elemente aus einer Grammatik – revidieren[60]. Todorov, der diesen Ausdruck eingeführt hat, war auch einer der ersten, die die systematische Verfaßtheit literarischer Kommunikation seit Beginn der 70er Jahre wieder in

---

[59] Diesen Gedanken hat schon Merleau-Ponty in den Aufsätzen „La Science et l'expérience de l'expression" und „La Perception d'autrui et le dialogue", wenn auch weniger radikal als Sartre, vorgetragen (in ders., *La Prose du monde,* hg. Claude Lefort, Paris 1969, S. 15ff. und S. 182ff.).
[60] Vgl. Christian Stetter, „Die Idee der Semiologie bei F. de Saussure – Ein Beitrag zur Klärung des linguistischen Erkenntnisinteresses", in *Deutsche Sprache,* Heft 4 (1976), S. 301: „Wenn wir aufgrund unserer Verstehenskompetenz die Ausbildung einer sprachlichen Regel annehmen, so ist dies gleichzeitig ein Schluß auf einen entsprechenden Prozeß im betreffenden (fremden) Sprecherbewußtsein. Die auf der Ebene linguistischer Beschreibung aufgeworfene Frage, ob die Verallgemeinerung eines bestimmten Sprachgebrauchs zu einer Regel zulässig ist oder nicht, reflektiert somit nur die Schlußprozesse des betreffenden Sprecherbewußtseins über die Angemessenheit oder Richtigkeit dieses Sprachgebrauchs unter bestimmten Umständen. Die ‚Repräsentation' einer ‚Vorstellung' durch einen sprachlichen Term – um in der traditionellen Terminologie zu bleiben – hat also den Charakter einer *Hypothese.*"

Zweifel zogen⁶¹. Schon früher hatte Julia Kristeva, die Schöpferin des Schlagworts „intertextualité", gezeigt, daß die Grenzen eines Einzeltextes im unendlich offenen Kontinuum aller anderen Texte verschwimmen. Sie hätte sich mit dieser Einsicht auf Schleiermacher berufen können, der die Interpretation zu einer unabschließbaren Aufgabe erklärte (HuK S. 80f., 94) und hinzufügte: „Keine Schrift kann vollkommen verstanden werden, als nur im Zusammenhang mit dem gesammten Umfang von Vorstellungen, aus welchem sie hervorgegangen ist, und vermittelst der Kenntniß aller Lebensbeziehungen, sowol der Schriftsteller als derjenigen für welche sie schrieben" (SW I, 1, Berlin 1843, S. 58): eine offenbar unabschließbare Aufgabe. Derrida prägte 1972 – in Anlehnung an Hjelmslev – den Ausdruck des unendlichen oder allgemeinen Textes⁶², um literaturwissenschaftliche Konsequenzen aus der irreduziblen Ungleichzeitigkeit der Sinnschichten eines Textes zu ziehen, d.h. um in das einzutreten, was M. Blanchot *L'entretien infini* genannt hat.

Auch diese Art der semantischen Entgrenzung will von einer Theorie des offenen Gesprächs beachtet werden, obwohl sie sich an dem Paradigma der Text-Rezeption (einer sehr speziellen Form der Kommunikation) entfaltet.

Ich möchte gerne zeigen, daß Derridas Idee eines entgrenzten Gesprächs mit dem Text nicht etwa in Opposition zu dem, was wir von Saussure kennen, steht, sondern die größte Nähe zu den Gedanken des Genfer Linguisten hält. Fragte dieser sich nach den Gründen der Schwierigkeit, dem sprachlichen Zeichen anders denn in hypothetischen Urteilen eine semantische Identität zuzusprechen, so sucht Derrida eine ebenso radikale wie aufschlußreiche Erklärung für das, was er die ‚Unentscheidbarkeit' der Sinnzuweisung nennt⁶³.

Den Theoretikern der Textgrammatik gesteht er zu, daß die Wiederholbarkeit von sprachlichen Zeichen oder von ganzen Äußerungen (d.h. pragmatisch interpretierten Propositionen) eine strukturelle Möglichkeit des regelgesteuerten Sprechens sei. In Gegenführung jedoch zur Idee einer unzeitlichen Taxonomie des Textes ficht Derrida die Berechtigung des Schlusses an, der da lautet, in einer funktionierenden Grammatik sei jede Wiederholung eines Zeichens notwendig die Wiederholung eines *Selbigen*. (Wir erkennen darin die Prämisse der Informationstheorie wieder.)

Es gibt, sagt Derrida, keine prästabilierte Kopräsenz von Autor und Leser; ja streng genommen ist auch der Verfasser dem, was er schreibt, nie kopräsent. Denn nur unter der Bedingung, daß seine individuelle Intention von der Bedeutung der von ihm geäußerten Zeichen gleichsam abspringt, können die von ihm vorgebrachten Zeichen zu Elementen einer mehr als nur individuellen Botschaft, also zu Typen, zu sozialen Tatsachen werden: das Individuum tritt zurück, um der Allgemeinheit des Systems Raum zu geben. Dies Aussetzen eines individuellen Sinns macht aber im Gegenschlag die Zeichen frei für die Übernahme einer anderen individuellen Deutung; denn, wie Saussure sagt: die letzte Determination erfährt die Zeichenkette immer erst in Situation, durch das Bewußtsein eines Individuums (vgl. CFS 15 (1957), S. 10; EC III C S. 277, al. 2022). Es handelt

---

[61] Vgl. seinen Artikel „Texte" in dem von ihm und O. Ducrot herausgegebenen *Dictionnaire encyclopédique des sciences du langage,* Paris 1972, S. 375–382.
[62] *Positions,* Paris 1972, S. 82.
[63] Ich beziehe mich vor allem auf Derridas Entgegnung auf den früher zitierten Text von J. R. Searle („Reiterating the Differences") und verwende dazu ein handkorrigiertes Umbruchexemplar, das den seither ins Englische übersetzten Text (*Glyph 2, Limited Inc a b c...,* 1977, S. 162–254) im französischen Original bietet.

sich da nicht etwa nur um eine individuelle Einfärbung, die die intersubjektiv geteilte Bedeutung intakt ließe. Das individuelle Element trifft die Bedeutung in ihrer Substanz. Denn die Bedeutung eines Ausdrucks realisieren, heißt ja gerade: eine individuelle Hypothese auf die (offene) Menge von Oppositionen wagen (eine Hypothese, die eben nicht in einer objektiven Sinn*fest*stellung gerinnt). „D'où l'on peut dire", sagt Lacan, „que c'est dans la chaîne du signifiant que le sens *insiste*, mais qu'aucun des éléments de la chaîne ne *consiste* dans la signification dont il est capable au moment même" (E S. 502). Sobald kodifizierte Sprachtypen *in einem Gespräch* ausgetauscht werden, muß es prinzipiell (was nicht schon heißt: allaugenblicklich) möglich sein, ihre erste oder ursprüngliche Artikulation/Interpretation durch eine zweite zu ersetzen und also von der (ohnehin bloß virtualiter bestehenden) Konvention oder Diskursmaxime abzurücken. Derrida spricht von der „*re*-marque", der steten Möglichkeit für den Sprecher/Autor/Leser/Hörer/Interpreten, den Sinn eines Wortes, eines Satzes, eines Textes, einer Kultur neu zu markieren.

Diese Möglichkeit folgt wiederum aus der Zeitlichkeit des Textes, die die Rede von der Kopräsenz des Senders und des Empfängers ebenso untergräbt wie die Synchronie von „concept" und „image acoustique/graphique". Jede Form des Gegenwärtigseins-bei hat ja die Struktur einer Differenzierung: etwas ist *bei* etwas (demnach ist es nicht einerlei mit dem, bei dem es ist), und etwas ist *nach* etwas. Die Gegenwart trennt das Selbst und das Selbige von sich – wie schon die Grammatik des Gebrauchs der Pronomina und Reflexiva lehrt –, um es jenseits eines minimalen, aber niemals insignifikanten Abstands wieder mit sich zu vereinigen. Der Sinn eines Zeichens/einer Äußerung wird durch jeden neuen Gebrauch von sich getrennt, er wird ent-stellt („déplacé"). Wer beweist (und kraft welchen Kriteriums), daß er *nach* dem Durchgang durch die Lücke der Iteration in derselben Synthesis mit seinem Ausdruckssubstrat besteht wie zu Beginn? „Le déplacement de sens confirme la loi que j'indique ici: le temps et le lieu de l'*autre fois* (the other time) travaillent et altèrent déjà, at once, aussi sec, *la première fois*, le premier coup et l'at once." Erstaunlich ist auch hier die Nähe zu Saussure, der notiert hatte: „Ce qui a échappé ici aux philosophes et aux logiciens, c'est que du moment qu'un système des symboles est *indépendant* des objets désignés, il était sujet à subir, pour sa part, *par le fait du temps,* des déplacements *non calculables pour le logicien*" (N 10, S. 13).

Aber es gibt eine weitere und beunruhigendere Konsequenz, die Derrida den Kommunikationswissenschaften zu ziehen empfiehlt. Nicht nur das (in der Zeit) wiederholte Zeichen, sagt er, kann seine Identität nicht garantieren, sondern auch das nur einmal verwandte. Und zwar darum, weil semiologische Ordnungen, Traditionszusammenhänge, Diskurse usw. ihren Elementen nur dadurch Bedeutung zu verleihen vermögen, daß sie jedes einzelne von allen anderen unterscheiden. Was aber seine Identität nur auf dem Umweg über alle anderen Identitäten vermitteln kann, von dem kann man sagen, es sei auch von sich selbst getrennt (sei das Andere seiner selbst). Denn dies sein Selbst ist ja – wie wir sahen – eine Funktion der unabsehbar offenen Menge all der anderen Zeichenverwendungen, die ich im Verlauf eines Kommunikationsprozesses ausmache und unterscheidend von ihm abgrenze.

Ich möchte diesen Gedanken, der die Vorstellung von der systematischen Beherrschbarkeit der Bedeutung fremder Rede mit der Idee ihrer Unausdeutbarkeit (und Geschichtlichkeit) aussöhnen will, gerne mit einigem Nachdruck versehen. Da er im deutschen

Sprachgebiet fremd (und weder von der Hermeneutik noch von der Gesprächs-Theorie wahrgenommen) ist, nehme ich einen neuen Anlauf.

Wenn Sinn und Bedeutsamkeit im Aufeinanderbezogensein unterschiedener Ausdrucks-Materien entspringen, dann könnte die Identität eines Terms nur durch einen Zustand der Abgeschlossenheit und der Unveränderlichkeit des Systems gewährleistet werden. Das Modell, das den szientistischen Kommunikationswissenschaften (vor allem der strukturalen Texttheorie und Linguistik) zugrundeliegt, ist ja nicht von ungefähr das Kristallgitter („grille"), in welchem bei hinreichend niedriger Temperatur alle Atome oder Moleküle auf ihre Plätze gebannt sind, von allen anderen sowohl unterschieden wie auch mit ihnen verbunden. Nun, im Gegensatz zur elementarischen Welt läßt sich die geschichtlich-kulturelle (in der und von der unsere Gespräche handeln) nicht auf den absoluten Gefrierpunkt abkühlen[64]. Gespräch und Literatur gedeihen nur in einer gewissen Wärme, die den Fluß: den Austausch und die Neuanordnung der Zeichen gestattet. Gespräche sind immer Transformationen anderer und früherer Gespräche, so wie Zeichen immer Neuartikulationen anderer und früherer Zeichen sind[65]. Durch den Gedanken der Unterschiedenheit ist nämlich zugleich ausgemacht, daß kein Zeichen sich selbst unmittelbar und unzeitlich gegenwärtig ist, da es ja den Umweg durch eine unabsehbare und (vor allem) wechselnde Konfiguration anderer Zeichen nehmen muß (die außerdem in jedem Sprecherbewußtsein anders und verschieden reich rekrutiert ist), ehe es sich identifiziert. Macht man sich klar, daß der Verlauf dieses Weges nicht prognostizierbar ist (weil er durch fremdes Bewußtsein führt), dann hat man der szientistischen Vorstellung aufgekündigt, es gebe eine ursprüngliche, unzeitliche und durch die Konversations- oder Text-Analyse restituierbare Gegenwärtigkeit oder Vertrautheit zumindest *eines* Zeichens mit und bei sich selbst (wie dies etwa Greimas' Rede vom „sens total" oder vom „sens central" unterstellt); derart gar, daß ich auf allen Wegen, die ich über Zeichen beschreite, stets mit Gewißheit zu ihm zurückfinde. Ein solcher dem Spiel der Struktur entzogener Zentralsinn wäre, wenn es ihn gäbe, das *Prinzip* der Struktur (Derrida sagt: der „signifié transcendantal"). Aber die Gewißheit dieses archimedischen Ortes ist immer schon verloren; denn die Feststellung des Zentralsinns bleibt das Resultat einer motivierten (aber nicht deduzierbaren) Hypothese auf die unendlich offene Reihe all seiner Opposita, die nur in der Phantasie eines ‚idealen Sprechers/Hörers' zusammen bestehen könnten. Das Paradigma der Reflexion (der spekulativen Rückkehr zum Ausgangspunkt, das man in der Rede von der ‚Rekonstruktion des eigentlichen Wortsinns' wiederfindet) hält der Erfahrung der entgrenzten Ökonomie von semantischen Oppositionen nicht stand.

Mit solchen (insgesamt eher aporetischen) Überlegungen ist der Raum einer Forschung angezeigt, der von den Kommunikations-Theorien des angelsächsischen und des deutschen

---

[64] In einem metaphorischen Kontext, angewandt etwa auf die Weltpolitik, macht freilich auch diese Behauptung Sinn.

[65] „La langue, à quel moment que nous la prenions, si haut que nous remontions, est à n'importe quel moment un héritage du moment précédent. L'acte idéal par lequel, à un instant donné, des noms seraient distribués aux choses, l'acte par lequel un contrat serait passé entre les idées et les signes, entre les signifiés et les signifiants, cet acte reste dans le seul domaine de l'idée. (...) Jamais une société n'a connu la langue que comme un produit plus ou moins perfectionné par les générations précédentes et à prendre tel quel" (EC III C, S. 312, al. 1187ff).

Sprachgebiets noch zu erobern wäre. Mir genügt es, auf ihn hingedeutet zu haben. Gewiß führt die Verfolgung der Bahn, deren Ansätze hier skizziert sind, nicht sogleich und nicht einmal in absehbarer Ferne zu einer überschaubaren Theorie des eigentlichen Gesprächs. Wohl aber scheint mir der Fall, daß eine weitverbreitete Voraussetzung, die der Ausarbeitung einer Theorie des Gesprächs im Wege stand, unter den Hieben zumal der neostrukturalistischen Sinn-Kritik gefallen ist: nämlich die Annahme, daß ein Gespräch nur dann geführt werden kann, wenn es vorab anerkannte Diskursmaximen und semantischpragmatische Regeln gibt, die den Bedeutungsspielraum des Gesprächs von vornherein begrenzen. Mit dieser Restriktion würde das Gespräch ja darauf verpflichtet, die Einfältigkeit einer bestehenden semantisch-pragmatischen Ordnung zu reproduzieren: die Antworten meines Gesprächspartners wären allenfalls inhaltlich (und auch das nicht durchaus) unabsehbar, nicht aber hinsichtlich der Art und Weise, wie er, im Rahmen eines durchaus offenen Systems von Differenzen Sinn und Ausdruck synthetisierend, seine Welt konstruiert. Eine im bisherigen System der symbolischen Interaktion nicht vorgenommene Sinn-Artikulation kann von diesem System her natürlich nicht entschlüsselt werden; um mich ihrer zu vergewissern, muß ich tatsächlich auf die Rede des Anderen hören und seine individuelle Deutung durch einen Akt unüberprüfbaren, aber auch nicht zu hintergehenden „Erratens" mir zueignen. Genau dies meinte Schleiermacher, wenn er von „Divination" sprach: Zueignung eines innovativen Sinns, der eine schon eingespielte grammatische Form produktiv verändert und darum *miß*deutet wird, wenn man die verwandten Ausdrücke nach Art des bisherigen Verständnisses schematisiert (HuK S. 169/70). Da aber, nach Schleiermachers Ansicht, die hermeneutische Reflexion universalisiert werden muß, da ich nicht sicher sein kann, aufgrund von Sprachregeln, die ich kenne, bereits zu *verstehen,* ist es unmöglich, die sprachliche Innovation für einen Sonderfall der Sprachverwendung zu halten: jede Realisation eines Sinns ist das Resultat einer niemals verifizierbaren Hypothese und also divinatorisch. Die Divination ist mithin das alltäglichste Phänomen des eigentlichen Gesprächs; und es konnte in Vergessenheit geraten nur dort, wo Gespräche tatsächlich – in einer verdinglichten und entfremdeten Welt – dem Ein- und Ausgeben invarianter Informationen sich angenähert haben.

Wer die Uniformierung und Entfremdung der Gespräche (die wir tatsächlich viel weniger führen, als daß wir von ihnen geführt werden) zugibt, muß dem doch, auch als Wissenschaftler, durchaus nicht zustimmen. Die Wissenschaft des Gesprächs muß, mit anderen Worten, nicht selbst die Struktur des entfremdeten Gesprächs reproduzieren, wenn sie zu ihm sich äußert. Je weniger die Gespräche, die in unserer Gesellschaft geführt werden, der Divination bedürfen, desto schlimmer steht es um diese Gesellschaft. – Die am wenigsten szientistisch integrierbare Form der Sprachverwendung ist vermutlich die der Literatur; und die besondere Form des Gesprächs, die wir mit einem poetischen Text führen, ist ohne die Bereitschaft zur Divination im Kern unmöglich. Das macht die Literatur zur Fluchtburg von Sinnphantasien, die der Decodierbarkeit Widerstand entgegenbringen. Schleiermacher hat als poetisch denjenigen Redegebrauch gekennzeichnet, in dem die semantische Innovation, die im gewöhnlichen Gespräch nur latent ist, als solche dargestellt ist[66]. Insofern hält die Dichtung den obsolet gewordenen Anspruch des

---

[66] „So wäre demnach die Poesie eine Erweiterung und neue Schöpfung in der Sprache. Allein dies

Individuums in einer uniformierten und codierten Welt aufrecht. Die Literatur, sagt Musil, ist von ihrem „Prinzip" her „unaufhörliche Variation"⁶⁷. So steht sie der neuen, der schöpferischen Erfahrung, und also dem Individuellen bei. Sie hat „die Aufgabe unaufhörlicher Umformung und Erneuerung des Bildes der Welt und des Verhältnisses zu ihr, indem sie durch ihre Erlebnisse die Formel der Erfahrung sprengt" (Bd 8, S. 1152). Einen ähnlichen Zweck hatte auch Novalis ihr zugedacht: „Alle Poesie unterbricht den gewöhnlichen Zustand, das gemeine Leben, fast wie ein Schlummer, um uns zu erneuern" (NS II, S. 568).

Ich denke, daß die Theorie der (literarischen) Kommunikation diese Erneuerungsfähigkeit des literarischen (wie jedes anderen) Sprechens unterdrückt, wenn sie dem Text das nimmt, was Saussure das „élément individuel" und August Boeckh den „individuellen Beisatz"⁶⁸ genannt hatten: den kritischen Punkt, an dem die Wiederholung zur Transformation wird; die Ungleichzeitigkeit seines Gesamtsinns; die Unausschöpfbarkeit seines Bedeutens, kurz: seine prinzipielle Fähigkeit, sich von deutungsfähigen Individuen überschreiten zu lassen. Texte sind „ästhetische Imperative" (Novalis, NS III, S. 413), deren Gegenstand erst durch einen fremden Willen und in einem fremden Bewußtsein aufersteht.

Man darf diesen Aspekt des miteinander (oder mit einem Text) Sprechens mit Musil „ethisch" nennen, weil er niemals gegeben, sondern immer nur *auf*gegeben ist. Durch seine Unausschöpflichkeit stellt das Werk (wie jede Rede in einem „eigentlichen Gespräch") Fragen an unser Leben und an unsere Zeit: es stellt sie in Frage. Doch eben nicht nur unsere Zeit, sondern jede kommende, die sich zur Einlösung seines immer noch unvollendeten Sinns aufrufen läßt. Da alle Deutung schöpferisch und alle Schöpfung ein factum ex improviso ist, vermittelt jede divinatorische Lektüre wie jedes eigentliche (Zu)hören ein Erlebnis von Freiheit. Denn „il va de soi que la vie, à la prendre nue, ,naturelle', (...) n'offrirait pas de sens *humain*". Der Sinn kommt als Zufall oder als Nicht-Sinn – als ein „être en soi nul" – auf die Welt, bevor er im Rahmen einer menschlichen Unternehmung ‚subjektiviert' und mit dem Index einer *Deutung* versehen wird (Sartre, IF I, S. 59/60, 141). Dieser Index verweist auf die Freiheit; denn – so könnte man in Abwandlung eines Kant-Wortes sagen – ‚wäre ein Sinn an sich selbst, so wäre Freiheit nicht zu retten' (KrV B S. 171).

Eine von der Methodenkonkurrenz der Wissenschaften verschüchterte Theorie des Gesprächs muß sich heute auch dies fragen: ob sie der Sinnbeschneidung oder der Sinnentfaltung beistehen will. Zweifellos funktioniert die Natur auch ohne die Kategorie ,Sinn', und sie arbeitet – sich selbst überlassen – weder an seiner Rettung noch gar an seiner Mehrung. Foucault war es, der uns vor einiger Zeit daran erinnert hat, daß sie ebensogut ohne den Menschen funktionieren wird: wenn er verschwindet, ,wie am Meeresufer ein Gesicht im Sand'⁶⁹.

---

verhält sich nicht so, sondern die Möglichkeit dazu wohnt schon der Sprache ursprünglich ein, aber freilich ist es immer nur das Poetische, woran es zum Vorschein kommt, sei es rein oder an einem anderen" (*Ästhetik* = SW III/7, S. 643 = HuK S. 405).

⁶⁷ *Gesammelte Werke*, hg. A. Frisé, 9 Bde, Reinbeck 1978, Bd 7, S. 868.
⁶⁸ *Enzyklopädie und Methodenlehre der philologischen Wissenschaften* S. 83.
⁶⁹ „alors on peut bien parier que l'homme s'effacerait, comme à la limite de la mer un visage de sable" (*Les mots et les choses* S. 398).

RENATE LACHMANN

EBENEN DES INTERTEXTUALITÄTSBEGRIFFS

Der Begriff der ‚Intertextualität' hat in den letzten Jahren irritierende Dimensionen angenommen — konzeptuell sich verzweigend, terminologisch ausufernd. Eine Vielzahl einander überlagernder Unterbegriffe, die das Phänomen Intertextualität umkreisen, ist entstanden, sieht man sich die im Anschluß an J. Kristevas[1] und J. Starobinskis[2] Anagramm-Interpretation im französischen Kontext[3] geführte oder die amerikanische im *Intertextuality*[4] betitelten repräsentativen Band des „New York Literary Forum" dokumentierte Diskussion an oder die Riffaterreschen Analysen[5], das neueste terminologische Atemholen in G. Genettes *Palimpsestes*[6] oder die zugleich theoretisch und analytisch ausgerichteten Anstrengungen eines der letzten Bände der Tartuer Sēmeiōtikē[7]. Zwischen ‚Subtext', ‚Hypotext', ‚Hypertext', ‚Anatext', ‚Paratext', ‚Intertext', ‚Transtext', ‚Text im Text' — im Verbund mit ‚Geno-', ‚Phänotext', ‚Metatext' und ‚Autotext' — (und ich möchte in der Folge den des ‚impliziten Textes' hinzufügen) oszilliert die Terminologie, jeweils Nuancen des komplexen Phänomens des Text-Text-Kontaktes zu benennen.

Aber das ist nur die eine Seite, die andere betrifft die Extension des Begriffs. Läßt sich ‚Intertextualität' als Kategorie etablieren, die eine generelle Dimension von Texten, ihre Implikativität, benennt? Oder ist der Begriff eingeschränkt zu gebrauchen im Sinne einer reinen Beschreibungskategorie für Texte, deren Struktur durch die Interferenz von Texten oder Textelementen organisiert ist? Oder hat der Begriff zur Hauptsache ein literaturkritisches Potential, indem er bestehende Konzepte zur Literatur (Einmaligkeit, Abgeschlossenheit, strukturale Totalität, Systemhaftigkeit) in Frage stellt?

Die Intertextualitätstheoretiker selbst repräsentieren ein Modell der Intertextualität, insofern die zitierende, alludierende, replizierende Verflechtung ihrer Theorieprodukte nachgerade einen neuen Typ literaturwissenschaftlichen Diskurses zu entwerfen scheint. Die terminologischen und konzeptuellen Spuren überlagern einander und vermischen sich: von Bachtin, der ja explizit sein Dialogizitätstheorem vom Wort auf den Text übertragen hat, über das Kristevasche Anschlußkonzept der „intertextualité", in das der Anagramm-Paragrammcoup (doch kein Fehlschlag) de Saussures ebenso eingegangen ist wie eine Version der Transformationsgrammatik sowie bestimmte Aspekte der Derridaschen Logozentrismuskritik und seines „écriture"-Begriffs, über die Riffaterresche Amalgamierung

---

[1] J. Kristeva, *Le texte du roman*, Paris 1970; *Sēmeiōtikē — Recherches pour une sémanalyse*, Paris 1969, bes. der Aufsatz „Pour une sémiologie des paragrammes" S. 174–207 von 1966.
[2] J. Starobinski, *Les mots sous les mots — Les anagrammes de Ferdinand de Saussure*, Paris 1971, darin frühere Arbeiten von 1964 zu diesem Thema.
[3] *Poétique* 27 (1976).
[4] *Intertextuality — New Perspectives in Criticism*, hgg. J. Parisier-Plottel / H. Charney, *New York Literary Forum* 2, New York 1978.
[5] M. Riffaterre, *Semiotics of Poetry*, Bloomington/London 1978; *La production du texte*, Paris 1979.
[6] G. Genette, *Palimpsestes — La littérature au second degré*, Paris 1982.
[7] *Tekst v tekste* (*Der Text im Text*), Trudy po znakovym sistemam 14, Tartu 1981.

von de Saussure, Freud und Begriffen der Rhetorik zu L. Jennys[8] auf diese und andere Ansätze (H. Bloom, McLuhan) replizierender, weit ausholender und präzisierender Arbeit und Genettes wichtige Positionen resümierender und neue Ansätze formulierender groß angelegter Untersuchung. Doch die Zeit der abschließenden Monographien und nachbereitenden Symposien ist noch nicht gekommen. Der Begriff erscheint vorerst nicht disziplinierbar, seine Polyvalenz irreduzibel.

Mir scheint, es lohnte sich, ihn in den drei angedeuteten Perspektiven weiterzudenken, der texttheoretischen, der textdeskriptiven und der literatur- bzw. kulturkritischen. Die texttheoretische Perspektive, die an der Profilierung des Konzepts beteiligt ist, impliziert auch Aspekte einer Mythopoetik, die die Intertextualisten unter den Autoren selbst formulieren oder formuliert haben. Die textanalytische Perspektive gibt vor allem die Entwicklung eines deskriptiven Apparats auf, vielleicht mit Anleihen bei der Rhetorik, wie das Jenny überzeugend vorführt, oder der Anagrammatik-Forschung, um spezifische Strategien der Intertextualität und deren Funktionen zu beschreiben. Für diesen Bereich gilt es, die intendierte Intertextualität, die die Textoberfläche organisiert, von einer latenten zu unterscheiden, die die Oberfläche des Intratextes nicht stört und dennoch die Sinnkonstitution bestimmt, und es gilt diese Produktionsintertextualität von der Rezeptionsintertextualität zu unterscheiden, die von jeher ein Befund der Rezeptionsästhetik war.

In letzter Instanz müßte das Problem der Sinnkomplexion gelöst werden, dem sich alle analytischen Versuche zu nähern scheinen. Bei Verfahren wie Einlagerung fremder Texte oder Textelemente in den aktuellen Text (als Zitat, Allusion, Reminiszenz etc.) oder Kreuzung und Übereinanderschaltung einer Vielzahl fremder Texte, die unterschiedlichen Poetiken angehören (Heterogenisierung, bricolage) oder der Wieder- und ‚Gegen'-Schrift eines bekannten Textes als Replik, Kontrafaktur, Parodie etc., geht es ja weder um die Beschwörung einer heilen Welt literarischer Tradition noch um den Nachweis untilgbarer Bildung, die als Zitat in den Text versenkt wird, sondern um die semantische Explosion, die in der Berührung der Texte geschieht, um die Erzeugung einer ästhetischen und semantischen Differenz.

Der intertextuell organisierte, seine punktuelle Identität aufgebende Text stellt sich durch ein Verfahren der Referenz (dekonstruierend, summierend, rekonstruierend) auf andere Texte her. Diese Kontaktbeziehung zwischen Text und Text(en), deren trivialster Ausdruck der der Referenz ist, müßte als eine Arbeit der Assimilation, Transposition und Transformation fremder Zeichen beschrieben werden. Begriffe wie ‚Palimpsest', ‚Anagramm', ‚Überdeterminierung' und ‚Doppelkodierung', die sich als vorläufige Beschreibungsbegriffe anbieten, suggerieren die Latenz des fremden Textes (Textzeichens) und, aufgrund bestimmter Signale, zugleich dessen Präsenz. ‚Palimpsest', die Zweitschrift, durch die hindurch die Erstschrift lesbar ist, und ‚Überdeterminierung' (das Traumzeichen stellt einen linearen Oberflächensinn her und zeichnet gleichzeitig den verdrängten Sinn mit auf) interpretieren die Sinnkonstitution eines Textes, in dem Zeichen zweier Kontexte aufeinander treffen, Zeichen eines älteren mit denen eines jüngeren Textes. ‚Doppelkodierung' bedeutet, daß die Sinnherstellung nicht durch den Zeichenvorrat des gegebenen Textes programmiert ist, sondern auf den eines anderen verweist. Auch der Begriff des

---

[8] L. Jenny, „La stratégie de la forme", in *Poétique* 27 (1976) S. 257–281.

‚Anagramms', in den im Anschluß an die de Saussureschen Studien erfolgten Interpretationen und Adaptationen durch Starobinski, Kristeva und Riffaterre, läßt sich als Annäherung an das intertextuelle Phänomen bejahen.

Für Starobinski[9] zeigt das Anagramm einen verborgenen Text an, dessen Verborgenheit jedoch durch lesbare Signale markiert ist. Der verborgene Text kann ein konkreter anderer (wie ursprünglich bei de Saussure), aber auch das Textkontinuum schlechthin sein, das sich durch jeden Text zieht, ihm vorausgeht und in das jeder Text mündet. Kristeva[10] profiliert den Aspekt der Doppelzeichenhaftigkeit des Anagramms bzw. Paragramms, die eine Lektüre fordert, die die linear gestaltete Textoberfläche im Aufspüren der Spuren fremder Texte stört. Auch für Riffaterre stellt sich Sinn nicht im Nachvollzug der linear gelesenen Zeichensequenz her, sondern außerhalb des Textes in bezug auf das Sinnangebot anderer Texte. Gegen den Anagrammgedanken, der von einem Leitwort, „mot inducteur" („mot-thème") ausgeht, das im manifesten Text verzerrt, verschachtelt, zerteilt sich verbirgt, und das eine vornehmlich phonetisch-graphische Qualität hat, schlägt Riffaterre den Begriff des ‚semantischen Paragramms' vor, das eine semantische Vorgabe („donnée sémantique"[11]) im Text syntagmatisch entfaltet.

Im Begriff der ‚Syllepse'[12] versucht Riffaterre den der Überdeterminierung mit demjenigen des Anagramms zu verbinden: wenn der gegebene Oberflächentext anderen möglichen Textsinn verdrängt, so wird dies kompensiert, indem die Eliminierung selbst einen Text hervorbringt, d.h. der verdrängte Sinn erscheint als verbale Sequenz. Hier wird im übrigen ein textgenerativer Aspekt angedeutet, der in einigen Beiträgen Kristevas theoriekonstitutiv ist. Die generativistische Auslegung des Anagramms und deren Verknüpfung mit dem von S. Šaumjan entwickelten zweistufigen generativen Transformationsmodell — mit den Begriffen des ‚Geno-' und des ‚Phänotextes'[13] — führen zu einer komplexen, noch nicht genügend gewürdigten Theorie der Intertextualität als Transformation.

Riffaterres Ansatz ist hier weniger generell. Die Syllepse in seinem Verständnis fängt das Aufeinandertreffen des manifesten Textes mit jenem Bezug zum fremden Text auf, den er ‚Intertext' nennt. Die Konsequenz, die er in einer Vielzahl minutiöser Analysen vorführen kann, in denen die Stilspuren anderer Texte als sinnbildend (den Doppelsinn bildend) aufgedeckt werden, ist die Notwendigkeit der zweiten Lektüre, die der ersten, die den Text eindeutig, univok, vorfindet, folgt und ihn zweideutig, äquivok macht. Aus beiden Lektüren resultiert eine Unentscheidbarkeit[14], Garantie für das semantische Fortleben des Textes, die immer neue Sinndifferenzen abrufen läßt.

Die Analyse der doppelt kodierten Texte muß, so scheint es, berücksichtigen, daß die intertextuelle Überdeterminierung keine fixe Größe ist. Der Zeichenkomplex der latenten Kodierung kann aus dem kulturellen Gedächtnis (zumindest vorübergehend) verschwinden. Das heißt, der Reduktionismus von Lektüren, die die Vereindeutigung von Texten erzwingen, läßt sich zwar zurückweisen, nicht aber der je konkrete, historisch verortbare Um-

---

[9] *Les mots.*
[10] „Pour une sémiologie" S. 182f.
[11] *La production du texte* S. 76.
[12] „La syllepse intertextuelle", in *Poétique* 40 (1979) S. 496–501.
[13] *Le texte du roman*, Kap.: „La méthode transformationnelle", S. 36–78.
[14] M. Riffaterre, „La syllepse intertextuelle" S. 501.

gang mit dem Zeichenhaushalt eines Textes, ein Umgang, der notwendig horizontgebunden bleibt.

Bei der Analyse des intertextuell organisierten Textes (eines Textes mit ‚Einstellung' auf Intertextualität) müßte es unter Einbeziehung des Lektüreaspekts um die, wenn auch vorläufige, Etablierung einiger konventioneller Größen[15] gehen, die in Einzelanalysen erprobt wurden. Ich könnte mir zunächst die folgenden vier vorstellen:

1. Phänotext; 2. Referenztext; 3. Referenzsignal und 4. Intertextualität (als jene neue textuelle Qualität, die sich aus der durch das Referenzsignal garantierten implikativen Beziehung zwischen Phäno- und Referenztext ergibt).

Die neue textuelle Qualität kann der Rezipient nur aufgrund der Identifizierung der Referenzsignale konkretisieren, er erfährt sie als Ambivalenz oder Polyvalenz des Textes. Es scheint, als affiziere die im Phänotext durch die Intertextualität gewonnene Sinnkomplexion auch den Referenztext, als erfasse der sinndynamisierende Prozeß beide Texte, die evozierend-evoziert miteinander in Kontakt treten. Das Referenzsignal, eigentlich die Markierung, die die Doppelkodierung manifestiert (Störung der Textisotopie), zeigt hauptsächlich zwei Beziehungen zwischen Phäno- und Referenztext an, die – mit bekannten Begriffen – als Kontiguitäts- und als Similaritätsbeziehung bezeichnet werden können.

Die Kontiguitätsbeziehung liegt vor, wenn ein konstitutives Element eines fremden Textes (seine thematische, sequenziell-narrative oder stilistische Ebene betreffend) im Phänotext wiederholt wird, das den Referenztext als ganzen evoziert, oder wenn eine signifikante Textstrategie eines fremden Textes repräsentiert wird, die den Referenztext in seiner Zugehörigkeit zu einer Poetik, zu einer poetischen Konvention mit spezifischen stilistischen, thematischen oder narrativen Mustern aufruft. Diese pars-pro-toto-Relation sagt allerdings noch nichts über die Art und Weise – parodistisch, affirmierend etc.) der Evokation aus. Wenn im Phänotext Strukturen als fremdtextlichen Strukturen äquivalente signalisiert sind, läßt sich von einer Similaritätsbeziehung sprechen. Diese Relation realisiert sich nicht in zitierten Elementen oder Verfahren, sondern im Aufbau von analogen Strategien, die ihre Entsprechungen in bestimmten Referenztexten haben. Die Analogie kann hierbei eine formale Äquivalenz bei völliger Umbewertung der Funktion oder die funktionale Äquivalenz bei völliger Umbesetzung der Form bedeuten.

Die Referenzsignale selbst sind im Phänotext so angeordnet, daß zwei Arten von Intertextualitätsstrukturen ablesbar werden (die entsprechende Lesehaltungen programmieren), die sich mit eingeführten Begriffen wie ‚Kontamination' im ersten Fall oder ‚Anagramm' im zweiten beschreiben ließen (beide Begriffe sind eingedenk ihres Konnotationszuwachses im Rahmen der Intertextualitätsdiskussion zu verstehen).

Die Kontamination erscheint als Ergebnis der Selektion von Einzelelementen aus verschiedenen Referenztexten (oder von Textstrategien, die verschiedenen Poetiken zugehören) und deren Kombination – im Sinne einer Montage – oder einer Über- und Ineinanderschaltung im Phänotext. Das heißt, der ursprüngliche Referenzrahmen eines Elements, sein Stellenwert in einer Texttotalität wird aufgegeben und ein Kontakt zu jeweils anderen fremdtextlichen Elementen hergestellt. Es entstehen auf diese Weise heterogene

---

[15] Vgl. auch den analytisch-deskriptiven Ansatz bei Z. Ben-Porat, „The Poetics of Literary Allusion", in *Journal of Descriptive Poetics and Theory of Literature* 1(1976) S. 105–128.

Reihen oder Schichten; einem Vorgang der Zerstreuung folgt der einer Zusammensetzung zu einem neuen Textkomplex.

Das Anagramm hingegen besteht aus über den Phänotext verteilten Elementen, die, zusammengesetzt, die kohärente Struktur eines fremden Textes erkennen lassen; der Referenztext ist als Anatext präsent. Die anagrammatische Signalisierung schafft eine Rätselstruktur, die durch ein kombinatorisches, rück- und vorverweisendes Lesen dekodiert wird. Das kontaminatorische Signal verlangt eine Lektüre, die kompensatorisch die jeweiligen ursprünglichen textuellen Ordnungen wiederherstellt und die identifizierten Elemente in ihre Rahmen zurückverweist, ohne dabei die Sinnkomplexion abzubauen, die in der (ludistischen) Heterogenisierung der Elemente erzeugt werden konnte.

Die Bestimmung der Sinnkomplexion und der wertenden Gesten, die sie ausmachen — zwischen Dekonstruktion eines Einzeltextes, einer poetischen Konvention, der gesamten literarischen Tradition und replizierender Weiterführung, affirmativem Re-Arrangement sind diese Gesten anzusiedeln — ist auf das Konzept der Zeichengemeinschaft und Zeichensituation angewiesen. Diesen Aspekt haben wiederum die Autoren[16] des Bachtinkreises thematisiert, und mir scheint es wichtig, ihn zu berücksichtigen. Der Zeichenkontext, dem sich der Text einflicht, ist das noch nicht Text Gewordene, das Mitverstandene („podrazumevaemoe")[17], das aufgrund einer gemeinsamen kulturellen Erfahrung Geltung besitzt. Der soziale Kontext als Zeichenkontext funktioniert wie ein ‚Enthymema'[18] von Zeichen und Texterfahrung, dessen sich der jeweils aktualisierte Text bedient. Das Sich-Einflechten des Textes in den Zeichenkontext markiert auch den kulturellen und ideologischen Ort, der die Funktionen der Zeichenkreuzung, die Funktionen der intertextuellen Organisation des Textes selbst offenlegt. Der Text erscheint somit im sozialen Kontext als ideologische Handlung (für Vološinov ist die ideologische immer und ausschließlich eine Zeichenhandlung), die in den sozialen Zeichenkontext eingreift. Mit „s'insérer" oder „s'inscrire"[19] bestimmt Kristeva die spezifische Bedeutungsleistung des Textes im Raum von Geschichte und Gesellschaft, des Textes in seiner Funktion als Ideologem.

Aus dem Vološinovschen und dem Kristevaschen Konzept, das ersteres aufzugreifen scheint, deutet sich eine Konsequenz an, die eine Textdimension zu postulieren erlaubt, die die intertextuelle und die ideologematische Funktion des Textes umfaßt: die Dimension des ‚impliziten Textes'. Der implizite Text ist der Ort der Überschneidung von präsentem und absentem Text, der Ort der Interferenz von Texten, die kulturelle Erfahrungen als kommunikative vermittelt und kodiert haben. Als Summe der Intertexte verweist der implizite Text im Verweis auf die fremden Texte auf sich selbst und konstituiert so seinen eigenen Metatext. Die Abbildung der Interferenz und die textuelle Selbstreflexion (der Text im Text ist Text über den Text[20]) und das Enthymema, das den

---

[16] Bes. V. Vološinov, „Slovo v žizni i slovo v poèzii" (Das Wort im Leben und das Wort in der Poesie), in *Zvezda* 6 (1926) S. 244–267.
[17] Ebd. S. 250.
[18] Ebd. S. 251.
[19] „Pour une sémiologie" S. 181.
[20] Vgl. Vološinovs Formulierung „Rede in der Rede ist Rede über die Rede", in *Marxismus und Sprachphilosophie*, hg. S. Weber, Frankfurt/M. 1975, S. 178.

Kontakt des Textes mit dem sozialen Kontext umschließt, bestimmen den Raum des impliziten Textes ebenso wie die immer mitverstandene Folie vorhandener Texte, der Subtext, den J. Starobinski „infrastructure", „contenu latent" oder „antécédent"[21] nennt. Doch die Konsequenz, die bedacht werden muß: der Text selbst ist ja auch wieder Prätext, Subtext eines folgenden, eine Konsequenz, die Starobinski formuliert: „Ceci conduit à se demander si, réciproquement, tout discours ayant provisoirement le statut d'ensemble ne peut pas être regardé comme le sous-ensemble d'une totalité encore non reconnue. Tout texte englobe, et est englobé. Tout texte est un produit productif"[22], gibt die Illusion einer systematischen Einkreisung preis.

Der implizite Text kann immer nur annähernd bestimmt werden als Ort der dynamischen pluralen Sinnkonstitution, der die ästhetische Kommunikation als Erschließung/Erweiterung des signalisierten Sinnpotentials – letztlich – durch den Rezipienten programmiert (Rezipient als Interpret, ‚Intertexter', Autor), wobei sich die Aspekte nach dem letzten von Starobinski eingebrachten vermehren:

1. Die Abbildung der Interferenz der Texte, d.h. die signalisierte, markierte Intertextualität, 2. die textuelle Selbstreflexion, d.h. die Metatextualität, 3. die Implikativität, das Mitverstandene, d.h. der Subtext, 4. die Vorläufigkeit, Implizierbarkeit, d.h. Prätextualität (eigentlich Subtextualität in futuro), 5. die Selbstüberschreitbarkeit, d.h. die Transtextualität.

Nur die beiden ersten Aspekte (die den Befund der manifesten und der latenten Intertextualität abdecken) können den Anspruch auf Analysierbarkeit stellen. Und genau in diesem Feld bewegen sich die diesbezüglichen Untersuchungen. Hieran ist die Frage nach dem Typ der Intertextualität zu knüpfen, nach der Art der Sinnkonstitution und schließlich nach der Funktion von Intertextualität. Die *dekonstruktive* und die *konservative*, die ‚autoritär-usurpatorische' und die dialogische Intertextualität markieren eine je andere Sinnintention. Es ist im übrigen signifikant, daß die Intertextualitätstheoretiker um die Aufrechterhaltung des Konzepts des letztlich *einen* Sinns bemüht bleiben. Jenny setzt den „texte centreur"[23] zur Zähmung der intertextuellen Strategien ein, auch Riffaterres Intertexte aufspürende analytische Praxis zeigt im Aufweis der Syllepsen und der Doppelstrukturen eine vom autoritären Text verantwortete und in ‚Grenzen' gehaltene Sinnkonstitution. Auch die Versuche der Typologisierung, wie sie Genette vorlegt, sind in ihrer Bereitstellung eines deskriptiven Instrumentariums der Reakademisierung des Konzepts gewidmet. Die Entwicklung einer Metasprache der Intertextualität zeigt das Aufbegehren des Strukturalismus gegen ein die Struktur (des Einzeltextes) überschreitendes poststrukturales Denken an. Der Logozentrismus setzt sich als ‚Sensozentrismus' oder ‚Strukturzentrismus' durch, um die Grade der Transtextualität zu ‚kontrollieren'. Auch die Versuche der Zügelung sind Korrelate kultureller Mechanismen, die den Provokationen von Sinnexplosionen ausgesetzt sind und diese zu verarbeiten beginnen.

---

[21] *Les mots* S. 153.
[22] Ebd.
[23] „La stratégie" S. 262, auf M. Arrivé („Pour une théorie des textes poly-isotopiques", in *Langages* 31 (1973)) rekurrierend, spricht er vom „texte (...) restant centré par un sens", ebd. S. 267.

KARLHEINZ STIERLE

WERK UND INTERTEXTUALITÄT

I

*Jeder Text situiert sich in einem schon vorhandenen Universum der Texte, ob er dies beabsichtigt oder nicht. Die Konzeption eines Textes finden heißt, eine Leerstelle im System der Texte finden oder vielmehr in einer vorgängigen Konstellation von Texten. Diese kann weiter oder enger gedacht sein: weiter etwa als Konstellation einer Literatur oder einer Gattung, enger als Konstellation eines Gesamtwerks, oder als thematische Konfiguration, als Serie und schließlich als Fortsetzung oder Bearbeitung, sei es eines fremden oder eines eigenen Werks. Die Konstellation kann aber auch etwa die Variantenkonstellationen eines zugrunde liegenden Mythos sein im Sinne der Mythentheorie von Cl. Lévi-Strauss[1] oder eine Diskurskonstellation im Sinne Foucaults[2]. Der Konstellation entspringt die Möglichkeit des Textes, die der Text selbst einlöst, über- oder unterbietet. Indem aber die Leerstelle in der Konstellation der Texte besetzt wird, die Möglichkeit des Textes zu ihrer Realisierung kommt, verändert die Konstellation sich selbst und erzeugt damit neue Leerstellen. Da also das Universum der Texte sich unablässig erweitert, ist auch der Ort des Textes in ihm nicht statisch. Der Text ist Moment einer Bewegung, die über ihn hinausdrängt, und damit zugleich Moment einer sich beständig wandelnden Konfiguration. Kein Text setzt am Punkt Null an. So sind auch die Texte, die den Ursprung einer Gattung begründen, zunächst doch, und sei es in prekärer Weise, auf eine schon vorgängige Gattung zurückbezogen, ehe sie im nachhinein in eine Konfiguration eintreten, die ihre generische Potentialität ans Licht bringt. Die Konfiguration der Texte, der sich der Text verdankt, ist aber nicht identisch mit der Konfiguration, in die der Text für seinen Leser eintritt. Beide Konfigurationen streben immer weiter auseinander, je größer die Distanz zwischen dem ersten Leser und dem aktuellen Leser geworden ist, je mehr Texte sich zwischen den gegebenen Text und seinen Rezipienten schieben. So ist die Intertextualität des Textes eine unendlich vielfältige Bestimmtheit und Bezogenheit. Ihre Erfassung ist eine unendliche Aufgabe, die zwar theoretisch postulierbar, faktisch aber nicht einlösbar ist.

---

* Die folgenden Bemerkungen (auch in *Dialog der Texte*, hgg. W. Schmid / W.-D. Stempel, Wien 1983) wollen auf einige im Begriff der Intertextualität selbst liegende Probleme aufmerksam machen, ohne daß es möglich wäre, dabei in detailliertere Auseinandersetzungen zu vorliegenden Positionen einzutreten. Auf das für meine Argumentation zentrale Problem der Werkidentität bin ich genauer eingegangen in „Die Absolutheit des Ästhetischen und seine Geschichtlichkeit" in *Kolloquium Kunst und Philosophie* Bd 3, hg. W. Oelmüller, Paderborn 1983, S. 231–282.
[1] Vgl. Cl. Lévi-Strauss, „The Structural Study of Myth", in *Journal of American Folklore* 68 (1955) S. 428–444 und ders., *La Pensée sauvage*, Paris 1962, sowie H. Blumenberg, *Arbeit am Mythos*, Frankfurt/M. 1979 und Verf., „Mythos als ‚bricolage' und zwei Endstufen des Prometheusmythos", in *Terror und Spiel* (Poetik und Hermeneutik IV), hg. M. Fuhrmann, München 1971, S. 455–472.
[2] Vgl. bes. M. Foucoult, *L'ordre du discours*, Paris 1971.

Was wir Text nennen, ist ein Zustand der Sprache, dessen Möglichkeiten an komplexe Voraussetzungen gebunden sind[3]. Elementarer als der in sich selbst zurücklaufende, aus sich selbst herausgehende Text ist die sprachliche Interaktion des Gesprächs, bei dem die Beteiligten in wechselnden Rollen als Sprecher und Hörer agieren und so eine kontinuierliche Sprachbewegung hervorbringen, die indes von der Identität des Textes gewöhnlich weit entfernt ist. Nur im idealen Fall des gelungenen Gesprächs geht aus dem Hin und Her der Rede ein gemeinsamer Text hervor, dem im Hinblick auf seinen wechselnden Ursprung dennoch so etwas wie eine abgehobene Identität zukommt. Erst wenn die Rollen von Sprecher und Hörer asymmetrisch verteilt sind, kann der Text sich als ein in sich selbst ruhender Zusammenhang und Aufbau entfalten. Dann aber geht die Dialogizität in den Text selbst ein und bestimmt sein inneres Verhältnis. Nur der Text, der in sich selbst dialogisch ist, der das ursprüngliche Modell des Gesprächs in sich hineingezogen und damit zugleich das Prinzip der Intertextualität in sich aufgenommen hat, ist Text im eigentlichen Sinne[4]. Die ‚Selbstversorgtheit' des Textes projiziert zugleich das Prinzip der Loslösung von der Unmittelbarkeit der Situation durch die Mittelbarkeit des ‚selbstversorgten' Satzes[5] auf die höhere Einheit, die die Abfolge der Sätze in einer freilich nicht mehr formal gesicherten Ordnung organisiert. Dies gilt aber insbesondere für jene Texte, die wir kraft ihrer Selbstbezüglichkeit und inneren Verweisungsdichte im eigentlichen Sinne als Werke bezeichnen. Das Werk erfüllt die Bestimmung des Texts zur Schrift, indem es so angelegt ist, daß es sich erst in wiederholten Lektüren eines Lesers wie in wiederholten Lektüren einer Folge von Lesern erschließt.

Wenn das Werk sich bestimmt aus seiner Selbstbezüglichkeit, es andererseits aber seinen Ort hat in einer Konfiguration der Texte, wie ist dann das Verhältnis von werkimmanenter Intertextualität des Kontexts und werküberschreitender Intertextualität der Textkonstellation zu denken?

II

Es scheint zunächst notwendig, die beiden Perspektiven produktionsästhetischer und rezeptionsästhetischer Intertextualität voneinander zu scheiden. Es gibt eine produktionsästhetische Intertextualität elementarer Art, die allein darin besteht, daß ein Text eine Leerstelle in einer Textkonstellation finden muß. Die Besetzung dieser Leerstelle aber verlangt, daß der Text selbst in sich gesättigt ist und sich als Text aus der Abhängigkeit seiner Vorgegebenheiten emanzipiert. Andererseits kann der Prozeß der Textkonstitution selbst als ein Prozeß der produktiven Intertextualität aufgefaßt werden, sofern der Text aus einer Folge von Verbesserungen, Erweiterungen, Umstellungen etc., d.h. aus einer Varietät von ‚Fassungen' hervorgeht[6]. Für die rezeptionsästhetische Perspektive der

---

[3] Vgl. Verf., „Text als Handlung und Text als Werk", in *Text und Applikation* (Poetik und Hermeneutik IX), hgg. M. Fuhrmann / H.R. Jauß / W. Pannenberg, München 1981, S. 537–545.
[4] Vgl. Verf., „Gespräch und Diskurs", in diesem Band S. 297–334.
[5] Über die Loslösung des ‚selbstversorgten' Satzes aus der Unmittelbarkeit der Situation vgl. K. Bühler, *Sprachtheorie* (1934), Stuttgart ²1965, S. 366ff. /
[6] Vgl. K. Maurer (mit Wolf und Herta Schmidt), „Eine strukturalistische Theorie der Variante? Zu

Intertextualität stellt sich nun aber die Frage, ob jede produktionsästhetische Intertextualität auch eine rezeptionsästhetische sein muß. Ein Beispiel kann diese Frage verdeutlichen. Valérys Gedicht „Le cimetière marin" ist, wie sich klar nachweisen läßt, eine Replik auf das Kapitel „Mittags" in Nietzsches *Also sprach Zarathustra*[7]. Doch hat das Gedicht seine eigene Wirkungsgeschichte gehabt, ohne daß dieser Zusammenhang deutlich gewesen wäre. Der Nachweis, daß Valérys Gedicht so etwas wie eine neue Variante von Nietzsches ‚Mittagsmythos' ist, scheint für die poetische Wirkung des Gedichts nicht von entscheidender Bedeutung, wenngleich er in produktionsästhetischer Perspektive durchaus von Interesse sein dürfte. Wenn die Einsicht in diesen Zusammenhang also rezeptionsästhetisch gesehen keinesfalls unerläßlich ist, so kann die Kenntnis der produktionsästhetischen intertextuellen Beziehung doch in die Erfahrung des Gedichts eingebracht werden, und zwar sowohl im Sinne einer Erklärungsrelation wie auch als ästhetisch wirksame Hintergrundgegebenheit, die den Text selbst in seiner Eigenheit als eine konkrete Differenz heraushebt.

Das Beispiel zeigt, daß die bloße Feststellung einer intertextuellen Beziehung noch nicht ausreicht, um jene Besonderheit zu bestimmen, die sie ästhetisch charakterisiert. Wenn aber das Werk in produktionsästhetischen intertextuellen Bezügen stehen kann, die der Aktualisierung durch den Leser nicht bedürfen, obwohl sie für eine Steigerung seiner Wahrnehmung nutzbar gemacht werden können, so gibt es andererseits intertextuelle Relationen der Rezeption, die durch keine produktionsästhetische Relation abgedeckt sind. Prinzipiell ist jedes Werk mit jedem korrelierbar. In jedem Fall ist das Ergebnis solcher Korrelation ein Bewußtsein konkreter Differenz, das die pure Faktizität des je einzelnen Werks aufhebt und perspektiviert. Jede Korrelation solcher Art ist ein vom Interpreten in Gang gesetztes Experiment, das das Bewußtsein des Werks steigert[8]. Die konkrete Differenz der experimentierend gesetzten intertextuellen Relation schafft ein Reflexionsmedium, in dem das Werk als dieses zu gesteigertem Bewußtsein kommen, sein Eigenes freigeben kann. Experimente solcher Art sind geeignet, Stereotypen der Wahrnehmung aufzubrechen und das Werk in ungewohnte Beleuchtung zu stellen.

Wenn es also prinzipiell möglich ist, daß erst die Auslegung die intertextuelle Relation setzt, oder aber der einfache Zufall vorgängiger Lektüren, so wird die privilegierte, in den Blick genommene intertextuelle Relation doch gewöhnlich dadurch gelenkt, daß der Text selbst eine oder mehrere intertextuelle Relationen anzeigt. Der Text selbst hat die Möglichkeit, ein Reflexionsmedium zu setzen, in dem er sich als eine differenzierende Distanznahme zu einem oder mehreren Texten präsentiert und diese Distanznahme in die Konkretheit des Werks einschreibt. Es gibt elitäre literarische Kulturen, wie jene der griechischen und römischen Antike, des Mittelalters und der Renaissance, wo mit der Einlösung von werkspezifischen Differenzen gerechnet wird und wo das neue Werk einen ganzen

---

einem Text von Jan Mukařovský", in *Poetica* 2 (1968) S. 404–415. K. Maurers Plädoyer für eine Theorie der Autorvariante ist zugleich ein Plädoyer für eine eigene Form der intertextuellen Lektüre.

[7] Vgl. Verf., „Valérys ‚Le cimetière marin' und Nietzsches ‚Großer Mittag'", in *Text und Applikation* (Poetik und Hermeneutik IX), hgg. M. Fuhrmann / H.R. Jauß / W. Pannenberg, München 1981, S. 311–321.

[8] Vgl. hierzu die grundlegenden Betrachtungen Walter Benjamins, „Der Begriff der Kunstkritik in der deutschen Romantik" (1919), in Benjamin, *Gesammelte Schriften,* Bd 1, Frankfurt/M. 1972.

Kanon literarischer Bezüge notwendigerweise ins Spiel bringt. Jeder Text ruft in solchen ausdifferenzierten literarischen Kommunikationssystemen eine ganze ins Spiel zu bringende literarische Tradition auf und gibt ihr durch die produktive Differenz gleichsam neue Gegenwärtigkeit. Aus der Dichte der Bezüge aber erwächst eine Bildsprache, die nicht mehr einzelnen Texten zuweisbar ist, sondern an der alle teilhaben. Es gibt die diffuse Intertextualität der Topoi, die immer schon über die eine konkrete, in den Blick zu bringende intertextuelle Relation hinausreicht und diese ihrerseits in ein reiches Netz intertextueller Bezüge einbringt. Eine solche literarische Kultur setzt einen literarischen Kanon voraus, der allen gemeinsam ist, die an dieser Kultur teilhaben. Auch in der modernen Literatur gibt es eine große Zahl von Werken, denen die Verweisung auf andere Werke wesentlich ist. Hier findet sich aber auch eine neue Art von Verweisung, für die Plenzdorfs *Die neuen Leiden des jungen W.* ein erhellendes Beispiel ist. Plenzdorfs Erzählung vermittelt zwei Werke, die in keiner literarischen Konfiguration stehen: Goethes *Werther* und Salingers *The Catcher in the rye*. Daß diese beiden Werke überhaupt in ein Verhältnis zueinander treten, ist das Ergebnis von Plenzdorfs Erzählung, die somit selbst zu einem Ort der Intertextualität wird, gleichsam als Relais zwischen zwei Werken. Plenzdorfs Erzählung, indem sie sich zugleich auf Goethes *Werther* und Salingers *The Catcher in the rye* bezieht, schafft sich ihr eigenes Bezugsfeld als Spielraum eines literarischen Experiments. So wenig wie in der Literatur des Mittelalters oder der Renaissance geht es hier aber bei der Evokation literarischer Folien um die bloße Differenz in der Kongruenz. Die Differenz ist eine notwendige, aber keine zureichende Begründung für das literarische Spiel der Intertextualität. Dieses bedarf immer auch einer in der Sache liegenden Begründung, wenn sein Aufwand an verlangter Aufmerksamkeit nicht ins Leere eines bloßen Bildungsspiels laufen soll. Ein einfaches Beispiel kann dies noch verdeutlichen. Es gibt ein literarisches Spiel, das als Marcel Prousts Fragebogen bekannt ist. In der Wochenbeilage einer deutschen Tageszeitung ist dieser Fragebogen ein regelmäßiger, fester Bestandteil. Die Befragten sind einem Frageschema konfrontiert, das, wie sie wissen, schon vielen anderen vorgelegt worden ist, und das von ihnen eine originelle Antwort erwartet. So ist die Markierung einer Differenz eine der wesentlichen Regeln dieses Spiels. Aber über diese Differenz hinaus und durch sie hat der Befragte zugleich die Chance, in prägnanten Formulierungen die Summe eines gelebten Lebens zu präsentieren.

Indem das Werk sich selbst in eine intertextuelle Relation einrückt oder aber versuchsweise zum Moment einer intertextuellen Relation gemacht wird, scheint es sein Zentrum zu verlieren und in eine bewegliche Identität einzutreten, die erst aus der intertextuellen Relation selbst hervorgeht. Die Kategorie der Intertextualität ist eine Kategorie der Dezentrierung und der Offenheit. J. Kristeva, die den Begriff in die literaturwissenschaftliche Diskussion eingeführt hat[9], sah in ihm die Chance, die Vorstellung von der Identität des Werks sowie von seiner Zurückführbarkeit auf die personale Identität eines Autors wie schließlich auch die Auffassung von der referentiellen Determiniertheit des Werks als lite-

---

[9] Vgl. bes. J. Kristeva, *Sēmeiōtikē – Recherches pour un sémanalyse*, Paris 1969, S. 146 (in „Le mot, le dialogue et le roman"): „(...) tout texte se construit comme mosaïque de citations, tout texte est absorption et transformation d'un autre texte. A la place de la notion d'intersubjectivité s'installe celle d'*intertextualité*, et le langage poétique se lit, au moins, comme double." und S. 255 (in „Poésie et négativité"): „Le signifié poétique renvoie à des signifiés discursifs autres, de sorte

rarische Mythen des bürgerlichen Bewußtseins zu entlarven. Während es der Rezeptionsästhetik in einer ersten Phase ihrer Entwicklung zunächst darum ging, das Werk in der Gebrochenheit seiner geschichtlich bedingten Rezeptions- und Aktualisierungsweisen zur Darstellung zu bringen, erblickte J. Kristeva in der Kategorie der Intertextualität die Möglichkeit, das im Rezeptionsakt aufgeworfene Problem der Intersubjektivität, wie es von Sartre zuerst formuliert worden war, grundsätzlich zu eliminieren. Die Auffassung der Tel Quel-Gruppe von der Subjektlosigkeit der literarischen Produktion erhielt durch das Theorem der Intertextualität ein neues Fundament. Doch wird zu prüfen sein, ob nicht die Kategorie der so verstandenen Intertextualität selbst einer neuen literaturwissenschaftlichen Mythenbildung entspringt.

III

Was Kristeva mit scheinbar texttheoretischer Stringenz als Intertextualität bezeichnet, ist in Wirklichkeit ein komplexer Zusammenhang von Relationen, der der systematischen Durchdringung und Differenzierung bedarf, wenn der Bezug zwischen Texten im Spielraum seiner Möglichkeiten erfaßt werden soll. Im folgenden soll versucht werden, eine solche Differenzierung zu skizzieren, und zwar primär mit Bezug auf Aspekte der Intertextualität von Dichtung und Literatur. Während Kristeva, ausgehend von einer vermeintlich ‚materialistischen' Literaturbetrachtung, die Kategorie der Intertextualität als eine einfache Relation auffaßt, soll im folgenden die Notwendigkeit verdeutlicht werden, zwischen semiotischer, phänomenologischer, hermeneutischer und pragmatischer Perspektive bei der Bezugnahme der Werke auf andere Werke zu unterscheiden.

Die Stimme des Textes ist begleitet vom Rauschen der Intertextualität. In jedem Wort ist das Rauschen seiner Bedeutungen und Verweisungen vernehmbar. Jeder Satz, jede Satzbewegung löst Erinnerungen, Verweisungen aus, und bei entsprechender Richtung der Aufmerksamkeit kann das Rauschen der Intertextualität die Stimme des Textes übertönen. Aber wie ist es, wenn die Intertextualität selbst Stimme wird, vernehmbar herausgehoben aus dem Rauschen der unbestimmten Verweisungen? Erst hier kann ja in einem prägnanten Sinne von Intertextualität die Rede sein.

Der Ausdruck „Intertextualität" bezeichnet ein Verhältnis, das zwischen einen Text und seinen Bezugstext gesetzt ist. Die Setzung dieses Verhältnisses ist semiotisch eine Verweisung oder beim bloß experimentierenden Bezug die Fiktion einer Verweisung. In dieser Verweisung selbst liegt aber schon eine prinzipielle Asymmetrie, die die Rede von der Intertextualität der Werke problematisch macht. Gegeben ist ein Text in seiner konkreten Artikulation. Dieser verweist durch partielle Rekurrenz zumindest auf einer der Ebenen seiner Konstitution auf einen oder mehrere andere Texte, die nicht selbst gegeben, sondern abwesend sind. Eine solche Verweisung kann übrigens durchaus auch allein von

que dans l'énoncé poétique plusieurs autres discours sont lisibles. Il se crée, ainsi, autour du signifié poétique, un espace textuel multiple dont les éléments sont susceptibles d'être appliqués dans le texte poétique concret. Nous appellerons cet espace *intertextuel*. Pris dans l'intertextualité, l'énoncé poétique est un sous-ensemble d'un ensemble plus grand qui est l'espace des textes appliqués dans notre ensemble."

der Gleichgestaltigkeit eines Rhythmus ihren Ausgang nehmen. So gibt es Gelegenheitsgedichte Mörikes, wo der Pfarrer, der sich in die Welt des Dichtens flüchtet — unbewußt? —, in den Duktus protestantischer Kirchenlieder verfällt[10].

Eine Relation, bei der Gegebenes auf Abwesendes verweist, ist in allgemeinster Hinsicht eine semiotische Relation. In diesem Sinne ist die Intertextualitätsrelation eine komplexe semiotische Relation insofern, als in ihr ein sprachlich organisierter Zeichenzusammenhang auf einen anderen sprachlich organisierten Zeichenzusammenhang verweist, aber so, daß diese Verweisung selbst nicht sprachlicher Art ist. Doch sind in dieser Relation beide Zeichenzusammenhänge nicht gleichwertig. Einer von beiden ist artikuliert, denotativ gegeben, der andere unartikuliert, konnotativ. Der denotierte Text ist in der intertextuellen Relation die Basis des konnotierten Texts.

Diese Differenz aber ist gerade bei Werken der Dichtung und Literatur, die auf ästhetische Erfahrung angelegt sind, von grundsätzlicher Bedeutung. Denn sie bezeichnet zugleich eine Differenz der phänomenologisch erfaßbaren Gegebenheitsweisen, von der die ästhetische Erfahrung selbst wesentlich bestimmt ist. Erst wenn die semiotische Relation der Intertextualität als phänomenologische Relation in den Blick kommt, kann die Erfahrung der Öffnung des Werks auf andere Werke wirklich erfaßt werden. Phänomenologisch ist das semiotische Verhältnis von Denotation und Konnotation ein Verhältnis von Thema und Horizont. Das Werk schafft sich einen Horizont, vor dem es sich in seiner Besonderheit darstellt. Soll dieser Horizont aber ein erfahrbarer, ästhetisch gegenwärtiger Horizont sein, nicht nur ein gewußter Horizont, so bedarf es nicht nur der Verweisung selbst, sondern ihrer ästhetischen Vergegenwärtigung.

Werke sind nicht unendlich bedeutungsoffen. Es sind Äquivalente von Aufmerksamkeitsleistungen. Im Gegensatz zur unendlichen Komplexität und Offenheit des alltäglichen Lebens ist das Werk eine Ausgrenzung, bei der sich für den Leser Entlastung der Aufmerkamkeit vom ‚quer Einschießenden'[11] mit Steigerung der Aufmerksamkeit verbindet. Es ist eine subtile Einsicht Lessings, daß der menschliche Geist, gerade weil er von beschränktem Fassungsvermögen ist, der ästhetischen Erfahrung eines Ganzen nur unter der Bedingung einer form- und gattungskonstitutiven Reduktion teilhaftig werden kann. Das Werk setzt die Priorität seiner Werkidentität über seine Offenheit und Unbestimmtheit. So läßt es sich als ein bestimmtes Verhältnis von Bestimmtheit und Unbestimmtheit beschreiben[12]. Das Werk selbst ist das Zentrum eines Sinns, der über es hinausreicht. Es konstituiert ein Sinnfeld, dessen Mittelpunkt es zugleich ist. Alles was in diesem Feld erscheint, ist auf die Mitte zentriert, die das Werk selbst setzt. Eben deshalb kann auch die ‚Intertextualität' das Werk nicht dezentrieren. Das dezentrierte, fremden Texten anheimgefallene Werk müßte seine ästhetische Identität verlieren.

Die intertextuelle Gegebenheit ist nicht nur die Funktion eines semiotisch abgerufenen Vorwissens, das der Rezipient ins Spiel zu bringen hat. Der Text vielmehr spielt den Be-

---

[10] Vgl. etwa das Gedicht „Im Garten", das den Rhythmus von „Nun ruhen alle Wälder" wachruft, oder „In der Frühe" mit dem Rhythmus von „Wie schön leuchtet der Morgenstern".
[11] Vgl. G.E. Lessing, *Hamburgische Dramaturgie* (1767–1769), 70. Stück, in *Gesammelte Werke*, hg. P. Rilla, Berlin 1954, Bd 6, S. 358ff.
[12] Vgl. Verf., „Die Absolutheit des Ästhetischen und seine Geschichtlichkeit", in *Kolloquium Kunst und Philosophie* Bd 3, hg. W. Oelmüller, Paderborn 1983.

zugstext herein, und zwar in einer Artikuliertheit, Reliefhaftigkeit, die das Ganze des intertextuellen Bezugstexts nicht einfach als Wissen voraussetzt, sondern es im Medium seiner konkreten Aufgerufenheit erscheinen läßt. Die Weise, wie ein Text eines anderen Texts inne ist, bestimmt seine ästhetische Gegenwärtigkeit. Besonders deutlich kann dies werden, wenn man vergleichend das Medium des Bildes heranzieht. Gerade bei der ‚intervisuellen' Relation eines Bildes zu einem anderen zeigt sich klar die Differenz der Gegebenheitsweisen. Das zitierte Bild muß im zitierenden Bild ‚aufgehoben' sein, wenn dieses in seiner eigenen Logik nicht zerstört werden soll. In der Kunst solcher Aufhebung besteht so zum Beispiel der ästhetische Reiz der ‚Kopien' des Zeichners und Radierers Horst Janssen.

Doch ist die intertextuelle Relation als Aufbau von semiotischer und phänomenologischer Relation noch nicht zureichend erfaßt. Sie erscheint in einer dritten Hinsicht als hermeneutische oder pragmatische Relation. Die Weise, wie ein Text einen Text vergegenwärtigt, sagt zugleich etwas darüber aus, wie der Text sich zu dem Text verhält, den er heraufruft. Die ‚Intertextualität' ist keine bedeutungsleere und intentionslose Verweisung. Das hermeneutische oder pragmatische Verhältnis eines Textes zu einem Text mag das der Applikation sein oder der Überbietung, der Aufbietung einer Autorität, der ironischen Distanznahme, der Erweiterung, der Korrektur oder der Ausschöpfung eines Spielraums, der durch den vorgängigen Text oder durch eine Folge vorgängiger Texte gesetzt ist. Wenn bei poetischen und literarischen Werken der phänomenologische Aspekt offen sein muß auf einen hermeneutischen oder auch pragmatischen, so gilt dies mehr noch für argumentierende Texte. Texte, literarische wie nichtliterarische, stehen zueinander nicht nur in einem Verhältnis der semiotischen Differenz, sondern, auf der Grundlage einer semiotischen Differenz, in einem Sachbezug, der als dieser das Verhältnis der Texte zueinander überschreitet und damit auch die intertextuelle zu einer anderen als inter*textuellen* Relation macht. Dies ist von M. Heidegger in seinem Buch *Kant und das Problem der Metaphysik* (1929) mit Eindringlichkeit verdeutlicht worden. Heideggers Buch ist nicht nur mit Kants *Kritik der Urtheilskraft* durch eine große Dichte expliziter intertextueller Bezüge verknüpft, es reflektiert zugleich darüber, was in diesem Bezug sachlich geschieht. Heidegger fragt, was es heißt, ein Grundproblem zu wiederholen, das in einem philosophischen Text dargelegt ist. Indem der Interpret die Frage zurückgewinnt, auf die der Text eine Antwort war, wird dieser auf seine Voraussetzung hin überschritten. Die Wiederholung des ‚Grundproblems' kann dann selbst überschritten werden. Damit ist der Boden gewonnen für einen neuen Text, der zum vorausgehenden nicht nur in einer intertextuellen Relation steht, sondern durch diesen hindurch auf einen sachlichen Grund geführt wurde, der beiden Texten gemeinsam ist. Jede Interpretation überschreitet das Interpretierte, indem sie es aus einem Sachbezug heraus zu verstehen sucht. Damit aber ist die Interpretation auch notwendig selbst in die Sache verstrickt, von der der interpretierte Text handelt[13]. Montaignes Diktum „nous ne faisons que nous entregloser" hat in dieser Bewegung von Frage und Antwort seine sachliche Begründung[14]. Die hermeneutische

---

[13] Dies ist besonders von H.G. Gadamer, *Wahrheit und Methode,* Tübingen 1960, ²1965, S. 249 in Fortführung von Heidegger herausgestellt worden.
[14] Montaigne, *Essais* III, 13: „De l'expérience", in *Essais* (éd. de la Pléiade), hg. A. Thibaudet, Paris

Relation ist nie allein eine Relation zwischen Texten, sondern immer auch ein Sachbezug, den die Texte sich zu eigen machen.

Die bisherigen Überlegungen erweisen den Ausdruck ‚Intertextualität' als problematisch. Denn die Intertextualität selbst ist nur ein Moment einer komplexeren Beziehung, die über die bloße Textgestalt hinausreicht. Für diese ist die Gegebenheitsweise ebenso von Belang wie die, den Text überschreitende, Bezogenheit auf eine Sache[15]. Diese Bezogenheit aber bedeutet nicht eine Dezentrierung des Textes, sondern vielmehr seine Situierung. Die ‚intertextuelle' Relation ist Moment der Identität des Textes selbst und gewinnt nur im Hinblick auf diese ihre spezifische Bedeutung. Im Text, im Werk ereignet sich die neue Erfahrung als Reorganisation eines vorgängigen Wissens, das erst durch diese neue Gestalt seine Prägnanz und seine innere Kohärenz erhält. Das Werk ist nie eine bloße Maximierung von Referenzen auf andere Werke, sondern immer ein Vollzug unter Formbedingungen, die die Aufmerksamkeit auf eine je ins Werk gesetzte Relevanzfigur[16] konzentrieren. Der Text als Werk spielt durch die Verfahren der partiellen Konvergenz ein anderes Werk herein, macht es gegenwärtig durch die Weise des Hereinspielens und gibt ihm so eine spezifische Konturiertheit, die es von sich selbst aus noch nicht hat. Erst so wird aber die intertextuelle Relation prägnant, doch hört sie eben damit zugleich auf, eine dezentrierende inter*textuelle* Relation zu sein. Der hereingespielte Text ist darüber hinaus auch gar nicht als Text hereingespielt, sondern als Erinnerung an die Lektüre eines Textes, das heißt als angeeigneter, umgesetzter, in Sinn oder Imagination überführter Text.

Der Text als Werk hat seine eigene Autorität in der Bestimmtheit seiner Form. Solche Autorität schließt aber Liberalität der Applikationsmöglichkeiten, der Auslegbarkeiten, Fortführbarkeiten und Bezugnahmen nicht aus. Beide betreffen ganz verschiedene Aspekte des Werks, die voneinander geschieden werden müssen. M. Bachtin, der mit seiner Theorie der Dialogizität, auf der J. Kristeva fußt, sich der Autorität des „monologischen Worts" widersetzte[17], sah nicht, daß die Autorität der Form, die die Identität des Werks bestimmt, nicht notwendig eine autoritäre, ideologische Vereinseitigung seiner ‚Aussage' zur Folge haben muß. Die Liberalität der Sinndimensionen gerade des ästhetischen Texts

---

1950, S. 1199: „Il y a plus affaire à interpréter les interprétations qu'à interpréter les choses, et plus de livres sur les livres que sur autre subject: nous ne faisons que nous entregloser."

[15] Daß die intertextuelle Relation immer zugleich eine hermeneutische Relation ist, zeigt besonders deutlich die gerade erschienene Untersuchung von R. Warning, „Imitatio und Intertextualität – Zur Geschichte lyrischer Dekonstruktion der Amortheologie: Dante, Petrarca, Baudelaire", in *Kolloquium Kunst und Philosophie* Bd 2: *Ästhetischer Schein*, Paderborn 1982 (UTB 1178). Die Differenz der aufeinander bezogenen Texte wird erst sprechend durch ihre Auslegung, und das heißt zugleich, indem die *Intertextualität* überschritten wird. Auch die Arbeit von R. Lachmann, „Bachtins Dialogizität und die akmeistische Mythopoetik als Paradigma dialogisierter Lyrik" (in diesem Band S. 489–515), zeigt, bei aller methodischer Differenz zu der Arbeit von Warning, daß die intertextuelle Betrachtung notwendig in Auslegung übergehen muß, die das nicht ausklammern kann, was den Texten in der intertextuellen Relation als das gemeinsame Dritte vorausliegt.

[16] Zu diesem Begriff vgl. Verf., „Was heißt Rezeption bei fiktionalen Texten?", in *Poetica* 7 (1975), S. 371.

[17] M. Bachtin, *Die Ästhetik des Wortes*, hg. R. Grübel, Frankfurt/M. 1979 (es 967). Zu Bachtins Theorie des dialogischen Worts vgl. Tz. Todorov, *Mikhail Bakhtine – Le principe dialogique suivi de Ecrits du Cercle de Bakhtine*, Paris 1981.

erweist, daß Autorität und Liberalität des Werks keine sich ausschließenden, sondern komplementäre Momente sind[18].

Dialogisch in einem genaueren Sinne kann der Bezug zwischen Texten nicht heißen. Jeder Text macht den hereingeholten Text zum Moment seiner eigenen Bewegung. Dialog setzt die Autonomie der Aktanten des Dialogs voraus. Gerade diese aber erscheint in der intertextuellen Relation aufgehoben.

IV

Zumindest im Ansatz sollen abschließend jene Formen der Bezogenheit zwischen Texten betrachtet werden, bei denen am ehesten von Intertextualität im eigentlichen Sinne gesprochen werden könnte. In erster Linie ist dies der Fall bei der Übersetzung. Die Übersetzung ist eine Form des „fremdbestimmten Textes"[19]. Sie hält einen abwesenden Text gegenwärtig, und zwar nicht im Sinne einer vorauszusetzenden Kopräsenz, sondern so, daß die Übersetzung in der fremden Sprache die Funktion des Originals übernimmt. Die Übersetzung ‚vertritt' den Text einer fremden Sprache in der eigenen Sprache. Die Übersetzung ‚ist' gleichsam der fremde Text unter den Bedingungen der eigenen Sprache. So muß die Übersetzung auch statt seiner einen Bezug zur außersprachlichen Wirklichkeit oder zu einem Äquivalent der Wirklichkeit haben. Dennoch ist der übersetzte Text selbst nicht Abbild einer Sachlage, sondern das Abbild des Abbilds. Die Stellvertretungsrelation kann aber auch zu einer Relation der Kopräsenz gemacht werden, wenn die Übersetzung auf ihre Zuverlässigkeit überprüft werden soll oder wenn im Vergleich eine Einsicht in die je spezifische Sprachbedingtheit von Übersetzung und Original gewonnen und die Übersetzung in ihrer zweifachen Bedingtheit durch den vorgegebenen Text wie durch die Struktur der eigenen Sprache erfaßt werden soll. Die Übersetzung konnotiert nicht nur den fremden Text, sondern sie ist gleichsam seine Aufführung im fremden Medium. So ist die Artikuliertheit des fremden zugrunde liegenden Textes auch nicht nur horizonthaft vorausgesetzt, sondern dem neuen Text eingeprägt. Die Übersetzung ist eine Form der eindeutigen, artikulierten Intertextualität. Zwischen beiden Texten gibt es kein offenes, dezentrierendes Hin und Her, ihr Abhängigkeitsverhältnis ist eindeutig gerichtet. Ebenso wie bei der freien Intertextualität ist auch bei der Übersetzung der Rückgang auf einen Sachbezug die Bedingung dafür, daß überhaupt der Übergang von Sprache zu Sprache möglich wird. Nicht ein gleichsam subjektloses, selbsttätiges Spiel zwischen

---

[18] So scheint mir O. Marquards Plädoyer für eine zwanglose, offene, vielsinnige Hermeneutik (vgl. bes. „Frage nach der Frage, auf die die Hermeneutik die Antwort ist", in *Text und Applikation* (Poetik und Hermeneutik IX), hgg. M. Fuhrmann / H.R. Jauß / W. Pannenberg, München 1981, S. 581–589) die spezifisch ästhetische, also unideologische Bestimmtheit und Autorität des poetischen Werks zu sehr zur *quantité négligeable* zu machen.

[19] Ich übernehme diese treffende Bezeichnung von K. Maurer, „Die Übersetzung als Form des fremdbestimmten Textes", in *Poetica* 8 (1976) S. 233–257. Maurer bestimmt neben der Übersetzung in erster Linie noch Parodie, Pastiche, Travestie und Palidonie als Formen des fremdbestimmten Textes und ordnet sie der „größeren Gruppe sekundärer Genera" (S. 256) zu, zu der in einem weiteren Sinn auch die Formen der Satire und schließlich der Textbearbeitung („Überarbeitung, Dramatisierung, Verfilmung usw.", S. 257) gehören.

Texten ist diese ausgeprägteste Form der Intertextualität, sondern ein sachbezogenes Wiederholen einer Sprachhandlung im neuen Medium, wobei der ursprüngliche Text als ein gleichsam in einer Metasprache kodiertes Ensemble von Realisierungsanweisungen aufgefaßt werden kann. Die Übersetzung ist schließlich kein autonomer Bezug zwischen Texten, sondern eine Rede, die unter der Bedingung einer vorgängigen verstehenden, sinnentwerfenden Lektüre steht.

Wenn in der Übersetzung der Zieltext sich dem Ausgangstext überantwortet, der Ausgangstext zur Regel für die Konstitution des Zieltexts wird, so ist beim Zitat das Verhältnis beider Texte umgekehrt. Dort wird der primäre Text auf ein Fragment reduziert, und dieses wird in den neuen Kontext eines Werks so integriert, daß es eine neue Funktion übernimmt. Das Zitat steht in einer Spannung, die der Text sich in unterschiedlicher Weise nutzbar zu machen vermag. Es verweist metonymisch auf den Kontext, dem es entspringt, aber es erweist zugleich seine über den Kontext hinausreichende Potentialität, indem es in den Funktionszusammenhang des neuen Texts eingeht, sich diesem zugleich unterwirft und entzieht, einen fremden Text in den Blick bringt und doch auch in diesem nicht aufgeht. Es hängt jeweils vom Kontext des neuen Textes ab, inwieweit der ursprüngliche Kontext vom Leser abgerufen oder inwieweit er von ihm gerade ausgeblendet werden muß.

Als Sonderfall des Zitats bedarf auch die Anspielung der Erwähnung. Auch sie ist eine Form des kulturellen Wissens, die nicht einen vorausgesetzten Text wirklich ins Spiel bringt, sondern nur die Erinnerung an ihn. In der intertextuellen Relation der Anspielung erweist sich die Geistesgegenwart des Anspielenden, der in einem seine Verfügung über ein literarisches Wissen unter Beweis stellt wie seine Fähigkeit, es fruchtbar anzuwenden und in eine prägnante Relation zu dem Sachzusammenhang zu bringen, aus dem die gegenwärtige Rede hervorgeht.

Parodie und Travestie sind auf Texte — gewöhnlich solche von hohem aktuellen Prestige in einer literarischen Öffentlichkeit — in der Weise bezogen, daß sie den Text zu dominieren suchen, indem sie sich ihm zum Schein unterwerfen. Die Parodie ‚übersetzt' nicht in eine andere Sprache, sondern in einen anderen Wirklichkeitsbereich und läßt so den Sprachgestus eines Werks in der Wiederholung zur leeren Attitüde werden, oder sie legt das Leere einer Attitüde durch solche Transposition frei. Durch diese Operation wird der Bezugstext gleichsam mit sich selbst entzweit. Gewöhnlich aber, und besonders bei literarischen Werken von Bedeutung, mißlingt der Versuch, das Werk selbst auf diese Weise zu dezentrieren. Die Dezentrierung, die die Parodie bewirkt, bleibt ein flüchtiger Moment der Entlastung vom Anspruch des Werks, der diesen Anspruch indes nicht selbst außer Kraft setzen kann. So bleibt die Parodie ein peripherer, parasitärer Text, der den Schein erweckt, er könne das Werk dezentrieren, auf das er sich bezieht, und der doch in Wirklichkeit selbst ein dezentrierter Text ist. Gerade hier zeigt sich, wie in der intertextuellen Öffnung das Werk selbst sich in seiner Eigenständigkeit behauptet und durch den intertextuellen Bezug noch gesteigert wird, oder aber wie es aus mangelnder Kraft der inneren Kohärenz sich an die Schwerkraft des fremden Werks verliert[20].

In anderer Weise sind Kommentar, Interpretation und Kritik ihrem Bezugstext zuge-

---

[20] Extremfall dessen wäre das Plagiat, das sich an die Stelle des plagiierten Textes setzt und das, wenn es als solches aufgedeckt wird, jede eigene Geltung verliert.

wandt. Der Kommentar bemächtigt sich gleichsam der Leerstellen des kommentierten Textes und macht das Implizite, seine unausgesprochenen Mitgegebenheiten, zum Thema der Explikation. Dies gilt besonders für jene Repertoires eines von Autor und Leser geteilten Wissens oder einer von ihnen geteilten Erfahrung, die sich in dem Maße als eine selbstverständliche Voraussetzung der Kommunikation verlieren, wie Autor und Leser anderen historischen Welten des Wissens und der Erfahrung zugehören. Der Kommentar ist entweder der Sache zugewandt, die als eine stille Voraussetzung hinter den Zeichen liegt, oder aber den Zeichen selbst und ihrem Gebrauch. In jedem Fall aber ist das Verhältnis von Kommentar und Text nicht das eines freien Spiels der Differenzen, sondern einer sachbezogenen und sich der Sache, dem kommentierten Text selbst, unterwerfenden Intertextualität.

Die Interpretation verhält sich zu ihrem Bezugstext als ein Metatext, der die Prämissen des Texts ebenso ans Licht hebt wie die unausdrücklichen Handlungsaspekte seines Vollzugs. Die Interpretation ‚erklärt' den Sinn einer sprachlichen Handlung, indem sie die Sinnschemata entwirft, unter denen die sprachliche Handlung erst die Durchsichtigkeit ihres Sinns gewinnt. Insofern ist die Interpretation gleichsam eine reflexive Potenzierung des Bezugstextes selbst. Dagegen steht die Kritik in einem offeneren Feld. Sie ist Prüfung der Textgestalt und deren größtmögliche Sicherung, sie ist Prüfung des Sachgehalts, der im Text seine sprachliche Vergegenständlichung findet, und sie ist schließlich Prüfung der ästhetischen Momente des Werks, entweder im Hinblick auf das Verhältnis des Werks zu seinen Prämissen oder im Hinblick auf diese selbst. Auch die Kritik als eigener Text steht zu ihrem Bezugstext nicht in einer intertextuellen Relation der bloßen Differenz, sondern in einer Beziehung, die klar benennbaren Sachinteressen entspringt.

Die große Vielfalt möglicher Bezüge, unter denen Texte zu Texten in ein Verhältnis treten können, wird durch den Begriff der Intertextualität nicht erhellt, sondern eher verdunkelt[21]. Wird das Feld der Relationen zwischen Texten aber systematisch erschlossen, so erweist sich, daß der ‚Intertextualität' keinesfalls jene Kraft zukommt, um derentwillen J. Kristeva das Konzept eingeführt hatte: die Kraft nämlich, die Identität der Werke zu dezentrieren, die Werke zum Moment eines subjektlosen Prozesses der sich ausspielenden

---

[21] Doch scheinen mir die Versuche, das Feld der Intertextualität durch Subkategorisierungen systematisch zu erschließen, auch nur bedingt hilfreich. Am weitesten ist bisher wohl G. Genette, *Palimpsestes – La littérature au second degré*, Paris 1982, in dieser Richtung gegangen, der mit einer etwas ironisch gefärbten Lust am begrifflichen Differenzierungsspiel zwischen „intertextualité", „paratextualité", „métatextualité", „hypotextualité" und architextualité" unterscheidet und alle diese Textualitäten unter dem Begriff der „transtextualité" zusammenfaßt. Freilich ist dieser Begriff so vieldeutig und mißverständlich, daß er sich kaum eignet, den der Intertextualität abzulösen. Problematisch ist indes auch die Metaphorik des Palimpsests, die Genette zur Charakterisierung der „littérature au second degré" einführt. Palimpsest meint von der Sache her den beziehungslos, durch den bloßen Zufall des gemeinsamen Datenträgers hergestellten textuellen Zusammenhang. Der Begriff verfehlt also das Besondere der intertextuellen Verweisung in anderer Richtung ebenso wie der Begriff des Dialogs. Die Relation zwischen Texten ist weder die des Palimpsests noch jene des Dialogs. Was Genette hier in die Irre geführt haben dürfte, wird an einem früheren Aufsatz von ihm über das Palimpsest bei Proust deutlich. In „Proust palimpseste" aus der Aufsatzsammlung *Figures* (Paris 1966) wird der Proustsche Text der *Recherche* als Abbild einer Konfiguration zwischen erinnerndem und erinnertem Ich begriffen und die in die Sprache eingehende Schichtung des Gedächtnisses zu Recht mit dem Bild des Palimpsests bezeichnet, das schon von Baudelaire für die

textuellen Differenz zu machen. Der Mythos der Intertextualität hält, dies wäre als Resümee aus unserer Betrachtung zu ziehen, einer systematischen Betrachtung nicht stand. Daß aber das Konzept der Intertextualität, wenn es von einer textideologischen zu einer deskriptiven, auf das je einzelne Verhältnis bezogenen Kategorie gemacht wird, für das Verständnis einer noch zu wenig beachteten kommunikativen Dimension der Werke fruchtbar ist, steht dennoch außer Frage.

Arbeit des Gedächtnisses verwendet worden war: „Qu'est-ce que le cerveau humain, sinon un palimpseste immense et naturel?" Für Baudelaire ist es die Identität des Bewußtseins selbst, die zwischen seinen verschiedenen Erinnerungsspuren eine Harmonie herstellt. Wenn hier das Bild noch einen wesentlichen Zusammenhang erfaßt, so ist es für die motivierte Beziehung von Text zu Text nicht mehr tragfähig.

WOLF-DIETER STEMPEL

BEMERKUNGEN ZUR KOMMUNIKATION IM ALLTAGSGESPRÄCH

1.1 Ph. Lejeune (bekannt und geschätzt als Verfasser maßgeblicher Arbeiten zur Autobiographie) war, so berichtet er, enttäuscht: er hatte sich den Film *Sartre par lui-même* (1967) angesehen, in dem der Titelheld im Kreis alter Freunde von *Les Temps Modernes* und im Gespräch mit verschiedenen Partnern von sich und seinem Leben erzählt, und er hatte daran Gefallen gefunden; als er sich jedoch die einige Monate später erschienene schriftliche Fassung von Sartres Ausführungen besorgte, vermittelte sie ihm einen Eindruck von „pauvreté" und „rabâchage" (Wiederholung von öfters Gesagtem). In der Tat waren drei Stunden Filmerlebnis in der (ungekürzten) Transkription auf 120 Seiten Text zusammengeschrumpft, die man in einer Dreiviertelstunde durchgeblättert hatte[1].

Lejeune hat recht, wenn er seine Enttäuschung mit der banalen Erfahrung vergleicht, die im Prinzip bei jeder Transkription von Unterhaltungen, Interviews u.ä. nachvollzogen werden kann, und die Versuchung ist deshalb, vor allem im kommerziellen Bereich, naheliegend, dort, wo dem breiten Publikum eine Kontrollmöglichkeit nicht gegeben ist, ein ‚müdes' Transkript entsprechend aufzubereiten. Im vorliegenden Fall verbot sich eine solche Manipulation im Hinblick auf den gleichzeitig laufenden Film, was zu dem scheinbar paradoxen Ergebnis führte, daß die Autoren der schriftlichen Fassung gerade dadurch, daß sie vom Wortlaut des Originals kaum abwichen, dieses ‚verrieten', also letztlich verfälschten. Was hatte sich ereignet? Nicht viel mehr, aber auch nicht viel weniger als daß sich im Buch die audiovisuelle Erscheinung des Redesubjekts verflüchtigt hatte und, so Lejeune, ein ‚Bodensatz an ausgetrockneten Sätzen' zurückgeblieben war. Lejeune nimmt diese erste Feststellung zum Anlaß, den medialen Umsetzungsprozeß anhand eines kleinen Textabschnitts genauer zu analysieren, und es gelingt ihm dabei im einzelnen zu zeigen, wie der gleichsam denaturierte Wortlaut wieder Leben gewinnt, sobald die Beschneidungen unter Rückgriff auf Ton- und Bildaufzeichnung rückgängig gemacht und das sprachlich Geäußerte wieder zum lebendigen Äußerungsprozeß in Beziehung gesetzt wird. Mehr noch: nicht nur, daß durch Reprojektion der genuinen Zeichen der Mündlichkeit (Aussprachebesonderheiten, Schwankungen im Sprechtempo und der Intensität der Stimmgebung, Stimmqualität – bei Sartre nach Lejeunes Eindruck ‚metallisch und leicht nasal' (S. 276)), durch Reaktivierung von Mimik und Gestik die Natürlichkeit menschlicher Rede wieder hergestellt wird; Lejeune kann darüber hinaus in meisterlicher Interpretation auch dartun, wie gerade das, was im Text entweder der obligatorischen schriftsprachlichen Kosmetik zum Opfer gefallen war (Floskeln, Umbrüche in der Satzkonstruktion u.ä.) oder aber als Redundanz, Wiederholung, Plattheit oder Ungeschicklichkeit der Ausdrucksweise langweilte, durch die Verbindung zumeist mit entsprechenden Artikulationen im intonatorischen oder nonverbalen Bereich plötzlich motiviert oder gar als Teil einer umfassenden Äußerungsstrategie erscheint.

---

[1] Vgl. „Ca s'est fait comme ça", in *Poétique* 35 (1978) S. 269–304, hier S. 269.

1.2 Natürlich reicht Lejeunes Interesse an Sartres Äußerungen weiter; schließlich ist er mit dem Verfasser von *Les Mots* gut vertraut, und er hat auch im vorliegenden Fall einen Textausschnitt gewählt, in dem Sartre sich über das schwierige Verhältnis zu seiner Mutter ausläßt — Grund genug, der Äußerungssymptomatik in einem psychoanalytisch sensibilisierten Erwartungszusammenhang besondere Aufmerksamkeit zuzuwenden. Dennoch wäre es verfehlt, das Interesse des von Lejeune vorgeführten Experiments einer Textwiederbelebung an die Bedingung zu knüpfen, daß das Redesubjekt über die Art und den Grad an Bekanntheit verfügt, die ein Bedürfnis nach umfassender Information von allem unterhält, was mit seiner Person zusammenhängt. Gewiß mag gerade im schriftstellerischen und insbesondere literarischen Bereich der Leser zu Vorstellungen über den Autor angeregt und mögen entsprechende Erwartungen dort besonders enttäuscht werden, wo ein im Verhältnis zum Original verfremdeter, überhaupt nicht für die Kommunikation mit einem Leser konzipierter Text dargeboten wird. Aber es genügt, die Situation eines Alltagsgesprächs an die Stelle des Interviews zu setzen (das dazu in der schriftlichen Fassung noch weitgehend monologisiert worden zu sein scheint), um am ‚Abfall' seiner schriftlichen Fixierung, der Relevanzschwäche des schriftlich Festgehaltenen, den in diesem Zusammenhang plakativ aufscheinenden Kodierungsunsicherheiten usw. zu erkennen, daß dies nicht der ganze Inhalt eines Gesprächs gewesen sein kann, ja daß allein von einem solchen ‚abstract' ausgehend unter Umständen überhaupt nicht zu verstehen ist, daß ein Gespräch ‚geführt' und zu Ende gebracht wurde.

2.0 Sagen wir an dieser Stelle gleich, daß bei dem Typ von Gespräch, wie er hier zugrunde gelegt wird, von außen einwirkende Notwendigkeiten, präzise praktische Anlässe oder gar institutionelle Vorgaben keine Rolle spielen. Damit ist über den Inhalt solcher von objektiven Zwängen entlasteten Gespräche selbst noch nichts ausgesagt, lediglich die Bedingung gemacht, daß die Personen, die sich an der Unterhaltung beteiligen, dies nicht in Erfüllung praktischer Funktionen tun. Anlaß des hier ins Auge gefaßten Alltagsgesprächs ist im wesentlichen der Wunsch oder das Bedürfnis, sich mit einem oder mehreren Gesprächspartnern auszutauschen, und dies kann ebenso im Zugabteil, bei Besuchen, am vielberufenen Gartenzaun, d.h. immer dort stattfinden, wo man Zeit füreinander hat oder findet. Gespräche dieses oder eines verwandten Typs sind in den letzten Jahren des öfteren und mit unterschiedlichem Erkenntnisinteresse behandelt und analysiert worden. Worauf es hier ankommen soll, ist, etwas ganz Allgemeines an ihnen zu vergegenwärtigen mit dem Ziel, die Einsicht in die Konstitutionsbedingungen solcher Gespräche zu fördern und zu deren Verständnis beizutragen. Konkreter Ausgangspunkt soll dabei die eingangs angeschnittene Frage sein, woran es liegt, daß trotz obstinater Unerheblichkeit und Banalität, trotz pauvreté und häufigem rabâchage solche Gesprächsveranstaltungen nicht nur in der sozialen Praxis des Alltags Bestand haben, sondern daß, was man gemeinhin „Schwatz", „Klön" oder eben „Unterhaltung" und „Konversation" nennt, oft sogar erwünscht und gesucht wird. Natürlich ist hier am wenigsten an routinierte Kontaktpraktiken wie etwa das Wettergespräch gedacht, vielmehr an den Austausch von Erlebnissen und Erfahrungen, an Informationen über den eigenen Lebensbereich, an Klatsch, Mutmaßungen, Ansichten — wir könnten es bei diesen Globalhinweisen belassen. Es handelt sich jedenfalls um ein Stück sozialer Praxis, das, mögen auch die Situationen und Gelegenheiten entsprechend variieren, weder milieu- noch standesspezifisch eingegrenzt werden kann.

2.1 Als Ende der 60er Jahre in der Linguistik die gesprochene Sprache als eigener Forschungsgegenstand entdeckt wurde, hat man vielfach die Weiterungen unterschätzt, die sich theoretisch und praktisch aus dieser Öffnung ergaben. Nach herkömmlichem fachlichen Selbstverständnis war es allemal die *verbale* Sprache, die Gegenstand der Betrachtung blieb und nunmehr in pragmatische und interaktuelle Bezugsetzungen eingespannt wurde. Daß aber die Hinwendung zur originären Gebrauchsweise von Sprache (der gegenüber die Schriftsprache ein abgeleitetes, also sekundäres Verständigungsinstrument darstellt) sogleich mit der Erkenntnis zu verbinden war, daß die verbale Sprache hier gerade in ihrer medialen Relevanz eingeschränkt ist, hat verhältnismäßig wenig Beachtung gefunden, und in gewisser Weise ist dies ja auch zu begreifen: die zwei zusätzlichen Medien mündlicher Kommunikation, das Parasprachliche der Intonation und das Nonverbale des kinesischen Bereichs, sind in den linguistischen Untersuchungen meist nur nebenbei und pauschal behandelt und im übrigen einer speziellen Fachforschung überlassen worden, die ihre eigenen Problemstellungen verfolgt. Gewiß, die Erschließung dieser Medien ist längst nicht so weit gediehen, daß die Analyse gesprochener Sprache nur auf die Vorarbeit der Intonations- bzw. Gestik- und Mimikforschung zurückzugreifen brauchte. Aber vielfach wird nicht einmal die Notwendigkeit und vor allem der Ansatzpunkt eines solchen Ausgriffs gesehen. Im Grunde war es bei Lejeune auch ein anders gelagertes, über die hier angesprochene Problemlage hinausgehendes Interesse, das ihn zu seiner ‚medialen' Fragestellung veranlaßt und zur Erkenntnis geführt hat, daß das angefertigte ‚getreue' Transkript nicht die ganze Wahrheit sein konnte. Daß dieses weiter gespannte Interesse, das autobiographische also, etwas mit dem Subjekt der geführten Reden zu tun hat, kommt dabei, wie wir noch sehen werden, nicht von ungefähr.

Der Umstand, daß dem verschriftlichten Sartre-Text somit etwas Entscheidendes fehlte, ja daß er die Originalaussage letztlich verfälschte, führt uns zur generellen Frage nach der Relevanz der drei Kommunikationsmedien im Rahmen der sprachlichen Interaktion. Sie soll hier freilich nur bis zu dem Punkt erörtert werden, wo ihre Ergiebigkeit für das Verständnis des Alltagsgesprächs sichtbar wird. Es ist allerdings unvermeidbar, hier zunächst einige bekanntere Dinge vorauszuschicken.

2.2 Von ihrem semiotischen Status aus gesehen, lassen sich die drei Kommunikationsmedien in etwas pauschaler, aber hier ausreichender Annäherung der Dichotomie zweier Arten von Informationsübertragung zuordnen: die verbale Sprache ist im Hinblick auf ihr Zeichenrepertoire im wesentlichen digital eingerichtet, Intonationsphänomene und körperliche Zeichen dagegen analog[2]. Dies besagt im wesentlichen, daß die analoge Signalisierung eine notwendige Beziehung zu dem Wirklichkeitsmoment, das sie re-präsentiert, unterhält, also ikonischer Natur ist, während bei der in diskrete Einheiten übersetzten, arbiträr oder auch symbolisch bestimmten Bedeutungsweise der Verbalsprache davon im allgemeinen keine Rede sein kann. Diese Besonderheit der analogen Kodes gegenüber dem digitalen verbindet sich mit weiteren Eigenheiten, die im Rahmen einer

---

[2] Ausführlich dazu P. Watzlawick et al., *Menschliche Kommunikation – Formen, Störungen, Paradoxien,* ³Bern 1972; A. Wilden, „Analog and digital communication: or the relationship between negation, signification, and the emergence of the discrete element", in *Semiotica* 6 (1972) S. 50–82.

face-to-face-Kommunikation und eines Alltagsgesprächs zumal von nicht zu unterschätzender Bedeutung sind: was Mimik, Gestik, Körperhaltung, aber auch Stimmgebung zum Ausdruck bringen, ist in sinnlicher Unmittelbarkeit der Wahrnehmung zugänglich, es sind somit zugleich ausschließlich positive, d.h. präsenzbezogene Aussagen möglich („analog' kann zwar etwas abgelehnt oder zurückgewiesen, aber nicht negiert werden). Vor allem aber ist zu bedenken, daß analoge Information durch ihre enge Bindung an ein referentielles Kontinuum keinen Nullpunkt kennt. Was das heißt, hat P. Watzlawick in seinem vielberedeten, gelegentlich bezweifelten, letztlich aber nicht bestreitbaren Satz ausgedrückt, daß man „nicht nicht kommunizieren" könne, wenn man sich in einer entsprechenden Situation befinde. Es kann in der Tat keinen Nullpunkt in dem semiotischen Prozeß geben, der durch persönliche Konfrontation in Gang gesetzt und nur durch Aufgabe eben dieser Situation beendet wird. Die verbale Artikulation kann dagegen nicht nur im Prinzip unterbrochen, sie muß sogar aufgegeben werden, sobald der Gesprächspartner seinen Beitrag leistet. Während darum beim Redewechsel auftretende entsprechende Überlappungen, Simultanäußerungen also, akzidentelle Momente des Übergangs oder der Behauptung des Rederechts darstellen, bleibt auf der Ebene der nonverbalen Kommunikation die Gegenseitigkeit des Kommunikationsverhältnisses grundsätzlich gewahrt. Und wenn diese Simultaneität auch in Anlehnung an den Verbalaustausch sukzessiv überformt werden kann, so erhält sie sich doch gleichwohl im Grundsätzlichen, insofern der verbalen Rede des einen die Erwartungseinstellungen oder Globalhaltungen des anderen gegenüberstehen, die über Ausdruck oder Körperhaltung vermittelt werden.

Schließlich ist ein weiteres wichtiges Moment anzuführen, das sich aus dem schon genannten Unterschied ergibt. Die reiche Semantik analoger Vermittlungen kann nicht in digitale Form übersetzt, Haltungen wie Zu- oder Abneigung, Gesten wie das Sich-auf-die-Zunge-Beißen u.ä. lassen sich nicht adäquat in Sprache beschreiben, und dies bedeutet zugleich, daß der verbalen Artikulation selbst durch ihre Gebundenheit an das Medium der Lautgebung prinzipiell eine Dimension eingeschrieben ist, die hinter den digitalen Horizont zurückweist auf Ausdrucksmodalitäten, die genetisch gesehen vorgängig sind. R. Jakobson berichtet von einem Experiment, bei dem ein Schauspieler vom Stanislavskij-Theater in Moskau die Aussage „segodnja večerom" („heute abend') fünfzigfach so intonatorisch variierte, daß jedesmal eine andere emotive Situation damit bedeutet wurde und die Moskauer Zuhörer anhand der Bandaufzeichnung die meisten davon korrekt entschlüsselten[3]. Gewiß handelt es sich hier um einen syntaktisch unvollständigen Satz oder u.U. um ein sog. Satzäquivalent, dem eine besondere Suggestionspotenz zukommt. Aber auch da, wo die Intonationskomponente dem kognitiven Verständigungsprozeß zugeordnet erscheint, ist davon auszugehen, daß ihr ‚analoger appeal' grundsätzlich erhalten bleibt.

2.3 Geht man von diesen Voraussetzungen aus, so ist klar, daß die analogen Kodes in ihrer Unausweichlichkeit keineswegs bloße „Accessoires' des verbalen Austauschs darstellen, sich auch nicht darin erschöpfen, die verbal artikulierten Inhalte auf ihre Weise

---

[3] Die Situationen waren von dem Schauspieler vorher auf einer Liste verzeichnet worden. Vgl. R. Jakobson, „Linguistics and poetics", in *Style in language*, hg. Th.A. Sebeok, Cambridge/Mass. 1960, S. 354.

ergänzend zum Ausdruck zu bringen. Das Verhältnis der drei Sorten von Informationsvermittlung ist vielmehr gerade aufgrund der medialen Verschiedenheiten das der gegenseitigen Kommentierung. Über das jeweilige Gewicht der im direkten Gespräch eingesetzten Medien ist damit noch nichts ausgesagt, und es kann auch darüber ohne Berücksichtigung weiterer Zusammenhänge nicht befunden werden. Hält man sich an die Situation des entspannten spontanen Sprechens, so ist allerdings etwas zu bemerken, das für sich gesehen banal erscheint, in seiner Konsequenz jedoch Interesse gewinnt. Ganz allgemein und ohne daß der soziale Status des jeweiligen Sprechers dabei ausschlaggebend wäre, haben spontan vorgebrachte Redebeiträge in der Regel nicht den Korrektheitsgrad, wie er dem schriftlichen Ausdruck entspricht oder entsprechen sollte. Während hochselektive grammatisch-syntaktisch-stilistische Korrektheitsgebote auch bei routinierter Praxis das Geschäft schriftlicher Fixierung noch oft genug belasten, ist der mündliche Gebrauch in der Regel durch vielerlei ‚Kodierungsunrat' in Gestalt von hesitation phenomena, Satzabbrüchen oder Anakoluthen, nachlässigen syntagmatischen Sequenzierungen u.ä. entstellt, von dem der eingangs erwähnte Sartresche Originaltext ebensowenig frei war wie von stilistischen Sorglosigkeiten (Wiederholungen, Plattheiten des Vokabulars usw.). Das Eigentümliche dieser Erscheinung ist nun aber, daß, was in schriftlicher Optik als Fehler oder als sonstwie defizient zu bezeichnen wäre, im Gespräch selbst so gut wie keine Rolle spielt, ja in der Regel vom Partner gar nicht bemerkt wird; erst eine nicht geglättete schriftliche Fixierung, die den Redebeitrag in seiner Erscheinungsform verfremdet und zugleich die schriftsprachliche Norm heraufbeschwört, treibt die Abweichungen plakativ hervor.

Man wird nicht fehlgehen, wenn man diesen Umstand mit den genannten medialen Besonderheiten mündlicher Rede in Verbindung bringt. Die Dispersion der Informationswahrnehmung, die durch die gleichzeitige Übertragung auf drei verschiedenen Kanälen bewirkt wird, insbesondere aber die Unmittelbarkeit des analogen Kontakts haben zur Folge, daß die verbale Kodierung der Kontrolle ein gutes Stück entzogen wird – wenn es überhaupt Sinn macht, in diesem Zusammenhang von Kontrolle zu sprechen. Denn während die Hypostase der Verbalsprache im Bereich des Schriftlichen Schutzmaßnahmen erforderlich macht, besteht dafür im mündlichen Ausdruck kein Anlaß. Mehr noch: in der komplexen semiotischen Situation einer Gesprächsbegegnung können Kodierungsspuren, Satzplanungsabänderungen, Verzögerungen usw., all das also, was in der Schriftsprache auszumerzen ist, positiviert werden, und zwar in zweierlei Weise: im ganz allgemeinen Sinn erscheinen sie als Zeichen von Natürlichkeit und Offenheit der Gesprächseinstellung, der Sprechprozeß scheint hier gleichsam ein Stück Oberfläche zu erreichen und wird dadurch dem analogen Modus angenähert. Darüber hinaus (davon war schon im Zusammenhang mit Lejeunes Interpretation die Rede) kann, was Plattheit oder Ungeschicklichkeit in isolierter Betrachtung sein mag, Teil eines kombinierten strategischen Verfahrens sein. Es erscheint jedenfalls bemerkenswert, daß (wenn der an vielen Transkriptionen spontaner Sprache gewonnene Eindruck nicht trügt) die fraglichen Erscheinungen in der Regel, von geringfügigen Lapsus abgesehen, nicht eigentlich Fehler im morphosyntaktischen Bereich sind – solche etwa, die mit der Stellung klitischer Pronomen, den Konjugationsformen, dem Tempusgebrauch usw. zu tun haben[4] –, sondern vor allem Dispositionsreflexe inner-

---
[4] Bezugsebene ist hier natürlich stets der Soziolekt des Sprechers.

halb der linearen Gestaltung darstellen. Diese werden, sobald es um Dispositionen im Makrobereich der Diskurs- und besonders Textgestaltung geht, häufiger, aber auch ‚äußerlich' unkenntlicher. Im syntaktischen Rahmen sind die Zeichen aufgegebener oder verzögerter Planungsprozesse zwar (theoretisch) unmittelbar erfahrbar, aber allein schon durch das positive Fortschreiten der Rede überwunden, entrückt und gleichsam gelöscht. Nicht die Sprachbeherrschung im engeren Sinne versagt also (diese ist selbstverständliche und unbefragbare Voraussetzung der Gesprächsteilnahme); der Sprecher hat vielmehr sein Gegenüber ein Stück an der Gestaltung des Darstellungsprozesses teilhaben lassen, mit dem er sich ihm zuwendet.

2.4 Die bisherigen Überlegungen führen zu einer ersten Zwischenbilanz. Wenn das Alltagsgespräch der Ort ist, an dem der sprachliche Austausch freigehalten ist von den Dringlichkeiten der Geschäfte, von äußeren Notwendigkeiten und Zwecken, wenn andererseits ein in ‚analoger' Unmittelbarkeit sich vollziehender Prozeß der persönlichen Konfrontation der verbalen Aussage einen Freiraum der Natürlichkeit beläßt, dann wird man nicht umhin können, der Verbalsprache im Alltagsgespräch einen besonderen Status zuzuweisen, der mit dem, was man gemeinhin unter „praktischer" oder „alltäglicher" Sprache verstehen konnte, nicht mehr vereinbar ist. Praktische Sprache, das war zunächst und lange Zeit nicht viel mehr als der Kontrastbegriff zur poetischen Sprache und nur in dieser Bezugsetzung überhaupt als Begriff existent. In dieser Perspektivierung erschien sie funktionell bestimmt als Instrument zur Erreichung praktischer Zwecke, und dieses Verständnis mag ja auch, bezogen auf bestimmte Verwendungsfälle, einem ihrer wichtigen Aspekte entsprechen. Die Sprache, wie wir sie in unserem Alltagsgespräch antreffen, steht dazu jedoch in Gegensatz, ja man kann sogar sagen, daß sie sich mit der poetischen Sprache das Oppositionsglied in Gestalt der ‚Effizienz'-Sprache teilt, ohne natürlich mit ihr deswegen identifiziert werden zu können. Dennoch wollen wir diese Annäherung einen Augenblick aufrechterhalten, da sie es zu erlauben scheint, die Einsicht in die Besonderheit des Alltagsgesprächs zu vertiefen. In einer gerade erschienenen kleinen Studie zum bavardage (‚Schwatz')[5] erkennt Anne-Marie Waliullah diesem Gesprächstyp am Ende eine ‚Regulierungsfunktion' zu. Was sie dazu anführt, leidet etwas darunter, daß die Verfasserin im bavardage eine allein weibliche und darüber hinaus auf Frauen ‚in subalterner Position' beschränkte Praxis sieht und in ihrem Rechtfertigungsstreben selbst einem Klischee erlegen ist:

Le bavardage, discours sans finalité apparente immédiate, ouvre les portes de l'imaginaire (...). Cet accès à l'imaginaire permet de renverser les rôles, d'améliorer le sien; tout dans ce domaine devient possible et l'on voit où les bavardages fleurent le mensonge puisque leur but est justement de travestir la réalité, de la reconstruire afin de la rendre plus vivable, surtout de ne plus en être le jouet, l'objet, mais le sujet. Ce n'est pas un hasard que seuls „bavardent" les êtres en position subalterne qui n'ont pas suffisamment la maîtrise de leur vie et qui se réfugient dans l'imaginaire (...). Ainsi la parole qui n'est pas liée à un pouvoir, qui ne débouche pas sur une action, qui n'a pas de projection sur le monde extérieur, fait retour sur soi, se nourrit d'elle-même, tourne à vide, s'emballe. Le bavardage apparaît comme le pôle négatif de la parole. (S. 98)

---

[5] „Potiches ou moulins à paroles: réflexions sur le bavardage – Qui parle? De quoi? Pourquoi?" in *Langage et société* 21 (1982) S. 93–99.

Streicht man ab, was sich der besonderen Perspektive der Verfasserin verdankt, so trifft diese Charakterisierung auch noch in dem, was daran überzogen erscheinen mag, sicherlich etwas Allgemeines, das mutatis mutandis unabhängig von Geschlecht und sozialem Status für unseren Gesprächstyp überhaupt gelten kann und sich gleichzeitig in die Perspektive fügt, die vorher hier angedeutet wurde. So sind Entsprechungen zu dem, was man in einem ganz allgemeinen Sinn als ästhetisches Erleben ansehen kann, unverkennbar: in der Enthobenheit von praktischen Handlungszwängen, in der Selbstvergewisserung von Subjektivität, in der Entbindung eines sich in die Offenheit des Gesprächs hin, gleichsam sich aus sich selbst entwickelnden sprachlichen Ausdrucks.

2.5 Behält man die hier anvisierte Linie noch einen Augenblick bei, so scheint freilich bei alledem noch eine Dimension zu fehlen. Diese ergibt sich aus der oben herausgestellten Relevanz der analog begründeten Unmittelbarkeit der Erfahrung des anderen, die nicht nur passiv vollzogen, sondern in die Gestaltung des eigenen Redebeitrags umgesetzt wird. Diese Erfahrung, die, wie gesagt, digital gar nicht adäquat auszudrücken ist, die der verbalsprachlichen Äußerung nicht nur phylo- und ontogenetisch, sondern auch semiotisch vorausliegt, gewinnt in der Tat in dem Maße, wie die verbalsprachliche Tätigkeit in der Offenheit des Gesprächsverlaufs um sich selbst zu kreisen scheint, eine ganz wesentliche Bedeutung für ein angemessenes Verständnis des Alltagsgesprächs. Sie bezieht sich, konkret gesprochen, auf die ereignishafte Wahrnehmung von z.B. Wärme der Zuwendung, Sympathie, Direktheit, Schrulligkeit, Lebhaftigkeit usw. in der aktiven oder passiven Kontaktgestaltung, betrifft also Qualitäten und soziale Werte, die in der einen oder anderen Weise mit dem Befinden und letztlich dem Selbstverständnis des Subjekts der Erfahrung zu tun haben. Es scheint, von hier aus gesehen, nicht von vornherein abwegig, bei grundsätzlicher Wahrung des kategoriellen Unterschieds die im Alltagsgespräch in der geschilderten Weise erfahrbar werdenden Qualitäten im Sinne eines schwachen Äquivalents dessen anzusehen, was Ingarden „metaphysische Qualitäten" genannt hat[6]. Gewiß, das „Erhabene, das Tragische, das Furchtbare", das „Reizende, Leichte, die Ruhe" usw. – das sind Qualitäten, die sich schwerlich mit den semiotischen Prozessen verbinden lassen, die im Rahmen einer Gesprächsbegegnung über Einstellungen, Haltungen oder Handeln in Gang gesetzt und rezipiert werden. Ihr Ort ist die Literatur, sind die literarischen Werke, deren unveräußerlichen Bestandteil sie bilden, während sie sich im realen Leben, wie Ingarden bemerkt, verhältnismäßig selten realisieren (S. 313). Freilich, denkt man eben nicht allein an „unser gewöhnliches, nach praktischen, alltäglichen ‚kleinen' Zwecken orientiertes und auf ihre Realisierung eingestelltes Leben", das, „wenn man so sagen darf, ‚sinnlos' dahin(fließt), grau und bedeutungslos" (S. 311), sondern an Gespräche als eine Möglichkeit des Heraustretens, der zeitweisen Entsetzung von ebendiesem Leben (wie bescheiden sie auch zu gewichten ist), dann darf man annehmen, daß dort der Ort oder ein Ort ist, an dem Qualitäten erlebt werden können, die sich nach Ingarden „nicht rein rational bestimmen und ‚begreifen' (...)", sondern lediglich „schlicht (...) erschauen (lassen)" (ebd.).

---

[6] Vgl. *Das literarische Kunstwerk*, Tübingen ²1960, S. 310ff.

3.0 Die zuletzt angestellte Betrachtung will recht verstanden sein: sie richtet sich in erster Linie gegen ein Verständnis von Alltagssprache, das mit dem Pauschaletikett der Zweckrationalität zu kurz greift oder aber in wesentlich höher angesetztem Anspruch sie nach einem rationalen Diskurs hin modelliert sehen möchte. Natürlich fehlt es nicht an Argumenten, die an der oben versuchten Annäherung Zweifel aufkommen lassen könnten. So sind etwa alle metaphysischen Qualitäten im ästhetischen Sinn ‚positive' Modi, während zum Beispiel Kälte oder Abneigung, die im Gespräch von einem Partner vermittelt werden, in der Regel dazu führen, dieses abzukürzen oder jedenfalls keine weiteren Kontakte dieser Art mit ihm zu wünschen. Auch wird man finden können, daß der Hypostase der Verbalsprache in der Dichtung – die freilich dort von ihrem arbiträren Charakter wegstrebt und Ikonizität gewinnt – gerade deren Entaktualisierung im Alltagsgespräch gegenübersteht. Was aber daran m.E. allein erheblich ist, ist die bislang noch offene Frage nach dem Bestand der verbalsprachlichen Äußerungen. Denn nach dem bisher Gesagten könnte man u.U. auf den Gedanken kommen, daß diese allenfalls ein inhaltsloses, gar nur materielles Substrat einer Kommunikation sind, die sich im wesentlichen auf der Ebene der unmittelbaren Subjektivitätsbegegnungen und -erfahrungen vollziehe. Davon kann natürlich keine Rede sein.

3.1 Diese letzten Punkte mit Überlegungen zur Inhaltsqualität aufzugreifen ist freilich aus verschiedenen Gründen wenig gewinnbringend. Es ist aber auch andererseits in unserem Zusammenhang vorerst gar nicht erforderlich, mehr als die Grundvoraussetzung jeden normalen sprachlichen Verkehrs anzunehmen, nämlich sinnvoll intendiertes Sprechen (im ganz allgemeinen Sinne) und ein darauf ausgerichtetes Verstehen. Geht man unabhängig von jeglichen Erheblichkeitserwägungen von dieser Voraussetzung aus, so ist klar, daß die Redeweise von der „sich aus sich selbst entwickelnden Sprache", die, vom Verfolg praktischer Zwecke entlastet, ‚auf sich selbst zurückgeworfen' wird (vgl. oben), wie sonst, so auch hier, nur metonymisch verstanden werden kann. In der Tat ist undenkbar, die sprachliche Äußerung etwaiger Beliebigkeit anheimzugeben, als erschöpften sich die Gesprächspartner sozusagen im gegenseitigen interesselosen Wohlgefallen. Selbstverständlich hat die Verbalsprache auch im Alltagsgespräch Anteil an der, sagen wir zunächst ‚Gestaltung' des Sich-Mitteilens, ja, man wird sogar davon ausgehen müssen, daß je offener die Gesprächssituation, je stärker das sprachliche Handeln von praktischen Verrichtungen und Erledigungen befreit ist, desto stärker sich ihre Reflexivität auf das Redesubjekt durchsetzt. Eine andere Möglichkeit ist in der Tat in unserem Zusammenhang, der eine Verselbständigung von Sprache ausschließt, nicht denkbar. Mit anderen Worten: der Freiraum, in dem sich das Alltagsgespräch konstituiert, ist der privilegierte Ort der sprachlichen Inszenierung von Subjektivität, und die Offenheit des Verlaufs nichts anderes als die Erhöhung dieser Möglichkeit bezüglich ihrer zeitlichen Erstreckung. So gesehen ist jetzt schon Anlaß, die Redeweise von der ‚Regulierungsfunktion' der zwanglosen Unterhaltung oder eben von ihrer Enthobenheit gegenüber den Erfordernissen des Alltags zurechtzurücken. Daß diese Faktoren und Umstände für die Gesprächspartner einen positiven existentiellen Wert darstellen, ist nicht zu bezweifeln, aber es ist nur die halbe Wahrheit; denn es kann natürlich keine Rede davon sein, daß die Befreiung von praktischen Zwängen zugleich auch eine Entsetzung vom Gegenüber, sozusagen einen zeitweisen Dispens vom contrat social in seiner elementarsten Form im Gefolge hätte. Was im Alltagsgespräch auf der einen Seite an ‚Selbständigkeit' zurückgewonnen wird, wird auf der anderen Seite als Selbstdarstellung zur unabdingbaren Aufgabe. Darin ist nun allerdings keine lästige Pflicht zu erblicken, vielmehr bedingen sich Freisetzung und Zuwendung gegenseitig in der Abhängigkeit von einer gemeinsamen Interessenlage des Gesprächsteilnehmers.

3.2 Wenn man somit davon auszugehen hat, daß die sprachliche Tätigkeit im Alltagsgespräch gerade in ihrer äußerlichen Entspanntheit, in ihrem spontanen, gleichsam improvisierenden Duktus nicht subjektiver Willkürlichkeit anheimgegeben ist, dann wird man, diese Überlegung weitertreibend, zur Ansicht gelangen, daß mit der Offenheit und Ungezwungenheit, die sich im Makrobereich in der Wahl von Themen und Themenaspekten, im Ergreifen von Sprechhandlungsrollen[7], im Mikrobereich in der lockeren sprachlichen Gestaltung anzeigen, zugleich die Möglichkeiten, wenn nicht gar Notwendigkeiten ihrer strategischen Nutzung im Rahmen der Selbstdarstellung anwachsen. Oder anders ausgedrückt: Offenheit und Natürlichkeit im Kommunikationsverhalten sind letztlich nur der Schein einer Subjektivität, die dadurch, daß sie sich ihrer Mitteilbarkeit bewußt wird, sich als Entwurf gestaltet. In der Tat ist das Alltagsgespräch der privilegierte Ort der Inszenierung von sozialer Identität, die sich nur im aktuellen sozialen Umgang ihrer Konstitution vergewissern und im ungezwungenen Gespräch gerade die vielfältigsten Möglichkeiten in dieser Richtung ergreifen kann. Dies aber bedeutet dann umgekehrt, daß in einem ganz allgemeinen Verständnis die Sinnhaftigkeit des verbalen Handelns, über die Einzelakte vielfach hinausreichend oder in ihnen eingeschrieben, ihren Fluchtpunkt im Entwurf oder der Affirmation von Identität hat.

3.3 Begreift man die Identitätsprojektion als Inszenierung eines sozialen Geltungsanspruchs, so wird damit Rhetorik zur unablösbaren Komponente sprachlicher Interaktion. Es ist dies eine Rhetorik im viel allgemeineren Sinne als er der klassischen Persuasionslehre zugrunde liegt, insofern sie nicht auf die Erreichung äußerlicher Ziele in Gestalt von einzelnen Handlungs- und Verhaltensweisen des Adressaten ausgerichtet, also nicht in gelegentliche, speziell ausgezeichnete Veranstaltungen abzusondern ist. Sie ist vielmehr die natürliche Konsequenz des semiotischen Grundprinzips jeder Gesprächsbegegnung, wonach vom Partner alle kommunikativen Äußerungen jeweils als Manifestationen bestimmter charakterlicher oder allgemein persönlicher Eigenheiten des Handlungssubjekts interpretiert bzw. ‚hochgerechnet' werden. Der Sinn dieses Verfahrens, nämlich Information über den anderen zu erlangen, um sich darauf bei der Gestaltung des Gesprächs einstellen zu können und das Risiko einer Beschädigung der eigenen Interessenssphäre auszuschalten[8], wird jedoch durch die rhetorische Selbstinszenierung sozusagen überspielt, insofern der Identitätsentwurf nicht nur positiviert ist, sondern dazu noch entsprechende Sanktionen von seiten des Adressaten erstrebt werden wie Interesse, Achtung, Anerkennung, Zustim-

---

[7] Vgl. Verf., „Sprechhandlungsrollen", in *Poetik und Hermeneutik VIII*, München 1979, S. 481–504.
[8] Vgl. dazu E. Goffman, *Wir alle spielen Theater – Die Selbstdarstellung im Alltag*, München ²1973, S. 5. – Den Ausdruck „hochrechnen" verwendet in entsprechendem Zusammenhang Botho Strauss, *Paare und Passanten,* München 1981, S. 68.

mung u.ä., Wertzuweisungen also gewünscht werden, die in direkter, offener Formulierung zu verlangen entweder unbegründet oder sinnlos erscheinen müßte oder aber aus gutem Grund verpönt ist.

3.4 Die Überspielung des auf seiten des Partners bestehenden Persönlichkeitsinteresses durch den jeweiligen Sprecher, der mit dem positiven Identitätsentwurf zugleich die Identifikation des anderen als Sanktion begehrt[9], ist nun sicherlich einem gewissen Erfolgsrisiko ausgesetzt, aber es ist ungleich geringer als im Fall eines thematischen Persuasionsaktes. Man kann in bezug auf letzteren wohl kaum davon ausgehen, daß sein ‚glücklicher' Vollzug bereits aufgrund regelgeleiteter Investition spezieller rhetorischer Verfahren gewährt würde, und selbst Vorkenntnisse über den ‚Objekt'-Adressaten können das Erfolgsrisiko vielleicht verringern, aber grundsätzlich nicht beseitigen. Anders im Falle der Identitätsrhetorik, die, mag sie auch oft der Anlaß für bestimmte Sprechakte sein, sich stets im Rahmen geltender Interaktionsgebote vollzieht unter Strafe des Mißerfolgs, sofern diese Gebote übertreten werden. Dies ist schon deshalb anzunehmen, weil, wie gesagt, man davon auszugehen hat, daß die rhetorische Dimension grundsätzlich jedem Gesprächsbeitrag eingeschrieben ist und ein unkontrollierbares Erfolgsrisiko in diesem Sinne gar nicht denkbar wäre. Doch was sind dies für Gebote, die den Selbstentwurf kontrollieren?

3.4.1 Die im Bereich des symbolischen Interaktionismus namentlich von E. Goffman herausgestellte Bedeutung des „face" eines Interaktanten, das im Gespräch als schützenswertes Gut der gegenseitigen Achtung überantwortet ist, hat in jüngerer Zeit Anlaß zur Untersuchung von Strategien der Höflichkeit gegeben, die im Falle der großangelegten Studie von Penelope Brown und Stephen Levinson durch Berücksichtigung von Daten aus ganz unterschiedlichen Sprachen (Englisch, Maja-Sprache aus Chiapas in Mexiko, südindisches Tamil) mit Anspruch auf universelle Repräsentanz der hauptsächlichen Ergebnisse verbunden wird[10]. Es scheint in der Tat, als ob trotz soziokulturell und geographisch variierender Distribution die vielfältigen Strategien dessen, was Brown/Levinson „positive Höflichkeit" nennen (das Auf-den-Partner-Zugehen, Interesse an ihm und seinem Lebensbereich zeigen, Dissens vermeiden usw.), sich ebenso gleichen wie die der „negativen Höflichkeit", die den Partner von Zumutung („imposition") freihalten, d.h. die „face-threatening-acts" – in Gestalt z.B. einer Aufforderung – entschärfen oder abmindern sollen.

3.4.2 Für unseren Zusammenhang sind besonders die negativen Verfahren von Interesse. Deren große Figur ist die Indirektheit, die nicht nur in den viel beredeten sog. indirekten Sprechakten zum Ausdruck kommt („Könnte ich das Salz mal haben?"), sondern ganz allgemein im indirekten Sprechen besteht, das z.B. die Illokution des Gemeinten entkonturiert und dem anderen scheinbare oder tatsächliche Verständnisoptionen beläßt, die

---

[9] Daß auch bei der Interaktion von Partnern, die sich bereits kennen, dieses Interesse grundsätzlich weiterbesteht (wenn auch geringer werdend), hängt mit der prinzipiellen Unsicherheit der Bewährung interaktionell gewonnener Identitätsbilder zusammen (vgl. dazu „Sprechhandlungsrollen" S. 502f.).

[10] „Universals in language usage: Politeness phenomena", in *Questions and politeness – strategies in social interaction*, hg. E.N. Goody, Cambridge 1978, S. 56–324.

Stärke der eigenen Wissensposition unterbewertet, usw. So beeindruckend aber auch die von Brown/Levinson vorgeführte Demonstration ist, man wird darüber nicht übersehen dürfen, daß die Höflichkeit im wesentlichen ein Dispositiv von Vermeidungsstrategien ist (zu der „positiven" Dimension vgl. unten), was besagt, daß es Inhaltsbereiche gibt, in denen diese ohne Einschlag bleiben. Konversationelle Erzählungen etwa, deren Inhalt die Geltungssphäre des Hörers nicht berührt, bieten hier im allgemeinen wenig Dispositionsfläche, während andererseits die Selbstprofilierung des Erzählers hier vielfältige Möglichkeiten in der optimierenden Zubereitung des Erzählstoffes vorfindet. Ja selbst dort, wo eigenes Erleben und Tun Thema eines solchen konversationellen Beitrags sind, läßt sich die eigene Identitätssphäre durch die bloße Berichtform in einer Weise positivieren, die vom Höflichkeitsdispositiv gar nicht herausgefiltert werden kann. Denn zum einen entspricht die Identitätsrhetorik der Höflichkeitsstrategie gerade in der grundsätzlichen Erscheinungsform der Indirektheit, zum anderen ist davon auszugehen, daß die Höflichkeitsnormen, spiegelbildlich verkehrt sozusagen, auch für den Adressaten gelten, was also z.B. bedeutet, daß, sollten direkte Zumutungen an ihn gerichtet werden, er diese leugnen oder übersehen wird, ohne damit schon gleich eine nachteilige Registrierung zu verbinden.

Ein charakteristisches Beispiel, das diesen Sachverhalt verdeutlichen kann, ist die Äußerung eines Werturteils, von dem man sagen kann, daß es gerade im Alltagsgespräch seinen angestammten Platz hat. Schränkt man es auf den Fall ein, daß es sich weder auf Attribute des Hörers und seines Geltungsbereichs noch auf solche des Sprechers bezieht, so ist dennoch ein Ausspruch wie „toll, der Film", „Paris ist einfach phantastisch" u.ä. in dieser absoluten Form sicherlich ein „face-threatening-act", insofern der Sprecher seine Meinung dem Hörer aufdrängt und ihn darüber hinaus noch veranlaßt (oft ausdrücklich durch Bestätigung erheischende Formeln wie „nicht wahr" u.ä.), dem Fremdurteil beizupflichten. Gewiß gibt es in dem angedeuteten Sinne höfliche Formen einer solchen Äußerung, solche also z.B., die das fragliche Urteil dadurch mildern, daß sie es performativ ausformulieren („ich finde", „meiner Meinung nach" u.ä.). Aber es ist demgegenüber doch zu fragen, ob ein solches raisonnement tatsächlich zutrifft, genauer gesagt: ob ein Werturteil in seiner absoluten Form tatsächlich nur und in jedem Fall als reine „imposition" empfunden wird, ob die Äußerung nicht gerade dadurch, daß sie etwas von der Wertwelt und dem Temperament des Sprechers vermittelt, dem Hörer interessant genug erscheint, sie als solche nicht ohne Einschränkung negativ zu verbuchen. Auch wenn hier sofort soziokulturelle Einschränkungen in Sicht kommen mögen, wird man nicht von vornherein ausschließen dürfen, daß Spontaneität als Entfaltung von Subjektivität interaktionell auch als positiver Wert gelten kann, ja u.U. mag dem Hörer ein Stück Offenheit oder Direktheit gar erwünschter sein als besorgte Relativierung und Rücksichtnahme, in Fällen jedenfalls, wo die Äußerung eines subjektiv kaum hintergehbaren, so gut wie kaum bestreitbaren Sachverhalts der direkten Stoßkraft entbehrt und somit, wie erwähnt, rein formal der Vermeidungssymbolismus der Höflichkeit getroffen wird.

3.4.3 Wenn man davon ausgehen kann, daß die Intersubjektivitätssensibilität in der Interaktion auf seiten des Sprechers wie des Hörers sicherlich von ganz unterschiedlichen Bedingungen abhängt, wenn ferner die Figur der Indirektheit im weitesten Sinne auch dort oft akzeptiert wird, wo sie nicht ein Weniger, sondern ein Mehr an Subjektivität zum Ausdruck bringt, dann bestehen für die Rhetorik des Identitätsentwurfs gerade als Rhetorik gute Chancen, die Intersubjektivitätskontrolle zu bestehen oder auch zu unterlaufen. Es ist sogar vielfach unbeanstandete Praxis, gerade Äußerungsformen der Höflichkeit sozusagen als Alibi für die Inszenierung eines gewünschten Identitätsbildes auszunutzen, wie z.B. viele Frageformen zeigen, die weit über den Einzelfall der sog. rhetorischen Frage hinaus zu reinen Zustimmungs- oder Bestätigungsforderungen herabgesunken sind. Schließlich ist ja die Praktizierung selbst der „positiven Höflichkeit" (Beispiele bei Brown/ Levinson zu „Strategy 1: Notice, attend to H (his interests, wants, needs, goods): ,your blouse is very good, did you make it yourself?' ", zu „strategy 2: exaggerate (interest, approval, sympathy with H): ,what a fantástic gárden you have!' ", S. 108f.) weniger eine vom Ritual erzwungene Selbstentäußerung als vielmehr, da über die pragmatischen Höflichkeitsidiome (Grußformel usw.) hinausgehend, dem Bestreben zuzuschreiben, positive Identitätsqualifikationen (eben: höflich, sympathisch, usw. zu sein) zu erlangen.

Es kann hier weder der Versuch gemacht werden, die Verfahren der Identitätsrhetorik aufzuzählen (sie sind vielfach noch nicht identifiziert[11]), noch sind Aussagen darüber möglich, wo die Grenzen der jeweiligen Verfahren liegen, wo also positive Höflichkeit in Schmeichelei oder negative in Heuchelei umschlägt. Man wird bei der Frage der intersubjektiven Sicherung jedenfalls auch daran zu denken haben, daß sie nicht allein punktuell zu sehen, sondern im Gesprächsverlauf durch Kompensation geregelt werden kann. Allein die Problematik der Übernahme des Rederechts deutet darauf hin, daß ein Teil der Gesprächsdynamik gerade darauf beruht, daß Adressaten aus ihrer passiven Rolle, Fremdentwürfe zu sanktionieren, hinausdrängen, um den Spieß umzukehren – warum sollte es sonst Konfliktmomente bei der Aushandlung der Sprecherrolle geben?

3.5 Jeder Versuch, Einblick in die Prozesse der sprachlichen Interaktion und deren Prinzipien zu gewinnen, wird sich früher oder später mit den Griceschen Konversationsmaximen auseinanderzusetzen haben, auch wenn diese, namentlich in den letzten Jahren, vielerlei Kritik erfahren haben. Der Sinn dieser Maximen (und des sog. allgemeinen Kooperationsprinzips) liegt bekanntlich nicht im moralischen Anspruch, sie zu befolgen (daß man also seinen Redebeitrag, grob gesprochen, im Hinblick auf das Gespräch sinnvoll einzubringen und ihn nach Möglichkeit wahr, sowie relevant, klar und im Umfang angemessen informativ zu machen habe), sondern in ihrer Operativität: wo eine Aussage p eine Maxime verletzt, erlaubt dem Hörer die Annahme, der Sprecher habe ansonsten die Maxime oder mindestens das Kooperationsprinzip befolgt, unter Rückgriff auf Kontext und allgemeines Wissen durch „Implikatur" das eigentlich Gemeinte, anstatt p nämlich q,

---

[11] Zu Ansätzen vgl. Verf., „Sprechhandlungsrollen"; „Alltagsfiktion", in *Erzählen im Alltag*, hg. K. Ehlich, Frankfurt/M. 1980, S. 385–402; „Fiktion in konversationellen Erzählungen" in *Poetik und Hermeneutik X*, München 1983, S. 331–356; „*Ich vergesse alles* – Bemerkungen zur Hyperbolik in der Alltagsrhetorik", in *Allgemeine Sprachwissenschaft, Sprachtypologie und Textlinguistik – Festschrift für Peter Hartmann*, Tübingen 1983, S. 87–98. Die interessanten und verdienstvollen Beiträge der Gruppe μ bleiben stark der herkömmlichen Rhetorik und ihrer linguistischen Neubearbeitung verbunden. Die klassische Persuasionsperspektive liegt letztlich auch (wenn ich recht sehe) den Arbeiten der Kenneth-Burke-Schule zugrunde, vgl. *The social use of metaphor – Essays on the anthropology of rhetoric*, hgg. J.D. Sapir/J.Ch. Crocker, Philadelphia 1977.

herauszufinden. Eben diese Prozedur wird auch von Brown/Levinson angesetzt, die das Abweichen von einzelnen Maximen in ihrem Zusammenhang als Akt der Höflichkeit verstehen, die gerade durch das Abweichen als solche dem Adressaten vermittelt werde[12]. Die Autorinnen sehen gewiß, daß es auch andere Gründe geben kann, von den Maximen abzurücken; wenn aber gilt, daß „the majority of natural conversations do not proceed in such a brusque way at all" (S. 100), dann wird man nach dem Bestand und Sinn der Maximen überhaupt fragen müssen. Grice selbst hat sie ausschließlich als Grundlage eines maximal effizienz- und rationalitätsorientierten Informationsaustausches entwickelt[13], spricht allerdings auch von der Möglichkeit, das Regelschema so zu verallgemeinern, daß es dem Ziel dienen könnte, die Handlungen anderer zu beeinflussen oder zu dirigieren. Wie diese Verallgemeinerung aussehen sollte, bleibt bei ihm offen.

3.5.1 Auch ohne so weit wie D. Wilson und D. Sperber zu gehen, die in ihrer Kritik an Grice nur das (neudefinierte) „Axiom der Pertinenz" gelten lassen[14], kann man gleichwohl mit ihnen manche Maximen von vornherein als entbehrlich betrachten. Schon Grice selber stand nicht ganz hinter seiner Quantitätsmaxime (derjenigen, die „nicht mehr Information als erforderlich" stipulierte), da die Relevanzmaxime hier ausreicht; dafür kann man die komplementäre Forderung nach einem ausreichenden informativen Redequantum durchaus bestehen lassen, insofern ihre Verletzung zum Zweck von Insinuation, Anspielung u.ä. ein allgemeiner Bestandteil der Redepraxis ist. Wenig Bedeutung kommt auch den speziellen Modalitätsgeboten zu, deren absichtsvolle Verletzung nur im Falle der Zweideutigkeit Voraussetzung des Verständnisses ist. Somit bleiben lediglich Wahrheits- und Relevanzmaxime übrig, die etwas eingehender zu besprechen sind.

3.5.2 Wir wollen dabei jedoch den Blick wieder gezielt auf den hier zu charakterisierenden Gesprächstyp richten, der im Rahmen der Alltagskommunikation so ziemlich das Gegenteil des Griceschen Effizienz-Modells darstellt. Grice hat, und dies geht, strenggenommen, über dieses Modell hinaus, mit vier verschiedenen Möglichkeiten gerechnet, sich den Maximen gegenüber als Sprecher zu verhalten, von denen hier nur zwei interessieren: 1. der Sprecher verletzt sie in aller Ruhe und unauffällig, was in einigen Fällen Irrtum erzeugen kann; 2. der Sprecher verletzt eine Maxime offen in einer Weise, die es dem Hörer erlaubt, eine Implikatur vorzunehmen[15]. Grice hält sich natürlich nur an den zweiten Fall. Man wird sich jedoch nicht nur fragen müssen, ob das Implikationsschema tatsächlich eine angemessene Sanktion der Regelverletzung durch den Sprecher darstellt, sondern auch, im Hinblick auf das von Sachzwängen befreite Alltagsgespräch, inwieweit hier nicht mit der ersten Möglichkeit des Verhaltens bzw. Verfahrens zu rechnen ist. Sollte letzterer Bedeutung zukommen, so würde dies zugleich besagen, daß die Maximen nicht nur per negationem operativ zu machen sind, sondern daneben auch in ihrer ‚Positivität' Aufmerksam-

---

[12] Vgl. „Politeness phenomena" S. 100, sowie die einzelnen Beispiele S. 218ff.
[13] Vgl. „Logic and conversation", in *Syntax and semantics* Bd III: Speech acts, hgg. P. Cole/J.L. Morgan, New York 1975, S. 47.
[14] Vgl. „Remarques sur l'interprétation des énocés selon Paul Grice", in *Communications* 30 (1979) S. 80–94.
[15] Vgl. „Logic and conversation" S. 49.

keit beanspruchten; denn was soll der Sinn einer Regelüberschreitung sein, die dem Hörer nicht signalisiert wird oder die er nicht einmal wahrnehmen kann? „Täuschung" wird man sofort sagen, aber diese simple Antwort scheint Grice nicht eigentlich zu meinen. Nur: welche andere sollte sonst möglich sein?

3.5.2.1 Eine erste Antwort ist so einfach wie radikal: die Maximen sind, wo ihre ‚technische' Relevanz unerheblich bleibt, unwirksam bzw. so in ihrer Bedeutung zurückgesetzt, daß in dem zuletzt genannten Fall der läßlichen, jedenfalls nicht intentionalen einseitigen Nichtbeachtung eine Verletzung gar nicht stattgefunden hat. In der Tat (und immer nur in bezug auf unseren speziellen Gesprächstyp): wenn jemand z.B. aus seinem persönlichen Bereich erzählt, dann ist rein theoretisch das Kriterium der Erheblichkeit mindestens in zweifacher Weise wichtig: es betrifft einmal den thematischen Kern der Geschichte, sodann die für das Verständnis benötigten Orientierungsdaten. Aber in beiden Fällen ist diese Erheblichkeit durch Einschätzung des Adressaten nie verläßlich zu bestimmen, im ersten insgesamt, im zweiten, sobald das Existenzminimum an Zeit-, Orts- und Personenangaben geleistet ist. Insofern ist eine Verletzung des Relevanzgebots, sieht man von der beschränkten, unter Umständen auch anders zu deutenden Möglichkeit im zweiten Fall ab, kaum zu konkretisieren. Schon gar nicht ist sie in der Vorstellung des Sprechers gegenwärtig; was aber den Hörer anlangt, so wäre es unangemessen, dessen Erheblichkeitsbeurteilung allein auf thematische oder kognitive Aspekte zu gründen; nicht allein spielt die Art der Vermittlung dabei eine Rolle, sondern auch die Einstellung zum Sprecher und die Tendenz, das Gesagte auf ihn transparent zu machen[16]. Dennoch ist, so betrachtet, nicht alles dem Ungefähr anheimgegeben. Einmal kann man in der Tat grundsätzlich davon ausgehen, daß eine Aussage mit Pertinenzanspruch geäußert und in diesem Sinne auch vom Adressaten gedeutet wird[17]. Darüber hinaus sind Regeln, die die Gesprächsorganisation betreffen, zu respektieren: thematische Konsistenz darf, solange sie noch aktuell ist, nicht mißachtet, allenfalls durch spezielle Verfahren verändert oder aufgegeben werden. Aber es erscheint nicht nur unmöglich, die Relevanzfrage über die Organisationserfordernisse hinaus zu operationalisieren, sie ist vielmehr im Alltagsgespräch aufs Ganze gesehen ohne wesentliche intersubjektive Bedeutung. Oder umgekehrt: gerade die generelle Relevanzschwäche des Gesprächs trägt dazu bei, es zum erwünschten Ort effizienzentlasteter Kommunikation zu machen. Insofern sind die Organisationsregeln auch gerade deshalb hier zu beachten, weil sie diese Form des sprachlichen Austauschs sicherstellen. Was aber letztlich gesichert wird, das ist nicht allein die Freiheit von objektiver Dringlichkeit, sondern zugleich die Möglichkeit, Relevanzen in eigener Sache einzubringen, solche eben, die Wissen oder Sachkenntnis ausweisen, die Aufmerksamkeit auf die eigenen positiven oder beklagenswerten Zustände zu lenken, kurz: die Möglichkeit, sich vorteilhaft in Szene zu setzen mit dem Anspruch an den Hörer, diesen Selbstentwurf anzuerkennen.

---

[16] Vgl. dazu in bezug auf die Relevanzmaxime F. Flahault, „Le fonctionnement de la parole – Remarques à partir des maximes de Grice", in *Communications* 30 (1979), S. 76.
[17] Vgl. F. Flahault ebd. S. 75, sowie das Pertinenzaxiom bei Wilson/Sperber S. 89ff.

3.5.2.2 Komplizierter, insgesamt gesehen, liegen die Verhältnisse bei der Wahrheitsmaxime (mit den zwei spezielleren Regeln, Falschaussagen zu vermeiden und nichts vorzubringen, was nicht beweisfähig ist). Einige Bemerkungen müssen hier jedoch genügen. Es ist zunächst darauf hinzuweisen, daß von soziologischer Seite in zwei unterschiedlichen Ansätzen Vorstellungen entwickelt wurden, die es als aussichtslos erscheinen lassen, mit der simplen Dialektik wahr:falsch oder aufrichtig:unaufrichtig den Verhältnissen in der Alltagsunterhaltung gerecht werden zu wollen. Im zentralen Begriff der Lebens- oder Alltagswelt bei A. Schütz ist der Wahrheitsbegriff ein pragmatischer in dem Sinne, daß dort der formal gültigen Übereinstimmung der Aussage mit dem Sachverhalt keine Bedeutung zukommt, vielmehr ein je nach Situation variierender Grad an Plausibilität ausreichende Begründung zu liefern imstande ist[18]. Näher dem Problem der Interaktion zugewandt hat E. Goffman mehrfach die Relativität von Wahrheit/Unwahrheit aufgezeigt und die Unangemessenheit des Kategorienpaares als Fundament von Konversation dargetan[19]. Dieses Fundament wird von Brown/Levinson (die mit ihrem face-Konzept an Goffman anschließen) zwar im Griceschen Sinn als Implikationsbasis renoviert, hat aber dadurch keineswegs an Bedeutung gewonnen. Im Grunde bedürfte es in dieser Hinsicht kaum einer grundsätzlichen Erörterung, hätte nicht die Sprechakttheorie ihr interaktionsfremdes Regelwerk konstruiert, hätte nicht die Hypostase des rationalen Diskurses das Subjekt als kommunikativ Handelnden dem Druck einer Selbstentfremdung ausgesetzt, an dem es letztlich zugrunde gehen müßte[20]. Kein Wunder, daß ein Kritiker der Griceschen Qualitätsmaxime als sinnvoll allein die Frage ansehen möchte, warum es gelegentlich auch Situationen gebe, in denen wir Gefallen daran finden, aufrichtig zu sein, sei es doch unerläßlich zu verheimlichen oder zu lügen[21]. Aber freilich ist damit die Dialektik des wahr:falsch letztlich nur umgepolt, mit einem Zugewinn an ‚Realistik‘ gewiß, aber sie bleibt unzureichend. Ich selbst habe am Beispiel konversationeller Erzählung zu zeigen versucht, wie unter der Bedingung verminderter Referenzsensibilität Gewißheit an die Stelle ungesicherter Sachverhalte treten kann, wie auf Erfahrung gründende Wahrscheinlichkeit Legitimation bietet und somit (im Sinne etwa der „Vertauschbarkeit der Standpunkte" – Idealisierung bei Husserl/Schütz) akzeptiert und unbefragt bleibt. Weder läßt sich in diesem Falle subjektiv Aufrichtigkeit erweisen, noch kann selbst dort ohne weiteres von Täuschung gesprochen werden, wo z.B. Tatbestände hinzuerfunden oder ausgestaltet werden – wahr ist in erster Linie das mit dem Beitrag verbundene Identifikationsbegehren, zu dessen Gelingen auch „qualitäts"-relevante Verfahren eingesetzt werden können[22]. Denn ähnlich, wie dies schon anläßlich der Relevanzmaxime auszuführen war, ist natürlich auch hier die Zurückstufung der Referenzkontrolle zugleich die Bedingung der Möglichkeit, den gewonnenen Verfügungsraum im Sinne der Identitätsrhetorik zu

---

[18] Vgl. dazu I. Helling, *Zur Theorie der Konstrukte erster und zweiter Ordnung bei Alfred Schütz – Einige Probleme der Explikation und Anwendung,* Diss. Konstanz 1979, S. 105, 118ff.
[19] Vgl. *Wir alle spielen Theater* S. 44ff.
[20] Mit Selbstentfremdung meine ich die dem Subjekt angesonnene Kontrolle seines Redens unter dem Gesichtspunkt permanenter Bereitschaft zu normativer Rechtfertigung und Konsequenz. Vgl. J. Habermas, *Theorie des kommunikativen Handelns I,* Frankfurt/M. 1981, S. 35f.
[21] Vgl. F. Flahault, „Le fonctionnement de la parole" S. 76ff.
[22] Vgl. Verf., „Alltagsfiktion"; „Fiktion in konversationellen Erzählungen".

nutzen, ohne daß dieser Bemühung eine klare Grenze zur bewußten Manipulation hin zu setzen wäre. Die Gefahr, daß dem Adressaten dabei allzuviel Toleranz abgefordert wird, ist wohl gering, und zwar nicht nur; weil er von etwaigen Optimierungen des Sachverhalts im Sprechervortrag selber Gewinn ziehen kann[23], sondern weil natürlich auch in diesem Fall durch die Aktion des Sprechers, durch den Ereignischarakter des Gesprächs und des mit ihm verbundenen mehrschichtigen kommunikativen Austauschs das Hörerinteresse in der Person des Sprechenden seinen Fluchtpunkt findet. Auch von daher gesehen ist der Fall der Werturteile aufschlußreich: diese scheinen nicht nur ein Stück Eigenheit aus einem oft verstellten Persönlichkeitsbereich freizulegen, sie sind auch im strengen Sinn kaum begründbar, nur schwach zu rechtfertigen[24] und erschweren es damit dem Hörer, wofern er anders empfindet, dem Sprecher die mit der Äußerung explizit oder nur intentional erbetene Bestätigung zu verweigern.

3.5.3 Werfen wir zuletzt einen Blick auf die von Grice behandelten Fälle, in denen die Überschreitung der Maximen *offen* erkennbar vollzogen wird. Es handelt sich dabei im wesentlichen um die klassischen rhetorischen Tropen, die vor allem die Implikatur bei Verletzung der Wahrheitsmaxime demonstrieren sollen (Ironie, Metapher, Litotes, Hyperbel). Nun ist jedoch verschiedentlich geltend gemacht worden, daß nicht nur die Reduktion der rhetorischen Figuren auf den Implikaturmechanismus deren pragmatischer Funktion nicht gerecht wird, sondern die konversationslogische Implikatur selbst hier gar nicht im Griceschen Sinne funktioniert, insofern die Verletzung der Maxime statt aufgehoben gerade bestätigt würde[25]. Wenn dies aber der Fall ist, wenn, anders gesagt, die geäußerte Version nicht durch die rationale Implikatur beseitigt, vielmehr beim Hörer das Bild von Welten impliziert wird, in denen sie zutreffen könnte, dann ergibt sich eine Implikatur ganz anderer Art: der Blick des Hörers richtet sich über diese Vermittlung auf das Subjekt des rhetorischen Aktes, auf seine Haltung, Einstellung usw.[26].

Im Grunde scheint sich also in diesem letzten Fall nichts von dem geändert zu haben, was die vorangegangenen Erörterungen erbracht haben. Gerade auch hier, wo sich die Einschlägigkeit der Konversationsmaximen noch am ehesten bestätigen sollte, ist diese zurückzustufen oder gar zu bestreiten, läßt sich doch z.B. das Wesentliche am Gebrauch der Metapher schlecht von einer Verletzung der Wahrheitsmaxime her erfassen. Die Orientierungslinien der Tropen oder ganz allgemein der rhetorischen Figuren werden vielfach eher in normativen Vorstellungen oder Erwartungen zu suchen sein, die über- oder unterschritten werden, in Evidenzen, die geleugnet werden, u.ä. – dies bleibt im einzelnen zu untersuchen. Damit ist nicht bedeutet, daß der Vorteil des Ansatzes von Grice, der das Sagen

---

[23] Vgl. dazu „Fiktion in konversationellen Erzählungen" S. 341.
[24] Vgl. dazu R. Keller, „Kollokutionäre Akte", in *Germanistische Linguistik* (1977) H. 1–2, S. 30; W. Zillig, „Zur Frage der Wahrheitsfähigkeit bewertender Äußerungen in Alltagsgesprächen", in *Arbeiten zur Konversationsanalyse,* hg. J. Dittmann, Tübingen 1979, S. 94ff.; M. Pinkal, „Semantische Vagheit: Phänomene und Theorien I", in *Linguistische Berichte* 70 (1980), S. 15; J. Habermas, *Theorie des kommunikativen Handelns* S. 36 (Habermas schlägt auch die evaluativen Äußerungen dem rationalen Verhalten zu, wenn diese für andere nachvollziehbar wären; dies scheint mir ebenso wie die Orientierung an Wertstandards ein problematisches Argument zu sein).
[25] Vgl. D. Wilson/D. Sperber, „Remarques" S. 82ff.; Verf., *„Ich vergesse alles".*
[26] D. Wilson / D. Sperber ebd. S. 85.

über das Gesagte stellt, preisgegeben würde, im Gegenteil: das Subjekt als Ausgangspunkt der fraglichen Abweichungen gewinnt noch größere Bedeutung dadurch, daß es auch dort, wo die Signifikanz des Verfahrens vom Hörer eindeutig erfaßt wird, als für diesen präsent unterstellt werden kann, zumal in Gesprächen, in denen es sich nicht auf die Rolle eines Effizienz-Funktionärs verkürzen läßt.

So gesehen entfällt die Notwendigkeit, den traditionellen rhetorischen Figuren grundsätzlich einen gesonderten Platz im Alltagsgespräch zuzuweisen. Gerade auch sie lassen sich der Identitätsrhetorik dienstbar machen, und es hat den Anschein, als mache es wenig Unterschied, ob die einschlägigen sprachlichen Verfahren, insgesamt gesehen, manifester oder diskreter, spontaner oder reflektierter, bewußt oder mehr unbewußt gebraucht werden. Ihre Verwendung entspricht letztlich der „Prosa" von Monsieur Jourdain (*Le Bourgeois Gentilhomme* II,4), auch wenn ihre Evidenz weniger zur komischen Pointe taugt.

4.1 Versuchen wir festzuhalten, was die hier angestellten Überlegungen erbracht haben. Die Griceschen Maximen sind im Grunde genommen ein guter dialektischer Orientierungspunkt, um die kognitive Konstitution der Redebeiträge im Alltagsgespräch in ihrer Eigenart zu kennzeichnen. Mit Nachdruck ist allerdings der sich leicht daraus ergebenden Anschauung entgegenzutreten, als handele es sich bei der Alltagsrede letztlich um einen ‚defizienten Modus'; nichts berechtigt, als Mangel auszugeben, was nicht benötigt, ja u.U. nicht einmal gewünscht wird. Die in bezug auf eine Theater- oder Konzertveranstaltung gemachte Angabe: „Der Saal war halb voll" ist im Gespräch im allgemeinen die eigentlich angemessene, die präzise Information: „531 von 1000 Sitzen waren besetzt" dagegen unsinnig. Wieviel Begründungen werden beispielsweise in lockerer Unterhaltung anstandslos vom Gesprächspartner akzeptiert, die nach objektivem Maßstab als unzureichend zu gelten hätten; aber es kann gerade angemessen sein, etwa durch bloße Andeutung den Zusammenhang im benötigten Umfang verfügbar zu machen (aus der Erzählung einer Pariser Kabarett-Sängerin, die, von einem Auftrittsort zum anderen eilend, fast das Opfer einer Razzia geworden wäre: „on (= la police) m'a pris pour une prostituée parce que la Rue Pigalle, enfin le quartier de Pigalle, c'est le quartier des prostituées"). Als besonders symptomatisch können in diesem Zusammenhang Behauptungen gelten, an denen an sich leicht zu bemerken ist, daß sie argumentativ in einem strengen Sinne nicht durchzuhalten sind, wie z.B. bestimmte Allsätze. Pauschalisierungen etwa nach der Art: „So etwas passiert immer, ..." wären als bloße Läßlichkeit ganz unzureichend erklärt, vielmehr verdanken sie sich oft gerade dem Bedürfnis, das Partikulare, Neue und damit potentiell Bedrohliche in die Gewißheit lebensweltlicher Erfahrungsstrukturen zu überführen; oder umfassender betrachtet: sie sind eine Form der Verarbeitung „heteronomer Systembedingungen des Handelns", mit denen wir im Alltag konfrontiert werden[27]. Es ist daher anzunehmen, daß solche Idealisierungen (im Sinne von Husserl/Schütz) gerade auch zum Komfort des Alltagsgesprächs beitragen.

---

[27] Siehe dazu F. Schütze, „Zur Hervorlockung und Analyse von Erzählungen thematisch-relevanter Geschichten im Rahmen soziologischer Feldforschung, dargestellt an einem Projekt zur Erforschung von kommunalen Machtstrukturen", in *Kommunikative Sozialforschung*, hg. Arbeitsgruppe Bielefelder Soziologen, München 1976, S. 179–260.

Die angeführten Beispiele geben nur einen sehr unzureichenden Eindruck von den Möglichkeiten, die in der Alltagssprache im Hinblick auf die kognitive Gestaltung ergriffen werden können. Wenn darum oben in semiotischen Zusammenhängen von der „Natürlichkeit" der Alltagssprache gesprochen wurde (vgl. 2.3), so gilt diese Charakterisierung ebenso wie für die Zeichen des Aussagens auch für die kognitive Organisation des Ausgesagten selbst in dem Sinne, daß sich nicht nur der Grad der Referenznähe bzw. Rationalität (dort, wo er überhaupt prinzipiell regulierbar ist) nach ausgehandeltem Bedarf bestimmt, sondern dieser Bedarf generell gering gehalten wird. Er schwankt im Gespräch je nach den gesetzten Relevanzen, und er steigt schlagartig an, sobald, provoziert etwa durch die Nichtbeachtung der sozialen Geltungssphäre des Partners oder durch sachlichen Dissens, der berühmte Verteidigungsfall eintritt. Wo Angriff und Verteidigung das Interaktionsgeschehen im Alltagsgespräch bestimmen, tritt seine Natürlichkeit hinter Objektivierungszwänge zurück, aber solchen Situationen kann vernünftigerweise und unabhängig vom realen Vorkommen nur Ausnahmecharakter zuerkannt werden.

4.2 Die hier für die Alltagssprache geltend gemachte Bestimmung der Natürlichkeit verlangt nun freilich nach Vermittlung mit den Betrachtungen des ersten Teils, die vom semiotischen Aspekt des Kommunikationsgeschehens ihren Ausgang nahmen. Wir müssen es genauer sagen: nach den bisherigen Ausführungen ist das Alltagsgespräch als der Ort anzusehen, der infolge seiner Enthobenheit von äußeren Notwendigkeiten einerseits den ‚multimedialen' Austausch verstärkt und dadurch Werte der sozialen Begegnung erfahrbar macht, andererseits die Entfaltung der Identitätsrhetorik begünstigt. Besteht darüber hinaus eine Möglichkeit, die beiden Aspekte selbst enger zusammenzuschließen?

Eine weitgespannte Analyse von R. Kokemohr, die zwar fachlich anders situiert, jedoch zentral auf die Interaktionsproblematik ausgerichtet ist, gibt Anlaß, in diesem Zusammenhang den Begriff der „vorprädikativen Sphäre" heranzuziehen, den Husserl in die phänomenologische Tradition eingebracht hat[28]. Die vorprädikative Sphäre liegt der prädikativen durch ihre unmittelbare lebensweltliche Fundierung voraus und damit zugleich auch „vor allen logischen Leistungen". Sie setzt gerade dadurch die im Blick auf den anderen und über den anderen betriebenen subjektiven Konstitutionsleistungen im Wirklichkeitsbezug in ihr Recht und bewirkt zugleich die Notwendigkeit der Identitätssicherung. Andererseits ist gerade sie der eigentliche Bereich, in dem die sozialen Werterfahrungen, die selbst vorprädikativer Natur sind, ihre Bedeutung finden. Und man kann nun vielleicht einen Schritt weitergehen und eine Komplementarität beider Vorgänge anerkennen: eine ohne Erfahrung von Sympathie, Interesse, Zustimmung verfolgte Identitätsrhetorik bleibt leer, mag sie auch rein formal positive Sanktionen erwirken. Aber auch die Umkehrung gilt: erst durch die sprachliche Aktion werden solche Zuwendungen aktiviert und erlebbar.

---

[28] „Kann die ‚Alltagswende' der Erziehungswissenschaft zur Bearbeitung didaktischer Legitimationsprobleme beitragen?", in *Erziehungswissenschaft im Übergang – Verlorene Einheit, Selbstteilung und Alternativen* (Jahrbuch für Erziehungswissenschaft Bd 4 (1980–1982)), hg. D. Lenzen, Stuttgart 1982, S. 149–204.

Natürlich erscheint in dieser Anschauung die vorprädikative Sphäre nicht in genetischer Verklammerung, auch wenn eine symmetrische gegenseitige Voraussetzbarkeit der beiden Sphären gerade nicht behauptet werden kann. Wo aber die logischen Leistungen erbracht, wo ganz allgemein die kognitive Effizienz des Gesprächsbeitrags gefordert ist, wo Objektivierungen zu leisten sind, da bietet das Alltagsgespräch das „Alternativ"-Modell an, das, wenn es die andere Welt auch nicht ersetzt, doch gleichwohl zeitweise von ihr entsetzt. Auch hier geht es nicht ganz ohne Spielregeln ab, aber wenn sie sich daran halten, dann haben am Ende oft alle Beteiligten gewonnen.

JOHANNES CREMERIUS

DAS PSYCHOANALYTISCHE GESPRÄCH

A Der systematische Ort des psychoanalytischen Gesprächs in der psychoanalytischen Theoriebildung

I. Die Prämisse des analytischen Gespräches

Es treffen sich zwei Personen, einer, der sich als krank erklärt, und einer, der beruflich mit dieser Art von Krankheit umgeht. Beide wissen, daß das Instrument der Therapie der Austausch von Worten ist, also ein Gespräch.

II. Der Gegenstand des Gesprächs ist das Unbewußte

Die Besonderheit des Gespräches liegt darin, daß beide sich daran machen, etwas zu verstehen, was dem unmittelbaren Verstehen nicht zugänglich ist. Der Kranke weiß das aus der Vergeblichkeit seiner Versuche, der Arzt aufgrund professioneller Erfahrung. Der systematische Ort in der psychoanalytischen Theorie, an dem das Gespräch stattfindet, ist

a) die Lehre vom Unbewußten, d.h. die Theorie, daß die Krankheit mit Teilen des Menschen zu tun hat, die er verdrängt hat, die also vom Lebensprozeß abgespalten sind. Verdrängen wird als Leistung eines Ich definiert, das die Gefährlichkeit des zu Verdrängenden erkannt hat. Das Verdrängte ist also einmal bewußt bekannt gewesen, infolgedessen prinzipiell kognitiven Operationen zugänglich;

b) die Theorie, daß Bewußtheit eher ein außergewöhnliches als ein regelmäßiges Attribut psychischer Prozesse ist. Anders ausgedrückt, bei normalen wie bei pathologischen Funktionen der Psyche sind die unbewußten Vorgänge von großer Häufigkeit und Bedeutung;

c) die Theorie von der psychischen Determiniertheit oder der Kausalität. Sie besagt, daß in der Psyche nichts zufällig ist oder aufs Geratewohl geschieht. Diskontinuität existiert im psychischen Leben nicht.

III. Der Patient setzt dem Verstehen des Unbewußten Widerstand entgegen

Die nächste Besonderheit des Gesprächs, die es vom üblichen ärztlichen Gespräch grundsätzlich unterscheidet, ist, daß der Patient der Bemühung um das Verstehen des Unbewußten, der Entschlüsselung des Rebus, Widerstände entgegensetzt, die selbst wieder unbewußt sind. Der systematische Ort des Gesprächs in der psychoanalytischen Theorie ist jetzt die Theorie von Abwehr und Widerstand.

Wie ist es zu verstehen, daß trotz dieser Schwierigkeiten die Sucharbeit vorangehen kann? Wer hilft dem Kranken gegen die Kräfte, die das Dunkel über dem Abgetrennten erhalten wollen?

1. Der *Leidensdruck*
Der Kranke muß sein Problem nicht durch Agieren lösen können, d.h. er muß moralische Normen als Regulative besitzen. Beispiel: in einer Beziehung, wie einer Ehe, kann einer nur erkranken, wenn er sie ernst nimmt. Der Filou, der gewissenlose Betrüger, erkrankt nicht, er leidet höchstens an den Schwierigkeiten im Gefolge seines Handelns. Hier ergeben sich interessante schicht-spezifische Unterschiede in Indikationsstellung und Prognose;

2. die *Einsicht* in das Störende, Hemmende, Unzweckmäßige der Krankheit, d.h. die Fähigkeit, sich nichts vorzumachen. Beispiel: Pechvogel, Opfer der Verhältnisse, Gottes Wille, der Gerechte muß viel leiden, ich bin zu gutmütig;

3. die *Tendenz des Verdrängten zur Rückkehr*
In 1–3 läßt sich der systematische Ort des Gesprächs in der psychoanalytischen Theorie wie folgt bestimmen: die Voraussetzung des Gesprächs ist
  ad 1) das Vorhandensein einer psychischen Struktur, in der die sittlichen Normen der jeweiligen Gesellschaft gültig und verbindlich etabliert sind;
  ad 2) das Vorhandensein der Möglichkeit von Einsicht (individuell und von der sozialen Schichtzugehörigkeit her);
  ad 3) die empirisch belegte Tatsache, daß Triebe zwar behindernde Schicksale erfahren können, daß sie aber nicht aufgeben, Triebziel und Triebobjekt zu suchen.

IV. Die emotionale Funktion des Gespräches

Aus ihren hypnotischen Anfängen (Anna O.) weiß die Psychoanalyse, daß das Sprechen des Patienten nicht nur die Funktion hat, das Gesagte zu hören und zu verstehen, es hörbar und verstehbar zu machen, sondern auch, daß das bloße Aussprechen einen eigenen Stellenwert im psychischen System hat:
  a) das Verbalisieren im Dienste der emotionalen Entlastung, d.h. als kathartischer Prozeß;
  b) das Verbalisieren als wiederholende Darstellung von Szenen aus vergessenen Dramen;
  c) das Verbalisieren als ein bemächtigendes Ergreifen von etwas, das bisher der Sprache aufgrund von Tabuierungen nicht zugänglich war.
Der systematische Ort dieser Aspekte des Gesprächs in der psychoanalytischen Theorienbildung ist ein bestimmtes Verständnis von Sprachentstehung und Sprachfunktion im Kommunikationsprozeß.

V. Das Gespräch hat eine Beziehungsperson

Das Gespräch ist primär ein Dialog. Von allem Anfang an sucht es den anderen und will mit ihm in Kontakt treten. (Dabei ist das, was gesagt wird, zunächst sekundär.) Demnach gehen die Erfahrungen an den frühen Beziehungspersonen in das Gespräch ein und prägen es. Das analytische Gespräch dient also der Erforschung der Struktur und der Art und Weise der Beziehung zum anderen.

Der systematische Ort des Gesprächs in der psychoanalytischen Theorienbildung ist also die Lehre von der Objektbeziehung. Objektbeziehung ist die Art der Beziehung des Subjektes zu seiner Welt, eine Beziehung, die das komplexe und vollständige Ergebnis einer bestimmten Organisation der Persönlichkeit, eines mehr oder weniger phantasierten Erfassens der Objekte und bestimmter bevorzugter Abwehrformen darstellt.

VI. Zur Beziehungsperson des Gespräches entsteht eine emotionale Beziehung

In jedem Gespräch, verstärkt in dem mit Personen, zu denen eine emotionale Abhängigkeit besteht (Pfarrer, Lehrer, Arzt), und extrem gesteigert in der Psychoanalyse aufgrund bestimmter Faktoren, entsteht eine emotionale Beziehung des Sprechenden zu der Person, zu der er spricht. Die allgemeine Beobachtung zeigt, daß diese Beziehungen individuell verschieden sind. Die Verschiedenheit ist jedoch nicht qualitativer Natur. Es handelt sich in der Regel um eine quantitative Verschiedenheit: die Gefühle sind verschieden durch den jeweiligen Anteil an weitgehend ubiquitären, uniformen Grundqualitäten: Gefühle von Abhängigkeit, Zuneigung, Verehrung, Bewunderung, Liebe (oder deren Gegenteil).

Der systematische Ort des Gesprächs in der psychoanalytischen Theorienbildung ist hier die Lehre von der Übertragung. Der Begriff kennzeichnet einen Vorgang, wodurch die unbewußten Wünsche an bestimmten Objekten im Rahmen eines bestimmten Beziehungstypus, der sich mit diesen Objekten ergeben hat, aktualisiert werden. Es handelt sich dabei um Wiederholung infantiler Vorbilder, die mit einem besonderen Gefühl von Aktualität erlebt werden. Die Ätiologie dieses Phänomens erklärt die Psychoanalyse aus der langjährigen psychischen Abhängigkeit des Menschenkindes von den sein Überleben garantierenden, überlegenen Personen (besondere Bedeutung des „extrauterinen Frühjahrs", insbesondere aufgrund der Tatsache, daß bestimmte biologische Reifungsschritte noch nicht vollzogen sind, weil z. B. gewisse anatomische Substrate noch nicht ausgereift sind) und der Tatsache, daß unsere Gesellschaft daraus ein Erziehungssystem macht, das sie über die Zeit der realen Abhängigkeit des Kindes hinaus aufrechterhält. — Die Übertragung wird als das Feld angesehen, auf dem sich die psychoanalytische Behandlung abspielt: deren Beginn, deren Modalitäten, die gegebenen Deutungen und die sich daraus ableitenden Folgerungen, d.i. der Prozeß der Einsicht und der Änderung.

VII. Das Gespräch als Instrument der Wahrheitssuche

Wenn sich dem Bewußtwerden des Unbewußten, dem „Erinnern", so viele Widerstände entgegenstellen (die unbewußte Defensivorganisation des Ichs und des Über-Ichs; die Angst vor der Verwirklichung des nie Gelebten (vor der Triebstärke infantiler Impulse); die infantile Scham, die nicht an der Erwachsenenrealität geprüft werden kann etc.), muß die Findung der „Wahrheit" ein besonderes Problem des psychoanalytischen Gesprächs darstellen. Es leuchtet ein, daß die Widerstände gegen das Bewußtwerden des Verdrängten auf die Bearbeitung der Lebensgeschichte Einfluß nehmen. Dadurch wird sie zum Produkt von Triebphantasie und Abwehrbewegungen. Der Mensch wird zum dichtenden Helden eines Mythos, er ersetzt die reale Welt durch die gewünschte Welt. Jeder von uns hat seinen privaten Mythos, camoufliert oder offen.

Der systematische Ort des Gesprächs in der psychoanalytischen Theorienbildung ist hier die Erfahrung aus der Trieb-Abwehr-Theorie, daß es keine objektive Wahrheit, sondern nur eine „psychische Wahrheit" geben kann, wenn ein Mensch versucht, das „Erkenne-Dich-Selbst" zu praktizieren. Ferner gehört hierhin die Theorie der Fixierung an die infantilen Erfahrungen. Der Kranke sieht die Vergangenheit im Lichte der Gegenwart und die Gegenwart – unter dem Druck ungelöster Konflikte, deformierter kognitiver Funktionen und pathologischer Emotionen (Angst) – immer wieder im Lichte der Vergangenheit.

B Die Pragmatik des psychoanalytischen Gespräches in der psychoanalytischen Praxis

ad I: Damit der Patient lernt, daß in „der analytischen Behandlung nichts anderes vorgeht als ein Austausch von Worten"[1], muß der Analytiker alle anderen Formen von Beziehung (körperliche Untersuchung, körperliche Kontakte) unterlassen, die analytische Situation permanent auf der Gesprächsebene halten. Das psychoanalytische Gespräch hat erklärtermaßen den Zweck, etwas zu verstehen, was prima vista nicht verstehbar ist. Es ist also von Anfang an als eine Sucharbeit, ein Forschungsunternehmen zu zweit geplant. Das bedeutet, es distanziert sich prinzipiell vom üblichen ärztlichen Gespräch, in dem der Patient das passive Forschungsobjekt für jemanden wird, der seine Wissenschaft an ihm aktiv tätigt. Hierbei wird denn folgerichtig der therapeutische Prozeß etwas, das der Arzt am Objekt ausführt. Dieses gibt sich vertrauensvoll (im Idealfall) in die Hand des Experten und erwartet die Hilfe von ihm als etwas, das von außen kommt.

Zwar ist auch der Analytiker ein Experte, der eine Wissenschaft vom Menschen in die Praxis einbringt. Er geht aber anders mit ihr um als der übliche Arzt. Er antwortet auf das, was der Patient sagt, nicht direkt und unmittelbar mit der psychoanalytischen Theorie, d.h. er übersetzt ihm nicht das Unverstehbare in die Sprache der psychoanalytischen Wissenschaft. Vielmehr bietet er ihm eine Arbeitsmethode an: er soll sagen, was er denkt und fühlt, auch wenn es peinlich ist, auch, wenn es sich auf den Analytiker

---

[1] S. Freud, „Vorlesungen zur Einführung in die Psychoanalyse" (1916/17), in *Gesammelte Werke* XI, S. 9.

bezieht, d.h. er soll lernen, außerhalb der Konvention zu sprechen. Er selber, der Analytiker, behält sich vor, dazu etwas zu sagen, wenn er es für nötig hält, vor allem dann, wenn er etwas verstanden hat.

ad II: Um an das Unbewußte heranzukommen, muß der Patient in eine Sprechsituation gebracht werden, die eine optimale Selbstbeobachtung ermöglicht. Das geschieht dadurch, daß der Blickkontakt zum Analytiker aufgehoben wird, der Patient aufgefordert wird, alles mitzuteilen, was ihm einfällt (Grundregel).

a) Die Einführung der Grundregel in die Dialogstruktur soll dem Patienten helfen, die bewußte Selektion von Gedanken nach Möglichkeit zu unterlassen. Der Analytiker erwartet, daß durch die Lockerung der Zensur von Einfällen verborgene Zielvorstellungen und Phantasien die Herrschaft über den Vorstellungsablauf gewinnen. Doch die Grundregel dient nicht nur dazu, verborgenes Material für die Bearbeitung zu erlangen, wichtig ist auch zu beobachten, wie der Patient damit umgeht. Die Analyse besteht zu einem guten Teil aus dem „Kampf" mit dem Patienten um die Einhaltung der Grundregel. Sie macht dem Patienten seine Abwehrstruktur am stärksten erlebbar.

b) Die Grundregel hat darüber hinaus noch den deklaratorischen Wert, Sanktionsfreiheit zuzusichern – ganz allgemein, wie speziell für den Fall möglicher Kränkung des Analytikers. Sie stellt ein „repressionsfreies Reservat dar, in dem für die Dauer der Beziehung zwischen Arzt und Patient die ‚Ernstsituation', also der Druck der gesellschaftlichen Sanktionen, so glaubhaft als möglich außer Kraft gesetzt ist"[2].

c) Die Wirkung der Grundregel, die Produktion unbewußten Materials zu fördern und Widerstände sichtbar werden zu lassen, wird durch gewisse Verhaltensweisen auf seiten des Analytikers verstärkt.

aa) Er übernimmt nicht nur die Rolle des Interaktionspartners. Er antwortet auf explizite wie implizite Interaktionsangebote nicht spontan, direkt, persönlich, sondern mit kommentierenden Deutungen auf einer Metaebene.

bb) Er bewahrt eine maximale Anonymität. Auch das „Setting", d.h. die Couchlagerung des Patienten und die unsichtbare Sitzanordnung des Analytikers, sollen in diese Richtung wirken.

Neben diesem formalen Angebot versucht der Analytiker, daß der Patient zwei empirische Fakten, auf denen die psychoanalytische Theorie basiert, an sich selber wahrnimmt: die Realität des Unbewußten und seine Bedeutung in seinem Leben wie die psychische Determiniertheit und Kausalität, der seine psychischen Abläufe wie sein Leben schlechthin unterliegen (s. II b) u. c)).

ad III: Der Analytiker läßt ihn die Existenz des Widerstandes erleben: der Patient erlebt, daß er gewisse Dinge nicht sagen kann, obgleich er verstanden hat, daß das der Heilungsweg für ihn ist. Die Arbeit am Widerstand läßt ihn den Widersinn desselben erleben und ferner verstehen, daß die Motive dazu infantiler Natur sind. Daß die dabei auftretenden Ängste nicht zu seiner jetzigen Situation als Erwachsener gehören etc.

---

[2] J. Habermas, *Erkenntnis und Interesse*, Frankfurt/M. 1968, S. 305ff.

Weder bei der Suche nach dem unbewußt Verdrängten noch bei der Diagnostik der unbewußten Defensivmaßnahmen gegen die analytische Arbeit verhält sich der Analytiker als Sherlock Holmes, als Entdecker oder Entlarver, der dem Kranken die Maske der schönen Täuschungen, des falschen Selbst, der unklaren Identität vom Gesicht reißen will. Vielmehr läßt er ihn das alles selber finden, indem er diesen Prozeß mit der Formel begleitet: „Wir verstehen jetzt, warum Sie diese Hemmung brauchten, diesen Charakterzug entwickelten, diese Abwehrform entdeckten, diese Selbsttäuschung praktizierten" etc. (d.h. wir verwenden den Grundsatz: alles ist determiniert, also prinzipiell verstehbar, alles hat also einen Sinn – und die Betrachtung (Beurteilung) all dessen kann nicht mit Kategorien von Gut und Böse geschehen).

ad IV: Die Praxis, d.h. die Technik des Analytikers, ermöglicht die unter IV genannten emotionalen Funktionen des Gesprächs in der Weise, daß sie allen drei Funktionen Raum läßt und sie nicht zu früh auf die Ebene der Deutung, des Begriffs, hebt. Das geschieht in einer zweiten Aktion, weil nur so der Patient die Wirklichkeit dieser drei Funktionen erleben kann.

ad a) Der Wert der kathartischen Entladung wird darin gesehen, daß das kognitive Ich von emotionaler Bedrängnis befreit wird und demzufolge seine kognitiven Funktionen besser gebrauchen kann („Angst macht dumm"). Dabei muß der Analytiker darauf achten, daß die emotionale Entladung nicht dazu führt, daß der Leidensdruck sich derart verringert, daß der Patient keine Notwendigkeit mehr verspürt, den analytischen Prozeß der Einsichtsgewinnung fortzusetzen. Daher ist der Analytiker bemüht, die Leidenszustände des Patienten nicht frühzeitig zu mildern. Das Gespräch wird also in der Zone des Leidens und der Schmerzen gehalten;

ad b) der Analytiker hilft der szenischen Darstellung vergessener Ereignisse, damit etwas in Erscheinung treten kann, was der Patient sprachlich nicht oder nur unzureichend ausdrücken kann. Letzteres nicht wegen eines Unvermögens, sondern weil das, was ausgedrückt werden will, entweder so verwirrt und konfus ist (etwa bei Patienten, die psychisch schwer kranke Eltern oder gar psychotische Eltern hatten, was den Aufbau einer strukturierten Welt stört) oder Erfahrungen meint, die in der Grauzone vor dem begrifflichen Spracherwerb liegen;

ad c) hier benutzt Freud die Erfahrung, welche Nietzsche 1888 in *Götterdämmerung* ausdrückt: „Wofür wir Worte haben, darüber sind wir auch schon hinaus", zu therapeutischen Zwecken.

ad V: Die analytische Therapie geht davon aus, daß die frühe Mutter-Kind-Objektbeziehung und deren Umwandlung in eine Dreiecksbeziehung durch das spätere Hinzutreten des Vaters sich in der Arzt-Patient-Beziehung widerspiegelt. Dieser Prozeß tritt automatisch ein (s. Übertragung). Er wiederholt einmal den Typus der Objektwahl (vom Anlehnungs- oder vom narzißtischen Typus), zum anderen die Qualität der Objekte. Das heißt, sie treten als Imagines in die Arzt-Patient-Beziehung ein, als durch Phantasie entstellte Bilder der realen Objekte, die verinnerlicht sind – und das heißt als Bilder, die aus dem korrigierenden Prozeß der Erfahrung herausgenommen waren. Das analytische Gespräch versucht, diese verinnerlichten Bilder in einer Zweierbeziehung zu externalisieren, um dem Patienten in und an ihr den Phantasiecharakter derselben erleben zu lassen und korrigierende Erfahrungen zu ermöglichen. So wird verständlich, daß sich der Analytiker weniger für die reale Lebensgeschichte, die konkreten Daten und die objektiven Berichte über die Beziehungspersonen, d.h. für die „Geschehnisse", interessiert, sondern vor allem für die „Erlebnisse", d.h. für die subjektive Wirklichkeit und deren Verarbeitung in der Phantasie. Der Begriff der Objektbeziehung bedeutet für die Therapie, daß psychische Prozesse nicht mehr ausschließlich auf der Subjektebene, d.h. in ihrer Bedeutung im inneren System, gedeutet werden, sondern in ihrer Beziehung zum Objekt, d.h. kognitiv-kommunikativ.

ad VI: Um das Unbewußte so gut und so weit als möglich bewußtmachen zu können, versucht der Analytiker, eine Situation herzustellen, welche die Übertragung der Imagines, der frühkindlichen Erlebnisse fördert. Sein Ziel ist, die aktuelle Neurose in eine Übertragungsneurose zu verwandeln. Aufgrund der Tendenz, frühkindliche Muster zu wiederholen, organisieren sich die Übertragungsmanifestationen fast von selbst zur Übertragungsneurose. Sie wird so zu einer neuen Ausgabe („Neuauflage") der kindlichen Neurose. Der Analytiker stellt sich die Aufgabe, durch ihre Aufklärung zur Entstehung und Erhellung der infantilen Neurose zu gelangen. (Genetischer Aspekt der Arbeit, der dem Patienten helfen soll, sich in einer geschichtlichen Dimension zu verstehen und zu erleben, wie das, was er „hic et nunc" in der Therapie erlebt, denkt, fühlt, tut, damals aufgrund bestimmter Ereignisse und deren Verarbeitung entstand.) Der Analytiker fördert diesen Prozeß dadurch, daß er eine wohlwollend-akzeptierende Atmosphäre herstellt und das „setting" anbietet: Couch-Sessel-Arrangement, feste Stundenzahl, gleichbleibenden Stundenplan, Anonymität. Er tut es ferner auf die Weise, daß er „allen Symptomen der Krankheit eine neue Übertragungsbedeutung zu geben versucht, die gemeine Neurose durch eine Übertragungsneurose zu ersetzen versucht, von der der Patient durch die therapeutische Arbeit geheilt werden kann"[3]. Den Sinn dieser Manipulation sieht Freud in folgendem: „Der neue Zustand hat alle Charaktere der Krankheit übernommen, aber er stellt eine artifizielle Krankheit dar, die überall unseren Eingriffen zugänglich ist"[4], d.h., der Patient kann das Krankhafte in der Beziehung zu seinem Arzt in statu nascendi erleben. (Unser Kollege Luckmann drückt das hier Gemeinte als Soziologe so aus: „In einer Verwandlung sind Resozialisationen nötig, die der Primärsozialisation ähnlich sind. Unausweislich müssen die Kindheitserlebnisse der Gefühlsabhängigkeit von signifikanten anderen noch einmal nachvollzogen werden"[5].)

Beispiel: Die weibliche Patientin scheitert regelmäßig in ihrer Beziehung zu Männern. Deshalb kommt sie in die Therapie. Das ist ihre Symptomneurose, die sie nicht versteht, für die sie unzureichende Erklärungen hat, meist derart, daß das Scheitern Schuld der Männer sei. Die Übertragungsneurose wiederholt dieses Phänomen. Da der Analytiker die Wiederholung weder korrigiert, noch zurückweist, sondern ihre Entfaltung fördert – „wir eröffnen ihm (dem Wiederholungszwang) die Übertragung als den Tummelplatz, auf dem ihm gestattet wird, sich in fast völliger Freiheit zu entfalten, und aufer-

---

[3] Freud, GW X, S. 134/35.
[4] Ebd. S. 135
[5] P. Berger/Th. Luckmann, *Die gesellschaftliche Konstruktion der Wirklichkeit – Eine Theorie der Wissenssoziologie*, Frankfurt/M. 1972, S. 168.

legt ist, uns alles vorzuführen, was sich an pathogenen Trieben im Seelenleben des Analysierten verborgen hat"[6] –, erlebt jetzt die Patientin, daß sie es ist, die das Zustandekommen der gewünschten Verbindung verhindert. So gewinnt der Analytiker die Chance, jedes Stück dieses Prozesses in statu nascendi zu betrachten und zu deuten. Das psychoanalytische Gespräch ist also die Benennung dessen, was der Patient tut, vermeidet, denkt, fühlt etc. Das Entscheidende findet im Wiedererleben statt. Aber dieses Wiedererleben führt nicht zur bloßen Wiederholung, sondern zu Einsicht und Veränderung, indem beide dafür ein „einheitliches Sprachspiel" finden.

(Hier taucht das Problem der Ich-Spaltung auf. Sie wird notwendig, damit der Patient ein Maß von Überlegenheit behält, „kraft dessen die anscheinende Realität (der Übertragung) doch immer wieder als Spiegelung einer vergessenen Vergangenheit erkannt wird"[7]. Für die Indikationsstellung zur psychoanalytischen Therapie heißt das, daß nur Patienten genommen werden können, die das „Als-ob" des Prozesses verstehen und leisten können.)

ad VII: Der Analytiker läßt den Kranken in der Übertragung etwas Vergangenes, Vergessenes wiederholen. Das Verstehen der Wiederholung und des Wiederholten in der Zweierbeziehung gerät in Widerspruch zum erzählten „Mythos", zur Konstruktion des „Lebensromanes". Die Notwendigkeit und Zwangsläufigkeit dieses Mythos wird gemeinsam verstanden und miteinander nach der „Wahrheit" dieses Lebens gesucht. Sie kann nur als Ergebnis des Gesprächs gedacht werden, nicht als objektive Wahrheit, Wissen um Wahrheit, sondern nur als psychische Wahrheit, d.h. eine Wahrheit, die die zwischen Analysand und Analytiker geteilte Hypothese zur Erklärung des Unerklärbaren ist. Der Konsensus über die Hypothesen zwischen beiden vermittelt das *Erlebnis* von Wahrheit im analytischen Sinne. Die neue Hypothese über sich selbst wie der daraus erwachsende Entwurf auf die Zukunft enthalten ein Mehr an geteilter Wirklichkeit, damit ein Mehr an Freiheit.

C Was unterscheidet den analytischen Dialog von dem uns vertrauten Gespräch?

Das Auffallendste ist die Asymmetrie zwischen den Protagonisten:
a) der eine ist Patient und sucht Hilfe, der andere ist Spezialist und geht professionell mit solchen Menschen um;
b) der Patient darf und soll alles erzählen, der Analytiker spricht selten spontan. Er spricht im Grunde nur in Erwiderung auf das, was der Patient gesagt hat;
c) der Patient folgt der Forderung, sich an die Grundregel zu halten, der Analytiker folgt dem professionellen Auftrag der Abstinenz, d.h., sich bei allem, was er sagt und tut, zu fragen, ob es im Dienste der Therapie steht, also den Patienten meint. Anders ausgedrückt, er muß sich stets fragen, ob eigene Wünsche, Bedürfnisse, Affekte sein Sprechen oder Handeln motivieren;

---

[6] Freund, GW X, S. 134ff.
[7] Freund, GW XIII, S. 17.

d) dem Gespräch liegt die Erfahrung zugrunde, daß man nicht dialogisch kommunizieren kann, ohne den Verwendungssinn der Äußerungen festzulegen und die Beziehung zu definieren, in der die Äußerung ihren Ort hat[8]. Gerade diese Sinn- und Zielgebung entfällt im analytischen Dialog: der Patient soll der Regel folgend frei assoziieren, d.h. unverbindlich, sozusagen „ins Unreine" sprechen. Der Analytiker reagiert auch nicht in der Rolle des Interaktionspartner eines Gesprächs: er antwortet nicht, er deutet — und wenn er deutet, geschieht dies nicht in der Rolle des Interaktionspartners, sondern professionell. Er kommentiert das Gesagte (wie alles andere) auf einer Metaebene, d.h. er „springt aus der Ebene unmittelbarer Interaktion heraus und bezieht eine Position außerhalb der Beziehung, die im Beziehungsaspekt der Äußerung des Analysanden enthalten war"[9];

e) der Patient soll sich offenbaren, entblößen — der Analytiker bewahrt strenge Anonymität. „Es gibt keine Symmetrie des Sich-Enthüllens und Sich-Verbergens"[10].

Neben dieser Asymmetrie fällt die Definition des Patienten als einer Person auf, die selbst nicht weiß, was sie mit ihren Äußerungen sagt, was das, was sie ausdrückt, meint.

Die Frage, die sich nun stellt, ist, ob wir uns noch auf der Ebene der Intersubjektivität befinden, oder den anderen bereits als Objekt sehen, „*über* das wir mit Dritten kommunizieren können, aber eben nicht *mit* ihm selber"[11]? (Es ist die Situation der objektivierenden Forschung, in welcher der Patient Gegenstand eines Experimentes wird, des psychiatrischen Umganges mit dem Patienten, bei dem es um diagnostische Objektivierung geht etc.)

Zur Beantwortung dieser Frage verweise ich auf die Doppelstruktur des psychoanalytischen Dialogs.

Zwar versteht die Psychoanalyse den Patienten als einen Menschen, der in der Therapie Äußerungen tut, die er nicht versteht und der in der durch den Analytiker geförderten Entwicklung der Übertragungsneurose zu schweren Entstellungen seines Realitätsbewußtseins gelangt — aber sie sieht in der partiellen Gesprächsunfähigkeit des Patienten keine grundsätzliche Aufhebung des Gesprächs, d.h. einer auf Verständigung abzielenden Kommunikation zweier Subjekte.

Sie begründet dies wie folgt:

Die partielle Gesprächsunfähigkeit des Patienten ist keine primäre Qualität, sondern Teil eines Verhaltens, das programmatisch vom Analytiker unter Zustimmung des Patienten mit der erklärten Zielvorstellung der Therapie herbeigeführt wird.

Die in der Übertragungsbeziehung auftretende partielle Gesprächsunfähigkeit ist nicht die einzige Beziehung. Sie ist eingebettet in die primäre Arzt-Patient-Beziehung. Sie ruht auf den Fundamenten der prinzipiellen Anerkennung des Patienten als eines Subjektes,

---

[8] P. Watzlawick et al., *Menschliche Kommunikation — Formen, Störungen, Paradoxien*, Bern/Stuttgart 1969, Kap. 2.2. und 3.2.
[9] K. Schröter, „Psychoanalytischer Dialog und alltägliche Kommunikation", in *Information über Psychoanalyse — Theoretische, therapeutische und interdisziplinäre Aspekte*, hgg. Muck/Schröter/Klüwer/Eberenz, Frankfurt/M. 1974, S. 45–63, hier S. 48/49.
[10] Ebd. S. 49.
[11] J. Habermas/N. Luhmann, *Theorie der Gesellschaft oder Sozialtechnologie*, Frankfurt/M. 1971, S. 118.

das die Fähigkeit zur Reflexion, zu kognitivem Umgang mit sich und der Welt, zur Differenzierung zwischen innen und außen, Phantasie und Realität besitzt. Gerade diese Qualitäten sind die Voraussetzungen der Analysierbarkeit. Gerade darin, daß dem Patienten die Übertragung, d.h. die Regression, zugemutet wird, der Analytiker mit ihm einen Vertrag abschließt, der Ich-Spaltung und Als-ob-Operationen verlangt (er muß zwischen dem Analytiker als Therapeuten und dem Analytiker als Übertragungsfigur unterscheiden können), deklariert der Analytiker seine Gesprächsfähigkeit als Subjekt, läßt er ihn sich als ein Wesen erleben, das dies wissend und aufgeklärt will.

Während der analytischen Arbeit verhält sich der Analytiker stets so, daß der Patient seine partnerschaftliche Freiheit im Gespräch erleben kann: er gibt nie Ratschläge, weigert sich, zu praktischen Entscheidungen Stellung zu nehmen, übernimmt keine schützende, pflegende, stützende, helfende Rolle, verspricht nicht, ihn gesund zu machen (statt dessen spricht er von der gemeinsamen Verstehensarbeit), macht keine Vorschläge, wie er sich verhalten soll, wie er sich ändern soll, um mit seinen Problemen besser fertig zu werden, ja, er geht so weit, die Ausweglosigkeit gewisser neurotischer Situationen zu formulieren, die Möglichkeit der Unlösbarkeit ins Auge zu fassen. Zusammengenommen vermittelt er ihm: „tua res agitur".

Am stärksten erlebt der Patient seine freiheitliche Partnerschaft bei der Deutungsarbeit. Zwar nimmt der Analytiker die bewußten Interaktionen oder Äußerungen des Patienten nicht ganz ernst, dafür erlebt aber der Patient, daß der Analytiker das, was der Patient jetzt noch nicht versteht, besonders ernst nimmt. Im Verlauf der Behandlung lernt er so, daß der Analytiker seine Äußerungen weit ernster nimmt als es in der alltäglichen Kommunikation der Fall ist. Er lernt ferner, daß der Analytiker seine Verstehensarbeit am Unbewußten nicht zum Zwecke der Diagnosefindung betreibt, sondern zum Zwecke der Findung einer neuen Kommunikationsebene. Indem der Analytiker dem Patienten sein Verständnis in Form von Deutungen mitteilt, ernennt er den Patienten zum Zensor derselben. Es ist der Patient, der über ihren Wert oder Unwert, ihre Annahme oder Ablehnung entscheidet.

Da hier die Gefahr von Unterwerfung und Gefügigkeit, Trotz und Opposition besteht, wird die analytische Methode auf den Umgang mit der Deutung angewandt. So fragt sie, warum eine Deutung angenommen oder abgelehnt wird — zwingt also den Patienten auf diese Weise in die Rolle des Subjektes, das sich aus der Bindung an die frühkindlichen Muster, Diktate, Diskurse, befreien soll zu einer neuen Gesprächsoffenheit. Anders ausgedrückt: gerade aus der Struktur der analytischen Methode, die in etwa Kind-Eltern-Beziehungen reproduziert, kann der Patient seine Verhaftung in den alten Diskursen erkennen und die Chance der Loslösung wahrnehmen.

Durch ein Moment, das in der älteren psychoanalytischen Literatur nicht genügend gewürdigt wurde, wird die partnerschaftliche Kommunikation, die normale Interaktion im psychoanalytischen Dialog besonders verdeutlicht. Es ist die prinzipielle Unfähigkeit des Analytikers, im analytischen Prozeß eine reine Spiegelhaltung — so Freuds frühe Forderung — aufrechtzuerhalten. In irgendeiner Weise wird der Analytiker an irgendeinem Punkt der Analyse in das Übertragungsgeschehen, in die Dynamik des Unbewußten, einbezogen, verstrickt sich, agiert mit dem Patienten noch einmal die infantilen Szenen aus der Übertragungsneurose, anstatt sie zu benennnen und zu deuten.

Freud erschrak aufs äußerste, als er dieses Phänomen, er nannte es Gegenübertragung, 1909 entdeckte und sah darin eine Gefährdung der analytischen Therapie schlechthin. Konsequenterweise forderte er einen Analytiker, der sie vollkommen überwunden habe. (Das ist die Geburtsstunde der Lehranalyse und der späteren Forderung Freuds, der Analytiker solle sich alle 5 Jahre reanalysieren lassen.) Am Ende sah er ein, „daß der Analytiker infolge der besonderen Bedingungen der analytischen Arbeit durch seine eigenen Defekte darin gestört wird, die Verhaltensweise des Patienten richtig zu erfassen und in zweckdienlicher Weise auf sie zu reagieren"[12].

Was ihm ein arges Übel war, nur zu bessern, nicht aber zu beseitigen, sehen wir heute als Hilfsmittel der Arbeit an: die Wiederholung infantiler Szenen *mit* dem Analytiker hilft dem Patienten, die Szene in ihrer Wechselbeziehung zu erleben und daher besser zu verstehen. Er erlebt ferner — vorausgesetzt, der Analytiker verstrickt sich nicht endgültig in seiner Gegenübertragung — am Analytiker einen Menschen, der mit der Verstrickung in die alte Szene anders umgeht, sie beide daraus befreien kann, indem er Sprache für sie findet, Sprache, die sie verbindet und die die affektive blinde Ladung des Wiederholungszwanges ermäßigt.

Wir sagen: ist der Analytiker zu dicht am Übertragungsprozeß, geht die Analyse nicht, ist er zu weit davon entfernt, geht sie auch nicht. Er muß sich partiell engagieren und immer wieder distanzierend befreien. Das partnerschaftliche Erlebnis, einem Arzt zu begegnen, der selber Konflikte hat, korrigiert die vorher beschriebene Asymmetrie.

Morgenthaler schreibt: „Wenn ich mich als Analytiker so einstelle, als ob ich dem Analysanden konfliktfrei gegenübertreten könnte, während der Analysand, im Gegensatz zu mir und infolge seiner Neurose, voller Konflikte erscheint, ist es um die Dynamik geschehen"[13].

Ich kann also abschließend feststellen, daß trotz des „deutenden Hinterfragens der Äußerungen des Patienten der Patient als letzte Entscheidungsinstanz über die Richtigkeit von Deutungen anerkannt bleibt und daß in einem allgemeineren Sinn die vorübergehende Suspendierung von fundamentalen Kommunikationsregeln in der Analyse in normaler Interaktion fundiert ist und in sie zurückführt"[14]. Habermas drückt das so aus: „Der Analytiker benützt allein Techniken des Diskurses, um die Anfangsbedingungen für mögliche Diskurse erst einmal herzustellen; denn darin besteht der therapeutische Erfolg und die eigentümliche Leistung der Selbstreflexion. In Herrschaft wird sich dieser Prozeß, der auf Auflösung von Abhängigkeiten zielt, nur verkehren können, wenn er die eigene Logik verläßt und Interpretationen aufdrängt — die Adressaten müssen die unzweideutige Chance haben, angebotene Interpretationen unter geeigneten Umständen, d.h. zwanglos, anzuerkennen oder abzuweisen. Aufklärung, die nicht in Einsicht, d.h. in zwanglos akzeptierten Deutungen terminiert, ist keine"[15].

---

[12] Freud 1937c, GW XVI, S. 94.
[13] F. Morgenthaler, *Technik — Zur Dialektik der psychoanalytischen Praxis*, Frankfurt/M. 1978, S. 28.
[14] Schröter, „Psychoanalytischer Dialog" S. 53.
[15] J. Habermas, „Die Utopie des guten Herrschers", in ders., *Kultur und Kritik,* Frankfurt/M. 1973, S. 387.

Wittgensteins These von der Unmöglichkeit der Privatsprache, die kein anderer als der Sprechende verstehen kann, wird in der psychoanalytischen Arbeit dadurch korrigiert, daß die Bedingungen der Privatheit miteinander untersucht werden. Dabei werden die privatsprachlichen Definitionen durch Rekonstruktion des situativen seelischen Geschehens rückgängig gemacht. Es kommt zu einer praktischen Sprachänderung und zur Herstellung einer „Einheit des Sprachspieles" zwischen Analytiker und Analysand.

WOLFGANG ISER

ZUR PHÄNOMENOLOGIE DER DIALOGREGEL

Sofern in der Diskussion eine Bestimmung des Dialogs angezielt wurde, tauchte häufig der ‚ideale Dialog' als Bezugsgröße auf, die man der endlosen Reihe taxonomischer Klassifizierungen des Gesprächs gegenüberstellte. In Abhebung vom Gespräch, das in seinen Handlungszusammenhängen aufgeht, sah man im ‚idealen Dialog' die Unendlichkeit des Weiterredens, in der die situationsbedingte Finalität der Gespräche überstiegen ist. Hieß das nun, den ‚idealen Dialog' mit dem Pathos des Ursprungs auszuzeichnen oder ihn bloß als Folie zu verstehen, um das Defizitäre der vielen Alltagsgespräche — ihr Abbrechen, ihr Versanden und ihre Krisen — zu verdeutlichen? In dem einen wie in dem anderen Falle ist der ‚ideale Dialog' eine ‚leere Kategorie', die ihre Bestimmung nicht in sich selbst trägt, weshalb es ständig zu Besetzungen dieser Kategorie kam, deren Inhaltslosigkeit solche ‚Füllungen' geradezu auf sich zog.

Daraus ergab sich jedoch eine erneute Verschiebung des Problems. Denn es fragte sich, ob die materiellen Bestimmungen des ‚idealen Dialogs', die nun gegeben wurden, wirklich dessen Idealität definierten, oder ob nicht vielmehr diese Vorschläge sich das Pathos der Idealität erborgten, um sich entsprechende Geltung zu sichern. In solchen Augenblicken wurde der ‚ideale Dialog' zum Spiegel für die zu seiner Typisierung eingeführten Prämissen, die dann allerdings erkennen ließen, wie wenig sie das treffen, was allen Dialogen gemeinsam ist. Die Idealität indes sollte von den vielen Gesprächssituationen nicht soweit abstrahieren, daß sie selbst partial zu werden beginnt. Folglich erwiesen sich die Bestimmungen des ‚idealen Dialogs' letztlich als Setzungen, in denen sich historische Bedürfnisse genauso reflektieren wie das unausweichliche Aufgehen des Dialogs in seinem Zweck. So hat man denn auch den ‚idealen Dialog' bald als herrschaftsfrei, bald als konsensorientiert, bald als ein Sich-in-der-Sache-Verstehen und bald als ein Sich-selbst-durch-den-Anderen-Verstehen begriffen und damit Zwecke als Begrenzung in die Unendlichkeit des Weiterredens eingesetzt. Das aber läßt dann den ‚idealen Dialog' nicht weniger pragmatisch erscheinen als das Gespräch in seinen Alltagsverwendungen. Es könnte indes nicht zum Gelingen selbst solch nobler Zwecke kommen, wenn der Dialog nicht Strukturen besäße, durch die nicht nur die genannten, sondern Zwecke überhaupt erst ihre Kontur erhielten. Zu dieser Ermittlung allerdings taugt weder die angenommene Unendlichkeit eines ‚idealen Dialogs' noch der hehre Charakter seiner Bestimmungen, und zwar nicht zuletzt deshalb, weil die postulierte Idealität keine Kategorie ist und schon gar nicht eine solche fundierenden Charakters, und weil die Unendlichkeit des Weiterredens eher eine Erfahrung darstellt, die sich auch dann noch nicht selbst erklärt, wenn man sie ideal nennt.

Die basale Struktur des Dialogs läßt sich zunächst weniger durch seine Zwecke, sondern eher durch seine Sprache freilegen. Was immer gesagt wird, schließt Impliziertes ein und wird folglich von einem Ungesagten begleitet. Daher erweist sich das Zusammenspiel von Zeigen und Verschweigen als Grundregel des Gesprächs; was gegenwärtig ist, lebt von dem, was es ausschließt. Dieses unausgesetzte Spiel von Abwesendem im Anwesenden erlaubt im Prinzip zweierlei: 1. die individuelle Konturierung des Gesagten, welches als Individuelles keine Referenz besitzt und sich folglich nur als die Spur des Verschweigens im Gezeigten zu manifestieren vermag; 2. die Möglichkeit des Verstehens, die sich dadurch einstellt, daß der Empfänger der Rede dem darin Ungesagten eine Bedeutung zuschreibt, die das Gesagte erst zu begreifen erlaubt. So wenig sich Individuelles unvermittelt präsentieren läßt, so wenig ist Verstehen ein bloßes Hinnehmen der Äußerung. In beiden Fällen wird das Zusammenspiel von Zeigen und Verschweigen in einem je bestimmten Sinne genutzt.

Das aber wäre nicht möglich, wenn in der Sprache selbst nicht eine Differenz herrschte, durch die Gesagtes und Ungesagtes voneinander geschieden sind. Sprechakte sind daher Aufhebungen dieser Differenz, die durch den Zweck der Rede überbrückt wird, gleichzeitig jedoch den Zweck auch profiliert. So verschwindet zwar die Differenz von Zeigen und Verschweigen in der pragmatischen Finalität des Dialogs, sie hinterläßt jedoch in der individuellen Konturierung des Zweckes ihre Spur. Daher spielen im Gespräch nicht nur Zeigen und Verschweigen ineinander, sondern noch einmal die Grundregel des Dialogs mit dessen Zwecksetzung. Die Differenz ist die produktive Bedingung des Dialogs; sie liegt den angestrebten Zwecken voraus, die in der Aufhebung der Differenz nicht nur ihre Gestalt, sondern auch ihren pragmatischen Charakter gewinnen.

Nun ließe sich die Differenz im Prinzip auch stark machen, indem man das Ungesagte aus der bloß unterstützenden Funktion entläßt und es zur Gleichrangigkeit mit dem Gesagten erhebt. Geschieht dies, dann wird die offen gehaltene Differenz in eine Zersetzung der Dialogpragmatik umschlagen. Darin bezeugt sich nicht nur, daß jede Besetzung der Differenz pragmatisch ist, sondern auch die Unmöglichkeit des ‚idealen Dialogs' als Unendlichkeit des Weiterredens. Diese gäbe es nur um den Preis des unausgesetzten Scheiterns; denn eine solche ‚Idealität' hätte ihre Wurzeln in der Austreibung aller Pragmatik aus dem Dialog und damit auch jener Zwecke, die mit seiner Herrschaftsfreiheit bzw. dem Ziel des Sich-selbst-in-der-Sache oder Sich-selbst-im-Anderen-Verstehens als angenommene Idealität gesetzt sind. So entspringt der Dialog nicht seinen Zwecken und auch nicht jenen, die er je haben kann; vielmehr gewinnen die Zwecke des Dialogs ihre besondere Gestalt durch die Besetzung der Differenz, die die basale Regel des Dialogs konstituiert und daher alle Zwecke als pragmatische Bedingtheiten erkennen läßt.

Was den Anschein eines bloßen Gedankenexperiments haben könnte, ist in der Literatur thematisiert worden. Das gesamte Romanwerk von Ivy Compton-Burnett demonstriert die Auswirkung der im Gespräch offen gehaltenen Differenz zwischen dem Gesagten und dem Gemeinten. Jeder ihrer Romane ist ein nicht endenwollender Dialog, in dessen Verlauf die Partner immer nur die Implikationen der jeweiligen Rede des Gegenüber entfalten, wodurch das Ungesagte einer jeden Äußerung auf diese zurückschlägt. Das Gesagte erstarrt daher zu einer entlarvten Sprachgebärde. Da sich in der Versprachlichung des Ungesagten seinerseits jedoch ein Ungesagtes abschattet, hat dessen Hervorkehren den gleichen Entschleierungseffekt. Niemals wird die Differenz von Zeigen und Verschweigen pragmatisch aufgehoben, so daß sich der Dialog in eine endlose Spirale ständig bizarrer werdender Rede hineindreht.

Das kann nun mehreres zugleich bedeuten. Vordergründig ließe sich sagen, Ivy Compton-Burnett habe in ihren Romanen die Dialogregel thematisiert. Das aber läßt die Frage nach dem Zweck einer solchen Absicht nicht verstummen. Gewiß hat sie gezeigt, daß sich in dem Augenblick, in dem Zeigen und Verschweigen als gleich gewichtig erscheinen, die pragmatischen Zwecke der Rede verflüchtigen. Doch stärker als das Vernichten der Dialogpragmatik bleibt die Betonung der Differenz zwischen Zeigen und Verschweigen, die gewärtigen läßt, daß deren Besetzung stets ein prekärer Akt ist, ja, daß deren Unbesetzbarkeit sowohl die Quelle des Dialogs als auch die des unausweichlich pragmatischen Charakters aller Rede ist.

Allein das würde den Appellwert der Romane von Ivy Compton-Burnett noch nicht zureichend plausibilisieren. Denn das gleichzeitige Besetzen und Aufreißen der Differenz, das den Dialog beherrscht, zeigt, in welchem Maße das Ungesagte als eine Spur des Individuellen in aller Äußerung gegenwärtig ist. Wird dieses nun durch seine Versprachlichung dem Gesagten aufgeprägt, dann verliert die Äußerung ihre kommunikative Intention und erscheint als bizarre Kontur einer Individualität. Die Figuren treiben sich wechselseitig in die Verdeutlichung ihrer Individualität hinein, von der sie ohne den Dialog nichts wissen, da erst das Wechselgespräch ihnen die in aller Äußerung geschehenen Verdeckungen offenkundig werden läßt. Indem sie wechselseitig das Verdeckte dem jeweils Gesagten einschreiben, erweist sich die Ko-Präsenz von Zeigen und Verschweigen als Möglichkeit, Individualität als die Spur des Verschweigens repräsentierbar zu machen.

Literatur ist immer eine Verschriftlichung des Dialogs, weshalb es in ihr letztlich niemals um die Demonstration seiner Eigentümlichkeit gehen kann, auch dann nicht, wenn seine Struktur selbst Thema wird. Statt dessen hat seine Verwendung immer Zeichencharakter, wie es etwa auch W. Preisendanz im Blick auf Fontane gezeigt hat. Wenn Wirklichkeit bei Fontane als sie selbst und nicht als Ausdruck von etwas anderem dargestellt werden soll, dann muß sie in vielfach gebrochener Perspektivik erscheinen, die sich durch das Gespräch insofern verbildlichen läßt, als dieses aus seinen uneingelösten Verweisen lebt, die es befähigen, eine Wirklichkeitsillusion zu erzeugen. So ist in der Literatur der Dialog immer als eine Form der Repräsentation von etwas anderem gegenwärtig, und dessen Besonderheit zeichnet sich dem Dialog insoweit ein, als — wie im Falle Fontanes — die ‚Natürlichkeit' des Gesprächs bewahrt oder — wie im Falle Ivy Compton-Burnetts — der Dialog ‚denaturiert' werden muß.

Nun gibt es eine ganz andere Form des Dialogs, dessen beherrschender Zweck über bestimmte Manipulationen der Dialogregel erreicht wird: das psychoanalytische Gespräch. Im Gegensatz zur Literatur ist es nicht verschriftlicht; es hat folglich keine Zeichenfunktion für etwas anderes. Im Gegensatz zum mündlichen Gespräch allerdings läßt es die Differenz zwischen Zeigen und Verschweigen nicht in der bloßen Verständigung zwischen den Partnern verschwinden, wodurch es sich wieder einer literarischen Verwendung annähert, ohne jedoch mit ihr zusammenzufallen. Denn auch das psychoanalytische Gespräch verfolgt mit der Heilung des Patienten einen bestimmten Zweck, wenngleich dieser eine Gesprächsstruktur bedingt, die wiederum jeden Alltagsdialog zum Scheitern brächte.

Im therapeutischen Gespräch ist die Dialogsituation künstlich verfremdet, was in der Regel durch das Einführen bestimmter Rituale geschieht, deren prominentestes die Couch sein dürfte. Durch sie ist die für den Dialog kennzeichnende face-to-face-Situation aufgehoben, und eine solche Unterbrechung des natürlichen Kontakts erlaubt es, einen Dialog zu inszenieren. Inszenieren bedeutet, daß nun alles Gesagte nicht als das Gemeinte verstanden wird, sondern nur so, ‚als-ob' es das Gemeinte wäre, um zu ermitteln, was das Gesagte eigentlich meinen könnte. Dadurch sind die Bedingungen für ein Gespräch gesetzt, in welchem die manifesten Äußerungen der Gesprächspartner zu einem je unterschiedlichen Vorwandcharakter schrumpfen: für den Patienten zur Verdeckung des Verdrängten und für die Analytiker zum Freisetzen der Phantasien. Indem das inszenierte Gespräch die manifesten Äußerungen einklammert, werden diese zum Verweis auf das in der Äußerung Verdrängte.

Die Inszenierung indes könnte nicht funktionieren, wenn nicht auch hier die basale Dialogregel von Zeigen und Verschweigen wirksam wäre. Während im Alltagsdialog die Differenz zwischen dem Manifesten und dem Latenten im erstrebten Zweck erlischt, bleibt sie im inszenierten Gespräch thematisch. Denn es gilt, das Gesagte als Zeichen für seine Verdeckungen zu lesen. Durch die Suspension natürlicher Gesprächseinstellungen erfolgt hier eine Spaltung von Sinn; dieser ist in Form zweier ‚Sinne' gegenwärtig, ja, die Möglichkeit der Heilung beruht im psychoanalytischen Gespräch auf der Voraussetzung, daß Doppelsinn Basis aller Sinnstrukturen ist.

Die Therapie entspringt einer bestimmten Manipulation der im Doppelsinn angelegten Beziehung zwischen einem manifesten und einem latenten Sinn, deren Zusammenspiel indes von der Heilung als dem pragmatischen Zweck gesteuert bleibt. Das hieße, daß die Beziehung selbst nicht integraler Bestandteil des Doppelsinns ist, sondern nur eine von der Gesprächspragmatik bedingte Form seiner Repräsentation. Ja, selbst die Annahme der beiden ‚Sinne' erwiese sich als eine Konzeptualisierung des Doppelsinns, die weniger dessen ‚Natur', als vielmehr die Absicht erkennen läßt, das Verborgene ans Licht zu ziehen. Im Unterschied zum Alltagsdialog allerdings bleibt hier die Differenz von Zeigen und Verschweigen gegenwärtig, wenngleich sie in der Absicht genutzt wird, die Wiederkehr des Verdrängten zu bewirken. Je nachdem, wie die Differenz aufgehoben wird, ergeben sich andere Strukturen des Dialogs. So sind nicht ausschließlich dessen Zwecke für seine Form maßgebend, vielmehr bestimmt sich diese durch die Art, in der die Differenz zwischen Zeigen und Verschweigen genutzt wird. Verschwindet diese in der Finalität des alltäglichen Redens, so wird sie in der bewußten Verfremdung des psychoanalytischen Gesprächs hervorgekehrt; je künstlicher sich die Dialogsituation ausnimmt, desto unverkennbarer kommt die Differenz als Konstituens der Dialogregel zum Vorschein. Erst die Inszenierung des Gesprächs vermag die Strukturen freizusetzen, denen es entspringt.

Das Bewußtsein dafür hat nicht zuletzt Bachtins Dialogkonzept geschärft. Ist im therapeutischen Dialog die Inszenierung durch einen speziellen Zweck bedingt, so scheinen die Inszenierungen der Literatur von einer solchen Begrenzung frei zu sein, weil nun in der Literatur die Zwecke selbst inszeniert werden können. Im Roman, so meint daher Bachtin, „müssen alle sozioideologischen Stimmen der Epoche vertreten sein, das heißt, alle wesentlichen Sprachen der Epoche, kurz, der Roman muß ein Mikrokosmos der Redevielfalt sein"[1]. Daraus ergeben sich höchst verschiedenartige Differenzen zwischen den dialogisch verspannten ‚Sprachen', die jene Differenz zwischen dem Gesagten und dem Gemeinten

---

[1] M.M. Bachtin, *Die Ästhetik des Wortes,* hg. R. Grübel (edition suhrkamp 967), Frankfurt/M. 1979, S. 290.

im psychoanalytischen Gespräch als nahezu eindimensional erscheinen lassen. Im therapeutischen Gespräch konnte der Zweck noch nicht Gegenstand der Inszenierung sein. Es fragt sich daher, ob die gesteigerte Vielfalt einer dialogisch verstandenen Literatur am Ende auch Zwecke kennt, die ihrerseits nicht inszeniert werden können, weil sie als Bedingung von Inszenierung verstanden sind. Denn Inszenierung ist – selbst wenn sie ihren eigenen Strukturen gelten sollte – nicht frei von einer wie immer gearteten Pragmatik.

Diese schimmert denn auch in Bachtins Dialogkonzept durch. Jedes Wort, so meint er, gehört zur Hälfte auch jemand anderem, und keine Stimme kann ganz von der anderen gereinigt werden. In dieser Doppelung schwingt eine weitere mit. Die im Roman gebrauchten Worte haben schon zahlreiche Kontexte durchquert und bringen diese Last der Konnotationen in die Darstellung eines Gegenstandes ein, der als Ausschnitt der sozialen Lebenswelt schon ein häufig besprochener ist. So kommt es zu einer explosiven Vielfalt dialogischer Beziehungen auf den unterschiedlichsten Ebenen, die jedoch in eine Ziellosigkeit verschwimmen würden, wenn das dialogische Verhältnis der Stimmen nicht reguliert wäre.

Damit stellt sich eine Pragmatik ein, von der Bachtin sein Dialogkonzept zunächst freizuhalten versuchte. „Das Wort", so meint er, „lebt außerhalb von sich selbst, in seiner lebendigen Intention auf den Gegenstand; wenn wir von dieser Intention absehen, bleibt lediglich der entblößte Leichnam des Wortes zurück, der uns weder etwas über die soziale Lage noch vom Lebensschicksal des jeweiligen Wortes verrät. *Ein Wort in sich selbst zu untersuchen, ohne seine Orientierung nach außen zu beachten, ist ebenso sinnlos, wie ein psychisches Erleben außerhalb derjenigen Realität zu untersuchen, auf die es gerichtet ist und durch die es bestimmt wird*"[2]. Diese Gegenstandsbezogenheit macht das Wort zu einem Repräsentanten. Da es ganz in seiner Intention aufgeht, ist es mit dem identisch, was es sagt, wenngleich es seine Bestimmtheit aus der kontextuellen Einbettung gewinnt. Dieses gewiß konventionelle Referenzmodell nutzt Bachtin auf seine Weise. Worte als Zeichen weisen gerade dadurch, daß sie Bestimmtes am sozialen Gegenstand intendieren, stets eine bestimmte Zeichenmenge ab, um so die von ihnen gemeinte Kontur hervorzutreiben. Da dieses Bestreben allen Worten eignet, geraten sie auf dem Wege zum Gegenstand miteinander in Konflikt, der sich jedoch weder zu einer reicheren Instrumentierung des Gegenstandes aufhebt, noch diesen in die Konturlosigkeit zerstreut.

Statt dessen entlädt sich diese konfligierende Vielfalt der Stimmen zu wechselseitiger Kritik. „Diese *Selbstkritik des Wortes* ist eine wesentliche Besonderheit der Romangattung. Das Wort kritisiert sich im Verhältnis zur Wirklichkeit: in seinen Ansprüchen, die Wirklichkeit getreu widerzuspiegeln, die Wirklichkeit zu lenken und sie umzugestalten (utopische Ansprüche des Wortes), die Wirklichkeit als ihr Surrogat abzulösen (Traum und Fiktion, die das Leben ersetzen)"[3]. Bestreiten sich die Worte in dem von ihnen beanspruchten Charakter der Repräsentation, weil sie mit dem, was sie zeigen, auch immer etwas verdecken, so versteht Bachtin ihren ‚kritischen Dialog' als Möglichkeit, soziale Realität vorstellbar zu machen. Diese ist dann nicht auf bestimmte Schemata zurückgeschnitten, sondern öffnet sich der Erfahrbarkeit durch die Selbstkritik des Diskurses, wo-

---

[2] Ebd. S. 184.
[3] Ebd. S. 291.

durch die von aller Repräsentation erzeugten Verdrängungen zur Gegenwart kommen. Das aber ist auch eine Form der Pragmatik; denn die dialogische Vielfalt der Stimmen inszeniert für Bachtin soziale Realität als dynamischen Prozeß, der sich in dem Maße abbildet, in dem er die Verdinglichungen seiner Repräsentationsmuster überschießt. Als Literatur beseitigt daher der Roman nicht etwa die Pragmatik, vielmehr inszeniert er die von ihm verfolgten Zwecke durch deren Darstellung.

Das läßt nun die Unterschiede zwischen Alltagsdialog, therapeutischem Gespräch und Dialogizität der Literatur hervortreten. Das psychoanalytische Gespräch inszeniert bestimmte Möglichkeiten der Dialogregel zum Zwecke der Heilung, während der Roman soziale Realität als seinen Zweck inszeniert. Doch wie im therapeutischen Gespräch wird auch dieser Zweck von einer Pragmatik überragt, die nicht in die Inszenierung eingeht, weil sie diese bedingt: die Erfahrbarkeit sozialer Realität durch ihre Kritik.

Allen Dialogformen indes ist die basale Regel von Zeigen und Verschweigen gemeinsam, deren jeweiliges Zusammenspiel sich aus der unterschiedlichen Besetzung der Differenz ergibt. Auch im Dialogkonzept Bachtins geschieht eine solche Besetzung, und zwar durch die von ihm so bezeichnete ‚Karnevalisierung'. Diese bewirkt das ständige Gegeneinanderlaufen konträrer Formen der Repräsentation. Sie bringt alle in den einzelnen ‚Sprachen' repräsentierten Normen zum Kippen, so daß im wechselseitigen Unterminieren die einzelnen Stimmen das wieder freisetzen, was sie durch ihre Repräsentation verdeckt haben. Da in die Wiederkehr solcher Verdrängungen alle hineingerissen werden, läßt ihre ‚Karnevalisierung' das ‚volle Bild' sozialer Wirklichkeit entstehen. Dadurch aber erweist sich die ‚Karnevalisierung' selbst als eine Besetzung der Differenz, vielleicht sogar als deren Verbildlichung – einer Differenz indes, die in letzter Instanz bilderlos ist und sich der Besetzbarkeit verschließt, weshalb sie alle Versuche dieser Art als pragmatische Bedingtheiten aufscheinen läßt. Diesem Offenbarwerden entgeht auch Bachtins ‚Karnevalisierung' nicht, die sich bald als Repräsentation sozialer Realität durch die Selbstkritik des Diskurses, bald als Restituierung volkhafter Ursprünglichkeit und bald als Plädoyer für den sozialen Wandel enthüllt und damit den Zweck zu erkennen gibt, welchem das von ihr inszenierte Unterlaufen aller pragmatisch bedingten Repräsentationen sozialer Realität entspringt. Was solche Besetzungen der Differenz allerdings vor jenen auszeichnet, die im Alltagsdialog und in der Psychoanalyse geschehen, ist das Hervortreiben der zwischen Zeigen und Verschweigen herrschenden Gegenläufigkeit. Diese ins Bild zu fassen ist ihr Zweck, der im therapeutischen Gespräch durch die Heilung und im Alltagsdialog durch die Finalität allen Redens gesetzt ist. Doch als Bild bleibt auch die ‚Karnevalisierung' nur ein Repräsentant von Doppelsinn, mit dem sie schon deshalb nicht zusammenfallen kann, weil sie Form besitzt. Zwar überschießt sie jene Pragmatik, die in der Finalität des Heilens oder gar des Redens aufgeht; dennoch ist auch sie von der Semantik des Bewußtseins geprägt, die sich nicht zuletzt darin zum Ausdruck bringt, daß sie alle Formen der Repräsentation im Zustand des Überschwemmtwerdens durch ein Imaginäres präsentiert.

Die Dialogregel von Zeigen und Verschweigen – die dem Alltagsdialog ebenso unterliegt wie dem psychoanalytischen Gespräch und dem Dialogkonzept Bachtinscher Prägung – übersetzt den Doppelsinn in die Möglichkeiten seiner Operationen. Da diese immer pragmatisch orientiert sind, gibt es nur Repräsentanten des Doppelsinns, der als Ursprung nicht mit seinen Formen identisch sein kann. Als er selbst müßte er sich jeglicher Pragmatisierung der Differenz zwischen Zeigen und Verschweigen verweigern, was sich im Dialog nur als dessen unausgesetztes Scheitern manifestieren könnte. Deshalb funktioniert die Dialogregel als Vermittlung zwischen dem, was nicht in Sprache einzugehen vermag und dem, was durch Sprache erreicht werden soll. Schwindet im erstrebten Zweck alltäglicher Gespräche das Bewußtsein von dem der Sprache unterliegenden Doppelsinn, so läßt sich dieses Bewußtsein durch die Inszenierung des Dialogs hervorkehren. Dadurch treten Semantik und Pragmatik der Rede auseinander, die in einer als ‚Karnevalisierung' verstandenen Literatur den Punkt erreicht, an dem die Pragmatik als die unausgesetzte Aufhebung der Semantik zu funktionieren beginnt. Dieses Unterlaufen erweist sich dann als das glatte Gegenteil zum Alltagsdialog, in welchem die Finalität des Redens das zum Verlöschen bringt, woraus alles Reden ist. Erlaubt die Inszenierung, die Pragmatik gegen die Semantik zu stellen, dann läßt sich im Prinzip eine unvordenkliche Vielfalt solcher Beziehungen entfalten – nicht zuletzt deshalb, weil die Dekonstruktion der Semantik im inszenierten Diskurs immer nur einen pragmatischen Ursprung haben kann.

So ist zwar die ‚Karnevalisierung' ein ausgezeichneter Repräsentant von Doppelsinn, aber eben nur ein solcher, und wenn ‚Karnevalisierung' durch die „Selbstkritik des Wortes" soziale Realität vorstellbar macht, so hebt sie die Gegenläufigkeit zum Bild auf, das nun seinerseits der Karnevalisierung bedürfte, soll das, was diese bewirkt, nicht zum Stillstand kommen. Immerhin zeigt ‚Karnevalisierung' als Struktur die ständige Aufhebung dessen, was zur repräsentativen Gestalt geronnen ist, und es fragt sich daher, ob diese Ausprägung des Doppelsinns gleichsam die umfassendste unter den Formen seiner Repräsentierbarkeit darstellt. Nun, innerhalb einer Gattung, wie der des Dialogs, mag das wohl so sein.

Doch wenn ‚Karnevalisierung' Realität als sozialen Prozeß inszeniert, so ist sie dadurch nicht schon selbst Bedingung von Inszenierung. Was aber wäre dann eine solche Bedingung? Vielleicht die Fiktionalität, die allen literarischen Texten gemeinsam ist und die sich als die Gleichzeitigkeit wechselseitig einander ausschließender semiotischer Systeme fassen läßt[4]. Was sich ausschließt, kann nur durch Inszenierung zur Ko-Präsenz gebracht werden, weshalb die Fiktionalität der Literatur zwar nicht schon der Doppelsinn ist, aber doch mehr als nur einer seiner Repräsentanten, wie etwa die ‚Karnevalisierung'. Als Bedingung von Inszenierung ist die Fiktionalität das Medium, das dem Doppelsinn die Erscheinung sichert. Denn was immer Fiktionalität als Ko-Präsenz einander ausschließender semiotischer Systeme im einzelnen beinhalten mag, in letzter Instanz ist sie die Doppelung eines Bewußten durch ein Imaginäres und eines Imaginären durch ein Bewußtes. Deshalb ist Fiktionalität die Voraussetzung aller Repräsentanten des Doppelsinns, denen allerdings durch die Fiktionalität die Affirmation entzogen wird, authentische Vergegenwärtigung zu sein. Diese Negativierung indes verkörpert zugleich die Bedingung für eine unabsehbare Vielfalt von Erscheinungen, die der Doppelsinn im Medium der Fiktionalität zu gewinnen vermag.

---

[4] Vgl. dazu meine Beiträge in *Funktionen des Fiktiven* (Poetik und Hermeneutik X), hgg. D. Henrich / W. Iser, München 1983, S. 121ff., S. 479ff., S. 497ff., S. 547ff.

GÜNTHER BUCK†

DAS LEHRGESPRÄCH

I. Eine optimistische Hypothese

Was der Ausdruck „Lehrgespräch" meint oder meinen kann, das scheint dem mit einer vielfältigen Gesprächs-Praxis pädagogischer, beratender oder gar therapeutischer Art vertrauten Zeigenossen etwas relativ Klares zu sein. Lehrgespräch: das ist offenbar eine in der Absicht der Unterrichtung oder Unterweisung über eine bestimmte Sache geführte mehr oder weniger wechselseitige Unterhaltung zwischen einem, der weiß und sich auf die Sache versteht, und einem oder mehreren anderen, die noch nicht in derselben Weise wissen oder sich auf die Sache verstehen. Man darf natürlich die Möglichkeit nicht ausschließen, daß an der Unterhaltung nicht nur mehrere Noch-nicht-Wissende, sondern ebenso mehrere Schon-Wissende teilnehmen. Um vollständig zu sein, wird man die Meinung des Zeitgenossen auch noch so formulieren müssen: die Intention dieser wechselseitigen Unterhaltung ist nicht nur als die Absicht des Belehrens zu verstehen, d.h. als die Absicht dessen, der ein solches Gespräch beginnt, „führt" und ans Ziel bringt, sondern ebenso als die Absicht des Sich-belehren-Lassens, und diese doppelte Intention ist nicht verknüpft mit einer definitiven Rollenzuweisung an die teilnehmenden Subjekte, so daß einer oder einige der Mitunterredner ausschließlich an die Rolle des Lehrenden fixiert wären und andere an die Rolle des Lernenden. Belehren und Sich-belehren-Lassen werden hier vielmehr gern als Funktionen verstanden, in die ein und dasselbe Subjekt im Verlauf des Gesprächs sukzessiv oder gleichzeitig eintritt, ohne daß die Kontinuität des Lehr- und Lernprozesses dadurch beeinträchtigt würde. Im Gegenteil: der Funktions- und Rollenwechsel, d.h. die prinzipielle Bereitschaft und Fähigkeit dazu, gilt hier als das eigentliche einheitstiftende und bewegende Moment des ganzen Prozesses. Die wechselseitige Unterhaltung wird also in der Regel verstanden als eine Praxis, die, in Unterschied zu manch anderen Formen der Wechselrede, den Charakter des uneingeschränkten Miteinander und Füreinander sich gegenseitig anerkennender Subjekte hat. Sie wird verstanden als *Dialog*. Der Dialog ist nicht bloß Rede; er ist wahrhaft Praxis, d.h. ein Handeln, das keinen hervorgehobenen Protagonisten, keinen Anführer der Handlung, kennt, sondern nur Miteinander-Handelnde. Da Pädagogen nicht nur deskriptive Sätze formulieren, neigen sie dazu, hier präskriptiv zu sagen, das Lehrgespräch als Lehr-Dialog solle nicht von einem, dem fertigen Lehrmeister, „geführt" werden in der permanenten Absicht, den anderen, den noch unfertigen Lehrling, zu belehren und so der Fertigkeit zuzuführen. Der Lehrdialog entspringe vielleicht aus der Absicht der Belehrung und der Bildung (formatio des einen durch den anderen); aber er lebe nicht nur von ihr. Er komme oft in Gang aus der Absicht des fertigen Meisters; aber er solle in Gang bleiben durch die doppelte Absicht aller Beteiligten, Lehrende wie Lernende zu sein, je nachdem wie es der Gang der Sachklärung oder des Gelingens der Fertigkeit fügt.

So verstanden erfüllte das Lehrgespräch in der Tat die Norm, „herrschaftsfreier" Dialog zu sein: herrschaftsfrei insofern, als es der Sinn vernünftiger Lehre und aller „Bildung" ist, die Differenz zwischen Wissen und Noch-nicht-Wissen, zwischen Können und Noch-nicht-Können in der totalen Mitteilung (Mit-teilung) zum Verschwinden zu bringen. Man kann sagen, diese Idee der totalen Mitteilung folge aus der Idee des Wissens und Könnens selbst. Auch wenn die Idee des Lehrgesprächs als eines herrschaftsfreien Dialogs nicht durch jedes faktische Lehrgespräch realisiert wird, so formuliert diese Idee doch eine Norm der Transformation des faktisch mit der Vorgabe eines Schon-Wissens geführten, d.h. vom Meister beherrschten Gesprächs in einen herrschaftsfreien Dialog. Das bedeutet: das Lehrgespräch steht unter dem Anspruch, ein Dialog zu *werden,* als eine Wechselrede sich gegenseitig akzeptierender Mündiger wenigstens zu enden. Das aber setzt voraus, daß es von Anfang an irgendwie ein Dialog, eine Wechselrede Mündiger schon ist! Denn wie sollte es möglich sein, herrschaftsfreie Mitteilung mittels einer Verständigung zu erzeugen, die auf der Überlegenheit des Lehrmeisters beruht? Kann Freiheit in Wechselseitigkeit das Produkt einer Prozedur sein, die durch einsinniges Bildungsgefälle bestimmt ist? Die Paradoxie des „pädagogischen Kausalverhältnisses", die Herbart einst an den Anfang seiner pädagogischen Philosophie gestellt hat[1], tritt sie etwa auch hier auf in der Form einer didaktischen Paradoxie, der Paradoxie des Lehrens und Mitteilens?

II. Eine skeptische Hypothese

Es wäre blinde Verwegenheit, diesen Zweifel von vornherein wegzuwischen, nur weil er eine schöne Idee betrifft. Denn der Zweifel läßt sich einigermaßen begründen. So plausibel nämlich die Forderung auch erscheint, das Lehrgespräch als Dialog enden zu lassen, so einleuchtend ist auch die Behauptung, jedes Lehrgespräch beginne nicht nur in der Regel als die absichtsvolle Veranstaltung eines schon wissenden und schon könnenden Meisters, eines Fertigen gegenüber einem unfertigen Lehrling, und die eigentümliche Struktur des Gesprächsverlaufs bestimme sich aus der Art, wie dieser Niveau-Unterschied allmählich und methodisch ausgeglichen werde kraft der „Führung" des Gesprächs durch den Lehrmeister. Das trifft um so mehr zu, seit es *Schule* und in ihrem Rahmen systematischen *Unterricht* durch *Lehrer* gibt. Ein Lehrer, das ist, in der Schule erzeugenden und sich mittels Schule und Unterricht reproduzierenden wissenschaftlich-technisch bestimmten Gesellschaft der Neuzeit, ein durch öffentliche Übereinkunft und spezielle Qualifikationsverfahren allgemein anerkannter Verwalter und Produzent bestimmter Qualifikationen von der Art des Wissens oder des technischen und praktischen Könnens. Er gilt als der in diesen inhaltlich festgelegten Leistungen des Wissens und Könnens Fertige, dessen Aufgabe es ist, innerhalb eines schulischen Systems von Lehr- und Ausbildungsgängen einer gewissen Menge von Noch-nicht-Fertigen zur Fertigkeit auf definierten Niveaus, und zuletzt

---

[1] Vgl.: Wir müssen „einräumen, daß auch wir behandelt werden. Behandelt in den inwendigen Wurzeln dieses Wollens. Behandelt und in Werke Anderer an eben der Stelle, die von unserem eigenen, persönlichen Wert das Gepräge tragen soll." *(Sämtl. Werke,* hgg. Kehrbach / Fligel, Bd 3, Langensalza 1888, S. 245); „eine von den wichtigsten Proben wahrer Metaphysik und Psychologie besteht gerade darin, daß sie das pädagogische Kausalverhältnis begreiflich macht." *(Sämtl. Werke,* Bd 8, S. 433).

auf seinem eigenen, zu verhelfen. Er ist der Meister, alle anderen sind die Lehrlinge. Alle seine Maßnahmen und Veranstaltungen mit den Lehrlingen sind notwendigerweise durch diese Differenz: die didaktische Differenz, bestimmt. Das Sonderbare daran ist nur, daß alle didaktische Arbeit am Ende darauf hinausläuft, diese Differenz selbst abzuschaffen. Denn jeder, der ausgelernt hat, ist selbst ein potentieller Lehrmeister in der Materie, die er gelernt hat.

Also scheint es aus der Natur des Unterrichts zwingend zu folgen, daß das Unterrichts-Gespräch die Veranstaltung eines Meisters, eines Angekommenen und Fertigen, mit und zugunsten von Lehrlingen, von Noch-nicht-Angekommenen und Unfertigen, zwecks schließlicher Ankunft ist. Ich werde daher von den soeben entwickelten Voraussetzungen her diesen Typus des Lehrgesprächs das „magistrale Gespräch" nennen. Das Lehrgespräch ist, zumal in der Form des Unterrichtsgesprächs unter neuzeitlichen Bedingungen, *tendenziell ein magistrales Gespräch*. Ich vermeide ausdrücklich den Ausdruck „magistraler Dialog", der unter den angegebenen Voraussetzungen widersprüchlich wäre. So eindrucksvoll die Forderungen und Vorschläge der neuzeitlichen Pädagogen auch sind, das Lehrgespräch in einen Dialog zu verwandeln – von Fichtes Forderung, der akademischen Lehre die Form des „expressen Dialogs"[2] zu geben, bis zu Martin Wagenscheins Versuch, selbst in den Physikunterricht ein dialogisches Element einzubringen[3] –: das bloße Faktum solcher Forderungen reflektiert insgeheim die Erfahrung von der Macht des magistralen Gesprächs im üblichen Unterricht und weniger die Wirksamkeit der Norm, die aller Bildung vorschwebt, nämlich den Adressaten der Lehre freizusetzen und ihm seine eigene Fertigkeit zu ermöglichen.

Es ist klar: die Niveaudifferenz, das Gefälle, von dem die Lehre und das Lehrgespräch leben, und folglich die Autorität, die der Lehrmeister hat, hängen daran, daß der Gegenstand der Lehre und das Thema des Gesprächs etwas ganz Bestimmtes, klar Formulierbares und mit Sicherheit Demonstrierbares ist. Die Lehre ist Lehre eines bestimmten, ausweisbaren und begründbaren Wissens, und das Ausweisen und Begründen ist die Leistung, auf der die Überlegenheit des Lehrmeisters beruht. Nur als Wissenschaftler ist er im Besitz des Wissens, und nur insofern kann er die Differenz ins Spiel bringen, von der die Lehre und das Lehrgespräch leben.

III. Aristoteles: Logos didaskalikos

Das ist ein Sachverhalt, den schon Aristoteles ganz trocken und von der platonischen Dialogik ungerührt ausgesprochen hat. Im zweiten Kapitel der *Sophistischen Widerlegungen* ist im Rahmen einer prinzipiellen Unterscheidung der Weisen disputierender Verständi-

---

[2] Vgl.: „Nicht bloß der Lehrer, sondern auch der Schüler muß fortdauernd sich äußern und mitteilen, so daß ihr gegenseitiges Lehrverhältnis werde eine fortlaufende Unterredung, in welcher jedes Wort des Lehrers sei Beantwortung einer durch das unmittelbar Vorhergegangene aufgeworfenen Frage des Lehrlings, und Vorlegung einer neuen Frage des Lehrers an diesen (...); und so der Lehrer sich nicht richte an ein ihm völlig unbekanntes Subjekt, sondern an ein solches, das sich ihm immerfort bis zur völligen Durchschauung enthüllt." (Fichtes Werke, hg. I.H. Fichte, Nachdruck der Originalausg., Bd VIII, Berlin 1971, S. 104); – „expresser Sokratischer Dialog" S. 105)
[3] Vgl. M. Wagenschein: *Die pädagogische Dimension der Physik*, Braunschweig 1962, S. 119ff.

gung die Rede von einer Art der Disputation, die „didaskalischer Logos", also das auf eine feststehende Lehre bezügliche Gespräch, Lehrgespräch, heißt[4]. Die Lehre („didaskalia") ist hier ohne weiteres identisch mit Wissenschaft („episteme"), mit deren spezifischen Inhalten und mit der Art ihres systematischen Aufbaus durch Beweis aus den einer jeden Wissenschaft eigenen Begründungsprinzipien. Das Lehren der Wissenschaft bestimmt Aristoteles hier wie anderwärts als „Apodeixis", d.h. als syllogistische Abteilung des je Besonderen aus Allgemeinem und zuletzt aus allgemeinsten Prinzipien, die einer Wissenschaft eigentümlich sind. Der didaskalische Logos befolgt diese wissenschaftsimmanente Deduktionsordnung der Inhalte, d.h. er ist daraufhin angelegt, den Begründungszusammenhang, der das eigentlich Wissenschaftliche einer Wissenschaft ausmacht, zu demonstrieren.

Die These, das deduktive Verfahren der Apodeixis sei ein Lehrverfahren und gar ein Verfahren des Lehrgesprächs, ist nun in der Anwendung auf nichtmathematisches Wissen gewiß höchst befremdlich. Aristoteles begründet zwar gelegentlich seine Auffassung, die Apodeixis sei eine Weise des Lehrens, durch die formale Bestimmung, alles Lehren und Lernen sei die Darlegung und Aneignung von Neuem und bisher Unbekanntem auf Grund eines schon vorhandenen Wissens. Da der Syllogismus nun aus zwei bekannten Sätzen einen dritten, neuen und bisher unbekannten Satz erschließt und so einen Wissenszuwachs herbeiführt, bewirkt er ein Lernen[5]. Das moderne Denken jedoch argumentiert da sehr viel pädagogischer. Es hält die deduktive Darstellung, die mit dem erfahrungsmäßig Fernsten, den obersten Prinzipien, d.h. mit dem beginnt, woraufhin die Forschung, die reale Genesis des Wissens, erst zuletzt stößt, keineswegs für ein gemäßes und wirksames *didaktisches* Verfahren. Selbst Wissenschaften, die aus der Natur der Sache heraus eine Tendenz zur Konstruktion deduktiver Zusammenhänge, d.h. von Theorien i.e.S., haben, entwickeln in unseren pädagogischen Zeiten eine merkliche Scheu vor der deduktiv-systematischen Darstellung ihrer Lehrinhalte; denn diese lehrbuchmäßige Systematisierung der Forschungsresultate hat zwar ihr eigenes wissensmethodisches Recht, sie gilt aber aus gutem Grund als didaktisch unterlegen gegenüber einer Darstellungsweise, die „induktiv" die Genesis des Wissens wiederholt und der systematischen Vollständigkeit der Herleitung des Besonderen die das Ganze indirekt erschließende Funktion der *exemplarischen* Behandlung des besonderen Falles vorzieht[6].

Nun sind Aristoteles Erwägungen dieser Art sicherlich nicht fremd gewesen. Schließlich ist er der Begründer einer prinzipiellen Reflexion auf die Bedeutung gerade der didaktischen „Induktion" ($\dot{\epsilon}\pi\alpha\gamma\omega\gamma\dot{\eta}$ = epagogē), die bis heute noch nicht voll ausgeschöpft ist[7]. Wenn er den didaskalischen Logos, die systematisch entwickelnde Disputation, so sehr als eine eigene Weise des lehrenden Gesprächs charakterisiert, dann gewiß mit Absicht. Ich möchte hier nicht die Frage diskutieren, ob hier am Ende nicht doch eine Art Kritik an der platonischen Dialogik und ihren weiten pädagogischen Rücksichten hereinspielt, dergegenüber nun das Eigenrecht der Sache wieder zu betonen ist. Aristoteles liefert an der erwähnten Stelle jedenfalls eine Begründung, die zwar diese Vermutung zuläßt, indessen in der Hauptsache eine andere Einsicht auszusprechen scheint. Der didas-

---

[4] *Soph. El.* 2, 165a 39: λυγοι διδασχαλιχοί.
[5] Vgl. *An. post.* I, 1, 71a 1f., und 71a 5.
[6] Vgl. dazu die einschlägigen Arbeiten von M. Wagenschein.
[7] Dazu mein Buch *Lernen und Erfahrung*, Stuttgart u.a. ²1969.

kalische Logos, sagt er, habe die Aufgabe, ein Wissen zu vermitteln, das aus den eigentümlichen Prinzipien der jeweils zu erlernenden Wissenschaft, nicht aber aus den Meinungen des Gesprächspartners hervorgehe. Worauf es hier ankommt, das ist nicht so sehr die Rücksicht auf die Sache oder den Lehrling, sondern ein Unterschied in der Zuverlässigkeit und Sicherheit, mit der die lehrende Vermittlung kraft der Eigenart der objektiven Lehre selbst funktioniert. Aristoteles reflektiert den Umstand, daß es Lehrgegenstände gibt, die ohne pädagogische Konzession und ohne wohlgemeinten zusätzlichen methodischen Aufwand strikt zu tradieren sind. Es gibt eben Disziplinen und Wissensbestände (Didaskalien), die durch pädagogische Transformation korrumpiert werden können. Eine Grundform solcher pädagogischer Transformation ist das Eingehen auf die Vormeinung des Mitunterredners. Alle didaktische Kunst bedient sich, wie Aristoteles an vielen Stellen seiner Schriften – so wie an der zitierten – zeigt, solcher Anknüpfung an das, was dem Lehrling schon geläufig und vertraut ist, um von da aus das Neue und noch Unvertraute einzuführen. Aristoteles schließt nicht aus, daß auch das Lehren der Wissenschaft solches Anknüpfen an die mitgebrachte subjektive Meinung des Lehrlings nutzt, um diesen allererst in die Prinzipienerkenntnis einzuführen (Epagogē). Dieses „peirastische", d.h. probierende Verfahren ist sogar das eigentlich pädagogische. Es geht auf den anderen ein, d.h. es geht ein auf das, was er an Verstehensmöglichkeiten für die Sache, die in Rede steht, schon mitbringt. Aber die aufschließende Wirkung dieses Verfahrens ist erkauft durch das Umständliche und Schwankende des Verfahrens, d.h. dadurch, daß das Verständnis des anderen hier nicht berechenbar, *zwingend herbeiführbar* ist. Das aber muß der Fall sein, wenn ein Disput wissenschaftlichen Inhalten gilt. Denn hier kommt es nicht darauf an, irgendeinen Satz als Resultat des Disputs zur Kenntnis zu nehmen. Wissenschaftliche Inhalte zu lernen, heißt: sich das Verfahren anzueignen, das zu ihnen als Resultaten führt. Der Lehrling muß hier begreifen, wie die Prinzipien das, wofür sie Prinzipien sind, bestimmen und regeln. Er muß begreifen, inwiefern die Prinzipien Prinzipien des von ihnen Prinzipiierten sind. Das Kennen des Resultats ist kein Wissen; denn Wissen bezieht sich auf den Weg, der zum Resultat führt, sofern er notwendig zum Resultat führt. Das ist der Grund, weshalb Aristoteles so unerbittlich darauf beharrt, daß das wissenschaftliche Lehrgespräch nicht primär den Lehrling ins Spiel bringen darf, sondern die Rücksicht auf ihn allenfalls als untergeordneten Gesichtspunkt kennt. Auch hat dieses Gespräch eigentlich keinen selbständigen und mündigen Partner neben dem Lehrmeister. Es ist die Veranstaltung des Meisters und eher ein erbarmungsloses Exerzitium als ein menschenfreundlich-teilnehmender Dialog, dessen Umgangsqualität durch den pädagogischen Eros bestimmt ist. Als magistrales Gespräch ist es gänzlich bestimmt vom Gesetz der Sache, der es sich widmet. Dieses Gesetz der Sache begründet die Autorität des Lehrmeisters, der die Sache zunächst in einsamer, wenn auch prinzipiell mitteilbarer Weise weiß und daher legitimiert ist, als ein „Fertiger" aufzutreten gegenüber einem Unfertigen und das Gespräch zu „führen", um durch die Darstellung der Wissenschaft im Lernenden das Wissen zu erzwingen. Nur so wird die eigentümliche Bemerkung verständlich, das wissenschaftliche Lehrgespräch dürfe nicht an die Meinungen des Lehrlings anknüpfen, also peirastisch (probierend) vorgehen, „denn der Lehrling muß glauben"[8].

---

[8] *Soph. El.* 2, 165b 3.

IV. Die Paradoxie des magistralen Gesprächs

Die aristotelische Bestimmung der Struktur des Lehrgesprächs ist um so eindrucksvoller, als Aristoteles selbst zum ersten Mal auch diejenige Struktur analysiert hat, die uns befähigen könnte, das Lehrgespräch in seinem möglichen dialogischen Charakter zu beschreiben. Das ist die allem Lehren und Lernen eigene Struktur der Anknüpfung an das vom Gesprächspartner mitgebrachte *Vorverständnis*, die Struktur der Epagogē. Ich werde darauf bald zurückkommen, um möglicherweise die Schwierigkeit aufzulösen, in die die seitherige Überlegung geführt hat.

Diese Schwierigkeit ist entstanden durch ein aus Praxis und Erfahrung stammendes Argument, das einem legitimen pädagogischen Desiderat widerspricht. Das Desiderat lautet: Unterricht, Lehre überhaupt muß möglich sein als Moment einer vernünftigen, herrschaftsfreien Form menschlicher Lebenspraxis, die als Praxis dialogisch, ein in gegenseitiger Anerkennung, Mitteilung und Verständigung sich vollziehendes Handeln ist. Die Einführung in das dialogische Handeln und Reden muß selbst den Charakter des Dialogs haben; denn die rechte Praxis des Wissens und Sich-Verstehens kann nur dadurch gelernt und eingeübt werden, daß sie ausgeübt wird. Das Lehrgespräch soll dialogisch sein, damit der Sinn des vermittelten Wissens, der lebenspraktische Sinn, gegenwärtig und erfahrbar ist. Nur der dialogische Vollzug des Lehrens und Lernens sichert der Lehre deren *bildende*, d.h. lebenspraktisch wirksame Kraft. – Das diesem Desiderat widersprechende Argument lautet: überall, wo es wissenschaftliches, d.h. zwingend demonstrierbares Wissen gibt, da ist die Lehre durch die Differenz von Schon-Wissen und Noch-nicht-Wissen charakterisiert, durch ein Wissens- und Autoritätsgefälle, das die Idee eines Lehr-Dialogs als etwas in sich Widersprüchliches, d.h. Unmögliches erweist. Zwischen in der Sache Mündigen und in der Sache noch Unmündigen ist kein Dialog i.e.S., sondern nur Wechselrede möglich. Wechselreden sind nun entweder möglich als didaskalische Reden, wo der Meister fragt oder erklärt und der Lehrling die Frage beantwortet oder hinsichtlich der Erklärung nachfragt: sie sind dann magistrale Gespräche; oder aber sie sind als Reden über etwas nur insofern möglich und von relativer Dauer, als das Worüber des Redens verhältnismäßig unbestimmt, ja vielleicht sogar gänzlich nebelhaft ist. Sie werden dann leicht zur Konversation und zur Metamorphose des Unbestimmten und neigen so dazu, in bloßen Streit um Worte auszuarten, der das schiere Gegenteil dialogischen Handelns ist. Unterrichtsgespräche aller Art tendieren in der Tat leicht dazu, zu bloßen Debattierübungen zu werden. Solche Übungen können hier und da pädagogisch legitimiert werden. Man muß dann nur wissen, was man will, und kraft Sachautorität magistral steuernd eingreifen, wenn sich herausstellt, daß der Wille zu dialogischer Rede in leerer Wechselrede zu verkommen droht.

Diese Möglichkeit des Eingreifens zeigt übrigens die Fähigkeit magistraler Gesprächsführung, sich in den Dienst der Rettung eines – idealen – Dialogs durch Appell an die Einsicht aller Beteiligten zu stellen. Hier ist eine der Möglichkeiten des magistralen Gesprächs, vielleicht seine beste: die Möglichkeit, über sich hinauszuführen. Ich möchte behaupten, es sei seine höchste und eigentliche Aufgabe, den Dialog zu ermöglichen und nötigenfalls zu retten.

Hier stehen wir wieder vor der Paradoxie des wissenschaftlich orientierten Lehrgespächs, im Grunde magistrales Gespräch zu sein und Dialog werden zu sollen: Dialog, freies Spiel der Belehrung aller durch alle zu werden kraft der autoritativen „Führung" des Gesprächs durch den Lehrmeister, dessen wahre Leistung es ist, sich selbst überflüssig zu machen. Es ist, wie übrigens in allen wichtigen Fragen pädagogischer Praxis und Theorie, unmöglich, vor dieser Paradoxie zu kneifen. Sie muß in bestimmter Weise auflösbar sein, und sei es auch so, daß sie als bloßer Schein enthüllt wird. Man kann dabei auf verschiedene Weise vorgehen: entweder man versucht, eine der Voraussetzungen zu revidieren; oder aber man modifiziert beide Voraussetzungen in einer Weise, die deren Ausschließlichkeitscharakter beseitigt und zuläßt, daß das eine – das magistrale Gespräch – strukturell das andere – den Dialog der Gleichen – nicht nur nicht ausschließt, sondern sogar impliziert, d.h. darin aufgehen kann. Die zweite Lösung schließt die erste ein. Ich werde sie im folgenden versuchen. Sie liegt nahe, weil es sich hier um ein Problem von sehr genereller Natur handelt, das man das Grundproblem aller Theorie der Erziehung und Bildung nennen kann. Es formuliert die pädagogische Grunderfahrung und Grundverlegenheit und ist deshalb in verschiedener Gestalt aufgetreten, seit mit der platonischen Philosophie der „paideia" die Reflexion auf die Möglichkeit und die Prinzipien aller ausdrücklichen Menschenbildung eingesetzt hat. Wir haben es in der Form der von Herbart formulierten pädagogischen Paradoxie schon kennengelernt. Erziehung und Bildung scheint nämlich nicht ohne absichtsvolle Einwirkung auf das Werden des Zöglings (Lehrlings) möglich zu sein. Insofern schließt sie schon im Ursprung die Idee eines natürlichen Wachsenlassens aus, das sich auf bloße Pflege keimhaft vorgegebener Anlagen beschränkt. Die bloße Tatsache einer geschichtlich je anders vorgegebenen Kultur mit ihren besonderen kontingenten Inhalten und Traditionszwängen setzt diese Idee des pädagogischen Naturalismus nachdrücklich außer Geltung. Erziehung und Tradition implizieren unter diesem Aspekt eine Aktivität auf die heranwachsende Generation, die wir vorsichtig, als den Versuch überlegener Steuerung des Werdens und, pointierend wie Herbart, als ein absichtsvolles „Machen" und „Construieren" des werdenden Menschen charakterisieren können[9]. Die Selbsterfahrung aller erziehenden und lehrenden Tätigkeit neigt dazu, dieses Moment in den Vordergrund zu rücken. Historisch fällt es auf, wie sehr die Akzentuierung des Moments der pädagogischen Führung bisweilen auftritt als Antwort auf die Akzentuierung des gegenteiligen Moments der Spontaneität des Werdens, mit dem sich Erziehung und Lehre befassen. Denn auch die Erfahrung der Spontaneität ist eine elementare Erfahrung aller Pädagogik. Jeder Unterricht, jede erzieherische oder bildende Maßnahme rechnet ja von vornherein auch damit, daß ihr von Seiten des Adressaten etwas entgegenkommt, das nicht machbar ist. Diese zweite Erfahrung ist nicht minder aufdringlich als die erste. Sie gipfelt in der Feststellung, daß es Werdens- und Bildungsgeschichten gibt, die ohne und sogar gegen pädagogische Beeinflussungsversuche zu einem positiven Ende gelangen. Auch diese Grunderfahrung der Spontaneität scheint historisch gerne formuliert zu werden als Antwort auf die Verabsolutierung der gegenteiligen Erfahrung: bei Platon gegen den pädagogischen Technizismus der Sophistik; bei Kant und seinen Nachfolgern gegen die These von der Allmacht der Erziehung, wie sie einige aufklärerische Empiristen vertreten.

---

[9] Vgl.: Der Mensch „bedarf der Kunst, welche ihn erbaue, ihn construire, damit er die rechte Form bekomme." *(Sämtl. Werke,* Bd 1, S. 308).

Die beiden Erfahrungen treten indessen ursprünglich nicht als isolierte und sich gegenseitig dementierende Momente auf, und sie werden historisch auch nur selten mit Ausschließlichkeitsanspruch formuliert. Wo sie reflektiert werden, da treten sie in der Regel auf als Teilmomente einer einheitlichen Grunderfahrung, die besagt, daß pädagogische Einwirkung und Spontaneität der Bildung sehr wohl in Einheit auftreten bzw. daß sie im Lauf einer individuellen Bildungsgeschichte als Moment einer variablen Relation faßbar werden, mit einer genetischen Priorität zunächst des Moments der gezielten Einwirkung „von außen" und einer schließlichen Priorität des Moments der Selbstbestimmung, die alle pädagogischen Maßnahmen nur noch als Angebote für eine freie Selbstorganisation des Subjekts der Bildung wahrnimmt. Diese Erfahrung besagt auch, daß die zunehmende Freiheit und Selbstbestimmung des lernenden Subjekts nichts vom Lehrer methodisch Produziertes, sondern allenfalls etwas durch ihn indirekt Vermitteltes ist. Sie besagt umgekehrt aber auch, daß selbst die Verabschiedung des Lehrers durch den mündig gewordenen Lehrling gerade da noch in gewisser Weise als Werk des Lehrers selbst erscheint, wo dieser darauf bedacht ist, sich entbehrlich zu machen und statt Meister des Lehrlings dessen Freund und Mitlehrling zu sein. Schließlich belehrt der gute Lehrer nicht nur durch die Lehrinhalte, die er darstellt, d.h. durch das Fachwissen, das reproduzierbar ist, sondern ebenso und sogar vor allem durch die Art und den „Stil" seiner Darstellung, d.h. durch sein nichtreproduzierbares, sondern nur als Beispiel nachzuahmendes Handeln. Was der Lehrling am Beispiel des Lehrers ineins mit den Lehrinhalten noch lernt, das ist das Lehren, dessen Vollzugsweise, Sinn und Grenzen, selbst. Denn das Erlernen der Wissenschaft geht vor sich wie das Erlernen jeder handwerklichen Kunst. Man wird Wissenschaftler, wie man Tischler wird: durch Meisterlehre!

V. Magistrales Gespräch und Epagogik

Das doppelte Lernen, das jedes Lehren zur Folge hat, gründet, phänomenologisch gesehen, in einem sehr elementaren und generellen Phänomen: nämlich in allem lehrenden Darstellen von etwas *stellt sich das Darstellen selbst,* d.h. die Operation des Darstellens von etwas, *mit dar.* Der Modus dieser Selbstdarstellung des Darstellens ist zwar unausdrücklich, nicht Aufmerksamkeit heischend; aber bei der Erfassung des dargestellten Etwas wird zugleich die Operation des Darstellens miterfaßt. Erfolg wie Mißerfolg allen Lehrens beruhen auf dieser Mitgegebenheit und Miterfassung der Darstellungsoperation. Es ist das Geheimnis der Wirkung der Meisterlehre, daß derart nicht nur die Inhalte des Wissens, sondern ebenso das Wissenschaft-Treiben, die Operation der Wissenserzeugung und der Verständigung über das Wissen exemplarisch mitdargestellt und durch „Nachmachen" mitgelernt werden. Das gilt ganz besonders für die *sprachliche* Darstellung und Lehre wie das Lehrgespräch. Hier stellt sich, wie bei allem Sprechen, nicht nur eine Sache dar, *worüber* die Rede geht, sondern *am* Sprechen über … stellt sich zugleich die sprachliche Handlung dar, die „Lehren" heißt.

Aber so lernt im magistralen Gespräch der Lehrling nur beispielhaft die magistrale Lehre und deren Hinsichten und Verfahren, bisweilen auch deren Befangenheiten und

Zwänge. Das trifft zu; der Einwand berücksichtigt nicht, daß das magistrale Gespräch und das apodeiktische Verfahren – um bei Aristoteles zu bleiben – nicht die *ganze* Lehre ist. Der deduktive, *aus* Prinzipien begründete Weg, der Weg der Demonstration der Sachverhalte, ist sogar für sich genommen nur ein zusätzlicher und nachträglicher Weg der Lehre, der von der Erfüllung einer wichtigen Voraussetzung abhängig ist. Um nämlich von den Prinzipien „herab" die besonderen Sachverhalte begründen zu können, muß der Lehrling zuvor einen ersten Weg des Lernens: den Weg vom gegebenen Besonderen „hinauf" zu den Prinzipien schon durchlaufen haben. Die Apodeixis, der Weg des deduktiven Lehrens und Lernens, setzt bei Aristoteles den Weg des „induktiven" Lehrens und Lernens, des Aufstiegs zu den allgemeinen Gründen (Prinzipien) voraus. Dies ist der Weg der eigentlichen Lehre, die „Hinführung" (Epagogē) heißt. Eigentliche Lehre ist die Epagogē deshalb, weil sie in das Prinzipienwissen erst *einführt*. Aristoteles hat den sprechenden Titel „Epagogē" vermutlich aus dieser Rücksicht gewählt. Das spätere Schicksal des Titels, dessen Äquivalent „Induktion" am Ende nur noch ein Forschungsverfahren meint, täuscht darüber leicht hinweg.

So müssen wir einen didaktischen Vorrang des Wegs der Epagogē festhalten, jedenfalls aber betonen, daß erst beide Wege zusammen den *ganzen* Weg der Lehre ausmachen. Anders gesagt: das magistrale Gespräch ist nur ein unselbständiges Moment der ganzen Lehre. Es setzt voraus ein Lehrgespräch, das völlig *einführender* („induktiver") Natur ist und das Verstehen und Bestehen der magistralen Lehre erst begründet. Ich nenne die primordiale Lehre mit Hinweis auf Aristoteles die epagogische Lehre und deren praktizierte und analysierbare methodische Formen die *Epagogik*. Nun ist leicht klar zu machen, daß das magistrale Gespräch die Epagogik nicht nur methodisch voraussetzt, sondern sie ganz allgemein impliziert, so daß wir sagen können, die magistrale Lehre müsse jederzeit in Epagogik übergehen können, um momentane Verständigungsschwierigkeiten zu beheben, und sie sei überhaupt nur in Einheit mit der Epagogik realiter möglich. So stellt sich heraus, daß die magistrale Lehre keine autonome methodische Form der Lehre ist, sondern ein zu analytischen Zwecken isolierbares Moment der einen realen Lehre, deren Grundzug die Epagogik ist: *die epagogische Lehre ist die ganze und eigentliche Lehre.* Sie leistet, unter Voraussetzung eines bestimmten Sachverhalts und einer Fertigkeit, die dem Lehrling beizubringen sind, die ganze Arbeit der Einführung und Verständigung, und eine vollständige Analyse ihres Verfahrens wäre die Erfüllung eines alten pädagogischen Desiderats, des Desiderats einer formalen Didaktik, d.h. einer Beschreibung der Verfahren des Lehrens und Lernens.

Der Vorschlag, die magistrale Lehre als Teilmoment der ganzen Lehre zu sehen und damit auch das magistrale Lehrgespräch als eigenständige Form anzuzweifeln, mag im Hinblick auf Aristoteles und eine lange Tradition, die sich auf ihn berufen hat, überraschend sein. Er bestreitet vor allem jener Tradition die sachliche Legitimation, die das apodeiktische Verfahren als ein Darstellungs- und Lehrverfahren bis in die Neuzeit hinein praktiziert und damit in die Darstellungsform wissenschaftlicher und philosophischer Werke, die der „Schule", d.h. der akademischen Praxis entstammten und dienten, jenen spezifischen Zug der Gewalttätigkeit hineingebracht hat, der die Lektüre der nichtakademischen Autoren auch für leidgewohnte Historiker kontrastiv immer noch zu einem Vergnügen macht. Noch in der vorkantischen Schulphilosophie gilt das apodeiktische, nun „demonstratio" genannte Verfahren und die Erzeugung „demonstrativer" Gewißheit mittels Definition als die allein adäquate Form wissenschaftlicher Wissensvermittlung. Die Schriften Christian Wolffs befolgen in der Regel dieses deduktive Zwangsverfahren des verselbständigten „didaskalischen Logos" des Aristoteles – der diese Praxis bekanntlich selbst nicht übt. Bei Wolff erscheint die Epagogik, die eigentliche Lehre, in der Form eines Supplements zur apodeiktischen Lehre, die nur aus monologischen Thesen besteht: jeder Paragraph enthält nach der Definition der Sache einen illustrierenden Anhang, der die Anknüpfung an das Vorverständnis des Lehrlings nachliefert und so mögliche Verständnisschwierigkeiten mittels Anwendungsbeispielen – „exempli gratia" – erst nachträglich berücksichtigt. Die Beispiele treten als zusätzliche Belege, nicht als einführende Instanzen auf: didaktisch wahrlich eine verkehrte Welt! Auch die hier anhangsweise praktizierte Epagogik ist ganz monologisch. Sie berücksichtigt nicht, wie es Aristoteles für das „probierende" Lehrgespräch vorschlägt, die vorwissenschaftlichen Schwächen des Lehrlings, die didaktisch gesehen doch seine Stärken sind. Wie man weiß, ist für die Wolffische Praxis, die noch Kant respektiert hat, die Vorlesung die eigentliche Gelegenheit, den „Autor" zu erklären, d.h. in einem explikativen Monolog das Geschäft des Lehrdialogs ersatzweise zu betreiben.

Die Annahme der Einheit von Apodeixis und Epagoge, d.h. des Aufstiegs zu den Prinzipien vom Besonderen aus und des Rückstiegs von den Prinzipien zu dem Besonderen, das sie begreiflich machen, folgt aus der von Aristoteles gemeinten Sache. Zwar gibt es bei Aristoteles keine ausgearbeitete Theorie der Epagoge. Der Ausdruck ist im Gebrauch mehrdeutig und meint in der Hauptsache das Verfahren der Prinzipienforschung, auf Grund seiner semantischen Weite aber dann auch vorzüglich jedes auf die Prinzipien bezogene Lernen und dessen einzelne Formen, wie etwa das Beispiel („paradeigma"). Es ist eben kein Wesensunterschied, ob ich mir im „einsamen" Forschen den Weg von den besonderen Phänomenen zu den sie erklärenden Prinzipien klar mache oder ob ich dieses „induktive" Verfahren gesprächsweise anwende, um meinen Lehrlingen mit einer „Hinführung" behilflich zu sein. Das Verfahren der lehrenden Mitteilung kann sich auf das Verfahren der Forschung berufen und stützen, weil dieses seinerseits schon ein Verfahren der Selbstbelehrung ist.

Obwohl Aristoteles in dieser Frage schweigt, ist es nun unumgänglich, die Epagoge als eine doppelsinnige Bewegung zu begreifen. Denn was heißt das: den Weg „hinauf" zu den Prinzipien zu gehen? Den Ausgangspunkt dieses Wegs bilden die besonderen Phänomene, die mittels der Prinzipien begriffen werden sollen. Der Weg führt von da an gewiß schrittweise zur Erkenntnis der Prinzipien. Aber die Erkenntnis der Prinzipien ist kein Selbstzweck. Prinzipienerkenntnis ist nur sinnvoll, wenn sie Erkenntnis der Art und Weise ist, wie die Prinzipien das durch sie Begründete bestimmen. Das heißt: der Blick vom Besonderen „hinauf" zu den Prinzipien muß *zugleich* ein Blick „hinab" von den Prinzipien auf das durch sie Prinzipiierte sein. Dieser Blick vergewissert sich, ob sich der Vorblick auf die Prinzipien im Blick auf die Phänomene auch bewährt. Aristoteles gebraucht hier einmal das Bild des Stadions, wo der Weg der Läufer „hinauf" zum Wendemal identisch ist mit dem Weg „hinab" zum Ziel, d.h. wo der Ausgangspunkt zugleich das Ziel ist. Das Ziel des Wegs zu den Prinzipien (Wendemal) sind nicht die Prinzipien, sondern die begriffenen Phänomene, von denen als unbegriffenen der Weg ausgegangen ist. Der Weg des Lernens ist also *der in sich gegenläufige Weg der Epagoge*, und der Weg der Lehre ist die Einheit von „Induktion" und „Deduktion". Bezogen auf unser Problem bedeutet das: die magistrale Lehrart ist bezogen auf und offen für eine Lehrart, von der sie von Anfang an umgriffen wird. Wer sie erlernt, erlernt sie als Moment der Epagogik, der sie untergeordnet ist und in der sie aufgeht. Oder: das magistrale – d.h. monologische – Lehrgespräch ist angelegt auf die Möglichkeit hin, sich in der dialogischen Lehre zu erfüllen. Das ist nun zu zeigen. Ich werde darlegen müssen, inwiefern die Epagogik im Wesen Dialogik ist.

VI. Epagogik als Dialogik

Die peirastische (probierende) Lehrart, so Aristoteles, ist diejenige, die an das Vorverständnis des Lehrlings anknüpft. Es könnte zunächst scheinen, als handle es sich hier, ähnlich wie in der modernen Konsumwerbung, um eine recht infame Art, den andern psychologisch zu berechnen und ihn den Absichten des Lehrenden gefügig zu machen. Aber nichts davon! Die peirastische – d.h. epagogische – Lehrart ist eine ganz vorbehaltlose Art, den andern ernst zu nehmen. Sie anerkennt den Lehrling, indem sie auf das eingeht, was er an kontingenten Voraussetzungen von sich aus mitbringt. So setzt sie ihn instand, sich aus Eigenem selbst zu belehren. Denn wie funktioniert die Epagogik? Ich möchte den Leser in dieser Angelegenheit einladen, sich selbst zu belehren, indem ich ihn auf das Vorverständnis der Sache, das er schon mitbringt, aufmerksam mache. Ich versuche, ihn auf die Sache zu bringen, indem ich ihm sein eigenes Mittel in die Hand gebe, von selbst „daraufzukommen".

Als Hauptform der epagogischen Lehre behandelt Aristoteles an vielen Stellen seines Werks das Beispiel und die Analogie, die er beide i.a. ohne nähere Unterscheidung unter dem Terminus „Paradeigma" behandelt, mit der Bemerkung, dieses sei eine Weise der Epagoge.

Wie funktioniert ein *Beispiel?* Was erwartet man allgemein von ihm? – Ein Beispiel führt man an, um dem Zuhörer klar zu machen, was ein soeben gebrauchter und in Kürze zu gebrauchender Ausdruck allgemein meint. Der besondere Beispielfall soll das in abstracto Gemeinte, den sogenannten Begriff, in concreto vorführen, um den anderen *von da aus* „draufzubringen". Der Lehrende bemerkt etwa, daß sich der Lehrling unter dem Begriffspaar „Mittel und Zweck" nichts oder nur wenig denken kann. Er weist ihn hin auf den Gebrauch der Schreibmittel Papier und Bleistift sowie auf den Zweck der schriftlichen Kundgabe, zu dessen Realisierung sie dienen. Was er dabei faktisch tut, ist dies: er liefert nicht, gleichsam von außen, eine dingliche sogenannte „Anschauung", sondern er *erinnert* den Lehrling an dessen eigenen Vollzug des Schreibens und an die damit gegebene konkrete Tätigkeitserfahrung. Diese zunächst relativ unbewußt bleibende pragmatische Erfahrung – die *eigene* Erfahrung des Lehrlings – wird so wiederholbar in einem nachträglichen Akt der Reflexion des Lehrlings, der sich nun bewußt macht, was er zuvor, obgleich nur pragmatisch, *vorverstanden* hat. Dieses Sich-seiner-bewußt-Werden ist die eigentliche Leistung des epagogischen Verfahrens. Der andere ist dabei nicht Objekt einer indoktrinierenden Manipulation, die ihm gleichsam von außen etwas "beibringt", sondern er wird in einem wahrhaft mäeutischen Akt zu sich selbst, zur Übernahme seiner eigenen schon vorliegenden Leistung, freigemacht. Die Epagogik setzt den Lehrling instand, sich nicht nur als rezeptiver Partner im magistralen Gespräch zu verhalten, sondern aktiver *Mitspieler* in einem für beide Seiten offenen Handlungsgeschehen sprachlicher Art, d.h. in einem *Dialog* zu sein.

Nicht anders die Analogie. Analogien – z.B. in der Form der Fabel und Parabel – haben immer als wirksame Instrumente politischer Überredung gegolten. Aristoteles hat diese politische Funktion durch die andere des Präzedenzfalls, die auch eine Überredung durch Analogie ist, ergänzt. Epagogik auch hier. Die eigentliche pädagogische, d.h. den Lehrling befreiende Funktion der Analogie exemplifiziert jedoch eindrucksvoll eine Stelle aus Rousseaus *Emile,* diesem sonst nur dem Anschein nach pädagogischen Buch. Die epagogische Entbindung des Lehrlings wird hier verdeutlicht an einer verblüffenden Analogie, die selbst eine Analogie bezüglich Entbindung ist: „Maman, dit le petit étourdi, comment se font les enfants? – Mon fils, répond la mère sans hésiter, les femmes les pissent avec des douleurs qui leur coûtent quelquefois la vie"[10]. Eine für dieses Genre von Fragen gewiß erstaunliche Antwort. Erstaunlich indessen nur für uns, für das Kind aber befriedigend. Oder aber, falls auch für den kindlichen Frager verblüffend, dann ist der Verblüffungseffekt, der, wie man leicht bemerkt, den anderen Teil der kindlichen Neugier geschickt und ein bißchen prüde überspielt, kein Blendungsmanöver, sondern macht die Sache durch Weglassen aller Vergleichungsvokabeln überscharf klar. Was „pissen" ist, weiß der Frager aus eigener Erfahrung; da kann er mitreden. Aber daß pissen, diese vergleichsweise lustvolle Beschäftigung, hier schmerzhaft und lebensgefährlich sein soll: dieser unerwartete Kontrast macht das soeben Verstandene so merkwürdig, daß der neugewonnene Sachverstand Grund genug zu weiteren, nunmehr schon recht kompetenten Nachfragen bietet. Auf keine andere Wirkung haben es vermutlich die biblischen Analogien (Parabeln) vom Typus „Das Himmelreich ist gleich einem Senfkorn" abgesehen.

An den epagogischen Formen Beispiel und Analogie – die ihrerseits eine Vielfalt sprachlicher und außersprachlicher Verständigungsformen einschließen – wird folgendes klar:

1) Die Epagogik macht davon Gebrauch, daß der Lehrling von sich aus schon ein Vorverständnis der Sache mitbringt, – ein Vorverständnis, das er nur noch nicht ausdrücklich weiß. Sie macht eine schon vorhandene Kompetenz nutzbar. Diese Kompetenz ist außerhalb, d.h. vor der gerade betriebenen Lehre erwachsen als *pragmatische und praktische* Kompetenz, d.h. als ein Können und Sich-Verstehen auf etwas, das in der Regel mit der alltäglichen Umgangserfahrung und deren Sprachgebrauch gegeben ist.

2) Die Epagogik aktualisiert diese stillschweigende Kompetenz durch einen Prozeß der Bewußtwerdung, der das Vorverständnis auf die Ebene des Begriffs hebt. Epagogische Verständigung leitet prinzipiell ein Geschehen reflexiver Natur ein. Wegen seiner ausdrücklich gewordenen Kompetenz ist der Lehrling nun einer, der aus eigenem Sachverstand *mitreden* kann: das epagogische Lehrgespräch entwickelt sich weiter als *Dialog*.

---

[10] *Emile,* in *Œuvres Complètes* (éd. de la Pléiade), livre IV, S. 499.

VII. Didaskalische und dialogische Themen

Die Feststellung, daß die Epagogik pragmatische und praktische Kompetenz *voraussetzt,* ist konsequenzenreich. Erste Konsequenz: sie setzt bestimmte Lernprozesse voraus; zweite Konsequenz: sie setzt auch verschiedene Erfahrungsarten oder thematisch verschiedene Tätigkeiten voraus.

Die pragmatische Konsequenz betrifft vorzüglich das alltägliche außerwissenschaftliche Sich-Verstehen auf die Dinge, das Zurechtkommen mit ihnen im Rahmen eingeübter Aktivitäten. Der Umgang mit Papier und Bleistift beim Schreiben ist von dieser Art. Was man in diesem Rahmen durch eigene Tätigkeit und Erfahrung kann und kennt, das kann durch eine epagogische Bewußtmachung vergegenwärtigt und ausdrücklich begriffen werden, weil die Pragmatik reflexionsfähigen und reflexionsbedürftigen Sinn enthält.

In der Regel beschäftigt sich die Reflexion und eine Lehre, die sie zum Ziel hat, hier also nicht mit wissenschaftlichen Inhalten, so daß hier das magistrale Gespräch von vornherein ausgeschlossen ist. Nun ist aber die Tätigkeit, die sich mit wissenschaftlichen Inhalten befaßt, sofern sie Tätigkeit ist, auch als eine Pragmatik, allerdings als Pragmatik spezieller Art, nämlich als Wissenschaft-Treiben, begreifbar. Von der außerwissenschaftlichen Erfahrung und deren situationsbezogenem Bescheidwissen unterscheidet sich diese Weise der Pragmatik allerdings durch ihren methodischen Charakter, der ihre Situationsunabhängigkeit sichert. Das Methodische dieser Erfahrung muß systematisch erlernt und eingeübt werden. Hat es aber das Stadium der Geläufigkeit erreicht, dann ist es mögliches Thema einer epagogischen Bewußtmachung, ganz so wie die außerwissenschaftliche Pragmatik und deren Verstehensweise. Der entscheidende Unterschied in Beziehung auf Lehre und Lehrgespräch ist dieser: die wissenschaftliche Tätigkeit und die ihr eigene pragmatische Kompetenz muß durch magistrale Lehre vermittelt werden, ehe sie durch Epagogik reflektiert und zum Thema der Selbstbesinnung gemacht werden kann. Sie muß es, weil sie methodisierte Tätigkeit ist.

Wir können also sagen, Themen der Epagogik – der epagogischen Lehre – seien alle Weisen der Pragmatik, d.h. der sinnhaft strukturierten menschlichen Aktivität einschließlich derjenigen Tätigkeit, die im Wissenschaft-Treiben und Wissenschaft-Erzeugen besteht. Wichtig ist, daß die außerwissenschaftliche Pragmatik auf einfache, vermutlich selbst epagogische Weise erlernt wird – durch exemplarisches Lernen –, während die wissenschaftliche Pragmatik Resultat einer methodisierten Lehre, nämlich des didaskalischen und magistralen Verfahrens, ist.

Epagogische und damit dialogische Themen sind aber nicht nur die Weisen der Pragmatik, sondern ebenso die *Praxis,* d.h. alle Aktivitäten, die als Handlungen, einschließlich der *sprachlichen Handlungen,* charakterisiert sind. Auch Praxis, und vor allem *sprachliche Praxis,* wird auf einfache und selbst epagogische Weise erlernt – durch exemplarisches Lernen – und ist insofern, was die Vermittlung mit der epagogischen und dialogischen Lehre betrifft, sogar die erste Stufe der dialogischen Lehre.

Es wäre nun voreilig, den Unterschied zwischen den Themen der didaskalischen Lehre und der epagogischen (dialogischen) Lehre gleichzusetzen mit der herkömmlichen Unterscheidung von Gegenstandsbereichen des Wissens und der Wissenschaft, wie etwa derjenigen des Bereichs der außermenschlichen Natur („Naturwissenschaften") und des Bereichs menschlich-geschichtlicher Tätigkeit („Geisteswissenschaften"). Die Themen der didaskalischen Lehre bestimmen sich nicht primär nach Seinsarten, sondern nach der Tätigkeitsform, die Wissenschaft ohne Rücksicht auf Seinsarten erzeugt, nach der „methodischen" Form der Tätigkeit etwa. Dagegen sind die Themen der dialogischen Lehre in der Tat alle menschlichen Tätigkeiten einschließlich der Wissenschaften: alle *verstehbaren* Tätigkeiten, einschließlich der didaskalischen Lehre selbst. Das Ziel der epagogisch-dialogischen Lehre ist das Verstehen aller jener Tätigkeiten, also ein Selbstverständnis, eine ausdrückliche Anknüpfung an der geschichtlichen Tätigkeit, die Aufnahme eines Verhältnisses zu ihr. Sofern nun „Bildung" charakterisiert werden kann als geschichtliches Tun im Selbstverhältnis, ist die epagogisch-dialogische Lehre und das zu ihr gehörende Lernen *ein Geschehen der Bildung,* ist die Bildung selbst!

Man kann nun leicht sagen, wie und zwischen wem Lehrdialoge in diesem Sinn möglich sind und worüber sie im Prinzip gehen. Ihr Thema ist zunächst die alltägliche Pragmatik und die Praxis, die die Pragmatik in sich enthält. Dialogische Lehre als die gesprächsweise Bewußtmachung der in Alltagspragmatik und Alltagspraxis leitenden Hinsichten hat hier die Funktion einer Aufklärung des gelebten Lebens (Dilthey), die die Form eines Gesprächs zwischen Eltern und Kindern am Familientisch, zwischen Schülern und Lehrern aller Schulstufen und Schulgattungen haben kann oder auch die Form des philosophischen Disputs, in einem Ethik-Seminar beispielsweise. Hermeneutik der Lebenspraxis, Auslegung, d.h. Bewußtmachung des in ihr wirksamen Verständnisses, an dem alle Beteiligten immer schon partizipieren, ist da im Spiel vom Kindergarten bis herauf zum Seminargespräch. Das Grundgeschehen solcher Dialoge: alle bringen sich gegenseitig auf das, was im alltäglichen Lebensverständnis am Werk ist. Die Grundvoraussetzung dazu: alle sind in gleicher Weise beteiligt; alle, die teilnehmen, haben etwas zu sagen, weil alle Teilnehmer kompetente Sachverständige sind. Eine Differenz besteht allenfalls im Grad der Ausdrücklichkeit des Sachbewußtseins und in der Fertigkeit sprachlicher Formulierung, und in *dieser* Hinsicht kann sich bei bestimmten Teilnehmern – Kindern, Schülern z. B. – das Bedürfnis melden, sich noch belehren zu lassen. Sonst aber leben solche Dialoge davon, daß es zwar für die Wissenschaften, nicht aber für die Lebenspraxis und die Kriterien ihres Glückens spezialisierten Fachverstand und Fachleute gibt. Hinsichtlich der Fragen des guten Lebens gibt es nicht die Unterscheidung in Spezialisten und Laien. *In den Fragen der Lebenspraxis sind alle Lebenden,* alle die Praxis Betreibenden und sie Erfahrenden, *Experten,* und es ist ein Indiz zunehmender Gestörtheit des Lebens, wenn hier Spezialisten: politische oder pädagogische Fachleute oder gar Therapeuten aller Art, auftreten.

Von der soeben beschriebenen Art sind viele aus der Geschichte der Pädagogik bekannte Lehrgespräche, von denen ich als glänzendes Beispiel hier nur die Gespräche Berthold Ottos mit seinen Kindern und Schülern nenne. Platons Dialoge sind Lehr-Dialoge deshalb, weil sie Aufklärung des gelebten Lebens praktizieren, mit der sich noch nicht wissenschaftliche Spezialisten, sondern kompetente Lebensteilnehmer beschäftigen.

Übrigens: auch wissenschaftliche Experten sind potentielle Dialogteilnehmer, nachdem sie durch magistrale Lehre zu kompetenten Wissenschafts-Praktikern geworden sind und nun, über ihr Geschäft reflektierend, sich als Meister gegenseitig belehren. Vor die Möglichkeit freien und „bildenden" Dialogs über eine Form der Praxis hat ein strenges Schicksal hier die Mühen der Exerzitien unter der Herrschaft des didaskalischen Logos gestellt, um die keiner herumkommt, der mitreden will. Ein Sachverhalt, den das Gymnasium ebenso wie der akademische Lehrbetrieb respektieren muß!

VIII. Epagogische Topik

Sich-seiner-bewußt-Werden ist die generelle Leistung der Epagogik. Der Lehrling bekommt sich in dem zu fassen, worin er als einer Verstehenspraxis vorgängig schon begriffen ist. Hegel beschreibt dieses Geschehen als ein Geschehen der „Bildung", der schrittweisen Selbstbefreiung und Selbstaneignung des Bewußtseins durch *Selbstkonfrontation,* d.h. Reflexion. Hegels Begriff der Bildung interpretiert das aristotelische Thema der Epagogē neu als ein Geschehen der Reflexion, d.h. als Geschichte des mit seinen eigenen Leistungen – geglückten und mißglückten Leistungen – konfrontierten Bewußtseins. Ich versuche im folgenden, auf der Basis dieses reflexionstheoretischen Bildungsbegriffs ohne Anspruch auf Vollständigkeit ein Inventar epagogischer Elementarformen und eine Charakteristik ihrer Wirkungsweise zu liefern. So erhalten wir zwar noch keine Theorie des Lehrdialogs, aber zunächst die Elemente dazu, nämlich eine Beschreibung gebräuchlicher und wirksamer Lehrformen, die zugleich Bestandteile des Lehrdialogs sind.

Die Idee liegt nahe, diese analytische Beschreibung an Hand historischer Beispiele vorzunehmen. Indessen hindert uns daran ein i.a. wenig beachteter Umstand. Die vorliegende reiche Dialog-Literatur enthält nämlich kaum Dialoge, von denen wir mit Sicherheit sagen könnten, sie seien authentische Lehrgespräche. Protokollierte Lehrgespräche gibt es erst in der neuesten pädagogischen Literatur; aber auch das Protokollierte ist unter Umständen nicht authentischer als das Fingierte. Insgesamt überwiegen also die Bedenken, die Analyse am historischen Eigenleben einer *Literaturgattung,* die der Dialog nun einmal ist, und dem Fundus der dort tradierten Möglichkeiten zu orientieren. Die literarischen Möglichkeiten des Dialogs lassen ja so viel interessantere und raffiniertere Funktionen zu als das vergleichsweise triviale Kärrnergeschäft des Lehrgesprächs – man denke nur etwa an die erstaunlichen außer- und überpädagogischen Höhepunkte, die der Dialog in der Tradition des Lukian, selbst noch bei dem gelehrten Erasmus, hervorgebracht hat!

Die Vorsicht, Didaktik und literarische Wirkung auseinanderzuhalten, wird freilich im einzelnen nicht ganz verhindern dürfen, auf den hier gegenwärtigen Fundus, z. B. die Dialoge Platons, zurückzugreifen, die für uns nicht nur deshalb aufschlußreich sind, weil sie die epagogische Praxis enthalten, sondern auch den Kommentar dazu.

1. *Beispiel und Analogie:* „Es ist schwierig, mein Bester, etwas Größeres hinreichend deutlich zu machen, ohne ein Paradeigma zu gebrauchen. Denn es scheint ein jeder von uns wie einer, der wie im Traum alles weiß, und wiederum wie einer, der gleichsam im Wachen nichts weiß"[11]. – Das Paradeigma macht ein „Vorwissen" bewußt, das der Lehrling selbst beisteuert und das, relativ vage und relativ unbewußt, zunächst nur ein als Vollzug wirksames, unthematisch bleibendes pragmatisches und praktisches Verstehen

---
[11] Platon, *Politikos,* 277 d 1–10;

ist. Man sagt, Beispiele verständigten durch „Veranschaulichung". So kann man nur sagen, wenn man zugleich feststellt, daß diese Funktion nicht die Exposition einer Dingvorstellung ist. Die Leistung der Veranschaulichung besteht vielmehr darin, daß der Lehrling erinnert wird an eine eigene Verstehenshandlung („Operation"), die ihm als schon vollzogene geläufig ist[12]. Sinnhafte Vollzüge, nicht Dinge, werden hier vergegenwärtigt: nichts, das „beigebracht" wurde, sondern etwas, das *erinnert* wird. Eine phänomenologische Rechtfertigung des platonischen Anamnesis-Mythos vom Lernen!

Das, woran das Paradeigma erinnert, kann alles mögliche sein: alltägliches Bescheidwissen, pragmatische Umgangserfahrung ebenso wie praktisches (moralisches) Bewußtsein; aber auch alle Arten von wissenschaftlichem Wissen. Philosophische Reflexion macht an Beispielen bewußt, was wir im alltäglichen Umgang mit den Dingen, im Handeln mit unseresgleichen oder als Wissenschaftler implicite immer schon (mit-)verstanden haben. Immer aber machen Beispiele bewußt, was wir als Sprecher einer Sprache immer schon (mit-)verstanden haben, wenn wir einen bestimmten Sprachgebrauch praktizieren.

Einen schönen Beleg für das Geschehen der *Aktualisierung des Vorverständnisses* bietet der folgende Witz, den man, auch wegen der geziemenden Kürze, als perfekten Lehr-Dialog betrachten kann: Antek und Frantek verlassen in einer sternklaren Winternacht die Kneipe. Antek fällt auf dem schneeglatten Weg aufs Kreuz und nimmt in dieser Lage zum erstenmal den gestirnten Himmel über sich wahr. Antek: „Du, was ist eigentlich Mond?" Frantek: „Mond, weißt du, ist Kumpel von Sonne, was fährt Nachtschicht." — Eine lupenreine Analogie! Der Witz dieses Vergleichs lebt aus dem Kontrast, in dem die höchst „theoretische" Frage des Antek, die so ganz nach dem Herzen eines platonisierenden Schulmeisters wäre, gegen den trivialen Rekurs auf die alltägliche Berufswelt der beiden Kumpel steht. Denn was „Nachtschicht fahren" ist, das ist den beiden bis zum Überdruß vertraut. Der Rückgriff auf die gemeinsame vertraute Lebenswelt, auf das, worin Lehrender und Lernender einen einheitlichen Verständigungsgrund haben, ist in der Regel geeignet, unproblematisches, nachhaltiges und gelegentlich sogar „tiefes" Verstehen in Gang zu bringen. Im Falle von Antek und Frantek produziert er eine Parodie auf die Pädagogik. Aber auch die Parodie liefert einen Beweis dafür, daß das verständigende Gespräch selbst über hohe Gegenstände nur auf dem Boden einer gemeinsamen geschichtlichen Praxis und der zu ihr gehörenden Sprache möglich ist.

2. *Negative Instanz (Dialektik):* Der Kontrast ist soeben nur von uns, die den Witz verstehen, nicht vom Lehrling selbst wahrgenommen worden. Kontrasterfahrung, genauer: Enttäuschung einer bestimmten Erwartung, ist eine elementare Form der Epagogik. Die Lehre wiederholt aber hier nur ausdrücklich und methodisch, was in der fundamentalen Lehre *vor* aller Pädagogik, nämlich in der alltäglichen Erfahrung, schon ohne unser Zutun geschieht. Daß es in der alltäglichen Erfahrung oft anders kommt, als man geglaubt und gewünscht hat, das ist selbst Gegenstand einer Alltagserfahrung; und analog daß man in der methodisch bewerkstelligten Erfahrung der Wissenschaft auf negative Instanzen geradezu aus sein muß, das gehört seit F. Bacon zu den Grundsätzen aller Methodenlehre. Aber man muß gegenüber den banalen Aussichten mancher Lernpsychologen immer wieder einschärfen, daß in der außerwissenschaftlichen Erfahrung ebenso wie

---

[12] Vgl. dazu Verf., „Thesen über das Exemplarische", in *Hermeneutik und Bildung,* München 1981.

in der methodisierten Erfahrung der Wissenschaft die negative Erklärung die eigentlich belehrende ist. Die ist belehrend nicht etwa deshalb, weil ihr Resultat null ist, sondern deshalb, weil sie uns zwingt, aus der Enttäuschung unserer Erwartungen die Einsicht zu gewinnen, daß jene Erwartungen Täuschung und vor allem Selbsttäuschung gewesen sind, und weil sie uns nötigt, uns etwas Neues einfallen zu lassen, ein neues und reflektierteres Vorverständnis für künftige Erfahrungen zu entwerfen. Die Erfahrung ist insofern ein Geschehen mit der prinzipiellen Möglichkeit, uns, die Erfahrung Machenden, mit uns selbst, d.h. mit unseren Antizipationen, Voreiligkeiten und Wunschbefangenheiten zu konfrontieren. In der negativen Erfahrung mache ich im Grund eine Selbsterfahrung, ich werde zur Reflexion gezwungen, d.h. ich bekomme mich zu fassen in dem, was ich zuvor nur eben so getan habe. Diese *Umkehrung des Bewußtseins,* die mich ein neues Verhältnis zu mir selbst aufnehmen läßt, ist das Geschehen der „Bildung", das Hegel in der *Phänomenologie des Geistes* beschrieben hat: ein gestufter Gang von Reflexion zu Reflexion, der dem Bewußtsein durch negative Instanzen abgenötigt wird. Als ein Gang der Bildung und der fortschreitenden Selbstaneignung ist dieser Gang der Erfahrung *in sich,* noch vor aller methodischen Veranstaltung und Einwirkung, *dialektisch.*

Die *dialogische Dialektik,* die induzierte Dialektik des Lehrgesprächs, wo der Mitunterredner nicht bloß widerspricht, sondern die negativen Instanzen namhaft macht, verwaltet also nur ein Kapital, das außer- und überpädagogischer Natur ist. Das dialektische Lehrverfahren wiederholt die Dialektik *vor* der Lehre, die Dialektik der ursprünglichen Epagoge, die in der Erfahrung vorliegt.

Diese natürliche Dialektik ist diejenige der Antizipation, die durch ihre eigene Konsequenz widerlegt wird. Mit der Widerlegung der Antizipation durch deren eigene Konsequenz arbeitet nun das bekannte Verfahren des platonischen Sokrates, das *aporetische* Verfahren, welches das Hauptmoment der sokratischen Epagogik darstellt und im „Sokratisieren", das die pädagogischen Reformbewegungen der Neuzeit immer wieder für sich reklamiert haben, nicht immer beachtet worden ist. Das sokratische Verfahren ist oft nur einseitig als positive Maßnahme der Weckung der Spontaneität des Lehrlings, als erbaulicher Akt der Hilfe zum Selbsterkennen und zu eigener Einsicht gesehen worden, die Mäeutik als nur positive Forderung. Dabei hat man vergessen, daß die sokratische Epagogik in der Regel mit einer massiven Störung beginnt. Die Bedingung der sokratischen Geburtshilfe ist ein Eingriff, der Negatives zur Folge hat, nämlich den Schmerz einer Beirrung durch den Verlust scheinhafter Wissenssicherheit. Die Voraussetzung des positiven Teils des Lehrgesprächs ist hier die gestörte Situation des Lehrlings, der zunächst mit seinem trügerischen Vorwissen konfrontiert worden ist. Die sokratische Epagogik knüpft in dieser negativen Weise an das Vorwissen an, um dann aus dem Bankrott dieses irrigen Meinens das wahre Vorwissen aufzuwecken. Ohne diese schmerzliche Vorbedingung findet die sokratische Epagogik keinen positiven Anknüpfungspunkt. Aristoteles hat da nur die positive Funktion des Vorverständnisses als das unter epistemologischem Gesichtspunkt Interessantere festgehalten[13]. Den Anfang der sokratischen Epago-

---

[13] Auch die späteren Befürworter des sokratischen Verfahrens haben diesen negativen Anfang der Epagogik oft unterschlagen, so z. B. manche pädagogischen Rousseauisten im Unterschied zu

gik bildet aber die Ratlosigkeit des Lehrlings, deren Ausdruck wir in der bekannten Klage des Menon finden. Sokrates habe ihn ganz durcheinandergebracht, so wie es der Zitterrochen mit dem tue, der ihn berühre. Der *Menon* führt die Funktion dieses Negativen für die sokratische Mäeutik am Beispiel des mathematisierenden Sklaven noch einmal vor und zeigt, wie der Lehrling, so wie Menon selbst, nach der anfänglichen Selbstkonfrontation nun der Sache erst recht auf die Spur kommt[14]. Menschlicher Lernwille wird eben durch anfänglichen Mißerfolg nicht nur frustriert. Um im Bilde zu bleiben: der Schlag des Zitterrochens lähmt nicht nur, er weckt auch auf. Zur Lehrkunst gehört es nun auch, wie die spontane Lernmotivation des Lehrlings genutzt und verstärkt wird. Da Sokrates, der Zitterrochen, durch die Aporetik ebenso gelähmt ist wie der Lehrling und das bekennt[15], besteht seine Überlegenheit, die ihn mit der Autorität des Gesprächsleiters ausstattet, eigentlich nur in der Unverdrossenheit seiner Forschungs- und Gesprächsbereitschaft, die für den Lehrling exemplarisch wirkt.

Hier stoßen wir nun allerdings auf ein Problem, das sich mit den formalen Mitteln der Epagogik wahrscheinlich nicht bewältigen läßt. Was nämlich beim Lehrling bei all dem vorauszusetzen ist, das ist sein *Interesse an der Sache*. Dieses Interesse aber hängt vor allem davon ab, ob der Lehrling Aussicht hat, weiterzukommen, und ob er diese Aussicht sich auch zueigen macht. In bezug auf das Repertoire epagogischer Maßnahmen läßt sich da eine *Strategie der aussichtsvollen Schritte* empfehlen, die der Lehrer auf die Aporetik folgen lassen sollte.

Aber zeigt das nicht wiederum, wie sehr das magistrale Moment, d.h. die Autorität des Gesprächsleiters, auch im Lehr-Dialog immer wiederkehrt, solange Lehrlinge, die sich noch nicht für Experten der Lehre halten, hoffnungsvoll sich einem anvertrauen, den sie als einen Experten anerkennen[16]?

IX. Frage und Antwort

Lehrgespräche aller Art enthalten als didaktische und syntaktische Elemente Fragen und darauf bezügliche Antworten. Die Frage scheint vor allem ein Element der Epa-

---

Rousseau selbst, der die sokratische Aporetik in den einschlägigen Beispielen des *Emile* eindrucksvoll praktiziert. – Eine bemerkenswerte Nachfolge hat die sokratische Aporetik im Pragmatismus, vor allem in der durch J. Dewey begründeten Pädagogik gefunden. Ich erwähne außerdem noch das leider schon wieder in Vergessenheit geratene wichtige Buch von F. Copei, Der fruchtbare Moment im Bildungsprozeß, Heidelberg ³1955.

[14] Bemerkung am Rande: das Teilgespräch mit dem Sklaven, das Platon im *Menon* einschiebt, ist, abgesehen vom eigentlich aporetischen, d.h. epagogischen Verfahren, durchaus ein didaskalischer Logos im Sinn des Aristoteles. Demonstration muß sich eben des apodeiktischen Verfahrens bedienen.

[15] *Menon*.

[16] Pädagogische Autorität ist eine Vollmacht, die einer der am pädagogischen Verhältnis Beteiligten an den anderen *delegiert*. Autorität ist verliehene Vollmacht auf Widerruf, die die Freiheit des Verleihers nicht schmälert. Der Lehr-Dialog bleibt also ein Verhältnis von Gleichen auch dann, wenn es, wie im Fall des platonischen Dialogs, zur Anerkennung eines Dialogleiters und zur Etablierung eines didaktischen Gefälles kommt.

gogik zu sein, und als Element der Epagogik und Dialogik ist sie in der reformpädagogischen Praxis Gegenstand einer besonderen Aufmerksamkeit geworden. Diese neue Pädagogik der Frage verstand sich als Spontaneitätspädagogik, als Entwurf einer Lehrpraxis, deren Anstöße vom Lehrling ausgehen sollten. Also schlug sie eine *Umkehrung der herkömmlichen Praxis des Fragens* vor: die herkömmliche Praxis als eine Praxis der dominierenden *Lehrerfrage* sollte nun abgelöst werden durch eine wahrhaft pädagogische und kindzentrierte Praxis der vorherrschenden Kinderfrage. Die Kinderfrage: sie galt als die jeweils aus unverbildeten Anfängen sich meldende ursprüngliche Frage, in der, „lebensphilosophisch" gedacht, das eigene Telos des menschlich-geschichtlichen Lebens sich zeigte; die Lehrerfrage war Ausdruck eines als Konfektionsartikel angebotenen Wissens, einer entfremdeten Lehre.

In der Opposition von Lehrerfrage und Kinderfrage wiederholt sich also die alte Opposition von didaskalischer Lehre und Epagogik, von magistral „geführtem" Lehrgespräch und Dialog. Der Inversion der Frage-Richtung entsprach dabei eine Inversion der Antwort-Pflicht: die Frage im magistralen Gespräch schien die Antwortpflicht des Lehrlings vorauszusetzen, und diese Pflicht konnte eingeklagt werden, d.h. die Lehrerfrage war prinzipiell ein Bestandteil im Vorgang des Abfragens der zuvor mitgeteilten Lehre, und insofern konnte sie grundsätzlich von der mit Sanktionen (Zensuren) verbundenen *Examensfrage* nicht unterschieden werden. Dieses Verhältnis von Frage und Antwort – der Meister fragt, der Lehrling ist der Gefragte – konnte tatsächlich Schule und Unterricht charakterisieren, solange diese bloß die Funktion der Vermittlung dogmatischer Lehre hatten. So stellt sich das Verhältnis denn auch im Aufbau der *Katechismen* alter Art getreulich dar: A fragt, B antwortet; d.h. A fragt mit geistlicher Autorität, B *hat zu antworten*. Die Frage des Lehrlings ist nur zugelassen, sofern er die Sache noch nicht kapiert hat. Sie ist eine um Erläuterung bittende *Rückfrage,* der in Luthers Katechismus mit Erklärungen („Was ist das?") geantwortet wird.

Nun ist gewiß, daß in der „alten" Lehre und Schule die Lehrerfrage aus Gründen, die mit dem dogmatischen Charakter jener Lehre zusammenhängen, dominiert. Aber die Polemik gegen die Herrschaft der Lehrerfrage berücksichtigt nicht, daß die Lehrerfrage des „alten" Unterrichts oft auch die legitime Funktion der *Exploration* der Verstehenssituation beim Schüler hat. Solche Fragen des Lehrers sind auch Rückfragen, nur in anderer Absicht. Der sogenannte fragend-entwickelnde Unterricht der alten Schule ist voll von epagogischen Rücksichten. –

Verändert die Inversion des Fragens, die die Reformer fordern, in der Tat den Charakter der Lehre, derart daß das Lebensbedürfnis des Wissens, das ursprüngliche praktische Interesse am Grunde allen Wissenwollens sich gegen die in Wissenschaft und „Schule" gleichsam entfremdete Tendenz aller Lehre wieder durchsetzt? Sichert die Priorität der Schülerfrage dem Unterricht eine neue pragmatische und lebenspraktische Orientierung? – Zunächst: wie überall bewirkt auch hier eine bloße Veränderung der didaktischen Form nichts. Der Schüler, der *als* Schüler fragt, fragt, auch wenn er als erster fragt, immer einen Meister um Auskunft. Er fragt einen Meister, sofern er die Voraussetzung eines didaskalischen Gesprächs, nämlich einen für die Lehre verbindlichen Wissensbestand, annimmt. Hier spielt der zuerst fragende Lehrling dem Lehrer sogleich wieder die Autorität des sachkundigen Lehrmeisters zu. Das scheint unvermeidlich, solange es Wissenschaft und deren tradierbaren dogmatischen Bestand gibt. Denn der Lehrling fragt vorzugsweise den Verwalter der wissenschaftlichen Lehre.

Es gibt indessen eine Form des Lehrgesprächs, das sowohl die essentielle Spontaneität der Schülerfrage zuläßt und fördert, als ein pragmatisches und praktisches Interesse ins Spiel bringt, von dem aus sich das Wissen ebenso wie die dialogische Form seiner Vermittlung organisiert. Das ist die *projektorientierte Lehre* („Projektunterricht"), in der erstens die den Dogmatismus jeder wissenschaftlichen Lehre — jedes didaskalischen Logos — begründenden speziellen Perspektiven einzelwissenschaftlicher Disziplinen nicht mehr allein maßgeblich sind, sondern einander ergänzend und gleichberechtigt zusammenwirken, und zweitens die Mitglieder der Arbeitsgruppen im Austausch gegeneinander als sachkundige und wohlmotivierte Frager auftreten, die im gemeinsamen Horizont des Projekts auch potentielle Antwortende sind und nur insofern zur Frage legitimiert sind, als sie auch Antwortende für andere sein können. Magistrale Lehre fungiert im Rahmen eines gemeinsamen Vorhabens, das alle Partizipanten als Lehrlinge *und* als Meister definiert, nur hilfsweise und aus Konstellationen heraus, die wahrhaft dialogisch, nämlich von vornherein unplanbar und unvorhersehbar sind. Denn wen fragt man und wann fragt man da? Die Geschichte von Antek und Frantek enthält einen Hinweis: man fragt *seinesgleichen,* mit dem man die Situation teilt; und man fragt ihn, wenn *neue Umstände* eingetreten sind, die das gemeinsame Interesse zu berühren scheinen.

II. HISTORISCHE PARADIGMEN

REINHART HERZOG

NON IN SUA VOCE
Augustins Gespräch mit Gott in den *Confessiones* – Voraussetzungen und Folgen

I. Gespräch mit Gott?
II. Konstitution des Gesprächs. 1. Aporien des Proömiums. 2. Beginn der providentiellen narratio. Die narratio als hermeneutischer Dialog. 3. Providenz und Textgestalt. 4. Von der narratio zur Gesprächsvoraussetzung.
III. Das Gespräch. 1. Das Ende der narratio. 2. Das erste Gespräch. 3. Hermeneutisches Fazit. Ästhetische Konsequenzen. 4. Erweiterung zum zwischenmenschlichen Gespräch.
IV. Die ästhetische Überformung des Gesprächs. 1. Dialektik zwischen göttlicher und menschlicher Teilnahme am Gespräch. 2. Der Ansatz der augustinischen Ästhetik. 3. Forschungsfragen. 4. Die Endform des Gesprächs in den *Confessiones*.
V. Das Gottesgespräch Augustins und die philosophische Hermeneutik (Ricœur; Gadamer). Hinweis auf Wittgenstein. Vom Ende der Intimität und ihren Folgen.

I

„Sprich mit mir, unterhalte dich mit mir" – diese Aufforderung Augustins[1], so befremdlich sie bei einem Gottesanruf erscheint („sermocinari" zielt neben dem sachlichen ‚Gespräche führen' durchaus auf die Alltagskonversation, das Plaudern), könnte man noch einem theologischen Bewußtsein vom ständigen ‚Dialog' mit Gott, vom ‚personhaften Gegenüber' Gottes zurechnen und sich so mit vertrauten Denkmustern der Theologie fortbehelfen. Aber Augustin läßt keinen Zweifel aufkommen: er hat mit Gott geschwatzt („garriebam tibi"; conf. 9,1,1). Und als sei er noch nicht deutlich genug geworden: ‚familiär' im Ton und Gefühl des Privaten (conf. 9,4,8), spricht er mit Gott.

Dies Plaudern wirkt zunächst einmal anstößig. „Plotinus never gossiped with the One, as Augustine gossips in the confessions"[2]. Der Anstoß ist uns mindestens seit der Aufklärung vermittelt, die nicht nur die ästhetische[3], sondern auch die religiöse Intimität (und zwar bis zur Abwertung des Betens mit Gott) ins Lächerliche oder Blasphemische

---

[1] *Conf.* 12, 10, 10: „tu me alloquere, tu mihi sermocinare".
[2] E. R. Dodds, „Augustine's Confessions", in *The Hibbert Journal* 26 (1928), S. 459.
[3] Zum Wechselgespräch zwischen Gott und Dichter in der Poesie der frühen Neuzeit vgl. jetzt A. D. Nuttal, *Overheard by God*, London 1980.

abdrängte[4]. Sodann aber erhebt sich der Einwand, daß solches Plaudern, ein entspanntes Gespräch zwischen Gott und Mensch, in sich einen Widerspruch trägt, der in den pragmatischen Angemessenheiten und Zwängen religiöser Sprechakte gegründet ist – wegen dieses Widerspruchs wäre auch in der Antike die Möglichkeit eines solchen Gesprächs für absurd erklärt worden. Die Pragmatik der verbalen Kommunikation von seiten Gottes (Modi der Offenbarung, persönlicher Anruf, Verkündigung, Verheißung, Akte des Befehlens, des gerichtlichen Sprechens, der visionären Bildlichkeit – um nur einige zu nennen) wie von seiten des Menschen (mit Namen anrufen, ‚Bekennen‘ – hodah, Lobpreisen, Beten, Beichten, Akte des gerichtlichen Sprechens – wiederum sind nur einige genannt) vermag sich zwar zu ‚Rede‘ und ‚Antwort‘ zusammenzuschließen. Und dieser Kommunikationszusammenhang ist es, den die Theologie auf den (weiten) Begriff einer ‚dialogischen Verfaßtheit‘ der Beziehung zwischen Gott und Mensch gebracht hat. Solch ein Dialog aber ist eben kein gelöstes Gespräch – ein solches erscheint in der Tradition geradezu als Bild der Grenzüberschreitung, Gefahr und Ausnahme. Jahwe unterredet sich mit Moses wie ein Mann mit dem anderen: ‚Gespräch‘, nicht ‚dialogische Beziehung‘; kein ‚Ziel‘ der Unterredung wird hier genannt, auf keinen ‚Text‘ der Gottesoffenbarung soll an dieser Stelle verwiesen werden; und es folgt der Hinweis auf die ‚Ausnahme‘: nach Moses nahm Jahwe keinen Mann aus Israel in ein solches Gespräch auf. Tantalus wird zum Göttergespräch zugelassen: ‚Gespräch‘, nicht ‚dialogische Beziehung‘; wiederum kein ‚Ziel‘, kein ‚Text‘; das Gespräch selbst wird verraten, und dieser Verrat führt zur endlosen Strafe. Wo immer es Dialogtexte zwischen Gott und Mensch gibt, werden sie rapide in pragmatische Konsequenzen überführt; es sind *Wortwechsel*. Abraham dingt Gott das Leben zur Vernichtung Verurteilter ab: der Dialog formt sich einem Sprechakt des Verhandelns ein. Athene packt den zum Schwertstreich bereiten Achill beim Haar und überredet den sich Sträubenden zur Mäßigung. Man hat dieses dialogische Sprachhandeln als die erste Öffnung einer deliberativen Innerlichkeit interpretiert[5], in der ein *Selbstgespräch* möglich wird: in einer solchen Tradition dialogischer Innerlichkeit wird Platons Rückführung der sokratischen Dialektik auf das erkennende Selbstgespräch in der Seele stehen, und diese Tradition wird in der Antike durch Augustins Soliloquien abgeschlossen. Aber an solchem Selbstgespräch nimmt eben der Gott nicht mehr teil. Gewiß: noch macht sich das Daimonion des Sokrates vernehmbar, mit den von ihm beschriebenen hemmenden Konsequenzen. Aber Gespräch mit ihm führt der Gesprächsversessene bezeichnenderweise nicht.

Nun sind Anstoß und offenbare Widersprüchlichkeit hermeneutische Phänomene, die zu einer Rekonstruktion des unmöglich Scheinenden nötigen. Führt Augustin so etwas wie das von ihm angedeutete Gespräch mit Gott? Wie konstituiert er seine Voraussetzun-

---

[4] Symptomatisch Lessings Sarkasmus gegenüber Klopstock („Er wünscht mit Gott zu reden, zweifelt aber, daß er ihn wird zu sprechen bekommen"; *Werke*, hgg. Petersen/v. Olshausen, 9, S. 121) und Kants Abgrenzung des Betens vom „Afterdienst‘ (*Werke*, hg. Cassirer, 6, S. 345ff.).

[5] Vgl. B. Snell, *Die Entdeckung des Geistes*, Göttingen ⁴1975, S. 35f. („ließe sich auch aus seinem Inneren erklären") u. H. Fränkel, *Dichtung und Philosophie des frühen Griechentums*, München ³1976, S. 76.

gen? Ich möchte im folgenden zeigen, daß die *Confessiones* eben dies sind: *allmähliche Konstituierung eines Gesprächs.* Es muß freilich — angesichts der uferlosen Forschung zu den *Confessiones* — sogleich gesagt werden, daß diese Rekonstruktion keine *neue Deutung* des Werkes zu geben sich anmaßt; kaum ein Detail wird der Spezialforschung Neues hinzufügen. Nicht einmal der unmäßig traktierten Frage seines *Aufbaus* wird besondere Aufmerksamkeit zugewendet. Ich möchte nur zeigen, daß die *Confessiones* im Sinne meiner These gelesen werden können[6]. Gelingt diese Demonstration, so kann dies vielleicht auch einiges Licht auf Deutung und Aufbau der Schrift werfen; vor allem aber hat die Konstituierung des entlasteten Gesprächs mit Gott in den *Confessiones* erhebliche Konsequenzen für die Sprachphilosophie, Ästhetik und Theologie gehabt; sie hat sie noch heute.

II

1. Mit conf. 1,6,7 setzt jener Abschnitt der *Confessiones* ein, den die Leser von den Zeitgenossen Augustins an immer wieder als Autobiographie verstanden haben. Vom vorangestellten *Proömium* her hat die Forschung seit längerem dieses Verständnis in Frage gestellt[7]. Zu Recht; indessen stellt das Proömium den narrativen Charakter des Folgenden überhaupt in Frage.

Das Proömium beginnt — im Wortlaut von Ps. 144,3 — als Vorsatz zu „laus", zum Gotteslob. Augustin hat das Werk mit dem gleichen Psalmenzitat geschlossen, hat es auch in einem Binnenproömium (B. 13) wiederholt[8]. Die *Confessiones* stellen sich damit in eine vertraute, in den Psalter, ja bis zum Deborah-Lied hinaufreichende Tradition des Sprechens zu Gott, die confessio laudis[9]. Dieses lobende Prädizieren Gottes hält nach seiner Struktur bereits den Umschlag der allgemeinen Prädikation (etwa in Form der Eulogie, hier der μέγας-Formel) in der narratio der Gottestaten[10]. Es gibt

---

[6] Ich verweise auf eine ähnliche Problemstellung bei F. E. Consolino, „Interlocutore divino e lettori terreni: la funzione — destinatario nelle Confessioni di Agostino", in: *Materiali e discussioni* (Pisa) 6 (1982), S. 119 — 146. Die sich als hermeneutische Lektüre der *Confessiones* bezeichnende Untersuchung von H. De Noronha Galvao, *Die existentielle Gotteserkenntnis bei Augustin,* Einsiedeln 1981, trägt zu dieser Frage nichts bei; sie ist jedoch für die Untersuchung der „caritas"-Ästhetik Augustins heranzuziehen (vgl. S. 275ff.) ebenso wie die für dieses Thema fortan grundlegende Einführung bei O. Donovan, *The Problem of Selflove in St. Augustine,* New Haven 1980.

[7] Ausführliche Interpretationen des Proömiums bei R. Guardini, *Anfang,* München 1950; G.N. Knauer, *Psalmenzitate in Augustins Konfessionen,* Göttingen 1955; W. Schmidt-Dengler, *Stilistische Studien zum Aufbau der Konfessionen Augustins,* Diss. (masch.) Wien 1965; vgl. ferner die Analyse in der Ausgabe der B. A. (hgg. Tréhorel/Bouissou/Solignac), Paris 1962.

[8] Zu diesen strukturellen Verweisungen: G. N. Knauer, *Psalmenzitate* S. 49f.; U. Duchrow, *Sprachverständnis und biblisches Hören bei Augustin,* Tübingen 1965, S. 187f.; R.J. O'Connel, *St. Augustine's Confessions,* Cambridge/Mass. 1969, S. 37f.

[9] Hierzu nach den grundlegenden Untersuchungen Gunkels (H. Gunkel-Begrich, *Einleitung in die Psalmen,* Göttingen 1933, S. 265ff.); C. Westermann, *Lob und Klage in den Psalmen,* Göttingen 1977, S. 21ff.

[10] Vgl. C. Westermann, *Lob und Klage* S. 78; zur preisenden narratio besonders R. Deichgräber, *Gotteshymnus und Christushymnus in der frühen Christenheit,* Göttingen 1967.

sogar die Form der ‚individuellen', d.h. die ‚Wendungen' und ‚Errettungen' des eigenen Lebens reihenden narratio[11]. Es lag daher nahe, daß in der Forschung vom Titel wie von der Rahmenstruktur der *Confessiones* her die biblische Sprachform der confessio laudis zum Verständnis der autobiographischen narratio (und ihrer Verbindung zum ‚philosophischen', B. 10 und den exegetischen B. 10–13) herangezogen wurde[12]. Augustin aber durchkreuzt sogleich ein solches Verständnis; er geht mitnichten zum preisenden Bericht über: „da mihi, domine scire et intellegere utrum sit prius invocare te an laudare te et scire te prius sit an invocare te. sed quis te invocat nesciens te? aliud enim pro alio potest invocare nesciens. an potius invocaris ut sciaris?" (1,1,1). Das zu Gott gewandte Sprechen der laudatio hält sich durch, aber es schließt die Form der quaestio, der philosophischen Zergliederung ein. Die quaestio regrediert vom „laudare" des Anfangs über das „invocare" zum „scire". Wir scheinen uns nach Form und Inhalt in den Frühdialogen Augustins zu befinden. Der Form nach, als Gottesanrede, verlangt die quaestio die Antwort eines göttlichen Dialogpartners; Augustin tut hier den Schritt über den plötzlich erscheinenden und das Wort ergreifenden Dialogpartner Ratio in den Soliloquien[13] hinaus. Die Antwort geben nämlich *Schriftzitate* im kunstvollen Arrangement eines Cento (Rom. 10,4; Ps. 21,27; Mt. 7,7 – stark umgeformt). Sie konstituieren die Antwortkette

a) invocare — credere — praedicare
b) laudare — invenire — quaerere

Augustin (wieder durch Gottesanrede als Sprecher markiert) zieht das Fazit

quaerere   invocare
invocare   credere

und hat mit dieser Rückbindung des „quaerere" („intellegere", „scire") an das „credere" („fides", „praedicatio") mittels der „invocatio" („laus") auch inhaltlich den Lobpreis des Anfangs auf die theologischen Erörterungen der Frühschriften (Problem der „auctoritas" und des Verhältnisses von „fides" und „intellectus")[14] zurückgeführt.

---

[11] Hierzu E. Balla, *Das Ich der Psalmen*, Göttingen 1912, S. 31f.
[12] In den Stand der Diskussion über confessio laudis, confessio peccati und die Deutung der *Confessiones* seit Landsberg (1936) führen am besten ein: M. Verheijen, *Eloquentia pedisequa*, Nimwegen 1949, S. 5ff.; K. Grotz, *Die Einheit der ‚Confessiones'*, Tübingen 1970, S. 22ff. und G. Pfligersdorffer, „Augustins ‚Confessiones' und die Arten der confessio", in *Salzburger Jahrbuch für Philosophie* 14 (1970), S. 15 ff. Das Fazit P. Browns (*Augustine of Hippo*, London 1967, S. 175) „confessio meant, for Augustine, accusation of oneself; praise of God" dürfte den Diskussionsstand wiedergeben.
[13] „Volventi mihi multa (...) ait mihi subito sive ego ipse, sive alius quis, extrinsecus sive intrinsecus (...)" (sol. 1, 1, 1).
[14] Sehr ähnlich formuliert wird das Dilemma ratio (quaerere) und auctoritas (fides) in diesem Zusammenhang *De utilitate credendi* 20; eine ähnliche Lösung (Rekurs auf die fides praedicata, die Schriftoffenbarung) findet es in der Schrift *De vera religione* (hierzu G. Strauss, *Schriftgebrauch, Schriftauslegung und Schriftbeweis bei Augustin*, Tübingen 1959, S. 2ff.); aus dem Horizont dieser Lösung ist die folgenreiche Formel „intellege ut credas; crede ut intellegas" (serm. 43,9) zu verstehen (zur Diskussion: U. Duchrow, S. 105ff.). Wie R. Holte (*Béatitude et sagesse*, Paris 1962, S. 315ff.) und U. Duchrow, *Sprachverständnis und biblisches Hören* S. 184ff.) gezeigt haben, liegen theologisch zwei Phasen der Paulus-Rezeption Augustins zugrunde; die *Confessiones* setzen bereits das Konzept von der zuvorkommenden Gnade Gottes voraus.

„Invocat te, domine, fides mea" schließt 1,1,1 — aber diese Versicherung leistet noch keineswegs, was sie nach den begrifflichen Präliminarien erwarten läßt: ein Lob Gottes nach der Schriftverkündigung („fides praedicata"). Sie leistet dies so wenig wie das Psalmenzitat am Beginn: ein zweites Mal durchkreuzt Augustin mit den „seltsamen Fragen"[15] einer quaestio das tradierte preisende Sprechen zu Gott[16]. Nunmehr steht die Möglichkeit und Form der invocatio überhaupt zur Frage: „quomodo invoco deum meum? (...) quo te invoco?" (1,2,2) und wird bis zur Frage nach der Identität des Anzurufenden zugespitzt: „quis est ergo deus meus?" (1,4,4). Auch diese quaestio rekapituliert noch einmal das in den Frühschriften Erreichte. Was „in-vocare" gegenüber der Transzendenz Gottes heißen könnte, wird mit Hilfe plotinischer Begrifflichkeit erörtert (1,2,3 — 1,3,3)[17]; die Frage nach der Identität Gottes, in die Form einer kunstvoll periodisierenden Gebetsprädikation gefaßt (1,4,4)[18], verweist[19] auf das Gebet aus den Soliloquien (sol. 1, 2–6)[20] und erweitert es bis zu der Grenze, an denen nur die Prädikationen einer ‚negativen Theologie' fortfahren könnten[21].

‚Bisher ist eigentlich nichts gesagt' (1,4,4) — dieses Fazit der zweiten quaestio des Proömiums geht erheblich über die Form in den Soliloquien hinaus. Dort leitete das Gebet das Erkennen Gottes im Dialog mit der „ratio" ein („scire haec omnia quae oravi"; sol. 1,7,1); hier hat das Reden zu Gott noch nicht einmal begonnen. Der biblische Weheruf am Ende von 1,4,4 („vae tacentibus de te": Mc. 7,37) und der hochaffektische Eingang von 1,5,5 („quis mihi dabit adquiescere in te?") unterstreichen, in welchem Ausmaß die quaestiones des Proömiums, d.h. die um 390 erreichten Positionen, die biblischen Sprechformen des Gebets und des Preisens für Augustin wirklich integrieren können. Die „auctoritas" des Glaubens und der Schrift für alles Reden zu und von Gott sind akzeptiert, ja Augustin fügt Schriftzitate zu ‚Antworten' auf seine quaestiones zusammen. Aber so wenig sein Sprechen als Preis oder Gebet Gott erreicht, so wenig spricht Gott in der Schrift zu ihm, zu ihm persönlich. *„Quid mihi es?"* und alsbald insistierend: „ei mihi! dic mihi per miserationes tuas, domine deus meus, *quid sis mihi"* (1,5,5). Die Pracht der augustinischen Rhetorik sollte nicht übersehen lassen, daß hier der entscheidende Schritt zur Gesprächseinleitung unternommen wird. Die vertrauten Formen sprachlicher Zuwendung zu Gott dringen nicht mehr durch, prallen an der philosophisch gesicherten Unerreichbarkeit Gottes ab. Gott soll spre-

---

[15] R. Guardini, *Anfang* S. 22.
[16] Richtig L. F. Pizzolato, *Le „confessioni" di Sant' Agostino,* Milano 1968, S. 69: „incertezza tra invocazione, lode e conoscenza".
[17] Vgl. O'Connell, *St. Augustine's Confessions* S. 38f.
[18] Zur Analyse Solignac, S. 652ff.
[19] Mit dem bezeichnenden Unterschied, daß Gott in der Prädikation der *Confessiones* bereits als „deus meus" erscheint, anderseits in den *Confessiones* die Form nicht mehr in Form der invocatio, des ‚Gebets', erscheint. Hierzu gleich.
[20] Augustin setzt diese Formenreihe mit dem Schlußgebet in *De trin.* 15, 28, 51 fort (vgl. A. Mandouze, *St. Augustin,* Paris 1968, S. 704). Zur Analyse des Gebets in den Soliloquien vgl. O. du Roy, *L'Intelligence de la foi en la Trinité selon St Augustin,* Paris 1966, S. 196ff. und G. Raeithel, „Das Gebet in den Soliloquien Augustins", in *Zeitschrift für Religions- und Geistesgeschichte* 20 (1968), S. 139ff.
[21] Augustin verwirft sie; vgl. trin 1,1,1 (hierzu J. Mader, *Die logische Struktur des personalen Denkens,* Wien 1965, S. 38f.).

chen, aber auch er nicht im tradierten Sinne des allen Menschen gegebenen ‚Wortes' der Schriftoffenbarung. „Dic animae meae: salus tua ego sum" (Ps. 34, 3), spricht zwar der Psalmist, in der Schrift zu Gott; aber Augustin setzt um die Zitat-Klammer der persönlichen Applikation (1, 5, 5) noch eine zweite der nur *ihn selbst* betreffenden Applikationsforderung: „sic dic, ut audiam". Die sprachliche Zuwendung Gottes an den Menschen – hier in der Form der Verheißung – ist Augustin, insofern sie Schriftwort ist, noch nicht vernehmlich: sogleich noch einmal wird das Psalmwort zitiert und „curram post vocem hanc", insistiert Augustin, „et apprehendam te. noli abscondere a me faciem tuam" (1, 5, 5).

Wie aber kann dann Gott *zu ihm persönlich* sprechen? Auch er nicht, so fordert es Augustin, in den tradierten Sprechakten der sich auf das einmalige Ich applizierenden Gottesrede: des *Richtens* und des *Vergebens*. Erst diese letzte Durchkreuzung der überkommenen Formen religiöser Kommunikation, nunmehr auf der Seite der pragmatisch-applikativen Zuwendung Gottes, nötigt dazu, das Proömium als Gesprächseinleitung zu verstehen. „Non iudicio contendo tecum", versichert Augustin; und auch Beichte und Vergebung sind längst erfolgt („nonne tibi prolocutus sum adversum me delicta mea, deus meus, et tu dimisisti?" 1, 5, 6). Gleichwohl bittet Augustin um das Weitersprechen: „miserere ut loquar" (1, 5, 5). Aber worüber er, worüber Gott? Confessio laudis und Gebet treffen ihren Adressaten nicht mehr; das biblische Wort Gottes ist Augustin nicht vernehmbar, insofern seine Verheißung nicht ihn, unverwechselbar ihn trifft; das richtende und vergebende Sprechhandeln Gottes – mit ihm die confessio peccati Augustins ist nicht das gemeinte Sprechen. Dennoch: ‚laß mich sprechen' (1, 6, 7).

2. ‚Worüber anders', so setzt Augustin fort, ‚als darüber, daß ich nicht weiß, woher ich auf die Welt kam (...), daß ich zum ersten Mal lachte, wie man mir später erzählte (...)' (1, 6, 7f.) – kurzum: als Antwort auf die Sprechaporie setzt der ‚autobiographische' Teil der *Confessiones* ein. Richtig hat die neuere Forschung das moderne Verständnis als Autobiographie abgewehrt und diesen Teil als eine Kette von Handlungen Gottes interpretiert. Aber zu Unrecht, wie die Aporie des Proömiums zeigte, hat sie fast durchweg diese Darstellung des Handelns Gottes mit Augustin einfach als die zu Beginn geforderte confessio laudis, als preisende narratio aufgefaßt. Vielmehr liegt eine erstmals von Augustin erreichte hermeneutische Situation vor, in der die Voraussetzungen eines Gesprächs mit Gott gelegt werden:

a) Augustin spricht zu Gott von Gottes Handeln an ihm, und er spricht von den eigenen Reaktionen – beides in der Vergangenheit, also als narratio. Es handelt sich um ein Sprechen, das sich allein auf den Handlungszusammenhang zwischen Gott und Augustin beschränkt, „als wäre er und Gott allein im Himmel und auf Erden und Gott mit niemand denn mit ihm zu schaffen hätt' " (Luther)[22]. Dem Partner der *Interaktion* wird diese erzählt.

b) Die Erzählung der Interaktion ist an den Sprecher und sein gegenwärtiges Wissen von ihr (memoria) gebunden; dieses konstituiert ihren narrativen Zusammenhang.

---

[22] Weimarer Ausg. Bd 7, S. 566.

c) Die vergangene Interaktion kann als solche erst *verstanden* werden in der gegenwärtigen narratio; dieses Verstehen konstituiert einen *hermeneutischen Dialog* zwischen den Partnern der vergangenen Interaktion.

d) Augustin und Gott bewegen sich so in der dem hermeneutischen Dialog eigenen Zeitstruktur. Augustins Verstehen der von ihm erzählten Interaktion führt einen Dialog mit Gott: dieser Dialog *vollendet* sich in der Gegenwart („quid mihi sis", nicht „quid mihi fueris"), insofern sich in ihr das Verstehen ereignet; er *manifestiert* sich textuell als narratio des Vergangenen. Die Interaktionen der Partner erhalten erst als erzählte den Charakter dialogischer Verlautbarungen. Garant dieser Zeitstruktur ist ausschließlich die sich durchhaltende Identität des personalen Bewußtseins (memoria).

e) Den entscheidenden Schritt vom durchaus pragmatischen Handlungsbeispiel der vergangenen Interaktion (z.B. Gottes ‚Strafen', Augustins ‚Rebellieren') über ihr Verständnis als Dialog *bis zur Konstituierung eines entlasteten Gesprächs* ermöglicht andererseits erst die sich durchhaltende personale Identität Gottes. Denn auch diese Identität bleibt gewahrt, obwohl sich Gottes – von Augustin verstandenes – Handeln innerhalb der narratio zunehmend auf ein Sprechen, ein *den Hörenden vom pragmatischen Druck zunehmend entlastendes Sprechen zum Menschen hin* entfaltet. Gottes Handeln erreicht ein solches Sprechen in dem Moment, in dem das verstehende Gespräch, aus dem heraus die narratio beginnen konnte, durchgehend präsentisch wird – wie sich zeigen wird, ist dieser Umschlag nicht mit dem autobiographischen Moment der ‚Konversion' identisch.

f) Formal wird – über die als Dialog verstandene Interaktion hinaus – ein Gespräch dadurch konstituiert, daß Augustin vom Proömium an, vor, während und nach der narratio die Anrede an Gott wahrt. Sowie auch Gott aus der narratio heraus ein handlungsenthobenes Sprechen erreicht – auf welche Weise, wird zu zeigen sein –, ist das Gespräch konstituiert.

Die Phasen dieses Prozesses sollen im folgenden erläutert werden.

3. Das Sprechen zu Gott kann ihn nur in der eigenen memoria antreffen – diese erste Gewißheit nach den gescheiterten Sprechversuchen des Proömiums hat Augustin später, im 10., der memoria gewidmeten Buch, sehr deutlich formuliert. Ein ‚Ort', an dem Gott in der memoria wohne, lasse sich nicht bestimmen, ja die memoria selbst sei in Teilen dem Individuum unzugänglich (‚unbewußt'); *daß* indessen Gott in ihr anzutreffen ist, sei gewiß; Augustin geht bis zu der Aussage, er wisse in dieser Hinsicht mehr von Gott als von sich selbst (10, 5, 7). Dieser cartesianische Punkt hat nun zur Folge, daß jede narratio von Gott und seinem Handeln mit Augustin strikt an die Perspektive des Wissens, der eigenen Erinnerung und an die Grenze *vor* der Fremdüberlieferung gebunden ist; besonders die ersten Kapitel des Lebensberichts unterstreichen dies bei jeder Gelegenheit[23]. Augustin hat die unumgängliche Konsequenz dieser Eingrenzung auf die einzig sichere Gotteserfahrung bemerkt: ein sprachliches Vernehmbar-Werden

---

[23] Vgl. 1, 6, 7–9 sowie 4, 3, 6; ferner programmatisch (Bucheingang und Buchschluß) 2, 1, 1; 4, 1, 1; 4, 16, 31.

Gottes außerhalb ihrer, ist in dieser Phase unmöglich; er hört auch ‚die aus den Wolken schallende' Verkündigung der Schrift nicht[24] — ganz im Sinne des sprechenden Löwen Wittgensteins, der auch als solcher nicht verstanden werden kann[25].

Augustin erfährt Gott in seiner memoria als *handelnd*, und zwar sinnvoll, ex post verstehbar handelnd. Der Verständnishorizont kann zunächst — innerhalb der abgeschlossenen memoria! — das judiziale Wirken Gottes erfassen: Gott zieht zur Rechenschaft, straft, läßt die Strafe verbüßen[26].

Judiziales Handeln, in einer narratio ex post konstituiert, erzählt nicht einen ‚Fall' im Präsens der Applikation auf ein Urteil, eine Strafe hin; hier erzählt der Gestrafte dem Richter dessen Urteil. Augustin hat hiermit eine Transformation der juristischen Applikation vollzogen, die sich auf die Struktur der providentiellen Geschichtsschreibung zubewegt[27]. Doch partizipiert sie noch an beiden Applikationsformen: der judizialen Situation folgt der persönliche ‚Fall', die ‚Privatprovidenz' (Kant: „partikuläre Providenz"[28]), sowie das personale Gegenüber der Institution (des angeredeten ‚Richters'); der historiographischen Situation folgt die narrative Distanz ex post (nach der ‚Entscheidung').

Diese neue Form der Privatprovidenz — neu in ihrer strikten Bindung an das Problem der invocatio Gottes wie in ihrer konsequenten Anwendung auf den Lebensbericht als memoria[29] — wird in den *Confessiones* mitsamt dem Begriffsarsenal[30] der providentiellen Historiographie („punitio" — „miseratio"[31]; „patientia" — „ira"; Identität — unter dem Aspekt der narrativen Zeitdistanz — von „peccatum" und „punitio"; potentiell unbegrenzte realhermeneutische Zeichenhaftigkeit[32]) entfaltet. Und wie jede providentielle Hermeneutik hat sie die Tendenz, die zu deutende Kontingenz in der Deutung aufzuzehren[33]; sie identifiziert insbesondere die zeitliche Ausdehnung des Faktenzusammenhangs mit dem Prozeß des Verstehens selbst. Wie bei Orosius Geschichte aufhören kann, wenn sie verstanden wird, so endet bei Augustin die providentiell

---

[24] Vgl. 2, 2, 3. Das Bild für diese paradoxe Situation ist die Nähe Gottes bei gleichzeitiger Ferne Augustins, z. B. 5, 9, 17.
[25] *Schriften I*, Frankfurt/M. 1960, S. 536.
[26] Vgl. 1, 12, 19; 1, 15, 24; 5, 10, 18.
[27] Zum hermeneutischen Zusammenhang beider Formen: Verf., „Zum Verhältnis von Norm und Narrativität in den applikativen Hermeneutiken", in *Poetik und Hermeneutik IX* (1981), S. 440ff.
[28] Vgl. seinen Aufsatz „Über partikuläre Providenz" (Kant, *Werke*, hg. Cassirer 4, S. 524f.), dessen Kritik der Möglichkeit einer solchen individuellen Form göttlicher Zuwendung sich auf Augustins Behauptung der empirischen Erfahrbarkeit (in der memoria) nicht einläßt. Sekundär, vom Offenbarungsbegriff abgeleitet als „Erziehung", erscheint Individualprovidenz erstmals bei Lessing (*Die Erziehung des Menschengeschlechts* § 2).
[29] Im übrigen wird das Konzept, vom Neuplatonismus vermittelt, bereits in *Contra acad.* 1, 3 formuliert.
[30] Hierzu: Chr. Parma, *Pronoia und Providentia*, Leiden 1971 und H. Dörrie, „Der Begriff Pronoia in Stoa und Platonismus" in *Freiburger Zeitschrift für Philosophie und Theologie* 24 (1977), S. 60ff.
[31] „Miseratio" ist der Zentralbegriff der augustinischen Privatprovidenz (oft im Anschluß an Ps. 68 und 118); vgl. 1, 15, 24; 4, 16, 31; 5, 10, 20;
[32] Zu dieser Realhermeneutik: W. Wieland, *Offenbarung bei Augustinus*, Mainz 1978, S. 103ff. und S. 181.
[33] Vgl. Verf., „Orosius oder: Die Formulierung eines Fortschrittskonzepts aus der Erfahrung des Niedergangs", in *Niedergang*, hgg. R. Koselleck/P. Widmer, Stuttgart 1980, S. 96f.

belangvolle vita mit der Taufe[34]. Wie bei Orosius das Verstehen der Geschichte eine Dialektik zwischen „occultum" und „apertum" den Fakten und ihrer Selektion einprägt, so auch bei Augustin: dem „nimis occulte" des vergangenen Handelns Gottes entspricht – hermeneutisch notwendig – das „nescire" Augustins in der Vergangenheit und das mühsam erreichte „scire" während der gegenwärtigen Gottesanrede (vgl. 4, 14, 23). Der Augustin der Vergangenheit versteht, was ihm widerfährt, noch nicht in rechter Weise als „poena", weil er seine „culpa" noch nicht erkennt (vgl. 7, 2, 5).

Wie man sieht, ist es die providentielle narratio, die den hermeneutischen Dialog als verstandene Interaktion zwischen Gott und Augustin konstituiert. Für die narratio selbst hat dieser Dialog bestimmte formale Konsequenzen:

a) Er transformiert (zuweilen mit der Formel „scire vellem") alsbald jeden auftretenden Ansatz von *Formen des betenden Sprechens* in die narratio (Vgl. 10, 10, 16; 1, 18, 29). Der hermeneutische Dialog als narratio weist andere Formen religiösen Sprechens ab (integriert sie).

b) Ebenso wird jedes Eindringen der noch im Proömium geübten Form der quaestio[35] abgeschnitten: „an irrides me ista quaerentem teque *de hoc quod novi* laudari a me iubes et confiteri me tibi?" (1, 6, 9). Der hermeneutische Dialog als narratio weist die quaestio als Form des philosophischen Dialogs ab.

c) Der Deutungsdruck auf die Fakten (s.o. Aufzehrung der Kontingenz) führt zu Phänomenen der narrativen Reduktion, die sich als hermeneutische Mehrfachbesetzung[36], als *Überdetermination* erweisen (vgl. 5, 8, 15).

d) Die erkannte Providenz, und sie allein, stiftet die *narrative Konsistenz*. Sie ist fähig, sowohl gleichzeitiges wie zeitlich und örtlich weit auseinanderstehendes, aber auch psychisches und sichtbares Handeln Gottes als narratio zu organisieren (vgl. 5, 9, 16)[37]. Anderseits kennt sie kein ungebunden-deutungsfreies Detail, keinen „Konsistenzmüll" (Stempel); sie ist wie jede providentiell applizierende Historiographie vollständig nach ihrer gesetzten (‚fingierten') Teleologie gesättigt[38]. Ihr Text unterscheidet sich damit in charakteristischer Weise:

1) vom ‚Text' der gedeuteten Offenbarung (ausgelegten Schrift): dieser ist prinzipiell hermeneutisch nicht ausschöpfbar – und hat sich, seit der historisch-kritischen Exegese aus dem Dialog applikativer Hermeneutik entlassen, zum historisch-narrativen Text freisetzen können;

2) vom ‚Text' etwa der Autobiographie Abaelards: die „historia calamitatum" kennt, wie E. Birge-Vitz im Vergleich mit den *Confessiones* gezeigt hat[39], durchaus die memoria deutungsfreier und szenisch autonomer Details. Wenn hingegen, wie bei Augustin, die judiziale Situation sich auch noch in ihrer narratio durchsetzt,

---

[34] Vgl. 9, 2, 4.
[35] Vgl. zu solchen Formen *vor* der Hortensius-Lektüre in B. 3: 1, 7, 11; 2, 7, 12; 3, 2, 3.
[36] Hierzu: Verf., „Orosius" S. 91.
[37] Hierzu: P. Courcelle, *Recherches sur les confessions de St Augustin*, Paris ²1968, S. 296.
[38] Über diesen Unterschied zur narratio der literarischen Fiktion: Verf., „Zum Verhältnis von Norm und Narrativität" S. 444.
[39] „Type et individu dans l',autobiographie' médiévale", in *Poétique* (1975) S. 426ff., besonders S. 439.

weist sie die ästhetische Unbestimmtheit ab. „Gott hat keinen Witz" (Lessing). Hätte er ihn, „wer steht uns für die Gefahr, daß er einen ungerechten Ausspruch tut"[40].

e) Providentiell gedeutete Faktizität neigt zur *Metaphorik*, im Falle der Privatprovidenz in außerordentlichem Maße zur *Katachrese* mit biblischer Bildlichkeit[41]. Das ist nicht einfach als Stilphänomen biblischen oder allgemein auslegenden Redens zu interpretieren; vielmehr ermöglicht diese Katachrese die Erfassung psychischen Geschehens, für das es zuvor Ausdrucksmöglichkeiten nicht gab[42].

f) Die oben angedeutete *Zeitstruktur* des hermeneutischen Dialogs ist für diese narratio konstitutiv; wird sie – etwa in Exkursen – verlassen, zerbricht die Form. So hat Augustin 1, 18, 28 das auch sonst anzutreffende Deutungsbild vom ‚Schweigen' Gottes aus der narrativen Vergangenheit (vgl. 5, 8, 10) ins Präsens transponiert („vides haec, domine, et taces"). Diese Verschiebung führt sogleich in einen Exkurs, der als ‚Adressat' von Gottes Schweigen die Mitmenschen, die „filii hominum", einführt (1, 18, 29). Mit ihr werden die Voraussetzungen des Dialogs – die Interaktion zwischen ausschließlich Gott und Augustin – durchkreuzt.

g) Die hermeneutische Fundierung der narratio führt zu ihrem Sichtbarwerden an der Textoberfläche. Deutungen werden oft im Irrealis eingefügt[43], auch in Ketten von Fragen im Irrealis suggeriert[44]. „Error", zumeist Deutungsmuster für die Vergangenheit (vgl. 1, 12, 19), kann auch unversehens zur *Korrektur* der Fakten-memoria in der gegenwärtigen Anrede an Gott führen, ja diese Korrektur nimmt Gott selbst in einem ‚Einwand' gegenüber der narratio vor: „sed *nunc in anima mea* clamat deus meus et veritas tua mihi dicat mihi: non est ita, non est ita" (1, 13, 22).

Ganz offensichtlich überschreitet dieser ‚Einwand' Gottes den hermeneutischen Dialog mit ihm, insofern bisher eine Interaktion Gott – Augustin nur verstanden wurde: Gottes *Handlung in der Vergangenheit*, als verstehbare Verlautbarung erfaßt, ist nunmehr *in der Gegenwart als* handlungsenthobenes *Sprechen* angekommen. Diese Entwicklung war als der entscheidende Schritt zur Konstituierung des Gesprächs mit Gott genannt worden (oben II, 2). Wie läßt Augustin sie einsetzen? Wie kann dem Deutungsmuster „tacere-indicare" (für das dialogische Handeln Gottes) das „sermocinari" mit Gott (in der post-judizialen Gegenwart des Erzählens) entwachsen?

4. a) Gott läßt – so versteht ihn Augustin – die providentielle und zu ihrer Aktionszeit undurchschaubare Interaktion mit Augustin („ego conabar ad te et repellebar abs te": 4, 15, 26) sich auf die Möglichkeit sprachlicher Kommunikation zuspitzen: die Hortensiuslektüre veranlaßt ihn, sich der Schrift zuzuwenden (3, 4, 7ff.). Was ihm geschieht, versteht er hier zwar so wenig wie in den anderen Zwängen seiner vita („nesciebam quid ageres mecum": 3, 4, 8), und auch das Hören von Gottes Wort

---

[40] *Werke*, hgg. Petersen/v. Olshausen, Bd 25, S. 158.
[41] Vgl. 1, 6, 7 (Katachresentyp); 2, 3, 6–8 (Häufung); 3, 1, 1; 4, 2, 2f.; 5, 7, 13; 7, 8, 12.
[42] Vgl. die Psalmenanwendung „et prodiebat tamquam ex adipe iniquitas mea" (Ps. 72, 7) für eine Form der Verstocktheit.
[43] Vgl. 1, 11, 17: „quasi necesse esset ..."
[44] Vgl. 5, 9, 17.

(als Schrift) scheitert noch wie das Hören der Schrift, selbst wenn sie laut vom Himmel spräche (oben II, 3)[45]. Aber mit einem bezeichnenden Unterschied: Augustin nimmt Gottes Wort durchaus wahr, nämlich als *Text* (noch nicht als ihm selbst zugewandtes *Sprechen*) – aber freilich erst als Text unter anderen, und zwar als schlechten Text, als schlechte Literatur (3, 5, 9). Noch also scheitert der auf das Hören Gottes gerichtete Handlungsanstoß, aber das Fazit, in dem dies Geschehen als Dialog verstanden wird – die Talion des ‚Verspottens‘ (Augustin verspottet die Schrift; Gott verspottet Augustin: 3, 10, 18) –, bedient sich erstmals eines sprachlichen Bildes. Daß übrigens die Phase der Hortensius-Lektüre und ihres „surgere" und „redire ad deum" die entscheidende Wende bedeutet, hat, auch insofern sie den Aufbau des Werkes nach ganz anderen Gesichtspunkten untersucht, die Forschung seit jeher gesehen[46].

b) In der nächsten Phase beginnt Gott zu sprechen, noch nicht zu Augustin selbst: diesen erreichen die Verlautbarungen nach wie vor allenfalls als ‚Erschütterung‘, sondern durch eine Traumvision seiner Mutter[47], die als Erhörung ihres Gebets eintritt (3, 11, 19f.). Hierbei ist die Transformation von der persönlichen Interaktion zum indirekten Ansprechen gerade wegen ihrer mühevollen Konstruktion bemerkenswert. „Et misisti manum ex alto et de hac profunda caligine eruisti animam meam, *cum* pro me fleret mater mea ad te (...) *exaudisti* eam (...) *nam unde* illud somnium (...)?" (3, 11, 19). Die Handlungsmetaphorik, verlängert durch ein Psalmbild (Ps. 85, 13)[48], bedarf plötzlich der ‚Übersetzung‘ in das ‚eigentliche‘, sprachliche Geschehen („cum"; „nam unde"); das Verstehen macht erstmals das vergangene Geschehen über den judizialen Sinnhorizont hinaus transparent: hinter ihm erscheint die sprachliche Kommunikation – noch nicht als Selbstzweck, aber als Phänomen eigenen Rechts. Der hermeneutische Dialog, der sich bisher nur zwischen dem verstehenden Augustin der präsentischen narratio und dem handelnden Gott der erzählten Vergangenheit etablieren konnte, beginnt nun seine dialogische Struktur in die narratio selbst zurückzuspiegeln[49]. In der hier besprochenen Form liegt, wie die Brücke der ‚Übersetzung‘ aus dem Handeln zum Sprechen erweist, erst ein leiser Anfang dieser Spiegelung vor. Schon heller wird sie in einer

---

[45] Hierzu ist die eindringliche Untersuchung von E. Feldmann, *Der Einfluß des Hortensius und des Manichäismus auf das Denken des jungen Augustinus von 373*, Diss. theol. Münster 1975, S. 518ff. heranzuziehen.

[46] Vgl. P. Courcelle, *Recherches* S. 56 und G. N. Knauer, „Peregrinatio animae", in *Hermes* 85 (1957) S. 216ff.; seine Interpretation der *Confessiones* als ‚Rückkehr des verlorenen Sohnes‘ stützt sich gerade auf die Auslegung der entsprechenden Perikope im Hortensiuskapitel.

[47] Zu ihrer Interpretation zu vergleichen: M. Dulaey, *Le Rêve dans la vie et la pensée de St Augustin*, Paris 1973, S. 72ff. und 158ff.

[48] Aus einem der ‚Leitpsalmen‘ in den *Confessiones*; vgl. G. N. Knauer, *Psalmenzitate* S. 133.

[49] Nicht zufällig hebt Augustin die Traumvision und das anschließende ‚Sprechen Gottes durch einen Priester‘ durch eine besondere Privilegierung innerhalb der memoria heraus: „ (...) quod recolo. nam et multa praetereo, propter quod propero ad ea quae me magis urgent confiteri tibi, et multa non memini". An dieser Stelle wird die providentielle Dynamisierung erstmals durch die präsentische Dynamisierung des verstehenden Darstellens überlagert. Das erweckt auf der einen Seite das Bewußtsein von einer erheblichen Faktenselektion („multa praetereo"), auf der anderen von der Begrenztheit der memoria für das Darzustellende überhaupt („multa non memini").

späteren Erörterung der Kommunikation zwischen Monica und Gott erkennbar (6, 1, 1): „me tamquam mortuum resuscitandum tibi flebat (sc. mater) et feretro cogitationis offerebat, ut diceres filio viduae: ,iuvenis, tibi dico, surge!' " Monica redet hier direkt – ohne ,Übersetzung' aus Gottes Handeln – zu Gott: gerade umgekehrt kann nun dieses Reden katachrestisch in (biblisches) Handeln ,übersetzt' werden („*feretro* cogitationis offerebat"; vgl. Lc. 7, 12ff.) und mit dieser ,Übersetzung' Gottes *Antwort*[50] (aus dem gleichen biblischen Kontext) suggerieren. Auch syntaktisch wird der Schritt über die Kommunikation der Traumvision hinaus bezeichnet: dem übersetzend-erklärenden „cum" und „nam" der Vision tritt das finale „ut" des auf Antwort drängenden Dialogpartners gegenüber.

c) „Pertractans et componens cor meum, *consideranti* (...) *persuasisti* mihi" (6, 5, 7): in der gleichen ,Übersetzung' metaphorischen Handelns ins Sprechen wie bei Monicas Traum macht sich im 6. Buch (nach der Begegnung mit den Predigten des Ambrosius) Gott auch Augustin selbst vernehmbar. Diese Zuwendung Gottes wird zunächst von Augustin noch nicht als Anrede verstanden; auch wird Augustin durch sie nicht zu eigener Anrede Gottes, gar zu einer ,Antwort' genötigt. „Persuasisti mihi": ihre Auswirkung ist vorerst Erkenntnisfortschritt; Augustin kommt mit sich in dieser Phase über das Prinzip der „auctoritas" und des vorgängigen „credere" ins Reine (vgl. 6, 5, 7f.), wie es das Proömium entwickelt; diese Klärung bezieht sich freilich bereits auf den Schrift*text* (noch nicht als ihm zugesprochenes Wort verstanden). „Suspirabam et audiebas me" (6, 5, 8): dieses Fazit erscheint nun unter einer ganzen Reihe von Antithesen zur providentiellen Interaktion[51]. Der göttliche Hörer ist bereits anwesend, aber die menschliche Verlautbarung hat noch keinen Adressaten, ist noch nicht einmal verbal.

d) Dies ändert sich in der folgenden Meditation über den betrunkenen Bettler (6, 6, 9f.)[52]. Man kann sie als den mühevollen – und dann fehlschlagenden – Rekonstruktionsversuch philosophischer Dialogführung zur Integration Gottes als Dialogpartner bezeichnen. Wie angedeutet (II, 3), sind die philosophische quaestio und ihre menschlichen Gesprächspartner vom providentiellen Diskurs mit Gott prinzipiell ausgeschlossen; Augustin führt einen solchen Partner in der Meditation denn auch zunächst nur hypothetisch ein („si quisquam percontaretur me (...)"), sodann in der Transposition ins Präsens („recedant ergo ab anima mea, qui dicunt (...)"). Diese Transposition muß den hermeneutischen Dialog mit Gott sprengen – Augustin versucht nunmehr, im direkten, präsentischen Zugriff, Gott in den Quästio-

---

[50] Direkt von einem „responsum" Gottes „*per* sacerdotem" wird im Anschluß an die Traumvision berichtet (3, 12, 21).

[51] Diese verlassen erstmals das kontrastive culpa-poena-Schema und wenden es zur positiven Korrektur oder gar Steigerung „cogitabam haec et aderas mihi, suspirabam et audiebas me, fluctuabam et gubernabas me, ibam per viam saeculi latam nec deserebas".

[52] Von Augustin durch die Rückführung der memoria an diese Episode auf Gottes Willen und eine präsentische exclamatio hervorgehoben: „domine, qui voluisti, ut hoc recordarer et confiterer tibi. nunc tibi inhaereat anima mea (...)". Auch diese Phase manifestiert sich als weiterer Schritt zur Auflösung der narrativen Konsistenz: es treten erstmals mehrfache Rückblenden und Szenenwechsel auf; Handlungsstränge bleiben liegen (vgl. unter diesem Aspekt die Partie 6, 7, 12–6, 9, 15).

nendialog zu integrieren. Es kommt hierbei zu einer komplizierten — wie die Interpunktion der maßgebenden Ausgaben (Knöll, Skutella) zeigt, bisher nicht geklärten Dialogsituation (vgl. 6, 6, 10):

- A. Rede der menschlichen Dialogpartner: „interest, unde quis gaudeat. gaudebat mendicus ille vinulentia, tu gloria"[53].
- B. Augustin wendet sich mit der fragenden Entgegnung jedoch *an Gott:* „qua gloria, domine?"
- C. „Quae non est in te. nam sicut..." Wie aus der inhaltlichen Argumentation hervorgeht, antwortet Augustin sich selbst; die mit B. fingierte dialogische Position Gottes wird zurückgenommen, noch hinter der Dialogsituation Ratio – Augustin in den Soliloquien: „te" ist wieder Anrede an Gott, präsentische Meditation.
- D: Die menschlichen Gesprächspartner werfen in diese Meditation noch einmal ein[54]: „interest vero, unde quis gaudeat".
- E. Gleichwohl bleibt die präsentische Meditation an Gott – *ohne* gleichzeitige Anwesenheit Gottes und der menschlichen Partner als Dialogteilnehmer – gewahrt.
- F. Augustin läßt daher schließlich die Meditation wieder in die providentielle narratio münden; die fingierten Partner des präsentischen Dialogs werden dabei zu den realen Freunden der Mailänder Zeit: „dixi tunc multa in hac sententia caris meis (...)".

Das Ergebnis dieser denkwürdigen Rekonstruktion, die Zurücknahme Gottes aus der Möglichkeit direkten menschlichen Sprechens (im Gespräch des philosophischen Dialogs), sanktioniert noch einmal die Resignation des Prooemiums: das Gespräch mit Gott wird nicht als Cassiciacum-Dialog erreicht werden.

e) Indessen zeigt die präsentische Meditation Augustin zum ersten Mal – in die narratio eingefügt – *zu Gott sprechend,* nicht mehr nur seufzend (vgl. o. II, 4c)[55].

Hinter dieses Sprechen wird von der zweiten Hälfte des 6. Buches an nicht mehr zurückgegangen: Augustin ‚redet' nun auch in der narratio selbst[56]. *In ihr,* in der providentiell noch nicht ans Ziel gekommenen Vergangenheit hat dieses Reden noch nicht seinen Adressaten erkannt – und hat doch schon den menschlichen Partner hinter sich gelassen. *Es wird zum Monolog.*

Die erste ausführliche Form liegt 6, 11, 18f. (Planung des weiteren Lebens) vor; es folgen 7, 3, 5 und 7, 5, 7 (über die „causa mali"). Augustin hat sich dieses Monologs nur in den hier genannten Partien der *Confessiones* bedient, und er hat sie sorgfältig von der sie umgebenden narratio abgehoben, die in präsentischer Gottesanrede geschieht: in jeder dieser Formen wird von Gott nur in der dritten Person gesprochen; er ist noch nicht ihr Adressat. Daß diese Monologe aber auch den menschlichen Partnern bereits enthoben sind, erörtert Augustin in einer besonderen Reflexion am Ende dieser Phase (nach der Lösung von den Astrologen: 7, 7, 11):

quae illa tormenta parturientis cordis mei, qui gemitus, deus meus! et ibi erant aures tuae nesciente me. et cum in silentio fortiter quaererem, magnae voces erant ad misericordiam tuam (...) tu sciebas, quid patiebar, et nullus hominum. quantum enim erat quod inde digerebatur per linguam meam in aures familiarissimorum meorum! numquid tumultus animae meae (...) sonabat eis? totum tamen ibat in auditum tuum (folgt ein Zitat von Ps. 37,9–11). intus enim erat, ego autem foris (...)

---
[53] *Hier* erst endet die Rede der Gesprächspartner (gegen die Editionen).
[54] So wiederum gegen die Editionen.
[55] Das ‚gemeinsame Seufzen' („congemescere") beschließt noch einmal die Meditation (6, 7, 11).
[56] Vgl. 6, 10, 17 (noch mit dem ‚Seufzen' verbunden).

Zunächst erscheint Augustins Sprechen noch als ‚Seufzen', seine monologischen quaestiones („cum in silentio quaererem") haben jedoch, ohne daß er es bereits weiß, ihren Hörer[57], Gott. Sie sind also ein ‚unechter Monolog', hermeneutisch das genaue Widerspiel zum a parte des Theaters, das um den Zuschauer weiß, aber noch nicht ad spectatores adressiert ist[58]. Was Augustin bereits weiß, ist die Unmöglichkeit, seinen Freunden auch nur einen Bruchteil („quantum erat ...!") seiner Rede mitzuteilen. Hier erscheint erstmals im Prozeß der Konstitution eines menschlich-göttlichen Gesprächs das Versagen der zwischenmenschlichen Situation. Auf die sprachphilosophische Grundlage dieser Erörterung − „vox interior" und „exterior"[59] − wird noch hinzuweisen sein; hier erweist sie den augustinischen Monolog als ‚halbierten Dialog' − sowohl mit dem ‚insgeheim' zuhörenden Gott, wie mit den Menschen. Ihnen gegenüber wird Augustin mit seinem inneren ‚Aufruhr' („tumultus"), ja überhaupt mit dem, was menschliche Worte („lingua") vermögen, vernehmbar („sonabat eis"). Aber während Gott versteht und für Augustin nicht anwesend ist, sind die Menschen anwesend, verstehen aber nicht.

f) Spricht nun Augustin, ohne es zu wissen, zu Gott, so hatte Gott sich bisher in sprachlicher Form, und zwar ausschließlich zu Augustin hin gewandt, nicht vernehmen lassen. Die ‚Schrift' blieb objektiv, mithin für die Frage „quid mihi sis" etwas Unverständliches (als Text unter Texten ‚schlechte Literatur', s.o. II, 4a). Einen direkt zu ihm sprechenden Gott hat Augustin bisher nur unter dem ausdrücklich als Adynaton umrissenen Bild der verständlichen Rede vom Himmel herab fassen können[60]. Dieser scheinbar unaufhebbare Widerspruch zwischen ‚Wort Gottes' und persönlichem Zeichen, historisch beglaubigter (textueller) Autorität und präsentisch erfahrener (gesprochener) Evidenz tritt noch im Prolog von Augustins Bibelhermeneutik (*De doctrina christiana*) auf[61].

Aber auch diesen Widerspruch löst die partikulare Providenz der *Confessiones* in den Kapiteln über die „lectio" der „libri Platonicorum" (7, 9, 13ff.)[62]. Gottes Handeln spitzt sich nun darauf zu, zu diesem (und keinem anderen) Zeitpunkt[63] Augustin neuplatonische Schriften in die Hände fallen zu lassen („procurasti

---

[57] Betont wird diese paradoxe Situation durch die Antithese „silentium" − „magnae voces".
[58] Vgl. zu diesen hermeneutischen Situationen, vom Gott des AT her gesehen: Verf., „Gottesmonolog und hermeneutischer Dialog" in *Poetik und Hermeneutik IX*, München 1981, S. 98.
[59] Auf sie zielt bereits die Formulierung „intus erat (sc. das biblische Lumen oculorum des Psalmenzitats), ego autem foris".
[60] Vgl. o. II, 3 und 3, 12, 21 „ac si de caelo sonuisset" (Buchschluß).
[61] Er wird hier bereits, die ganze Schrift *De doctrina christiana* bestimmend, gegen die Zeichengewißheit der Pneumatiker und zugunsten einer wissenschaftlichen Bibelhermeneutik gelöst, welche eine kritisch beschnittene, immerhin aber die Systematik der antiken Disziplinen bewahrende christliche Wissenschaftslehre ermöglicht. Vgl. U. Duchrow, „Zum Prolog von Augustins De doctrina christiana", in *Vigiliae Christianae* 17 (1963) S. 165ff.
[62] Die Partie ist für die Interpretation des philosophischen Werdegangs und die Frage der ‚Bekehrung zum Neuplatonismus' entscheidend; vgl. P. Henry, *Plotin et l'occident*, Louvain 1934, S. 78ff.; P. Courcelle, *Recherches* S. 172; A. Mandouze, *St Augustin* S. 474ff. und insbesondere die drei Untersuchungen von G. Madec: „Une lecture des Confessions 7, 9, 13 − 21, 27", in *Rev. Et. Aug.* 16 (1970) S. 79ff.; „Christus, scientia et sapientia nostra", in *Rech. Aug.* 10 (1975) S. 77ff.; „St Ambroise, St Augustin et la Philosophie", in *Rev. Scienc. Philos. et Théol.* 61 (1977) S. 560f.
[63] Vgl. die präsentische Reflexion 7, 20, 26.

mihi") und in ihnen den Schrifttext ‚wiederzuerkennen', genauer: sie *als* den Prolog des Johannesevangeliums zu *lesen:* der Bibeltext erscheint nahezu als centonenhafte Überblendung der philosophischen Traktate. Dieses etwa dem Vergilschen Bibelcento der Proba genau entgegengerichtete Verfahren ist die Verzweiflung der Philosophiehistoriker gewesen, aber seine Verschüttung der ‚Quellen'[64] zeigt eine Phase an, in der die Schriftoffenbarung eine neue Qualität gegenüber anderen Texten erhält: ihr Verständnis erschließt sich noch nicht direkt[65], jedoch *als Auslegung anderer denkbarer Texte über Gott*[66]. „Ibi (sc. bei den Platonikern) legi non quidem his verbis sed hoc idem omnino multis et multiplicibus suaderi rationibus" — hiermit ist eine eigentümliche Vorform zur späteren Schriftauslegung erreicht[67]. Noch ist der Text der Schrift nicht als persönliches Zusprechen Gottes erfahrbar, weist somit noch jedes direkte Verständnis ab. Aber jeder verstehbare Text über Gott ist bereits nur im Hinblick auf den Schrifttext verständlich. Die Schrift bildet den Verständnishorizont aller Texte, resorbiert sie — und verweist damit Augustin, wie zuvor aus der Welt des zwischenmenschlichen Dialogs, endgültig aus der Welt der Texte in sich selbst („admonitus redire ad memet ipsum intravi in ultima mea"): 7, 10, 16 setzt der erste Regreß der *Confessiones* über die Grenzen der personalen Innerlichkeit hinaus ein, der besonders neben der Vision von Ostia im 9. Buch immer wieder als Einsatz der augustinischen Mystik gedeutet wurde. Ohne hier bereits auf die Fragwürdigkeit dieses Begriffes in seiner Anwendung auf die *Confessiones* einzugehen[68]: nicht bemerkt wurde bei diesen Deutungen, daß in dieser Abgeschnittenheit, erstmals in der narratio, das Gelingen einer sprachlichen Kommunikation zwischen Gott und Augustin vorgeführt wird. Dieses diverbium führt einen erheblichen Schritt über den Versuch der Integration Gottes in den philosophischen Dialog (o. II, 4d) hinaus. Augustin trifft nun jener Anruf „tamquam (!) audirem vocem *tuam* de excelso":

A. *Gott:* „cibus sum grandium: cresce et manucabis me. nec tu me in te mutabis sicut cibum carnis tuae, sed tu mutaberis in me." — Gott spricht erstmals *nicht biblisch* (allerdings zweifellos in Anlehnung an das paulinische Bild von der Speise der Kinder und der Erwachsenen)[69].

B. *Augustin hört noch nicht,* er ‚erkennt' den Sinn einer Schriftstelle:
„cognovi, quoniam pro iniquitate erudisti hominem et tabescere fecisti sicut araneam animam meam" (= Ps. 38. 12).

---

[64] Zur Interpretation vgl. außer den Anm. 59 genannten Untersuchungen G. Madec, „Connaissance de Dieu et Action de grâces", in *Rech. Aug.* 2 (1962) S. 273ff. Richtig verweist Mandouze (*St Augustin* S. 488ff.) auf den Vorläufer dieser Form in *De vera religione* 3, 8–13.
[65] Noch nicht direkt: die *Bibel*lektüre und -auslegung der paulinischen Schriften, alsbald als „contre-épreuve positive" (Mandouze, *St Augustin* S. 529) angefügt (7, 21, 27) ist aus der narratio gelöst und geschieht im Präsens der Niederschrift.
[66] Sogar die Tatsache, daß die neuplatonischen Traktate existieren, ist im Hinblick auf das Verständnis der Schrift auslegefähig: vgl. 7, 9, 15 (im Rekurs auf den Römerbrief).
[67] Sie ist auf die Kritik des Thomas von Aquin und Calvin gestoßen; vgl. P. Courcelle, *Les confessions* S. 311 u. 380.
[68] Vgl. u. S. 232f. Vgl. im übrigen zur Stelle: G.N. Knauer, „Peregrinatio animae" S. 229 u. A. Di Giannini, „Creazione ed essere nelle ‚confessioni' ", in *Rev. Et. Aug.* 20 (1974) S. 285ff.
[69] Vgl. im übrigen zum Hintergrund der Formulierung A. Mandouze, *St Augustin* S. 696.

C. *Augustin fragt* – noch nicht als Gottesanrede und noch nicht im Wortlaut eines Schrifttextes, sondern als quaestio: „dixi numquid nihil est veritas, quoniam neque per finita neque per infinita locorum spatia diffusa est?"
D. *Gott* ‚antwortet' noch nicht explizit, aber er ‚ruft' Augustin ‚von ferne' ein Schriftwort *als Aussage* zu: „et clamasti de longinquo: ‚ego sum qui sum' " (= Exod. 3, 16).
E. *Augustin* hört und *versteht* Gott (als „vox interior"): „et audivi sicut auditur in corde".

Wie sich zeigt, hängt das schließliche Gelingen dieses Austauschs (E) an der Transformation des biblischen Wortes Gottes zum persönlichen Anruf (D), das Augustin als Antwort auf C verstehen kann. In A und B hingegen kann von einem Austausch noch keine Rede sein – gleichwohl setzen die dort eingenommenen Sprechpositionen die Voraussetzungen für die Kommunikation. Gott muß sich Augustin in der partikularen Providenz der *Confessiones* in *natürlicher,* nicht biblischer Sprechweise zuwenden (A); und Augustin muß sie als *biblisches* Wort ‚übersetzen' können (B). Diese Stufe war bei der Lektüre der „libri Platonicorum" vorbereitet worden. Aber noch ist diese merkwürdige, von der providentiellen Hermeneutik erforderte *Verschränkung* der Sprechweisen (Gott als natürlich, Augustin als biblisch sprechender Partner) noch nicht restlos vollzogen. Gott spricht nur „gleichsam" natürlich und Augustins Part ist – sehr bezeichnend – in B („cognoscere": biblisch) und C („dicere" Sprache der quaestio) geteilt. Bei näherem Hinsehen kann denn auch so wenig wie bei A–B von einem wirklichen enchaînement der Kommunikation in C–E die Rede sein, weder inhaltlich (das Exoduswort antwortet eigentlich nicht der Frage nach der Wahrheit, sondern stellt sich ihr entgegen) noch formal (Augustin bezeichnet die Frage als „dicere", die Antwort D als „clamare").

g) In der letzten Phase der Gesprächskonstitution, bis zum „tolle lege" des 9. Buches, wird sowohl die definitive Verschränkung der göttlichen und menschlichen Sprechsituation wie ihre Verkettung zur kommunikativen Folge vollzogen. Folgende Schritte waren in der narratio bis zum Beginn des 8. Buches erreicht worden: Gottes providentielles Handeln mit Augustin war zunehmend als Sprechen zu ‚übersetzen' (vgl. II, 4b); geschah diese Übersetzung in das Wort der biblischen Offenbarung (vgl. II, 4b), so verlor sie das entscheidende Merkmal des partikular-providentiellen Handelns: den persönlichen Adressaten; das biblische Wort Gottes blieb Text über Texten (vgl. II, 4c); Augustin hört Gott, aber er versteht ihn nicht; Gott war auch im zwischenmenschlichen Quästionendialog nicht zur Sprache zu bringen (vgl. II, 4d). Was Augustin betrifft, so kommt er aus undurchschaubaren Handlungszwängen zunächst im ‚Seufzen', dann in artikulierten, aber monologisch-adressatlosen Verlautbarungen zu Worte (vgl. II, 4d); Gott hört ihn, aber Augustin weiß es nicht; Augustin konnte auch beim Auslegen (‚Übersetzen') philosophischer Texte auf die Schrift hin (vgl. II, 4e) sich Gott gegenüber nicht in dessen ‚Wort' zur Sprache bringen.

Es wird nun deutlich, daß zur Konstitution des unmöglich scheinenden Gesprächs noch zwei abschließende Transformationen erforderlich sind: das Augustin persönlich meinende Sprechen Gottes in die Worte natürlicher Rede sowie Augustins Sprechenkönnen in die Worte biblischer Gottesoffenbarung – also eine die ursprünglichen Sprechpositionen vollständig vertauschende Verschränkung.

Diese Verschränkung war von Gottes Seite her im Augenblick der Versenkung Augustins an die Grenzen seiner Persönlichkeit (vgl. II, 4f) durch einen Zuruf Gottes in natürlicher Rede (‚wie vom Himmel') eingeleitet worden. Augustin hatte noch nicht mit den Worten der Schrift antworten, jedoch erstmals, den Zuruf in Schriftworte ‚übersetzend', Gott *verstehen* können (vgl. II, 4f: „cognovi (...) audivi"). Dieses Verstehen findet in B. 8 zum biblischen Antworten, das nicht mehr nur *textuell* die Abwendung vom ‚natürlichen' Sprechen zu Gott, sondern *als conversio* überhaupt die Abwendung von einem persönlich-unwiederholbaren Lebensziel einschließen wird und damit Gottes Partikularprovidenz zum Verschwinden bringt. In der Tat geschieht im Sinne der judizialen oder im modernen Sinn autobiographischen narratio im B. 8 eigentlich nichts mehr; das letzte Mal tritt der mit allen Paraphernalien providentiellen Zwanges: Peitsche, Erbarmen und Verborgenheit ausgestattete Gott 8, 11, 25 auf[70].

Demgegenüber tragen mehrere kunstvoll ineinandergeschachtelte Bekehrungsgeschichten immer wieder Augustin einen Vollzug vor, den er noch zu leisten hat:[71] 1. vor einem Kodex der – bereits verstandenen und geglaubten – Bibel, sitzt zu Beginn (8, 2, 4) in der Erzählung des Simplicianus der Rhetor Victorinus; sodann zeigt sich Augustin allein meditierend vor einem Pauluscodex (8, 5, 11); in der gleichen Situation Augustin zu Beginn der Erzählung, die Ponticianus vom Mönch Antonius gibt (8, 6, 14); in einer sekundären Binnenerzählung von einer „conversio" durch die Lektüre des Antoniuslebens sieht man Ponticianus und seine Freunde vo dem Codex der Antoniusvita (8, 6, 15); schließlich sieht man Augustin im Garten von iland wiederum vor einem Pauluscodex (8, 12, 29). 2. Der Schritt vom Verstehen bis zu ihrem Verständnis als Anruf und der Antwort darauf wird vor der Gartenszene zweimal, in der Victorinus-Erzählung[72] und der Binnenerzählung von der „conversio" des Ponticianus[73], vollzogen.

Der entscheidende Schritt ist also das biblische Sprechen Augustins zu Gott; und das 8. Buch verwendet alle kompositorische Sorgfalt auf seinen Vollzug. Wie erörtert, versteht Augustin bereits die Schrift als Anrede Gottes, ja als Anrede an ihn, aber dieser Sprechweise Gottes kann er nicht antworten. Sie ist nicht wie das providentielle Handeln an sein eigenes Leben mit seiner eigenen Geschichtlichkeit adressiert – ‚adressiert' bei einer *sprachlichen* Auffassung dieser Zuwendung Gottes; faßt man sie als *Handeln* auf, so ‚ändert' sie noch nicht sein Leben. „Non enim erat quid tibi responderem dicenti mihi (erstmals!): surge qui dormis (...)" (Ephes. 5, 14). „Non erat omnino quid responderem, veritate convictus, nisi tantum verba lenta et somnolenta: ‚modo', ‚ecce modo' (...)" (8, 5, 12). Dieses Ausweichen Augustins ist – als Rede in ‚natürlicher' Sprache – nicht die geforderte Antwort; es überwindet – pragmatisch gesehen, an der „conversio" gemessen

---

[70] „Instabas tamen in occultis meis, domine, severa misericordia flagella ingeminans timoris et pudoris, ne rursus (...)".
[71] Die Funktion dieser Mehrfacherzählungen ist analysiert worden von P. Courcelle, *Recherches* S. 175ff.; A. Mandouze, *St Augustin* S. 472f.; W. Schmidt-Dengler, „Der rhetorische Aufbau des achten Buches der Konfessionen des heiligen Augustin", in *Rev. Et. Aug.* 15 (1969) S. 199ff.
[72] Hier noch kurz und die Oberflächenphänomene referierend: „postquam legendo et inhiando hausit firmitatem (...) depuduit vanitati et erubuit veritati subitoque et inopinatus ait (...)".
[73] Hier bereits auf das unsichtbare Geschehen zielend: „et legebat et mutabatur intus, ubi tu videbas (...)". Hier wird auch schon die Folgekonversion des Alypius vorgeprägt.

– nicht die Kluft zwischen Einsicht und Tun. In ähnlicher Weise demonstriert das gesamte Buch die Unfähigkeit, der bereits erreichten Überzeugung gemäß zu handeln, Hörer und Täter des biblischen Wortes zu sein.

Die Lösung wird auf folgendem Weg gefunden: Augustin kann an eine schon erreichte Sprechposition anknüpfen, das Sprechen im zwischenmenschlichen Diskurs, das einen den Partnern nur zum geringen Teil vernehmbaren *Subdialog mit Gott* während und ‚unterhalb' der Kommunikation mit den Partnern ermöglicht (einen ‚halbierten Monolog'; vgl. o. II,4e). Diese eigentümliche Form, die sich in der Antike zuvor allenfalls im Gefüge der Vergilschen *Aeneis* zwischen dem Poeten als narrator und dem sekundären narrator Aeneas angekündigt hatte[74], sei nach ihren Folgen für das Sprechen Augustins verfolgt:

A. Ponticianus ‚erzählt'; „tu autem, domine *inter verba eius* retorquebas me ad me ipsum, auferens me a dorso meo, ubi me posueram (...) et constituebas me ante faciem meam (...) et si conabar a me avertere aspectum, *narrabat ille quod narrabat* et tu me rursus opponebas mihi" (8, 7, 16). Erforderlich ist die narratio eines menschlichen Partners. Unter ihrer Oberfläche handelt Gott noch einmal – er spricht noch nicht etwa[75], sondern führt mit Augustin eine groteske *Pantomime* zu dritt auf: Augustin (I) hat sich hinter seinem Rücken (II) versteckt. Gott zieht ihn (I) hervor und dreht ihn gewaltsam vor sein (II) Gesicht. Diese Pantomime steht in eigentümlicher Relation zur fortdauernden narratio: ‚sowie' Augustin aus diesem Griff ausbrechen will, ‚erzählte er (Ponticianus), was er erzählte'. Die narratio ermöglicht also gerade durch eine Form des ‚Weghörens' die Begegnung mit sich und Gott; aber sowie Augustin dieser Begegnung ausweichen will, ‚hört' er wieder die narratio und wird erneut aus ihr in sich hinein und zu Gott getrieben.

B. Die ‚Übersetzung' dieses Handelns in Sprachlichkeit steigert die *Doppelung der Person* Augustins zu einer gänzlichen Aufspaltung und Reduktion seines Ich, zu einer *Psychomachie* von Gestalten und Stimmen (8, 11, 26ff.). „Retinebant (...) antiquae amicae meae et succutiebant vestem meam carneam (noch Handlungsbild) et submurmurabant: ‚dimittisne nos?' (...)" – so setzt eine „controversia in corde meo" (8, 11, 27) ein, die schließlich neben den alten Lastern auch ihre Gegnerin, die „continentia", mitsamt einem zahllosen Gefolge („tot pueri et puellae") umfassen, ja schließlich, sehr ähnlich der prudentianischen Psychomachie, die gesamte erwählte Menschheit umgreift.

C. Augustins Innerlichkeit ist als unverwechselbare Subjektivität zerdehnt und zur Landschaft geworden[76] – nicht etwa ‚mystisch' transzendiert! –, als Augustin nach einem letzten Affekt-‚Sturm' (8, 12, 28) fähig ist, mit dem Wort Gottes zu Gott zu sprechen: „non quidem his verbis sed in hac sententia multa dixi tibi: ‚et tu, domine, usquequo? usquequo, domine, irasceris in finem? ne memor fueris iniquitatum nostrarum antiquarum?'" (= Ps. 6,4 + 78, 5,8). Auch im Sprechen mit dem Wort Gottes bleibt es beim ‚inneren Sprechen' Augustins (vgl. o. II,4e), zu dessen zwischenmenschlich wahrnehmbarer Hülle der ‚objektive' Bibeltext jetzt geworden ist; denn trotz des wörtlich erscheinenden Zitats redet Augustin zu Gott gerade ‚nicht wörtlich' und vor allem ‚vieles mit einem Satz'[77]. Und es ist nicht mehr das providentiell einmalige Ich Augustins, sondern das zeitlos-über-

---

[74] So ‚erwacht' Didos Liebe während und durch die Erzählung des Aeneas, „iam dudum" (IV, 1). Auf diese Vorform im Zusammenhang mit Augustins *Confessiones* hat mit Recht E. Vance in seinem Aufsatz „Augustine's Confessions and the Grammar of Selfhood", in *Genre* 6 (1973) S. 14f. hingewiesen. Ich verweise auch auf seine Untersuchung „Le moi comme langage", in *Poétique* 4 (1973) S. 163ff.; beiden ist meine Auffassung der *Confessiones* verpflichtet.

[75] Zu einfach J. Guitton, *Le Temps et l'éternité chez Plotin et St Augustin*, Brünn 1933, S. 323: „Dieu se sert des paroles et des gestes de nos interlocuteurs et leur donne à leur insu une signification spirituelle qui nous concerne seuls".

[76] Vgl. 8, 11, 27: „aperiebatur enim ab ea parte (...)".

[77] Diese linguistisch bemerkenswerte Folge des augustinischen Gegensatzes von ‚innerem' und ‚äußerem' Sprechen ergibt eine Diskrepanz zwischen sprachlicher Oberfläche und Tiefendimension, die bezeichnenderweise im Diskurs zwischen menschlichen Partnern prinzipiell auflösbar ist (und, wo sie etwa im Theater nach ihrem grotesken Effekt genutzt wird, lediglich auf Fremdsprachlichkeit

individuelle ‚Wir' der zusammengefügten Psalmworte, das nun zu Gott spricht. *Augustin*[78] *redet im biblischen Sprechen zu Gott.*

D. Nicht mehr ‚vom Himmel'[79], nicht mehr unverständlich, *antwortet das „tolle lege, tolle lege" Gottes* (8, 12, 29) – *in natürlicher Sprache*. Gott handelt nicht mehr an Augustin in der providentiellen Realhermeneutik seiner providentiellen Führung. Augustin sagt ausdrücklich, daß eine Nachforschung nach den „quasi pueri an puellae", die zeichenhaftes Instrument der Rede Gottes hätten sein können, erfolglos blieb (8, 12, 29) und überflüssig ist. Hiermit verschwindet – so wie die partikulare Einzigartigkeit des augustinischen Ich – die providentielle Pragmatik von Gottes Handeln und Sprechhandeln. Gottes natürliches Sprechen verweist ein letztes Mal auf den Schrifttext selbst: Augustin liest ihn und erkennt, daß das ihn persönlich meinende ihm Weisung gebende, ihm verständlich redende Antworten Gottes so wie sein Fragen sich in der Hülle des Schriftwortes ereignet.

Die Protagonisten der narratio verschwinden, das Geschehen erstarrt, das Bild wird arretiert: nach Konkubinat, Rhetorikprofessur, nach dem Wechsel von einer Sekte zur anderen, sitzt der künftige Bischof im Garten von Mailand vor dem Pauluscodex, dessen Sprache er zu hören und zu reden vermag; nach Strafen, Ermunterungen, am Ende der ganzen, anfangs dunkel zupackenden, dann einsichtig werdenden Heilsveranstaltung ist mit einem letzten ungreifbar bleibenden Zuruf aus irgendeinem Nachbarhaus Gottes Wort in einer Sprache anwesend, in der er den Menschen anreden und hören will.

III

1. Nun kann das Gespräch zwischen Gott und Augustin einsetzen; seine erste Wiedergabe (9, 4, 8ff.) wird sogleich zu untersuchen sein. Doch verlohnt ein abschließender Blick auf die Konsequenzen seiner Konstitution. Denn es ist kein Zufall, daß am Punkt der „conversio" Generationen von Lesern ihre Lektüre beendet haben: es wird nichts mehr erzählt; während für die Forschung hier das dornigste Problem einsetzt: „Warum bringt Augustin in den letzten Büchern seiner *Confessiones* eine Auslegung der Genesis?"[80]

---

beruht: „Tant de choses en deux mots? – Oui. La langue turque est comme cela; elle dit beaucoup en peu de paroles", Molière, *Le Bourgeois gentilhomme* IV, 3). Im Diskurs mit Gott wird dieser Effekt durch die zusätzliche Differenz zwischen gemeintem Adressaten (Tiefendimension) und zuhörendem Dritten (sprachliche Oberfläche) gesteigert. Die Tiefendimension des Phänomens „multa in hac sententia" hat Augustin bereits während der narratio des Ponticianus umrissen: ‚unterhalb' des Gesprächs über Antonius kommen (in die narrative Distanz durch ein Plusquamperfekt integriert) zwölf Jahre seines Lebens in einem Subdialog Gott gegenüber zur Sprache (8, 7, 17f.). Daß die gesamte narrative Dimension der *Confessiones* als Sprechen mit Gott sich unter der Oberfläche eines Schriftwortes entfalten kann, zeigt dann das erste ausführliche Gespräch mit Gott. Hierzu sogleich.

[78] Jedoch bereits in Augustin, der sich von seiner früheren Person abzutrennen beginnt: die biblische Rede wird scharf an den „voces miserabiles", die ‚er' zu gleicher Zeit noch verlauten läßt, abgegrenzt: „quamdiu? quamdiu ‚cras et cras' (...)?" Beide ‚sprechen' nach ihrer Oberfläche das gleiche aus, aber die „miserabiles voces" in natürlicher Sprache sind es, die noch das letzte Hindernis vor der „conversio" bezeugen (vgl. 8, 12, 28).

[79] Gerade die hier dargelegte Logik der Gesprächskonstitution in den *Confessiones* verbietet die seit Courcelles Vorschlag so oft diskutierte, im allgemeinen aber nicht akzeptierte Lesart „de divina (statt „vicina") domo". Gott spricht eben nicht mehr, wie zuvor, unverständlich „vom Himmel".

[80] So der Titel einer der vielen einschlägigen Untersuchungen über die ‚Einheit der *Confessiones*' (K. Grotz, Tübingen 1970).

Kein Zufall jedenfalls, wenn der Bericht bis Buch 8 als Gesprächseinleitung aufgefaßt wird. Das Gespräch hat die Krücke des durch die narratio vermittelten Dialogs hinter sich gelassen; für neue Fakten (etwa seine Tätigkeit als Bischof) ist im Präsens der Unterredung kein Platz. Augustin bringt offenbar eilig („multa praetereo quia multum festino": 9, 8, 17) und interesselos (die Zeit ist ihm ‚zu kostbar', um weitere Fakten zur Sprache zu bringen: 10, 2) das zum Abschluß, was im Sinne der letzten Phase vor dem Gespräch mit Gott als Abstreifen des von seiner biographischen Geschichtlichkeit geheilten Ich aufgefaßt werden kann. Das Pharmakon der ‚Textvernichtung' (im Sinne Derridas[81]) des Autobiographischen in den *Confessiones* ist nichts anderes als die endgültige Aufzehrung des Verstandenen im Moment des Verstehens. Buch 9 endet mit dem Tod jenes Teils seines Ich, der ihm seit je ein Symbol seiner Privatprovidenz gewesen war, mit dem Tod seiner Mutter Monica. Was sie nach der „conversio" ihres Sohnes sagt — „quid hic faciam adhuc et cur hic sim, nescio, iam consumpta spe huius saeculi" (9, 10, 26) — gilt auch für mögliche narrationes aus der weiterlaufenden vita Augustins, einer vita, in welcher kein providentieller Gott mehr zu handeln hat[82]. Und Monicas Sterben wird in der Szene von Ostia (9, 10, 23ff.) als eine Radikalisierung von Gottes Sprechen mit Augustin vorgeführt und in der Zeitlichkeit vorweggenommen. Denn Monica transzendiert jedes Gespräch durch ihr Schweigen, ein Leer-Sein auf allen Stufen[83], in dem nur Gott noch spräche (9, 16, 25). „Si continuetur hoc" — Monica und ihr Sohn wissen, daß diese Erwägung nicht verschleiern kann, daß das völlige Verstummen und bloße Hören des menschlichen Gesprächspartners, ist das Gespräch mit Gott einmal erreicht, nur nach dem zeitlichen Leben sich durchhalten kann. Daß Augustin die momentane Möglichkeit solchen Verstummens in der Zeitlichkeit erlebt und berichtet, macht ihn zweifellos zu einem frühen Zeugen der abendländischen Mystik. Das erdrückende Interesse für diesen Aspekt der *Confessiones*[84], sich oft ohne den Versuch zu einer historisch sauberen Abgrenzung des Phänomens betätigend, ist es vor allem gewesen, das an der Konstitution eines durchaus zeitlichen Gesprächs mit Gott vorbeisehen ließ. Aber die folgende Untersuchung des ersten Gottesgesprächs im vollen Sinne macht es notwendig, beide Formen sorgsam zu trennen, zumal Augustin selbst sie aufeinander bezieht. Die Szene von Ostia führt die extreme Möglichkeit eines Aufhörens menschlicher Rede zu Gott vor Augen. Aber mit ihr enden die *Confessiones* so wenig wie mit Augustins „conversio".

---

[81] Vgl. J. Derrida, *La Dissémination*, Paris 1972, S. 71ff. („La pharmacie de Platon").

[82] Sehr bezeichnend leitet die letzten Schritte, in denen Augustin seine bisherige Lebensform zum Abschluß bringt, erstmals und letztmals in den *Confessiones* sein ‚eigener Ratschluß' („consilium nostrum"), der nunmehr nur noch Gott bekannt ist, den Menschen aber so unbekannt und unverständlich wie zuvor ihm selbst die Fügungen Gottes (vgl. 9, 2, 2).

[83] Verschwinden der sprachlich vernehmbaren Oberfläche des Austauschs mit Gott und endlich Aussetzen auch des ‚inneren' Sprechens (vgl. 9, 10, 25); es bestätigt den besonders von Duchrow hervorgehobenen Vorrang des ‚Schauens' vor dem ‚Hören' im augustinischen Denken, daß auf dieser Stufe Bilder der illuminatio wieder in ihr Recht treten.

[84] Wegen der Nüchternheit seines Urteils noch heranzuziehen: E. Hendrikx, *Augustins Verhältnis zur Mystik*, Würzburg 1936; das andere Extrem findet sich bei C. Butler, *Western Mysticism*, London 1951 (= ²1926). Zur Szene von Ostia seien zwei Untersuchungen hervorgehoben: Ch. Boyer, „La Contemplation d'Ostia", *in Cahiers de la Nouvelle Journée* 17 (1930) S. 137ff. und F. Cayré,

2. Die Szene im Garten von Mailand wird in der Tat bis zum Schluß der *Confessiones* arretiert: Augustin vor der Schrift spricht mit Gott. Die Aporie des Proömiums wird zu Beginn des 9. Buchs durch die Wiederholung des gleichen Schriftzitats in dialogischer Form, an dem im Proömium von B.1 die Verständigung scheiterte, von Augustin in programmatischer Weise überwunden[85]. Und das neunte Buch wird durch die Ankündigung des ‚Schwatzens' mit Gott eingeleitet (9,1,2). Die Konstitution dieses Gesprächs in der narratio konnte bereits ergeben, *daß als sprachliche Oberfläche dieses Gesprächs nur der Schrifttext selbst erscheinen kann; aber er wird nun wechselnd von Gott und Augustin gesprochen.* Sprachlich wahrnehmbar setzt das Gespräch 9,4,8 als Meditation über den gesamten 4. Psalm („cum legerem psalmos David") ein. Ich gebe im folgenden die Gesprächsaufteilung, nach dem Vulgatatext – wobei zu bemerken ist, daß der biblische Sprecher David ist, die „filii hominum" anredend[86]:

Aug.: „Cum invocarem te, exaudisti me, deus iustitiae meae; in tribulatione dilatasti mihi. miserere mei, domine, et exaudi orationem meam" (*Änderung:* Vulg. „exaudivit") (4,2).
Gott: „Filii hominum, usquequo graves corde? ut quid diligitis vanitatem et quaeritis mendacium?" (4,3).
Aug.: (nicht an Gott gewandt, sondern ihn zitierend: „clamat prophetia"):[87] „et scitote, quoniam dominus magnificavit sanctum suum" (4,4).
Gott: „Irascimini et nolite peccare" (4,5).
Menschlicher Gesprächspartner: „Quis ostendet nobis bona?" (4,6).
Aug.: (ihnen in einer Gottesanrede antwortend) „Signatum est in nobis lumen vultus tui, domine" (4,7).
Aug.: (zu Gott; freie Paraphrase): „intus in cubili, ubi compunctus eram, ubi sacrificaveram" (4,5: Umstellung) + „dederas laetitiam in corde meo" (4,7).
Aug.: (nicht an Gott gewandt): „cum haberem frumentum et vinum et oleum" (4,8; freie Paraphrase).
Aug.: (zu Gott): „oh in pace, oh in id ipsum!" (4,9).

Dieses Psalmengespräch kennt durchaus noch Durchkreuzungen seiner Form: die Wendung zu anderen Partnern (4,6f.)[88], die Aufgabe der direkten Anrede Gottes mittels des Schriftwortes (4,4; 4,8[89]); syntaktisch gänzlich unpassende Elemente können indes bereits fortgelassen[90] oder gar gegenüber dem Schrifttext korrigiert werden[91] – ein Verfahren, das an die Lizenzen des spätantiken Klassikercento erinnert. Ihm vergleich-

---

„Mystique et sagesse dans les Confessions de St Augustin", in *Rech. de Scienc. Rel.* 39 (1951) S. 445ff.
[85] Vgl. 9,1,1 und 1,5,5 (Ps. 34,10) u.o.S.
[86] Aufgefaßt als „individuelles Klagelied" mit wechselnder Adresse an Jahwe und die Feinde von H.J. Kraus, *Biblischer Kommentar zum AT*, 15/1, Neukirchen ³1966, S. 31.
[87] Zusätzlich wird der vorherige Part Gottes (ab „usquequo graves") ebenfalls aus dem Dialog herausgenommen. Wie mühsam seine Konstitution erreicht wurde, zeigt auch der Umgang mit dem Psalmenschluß (4,9) „obdormiam et somnium capiam". Augustin hat zunächst *Verständnis*-(Deutungs-)*Schwierigkeiten*, und sogleich fällt die Form aus jeder Dialogizität in die exegetische quaestio zurück: *„cur dixit:* obdormiam (…)?" Die Antwort vermag Gott (in Augustins Verständnis) erst durch ein Schriftwort aus anderem Kontext (1. Kor. 15,54) zu geben. Bis dahin ist jede gesprächsweise Kommunikation abgerissen. Man sieht, daß das Gespräch mit Gott für Augustin jeder seiner zuvor konstituierten hermeneutischen Voraussetzungen notwendig bedarf.
[88] Zu ihrem Hintergrund: u. III, 4.
[89] Jedoch innerhalb der allgemeinen Anrede Gottes.
[90] Vgl. 9,4,8–9,10 (insbesondere die Partien im Plusquamperfekt).
[91] So bei Ps. 4,4: „insonui (!) multa graviter et fortiter in recordatione doloris mei". Hierzu u. IV.

bar ist auch die oft dünne, zuweilen jede Konsistenz abbrechende Verkettung der Gesprächselemente. In ihr manifestiert sich die Oberflächenstruktur des Austausches in biblischer Sprache. Nach den hermeneutischen Vorstufen des Gesprächs zwischen den ungleichen Partnern war bereits zu erwarten, daß hinter dem sprachlich darstellbaren Cento der Schriftworte der Diskurszusammenhang durch eine Tiefenstruktur geleistet wird. Augustin hat dies gerade an dieser Stelle immer wieder signalisiert. Er spricht zu Gott ‚während' des Lesens; ‚beim' Lesen; er wird beim Lesen ‚entzündet', ‚verändert' (vgl. o. II, 4f.); ja *während* eines Gesprächsparts Gottes (Ps. 4, 3) spricht er selbst ‚mit Augen und Stimme' (vgl. 9, 4, 8f.), die Tiefenstruktur des Gesprächs kann also selbst die dialogische Oberfläche außer Kraft setzen.

Was sich als Sache dieses Gespräches, als Gesprächsgegenstand schon in den Subdialogen während der Erzählungen angezeigt hatte (vgl. o. II, 4f.), umschreibt Augustin nun mit aller Klarheit: es ist die memoria, die recordatio der gesamten Interaktion zwischen Gott und Augustin *noch einmal* und virtuell endloser meditativer Wiederholung fähig – nun aber im freien Besprechen mit Gott, und entsprechend dem Prinzip der Differenz zwischen Oberfläche und Tiefe, „multa in hac sententia", (vgl. hierzu oben Anm. 77) nach ihrer ganzen Ausdehnung unterhalb *eines* Satzes der biblischen Oberflächensprache möglich.

3. Damit hat die Gesprächskonstitution seit ihrer Einleitung am Ende des Proömiums zu einem paradoxen Ergebnis geführt, das sich nur als Auswirkung einer Dialektik zwischen dem hermeneutisch-dialogischen Prozeß und der prozeßenthobenen Form des Gesprächs auf die Textkonstitution erklären läßt[92]. Die Paradoxie berührt wieder die Zeitstruktur des hermeneutischen Dialogs und stellt sich so dar: Augustins providentielle narratio setzt zu einem biographischen Zeitpunkt ein, in dem sein Verstehen, durch die „conversio", die Möglichkeit des Gesprächs mit Gott bereits erreicht hat. Die präsentische Aporie des Proömiums stellt sich jedoch, mitsamt ihrer Überwindung in der narratio, gerade nicht das Ziel des Gespräches selbst – sie verzichtet also *nicht* auf eine Entfaltung zur menschlich-intersubjektiven Textualität. Vielmehr strebt sie die Darstellung des hermeneutischen Prozesses selbst an, der sich erst im Gespräch vollenden wird. Die durchgehaltene präsentische Rede zu Gott, als Ort der verstehenden Deutung, beschleunigt mithin zunehmend die narrative Darstellung des hermeneutischen Geschehens, zehrt sie endlich auf. Die Vollendung dieses Prozesses im Gespräch weist dann narrative Textualität ab: sowie die Vollendung eintritt, müßte ein narrativer Text abbrechen. Oder besser: das Gelingen der Gesprächsform müßte den narrativen Text überflüssig machen, ‚vernichten'. Aber Augustin hat die narratio nicht gestrichen. Vielmehr verdoppeln sich nunmehr „*dargestellte*" und „*besprochene*" Interaktion (die Kategorien H. Weinrichs sind hier am Platze); sie rekurrieren potentiell bei jeder weiteren Bibelmeditation bis zum Ende der *Confessiones* in der identischen Wiederholung eines endlosen, providentiell entlasteten Gesprächs.

Wie man sieht, führt diese Dialektik zwischen dem dialogischen Prozeß der Hermeneutik und dem entlasteten Gespräch auf *ästhetische* Probleme. Diese brauchten in

---

[92] Vgl. hierzu F. E. Consolino, *Interlocutore* S. 128.

einem Gespräch zwischen Gott und Mensch nach der Lösung der augustinischen „vox interior" keine Rolle zu spielen (ein solches Gespräch hat nur, wie sich zeigte, bemerkenswerte ästhetische Folgen). Sowie jedoch, nach der Anlage der *Confessiones,* wie sie das Proömium festlegt, die Konstitution eines solchen Gespräches *erzählt* werden soll — und nicht nur, wie alles andere Handeln mit Gott, *besprochen* —, stellen sich jene Fragen nach der ‚Verdoppelung', nach dem ‚überflüssigen' Text. Sie stellen sich sofort als Folgeprobleme heraus, wenn man erkennt, *daß diese Lösung ‚Narratio zusammen mit dem folgenden Gespräch' bereits die Fiktion eines einzigen Adressaten, Gottes, aufhebt.* Mit der Entfaltung dessen, was Gesprächsgegenstand mit Gott sein könnte, zur narrativen Textualität menschlich-intersubjektiver Sprache, ist der menschliche Hörer, das Publikum mitgesetzt, ist die *theologische* Gesprächskonstitution auch als *literarische* zu begreifen. In der Tat hat Augustin auch diese Konsequenz, und zwar seit dem Beginn der narratio, erkannt. Aber er erörtert sie ausführlich zum ersten Mal eben in dem ersten Psalmengespräch mit Gott — an dem Punkt des Werkes, der die narratio wie jedes weitere Gespräch verdoppelt, ohne sie aus der Textualität zu verbannen. Wie sich zeigen wird, legt diese Erörterung das Fundament der — oft vermißten oder in platonische Überlieferung eingeformten — *augustinischen Ästhetik*.

4. Augustin beschreibt die Phänomenologie des inneren Sprechens mit Gott — und zwar geschieht dies ‚zwischen' zwei Oberflächenelementen aus dem Gespräch mit Gott (Ps. 4, 2 und 4, 3) — in solcher Schärfe, daß die Frage der menschlichen Teilhabe hervorspringt:

audirent (sc. homines) ignorante me utrum audirent, ne me propter se illa dicere putarent, quae inter haec verba (sc. der Schrift) dixerim, quia et re vera nec ea dicerem nec sic ea dicerem, si me ab eis audiri viderique sentirem, nec, si dicerem, sic acciperent, quomodo et mihi coram te de familiari affectu animi mei (...) (9, 4, 8).

Eine vergleichbar konzentrierte Phänomenologie ist mir aus der Antike nicht bekannt[93]. Sie gibt zunächst vor, den menschlichen Partner nur zu Demonstrationszwecken einzuführen. Das Gespräch mit Gott scheint durch jedes Wissen von einem menschlichen Hörer gestört zu werden, und zwar sowohl in einem Mißverstandnis der Sprechintention Augustins (Beziehung auf zwischenmenschliche Kommunikation) als auch in dem daraus resultierenden sofortigen Abbrechen des Gesprächs mit Gott. Dann aber erkennt Augustin die Möglichkeit, die Kommunikation mit Gott bei gleichzeitiger Kommunikation mit dem menschlichen Partner aufrechtzuerhalten, zunächst unter Änderung des Sprechens, dann sogar bei unverändertem Fortsprechen: die Kommunikation mit Gott wird dabei zwar nicht verstanden, jedoch leistet sie ‚zugleich' (vgl. die umgekehrte Situation o. II, 4g: ‚während' der Kommunikation mit den Freunden spricht Augustin mit Gott) eine zwischenmenschliche Kommunikation.

Und sie *soll* diese leisten: „quae utinam audissent!" (9, 4, 9)[94], „o si viderent internum aeternum!" (9, 4, 10). Augustin geht von der Phänomenologie eines göttlich-

---

[93] Vgl. zum theologisch-erbaulichen Hintergrund bereits bei Ambrosius: M. Pellegrino, „Mutus loquar Christum", in *Paradoxos Politeia–Festschrift für G. Lazzati,* Milano 1979, S. 447–457.
[94] Jetzt erklärt sich auch die Einbeziehung menschlicher Partner in das Psalmengespräch mit Gott.

menschlich-zwischenmenschlichen Sprechens zur Forderung nach dessen Performanz in seinem gesamten Umfang über — aus welchen theologischen Voraussetzungen und mit welchen ästhetischen Konsequenzen wird zu zeigen sein. Das *Gespräch mit Gott* jedenfalls *erweitert sich in den* Confessiones *bereits bei seiner ersten Realisierung zum zwischenmenschlichen Gespräch.*

IV

1. Daß durch den menschlichen Zuhörer beim Gespräch mit Gott sich erst das Problem der sprachlichen Oberfläche dieses Gesprächs, seines Textes, und dieses Textes als Literatur stellt, hat Augustin bald nach der ersten Psalmenkonversation ausgesprochen. Er bricht die narratio ab (9,8,17): „accipe confessiones meas (...) de rebus innumerabilibus etiam *in silentio*" — um dann den letzten Bericht (über die Szene von Ostia) mit einem „sed non praeteribo" anzuschließen — die „praeteritio" würde nur die Sprachlichkeit unter den Menschen vernichten. Aber Augustin ist diesen Weg, auch nach der Vollendung der narratio, nicht gegangen. „Et nunc, domine, confitebor tibi *in litteris*", heißt es in der Ostia-Erzählung (9,12,33) — das Gespräch mit Gott als ‚Literatur' wird hier zuerst explizit.

Latent nämlich hat Augustin die Dialektik, die sich zwischen der vom ausschließlichen Gottesgespräch eigentlich geforderten Textvernichtung und der fortlaufenden Textualität bis über das Ende der narratio hinaus etabliert, seit Beginn des Werkes beschäftigt[95]. Zunächst durch negative Bestimmung: wenn Gott Augustin hören wird, so braucht sich dieser auch der geheimsten Mitteilung nicht wie vor Menschen zu schämen (vgl. 1,6,7) — Gott steht außerhalb eines sozialen Gesprächskontextes. Gott wird durch die Rede Augustins nichts erfahren — die narratio innerhalb des Gottesgesprächs hat keine normale Mitteilungsfunktion; „non docet" (sc. lingua): 5,1,1. Dann werden Publikumsreaktionen impliziert: mag man doch über seinen Bericht spotten (4,1,1); ein wohlwollender und geistlich fortgeschrittener Leser mag über ein Detail lächeln (5,16,20). Ja, Augustin gibt zu verstehen, daß vieles zu Berichtende einem Teil des Publikums schon lange bekannt ist[96]. Endlich wird sogar die Allwissenheit Gottes — ein Prädikat, das gerade für den providentiellen Prozeß erfordert wird, die ‚innere' Sprachlichkeit erzwingt und zur Textvernichtung nötigen sollte — zur *Steuerung der Leserreaktion* genutzt.

Bereits Knauer[97] war auf die häufige Wiederkehr des Psalmenzitats „Deus, *tu scis*" (Ps. 68,6) aufmerksam geworden. Seine neutrale Funktion, den Mitteilungswert der narratio für Gott zu verneinen und somit die Kontingenzverpflichtung der memoria einzuschränken, ist selten (vgl. 4,13,20). Vielmehr wird das Zitat besonders bei Fakten gesetzt, die auf eine positive Reaktion des menschlichen Mithörers rechnen könn-

---

[95] Hierzu M. Verheijen, S. 52ff.
[96] Vgl. 3,11,20: „quod saepe non tacui".
[97] *Psalmenzitate* S. 76ff.

ten – sie dämpfen hier eine mögliche Identifikation des Lesers und seine Affirmation der augustinischen Selbstdarstellung: beides würde den Fortgang des providentiellen Prozesses hemmen, der hermeneutisch auf das Widerspiel von Uneinsichtigkeit und ihrer Durchkreuzung mittels unerwarteter Fügungen angewiesen ist. Man braucht dieses hermeneutische Erfordernis nur auf den nun implizierten – menschlichen – Leser zu übertragen, um es als höchst modernes literarisches Erfordernis begreifen zu können, als Durchkreuzung der Leseridentifikation. Das „deus, tu scis" wahrt, theologisch vorgegeben, auch dem Unglaublich-Negativen der Selbstenthüllung den hermeneutischen Sinn providentieller Teleologie; es hat ihm literarisch über die Jahrhunderte die Faszination einer die Erwartungsgrenzen immer wieder überschreitenden, dabei durch die Intimität mit Gott beglaubigten Entblößung verliehen[98].

Wie man sieht, resultieren diese ästhetischen Konsequenzen der augustinischen Hermeneutik aus den erörterten Konstitutionsvoraussetzungen des Gottesgesprächs der *Confessiones*. Literarisch führen sie endlich zur Emanzipation des menschlichen Mithörens zur Rolle eines *zweiten Adressaten* des Werkes. Augustin formuliert diese Konsequenz ausdrücklich bereits im 2. B. (2,3,5): „Cui narro haec?" unterbricht er den Bericht. „Neque enim tibi, deus meus, sed *apud te* narro haec generi meo, generi humano".

2. Hiermit ist der Wurzelpunkt der augustinischen Ästhetik in seinem Gespräch mit Gott erreicht. Denn der Frage wird Augustin nun nicht mehr ausweichen, welchen Sinn, welche möglichen Formen, welche Effekte die zwischenmenschliche Kommunikation ‚vor und bei' Gott haben kann. Augustin wendet sich ihr mit dem Proömium des 10., die memoria untersuchenden, sodann des 11., die fortlaufenden Bibelmeditationen zur Genesis einleitenden Buches zu. Mit der hermeneutischen Vollendung der narratio im Gespräch (B. 9) steht Gottes Anwesenheit in der berichtenden memoria (ihre Gewißheit hatte die Aporien des Proömiums von B. 1 überwunden) zur Untersuchung. Und ebenso mit der Vollendung der narratio im Gespräch steht die Anwesenheit des menschlichen Zuhörers im Werk überhaupt (sie hatte sich seit dem Ende des Proömiums von B. 1 bemerkbar gemacht) zur Untersuchung. Die Forschung hat diesen Zusammenhang, der die Funktion des ‚eingeschobenen' B. 10 erklärt, bisher nicht gesehen. Erst B. 10 und seine ästhetischen Klärungen werden es Augustin ermöglichen, der in B. 9 erreichten Konversation mit Gott (,Lektüre' von Ps. 4) ab B. 11 in den Genesismeditationen eine definitive Form, eine ‚Zwei-Adressaten-Form', zu geben.

B. 10, 1, 1 geht sogleich von dem Faktum der doppelten Adressaten aus: „*in corde meo* coram te in confessione, *in stilo autem meo* coram multis testibus". Noch ein-

---

[98] Wobei aufmerksame Leser sich seit je gerade an der mit ihrer eigenen Leserrolle konkurrierenden Intimität mit Gott stießen. So einer der ersten faßbaren Leser, der Gegner Pelagius: überliefert ist seine Empörung über das „da quod iubes, et iube quod vis" (10, 29, 40) – nicht nur aus gnadentheologischen Gründen, sondern auch wegen des intimen Gesprächstons. So aber noch im 20. Jahrh. Brecht: „Ich lese aus Mangel an Schundromanen die Bekenntnisse des Augustinus (...) Sehr komisch ist bei ihm die so typische Haltung aller Gelehrten ihren Entdeckungen gegenüber: eine eifersüchtige, geizige, ja schadenfrohe Haltung. Er behandelt seine Religion wie sein Steckenpferd" (*Tagebücher 1920–1922*, Frankfurt/M. 1975, S. 212).

mal — und zum letzten Mal in den späteren Büchern! — wird das ‚innere' Sprechen mit Gott beschrieben (vgl. 10, 2, 2; besonders: „tacet enim strepitu, clamat affectu"). Und diese Kommunikation wird nun ausdrücklich als Gespräch gekennzeichnet: „neque enim dico recti aliquid hominibus, quod non a me prius tu audieris" — insofern wird noch die Differenz zwischen sprachlicher Oberfläche und Tiefe gegenüber der ‚Gleichzeitigkeit' früherer Subdialoge als zeitliche Differenz („prius") dargestellt. Dann aber setzt Augustin fort: „aut etiam tu aliquid tale audis a me, quod non mihi tu prius dixeris". Hier wird die Verschränkung der Konversation bis zur Identität ihrer diverbia gesteigert — verstehbar nur als Fazit einer Gesprächskonstitution, deren sprachlicher Abschein biblischer Text, ein nach beliebiger Distribution auf menschlichen und göttlichen Partner fraktionierter Text ist.

Nun wendet sich Augustin endgültig dem Telos der sekundären Kommunikation, der zwischenmenschlichen Teilhabe am Gespräch mit Gott zu. „Quid mihi ergo est cum hominibus, ut audiant confessiones meas?" (10, 3, 3). Wie zu erwarten, betritt Augustin mit der Antwort nicht das Feld antiker, autonomer Ästhetik — die „curiositas" etwa wird sofort zurückgewiesen (10, 3, 3). Jedoch versucht er — ein seltener Fall in der christlichen Antike — ästhetische Aussagen heteronom und gleichwohl den literarischen Phänomenen angemessen zu formulieren, den Satz bestätigend aber modifizierend, daß es eine aus biblischer Tradition formulierbare christliche Ästhetik nicht gibt, jedoch Folgen genuin christlicher Aussagen für die Ästhetik[99].

Ziel der zuhörenden Teilhabe wie der sie ermöglichenden Textualität kann nicht mehr das Kunstschöne und seine Mimesis sein, die Ästhetik Augustins seit den *Confessiones* und besonders *De doctrina christiana* setzt gegenüber der in der Forschung fast ausschließlich beachteten platonisierenden Ästhetik der Frühschriften[100] neu ein. Produktions- und Rezeptionsziel ist die paulinische „caritas" (10, 3, 3), zunächst „quia omnia credit" (1. Kor. 13, 7), also in Konnex mit der ebenfalls paulinischen „fides" das leistend, was im aristotelischen System das πιϑανόν bezeichnete. Sodann aber erfaßt Augustin mit der Notion „caritas" auch andere ästhetische Wirkungen. Nunmehr ausdrücklich auf die Darstellung *vergangener* (erzählter) Fakten bezogen („praeteritorum (...), quae remisisti et texisti": sie sind von judizialer Pragmatik entlastet), zielt die Intention der „caritas" nicht nur auf das, was pastoral-theologisch dem paulinischen Begriff zuzuerkennen wäre (Beispiel, Hilfe, auf der Seite des Adressaten „imitatio": „cum leguntur et audiuntur, excitant cor, ne dormiat in desperatione et dicat ‚non possum'"). Sondern dieses Ziel läßt sich auch als „*delectatio*" ‚übersetzen': „delectat bonos audire praeterita mala eorum, qui iam carent eis, *nec ideo delectat quia mala sunt, sed quia fuerunt et non sunt*" (10, 3, 4). Die narratio, hermeneutisch durch die mit Gott erreichte Konversation aufgehoben, erhält nun einen ästhetischen Sinn, der das kathartische[101] Vergnügen am Leiden des anderen, soweit es die Antike ange-

---

[99] H. Blumenberg, in *Poetik und Hermeneutik III*, München 1968, S. 605.
[100] Vgl. K. Svoboda, *L'Eshéthique de St Augustin*, Brünn 1933 und z. T. noch M. Fuhrmann, in *Poetik und Hermeneutik III*, München 1968, S. 583ff. sowie die Untersuchungen von W. Beierwaltes; Hinweise auf die ‚karitative' Ästhetik bei R.J. O'Connell, S. 140ff. (mit Verweis auf erste Ansätze in der Schrift *De Genesi ad litteram*).
[101] Zur Berechtigung dieses Ausdrucks in der augustinischen Ästhetik s. u. IV, 3.

nommen hat, in eigentümlicher Weise transformiert: die räumliche Distanz des ‚Schiffsbruchs mit Zuschauer‘, welche ästhetische Entlastung ermöglicht, wird hier in eine Zeitlichkeit verwandelt, welche Providenz allererst genießbar macht. Wie bewußt Augustin diesen Zusammenhängen nachgegangen ist — bis heute unter paulinischen Begriffen verborgen, welche den an die antike Begrifflichkeit gewöhnten Philologen offenbar solche Unlust erregten, daß sie näheres Zusehen unterließen —, zeigt seine sogleich folgende Frage, was nun der Effekt bei Aufhebung zeitlicher Distanz, *nach dem Ende der narratio*, sei: „quo fructu (...) hominibus coram te confiteor per has litteras adhuc, quis ego sim, non quis fuerim?" (10, 3, 4). Diese Spiegelung der beiden *Confessiones*-Teile belegt ausdrücklich die oben gegebene Interpretation der Gesprächskonstitution. Für den ‚präsentischen‘ Teil sieht Augustin ein besonderes ästhetisches Problem: der Hörer ist hier nicht mehr affektentlastet — als begleitender Affekt war für die narratio des Vergangenen „amor misericordiae" (sc. „divinae") und aus ihm resultierende „dulcedo" der erzählten Providenz genannt worden. Nun wird die theologische „caritas" des menschlichen Partners („orare pro me") in den ästhetischen Affektdruck von „dolor" oder „gaudium" und der nun erst eingeführte dritte paulinische Begriff der „spes" in ‚Spannung‘ transformiert („respirent in bonis meis, suspirent in malis meis"). — *Die Entlastung der „delectatio" aber — hier wird erstmals das Problem der doppelten Adressaten ästhetisch gelöst — genießt nun Gott.* Den Affektdruck des Lesers, sein ‚Seufzen‘ und ‚Weinen‘ erlebt erst (sit venia verbo) Gott kathartisch; vor ihm aufsteigend verwandelt sich die Reaktion der Leser zum „hymnus", wird also selbst ein ästhetisches Phänomen (10, 4, 5). „Tu autem, domine, delectatus odore sancti tempi" formt diese Aussage einer Stelle der Apokalypse ein (Apc. 8, 3). Sie vollzieht eben durch die produktive Rezeption der menschlichen Leser eine — für Gott — ästhetisch sinnvolle Erweiterung der Dualität des Gesprächs.

Als Gegenstand dieser ästhetischen Prozesse ist Augustins Ich supponiert, zunächst in seiner providentiellen Zeitlichkeit, sodann in der Formulierung „quis sim". So formuliert, kann jedoch dieser ästhetische Gegenstand nach der Aufhebung einer jeden möglichen (oder immer die gleichen „mala" memorierenden) narratio im biblischen Gespräch mit Gott nur das *Schriftwort selbst sein*. Mag es als *Gesprächsgegenstand* der ‚inneren‘ Sprache für den in den Affekten der „caritas" bewegten Leser und Autor je verschiedene Kontingenz erfassen (für den Augustin der *Confessiones* bis zum Ende des Werkes immer wieder die Vorgeschichte seiner „conversio") — was ästhetisch dargestellt erscheint, kann seiner Vollendung nach nur die textliche Oberfläche der Schrift sein. Augustin wird diesen Texttyp in den letzten Büchern der *Confessiones* in ausgedehnten Bibelcentonen konstituieren. Jede textuell sichtbar werdende Darstellungsform neben diesem Typ wird Annäherungsform oder besser — nach dem Ergebnis der Gesprächskonstitution — eine zur *Textvernichtung* tendierende Form sein. Augustin führt dieses Programm der B. 11—13 im Proömium zu B. 11 als eigene ästhetische Form[102], als „*meditatio*" ein, als Schriftmeditation (11, 2, 2). Und er hat sie ausdrücklich mit der seit B. 8 erreichten Aufhebung der eigenen (providentiell individuellen) Person verbunden: „et olim inardesco meditari in lege tua et in ea tibi confiteri scien-

---

[102] Sie wird 11, 1, 1 ausdrücklich von der traditionellen Form des Betens abgesetzt.

tiam et imperitiam meam, primordia inluminationis tuae et reliquias tenebrarum mearum, quousque devoretur a fortitudine infirmitas" (11,2,2). Die affektische Ästhetik wird nun erweitert („non mihi soli aestuat, sed usui vult esse fraternae caritati"; 11,2,3) und geschlossen: „affectum ergo nostrum patefacimus in te confidendo tibi miserias nostras et misericordias (durchaus als Gottes ‚Affekt' aufzufassen) tuas super nos" (11,1,1). Vor allem aber wird erst jetzt die volle ‚Übersetzung' der dualen Gesprächssituation in die ästhetische Trias Gott-Mensch-Mitmensch erreicht: Gott vermittelt durch sein eigenes — biblisches — Sprechen bereits eine „delectatio"(vgl. 11,2,3 und 12,13,17), welche die antike „delectatio" am Erhabenen und Dunklen transformiert und von den entsprechenden Affekten begleitet wird: „horror est intendere in eam (sc. profunditatem der Schrift), *horror* honoris et *tremor* amoris" (12,13,17).

Hier ist die paradoxe Hermeneutik der augustinischen Konversation mit Gott vollständig in einen ästhetischen Prozeß transformiert worden.

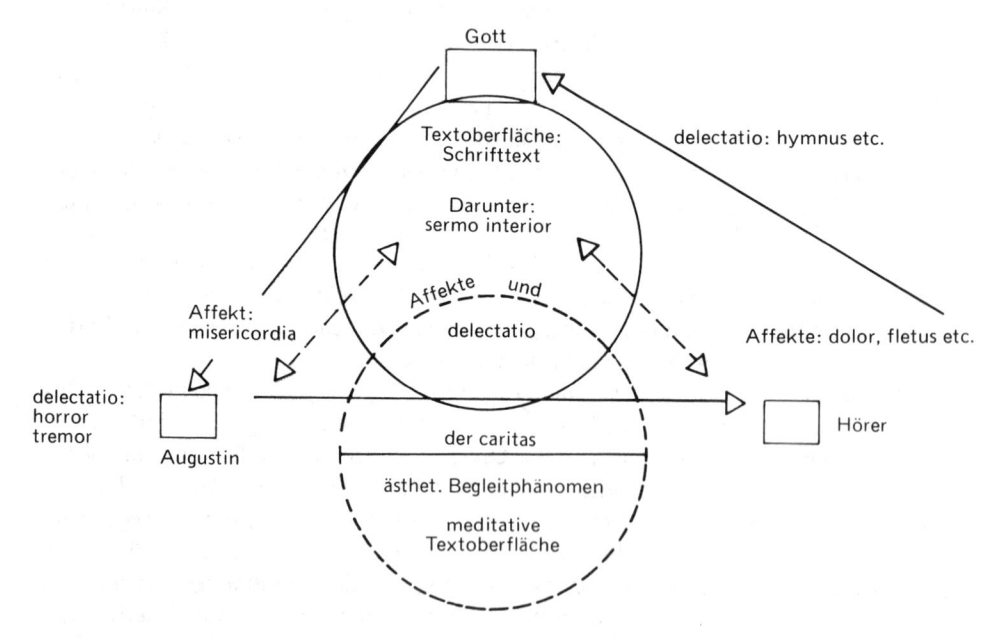

3. Die *Confessiones* lassen nur einen Ausschnitt der augustinischen Ästhetik sichtbar werden; und nur, was zur Lösung des Gesprächsproblems von Augustin in B. 10 und 11 ausgearbeitet wurde, kam hier zur Sprache. Es ist deshalb nötig — besonders angesichts einer fehlenden Untersuchung zum Gesamtphänomen — auf einige Verbindungslinien zum übrigen Werk, besonders der Schrift *De doctrina christiana*, hinzuweisen:
   a) Daß sich in der „caritas"-Ästhetik nicht sinnvollerweise zwischen literarischen, ethischen und pastoraltheologischen Momenten differenzieren läßt, gründet sich in dem die ganze Person umfassenden ‚voluntaristischen' Aspekt der augustinischen Ontologie, sowohl im Bereich der Psychologie wie noch in der Trinitätslehre[103].

---

[103] Vgl. hierzu G. Strauss, *Schriftgebrauch* S. 32ff.

b) Die paulinische Systematik der augustinischen Ästhetik („caritas", „fides", „spes") wird in *De doctrina christiana* wesentlich verfeinert und um einen Inhaltsbegriff, die „aedificatio", erweitert.

c) Ebenfalls in der Schrift *De doctrina christiana* hat Augustin die „caritas"-Ästhetik linguistisch (semiotisch) zu fundieren und z.T. auch zu formulieren versucht; als Verbindungsglied zwischen Theologie und Linguistik dient hier ein vollständig nach der Systematik „res ad utendum" – „res ad fruendum" aufgebautes Zeichensystem.

d) Zu klären ist die Beziehung der ausgeprägten Affektensystematik der augustinischen „delectatio" zu antiken Vorgängern, insbesondere ihre Beziehung zu den kathartischen Begriffen des Aristoteles. In den *Confessiones* bedürfen die Kapitel über den Schauspielbesuch (3, 2, 2ff.) einer neuen Interpretation. Für den griechischen Osten (Basilios) ist die Rezeption der aristotelischen Kathartik bereits gezeigt worden[104].

4. Das Resultat der ästhetischen Konstruktionen Augustins in B. 10 und 11 der *Confessiones* ist die *Bibelmeditation*. Diese erscheint in der Forschung gewöhnlich als Form der Exegese (und führt dann zu der immer wieder diskutierten Frage, wie eine Autobiographie in einen Genesiskommentar münden könne). Augustin hat jedoch, thematisch im 12. Buch, die Meditation unter dem Aspekt karitativer Ästhetik sehr deutlich von der Exegese und der dogmatischen quaestio unterschieden (vgl. insbesondere 12, 13, 17–12, 33, 43). Sie kann – für jeden Teilnehmer am ‚inneren' Diskurs – keine *definitive* Wahrheit eines Textverständnisses beanspruchen; sie kennt keine falsche Auslegung, nur eine Mehrzahl von Auslegungen. Ja, Augustin hat die „dispensatio" der Schrift als einen von vornherein von Gott angelegten, prinzipiell endlosen hermeneutischen Aufhellungsprozeß beschrieben (12, 27, 37), der noch ‚vielen Gesprächsteilnehmern nützen wird' („narratio dispensatoris tui sermocinaturis pluribus profutura"; vgl. 12, 28, 39: „garriunt scrutantes"). „Aedificatio" als Ziel dieses Gesprächs (vgl. 12, 18, 27 und 12, 27, 37) dient keinem dogmatischen Interesse und tendiert stets dazu, unter Bedauern über die Sichtbarkeit der meditativen Textualität selbst („quam multa de paucis verbis, quam multa, oro te, scripsimus!"; 12, 32, 43) zum Schrifttext zurückzukehren. Diese Endphase, innerhalb der augustinischen Ästhetik die vollendetste Form[105], führt im 13. Buch[106] zu einem so umfangreichen *Bibelcento*, kaum noch von ‚eigenen' Worten unterbrochen, wie ihn nicht einmal die Briefe des Paulinus von Nola aufweisen (vgl. 13, 12, 13). Augustin thematisiert in ihm die Differenz zwischen Oberflächen- und Tiefenstruktur dieses Redens selbst. Auch ‚als Paulus' (der Bibelcento fügt vor allem Pauluszitate mit solchen aus den Psalmen zusammen), auch in Momenten mystischer Entrückung kann der Mensch, insofern er eben spricht, diese Differenz noch nicht überwinden: „adhuc abyssus invocat, sed iam in voce cataracta-

---

[104] Vgl. Verf., „Exegese – Erbauung – Delectatio", in *Formen und Funktionen der Allegorie*, hg. W. Haug, Stuttgart 1979, S. 62ff.

[105] Dies hat, von ganz anderen ästhetischen Voraussetzungen her urteilend, Goethe gesehen: „Das Beste sind die Stellen aus der Bibel, weil es ewig nur Mosaik ist, was die Leute machen, aber in *dem* Sinne gut" (Zu Riemer, 31.8.1806).

[106] Zu ihm – auch für den Zusammenhang zwischen Exegese und caritas – F. Cayré, „ Le livre 13 des confessions", in *Revue des Et. Aug.* 2 (1958) S. 143ff.

rum tuarum" (13, 13, 14 = Ps. 41, 8). Auch das ‚innere' Sprechen kann nie die Direktheit göttlichen Sprechens erreichen, insofern dieses zugleich handelt und spricht. „Nondum per speciem" (2. Kor. 5, 7) aber — in einem der wenigen meditativen Textreste — „*iam non in voce sua, in tua enim* (...), *in voce cataractarum tuarum*". Auch die Direktheit der natürlichen, kommunikativen Sprache also hat das ‚innere' Sprechen im Gottesgespräch hinter sich gelassen; es spricht in der biblischen —‚Sprache der Wasserfälle'.

„*Non in voce sua*": das Gespräch unter Gott und Mensch hat zwischen göttlicher und menschlicher Sprache eine eigene Ausdrucksform eröffnet. Wie freilich für Jahrhunderte die augustinische Bibelmeditation zwischen dogmatischer Exegese und mystischer Versenkung verdeckt wurde, so hat auch die ästhetische Entdeckung der „vox cataractarum" und der „delectatio" durch die „obscuritas" der Schrift bis zum 17. Jh. auf sich warten lassen. „Il n'y a rien de commun entre la musique et le tonnerre" wird eines der vielen Programme einer neuen, an die Sprache der Psalmen sich anschließenden Bibelästhetik gegen den Klassizismus argumentieren[107]. Wie die Verbindung Augustins zur aristotelischen Ästhetik, bleibt auch seine Fernwirkung auf die Ästhetik der europäischen Vorromantik zu untersuchen.

V

Der gesamte Prozeß vom Proömium der *Confessiones* über die Gesprächskonstitution bis zum Gespräch selbst und seinen ästhetischen Folgen wurde dargestellt, ohne ihn an hermeneutischen, ästhetischen oder linguistischen Theorien der Gegenwart zu messen. Die Hypothese bestimmter Gott und Mensch im Verkehr miteinander zukommender Sprechakte (I) trug für das tatsächlich in den *Confessiones* konstatierte Gottesgespräch nichts aus; und Augustin hat tradierte Formen des Sprechens zu Gott (Gebet, Lob, Beichte) sowohl im Proömium wie an entscheidenden Stellen des 10. B. ausdrücklich zurückgewiesen. Es ist daher kein Zufall, daß eine Nachzeichnung und Kritik des gesamten Prozesses mit dem Instrumentarium der Sprechakttheorie nicht weit führt. Lohnend allerdings ist es, die Punkte zu kennzeichnen, an denen ein solches Verfahren zu kurz greift.

Die bisher am weitesten in das Feld der Theologie, insbesondere der Schrifthermeneutik, vorgetriebene Anwendung der Sprechakttheorie hat Paul Ricœur vorgelegt; hierbei wird der Sprechaktbegriff nach dem französischen Linguisten Benveniste formuliert und durch das Fregesche Begriffspaar „Verweisungsbezug" und „Sinn" in eine Texthermeneutik nach dem Typ des Gadamerschen Fernverständnisses eingeformt[108]. Reli-

---

[107] J.L. Guez de Balzac, *Socrate chrétien* (1652), hg. L. Moreau, Paris 1854, Bd 2, S. 51f.; vgl. hierzu Verf. *Die Bibeldichtung der lateinischen Spätantike I*, München 1975, S. LXVIIIf.

[108] Vgl. vor allem P. Ricœur, *La Méthaphore vive*, Paris 1975 und „Philosophische und theologische Hermeneutik", in *Metapher*, hgg. P. Ricœur/E. Jüngel, München 1974, S. 24ff. Eine wertvolle Untersuchung dieser Rezeption bei P. Gisel, „P. Ricœur et le discours entre la parole et le langage" in *Revue de Théologie et de Philosophie* 26 (1976) S. 98ff.

giöses Sprechen findet sich bei Ricœur zunächst der Fülle präsentisch-illokutinärer Akte zugeordnet, die in ihrem ‚Verweisungsbezug' auf Wirklichkeit, jedem aktuellen Partner eindeutig erschließbar, zielen. Insofern sie sich in sprachlicher Form manifestieren, ist ihr ‚Sinn' als ‚idealer Gegenstand' der Rede völlig immanent. Diese Formulierung kann noch keineswegs als etwas Neues gegenüber Austin und Searle angesehen werden. Neu ist erst, daß Ricœur sogleich eine mögliche Phänomenologie religiöser Sprechakte verläßt und sich auf diesem Felde ausschließlich den sprachlichen Formen zuwendet, insofern sie ihren ‚Sinn' von der Sprechaktsituation unabhängig in sich tragen, deren Verweisungsbezug somit aufheben (‚zerstören', ‚verfremden') – also insofern sie bereits *Text* sind: der Text der Schriftoffenbarung nämlich[109]. Man vergleiche hiermit die Wendung Augustins in der Einleitung der *Confessiones*: für ihn ist gerade zu Beginn seiner hermeneutischen narratio der Schrifttext das schlechthin Unzugängliche – nicht etwa das Noch-nicht-Verstandene, mit dem eigenen Horizont zu Verschmelzende, sondern das durchaus Andersprachige (im Sinne des Wittgensteinschen Löwen); auch zielt er gerade nicht auf ein Verständnis des (Schrift-)Textes, eine Texthermeneutik also, sondern trotz des Versagens der tradierten Sprechweisen zu Gott auf ein aktuales Gespräch, das zunächst einen Text des Partners noch gar nicht ‚zur Sprache bringen' kann, weil ein Text dieses Partners überhaupt noch nicht den Horizont menschlicher Sprache erreicht hat. Es geht eben – so könnte man den Unterschied zuspitzen – Augustin tatsächlich um jenes unmittelbare Gespräch, dessen offenbar ganz ähnlich wie von Augustin (s.o. I.) empfundene Unmöglichkeit (zwischen diesen Partnern[110]) Ricœur sogleich einen ‚Übergang vom Wort zur Schrift', zur Texthermeneutik, suchen läßt. Mit diesem Ausweichen ist für Ricœur der Boden einer für theologische und literarische Texte grundsätzlich gleichen Hermeneutik gewonnen. Dem religiös Sprechenden und Fragenden begegnet eine mögliche Antwort immer schon verfremdet und alle dem Sprecher vertrauten Wirklichkeitsbezüge zerstörend in der ‚Welt der Werke'; der ‚Ruf' der stets schon ‚gesagten' und wirklichkeitsautonomen, ‚Sinn' transportierenden Text-Welt der Schrift ist hermeneutisch von gleicher Art wie der eines jeden anderen Texts. So „gibt es kein prinzipielles Vorrecht für eine Auslegung, die insbesondere dem einzelnen gelten würde, wie es auch keinen allgemeinen Vorrang für den Personalismus der Ich-Du-Beziehung in der Beziehung des Menschen zu Gott gibt[111]. Was immer die gegenwärtige – oder jüngstvergangene – Theologie von dieser Aussage halten mag[112], der augustinischen Gesprächskonstitution

---

[109] Vgl. P. Ricœur, „Philosophische und theologische Hermeneutik" S. 31ff.
[110] Es verdient Beachtung, daß vermutlich dem Insistieren auf einer linguistischen Deskription eines Gesprächs zwischen Gott und Mensch der Linguist das notwendige gemeinsame Sprechkontinuum zwischen diesen Partnern ebenfalls nur durch Rekurs auf eine Textlinguistik, also durch entsprechende theologische Substruktionen konstruieren würde: entweder unter Verweis auf die historisch-kritische Bibelexegese auf eine ‚ursprüngliche Textgestalt' oder durch Einräumen einer ‚normgebenden Instanz', die menschlichem Sprechen biblische Texte als Antwort zuordnen könnte. – Ich verdanke H. Rieser (Bielefeld) manche Anregungen zu diesem und den im folgenden behandelten Problemen.
[111] P. Ricœur, „Philosophische und theologische Hermeneutik" S. 41.
[112] Hier und an anderen Stellen („Philosophische und theologische Hermeneutik" S. 35, 40) ist von Ricœur der theologische Gegenstandpunkt sehr deutlich bezeichnet: nicht nur die ‚existentialen Kategorien des Verstehens' – in einer „Warnung, nicht vorschnell eine Theologie des Wortes zu

gegenüber muß diese Hermeneutik Verstehensdefizite theologischer Natur aufweisen. Gott selbst wird hier mit einem denkwürdigen Persistieren der historisch-literarischen Bibelkritik innerhalb einer applikativen Hermeneutik[113] zur im Verstehen zu konstituierenden Einheit der verschiedenen Textformen, literarischen Grundformen der Bibel[114].

Aber ist es nicht möglich, sich gegenüber dem augustinischen Gottesgespräch der Unwegsamkeiten von Sprechakttheorien von vornherein zu enthalten und ein solches Gespräch als *hermeneutisches Gespräch,* also texthermeneutisch ohne die sachfremden Restriktionen Ricœurs, zu rekonstruieren? Schon die Beschreibung der providentiellen narratio hatte ja Einleitung und Vollendung des Gesprächs mit Gott in den *Confessiones* nur als hermeneutisches Gespräch deuten können (o. II, 1). Im folgenden wird das Verfahren Augustins an der Explikation des Verstehens durch Gadamer gemessen. Ein solcher Rekonstruktionsversuch führt zu dem überraschenden Ergebnis, daß trotz der großen Allgemeinheit des Gadamerschen Ansatzes und seiner Rückführung auf die sprachliche Verfaßtheit des Menschen überhaupt seine Explikation das augustinische Verfahren nicht beschreiben kann, genauer: nur in einem Teilvorgang beschreiben kann.

1. Texte zu verstehen, „nach dem Modell des Gesprächs" (S. 360[115]), setzt das Begegnen eines Gesprächspartners in der Schriftlichkeit von Texten voraus. Und seien diese noch so ‚selbstentfremdet', als Inschriften etwa virtuell unerschließbar – mit einem Text ist jedenfalls die Fremdheit und Ferne, insofern sie überhaupt Sprache ist, vorgegeben. Nicht so für Augustin das Wort Gottes, jedenfalls nicht am Beginn der narratio. Augustin hat diese Lage bis zum Grotesken verdeutlicht: Gott könnte vom Himmel tönen, ja er tut dies ständig: diese Akusmata sind einfach nicht sprachlich vernehmbar. – Durch den Verstehenden „kommt" der andere überhaupt erst „zur Sprache"(S. 365), überwindet die Schriftlichkeit, denn sein Text wird in Sprache „zurückverwandelt" (S. 368) – bei Augustin ist auch ein solcher Text nicht da, nur jemand, der mit ihm selbst handelnd verfährt – das hat er erfahren. Augustin *konstituiert sich selbst den Text* (nicht: sich an einem Text), indem er vom Handlungsgefüge zwischen dem anderen und sich *erzählt* – eine Textexegese, die zwischen Hermeneutik und Fiktion keinen systematischen Ort hat.

---

entwerfen, die nicht von vornherein und prinzipiell den Übergang vom Wort zur Schrift mit einschließt" –, sondern die gesamte ‚dialektische' Theologie mitsamt der von ihr vertretenen, nicht exegetisch reduzierbaren dialogischen Begegnung von Gott und Mensch: damit aber indirekt der Ansatz Augustins. Ich kann an dieser Stelle nicht die Aufnahme des augustinischen Ansatzes in der ‚dialektischen Theologie' und der ihr eng verbundenen dialogischen Philosophie untersuchen. Mit dieser Aufnahme geschieht neben der Hermeneutik Gadamers und der ‚philosophischen Grammatik' des späteren Wittgenstein zum dritten Mal im 20. Jahrhundert eine direkte Anknüpfung an die augustinische Sprachphilosophie – jedes Mal in produktiver Fehlinterpretation und insofern exemplarisch für Gadamers applikative Hermeneutik selbst. (Zu den Augustininterpretationen Gadamers und Wittgensteins sogleich; für die dialogische Philosophie sei hier summarisch auf die „De magistro" – Interpretation von E. Rosenstock-Huessy, *Der Atem des Geistes,* Frankfurt/M. o.J., S. 95ff. verwiesen.)

[113] Denn das ist die Ricœursche Hermeneutik auch auf dem religiösen Felde: „das Selbst wird durch die Sache des Textes konstituiert" („Philosophische und theologische Hermeneutik" S. 33).
[114] Vgl. ebd. S. 42.
[115] Die folgenden Seitenangaben beziehen sich auf H.-G. Gadamer, *Wahrheit und Methode,* Tübingen ²1965.

2. Nun liegt ein Text vor, der tatsächlich, ganz im Sinne Gadamers, verstanden werden kann — die Einleitung eines hermeneutischen Gesprächs ist möglich und wird vollzogen. Allerdings: da die „Sache des Textes" von einem anderen handelt, aber nicht von der Fremdheit eines anderen her die Sprachlichkeit erreicht, erhält seine Textualität, erhält aber auch der Prozeß des Verstehens sehr eigentümliche Züge. Das Verstehen aktualisiert bei Gadamer die vorfindliche Erstarrtheit der Textualität zum Antworten, indem es durch die Selbstapplikation des sich entwerfenden Vorverständnisses ihr Fragen stellt, auf die ihre Sprachlichkeit Antwort sein könnte. Nach der bekannten wirkungsgeschichtlichen Explikation dieses hermeneutischen Gesprächs garantiert gerade die verfremdete Erstarrung die *grundsätzliche Unerschöpfbarkeit* des Textes, die sich der Aufhebung des aktualen Gesprächs verdankt. — Auch Augustin stellt ständig ‚Fragen' an den Text seiner narratio, ja er forciert die Gesprächseinleitung durch das obligate ‚Duzen des Texts', die Anrede des hermeneutischen Partners. Aber er kann, da er den zu verstehenden Text selbst konstituiert, diese Fragen nur stellen und im Verstehen beantworten lassen, *indem er den Text weitererzählt*. Der „hermeneutisch erhellende Prozeß von Frage und Antwort" vollzieht sich also nicht über den Text „hinaus" und „zurück" (S. 352) — ihn jedenfalls als unerschöpflich stehen lassend —, sondern er vollzieht sich den Text selbst vollendend und ihn vollständig aufbrauchend (hermeneutisch eindeutig determinierend). Der selbstkonstituierte Text bildet den hermeneutischen Prozeß ab und nichts sonst (seine ‚Sache' ist daher auch das Zur-Sprache-Kommen des Handelns). Die Ausdehnung seiner — daher narrativen — Zeitstruktur erst kann solches Abbilden des Verstehens selbst leisten — während der ‚fremde' Text Gadamers, eben weil er seine „Sache" zur Sprache bringt, die nicht das Zur-Sprache-Bringen selbst ist, auch ein Minimum an Oberfläche aufweisen könnte. Es gibt bei ihm keine textlich ablesbare Gesprächskonstitution, sondern das Gespräch springt mit dem Stellen der erschließenden Frage in seine Existenz. Vollständig deutungsdeterminiert und ‚aufzubrauchen' (daher, wie gezeigt, mit Einsetzen des Gesprächs abbrechend) ist der Erzähltext Augustins. Und erst durch das Medium der providentiellen Kontingenzbildung, das diese hermeneutische Determination leistet, hat Augustin m.E. den ‚anderen' als göttlichen Partner von anderen möglichen Partnern erzählbarer Interaktionen geschieden und so das unmöglich scheinende Gespräch mit Gott vorbereitet[116].

Gott ist erfahrbar, (A) indem er menschliches Handeln auf judiziales Pragma hin appliziert: dieses Handeln ist erzählbar. Es wird nicht verstanden; es wird gerichtet, die Erzählung wird durch Handlung aufgezehrt. Dem Christen ist darüber hinaus (B) das göttliche Pragma der Verheißung, Vergebung und Erlösung gegeben; es wird ihm applizierbar („pro nobis") als Christi Handeln; im narrativen *Bekenntnis* wird es appliziert, *durch die Schrift* verstanden (d.h. durch den Schrifttext ausgelegt). Bereits Paulus legt das zu bekennende Handeln Christi nach gnadentheologischen Kategorien durch die Schrift aus, bereits Lukas nach historisch-providentiellen.

Auch Augustin hat das Handeln Gottes im Bekenntnis auf sich selbst appliziert („quid mihi sis") und durch die Schrift gedeutet. Aber er hat zugleich zum ersten Mal die

---

[116] Im folgenden wird an Erörterungen in Verf., „Zum Verhältnis von Norm und Narrativität" S. 435ff. angeknüpft.

Spannung zwischen der judizialen Applikation des eigenen Handelns durch Gott (A) und der bekenntnishaften Selbstapplikation auf Gottes Handeln (B) als einen Prozeß der *Entlastung,* des *Verstehens,* als einen *Prozeß von der Interaktion zum Gespräch in solchem Bekenntnis* dargestellt: aus dieser prozeßhaften Dehnung der Applikation resultiert die ‚autobiographische' Öffnung — und es resultiert aus ihr die Aufzehrung dieser narratio am Ende des Prozesses durch das Gespräch.

3. Kommt das (hermeneutische) Gespräch zustande, so konstituiert es nach Gadamer seine eigene, beiden Partnern im Verstehen gemeinsame Sprachlichkeit, die Sprachlichkeit der *Auslegung;* sie verschmilzt mit eben jener, in der sich der Text zur Sprache zurückverwandelt (vgl. S. 375). Man kann diese Gesprächssprache als *zweiten Text* auffassen; im Rahmen der Hermeneutik Gadamers freilich mit der gebotenen Vorsicht: die Textualisierung dieser Verstehenssprache ist zwar möglich, aber ein flüchtiges, jederzeit im Text ‚aufgehendes' Epiphänomen. — Wie zu erwarten, verhalten sich auch hier die Dinge im augustinischen Verfahren gerade umgekehrt: der selbstkonstituierte Text wird durch einen Text verstanden (kommt durch das Gespräch in dessen Medium an ein Ende), der gerade seinerseits nicht aufgezehrt wird: *den Schrifttext.* Hier bedarf es für eine angemessene Rekonstruktion der Hermeneutik in den *Confessiones* wohl am stärksten des Umdenkens. Augustin ‚versteht' nicht etwa ‚die Schrift' während dieses Prozesses; es handelt sich nicht um eine exegetische Form, für die durch eine Zuordnung der providentiellen narratio zum Auslegetext die Kongruenz mit der Texthermeneutik aufs Befriedigendste hergestellt wäre. Augustin stellt vielmehr zunächst so wenig eine Frage an die Schrift, daß vielmehr Gott in wiederholten Anläufen während der narratio genötigt ist, in deutlicher und unverwechselbarer individueller Menschensprache sich verlauten zu lassen, um Augustin mühsam zum Hören zu bringen. Gott also stellt — will man parallel zur Texthermeneutik formulieren — durch seine zunehmend sprachlich werdenden Handlungen jene Fragen, auf die Augustin, durch reagierendes Handeln den Text konstituierend, antwortet. Je deutlicher Gott in der Menschensprache formuliert, je mehr kann Augustin diese Handlungskette, indem er sie als Gottes Heils-Handeln an sich *bekennt,* sich selbst applizieren und sie — wie jedes Bekenntnis seit der Urgemeinde — *durch* allen Menschen und Zeiten offenbartes *biblisches Sprechen Gottes* verstehen. Sowie dies Verstehen Gottes sich etabliert, beginnt Augustin — mühsam — biblisch zu sprechen — und im gleichen Moment verstummt die ‚natürliche', auf seine Individualität zielende Sprache Gottes (vgl. o. II, 4g: Verschränkung der beiden Sprachen).

Nicht eine fremde, in ihre Textgestalt entfremdete Sprachlichkeit verschmilzt für die Dauer eines — immer wieder erneut und anders möglichen — Verstehens mit dessen Sprache. Sondern der Verstehende kommt zugleich mit dem verstandenen Partner allererst zu einer gemeinsamen Sprache[117], die über beider Rollen und Rollensprechen in der narratio hinaus Bestand haben wird: *zur Sprache der Schrift.* Diese ist nach den Erörterungen von B. 9 und 10 so wenig Gottes ‚eigentliche' (nämlich zugleich schaffende) ‚Sprache' wie Augustins Sprache den Mitmenschen gegenüber. *Das*

---

[117] Daher die Phänomene von Katachrese verstandener Handlung mit biblischer Sprache in der narratio.

Verstehen zwischen Gott und Mensch *projiziert sich als eigene* (keinem Partner als Auslegungssprache zugehörende) *Sprachlichkeit* mit fester Textualität: als permanenter Gesprächstext.

4. Mit der Asymmetrie von Text und Auslegungstext bei Augustin und Gadamer hängen unterschiedliche Phänomene der Textflüchtigkeit bzw. Textbeständigkeit zusammen, die erhebliche ästhetische und linguistische Konsequenzen haben. Gemeint sind vor allem Erscheinungen, die in der voraufgehenden Untersuchung als ‚Textvernichtung' bezeichnet wurden; Gadamer spricht von einer Tendenz zum Verschwinden. M.W. ist diesen Beobachtungen Gadamers (vgl. vor allem S. 375 und 377ff.) bisher keine sonderliche Beachtung geschenkt worden – wohl auch nicht von ihm selbst. Sie erhalten aber im Vergleich mit dem Verfahren Augustins einen schärferen Hintergrund. – Bei Gadamer ist der zu verstehende Text das Permanente (etwa insofern es immer wieder neuem Aufbrechen durch ein Verstehen sich in unwandelbarer Erstarrtheit stellen kann). Es erhält so alle Dignität eines ästhetischen Phänomens. Dagegen kann „die sprachliche Ausdrücklichkeit" des Verstehens sich keinen „zweiten Sinn neben dem verstandenen und ausgelegten" gewinnen. Sie ist dann „richtig", wenn sie „akzidentiell" ist, hinter dem Text „verschwinden" kann. Ja, auch in ihrer Vermittlung an den Dritten, das Publikum des Hermeneuten, hat sie ihre Textflüchtigkeit zu erhalten: in der Hermeneutik Gadamers kann für eine Ästhetik des auslegenden Textes selbst kein Raum sein. – Bei Augustin ‚verschwindet' der verstandene Text; es persistiert der Gesprächstext, die Schrift. Das ‚Verschwinden' aber, da es den Prozeß des Verstehens in eine Ästhetik der „caritas" stellt, hat durchaus ästhetische Bedeutung: bleibt die narratio nach ihrer Aufzehrung durch das Gespräch für Gott und Augustin Gesprächs*gegenstand,* so kann sie dem menschlichen Zuhörer, wie gezeigt wurde, während ihrer Dauer Genuß („delectatio") bereiten. Und ebenso erhält die persistierende Sprache des Gesprächs durch die Einbeziehung eines menschlichen Gesprächspartners eine ästhetische Dimension; wie sich zeigte, werden die hermeneutischen Probleme dieser Einbeziehung durchweg ästhetisch gelöst.

5. Zuletzt aber stellt die sprachliche ‚Oberflächen'- und ‚Tiefen'-Struktur der augustinischen Gesprächssprache *als* Schrifttext vor Probleme, wie sie weder der auszulegende Text noch der Auslegungstext Gadamers aufwerfen[118]. Es ist äußerst schwierig, dieses Sprechen linguistisch adäquat zu beschreiben. Die augustinische Sprachtheorie – soweit sie jedenfalls von ihm als solche thematisiert wurde –[119] wird ihm mit ihrer Scheidung von ‚innerer' und ‚äußerer' Sprache (Begriffe, die bei der oben unternommenen Rekonstruktion beibehalten werden mußten) nicht gerecht. Ich zähle einige

---

[118] Die bisher eindringlichste Diskussion dieser Fragen bei Wieland, *Offenbarung bei Augustinus* S. 111ff.
[119] Es fehlt eine zusammenhängende und vor allem auch die oft weit über die explizite Theorie hinausgehenden Erörterungen umgreifende Darstellung. Ich verweise hier lediglich, wegen der Hinweise auf Wittgenstein, auf L. Alici, *Il linguaggio come segno e come testimonianza*, Roma 1976. Sowohl Gadamer wie Wittgenstein haben die res-signum-Theorie Augustins sowie seine Scheidung in „vox interior" und „exterior" interpretiert (aber die hier dargestellten Probleme nicht gesehen): H.-G. Gadamer in dem Abschnitt „Sprache und verbum", in *Wahrheit und Methode* S. 395ff. – eine thomistische Vereinfachung des linguistischen Theologumenons vom inneren Wort; vgl. die Kritik U. Duchrows, *Sprachverständnis und biblisches Hören* S. 44ff. – Zu Wittgenstein sogleich.

der Schwierigkeiten auf: Die biblische Sprache ist — als Gesprächssprache — offenbar eine von den in sie eintretenden Personen und ihrem ‚Inneren' unabhängige Entität. Sie läßt keine Rückschlüsse aus ihrer Wohlgeformtheit (im linguistischen Sinne) auf tatsächliche syntaktische, semantische und pragmatische Leistungen und Kontexte zu. Sie vermag gleichzeitig für jeden Teilnehmer auf verschiedene Welten zu referieren. Ihre Bedeutung *ist* etwa bei dem zum Wechselgespräch fraktionierten Psalm 4 — offenbar die Tatsache ihres Gebrauchs. Sie ist Manifestation des Verstehens der Teilnehmer selbst — wobei sie nach Augustin eine durch die sprachliche Wahrnehmbarkeit nicht faßbare Kommunikation zwischen einzelnen Teilnehmern unter Ausschluß anderer ermöglicht.

Wie man sieht, führen diese — nicht abschließenden — Merkmale ein Sprachspiel vor Augen, wie es erst der späte Wittgenstein beschrieb[120]. Ein Vergleich muß an dieser Stelle unterbleiben[121]. Aber hingewiesen[122] sei auf eine Auswirkung der augustinischen Einbeziehung Gottes in verstehbares Sprechen gerade bei einer Sprachphilosophie, die — wie jene Augustins in den *Confessiones,* wo sogar die mystische Entrückung noch als ein „tacere" des einen, menschlichen Partners umschrieben wurde[123] — Sprachlichkeit als hintergehbar zugrundegelegt[124]. Wo solche Sprachlichkeit nicht mehr in nachprüfbarer Weise auf die ‚Wirklichkeit', das ‚Innere' der eigenen Person oder des menschlichen Partners referiert, erhebt sich erneut der cartesianische Verdacht auf eine mögliche grundsätzliche Täuschung aller Erkenntnisinstrumentarien; und zwar erhebt er sich für Wittgenstein, auf der Ebene nicht hintergehbarer Sprachlichkeit, als die fatale Möglichkeit eines Dialogs mit einem Bewußtsein, das ich nicht verstehen soll und kann, als die Möglichkeit, „daß Gott mir immer eine Farbe zeigt, um zu sagen: Die *nicht*"[125]. Ganz offensichtlich hat sich in dieser Rolle als „deus malignus"[126] der von Augustin zuerst in der Innerlichkeit seiner memoria angetroffene und in der Sprachlichkeit des Verstehens eingefangene Gott verstockt, als der menschliche Partner in der Neuzeit sich aus der Intimität zurückzog, die das augustinische Gespräch erreicht hatte. Zuerst aus theologischen Gründen, dann aus historisch-bibelkritischen, endlich aus moralisch-aufklärerischen. Intimität wird theologisch verdäch-

---

[120] Wobei ausgerechnet die *Philosophischen Untersuchungen* mit der Diskussion einer *Confessiones*-Stelle (1, 8, 13) beginnen, in der Augustin lediglich die res-signum-Theorie abwandelt: Wittgenstein kann in seiner Polemik gegen sie auf die eigenen Positionen im *Tractatus* zielen. D.E. Zoolalian, „Augustine and Wittgenstein", in *Augustinian Studies* 9 (1978) S. 25ff. bleibt bei diesem Augustin-Zitat stehen; weiterführend Alici, *Il linguaggio* S. 132ff.

[121] Ich verweise nur auf die genaue Parallele in der Deskription eines Ablaufs von ‚innerem' Sprechen, begleitender Körpersprache und zwischenmenschlicher Kommunikation conf. 9, 8, 4 (vgl. o. III, 3) und *Philosophische Untersuchungen* § 332.

[122] Im Anschluß an J. Zimmermann, *Wittgensteins sprachphilosophische Hermeneutik,* Frankfurt/M. 1975, S. 213ff.

[123] Vgl. o. IV, 1

[124] Vgl. zur Kritik dieser Positionen K. O. Apel, *Die Idee der Sprache in der Tradition des Humanismus von Dante bis Vico,* Bonn 1963, S. 21ff. und K. Lorenz/J. Mittelstraß, „Die Hintergehbarkeit der Sprache", in *Kant-Studien* 58 (1967) S. 190f.

[125] *Schriften* Bd 6, S. 207.

[126] Zu dieser Rolle und ihrem Späthorizont vgl. die Bemerkungen H. Blumenbergs, zuletzt in *Arbeit am Mythos,* Frankfurt/M. 1979, S. 295ff.

tig: die Partikularprovidenz wird (gerade bei Gegnern des Calvinismus[127]) lächerlich, die narratio eines sündigen Lebens selbst als confessio zur Schwatzhaftigkeit und die Änderung des Lebens geradezu hinauszögernd: ‚d'où nous venoit cett'erreur de recourir à Dieu en tous nos desseins et entreprinses? (...) De quel langage entretiennent-ils sur ce subject (sc. ihre confession) la justice divine? Leur repentance consistant en visible et maniable réparation, ils perdent et envers Dieu et envers nous le moyen de l'alleguer" (Montaigne)[128]. – Die Bibelkritik demonstriert ihre Unmöglichkeit: Gott kann nicht selbst mit Moses „von Angesicht zu Angesicht" geredet haben; er muß eine „vox" zu diesem Zweck geschaffen haben. Wie aber konnte diese „vox creata" „Ich bin dein Gott, Jahwe" sprechen? – zu Menschen, die von der Existenz dieses Gottes nichts wußten? Ebenso unverständlich wäre dieses Sprechen, wie das Sprechen des Wittgensteinschen Löwen: „immo alicuius bestiae contorsisset ad eadem pronuntiandum, an inde Dei existentiam intellegerent?" (Spinoza)[129]. Es ist bemerkenswert, daß diese Argumentation auftritt, als die neue Bibelästhetik gerade das Unklassizistisch-Elementare des AT („voces cataractarum"; „Donner", s.o. IV, 4) entdeckt. Aber sie entdeckt sie nicht mehr als die Ästhetik einer intimen „caritas", sondern als jene einer historisch fernen hebräischen Ur-Literatur. Schließlich die moralisch-aufklärerische Attacke: „The higher the deity is exalted in power and knowledge, the lower of course he is depressed in goodness and benevolence; whatever epithets of praise may be bestowed on him (...) Among more exalted religionists, the opinion itself contracts a kind of falsehood and belies the inward sentiment" (Hume)[130].

Ist endlich Gott aus der Intimität der confessio vertrieben, lebt diese in der gnadenlosen Dialektik einer Intimität mit dem Publikum fort, wie sie J. Starobinski an den autobiographischen Schriften Rousseaus demonstriert hat[131]. Mit diesem Publikum kommt es nicht mehr zum verstehenden Gespräch: es urteilt; es zehrt die narratio nicht auf, sondern treibt den Autor umgekehrt in die „parole infatigable" weiterer Enthüllungen. Die confessio regrediert auf das judiziale Gedächtnis, Rousseau ‚legt Berufung ein' (mittels dialogischer Konstrukte). Ja, er sucht den vertriebenen Gott in die leere Intimität zurückzugewinnen, in welcher die Hölle die anderen sind. Schon das erste Buch der *Confessiones* legt Berufung beim Jüngsten Gericht ein. Aber es bleibt auch hier, trotz der Gottesanrede, bei judizialem Sprechen; es kommt zu keinem Gespräch. Rousseau wird, ‚die *Confessiones* in der Hand', vor Gott treten; er konstituiert keinen Gesprächstext mehr. Und die *Confessiones* in der Hand sucht er endlich den ironisch verbliebenen Rest kirchlicher Intimität auf, um sein Buch als „Dépot remis à la Providence" am Altar niederzulegen. Aber diese ‚Vorsehung' hat die Gitter zum Altar geschlossen.

---

[127] Umgekehrt läßt Dichtung aus calvinistischem Glauben an eine individuelle Providenz eine ähnlich breite Phänomenologie ästhetischer Intimität mit Gott sich entfalten wie in den *Confessiones*; ich verweise auf die wertvolle Untersuchung von A. D. Nuttal, *Overheard by God*, London/New York 1980.
[128] *Essais* ch. 56 („Des prières").
[129] *Tractatus theologico-politicus* cap. 1 (hgg. van Vlothen/ Land, S. 97).
[130] *The Natural History of Religion*, hgg. Green/Grose, 2, S. 354f.
[131] Zu dieser Dialektik ist vor allem J. Starobinski, *Jean Jacques Rousseau – La Transparence et l'obstacle*, Paris 1971, S. 217ff. zu vergleichen.

Wie das entspannte Gespräch und den Wortwechsel zwischen Gott und Mensch gibt es auch die entlastete Intimität des augustinischen Plauderns mit Gott nicht mehr; aber ihre Folgen lassen sich auch nicht mehr ungeschehen machen[132]. „Si les dieux se mettent à engager avec les humains des conversations individuelles, les beaux jours sont finis"[133].

---

[132] Nach Archilochos (fr. 53) und Späteren verspricht Zeus dem Tantalos, noch in der Gesprächsintimität, auf Erden wie ein Gott zu leben, hängt aber über ihm einen glühenden Stein auf; vgl. Euripides *Orest.* 4ff. und 982ff. Nach den Pindarscholien (*ad Olymp.* I, 91a) erklärt Tantalos sie sich als Sonne, wie Anaxagoras diese und den Kosmos entgötternd, in dem er allein zurückbleibt.
[133] Giraudoux, *Amphitryon* III, 4.

WALTER HAUG

DAS GESPRÄCH MIT DEM UNVERGLEICHLICHEN PARTNER
Der mystische Dialog bei Mechthild von Magdeburg als
Paradigma für eine personale Gesprächsstruktur

I

„Dialogisches Denken steht heute zwischen zwei Feuern: dem verlöschenden Feuer der transzendentalphilosophischen Denktradition und dem aufflammenden Feuer der Alleinherrschaft der Kategorie Gesellschaft." So hat H.-H. Schrey die Situation der Philosophie des Dialogs in unserem Jahrhundert gekennzeichnet[1]. Das dialogische Denken erscheint damit als dritte Möglichkeit zwischen einem Philosophieren, das von der Autarkie des Subjektes ausgeht, und der Gegenposition, die das Subjekt an die anonymen Mächte kollektiver Prozesse ausgeliefert sieht. H.-H. Schrey beruft sich insbesondere auf M. Buber, dessen Lebenswerk dieser dritten, lange verschütteten dialogischen Dimension des Menschen galt und der damit den neuen mitmenschlich orientierten Strömungen der modernen Philosophie wesentliche Impulse gegeben hat[2]. Diese „Sozialontologie" — eine Bezeichnung, die von M. Theunissen stammt, dem wir die eingehendste Darstellung dieser Bewegung verdanken[3] — erlebte ihren großen Aufschwung nach dem ersten Weltkrieg. Sie verleugnet nicht ihre theologischen Wurzeln, und sie ist denn auch zu einem großen Teil von Theologen getragen worden[4]. Das heißt: wenn für dieses Denken das Du dem Ich prinzipiell vorgeordnet ist, wenn das Ich sich erst in der Begegnung mit dem Du konstituiert, so steht hinter dieser Dialogizität des menschlichen Seins letztlich die Begegnung mit dem Ur-Du Gottes, die personale Erfahrung der Transzendenz.

Die theologisch fundierte Dialogik besitzt einen phänomenologischen und insbesondere einen sprachtheoretischen Aspekt. Weder der eine noch der andere vermochte sich aber von dieser Basis aus voll zu entfalten. So mußte es denn zu Versuchen kommen, das dialogische Denken, vom theologischen Ansatz abgerückt, intersubjektiv-phänomenologisch bzw. sprachlich aufzuschließen und zu begründen. Bezeichnend für diese Umorientierung ist G. Bauers Studie *Zur Poetik des Dialogs* von 1969[5]. G. Bauer bekennt, daß er den Anstoß zu seinen Untersuchungen der dialogischen Philosophie, insbesondere F. Gogarten, verdanke, er beklagt aber zugleich, daß diese Philosophie keine ausgearbeitete Phänomenologie des Gesprächs hervorgebracht habe. Den Grund sieht er darin, daß die theologisch-ontologische Fundierung der Gesprächssituation ethisch orientiert war.

---

[1] H.-H. Schrey, *Dialogisches Denken* (Erträge der Forschung 1), Darmstadt 1970, S. IX.
[2] Ebd. S. IXf. u. S. 55ff.
[3] M. Theunissen, *Der Andere – Studien zur Sozialontologie der Gegenwart*, Berlin 1965.
[4] Es sei insbesondere an F. Ebner, F. Gogarten, E. Brunner und K. Barth erinnert, vgl. Schrey, *Dialogisches Denken* S. 52f. und Theunissen, *Der Andere* S. 330ff.
[5] G. Bauer, *Zur Poetik des Dialogs – Leistung und Formen der Gesprächsführung in der neueren deutschen Literatur* (Impulse der Forschung 1), Darmstadt 1969, ²1977.

Da es dabei wesentlich darum gegangen sei, das echte Gespräch vom bloßen Gerede abzuheben, habe man die konventionell-regelhaften Elemente der Kommunikation in ihrer Bedeutung nicht in den Blick bekommen. Ein phänomenologischer Ansatz hingegen habe von der Vorgegebenheit menschlicher Sprache als eines nach Regeln funktionierenden Kommunikationssystems auszugehen und dann die Spielarten zu beschreiben, nach denen der Interaktionsprozeß ablaufen kann. So entwirft er — ohne weiteren Rückbezug auf die dialogische Philosophie — zunächst ein Modell des gewöhnlichen Gesprächs, das er dann der Analyse konkreter Dialoge — G. Bauer zieht literarische Materialien heran — zugrundelegt.

Er erläutert einleitend, in welchem Maße er damit Neuland betritt. Denn die traditionelle Rhetorik, von der man am ehesten eine gewisse Vorarbeit erwarten würde, erweist sich als unergiebig: sie habe es, ausgerichtet auf die Technik der Persuasion, versäumt, die Erwiderung von seiten des Angesprochenen mit einzubeziehen[6]. G. Bauer geht es bei seiner Phänomenologie des Gesprächs also nicht mehr nur darum, die unterschiedlichen Redeweisen voneinander abzuheben: Befehl, Bericht, Erörterung usw., sondern sie mit den Weisen des Hörens und Antwortens zusammenzusehen. Das Ergebnis sind dann unterschiedliche Stile sprachlicher Kommunikation, d.h. das Modell faltet sich in eine Reihe von Dialogtypen aus.

G. Bauer unterscheidet deren vier. Die Kriterien sind
a) das Verhältnis der Gesprächspartner zueinander, ihre relative Verbundenheit bzw. Selbständigkeit;
b) die Art und Weise, in der die Sprache als Kommunikationsinstrument verstanden und eingesetzt wird;
c) der Umgang mit dem Gesprächsgegenstand und
d) das Zeitbewußtsein, das die Dialogsituation kennzeichnet.

Einen ersten Typus stellt die „gebundene Gesprächsform" dar. G. Bauer versteht darunter den disziplinierten Gedankenaustausch zwischen prinzipiell gleichberechtigten Partnern, die im gleichen geistigen Raum stehen und über etwa gleiche Ausdrucksmöglichkeiten verfügen. Die Voraussetzung für ein Gespräch dieses Typus ist damit ein trotz unterschiedlicher Standpunkte gemeinsamer Horizont von Werten. Die Positionen grenzen sich im Dialog markant gegeneinander ab, wobei die Konfrontation zu einer Entscheidung hier und jetzt drängt. Der Wortwechsel bedient sich eines normierten, relativ hohen, unter Umständen geradezu zeremoniellen Stils. Dabei verläßt man sich darauf, daß die Sprache die Überzeugungen zu tragen vermag; G. Bauer spricht von Sprachoptimismus. Das französische Drama des 17. Jahrhunderts hat diesen Typus mustergültig ausgeformt.

Diesem gebundenen Dialog steht als zweiter Typus das offen-impulsive Gespräch gegenüber. Hier wird versucht, das konventionelle Miteinander-Umgehen aufzubrechen, um an die Person des Partners heranzukommen. Doch dieser „ungebundene" oder „kon-

---

[6] Über die Ansätze zu einer antiken Theorie der Gesprächskunst im Zusammenhang mit der Rhetorik und prepon-Lehre vgl. jedoch *Die Kunst des Gesprächs — Texte zur Geschichte der europäischen Konversationstheorie*, hg. C. Schmölders, München 1979, Einleitung S. 9ff. So zustimmend man C. Schmölders' Bemerkungen zur antiken ars sermonis — als Korrektur an G. Bauers Auffassung — aufnehmen wird, so einseitig und verzerrend ist dann die Skizze, die sie von der christlich-mittelalterlichen Gesprächstheorie gibt, S. 16ff.

ventionssprengende Dialog" gefährdet zugleich die Verständigung immer wieder durch Willkür, Brechung und Mißverständnisse. Denn es können sich keine übertragbaren Spielregeln herausbilden, es wird vielmehr immer wieder neu der direkte Zugang zum Andern gesucht, und dies nicht selten schonungslos und aggressiv. Der Sprache gegenüber ist man eher mißtrauisch, man verläßt sich nicht auf sie. So fordert man den Andern gerne mit abgebrochenen Sätzen, mit Reizwörtern und Anspielungen heraus, man hofft auf einen Brückenschlag über das Wort hinweg. Vom Zeitbewußtsein her gesehen hängt viel am Glück oder Unglück des Augenblicks, am Zufall der momentanen Konstellation. „Dieses Modell des elementaren, wenig eloquenten Gesprächs, das immer mehr um das fundamentale Sein der Gesprächspartner als um eine Kontroverse des Willens oder Intellekts kreist, ist im Deutschen zum ersten Mal im Drama der Stürmer und Dränger ausgebildet worden"[7].

Quer sowohl zur Konfrontation widersprüchlicher Positionen im Rahmen beiderseits akzeptierter Spielregeln wie zum momentanen Aufeinandertreffen von Individualitäten, denen ein verläßlicher gemeinsamer Bezugshorizont fehlt, steht der Typus des „experimentierenden Dialogs". Hier wird von den Partnern im Gespräch ein Fundament für eine Verständigung gesucht oder hergestellt, wobei entweder beide Seiten sich darum bemühen oder der eine dem andern entgegenkommt. Die Sprechweise kann bald mehr stilisiert sein wie beim gebundenen Gespräch und bald mehr offen-natürlich wie beim ungebundenen Typus. Entscheidend ist, daß der Dialog weder durch einen starren Rahmen festgelegt ist, noch die Verständigung aufgrund in sich verschlossener Positionen prinzipiell problematisch wird. Die Partner sprechen locker, ja hypothetisch, sie setzen ihre Behauptungen aufs Spiel, sie versuchen, so weit von sich abzusehen, daß die Frontstellung flexibel und korrigierbar bleibt. Die Auseinandersetzung zeigt einen ausgeprägt intellektuellen Charakter. So wie die jeweiligen Positionen, so wird dabei auch der sprachliche Ausdruck hinterfragt. Im Hinblick auf das Verhältnis zur Zeit bewahrt man sich ebenfalls einen gewissen Freiraum: man steht nicht unter dem Druck einer Entscheidung oder vor einer Konfrontation auf Biegen und Brechen. G. Bauer nennt dies auch das „dialektische Gespräch". Er sieht es mustergültig ausgebildet in den Platonischen Dialogen, es wird bestimmend wiederum für Lessing und wirkt von ihm aus weiter.

Die drei beschriebenen Typen gehören insofern näher zusammen und unterscheiden sich damit prinzipiell von einem weiteren, vierten Typus, als das Sprechen hier stets ein bestimmtes Ziel verfolgt: es geht um Auseinandersetzung, um Selbstausdruck, um Verständigung; die Beziehung ist antagonistischer Art; eine intellektuelle oder emotionale Differenz bildet den Antrieb. Demgegenüber gibt es auch das absichtslose Gespräch, den Dialog um seiner selbst willen. G. Bauer verwendet dafür den Begriff der „Konversation". Er unterscheidet zwei Arten: zum einen den schwärmerisch-begeisterten Gedankenaustausch zwischen Freunden, der Dialog ist hier der Ausdruck gemeinsamen Empfindens; zum andern das förmlich-gesellschaftliche Sprechen, das auf einer ungeprüften oder bewußt illusionistisch angesetzten gemeinsamen Basis beruht. Die Gesprächsgegenstände und -meinungen sind weitgehend beliebig und unverbindlich, man wird höchstens getarnt persönlich. Man kann mit der Sprache spielerisch-ironisch umgehen. Die Zeitform der

---

[7] Bauer, *Zur Poetik des Dialogs* S. 15f.

Konversation ist ein Fließen und Kreisen, sie treibt nicht auf kritische Wendepunkte zu, sondern findet ihren eigentlichen Sinn darin, sich in sich selbst weiterzudrehen.

G. Bauer will diese vier Typen nicht als System, sondern als ein heuristisches Instrumentarium zur Analyse literarischer Gespräche verstanden wissen. Dabei sind sie in erster Linie an der neueren deutschen Literatur orientiert. Die Reihe sei aber im Prinzip offen, man müsse insbesondere für die älteren Epochen mit weiteren Formen rechnen. Er kommt gelegentlich auf solche zu sprechen, so auf den starr normierten Dialog im Lehr- oder Streitgespräch des Mittelalters, in der Katechese usw.

Trotz der Vorbehalte, mit denen G. Bauer die Reichweite seiner Typologie selbst relativiert, betrachtet er sie doch in praxi als zureichendes Instrument zur Charakterisierung und Interpretation der Gesprächsformen, die für die neuere Literatur kennzeichnend sind. Da es sich um heuristisch stilisierte Idealtypen handelt, dienen sie im konkreten Fall als Folie für immer wieder neue Differenzierungen und Nuancierungen. So bleibt die analytische Technik flexibel, und die Ergebnisse erscheinen keineswegs als Abklatsche eines starren Rasters.

Da G. Bauers Reihe der Gesprächstypen offen ist, läßt sie sich zwar durch weitere Typen ergänzen, aber phänomenologisch nicht prinzipiell in Frage stellen. Will man Zweifel anmelden, so können sie nur den Kriterien gelten, nach denen die Differenzierung der Typen vorgenommen worden ist. Daß gerade hier Vorbehalte zu machen sind, wird spätestens bei G. Bauers Behandlung des Liebesdialogs offenkundig, der zweifellos den schwächsten Punkt seiner *Poetik* darstellt. Das Gespräch zwischen Freunden und Liebenden wird, wie gesagt, als eine Unterart der Konversation behandelt. Das entscheidende Kriterium ist die Gleichgestimmtheit der Partner. Ihr Gespräch findet seinen Sinn darin, diese Übereinstimmung der Empfindungen zu artikulieren, wobei die Funktion des Wortes in auffälliger Weise eingeschränkt erscheint: „Natürlich bildet das Liebesgespräch ein wichtiges Kontingent der zweckfreien Konversation von der mittelalterlichen Lyrik bis in die Literatur des 20. Jahrhunderts. Es fällt allerdings auf – schon Goethe und Tieck haben darauf hingewiesen –, daß die Liebenden in der deutschen Dichtung nur dann beredt werden, wenn sie Differenzen auszutragen haben, also doch einen Zweck verfolgen, während sie ihre Übereinstimmung mehr durch Wortlosigkeit als durch spielerischen Austausch demonstrieren"[8]. Und mit dieser Bemerkung läßt G. Bauer diesen Typus mehr oder weniger auf sich beruhen.

Nun ließe sich leicht zeigen, daß der thematische Spielraum des Liebesgesprächs sehr viel weiter ist, daß er sich nicht darin erschöpft, das gemeinsame Gefühl ins Wort zu bringen oder Differenzen auszutragen. Es wäre vielmehr die ganze Skala der Aspekte zu bedenken, die eine persönliche Beziehung kennzeichnen: das Gefühl unangefochtener Übereinstimmung kann immer nur momentan sein, es wechselt mit Sorge, ja mit Angst gegenüber all dem, was die Beziehung von außen oder innen bedroht. Liebesszenen sind nicht selten Abschiedsszenen, bei denen der Wunsch, den Geliebten zu halten, mit der notwendigen Trennung im Widerstreit liegt – man denke an Romeos und Julias Meinungswechsel, ob man die Nachtigall oder die Lerche gehört habe!

Nun soll es hier jedoch nicht darum gehen, G. Bauer an einem bestimmten Punkt

---

[8] Ebd. S. 19f.

zu ergänzen und einen Typus, der zu schematisch bedacht worden ist, differenzierter zu fassen. Diese schwache Stelle sei vielmehr als auffälligstes Symptom dafür herangezogen, daß in seinem Modell ein Aspekt so gut wie völlig ausgefallen ist, nämlich die personale Beziehung zum Partner. Sie spielt, abgesehen von dem verkürzt behandelten Liebesgespräch, höchstens negativ beim ungebundenen Typus eine gewisse Rolle. Während im gebundenen Dialog der disziplinierte Wortaustausch den persönlichen Zugriff auf den Partner ausschließt und während das dialektische Gespräch sich geradezu dadurch definiert, daß man zugunsten der Sache das Persönliche zurückstellt, besteht der Grundzug des ungebundenen Gesprächs darin, daß es sich für die Sprechenden als unmöglich erweist, über das Wort wirklich zusammenzutreffen und das gesuchte Selbst des Anderen zu erreichen. G. Bauer räumt zwar ein, daß immer die Chance bestünde, sich jenseits der versagenden Sprache doch zu finden, und es fällt sogar das Wort „Sympathie"; aber dieses nicht in Grundsätzen verbürgte Zusammentreffen sei labil, sei der Zufälligkeit und Momentaneität anheimgegeben. Damit ist die Möglichkeit eines von einer positiven persönlichen Beziehung zwischen den Partnern getragenen Gesprächs schnellfertig verbaut. Und so ist es denn auch bezeichnend, daß G. Bauer jenen Typus, dem er mehr oder weniger offen den höchsten Wert zuerkennt, das dialektische Gespräch, aus allem Persönlichen löst und völlig an der Sache orientiert sein läßt. Was das Gespräch hier insbesondere leiste, sei der Aufbau einer gemeinsamen geistigen Welt. Und hierbei trifft er sich mit der sprachphilosophischen Gesprächstheorie, die in der Konstituierung eines umgreifenden geistigen Horizontes den eigentlichen Sinn der sprachlichen Interaktion sieht[9]. G. Bauer hält zwar fest, daß die unauflösliche Andersartigkeit des Partners beim dialektischen Gespräch unberücksichtigt bleibe, und er verkennt auch nicht die Gefahr, daß die immer weiter getriebene dialogische Relativierung der Standpunkte einen Schwebezustand herbeiführen könne, der nurmehr leere Freiheit bedeute, aber merkwürdigerweise übersieht er, daß es gerade hier der vorgängigen Sympathie bedarf, damit nicht nur ein Absehen von der eigenen Person überhaupt möglich wird, sondern man sich auch nicht in der Belanglosigkeit bloßen Relativierens verliert.

Daß G. Bauer den Aspekt der personalen Beziehung dermaßen vernachlässigt hat, muß um so mehr überraschen, als er von der dialogischen Philosophie hergekommen ist. Er hat sein Ziel, von hier aus eine Phänomenologie des literarischen Gesprächs zu entwerfen, zwar erreicht, dabei aber im Grunde das preisgegeben, was seinen Ausgangspunkt kennzeichnete: das Dialogische als Grundform menschlichen Miteinanderseins, das Gespräch als Weg zum Ich über das Du. G. Bauer bleibt in den phänomenalen Modi des Redens und Antwortens hängen, und zwar grundsätzlich bei allen vier Typen: in seinem gebundenen Gespräch stehen sich weniger Personen als Standpunkte gegenüber; im ungebundenen Gespräch scheitert der Versuch, den Partner zu erreichen; der dialektische Dialog löst sich von allem Persönlichen ab; und die Konversation bewegt sich so sehr an der Oberfläche, daß die Partner kaum betroffen werden. Es versteht sich, daß

---

[9] Ebd. S. 50, mit Hinweis auf H. Glinz, „Die Leistung der Sprache für zwei Menschen", in *Sprache, Schlüssel zur Welt – Festschrift für L. Weisgerber*, hg. H. Gipper, Düsseldorf 1959, S. 87–105. In jüngster Zeit, auf Mukařovský aufbauend: R. Kloepfer, „Das Dialogische in Alltagssprache und Literatur", in *Dialogforschung – Jahrbuch des Instituts für deutsche Sprache 1980* (Sprache der Gegenwart 54), Düsseldorf 1981, S. 314–333, hier S. 316ff. und S. 328ff.

die Konzentration der Analysen auf herausgegriffene Einzeldialoge diesem Verfahren entgegenkommt. Die Frage ist: ist dies der Preis, den man zwangsläufig für die Wendung zur Phänomenologie zu bezahlen hat?

Ich möchte im folgenden an einem Beispielfall zeigen, daß dieser Preis nicht gefordert ist, daß vielmehr erst ein Modell, das seine Basis im dialogischen Denken besitzt, eine hinreichende Ordnung der Phänomene und damit eine befriedigende Typologie ermöglicht. Ich wähle als Demonstrationsobjekt den mystischen Dialog bei Mechthild von Magdeburg.

II

Mechthilds *Fließendes Licht der Gottheit* besteht aus einer losen Folge von Visionen, Gebeten und Betrachtungen sehr verschiedener Art, wobei hier von Interesse ist, daß die mystische Gotteserfahrung sich entweder von vornherein dialogisch darstellt oder als Bericht dargeboten wird, der immer wieder ins Gespräch umschlägt: Gott oder die personifizierte Gottesliebe unterhalten sich mit dem Ich Mechthilds oder ihrer personifizierten Seele.

Die einzelnen Stücke oder Kapitel sind von sehr unterschiedlicher Länge; sie gehen bald über mehrere Seiten, bald umfassen sie nur wenige Zeilen. Sie sind in sieben Büchern angeordnet.

Mechthild hat um 1250 mit der Niederschrift begonnen, und die Aufzeichnungen ziehen sich dann über drei Jahrzehnte hin, vermutlich bis zu ihrem Tod im Jahre 1282/83[10]. Man hat von einer inneren Biographie gesprochen[11]. Man könnte also erwarten, daß das mystische Gespräch sich im Laufe der Zeit in eine bestimmte Richtung entwickelt oder sich wenigstens wandelt, und man möchte und müßte dies bei einer Interpretation berücksichtigen. Doch bietet die Überlieferungslage so große Schwierigkeiten, daß man zumindest vorläufig davon absehen muß.

Das fließende Licht der Gottheit ist nicht in der Form erhalten, in der Mechthild den Text niedergeschrieben und der Öffentlichkeit übergeben hat. Wir besitzen ihn vollständig nur in einer alemannischen Umsetzung, die zwischen 1343 und 1345 in Basel entstanden ist. Überliefert ist sie in einer Einsiedler Handschrift — Cod. 277 —, die jedoch durch mehrere Zwischenstufen von der Basler Redaktion getrennt sein dürfte[12]. Dazu

---

[10] Zur Chronologie vgl. H. Neumann, „Beiträge zur Textgeschichte des *Fließenden Lichts der Gottheit* und zur Lebensgeschichte Mechthilds von Magdeburg", in *Nachrichten der Akademie der Wissenschaften* in Göttingen, phil.-hist. Kl., 1954/3, S. 27—80 (auch in *Altdeutsche und altniederdeutsche Mystik* (Wege der Forschung XXIII), hg. K. Ruh, Darmstadt 1964, S. 175—239, hier S. 180ff.).

[11] Das oft zitierte Wort stammt von W. Mohr, „Darbietungsformen der Mystik bei Mechthild von Magdeburg", in *Märchen, Mythos, Dichtung — Festschrift für F. von der Leyen*, hgg. H. Kuhn/K. Schier, München 1963, S. 375—399, hier S. 378: „Fragmente einer inneren Biographie — so wird man das Ganze vielleicht nennen können".

[12] Nachdem man sich bislang mit der völlig unzulänglichen Ausgabe von G. Morel, *Offenbarungen der Schwester Mechthild von Magdeburg oder Das Fließende Licht der Gottheit*, Regensburg 1869, Nachdr. Darmstadt 1963, behelfen mußte, steht nun die neue kritische Edition von H. Neu-

kommen Auszüge, die z.T. vor die Einsiedler Abschrift zurückführen[13]. Zeitlich sehr viel näher beim Original steht eine lateinische Übersetzung der Bücher I bis VI[14]; sie muß bald nach Mechthilds Tod, also wohl noch in den achtziger Jahren angefertigt worden sein. Sie weicht jedoch in der Anordnung der Materialien von der alemannischen Fassung ab. Zudem hat sie inhaltlich bedenkliche Passagen ausgeschieden oder gemildert. Es gibt gute Gründe anzunehmen, daß die Einsiedler Handschrift im wesentlichen eine Kapitelfolge bietet, die auf Mechthild selbst zurückgeht, während die lateinische Fassung die Kapitel thematisch neu zu ordnen versucht. Und schließlich ist zu berücksichtigen, daß Mechthild selbst nachträglich in ihren Text eingegriffen hat. H. Neumann, dem wir die maßgeblichen Untersuchungen verdanken, hat nachweisen können, daß der älteste Komplex, die Bücher I bis V, von der Verfasserin überarbeitet worden ist. Eine Reihe späterer Einschübe lassen sich mit einiger Sicherheit fassen[15]. Trotzdem bleibt es schwierig, ein genaues Entwicklungsbild zu zeichnen. Immerhin aber sind gewisse Hauptstadien deutlich zu unterscheiden: eine stark emotionale Phase zu Beginn, die dann allmählich einer ruhig-gefaßteren Haltung weicht, bis es gegen das Ende zu einem neuen bewegten Aufschwung kommt[16].

Die Tatsache, daß Mechthild ihre Aufzeichnungen später ergänzt, daß sie aus der Erinnerung mystische Erfahrungen nachgetragen und Erläuterungen eingefügt hat, ist bedeutsam für die Beurteilung des spezifischen biographischen Charakters des Werkes. Einerseits schreibt Mechthild, weil sie sich dazu innerlich gezwungen sieht, d.h. weil Gott sie dazu drängt. Sie versteht ihr Werk als Auftrag; sie kann nicht anders als schreiben, auch wenn sie sich damit exponiert, ja gefährdet. Sie kommt mehrmals darauf zu sprechen; so sagt sie in III, 1: „Nu vŏrhte ich got, ob ich swige, und vŏrhte aber unbekante lúte, ob ich schribe". (Wenn ich schweige, fürchte ich mich vor Gott, und wenn ich schreibe, fürchte ich mich vor verständnislosen Menschen)[17].

Andererseits aber heißt Auftrag nicht nur Nötigung von innen, sondern auch Schreiben für ein Publikum. Es mögen in diesem Fall das autobiographische Ich und das Erzähler-Ich

---

mann unmittelbar vor dem Abschluß. Herr Neumann hat mir freundlicherweise das Manuskript seiner Edition zur Verfügung gestellt. Die im folgenden zitierten Textstellen bieten durchwegs seine kritische Version. Ich möchte ihm an dieser Stelle danken, daß ich mit dem neuen Text arbeiten durfte und hiermit auch die ersten Proben daraus der Öffentlichkeit vorstellen kann.

[13] Grundlegend zur Überlieferungssituation: Neumann, „Beiträge zur Textgeschichte". Zur Überlieferung außerhalb der Einsiedler Handschrift vgl. die Zusammenstellung bei A.M. Haas, „Dichtung und Mystik", in ders., *Sermo mysticus – Studien zur Theologie und Sprache der deutschen Mystik* (Dokimion – Freiburger Zeitschrift für Philosophie und Theologie 4), Freiburg/Schweiz 1979, S. 67–103, hier S. 73, Anm. 18.

[14] *Revelationes Gertrudianae ac Mechthildianae II. Sanctae Mechthildis virginis ordinis Sancti Benedicti Liber specialis gratiae* accedit Sororis Mechthildis ejusdem ordinis *Lux Divinitatis,* opus (...) editur Solesmensium O.S.B. Monachorum cura, Pictavii/Parisiis 1877, S. 435ff. (im folgenden zitiert als R).

[15] Neumann, „Beiträge zur Textgeschichte" S. 214ff., insbes. S. 224ff.

[16] Vgl. Neumann, „Beiträge zur Textgeschichte" S. 217; Mohr, „Darbietungsformen" S. 377f.

[17] Die Einsiedler Handschrift (im folgenden zitiert als E) hat: „swige"; „schribe" ist gebessert nach R: „scriberem", S. 505. – Zur Anfeindung und Gefährdung vgl. Neumann, „Beiträge zur Textgeschichte" S. 186ff., und K. Ruh, „Beginenmystik. Hadewijch, Mechthild von Magdeburg, Marguerite Porete", in *Zeitschrift für deutsches Altertum und deutsche Literatur* 106 (1977) S. 265–277.

in hohem Maße identisch sein, absolut fallen sie jedoch nicht zusammen. Gerade die redaktionellen Eingriffe zeugen dafür, daß es zu einer gewissen Brechung gekommen ist[18].

Es geht also nicht nur darum, mystische Erfahrungen für sich schriftlich festzuhalten, sondern zugleich um deren Präsentation im Blick auf den Leser: „Dis bůch das sende ich nu ze botten geistlichen lúten beidú bösen und gůten (...). Alle die dis bůch wellen vernemen, die söllent es ze nún malen lesen": ‚Sie sollen es neun Mal lesen!' So steht es im „Vorwort" und die Überschrift dazu lautet: „Dis bůch sol man gerne enpfan, wan got sprichet selber dú wort." Mechthild weiß sich also als Vermittlerin von Offenbarungen Gottes, und diese Vermittlungsfunktion führt zwangsläufig zu einer Stilisierung des mystischen Vorgangs bei der Niederschrift, ja möglicherweise schon der Erfahrung selbst.

Doch nicht nur die Rücksicht auf die Vermittlung bricht die mystische Erfahrung, sondern ihre Verschriftlichung ist schon an sich alles andere als problemlos. Es ist undenkbar, im unmittelbaren Einssein mit Gott zu schreiben oder auch nur zu sprechen. Die Niederschrift solcher Erfahrung erfolgt notwendigerweise aus der Distanz. Insofern der Text damit eine vergangene Erfahrung wiedergibt, ist er immer auch schon Reaktion auf diese Erfahrung, d.h. einerseits ein Versuch, das Unfaßbare im Rückblick zu bewältigen; andererseits muß die Distanz zum Erlebnis mit thematisch werden, und das macht die Darstellung der unio immer zugleich auch zu einer Darstellung ihres Verlustes. Dabei aber öffnet sich über die Rekapitulation der mystischen Erfahrung die Perspektive auf ein neues Eintreten in die Begegnung. Und gerade darin steckt weiterhin jenes Moment, das als Appell an den potentiellen Leser weitergegeben werden kann: das Sprechen zielt auf eine Reaktualisierung des mystischen Aktes, der Text bietet sich als Weg zur unio an, oder genauer: der Text problematisiert mit die Möglichkeit, die erinnernde Darstellung als Medium zur Reaktualisierung der unio einzusetzen.

Wie verhalten sich nun im Blick auf diese mehrschichtige Funktionalität mystischen Sprechens und Schreibens Erfahrungsbericht und Gespräch in Mechthilds *Fließendem Licht der Gottheit?* Welchen Sinn besitzt der immer neue Übergang vom narrativen Diskurs zur direkten Rede des Dialogs?

Bauform und narrativer Verlauf der Kapitel variieren, je nach dem Punkt im mystischen Erfahrungszusammenhang, an dem angesetzt wird, und Entsprechendes gilt für die Position und die Perspektive der dialogischen Teile. Da die Darstellung des mystischen Prozesses sich auf vier Ebenen bewegt oder wenigstens vier Ebenen berührt, ist im Prinzip mit vier Ansatzmöglichkeiten zu rechnen:

1. Die präteritale Ebene des konkreten biographischen Erlebnisses; die mystische Erfahrung als Gegenstand des Berichts.
2. Die Ebene der mystischen Erfahrung selbst; sie ist überzeitlich in ihrem aktuellen Vollzug.

---

[18] Zum Problem der biographischen Authentizität: Neumann, „Beiträge zur Textgeschichte" S. 199, versteht die Jahresangaben im Werk von Mechthilds Bestreben her, „das Tagebuch ihrer Seele als historische Autobiographie mit Zahlen zu verfestigen". Skeptisch dazu im Blick auf die Verwendung von Symbolzahlen: H.-G. Kemper, „Allegorische Allegorese – Zur Bildlichkeit und Struktur mystischer Literatur (Mechthild von Magdeburg und Angelus Silesius)" in *Formen und Funktionen der Allegorie – Symposion Wolfenbüttel 1978*, hg. W. Haug (Germanistische Symposien – Berichtsbände, III), Stuttgart 1979, S. 90–125, hier S. 113f. Anm. 16 und S. 114f. Anm. 28.

3. Die nicht-zeitliche oder jederzeitliche Ebene der allgemeinen Aussagen über die in Frage stehenden Erfahrungen bzw. ihre Rückbindung in generelle theologische Zusammenhänge.

4. Die Ebene der Gegenwart, in der Mechthild schreibt; ihre aktuelle Situation im Augenblick der Niederschrift.

Die Darstellung verbindet diese vier Ebenen in wechselnder Form. Zumindest drei von ihnen können konkret als Einstieg dienen: es ist möglich, bei der vergangenen Erfahrung anzusetzen (1), man kann aber auch von einer allgemeinen Aussage ausgehen (3), und schließlich bietet es sich an, die Situation, in der man schreibt, zum Ausgangspunkt zu machen (4); es ist hingegen nicht möglich, die mystische Erfahrung in ihrer Unmittelbarkeit (2) ins Wort zu bringen, d.h. ein Ansatz auf dieser Ebene schließt sich im Grunde aus, doch gibt es, wie zu zeigen sein wird, gewisse Annäherungsformen, so daß dieser Punkt, mit dem entsprechenden Vorbehalt, in die Überlegungen einbezogen bleiben soll.

1. Der Ansatz bei der zurückliegenden mystischen Erfahrung: der narrative Bericht. Als Textbeispiel II, 21:

> Einen berg han ich gesehen,
> das was vil schiere[19] geschehen,
> wan enkein lichame mŏhte das getragen,
> das dú sele ein stunde da were.
> Der berg was niden wis wolkenvar
> und oben an siner hŏhin fúrig sunnenclar.
> Sin ende und sin beginne
> konde ich niena vinden,
> und er spilte in sich selber binnen
> vliessende goltvar in unzellicher minne.
> Do sprach ich: „Herre, selig sint dú ŏgen,
> dú dis minnesweben eweklich sont schowen
> und dis wunder bekennen,
> ich mag es niemer genemmen!"
> Do sprach der berg: „Dú ŏgen, dú mich sŏnt alsust sehen,
> dú mússent gezieret sin mit siben dingen, es mag in anders niemer beschehen.
> Die sprechent alsust: Nŏte borgen, gerne gelten
> und nit enthalten an im selber
> und getrúwe[20] wider den has und minneklich wider die vreislicheit,
> luter an der schulde und gegen der enpfengnisse bereit.

> (Einen Berg habe ich gesehen
> – es geschah ganz schnell,
> denn der Leib könnte es nicht ertragen,
> daß die Seele für eine Stunde da wäre.
> Der Berg war unten wolkig-weiß
> und oben am Gipfel feurig sonnenhell.
> Sein Ende und seinen Anfang konnt ich nirgends sehen,
> und er spielte in sich selbst im Innern
> golden fließend in unsagbarer Liebe.
> Da sagte ich: „Herr, selig sind die Augen,

---
[19] E hat „scheire". H. Neumann übernimmt „scheire" in den Text und bemerkt zu der Stelle: „Schreibfehler oder nd.-md.- Rest?"
[20] E: „vngetrúwe", R. „fidus odientibus" (S. 450).

die dieses Spiel der Liebe ewig schauen dürfen
und dieses Wunder begreifen.
Ich kann es niemals fassen!"
Da sagte der Berg: „Die Augen, die mich so sehen wollen,
die müssen mit sieben Dingen geschmückt sein, anders ist es für sie niemals möglich.
Sie nennen sich so: nicht leihen, vielmehr willig schenken,
nichts für sich selbst behalten
und treu bleiben angesichts von Feindschaft und dem Bösen mit Liebe begegnen,
rein sein von Schuld und bereit für die Gnade.)

Mechthild gibt einen Visionsbericht. Seine Form versteht sich als biographisches Präteritum. Doch schon nach dem ersten Satz: „Einen berg han ich gesehen" unterbricht sie sich, um die Zeitlichkeit der visionären Erfahrung zu kommentieren: es geschah „vil schiere", gemeint ist: in einem Augenblick, jenseits der Zeit[21], denn die an den Leib, d.h. an die Raumzeitlichkeit gebundene Existenz des Menschen hätte diese Erfahrung nicht aushalten können, sie müßte als etwas Überzeitliches in Raum und Zeit alles Raumzeitliche zerstören.

Dann nimmt Mechthild die Berichtsform wieder auf, aber das biographische Präteritum steht nun der Überzeitlichkeit des mystischen Erlebnisses gegenüber, d.h. es schafft eine Distanz, die nicht nur die Vergangenheit des Geschehenen meint, sondern in höherem Maße die Zeitlichkeit von der Überzeitlichkeit absetzt.

Mechthild hat einen Berg gesehen; sie beschreibt ihn als Farben- und Lichtspiel: Weiße unten, Feuerglanz oben, und in der Mitte ein goldenes Fließen, in dem sich die unsagbare Liebe manifestiert. Zumindest letzteres ist optisch nicht mehr realisierbar. Es zwingt zum Wechsel der Verständnisebene: der Berg als das Hohe zum einen und die Weiße, der Feuerglanz und das fließende Gold als das Lichthafte zum andern sind traditionelle Metaphern für Gott. Die Begegnung aber spielt sich dann im weiteren als Dialog ab, wobei an der visionären Szenerie festgehalten wird: die Gesprächspartner sind das Ich und der Berg.

Mechthild spricht als erste. Was sie äußert, ist aber nichts anderes als ein Lobpreis ebendieser visionären Erfahrung: „selig sint dú ǒgen", wobei sogleich wieder der Zeitcharakter des Sehens mitreflektiert wird: die Seligkeit liegt oder läge im *ewigen* Schauen dessen, was als „minnesweben" bezeichnet wird und was auf die erwähnte in sich spielende Lichterscheinung als Manifestation der Liebe Gottes zu beziehen ist. Mit Rücksicht auf die Zeitlichkeit und Endlichkeit menschlichen Sprechens fügt Mechthild hinzu, daß sie dieses Wunder nicht ‚nennen', nicht in Worte fassen könne. Gehört dieser Satz mit in den rekapitulierten Dialog, oder äußerst sie ihn hier und heute beim Schreiben? Wie immer dem sei, sie reflektiert sich jedenfalls im Kommentar zur Ewigkeit der mystischen Schau bzw. zum Ungenügen sprachlicher Begrifflichkeit aus der Unmittelbarkeit der visionären Erfahrung heraus.

Mechthild hat den Herrn angeredet, und nun antwortet er – „Do sprach der berg". Die Replik nimmt das Wort von den Augen als Metapher der Erfahrung auf: Gott erklärt, wie die Augen beschaffen sein müssen, damit die mystische Schau sich in Ewigkeit vollziehen kann. Er nennt sieben Voraussetzungen, die zwar formal parallel gereiht sind, tat-

---

[21] R übersetzt in diesem Sinne: „in raptu subito" (S. 449).

sächlich aber eine Art Stufenleiter bilden. Die ersten drei Forderungen meinen die Zuwendung zum Mitmenschen und das Absehen von sich selbst. Dann gehört offenbar zusammen, daß man bei Feindschaft nicht von der „triuwe" ablassen und dem Feindseligen mit Liebe begegnen solle. Und am Ende stehen die Reinigung von Schuld und das Empfangen der Gnade.

Der Dialog zwischen dem Ich Mechthilds und dem als Minne-Lichtberg erscheinenden Herrn ist also eingebaut in einen Visionsbericht. Aus dem narrativen Ansatz, der sich auf eine gedrängte, zwischen Bild und Bedeutung spielende Schilderung der Erscheinung des mystischen Du beschränkt, geht das Gespräch hervor, das zwar ebenfalls präterital eingeleitet wird – „Do sprach ich" – „Do sprach der berg" –, das aber als direkte Rede das Vergangene in gewisser Weise aktualisiert. Der Bericht gerät zeitlich in die Schwebe. Dies dadurch, daß der Dialog einerseits in seinem präsentischen Charakter auf die Aktualität des Vollzugs zielt, während er sich andererseits aus der visionären Unmittelbarkeit löst, indem im Lobpreis reflektiert wird und indem die Replik Gottes die Bedingungen angibt, unter denen man den Weg zur Vision zurückfinden kann: die Stufenleiter von der Selbstentäußerung bis zum Offensein für die Gnade.

Grund und Sinn dieses Schwebecharakters sind durchschaubar, wenn man das, was oben prinzipiell zum Verhältnis zwischen mystischer Erfahrung und Bericht gesagt wurde, auf die spezifische Gesprächssituation überträgt. Eine mystische Begegnung, die sich als Gespräch darstellt, kann sich immer nur vor oder nach der unio abspielen. Erscheint es präsentisch im narrativen Rahmen, so fängt es zum einen etwas vom Vollzugscharakter der Gotteserfahrung ein, zum andern gibt es sich als ein Gespräch, das hier und jetzt nachzuvollziehen ist. Gegenüber aller Annäherung und Aktualisierung aber sorgen der präteritale Rahmen und das Sprechen jenseits der unio für eine doppelte Distanz. Und es kommt, wie gesagt, hinzu, daß diese Distanz im Dialog selbst immer schon mitreflektiert und ihre mögliche künftige Überwindung thematisiert wird.

Die Tendenz zur Vergegenwärtigung kann im übrigen auch den Bericht selbst erfassen: das biographische Präteritum wechselt ins Präsens über. Als Beispiel ein Ausschnitt aus der Höllenvision III, 21:

Ich habe gesehen ein stat, ir name ist der ewige has; sie ist gebuwen in dem nidersten abgründe von manigerleie steinen der grossen höbtsúnden.
(Ich habe eine Stadt gesehen, ihr Name ist: Ewiger Haß. Sie ist im tiefsten Abgrund gebaut aus vielerlei Steinen von großen, schweren Sünden.)

Und im folgenden werden diese Sünden aufgezählt, mit heilsgeschichtlichen Ausblicken auf Luzifer, Adam, Kain und Judas. Doch dann geht der Bericht, vorbereitet schon durch das perfektivische „ist gebuwen", in die Gegenwart über:

Die stat ist alse verkert, das ie die hohsten sint geordent in die nidersten und unedelsten stat. Lucifer sitzet in dem nidersten abgründe mit siner schult gebunden, und im flússet ane underlas von sinem fúrigen herzen us und usser sinem munde alle die súnde, pine, súche und schande, da die helle, das fegfúr und dis ertrich so jemerlich mitte ist bevangen.

(In dieser Stadt *ist* die Ordnung so umgedreht, daß die Höchsten dem unedelsten, niedrigsten Ort zugewiesen sind. Luzifer *sitzt* im tiefsten Abgrund, gebunden mit seiner Schuld, und es *fließen* ihm ununterbrochen aus dem feurigen Herzen und aus dem Mund alle Sünden, Qualen, Krankheiten und Schändlichkeiten, in denen die Hölle, das Fegefeuer und diese Erde in so jammervoller Weise *gefangen sind*.)

Die Schilderung löst sich also vom konkreten visionären Erlebnis in der Vergangenheit und verwandelt sich in eine zeitlich abgelöste Darstellung der Hölle. Man kann dies als intensivierende Veranschaulichung im Sinne eines historischen Präsens verstehen, zugleich aber meint die präsentische Form hier die an sich jederzeitliche und also auch hier und heute bestehende kosmische Wirklichkeit des Höllenortes.

Mitten in der Vergegenwärtigung der luziferischen Welt fällt Mechthild dann aber wieder ins Präteritum zurück: „Ich sach under Lucifer der helle grunt, das ist ein hart swarz vlinsstein." (Ich *sah* unter Luzifer den Höllengrund, das ist ein tiefschwarzer harter Fels.)

So kann die Berichtsperspektive mehrmals hin- und herwechseln: es ist bald das Erlebnis in der Vergangenheit, von dem her dargestellt wird, bald dominiert die Gegenwart dessen, was Mechthild als etwas Überzeitliches gesehen hat. Die Erfahrung liegt in der Vergangenheit, der Gegenstand hingegen steht über der Zeit. Der Rekurs auf das historisch-biographische Erlebnis verbürgt immer neu die Offenbarungswahrheit des Berichts. Doch es ist gerade diese Wahrheit, die zur präsentischen Vergegenwärtigung drängt, sei es mehr im Sinne einer Aktualisierung der Erfahrung oder mehr im Sinne einer überzeitlichen Gültigkeit dessen, was Mechthild erfahren hat.

2. Der – mittelbare – Ansatz beim mystischen Vollzug selbst: der Dialog als Annäherung an die Überzeitlichkeit der Gotteserfahrung.

Es gehört mit zum Auffälligsten bei Mechthilds Visionsdarstellungen, daß sie den narrativen Kontext immer wieder einschrumpfen, ja daß sie ihn überhaupt fallen läßt. So bleibt denn häufig von der Begegnung zwischen dem Ich oder der Seele und Gott nurmehr der Dialog übrig. Wenn eine Sprecherangabe beigefügt ist, kann damit über das Verbum wenigstens noch der präteritale Rahmen festgehalten werden. So z.B. I, 33: „Min sele sprach alsust zů irem lieben: Herre, din miltekeit ist die pfru̇nde[22] mines lichamen wunderlich." (Herr, deine Gnadengabe ist in wunderbarer Weise die Nahrung meines Leibes.)

Es kann aber auch der Titel in diese Funktion eintreten. I, 16 hat als Überschrift: „Got gelichet die sele vier dingen." Der Text selbst bringt dann nur die direkte Rede Gottes: „Du smekest als ein wintrůbel, du rúchest (du duftest) als ein balsam, du lúhtest als dú sunne, du bist ein zůnemunge miner hőhsten minne." Damit ist also auch der präteritale Rahmen – jedenfalls äußerlich gesehen – aufgegeben; denn man wird das „gelichet" des Titels kaum als historisches Präsens auffassen wollen. Es fehlt jedenfalls eine klare zeitliche Fixierung, wenn natürlich auch davon auszugehen ist, daß Gott sich irgendeinmal geäußert haben muß, damit man seine Rede niederschreiben konnte. Der Text selbst gibt sich sozusagen potentiell ereignishaft: Gott hat gesprochen, aber was er zur Seele gesagt hat, das kann er jederzeit zu ihr sagen, und er sagt es auch hier und jetzt, indem diese Worte geschrieben oder gelesen werden.

Wenn schließlich der narrative Rest der Sprecherangabe im Präteritum oder im präsentischen Titel auch noch getilgt wird, bleibt nur noch die freischwebende direkte Rede übrig; I, 32:

---

[22] E hat „průunde".

So man dir ere bûtet, so solt du dich schamen; so man dich pineget, so solt du dich vröwen; so man dir gût tût, so solt du dich vörhten; so du súnde wider mich tûst, so solt du dich betrüben von herzen. Maht du dich nit betrüben, so sich, wie sere und wie lange ich dur dich betrübet was.

Erst mit der Formulierung „so du súnde wider mich tûst" wird klar, daß hier nicht generelle Verhaltensregeln formuliert werden, sondern daß es Gott ist, der zu Mechthild spricht.

Es kann aber auch ein solcher Rückbezug auf den Sprecher im Text selbst fehlen, und dann könnte man zweifeln, ob man überhaupt einen Sprecher mitzudenken hat. Ein Kapitel wie I, 35 z.B. bräuchte man — da auch der Titel keinen entsprechenden Hinweis enthält — nicht unbedingt als direkte Rede zu verstehen, wenn man sich nicht doch vom Typus her gedrängt sähe, auch in einem solchen Fall einen Sprecher — hier Gott — zu unterstellen:

> Du solt minnen das niht,
> Du solt vliehen das iht,
> Du solt alleine stan
> und solt zû nieman gan.
> Du solt nit sere unmûssig sîn
> und von allen dingen wesen vri.
> Du solt die gevangenen enbinden,
> und die vrien twingen.
> Du solt die siechen laben
> und solt doch selbe nit haben.
> Du solt das wasser der pine trinken
> und das fúr der minne mit dem holtz der tugende entzünden:
> So wonestu in der waren wüstenunge.

> (Du sollst lieben das Nichts,
> Du sollst fliehen das Etwas,
> Du sollst alleine bleiben
> und sollst zu niemandem gehen.
> Du sollst nicht zu geschäftig sein
> und von allen Dingen frei sein.
> Du sollst die Gefangenen lösen
> und die Freien binden.
> Du sollst die Kranken laben
> und sollst selber nichts haben.
> Du sollst das Wasser des Leidens trinken
> und das Feuer der Liebe mit dem Holz der Tugenden entzünden:
> dann wohnst du in der wahren Wüste.

Es wird hier also nicht gesagt, daß es Gott ist, der das Du anspricht, aber es gibt anderweitig immer wieder solche Apostrophenreihen als halbe Dialoge, wo der Sprecher genannt wird, so daß vom Typus her nicht an eine generelle Anweisung, sondern zweifellos an die direkte Rede eines implizierten Sprechers zu denken ist. Gelegentlich sind auch zwei solche Kapitel, die aus halben Dialogen bestehen, einander als eine Art Wechsel zugeordnet, so etwa II, 9: „Got lobet sin brut an fúnf dingen" und II, 10: „Dú brut widerlobet got an fúnf dingen".

3. Der Ansatz bei einer generalisierend-atemporalen Aussage. Das Überzeitliche kann objektiviert als das Jederzeitlich-Gültige im Modus allgemeiner Aussagen erscheinen. Die

Wende zu diesem Modus wird dadurch gefördert oder ermöglicht, daß Mechthild von sich gerne in der dritten Person spricht, d.h. ‚die Seele' an die Stelle ihres Ichs setzt[23]; z.B. I, 4:

Swenne die arme sele kumet ze hove, so ist si wise und wol gezogen. So sihet si iren got vrȫlichen ane. Eya wie lieplich wirt si da enpfangen! So swiget si und gert unmesseklich sines lobes. So wiset er ir mit grosser gerunge sin gȯtlich herze. Das ist gelich dem roten golde, das da brinnet in einem grossen kolefúre. So tůt er si in sin glůgendes herze. Alse sich der hohe fúrste und die kleine dirne alsust behalsent und vereinet sint als wasser und win, so wirt si ze nihte und kumet von ir selben. Alse si nút mere mȯgi, so ist er minnesiech nach ir, als er ie was, wann im gat zů noch abe. So sprichet si: „Herre, du bist min trut, min gerunge, min vliessender brunne, min sunne und ich bin din spiegel." Dis ist ein hovereise der minnenden sele, die ane got nút mag wesen.
(Immer, wenn die arme Seele an den Hof kommt, ist sie klug und höfisch-zuchtvoll. Sie sieht ihren Gott mit Freude an. Oh wie liebevoll sie da empfangen wird! Und sie schweigt und wartet mit unendlichem Verlangen darauf, daß er sie dafür lobe. Da zeigt er ihr voller Sehnsucht sein göttliches Herz. Das ist wie rotes Gold, das in einem mächtigen Kohlenfeuer brennt. Dann nimmt er sie in sein glühendes Herz herein. Wenn der hohe Fürst und das geringe Mädchen sich so umarmen und so eins sind wie Wasser und Wein, dann wird sie zunichte und verliert sich selbst. Wenn sie dann keine Kraft mehr hat, dann verlangt er liebeskrank immer noch nach ihr, wie seit je, denn er ist sich immer gleich. Da sagt sie: „Herr du bist mein Geliebter, mein Verlangen, mein fließender Quell, meine Sonne, und ich bin dein Spiegel." So verläuft eine Hofreise der liebenden Seele, die ohne Gott nicht sein kann.)

Mechthild beginnt mit einem verallgemeinernden Wenn-Satz. Die Seele, von der hier die Rede ist, könnte jede Seele sein. Aber spätestens mit dem Ausruf: „Eya wie lieplich wirt si da enpfangen" konkretisiert sich die Situation. Und je weiter die Schilderung der Begegnung fortschreitet, um so stärker drängt sich der Eindruck eines ganz bestimmten, individuellen Vorgangs auf. Die generelle Aussage verwandelt sich in eine Darstellung im historischen Präsens, die nicht von irgendeiner Seele, sondern von Mechthilds persönlicher Erfahrung handelt. Und schließlich bricht die Darstellung auch hier in die direkte Rede um, wodurch die objektive Schilderung in der gewohnten Weise aktualisiert wird. Mit dem Schlußsatz jedoch wird die allgemeine Ebene abrupt wieder zurückgewonnen: es ist *eine* Hofreise der Seele, d.h.: so pflegt eine solche Reise immer wieder abzulaufen!

Auch die erste große Vision des Buches, I, 2, folgt im Prinzip diesem Typus. Mecht-

---

[23] Es ist im übrigen bemerkenswert, daß Mechthild die 3. Person nicht immer konsequent von der 1. absetzt; es kommt gerade im Übergang vom Bericht zum Dialog zu auffälligen Brechungen, vgl. z.B. IV, 12: „Do is wunder und dirre trost hette gewert aht jar, do wolte mich got alze sere trȯsten über miner sele edelkeit. ‚Eya nein lieber herre, hȯhe mich nit so sere', sus sprach dú unwirdige sele, ‚es ist mir alze gůt in dem nidersten teile, da wil ich iemer vil gerne sin durch dine ere'. Do viel dú arme har nieder": ‚Als dieses Wunder und diese Gnade acht Jahre gedauert hatten, da wollte *mich* Gott im Blick auf die Edelkeit *meiner Seele* allzu sehr begnaden; ‚Oh nein, lieber Herr, erhöhe *mich* nicht so sehr', so sprach *die* unwürdige *Seele*, ‚der niedrigste Ort ist für mich immer noch zu gut. Ich will da sehr gerne bleiben um deiner Ehre willen.' Da fiel die Arme in die Tiefe.'
Der Bericht in der ersten Person geht hier also in direkte Rede über, als Sprecherin wird jedoch nachträglich ‚die Seele' eingeführt, und wenn dann der Bericht wieder aufgenommen wird, hält er an der dritten Person fest. Etwas später folgt dann ein Übergang in umgekehrter Richtung: aus dem Dialog heraus wird wieder zur Ich-Erzählung zurückgewechselt: „Do sprach únser herre: ‚Wie lange wilt du hie wesen?' Die brut sprach: ‚Eya entwich mir lieber herre und la mich fúrbas sinken dur din ere. Hie nach kamen beide sele und lip in so grosse vinsternisse, das ich die bekantnisse verlor und das lieht'. ‚Da sagte unser Herr: ‚Wie lange willst du hier bleiben?' *Die Braut* sagte: ‚Ach, geh von mir, lieber Herr, und laß mich um deiner Ehre willen noch tiefer sinken.' Hierauf fielen Seele und Leib in eine so große Finsternis, daß *ich* die Erkenntnis verlor und das Licht.'

hild beschreibt hier, wie der „gottes grůs", d. h. seine liebende Zuwendung, aus dem sich verströmenden Quell der Dreifaltigkeit ausfließt, dem Leib seine Kraft nimmt und der Seele ihr eigenes Wesen offenbar macht: „Der ware gottes grůs, der da komet von der himelschen flůt us dem brunnen der fließenden drivaltekeit, der hat so grosse kraft, das er dem lichamen benimet alle sin maht, und machet die sele ir selben offenbar."

Diese Wirkung, die vom „gottes grůs" ausgeht, scheint generell zu gelten. Es ist von keinem bestimmten Leib und keiner bestimmten Seele die Rede. Aber die Begegnung wird nun mit zunehmender Dramatik auch zunehmend konkreter und individueller, und sie zeigt sich so sehr geprägt durch eine ganz persönliche Erfahrung, daß sich der allgemeine Ansatz vor der Lebendigkeit der Szene völlig verliert: nachdem Mechthild im einzelnen geschildert hat, wie die Seele sich vom Leib löst, wie der dreieinige Gott sie begrüßt, wie er sie kleidet usf., heißt es:

So zúhet er si fúrbas an ein heimliche stat. Da můs si fúr nieman bitten noch fragen, wan er wil alleine mit ir spilen ein spil, das der lichame nút weis noch die dörper bi dem phlůge noch die ritter in dem turnei noch sin minnenklichú můter Maria, des mag si nút gepflegen da. So swebent si fúrbas an ein wunnenriche stat, da ich nút von sprechen wil noch mag. Es ist ze notlich, ich engetar, wan ich bin ein vil súndig mönsche. Mer: wenne der endelose got die grundelose sele bringet in die höhin, so verlúret sú das ertrich von dem wunder und bevindet nút, das si ie in ertriche kam. Wenne das spil allerbest ist, so můs man es lassen. So sprichet der blůjende got: „Juncfrö, ir můssent úch neigen." So erschrikket si und beweinet ir ellende. So sprichet sie: „Herre, nu hast du mich hie so sere verzogen, das ich dich in minem lichamen orden mag geloben, sunder das ich ellende lide und gegen dem lichamen strite." So sprichet er: „Eya du liebú tube, din stimme ist ein seitenspil minen oren, dinú wort sint wurtzen minem munde, dine gerunge sint die miltekeit miner gabe." So sprichet sú: „Lieber herre, es můs sin als der wirt gebútet." So ersúfzet si mit aller maht, das der lip wirt erweget.
(So zieht er sie an einen heimlichen Ort, da darf sie dann für niemanden bitten noch fragen, denn er will alleine mit ihr ein Spiel spielen, von dem der Leib nichts weiß, auch die Bauern nicht beim Pflug, noch die Ritter im Turnier, noch seine liebe Mutter Maria, das ist ihr hier verwehrt. Dann werden sie an einen wunderbaren Ort entrückt, über den ich nicht viel sagen kann noch sagen will. Es ist zu gefährlich; ich darf nicht, denn ich bin ein sündiger Mensch. Weiterhin: wenn der unendliche Gott die grundlose Seele in die Höhe emporhebt, so ist das so wunderbar, daß ihr die Erde entschwindet, und sie weiß nichts mehr davon, daß sie jemals auf die Erde kam. Wenn aber das Spiel am schönsten ist, muß man es lassen. Da spricht der blühende Gott: „Jungfrau, ihr müßt wieder hinabsteigen". Da erschrickt sie und weint über die Verbannung. Sie sagt: „Herr, du hast mich so weit emporgehoben, daß ich, zurück in meinem Leib, dich in keiner andern Weise mehr werde preisen können als dadurch, daß ich an dieser Verbannung leide und gegen mein Leid kämpfe." Da sagt er: „Ei du liebe Taube, deine Stimme ist für meine Ohren ein Saitenspiel, deine Worte sind wie Gewürzkräuter in meinem Munde, deine Sehnsucht ist ein Geschenk meiner Gnade". Und sie sagt: „Lieber Herr, es muß so sein, wie der Gebieter es befiehlt." So seufzt sie gewaltig auf, so daß der Leib aufschreckt.)

Was Kapitel I, 4 in einer einfachen Form darstellt, das wird hier narrativ breit ausgefaltet. Die Erzählung entwickelt sich aber in prinzipiell der gleichen Weise aus einer abgelösten Feststellung, die man als generelle Aussage interpretieren kann: ‚Wenn Gott sich der Seele zuwendet, dann schaltet er den Leib aus und offenbart ihr ihr eigenes Wesen'. Der Ansatz bei einer scheinbar generellen Aussage in Verbindung mit der Figur der Seele als handelnder Person erlaubt es, das narrative Ich und die Perspektive des präteritalen Berichts zu umgehen. Die Handlung kann sich in einem präsentischen Modus abspielen, der eher auf eine jederzeitliche Möglichkeit hin offen ist, als daß man ihn als Schilderung im historischen Präsens verstehen würde. Oder anders gesagt: die jederzeitliche Möglichkeit der Begegnung mit Gott konkretisiert sich in einer präsentischen Schilderung. Die Konkretisierung zu einem individuellen Vorgang geschieht dann durch eine fortschreitende Verdichtung und Differenzierung der Situation, wobei sich hier freilich ein stark kommentierendes Element in die epische Darstellung mischt, so daß sich Anschauung und Reflexion um so mehr die Waage halten, als die unio selbst so gut wie völlig ausgespart bleibt. Gerade in der Weigerung, darauf einzugehen, aber sagt Mechthild dann ‚Ich', sie läßt also die Erzählerperspektive doch noch durchschlagen.

Nachdem sie vor dem Geheimnis der unio halt gemacht hat, geht die Handlung im Abstieg dann ins Gespräch über, und sie erreicht damit noch in unmittelbarer Nähe zur unio ihre höchste Form der Vergegenwärtigung. Das Gespräch bricht auf im Schmerz der Trennung, die Seele spricht in Angst und Gehorsam; die Worte des Herrn sind teils abweisend und teils ganz Ausdruck liebender Zuneigung. Der Dialog ist also auch hier der Ort stärkster Präsenz.

Nachdem Mechthild nun geschildert hat, wie die Seele wieder in den Leib einkehrt, tritt sie in die verallgemeinernde Distanz zurück, um schließlich von da aus das persönliche Ich und die faktische Gegenwart zu erreichen:

Dis ist ein grůs, der hat manige adern, der dringet usser dem vliessenden gotte in die armen, dúrren sele zu allen ziten mit núwer bekantnusse und mit núwer beschöwunge und mit sunderlicher gebruchunge der núwer gegenwúrtekeit. Eya sůslicher got, fúrig inwendig, blůgende uswendig, nu du dis den minnesten hast gegeben, möhte ich noch ervarn das leben, das du dinen meisten hast gegeben, dar umbe wolt ich dest langer qweln. Disen grůs mag noch můs nieman enpfan, er si denne úberkomen und ze nihte worden. In disem grůs wil ich lebendig sterben, das mögen mir die blinden heligen niemer verderben, das sint, die da minnent und nit bekennent.
(Dieses gnadenvolle Entgegenkommen kennt viele Wege, es strömt aus dem fließenden Gott aus in die arme, dürre Seele hinein zu *jeder Zeit* mit neuer Erkenntnis, in neuem Schauen und im besonderen Genuß neuer Gegenwärtigkeit. Ei du süßer Gott, feurig inwendig, blühend nach außen, da du dies den Geringsten gegeben hast, könnte ich noch dies erleben, was du den Größten gegeben hast, um dessentwillen wollte ich um so länger leiden! Dieses Entgegenkommen Gottes wird niemandem zuteil, er sei denn überwältigt und zunichte geworden. In dieser Gnadenerfahrung will ich lebend sterben. Das können mir die, die blind sind in ihrem heiligen Leben, nicht nehmen, nämlich jene die lieben und nicht erkennen[24].)

Die Verallgemeinerung: „ein grůs ... der dringet ... in die sele ze allen ziten" geht also über ins persönliche Gebet Mechthilds, in die Bitte um die ganze Fülle dessen, wovon sie hier einen Vorgeschmack empfangen hat. Aber als ob sie sich zu weit persönlich vorgewagt hätte, zieht sie sich noch einmal auf einen theologisierend-verallgemeinernden Kommentar zurück, doch nur, um ihn sogleich zu einem leidenschaftlichen Bekenntnis umzuformulieren: ‚Jeder der den „grůs" empfangen will, muß zu nichts werden', ‚ich will lebend sterben'.

Gerade dieser Schluß veranschaulicht mit aller Deutlichkeit, in welchem Maße der narrative Bericht ausgespannt ist zwischen der Distanziertheit generalisierender Reflexion und der aktuellen Gegenwart der schreibenden Seherin: die epische Schilderung vermittelt zwischen dem Allgemeinen theologisch-mystischer Aussagen und der individuell-existentiellen Not hier und jetzt. Der Dialog aber fungiert als Schaltstelle, über die das Jederzeitlich-Allgemeine konkret aktualisierbar wird, das Vergangene sich gegenwärtig gibt und das Gegenwärtige ins Vergangene als in etwas Überzeitliches eingeschrieben werden kann.

---

[24] Der Sinn der letzten drei Zeilen ist vom überlieferten Text her nicht ohne weiteres durchsichtig. R hat: „nec ab hoc voto ignorantium me deterrebit simplicitas, qui diligunt nec agnoscunt" (S. 559). Ich übersetze interpretierend im Blick auf den lateinischen Text.

4. Der Ansatz in der Gegenwart: die Reaktualisierung der mystischen Erfahrung.
Während die Vision in I, 2 am Ende in die gegenwärtige Situation der schreibenden Seherin einmündet, wird in andern Kapiteln diese Situation zum Ausgangspunkt genommen. Die Gegenwart ist dabei freilich immer getragen von der Vergangenheit, und sie kann deshalb vorzüglich zum Ort werden, von dem her sich die Vergangenheit aktualisierend aufschließen läßt. Als Beispiel I, 5:

Min licham ist an langer qwale, min sele ist an hoher wunne, wan si hat beschȯwet unde mit armen umbevangen iren lieben alzemale. Von ime hat sú die qwale, die vil arme. So zúhet er si, so vlússet si; si kan sich nút enthalten untz er sú bringet in sich selber. So spreche si gerne und si enmag. So ist si gar verwunden in die wunderlichen drivaltekeit mit hoher einunge. So lat er si ein kleine, das sie geron mȯge.
(Mein Leib quält sich seit langem, meine Seele aber ist glücklich, denn sie hat ihren Geliebten angeschaut und ihn allzumal mit ihren Armen umfangen. Von ihm hat sie, die Ärmste, ihre Qualen. Zieht er sie zu sich, so fließt sie zu ihm hin. Sie kann nicht an sich halten, bis er sie in sich hineingenommen hat. Sie möchte gerne sprechen, aber sie kann nicht. So ist sie ganz hineingebunden in das hohe Einssein mit der wunderbaren Dreifaltigkeit. Dann entläßt er sie ein wenig, damit ihr Verlangen wieder wach werden könne.)

Hier spricht Mechthild zwar ganz aus der Gegenwart heraus, aber sie blickt dabei von ihren Qualen und ihrem Glück auf die Erfahrung zurück, in der Qual und Glück ihren Ursprung genommen haben: ‚sie‘, d.h. *meine* Seele ‚hat angeschaut‘. Mit dem „so zúhet er si" wird jedoch die vergangene Erfahrung plötzlich Gegenwart: die Seele scheint aus der Erinnerung heraus in diesem Augenblick zu Gott hingezogen zu werden. Doch dann muß Mechthild die Sprachlosigkeit der Einigung mit Gott festhalten. D.h. was vor sich geht, kann sich doch nicht in diesem Augenblick des Schreibens vollziehen. Die geschilderte Begegnung mit Gott bleibt vergegenwärtigte Vergangenheit, dabei freilich höchst gegenwartsnahe Rekapitulation aus dem aktuellen Schmerz und dem nachklingenden Glück heraus. Denn der Bericht über die unio geht dann auch hier in die Trennung über: mit „So lat er si ein kleine, das sie geron mȯge" beginnt der absteigende Weg. Und so ist es im weiteren nicht überraschend, daß die Seele die Sprache wiederfindet: „So sihet si in an und sprichet im zủ: ‚Herre, gip mir dinen segen‘." Das Kapitel endet wie I, 2 mit der quälenden Rückkehr der Seele in den Leib, und damit stehen wir wieder bei der Situation, aus der heraus Mechthild zu sprechen begonnen hat. Je drängender man also die vergangene Gotteserfahrung in die noch davon erfüllte Gegenwart herein- und zurückruft, um so härter stößt man an jene Barriere, über die diese Form der Rekapitulation nicht springen kann: „So spreche si gerne und sie enmag". Die größtmögliche Reaktualisierung erfolgt deshalb nach dem — narrativ gebotenen — Durchgang durch die unio: hier, in der Loslösung, verschmilzt der vergangene Abstieg mit der Gegenwart, aus dieser Situation heraus ist es möglich zu sprechen — und zu schreiben. Das Wort als direkte Rede nach der unio kann zugleich das damalige und das heutige Wort sein.

Zum Verhältnis zwischen dem narrativen Diskurs und dem Dialog bei Mechthild ist aufgrund der vorstehenden Analysen somit folgendes festzuhalten: die Darstellung der visionären Erfahrung spielt zwischen vier Ebenen; entsprechend gibt es vier Ansätze, und entsprechend sind die Dialoge vierdimensional bezogen. Die Funktion des mystischen Gesprächs ist nur in dieser komplexen Ausspannung hinreichend zu beschreiben:
  1. Gegenüber der Vergangenheit des mystischen Erlebnisses zielt die direkte Rede des

Gesprächs auf Vergegenwärtigung. Dabei zeigt sich eine Tendenz zum kontextfreien Dialog. Er stellt den Versuch dar, die Gottesbegegnung im Wort hier und jetzt in Szene zu setzen. Aber auch wenn er äußerlich von allen narrativen Elementen abgelöst erscheinen kann, es bleibt selbstverständlich doch das geschriebene Buch als Rahmen, d.h. der Dialog vermag sich auch bei größtmöglicher Annäherung an die Gegenwart prinzipiell nicht von der biographisch-präteritalen Dimension frei zu machen.

2. Mechthilds Dialoge stehen in einem eigentümlichen Bezug zur mystischen Vereinigung der Seele mit Gott. Insofern die unio sich in überzeitlicher Aktualität vollzieht, ist sie nicht ins Wort zu bringen. Man kann nur indirekt-narrativ oder spekulativ von ihr sprechen. Sie wirklich wiederzugeben, hieße sie nachvollziehen. Die größte mögliche Annäherung bietet die direkte Rede des Gesprächs. Da es Sprache ist, bleibt es zwar immer vor der unio oder nach ihr angesiedelt, aber als Vollzug ist es seinem Modus nach neben das mystische Erlebnis zu stellen. Der Dialog aktualisiert die Situation, die unmittelbar an die unio heranführt oder unmittelbar aus ihr hervorgeht.

3. Man kann den expliziten präteritalen Ansatz vermeiden, indem man von generalisierenden Feststellungen zur mystischen Erfahrung ausgeht. In diesem Fall bedeutet die narrative Beschreibung eine zunehmende Konkretisierung. Auch in dieser Hinsicht aber ist es der Dialog, der ein Höchstmaß an individueller Präsenz ermöglicht.

4. Geht Mechthild von der Aktualität der Situation aus, in der sie schreibt, wird diese nicht nur von der Vergangenheit her verstanden, sondern so sehr von ihr durchdrungen, daß die Darstellung zu einer Rekapitulation der in die Gegenwart hineinwirkenden mystischen Erfahrung drängt. Wieder ist es dabei der Dialog, über den diese Reaktualisierung am weitesten getrieben werden kann. In der Wiederholung des Dialogs öffnet sich der Weg zu einer neuen Begegnung.

Niederschrift und Lektüre, d.h. die literarische Existenz des *Fließenden Lichts* ist somit ausgespannt zwischen der einstigen Erfahrung und dem Wiedereintreten in den mystischen Prozeß. Der literarische Text steht immer außerhalb oder dazwischen, wobei es gerade darum geht, dieses Nur-Literarische aufzuheben. Mit der dialogischen Form wird sozusagen ein Hebel dafür angeboten. Wenn man in seinen präsentischen Vollzug eintritt, fallen die vergangene und die erneuerte Begegnung tendenziell zusammen.

Der narrative Diskurs besitzt demgegenüber immer nur mittelbaren Charakter. Diese Mittelbarkeit bleibt freilich andererseits das Umfassende, auf das nicht verzichtet werden kann. Nur er bietet den ganzen Prozeß, denn es ist allein dem Bericht möglich, das Geheimnis der unio wenigstens indirekt zum Ausdruck zu bringen, d.h. er kann von der unio sprechen, wenn er auch vor ihrem Geheimnis letztlich immer seine Unzulänglichkeit bekunden muß. Der Diskurs kann dabei zwar sein eigenes Sprechen problematisieren, und er kann bewußt abbrechen oder verstummen, also seine Grenzen artikulieren, es ist aber nur vom Gespräch aus möglich zu schweigen; es steht vor der liebenden Vereinigung der Seele mit Gott, es führt bis zu ihr hin, und es bricht hinterher in der Trennung wieder auf; das Entscheidende geschieht dazwischen, in der wortlosen Verschmelzung von Ich und Gott. Das Gespräch und das Schweigen gehören funktional zusammen, wie der Diskurs und das Verstummen einander zugeordnet sind.

III

Inwiefern ist die am literarisch-mystischen Gespräch aufgewiesene Struktur für eine allgemeine Theorie des Gesprächs von Bedeutung? Ich gebe meine Antwort als These vorweg: der für den Dialog bei Mechthild charakteristische vierdimensionale Bezug besitzt seine strukturelle Entsprechung im inneren Horizont jedes Gesprächs, das personal orientiert ist. Personal orientiert nenne ich ein Gespräch, bei dem es, und sei es auch noch so sachlich angesetzt, letztlich um die Beziehung zwischen den Partnern geht, genauer: bei dem die Sachdiskussion eine Funktion der dialogischen Existenz des Sprechenden ist[25]. So kommt dem personalen Gespräch eine innere Vergangenheitsdimension zu, da die Du-Erfahrung ihm prinzipiell immer schon vorausgegangen sein muß: im Gespräch wird jene erste Du-Erfahrung erneuert und weitergeführt, in der das Ich zu sich selbst gekommen ist. Dabei wird das mitmenschliche Du als transzendent erfahren. Im Gespräch tritt deshalb zwischen das Ich und das Du ein vermittelndes Medium, das als ein Allgemeines zugleich verbindet und trennt. In der Gegenwart des Vollzugs muß das Gespräch somit letztlich über sich selbst hinausweisen, sich selbst zurücklassen.

Ich versuche im folgenden, diese Struktur des inneren Gesprächshorizontes nachzuzeichnen, und zwar, indem ich die Überlegungen der Abschnitte I und II verbinde und unter diesem Gesichtspunkt weiterentwickle.

Die Bedingung der Möglichkeit eines Gesprächs ist ein den Gesprächspartnern gemeinsamer geistiger Horizont. Er ist im Medium präsent, über das die Kommunikation hergestellt wird, d.h. der gemeinsame Horizont prägt sich in der gemeinsamen Sprache aus. Dieser sprachlich präsente Horizont ist von allgemeiner und damit verbindlicher Art. Man kann sagen, er habe insoweit – implizit und/oder explizit – diskursiven Charakter, als er nicht im Gespräch aufgebrochen werde. Es gilt also zum einen, daß nur da eine Kommunikation möglich ist, wo ein kommunikatives Medium als Ausdruck eines gemeinsamen Horizontes beiderseits akzeptiert wird, zum andern kann es nur zu einem personalen Gespräch kommen, wenn man durch dieses objektivierende Strukturgefüge durchstößt. Damit steht man vor der widersprüchlichen Sachlage, daß im selben Maße, in dem man die kommunikative Basis aufbricht, das Gespräch einerseits möglich und andererseits unmöglich wird. Man wird eine Lösung dieses Widerspruchs kaum mit Hilfe von G. Bauers dialektischem Typus suchen wollen, wenngleich er sich im Prinzip als unendlicher Prozeß wechselseitiger Relativierung dessen, was zugleich vermittelt und verstellt, definiert. Denn strenggenommen kann eine solche Dialektik nur in formaler Unverbindlichkeit enden. Die Frage ist vielmehr ob, und wenn ja, wie dieser Widerspruch Sprache werden kann.

Während der Begegnungshorizont im faktischen Gespräch vorgegeben ist, muß er im literarischen Gespräch mitgesetzt werden. Im mystischen Gespräch christlicher Tradition ist dieser Horizont die Heilsgeschichte und ihre theologische Um- und Weiterformulierung

---

[25] Dieser personale Typus deckt sich im Prinzip mit dem, was M. Buber den „echten Dialog" nennt und den er dem „technischen Dialog" entgegenstellt, der allein der sachlichen Verständigung dient. Doch liegt mir daran zu betonen, daß auch das „echte Gespräch" über einen Gegenstand läuft, also eine sachliche Seite besitzt, ungeachtet dessen, daß auch hier im Fluchtpunkt das schweigende Einverständnis steht. Vgl. insb. M. Buber, *Das dialogische Prinzip*, Heidelberg ³1973, S. 166; zur Unmittelbarkeit der Du-Beziehung: ebd. S. 15f. u. passim.

sowie das metaphorisch-allegorische Bildarsenal, das die Exegese im Laufe der Jahrhunderte aufgebaut und mehr oder weniger fixiert hat. In diesem Rahmen sind unterschiedliche Gesprächstypen denkbar, etwa das katechetische Lehrgespräch oder die theologische Disputation. Das mystische Gespräch setzt sich von diesen weitgehend diskursiven Dialogformen dadurch ab, daß hier nicht über Gott und die Heilsgeschichte geredet, sondern das Gespräch mit Gott aus der Heilsgeschichte heraus eröffnet wird. Die heilsgeschichtliche und exegetisch-theologische Traditon wird dabei nicht primär diskursiv ins Gespräch gebracht, sondern sie erscheint als Element des Mediums, über das sich die Begegnung zwischen Mensch und Gott vollzieht. Insbesondere ist das Gespräch selbst eine Form, die in Anlehnung an die Hohelied-Exegese zur Selbstdarstellung der Begegnung eingesetzt wird. Genauer: man tritt über diese Form in den Prozeß der mystischen Erfahrung ein. Das Thema des Dialogs ist die Begegnung, also das, was sich über die Gesprächsform realisiert. Da aber, wie gesagt, das Medium stets nicht nur vermittelt, sondern zugleich auch trennt, wird die Problematik der Vermittlung im Gespräch mit thematisiert. Der Fluchtpunkt, auf den der Vollzug zielt, ist schon genannt worden: der Dialog kann nur ins mystische Schweigen münden.

Man hat immer wieder gesagt, daß der Mystiker gegen die Sprache angehe. Denn das, was er in der unio mit Gott erlebe, sei sprachlich nicht faßbar. Trotzdem fühle er sich dazu gedrängt, über dieses Unfaßbare zu sprechen. Das führe ihn in einen Widerspruch hinein, der in einer Sprache seinen Ausdruck finde, die im Sprechen ihre eigenen Grenzen zu sprengen versuche. Diese These vom ‚Kampf der Mystik gegen die Sprache‘, die mit J. Quints berühmtem Aufsatz „Mystik und Sprache" unangefochten Geltung erlangt zu haben scheint, ist jedoch genau besehen, wenn nicht schlichtweg falsch, so jedenfalls falsch akzentuiert und damit irreführend[26]. Der Sachverhalt ist vielmehr folgendermaßen zu sehen: es macht keine Schwierigkeiten, die Transzendenz Gottes philosophisch-theologisch auf den Begriff zu bringen. Ich kann als Ergebnis theoretischer Überlegungen sagen, daß Gott mit sprachlich-begrifflichen Mitteln nicht zu fassen sei. Ich kann Gott nicht denken und formulieren, sondern ich kann immer nur die Undenkbarkeit und Unformulierbarkeit Gottes denken und formulieren. Wenn ich diesen Sachverhalt trotzdem in Form einer Prädikation von Gott darstellen will, dann entstehen Sätze wie: ‚Gott ist das Nichts‘[27]. Diese und die theologisch-begriffliche Aussage unterscheiden sich

---

[26] J. Quint „Mystik und Sprache – Ihr Verhältnis zueinander, insbesondere in der spekulativen Mystik Meister Eckeharts", in *Deutsche Vierteljahrsschrift für Literaturwissenschaft und Geistesgeschichte* 27 (1953) S. 48–76 (auch in *Altdeutsche und altniederländische Mystik*, hg. K. Ruh (Wege der Forschung XXIII), Darmstadt 1964, S. 113–151). Das Wort vom „Kampf der Mystik gegen die Sprache" ebd. S. 121. Differenzierter zu Ohnmacht und Macht der Sprache in der Mystik: A. M. Haas, „Mystische Erfahrung und Sprache" und „Das Verhältnis von Sprache und Erfahrung", in ders., *Sermo mysticus – Studien zur Theologie und Sprache der deutschen Mystik*, (Dokimion – Freiburger Zeitschrift für Philosophie und Theologie 4), Freiburg/Schweiz 1979, S. 19–36, bzw. S. 136–167; und insb. „Struktur der mystischen Erfahrung", ebd. S. 104–135, hier S. 132, wo A. M. Haas die „mystische Sprachfeindlichkeit" dialektisch verstanden wissen will, wobei er auch J. Quints Position in diesem Sinne interpretiert. Der Begriff der Dialektik erscheint mir hier jedoch höchst problematisch, weil er das entscheidende Faktum, daß der Sprung nicht ‚machbar‘ ist, verdeckt.

[27] Materialien zur apophatischen Gottesaussage bei G. Lüers, *Die Sprache der deutschen Mystik des Mittelalters im Werke der Mechthild von Magdeburg*, München 1926, Nachdr. Darmstadt 1966, S. 232f.

dadurch voneinander, daß die letztere sich auf der Ebene diskursiver Argumentation bewegt, wo Wort und Sache in Deckung stehen, während die erstere nicht mehr wörtlich, d.h. unter der Voraussetzung einer solchen Deckung, sondern nur emphatisch verstanden werden kann. Dabei erfüllt sich ihr Sinn natürlich nicht darin, daß der Hörer die oben vorgenommene Umformulierung rückgängig macht und jene theoretische Überlegung rekonstruiert, die sie begründen könnte; sondern die emphatische Ausdrucksweise benützt die Inkongruenz von Wort und Sache als Anstoß zu einer Bewegung, deren Ziel die unmittelbare, existentielle Gotteserfahrung ist.

Es ist also nicht so, daß die Sprache im mystischen Gespräch zerbrechen würde, sie wird vielmehr dadurch geprägt, daß sie einem andern Akt zugeordnet ist als jenes Sprechen, das dem diskursiven Denken dient: sie wird als Medium der Transzendenzerfahrung eingesetzt. Als solches ist sie Funktion jener Dialektik, die die Begegnung zwischen dem Endlichen und dem Ewigen grundsätzlich kennzeichnet. D.h. sie kann als endliches Mittel – wie jede Form irdischer Vermittlung – nur ein Weg sein, der sich selbst aufhebt. Als Ausdrucksform ist sie jedoch vor andern dadurch ausgezeichnet, daß sie dies zugleich zu reflektieren vermag. Im emphatischen Verständnis wird beides eins: die Gotteserfahrung vollzieht sich als Selbstaufhebung der Sprache.

Der Mystiker kämpft also entgegen der gängigen Meinung nicht gegen die Sprache, indem er versuchen würde, etwas mit Worten zu fassen, was sich nicht mit Worten wiedergeben läßt, sondern die mystische Sprache ist für ihn Medium einer Erfahrung, die sich dadurch realisiert, daß sie aus allem Medialen zurücktritt. Die Sprache wird nicht vom überwältigenden mystischen Erlebnis her gesprengt – bei dieser Meinung hat anachronistisch die moderne Sprachskepsis mit ihrem Antagonismus zwischen Leben und Wort Pate gestanden –, sie ist vielmehr mit ihren emphatischen Ausdrucksmöglichkeiten immer schon funktional in diese Erfahrung einbezogen.

Die mystische Tradition hat eine Reihe von Formen sprachlicher Emphase entwickelt. Neben der apophatischen Prädikation – Beispiel: Gott ist das Nichts – gibt es die Möglichkeit, zwar positiv zu formulieren, diese Formulierung jedoch zugleich zu übersteigen. Hierher gehören die Hyper-Bildungen, für die vor allem Dionysius Areopagita die Muster geliefert hat, z.B.: Gott als das überseiende Sein. Aber auch Bildungen mit ‚Durch-hindurch', ‚In-hinein' fallen unter diese Kategorie. Einen analogen Effekt erzielt man durch die offene Reihe, in der die Einzelaussage sich insofern in ihrem Ungenügen zeigt, als sie stets durch weitere Formulierungen überboten werden kann. Und schließlich ist es möglich, Begriffe durch Kontradiktion, durch paradoxe Formulierungen zu transzendieren. Hierher gehören insbesondere die metaphorischen Oxymora wie: Gott als das dunkle Licht oder das strahlende Dunkel[28].

Mechthild hat diese Tradition der emphatischen Gottesaussagen in ihrer ganzen reichen Vielfalt rezipiert, wie sie überhaupt in erstaunlichem Ausmaß über die Denk- und Anschauungsformen der mystischen Theologie verfügt. Das bleibt auch dann noch in einem gewissen Grad verwunderlich, wenn man ihre Bemerkung, daß sie ungelehrt sei, mit

---

[28] Über diese sprachlichen Möglichkeiten, die dem Mystiker „beim Sprengen der Grenzen des Ausdrückbaren" zur Verfügung stehen, in extenso: Quint, „Mystik und Sprache" S. 130ff.; das eben angeführte Zitat S. 124.

Vorbehalt zur Kenntnis nimmt: sie meint damit, daß sie kein Latein kann[29]; aber es ist im späteren 13. Jahrhundert doch schon mit einer Laienbildung auf vulgärsprachlicher Basis und der Entwicklung eines entsprechenden Selbstbewußtseins zu rechnen. Mechthild kann lesen und schreiben, sie hat ihr Werk zweifellos selbst niedergeschrieben.

Im *Fließenden Licht der Gottheit* erscheinen nun die traditionellen emphatischen Formeln nicht nur im narrativen Rahmen der Dialoge, sondern auch in diesen selbst; sie prägen die Sprechweise der direkten Rede.

So verlangt Gott in I, 35: „Du solt minnen das niht". Die emphatische Aussage ‚Gott ist das Nichts' wird also einbezogen in die Aufforderung Gottes selbst, ihn als das Nichts zu lieben. Oder: Mechthild spricht Gott an mit: „O du brennender berg" (I, 8). Das ist ein metaphorisches Oxymoron, dessen Elemente der Tradition entstammen. Sie werden hier nicht nur zu einem kühnen Bild verschmolzen, sondern dieses wird überdies in die Du-Apostrophe eingesetzt und damit sozusagen als Name für den angesprochenen Gott verwendet.

In I, 40 bietet sich die Seele Gott in einer Übersteigerungsreihe an: „Herre, ich bringe dir min kleinŏter": ‚mein Kleinod'; gemeint ist, wie I, 42 ausführt, das Gottesverlangen ihres Herzens: „Das kleinŏter heisset des herzen lust" – „Das ist grŏsser denne die berge, es ist breiter denne die welt, tiefer denne das mer, hŏher denne die wolken, klarer denne die sunne, manigvaltiger denne die sternen, es wiget me denne alles ertrich".

In II, 5 wird eine Bildformel für die unio geboten, in der eine traditionelle Metapher zu einer paradoxen Vorstellung weiterentwickelt ist, und wieder wird diese an Gott adressiert:

> Du kleidest dich mit der sele min,
> und du bist ŏch ir nehstes cleit.
> (Du kleidest dich mit meiner Seele,
> und du bist wiederum ihr nächstes Kleid.)

Besonders typisch sind die mehr oder weniger offenen, anaphorischen Apostrophen- und Du-Prädikationsreihen, wobei immer wieder Oxymora oder übersteigende Bildungen verwendet werden.
Zwei Beispiele; I, 17:

O du giessender got an diner gabe, o du vliessender got an diner minne, o du brennender got an diner gerunge, o du smelzender got an der einunge mit dinem liebe, o du rŭwender got an minen brústen, ane dich mag ich nút wesen!

II, 10:

> Du bist ein lieht in allen liehten,
> Du bist ein blŭme ob allen cronen,
> Du bist ein salbe ob allen seren,
> Du bist ein unwandelber trúwe sunder valscheit,
> Du bist ein wirt in allen herbergen.

---

[29] Zur Frage der Bildung grundlegend: Lüers, *Die Sprache der deutschen Mystik des Mittelalters*, insb. S. 33ff.; ferner H. Neumann, „Mechthild von Magdeburg und die mittelniederländische Frauenmystik", in *Mediaeval German Studies – Festschrift für F. Norman*, London 1965, S. 231–246.

Gerade solche Reihen machen besonders deutlich, daß die Sprache hier nicht in irgendeiner Weise am überwältigenden Erlebnis scheitert und zerbricht. Sie tendiert im Gegenteil zur strengen Form: sie geht immer wieder von der rhythmischen Prosa in den Vers, ins Reimpaar über, freilich ohne sich auf einen bestimmten Typus festzulegen: Mechthild experimentiert geradezu mit unterschiedlichen literarischen Formen, d.h. die Form bleibt im Prinzip offen, die Sprachbewegung sucht die formale Bindung, ohne sich ihr zu überantworten[30].

Diese freie Anlehnung an gängige Formen stellt sich zum freien Umgang mit den Materialien der mystischen Tradition. Das Neue besteht hier wie dort darin, daß Mechthild das traditionelle Gut ins Gespräch hineinnimmt, um es hier in ganz bestimmter Weise zu verwandeln.

Dadurch, daß die Seele und Gott sich emphatisch ansprechen bzw. das Verhältnis emphatisch formulieren, enthüllen sich der spezifische Charakter und die Funktion dieser Gespräche. Das, was die Emphase anstoßen will, soll sich hier als Gespräch vollziehen. Der Dialog bedient sich also zum einen vorgeprägter Materialien: Gott und die Seele sprechen eine gemeinsame Sprache, der Ablauf des Gespräches kann über die Tendenz zur formalen Stilisierung geradezu zeremoniellen Charakter annehmen. In dieser Hinsicht könnte man G. Bauers gebundenen Typus vergleichen. Es ist ihm jedoch entgegenzuhalten, daß hier nicht Positionen in einem gemeinsamen Horizont gegeneinander ausgespielt werden, sondern daß die Beziehung der Gesprächspartner selbst Thema ist, ja nicht nur dies, das spezifische Dialogmaterial macht zudem aufgrund seiner emphatischen Elemente die Sprache selbst von vornherein zu einem problematischen Medium für eine Begegnung zwischen Mensch und Gott. Die Gemeinsamkeit der Sprache beruht also auf der gemeinsamen Verwendung einer Sprache, die gerade das zum Ausdruck bringt, daß sie keine Gemeinsamkeit zu stiften vermag. Man mag hier für einen Augenblick an G. Bauers Typus des ungebundenen Gesprächs denken. Auch bei diesem Typus sind die Partner prinzipiell in sich verschlossen, und das Gespräch versagt im Versuch, den Abgrund zwischen den Sprechenden zu überbrücken; es sei denn, man fände sich trotz der scheiternden Sprache zufällig-spontan, ohne daß man diesen Augenblick freilich festzuhalten vermöchte. Im Gegensatz zu diesem Typus des ungebundenen Gesprächs scheitert der mystische Dialog aber, wie gesagt, nicht an sich selbst, er verwendet vielmehr eine Sprache, in der das Scheitern schon in den Sprachgestus eingegangen ist. Wenn hier ebenfalls die eigentliche Begegnung nur augenblickshaft zustande kommt, dann nicht über die zufällige Berührung im Dialog, sondern jenseits von ihm. Diese Möglichkeit freilich ist als immer schon vorausgegangenes gnadenhaftes Entgegenkommen Gottes die reale Basis und Bedingung für das dialogische Spiel. Anders freilich als beim Konversationstyp G. Bauers, bei dem das Gespräch als mehr oder weniger illusionistische Bestätigung einer gesetzten und nicht weiter angetasteten Übereinstimmung abläuft, spricht der Mystiker immer aus der verlorenen Gemeinschaft heraus. Der mystische Dialog dreht sich deshalb auch nicht in sich selbst, sondern er gestaltet sich als gerichteter Prozeß in der oben beschriebenen vierdimensionalen Ausspannung, die sich nun immer deutlicher auch als die innere Form dieses Gesprächstypus erweist: die vor-

---

[30] Dazu Mohr, „Darbietungsformen"; ferner Neumann, „Beiträge zur Textgeschichte" S. 238ff.

gängige übersprachliche Beziehung wird im vergegenwärtigenden Dialog Sprache, wobei der Dialog zwar diese Beziehung neu eröffnet, aber zugleich sein Ungenügen ihr gegenüber mit zum Ausdruck bringt, und dies mit dem Ziel, das Sprechen in jene übersprachliche Begegnung einmünden zu lassen, die die Erinnerung als Möglichkeit vermittelt.

Wenn man schließlich auch G. Bauers experimentierenden Typus nochmals heranzieht, so liegen auch hier die Differenzen gegenüber dem mystischen Gespräch offen zutage. Zwar enthüllt sich auch im experimentierenden Dialog die Sprache als ein Instrument, das mit reflektiert werden muß, aber das mystische Gespräch sucht nicht eine Einigung über eine sprachlich-sachliche Dialektik, Gott und Mensch finden sich nicht in einem von allem Personalen abgelösten und einem Gegenstand zugewandten Dialog, sie gehen nicht aufeinander zu, indem sie flexibel eine Konvergenz jenseits gegensätzlicher Standpunkte und insbesondere im Blick auf die grundsätzliche Relativität aller Positionen anvisieren — das mystische Gespräch ist vielmehr radikal in seinem personalen Bezug. Und dieser Bezug ist zugleich das alleinige Thema des Dialogs.

Blickt man nach diesem Vergleich nochmals generell auf die Dialogtypen G. Bauers zurück, so drängt sich die Frage auf, ob diese nicht als Derivate, um nicht zu sagen: defiziente Formen eines umfassenderen Gesprächsmodells aufzufassen sind. Oder anders gefragt: fällt nicht jenes Gesprächsmodell, das sich anhand des mystischen Dialogs herausarbeiten läßt, in die vier Typen G. Bauers auseinander, wenn man den personalen Bezug ausschaltet oder ihn auf Restformen reduziert? Eine positive Beantwortung dieser Frage würde voraussetzen, daß es gelingt, dem mystischen Gesprächstyp bzw. seiner Struktur einen allgemeineren Status zuzuweisen. Somit konkret: inwiefern fassen wir im mystischen Gespräch die Struktur eines personalen Gesprächs überhaupt?

Man kann eine Antwort aus historischer Perspektive zu geben versuchen. Der in Frage stehende Dialog ist nicht im Rahmen der Mystik entworfen, sondern von ihr übernommen und dann in bestimmter Weise weiterentwickelt worden. Die Vorbedingung für die Übernahme war eine strukturelle Analogie zwischen diesem Dialogtypus und dem Typus der mystischen Gotteserfahrung. Die Analogie betrifft die Struktur der Vermittlung. Die Mystik konnte nur einen Dialogtypus adaptieren, für den der Widerspruch zwischen Verbindung und Distanzierung zentral ist und der deshalb darauf ausgerichtet ist, sich selbst aufzuheben. Denn die Begegnung zwischen Mensch und Gott ist prinzipiell durch ebendiesen Widerspruch geprägt: insofern sich Gott im Irdischen manifestiert, insofern kann die Welt eine vermittelnde Funktion übernehmen; insofern er jedoch transzendent ist, wird jede Vermittlung hinfällig, d.h. die Vermittlung vermag sich nur in der Weise zu realisieren, daß sie sich selbst zurückläßt, damit im Sprung die absolute Differenz überwunden werden kann. Der Sprung aber wird ermöglicht durch die entgegenkommende Gnade Gottes. Jede Mystik, und baue sie einen noch so differenzierten Vermittlungsweg auf, kennt diesen Punkt, an dem der Weg versagt, an dem er zusammenbrechen muß, da nur dadurch die Bedingung dafür geschaffen ist, daß sich die unio in ihrer Unmittelbarkeit ereignet.

Es gibt einen Gesprächstypus, der die Formel von der vermittelten Unvermitteltheit besonders prägnant zum Ausdruck bringt und der sich deshalb der mystischen Erfahrung in vorzüglicher Weise zur Selbstdarstellung anbieten mußte: das Liebesgespräch. Mechthild hat es als erste konsequent als Modell der Gotteserfahrung verwendet, nachdem die theologische Tradition durch eine entsprechende mystische Exegese des Hohen Liedes die Voraussetzungen dafür geschaffen hatte. Dabei war entscheidend, daß im 12. Jahrhundert die altchristliche Auslegung von Braut und Bräutigam auf die menschliche Seele und Gott erneuert worden ist[31]. Damit rückt für uns jener Gesprächstypus ins Zentrum des Interesses, den G. Bauer am beiläufigsten behandelt hat.

Das erotische Gespräch thematisiert die Andersartigkeit und Singularität der bzw. des Geliebten. Die Andersartigkeit kommt als Preis der Schönheit, die Singularität als Bewunderung für die Unvergleichlichkeit des Partners ins Wort. In diesem Benommensein vom Wunder des Andern steckt ebenso die Erfahrung der Unerreichbarkeit des Partners als Person wie die Erinnerung an oder die Hoffnung auf ein Entgegenkommen über die absolute Differenz hinweg. Das erotische Gespräch erfüllt sich letztlich jenseits des Wortes im Schweigen der liebenden Vereinigung. Für sich selbst versteht es sich deshalb immer zugleich als schmerzlicher Ausdruck des Getrenntseins wie als Übergang vom Sich-Gefunden-Haben zum Sich-Wiederfinden.

Diese zwischenmenschliche erotische Situation deckt sich der Struktur nach mit dem mystischen Verhältnis zwischen Gott und Mensch, nur mit dem Unterschied, daß sie hier nicht oder nur sehr bedingt wechselseitig gültig ist. Die Andersartigkeit, die Unerreichbarkeit und die Unvergleichlichkeit des Partners ist hier immer nur von der einen Seite, vom Menschen aus denkbar. Wenn es in der Mystik doch dazu kommt, daß in analoger Struktur von beiden Seiten aus gesprochen wird, dann dadurch, daß sich das übertragene erotische Modell aus eigener Kraft gegen die Ungleichgewichtigkeit durchsetzt. Entscheidend aber ist in jedem Fall, daß die Deckung struktureller Art ist, während der Inhalt bei der Übertragung ins Metaphorische gewendet wird. Diese Wendung wird nicht zuletzt durch die allegorischen Brechungen bewußt gehalten, die für die mystisch-erotischen Szenen, nicht nur bei Mechthild, kennzeichnend sind. Derselbe Effekt kann auch dadurch erreicht werden, daß das erotische Bild mit Aussagen der mystischen Theologie verbunden oder in Reihe parallel geschaltet wird. Besonders faszinierend in dieser Hinsicht ist I, 17 in der Verschränkung von formaler Gleichschaltung und syntaktischer Wende[32]: Gott wird angesprochen als der, der sich ergießt ‚in Hinblick auf seine Gnade': „an diner gabe", der fließt ‚in Hinblick auf seine Liebe': „an diner minne", der brennt ‚in Hinblick auf seine Sehnsucht': „an diner gerunge", der schmilzt ‚in Hinblick auf die Vereinigung mit seiner Geliebten': „an der einunge mit dinem liebe", doch in der letzten Zeile ist das „an" dann lokale Präposition: „O du růwender got an minen brústen": ‚Oh du an meiner Brust ruhender Gott'. Die mystisch-spekulativen Aussagen schlagen damit pointiert ins konkrete erotische Bild um, wodurch dieses einerseits metaphorisch aufgefangen wird, während die theologischen Aussagen andererseits rückwirkend eine neue Qualität hinzugewinnen.

W. Mohr hat das *Fließende Licht der Gottheit* die vielleicht kühnste erotische Dichtung des Mittelalters genannt[33]. Visionsschilderungen wie I, 44 berechtigen dazu. Hier wird

---

[31] Vgl. F. Ohly, *Hohelied-Studien – Grundzüge einer Geschichte der Hoheliedauslegung des Abendlandes bis um 1200*, Wiesbaden 1958, S. 121ff. Weitere Literatur bei Haas, „Struktur der mystischen Erfahrung" S. 110, Anm. 13 u. 14.
[32] Text oben S. 272. Vgl. Mohr „Darbietungsformen" S. 389f.
[33] Ebd. S. 393.

erzählt, wie die Allerliebste zum Allerschönsten in die geheime Kammer geht, wo das Bett bereitet ist. Und in diesem Augenblick unmittelbar vor der unio setzt, wie gewohnt, der Dialog ein. Der Herr spricht: „Stant, vrŏwe sele!" „Was gebútest du, herre?" „Ir sŏnt úch usziehen³⁴!" „Herre, wie sol mir denne geschehen?" Und Gott antwortet, sie solle ihre Kleider „vorhte" und „schame" und alle äußeren Tugenden ablegen, und sie sagt: „Herre, nu bin ich ein nakent sele und du in dir selben ein wolgezieret got. Unser zweiger gemeinschaft ist das ewige lip ane tot": ‚Die Gemeinschaft von uns zweien ist ewiges Leben ohne Tod.' Doch für das, was nun folgt, muß Mechthild in die Berichtsform überwechseln: „So geschihet da ein selig stilli nach ir beider willen. Er gibet sich ir und si git sich ime."

Man sollte ob der unerhörten Direktheit dieser erotischen Szene nicht übersehen, daß sie durchgängig metaphorisch-allegorisch gebrochen ist. „vorhte" und „schame" erhalten in der Verbindung mit den Tugenden einen geistigen Sinn, und die Schilderung der Hingabe in der Stille ist rückbezogen auf das Eins-Sein von Seele und Gott jenseits der Zeit: „lip ane tot" ist eine Paradiesformel.

Um sich völlig klarzumachen, was bei diesem Wechsel zwischen sinnlicher Anschauung und Abstraktion geschieht, muß man den besonderen Status mystischer Metaphorik bedenken. Denn man könnte versucht sein zu sagen, die Übertragung des Modells der zwischenmenschlichen erotischen Beziehung auf die mystische Erfahrung betreffe allein die Darstellungsweise, d.h. der erotisch-mystische Vorgang sei überhaupt nur eine metaphorische Umsetzung der mystisch-ontologischen Beziehung zwischen Mensch und Gott. Doch gerade das Gespräch ist, wie deutlich geworden sein dürfte, als aktuelle und aktualisierende Erlebnisform ernst zu nehmen. Der mystische Liebesdialog ist metaphorisch und doch tendenziell faktisch im Hinblick auf die Möglichkeit zum Nachvollzug. Läßt sich dieser Widerspruch in irgendeiner Weise verstehend auflösen?

Johannes Scotus Eriugena hat gesagt: „Alles, was nicht Gott ist, ist Theophanie"³⁵, d.h. Gott erscheint zwar in den Dingen, er ist aber zugleich jenseits von ihnen. Die Erscheinungen können in ihrer Ähnlichkeit mit Gott nur insofern auf ihn verweisen, als sie die immer größere Unähnlichkeit ihrer Ähnlichkeit bewußt machen. Die Welt wird damit zur ontologischen Metapher³⁶. Es ist dieser prinzipielle Status des Irdischen auch für das menschliche Wort gültig. Das Gespräch mit Gott findet zwar faktisch statt, aber es besitzt insofern metaphorischen Charakter, als es ins Wort bringt und erfahrbar macht, daß Gott über das Wort unmittelbar nicht erreichbar ist. Das mystisch-erotische Gespräch aber hat in einem ausgezeichneten Sinne am Status der ontologischen Metapher des Irdischen teil: die Situation irdisch-weltlicher Erotik wird metaphorisch in die Darstellung der Gottesbegegnung hineingenommen, und sie wird damit einerseits aufgefangen, sie bringt aber anderseits ihre Qualität in den ontologischen Aspekt jenes metaphorischen Status ein, der für das mystische Gespräch anzusetzen ist.

---

[34] E hat „vs sin"; gebessert nach R: „Exuere" (S. 551).

[35] Vgl. E. de Bruyne, *Etudes d'esthétique médiévale I–III*, Brügge 1946, hier *I*, S. 352; W. Beierwaltes „Negati Affirmatio: Welt als Metapher – Zur Grundlegung einer mittelalterlichen Ästhetik durch Johannes Scotus Eriugena", in *Philosophisches Jahrbuch* 83 (1976) S. 237–265, hier S. 241.

[36] Vgl. Verf., „Transzendenz und Utopie – Vorüberlegungen zu einer Literarästhetik des Mittelalters", in *Literaturwissenschaft und Geistesgeschichte– Festschrift R. Brinkmann*, Tübingen 1981, S. 1–22, hier S. 8ff., insb. S. 12.

Je intensiver freilich die erotische Bewegung wird, um so härter drängt sich auf der andern Seite die Figur der Differenz auf. Das Gespräch aus dem Verlust der unio, aus dem Schmerz der Trennung heraus, geht geradezu leidenschaftlich darauf aus, die scheinbare Vermittlung zu zerstören; dies in der verzweifelten Hoffnung, über die radikale Distanz, über die größtmögliche Gottferne Gott wiederzufinden. Mechthild bittet Gott, sich von ihr abzuwenden, sie immer tiefer sinken zu lassen; sie sucht die Entfremdung von Gott, die „gottesvrĕmdunge". Und wenn dann die Seele ganz von der Finsternis umfangen ist und der Leib schwitzt und sich verkrampft im Schmerz, dann kann Mechthild sagen (IV, 12):

Eya selige gottesvrĕmdunge, wie minnenklich bin ich mit dir gebunden! Du stetigest minen willen in der pine und liebest mir das sweren langen beitunge in disem armen libe. Swa mitte ie ich mich me zů dir geselle, ie got grössor und wunderlicher uf mich vellet. O herre, ich kan dir in der tieffi der ungemischeten diemůtekeit nit entsinken, ŏwe ich mag dir aber in dem homůte lihte entwenken; mere, ie ich tieffer sinke ie ich süssor trinke.

(Ach du beseligende Gottesentfremdung, mit wieviel Liebe bin ich dir verbunden! Du festigst meinen Willen in der Qual und machst mir das schwere, lange Warten in diesem armen Leibe angenehm. Wie immer ich auch dich erreiche, um so mächtiger und unfaßbarer fällt Gott auf mich zurück. Oh Herr, ich kann in der Tiefe der reinen Demut dir nicht verlorengehen. Ach, ich kann dir im Hochmut leicht entgleiten; ja, je tiefer ich sinke, um so süßer trinke ich.)

Es stehen hier nebeneinander die faktische physisch-geistige Qual und die personifizierte Differenz, auf die dann ein Lobgesang angestimmt wird. Wenn man das metaphorische Moment wie alles Vermittelnde unter dem Aspekt seiner Negativität sieht, bleibt die Negation als das letzte Positive zurück.

Die Befindlichkeit, aus der heraus der Liebende spricht, ist also zum einen gekennzeichnet vom Bewußtsein der unüberbrückbaren Differenz und der Unerreichbarkeit des personalen Du. Sprechen heißt immer schon: getrennt sein. Die Liebe lebt aber zugleich vom Rückbezug auf die Erfahrung, daß die unio zwar möglich, wenn auch nicht vermittelbar ist; sie lebt vom Wunder des Entgegenkommens über den Abgrund hinweg. Gerade deshalb aber ist für das Gespräch charakteristisch die Abkehr von jedem Akt, der vorgibt zu vermitteln, ja das dezidierte Bekenntnis zur Trennung, zur verzweiflungsvollen Distanz als dem einzigen, was ‚positiv' ins Wort gebracht werden kann. Bei Mechthild: die Abwendung von Gott als dem einzigen Weg zu Gott hin. Die versagende Vermittlung findet ihren prägnantesten Ausdruck im programmatischen Gegenweg; die Weglosigkeit des Mystikers wird narrativ zur Flucht in die Gottferne[37]. Oder auf eine Formel gebracht: nur wer radikal auf alles Vermittelnde verzichtet, hat die Chance dem Andern unvermittelt zu begegnen.

Kann nun einerseits kein Zweifel darüber bestehen, daß der Typus des mystischen Gesprächs historisch den profanen erotischen Dialog herangezogen, adaptiert und weiterentwickelt hat, so darf andererseits nicht übersehen werden, in welchem Maße die Vorstellungen und Darstellungsformen der mystischen Liebe wiederum auf die profanen Konzep-

---

[37] Zur „gottesvrĕmdunge" und zur sinkenden Liebe vgl. Haas, „Struktur der mystischen Erfahrung" S. 113ff. Ferner: H.U. von Balthasar, „Mechthilds kirchlicher Auftrag", in *Mechthild von Magdeburg – Das fließende Licht der Gottheit*, eingef. von M. Schmidt, Einsiedeln/Zürich/Köln 1955, S. 19–45, hier S. 34ff., und H. Taigel, *‚Minne' bei Mechthild von Magdeburg und bei Hadewijch*, Diss. (masch.), Tübingen 1955, S. 146ff.

tionen zurückgewirkt haben. Die Struktur des erotischen Dialogs hat wohl erst in der Mystik ihre innere Spannung voll realisieren können, und sie ist dann in dieser zum Äußersten getriebenen Form an die profane Sphäre zurückgegeben worden. Insbesondere konnte sich erst im religiösen Horizont der Gedanke von der metaphysischen Qualität der Person und damit der Transzendenz des personalen Du in seiner ganzen Radikalität auswirken. Im weiteren verstärkte die ethische Perspektive die strukturelle Verklammerung der Relationen: wenn die mitmenschliche Liebe in Analogie zur Gottesliebe zu verstehen war, dann nicht zuletzt auch unter der Forderung, die Begegnung mit Gott in der Liebe zum Nächsten zu verwirklichen. Dabei trug die Erfahrung der entgegenkommenden Liebe des Du einen entscheidenden Akzent: die mittelalterliche Exegese des Samaritergleichnisses sieht im helfenden Nächsten den erlösenden Gottessohn[38].

Vor diesem komplexen Hintergrund erreicht der dem personalen Gespräch eigene innere Widerspruch auch im profanen Bereich eine höchste Steigerung. Der zwischenmenschliche Dialog gewinnt in Anlehnung an das Modell des mystischen Gesprächs eine neue geistige Ebene, wobei die Erotik zumindest doppelschichtig wird, wenn sie nicht auch hier in jene eigentümliche Zwischenlage gerät, in der das Erotische zugleich real und metaphorisch erscheint.

Es mag der Eindruck entstanden sein, als sei mit diesen Querverbindungen der Zusammenhang zwischen der Struktur des mystischen Dialogs und des profanen personalen Gesprächs historisch doch zu kurzschlüssig skizziert worden. Dem darf entgegengehalten werden, daß es mir nicht um konkrete einzelne Verbindungslinien ging, sondern um die allgemeine geschichtliche Ortung des Strukturtypus: er ist – auf patristisch-neuplatonischer Basis – abendländisch-mittelalterlich. Die Sachlage läßt sich historisch-konstrastiv nochmals verdeutlichen – und damit komme ich auf die Überlegungen zurück, von denen ich ausgegangen bin. Einerseits: die antike Theorie der Gesprächskunst konnte – soweit es sie überhaupt gab – ihre Begründung nur im Ethischen, d.h. in einer Balance zwischen extremen Positionen finden. Das Gespräch ist Ausdruck jener maßvollen Mitte, die den idealen zwischenmenschlichen Umgang bestimmt: es ist gekennzeichnet von der Freundlichkeit als Mittlerem zwischen Schmeichelei und Widerspruch, von der Aufrichtigkeit als Mittlerem zwischen ironischer Unverbindlichkeit und Prahlerei, von der Heiterkeit als Mittlerem zwischen Überernst und grobem Spaß usw. So Aristoteles in der *Nikomachischen Ethik*[39]. Das in christlich-mittelalterlicher Tradition entwickelte personale Gespräch hingegen ist gerade nicht auf eine Mitte ausgerichtet, es ist vielmehr exzentrisch; es zielt darauf, die innere Widersprüchlichkeit der dialogischen Existenz des Menschen radikal auszuspielen.

Wenn man anderseits nun noch einmal G. Bauers *Poetik des Dialogs* vergleichend heranzieht, so wird man erkennen, daß das personale Modell hier zwar nicht mehr direkt faßbar ist, daß es aber sozusagen bruchstückhaft nachwirkt und damit historisch und prinzipiell vorausgesetzt werden muß. Die Kriterien, die G. Bauer zur Differenzierung seiner

---

[38] Vgl. W. Monselewski, *Der barmherzige Samariter – Eine auslegungsgeschichtliche Untersuchung zu Lukas 10, 23–27,* Tübingen 1967.
[39] IV. Buch, Kap. 5ff.

Dialogtypen verwendet, formulieren nämlich jene Widersprüche, die dem personalen Modell seine innere Spannung geben, zu heuristischen Alternativen um. Während G. Bauers erstes Kriterium die Verbundenheit der Gesprächspartner gegen ihre Selbständigkeit ausspielt, faßt das personale Modell beides zusammen als radikale Trennung in der Klammer innigsten Einsseins. Wenn G. Bauers zweites Kriterium im Hinblick darauf differenziert, wie die Sprache als Kommunikationsmedium verstanden und eingesetzt wird, ob sie trägt oder versagt, so bedeutet die Sprache im personalen Modell immer zugleich Verbindung und Distanz: sie vermittelt, indem sie zurückgelassen wird. Was drittens den Umgang mit dem Gesprächsgegenstand betrifft, so bietet das personale Modell nicht die Alternativen: Belanglosigkeit versus Engagement, Verfestigung der Positionen versus Souveränität im Umgang mit Problemen, Sachorientierung versus Zuwendung zum Partner, die ‚Sache' ist hier vielmehr letztlich die dialogische Beziehung selbst, und das gibt dem Sprechen zum einen seinen großen Ernst, und es kennzeichnet zum andern alles, was besprochen wird und werden kann, als etwas Vorläufiges. Und wenn schließlich G. Bauers viertes Kriterium die Formen des Zeitbewußtseins herausarbeitet, so übergreift das personale Modell auch diese Differenzierungen insofern, als es auf die Problematik der Zeitlichkeit schlechthin bezogen ist.

Damit bestätigt sich indirekt mit dem historischen nochmals der strukturelle Vorrang des personalen Modells. Der Gedanke, daß es sich bei G. Bauers Typen um defiziente Formen einer umfassenderen dialogischen Struktur handelt, von der her jene allein zu verstehen und letztlich zu beurteilen sind, ist unter beiden Aspekten kaum mehr von der Hand zu weisen.

Zum Schluß ein Vorbehalt: die vorstehenden Überlegungen dürfen nicht so verstanden werden, als ob man nun jedes Gespräch, das überhaupt Anspruch auf diesen Namen erhebt, unter die Forderungen der radikalen Perspektive zwingen sollte. Es kommt vielmehr darauf an, sich einerseits bewußt zu halten, daß die radikale Form als historische Position im Hintergrund steht und im Zusammenhang der geschichtlichen Entwicklung Berücksichtigung verlangt. Das impliziert zugleich schon eine Relativierung. Anderseits bietet sich damit, heuristisch gesehen, ein Modell an, das höchste Maßstäbe setzt: man hat sich ihm prinzipiell zu stellen. Konkret jedoch steht man vor der Frage, wie man mit solchen Maßstäben zu leben vermag. An Stelle einer grundsätzlichen Antwort sei darauf hingewiesen, daß es auch das personale Gespräch gibt, das sich in mildernder Offenheit und humaner Vorläufigkeit vor den radikalen Konsequenzen zurückhält, ohne sie grundsätzlich preiszugeben, d.h. diese Zurückhaltung gewinnt gerade vor ihrem Horizont ihren wahren – liebevoll-melancholischen – Sinn.

Man tut somit in jedem Fall gut daran, die personale Dialogstruktur in ihrer radikalen Form anzusetzen. Denn sie allein gibt das Maß für das, was ein Gespräch seiner höchsten Möglichkeit nach sein kann, und dies gilt gerade auch dann, wenn man dazu neigt, sich ein personales Gespräch zu wünschen, das die Zerreißprobe ausspart, aber im Wissen um sie die Du-Begegnung in ihrem Anspruch zwar bescheidener, dafür aber menschlich erträglicher macht.

WALTER HAUG

DER ACKERMANN UND DER TOD

Es gibt einen Gesprächstyp, der in diesem Kolloquium bislang kein Interesse gefunden hat: es wurde ihm weder eine Vorlage gewidmet, noch ist er in der Diskussion aufgetaucht. Ich denke an das Streitgespräch als literarisches Genre. Zugegeben, der Typus mag nicht sonderlich attraktiv sein. Er spielt in der neueren Dialogtheorie kaum eine Rolle. G. Bauer grenzt das Streitgespräch als Sonderform aus seinem Typenraster aus[1]. Verständlicherweise, denn ihm scheint gerade das zu fehlen, was zur Bedingung eines eigentlichen Gesprächs gehört: der personale Bezug. Jedenfalls können beim Streitgespräch die Kontrahenten auf bloße Personifikationen irgendwelcher konträrer Gegebenheiten, Eigenschaften oder Standpunkte einschrumpfen. So insbesondere in der Rangstreitliteratur, wenn Brot und Wein, Datteln und Trauben, Geiz und Freigebigkeit oder Meer und Land ihre Vorzüge gegeneinander setzen[2]. Auch ein literarisches Spiel wie das Partimen ist nichts anderes als ein formal-kunstvolles Fechten mit Argumenten: die Rollen werden dabei willkürlich verteilt, die persönliche Meinung der Mitspieler ist also nicht gefragt, es geht allein um die Kunst des rhetorisch-poetischen Raisonnements[3]. Es gibt eine Reihe weiterer Varianten dieses Typs. Kennzeichnend ist allemal, daß man sich in normierten Strukturen bewegt, wobei die Gesprächspartner nur Träger vorgegebener Aspekte sind, ja, wie gesagt, geradezu als Personifikationsallegorien dieser Aspekte in Erscheinung treten können. Es gibt übrigens unverkennbare Affinitäten zur Dialektik der scholastischen Disputation, in der die Frage nach der wahren Autorität abgelöst wird von einer Differenzierung zwischen unterschiedlichen Betrachtungsweisen[4].

Für das Streitgespräch ist also kennzeichnend, daß weitgehend autonome Diskurse gegeneinander laufen. Da sie nicht personal getragen werden, kann die Argumentation sich auch nicht wirklich entwickeln, d.h. nicht in gegenseitigem Sich-Annähern, in Differenzierung und Selbstkritik die Überlegungen weiterbringen und mit den Positionen die Personen wandeln. Die Argumente lassen sich zwar aufeinander abstimmen, ein Arrange-

---

[1] G. Bauer, *Zur Poetik des Dialogs,* Darmstadt 1977, S. 21 und S. 129. S. 136 wird das Streitgespräch in die Nähe der „zeremoniellen Formen der Redeverknüpfung gestellt". Vgl. im übrigen zu Bauers Typologie meinen Beitrag in diesem Band S. 251–256, 278/79.
[2] Neben den bekannten älteren Arbeiten von H. Jantzen, *Geschichte des deutschen Streitgedichtes im Mittelalter* (Germanistische Abhandlungen XIII), Breslau 1896, M. Steinschneider, „Rangstreit-Literatur – Ein Beitrag zur vergleichenden Literatur- und Kulturgeschichte", in *Sitzungsberichte der Akademie der Wissenschaften Wien,* Phil.-hist. Kl. 155/4 (1908), und H. Walther, *Das Streitgedicht in der lateinischen Literatur des Mittelalters,* München 1920, sei hingewiesen auf: I. Kasten, *Studien zu Thematik und Form des mittelhochdeutschen Streitgedichts,* Diss. Hamburg 1973.
[3] S. Neumeister, *Das Spiel mit der höfischen Liebe – Das altprovenzalische Partimen,* München 1969.
[4] Vgl. S. Neumeister, *Das Spiel mit der höfischen Liebe* S. 53. I. Kasten, *Studien* S. 20, macht darauf aufmerksam, daß zur selben Zeit, als sich die scholastische Disputation durchsetzt, auch die ersten Streitgedichte in der volkssprachlichen Literatur erscheinen; vgl. auch ebd. S. 228ff.

ment mit Steigerungen und mit einer gewissen Dramatik ist denkbar, aber das bleibt Strategie von außen. Und dasselbe trifft zu, wenn es am Schluß zu einer Entscheidung für die eine oder andere Partei kommt: sie ist von der Regie nicht nur eingeplant, sondern dezidiert gesetzt, somit nicht das innere Ergebnis eines Gesprächsprozesses. Das wird besonders augenfällig, wenn die Entscheidung einer dritten Instanz übertragen wird, einer Richterfigur, die das Patt der Argumente aufhebt. Bei seiner Gesprächsstrategie kann der Autor über das Arrangement der Argumentation sowie über die dritte Instanz implizit oder explizit Partei ergreifen, so etwa im religiösen Streitgespräch, bei dem selbstverständlich die Disputation zugunsten der Religionsgemeinschaft des Autors ausgeht, im epischen Zusammenhang oft mit dramatischer Konversion des Falschgläubigen[5].

In allen diesen Fällen ist also das Gespräch nichts weiter als eine Präsentationsform kontrastiver Positionen. Die Träger der Argumente sind nur Vehikel der dialogischen Darstellung und als Personen bestenfalls in einem übergreifenden Handlungszusammenhang von Interesse. Wenn sie als bloße Personifikationsallegorien auftreten, ist eine gewisse Individualisierung zwar denkbar, indem man dem jeweiligen Standpunkt einen Charakter unterstellt, doch stammt das Leben, das diese Figuren dadurch erhalten, nur allzu deutlich aus zweiter Hand, und die Widersprüche, in die man sich dabei verwickeln kann, hat schon Sokrates gegenüber Agathons Charakterisierung des Eros bloßgelegt.

Etwas anders ist die Situation, wenn der Autor nicht nur der einen Seite mehr oder weniger offenkundig seine Sympathie zuwendet, sondern selbst in die Rolle eines der beiden Kontrahenten schlüpft. So sieht sich etwa in Hildeberts von Lavardin Streitgespräch zwischen Leib und Seele der Dichter in der Rolle des Leibes den Anklagen seiner Seele gegenüber[6]. Hier stellt sich das Streitgespräch als ein visionär nach außen projiziertes Selbstgespräch dar, oder, um mit H.R. Jauß zu sprechen: das Gespräch zwischen Personifikationsallegorien innerer Kräfte wird zu einer Form der „Poesie des Unsichtbaren"[7]. Auch solche Projektionsfiguren haben ihr Leben aus zweiter Hand, aber es beruht nicht in erster Linie auf einem über die Perspektive der Argumente gewonnenen Pseudocharakter, es fließen ihnen vielmehr aus dem innermenschlichen Konflikt, den sie darstellen, emotionale Elemente zu, d.h. es schlägt sozusagen die lebendige persönliche Erfahrung des Autors auf die dramatische Projektion durch. Das bleibt insofern künstlich, als Personifikationen wie Leib und Seele selbstverständlich immer nur Transpositionen jener Kräfte bleiben, zwischen denen der innere Konflikt ausgetragen wird. Über die emotionale Besetzung aber können sie immerhin eine Quasi-Personalität von Gnaden der Poesie gewinnen, ja, wenn sie zugleich kosmische Größen vertreten – *das* Geistige gegenüber *dem* Körperlichen –, an deren mythischem Status partizipieren[8].

---

[5] Vgl. I. Kasten, *Studien* S. 40ff.
[6] Zum Traditionszusammenhang: F.P. Knapp, „Hartmann von Aue und die Tradition der platonischen Anthropologie im Mittelalter", in *Deutsche Vierteljahrsschrift für Literaturwissenschaft und Geistesgeschichte* 46 (1972) S. 213–247, hier S. 225ff.
[7] H.R. Jauß, *Alterität und Modernität der mittelalterlichen Literatur,* München 1977, S. 28ff.
[8] Zur Remythisierung allegorischer Figuren: H.R. Jauß, „Allegorese, Remythisierung und neuer Mythos", in *Terror und Spiel – Probleme der Mythenrezeption* (Poetik und Hermeneutik IV), hg. M. Fuhrmann, München 1971, S. 187–209 (auch in Jauß, *Alterität* S. 285–307).

Das mittelalterliche Streitgespräch bewegt sich also in der Spanne zwischen einer bloßen Form zur Darstellung oppositioneller Gegebenheiten oder Haltungen und einem mythisierenden Rückbezug solcher Positionen, wobei es dem Autor offensteht, sich aufgrund persönlicher Betroffenheit in den kosmischen Antagonismus einzubeziehen. Die Emotionalisierung und damit die Pseudopersonalisierung des Gesprächs hängt insbesondere an dieser Parteinahme durch den Autor, der sich nicht nur der rhetorischen Möglichkeiten des Streitgesprächs bedienen, sondern, wie gesagt, auch selber in eine der Sprecherrollen eintreten kann.

In diesem Traditionshorizont steht auch das berühmteste und künstlerisch glänzendste Streitgespräch des Mittelalters: *Der Ackermann aus Böhmen* des Johannes von Tepl. Dieser Dialog schöpft die beschriebenen Möglichkeiten des Typus voll aus, um sie jedoch zugleich in gewisser Weise zu übersteigen. Daß das Werk damit um 1400 Ausdruck einer Übergangssituation ist, hat man seit K. Burdach immer wieder betont. Der alte Streit freilich, ob es sich um ein auf das Mittelalter zurückgewandtes Werk handelt oder ob es als Vorbote der Neuzeit anzusehen ist, hat sich, weil die Frage falsch gestellt war, überholt. Die traditionellen Elemente sind in der Forschung zunehmend deutlicher herausgearbeitet worden, was freilich nicht heißt, daß sich nicht gerade, indem der Autor diesen Rahmen bis zum Äußersten spannte, Neues hätte ankündigen können[9].

Johannes von Tepl war sich der Gattungstradition bewußt, in die er sich mit seinem Dialog zwischen dem Ackermann und dem Tod stellte. Er zitiert sie im vorletzten Kapitel des Werkes explizit: der Dialog wird vom Richter Gott der Rangstreitliteratur zugeordnet! Zugleich ist Johannes ein geschulter Rhetoriker. Er verwendet für die Argumentationskunst der beiden Kontrahenten die Techniken insbesondere der Gerichtsrede, er beherrscht die Stilmittel der Ars dictandi und setzt sie virtuos ein[10]. In dem Begleitbrief, mit dem er seinen Dialog einem Freund zukommen läßt, bezeichnet er selbst sein Werk als Stilübung. Das hat Verwirrung gestiftet. Man hat geradezu von einem „stilistischen Paradestück" und „rhetorischen Experiment" gesprochen und meinte damit, daß sein Zweck in der argumentativ-formalen Artistik aufgehe[11]. Ist das richtig?

---

[9] Vgl. zu dieser Kontroverse G. Hahn, *Die Einheit des Ackermann aus Böhmen – Studien zur Komposition* (Münchener Texte und Untersuchungen zur deutschen Literatur des Mittelalters 5), München 1963; F.H. Bäuml, „Tradition, Ursprünglichkeit und der Dichtungsbegriff in der Ackermann-Forschung" in *Orbis Mediaevalis – Festgabe für Anton Blaschka*, hgg. H. Gericke u.a., Weimar 1970, S. 9–30.

[10] Das ist in einer Reihe von Untersuchungen herausgearbeitet worden; ich nenne nur die wichtigsten: F.H. Bäuml, *Rhetorical Devices and Structure in the Ackermann aus Böhmen*, (University of California Publications in Modern Philology 60), Berkeley/Los Angeles 1960; K.H. Borck, „Juristisches und Rhetorisches im ackerman", in *Zeitschrift für Ostforschung* 12 (1963) S. 401–420; K. Brandmeyer, *Rhetorisches im ackerman – Untersuchungen zum Einfluß der Rhetorik und Poetik des Mittelalters auf die literarische Technik des Johannes von Tepl*, Hamburg 1970; R. Henning, „Die Rechtfertigung des Todes unter dem Status Qualitatis – Zur Interpretation der Todesfunktion im Ackermann aus Böhmen", in *Zeitschrift für deutsche Philologie* 91 (1972) S. 374–383; F. Tschirch, „Colores rhetorici im Ackermann aus Böhmen", in *Literatur und Sprache im europäischen Mittelalter – Festschrift für K. Langosch*, hgg. A. Önnerförs u.a., Darmstadt 1973, S. 364–397; R. Natt, *Der ackerman aus Böhmen des Johannes von Tepl – Ein Beitrag zur Interpretation*, Göppingen 1978.

[11] Die zitierten Ausdrücke stammen von A. Hübner, „Das Deutsche im Ackermann aus Böhmen", in *Sitzungsberichte der Preußischen Akademie der Wissenschaften*, Phil.-hist. Kl. 1935, S. 323–398

Der Ackermann und der Tod vertreten dem Modell des klassischen Streitgesprächs entsprechend konträre Standpunkte prinzipieller Natur: der Ackermann den Anspruch des Lebens, der Tod die Notwendigkeit des Sterbens. Die Diskurse laufen gegeneinander, ohne daß eine Partei wirklich auf die andere einzugehen, geschweige denn sie zu überzeugen vermöchte. Am Ende wird das Urteil von Gott als dritter Instanz gefällt. Dieses Urteil, das dem Tod den Sieg, dem Ackermann die Ehre zuspricht, relativiert den Absolutheitsanspruch beider Seiten. Sein besonderes Gewicht aber und seine Eigenart erhält dieses Streitgespräch zwischen Leben und Tod dadurch, daß der Autor die Positionen des Lebens nicht nur zu seiner eigenen Sache macht, indem er als ‚Ackermann', d.h. als der Schreiber/Dichter, selbst in den Dialog eintritt („von vogelwat ist mein pflug")[12], sondern daß er zudem sein Rollen-Ich scheinbar direkt in seinem Autor-Ich verankert: was ihn zu diesem Werk veranlaßte – und das ist das Ungewöhnliche – war ein biographisch-faktisches Ereignis: der Tod seiner Frau. Wenngleich aber diese persönliche Todeserfahrung hinter der dialogischen Auseinandersetzung steht, so wird sie doch völlig mit den stereotypen Mitteln des traditionellen Streitgesprächs durchgespielt. Ja, die persönliche Betroffenheit ruft gerade jene äußerste Steigerung der rhetorischen Effekte herauf, die dem Dialog durch die Verbindung von Emotionalität und Formstrenge sein eigentümliches Pathos verleiht.

Durch diese Rückbindung des Streitgesprächs ins Biographische wird aber immerhin soviel an Personalität eingebracht, daß sich die Figur des Ackermanns als ein Charakter präsentiert, der zur Veränderung fähig zu sein scheint. Von seinen maßlosen Beschimpfungen des Todes zu Beginn geht seine Haltung teils mehr in Bitterkeit und teils mehr in Resignation über. Der Ackermann sieht ein, daß er auf verlorenem Posten steht. Dieser Wandel bewirkt auch eine Veränderung auf der Seite der Gegenfigur, d.h. auch die allegorische Figur des Todes gewinnt insofern ein personales Moment, als er sich in seiner Siegesgewißheit in eine Hybris hineinsteigert, die alle Grenzen sprengt. So ergeben sich zwei gegenläufige ‚Entwicklungs'-Linien: die Anklagen des Ackermanns verlieren an Heftigkeit, während der zunächst eher zurückhaltende Tod seinen Anspruch schließlich ins Maßlose überzieht[13]. Das nähert den Dialog einem echten Gespräch an, ohne daß man ihn wirklich als ein solches bezeichnen dürfte, denn es handelt sich letztlich doch nur um eine rhetorische Strategie, die den Sieg des Todes und zugleich dessen Relativierung vorbereitet. Entscheidend bleibt, daß der Schluß völlig in die Tradition zurücklenkt. Die dritte Instanz, Gott, schlägt, wie erwähnt, den Dialog dem Genus des Streitgesprächs zu: so wie der

---

(auch in *Der Ackermann aus Böhmen des Johannes von Tepl und seine Zeit* (Wege der Forschung Bd. 143), hg. E. Schwarz, Darmstadt 1968, S. 239–344, hier S. 239). Es war Hübner, der nach der Entdeckung des Begleitbriefes durch K.J. Heilig jene Wende in der *Ackermann*-Forschung herbeiführte, die gegenüber der Burdachschen These, daß es sich beim *Ackermann* um eine „Erlebnisdichtung" handle, die formal-rhetorische Seite in den Vordergrund rückte. Vgl. auch ders., „Deutsches Mittelalter und italienische Renaissance", in *Zeitschrift für Deutschkunde* 51 (1937) S. 225–239 (auch in Schwarz, *Der Ackermann* S. 368–386).

[12] Zur Ackermann-Metapher: R. Fischer, „Regionales zum Ackermann", in *Forschungen und Fortschritte* 40 (1966) S. 254.

[13] Dazu insb. Hahn, *Die Einheit*; mit etwas anderer Akzentuierung: S. Jaffe, „Des Witwers Verlangen nach Rat – Ironie und Struktureinheit im Ackermann aus Böhmen", in *Daphnis* 7 (1978) S. 1–53.

Streit zwischen den Jahreszeiten nicht absolut zu entscheiden sei, weil jede ihr relatives Recht besitze, so auch nicht der Streit zwischen Leben und Tod, wenn auch dem Tod letztlich der Sieg gehöre, freilich nicht aus eigener Macht, sondern nur durch seinen, Gottes, Willen. Dieser Schluß gibt sich geradezu programmatisch traditionalistisch, d.h. die Lösung liegt nicht eigentlich im Richterspruch Gottes, sondern in der Zuordnung des Streits zu einem literarischen Typus, der nur eine Lösung solcher Art zuläßt. Und dies wiederum bedeutet nichts anderes als die Demonstration der Tatsache, daß das Gespräch mit dem Tod kein Gespräch im eigentlichen Sinne sein kann.

Diese Reflexion des Typus auf sich selbst aber ist eine Replik auf den spezifischen Ansatz dieses Streitgesprächs. Es erwächst, wie gesagt, aus der konkreten biographischen Situation. Johannes bäumt sich auf im Schmerz über die Zerstörung seiner Liebe, er schildert sie dabei rückblickend in den schönsten Farben, ja gerade im Verlust wird es Johannes zutiefst bewußt, was er verloren hat: die Erfüllung des Lebensglücks in der Du-Beziehung, oder man kann auch sagen, was er verloren habe, sei das echte Gespräch. Das Streitgespräch mit dem Tod als projiziertes Selbstgespräch resultiert also aus der zerschlagenen Du-Beziehung, d.h. das Selbstgespräch wird übersetzt in den Dialog gerade mit jener Macht, die die echte Gesprächssituation zerstört hat. Das Modell, in dem dieser Dialog abläuft, ist somit absolut folgerichtig ein literarischer Typus, der ein Gespräch im eigentlichen Sinne ausschließt. Das Eintreten in das traditionelle Streitgespräch wird zum Ausdruck der zerstörten Gesprächssituation. Gerade dadurch freilich übersteigt *Der Ackermann aus Böhmen* den traditionellen Typus. Es wird zur Funktion eines übergreifenden Prozesses. Wie ich oben S. 269ff. im Zusammenhang des mystischen Gesprächs zu zeigen versuchte, muß sich jedes personale Gespräch an der vermittelnden Form der Sprache stoßen, die die Gesprächspartner zugleich bindet und trennt. Aufgrund dieses Widerspruchs, der der menschlichen Kommunikationssituation ihr eigentümliches Gepräge gibt, ist das Gespräch eingebaut in eine Bewegung zwischen unio und absoluter Differenz. Aus der Differenz kann nun aber, sozusagen als Negativbild, das künstliche Gespräch entworfen werden, ein Gespräch also, das ein mehr oder weniger allegorisch übersetztes Selbstgespräch ist. Es sei an Mechthild von Magdeburg erinnert, die sich in der Gottferne Personifikationen als künstlichen Gesprächspartnern gegenübersieht: dem Leib, den Sinnen. Das sind Personifikationsallegorien jener Kräfte, die sie aus der unio herausführten[14]. So kann man denn sagen, daß das zerstörte Gespräch zum Ersatzgespräch mit dem Zerstörer drängt. Der personifizierte Tod als Gesprächspartner des Ackermanns erscheint als Ersatzfigur für den echten Partner, den der Tod weggerafft hat. Der Dialog mit dem Tod erweist sich damit als die Rückseite des verlorenen Liebesgesprächs, wobei er sich als traditionelles Streitgespräch inszeniert, d.h. als ein Gespräch, das gerade keines sein kann, ja das seinen Sinn darin findet, keines zu sein.

Die absolute Differenz, die als Grenze jedes echte Gespräch kennzeichnet, manifestiert sich, wenn man sich ihr nähert, als dämonische Größe. Die sinkende, die scheiternde Liebe ruft nach dem Gegenbild des entschwundenen Partners, und so wird das Scheitern selbst personalisiert, damit es zum Ziel der negativen Beziehung, zum Ziel des Hasses werden kann.

---

[14] S.o. S. 277.

Das, wodurch der *Ackermann*-Dialog das traditionelle Streitgespräch hinter sich zurückläßt, besteht darin, daß er dessen Mechanismus aufdeckt. Das Streitgespräch enthüllt sich im Urteil Gottes als das, was es ist, eben als ein Ersatzgespräch künstlicher Art. Diese Lösung erst gibt dem Prozeß retrospektiv seinen eigentlichen Sinn, denn dieser Prozeß ruft über die Negation das einstige Glück des echten Gesprächs herauf; die hochgezogene rhetorische Künstlichkeit findet ihre Rechtfertigung darin, daß sie in ihrer ins Leere gehenden Formalität das zum Leuchten bringt, was jenseits von ihr liegt. Und so überrascht es nicht, daß der Schluß ins echte Gespräch zurückführt, ins Gespräch freilich mit Gott, in das der Ackermann fürbittend seine verstorbene Frau einbezieht[15].

---

[15] H. Deinert, „Der Ackermann aus Böhmen", in *Journal of English and Germanic Philology* 61 (1962) S. 205–216, spricht geradezu von einer aus dem Leid geborenen „Apotheose der Gattin" (S. 208), die für Johannes zur „Mittlerin zu Gott" werde (S. 216).

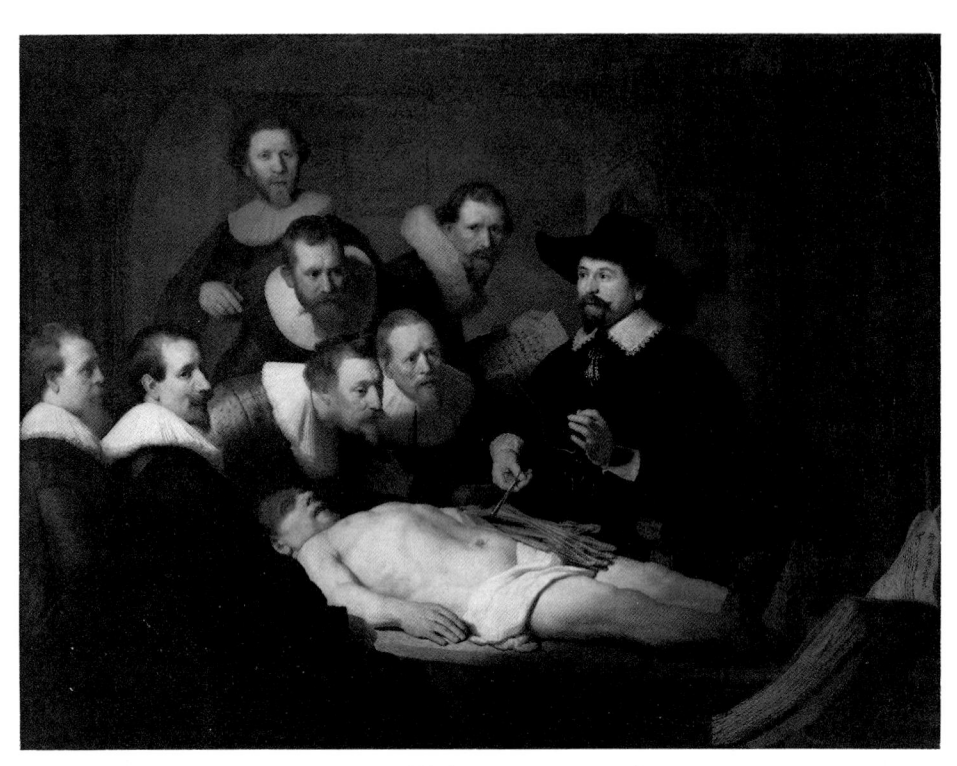

Abb. 1 Die Anatomie des Dr. Tulp *1632* (162,5 x 216,5 cm)

MAX IMDAHL

SPRECHEN UND HÖREN ALS SZENISCHE EINHEIT
Bemerkungen im Hinblick auf
Rembrandts *Anatomie des Dr. Tulp*

Etwas über das Gespräch auszusagen, ist gewiß nicht das nächstliegende Thema für einen Beitrag aus dem Bereich der bildenden Kunst. Das Gespräch ist ein sukzessiver Vorgang im Wechsel von Sprechen und Hören. Diesen Wechsel kann ein Werk der Bildenden Kunst, beispielsweise ein Gemälde, im Rahmen einer einheitlichen und in ihrer Zeitlichkeit oft auf nur einen Augenblick verdichteten Bildszene nicht eigentlich reproduzieren. Es müßte vielmehr — um hier nur das einfachste Schema eines Gesprächs anzugeben — verbildlicht werden, wie zunächst A spricht, während B hört, wie alsdann B spricht, während A hört, wie danach wiederum A spricht, während B hört, und so weiter und so fort. Es ist klar, daß ein derartiger Rollenwechsel nicht ohne Wiederholungen in der Darstellung von A und B auskommt und diese Wiederholungen mit dem Konzept einer einheitlichen und zeitlich verdichteten Bildszene unvereinbar sind. Reproduzierbar im Rahmen einer solchen Bildszene ist nur eine Phase und nicht eine Phasenfolge: während der eine spricht, hört der andere oder hören die anderen, was jener spricht — in welchen Reaktionen auf das Gesprochene auch immer.

Ein Gemälde kann Sprechen und Hören verbildlichen allein durch Mimik und Gestik, das heißt allein durch Gebärdensprache. Was indessen *expressis verbis* die Rede des Sprechenden ist, läßt sich wiederum nicht bildlich reproduzieren, wohl aber — jedenfalls zumeist — aus dem Kontext der Bildszene erschließen. Zum Beispiel kann erschlossen werden, daß der Sprechende den oder die Hörenden anspricht in der Rede über ein Thema, welches dem Sprechenden wie den Hörenden gemeinschaftlich ist als ein gemeinsam interessierender Erkenntnisgegenstand. Ein Paradigma dafür ist Rembrandts Bild der *Anatomie des Dr. Nicolaas Tulp* (Abb. 1, 1632, Den Haag, Mauritshuis)[1].

Sektionen wurden an Leichen exekutierter Verbrecher vorgenommen, sie waren in aller Regel öffentlich und hatten — mit W.S. Heckscher zu reden — den Charakter eines kathartischen Rituals: „Rembrandt was certainly also aware of the communis et vulgaris opinio that saw in the public anatomy the crowning chapter of the punishment of a pathetic Everyman whose corpse was so callously displayed before the eyes of the fascinated spectators, each one of whom felt, dumbly or articulately, that he witnessed a cathartic ritual enacted for his own good." Für die Öffentlichkeit nimmt Heckscher die „eccentric perspective" in Rembrandts Bild in Anspruch mit dem Ergebnis, „that the space created by Rembrandt is not confined to his canvas and that this extended space is inhabited by spectators and models alike". Und was die Struktur der verbildlichten Szene

---

[1] A. de Vries u.a., *Rembrandt in the Mauritshuis — An Interdisciplinary Study*, Alphen aan de Rijn, 1978 („Dr. Nicolaas Tulp's Anatomy Lesson", S. 83ff.).

in ihrer allgemeinsten Bestimmung betrifft, so ist sie nach dem Urteil Heckschers „realistic yet synthetic (by which I mean that a number of reactions not necesserily occuring at one and the same moment are represented in simultaneity), mute yet eloquent, emotional yet without motion. There is in the painting no more drama if we take the word in its literal sense, than in the movements of a bed of sea-anemones"².

Von Rembrandts *Anatomie des Dr. Tulp* soll im folgenden die Rede sein – nur kurz und in ausschließlicher Hinwendung auf das hier zu erörternde Thema „Gespräch". Bei allen Unterschieden zwischen der Aktion des Sprechenden und den Reaktionen der Hörenden vergegenwärtigt die verbildlichte Szene ein augenblickliches Eben-Jetzt, alles Agieren und Reagieren ist – gegensätzlich zu Heckschers Vermutung – gleichzeitig möglich. Es kann kein Zweifel sein, daß dieses Eben-Jetzt jegliche Phasenfolge eines Gesprächs aus der Darstellung ausschließt. So bleibt die für Rembrandts Gemälde nicht unwichtige Frage, ob und wodurch die verbildlichte Szene als eine augenblickliche dennoch das bildliche Äquivalent eines Gesprächs ist. Gemäß einer grundlegenden Einsicht von K. Bauch erweist sich gerade in bestimmten Bildern (und auch Zeichnungen) von Rembrandt „das Geschehen (...) als Wortwechsel, als Gespräch". „Menschliches Sprechen und Hören" seien die „eigentlichen Handlungen seines Dramas", das „gemeinsame Geschehen" vollziehe sich „als Wort", und „das Wort" sei es auch, „das selbst in Rembrandts Gruppenbildnissen den Schlüssel für den Sinn der Gemeinschaft bildet". So auch begründet im Anatomie-Bild „das lebhafte Dozieren Tulps (...) das Geschehen als innere Handlung (...), das alle Anwesenden ergreift und vereint"³.

---

[2] W.S. Heckscher, *Rembrandt's Anatomy of Dr. Nicolaas Tulp – An Iconological Study*, New York University Press 1958; die Zitate S. 8, 18, 33. – Heckschers ausgreifende Darlegungen erörtern (hier nur auszugsweise referiert) verschiedene Sinndimensionen des Anatomie-Bildes.
 1. Historische Fakten: Tulps Anatomie fand im Januar 1632 wohl mehrere Tage statt (S. 24), jedoch ist der Ort der Sektion nicht rekonstruierbar (S. 8). Im Anschluß an H. Jantzen, „Rembrandt, Tulp und Vesal", in *Kunst und Künstler* 24 (1926), S. 314; Nachdruck in Jantzen, *Über den gotischen Kirchenraum und andere Aufsätze,* Berlin 1951, S. 70, sowie an H. Schrade, „Rembrandts Anatomie des Dr. Tulp", in *Das Werk des Künstlers* 1 (1939/40), S. 88, hält es auch Heckscher für möglich, daß Tulp sich als Vesalius Redivivus porträtieren ließ (S. 101, 76). Heckscher erwähnt die *Observationes* (1641) des Tulp, denen zufolge Rembrandt als „malade imaginaire" Tulps Patient gewesen sei, und zwar an „the somatic delusion that his bones were melting like wax" gelitten habe (S. 77f.).
 2. Der metaphysisch-theologische Hintergrund der Anatomie: „The concept of retribution, the Old Testament idea of ,an eye for an eye', the selective punishment of the limb that has sinned – this must be considered one of the constituent elements of the public anatomies" (S. 100). Und: „(...) there was forever present at the back of even the most enlightened Renaissance anatomist's mind the other view that saw in death (and especially in that of the criminal under the dissecting knife) a just reward for mortal shortcomings of old Adam" (S. 108). Der Meinung Heckschers zufolge suggeriert Rembrandts Bild „a scientific tableau vivant; it offered food for devotional contemplation by demonstrating God's wisdom expressed in the very limbs and organs of the criminal, who, after all, must be considered the *templum animatum,* ,the temple of the holy Ghost' (1, Cor., 6/19)" (S. 34).
 3. Der (ungeklärte) emblematische Sinn: Heckscher würdigt die Muschel hinter dem Kopf Tulps und weist hin auf „shell-foiled portrait busts", die einem „classical prototype closely associated with the ideas of death and immortality" folgen. „I suggest, therefore, that in the two figures of Tulpius and the corpse we may see some kind of triumph configuration. (...) The ,Anatomy' may be said to approximate an emblematic attitude, inasmuch as a motto may serve to unlock its enigma" (S. 119f.).
[3] K. Bauch, „Ikonographischer Stil – Zur Frage der Inhalte in Rembrandts Kunst", in ders.,

Die in Rembrandts *Anatomie* verbildlichte Szene enthält deutliche Merkmale einer hierarchischen Ordnung, wie immer diese — was übrigens unter dem Zwang einer selbst sukzessiven sprachlichen Bildinterpretation erst später zu besprechen sein wird — in einer für den Bildsinn und dessen Gesprächscharakter entscheidenden Weise relativiert ist. Man sieht, sozusagen auf den ersten Blick, den durch einen Hut besonders ausgezeichneten und damals berühmten Chirurgen Tulp: mit begleitender Gebärde redend und an einem sezierten Leichnam demonstrierend erläutert er die Anatomie eines menschlichen Armes[4]. Tulp ist als *cathedraticus*[5] von der Gruppe seiner Kollegen deutlich isoliert und zugleich dieser zugewandt. Sein Blick kann bezeugen, daß alle Kollegen in gleicher Weise angesprochen sind, die Rede sich also nicht an eine bestimmte Person richtet. Zu Füßen des Leichnams und vor diesem im nächsten Vordergrund liegt ein vor den Augen der hörenden Chirurgen aufgeschlagener Foliant, nach einer Erkenntnis von H. Jantzen ist es der Anatomie-Atlas des Vesalius[6]. Ob man nun — wie Heckscher — die „eccentric perspective" als die Suggestion eines Raumkontinuums über die Bildgrenzen hinaus für die Öffentlichkeit der Sektionsszene in Anspruch nimmt oder auch nicht[7], in Rembrandts Bild ist Öffentlichkeit hergestellt durch den Chirurgen im Gipfel der Bildkomposition. Im Gipfel der Komposition ist dieser Chirurg zweifellos in besonderer Weise exponiert, er blickt aus dem Bilde heraus auf den (mitten vor dem Bilde angenommenen) Bildbeschauer, indem er diesen (wen sonst?) mit einer Zeigegebärde auf die Sektion hinweist. Der Chirurg im

---

Studien zur Kunstgeschichte, Berlin 1967, S. 140 (zu der von Bauch getroffenen Feststellung einer „inneren Handlung" s. im folgenden unsere Anm. 8). — Bauch, Anm. 27, kritisiert die oben zitierten Deutungen Heckschers mit den folgenden Ausführungen: Indem Rembrandt „die drei Einheiten der Handlung, der Zeit und des Ortes folgerichtig durchführt, also Bedeutung und Sinn aus der Handlung allein, dem menschlichen Geschehen auf der Bühne der Welt, entwickelt, hat er die versteckten Hinweise (...) mit ihrem literarischen Hintersinn überwunden". „Die ‚Anatomie' ist nicht eine Allegorie der bestraften Sünde oder eine Demonstration der sinnvollen Struktur des menschlichen Körpers oder eine ‚Apotheose' des Gelehrten im Sinne seines großen Vorbildes, noch auch überhaupt die Wiedergabe einer privaten oder öffentlichen Sektion, sondern sie ist (...) ein Bildnis, nämlich dieser Gruppe von Ärzten mit ihrem Kursusleiter, die Rembrandt eine Rolle in der erdachten Handlung einer Anatomie-Vorlesung annehmen läßt, im Sinne der scharf zugespitzten Handlungsdramatik seiner Historien der 1630er Jahre (...)."

Nach Bauch hebt J.S. Held, „Das gesprochene Wort bei Rembrandt", in *Neue Beiträge zur Rembrandt-Forschung,* hgg. O. von Simson / J. Kelch, Berlin 1973, S. 121, „die intime Verbindung zwischen Sprecher und Hörerschaft" hervor. Bei Rembradt diene „gerade auch das Schweigen des Gesprächspartners (...), wie wir sehen — dank zeitlicher Konzentration und der damit verbundenen Vereinheitlichung der Handlung — einer psychologischen Verdeutlichung des Vorgangs". Held spricht von einem „Abwarten — man könnte es das Prinzip des Aussprechenlassens nennen (...)" (S. 118f.).

[4] Dazu de Vries, *Rembrandt in the Mauritshuis* S. 101, wo die Frage nach der Richtigkeit der anatomischen Darstellung gestellt wird. Von Heckscher, *Rembrandt's Anatomy* S. 63, wird diese für falsch erklärt.

[5] Vgl. Heckscher, *Rembrandt's Anatomy* S. 118.

[6] Jantzen, „Rembrandt, Tulp und Vesal" S. 70. Heckscher, *Rembrandt's Anatomy* S. 67, widerspricht dieser Deutung, es handele sich um ein „portrait of a book". H. Gerson, *Rembrandt Gemälde,* Gütersloh 1969, S. 493, vermutet in dem Buch das anatomische Lehrbuch des Adriaen van der Spiegel.

[7] Die „exzentrische Perspektive", wie sie als Diagonalkomposition die Raumdarstellung des Anatomie-Bildes bestimmt, ist eine generelle Errungenschaft der holländischen Malerei in den ersten Jahrzehnten des siebzehnten Jahrhunderts. Sie beherrscht auch die Landschaftsmalerei. Dazu grundlegend R. Grosse, *Die holländische Landschaftskunst 1600–1650,* Berlin-Leipzig 1925.

Gipfel der Komposition postuliert und qualifiziert den Bildbeschauer als einen Augen- und Ohrenzeugen der verbildlichten Szene: die verbildlichte Szene tritt in die Geltung eines unmittelbar gegenwärtigen, direkt miterlebbaren und in diesem Verständnis auch öffentlichen Geschehens in eben dem Maße, in dem sie den Bildbeschauer selbst szenisch involviert – wie immer es sich im strengen, ikonographisch bestimmbaren Sinne um eine öffentliche Sektion handelt oder auch nicht.

Der Interpretation A. Riegls zufolge sind in Rembrandts *Anatomie des Dr. Tulp* „innere Einheit" und „äußere Einheit" vereinigt[8]. Die innere Einheit besteht dadurch, daß Tulp zu den sämtlichen Kollegen spricht und diese sämtlich (und naturgemäß gleichzeitig) den Sprechenden hören. Dagegen besteht die äußere Einheit durch jenen im Gipfel der Komposition exponierten Chirurgen, welcher den Bildbeschauer als Augen- und Ohrenzeugen in die Sektionsszene einbezieht. In der inneren Einheit ist nur die Gruppe der hörenden Chirurgen, in der äußeren Einheit darüber hinaus der in der Szene involvierte Beschauer dem sprechenden Tulp subordiniert. Offensichtlich lebt die verbildlichte Szene aus der Relation zwischen Sprechen und Hören, und zwar sowohl in ihrem unmittelbaren, geradezu augenblicklich jetzthaften Aktualitätsausdruck als auch in der Vereinigung von innerer und äußerer Einheit, wobei die äußere Einheit jene beherrschende Rolle des sprechenden Tulp noch potenziert. Gerade in dieser Potenzierung sind, Riegl zufolge, innere und äußere Einheit ineinander vermittelt.

Rembrandts *Anatomie des Dr. Tulp* ist ein Szenenbild, jedoch kein Historienbild. Das in der Bildszene vergegenwärtigte Ereignis ist nicht das Ereignis einer Geschichte, wohl aber das Ereignis einer Erkenntnis – man könnte daher von einer Erkenntnisszene sprechen. Diese selbst ist komplex in ihren kaum zu übersehenden (auch ausdrücklich gemeinten?) Anspielungen und Verweisungen. Die verbildlichte Szene enthält eine Anspielung auf die *Biblia Naturae*[9], insofern man in dem aufgeschlagenen Folianten einen Hinweis auf das Buch der Natur erkennt, und überdies nimmt die Szene Züge einer Beweinung an, insofern man in dem von Personen umgebenen Leichnam einen Hinweis auf den toten Christus wahrnimmt[10] – wie ähnlich Rembrandts späteres Bild der *Anatomie des Dr. Deyman* an eine „Sacra Conversazione" erinnert[11]. Doch welches Gewicht man solchen Analogien auch einräumt, so sind in Rembrandts Bild doch zweifellos der Leich-

---

[8] Dazu A. Riegl, „Das Holländische Gruppenporträt", in *Jahrbuch der Kunsthistorischen Sammlungen des Allerhöchsten Kaiserhauses* 23 (1902); Neuaufl. hg. K.M. Swoboda, Wien 1931, bes. S. 182ff.

[9] Hierzu, jedenfalls in Andeutungen, Heckscher, *Rembrandt's Anatomy* S. 34, wo von „god's wisdom" die Rede ist.

[10] E.K.J. Reznicek, „Opmerkingen bij Rembrandt", in *Oud Holland* 1/2 (1977), S. 75ff. – Reznicek erinnert an Schrades Hinweis auf die Dürerzeichnung einer Beweinung aus der Sammlung Lubomirski (H. Schrade, „Rembrandts Anatomie des Dr. Tulp", S. 60ff.) und benennt als Ausgangsanregung für Rembrandts Anatomie-Bild das Gemälde *Der Zinsgroschen* von Rubens, gestochen von Vorstermans (s. bei Reznicek Abb. 8: Photomontage). Vor Reznicek hat Heckscher, *Rembrandt's Anatomy* S. 86f., auf Beweinungen, Grablegungen, auf das Bartholomäus-Martyrium Lochners sowie auf Davids Gerechtigkeitsbilder aufmerksam gemacht.

[11] Nach Riegls Ausführungen zur Deyman-Anatomie, „Das Holländische Gruppenporträt" S. 207f., zeigt sich in der Skizze (des Gesamtbildes) als „auffallendste Eigentümlichkeit eine überaus strenge Symmetrie durchgeführt, die geradezu an das altchristliche Zeremonienbild der sacra conversazione erinnert".

nam und der Foliant die Themen des Sprechens und Hörens. Die Bildkomposition selbst drückt dies aus, indem sie durch bildbeherrschende und (nahezu) parallele Schrägen den sprechenden und die hörenden Chirurgen sowohl auf den Leichnam als auch auf den Folianten bezieht. Wenn auch Rembrandts Gemälde nicht in ursprünglicher Gestalt erhalten, sondern von fremder Hand um dem Kopf des links äußeren und merkwürdig unbeteiligt sich verhaltenden Chirurgen ergänzt ist[12], so gelten doch die folgenden planimetrischen Konstellationen: während – zum einen – die Schrägen, die mit der linken Kontur des aufrecht stehenden und nach außen blickenden Chirurgen, aber auch mit der linken Kontur des Tulp gegeben sind, mit der Schräge des Folianten korrespondieren, ist – zum anderen – die Schräge des Leichnams wiederholt durch das Gefälle, das vom Kopf jenes aufrecht stehenden Chirurgen zum Hut des Tulp herabführt. Linker und rechter, unterer und oberer Bildbereich sind verklammert. Die Komposition des Bildes ist nicht irgendein bloßer Geometrie verpflichtetes System aus irgendwelchen Richtungswerten und Korrespondenzen, sie ist vielmehr szenisch relevant, das heißt grundlegend für die unmittelbare Anschaulichkeit der szenischen Konstellation und ihrer thematischen Bezugswerte. Vermöge des komponierten Bildes gewinnt die szenische Konstellation die besondere Qualität einer in sich selbst geregelten Struktur – sie kommt also zur Geltung als eine notwendige und nicht nur beliebige –, aber auch innerhalb dieser szenischen Konstellation herrscht wiederum Komplexität in den vielfältigen (und auch ausdrücklich gemeinten!) Relationen zwischen Sprechen und Hören.

In Rembrandts *Anatomie des Dr. Tulp* ist – vor allem dies macht die folgenreiche Bildidee aus – der gemeinsame Erkenntnisgegenstand des sprechenden und der hörenden Chirurgen ein solcher des Vergleichs und, eben als Vergleich, von vornherein der Überprüfung ausgesetzt. Dargestellt ist die bloßgelegte Muskulatur eines menschlichen Armes als das, was mit den Angaben im Folianten zu vergleichen ist, und man darf (mit Jantzen) vermuten, daß auch die Rede Tulps von diesem Vergleich handelt[13]. Im Vergleich steckt die eigentliche Pointe der Bildszene, der – und ebenso das – zentrale Spannungsmoment, gleichgültig, was immer der Vergleich ergibt. Rembrandts Darstellung zeigt das Vergleichsergebnis nicht, wodurch die szenische Spannung nur noch erhöht wird. Die Bildszene ist so beschaffen, daß nur die Chirurgen Einblick in den Folianten haben. Dem Beschauer, so sehr er sich auch als bei der Szene anwesend vermeinen soll, bleibt dieser Einblick verwehrt. Darin unterscheidet sich – um wiederum in Riegls Kategorien zu reden – die innere Einheit von der äußeren: vergleichende Überprüfung ist allein im Rahmen der inneren Einheit möglich. Der in die Szene einbezogene Beschauer kann zwar und muß sogar hören, aber ohne wirklich mitzuspielen, das heißt ohne eigene Urteilsmöglichkeit[14].

---

[12] Vgl. de Vries, *Rembrandt in the Mauritshuis* S. 102.
[13] Jantzen, „Rembrandt, Tulp und Vesal" S. 69f.: „Die Hörer vergleichen das Demonstrierte mit der Abbildung eines Lehrbuches!"
[14] Riegl, „Das Holländische Gruppenporträt", berücksichtigt in seiner Interpretation des Anatomie-Bildes den Folianten nicht.

Als Folge davon ist der Beschauer nicht nur dem sprechenden Tulp, sondern auch den hörenden und selbst urteilsfähigen Chirurgen subordiniert. Die äußere Einheit ist daher nur eine partielle, nicht eine totale[15].

Was schließlich innerhalb der inneren Einheit der Bildszene zählt, sind die jeweils sehr unterschiedlichen und jeweils individuellen Aufmerksamkeitsgrade und -orientierungen der Hörenden. Man erkennt — abgesehen von der ergänzten, inhaltlich überhaupt nicht koordinierten Figur links außen[16], aber auch abgesehen von jenem Chirurgen zuoberst, welcher gleichsam nur mithörend und nach außen blickend die äußere Einheit herstellt — Hörende, die in verteilten Rollen ihr Interesse bald auf den sezierten Arm und bald auf den Folianten richten, man erkennt aber auch solche, die sich in spontan bewegtem oder auch ruhigem, gelassenen äußeren Verhalten auf das Gesprochene konzentrieren. Rembrandts Bild liefert, in szenischer Momentaneität und wohl auch über die Vielfalt jeder empirisch gegebenen szenischen Konstellation hinaus, geradezu eine Skala verschiedenster Modalitäten des Hörens, ganz im Sinne der psychischen Differenzierungen, welche die barocke Malerei überhaupt auszeichnen: jeder — darauf hat Riegl hingewiesen — reagiert im Hören des Gesprochenen jeweils auf seine Weise[17], und manche reagieren — darauf hat Jantzen hingewiesen — im Vollzug des Vergleichs[18]. Einer der Ärzte scheint das zu Hörende und am sezierten Arm zu Sehende auch mit eigenen Notizen zu vergleichen[19]. Wenn auch die Hörenden dem Sprechenden subordiniert sind, so doch in der Freiheit zu jeweils individueller Reaktion. Rembrandts Szene verbildlicht nicht nur die Subordination der Hörenden unter den Sprechenden, sondern auch umgekehrt eine Subordination des Sprechenden unter die Hörenden, insofern der Sprechende — im Angebot des Vergleichs — das selbständige Urteil der Hörenden herausfordert und dieses selbst — im Vollzug des Vergleichs — sich bildet. In Rembrandts *Anatomie des Dr. Tulp* korreliert das Gespro-

---

[15] Angesichts dieser nur partiellen und nicht totalen äußeren Einheit läßt sich die Frage diskutieren, ob und in welchem Sinne die verbildlichte Sektionsszene öffentlich ist. Daß der Beschauer durch den Chirurgen im Gipfel der Komposition als postulierter Augen- und Ohrenzeuge in die verbildlichte Szene einbezogen ist, wird kaum zu bestreiten sein, wenngleich es bestritten worden ist. Die dargestellte Sektion sei eine private, nicht eine öffentliche im Theatrum Anatomicum, denn öffentliche Sektionen begannen mit der Öffnung der Bauchhöhle. Zudem war die private Sektion für die wissenschaftliche Erkenntnis bei weitem ergiebiger als die öffentliche (dazu u.a. Gerson, *Rembrandt Gemälde* S. 50, 493). Wenn dennoch der Beschauer der szenische Adressat jenes Chirurgen zuoberst ist, so kann die dadurch hergestellte Öffentlichkeit nicht eine solche sein, die der Ikonographie öffentlicher Sektionen entspricht. Gerade die nicht totale, sondern nur partielle äußere Einheit, innerhalb derer der Beschauer nur bedingt an der Szene teilhat, kann den — wenn man so sagen darf — nichtöffentlichen Öffentlichkeitscharakter der Bildszene begründen und bezeugen, und zwar ist dieser eine Stiftung des Bildes zum Zwecke einer höchstmöglichen Aktualisierung des dargestellten Vorgangs: als postulierter Augen- und Ohrenzeuge soll der Beschauer nicht das Bild der Szene, sondern diese selbst vor Augen haben.
[16] Vgl. de Vries, *Rembrandt in the Mauritshuis* S. 102.
[17] Riegl, „Das Holländische Gruppenporträt" S. 182, führt aus, daß Tulp mit der Hörergruppe in eine „unmittelbare und momentane psychische Verbindung" tritt. „Die Hörer subordinieren sich ihm mit ihrer Aufmerksamkeit, aber jeder in anderer Weise: es ist zwar bei allen gemeinsame psychische Aufmerksamkeit, die sich aber physisch bei jedem in einer anderen physischen, individuellen Form äußert."
[18] Jantzen, „Rembrandt, Tulp und Vesal" S. 69f.
[19] Die Namensliste auf dem Blatt, das dieser Chirurg hält, ist später hinzugefügt (de Vries, *Rembrandt in the Mauritshuis* S. 98f.). Unter der Namensliste eine anatomische Skizze.

chene mit der selbständigen Urteilskraft der Hörenden, die Rede des Sprechenden ist auf die Zustimmung oder auch Ablehnung der Hörenden gerichtet. Indem sich im dargebotenen Vergleich der Sprechende und die Hörenden wechselseitig subordinieren, besteht Gleichberechtigung: die von Rembrandt verbildlichte Szene hat Gesprächscharakter, wenn man das Gespräch als einen solchen kommunikativen Akt versteht, der sich unter dem Aspekt eines gemeinsamen Interesses grundsätzlich und von vornherein durch die selbständige Urteilskraft sowohl des Sprechenden als auch des oder der Hörenden bestimmt – wenn also das Gespräch bedingt ist in einer Möglichkeit wechselseitiger Subordination, das heißt einer prinzipiellen Gleichberechtigung nicht nur im Wechsel, sondern ebenso in der Gleichzeitigkeit von Sprechen und Hören.

Rembrandts *Anatomie des Dr. Tulp* ist ein Gruppenporträt. In der holländischen Malerei des siebzehnten Jahrhunderts ist das Gruppenporträt nicht eine bloße Aneinanderreihung oder Anhäufung von Einzelporträts. Die sehr besondere und gerade auch in Rembrandts *Anatomie des Dr. Tulp* offensichtliche Aufgabe besteht vielmehr darin, eine demselben „praktisch-irdischen" Zweck[20] verpflichtete und hierarchisch verfaßte Personengemeinschaft sowohl in einer gemeinsamen Handlung, sogar in ihrem spezifischen Gesamtwirken darzustellen als auch, innerhalb dieses Gesamtwirkens, jedes Mitglied gleichsam als potentielles Einzelporträt zu individuieren. Das Gruppenporträt Rembrandts verbildlicht sowohl die in ihrem spezifischen Gesamtwirken vereinigte Personengemeinschaft als auch die jeweils einzelne Person, und zwar die einzelne Person in der Weise, daß sie in ihrer Mitverantwortlichkeit für jenes Gesamtwirken (möglichst) gleichberechtigt ist mit jeder anderen Person der Gemeinschaft. Es muß eine Bildszene erfunden werden, die beides leistet. Die in Rembrandts *Anatomie des Dr. Tulp* verbildlichte Szene leistet beides sowohl durch einen dem Sprechenden und den Hörenden gemeinsamen Erkenntnisgegenstand als aber auch durch den Gesprächscharakter von Sprechen und Hören, insofern der Sprechende das selbständige Urteilsvermögen der Hörenden voraussetzt und aktiviert. Das Hören selbst ist dialogisch aufgeladen, weil zum Ausdruck kommt, daß – schon im Hören der Rede – das Gesprochene am Maßstab jenes gemeinsam interessierenden Erkenntnisgegenstandes kritisch gemessen wird. Im Gesprächscharakter der verbildlichten Szene sind bei aller Rollenverschiedenheit die Hörenden dem Sprechenden gleichgestellt, gewiß auch in Anspielung auf die soziale Ordnung, die im siebzehnten Jahrhundert für Holland charakteristisch ist.

Auch andere Gruppenporträts Rembrandts sind ausgezeichnet durch diese soziale Dimension, und wiederum ist sie begründet im Verhältnis zwischen Sprechen und Hören, das heißt in der besonderen Weise, wie Hörende auf Gesprochenes in selbständigem Handeln reagieren. Was die *Nachtwache* (1642) betrifft, so erklärt die Unterschrift unter einer Aquarellkopie in einem Album der Familie des Hauptmanns sehr genau den in Sprechen und Hören fundierten Inhalt des Bildes: „(...) daerinne de Jonge Heer van Purmerlandt als Capiteijn geft last aen zijn Lieutenant, de Heer van Vlaerdingen, om zijn Compagnie Burgers te doen marcheeren" (der Hauptmann gibt seinem Leutnant den Befehl, die Bürgerkompanie marschieren zu lassen). Angesichts dieses Sachverhalts ist die Zeitstruktur des Bildes hochkompliziert und am besten vielleicht folgendermaßen zu beschreiben:

---

[20] Riegl, „Das Holländische Gruppenporträt" S. 40.

Die Rede des Hauptmanns ist nicht ein Befehl an die Bürgerkompanie, wohl aber ein Befehl an den Leutnant, die Kompanie ausrücken zu lassen. Die Rede ist also ein Befehl zum Befehl. Und während die Bürger den Befehl zum Befehl noch hören oder soeben gehört haben, machen sie sich — was gerade auch der Trommler bezeugt — schon auf, jeder gemäß seiner Funktion und, wichtiger noch, jeder freiwillig. In der freiwilligen, in eigener Verantwortung vorweggenommenen Ausführung eines erst zu erwartenden Befehls ist die Kausalität von Befehlen und Gehorchen durchbrochen zugunsten einer szenischen Gleichstellung der Bürger mit dem Hauptmann. Subordination und Koordination gleichen sich an. Gerade darin steckt die soziale Dimension des Bildes, aber diese bestünde erst gar nicht, wenn nicht verbildlicht wäre, daß der Hauptmann spricht und die Bürger ihn hören[21]. Und was schließlich die Szene in Rembrandts Bild der *Staalmeesters* (1662) betrifft, in der diese nach Maßgabe eines Musterbuches die Qualität von Tuchen kritisch überprüfen[22], so ist die Gleichstellung des Vorsitzenden mit seinen Kollegen so evident, daß der eigentliche Vorgang jener Tuchkontrolle dahinter zurücktritt — wie es ähnlich in der Bildszene der *Anatomie des Dr. Tulp* zwar auf den Vergleich, nicht jedoch auf das Vergleichsergebnis ankommt[23].

Andeutungsweise war schon die Rede von Rembrandts Bild der *Anatomie des Dr. Deyman* (1656)[24]. Von diesem Bilde ist nur ein Fragment erhalten (Abb. 2, Amsterdam, Rijksmuseum), jedoch gibt eine flüchtige Zeichnung von Rembrandts Hand eine sehr allgemeine Auskunft über die ursprüngliche Komposition (Abb. 3, Amsterdam, Rijks-

---

[21] Verf., „Rembrandts Nachtwache — Überlegungen zur ursprünglichen Bildgestalt", in *Festschrift Werner Hager*, hgg. G. Fiensch / M. Imdahl, Recklinghausen 1966, S. 106f. Ferner Ch. Tümpel, „Bemerkungen zur Nachtwache", in *Neue Beiträge zur Rembrandt-Forschung* (Berlin 1973), S. 172f.: bei der Darstellung des Trommlers geht es „um das vollständige Bild der zum Aufbruch bereiten Mannschaft, und zum Aufbruch gehört der Trommelwirbel".

[22] Gerson, *Rembrandt Gemälde* S. 506.

[23] Vielleicht erfordert die Interpretation eines jeden Bildes eine dem jeweiligen Bildkonzept und der jeweiligen Bildleistung angemessene Rangordnung der Gesichtspunkte. Erblickt man — wie es dem Anatomie-Bilde Rembrandts angemessen sein kann — in der wechselseitigen Subordination der Hörenden unter den Sprechenden und des Sprechenden unter die Hörenden den beherrschenden und auch historisch innovativen Bildsinn, so verlieren andere Fragen, wie immer sie zu beantworten sind, an Gewicht: ob zum Beispiel die anatomische Darstellung des sezierten Armes korrekt ist oder nicht, ob es sich bei dem Folianten um den Vesalius-Atlas handelt oder um ein anderes, nicht identifizierbares Buch, ob und mit welchem Recht man eine Identifikation Tulps mit Vesalius annehmen darf oder nicht, ob die theologischen und emblematischen Sinnschichten, wie sie einer Anatomie-Szene als dem außerbildlich vorgegebenen Sujet bereits innewohnen mögen, im Bilde selbst ausdrücklich thematisiert oder ausdrücklich überwunden sind — solche ikonographischen und ikonologischen Fragen berühren nicht den Gesprächscharakter, welchen K. Bauch grundsätzlich als den „Schlüssel für den Sinn der Gemeinschaft" erkannt hat und der sich in der von Rembrandt erfundenen und kompositionellen Notwendigkeit objektivierten Bildszene als einer solchen des Vergleichs offenbart. Es ist auch dieser das Hören dem Sprechen und das Sprechen dem Hören subordinierende Gesprächscharakter, der es ermöglicht, jeden Dargestellten in den Kontext eines Gesamtwirkens zu integrieren, aber auch, innerhalb dieses Gesamtwirkens und des ihm obliegenden Interesses, jedem Dargestellten jeweils selbständige und unverwechselbare Porträt-Identität zu verschaffen — das alles zum bildgestifteten, ikonischen, das heißt der unmittelbaren Anschauung evidenten Ausdruck des Individuums und seiner Rolle in einer kollektiven Struktur. Manche ikonographischen und auch ikonologischen Fragen mögen offen bleiben und über vieles wird sich streiten lassen, über jene ikonische Botschaft indessen nicht.

[24] S. unsere Anm. 11.

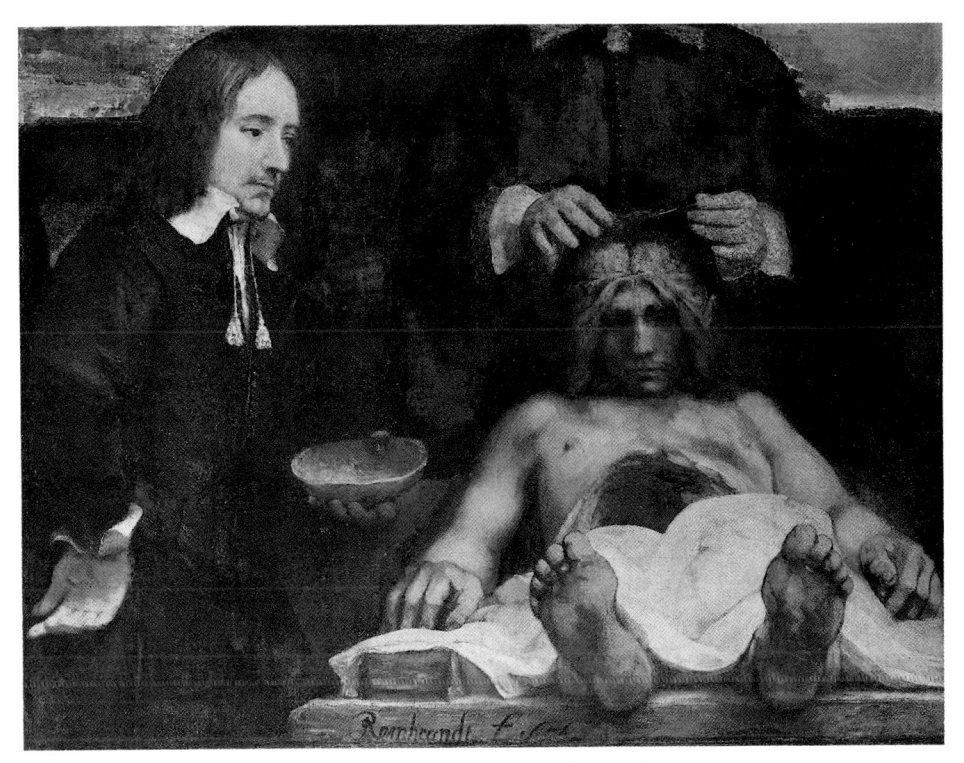

Abb. 2 Die Anatomie des Dr. Deyman *1656* (100 x 134 cm)

Abb. 3 Die Anatomie des Dr. Deyman *1656* (110 x 133 mm)

prentenkabinet). Diese selbst war vorherrschend symmetrisch, und es ist nicht zu bezweifeln, daß das Bild die porträtierten Chirurgen bei einer öffentlichen Sektion dargestellt hat. Wie das Bild der *Anatomie des Dr. Tulp* hing auch dieses Bild im Amsterdamer Theatrum Anatomicum. Bemerkenswert ist, daß sich die Chirurgen – abgesehen von Dr. Deyman und seinem Assistenten, der die Schädeldecke hält – in deutlicher Distanz zu dem sezierten Leichnam verhalten, sozusagen ohne Neugier. Ob der sezierende Dr. Deyman beim Sezieren spricht, läßt sich nicht mehr sicher erschließen, jedenfalls fehlt jeder Redegestus. Die Hände Deymans sezieren nicht nur, sondern sie zelebrieren. Das zeigt nicht allein die Behutsamkeit ihrer Gebärden, sondern auch deren Einbindung in die Symmetrie der gesamten Bildkomposition. Doch wenn auch Deyman spricht, so gewinnt man nicht den Eindruck, daß der Assistent und auch die sich auf Distanz haltenden Chirurgen auf das Gesprochene hören. Es gibt keinerlei spontane Reaktion, keinerlei Ausweis einer spannungsvollen und momentan aktuellen Dialogizität im Verhältnis zwischen dem Sprechenden und den Hörenden. Immer wieder und mit Recht ist die Stille der verbildlichten Szene hervorgehoben worden und auch – freilich ohne weiteres Urteil – der Umstand, daß die Anwesenden der Handlung des sezierenden (und sprechenden?) Dr. Deyman nur mehr oder weniger aufmerksam folgen. Schließlich ist bekannt, daß in den kühn verkürzt dargestellten Leichnam Bilder des toten Christus aufgenommen sind, bei weitem deutlicher und wohl auch absichtsvoller als in der *Anatomie des Dr. Tulp*[25]. Anders als dort setzt der hier kühn verkürzt dargestellte Leichnam mit Notwendigkeit ein Subjekt voraus, das ihn so sieht – gerade weil man sich einen Leichnam in dieser Verkürzung abstrakt nicht vorstellt. Die besondere Perspektive, in der der Leichnam vor Augen ist, erschafft – wiederum in den Kategorien Riegls – die äußere Einheit noch über das Ikonographische einer öffentlichen Sektion hinaus. Nicht erst die öffentliche Örtlichkeit, in der die Sektion stattfindet, sondern bereits die perspektivische Verkürzung des Leichnams bestimmt die dargestellte Szene als öffentliche, wobei der Bildbeschauer selbst die Öffentlichkeit vertritt.

Um aber auf das hier zu erörternde Thema „Gespräch" zurückzuführen: man kann und muß die Abwesenheit gesprächsartiger Dialogizität in der *Anatomie des Dr. Deyman* messen am Bilde der *Anatomie des Dr. Tulp,* wo sie in der Gleichzeitigkeit von lehrendem Sprechen und kritischem Hören thematisch anwesend ist. In der *Anatomie des Dr. Tulp* ist dieses Dialogische der szenische Ausdruck eines wissenschaftlichen, sehr speziellen Interesses an der Muskulatur des menschlichen Armes. Dieses Interesse ist den sämtlichen Chirurgen gemeinsam, wobei der als Augen- und Ohrenzeuge der Szene postulierte Bildbeschauer nicht mitreden oder jedenfalls nicht miturteilen kann. In Rembrandts *Anatomie des Dr. Deyman* dagegen „triumphiert" – nach einer Aussage von E. Hanfstaengl – „die Hoheit des Todes (...) über den Trieb nach wissenschaftlicher Erkenntnis"[26]. Es gibt weder augenblickliche Dialogizität im Gleichzeitigkeitsverhältnis zwischen lehrendem Sprechen und kritischem Hören noch auch eine momenthaft transitorische Handlung – wie es auch

---

[25] Gerson, *Rembrandt Gemälde* S. 128f. Dort auch verschiedene Hinweise auf vergleichbare Darstellungen des toten Christus, unter denen Mantegnas Bild *Der tote Christus* (um 1480) die älteste und berühmteste ist.
[26] E. Hanfstaengl, *Rembrandt Harmensz van Rijn*, München 1947, S. 125.

in Andachtsbildern kaum eine Handlung gibt. Und wie im Andachtsbild sind sowohl die verbildlichten Personen als auch der Bildbeschauer in ein Verhalten reflexiver Meditation versetzt[27]. Das Bild der *Anatomie des Dr. Tulp* liefert ein Beispiel dafür, daß Dialogizität in der Gleichzeitigkeit von lehrendem Sprechen und kritischem Hören bildlich darstellbar ist und daß sie – was hier das Wichtige ist – der wissenschaftlichen Erkenntnis dient. Die *Anatomie des Dr. Deyman* bezeugt dagegen ein Verhalten, das Dialogizität nicht mehr zuläßt. Der Bildbeschauer kann und muß vielleicht sogar thematische Sprachlosigkeit gewahren. Diese selbst bringt zum Ausdruck, daß in dem Leichnam nicht nurmehr ein Gegenstand wissenschaftlicher Erkenntnis, sondern der Tod gegenwärtig ist – für die kenntnisreichen Chirurgen nicht weniger spürbar als für die Öffentlichkeit, in der die Sektion geschieht.*

---

[27] Diesen Hinweis verdanke ich Michael Hesse.
* Erst nach Drucklegung dieses Textes ist mir die folgende bedeutende Untersuchung bekannt geworden: W. Schupbach, *The Paradox of Rembrandt's ‚Anatomy of Dr. Tulp'*, London 1982 (Wellcome Institute for the History of Medicine – Medical History, Supplement No. 2).

KARLHEINZ STIERLE

GESPRÄCH UND DISKURS
Ein Versuch im Blick auf Montaigne, Descartes und Pascal

Für Horst Künkler
in Erinnerung an Montpellier

I. Einleitung

Es scheint, als habe die Sprach-, Diskurs- und Literaturtheorie nach der *Struktur* im *Gespräch* ein neues Paradigma ihrer Konvergenzen und Divergenzen entdeckt. Die Sprachwissenschaft ist auf dem Weg der Pragmatik zur Konversationsanalyse gelangt, die Diskurstheorie Foucaults läßt hinter den formativen Zwängen des Diskurses die anarchische Freiheit einer ursprünglichen Kommunikation aufscheinen[1], während Habermas hofft, auf dem Weg eines Diskurses, der zugleich Dialog sein soll, zur „Begründung problematisierter Geltungsansprüche von Meinungen und Normen"[2] zu kommen. In Frankreich hat die Rezeption der Romantheorie von Bachtin und seiner Theorie des dialogischen Worts die Entwicklung der Texttheorie zu einer dialogischen Theorie der Intertextualität ermöglicht[3]. Zuvor schon hatte Gadamer in Anknüpfung an Schleiermacher die Hermeneutik begründet in der ursprünglichen Erfahrung des Gesprächs[4] und damit der Hermeneutik selbst eine Wendung gegeben, die die dialogische Rezeptionsästhetik von H. R. Jauß[5] ebenso befruchten sollte wie O. Marquards jüngst vorgelegten Entwurf einer dialogischen Hermeneutik[6]. Bei diesem neuen Interesse an der grundlegenden Gegebenheit des Gesprächs scheint sich zumindest mit Bezug auf die Positionen von Foucault und Gadamer, Jauß, Marquard und Bachtin und seinen französischen Fortsetzern eine eigentümliche Konvergenz abzuzeichnen. Im Horizont ihrer theoretischen Reflexionen erscheint das Gespräch als Entlastung vom autoritären Geltungsanspruch der Diskurse oder aber, wie bei Gadamer, als Ort der Neubegründung einer Autorität, die nicht der Methode diskursiver Zwänge verdankt wird. Das Gespräch als Alternative zum Diskurs erhält erst vor dem Hintergrund einer spezifischen Erfahrung und Ausprägung diskursiver Praxis

---

[1] Vgl. M. Foucault, *L'Ordre du discours*, Paris 1971.
[2] J. Habermas. „Vorbereitende Bemerkungen zu einer Theorie der kommunikativen Kompetenz" in J. Habermas/N. Luhmann, *Theorie der Gesellschaft oder Sozialtechnologie*, Frankfurt/M. 1971, S. 117.
[3] Vgl. J. Kristeva, *Sēmeiōtikē – Recherches pour une sémanalyse*, Paris 1969, zu Bachtin selbst Tz. Todorov, *Mikhail Bakhtine – Le principe dialogique suivi de Ecrits du cercle de Bakhtine*, Paris 1981.
[4] H.-G. Gadamer, *Wahrheit und Methode* (1960), Tübingen ²1965.
[5] H.R. Jauß, *Ästhetische Erfahrung und literarische Hermeneutik*, Frankfurt/M. 1982. Vgl. bes. 3. Teil A: „Die Partialität des rezeptionsästhetischen Zugangs (Racines und Goethes ‚Iphigenie')", S. 704–752.
[6] O. Marquard, „Frage nach der Frage, auf die die Hermeneutik die Antwort ist", in *Text und Applikation* (Poetik und Hermeneutik IX), hgg. M. Fuhrmann/H.R. Jauß/W. Pannenberg, München 1981, S. 581–589.

seine emphatische Bedeutung. Die Idee einer dialogischen Geselligkeit, bei der Reden und Hören verschränkt sind zu einem Ganzen, dem erst die unvordenkliche Figur des Sinns entspringt, steht der monumentalen und monologischen Arbeit der Diskurse entgegen, ihrem methodischen und dogmatischen Geltungsanspruch. Es wäre nicht ohne Reiz, jeweils die Erfahrung des Diskurses zu rekonstruieren, gegen die sich der emphatische Rekurs auf das Gespräch absetzt. Das Pathos einer Befreiung vom bedrängenden Anspruch des Diskurses ist insbesondere in Bachtins Studien zur Poetik des Romans unüberhörbar. Für Bachtin ist der dialogische Roman, als dessen Paradigma er Rabelais' *Gargantua et Pantagruel* auffaßt, die genaue Entgegensetzung zu dem, was er „das autoritäre Wort" nennt und was man auch „Diskurs" nennen könnte: „Das autoritäre Wort verlangt von uns bedingungslose Anerkennung und keineswegs freie Aneignung und Assimilation an unser eigenes Wort. Deshalb läßt es keinerlei Spiel mit dem einrahmenden Kontext, mit seinen Grenzen zu, keine allmählichen und fließenden Übergänge, keine freien schöpferischen stilisierenden Variationen. Es geht als kompakte und unteilbare Masse in unser Wortbewußtsein ein, man muß es entweder in toto bestätigen oder in toto ablehnen. Es ist untrennbar mit der Autorität verwachsen – mit einer politischen Macht, Institution, Person –, ja, steht und fällt mit ihr"[7]. Daß dieser Theorie des autoritären Worts eine konkrete Erfahrung Bachtins mit dem „autoritären Wort" des Marxismus als einer neuen Staatsreligion entspricht und daß seine Theorie der Dialogizität eine Antwort auf diese Erfahrung ist, scheint evident. Für Bachtin ist „die dialogische Orientierung jedem Wort eigentümlich" (S. 172). Jedes Wort steht immer schon im Horizont früherer Worte oder, genauer, früherer Verwendungen dieses Worts und muß sich mit Hinblick darauf bestimmen. Zugleich ist jedes Wort auf die Antwort dessen bezogen, an den es sich richtet. „Das lebendige, umgangssprachliche Wort ist unmittelbar auf das Wort der folgenden Replik eingestellt: es provoziert die Antwort, nimmt sie vorweg und formt sich auf sie hin. Obwohl das Wort im Umfeld von schon Gesagtem Gestalt annimmt, ist es gleichzeitig vom noch ungesagten, aber notwendigen und vorweggenommenen Wort der Replik bestimmt. So vollzieht sich jeder lebendige Dialog" (S. 172f.). Der hier aufbrechende Konflikt von Gespräch und Diskurs scheint gegenwärtig unter der Bedingung neuer Diskurse zu neuer Aktualität zu kommen. Doch wird man freilich die Frage stellen müssen, ob die Option für das dialogische gegen das monologische Prinzip, so sehr es gegenwärtigen Wünschen, Erwartungen und Befürchtungen entspricht, den gangbaren Weg einer Alternative eröffnet oder als diese Option eine produktive Spannung offenhält? Steht der Weg zu dem, was Gadamer die „Ursprünglichkeit des Gesprächs" (S. 351) nennt, wirklich offen, oder ist das Gespräch als eine normative Idee der gelungenen Kommunikation nicht immer schon durch die Erfahrung des Diskurses vermittelt? Gibt es nicht einen Formzwang des geschichtlichen Augenblicks, der gerade der ‚Ursprünglichkeit' des Gesprächs entgegensteht und so das entlastete Gespräch in den Spielraum der Unverbindlichkeit verweist? Andererseits: gewinnen nicht die Zwänge des immer unübersehbarer angehäuften Wissens, der immer subtileren Methoden eine anonyme Gewalt, die gerade das zerstört, um dessentwillen die Akkumulation von Wissen überhaupt nur ihren Sinn haben kann, die Lebendigkeit des Erkennens und der Weltorientierung? Vielleicht, daß der

---

[7] M. Bachtin, *Die Ästhetik des Wortes*, hg. R. Grübel, Frankfurt/M. 1979, S. 230.

Konflikt von Gespräch und Diskurs unaufhebbar ist, und daß gerade deshalb dem Gespräch eine emphatische Erwartung zuwächst. Doch wäre es kurzsichtig, wollte man den Konflikt von Gespräch und Diskurs allein aus gegenwärtigen Verhältnissen begreifen. Die gegenwärtig erkennbare Konfiguration ist nur die besondere, freilich radikalisierte, Ausprägung einer Konfiguration, die sich erkennen läßt, seit überhaupt der Dialog oder die dialogische Rede literarische Form gewonnen hat und so abgesetzt ist gegen die vorgängige Erfahrung des Diskurses und seines Geltungsanspruchs. Schon bei Platon, im *Phaidros,* wird das Verhältnis von lebendigem Gespräch und in sich geschlossener Rede, von Mündlichkeit und Schriftlichkeit mit subtiler Ironie zum Thema gemacht[8]. Die Geschichte des literarischen Gesprächs ist die Geschichte des konflikthaften Verhältnisses von Gespräch und Diskurs und der wechselnden Voraussetzungen, unter denen dieses Verhältnis steht.

Die folgenden Überlegungen gelten zunächst dem Versuch einer Abgrenzung von Gespräch und Diskurs als zwei Stufen im Aufbau des symbolischen Handlungsfelds der Sprache. An der Konfiguration von Montaigne, Descartes und Pascal soll sodann die Entstehung eines neuzeitlichen Problembewußtseins für das Verhältnis von Gespräch und Diskurs verfolgt werden[9].

II. Theoretische Vorbemerkungen: Zur kommunikativen Struktur von Gespräch und Diskurs

Welchen Ort hat das Gespräch, diese einzigartige Erfüllung menschlicher Bestimmung zur Sprache und zur Geselligkeit, im Aufbau der Redeformen? In Gadamers *Wahrheit und Methode* wird dem Gespräch eine ontologische Auszeichnung unter allen übrigen Verwendungen von Sprache zugesprochen. Das Gespräch ist das Paradigma „ursprünglicher Sinnkommunikation" (S. 350) und so ist es eine „Erinnerung an das Ursprüngliche", „wenn sich die hermeneutische Aufgabe als ein In-das-Gesprächkommen mit dem Text begreift"

---

[8] Platon, *Phaidros,* S. 4. Phaidros, der dem Sokrates begegnet, will ihm, wie er sagt, in freien, unvollkommenen Worten die Rede wiedergeben, die Lysias schriftlich aufgezeichnet und seinen Bewunderern vorgetragen hat. Aber Sokrates entlockt ihm, daß er sie eben auswendig gelernt hat, ja er rät richtig, daß Phaidros auch noch das Manuskript bei sich hat. Und so wird Phaidros nahegelegt, doch einfach vorzulesen. Daran knüpft sich aber am schönen Ort außerhalb der Stadt ein Gespräch, in dem Sokrates seinerseits nun erst eine, dann eine zweite Rede hält, die dem Augenblick entsprungen scheinen, und die er dann selbst als fremde, auswendig gelernte Reden zu erkennen gibt. So führt das Thema der Reden, Vernunft und Unvernunft der Liebenden, zum Gespräch über die Reden und ihre Ordnung und zur ironischen Aufdeckung ihrer Prätention und ihres leeren Scheins der Ordnung und der Vernünftigkeit. Damit wird die Hierarchie der Redeformen ironisch verkehrt. Die Rede, die sich aus dem Gespräch hervorhebt, wird zum Gegenstand des fragenden und hinterfragenden Gesprächs gemacht, wobei dieses indes selbst ein schriftliches Gespräch ist.

[9] Die Perspektive dieser Fragestellung verdankt Foucaults Reflexionen über den „ordre du discours" wesentliche Anregungen. Doch scheinen mir Foucaults Hoffnungen, die er in einen von diskursiven Zwängen befreiten Anarchodiskurs setzt, ebenso problematisch wie seine geschichtsphilosophischen Spekulationen über die Bewegung der neuzeitlichen Episteme. Insbesondere die Thesen über das „signe à l'âge classique" in *Les Mots et les choses* (Paris 1966; vgl. bes. das 3. Kapitel: „Représenter") können durch eine Betrachtung des Zusammenhangs von Montaigne, Descartes und Pascal wesentlich differenziert werden.

(S. 350). Die Wahrheit, die Gadamer der Methode entgegensetzt, ereignet sich im Gespräch und als Gespräch. So bedeutet Hermeneutik gerade die Kunst, den Diskurs aus seiner Selbstbezüglichkeit in die ursprüngliche Sinnkommunikation des Gesprächs zurückzuholen. Dies setzt freilich voraus, daß im Diskurs selbst eine andere Wahrheit mächtig ist als jene, die die Funktion einer Methode ist. Nur ein solcher Diskurs steht der hermeneutischen Wiedergewinnung offen.

So reich an philosophischer Einsicht dieser Gedanke ist und so fruchtbar er für eine neue Betrachtung des Verhältnisses von Werk und Leser werden konnte, man wird der Gadamerschen These von der Ursprünglichkeit des Gesprächs doch kaum uneingeschränkt folgen können. Es gibt elementarere Gegebenheiten der sprachlichen Kommunikation, vor deren Hintergrund erst die Leistung des Gesprächs als einer reflexiven, in sich zurücklaufenden Form der Sprachverwendung erfaßbar wird. Die Entwicklungsgeschichte des kindlichen Sprechens gibt hierfür wertvolle Hinweise. Das Kind hat die erste Stufe des Sprechens erreicht, wenn es in der Lage ist, aus der Sprache der Erwachsenen Elemente sich anzueignen und diese absichtsvoll zu verwenden[10]. Das Kind spricht zuerst in Ein-Wort-, dann Zwei-, Drei-Wort-Sätzen, die aber noch nicht syntaktisch geordnet sind, sondern ihren Zusammenhang nur voraussetzen. Den Wörtern dieser ‚Sätze' kommt eine hohe Polysemie, eine fast unbegrenzte Plastizität der Bedeutung und ein nahezu unbegrenztes illokutives Potential zu. Auf dieser ersten Stufe des Sprechens ist das Wort ein minimales symbolisches Element in einer außersymbolischen Situation. Der Prozeß der Artikulation der Sprache, der hier seinen Ausgang nimmt, wo das Element noch zugleich Zeichen und Wort ist, ist seinem Wesen nach ein Prozeß der Substitution der faktischen durch die sprach-immanent aufgebaute Symbolsituation. Karl Bühler verdanken wir die Einsicht, welchen wesentlichen Schritt in diesem Zusammenhang der Satz, das heißt die syntaktische Ordnung, bedeutet, die das Zeichen dem realen Sachverhalt enthebt und zu einer syntaktisch geordneten Sachlage zusammenschließt, die als diese erst in ein Verhältnis zu dem realen Sachverhalt tritt, auf den sie sich bezieht[11]. Im Satz und in den syntaktischen Instrumenten, die diesen kenntlich machen, liegt der eigentliche Schritt zur ‚selbstversorgten' Sprache. Das Kind verfügt in einem vollen Sinne über die Sprache, wenn es mit Sätzen Sachlagen zu bilden imstande ist und diese in symbolischen, sprachlichen Handlungen Sachverhalten zuordnen kann. Sprechen steht zunächst und vor allem im Dienst des sprachlichen Handelns. Der Satz ist, im Vergleich zum Wort, ein feineres Werkzeug des sprachlichen Handelns, das sich vermittels des Satzes zum Ausdruck bringt. In ihm ist der Situationskontext nicht mehr nur punktuell, sondern durch eine, und sei es minimale Strecke eines neuen Kontexts unterbrochen, der in den vorgängigen Kontext eingreift und eine Differenz setzt, die die Situation selbst verändert.

Von den Grundgegebenheiten des Worts, des Satzes und der unmittelbar bezogenen, dann mittelbar bezogenen sprachlichen Handlung aus muß das Gespräch in seiner Eigenheit betrachtet werden. Eine elementare Form des Übergangs von der elementaren sprach-

---

[10] Zum vorsprachlichen ‚Dialog' zwischen Kind und Mutter vgl. R. A. Spitz, *Vom Dialog,* aus dem Englischen übersetzt von K. Hügel und E. Künzler, Stuttgart 1976.
[11] Vgl. K. Bühler, *Sprachtheorie* (1934), 2. unveränderte Aufl. Stuttgart 1965, S. 366ff.

lichen Handlung zum Gespräch scheint jene Sprachhandlung zu sein, die als diese über sich selbst hinausweist und dennoch nicht auf die Unmittelbarkeit eines Sachverhalts trifft, sondern in einer neuen sprachlichen Handlung ihren Abschluß findet. Frage und Antwort sind zwei aufeinander bezogene sprachliche Handlungen und können insofern als so etwas wie eine elementare Form dialogischer Kommunikation aufgefaßt werden. So versteht Gadamer das Verhältnis von Frage und Antwort als den „ursprünglichen Vollzug" des Gesprächs: „Das in literarischer Form Überlieferte wird damit aus der Entfremdung, in der es sich befindet, in die lebendige Gegenwart des Gespräches zurückgeholt, dessen ursprünglicher Vollzug stets Frage und Antwort ist" (S. 350). Dagegen läßt sich einwenden, daß gerade das Verhältnis von Frage und Antwort zwar eine Aufteilung der sprachlichen Handlung auf zwei Gesprächspartner bedeutet, noch nicht aber die für das Gespräch bestimmende Wechselseitigkeit der Kommunikationsrollen[12]. Im Paradigma von Frage und Antwort liegt gerade nicht das Moment des Weiterführenden, das dem Gespräch eigen ist. Die Dynamis des Gesprächs kann durch das nicht reflexive Verhältnis von Frage und Antwort nicht aufgeklärt werden. Denn das Moment der freien Fortführung, die das Gespräch, wo es gelingt, in unerschlossene Bereiche vordringen läßt, setzt sich von der Bestimmtheit des Frage-Antwort-Paradigmas gerade ab. Es liegt im Wesen des Gesprächs, daß es sich auf kein Paradigma, weder das von Frage und Antwort noch das komplexere von Satz und Gegensatz, festlegen läßt. Ebensowenig läßt der Ort sich bestimmen, wo der Einsatz des Sprecherwechsels sich vollzieht. Dennoch kann eine Beschreibung des Gesprächs versuchen, über bloß negative Kriterien hinauszukommen.

Das Gespräch bewegt sich, losgelöst von der Identität eines Sprechers, zwischen zwei oder mehreren Gesprächsteilnehmern, und zwar als die Bewegung eines ‚Sinns', der über den je partikularen Einsatz der Sprechenden hinausreicht. Wie das Feuer mehr und anderes ist als die Summe brennender Scheiter, so ist das Gespräch mehr und anderes als die Summe der Äußerungen, aus denen es sich zusammensetzt. Man könnte auch sagen, daß die Momente des Gesprächs so ineinandergreifen, wie Hände es tun, die in einer Art elementarer, bewußtloser Verständigkeit sich einer Arbeit zuwenden. Schon in der Form des Gesprächs liegt daher ein Moment der Versöhnung, das über alle inhaltliche Auseinandersetzung und gegebenenfalls auch über allen Streit hinausgreift.

Das Gespräch, die Konversation, der Dialog sind zunächst bestimmt durch die Kontinuität einer Zuwendung der durch dies symbolische Verhältnis einander zugeordneten Personen. Was das Gespräch aber in seiner Besonderheit bestimmt, und insbesondere von der Konversation abhebt, die der gesellschaftliche horror vacui erzwingt, liegt über die Kontinuität wechselseitiger Zuwendung hinaus in der gemeinsamen Hinwendung auf eine Sache, ein Verhältnis, ein Problem[13]. Die Kontinuität der Hinwendung, die das Gespräch zur reichsten Form dialogischen Sprechens macht, bedarf der genaueren Betrachtung.

---

[12] Hierzu treffende Bemerkungen in K. Vossler, *Geist und Kultur in der Sprache*, Heidelberg 1925, Kap. II: „Sprechen, Gespräch und Sprache", S. 6–23.
[13] Vgl. R. Hirzel, *Der Dialog – Ein literarhistorischer Versuch*, 2 Bde, Leipzig 1895, S. 4: „Somit kann der Dialog, wenn er ein Gespräch bezeichnet, nur ein solches bezeichnen, das mit einer Erörterung verbunden ist. Ausgeschlossen sind daher von diesem Namen solche Gespräche, wie

In dem Maße, wie das Gespräch seine eigene Kontinuität aufbaut, wird es sich selbst zur Situation, die sich als symbolische Situation par excellence abhebt von der fundierenden und umgebenden Realsituation. Das Gespräch unterbricht die Realsituation, daher ist sein Ort die entlastete Situation, die als diese keine eigene Aufmerksamkeit und praktische Hinwendung verlangt[14]. Dies gilt auch noch für das ‚Arbeitsgespräch‘, das einer pragmatischen Situation zugewandt ist und zu einer praktischen Entscheidung führen soll, und nicht zuletzt für das Gespräch, das einen Konflikt zum Austrag bringt, der so lange in Suspens bleibt, wie das Gespräch dauert. Umgekehrt bricht das Gespräch ab, wenn es die Selbstbezogenheit der Sprechenden nicht mehr zu vermitteln vermag. Gerade das Gespräch kann die Dialektik von Situation und Kontext sinnfällig machen, die in jeder in sich abgehobenen Symbolsituation wirksam ist. Daß die Unterscheidung von innersprachlichem Kontext und außersprachlicher Situation eine undialektische und zugleich sachlich unzutreffende Unterscheidung ist, wird dann deutlich, wenn das Sprechen prinzipiell als ein sprachliches Handeln aufgefaßt wird. Unter dieser Voraussetzung nämlich bedeutet jeder neue Satz eine Modifikation der Situation, unter der der folgende Satz steht. Die Kontinuität eines Textes steht unter anwachsend komplexen Situationsbedingungen, die ihrerseits mit jedem Schritt die Differenz von Realsituation und durch die Sprache erstellter Symbolsituation weiter vertiefen. Im Gespräch wird dieses Verhältnis von Situation und Kontext zu einer konstitutiven Struktur. Nicht nur steht jeder an einem Gespräch Beteiligte unter der Bedingung, daß die Kontinuität des Gesprächs zu sichern sei, so daß jeder Gesprächsbeitrag seinerseits den Kontext des Gesprächs berücksichtigt und fortführt. Sondern jede Rede, die Teil ist des Gesprächs, ist zugleich die Situation, unter deren Bedingung der nächste Gesprächsteilnehmer spricht. Die Situation meiner Rede ist jeweils die fremde Rede, zugleich ist meine Rede die neue Situation fremder Rede[15]. In diesem Wechsel im Akt der Rede erst konstituierter Situationen liegt das Produktive des Gesprächs, seine Dynamis begründet. Im Akt des Sprechens selbst muß der am Gespräch Beteiligte die fremde Situation, die die andere Rede erstellte, erst zu seiner eigenen Gesprächssituation machen. Das aber bedeutet, daß der neue Redepart, der Redevollzug, der sich vorausliegender Rede entgegensetzt, zu dieser in ein lebendiges Verhältnis tritt, in dem sich immer neu Takt und Geistesgegenwart erweisen müssen. Das Neue, das im Fortgang des Gesprächs so entsteht, ist gerade dieses Verhältnis, das den jeweiligen Gesprächspart übergreift und dem Gespräch seinen eigenen Sinnzusammenhang sichert, der über die einzelnen Momente des Gesprächs hinausführt. Noch aus dem Streit

---

die, auf welche vorher hingedeutet wurde, insoweit nämlich, als in ihnen lediglich ein Austausch von allerlei Nachrichten höherer und niederer Gattung stattfindet und ebensowenig kann darunter begriffen werden der bunte Wechsel mehr oder minder geistreicher Bemerkungen, das Springen der Unterhaltung von einem Gegenstand auf den anderen, wie es der gute Ton in der gebildeten Gesellschaft erfordert."

[14] Vgl. A. Gehlen, *Der Mensch, seine Natur und seine Stellung in der Welt*, Bonn [8]1966, S. 50: „Die Sprache führt und schließt die gesamte Aufbauordnung des menschlichen Sinnes- und Bewegungslebens in deren unvergleichbarer Sonderstruktur zusammen. In ihr vollendet sich die Richtung auf Entlastung vom Druck des Hier und Jetzt, von der Reaktion auf das zufällig Vorhandene."

[15] Vgl. zu dieser kommunikativen Struktur des Gesprächs J. Mukařovský, „Zwei Studien zum Dialog", in ders., *Kapitel aus der Poetik*, Frankfurt/M. 1967, S. 108–153.

wird ein gemeinsamer Text, der die Partikularität der Streitenden aufhebt. Wenn die Momente des Gesprächs sich selbst schon zu ihrer Situation, das heißt der vorausliegenden Rede, in einem lebendigen Verhältnis verhalten, so gilt dies, aus der Perspektive dessen, der nicht unmittelbar ins Sprechen involviert ist, umso mehr für das Ganze des Gesprächs selbst. Und in dem Maße, wie das Gespräch jeden einzelnen, der an ihm beteiligt ist, nötigt, den Standpunkt der freien, über sich selbst hinausweisenden Betrachtung einzunehmen, hat er zugleich an der Lebendigkeit eines Ganzen teil, das sich der jeweils subjektiven Verfügung entzieht. Das Verhältnis der Sprechenden zueinander ist aber nicht nur ein sprachliches. Jedes Wort des Gesprächs ist eingetaucht in den Blick des anderen oder der anderen. Das Gespräch als höchste Form dialogischer Kommunikation entfaltet sich sehenden Auges. Meine Rede ist gleichsam die Lautwerdung meines Blicks, die in den Blick des anderen hinübergeht. Sartre hat in seiner Phänomenologie des „regard" die elementare Transzendenzerfahrung des Blicks aufgehellt, die mit der symbolischen Transzendenzerfahrung des Redewechsels einhergeht: „Le surgissement de l'autre en face de moi comme regard fait surgir le langage comme condition de mon être"[16].

Das lebendige Verhältnis des Gesprächs entspringt der Unvorhersehbarkeit und Plötzlichkeit der Situation. Gespräche sind in ihrer Unvorhersehbarkeit, in ihrem Gelingen wie in ihrem Mißlingen, ereignishaft. Gerade so führen sie ins Unverfügbare, entbinden das Ungesagte und Ungedachte. Darin liegt ebensosehr ihre kognitive wie ihre ‚therapeutische' und nicht zuletzt ihre ästhetische Leistung.

Wenn Sprache immer schon Möglichkeit der Distanzsetzung zur Unmittelbarkeit einer bedrängenden Situation bedeutet, so erhält diese im Gespräch eine neue Qualität. Das Gespräch ist in seiner Dynamik primär sich selbst zugewandt, ehe ihm von äußeren Zwängen und Gegebenheiten wieder ein Ende gesetzt wird. In dieser Hinsicht ist das

---

[16] J.P. Sartre, *L'Etre et le néant – Essai d'ontologie phénoménologique*, Paris 1943, S. 410. Hölderlin hat diesen Zusammenhang mehrfach poetisch ausgesprochen. Vgl. „Patmos", in Hölderlin, *Sämtliche Werke*, Stuttgarter Ausgabe, hg. F. Beissner, Bd 2: Gedichte nach 1800, S. 175:

(...) und es sahe der achtsame Mann
Das Angesicht des Gottes genau,
Da, beim Geheimnisse des Weinstocks sie
Zusammensaßen, zu der Stunde des Gastmahls
(...)

In dem Gedicht „Die Wanderung" wird der imaginäre Augenblick einer ursprünglichen Begegnung und damit zugleich eines Gesprächs noch vor der Sprache vergegenwärtigt, wo gleichfalls Sehen und sprachloses Sprechen ineinander übergehen (S. 145):

Denn, als sie erst sich angesehen,
Da nahten die Anderen erst; dann satzten auch
Die Unseren sich neugierig unter den Ölbaum.
Doch als sich ihre Gewande berührt,
Und keiner vernehmen konnte
Die eigene Rede des andern, wäre wohl
Entstanden ein Zwist, wenn nicht aus Zweigen herunter
Gekommen wäre die Kühlung,
Die Lächeln über das Angesicht
Der Streitenden öfters breitet, und eine Weile
Sahn sie still auf, dann reichten sie sich
Die Hände liebend einander.
(...)

Göttergespräch oder das Jenseitsgespräch die reine Erfüllung der Idee des Gesprächs selbst. Die Entlastung der Situation, da sich ja alles schon entschieden hat, der unendliche Vorrat an Zeit, durch den es eine nie endende Bewegung gewinnen kann, sind die idealen Bedingungen des Gesprächs. Zu diesen aber gehört auch eine Geselligkeit, die von allen Zwängen der realen Welt entlastet ist. Das Gespräch selbst ist schon die Verwirklichung einer idealen Geselligkeit, als deren Inbegriff jener „pacte de générosité" begriffen werden könnte, der für Sartre das Verhältnis von Leser und Autor bestimmt, der aber unmittelbarer noch als die ideale Bedingung des Gesprächs aufgefaßt werden könnte. Sofern das Gespräch im Zeichen einer idealen Geselligkeit steht[17], steht es aber zugleich unter der Idee einer natürlichen Sprache, die die Verhältnisse idealer Geselligkeit erst artikulieren kann. Die Sprache des Gesprächs ist ihrer Idee nach eine Sprache der Zwanglosigkeit und Spontaneität, die sich zwischen den Sprechenden einspielt und das lebendige Verhältnis zum Ausdruck bringt, das im Gespräch unter ihnen waltet.

Die Sprache des Gesprächs ist die Sprache des alltäglichen Umgangs, aber von diesem selbst losgelöst, verfügbar gemacht für das noch Unerschlossene. Der Offenheit, Plastizität dieser Sprache entspricht die Offenheit, Plastizität der Redeformen, die das Gespräch in sich vereint. So wie das lyrische Gedicht durch keine durchgängige, konstitutive Form der Rede bestimmt ist, sondern sich in der offenen Bewegung einer sich selbst suchenden Identität artikuliert, ist auch das Gespräch durch keine vorgängige Form, kein vorgängiges Artikulationsschema bestimmt. Alle Formen der Rede, Narration, Deskription, Reflexion, systematische Ordnung, projektive und präskriptive Rede sind im Gespräch möglich, können sich durchdringen oder jäh aneinander grenzen. Wesentlich ist nur, daß keine die Dominanz gewinnt und daß immer die Möglichkeit besteht, dem Gespräch im Thematischen wie in der Artikulationsform eine neue Wendung zu geben. Sofern im Gespräch alle Formen des Diskurses ungeschieden beisammen bestehen können und beisammen bestehen, kann das Gespräch als der Ursprung der Welt der Diskurse aufgefaßt werden. Die Formen, die im Gespräch immer nur als wechselnde Momente erscheinen, können isoliert und in ihrer je spezifischen Leistungskraft erschlossen werden. Dieser Übergang vom Gespräch in seiner Offenheit zur Welt der Diskurse ist zugleich ein Übergang von der prinzipiellen Symmetrie von Sprecher und Hörer zu ihrer prinzipiellen Asymmetrie.

In der Geschichte der Befreiung des Menschen aus der Unmittelbarkeit der Umstände ist der Übergang vom Gespräch zum Diskurs ein neuer und entscheidender Schritt[18]. Schon im Gespräch ist ein eigener, von der Realsituation unabhängiger Raum für eine Rede gewonnen, die über wechselnde Sprecher fortläuft, aber zugleich immer wieder zu sich selbst zurückkehrt und sich selbst als Situation setzt. Im Diskurs steht diese Bewe-

---

[17] Dieser Zusammenhang, der bestimmend ist für den französischen Salon des 17. und 18. Jahrhunderts und in anderer Weise für die Freundeskreise der Romantik, hat auch im 20. Jahrhundert noch seine Geltung. Man denke nur an den George-Kreis und den Kreis um Simmel, aber auch an die französischen Entretiens de Pontigny der Zwanziger Jahre.

[18] Zur Form des Diskurses und seinen Ordnungen vgl. Georges Vignaux, *L'Argumentation – Essai d'une logique discursive*, Genève 1976, gegenwärtig die am weitesten ausgearbeitete Theorie des argumentativen Diskurses.

gung unter neuen Bedingungen. Es ist nicht mehr das Wechselspiel von Kontext und fremder Rede als eigener Situation, das diese Bewegung in Gang hält, sondern die Identität des einen Sprechenden, die sich durchhaltende Identität seiner Rede und die Identität der Redeform, als dem generischen Prinzip der Rede. Der Diskurs folgt einer linearen Ordnung, die von außen keine Unterbrechung erfährt. Er kann dies aber nur, wo die Asymmetrie von Sprechen und Aufnehmen institutionell garantiert ist. Das setzt eine neue Situation mit Bezug auf die Zwanglosigkeit des Gesprächs. Die Bewegung des Diskurses vollzieht sich in ihrer eigenen Konsequenz. Der Diskurs selbst setzt in seinem situativen Rahmen die Situation, die die Bedingung seines Fortgangs ist. So ist jedes seiner Momente zugleich bestimmt durch den Zielpunkt, zu dem der Diskurs führt, und durch das Ganze, das er zur Darstellung bringt[19]. Durch solche Zentrierung wird der Kontext gleichsam absolut gesetzt. Er entspringt nicht mehr einer Differenz von konvergierenden Sprachen, sondern hat selbst die Verfügung über die Ausdifferenzierung der Bedeutung. Im Diskurs werden die vieldeutigen Wörter vereindeutigt, indem die Elemente des in sich gesättigten Kontexts immanent aufeinander verweisen. Solche asymmetrische Linearität des Diskurses erlaubt es, einen Bedeutungszusammenhang in einer Konsequenz auszudifferenzieren, die der Spontaneität des Gesprächs fremd bleiben muß. Durch diese Ausdifferenzierung aber, die nur im Diskurs möglich ist, legt er sich selbst aus. Der Rezipient eines Diskurses steht unter den anwachsenden Bedingungen des Kontexts und der Situation. Es steht ihm nicht frei, sich aus diesem zu lösen, wenn er wirklich den Diskurs als diesen und nicht nur als eine Summe von Momenten aufnehmen will. Die Anstrengung des Diskurses, die Arbeit des Begriffs, die in jedem Diskurs steckt, geht auf Potenzierung, Ausarbeitung, Ausdifferenzierung des im Gespräch Angelegten, in einsinniger Richtung. Der Wille zum Diskurs ist ein Wille zur Absolutheit, zur absoluten Geltung des im Diskurs Gesetzten. Daran ändert die Relativierung dieses Anspruchs nichts, die dem Diskurs selbst schon eingeprägt sein kann oder die mit seiner Rezeption einhergeht. In diskursiven Formationen wird so das Wissen einer Gesellschaft geordnet, sei es technisches Wissen, Wissen von der Vergangenheit oder Wissen vom Absoluten, von dem her die Gesellschaft sich begreift. Dies Wissen ist von anderer Art als das Wissen, das in ein Gespräch einfließt und das, verwandelt, dem Gespräch entspringt. Es ist ein akkumuliertes, methodisch geordnetes Wissen, das jeweils einen ganz anderen historischen Index hat als das spontane Gespräch[20]. Die Unhintergehbarkeit des geschichtlichen Fortgangs ist von Diskursen begleitet, in die das geschichtliche Moment noch anders und radikaler einbeschrieben ist als in das Gespräch mit seinem schwebenden Verhältnis von Zufälligkeit und Allgemeinheit, Vorläufigkeit und Verbindlichkeit. Seiner Intention nach ist der Diskurs zwingend. Er läßt keine Lücken, sondern nötigt den, dem er sich

---

[19] Hegel hat diese Struktur des Diskurses in seiner *Phänomenologie des Geistes* klassisch formuliert: „Denn die Sache ist nicht in ihrem *Zwecke* erschöpft, sondern in ihrer *Ausführung,* noch ist das *Resultat* das *wirkliche* Ganze, sondern es zusammen mit seinem Werden; der Zweck für sich ist das unlebendige Allgemeine, wie die Tendenz das bloße Treiben, das seiner Wirklichkeit noch entbehrt; und das nackte Resultat ist der Leichnam, der die Tendenz hinter sich gelassen." *(Phänomenologie des Geistes,* hg. J. Hoffmeister, Hamburg ⁶1952, S. 11).
[20] Perraults Gedanke vom geschichtlichen Fortgang der Methode, dem Anwachsen ihrer konstruktiven Möglichkeiten, den er in seinem *Parallèle des Anciens et des Modernes* (1688–1697) entwickelt, ließe sich in bezug auf die Ordnung des Diskurses durchaus fruchtbar machen.

zuwendet, zu einer gesammelten, gesteigerten und ausdauernden Aufmerksamkeit. Daß der Diskurs neue Formen der Aufmerksamkeit vorbildet und daß nur so Figuren des Wissens und der Erfahrung von komplexer Art entstehen können, in denen sich der avancierte Stand des Wissens und der Erfahrung einer Gesellschaft zur Darstellung bringt, ist die ihm eigene, unersetzliche Leistung. Ihr Preis indes liegt im Verlust der Spontaneität, die das Gespräch bewegt.

Im Diskurs wird die ursprüngliche Weltoffenheit des Dialogs auf Formen der Vereindeutigung, Geschlossenheit hin überschritten. Gerade angesichts des absoluten, monologischen Anspruchs der Diskurse wird aber das Gespräch zu einer neuen Erfahrung der Entlastung, zugleich auch der Öffnung diskursiver Geschlossenheit und dogmatischer Enge. Die Verhexung des Verstands durch den Diskurs, die darin liegt, den Diskurs selbst nur immer weiterzutreiben, institutionell und diskursiv abgesicherte Segmentierungen absolut zu setzen, läßt dem, der sich ihr zu entwinden trachtet, die Rückkehr zur ursprünglichen Offenheit und elementaren Wahrheit der im Gespräch zu sich kommenden Einsicht als Alternative von einem fast unwiderstehlichen Reiz erscheinen.

Wenn sich eine innere Logik des Folgeverhältnisses von Gespräch und Diskurs konstruieren läßt, so ist historisch die Diskurswelt immer schon durch die Gleichzeitigkeit von Gespräch und Diskurs bestimmt. Doch ist das Gespräch im Hinblick auf die jeweils artikuliertesten Formen des Diskurses eine Form der Kommunikation, die nicht mehr eigentlich den höchsten Bestrebungen des Geistes entspricht. Was Hegel über das Verhältnis von Kunst und Wissen sagt, ließe sich auf das Verhältnis von Gespräch und Diskurs beziehen. Dennoch gibt es in der Geschichte des sich entfaltenden Universums der Diskurse immer wieder Augenblicke der Krise, in denen das Verhältnis von Gespräch und Diskurs zu emphatischer Bedeutung kommt, wo in einer Rebellion gegen die Last des Diskurses das Gespräch eine neue Geltung gewinnt, aber doch so, daß aus ihm und aus der Dynamik seiner Offenheit neue Möglichkeiten des Diskurses entspringen.

III. Die Renaissance als dialogisches Zeitalter

Die Renaissance ist die europäische Epoche, wo, wie nie zuvor, die Welt der Diskurse von der Idee des Gesprächs durchdrungen wird, das Gespräch zum Paradigma einer neuen Geselligkeit und einer neuen Hinwendung zur Welt wird, getragen vom Verlangen und von der Hoffnung nach einer Unmittelbarkeit des Zugangs zur Welt der Erfahrung wie zu den Grundfragen des menschlichen Daseins. Das Bewußtsein der Wiedergeburt, das diese Epoche seit ihren Anfängen prägt, ist wesentlich ein Bewußtsein des Heraustretens aus einer von den Diskursen christlicher und scholastischer Weltdeutung beherrschten und begrenzten Welt. Die Welt der Antike erscheint in dieser Perspektive als eine Welt der Unmittelbarkeit, die im Zeichen des lebendigen Gesprächs steht. Die Antike wird so zu jener idealen Vergangenheit, wo die sinnliche Erfahrung von einer gleichsam vollkommenen Unschuld war, die Wahrheit sich aus der Unmittelbarkeit der Begegnung im Gespräch ereignishaft zur Erscheinung brachte.

Zwar war auch das Mittelalter nicht ohne Formen der literarischen Überhöhung des

Gesprächs. Es gibt die Formen der gelehrten Disputatio, das allegorische Streitgespräch zwischen den lebensbestimmenden Mächten, Formen dialogischer Lyrik, das Gespräch im Roman, das mystische Gespräch der Seele mit Gott. Dennoch erscheinen solche Formen nicht eigentlich im Zentrum, sondern immer bezogen auf eine Welt der Diskurse. Das Wissen des Mittelalters steht, mehr als das der Antike, im Zeichen schriftlich fixierter, glossierbarer, lernbarer, überlieferbarer Diskurse, die als Manuskripte wesentlich an institutionelle Orte gebunden sind, wo sie zur Benutzung zur Verfügung stehen. Es sind zugleich Diskurse mit einer eigenen Diskurssprache, zu der das Lateinische sich verfestigt hat. Auch die Diskurse der Volkssprache stehen weithin in Abhängigkeit von den Diskursen, die die Idee des Diskursiven am konsequentesten verwirklichen, das heißt, den gelehrten, in lateinischer Sprache verfaßten Diskursen der Theologie, Philosophie und der von diesen abhängigen Wissenschaften. Nicht das unmittelbare Wort, sondern das überlieferte, bezeugte, in Schriften aufbewahrte, aus der Ferne sprechende Wort ist die mittelalterliche Grunderfahrung des Diskurses. So verbindlich ist diese Gegebenheit, daß auch der neue Diskurs darauf besteht, nur Variante, Fortsetzung, Kommentar eines überlieferten Diskurses zu sein.

Das epochale Bewußtsein der Renaissance, das zuerst in Italien, dann Schritt für Schritt an vielen Stellen in Europa aufbricht, ist das Bewußtsein einer Befreiung von der Übermacht einer Doktrin, der neue Sinn für das Offene, nicht schon in einer Lehre Vereinnahmte, für die lebendige, kommunikative Erfahrung. An der Schwelle dieser Epoche, die man mit gutem Grund die dialogische Epoche nennen könnte, stehen zwei italienische Autoren des Trecento, die freundschaftlich einander verbunden waren, Boccaccio und Petrarca. In Boccaccios *Decamerone* wird das Erzählen so strukturiert, daß es die unauflösbare Komplexität von Fällen zur Darstellung bringt, an denen sich die Urteilskraft der Zuhörenden bewähren muß. In der Fiktion einer idealen Erzähler- und Hörergemeinschaft liegt die Situation einer idealen Geselligkeit beschlossen, unter deren Bedingungen das Erzählen der Novellen ebenso steht wie das Gespräch über sie. Bei Boccaccio wird erstmals in der literarischen Fiktion des Novellenrahmens die Idee einer freien Geselligkeit zur Darstellung gebracht, die seither, bis hin zu Schleiermacher, die Vorstellung des Zusammenhangs von idealer Geselligkeit und dem Gespräch als ihrem Ausdruck bestimmt hat.

Bei Petrarca, der als volkssprachiger Dichter der Lyrik die Erfahrung der Subjektivität, des subjektiven Perspektivismus, erst eigentlich erschlossen hat, wird die augustinische Form des Gesprächs neu aufgenommen. In dem imaginären Dialog *De secreto conflictu curarum mearum* zwischen Augustin und Petrarca wird die Differenz der Welterfahrung bei gleichzeitiger tiefgreifender Affinität zum Anlaß eines Gesprächs, das die weltverneinende Spiritualität des Augustin der Weltverfallenheit Petrarcas so entgegensetzt, daß aus den unterschiedlichen Positionen nicht mehr eine Lösung, wohl aber die Erfahrung einer unauflösbaren Spannung entspringt, die durch die Form des Dialogs erst sinnfällig wird. Die Geschichte des Gesprächs als einer neuen literarischen Form der Renaissance bedürfte einer eigenen Darstellung[21]. Wir müssen uns hier auf die Andeu-

---

[21] Vgl. hierzu D. Marsh, *The Quattrocento Dialogue – Classical Tradition and Humanist Innovation*, Cambridge/Mass. 1980. Zur Funktion dialogischer Rede im Cinquecento sei noch besonders auf

tung des Wesentlichen beschränken. Es scheint, als habe das Gespräch ganz erst im Ausgang des 15. Jahrhunderts sowohl in Italien als in Deutschland und Frankreich seine dominierende Bedeutung gefunden. Man wird dies nicht ohne Zusammenhang mit der grundlegenden Umwälzung des geistigen Lebens in Europa begreifen können, das die Erfindung und Verbreitung des Buchdrucks bedeutet hat. In dem Maße, wie das Buch mechanisch vervielfältigt werden kann, wie es in größerem Umfang Besitz des einzelnen werden kann, löst es sich aus dem vorgegebenen institutionellen Rahmen, wird frei für eine außerinstitutionelle, offene, in einem neuen Sinne dialogische Rezeption. Durch den Buchdruck verläßt der Diskurs seine Institution und wird Moment vielfältiger Dialoge. Mit dieser Öffnung geht ein neues Bedürfnis volkssprachiger Artikulation einher. Wenn zunächst erst in die lateinische Literatur die neue Form des Gesprächs eindringt, so mehr und mehr dann auch in die volkssprachige Literatur, die seit Boccaccio sich immer wieder bemüht, den Gestus der mündlichen Unmittelbarkeit zur Darstellung zu bringen.

Die Idee, den Diskurs im Rückgang auf das Gespräch zu öffnen, ihn vielseitig und vielsichtig zu machen, die Hoffnung, in der Unmittelbarkeit des Gesprächs sich von der Last der gelehrten Diskurse befreien zu können, um selbst unmittelbar, wenngleich in gemeinsamer Bemühung, der Einsicht teilhaftig zu werden, mußte durch die Verschüttungen der Tradition hindurch der Wiederentdeckung des platonischen Gesprächs in seiner ursprünglichen Sprache und Form günstig sein. Es ist die Idee der platonischen Akademie, die Marsilio Ficino, dem Wiederentdecker Platons, in der zweiten Hälfte des 15. Jahrhunderts, vorschwebte, als er, gefördert durch Cosimo de' Medici, seine Florentiner Akademie gründete, die zum Paradigma der neuzeitlichen Akademie werden sollte. Die Akademie ist der Ort einer Vermittlung von Gespräch und Diskurs, von Spontaneität und gelehrtem Wissen, bei Ficino auch der Versöhnung von christlicher und antikplatonischer Tradition. Zugleich aber ist die Akademie der Ort, wo neue Diskurse, neue Abgrenzungen und Engführungen sich vorbereiten.

Raffael hat die noch neue Idee der Akademie als Ort des Gesprächs, aber auch der schöpferischen Inspiration, in einem seiner größten Werke, der *Schule von Athen,* zur Darstellung gebracht. Das Bild gehört zu dem Ensemble von vier Fresken, mit denen Raffael im ersten Jahrzehnt des 16. Jahrhunderts die Stanza della Segnatura im Vatikan ausmalte und in denen er im Medium der Malerei den höchsten Bestrebungen der Sprache ein Denkmal setzte. Das Bild vergegenwärtigt die Situation des Ursprungs europäischer Kunst und Wissenschaft, die ganz im Zeichen des Gesprächs und der schöpferischen Unmittelbarkeit steht. Die zu einem Halbkreis angeordneten Gruppen antiker Philosophen, Wissenschaftler und Künstler werden beherrscht durch die Konfiguration der im Gespräch den Stufen des gewaltigen Akademiegebäudes zugehenden Philosophen Platon und Aristoteles. Das Bild ist dialogisch in seiner Struktur und nicht zuletzt darin, daß es in den dargestellten Gestalten der Antike zugleich Gestalten der ‚wiedergeborenen' Künste und Wissenschaften erkennen läßt.

---

die Arbeit von R. Auernheimer, *Gemeinschaft und Gespräch – Stefano Guazzos Begriff der ‚conservatione* (sic!) *civile',* München 1973, hingewiesen, wo am Begriff des „senso comune" zugleich die Differenz zu Descartes herausgearbeitet wird.

Dem Bild dieser ursprünglichen, im Zeichen des Gesprächs stehenden Kommunikation der Künste und Wissenschaften aber steht auf der gegenüberliegenden Wand das Bild einer anderen geistigen Wirklichkeit, jener des christlichen Glaubens, entgegen. Die Strukturdifferenz der beiden Fresken bezeugt Raffaels vielgerühmte Fähigkeit, die Idee zur sinnlichen Erscheinung zu bringen kraft einer strukturellen Imagination, die die Bildkomposition vom kleinsten Detail bis zum Aufbau des Ganzen beherrscht. Die Welt dieses Bildes ist die Glaubenswirklichkeit der katholischen Kirche, deren mittelalterlich-theologisches Ordnungsgefüge sich dem Bild als Struktur einschreibt. Die Ordnung dieser Welt kennt nicht die Harmonie des Augenblicklichen. Sie ist garantiert im geoffenbarten Wort der Schrift und in der Überlieferung, in der sich ihre Auslegung vollzieht und Wirklichkeit der kirchlichen Ordnung wird. Die Ordnung der jenseitigen Welt mit den drei Wirklichkeiten von Vater, Sohn und Heiligem Geist faßt sich in diesem zusammen und wird in den 4 Evangelien manifest. Durch die Schrift ist so der Zusammenhang von irdischer und geistiger Welt garantiert. Raffaels Bild vergegenwärtigt noch einmal eine mittelalterliche Welt geistiger, durch unverrückbare Autorität der Schrift gesicherte Ordnung, die indes nicht mehr die alleinige Ordnung sein kann.

Die sich auch räumlich entgegenstehenden Bilder zweier höchster Erscheinungsweisen von Sprache, Rede und Schrift werden nach den komplementären Seiten des Raums ergänzt durch die Darstellung von Rechtsprechung und Poesie, beide zugleich Formen des Übergangs zwischen dem Entgegengesetzten. Die Gesellschaft der Dichter in der poetischen Landschaft des Parnass hat teil an der offenen Geselligkeit der Schule von Athen wie an der jenseitigen Welt göttlicher Inspiration. Dante, der schon im Zusammenhang der Glaubenswelt erschienen war, erscheint hier erneut. Das der Justitia gewidmete Gegenbild hat sowohl den Akt der Übergabe der römischen Pandektensammlung wie den der kirchenrechtlichen Dekretalen zum Gegenstand. Die Zuordnung beider zu den Sphären der religiösen und der weltlichen Ordnung ist bis in die feinsten Details der Darstellung versinnlicht. Das doppelte Thema von Entgegensetzung und Überganglichkeit spiegelt sich schließlich in den Gemälden des Deckengewölbes, die die allegorischen Gestalten der Justitia, Poesia, Philosophia und Theologia zum Gegenstand haben und denen jeweils eine mythologische oder biblische Szene so zugeordnet ist, daß die Überganglichkeit zwischen den Sphären eigens thematisch wird. Die Spannung, in der die Diskurswelt der Renaissance steht, ist nirgends reicher und subtiler inszeniert als in dieser Werkfolge, die im Medium der Malerei das Medium der Sprache in ihren höchsten Manifestationen zum Gegenstand hat[22].

Ist schon die platonische Akademie selbst, deren Raffael so eindrucksvoll gedenkt, als Institution nicht mehr ein Ort des unmittelbaren Gesprächs, sondern vielmehr der Erinnerung an jene dem alltäglichen Gespräch und Umgang entspringende Wahrheit und Weisheit sokratischen Philosophierens, das der platonische Dialog festhält, so ist die Akademie

---

[22] Zur Struktur des Bildraums der Stanza della Segnatura vgl. besonders K. Oberhuber, *Polarität und Synthese in Raphaels „Schule von Athen"*, Stuttgart 1983. Während Oberhuber die Spannung der Gesamtkomposition unterstreicht, sucht H. von Einem die Bildfolge im mittelalterlichen Sinn als „ascensus" zu deuten. Vgl. H. von Einem, *Das Programm der Stanza della Segnatura im Vatikan*, Rheinisch-Westfälische Akademie der Wissenschaften, Vorträge G 169, Opladen 1971.

Ficinos mehr noch eine Institution, die die Unmittelbarkeit des freien Gesprächs mit dem gelehrten Wissen und dem gelehrten Diskurs in eins zu bringen sucht.

Der neue Zusammenhang von Gespräch und Diskurs, die Geburt des Gesprächs aus dem Diskurs wie umgekehrt die Geburt des Diskurses aus dem Gespräch, spiegelt sich in der Begriffsgeschichte von Diskurs selbst. Das Wort ‚Diskurs' ist italienischen Ursprungs. In Italien hat sich in kurzer Zeit die Geschichte der Bedeutungsveränderung des Worts bis zu seiner modernen Bedeutung vollzogen. Es genügt, diese Entwicklung hier in wenigen Zügen nachzuzeichnen[23]. ,,Discorso" heißt zunächst und einfach die richtungslose Hin- und Herbewegung, auch das orientierungslose Herumrennen. So bei Ariost: ,,Escon del bosco dopo un gran discorso"[24]. Wie aber kann ein Wort, das ursprünglich ein zielloses Umherstreifen meinte, schließlich, in übertragenem Sprachgebrauch, zur Bezeichnung streng logischer Verknüpfung tauglich werden? Der Weg, der diese beiden extremen Bedeutungszustände des Worts bezeichnet, ist lang. Festzuhalten ist, daß ,,discorso" im Gegensatz zum Traktat immer die Rede in der Muttersprache meint, und zwar die methodisch unangeleitete zunächst, die dem Gespräch entspringt, im Gespräch aber als langer, umschweifiger Part erfahren wird. Bezeichnend dafür ist eine Stelle bei Savonarola, der auch sonst für die Geschichte des Worts von Bedeutung ist: ,,Sono alcuni uomini che hanno grande discorso, ma non hanno iudizio"[25]. Noch deutlicher kommt diese Bedeutung zum Vorschein in einer Stelle bei F. Serdonati: ,,A bello studio consumava il tempo in discorsi lunghi e fuori di proposito, e che non venivano mai a conclusione"[26]. In demselben Sinne heißt es bei Macchiavelli: ,,Non manchero di farvene un lungo discorso"[27]. Von der im Gespräch unerlaubt langen Rede zur geordneten Rede, wie sie im institutionellen Rahmen der Akademie gehalten wird, ist ein weiterer Schritt. Schon Savonarola setzt die ,,cose della fide" dem ,,discorso della ragione" entgegen[28]. Der ,,discorso della ragione" ist hier gegen die ursprüngliche Bedeutung des Worts schon gedacht als die streng lineare Gedankenführung eines Diskurses, dessen Ursprung aus dem Gespräch nicht mehr zu erkennen ist. Ebenso kann ,,discorso" zum rhetorischen Konzept der im einzelnen wie im ganzen vollkommen geglückten und geordneten Rede werden. Der Rhetoriker B. Cavalcanti sieht das eigentliche Ziel der rhetorischen Verfahren darin, den ,,discorso" seinem Zweck vollkommen anzupassen: ,,La retorica è quella, la qual ci dà facultà di poter circa quelle (die Angelegenheiten des Gemeinwesens) formar discorsi ben accomodati alla natura loro"[29]. Eine entsprechende Stelle findet sich noch bei L.

---

[23] Grundlage dieser begriffsgeschichtlichen Skizze sind die im *Grande dizionario della lingua italiana* von S. Battaglia unter dem Stichwort ,,discorso" aufgeführten Belege (Bd IV, Torino 1966, S. 630).
[24] L. Ariosto, *Orlando furioso*, hg. N. Zingarelli, Milano 1959, XXII, 13, S. 266.
[25] G. Savonarola, *Prediche sopra l'Esodo*, a cura di P. G. Ricci, 2 Bde, Roma 1955, Bd 1, S. 299.
[26] F. Serdonati, *L'Istorie delle Indie orientali del padre Giovan Pietro Maffei* (1589), Bergamo 1749, S. 517.
[27] N. Macchiavelli, *Le legazioni e commissarie*, a cura di L. Passerini e G. Milanesi, 4 Bde, Bd 3, S. 401.
[28] G. Savonarola, *Prediche sopra Giobbe*, a cura di R. Ridolfi, 2 Bde, Roma 1957, Bd 2, S. 390. Schon bei Dante scheint sich eine vergleichbare Stelle zu finden, doch ist dort die ,,discorso" noch nicht selbst eine Instanz der ,,ragion", sondern die ,,virtù". Vgl. *La Divina Commedia*, hg. Giuseppe Vandelli, Milano 1958, Purg. XXIX, 49; S. 559: ,,La virtù ch' a ragion discorso ammanna (...)".
[29] B. Cavalcanti, *La retorica*, Venezia 1569 (1559), S. 4.

Muratori: „Nobilmente poetico è lo stile, col quale si rappresentano qui verità gravissime cavate con perfetto discorso dall'interno della materia"[30]. „Discorso" kann aber auch, noch weitergehend, das Prinzip der ordnenden, sich in Sprache artikulierenden Vernunft selbst bezeichnen. So wenn in Ariosts *Orlando furioso* der Erzähler sich an ein elitäres Publikum wendet, das er vom gewöhnlichen Publikum abhebt: „A voi .../ che 'l lume de discorso avete chiaro"[31]. Ebenso heißt es bei Leone Ebreo in seinen *Dialoghi d'amore*: „Dice Platone che 'l nostro discorso e intendere è reminiscenzia de le cose antesistenti ne l'anima in modo d'oblivione"[32]. Im gleichen Sinne setzt Leonardo den Bildhauer vom Maler ab, der für seine Kunst einer subtileren Methode bedarf: „Lo scultore ha la sua arte di maggior fatica corporale che il pittore, cioè meccanica, e di minor fatica mentale, cioè che ha poco discorso rispetto alla pittura; perchè esso scultore solo leva, ed il pittore sempre pone di varie materie"[33]. So werden an anderer Stelle auch die „omini grossi" von den „omini speculativi" unterschieden: „Non mi pare che li omini grossi e di tristi costumi e di poco discorso meritino sì bello strumento, né tanta varietà di macchinamenti, quanto li omini speculativi"[34]. Doch auch hier steht „discorso" noch nicht in einem grundsätzlichen Widerspruch zum Gespräch als seinem Ursprung. Auch in der weiteren Geschichte des Sprachgebrauchs können Gespräch und Diskurs sich immer wieder annähern: so heißt es noch im 18. Jahrhundert bei Algarotti: „Mi ridusse a questo l'acutezza del suo ingegno, non meno che della sua curiosità, la quale, secondo che porta il discorso, si risveglia a un motto, e non si sbrana così di leggieri"[35]. Vom italienischen Sprachgebrauch von „discorso", wie er sich im Übergang zum Cinquecento herausgebildet hat, ist es noch ein weiter Weg bis zu jenem Augenblick, wo bei Montaigne, schon gegen das Ende des Jahrhunderts zu, das französische „discours"[36] in einen emphatischen Gegensatz zu „conversation" treten und dann gerade den weltfremden, autoritären Diskurs der in sich selbst versponnenen Wissenschaft, besonders aber die scholastische Wissenschaft in der Diskurswelt des Lateinischen bedeuten kann.

---

[30] L.A. Muratori, *Della perfetta poesia* (1706), 4 Bde, Milano 1821, Bd 4, S. 184.
[31] L. Ariosto, *Orlando furioso*, VII, 2, S. 53.
[32] Leone Ebreo, *Dialoghi d'amore*, a cura di S. Caramella, Bari 1929, S. 328.
[33] Leonardo da Vinci, *Trattato della pittura*, a cura di A. Borzelli, 2 Bde, Lanciano 1924, S. 40.
[34] Leonardo da Vinci, *Scritti scelti*, a cura di A. M. Brizio, Torino 1952, S. 157.
[35] F. Algarotti, „Pensiero sulla preferenza dell' Africa (...) et frammento sugli effetti dell' industria", in *Scrittori classici di economia politica*, parte moderna, Bd 1, Milano 1803, S. 11.
[36] Erst zu Beginn des 16. Jahrhunderts scheint das französische „discours" unter italienischem Einfluß aufzukommen. Seine Bedeutung folgt im wesentlichen dem italienischen Vorbild. Vgl. E. Huguet, *Dictionnaire de la langue française du seizième siècle*, Bd 3, Paris 1946, art. „discours", S. 199–201. Schon einer der frühesten Belege bei Huguet (S. 200) weist auf gelehrten Sprachgebrauch hin: „Faire un tel discours de toutes les circonstances variantes l'indication curative, seulement le scet faire icelluy qui est saige et bien sçavant." Auch im Französischen kann „discours" noch das Umherirren, die wechselvolle Bewegung bedeuten. Vgl. F. Rabelais, *Le tiers livre des faicts et dicts héroiques du bon Pantagruel*, texte établi et présenté par J. Plattard, Paris 1929, Kap. 29, S. 136: „Arrivez au p͡is, comtèrent à Pantagruel de discours de leur voyage." Als Metapher für die Bewegung der Rede erscheint „discours" bei Marguerite de Navarre in *Les Marguerites*, „La Coche" (zitiert bei Huguet, S. 200): „Mais, regardant la nuict trop s'avancer, Contrainte fuz d'empescher le discours De leurs propos." Auch im Französischen spielt die Länge der aus dem Gespräch hervorgehenden Rede als unangemessene Länge eine Rolle. So ex negativo bei Rabelais: „La response vous sera promptement exposée, non par longs ambages et discours de parolles."

Der Erfahrungsgrund, der in der Renaissance dem Gespräch eine neue, paradigmatische Bedeutung gibt, und der auch in den neuen Diskursen sich zur Geltung bringt, die dem Gespräch entspringen, ist der einer hierarchisch nicht mehr zu ordnenden Vielfalt der Weltzuwendung. Die in sich geschlossene, im Diskurs der scholastischen Philosophie kulminierende christliche Weltsicht des Mittelalters tritt nun in Kontrast zur neuen Erfahrung antiker Unmittelbarkeit und Sinnlichkeit, zugleich aber zur Erfahrung der neuen Welt, deren Entdeckung den gegenwärtigen geschichtlichen Augenblick über alle Vergangenheit hinaustreibt, die selbst aber auch die Erfahrung einer ganz anderen Art von Kultur und kultureller Tradition auferlegt. Es entspricht dieser Vervielfältigung der Welten der Erfahrung, daß nunmehr auch die christliche Religon selbst in sich zerfällt. Soll diese in Einheit nicht mehr überführbare Welt überhaupt zur Darstellung und Reflexion kommen, so bedarf es der Vielfalt der Perspektiven, die im Gespräch erst sich zur Erfahrung eines problematischen Zusammenhangs divergierender Erfahrungsfelder durchdringen können. Der Erfahrung solcher Vielfalt entspricht eine neue literarische Tendenz zur Vielfalt, die sich in einer neuen Ästhetik der „diversità" ausprägt. Am frühesten und konsequentesten findet diese sich entwickelt in der italienischen Form des Romanzo, der eine Vielfalt von Welten narrativ vereint[37]. Aber auch Rabelais' *Gargantua et Pantagruel* steht im Zeichen der neuen Erfahrung einer vom Diskurs des Wissens und der theoretischen Orientierung nicht mehr zu bewältigenden Vielfältigkeit. So ist es kein Zufall, daß Bachtin seine Romanpoetik als eine Poetik der Dialogizität im epochalen Raum der Renaissance bei Rabelais am reichsten entfaltet sieht[38].

IV. Gespräch, Diskurs und die Form des Essai bei Montaigne

Kein Autor versammelt die vielfältigen Tendenzen der Renaissance so reichhaltig und tiefgründig wie am Ausgang der Epoche Montaigne. In seinen *Essais* kommt die Erfahrung der durch keine Begrifflichkeit unter Kontrolle zu bringenden Vielfalt zur Darstellung. Das Exempel, in dem in der Form des Besonderen das Allgemeine sich zur Sprache bringt, wird bei Montaigne zur Figur des unendlich Vielfältigen. Die Antike, die Geschichte Frankreichs, die neuentdeckten Hoch- und Frühkulturen in Ost und West, und nicht

---

(*Le quait livre des faicts et dicts héroiques du noble Pantagruel*, texte établi et présenté par J. Plattard, Paris 1929 Kap. 63, S. 229).

Jean Nicot stellt in seinem *Thresor de la langue françoise tant ancienne que moderne* (1621) das Bedeutungsspektrum des Worts ausführlich dar. Er verweist auf die italienische Herkunft des Worts und unterstreicht die Vorstellung der eingänglichen Darstellung einer Sache: „Est quand ou de parole ou par escrit on traite esparsément de quelque matière." Nicot wendet sich besonders gegen einen verengenden Sprachgebrauch, der den Diskurs allein auf die kunstmäßige, rhetorisch geordnete Rede festlegen möchte: „Et partant cette diction est mal adaptée et par les Italiens mesmes, et par nous és deductions faites par art et (s'il se peut ainsi) par entre deux lices ou hayes de preceptes d'iceluy art."

[37] Vgl. Verf., „Die Verwilderung des Romans als Ursprung seiner Möglichkeit", in *Literatur in der Gesellschaft des Spätmittelalters,* hg. H. U. Gumbrecht, Heidelberg 1980.

[38] Vgl. auch H.U. Gumbrecht, „Literarische Gegenwelten, Karnevalskultur und die Epochenschwelle vom Spätmittelalter zur Renaissance", in *Literatur in der Gesellschaft des Spätmittelalters*.

zuletzt die Erfahrung des Ich mit sich selbst sind ein unerschöpflicher Fundus für die Einsicht in den Reichtum und die Unergründlichkeit der menschlichen Natur. Doch die Vielfalt, die bei Montaigne zum alles dominierenden Thema wird, ist nicht nur eine Vielfalt der Erfahrungsbereiche und einzelnen Beispiele. Diese sind vielmehr bezogen auf ein reflektierendes Ich, das sich selbst in seiner Vielfältigkeit und Widersprüchlichkeit erfährt.

Die literarische Form des Dialogs scheint wie keine andere geeignet, diese Erfahrung zur Darstellung zu bringen. Montaigne selbst sieht genau in diesem Sinne den platonischen Dialog als einen Kunstgriff, das Vielfältige zu ordnen, ohne es in die Linearität einer diskursiven Organisation einzuspannen:

Platon me semble avoir aymé cette forme de philosopher par dialogues, à escient, pour loger plus decemment en diverses bouches la diversité et variation de ses propres fantasies. Diversement traicter les matieres est aussi bien les traicter que conformement, et mieux: à sçavoir plus copieusement et utilement[39].

Daß Montaigne dennoch für sich selbst diese Form nicht übernimmt, hat Gründe, die näher zu betrachten sind.

Immer wieder finden sich in den *Essais* Hinweise darauf, wie sehr Montaigne sich den natürlichen und unmittelbaren Umgang des Gesprächs wünscht. Gerade deshalb ist ihm die indifferente Konversation unerträglich. Er ist ebenso unfähig wie unwillig, sich ihr zu widmen: „(...) je n'y preste que l'escorce de mon attention" (III, 3: De trois commerces; S. 916). Er selbst erscheint dann kalt und abweisend: „Mais la froideur de ma conversation m'a desrobé, avec raison, la bien-veillance de plusieurs, qui sont excusables de l'interpreter à autre et pire sens" (S. 917).

Montaigne hat nach dem Tod seines Freundes La Boëtie keinen Gesprächspartner mehr. In „De trois commerces" aber entwirft er, im Kontrast zur ihm verhaßten konventionellen Konversation, sein Wunschbild eines idealen Gesprächskreises und läßt sich von diesem so gefangen nehmen, daß ihm die ideale Vorstellung zur Wirklichkeit wird. Die Stelle verlangt es, im Ganzen zitiert zu werden:

Les hommes de la société et familiarité desquels je suis en queste, sont ceux qu'on appelle honnestes et habiles hommes: l'image de ceux cy me degouste des autres. C'est, à le bien prendre, de nos formes la plus rare, et forme qui se doit principallement à la nature. La fin de ce commerce, c'est simplement la privauté, frequentation et conference: l'exercice des ames, sans autre fruit. En nos propos, tous subjets me sont égaux; il ne me chaut qu'il n'y ait ny poix ny profondeur: la grace et la pertinence y sont toujours; tout y est teinct d'un jugement meur et constant, et meslé de bonté, de franchise, de gayeté et d'amitié. Ce n'est pas au subject des substitutions seulement que nostre esprit montre sa beauté et sa force, et aux affaires des Roys; il la montre autant aux confabulations privées. Je connois mes gens au silence mesme et à leur soubsrire, et les descouvre mieux à l'advanture à table qu'au conseil. Hyppomachus disoit bien qu'il connoissoit les bons luicteurs à les voir simplement marcher par une ruë. S'il plaist à la doctrine de se mesler à nos devis, elle n'en sera point refusée: non magistrale, imperieuse et importune comme de coustume, mais suffragante et docile elle mesme.

---

[39] M. de Montaigne, *Essais*, texte établi et annoté par Albert Thibaudet (Bibliothèque de la Pléiade), Paris 1950, II, 12: Apologie de Raymond Sebond; S. 567. Zum Verhältnis von Gespräch und Diskurs und zum ordre der *Essais* vgl. bes. H. Friedrich, *Montaigne*, Bern 1949, S. 442ff., sowie die vorzügliche, P. Machereys *Pour une théorie de la production littéraire* (Paris 1966) nahestehende Studie von J.-Y. Pouilloux, *Lire les „Essais" de Montaigne*, Paris 1969.

Nous n'y cherchons qu'à passer le temps; à l'heure d'estre instruicts et preschez, nous l'irons trouver en son throsne. Qu'elle se demette à nous pour ce coup, s'il luy plaist: car, toute utile et desirable qu'elle est, je presuppose qu'encore au besoing nous en pourrions nous bien du tout passer, et faire nostre effect sans elle. Une ame bien née et exercée à la practique des hommes se rend pleinement aggreable d'elle mesme. L'art n'est autre chose que le contrerolle et le registre des productions de telles ames. (III, 3: De trois commerces; S. 921)

Ein solches Gespräch zwischen „âmes bien nées" wäre für Montaigne der Zustand eines vollkommenen Glücks, ein Gespräch unter Gleichen, absichtslos, spielerisch und dennoch den tiefsten Dingen zugewandt, ohne ihnen zu verfallen, nicht der Wissenschaft feindlich, aber doch ihren Anspruch in die Schranken weisend. In einem solchen Gespräch entspränge natürlicher Einsicht und freundschaftlicher Zuwendung, was vom Diskurs künstlich entwickelt wird. Erst ein solches Gespräch auch würde dem Sprechenden die Zunge lösen und ihn frei machen, aus sich selbst, aus dem Schwerpunkt des eigenen Ich zu sprechen: „Un parler ouvert ouvre un autre parler et le tire hors, comme faict le vin et l'amour" (III, 1: De l'utile et de l'honneste; S. 888). Montaigne hat diese Erfüllung nicht erfahren. Der Verfasser der *Essais* lebt in der Zurückgezogenheit seines Bücherturms auf Schloß Montaigne und wird dort sich selbst zu jener idealen Gesellschaft, die er in Wirklichkeit vermissen muß. Daß dieser Rückzug in die private Existenz nicht nur privaten Motiven entspringt, macht Montaigne in einem seiner Essais (III, 12) deutlich. Es ist die Situation des Bürgerkriegs um den rechten Glauben, der Frankreich bis in den Grund erschüttert hat und dem Montaigne als ein distanzierter und betroffener Beobachter gegenübersteht.

Der in der Gesellschaft das Gespräch nicht findet, nach dem er verlangt, findet es in sich selbst im Gespräch zwischen dem eigenen vielgesichtigen Ich, zwischen Lektüre und Erfahrung, Beispiel und Reflexion:

Certes l'homme d'entendement n'a rien perdu, s'il a soy mesme. (...) Il faut avoir femmes, enfans, biens, et sur tout de la santé, qui peut; mais non pas s'y attacher en maniere que nostre heur en despende. Il se faut reserver une arriere boutique toute nostre, toute franche, en laquelle nous establissons nostre vraye liberté et principale retraicte et solitude. En cette-cy faut-il prendre nostre ordinaire entretien de nous à nous mesmes, et si privé que nulle acointance ou communication estrangiere y trouve place; discourir et y rire comme sans femme, sans enfans et sans biens, sans train et sans valetz, afin que, quand l'occasion adviendra de leur perte, il ne nous soit pas nouveau de nous en passer. Nous avons une ame contournable en soy mesme; elle se peut faire compagnie; elle a dequoy assaillir et dequoy defendre, dequoy recevoir et dequoy donner: ne craignons pas en cette solitude nous croupir d'oisiveté ennuyeuse, *in solis sis tibi turba locis*. (I, 39: De la solitude; S. 278)

Der Einsame verfällt dem Selbstgespräch besonders bei der Bewegung des Reitens:

Mais mon ame me desplait de ce qu'elle produict ordinairement ses plus profondes resveries, plus folles et qui me plaisent le mieux, à l'improuveu et lors que je les cerche moins; lesquelles s'esvanouissent soudain, n'ayant sur le champ où les attacher: à cheval, à la table, au lit, mais plus à cheval, où sont mes plus larges entretiens. J'ay le parler un peu delicatement jaloux d'attention et de silence, si je parle de force: qui m'interrompt m'arreste. En voiage, la necessité mesme des chemins couppe les propos; outre ce, que je voyage plus souvent sans compaignie propre à ces entretiens de suite, par où je prens tout loisir de m'entretenir moy-mesme. (III, 5: Sur des vers de Virgile; S. 981)

Doch sind es geschriebene, nicht spurlos vergehende Selbstgespräche, die dieser Beobachter seiner selbst am liebsten führt. „Je parle au papier comme je parle au premier que je rencontre" (III, 1: De l'utile et de l'honneste; S. 883). Gerade weil Montaigne die Fiktion des Dialogs verschmäht, ebenso wie die Fiktion des Briefs oder die eines bloß schriftlich ‚wiedergegebenen' Selbstgesprächs, findet er eine neue experimentierende Form für den Versuch der Selbstzuwendung, in der Diskurs und Gespräch sich durchdringen, aber so, daß die Ordnung des Diskurses in die ursprüngliche Offenheit des Gesprächs zurückgeführt wird. Montaigne erfindet, was zuvor undenkbar schien: das Gespräch als „écriture", nicht als literarische Fiktion des ursprünglichen Gesprächs, sondern als Gespräch unter den Bedingungen eines schreibend Redens, und zwar in einem Gespräch ohne Partner. Während in den ‚Dialogen' der Renaissance die Schriftlichkeit verdeckt bleibt und damit zugleich die trotz der dialogischen Form noch beibehaltene diskursive Struktur, macht Montaigne die Schriftlichkeit seines Selbstgesprächs selbst thematisch und sucht nach Möglichkeiten einer „écriture", die vom Zwang der Diskursivität befreit ist, an die die Schriftlichkeit auch in der Renaissance noch gebunden war. Die Schriftlichkeit ist für Montaignes Selbstgespräche nicht nur ein Mittel, sondern ein wesentliches Moment.

Montaignes „écriture" ist von der Erfahrung des Diskurses bestimmt als dem, was sie nicht sein will. Erst bei Montaigne ist in der Begriffsgeschichte von „discours" der Punkt ganz erreicht, wo Diskurs und Gespräch ausdrücklich oder unausdrücklich einander entgegenstehen[40]. ‚Diskurs' heißt bei Montaigne erstmals in aller Deutlichkeit die lineare Bewegung einer monologischen Argumentation mit autoritärem Geltungsanspruch. „Discours" ist für Montaigne der gelehrte Traktat in lateinischer oder in der Volkssprache, der in keinem Zusammenhang mit alltäglicher Erfahrung mehr steht, sondern Ausdruck wissenschaftlicher Prätention ist. Vor dem Hintergrund der Idee des Diskurses der scholastischen Gelehrsamkeit oder Wissenschaft steht der Montaignesche Antidiskurs als „l'essay de mes facultez naturelles" (II, 10: Des livres; S. 447). Montaignes Form des Essai ist die Form des Gesprächs nach der Erfahrung des Diskurses, keine naive Rückkehr zu einer nicht mehr zu gewinnenden Unmittelbarkeit, sondern gerade die Konsequenz aus der Unmöglichkeit dieser Rückkehr. So wird die offene Form des Essai zur Form der gelehrten Unwissenheit:

(...) il y a ignorance abecedaire, qui va devant la science, une autre, doctorale, qui vient aprés la science: ignorance que la science faict et engendre, tout ainsi comme elle deffaict et destruit la premiere. (I, 54: Des vaines subtilitez; S. 349)

Die Vielfalt der Bewegungen des Gesprächs ‚vor dem Diskurs' kehrt unter neuen Bedingungen wieder als Vielfalt der Bewegungen des Gesprächs ‚nach dem Diskurs'. Diese Bewegung des Montaigneschen Essai ist eine Reflexionsbewegung. Alle Tätigkeiten des

---

[40] Auch bei Montaigne ist der Sprachgebrauch von „discours" nicht einheitlich oder gar terminologisch festgelegt. Es findet sich bei ihm das ganze Bedeutungsspektrum, das dem Wort im 16. Jahrhundert eigen ist (vgl. hierzu das *Lexique de la langue des Essais et index des noms propres*, par P. Villey avec la collaboration de Miss Grace Norton, *Les Essais de Michel Montaigne*, publié par MM. F. Strowski, F. Gebelin et P. Villey, Bd 5, Bordeaux 1933, Art. „Discours", S. 212–214). Doch setzt sich seine eigene Schreibweise bewußt von der Form des gelehrten „discours" ab. Dies wird besonders deutlich in der *Apologie de Raymond Sebond*, wo Montaigne immer neu den Stil der unmittelbaren Selbstreflexion der Anmaßung der Wissenschaft entgegenstellt. So gibt es bei Montaigne einen negativen Gebrauch von „discours" in der Entgegensetzung zum „essai" und einen positiven Gebrauch, der „essai" und „discours" zusammenfallen und so eine ursprüngliche Bedeutung von „discours" im Sinne der ‚offenen Bewegung' durchscheinen läßt.

Essai finden ihre Wiederholung in der thematischen Hinwendung auf diese. In unvorhersehbarem Wechsel wird die Weltzuwendung abgelöst durch die Hinwendung auf die Akte der Weltzuwendung selbst, die sprachliche Konkretisation dieser Bewegung findet ihre Spiegelung in der Reflexion auf die Weisen der sprachlichen Konkretisation. Montaigne ist unerschöpflich in der bildlichen Erfassung der Bewegungen des Denkens und Sprechens und in der Hinwendung auf diese Erfassung, wobei jeder dieser Akte als perspektiviert gedacht ist durch ein Ich, das selbst vielfältig ist, und zwar sowohl im Augenblick wie in der minimalen Differenz der zeitlichen Veränderung:

Je donne à mon ame tantost un visage, tantost un autre, selon le costé où je la couche. Si je parle diversement de moy, c'est que je me regarde diversement. Toutes les contrarietez s'y trouvent selon quelque tour et en quelque façon. Honteux, insolent; chaste, luxurieux; bavard, taciturne; laborieux, delicat; ingenieux, hebeté; chagrin, debonaire; menteur, veritable; sçavant, ignorant, et liberal et avare, et prodigue, tout cela, je le vois en moy aucunement, selon que je me vire; et quiconque s'estudie bien attentifvement trouve en soy, voire et en son jugement mesme, cette volubilité et discordance. Je n'ay rien à dire de moy, entierement, simplement, et solidement, sans confusion et sans meslange, ny en un mot. DISTINGO est le plus universel membre de ma Logique. (II, 1: De l'inconstance de nos actions; S. 371)

Ausdruck dieses vielgestaltigen und vielgesichtigen Ich ist ein sich erst suchendes Denken und Urteilen. „Mes conceptions et mon jugement ne marche qu'à tastons, chancelant, bronchant et chopant" (I, 26: De l'institution des enfans; S. 177). In der Satzbewegung der suchenden Partizipien wird das Suchen selbst sinnfällig, das der Gegenstand der Reflexion ist:

De cent membres et visages qu'a chaque chose, j'en prens un tantost à lecher seulement, tantost à effleurer; et par fois à pincer jusqu'à l'os. J'y donne une poincte, non pas le plus largement, mais le plus profondement que je scay. Et aime plus souvent à les saisir par quelque lustre inusité. Je me hazarderoy de traitter à fons quelque matiere, si je me connoissoy moins. Semant icy un mot, icy un autre, eschantillons despris de leur piece, escartez, sans dessein et sans promesse, je ne suis pas tenu d'en faire bon, ny de m'y tenir moy mesme, sans varier quand il me plaist; et me rendre au doubte et incertitude, et à ma maistresse forme, qui est l'ignorance. (I, 50: De Democritus et Heraclitus; S. 339)

Gegenstand dieser Passage ist zugleich die Hinwendung auf die Dinge wie die reflexive Hinwendung auf diese Hinwendung. Noch allgemeiner kann die Bewegung der Aufmerksamkeit selbst in den Blick der Aufmerksamkeit geraten:

Le monde regarde tousjours vis à vis; moy, je replie ma veue au dedans, je la plante, je l'amuse là. Chacun regarde devant soy; moy, je regarde dedans moy: je n'ay affaire qu'à moy, je me considere sans cesse, je me contrerolle, je me gouste. Les autres vont tousjours ailleurs, s'ils y pensent bien; ils vont tousjours avant *nemo in sese tentat descendere*, moy je me roulle en moy mesme. (II, 2: De la praesumption; S. 743).

Solche dialogische Bewegung zwischen Weltzuwendung und Selbstzuwendung spiegelt sich in der Reflexion der Sprachbewegung, die dem Essai seine Form gibt als Selbstgespräch im Medium der Schriftlichkeit:

J'ayme l'alleure poetique, à sauts et à gambades. C'est une art, comme dict Platon, legere, volage, demoniacle. Il est des ouvrages en Plutarque où il oublie son theme, où le propos de son argument ne se trouve que par incident, tout estouffé en matiere estrangere: voyez ses alleures au Daemon de Socrates. O Dieu, que ces gaillardes escapades, que cette variation a de beauté, et plus lors que plus elle retire au nonchalant et fortuite. C'est l'indiligent lecteur qui pert mon subject, non pas moy; il s'en trouvera tousjours en un coing quelque mot qui ne laisse pas d'estre bastant, quoy qu'il soit serré. Je vais au change, indiscrettement et tumultuairement. Mon stile et mon esprit vont vagabondant de mesme. Il faut avoir un peu de folie qui ne veut avoir plus de sottise, disent et les preceptes de nos maistres et encores plus leurs exemples. (III, 9: De la vanité; S. 1115f.)

Die poetische Gangart ist jene, die die Bewegung des Denkens und der Hinwendung des Denkens auf sich selbst zur Darstellung zu bringen vermag, und zwar so, daß diese wiederum zur Erfahrung des Denkens werden können. „Je peins principalement mes cogitations" (II, 6: De l'exercitation; S. 416). In dieser Bemerkung ist zugleich die Poetik von Montaignes Philosophie wie die Philosophie seiner Poetik enthalten. Das Denken richtet sich auf sich selbst, um sich zur Erfahrung zu bringen. Dies ist aber nur möglich in der bildhaften, poetischen Darstellungsweise („peindre"), die sinnfällig macht, wie das Denken in der Leibhaftigkeit des Ich verwurzelt ist[41].

In der Bewegung dieses Denkens findet die besondere Dialoghaftigkeit des Selbstgesprächs als einer Kompensation des Gesprächs ihren Ausdruck. Wenn im Gespräch die fremde Rede jeweils zur Situation meiner Rede wird und im Vollzug meiner Rede erst als meine Situation angeeignet werden muß, wenn im Diskurs die Situation immer meiner eigenen Rede entspringt und zur Bedingung ihrer Fortführung wird, so ist Montaignes Essai bestimmt durch einen Fortgang, bei dem die eigene Rede gleichsam zur fremden Situation wird, von der her sich der Fortgang der Rede bestimmt. Im Akt des Schreibens setzt sich das schon Geschriebene immer neu als die Sedimentierung eines alter ego ab, zu dem das Ich im Vollzug der Rede sich immer neu in ein lebendiges Verhältnis setzt. Die Alinearität von Montaignes Essai verdankt sich wesentlich dieser Struktur. Immer neu setzen die Momente des Montaigneschen Essai sich zu sich selbst in ein experimentierendes Verhältnis als Ausdruck der dialogischen Subjektivität. Wesentlich hierfür ist die zur sprachlichen Gestualität erhobene Form des Abbrechens und Neueinsetzens. Montaigne hat die Kunst des brüsken Arretierens, des Abbrechens und der Zusammendrängung in der pointierten endgültigen Formulierung als eine besondere Kunst seines Stils verstanden und sie, wie so oft, aus der Erfahrung des Reiters erläutert:

Et c'est chose difficile de fermer un propos et de le coupper depuis qu'on est arroutté. Et n'est rien où la force d'un cheval se cognoisse plus qu'à faire un arrest rond et net. Entre les pertinens mesmes j'en voy qui veulent et ne se peuvent deffaire de leur course. (I, 9: Des menteurs; S. 54)

Das Verhältnis der gegeneinanderstehenden Momente von Montaignes Essai ist ein ‚horizontales' Verhältnis, in dem das Subjekt sich im Akt des Denkens immer neu gegen das schon Gedachte und zur Sprache Gebrachte absetzt. Daß bei diesem indes der Sprache selbst konstitutive, nicht nur funktionale Bedeutung zukommt, wird ausdrücklich in einer Reflexion, die eben diese Sprachgebundenheit des Denkens zum Gegenstand hat:

Moy qui suis Roy de la matiere que je traicte, et qui n'en dois conte à personne, ne m'en crois pourtant pas du tout: je hasarde souvent des boutades de mon esprit, desquelles je me deffie, et certaines finesses verbales, dequoy je secoue les oreilles; mais je les laisse courir à l'avanture. (III, 8: De l'art de conferer; S. 1057)

---

[41] Zur Bewegungsdimension von Montaignes Essai und ihrer philosophisch-literarischen Bedeutung vgl. J. Starobinski, *Montaigne en mouvement,* Paris 1982; und Verf., „Vom Gehen, Reiten und Fahren − Der Reflexionszusammenhang von Montaignes ‚Des Coches' ", in *Poetica* 14 (1982) S. 195−212.

Die im Spiel der Sprache und des Denkens gesetzten dialogischen horizontalen Relationen aber werden durch eine dialogische Relation eigener Art noch vertieft, die man ‚vertikale' dialogische Relation nennen könnte. Ist einmal der Essai abgeschlossen, so ist der Denkprozeß damit doch nicht beendet, dessen Ausdruck er ist. Nicht daß Montaigne seine Essais überarbeitete. Wohl aber setzt er in späteren Auflagen weitere Reflexionen hinzu, die in den Text eingreifen und ihn in einem Dialog des späteren mit dem früheren Ich weiter vertiefen. Montaignes Essai ist zugleich ein Dialog auf der horizontalen wie auf der vertikalen Achse, die indes auf die horizontale Achse projiziert ist. Nur der Leser aber, der sich die Verhältnisse von horizontaler und vertikaler Dialoghaftigkeit in Montaignes Essais verdeutlicht, kann ihrer komplexen Bewegung ganz inne sein. Montaignes Essai ist ein Geflecht vielsinniger Bewegungen und Zusammenhänge, die sich gleichsam hinter dem Rücken der Textlinearität vollziehen[42]. Der Antidiskurs, der Montaignes Essai ist, sucht alle Formen der Relationsbildung auszuschöpfen. Zugleich steht er, wie das Gespräch, in der Offenheit wechselnder diskursiver Formationen, in denen sich die dialogische Brechung des Diskurses vollzieht.

Die dialogische Struktur von Montaignes Essais kann aber nur zu der ihnen eigenen Dichte der dialogischen Gestualität kommen, indem sie in vielfältiger Weise konkretisiert wird. Immer wieder hebt Montaigne selbst die „naiveté" seiner Versuche hervor, ihre Kunstlosigkeit und Nähe zur ‚Natur' der Sprache, wie sie in der lebendigen Unmittelbarkeit des Gesprächs zur Geltung kommt. In dieser, keiner Rhetorik oder Kunstlehre des diskursiven Sprechens unterworfenen Sprache einer vorinstitutionellen oder außerinstitutionellen privaten Kommunikation wird in unerwartbarem Wechsel alles erfaßt, was einer nachdenklichen Aufmerksamkeit widerfährt, und zwar gegen die Relevanzkriterien des Diskurses und seiner Institutionen. So grenzen Bagatelle und Tiefsinn, Konkretes und Allgemeines, Geschichte und Sentenz, Reflexion und Reflexion der Reflexion unvermittelt aneinander. Montaignes Diskurs ist offen auf alles, was im Universum der Diskurse verdrängt und verschwiegen ist: insbesondere die vielfältigen Erfahrungen der Körperlichkeit bis hin zu den Verdauungsfunktionen und der Sexualität. Angesichts solcher aus subjektiver Perspektive gewonnener Welterfahrung muß das Wissen der Wissenschaft als Prätention erscheinen. Montaigne macht sich ironisch klein gegenüber einer Wissenschaft, deren Diskurse nicht Wissen erschließen, sondern durch die Aufbietung von Wissen ihr tieferes Nichtwissen verdrängen und verbergen:

Les sçavans partent et denotent leurs fantasies plus specifiquement, et par le menu. Moy, qui n'y voy qu'autant que l'usage m'en informe, sans regle, presante generalement les miennes, et à tastons. Comme en cecy: je prononce ma sentence par articles descousus, ainsi que de chose qui ne se peut dire à la fois et en bloc. La relation et la conformité ne se trouvent poinct en telles ames que les nostres, basses et communes. La sagesse est un bastiment solide et entier, dont chaque piece tient son rang et porte sa marque: *„Sola sapientia in se tota conversa est."* Je laisse aux artistes, et ne sçay s'ils en viennent à bout en chose si meslée, si menue et fortuite, de renger en bandes cette infinie diversité de visages, et arrester nostre inconstance et la mettre par ordre. Non seulement je trouve mal-aisé d'attacher nos actions les unes aux autres, mais chacune à part soy je trouve mal-aysé de la designer proprement par quelque qualité principalle, tant elles sont doubles et bigarrées à divers lustres. (III, 13: De l'experience; S. 1208)

---

[42] Vgl. Verf., „Vom Gehen, Reiten und Fahren", S. 199ff.

In der Konfrontation von Essai und Wissenschaft wird erneut der Diskurs par excellence, jener der Wissenschaft, der Beweglichkeit eines offenen, den Phänomenen zugewandten Denkens entgegengesetzt. Der im Leben verwurzelte Essai hat teil an der Zufälligkeit, die dem Leben selbst wesentlich ist: „Nous raisonnons hazardeusement et inconsidereement, dict Timaeus en Platon, par ce que, comme nous, nos discours ont grande participation au hazard" (I, 47: De l'incertitude de nostre jugement; S. 324).

Montaignes dialogische Rede ist in ihrer freien Bewegung durch eine Figur bestimmt, die unter allen dialogischen Redefiguren eine besondere Bedeutung hat, die der Metapher[43]. In sich selbst schon ist die Metapher in einem ausgezeichneten Sinne das, was Bachtin das „dialogische Wort" nennt. Denn das Verhältnis zwischen Substitut und Substituent, das die Metapher konstituiert, läßt sich nach keiner Seite hin endgültig auflösen. Beide Seiten stehen zueinander in einem oszillierenden, unausschöpfbaren Verhältnis, das die Erfahrung der Lebendigkeit der Metapher begründet, die sich jeder semantischen Vereindeutigung widersetzt, und zwar nicht als Unklarheit oder Ungenauigkeit, sondern in dialogischer Spannung. In Montaignes Metaphern spiegelt sich die Unmittelbarkeit des Verhältnisses von alltäglicher Erfahrung und Denken:

> En nostre langage je trouve assez d'estoffe, mais un peu faute de facon: car il n'est rien qu'on ne fît du jargon de nos chasses et de nostre guerre, qui est un genereux terrein à emprunter; et les formes de parler comme les herbes, s'amendent et fortifient en les transplantant. (III, 5: Sur des vers de Virgile; S. 978)

Wenn im Denken die alltägliche Welt zu ihrer Darstellung kommt, so kommt in den Bildern der alltäglichen Welt das Denken zur Darstellung. Die reflexive Wendung des Denkens im Selbstgespräch vollendet sich als Umkehr des Verhältnisses zwischen dem Denken und seinem Gegenstand. Im Denken des Denkens wird die Welt der Erfahrung selbst in den Stand der Metaphorik erhoben, die das Denken zu spiegeln vermag. Damit aber treten Erfahrung und Denken, Denken und Denken des Denkens in ein offenes, dialogisches Verhältnis, das dem Ich selbst zum unerschöpflichen Gegenstand seines Selbstgesprächs wird.

Das im Akt des Schreibens sich vollziehende Gespräch des Schreibenden mit sich selbst ist nicht in sich beschlossen. Wenn die Momente von Montaignes Essai als die Vergegenständlichung einer dialogischen Vielfältigkeit des Ich im Verhältnis zu sich selbst aufgefaßt werden können, so sind diese doch zugleich offen auf die unendliche Vielfalt vorausliegender Texte. Montaigne verkörpert paradigmatisch die Erfahrung der von allen Institutionen emanzipierten Lektüre, die erst unter der Bedingung des Buchdrucks möglich wurde. Montaigne ist ein Leser, der als Leser zum Gelesenen in die Rolle des Gesprächspartners tritt. Im Zitat, das Montaigne in die Bewegung des Essai überführt, tritt der Text in eine dialogische Relation zu anderen Texten. Aber so wie Montaigne sich als Schreiber der Ordnung des Diskurses widersetzt, widersetzt er sich ihr als Leser. Im Akt des Lesens wird der Diskurs in seine Momente zerfällt. Indem aber die Momente

---

[43] Zur Bedeutung der Metapher für die Form der „Dialogie" vgl. K. Hüskens-Hasselbeck, *Stil und Kritik – Dialogische Argumentation in Lessings philosophischen Schriften,* München 1978. Die Arbeit ist über ihre engere Fragestellung hinaus ein wertvoller Beitrag zum Verhältnis von Gespräch und Rede im Denken der Aufklärung.

des Diskurses von ihrer Ordnung gelöst werden, gewinnen sie eine Potentialität des Sinns zurück, die sie erneuter und fortführender dialogischer Reflexion verfügbar macht. Jedes Moment des Textes, und darin erweist sich für Montaigne seine eigentliche Qualität, trägt in sich ein Potential zusätzlicher Bedeutung, das erst in der depotenzierenden Lektüre frei wird. In dieser Hinsicht ist Montaigne Walter Benjamin vergleichbar. Wenn diesem aber der Text in der melancholischen Betrachtung zum rätselvollen Bruchstück zerfällt, so gewinnt das Fragment in der Lektüre Montaignes dialogische Potentialität. Doch sind seine Essais so angelegt, daß sie selbst dem fragmentarisierenden Leser erneut Anlaß der dialogischen Selbstreflexion werden können. Immer wieder denkt Montaigne über sich selbst hinaus und sieht sich im Bild seiner Leser. Diesen ist aufgegeben, die immanente Dialoghaftigkeit seiner Selbstversuche fortzuführen, den noch unerschlossenen Sinn seiner Momente freizulegen und auszuschöpfen:

> Et combien y ay-je espandu d'histoires qui ne disent mot, lesquelles qui voudra esplucher un peu ingenieusement, en produira infinis Essais. Ny elles, ny mes allegations ne servent pas tousjours simplement d'exemple, d'authorité ou d'ornement. Je ne les regarde pas seulement par l'usage que j'en tire. Elles portent souvent, hors de mon propos, la semence d'une matiere plus riche et plus hardie, et sonnent à gauche un ton plus delicat, et pour moy qui n'en veux exprimer d'avantage, et pour ceux qui rencontreront mon air. (I, 40: Consideration sur Ciceron; S. 289)

Montaigne hat seinen Leser nach seinem eigenen Bild entworfen. In der kurzen Hinwendung zum Leser, die er seinen Essais vorangestellt hat, wird dies deutlich. Indem Montaigne sich dem Leser verweigert, der in seinem Buch die Ordnung des Diskurses sucht, wird die Rolle des Lesers neu festgelegt, der Leser genötigt, seine Optik zu akkommodieren, um der in den Text einbeschriebenen Leserrolle entsprechen zu können. Wenn Montaigne hervorhebt, er habe sein Buch „à la commodité particulière de mes parents et amis" verfaßt, so wird der Leser dadurch nur scheinbar abgewiesen. Vielmehr wird er hineingezogen in die Vertrautheit des privaten Umgangs. Daher das unzeremonielle, unmittelbare „tu", das den Leser auf dem Grund eines vorausgesetzten natürlichen Einvernehmens trifft. So wird hinter der unendlichen Bewegung des Ich im Spielraum seiner selbst gleichsam als der Schatten einer Hoffnung der Leser als ein idealer, ungreifbarer Gesprächpartner sichtbar, ein Du, das zugleich doch im Bild des Ich gedacht ist. Das Gespräch, das Montaigne sich mit diesem Gesprächspartner erhoffte, ist ein Gespräch über die Zeiten hinweg geworden. Aus der Tiefe der Vergangenheit überrascht den Leser der Essais die freundliche Nähe einer denkenden Stimme.

V. Descartes neuzeitliche Begründung des Diskurses

Bis ins Innerste seiner Gedanken ist Descartes' *Discours de la méthode pour bien conduire sa raison, et chercher la vérité dans les sciences* (1637) eine Auseinandersetzung mit Montaignes Denkform der fragenden, vorläufigen, vielerlei Bewegungen folgenden Selbstdurchdringung. Die Philosophiegeschichte ist auf den Zusammenhang zwischen Descartes' *Discours* und Montaignes *Essais* allzuwenig eingegangen. Das mag seinen Grund darin haben, daß Montaigne nie wirklich Eingang in den akademischen Kanon der Philosophie gefunden hat, und mehr noch vielleicht darin, daß der sprachliche Gestus der Denkbewegung, die als Text konkret wird, noch immer allzuwenig die Aufmerksamkeit des philosophischen Nachdenkens findet[44].

Montaignes Essai lebt aus der Spontaneität der sich selbst zugewandten Denkbewegung und zugleich aus der Skepsis einem Diskurs gegenüber, der beansprucht, systematisch und kohärent zu sein. Immer wieder werden bei Montaigne die Prätentionen eines mit der Autorität und dem Geltungsanspruch etablierter Institutionen des Wissens auftretenden Diskurses bloßgelegt. Solcher Diskursskepsis, die eine eigene Form der offenen, dialogischen Darstellung gefunden hat, setzt Descartes die Bemühung entgegen, den Diskurs neu zu begründen, und zwar als Form der Konsistenz und Konsequenz eines Denkens, das unablösbar an die Identität eines denkenden Ich gebunden ist. Steht Montaignes Essai im Zeichen einer prinzipiellen Vielfältigkeit als der Grunderfahrung seines Denkens, so setzt Descartes dem die Vorstellung vom Denken als einem in sich selbst identischen Vollzug entgegen, der unter dem Gesetz der Einheit steht. Der *Discours de la méthode* macht den Weg von der Vielheit der Erfahrung zur Einheit des sich seiner selbst gewissen denkenden Subjekts sinnfällig und verweist damit auf eine epochale Differenz zwischen Renaissance und beginnender Neuzeit. Der *Discours de la méthode* ist die Darstellung dieses Wegs, die selbst als Darstellung in der Konsequenz und Linearität dieses Wegs steht. „Discours" und „méthode" sind bei Descartes einander reflexiv zugeordnet. Der *Discours de la méthode* ist zugleich eine ‚méthode du discours', die die Identität des Diskurses neu begründet. Der Weg aber, der das Thema des Diskurses ist und den der Diskurs selbst als Bewegung vollzieht, ist vergegenwärtigt als Geschichte, deren Zielpunkt im Diskurswechsel vom narrativen zum systematischen Diskurs liegt. Im Begriff der Methode ist diese Zweiheit von narrativer und systematischer Perspektive schon angelegt. Aber so wie Methode und Diskurs im *Discours de la méthode* sich wechselseitig bestimmen, sind auch „histoire" und „discours" einander in einem Verhältnis wechselseitiger Be-

---

[44] Die Literarität des *Discours* ist besonders von P. Valéry ans Licht gehoben worden, der in der Gestalt des Monsieur Teste selbst gleichsam eine mythische Verkörperung von Descartes erfunden hat. Vgl. bes. „Une vue de Descartes", in P. Valéry, *Œuvres*, Bd I, hg. J. Hytier (Bibliothèque de la Pléiade), Paris 1957, S. 810–842. In der Linie Valérys steht auch H. Friedrichs *Descartes und der französische Geist* (Leipzig 1937), wo gleichfalls das Moment der Darstellung, des Denkstils, besondere Aufmerksamkeit findet. Friedrich sieht im Ausdruck „discours" bei Descartes die ursprüngliche Vorstellung des Hin- und Herlaufens noch lebendig: „Der französische Sprachgebrauch des 17. Jahrhunderts läßt im Begriff ‚Discours' noch die lateinische Urbedeutung des Hin- und Herlaufens durchscheinen, und die Verwendung des Wortes fällt damals fast immer zusammen mit der Bedeutung ‚Gespräch' oder ‚Unterhaltung'. Ein ‚Discours' dieser Zeit liegt nicht sehr ferne von dem, was Montaigne einen ‚Essai' nannte" (S. 12). Dagegen sucht die im folgenden vorgeschlagene Interpretation die neue Bedeutung freizulegen, die dem Wort in actu zufällt und die es zum Focus der wesentlichen Differenz macht, die Descartes zwischen sich und Montaigne setzt. E. Gilson hat vor Friedrich im „commentaire historique" seiner Ausgabe des *Discours de la méthode* (1925; 3. Aufl. 1962) auf einen Brief Descartes' an den Père Mersenne vom März 1637 hingewiesen, wo Descartes selbst die Wahl von „discours" statt „traité" begründet: „Car je ne mets pas *Traité de la Méthode* mais *Discours de la Méthode* ce qui est le même que Préface ou Avis touchant la Méthode, pour montrer que je n'ai pas dessein de l'einseigner mais seulement d'en parler." Wenn mit dem „traité" die Vorstellung einer objektiven, lehrbaren Verbindlichkeit verknüpft ist, so mit der des „discours" nicht die der subjektiven Unverbindlichkeit, sondern gerade einer im Subjektiven begründeten Evidenz, die der des „traité" noch zugrundeliegt.

stimmung zugewandt. Der *Discours de la méthode* ist die ‚histoire d'un discours', sofern der Diskurs selbst der Zielpunkt eines langen Wegs der Denkerfahrung ist. Zugleich aber ist er der ‚discours d'une histoire', sofern erst durch diesen Diskurs die Geschichte zur Darstellung kommt, die ein Moment des Diskurses ist. Der Diskurs ist der Diskurs der Methode, wie diese die Methode des Diskurses ist, und er ist Diskurs einer Geschichte, wie diese die Geschichte eines Diskurses ist.

Wenn die Neubegründung des Diskurses, der Wille zum Diskurs, als dem Weg „pour bien conduire sa raison" sich gegen Montaignes Diskursskepsis richtet, so stellt sich dabei Descartes doch zugleich auf den Boden Montaignes, indem er das Subjekt des Diskurses zur Instanz seiner Neubegründung macht. Der *Discours de la méthode* ist die Fabel des Wegs zum Denken anhand der eigenen, subjektiven Geschichte eines Denkwegs, der in der Selbstgewißheit den Grund der Denkbewegung findet. Die Stationen dieses Denkwegs sind die Stationen der Befreiung von der skeptischen Vielfalt Montaignes und der Entdeckung der Identität des sich seiner selbst gewissen denkenden Ich, das sich seiner in dem Maße vergewissert, wie die Bewegung seines Denkens als diskursive Formation unter dem Stilisationsprinzip der Linearität und der monologischen Selbstgenügsamkeit steht.

Descartes' *Discours de la méthode* ist der Rückblick eines Ich von dem Ort aus, wo es seinen Denkweg endgültig gefunden hat. Von hier aus schaut das Ich zurück auf „certains chemins, qui m'ont conduit à des considérations et des maximes, dont j'ai formé une méthode (...)"[45]. Damit ist zugleich das narrative Schema des *Discours de la méthode* freigelegt. Sein erster Zielpunkt ist die Methode, sein Ausgangspunkt ist die Bewegung des Wissenwollens, die einer Vielzahl von Wegen folgt, ehe sie den einen Weg, die feste Richtung einer Methode findet. Die Geschichte dieser Bewegung ist der Gegenstand des Diskurses: „Mais je serai bien aise de faire voir, en ce discours, quels sont les chemins que j'ai suivis (...)" (S. 570). So ist der *Discours de la méthode* nicht eine Anweisung, zur methodischen Grundlegung des Wissens zu gelangen, auch nicht eine systematische Argumentation, sondern Erzählung der Erfahrung eines Ich, das in sich selbst die Prinzipien der Gewißheit gefunden hat. Aber die „histoire", die der „discours" darstellt, ist zugleich „fable" (S. 571), das heißt exemplarische, ja allegorische Darstellung. Das Ich, das die Geschichte seines Denkwegs erzählt, ist schließlich ein von allen Zufälligkeiten der personalen Existenz gereinigtes denkendes Ich, das als das Subjekt des Denkens gleichsam zur allegorischen Personifikation der Dynamik des Denkens wird.

Descartes' Denkweg beginnt, wo die Institutionen des Wissens schon ihren Zielpunkt gesetzt haben. Nachdem die akademischen Studien durchlaufen sind, der junge Descartes in den „rang des doctes" (S. 571) erhoben ist, wird er sich des Ungenügens der angehäuften Fülle des Wissens bewußt. Der Diskurs des Wissens, der dem jungen Gelehrten nun selbst offensteht, erweist sich als enttäuschend, da er zu gesicherten Einsichten nicht führen kann. Doch auch der freie, humanistische Umgang mit den Autoren der Vergangenheit, wie er von Montaigne gepflegt wurde, kann für Descartes nicht letztes Ziel der Bemühung des Wissens sein. Lesen ist eine andere Form der Konversation, eine vielseitige und dennoch unzureichende Bereicherung:

---

[45] Descartes, *Œuvres philosophiques*, Bd 1 (1618–1637), hg. F. Alquié, Paris 1963, S. 570.

Je savais (...) que la lecture de tous les bons livres est comme une conversation avec les plus honnêtes gens des siècles passés, qui en ont été les auteurs, et même une conversation étudiée, en laquelle ils ne nous découvrent que les meilleures de leurs pensées (...). (S. 572)

Die Skepsis den institutionellen Diskursen des Wissens gegenüber hat Descartes mit Montaigne gemeinsam. Während aber Montaigne in der Konversation mit den großen Autoren und in der Konversation mit der eigenen Vielfältigkeit, die der Vielfältigkeit fremder Erfahrung antwortet, einen Spielraum der unerschöpflichen Gedankenbewegung findet, die kein anderes Telos hat, als ausgreifend in sich selbst zurückzukehren, ist bei Descartes die Fülle des Wissens und die Fülle der angeeigneten Erfahrung nur eine dialektische Voraussetzung für die neue Erfahrung der Leere in der Fülle. Die negative Dynamik des Denkens wird sich ihrer selbst als Negation der Fülle, als Bezweiflung bewußt. So treibt in einem nächsten Schritt das denkende Innesein des Nicht-Wissens über den Kreis des erworbenen, überlieferten, angeeigneten Wissens hinaus. Der junge Philosoph verläßt den Kreis seiner Bücher und ihrer erschöpfenden Vielfalt und öffnet sich auf Reisen das Buch der Welt. Reisen heißt erneut Begegnung mit der Vielfalt der Meinungen, der Erfahrungen und Einrichtungen. Es ist eine andere, unmittelbarere Form der Konversation': „Car c'est quasi le même de converser avec ceux des autres siècles, que de voyager" (S. 573). Die Wege, die der Reisende verfolgt, führen ins Offene, Richtungslose des Zufalls und sind so geeignet, „à m'éprouver moi-même dans les rencontres que la fortune me proposait" (S. 577). Doch werden damit die vielfältigen Wege Momente des einen Wegs, den das denkende Ich durchläuft. So ist zugleich die Welt der Konversation nur noch zitiertes Moment eines Diskurses, dessen Richtungshaftigkeit sich von der offenen Vielfalt des Gesprächs radikal entfernt.

Skepsis ist bei Montaigne die ewige Unruhe des Denkens, die die Vielfalt des Denkmöglichen hervortreibt. Bei Descartes wird der Zweifel zur Dynamik einer Denkbewegung, deren Zielpunkt die Gewißheit ist. Je mehr die Erfahrung der Vielfalt sich als nichtige, orientierungslose, leere Vielfalt der Meinungen aufdrängt, desto mehr wächst im kartesianischen Ich der „extrême désir d'apprendre à distinguer le vrai d'avec le faux, pour voir clair en mes actions, et marcher avec assurance en cette vie" (S. 577).

Die Begegnung mit der Welt ist nicht so sehr eine Bereicherung, als vielmehr negativ eine Befreiung von eigenen Vorurteilen. Doch geht aus dieser neuen Negativität der Welterfahrung die positive Setzung eines Willensakts hervor: „Mais après que j'eus employé quelques années à étudier ainsi dans le livre du monde et à tâcher d'acquérir quelque expérience, je pris un jour résolution d'étudier aussi en moi-même (...)" (S. 578). Waren bisher die vielfältigen Wege zugleich Wege ins Offene und Momente des einen Wegs, so erscheinen nun im Horizont des Willensakts die Wege der Erfahrung und des Denkens als Wege in jener bewußten inneren Konsequenz, die sich selbst gleichsam vorausentwirft. Die „chemins" sind nun nicht mehr Wege zur Vielfalt, sondern Wege zur Einheit des seiner selbst bewußten denkenden Ich. Mit der Hinwendung zum Ich verändern sich die Wege, die das Ich sich vorentwirft. Der Entschluß, sich selbst zu studieren, ist zugleich der Entschluß zur Wahl eines notwendigen Denk- und Lebenswegs: „(...) d'employer toutes les forces de mon esprit à choisir les chemins que je devais suivre" (S. 578). In der Spannung von „choisir" und „devoir" zeigt sich hier erstmals die Spannung des denkenden Ich, das zugleich Objekt und Subjekt des Diskurses ist. Das Ich wählt seinen Weg, aber den Weg, der ihm vom Denken selbst auferlegt wird. Das Ich ist zugleich wollendes und denkendes Ich. Im Wollen entwirft es einen Weg des Denkens, der als dieser dennoch erst dem Wollen seine konkrete Richtung gibt. Das Ich bestimmt sein Denken, wie dieses sein Ich bestimmt. Erneut kehrt hier jene zirkuläre Struktur wieder, die sich schon im Verhältnis von Methode und Diskurs und von Diskurs und Geschichte erkennen ließ.

Die Umstände begünstigen den einmal gefaßten Beschluß, und so wird der durch den Winter erzwungene Aufenthalt in Deutschland zur Chance wie zur Notwendigkeit der einsamen, kommunikationslosen Rückwendung des Ich auf sich selbst: „(...) ne trouvant aucune conversation qui me divertît (...) je demurais tout le jour enfermé seul dans un poêle, où j'avais tout loisir de m'entretenir de mes pensées" (S. 579). Festgehalten an einem Ort, von dem keine Wege fortführen, genötigt, ohne Gespräch, nur in der Verfolgung eigener Gedanken zu leben, vollzieht das Ich die radikale Wendung von der Vielfalt zur Einheit, von der dialogischen Kommunikation zur monologischen Reflexion. Das Ich in seiner Einsamkeit erkennt die Notwendigkeit, sich von aller Vielfalt des Gewußten, der Meinungen und Irrtümer zu befreien und in sich selbst die unverrückbaren Prinzipien einer unbezweifelbaren Rationalität aufzusuchen. Die Radikalität dieser Rückwendung auf die eigene Subjektivität wird von Descartes als eine bloß private dargelegt, die freilich einer unabdingbaren subjektiven Notwendigkeit entspringt. Ausdrücklich aber wird dieser Denkweg abgesetzt von dem törichten Versuch, im öffentlichen, institutionellen Bereich das Gegebene in Frage stellen zu wollen. Denn hier müßte radikale Veränderung notwendig immer hinter das Gegebene zurückfallen. Erneut steht diese Einsicht im Licht der Wegmetapher:

(...) en même façon que les grands chemins, qui tournoient entre des montagnes, devienent peu à peu si unis et si commodes, à force d'être fréquentés, qu'il est beaucoup meilleur de les suivre que d'entreprendre d'aller plus droit, en grimpant au-dessus des rochers, et descendant jusques au bas des précipices. (S. 582)

Das Denken aber, die innerste Wirklichkeit des Ich, ist nicht von dieser Art, zumindest das Denken dessen, der sich gedrängt und vorbereitet sieht, das Abenteuer des Denkens radikal zu bestehen. Nur in sich selbst kann das Ich hoffen, die Prinzipien seiner Orientierung für die Lebenspraxis wie für das Denken zu entdecken, und das heißt zugleich nur, indem es alle Beziehungen zur Welt abbricht. Daß freilich auch dann noch das Ich, sofern es nicht nur denkt, sondern auch spricht, unaufhebbar durch die Sprache selbst mit dem Leben der Gesellschaft und ihrer Geschichte verknüpft ist, kommt Descartes nicht in den Blick. „(...) je me trouvai comme contraint d'entreprendre moi-même de me conduire" (S. 584). Das Ich, das gleichsam als Robinson sein eigenes Bewußtsein bewohnt, hat nur ein Mittel der Orientierung, um aus dem Dunkel des Unwissens zur Helle des Wissens zu kommen, die reflektierte Konsequenz der „démarche". Der vorweggenommene Weg, der dem Weg seine Richtung weist, ist die Methode. Nur die Methode kann den Weg orientieren, wo keine Orientierungsmarken gegeben sind:

Mais, comme un homme qui marche seul et dans les ténèbres, je me résolus d'aller si lentement, et d'user de tant de circonspection en toutes choses, que, si je n'avançais que fort peu, je me garderais bien, au moins, de tomber. (S. 584)[46]

---

[46] An dieser Stelle liegt es nahe, den durch eine Methode gewonnenen geradlinigen Weg aus der

So muß nun der erste Schritt das Projekt einer „vraie méthode pour parvenir à la connaissance de toutes les choses dont mon esprit serait capable" (ebd.) sein. Die Methode tritt an die Stelle der Kommunikation, Konsequenz an die Stelle dialogischer Offenheit.

Es ist für die Frage nach den Bedingungen, unter denen Descartes den Diskurs neu begründet, nicht notwendig, auf alle Einzelheiten einzugehen. Erstes Ergebnis der Einsicht in die Notwendigkeit einer Methode, um zur Wahrheit zu gelangen, ist die Formulierung von vier „préceptes", unter denen das dritte der eigentliche Zielpunkt von Descartes' Methode ist, vom Komplexen zur Evidenz des Einfachen zu finden:

(...) de conduire par ordre mes pensées, en commençant par les objets les plus simples et les plus aisés à connaître, pour monter peu à peu, comme par degrés, jusques à la connaissance des plus composés; et supposant même de l'ordre entre ceux qui ne se précèdent point naturellement les uns les autres. (S. 586f.)

Ehe aber überhaupt der Weg von der einfachen zur komplexen Wahrheit gangbar wird, ist es notwendig, sich erst einmal alles geglaubten Wissens, aller geglaubten Sicherheiten zu entledigen. Für diese Zwischenzeit bedarf es aber vorläufiger Maximen, ehe die gefundenen préceptes uneingeschränkt zur Geltung kommen können. So ist der Weg der Negation begleitet von positiven Prinzipien, die die Radikalität der Verneinung unter Kontrolle halten sollen. In dieser Zeit des Übergangs behält für Descartes die Meinung der Besonnensten ihr Recht, und ebenso sollen die gesellschaftlichen Institutionen von der Selbstaufklärung unangetastet bleiben. In der Phase der Selbstfindung, wo das Ich schon, ohne noch einen festen Grund zu haben, seinen Weg vorentwerfen muß, bedarf es der konsequenten Beibehaltung der einmal gewählten Richtung. Die Konsequenz ist die erste, noch rudimentäre Form der Methode, die dennoch schon Gewinn verspricht. Erneut erscheint hier die Linearität als erste Stufe des methodischen Bewußtseins im Bild des Wanderers, der sich in einem Wald verirrt hat, und den nur die konsequente Verfolgung der einmal eingeschlagenen Richtung ins Freie führen kann:

Imitant en ceci les voyageurs qui, se trouvant égarés en quelque forêt, ne doivent pas errer en tournoyant, tantôt d'un côté, tantôt d'un autre, ni encore moins s'arrêter en une place, mais marcher toujours le plus droit qu'ils peuvent vers un même côté (...). (S. 595)

Dies Bild der Methode ist zugleich das Bild des aus der Einheit des denkenden Subjekts entspringenden, in seiner methodischen Konsequenz neu begründeten neuzeitlichen Diskurses. Die letzte der drei Maximen bringt in einer kühnen und erstaunlichen Wendung Subjekt und Denkvermögen zusammen und bereitet so den Zielpunkt der ganzen diskursiven Argumentation, die erste grundlegende Wahrheit vor:

(...) tâcher toujours plutôt à me vaincre que la fortune, et à changer mes désirs que l'ordre du monde; et généralement, de m'accoutumer à croire qu'il n'y a rien qui soit entièrement en notre pouvoir, que nos pensées (...). (S. 595f.)

Die Wahrheit gibt sich nicht einfach als diese preis, sie ist auch nicht das Resultat eines dialogischen Austauschs, sie muß gewollt werden, um zu erscheinen. Die Wahrheit ist

---

Orientierungslosigkeit heraus vor dem Hintergrund jenes ziellosen „discorso" zu sehen, der bei Ariost die Helden des Romanzo im Wald gefangen hält, ehe sie unverhofft ins Freie finden.

andererseits das einzige, das ich wirklich wollen kann, denn nur diese ist ganz in unserer prinzipiellen Verfügung, während die Welt in ihrer Faktizität sich unserem Wollen mehr oder weniger entzieht. Nur die Gedanken lassen sich wahrhaft führen, aber wahrhaft nur, wenn sie gut, das heißt methodisch geführt werden. Erneut ist hier die Wahrheit im Willen zur Wahrheit begründet, wie umgekehrt der Wille sich erst in der Wahrheit des Denkens erfüllt.

Was immer an Descartes' Fabel eines Denkwegs biographisch belegbar sein mag, sie folgt zugleich ihrer eigenen Gesetzlichkeit, in die das biographisch Zufällige sich einfügt. Auf die Geschichte der einsamen Selbstbegegnung, die zugleich die Geschichte von der Geburt der Methode ist, folgt erneut ein Zeitraum der Öffnung auf die Welt, der Begegnung mit den Menschen, der richtungslosen, dem Zufall sich anheimgebenden Reisen, deren Ziel die Befreiung von allen Vorurteilen ist:

> Et d'autant que j'espérais en pouvoir mieux venir à bout, en conversant avec les hommes, qu'en demeurant plus longtemps renfermé dans le poêle où j'avais eu toutes ces pensées, l'hiver n'était pas encore bien achevé que je me remis à voyager. Et en toutes les neuf années suivantes, je ne fis autre chose que rouler çà et là dans le monde, tâchant d'y être spectateur plutôt qu'acteur (...). (S. 598f.)

Das Gespräch dient jetzt nicht mehr der Erweiterung der Erfahrung, ebensowenig wie die Reise, sondern allein der Bestärkung der eigenen Freiheit allem gegenüber, was in der Welt an Meinungen Geltung hat. Die Richtungslosigkeit der Meinungen und Erfahrungen ist nicht mehr eine Erfahrung des Orientierungsverlusts, sondern der Bestärkung der im eigenen Innern angelegten Möglichkeit der methodischen Weltorientierung. Schließlich aber findet der Philosoph in der großen Hafenstadt Amsterdam einen Ort der absoluten Einsamkeit inmitten einer tätigen Welt, wo er ungestört und in politischer Freiheit seinen Meditationen nachgehen kann. Hier erst findet der lange Weg der Verneinung und Bezweiflung zu einem endgültigen Grund in der unbezweifelbar evidenten Einsicht des „je pense donc je suis". Mit dieser Erfahrung des denkenden Ich von sich selbst hat es den archimedischen Punkt gefunden, von dem aus die Welt sich nach methodischen Schritten neu errichten läßt. So wird der zentrale Satz der kartesianischen Philosophie in seiner Bedeutung dadurch diskursiv sinnfällig, daß er zum Zielpunkt der Geschichte des Denkwegs wird, der sich im Diskurs zugleich als Übergang von den Wegen über den Weg zur Methode vollzieht. Der Weg des Denkens führt aus der Welt und aus der Kommunikation mit den Menschen zur letzten kommunikationslosen Gewißheit, die zum Grund eines monologischen, linearen, methodischen Diskurses wird, der zugleich der Zielpunkt ist. Alles Weitere, besonders aber die Gewißheit einer göttlichen Macht, verdankt sich dieser grundlegenden Gewißheit, die das Ich im Vollzug des Denkens, und das heißt der methodischen Führung der Gedanken von sich selbst gewinnt.

Als leitendes Bild in Descartes' Geschichte der Neubegründung des Denkens aus dem Geist der subjektiven Evidenz erwies sich der Weg. Die Geschichte ist ein Weg, ihr Diskurs ist ein Weg, die Erfahrung des Denkens ist ein Weg. Doch steht der *Discours de la méthode* im Zeichen eines zweiten durchgehenden Bildes, dem des Bauens. Im Bildfeld des Bauens erscheint die Bewegung des Denkens anders zentriert. Am Bauen wird erstmals, zu Beginn des zweiten Teils, der Vorteil der methodischen Einheit über die gewachsene Vielheit verdeutlicht. Das Haus, das ein einziger Architekt erbaut hat, ist schöner als jenes, an dem mehrere gearbeitet haben:

> Ainsi voit-on que les bâtiments qu'un seul architecte a entrepris et achevés ont coutume d'être plus beaux et mieux ordonnés que ceux que plusieurs ont tâché de raccommoder, en faisant servir de vieilles murailles qui avaient été bâties à d'autres fins. (S. 579)

Und schöner als die alten Städte mit ihren Unregelmäßigkeiten sind die modernen Stadtanlagen, die einem konstruktiven Entwurf entspringen: „(...) ces places régulières qu'un ingénieur trace à sa fantaisie dans une plaine (...)" (S. 579). Dagegen erscheinen die alten Städte als das Werk des planlosen Zufalls:

> toutefois, à voir comme ils sont arrangés, ici un grand, là un petit, et comme ils rendent les rues courbées et inégales, on dirait que c'est plutôt la fortune, que la volonté de quelques hommes usant de raison, qui les a ainsi disposés. (S. 579f.)

So will das erzählende Ich auch selbst das Gebäude seiner Gedanken allein errichten: „Jamais mon dessein ne s'est étendu plus avant que de tâcher à réformer mes propres pensées, et de bâtir dans un fonds qui est tout à moi" (S. 582). Doch ist dies nicht, wie es scheinen könnte, ein Rückzug in die Unverbindlichkeit des bloß Subjektiven. Denn die Konzentration auf die Identität des eigenen Ich ist in Descartes Auffassung letztlich die Voraussetzung des in sich identischen, vollkommenen Werks: „(...) il n'y a pas tant de perfection dans les ouvrages composés de plusieurs pièces, et faits de la main de divers maîtres, qu'en ceux auxquels un seul a travaillé" (S. 579).

In Descartes' Gedanken über die Schönheit der rationalen Ordnung zeigt sich eine Abwendung von der Renaissance-Ästhetik der „diversité", die selbst schon in der Renaissance ihren Ursprung hat. In der Renaissancestadt Ferrara wurde erstmals ein geometrischer Stadtplan verwirklicht, und nach diesem Beispiel wurde unter Henri IV in Paris mit der rationalen Neuordnung der Stadt begonnen. Einheit des einen konstruktiven Willens, der sich in der Konsequenz einer Methode verwirklicht, ist das Paradigma des *Discours de la méthode* selbst. Auch im folgenden ist immer wieder in der Metaphorik des Bauens von Descartes' Projekt die Rede. Das Einreißen des Alten, die Suche nach dem festen Grund, der den neuen Bau eines festgegründeten Wissens tragen soll, sind Leitbilder des kartesianischen Denkens, die in der Metaphorik des Bauens wiederkehren, mit der Kant Absicht und Anspruch seiner Kritik der reinen Vernunft verdeutlicht[47]. Die Doppelheit der Bildfelder von Weg und Bau ist nicht ohne inneren Zusammenhang mit der Ordnung des Diskurses selbst, in dem die Methode sich entfaltet. Es ist das Wesen des Diskurses, immer zugleich beide Perspektiven in sich zu vereinigen. Der Diskurs ist Bewegung, Vollzug, sprachliche Handlung, Energeia, und er ist in einem Werk, Bau, Ergon, das die sprachliche Bewegung errichtet[48]. So spiegelt der metaphorische Doppelaspekt von Bau und Weg die

---

[47] I. Kant, *Kritik der reinen Vernunft* (1781), 2. Teil, 2. Abteilung: „Transzendentale Dialektik", in *Werke in sechs Bänden,* hg. W. Weischedel, Bd 2, Wiesbaden 1956, S. 325f.: „Statt aller dieser Betrachtungen, deren gehörige Ausführung in der Tat die eigentümliche Würde der Philosophie ausmacht, beschäftigen wir uns jetzt mit einer nicht so glänzenden, aber doch auch nicht verdienstlosen Arbeit, nämlich: den Boden zu jenem majestätischen sittlichen Gebäude eben und baufest zu machen, in welchem sich allerlei Maulwurfsgänge einer vergeblich, aber mit guter Zuversicht, auf Schätze grabenden Vernunft vorfinden, und die jenes Bauwerk unsicher machen".

[48] Die aristotelische Unterscheidung von „ergon" und „energeia" ist von W. von Humboldt zuerst verwendet worden, um das Wesen der Sprache zu verdeutlichen. Vgl. „Über die Verschiedenheit

zweifache Natur des Diskurses. In beiden Perspektiven aber ist die Methode, die die Konsequenz des Wegs, die Einheit des Baus garantiert, Ausdruck eines solitären Willens, der zur Vernunft kommt, indem er sich bewußt zu dieser entschließt. So wäre implizit dem „je pense donc je suis" ein „je veux donc je pense" vorauszusetzen.

Die bisherigen Überlegungen erlauben es, abschließend die Frage nach dem Verhältnis von Diskurs und Subjekt des Diskurses zu stellen. Wie für Montaigne ist auch für Descartes die Autonomie des Subjekts die Bedingung des Diskurses. Wird aber bei Montaigne das Subjekt, dem der Diskurs entspringt, und das andererseits erst durch den Diskurs sich verwirklicht, als eine in sich selbst dialogische Vielfalt verstanden, die sich in der dialogischen Form des Essai entwirft, so ist das Subjekt des kartesianischen Diskurses von radikaler Einheitlichkeit, zentriert auf den in sich selbst identischen Willen, der der Ursprung des Diskurses ist. Die Methode tritt an die Stelle dialogischer Vielfalt, aber auch an die Stelle der Autorität einer vorgegebenen Diskursinstitution. Im methodischen Gang entfaltet sich ein linearer Diskurs, der die denkende Entfaltung und Vergewisserung des einsamen Subjekts ist, dem der Diskurs entspringt. In der methodisch gesicherten Identität des Diskurses kommt zugleich die Identität des Subjekts zu ihrem Ausdruck, und zwar in horizontaler Perspektive als eines kohärenten und konsequenten sprachlichen Vollzugs, und in vertikaler Perspektive als Identität des einheitlichen, auf festem Grund aufruhenden Baus.

VI. Pascals aporetische Reflexion des Diskurses und das Modell des Gesprächs

„Cela seul, d'estre toujours enfermé dans une chambre, me sembloit insupportable", sagt Montaigne in „De l'exercitation" (II, 6; S. 409). Freie Bewegung zu Pferd, „à sauts et à gambades", ist sein Lebenselement und das Element seines Denkens. „Je demeurais tout le jour enfermé seul dans un poêle" beginnt Descartes die Erzählung zu Beginn des dritten Teils seines *Discours,* und zwar in deutlichem Bezug auf Montaigne. In der Einge-

---

des menschlichen Sprachbaues und ihren Einfluss auf die geistige Entwicklung des Menschengeschlechts" (1830–1835), in W. v. Humboldt, *Schriften zur Sprachphilosophie, Werke in 5 Bänden,* hgg. A. Flitner/K. Giel, Bd 4, Darmstadt 1963, S. 418: „Sie [die Sprache, K. St.] selbst ist kein Werk (Ergon), sondern eine Thätigkeit (Energeia). Ihre wahre Definition kann daher nur eine genetische seyn. Sie ist nemlich die sich ewig wiederholende Arbeit des Geistes, den articulirten Laut zum Ausdruck des Gedankens fähig zu machen." Humboldt sieht nicht die doppelte Natur der Sprache, er gibt dem Aspekt der energeia, d. h. des sprachlichen Vollzugs, die eindeutige Priorität. Dagegen versucht K. Bühler bei seiner Sprachbetrachtung den Aspekten von Ergon und Energeia gleichermaßen gerecht zu werden. In seinem „Organonmodell der Sprache" *(Sprachtheorie – Die Darstellungsfunktion der Sprache* (1934), Stuttgart ²1965, I § 2) unterscheidet er auf „einer minderen Formalisierungsstufe" Handlungen und Werke, „auf einer höheren Formalisierungsstufe" Akte und Gebilde (S. 49). Handlungen und Akte erscheinen andererseits als subjektbezogene Werke und Gebilde als subjektentbundene Phänomene (S. 49). Was aber sowohl bei Humboldt wie bei Bühler unberücksichtigt bleibt, ist, daß der Vollzug der Rede, zumal wenn sie schriftlich fixiert ist, gleichermaßen Ergon und Energeia ist und daß für die verstehende Erfassung der Rede jeweils der eine Aspekt vor dem Hintergrund des andern dominant sein kann. Die Rede ist in einem sprachliche Handlung und sprachliches Werk, oder wie Descartes in metaphorischer Sprache sagt, Weg und Bau.

schlossenheit, Kommunikationslosigkeit des erzwungenen Winteraufenthalts entwirft er eine Philosophie der Methode, die erneut die Transformation einer Lebenserfahrung in eine Erfahrung des Denkens ist. Pascal schließlich gibt dem Bild eine Wendung, die den Standort seines Denkens im Hinblick auf Montaigne wie auf Descartes markiert. Erneut wird die Erfahrung des einsamen Ich in seinem Zimmer zum Anstoß einer grundsätzlichen Einsicht:

> *Divertissement.* – Quand je m'y suis mis quelquefois, à considérer les diverses agitations des hommes, et les périls et les peines où ils s'exposent, dans la cour, dans la guerre, d'où naissent tant de querelles, de passions, d'entreprises hardies et souvent mauvaises, etc., j'ai découvert que tout le malheur des hommes vient d'une seule chose, qui est de ne savoir pas demeurer en repos, dans une chambre[49].

Am alltäglichen, unterhalb der Aufmerksamkeitsschwelle liegenden Detail wird eine Grundgegebenheit der „condition humaine" aufgedeckt, die ebenso auf die Wünschbarkeit von Descartes' paradigmatischer Situation der kommunikationslosen Einsicht verweist, wie auf deren tiefere Unmöglichkeit. Zugleich aber wird so Montaignes Option für die freie Bewegung hinterfragt und ihr unausweichlicher Zwangscharakter bloßgelegt, der in einer anthropologischen Bedürfnissituation angelegt ist, die Descartes wie Montaigne in den Augen Pascals gleichermaßen verfehlt haben. Pascal macht sich den Widerspruch zwischen Montaigne und Descartes zur tieferen Einsicht in die „condition de l'homme" zunutze. Er sucht zwischen beiden nicht eine vermittelnde oder synthetisierende Position. Er deutet vielmehr den zwischen ihnen aufgebrochenen Widerspruch als einen Ausdruck der „condition humaine" selbst, die in ihrem Wesen als Widerspruch bestimmt ist, dem das Denken sich so wenig entziehen kann wie seine diskursive Realisierung.

Pascals Reflexion, die den Ort seines Denkens zwischen Montaigne und Descartes beleuchtet, ist zugleich ein Beispiel seines Denkstils. Evidenz ist für ihn nicht das Resultat eines methodisch gesicherten Wegs, sondern ein tieferes Bewußtwerden alltäglicher Erfahrung, das in der sprachlichen Bewegung des Gedankens und in seiner Bildlichkeit so zur Gegebenheit kommen soll, daß der Leser an ihr teilhat, indem er seine eigene Erfahrung ins Spiel bringt. Darin ist das Denken Pascals dem Montaignes verwandt. In seinem nicht zu Ende gekommenen Hauptwerk, den Gedanken, die zu einer Verteidigung des christlichen Glaubens zusammengeführt werden sollten, verweist Pascal selbst, bei aller radikalen Unterschiedlichkeit von Einsicht und Absicht, auf die Nähe seiner Schreibart zu Montaigne:

> La manière d'écrire d'Epictète, de Montaigne et de Salomon de Tultie, est la plus d'usage, qui s'insinue le mieux, qui demeure [le] plus dans la mémoire, et qui se fait le plus citer, parce qu'elle est toute composée de pensées nées sur les entretiens ordinaires de la vie. (Br. 18; I, S. 30)

Als Dritten in der Reihe seiner Vorbilder benennt Pascal sich selbst mit dem Anagramm des Pseudonyms, das er für seine *Lettres Provinciales* gewählt hatte. Wenn Pascal sich bis in die Identität von Formulierungen immer wieder Montaigne nähert, so stehen solche Annäherungen doch in einem Montaigne fremden Kontext. Wo Einsichten und sprachliche Wendungen Montaignes bei Pascal wiederkehren, verlieren sie ihre gelassene Selbst-

---

[49] *Pensées de Blaise Pascal*, nouv. éd. par L. Brunschvicg, 3 Bde, Paris 1904 (*Œuvres*, Les grands écrivains de la France, Bd XII–XIV), Nr. 139, Bd II, S. 52–54.

genügsamkeit und werden zum spannungsvollen Ausdruck des Scheiterns einer Denkbemühung, die sich dem kartesianischen Anspruch an die Ordnung des Diskurses unterwirft, um gerade so seine Uneinlösbarkeit sinnfällig zu machen. So führt der Rückgriff auf Montaigne zu einer dramatischen Offenheit und Intensität des Denkens, die von Montaigne wie von Descartes gleichermaßen entfernt ist.

Pascals Einreden gegen Descartes sind ebenso prinzipiell wie es Descartes' Einreden gegen Montaigne waren. Während Descartes' denkendes Ich als Prinzip des Diskurses sich aus aller Partikularität einer konkreten Situation befreit, um situationsabstrakt seine Gewißheit in sich selbst zu finden, führt Pascal in seinen *Pensées* das denkende Ich in die Konkretheit der Situation zurück. Das Denken ist bestimmt durch die je konkrete Besonderheit seiner „condition", die in der allgemeinen „condition de l'homme" fundiert ist, so wie umgekehrt die Aufdeckung der „condition de l'homme" der eigentliche Zielpunkt des Denkens ist, dem es dabei nicht um sich selbst geht, sondern um Einsicht in die metaphysische Wirklichkeit des Menschen in der „misère de l'homme sans Dieu" ebenso wie im Wagnis des Glaubens. Daß für Descartes Gott selbst nur eine abgeleitete Hilfskonstruktion seiner Erkenntnistheorie sei, hat Pascal ihm leidenschaftlich vorgeworfen:

Je ne puis pardonner à Descartes; il aurait bien voulu, dans toute sa philosophie, pouvoir se passer de Dieu; mais il n'a pu s'empêcher de lui faire donner une chiquenaude, pour mettre le monde en mouvement; après cela, il n'a plus que faire de Dieu. (Br. 77; I, S. 98)

Bei Pascal führt die Reflexion über das Denken nicht zur Methode, die dem Denken erst seinen Weg weisen könnte, sondern zu einer Phänomenologie des Denkens, die seine Motive, seine Verwurzelung in der „condition de l'homme" ebenso bedenkt wie seine defizienten Formen in der Zerstreuung und Ablenkung. Während Montaigne sich noch im Vertrauen an eine vernünftige Natur beruhigen konnte, während Descartes in der willentlichen Hingabe an die Gesetze des Denkens glaubte, den Grund der Selbstgewißheit finden zu können, ist Pascals Denken der Ausdruck einer „inquiétude", die für ihn die Bestimmung des Menschen in seiner Ganzheit und in seiner Wirklichkeit ist. Wenn Pascal so Descartes' Idee eines Diskurses, der der vollkommene Ausdruck des in sich einstimmigen Denkens wäre, als Illusion erweist, so sieht er doch den naiven Rückweg zu Montaigne gleichermaßen versperrt: „(...) de la confusion de Montaigne; qu'il avait bien senti le défaut [*d'une droite*] méthode, qu'il l'évitait en sautant de sujet en sujet, qu'il cherchait le bon air" (Br. 62; I, S. 63).

Pascal ist wie Descartes Mathematiker und hat wie dieser die strengste Vorstellung von der Ordnung des Denkens. Anders als Descartes aber ist er sich der begrenzten Reichweite der ‚geometrischen' Methode bewußt. In der kleinen Abhandlung *De l'esprit géométrique et de l'art de persuader* wird die Idee eines idealen Diskurses von vollkommener Ordnung entworfen, aber zugleich streng auf den Bereich der geometrischen Wissenschaften begrenzt. Jenseits dieser Grenze gibt es keine lineare Ordnung von vergleichbarer Stringenz. Das Denken, das der Wirklichkeit des Menschen zugewandt ist, folgt einer problematischen Ordnung, die prinzipiell nicht auf das Paradigma der geometrischen Ordnung zurückführbar ist, weil die Natur dieses Denkens sich von dem geometrischen ebenso unterscheidet wie seine Absichten und Bedürfnisse. Pascal hat in einer der *Pensées* auf die prinzipielle Zirkularität des Diskurses im außermathematischen Bereich verwiesen.

Erst vom Ende aus ließe der Anfang des Diskurses sich wirklich genau setzen, aber dann verlangte dieser wieder ein anderes Ende. Anfang und Ende lassen sich nie wirklich zureichend und mit absoluter Genauigkeit durch den Diskurs vermitteln: „La dernière chose qu'on trouve en faisant un ouvrage, est de savoir celle qu'il faut mettre la première" (Br. 19; I, S. 31).

In Pascals Gedanken zur Verteidigung der christlichen Religion wird Descartes' Konzeption eines einheitlichen Denkvermögens in eine Vielfalt von Denkvermögen mit je verschiedenem Geltungsbereich aufgelöst. Der linearen Ordnung des „esprit de géométrie" steht die alineare Ordnung des „esprit de finesse" entgegen, der die Komplexität gegebener Verhältnisse als diese selbst „tout d'un coup" und „d'un seul regard" wahrzunehmen imstande ist (Br. 1; I, S. 12). Der rationale „esprit" wird an anderer Stelle von dem eigenen Erkenntnisvermögen des „coeur" unterschieden, und dieses wiederum von dem elementareren „instinct". Wie der Mensch selbst in sich ein komplexer und widersprüchlicher Aufbau von Wirklichkeiten ist, ist auch sein Erkenntnisvermögen komplex und in sich selbst vielfältig aufgebaut. Der linearen Eindimensionalität des Denkens bei Descartes, das mit Hilfe methodischer Prinzipien den kürzesten Weg zur gesicherten Erkenntnis sucht, antwortet die in sich gedrungene Vieldimensionalität des Denkens bei Pascal, dessen letztes Ziel nicht formale Gewißheit, sondern Steigerung des Bewußtseins, Einsicht in die reale Ungewißheit und Rätselhaftigkeit der menschlichen Existenz in der Verlorenheit des Alls ist.

So konträr Montaignes und Descartes' Konzeptionen des Diskurses sich entgegenstehen, so eindeutig sind sie doch jeweils in ihren Voraussetzungen. Dagegen wird für Pascal das Problem des „ordre" zu einem zentralen Problem für den inneren Aufbau seiner ‚Apologie' (die er selbst indes nie so bezeichnet hat)[50]. Pascals Projekt einer Verteidigung des christlichen Glaubens folgte, nach allem, was uns an Zeugnissen überliefert ist, ursprünglich einer strengen Ordnung argumentativer Konsequenz. In einer Reihe von Gesprächen sollte ein Ungläubiger exemplarisch zur Einsicht in die Notwendigkeit des Glaubens und schließlich zu diesem selbst geführt werden. Die Form des Gesprächs hätte in Pascals erster Konzeption der Apologie die rhetorische Funktion der Überredung gehabt. Sie hätte es erlaubt, einen Zweifelnden im unerbittlichen Fortgang der Argumentation an jenen Punkt zu führen, wo das Wagnis des Glaubens unausweichlich wird. Die Form des Gesprächs hätte als eine rhetorische Form solchermaßen einer inneren Stringenz den Anschein der Offenheit und Spontaneität gegeben. Doch wurde das Projekt für Pascal mehr und mehr zum grundsätzlichen Problem einer Ordnung des Diskurses im außergeometrischen Bereich. Davon geben Pascals Reflexionen über den „ordre", die sich zusammen mit den *Pensées* erhalten haben, eindrucksvoll Zeugnis. Wohl noch nie ist vor Pascal jemals so subtil über die Bedingungen und Probleme der Diskursbildung nachgedacht worden. ‚Ordnung' heißt in Pascals Reflexionen nicht mehr die Linearität einer Methode, in der der Wille zum Diskurs Halt und Sicherheit finden könnte, sondern Funktionszusammenhang. Damit aber verändert sich das Problem der Diskursbildung grundlegend. Denn in der Perspektive des Funktionszusammenhangs kommt die ganze Vielfalt der Erkenntnisvermögen wie der subjektiven Erkenntnisdispositionen zur Geltung, und zwar sowohl bezogen

---

[50] Vgl. hierzu Verf., „Pascals Reflexionen über den ordre der *Pensées*", in *Poetica* 4 (1971) S. 167–196.

auf das Subjekt des Diskurses wie insbesondere auf seinen Adressaten. Pascals sprechendes Ich ist ein Ich ohne Subjektivität. Es bringt sich nur in seiner Allgemeinheit zur Geltung als ein Sprachrohr der „condition humaine" selbst. Nur in solcher Selbstauslöschung erfüllt sich für Pascal zugleich das gesellschaftliche Gebot der „honnêteté". Doch kommt durch solche Ichlosigkeit die Leidenschaftlichkeit der im Diskurs zur Sprache gebrachten Sache umso mehr zur Geltung. Pascal sucht in der Emotivität seines Denkens nicht sich selbst zum Ausdruck zu bringen, sondern im Adressaten verschüttete und verdrängte Selbsterfahrungen zu wecken.

Ist das letzte Ziel des Diskurses nicht mehr leidenschaftslose Hinführung zu einer methodisch gesicherten Wahrheit, sondern Steigerung des Bewußtseins, um dieses der verdrängten Wirklichkeit der „condition humaine" innesein zu lassen, dann muß aus solcher Absicht sich eine neue Funktionalität des „ordre" ergeben. Unter dieser Voraussetzung kann gerade das, was jeder Ordnung zu entbehren scheint, ein Maximum der Ordnung werden. Paradigma dieser Dialektik ist die Ordnung der *Heiligen Schrift* selbst:

> *L'ordre; contre l'objection que l'Ecriture n'a pas d'ordre.* – Le cœur a son ordre; l'esprit a le sien, qui est par principe et démonstration, le cœur en a un autre. On ne prouve pas qu'on doit être aimé, en exposant d'ordre les causes de l'amour: cela serait ridicule.
> Jésus-Christ, saint Paul ont l'ordre de la charité non de l'esprit; car ils voulaient échauffer, non instruire; Saint Augustin de même: cet ordre consiste principalement à la digression sur chaque point qu'on rapporte à la fin, pour la montrer toujours. (Br. 283, II, S. 205f.)

Indem Pascal den Begriff des „ordre" von dem der Methode ablöst, erschließt er einen offenen Raum diskursiver Möglichkeiten, bezogen auf eine offene Vielfalt von Wegen und Weisen des Denkens, die in gleichsam phänomenologischer Blickwendung thematisch werden. Ein „ordre" aber, der die Summe seiner Funktionsbedingungen wäre, wäre so komplex, daß schließlich seine Realisierung ins Ungreifbare entrückt. So zerfällt der Diskurs in Diskursfragmente, die ihrerseits durch ihre erhöhte Binnenstrukturierung sich selbst schon gegen ihre eindimensionale funktionale Indienstnahme sperren.

Pascal hat den Dialog zur Verteidigung des christlichen Glaubens nicht geschrieben. Der „ordre par dialogues", ursprünglich als ein rhetorisches Verfahren der Argumentation und Überzeugung ins Spiel gebracht, wird immer radikaler, und das heißt immer weniger rhetorisch aufgefaßt. Rede und Gegenrede greifen nicht mehr argumentativ ineinander, sie stehen zueinander in immer vielfältigeren, offeneren Bezügen, in denen der argumentative Diskurs ebenso zerbricht wie der Schein der Wechselrede. Antworten auf Einwände und Einwände auf Antworten lassen das eine, die notwendige Erfahrung des Glaubens, unter immer neuen Aspekten aufleuchten in Sprachfragmenten, die den Augenblick einer höchsten Konzentration des Bewußtseins festhalten und dem Leser erneut auferlegen.

Descartes entwarf die Identität des Diskurses aus der Identität des im Denken sich seiner selbst vergewissernden Subjekts. Pascal legt gleichermaßen das Illusionäre eines solchen Diskurses wie einer solchen sich selbst genügenden Identität frei und läßt den Diskurs exemplarisch an seinen eigenen Funktionsbedingungen zerbrechen. Gerade indem der Ordnungsanspruch, mit dem bei Descartes gegen Montaigne der Diskurs neu begründet wurde, von Pascal ernst genommen wird, muß der Diskurs selbst scheitern, zugleich aber auch neue Perspektiven diskursiver Realisierung freigeben.

In Montaignes *Essais* sind Selbstgespräch und Diskurs wie selbstverständlich vermittelt. Dagegen wollte Descartes den Diskurs aus der Identität des denkenden Ich mit sich selbst radikal neu begründen. Bei Pascal ist der Widerspruch von Spontaneität des Gesprächs und Ordnung des Diskurses unaufhebbar geworden. Doch ist im einzelnen Fragment selbst der Widerspruch von Gespräch und Diskurs gegenwärtig gehalten, ohne daß eine Möglichkeit der Vermittlung sich abzeichnete. Die Fragmente in der Offenheit ihrer Ordnung, in ihrem unvermittelten Gegeneinanderstehen, sind ebenso Momente eines denkbaren Gesprächs wie Momente in der Übergänglichkeit einer aus sich selbst hervorgehenden Ordnung des Diskurses.

VII. Schlußbemerkungen

Seit Montaignes Destruktion des scholastischen Diskurses, seit Descartes' Neubegründung des Diskurses aus der Evidenz des seiner selbst gewissen Subjekts und Pascals aporetischen Reflexionen über die Ordnung des Diskurses jenseits der Grenzen des „esprit géometrique" gibt es eine neuzeitliche Dynamik des Diskurses, die den Raum des Denkbaren, Wißbaren, Erfahrbaren in immer neuen diskursiven Formationen zu erschließen sucht. Immer wieder steht der Diskurs unter dem Anspruch seiner absoluten Einlösung, aber zugleich im Zeichen des Scheiterns an diesem Anspruch. Die diskursive Absolutheit schlägt ins Fragment um, das aus wechselnden Blickpunkten die sich entziehende Totalität erahnbar werden läßt. Doch findet die Erfahrung des Denkens nicht nur ihren Ausdruck in der Identität des Diskurses, sondern ebenso in seiner Pluralität, seiner Öffnung, seiner Unordnung. Solcher Dynamik des Diskurses antworten neue Formen gesteigerter literarischer und poetischer Identität[51] wie ihrer Aufsprengung. Nie ging die Destruktion der linearen Kohärenz im Medium des Diskurses so weit wie in den neuzeitlichen und modernen Formen der Dichtung. Und nie zuvor wurde die Potentialität diskursiver Formationen so sehr Gegenstand der Reflexion. Hegels *Phänomenologie des Geistes* ist erneut ein großer Entwurf einer Phänomenologie des Diskurses. Die Hermeneutik bedenkt den Aufbau der Redeformen. Eine Philosophie des Diskurses und seiner Ordnungen sucht schließlich, im gegenwärtigen Frankreich, die tiefsten Tendenzen diskursiver Kontinuitäten und Diskontinuitäten, Ordnung und Gefährdungen der Ordnung zu entschlüsseln, während gleichzeitig die Dichtung, besonders der Roman, zu neuen, unvordenklichen Formationen imaginärer Synthesen fortschreitet. Je weiter aber der

---

[51] Die Idee des absoluten Diskurses, dessen Identität zwingend wäre, ist von Mallarmé, der als Dichter dem Philosophen Descartes in vielem nahesteht, zur Grundlage einer Poetik des „livre" gemacht worden. In „Un coup de dés jamais n'abolira le hasard" hat Mallarmé die Konzeption

Diskurs sich ins Unformulierte hineinbewegt, umso unauslöschlicher wird die Erinnerung an die einfache und dennoch unauflöslich komplexe Gegebenheit des Gesprächs, dessen gelungenste Form Boccaccio als gelungenste Form des „ben vivere" galt. Im Gespräch behauptet sich noch immer die Vorstellung einer idealen Mitte, auf die auch der einsamste Diskurs zurückbezogen bleibt.

---

der poetischen Identität des Diskurses bis zu einer dem Leser uneinlösbar bleibenden Komplexität getrieben, und damit zugleich poetisch einen Diskurs erzwungen, dessen solitäre syntaktische und semantische Geschlossenheit keinen Dialog mehr zuläßt.

WOLFGANG ISER

DRAMATISIERUNG DES DOPPELSINNS IN SHAKESPEARES *AS YOU LIKE IT*

I

As You Like It[1] ist die dramatische Bearbeitung eines bekannten Schäferromans und damit zugleich Zeugnis für das unaufhaltsame Ausbreiten der Schäfer in der literarischen Landschaft der Renaissance. Schäferwelten überziehen das Gattungssystem der Epoche und haben es insofern verändert, als mit dem Schäferroman eine neue Gattung entstanden ist, die es erlaubte, jene Grenzen zu überschreiten, die der Ekloge noch gezogen waren. Bereits in der überlieferten Eklogendichtung dienten die Hirten nicht zur bloßen Bezeichnung schäferlichen Lebens; sie meinten mit dieser Bezeichnung immer auch ein Anderes. Dieses vermochte der Schäferroman durch die Darstellung zweier Welten abzubilden, indem er entweder in der arkadischen Welt eine politisch-soziale wiederholte oder die schäferliche mit einer politischen konfrontierte. Da die arkadische Welt von allem Anfang an ein Produkt der Kunst war, – die in den Eklogen Vergils ihren Ursprung hatte – vermochte es der Schäferroman, eine Anschauung davon zu entwerfen, wie Kunst auf Welt bezogen ist und was sie durch dieses Bezogensein zu bewirken vermochte. Renaissancearkadien wurde daher auch als ein Produkt des Fingierens begriffen, durch das die Welt als ein Spiel wiederholt werden konnte, um jene Möglichkeiten durchzuprobieren, die in der Welt politisch-sozialer Praxis immer schon verspielt waren. Deshalb blieb die Schäferwelt an eine andere angeschlossen, und der Schäferroman gewann in der Darstellung zweier Welten sein gattungskonstitutives Grundmuster.

So sehr die beiden Welten aufeinander bezogen waren, so verkörpern sie doch zwei sehr unterschiedene semiotische Systeme, die durch eine Differenz voneinander abgehoben sind. Wie diese im Schäferroman selbst eingeschätzt worden ist, läßt sich daran ablesen, daß die zentralen Figuren, die aus der politisch-sozialen in die schäferliche Welt wechseln, gespalten werden und dort in der Doppelrolle von Maske und Person die Differenz ausagieren. So wiederholt sich die Dualität zweier Welten in den Figuren, die mit zwei Stimmen sprechen, um in dieser Doppelrolle die jeweilige Begrenztheit der einen überschreiten zu können.

Wenn Shakespeare nun das Szenario für seine Komödie von Lodges *Rosalynde* übernimmt, so gilt die dramatische Bearbeitung des Schäferromans vornehmlich dieser ‚Zweistimmigkeit'[2], die sich angesichts der getreuen Nachbildung der Fabel weniger in der Handlung als im Dialog manifestiert. Da aber die Dialoge in unterschiedlichen Welten gesprochen werden, muß sich ihnen die zwischen diesen Welten herrschende Differenz ein-

---

[1] Alle Zitate aus *As You Like It* (The Arden Shakespeare), hg. A. Latham, London 1975.
[2] Zur Terminologie und ihrer Verwendung vgl. M.M. Bachtin, *Die Ästhetik des Wortes* (es 967), hg. R. Grübel, Frankfurt/M. 1979, S. 213ff.

zeichnen. Dramatisierung der ‚Zweistimmigkeit' wird folglich in der politischen Welt etwas anderes als in der schäferlichen sein, was die eine verdeckt, spiegelt die andere aus.

Die Komödie entfaltet sich daher als ein Spiel der Doppelungen, die sich zunächst in der politischen Welt auf zwei verschiedenen, wenngleich miteinander parallelisierten Ebenen ereignet. Oliver hat in seinem Bruder Orlando sein Doppel, mit dem er das väterliche Erbe teilen muß, und Duke Frederick in seinem Bruder, dem Old Duke, den er aus der Herrschaft verdrängt hatte.

In beiden Fällen ist die Gegenwart des jeweiligen Doppels als eine Gefahr begriffen, der man dadurch Herr zu werden glaubt, daß man das Doppel von sich ‚abspaltet' — sei es durch Vertreibung, wie im Falle des Old Duke, sei es durch Beraubung verbriefter Rechte, wie im Falle Orlandos. Das aber geschieht um den Preis, den Code brechen zu müssen, auf den man sich zur Stabilisierung der eigenen Position beruft: den der Herrschaft und den der Familie. Sich durch das zu schützen, was man bricht, markiert die potentielle Anwesenheit des Doppels, das man offensichtlich nicht los wird, und darin erschöpft sich das Grundmuster der hier dargestellten politischen Welt.

Im Auftakt wird dieses Thema sogleich angeschlagen, allerdings aus der Perspektive Orlandos, des verdrängten Doppels. Orlando ist von der Mißlichkeit seiner Situation bedrückt, in die er durch seinen Bruder Oliver gedrängt wurde:

My brother Jaques he keeps at school, and report speaks goldenly of his profit: for my part he keeps me rustically at home, or, to speak more properly, stays me here at home unkept; for call you that keeping for a gentleman of my birth, that differs not from the stalling of an ox? His horses are bred better; for besides that they are fair with their feeding, they are taught their manage, and to that end riders dearly hired: but I, his brother, gain nothing under him but growth, for the which his animals on his dunghills are much more bound to him as I. Besides this nothing that he so plentifully gives me, the something that nature gave me his countenance seems to take from me. (I, 1, 5—18)

Im Wortspiel von „keep" und „unkept" ist jeweils eine Konnotation aufgeblendet, doch nur, um wieder gelöscht zu werden. Die einzelnen Bedeutungen des Wortes müssen kollidieren, soll Orlandos „sadness" (I, 1, 4) zur Sprache kommen. Wenn er von dem Nichts so reichlich empfängt und Oliver ihm von dem Etwas der gemeinsamen Abkunft ständig nimmt, so gewinnen die Schlüsselbegriffe seiner Selbsterklärung erst dadurch Sinn, daß sie sich an ihrem Widersinn brechen. So ist in die Rede Orlandos eine andere Sprache eingezeichnet, die als solche nicht artikuliert wird, weil sie außerhalb seiner Rede liegt, doch gerade in der Verkehrung von Sinnrichtungen ihre Gegenwart findet.

Deshalb sind Nichts und Etwas dialogische Worte, die Sinn und Widersinn so miteinander verspannen, daß sie sich wechselseitig aufheben. Unbestreitbar kommt darin die Unnatur des brüderlichen Verhaltens zum Vorschein; dennoch enthält dieser Auftakt mehr als nur eine solche Lagebeschreibung. Er setzt das Thema, das in der Komödie orchestriert wird. In einer Formulierung Bachtins ließe sich die Rede Orlandos als eine „dialogisierte Hybride" bezeichnen, da es sich hier um „die Verschmelzung zweier Äußerungen zu einer einzigen Äußerung"[3] handelt, in welcher der Sprecher insoweit gegenwärtig ist, als er von jener Stimme verdrängt wird, die selbst nicht spricht. So ist dem Wort der Widerstreit ‚zweier Stimmen' eingeschrieben, wobei die dramatische Pointe darin besteht, daß die ‚schweigende Stimme' die sprechende beherrscht.

---

[3] Ebd. S. 246.

Wie wenig allerdings darin bereits das Muster für die erfolgreiche Verdrängung des Doppels durch Oliver vorgegeben ist, läßt der erste Dialog zwischen den Brüdern erkennen. Dieser führt nach kurzem Wortwechsel rasch zur Sprachlosigkeit und mündet in Gewaltanwendung. Denn Orlando hatte ständig die Rede Olivers durch unvermutete Bedeutungen gedoppelt und ihm damit jenes Doppel wieder aufgedrängt, dessen er ledig sein wollte. Dennoch findet dieser Dialog nicht in der Gewalt, sondern in einem ‚Wortspiel' seinen Höhepunkt. Im Verlauf des Handgemenges nennt Oliver Orlando einen „villain" (I, 1, 55), worauf ihm dieser entgegnet:

I am no villain. I am the youngest son of Sir Rowland de Boys: he was my father, and he is thrice a villain that says such a father begot villains. Wert thou not my brother, I would not take this hand from thy throat till this other had pulled out thy tongue for saying so. Thou hast railed on thyself. (I, 1, 56–62)

Wenn also Orlando ein Schurke ist, — weil er sich gegen Oliver zur Wehr setzt — dann beleidigt er nicht nur den gemeinsamen Vater, dessen Blut sich in den Söhnen gedoppelt hat, sondern auch sich selbst, weil er das Doppel von Orlando ist. Dieser entfaltet nun eine Implikation des Gesagten, die im Augenblick der Äußerung Oliver unbewußt, in jedem Falle aber von ihm nicht intendiert gewesen ist. Doch diese Implikation ist wiederum keine beliebige, sondern eine solche, durch die die Äußerung an den für sie beide geltenden Code zurückgebunden wird und gerade dadurch eine Bedeutung erhält, die entweder die Intention Olivers scheitern oder sie als die Verletzung des Codes erscheinen läßt. Diese Dualität bleibt Oliver verborgen, denn es kennzeichnet die Sprache der Usurpation, daß sie monologisch ist, weshalb sie immer eine Deckung von Sprache und Realität anstrebt, die sich dadurch auszeichnet, daß alles in der jeweils verwendeten Sprache auch immer Mitgemeinte ausgeschlossen wird.

Doch die in pragmatisch orientierter Rede unbedacht gebliebenen Implikationen können allein schon dadurch auf die Rede zurückschlagen, daß der Partner das Gesagte interpretieren muß, um es zu verstehen. Es gibt keinen mechanisch geregelten Transfer von Intentionen zwischen Dialogpartnern. Der Sinn der Rede liegt nicht schon automatisch in ihr; er wird ihr vom Empfänger zugeschrieben, und an diesem Punkt kommt die Interpretation ins Spiel. Diese wiederum hängt von den in jeder Rede mitgeführten Implikationen ab, die allerdings der Kontrolle durch die Intention des Gesagten nicht immer voll gehorchen. Daher kann das Hervorkehren des Ungesagten zu Überraschungen führen, wenn Implikationen versprachlicht werden.

So kommt in den ersten Äußerungen der Eingangsszene sogleich der dialogische Charakter des Wortes zum Vorschein: die Herrschaft bricht sich im Widersinn von Orlandos Rede, und die Intention von Olivers Rede scheitert an ihren Implikationen. In der Verspannung von Gegenläufigkeiten ist das dialogische Wort dramatisiert.

Daher empfiehlt es sich für Oliver, nun das Wort bewußt monologisch zu machen, wie es sich in dem Gespräch mit Charles zeigt, welches der Auseinandersetzung mit Orlando folgt. Charles ist ein Preisringer, der alle, die es ihm gleichtun wollen, herausgefordert hat, allerdings mit der Drohung, daß der Ausgang einer solchen Bewährungsprobe tödlich sei. Charles ist besorgt, daß sich Orlando zum Kampf stellen und folglich ein Schicksal erleiden könne, das ihm Charles ersparen möchte. Oliver aber wittert gerade darin die Chance, Orlando aus dem Weg zu räumen, weshalb er Charles von dunklen Machenschaften berichtet, die Orlando gegen ihn im Schilde führe. So kommt es schließlich zu einer Verständigung zwischen beiden, allerdings unter der Voraussetzung, daß das Gemeinte nicht gesagt und daß das Gesagte etwas anderes als das Gemeinte ist. Lief Oliver im Dialog mit Orlando auf seine eigenen Implikationen auf, so gilt es nun, dieses Spiel aus der Sprache auszutreiben, um die erstrebte Beseitigung Orlandos auch wirklich sicherzustellen.

In den Beispielen des dramatischen Auftakts spitzt sich der Dialog auf eine eigentümliche Doppelheit der verwendeten Sprache zu. Diese Doppelheit zeigt sich in unterschiedlich dramatisierten Facetten, wenngleich in allen Fällen die Rede von einer Differenz durchzogen wird, die sie als ein Verhältnis von manifest/latent erscheinen läßt. Je mehr die Rede sich selbst negiert, wie im Falle Orlandos, desto deutlicher kommt das Latente zum Vorschein; je mehr das Manifeste Ausschließlichkeit gewinnt, wie im Falle Olivers, desto scheinhafter wird das Gesagte. Negiert ist die Rede Orlandos, weil sich in ihr eine andere Sprache realisiert, die sich selbst nicht darstellt, das Sprechen aber beherrscht; Orlando gewärtigt sich in einem fremden Horizont. Scheinhaft ist die Rede Olivers, weil er das semiotische Spiel der Sprache zwischen Gesagtem und Gemeintem stillegt; Oliver erfährt diese Aufhebung als das Scheitern seiner Absichten. Die Differenz also reguliert das Verhältnis, und sie läßt sich selbst dann nicht beseitigen, wenn sie ausgelöscht werden soll. Dort, wo sie herrscht, steigen die Negationen; dort, wo sie eingeebnet ist, dominiert das Scheinhafte des jeweils Gesagten. Durch Negation und Schein ist die Differenz zwischen dem Latenten und dem Manifesten in der Rede gegenwärtig, und keiner, der Sprache verwendet, vermag ihr zu entgehen. Doch ungeachtet dessen, was jeweils dominiert: das Latente zeigt sich im Falle der Negation genauso wie im Falle des Scheins als ein Unbewältigtes an, wenngleich es – je nach herrschender Perspektive – eine andere Gestalt annimmt.

Der Dialog entspringt diesem Unbewältigten, und es fragt sich, ob er je eine andere als eine pragmatische Finalität gewinnen kann; denn es scheint, daß das Latente dem Manifesten niemals total zu integrieren sei, weshalb immer nur Spielarten dieses Verhältnisses den Dialog strukturieren werden. Das jedenfalls charakterisiert die Ausgangslage der Dialogsituation in der politischen Welt.

Wenn aber sogleich der erste Dialog dieser Komödie scheitert, so deshalb, weil für Orlando das Wort dialogisch, für Oliver hingegen monologisch ist; denn in dem einen Falle ist das Gesagte durch ein Ungesagtes gedoppelt und gewinnt dadurch seinen Sinn; in dem anderen zielt es auf die Adäquation von Spache und Gegenstand, in der alle Implikationen verdrängt sind. Das dialogische Wort indes ist für Orlando nur Waffe, um Oliver zu treffen, und damit letztlich einem pragmatischen Zweck unterworfen; das monologische Wort hingegen ist Ausdruck von Herrschaft, die – weil sie Eindeutigkeit erzwingt – sich im Auseinanderfallen von Gesagtem und Gemeintem spiegelt. In dem einen Falle wird der Doppelsinn pragmatisiert, in dem anderen muß er unterdrückt werden, und damit wird er zur negativen Folie für seine im Forest of Arden entfalteten Möglichkeiten.

Die Sprache des Dialogs wird aber auch noch in einem weiteren Sinne zur Spiegelfunktion der politischen Welt. Diese ist gekennzeichnet durch Usurpation: im Bereich der Familie durch Oliver und im Bereich der Herrschaft durch Duke Frederick. Usurpation entspringt der Verdrängung des Doppels; deshalb ist das monologische Wort des Herrschenden auch immer darauf bedacht, die jeweils gewünschte Eindeutigkeit herzustellen. Doch allein der Wunsch verrät, daß hinter dem Gesagten ein Latentes lauert, das überhaupt nicht auszuschalten ist, soll die gehegte Absicht verwirklicht werden. Deshalb verfängt sich auch das monologische Wort in der Struktur der Sprache selbst. Alles Gesagte ist gesättigt von Mitgemeintem, das sich nicht abstreifen läßt, und jeder Gegenstand, auf den sich Gesagtes bezieht, ist ein schon immer vielfach versprachlichter, aus dem das über ihn Gesagte jeweils nur auswählen kann und sich durch das bestimmt, was es damit verdeckt. Deshalb läßt der Dialog, der in der politischen Welt dieser Komödie geführt wird, erkennen, in welchem Maße mit dem Gesagten immer Ungesagtes gegenwärtig wird. Ungesagt ist in der Auseinandersetzung zwischen Oliver und Orlando der Bruch des Codes, der für beide gilt, wenngleich dieses Ungesagte gerade durch eine von Oliver ganz anders gemeinte Intention des Gesagten zur Anwesenheit kommt. Diese ständige Anwesenheit eines Abwesenden kehrt der Dialog heraus, und das gilt auch dort noch, wo durch Verstellung – zumindest für den Zuschauer – das Gesagte als die Verdrängung des Gemeinten erscheint. Da die Sprache durch die Doppelheit von Zeigen und Verdecken einen ständigen Wechsel von Anwesenheit und Abwesenheit initiiert, läuft sie den pragmatischen Handlungen der politischen Akteure zuwider.

So etwa, als Duke Frederick, der Rosalind vom Hof verbannt, seiner Tochter Celia, die ihn um Gnade bittet, zu verstehen gibt:

> She is too subtle for thee, and her smoothness,
> Her very silence, and her patience
> Speak to the people and they pity her.
> Thou art a fool; she robs thee of thy name,
> And thou wilt show more bright and seem more virtuous
> When she is gone. (I, 3, 73–78)

Hier projiziert der Herzog seine eigene Angst auf die Situation der Tochter, die er von ihrem Doppel bedroht sieht, und zwar so, daß sie mit dem Verlust ihres Namens selbst ausgelöscht würde. Dies mag der Beweggrund für die Beseitigung seines Doppels gewesen sein. Doch wie irreal das Gesagte wird, wenn das Verdeckte das Zeigen motiviert, kommt in der Versicherung Celias zum Ausdruck, nun mit Rosalind identisch zu sein: „thou and I am one." (I, 3, 93) Deshalb fliehen auch beide in den Forest of Arden, obwohl es gerade die Absicht des Herzogs war, durch die Verbannung von Rosalind diese ‚Identität' aufzuheben.

Scheiternde Sprachhandlung charakterisiert die Usurpatoren in der politischen Welt. Das Doppel vermögen sie auszuschalten, der Doppelheit der Sprache indes können sie nicht entgehen. Das macht die Sprache der Herrschaft komisch, weil hier in Sprache übertragen wird, was die Handlung von Herrschaft kennzeichnet. Deshalb wehrt sich auch hier die Sprache gleichsam gegen die Form ihres Gebrauchs, indem das Verdeckte dem Gezeigten unentwegt mitspielt. Das im Gesagten Ausgeschlossene läßt das Gemeinte scheitern. Wird die Sprache selbst zum komischen Paradigma, dann reflektiert sich in ihr die Struktur der Herrschaft wie auch das Versprechen, diese Komik aufzulösen. Das dafür notwendige Restitutionsschema hält die vom Schäferroman übernommene Doppelung der Welt bereit.

II

Der Forest of Arden, in den die Protagonisten des Stückes ausziehen, ist ein nördliches Arkadien. Zwar sind die Schäfer durch das Eindringen der Protagonisten aus der politischen Welt zu marginalen Figuren geworden, doch das beeinträchtigt ihren Zeichenwert nicht, durch den die traditionelle Funktion der Schäferwelt aufgerufen ist. Sie bleibt die Kunstwelt, die sich nicht meint und folglich nicht durch sich selbst besteht, sondern sich auf eine andere bezieht, mit der sie zusammengeschlossen ist. So sehr sich daher die bukolische Welt auch von der politischen unterscheiden mag, so wird dieser Unterschied doch niemals so weit getrieben, daß sie sich als eine reine Gegenwelt etabliert. Denn als solche müßte sie ihre Bestimmung in sich selbst tragen und damit das verlieren, was ihre Bestimmung ist: die Verdeckung ihrer Bezugsrealität auszuspiegeln.

Obwohl die Usurpatoren der politischen Welt ihr jeweiliges Doppel in den Forest of Arden verdrängen, ist dieser weder als Fluchtraum noch als Ort der Verbannung verstanden. Im Gegenteil, er ist ein Ort der Freiheit, wie ihn Celia beim Überschreiten der Grenze zwischen den beiden Welten charakterisiert:

> Now we go in content
> To liberty, and not to banishment. (I, 3, 133–134)

Daher läßt sich das Verhältnis zwischen der bukolischen Welt und ihrer Bezugsrealität eher durch den Charakter des Gegenbildes fassen. Wie immer eine solche Bildlichkeit im einzelnen auch beschaffen sein mag, als Bild ist die bukolische Welt Darstellung von einem Anderen ihrer selbst. Dieses Andere ist in der Regel die politische Welt, weshalb deren Konflikte und Auseinandersetzungen so häufig in der schäferlichen wiederkehren. Das Bild indes verkörpert eine eigentümliche Vermehrung dessen, wovon es ein Bild ist, weshalb sich das Abgebildete in diesem Vorgang nicht gleichbleiben kann[4].

Geschieht im Bild eine Zustandsänderung des Abgebildeten, dann wird diese umso durchschlagender sein, je mehr das Bild den Charakter der Gegenbildlichkeit gewinnt. Erscheint im Bild der repräsentative Sachverhalt immer nur in ausschnitthafter Begrenzung, so tendiert im Gegenbild dieser Ausschnitt dazu, das zu verkehren, was den ins Bild eingegangenen Sachverhalt auszeichnet. Was immer die Realitäten in der politischen Welt auch sein mögen, in der schäferlichen sind sie Gegenstand des Spiels. In den Worten des Old Duke ist es „the scene/Wherein we play in" (II, 7, 138–139). Kehrt das Leben als Spiel im Forest of Arden wieder, so ist es gleichsam in Klammern gesetzt, um in solcher Zustandsänderung das hervorzukehren, was in der politischen Welt nicht zum Vorschein kommen konnte. Die Wiederholung des Lebens im Spiel erlaubt die Inszenierung dessen, was die politische Welt verweigerte. Sie erlaubt den Figuren, indem sie sich spielen, das jeweils Andere ihrer selbst zu sein. Im Spiegel der Maske kehren sie die Verdeckungen ihrer Person hervor, so daß sie ihre eigene Rückansicht zu gewärtigen vermögen. Das ermöglicht ihnen, ihr Probehandeln als Realitätsprüfung zu entfalten, und befähigt sie schließlich, die politische Welt selbst zu revolutionieren, in die sie zurückkehren.

---

[4] Vgl. zu der vom Bild geleisteten Vermehrung des Abgebildeten H.-G. Gadamer, *Wahrheit und Methode*, Tübingen 1960, S. 128–137, bes. 133.

Ferner läßt die Inszenierung erkennen, daß es Welt immer nur in bestimmten Zuständen von ihr gibt, und daß diese Zustände daher mit vorhandener Welt nicht identifiziert werden können. Deshalb erfährt die im Gegenbild wiederholte Welt zwangsläufig eine Veränderung, weil sich der eingeklammerte Zustand nur als eine Form der Welt, nicht aber als diese selbst zu erkennen gibt. Da aber auf Form nicht zu verzichten ist, ohne der Identifikation von Form und Welt wieder zu verfallen, eröffnet der Spielmodus die Chance, Welt im Als-Ob ihrer Formen zu inszenieren.

Im Spiel tritt daher nicht nur ein anderer Zustand an die Stelle des eingeklammerten, vielmehr ist das Spiel selbst die Darstellung möglicher Zuständlichkeiten, durch die Welt organisiert ist. Das aber ist ein Sachverhalt, der in der politisch-sozialen Welt niemals Realität zu werden vermag, weshalb die im Gegenbild inszenierte Realität erkennen läßt, woraus Welt hervorgeht. Das wiederum läßt sich nur spielen, weil jede andere Form der Vergegenständlichung einer Ursprungserklärung gleichkäme, die im Spiel immer schon unterlaufen ist.

Welche Auswirkungen die Differenz der beiden Welten auf die Sprache besitzt, bringt sich in zwei prinzipiell voneinander unterschiedenen Ebenen zur Geltung. Die eine spannt sich zwischen Extremen aus, die durch Jaques und den Narren markiert sind, die andere verdichtet sich im Maskenspiel der Protagonisten. Jaques und der Narr haben insofern unterschiedliche Anteile an den zwei Welten, als Jaques nur im Forest of Arden, der Narr hingegen in beiden Welten lebt. Von den Protagonisten unterscheiden sie sich dadurch, daß sie keine Masken tragen und folglich nicht als ihre eigenen Gegenbilder in das Spiel eintreten.

In der Rede von Jaques ist ein Zug ausgemendelt, den in der politischen Welt nur Orlando erkennen läßt. Hatte dieser im Dialog mit Oliver die verdeckten Implikationen hervorgekehrt, um im Aufdecken eines latent gebliebenen Sinnes den manifesten zum Kippen zu bringen, so wird diese Tendenz für Jaques zur Besessenheit. Noch ehe er auftritt, heißt es von ihm:

> Thus most invectively he pierceth through
> The body of country, city, court,
> Yea, and of this our life, swearing that we
> Are mere usurpers, tyrants, and what's worse,
> To fright the animals and to kill them up
> In their assign'd and native dwelling-place. (II, 1, 58–63)

Jaques begreift alle Konventionen als soziale Maskerade. Sie sind ihm Fiktionen, in die sich die Menschen kleiden, um die Triebkräfte ihres Verhaltens zu verschleiern. Deshalb fühlt er sich als Außenseiter und existiert am Rande dieser Gesellschaft.

Weil er die Konvention immer nur als Maske versteht, zieht er im Dialog aus allen Äußerungen den Boden heraus, um das gezeigte Verhalten zum Einsturz zu bringen. War in der politischen Welt nur Orlando in der Lage, im Aufdecken latenter Sinnmöglichkeiten den manifesten Sinn zu entlarven, so rückt diese sprachliche Notwehr der politischen Welt im Forest of Arden unter ein anderes Vorzeichen. Jaques tut im Prinzip das Gleiche, doch das Gleiche bleibt sich im Horizont des Gegenbildes nicht gleich. Das Verdeckte der Äußerungen hervorzuziehen, um sie als Maskierungen durchschaubar zu machen, verweist auf einen verborgenen Code, der alle Beziehungen zwischen manifester Äußerung und latenter Implikation in einer immer.schon gewußten Eindeutigkeit reguliert. Diesen Code sieht Jaques in die Sprache selbst eingeschrieben, weshalb sich für ihn Doppelsinn zu einer Semiotik der Verschleierung auflöst: denn dieser ist Duplizität. Das bringt Jaques jedoch in Schwierigkeiten mit seiner Melancholie, von der er behauptet, daß sie die einzig unverstellte Wirklichkeit sei, die ihm aus seiner Erfahrung zugewachsen ist – einer Erfahrung, von der Rosalind meint: „Then to have seen much and to have nothing is to have rich eyes and poor hands" (IV, 1, 22–23). Wenn alles Offenkundige nur die Verschleierung eines Verdeckten ist, dann liegt der Verdacht nahe, in Jaques' Identifikation mit seiner Melancholie auch nur eine Maske zu sehen. Ja, am Ende könnte sie sogar der Ausdruck eines verborgenen Wunsches sein, zu jener Gesellschaft zu gehören, die ihn abstößt. Verhielte es sich so, dann schlüge der von Jaques vermeintlich durchschaute Doppelsinn gerade als ein noch unerkannter auf Jaques selbst zurück. Der Code, den er immer wieder zu entlarven trachtet, gälte dann plötzlich auch für ihn selbst. Sich von dem ausnehmen zu wollen, was unumstößlich ist, zeigt eine Blindheit, die ihrerseits zu einem Indiz dafür wird, daß am Ende der Zusammenhang von latentem und manifestem Sinn gar nicht so codegeregelt ist, wie ihn die Entlarvungspraxis Jaques' erscheinen läßt. Dann aber spitzt sich das Problem auf die Alternative zu, daß es entweder noch andere Strukturen des Doppelsinns geben muß, oder daß Jaques der von ihm gewärtigten Beziehung zwischen dem Manifesten und Latenten zum Opfer fällt, weil er diese für die Sache selbst hält.

Wenn sich in der politischen Welt der Doppelsinn als Verstellung und Entlarvung zeigt, so liegt das nicht an seiner Struktur, sondern an den dort herrschenden pragmatischen Zwängen. Mit solchen aber identifiziert Jaques das Verhältnis von manifest/latent überhaupt, weshalb er sich nicht zuletzt auf seine Erfahrung beruft. Was jedoch in der politischen Welt Orientierung zu setzen vermag, bestimmt nicht mehr das Verhalten im Forest of Arden. Denn dieser ist keine Erfahrungswelt, sondern ein Spiegelstadium jener Welt, an die er angeschlossen ist, damit sich hier sehen läßt, was dort verdeckt ist. Inwieweit aber spiegelt sich nun in Jaques die andere Seite dessen, was sich im Dialog Orlando/Oliver gezeigt hat? Brachte dort der Doppelsinn das Unbewältigte zur Gegenwart, so reduziert er sich für Jaques zum Topos universeller Doppelzüngigkeit. Indem Jaques eine Dialogstruktur der politischen Welt in der schäferlichen wiederholt, verdinglicht er einen Aspekt des Verhältnisses manifest/latent und blendet dadurch die Spielmöglichkeiten ab, die diesem Verhältnis inhärent sind. Das macht ihn dann nicht nur für die Gesellschaft, sondern auch für die Spielwelt zu einem Außenseiter, und wer im Spiel ist, ohne mitzuspielen, der ist von Melancholie geschlagen.

Deshalb will Jaques auch das Spiel nicht dulden, denn es ist ihm von Wirklichkeit nicht unterschieden; im Gegenteil: „All the world's a stage" (II, 7, 139), wie die Anfangsverse zu jener berühmt gewordenen Rede lauten, mit der er die schäferliche Spielwelt konterkariert. Indem Jaques die semiotische Differenz zwischen Spiel und Wirklichkeit annulliert, kehrt sie als Spaltung seines Verhaltens wieder. Was er für den Code des Doppelsinns hält, enthüllt sich als eine oppositive Zuordnung von Zeigen und Verschweigen, die lediglich den pragmatischen Gebrauch des Doppelsinns anzeigt und damit indirekt die Aufmerksamkeit auf seine anderen Möglichkeiten lenkt. Was Jaques als seine

Identität empfindet, ist von dem gleichen Schein wie die Masken der anderen; denn er verkennt, daß die Melancholie, durch die er sich definiert, gleichermaßen eine Definition durch Konvention ist, wie er sie im Verhalten der anderen durchgängig gewärtigt. Schließlich kippt seine als Enthüllung verstandene Sprachhandlung ständig ins Leere, weil in der Spielwelt gerade jene Realität in Klammern gesetzt ist, innerhalb derer das Aufdecken verborgener Implikationen allererst seinen pragmatischen Sinn gewinnt. Begreift Jaques eine Spielart des Doppelsinns als dessen Natur, so kommt die ‚Natur' des Doppelsinns gerade dadurch zum Vorschein, daß sie das beanspruchte Durchschauthaben als Blindheit erscheinen läßt. Nirgendwo zeigt sich das Gewicht der von Jaques unterdrückten Differenz von Spiel und Realität unmißverständlicher als in der von ihm gespiegelten Sprachhandlung Olivers; war diese in der politischen Welt Notwehr, so verkehrt sie sich in Jaques zur Abwehr anderer Möglichkeiten von Doppelsinn. Was dort Aufdecken bedeutet, wird hier ein Zudecken dessen, was im Verhältnis manifest/latent alles noch beschlossen liegt. Im Spiegel der Schäferwelt wird daher an den Äußerungen Jaques' hervorgekehrt, daß es nicht nur ein vielfältiges Zusammenspiel im Verhältnis von manifest/latent geben wird, sondern auch, daß dieses seine Gestalt in den kontextuellen Einbettungen wandelt. Wenn an der Äußerung das Verdeckte herausgezogen wird, um dieses durchschaubar zu machen, dann heißt dies, daß jede Äußerung durch ein Ungesagtes gedoppelt ist, dessen Hervorkehren Durchschaubarkeit erlaubt. Diese aber impliziert einen Standpunkt, der wohl das Hervorkehren des Ungesagten bewirkt, seinerseits aber wiederum durch ein Ungesagtes gedoppelt ist, das in diesem Vorgang selbst nicht zum Gegenstand des Durchschautwerdens wird.

Das hindert Jaques auch daran, ein Narr zu werden, obgleich er sich dieses wünscht (II, 7, 42). Wohl hat er für den Narren die größte Bewunderung, doch er mißversteht ihn, weil er glaubt, daß in dessen Rede Gesagtes und Gemeintes zusammenfallen, wodurch der Doppelsinn gelöscht ist (bes. II, 7, 14–34). Das aber heißt, Jaques kann nicht umhin, dort, wo solches geschieht, einen tieferen Sinn zu vermuten. Damit aber verwandelt sich der Zusammenfall des Gesagten mit dem Gemeinten zu einem manifesten Sinn, der seine Bedeutsamkeit aus einem latent gebliebenen Tiefsinn zieht. So verfängt sich Jaques gerade im Blick auf den Narren in die von ihm zwar erkannte, gleichwohl aber auf Duplizität zurückgebrachte Struktur des Doppelsinns. Wenn er an dem scheitert, was ihm bewußt ist, d.h. dem Doppelsinn der Sprache, dann deshalb, weil er glaubt, daß Durchschaubarkeit den Doppelsinn aufzuheben vermag. So spiegelt er zwar eine Bewußtheit, die den Figuren der politischen Welt fehlt, doch er fällt ihr gerade dadurch zum Opfer, daß sie für ihn ausschließlich wird, wodurch sich verdeckt, woraus Bewußtheit ist. In der Begegnung mit dem Narren regt sich diese von Jaques verkannte Differenz in einer für ihn kaum faßbaren Bewunderung; in der Begegnung mit den übrigen Figuren ist sie zugeschüttet, weshalb die von Jaques praktizierte Auflösung des Doppelsinns einsinnig ist. Folglich bleibt das Entlarven leer, weil sich in der Spielwelt der Kontext für eine solche Sprachhandlung geändert hat, weshalb hier ein so verstandener Doppelsinn in defizitärer Gestalt erscheint, die Jaques' mangelnde Bewußtheit aufleuchten läßt. Der Doppelsinn hat Jaques eingeholt, weil er diesen nur unter den pragmatischen Bedingungen der politischen Welt zu sehen vermochte. Würde Jaques nicht in einer Spielwelt handeln, dann müßte er komisch werden, weil ihn die eigene Bewußtheit düpiert. In der Spielwelt hingegen muß der, der alles genau zu wissen vermeint, melancholisch werden, da seine Gewißheit ihm das zu ergreifen verbietet, was das Spiel als die anderen Möglichkeiten zum immer schon Gewußten anbietet.

Touchstone, der Narr, ist nicht nur wie Jaques in einer der beiden Welten beheimatet; er gehört beiden an und ist gleichzeitig exterritorial zu ihnen. Das bringt ihn von vornherein in eine Doppelrolle, die er im Gegensatz zu den übrigen Figuren in einer Person vereinigen kann. In der politischen Welt verdrängen die Protagonisten ihr Doppel, und in der arkadischen Welt verdoppeln sich die Protagonisten in ihren Masken. Der Narr hingegen ist sich immer selbst sein Doppel, ohne sich maskieren zu müssen. Seit alters her ist der Narr eine Figur der Doppelung, die sich in der Regel als spiegelbildliche Verkehrung des Herrschers zu erkennen gibt — eine Tradition, die in Shakespeares *King Lear* ihren unverkennbaren Höhepunkt besitzt. Auch Touchstone funktioniert als Doppel, sowohl im Blick auf jene Welt, in der das Doppel verdrängt ist, als auch auf jene, in der sich die Protagonisten verdoppeln.

Im ersten Gespräch, das Touchstone mit Celia und Rosalind führt, schwört er bei seiner Ehre, daß er nicht ein Bote des Duke Frederick sei. Daraufhin entspinnt sich der folgende Dialog:

Celia:	Where learned you that oath, fool?
Touchstone:	Of a certain knight, that swore by his honour they were good pancakes, and swore by his honour the mustard was naught. Now I'll stand to it, the pancakes were naught and the mustard was good, and yet was not the knight forsworn.
Celia:	How prove you that in the great heap of your knowledge?
Rosalind:	Ay marry, now unmuzzle your wisdom.
Touchstone:	Stand you both forth now: stroke your chins, and swear by your beards that I am a knave.
Celia:	By our beards, if we had them, thou art.
Touchstone:	By my knavery, if I had it, then I were. But if you swear by that that is not, you are not forsworn. No more was this knight, swearing by his honour, for he never had any; or if he had, he had sworn it away before ever he saw those pancakes or that mustard.
Celia:	Prithee, who is't that thou mean'st?
Touchstone:	One that old Frederick your father loves. (I, 2, 58—76)

Die logisch anmutende Deduktion zielt darauf ab, durch Stringenz und sprachliche Präzision zu beweisen, daß Touchstone bei seiner Ehre geschworen hat. Ehre ist zugleich der höchste Wert höfischer Gesellschaft und damit die beherrschende Konvention der politischen Welt des Duke Frederick. Die Beweisführung selbst ist doppelbödig, da der gesellschaftliche Wert ständig auf die Ebene einer Kreatürlichkeit heruntergespielt wird, um einen scheinbar unmißverständlichen Bezug für die Erhärtung seiner Geltung zu finden. Damit ist in das logische Argument eine Kippbewegung eingebaut, die zwar das Argument intakt läßt, es jedoch in einen Horizont stellt, durch den das Bewiesene unausweichlich trivialisiert wird. Darin bereitet sich der Doppelsinn vor, der nun in verschiedenerlei Gestalt aus dem Gespräch hervorspringt.

Trivialisiert kann die Ehre werden, weil der im Blick auf die anstehende Beweisführung zitierte Ritter keine hat. Deshalb ist diese Trivialisierung auch keine Herabsetzung des gesellschaftlichen Wertes. Nun aber ist der Ritter, von dem hier die Rede ist, einer der engsten Gefolgsleute des Duke Frederick; wenn also derjenige, den der Herzog liebt, selbst keine Ehre hat, dann entlarvt sich das gesellschaftliche System, das der Herzog repräsentiert. Ferner besagt das Argument, daß – sollte es die vom Ritter beschworene Ehre geben – der Narr ein Schurke sein müsse. Da dies die Damen bei ihrem Barte beschwören und folglich den Schwur auf einer Basis leisten, die es nicht gibt, ist der Narr kein Schurke, und die Bekundungen gesellschaftlicher Werte in der politischen Welt erscheinen als ungedecktes Verhalten. Schließlich gibt der Narr seiner Rede den Grad einer hohen sprachlichen Eindeutigkeit, die allerdings davon lebt, daß es das nicht gibt, worauf sie sich bezieht. Damit spiegelt der Narr das monologische Wort der Usurpatoren aus, deren Rede die Erfindung von Sachverhalten ist.

So hat die Rede des Narren einen vielfachen Sinn, der sich dadurch auszeichnet, daß die einzelnen Sinnmöglichkeiten nebeneinander stehen und jede für sich durch das Lexikon kontrollierbar bleibt. Diese Vielfalt von Sinn kommt dadurch zustande, daß die Rede des Narren stets in Situationen hinein gesprochen wird, die ihrerseits vielfältig bedingt sind. Da sich der Narr einer Standpunkthaftigkeit enthält, ist er in der Lage, die vielen Sinnmöglichkeiten aufscheinen zu lassen, die in einer Situation enthalten sind. Wenn er daher von seinen Partnern mißverstanden wird, so vorwiegend deshalb, weil diese aus seiner Rede immer einen bestimmten Sinn herauslesen, der wohl gemeint sein kann, der jedoch die Rede insofern mißdeutet, als dieser Sinn nur einer von anderen ist und folglich erst in der Zuordnung auf die anderen Sinnmöglichkeiten, nicht aber auf das Situationsverständnis, seine Relevanz gewinnt. Ist die Rede des Narren mehrsinnig, deren Verständnis hingegen einsinnig, so bringt sich darin die Paradoxie der Sinnstruktur selbst zur Geltung. Mehrsinnig ist sie deshalb, weil jede Situation als Produkt sich überschneidender Handlungen in sich eine Vielstimmigkeit trägt. Soll dieser in der Versprachlichung der Situation Rechnung getragen werden, dann läßt sie sich nur als die Differenz ihrer Sinnmöglichkeiten vorstellen. Damit dies gelingt, darf der Narr selbst kein eigenes Wort haben; er muß in der Lage sein, alle ‚Sprachen' der Situation sprechen zu können, ohne sich für eine bestimmte zu entscheiden, weil er sich sonst mit ihr identifizieren und die anderen zum Verschwinden bringen würde. Nur weil er kein eigenes Wort hat, ist er in der Lage, die vielen fremden Worte zu sprechen. So wird seine Rede für die Partner in hohem Maße instabil, weil das von ihm Gesagte für sie ständig in andere Sinnmöglichkeiten kippt. Wenn ihn seine Partner daher mißverstehen, seine Rede für paradox halten oder sich für eine Sinnmöglichkeit entscheiden, dann sollten sie gewärtigen, daß Sinn zum Sinn erst durch die von ihnen jeweils bezogene Einstellung wird. Die Einstellung aber hat pragmatischen und keinen semantischen Charakter; sie läßt erkennen, welcher Gebrauch von Sinn gemacht wird, und in welchem Maße dieser Gebrauch das Spektrum der anderen Sinnmöglichkeiten abschirmen muß. So wird der pragmatische Sinn durch das gedoppelt, was er ausschließt; er wird zum Sinn durch seine Eindeutigkeit, und diese ist von dem abhängig, was in der Versprachlichung nicht zur Sprache kommt.

Ein solches Verhältnis läßt der Dialog zwischen dem Narren und anderen Figuren ständig aufscheinen. Deshalb zieht der Narr auch nicht wie Jaques den doppelten Boden aus den jeweiligen Äußerungen heraus, um das Gesagte als Maskerade zu plakatieren, vielmehr wird jede Situation so gewendet, daß ihre Vielstimmigkeit erkennen läßt, wie sehr sich Sinn vor dem stabilisiert, was er ausschließt, um durch das Abgewiesene als pragmatischer Sinn funktionieren zu können.

Da sich der Narr jeglicher Einstellung zu seiner eigenen Rede enthält, kippen die in ihr aufscheinenden Sinnmöglichkeiten ständig in andere und reißen sich so in eine unaufhaltsame Kippbewegung hinein. Die Sinnmöglichkeiten beginnen sich dadurch wechselseitig zu parodieren. „Beim Parodieren des direkten Wortes und des direkten Stils", so meint Bachtin, „entstand das sprachliche Bewußtsein *außerhalb* dieses direkten Wortes und seiner Darstellungs- und Ausdrucksmittel, indem die Grenzen, die lächerlichen Seiten dieses Wortes abgetastet wurden und sich seine charakteristisch-typischen Züge enthüllten. Es wurde ein neuer Modus der schöpferischen Arbeit an der Sprache konstituiert: der Schaffende lernt, auf sie von draußen, mit fremden Augen, vom Standpunkt einer anderen möglichen Sprache und eines anderen möglichen Stils her zu sehen. (...) Das schöpferische Bewußtsein steht gleichsam auf der Grenze von Sprachen und Stilen. Es ist dies die besondere Position des schöpferischen Bewußtseins im Verhältnis zur Sprache"[5]. Ein solches Bewußtsein läßt der Narr insofern erkennen, als er immer auf der Grenze der Sinnmöglichkeiten steht, indem er gerade das, was die eine verdeckt, in die Offenheit der anderen kippen läßt. So kreuzen sich in seiner Rede ständig mehrere Sprachen, die im wechselseitigen Sich-Überschneiden einen Punkt markieren, der sich als semantische Leerstelle zu erkennen gibt und damit anzeigt, daß Sinn nicht aus Sinn ableitbar ist, sondern einer Quelle entspringt, die ihrerseits nicht mehr semantischer Natur ist. Im Narren verbildlicht sich die Differenz („différance") als die konstitutive Bedingung der Sinnmöglichkeiten, weshalb sich in seiner Rede einer jeden von ihnen eine Vorläufigkeit einzeichnet, die jenen Ursprung gegenwärtig macht, der semantisch nicht einholbar ist.

Deshalb muß der Narr sein Sprachverhalten auch nicht ändern, wenn er mit den Herzogstöchtern in den Forest of Arden überwechselt. Da er exterritorial zu beiden Welten ist, hält sich die Grundfigur seiner Rede durch, obgleich diese im Blick auf die herrschenden Unterschiede jeweils anders instrumentiert wird. Wenn in der Kippbewegung der Sinnmöglichkeiten jeweils das aufscheint, was durch sie ausgeschlossen ist, dann wird die jeweilige Differenz zwischen ihnen zur Bedingung eines semiotischen Spiels. Da in der politischen Welt pragmatische Zwänge herrschen, ist das semiotische Spiel der Sinnebenen, die in der Rede des Narren eröffnet werden, endlos. In dieser Endlosigkeit ist die Unaufhebbarkeit der von Zwängen diktierten Verstellungen der politischen Welt konterkariert. Wenn nun im Forest of Arden alles zum Spiel wird, dann kann auch der Narr mit der Kippbewegung seiner doppelsinnigen Rede spielen. Bezieht sich seine Rede in der politischen Welt vorwiegend auf die Normen der höfischen Gesellschaft, so gilt sie in der arkadischen vorwiegend dem Liebesspiel und damit jeweils der in den beiden Welten dominierenden Thematik. Ist aber die schäferliche Welt ihrerseits schon Spiegel, in dem sich die politische bricht, so bricht sich in der Rede des Narren noch einmal, was die poetische Welt des Forest of Arden auszeichnet. Dafür ist der Dialog des Narren mit Audrey, der von ihm umworbenen Schäferin, charakteristisch:

Touchstone: When a man's verses cannot be understood, nor a man's good wit seconded with the forward child, understanding, it strikes a man more dead than a great reckoning in a little room. Truly, I would the gods had made thee poetical.
Audrey: I do not know what ‚poetical' is. Is it honest in deed and word? Is it a true thing?

---

[5] Bachtin, *Ästhetik* S. 318.

Touchstone: No truly; for the truest poetry is the most feigning, and lovers are given to poetry; and what they swear in poetry may be said as lovers they do feign.
Audrey: Do you wish then that the gods had made me poetical?
Touchstone: I do truly. For thou swear'st to me thou are honest. Now if thou wert a poet, I might have some hope thou didst feign. (III, 3, 9–23)

Die Rede des Liebhabers erscheint Audrey bestenfalls als gegensinnig. In jedem Falle aber ist sie überfordert von dem, was ihr der Narr über die Liebe sagt. Audrey schwört, daß sie ehrenhaft und unberührt sei und beruft sich damit implizit auf einen Liebescode, durch den die asoziale, weil unkontrollierbare Liebesleidenschaft in eine für die Zwischenmenschlichkeit beherrschbare Form gebracht worden ist. Wenn aber der Liebeswunsch seinen Ausdruck in einem ihm vorgegebenen Code finden kann, dann ist er eigentlich schon ausgelöscht, weil durch gesellschaftliche Konvention gezähmt[6]. Obgleich der Code solches bewirkt, so ist er notwendig, soll die Leidenschaft des Liebeswunsches die von ihr ersehnte soziale Erfüllung finden. Was sich daher wechselseitig ausschließt, läßt sich nur durch die Poesie in die Gleichzeitigkeit bringen. Denn die Dichtung ist der wahre Ort, an dem der Liebeswunsch seinen ungehemmten Ausdruck finden kann. Doch das vermag er wiederum nur unter einer zentralen Voraussetzung, die allein die Dichtung gewährt: wenn immer Ausdruck versprachlicht wird, hat dieser, wie alle Konvention, einen doppelten Status; er ist als versprachlichter die notwendige Systematisierung einer Erfahrung, die gerade dadurch ihre Verdinglichung erfährt. Nur dort also, wo der Sprache selbst die Bewußtheit ihres Fingiertseins eingezeichnet ist, vermag Sprache die Komplexität des Liebeswunsches auszudrücken, ohne sie in der Rückführung auf eine Konvention zu verarmen oder gar den Wunsch abzutöten. Allein im Fingieren als dem Überschreiten aller gezogenen Grenzen kann die Grenzenlosigkeit des Liebeswunsches ihren Ausdruck finden.

An diesem Punkt beginnt nun eine neue Kippbewegung, eingeleitet durch die Frage von Audrey: „Would you not have me honest?" (III, 3, 24). Hatte der Narr in seiner Rede das Fingieren positiviert, so versteht es Audrey im Sinne des herrschenden Codes als Lügenhaftigkeit, die für sie nicht Ausdruck ihres Liebeswunsches sein kann. Indem sie die Rede des Narren vereindeutigt, kippt das Gesagte in eine von ihr nicht geahnte Doppeldeutigkeit. Sie hat recht, wenn sie Fingieren als Lügen versteht, doch gerade dieses Rechthaben deckt ein selektives Verstehen der Narrenrede auf, durch das jene Sinnmöglichkeiten weggeblendet werden, die er ins Spiel brachte und die nun auf die Rede Audreys zurückwirken, indem sie das Rechthaben als trivial oder lächerlich erscheinen lassen. Weggeblendete Sinnmöglichkeiten mögen in der politischen Welt einen stabilisierenden Charakter haben, im arkadischen Gegenbild spiegeln sie den jeweils verstandenen Sinn als eine komische Beschränktheit. Doch damit sind die Sinnmöglichkeiten der Narrenrede keineswegs erschöpft.

Er hatte in seiner Qualifikation der Dichtung als Fingieren Superlative benutzt: „the truest poetry is the most feigning", und damit eine Rückblende auf jene schlechten Verse eröffnet, die Orlando in der vorangegangenen Szene auf Rosalind gedichtet hatte. Schlecht sind diese deshalb, weil sie dem petrarkistischen Liebescode gehorchen und daher

---

[6] Hier nehme ich einen Gesichtspunkt auf, den Nina Schwartz in ihrem Referat „As It Likens You – The Metamorphosis of Consciousness in the Fictional Order" in meinem Seminar im Winter 1980 an der University of California, Irvine, entwickelt hat.

den Liebeswunsch einer bestimmten Konvention unterwerfen. Ihnen fehlt das Fingieren als eine die Grenzen überschreitende Bewegung, durch die allein der Wunsch verbildlicht werden kann. Statt dessen bringt ihn Orlando unter die Zensur des Codes, um in dem Bestreben, der Geliebten mitzuteilen, was ihn beflügelt, schließlich die Flügel des Wunsches selbst zu stutzen.

Damit kommt ein anderer Sinn ins Spiel; im Blick auf die schlechte Poesie läßt die wahre erkennen, daß der Liebeswunsch immer etwas Fingiertes sein muß. Als menschlicher Impuls kann er sich nur über bestehende Konventionen zwischenmenschlicher Regulierung Ausdruck verschaffen, wird dadurch allerdings einer Form unterworfen, die ihn verendlicht. Folglich kann er sich solchen Formen immer nur als deren Entstellung einzeichnen, die dann am besten funktioniert, wenn sie sich gegenüber der Realität der Konvention gleichsam als deren Gegenbild, und d.h. als bloßes Erfundensein, manifestiert. Denn nur wenn den Realitäten beigemischt wird, was sich wie ihr Jenseitiges ausnimmt, ist es möglich, dem Wunsch in der Sprache der Realität eine ihm angemessene Artikulation zu sichern. Der wahre Liebhaber muß daher seine Leidenschaften ständig poetisieren, um das Gesagte als das Überschrittene erscheinen zu lassen. Nur wenn er im Sinne gegebener Konventionen seine Liebesleidenschaft in die Sprache der Lüge kleidet, vermag sich diese über die Entstellung des herrschenden Codes adäquat zu verbildlichen. Die wahre Poesie hat den Verdacht der Unwahrheit in sich aufgenommen, weil nur so der Wahrheit der Leidenschaft im Horizont der Konvention Ausdruck verschafft werden kann. Es ist deshalb nicht von ungefähr, daß Jaques, der die Rede des Narren überhört, voller Bewunderung ist, denn dieser vermag selbst die Lügenhaftigkeit der Poesie noch als wahrheitsfähig zu erweisen und damit das zu leisten, worum sich Jaques im Durchschauen sprachlicher Maskerade vergeblich bemühte.

Was die Stellung des Narren auszeichnet, ist seine Differenz zu allen Sprachen, die hier gesprochen werden. Er ist mit keiner identisch und spricht auch keine, die denen der anderen vergleichbar wäre. Das rührt vornehmlich daher, daß die Differenz auch in seiner eigenen Rede wirksam ist, die dadurch zu einer Rhetorik des Doppelsinns gerät. Die Narrenrede läßt sich nicht mehr als eine Rhetorik der Emphase begreifen, und das heißt, sie steht nicht im Dienst der Durchsetzung dessen, was durch sie gesagt wird. Sie unterscheidet sich folglich von jener Rhetorik, die um explizite Zustimmung wirbt[7]. Daher wird der Narr von den anderen Figuren auch weitgehend mißverstanden, weil diese nicht dessen Rhetorik verstehen, sondern immer nur das, was durch sie gesagt wird. Das wiederum entspricht den gängigen Erwartungen des Dialogs. Wenn die Rhetorik des Narren auf eine emphatische Persuasion verzichtet, so deshalb, weil er das Gesagte zum bloßen Medium herabstuft, um dem vom Gesagten Verdrängten die Wiederkehr zu sichern. Eine solche Dekonstruktion emphatischer Rhetorik erlaubt es dann, hinter die pragmatischen und semantischen Funktionen der spachlichen Äußerung zurückzugreifen und diese als Bedingungen dafür auszuweisen, weshalb in allem Reden ein Verdecken geschieht. So bringt die Rhetorik des Doppelsinns die Äußerung sowie das durch sie Ausgeschlossene zur Gleichzeitigkeit, die sich darin manifestiert, daß sich das Verdrängte dem Gesagten als

---

[7] Dazu vgl. H. Blumenberg, *Wirklichkeiten in denen wir leben*, Stuttgart 1981, S. 112f.

dessen Entstellung einzeichnet. Diese Rhetorik enthüllt sich im Sinne des Bachtinschen Konzepts als eine Karnevalisierung[8] der Rhetorik, die nun alle vom Sprechen erzeugten Sinnmöglichkeiten in ihrer Vorläufigkeit, Begrenztheit und Scheinhaftigkeit aufleuchten läßt.

Das zeigte sich im Dialog um den Ehrbegriff genauso wie in dem um die Liebe. Jede der im Dialog auftauchenden Sinnmöglichkeiten gewann ihre notwendige Prägnanz durch das Ausschließen von etwas Bestimmtem, das allerdings die Geltung der gerade etablierten Sinnmöglichkeit dann wieder aufhob, wenn es selbst thematisch wurde. Daher triumphierte nicht die eine über die andere, vielmehr löschten sie sich wechselseitig durch das, was ihr jeweiliges Entstehen ausgegrenzt hatte. Karnevalisierung der Rhetorik mündet daher in ein ständiges Kippen der Sinnprägnanzen[9], weil nur so die basale Struktur von Sinn als Doppelung von Zeigen und Verschweigen vorstellbar wird. Jede pragmatisch oder semantisch erzielte Sinnprägnanz entsteht aus der Überwindung dieser Differenz von Zeigen und Verschweigen; die karnevalisierende Kippbewegung der Narrenrede treibt deshalb die Differenz in die jeweilige Sinnprägnanz wieder hinein und läßt in deren Zerstörung gewärtigen, woraus Sinn ist.

Die Kippbewegung, in die alle Sinnprägnanz hineingerissen wird, zeigt, daß der Narr die Differenz stark macht, und er kann sich dieses leisten, weil die von ihm thematisierte Doppelsinnstruktur in keinerlei pragmatisch bestimmte Verwendung einrückt. Im Gegenteil, er annulliert alle pragmatischen Verwendungen von Sinn, um so Doppelsinn als dessen Voraussetzung sichtbar zu machen. Damit ist er der Gegenpol zu allen anderen Figuren im Stück und folglich in beiden Welten vonnöten. Erst durch ihn kommt der Dialog der anderen Figuren in seine eigentlich dramatische Dimension: denn jene Differenz, die er offenhält, wird von den Sprachhandlungen der anderen Figuren besetzt.

Wird das Spiel des Doppelsinns aus Machtinteresse stillgelegt (Oliver und Duke Frederick), dann wächst die Verdrängung, in welcher der Doppelsinn als unterdrückter gegenwärtig ist. Wird das Spiel pragmatisiert, so dient das Aufdecken latent gebliebener Implikationen der Notwehr des Unterlegenen (Orlando), in welcher der Doppelsinn als List (Orlando), aber auch als Scheitern intendierter Sprachhandlung (Oliver) gegenwärtig ist. Wird schließlich das Spiel durch einen der Sprache selbst eingeschriebenen Code der Verschleierung als geregelt betrachtet (Jaques), dann ist der Doppelsinn als Selbsttäuschung gegenwärtig. Wie immer die Differenz besetzt wird, Doppelsinn ist nicht zu beseitigen, wenngleich jede gezielte Sprachverwendung darauf angelegt ist.

Daraus folgt, daß sich die einzelnen Figuren durch die von ihnen praktizierte ‚Überwindung' der Differenz selbst darstellen; sie gewinnen ihre individuelle Kontur durch den jeweiligen Besetzungsakt. Aufhebung der Differenz erweist sich damit als die Bedingung von Darstellung, die ihre Differenzierung durch die Art erfährt, in der die Differenz aufgehoben ist. Im Blick auf den Narren allerdings erscheinen die Sprachhandlungen der Figuren lediglich als Möglichkeiten, die das semiotische Spiel des Doppelsinns enthält. Dramatisch ist dieses Spiel insofern, als entweder nur unter Verlusten gespielt werden kann, wenn

---

[8] Vgl. M. M. Bachtin, *Literatur und Karneval – Zur Romantheorie und Lachkultur,* München 1969, S. 47–60.
[9] Vgl. dazu D. Henrich, „Freie Komik", in *Das Komische* (Poetik und Hermeneutik VII), hgg. W. Preisendanz/R. Warning, München 1976, S. 385ff.

man handeln muß, oder als alles Handeln sich von selbst aufhebt, wenn man das Spiel so wie der Narr beherrscht.

Diese Kluft spannt sich in den Dialogen mit dem Narren aus. Sie läßt seine Rede für die Partner als paradox erscheinen, und zwar gerade deshalb, weil er sich auf das Erwartungsniveau des Dialogs einstellt. Denn er verdeutlicht den Doppelsinn auf der Ebene der Semantik und damit auf einer für das Gelingen der Gesprächssituation selbstverständlichen Voraussetzung. Insofern macht der Narr ein Zugeständnis an seinen Partner. Auf der Ebene der Semantik indes nimmt sich der Doppelsinn wie eine scheiternde Sprachhandlung aus, weil bald das Gesagte als die Verdrängung des Verdeckten und bald das Verdrängte als die Entstellung des Gesagten erscheint. Die Rhetorik des Doppelsinns, die der Narr praktiziert, ist nur durch eine Störung der Semantik anzuzeigen, die sich in einer latenten Komik entlädt. Komisch erscheint die Rede des Narren, weil in ihr das Gesagte immer wie das Aufgehobene wirkt, komisch aber erscheinen auch die Entgegnungen auf die Narrenrede, weil sie diese auf eine Eindeutigkeit zurückbringen, deren Aufhebung ihr Anlaß gewesen ist. Doch gerade das ermöglicht es, die Verluste und Entstellungen zu gewärtigen, durch die semantische Eindeutigkeit erkauft werden muß. Deshalb mündet der Dialog mit dem Narren so vielfach in die scheiternde Sprachhandlung, deren Komik allerdings auch das Restitutionsschema erkennen läßt, durch das der Zweck der Sprachhandlung mit der Struktur des Doppelsinns in ein Verhältnis gebracht werden kann. Dieses wird nun auf der Ebene der zentralen Figuren im Forest of Arden entfaltet.

Rosalind und Celia nehmen Masken an, als sie die Grenze zwischen der politischen und der schäferlichen Welt überschreiten. Celia wird Aliena und Rosalind wird Ganimede. So wie die schäferliche Welt das Gegenbild zur politischen ist, so entfremden sich die beiden zentralen Figuren in ihr Gegenbild. In der Maske der Aliena ist die Entfremdung selbst benannt. Rosalind entfremdet sich von ihrem eigenen Geschlecht und doppelt sich so in zwei einander ausschließende Aspekte. Dadurch geschieht im Prinzip zweierlei: zunächst die radikale Trennung von Erscheinung und Wirklichkeit, sodann das Wecken eines Bewußtseins dieser Differenz in der Person selbst. Damit doppelt sich die Struktur der beiden Welten in den zentralen Figuren. Rosalind wird folglich nicht nur mit zwei Stimmen sprechen, sondern auch diese Doppelung als Gleichzeitigkeit entfalten. Wenn das geschieht, dann funktionieren Maske und Person als wechselseitige Spiegelung. Spiegelt sich aber die Person in der Maske als dem Anderen ihrer selbst, dann wird zur Person etwas hinzukommen, und sie wird sich dadurch nicht gleichbleiben.

Nun ist die Maske eine Fiktion, und für das zeitgenössische Bewußtsein war sie eine illusionäre Verbrämung jener Realität, die sich hinter ihr verbarg. Deshalb räumte das Schlüpfen einer Person in die Maske dem durch sie Verstellten einen höheren Realitätsstatus ein als dem, was in der Maske seine Repräsentation gefunden hatte[10]. Damit spiegelt dieser Vorgang zugleich die Situation in der politischen Welt aus. Duke Frederick und Oliver trugen keine Masken. Gleichzeitig aber war ihr Verhalten eine Verstellung, um jene Wirklichkeit zu verbergen, die ihr Handeln motivierte und mit der sie sich identifi-

---

[10] Vgl. dazu auch A. Latham, „Introduction", in *As You Like It* (The Arden Shakespeare), London 1975, S. XXII.

zierten. Diese Situation findet im Maskenspiel ihre Inversion, indem die Maske von vornherein als eine Entfremdung von der Person verstanden ist, – sei es durch ihre Bezeichnung (Aliena), sei es durch den Geschlechterwechsel – um sich als das Andere ihrer selbst zu inszenieren. Damit geraten die Figuren in ein Spiel mit sich selbst.

Wenn daher Rosalind als Ganimede redet, wird Ganimede ständig auf Rosalind zurückgreifen müssen, weil die Maske nicht Repräsentation ihrer selbst sein kann. Folglich spricht durch Ganimede Rosalind immer so, als ob sie eine andere wäre, und Ganimede vermag nur zu sprechen, indem er verdeutlicht, was Rosalind ist. Ist Rosalind die verborgene Wirklichkeit hinter Ganimede, so ist Ganimede eine ständige Probierbewegung, um Rosalind auf die Gegebenheiten einzustellen. Hatten Rosalind und Celia ihre Masken ursprünglich angenommen, um sich beim Auszug in den Forest of Arden zu schützen, so ändert sich nun im Schutz der schäferlichen Welt die Funktion der Maske. War Rosalind zu einem Mann geworden, um sich als Frau bewahren zu können, so möchte sie nun unter der Maske des Ganimede die sich verweigernde Dame spielen, um Orlandos Liebe prüfen zu können. So doppelt sich hinter der Maske noch einmal die Person, indem Rosalind in der Maske Ganimedes sich als die Zynikerin des petrarkistischen Liebescodes spielt.

Als sie Orlandos Verse an den Bäumen des Forest of Arden entdeckt, ist ihre Reaktion gespalten. Zunächst ironisiert sie die schlechte, weil konventionelle Poesie, ohne dabei an den Autor zu denken. Als sie jedoch erfährt, daß die Verse von Orlando stammen, der folglich in ihrer Nähe sein muß, ändert sich ihr Verhalten. Ihr schießt die Tragweite der Differenz zwischen dem, was sie ist, und dem, was sie vorstellt, ins Bewußtsein. Erschrocken fragt sie Celia:

Good my complexion! Dost thou think though I am caparisoned like a man I have a doublet and hose in my disposition? One inch of delay more is a South Sea of discovery. (III, 2, 191–194)

Hier kommt die Befürchtung zum Ausdruck, daß Rosalind als Frau in der Maske des gespielten Mannes ihre eigenen Gefühle nur unzureichend zu kontrollieren vermag: „Do you not know I am a woman? When I think, I must speak. Sweet, say on" (III, 2, 245–246). Damit zeichnet sich im Rollenkonflikt ein Sprachkonflikt ab, denn in der Maske des Mannes darf Rosalind das nicht sagen, was sie beseelt, obgleich es spontan zum Ausdruck drängt. Wie aber läßt sich das sagen, was nicht gesagt werden darf, obgleich es gerade durch dieses Bewußtsein hindurch gesagt werden soll?

Nun, Ganimede eröffnet den Dialog mit Orlando durch ironische Bemerkungen über jene schlechten, offenbar von ihm an die Bäume gehefteten Verse. Orlando bekennt sich dazu, was Ganimede in ein gespieltes Erstaunen versetzt, weil Orlando alle Zeichen eines von Liebe geschlagenen Poeten abgehen:

A lean cheek, which you have not; a blue eye and sunken, which you have not; an unquestionable spirit, which you have not; a beard neglected, which you have not ... Then your hose should be ungartered, your bonnet unbanded, your sleeve unbuttoned, your shoe untied, and everything about you demonstrating a careless desolation. (III, 2, 363–371)

Ganimede tadelt Orlando, daß sein Äußeres so wenig mit jenem Code übereinstimme, der die Konventionalität seiner Poesie auszeichnet. Doch durch den Tadel Ganimedes spricht schon der Wunsch Rosalinds, Orlando auszuholen, um mehr über seine Liebe zu erfahren. Denn Ganimedes Kritik an den petrarkistischen Klischees der Poesie Orlandos sind Ausdruck der Unzufriedenheit Rosalinds über eine Liebe, die sich offenbar im petrarkistischen Code zureichend verbildlichen läßt. Der Vorwurf Ganimedes, Orlando sähe gar nicht wie ein petrarkistischer Liebhaber aus, wird zum Appell, Orlando möge Rosalind den wahren Charakter seiner Liebe entdecken, und das kann offensichtlich nur geschehen, indem der Code, durch den sie sich bekundet, außer Kurs gerät.

Was sich in dieser Szene abzeichnet, beherrscht den Dialog des Liebespaares. In der Rede Ganimedes spricht unentwegt die schweigende Stimme Rosalinds. Dadurch kommt es einmal zu einem ständigen Wechsel der Sprachfunktionen, häufig jedoch zu deren Gleichzeitigkeit. Was Ganimede sagt, repräsentiert immer etwas anderes. Dieses Andere ist bald der Ausdruck von Rosalinds Liebeswunsch, bald ein Appell, um durch ihn in Orlando etwas zu bewirken, und wenn die Rede Ganimedes den petrarkistischen Liebescode repräsentiert, so sind in der Sprache der Repräsentation Wunsch und Appell Rosalinds in gleicher Weise anwesend. Das Gesagte dient dazu, etwas anderes zu sagen, ohne es sagen zu müssen, um dadurch eine Mitteilung dessen zu erreichen, was unsagbar ist. Je nach Fortschritt oder Rückschlag im Dialog werden die Dominanzen der einzelnen Sprachfunktionen kippen. Doch vielfach herrscht deren Gleichzeitigkeit, weshalb die Rede Ganimedes eine solche des Doppelsinns ist. Durch sie öffnet sich ständig die Finalität des Zeigens auf das durch sie Verdeckte, so daß die Sprache Ganimedes „eine Sache bedeutet, zugleich eine *andere* bedeutet und dabei nicht aufhört, die erste zu bedeuten"[11].

Wenn nun die Dominanz der einzelnen Sprachfunktionen im Doppelsinn wechselt, so wird das nicht ohne Rückwirkungen auf die Beziehung von Maske und Person bleiben. Die Gleichzeitigkeit von Repräsentation, Expression und Appell erzeugt, je nachdem, was im Augenblick dominiert, wechselnde Identitäten von Rosalind. Manchmal ist sie Rosalind, manchmal ist sie Rosalind, die vorgibt, Ganimede zu sein, und manchmal dient ihr die Doppelrolle Rosalind/Ganimede dazu, um Rosalind zu fingieren. Dort also, wo auf dem Höhepunkt des Dialogs Ausdruck und Appell des Liebeswunsches allbeherrschend werden, muß die Maske das repräsentieren, was sie eigentlich verdecken soll, ohne es doch offenbar zu machen. Indem sich Rosalind in der Maske Ganimedes als sie selbst fingiert, ist sie gleichzeitig sie selbst und außerhalb ihrer. Das macht sie in solchen Augenblicken zur reinen Differenz, und diese vermag sich nur in einem beschleunigten Gestaltwandel zu manifestieren, der seine Verbildlichung in der Gleichzeitigkeit unterschiedlicher Sprachfunktionen gewinnt. Diese läßt erkennen, daß durch Gesagtes immer ein Ungesagtes spricht, ja, daß sich das Ungesagte des Gesagten bedienen muß, um in die Anwesenheit zu gelangen. Wohl hat jeder Satz einen mimetischen Inhalt, der jedoch immer wieder verschwindet, um so zum Träger von etwas anderem zu werden[12].

Es sind zwei Sprachen, die sich hier ständig durchschichten und ein Verhältnis von Differenzieren und Entdifferenzieren entstehen lassen. Solange Rosalind/Ganimede im Dialog mit Orlando dessen Liebe über den petrarkistischen Code auszuloten versucht, vermag sich ihr eigener Liebeswunsch nur in der Fiktionalisierung dieses Codes zu artikulie-

---

[11] P. Ricœur, *Hermeneutik und Strukturalismus – Der Konflikt der Interpretationen I,* übers. von J. Rütsche, München 1973, S. 82f.
[12] Zu den einzelnen Sprachfunktionen vgl. F. Martinez-Bonati, *Fictive Discourse and the Structures of Literature – A Phenomenological Approach,* Ithaca 1981, S. 87f.

ren. Denn erst wenn dieser aufhört, Liebe repräsentieren zu können, kann ihre Liebe Ausdruck gewinnen. Kommt Ausdruck in der Fiktionalisierung des Codes zum Vorschein, dann ist dieser durch etwas überschritten, das seinerseits nicht jene differenzierte Gestalt besitzt, die dem Code eignet. Im Übersteigen erweist sich aber gerade der Wunsch als umfassender als die Differenzierung des Codes, dessen Entstellung es bedarf, soll die Echtheit der Empfindung mitteilbar werden.

Hier geschieht eine andere Überschreitung des Codes als jene, die in der politischen Welt beobachtbar gewesen ist. Dort wurde er verletzt, damit das Verdrängte verdeckt bleiben konnte; hier wird er verletzt, um das Verschwiegene sagen zu können. Deshalb kehrt die jeweilige Sprachfunktion in der Rede Rosalinds immer eine andere hervor, und diese wird ihrerseits wieder zu einer anderen entdifferenziert. Da diese Bewegung sich als Gleichzeitigkeit vollzieht, ist der Sinn ihrer Rede dezentriert, wodurch Sinn an einen anderen Ursprung als den einer Semantik verschoben wird. Doppelsinn bildet sich aus der Differenz, die durch die Sprachfunktionen hindurchrinnt, sie als Positionen aufhebt und dadurch ineinander schiebt. So wird die Objektbezeichnung repräsentierender Spachfunktion aufgehoben, damit diese zum Medium für das Erscheinen eines verborgenen Verlangens werden kann, das bald sprachloser Ausdruck, bald wortloser Appell ist. Die manifeste Sprachfunktion wird zum Verschwinden gebracht, um dem Latenten seine Manifestation zu sichern, wobei die verdrängte Sprachfunktion insofern ihre Spur hinterläßt, als die durch sie hindurch erscheinende Sprachlosigkeit von ihr getragen wird. Was hier geschieht, ist eine nahezu vollkommene Verkehrung des Verhältnisses manifest/latent: das Ungesagte gewinnt seine Gegenwart durch die Verwandlung des Gesagten zum Latenten.

Deshalb ist die Rede Rosalinds trotz der sprachlichen Verdichtung auch nicht mehrsinnig, obwohl alles Gesagte ständig in ein anderes verschoben und alle Äußerung verkleidet wird. Verschiebung und Verkleidung entspringen nicht der Verstellung, sondern sind Anzeichen dafür, daß im Simultangebrauch der Sprachfunktionen die Energetik des Wunsches in der Sprache der Semantik zur Erscheinung drängt. Deshalb ist alles Fokussieren der Maske durch das Entdifferenzieren der Person gedoppelt. Beide Bewegungen in die Gleichzeitigkeit zu bringen heißt, Wandel selbst als Vollzug vorstellbar zu machen. Dieser wäre das Signifikat, das sich als Ungreifbarkeit hinter der Gleichzeitigkeit von Differenzieren und Entdifferenzieren ‚höhlt'.

Wie aber ist Wandel mitteilbar zu machen? Denn es ist das Bestreben Rosalinds/Ganimedes, jenen Gestaltwandel, den sie an sich selbst hervorbringt, in Orlando zu erzeugen. Sie will ihn von seinem Petrarkismus heilen und damit unter der Oberfläche des Codes jene Schicht hervorkehren, die ihr Liebeswunsch in ihm entdecken möchte. Folglich spielt Ganimede als Mann die weibliche Rolle der petrarkistischen Liebeswerbung. Und da Ganimede von Orlando weiß, daß er für die Liebe Rosalinds alles tun würde, verpflichtet sie ihn auf dieses Spiel:

He was to imagine me his love, his mistress; and I set him every day to woo me. At which time would I, being but a moonish youth, grieve, be effeminate, changeable, longing and liking, proud, fantastical, apish, shallow, inconstant, full of tears, full of smiles, for every passion something and for no passion truly anything. (III, 2, 395–402)

Entscheidend ist, daß Rosalind in der Maske Ganimedes die Rolle der petrarkistischen

Dame spielt und damit Orlando in ein Spiel verwickelt, das, hätte es in der höfischen Welt des Duke Frederick stattgefunden, für die Wirklichkeit gehalten worden wäre. Was dort nicht zum Bewußtsein kommt, ist hier von allem Anfang an aufgedeckt. Deshalb spielen Ganimede und Orlando nicht Rollen, die ihnen zugefallen wären, sondern spielen etwas, das sie nicht sind, bzw. nicht sein wollen. Deshalb vermag Orlando im Bewußtsein dieser Fiktion Ganimede zu bedeuten, daß dieses Spiel niemals die wahre Rosalind zu verkörpern vermag. Indem sie beide ihre jeweiligen Rollen spielen, spielen sie sich aber zugleich auch als sich selbst. Rosalind spielt ihren Liebeswunsch, um Orlando zu prüfen, und Orlando spielt seine Liebe, die den in der Rolle Ganimedes verkörperten petrarkistischen Code immer wieder überschießt. Indem Rosalind und Orlando sich jeweils unter bestimmten Masken als sie selbst spielen, wird das Spiel zur Bewältigung des Abwesenden. Orlando spielt die Erfüllung seiner Liebe, und nur im Spiel vermag sich für ihn das auszudrücken, was ihm verweigert ist, und Rosalind erfährt im Spiel die Liebe Orlandos, die sich durch die ständige Depotenzierung des von Ganimede gespielten Petrarkismus zur Geltung bringt.

Doppelsinn vermag sich daher nur im Spiel angemessen zu entfalten, das unter der Vorgabe des Als-Ob das Latente hervortreibt, welches sich hinter dem Manifesten verbirgt. Als Bewältigung des Abwesenden setzt das Spiel den Wandel ins Werk. Denn nur das Spiel ermöglicht eine Form, in der die Differenz immer zugleich gewahrt und ständig überspielt wird. Die Differenz erweist sich gerade dadurch, daß sie im Hin und Her der Spielbewegung aufgehoben werden soll, als der Konstitutionsgrund für die unabsehbare Vielfalt der Spielzüge. Eine solche Gegebenheit läßt dann auch erkennen, daß der Dialog dort seine Idealität erreicht, wo er unter dem Vorzeichen der aufgehobenen Finalität des Sprechens steht. Das aber scheint nur im Spiel möglich zu sein, das die Inszenierung dessen erlaubt, was in der Lebenswelt ausgeschlossen ist.

III

Die Variationen, die das Verhältnis zwischen dem Manifesten und Latenten erfährt, werden alle im Dialog entfaltet. Das scheint nicht nur deshalb natürlich zu sein, weil der Dialog *die* Form des Dramas ist, sondern auch, weil das Zusammenspiel von Zeigen und Verschweigen die basale Regel sprachlicher Interaktion bildet. Diese macht die Sprache vor aller Einbettung in Situationen und der Steuerung durch den Code funktionsfähig. Nun kennzeichnet es den Dialog, daß durch ihn Ziele angestrebt und Zwecke erreicht werden sollen. Diese Finalität des Sprechens also reguliert das Zusammenspiel von Zeigen und Verschweigen, wie es nicht nur die Sprachhandlungen des Alltags, sondern auch der dramatische Dialog erkennen lassen. Das mag dann ein Grund dafür sein, weshalb Bachtin den dramatischen Dialog als eine Form versteht, die die Entfaltung des dialogischen Wortes nicht erlaubt, weil der vom Dialog angezielte pragmatische Zusammenhang das Wort monologisch macht[13]. Ist im Dialog das Zusammenspiel von Zeigen und Verschweigen

---

[13] Vgl. dazu Bachtin, *Ästhetik* S. 285, wo er allerdings im Dialog der Komödie „in gewissem Grade eine Ausnahme" sieht.

durch die waltende Pragmatik immer schon geregelt, so wird dieses im Dialog der Shakespeareschen Komödie thematisch. Folglich muß die Pragmatik des Dialogs in Klammern gesetzt werden, und das heißt, die Verwirklichung von Zwecken wird zum Als-Ob herabgestuft. Dafür sorgt das bukolische Schema, denn die schäferliche Welt ist als Wiederholung einer politischen deren Inszenierung. Es kennzeichnet die bukolische Literatur, daß es zentrale Bereiche des menschlichen Lebens sind, die in eine solche Brechung einrücken: hier ist es die Sprachhandlung selbst.

Konditioniert die jedem Dialog inhärente Pragmatik des Sprechens das Zusammenspiel von Zeigen und Verschweigen, dann muß die Pragmatik zum Scheitern gebracht werden, soll das Ineinanderspielen von Gesagtem und Ungesagtem hervortreten. Wenn aber im Dialog dessen basale Regel thematisiert wird, dann läßt sich dieser Vorgang vom Dialog nicht ablösen. Daraus ergeben sich Rückwirkungen auf das Zusammenspiel selbst. Niemals wird sich die Regel als solche vorstellen lassen, weil alles Sprechen intentional gerichtet bleibt, und daher vermag die Inszenierung des Zusammenspiels von Zeigen und Verschweigen der Dialogpragmatik nicht zu entgehen. Es gibt folglich keine Verbildlichung, die alle anderen Möglichkeiten mit umfassen könnte; statt dessen wird die Dialogpragmatik immer die Bedingung dafür setzen, daß sich dieses Zusammenspiel nur in Varianten zu zeigen vermag, die untereinander in dramatischer Spannung stehen.

Wenn die Sprachhandlungen der Usurpatoren mißlingen, so deshalb, weil diese entweder um die basale Regelung von Zeigen und Verschweigen nicht wissen oder — falls sie ihnen bewußt ist — diese Zuordnung als Opposition begreifen. Ihr Sprachgebrauch hindert sie daran, die Implikationen ihrer Rede zu kontrollieren, denn ihnen bleibt verborgen, wieso das Ungesagte als das Ausgeschlossene im Gesagten durchschlagen soll. Wenn sie daher zu Usurpatoren werden, so nicht allein deshalb, weil sie ihr Doppel verdrängen, sondern auch deshalb, weil sie das Manifeste als die Unterdrückung des Latenten verstehen.

Seine zureichende Verdeutlichung gewinnt dieses Zusammenspiel allerdings erst, wenn es in die Brechung der schäferlichen Welt einrückt. Jaques begreift folglich die Zuordnung des Latenten zum Manifesten als Verstellung, um damit die defizitäre Form des Verhältnisses hervorzukehren, die als verdeckte Praxis in der politischen Welt wirksam war. Wird aber das Verhältnis als Maskerade plakatiert, so reduziert es die Beziehungen zwischen dem Latenten und dem Manifesten zur Einsinnigkeit, und diese legt das semiotische Spiel der Zuordnung still.

Was die Einsinnigkeit verstellt, deckt die Mehrsinnigkeit der Narrenrede auf. In ihr scheitern die Bezugsrahmen der Äußerungen, welche für Jaques notwendige Voraussetzungen bildeten. Ein solches Scheitern deckt die Verfaßtheit der Bezugsrahmen auf, weshalb die vom Narren erzeugte Gleichzeitigkeit von Gesagtem und Ungesagtem sich als ein Überholen der Semantik präsentiert.

Was die Mehrsinnigkeit der Narrenrede auseinandertreibt, ist im Simultangebrauch der Sprachfunktionen Rosalinds zusammengezogen. Die Intentionalität der Sprache muß gelöscht werden, um der Sprachlosigkeit des Wunsches zur Sprache zu verhelfen.

Die Varianten, zu denen sich das Verhältnis zwischen dem Gesagten und dem Ungesagten entfaltet, erweisen sich als Paradigmen des Doppelsinns. Paradigmen sind sie insofern, als Doppelsinn niemals total in den Dialog einzugehen vermag. Ja, der Dialog selbst setzt die Bedingung einer solchen Unmöglichkeit, da sich die unausweichliche Pragmatik allen Sprechens auch in jenen Dialogen nicht tilgen läßt, welche auf eine Verdeutlichung der im Dialog wirksamen Regel von Zeigen und Verschweigen zielen. Wenn diese in der schäferlichen Spielwelt zum Thema wird, so bleiben ihre Manifestationen nichtsdestotrotz an den Dialog gebunden. Daraus ergibt sich eine Paradoxie, die in den Paradigmen ausgetragen wird. Eine Verdeutlichung der Dialogregel ist deshalb niemals total zu leisten, weil Verdeutlichung selbst eine Form der Pragmatik ist. Diese bedingt es, daß in der Thematisierung des Zusammenspiels von Gesagtem und Ungesagtem ständig etwas ausgegrenzt wird. In der Dialogführung der politischen Welt ist das Zusammenspiel ausgegrenzt, weshalb diese Welt unter dem Doppelaspekt der Usurpation sowie der scheiternden Sprachhandlung steht. In den Dialogen der schäferlichen Welt ist zwar das basale Verhältnis thematisch, doch seine Auffassung als Einsinnigkeit schließt Mehrsinnigkeit aus, und deren Verdeutlichung wiederum muß auf eine Teleskopierung des Ungesagten im Gesagten verzichten. Dort aber, wo diese mühelos zu gelingen scheint, erfolgt ebenfalls eine Ausgrenzung, wenngleich diese nun der Pragmatik des Dialogs selbst gilt. Denn in der Rede Rosalinds wird der in der schäferlichen Welt bereits inszenierte Dialog seinerseits Gegenstand einer Spielhandlung und vermag als Inszenierung eines gespielten Dialogs die Pragmatik dialogischen Sprechens stillzulegen. Erst die vereinbarte Folgenlosigkeit der Rede zwischen Rosalind und Orlando schafft die Voraussetzung dafür, das Instantane von Repräsentation, Ausdruck und Appell als gleichzeitiges Fokussieren und Entdifferenzieren auszutragen. Ist die schäferliche Welt ein Spiegelstadium, das die Rückansicht der politischen Welt gewährt, so ist die Inszenierung eines Spiels innerhalb dieser Spielwelt die letzte Möglichkeit, das vorzustellen, was sich der Versprachlichung verschließt. Einem solchen Vorgang eignet allerdings eine bestimmte Form der Präsentation, denn ein Spiel im Spiel ist potenzierter Schein, wenngleich dieser Schein das zur Realität erhebt, was seiner Natur nach ungegenständlich ist. So gewinnen die in den einzelnen Paradigmen vorgestellten Beziehungen zwischen dem Gesagten und dem Ungesagten ihre Besonderheit durch das von ihnen jeweils Ausgegrenzte.

Da das Ausgegrenzte dem Ausgrenzenden jedoch mitspielt, entsteht eine Quelle der Komik. Diese läßt in Gleichzeitigkeit aufscheinen, was ein intentionaler Akt voneinander getrennt hat. Komik erweist sich als Möglichkeit, Doppelsinn zu dramatisieren. Werden die einzelnen Sprachhandlungen zu komischen Paradigmen, so zeigen sie in ihrer Abfolge auch das für die Komik charakteristische Restitutionsschema dessen, was jeweils gescheitert ist. Was aber scheitert hier?

Von Jaques über den Narren bis hin zu Rosalind ist Doppelsinn durch die im Dialog waltende Pragmatik zu unterschiedlichen Gestalten ausgeformt. Diese sind nicht der Doppelsinn, sondern dessen Repräsentanten, deren Unterschiedlichkeit darauf hinweist, daß Doppelsinn niemals als solcher zur Erscheinung kommen kann. Wenn immer er durch die Finalität des Dialogs eine Form erhält, dann kommt er dadurch zur Gegenwart, daß das von der Form Ausgeschlossene auf diese zurückschlägt. Das läßt ihren Repräsentationsanspruch scheitern. Die Repräsentationen des Doppelsinns erleiden folglich ähnliche ‚Schicksale' wie die von Freud beschriebenen Triebrepräsentanten, denn auch diese bringen etwas in die Gegenwart, das sie selbst nicht sind und das in diese auch niemals einzugehen vermag. Gleichzeitig aber ist das ständige Bilden solcher Repräsentanten sowie das im Scheitern erfahrene ‚Schicksal' notwendig, um eine Vorstellung von dem evozieren zu können, was sich der Abbildbarkeit verweigert.

Dadurch wird die Sprache selbst zum Träger der Komik — doch nicht, weil sie komisch wäre, sondern weil sich das Zusammenspiel zwischen dem Manifesten und dem Latenten nur durch eine Form fassen läßt, die dadurch markiert ist, daß sich das von ihr Repräsentierte durch Form nicht einholen läßt. In der Komik als scheiternder Handlung vermittelt sich die Struktur des Doppelsinns, der als Konstitutionsgrund von Sprache nicht in Sprache einzugehen vermag.

Für die Verdeutlichung dieses Vorgangs erweist sich die Komödie als der ausgezeichnete Ort, weil jedes komische Scheitern das Versprechen der Restituierbarkeit des Gescheiterten mit sich führt. Ein solches Wechselverhältnis zeigt an, daß Doppelsinn als eine in die Sprache eingeschriebene Struktur nicht aufzuheben ist, ja, daß er die unausschöpfbare Vielfalt seiner Manifestationen allererst über die Dramatisierung seiner ‚Repräsentationsschicksale' gewinnt. Diese lassen erkennen, daß alle der Verbildlichung entspringenden Konflikte gerade deshalb wieder lösbar werden, weil Doppelsinn zu unserer anthropologischen Ausstattung gehört.

Wenn das Gesagte durch ein Ungesagtes zum Kippen gebracht wird, so ist diese Kippbewegung noch einmal dadurch nuanciert, daß sich ein deutlicher Wechsel zwischen der Komik der Figuren und der ihrer Sprachverwendung erkennen läßt. Je weniger die Figuren darum wissen, wie Sprache funktioniert, desto eher werden sie von der Komik eingeholt, die das ihnen Unbewußte ihrer Sprachverwendung auf sie zurückschlagen läßt. Im Gegensatz zu den meisten Figuren vermag sich nur der Narr dieser Komik zu entziehen, wodurch zugleich die Komik seiner Sprachverwendung steigt. Er spielt alles Gesagte zum Medium für das Ungesagte herunter und erzeugt dadurch eine Sprachform, die die pragmatische Finalität des Dialogs scheitern läßt. Das von Rosalind inszenierte Spiel im Spiel ist dann die vollständige Karnevalisierung aller Äußerungen, welche die wechselseitige Kippbewegung von Gesagtem in Ungesagtes so beschleunigt, daß Doppelsinn als Wandel zur Erscheinung kommt. Dieser dürfte zugleich die umfassendste Form seiner Repräsentation sein[14].

---

[14] Für diese Annahme bietet die Handlung des Stücks eine aufschlußreiche Rückblende. Jene Charaktere, die in der politischen Welt das Doppel von sich abgespalten und den Doppelsinn der Sprache unterdrückt haben, waren niemals in der Lage, sich in das Andere ihrer selbst zu verwandeln; folglich werden sie zum Schluß ganz andere. Duke Frederick und Oliver erleben totale Bekehrungen und hören auf, das zu sein, was sie bisher waren. Obwohl sie sich in der politischen Welt auf den Code von Herrschaft und Familie beriefen — den sie allerdings laufend verletzten —, so gaben sie sich doch den Anschein, als ob ihr Verhalten durch ebendiesen Code geregelt wäre. Ihnen war jedoch unbewußt, in welchem Maße ihr Verhalten gerade durch das Brechen des Codes orientiert war. Daher erlaubte es ihnen auch die bislang praktizierte Distanz, die sie durch das Brechen des Codes zu diesem selbst gehabt haben, sich nun auch radikal von dem zu lösen, worauf sie sich ansonsten immer beriefen.

Duke Frederick erfährt auf dem Weg in den Forest of Arden eine religiöse Bekehrung, um dort fortan ein abgeschiedenes Leben zu führen. Desgleichen wandert Oliver aus der politischen Welt aus, um als Schäfer ein ganz anderer zu sein. Diejenigen also, die das Doppel von sich abgespalten haben, werden deshalb ganz andere, weil sie das Spiel mit dem Anderen ihrer selbst nicht kennen.

Ein so totaler Umschlag besitzt Märchencharakter, denn was mit Duke Frederick und Oliver geschieht, ist eine wunderbare, weil voraussetzungslose Verwandlung. Das Wunderbare als das Selbstverständliche bildet insofern die Struktur des Märchens, als es „hier die einzig mögliche Sicher-

Nun läßt sich der Dramatisierung des Doppelsinns auch noch ein ganz anderer Aspekt abgewinnen, der gewiß mit seiner Dramatisierung zusammenhängt, nicht aber auf die Komödie beschränkt bleibt. Wenn sich Manifestes und Latentes in Gleichzeitigkeit durchschichten, so erweist sich dieses Verhältnis deshalb als Doppelsinn, weil in ihm eine Differenz herrscht. Diese ist unaustilgbar, und ihr völliges Verschwinden würde die Struktur des Doppelsinns selbst löschen. Die Differenz indes wirkt als ständiger Anstoß zu ihrer Beseitigung, weshalb eine Verwirklichung dieses Antriebs immer in eine Gestalt mündet. Die Paradigmen ließen erkennen, daß sie alle bestimmte Besetzungen der Differenz sind, die durch sie abgearbeitet ist. Dabei deutet die Verschiedenheit der Paradigmen auf die Möglichkeitsvielfalt hin, die in der Differenz als konstitutiver Bedingung des Doppelsinns angelegt ist. Aufhebung der Differenz würde sich dann als Ursprung von Darstellung erweisen. Das gilt vor allen Dingen für die Individualität der Charaktere, die je nachdem, wie sie das Zusammenspiel von Zeigen und Verschweigen verspannen, ihr charakteristisches Profil gewinnen. Ständig zeichnet sich in die Aktualität des Gesagten eine virtuell gebliebene Sinnmöglichkeit ein, nicht zuletzt, weil das Gesagte eine kontextuelle Einbettung besitzt und von der Intentionalität des Sprechens gesteuert wird. Die Art jedoch, in der das Gesagte vom Ungesagten wieder entdifferenziert wird, ist die Signatur der Individualität, durch die zugleich die Differenz besetzt wird; denn das Spiel aufgerissener und bewältigter Differenz hat etwas Singuläres, und dieses ist nicht nur Ursprung dargestellter Individualität, sondern auch ein solcher literarischer Darstellung überhaupt.

Entspringt Darstellung der Besetzung der Differenz, dann kann sie nicht mimetische Abbildung eines ihr Vorgegebenen sein. Folglich hätte Darstellung nicht einen mimetischen, sondern einen performativen Ursprung; denn alle Besetzungsakte der Differenz erweisen sich als eine Form der Hervorbringung, die sich mit der Nachahmung einer vorgegebenen Gegenständlichkeit nicht verrechnen läßt.

Aber auch in einem noch umfassenderen Sinne entspringt Darstellung dem Besetzungsakt der Differenz. Hatten die einzelnen Paradigmen gezeigt, daß sich Doppelsinn in einer ständigen Veränderung seiner Gestalt zeigt, die schließlich im Spiel von Rosalind als Wandel zur Repräsentation des Doppelsinns führt, dann erweist sich die hier auf allen Ebenen sichtbar werdende Verwandlung als dargestellter Gegenstand der Komödie. Dieser aber kann gar nicht Mimesis sein, sondern hat einen performativen Ursprung in der Aufhebung der Differenz, deren Beseitigung die durch sie markierten Positionen verändert.

Darstellung bleibt als solche dadurch kenntlich, daß sich ihr die Differenz, zu deren Aufhebung sie entworfen war, einzeichnet. Das geschieht, indem der Darstellung die Affirmation entzogen wird, und das heißt, sie verwandelt sich in ästhetischen Schein. So erweist sich die Differenz wohl als Ursprung von Darstellung, zugleich aber ist im ästhetischen Schein der Darstellung angezeigt, daß sie als Aufschub am Ursprung wirksam ist. Darstellung ist dann niemals Ursprungserklärung, sondern das imaginäre Einholen dessen, was uneinholbar ist. Ihre Verwandlung zum Schein gilt als der Preis, den Darstellung für

---

heit" bietet, „daß die Unmoral der Wirklichkeit aufgehört hat" (A. Jolles, *Einfache Formen*, ²1956, S. 203). Doch selbst dem Märchencharakter dieser unerwartbaren Verwandlung zeichnet sich die Gleichzeitigkeit dessen, was sich ausschließt, noch ein. Das Wunderbare wird zu einem solchen, weil es vom Scheitern ständig durchschossen war. Im Märchen hebt sich die Differenz als Verwandlung auf.

ein solches Gelingen entrichtet. Doch der Preis wird entlohnt durch die unvordenkliche Variation imaginärer Verbildlichung dessen, was seiner Natur nach gegenstandsunfähig ist: in der Shakespeareschen Komödie ist es die Verwandlung.

IV

Die Dramatisierung des Doppelsinns ließ erkennen, daß im Doppelsinn die Semantik der Sprache überholt ist. Doppelsinn ist insoweit noch semantisch, als er Form hat. Diese aber dient der Verbildlichung von Sinnbildungsprozessen, durch die angezeigt ist, daß Sinn nicht aus Sinn entsteht. Es fragt sich daher, inwieweit eine solche Dramatisierung auch Rezeptionsbedingungen setzt. Daß diese angezielt werden, macht der Epilog deutlich. Er wird von Rosalind gesprochen, die nun aus allen ihren Masken schlüpft, um als Schauspielerin zwischen Spiel und Publikum zu treten. Was sie als Rosalind im Spiel entfaltet hat, soll nun im Publikum zur Wirkung kommen. Als ihre Absicht bekennt sie: „My way is to conjure you" (V, 4, 208). „Conjure" hat eine auffallende Doppelbedeutung; zum einen bezeichnet es das Übernehmen einer Verantwortung („adjure", „charge"), zum anderen eine durch Zauber bewirkte Verwandlung. Rosalind hatte sich durch den Rückzug in die Schäferwelt in das Andere ihrer selbst entfremdet, um im Schein der Maske die Verwandlung dessen zu erfahren, was sie gewesen ist. Sie vermochte dadurch den gleichen Wandel in jenen Figuren auszulösen, die in die schäferliche Welt geflüchtet waren und die nun als Verwandte die politische Welt ihrerseits zu verändern vermochten. Deshalb beschwört die Schauspielerin am Ende das Publikum, den Schein des Spiels mit der eigenen Erfahrung zu vermitteln, um durch Verzauberung der Verwandlung fähig zu werden.

Dramatisierter Doppelsinn bildet dafür den Anstoß, und zwar durch die von ihm erzeugten Rezeptionsschwierigkeiten. Diese stellen sich zunächst dort ein, wo in den Formen der Verstellung, der Verkleidung und der Verdichtung ein wechselseitiges Durchschichten der Sinnmöglichkeiten erfolgt, sodann dort, wo das Gesagte lediglich zum Medium für die Gegenwart des dadurch Verdrängten wird, und schließlich noch dort, wo die eine Sinnmöglichkeit zwar immer Bestimmtes sagt, gleichzeitig aber durch diese Bestimmtheit auch immer ein Anderes meint. Eine solche Präsentation des Doppelsinns zerstreut entweder die Aufmerksamkeit oder fordert multiple Aufmerksamkeit[15]; diese aber läuft dem Wahrnehmungsverhalten zuwider. Wohl zeigt auch Wahrnehmung eine Doppelungsstruktur, da jeder Wahrnehmungsakt ein bisektorales Wahrnehmungsfeld erzeugt, das sich in Figur und Grund gliedert. Doch diese Doppelheit des Wahrnehmungsfeldes ist immer schon hierarchisch organisiert, und es ist die Beseitigung solcher stabilisierenden Zuordnungen, die den Doppelsinn auszeichnet. Folglich grenzt der Doppelsinn die beherrschende Struktur unserer Wahrnehmung aus: ihre pragmatische Orientierung. Eine solche Ausgrenzung ist gleichzeitig ein Bewußtwerden dessen, was in Wahrnehmung orientierungsleitend ist. Noch provokativer wirkt multiple Aufmerksamkeit auf unsere Erfassungsakte, weil hier in der Verbindung zweier Phänomene miteinander entweder ein synthe-

---

[15] Zum Problem multipler Aufmerksamkeit vgl. A. Ehrenzweig, *The Hidden Order of Art*, Berkeley / Los Angeles 1971, S. 22ff.

tisches Urteil oder eine passive Synthesis notwendig wird. Einer solchen dialektischen Auflösung verweigert sich der Doppelsinn, und wie er im Blick auf die Wahrnehmung eine pragmatische Semantik ausgrenzt, so grenzt er im Blick auf die Erfassungsakte eine prädikative Semantik aus.

Zu einer dramatischen Erfahrung wird dieser Sachverhalt insofern, als der Zuschauer die dritte Instanz der Dialogpartner verkörpert und daher allein in der Lage ist, die Gegenwart eines Abwesenden im Anwesenden wahrzunehmen. Obwohl die Figuren diese Gleichzeitigkeit erzeugen, ist sie ihnen durch die pragmatischen Ziele der dialogischen Interaktionen verschlossen. Es gibt allerdings zwei Ausnahmen: im Dialog des Narren scheitert die Pragmatik des Dialogs, und im Dialog von Rosalind wird sie in Klammern gesetzt. So funktionieren diese Ausnahmen als eine zusätzliche Blickschärfung dafür, daß alles Gesagte durch ein Ungesagtes gedoppelt ist. Macht aber der Zuschauer selbst als dritte Instanz den Dialog der Figuren als das Gewärtigen des Doppelsinns funktionsfähig, so erfährt er gerade dadurch das Ausgegrenztsein dessen, was Wahrnehmung und Erfassung reguliert.

Das erfordert multiple Aufmerksamkeit, denn es soll das erfaßt werden, was in der Suspendierung der Erfassungsschemata zum Vorschein kommt. Eine solche Forderung indes bezieht sich nun keinesfalls auf etwas Außergewöhnliches, da das Verhältnis von Zeigen und Verschweigen die basale Regel alltäglicher Sprachverwendung bildet. Was hier geschieht, ist lediglich ein Hervorkehren dessen, was im Alltagsdialog verdeckt bleibt. Übersetzt sich der Doppelsinn in das Erzeugen multipler Aufmerksamkeit, so läuft diese den lebensweltlich praktizierten Wahrnehmungs- und Erfassungsakten zuwider. Das bringt den Zuschauer vor die Alternative, entweder multiple Aufmerksamkeit in selektives Verstehen zu überführen und damit wie jene Dialogpartner zu reagieren, die den Doppelsinn ständig verkürzen, oder aber ein Bewußtsein durchzuhalten, das dem entspricht, was er gewärtigen kann. Dem Zuschauer etwas bewußt zu machen, was ihm vielleicht verschlossen war, heißt die Bedingung des Wandels setzen. Rosalind beschwört daher im Epilog auch die Zuschauer, die im Schein des Spiels durchlebte Erfahrung mit ihrer jeweils eigenen zu verbinden.

An diesem Punkt setzen Semantisierungsvorgänge ein, da sich multiple Aufmerksamkeit nicht durchhalten läßt. Der dann in Rezeption oder Interpretation jeweils ‚gefundene' Sinn erweist sich als Semantisierung einer imaginären Erfahrung, die schon deshalb nicht semantisch ist, weil das Resultat nicht sein eigener Ursprung sein kann. Imaginäres wiederum kann nur zur Erfahrung werden, wenn es unter ein Durchhalteprogramm gebracht ist, das ihm Formkonsequenz ermöglicht. Doppelsinn ließe sich daher als die Topik des Imaginären verstehen. Wird die von ihr erzeugte multiple Aufmerksamkeit semantisiert, dann muß der Rezipient den gleichen performativen Akt der Darstellung leisten, der im Text durch die Aufhebung der Differenz zum ästhetischen Schein vorgezeichnet ist. Die ‚Schicksale' dieser Semantisierung hängen davon ab, ob der Code des Rezipienten dominiert, oder ob dieser von der imaginären Erfahrung in die Schwebe gebracht worden ist. Multiple Aufmerksamkeit vermag den Transfer einer fremden Erfahrung dadurch zu erzwingen, daß sie die Zuordnung von Figur und Grund des Wahrnehmungsaktes genauso entgrenzt wie die im prädikativen Urteil des Erfassungsaktes herrschende Beziehung. Diese Dezentrierung erlaubt das Einströmen imaginärer Erfahrung, die sich vor dem Hintergrund dessen einstellt, was sie suspendiert hat.

JÜRGEN SCHLAEGER

VOM SELBSTGESPRÄCH ZUM INSTITUTIONALISIERTEN DIALOG
Zur Genese bürgerlicher Gesprächskultur in England

In den maßgeblichen Darstellungen der Entstehungsgeschichte des bürgerlichen Zeitalters in England nimmt der Begriff „public opinion" eine Schlüsselstellung ein. Und dies gewiß zu Recht. Denn was Locke am Ende des 17. Jahrhunderts als „law of opinion" bezeichnet und damit mit der Würde einer Gesetzmäßigkeit ausstattet, dem kommt in der Tat konstitutive Bedeutung im Prozeß der Herausbildung bürgerlichen Selbstverständnisses und daraus abgeleiteter Herrschaftsansprüche zu. Im „consent of private men" schafft sich die, wie Reinhart Koselleck es formulierte, „bürgerliche Intelligenz" eine gegen das Adelsprimat gesetzte moralische und politische Legitimationsinstanz, die Vernunft an die Stelle ererbter Privilegien setzt und sie im offenen Gespräch mündiger Bürger quasi institutionalisiert.

Doch so plausibel damit die normgebende Funktion des im miteinander Sprechen herstellbaren und hergestellten Konsenses auch beschrieben sein mag, es bleiben zwei Aspekte die Gesprächsformen wesentlich mitgeprägt haben, in denen Individuen im eines gesellschaftlichen Mythos allererst ins Blickfeld rückt: zum einen die Genese der öffentlichen Meinung aus der Erfahrung von Vereinzelung und Einsamkeit und zum zweiten ihre Funktion als Instrument der internen psychischen Ökonomie. Da beide Aspekte die Gesprächsformen wesentlich mitgeprägt haben, in denen Individuen im Namen einer Öffentlichkeit miteinander ins Gespräch kommen, gilt ihnen im folgenden meine besondere Aufmerksamkeit.

I. Einsamkeit als Geselligkeit

Einmal mehr soll Defoes Robinson, jener Kronzeuge geglückter frühbürgerlicher Selbstverwirklichung, dazu dienen, einen Ansatz zum Verständnis der oben skizzierten Problematik zu liefern. Die erste und damit wohl auch drängendste Frage, der sich Robinson Crusoe in seinen *Serious Reflections* zuwendet, ist die nach der Bedeutung der Einsamkeit. Seine Erörterung dieses Themas zielt auf eine überraschende Uminterpretation der während des Inselaufenthalts selbst angebotenen Erklärung und Wertungen seiner Isolation von der menschlichen Gesellschaft: „I must acknowledge there was confinement from the enjoyments of the world and restraint from human society. But all this was no solitude"[1]. Einsamkeit, so argumentiert Defoe, darf nicht als äußerer Zustand, sondern muß als innere Befindlichkeit verstanden werden; und sie ist nicht, wie Robinson ursprüng-

---

[1] *The Works of Daniel Defoe*, hg. G.H. Maynadier, New York 1903, Bd III, S. 5.

lich selber meinte, verschuldetes Übel, sondern sie ist eine gesuchte und zudem erbauliche Bewußtseinsverfassung, die unabhängig von den jeweiligen Umständen herbeigeführt werden kann:

> (...) all the parts of a complete solitude are to be as effectually enjoyed, if we please, and sufficient grace assisting, even in the most populous cities, among the hurries of conversation and gallantry of a court, or the noise and business of a camp, as in the deserts of Arabia and Lybia, or in the desolate life of an uninhabited island[2].

Die Gründe für diese Aufwertung der Einsamkeit werden einsehbar, wenn man sich klarmacht, daß Defoes Absichten sich nicht darin erschöpften, mit seinem *Robinson Crusoe* eine sensationelle Schiffbrüchigen-Geschichte zu erzählen, sondern daß er in der Form und mit den Reizen des Abenteuers eine Figur, Situationen und Handlungsmuster schaffen wollte, die dem Leser den Prozeß bürgerlicher Weltbewältigung und Identitätsbildung mit einem Grad der Paradigmatik vorführen, wie ihn etwa, nach seinem eigenen Verständnis, nur noch die Bibel und der *Pilgrim's Progress* in seiner Zeit für sich in Anspruch nehmen konnten[3]. Das heißt, die in den *Serious Reflections* vorgenommene Rückübersetzung des Einsamkeitsmotives der physischen Isolationserfahrung in den gesellschaftlichen Zusammenhang als psychisch notwendige solitudo soll die beabsichtigte Übertragung des ableitbaren Sinns der erzählten Geschichte in die gesellschaftliche Realitätserfahrung der Leser fördern. Das Mit-sich-allein-sein-Können wird damit zu einer der wichtigsten Konstitutionsbedingungen von (bürgerlicher) Identität ausgedeutet. Zum besseren Verständnis legt Defoe auch die Hintergründe seiner Wertschätzung der Einsamkeit offen. Das Individuum erfährt Welt als letztlich ausschließlich auf sich selbst bezogene. Sein Ich ist zwar *in* der Welt, aber dort doch prinzipiell mit sich allein:

> (...) all solid reflection is directed to ourselves. Our meditations are all solitude in perfection; our passions are all exercised in retirement; we love, we hate, we covet, we enjoy, all in privacy and solitude. All that we communicate of those things to any other is but for their assistance in the pursuit of our desires; the end is at home; the enjoyment, the contemplation, is all solitude and retirement; it is for ourselves we enjoy, and for ourselves we suffer. (S. 4)

Das Ich wird hier als Bezugsinstanz aller Welterfahrung vorangestellt. Dies wird nun aber von Defoe keineswegs als existentielles Manko betrauert, sondern als Grundbedingung der Selbstfindung des Ich positiv bewertet. Das Leben ist, oder sollte sein, „but one universal act of solitude", denn nur in der Befähigung zur Distanznahme gegenüber der Welt liegt die Chance, sich selbst und durch das Selbst die Welt zu erkennen und zu bewältigen: „Let the man that would reap the advantage of solitude, and that understands the meaning of the word, learn to retire into himself. Serious meditation is the essence of solitude" (S. 12f.). Die Erfahrung von Einsamkeit wird zur Bedingung der Selbsterfahrung; aber diese ist nicht etwa ein sprachloses, melancholisches Gefühl der Verlassenheit, sondern der Rückzug aus der Welt schafft den Raum für einen lebhaften und artikulierten Aus-

---

[2] Ebd. S. 17ff.
[3] Vgl. S. 7: „The selling or writing a parable, or an illusive allegoric history, is quite a different case, and is always distinguished from this other jesting with truth, that it is designed and effectually turned for instructive and upright ends, and has its moral justly applied. Such are the historical parables in the Holy Scriptures, such ‚The Pilgrim's Progress', and such, in a word, the adventures of your fugitive friend, ‚Robinson Crusoe'."

tausch mit sich selbst: „In solitude a man converses with himself" (S. 11), schreibt Defoe. Und an anderer Stelle: „That man can never want conversation who is company for himself, and he than cannot converse profitably with himself is not fit for any conversation at all" (S. 5). Deshalb — und Defoe formuliert hier eine für den frühbürgerlichen Aufstieg typische Ausgangslage in ein Postulat um — ist es jedermanns Pflicht „to get a retired soul, a frame of mind truly elevated above the world, and then we may be alone whenever we please, in the greatest apparent hurry or business or company" (S. 9).

Schon Defoes Aussage über die gesellige Natur der Einsamkeit macht deutlich, daß der Zusammenhang zwischen „solitude" und „company" von ihm nicht als einer sich ausschließender Gegensätze angesehen wird, denn in der Einsamkeit kann sich allererst herausbilden, was erfüllende Gemeinschaftlichkeit ermöglicht. Die Selbsterkenntnis im Gespräch mit sich selbst soll zum Gespräch mit anderen befähigen, denn, wie Defoe ausführt: „Man is a creature so formed for society, that it may not only be said that it is not good for him to be alone, but 'tis really impossible he should be alone" (S. 14). Wir sind, wie er fortfährt, „continually in need of one another, nay, (...) in absolute assistance from one another", so daß wir niemals im Zustand der meditativen Distanz zur Welt verharren können, sondern uns stets am anderen und mit Hilfe des anderen Selbsterkenntnis versichern müssen.

So entwickelt sich das Gespräch des bürgerlichen Individuums mit sich selbst und mit anderen im Spannungsfeld von Distanzierung und Distanzüberwindung, von Individuation und Sozialisation. Das Individuum muß von der gesellschaftlichen Bedingtheit seiner Existenz absehen können, um seine Identität ausbilden zu können. Aber dieses Absehen ist nur der 1. Akt eines Geschehens, in dessen 2. Akt die geläuterte Rückkehr in die und zum Nutzen der Gesellschaft vollzogen werden muß.

Ich meine, daß hier am Thema der Einsamkeit und der daran aufzeigbaren Spannung zwischen dem situationsspezifischen Individualitätspostulat des frühbürgerlichen Selbstverständnisses und der zugleich für unverzichtbar gehaltenen gesellschaftlich-kommunikativen Absicherung dieses Selbstverständnisses ein Problem sichtbar gemacht werden kann, das auch aufschlußreich ist in Hinsicht auf die Gesprächsformen, die zur Bewältigung dieser Spannung entwickelt werden.

Defoe zeigt das Problem auf, um es sogleich wieder zu entschärfen. Für ihn ist die Dialektik zwischen Individuation und Sozialisation das Vorspiel einer geglückten Synthese. Er erweist sich auch hier wieder, wie in so vielem anderen, als geschickter Harmonisierer.

Für uns aber liegt in der Analyse der Genese und Struktur des Problems die Möglichkeit, die Funktion der neu entstehenden Formen des Selbstgesprächs und der interpersonalen Kommunikation aus den Entstehungsbedingungen bürgerlicher Identität zu erklären. Journale und Tagebücher, die zunehmende Beliebtheit des Briefeschreibens, der Frage-und-Antwort-Magazine (*Athenian Gazette*), schließlich die Ausbildung von neuen Konversationsidealen und der ungewöhnliche Raum, der dialogischen Formen in allen Arten von Literatur und in der Philosophie eingeräumt wird — all dies können wir als Versuche betrachten, der doppelten Forderung nach Artikulation von Individualität und ihrer Absicherung im Gegenüber im Medium der Sprache Genüge zu tun. Die zentrale Rolle, die der Literatur in diesem Bemühen zuwächst, kann als Indiz für die Komplexität des anstehenden Problems gewertet werden.

Schließlich wird sich erweisen, daß das, was sich als bürgerliche Öffentlichkeit in England am Ende des 17. und zu Beginn des 18. Jahrhunderts etabliert, nicht nur als „Aufbruch der bürgerlichen Intelligenz (...) aus dem privaten Innenraum"[4], auf den ein absolutistischer Staat (den es in England nicht gab) sie abgedrängt hatte, verstanden werden kann, noch auch daß diese Öffentlichkeit allein als Legitimationsfiktion „der zum Publikum versammelten Privatleute in ihren beiden Rollen als Eigentümer und als Menschen schlechthin"[5] begriffen werden kann, sondern daß Öffentlichkeit, die sich ja im Gespräch herstellt und in Gespräche begünstigenden Örtlichkeiten institutionalisiert, als Resultat einer Anstrengung angesehen werden muß, durch die eine breite Schicht bürgerlicher Aufsteiger gesellschaftlich abzusichern versucht, was zuvor im einsamen Selbstgespräch an identitätsbildenden Einsichten und Haltungen erarbeitet wurde.

Die öffentliche Meinung muß an der Fiktion der Privatheit ihres Ursprungs festhalten, denn nur dadurch kann sie die Sicherheit eines gesellschaftlichen Konsenses ohne Individualitätseinbußen gewährleisten. Sie muß aber auch, um überhaupt funktionsfähig sein zu können, Konsensfähiges aus der Komplexität individueller Erfahrung herausfiltern und das nicht Verallgemeinerbare stigmatisieren oder verdrängen. Das heißt, im Prozeß der Vergesellschaftung bürgerlich-individueller Erfahrung wächst dem Öffentlichkeitskonzept und damit auch dem Dialog die Rolle eines Instruments der psychischen Ökonomie zu.

Ein solches Verständnis von Öffentlichkeit ordnet die ökonomischen und politischen Motive den psychologischen zeitlich und von der Bedeutung her nach. Es sieht als Auslöser seiner Entstehung, mit Max Weber, die religiöse Neuorientierung breiter Bevölkerungsschichten, besonders des Kleinbürgertums. Im Unterschied zu Max Weber geht es hier aber nicht um das Aufspüren psychischer Mechanismen, die die Entstehung kapitalistischer Mentalität begünstigen, sondern um eine Erklärung der Wandlungen von Sprache und Sprechen aus der Situation, in die die religiöse Neuorientierung das Individuum stellt. Da dieser Hintergrund von entscheidender Bedeutung für ein Verständnis der späteren Entwicklungen ist, werde ich im folgenden auf einige Texte eingehen, in denen die Problematik der Neuorientierung besonders augenfällig zu Tage tritt. Es wird zu zeigen sein, wie im Kontext spiritueller Erfahrung, jenseits aller politischen und ökonomischen Motive, Selbstbefragung und Selbstgespräch zu einer Erfahrung von Verlassenheit führt, die unerträglich ist und die deshalb ungestüm darauf drängt, zuerst in der Gewißheit des Seelenheils, dann in der Glaubensgemeinschaft und schließlich im größeren Verband der Gesellschaft Entlastung zu finden. An einem früheren Fall säkularisierter Identitätssuche (dem Tagebuch des Samuel Pepys) werde ich sodann versuchen zu demonstrieren, wie widersprüchlich und folglich spannungsreich der Prozeß der Vergesellschaftung individueller Erfahrung ist, um auf dieser Basis die Funktionen der verschiedenen Formen des Gesprächs, wie sie sich im Verlauf dieser Entwicklung herausbildeten, besser verstehbar zu machen.

---

[4] R. Koselleck, *Kritik und Krise*, Frankfurt/M. 1973, S. 41.
[5] J. Habermas, *Strukturwandel der Öffentlichkeit*, Neuwied 1962, S. 74.

II. Fox und Bunyan

Unter den calvinistischen Denominationen und den vielfältigen sektiererischen Abspaltungen, die das religiöse Leben im 17. Jahrhundert in England prägen, gehören die Quäker mit zu den radikalsten. Radikalität äußert sich vor allem in der Konsequenz, mit der der Prozeß der Wahrheitsfindung entinstitutionalisiert, an innere Überzeugungen gebunden und auf Übersetzung in alltägliches Handeln gerichtet ist. George Fox, der Gründungsvater der Quäker oder „Society of Friends" hat die Erfahrungen, die er während seiner Heilssuche machte, in einem Journal niedergelegt. Die Erfahrungsmuster, die in diesem Journal zugänglich sind, lassen mit besonderer Schärfe das Problem der Vereinsamung, die daraus resultierende zentrale Rolle der Selbstgespräche, die Notwendigkeit der Sicherung seiner inneren Erleuchtungen im Gespräch mit der Gruppe Gleichgesinnter und nicht zuletzt auch die Schwierigkeiten erkennen, die eine so entstandene Individualität mit der Integration in die bestehende Gesellschaft hat.

Schon Fox' Kindheit ist, wenn man dem Journal Glauben schenken darf, von außerordentlicher Ernsthaftigkeit geprägt. Diese Ernsthaftigkeit stößt den Heranwachsenden immer nachdrücklicher auf die Frage nach der Glaubenswahrheit und den sich daraus ergebenden Folgerungen für seine Lebensführung. „(...) to act faithfully two ways, viz. inwardly to God and outwardly to man"[6] wird zu einer Formel, die zunehmend die Unbedingtheit eines göttlichen Gebots annimmt. Das Postulat nach Deckung von innerer Überzeugung und äußerem Verhalten verhindert auch nur vorsichtige Ansätze zur gesellschaftlichen Integration. Im Gegenteil, es zwingt ihn zum Rückzug aus der Welt. Da sein innerer Zustand von Unsicherheit und bangem Fragen geprägt ist, sucht er am Anfang immer wieder Rat und Hilfe bei „priests" und „professors", d.h. den ‚amtlichen' Vertretern der „established church" wie auch den Propheten des Dissents. Nirgends bekommt er ihn befriedigende Antworten:

I thought them miserable comforters, and I saw they were all as nothing to me for they could not reach my condition. (S. 6)
And when all my hopes in them and in all men were gone, so that I had nothing outwardly to help me, then, oh then, I heard a voice which said, ‚There is one', even Jesus Christ, that can speak to thy condition'. (S. 11)

Der Hoffnung, bei Mitmenschen Hilfe zu finden, muß er entsagen. Dafür meldet sich aber eine innere Stimme zu Wort („an inward life did spring up in me (...)" (S. 13)), die ihn fortan bei seiner Suche begleiten wird. Der spirituellen Absage an die „priests" und „professors" parallel läuft eine Lösung der letzten noch bestehenden sozialen Bindungen. Er verläßt sein Heimatdorf und seine engsten Angehörigen endgültig und „travelled up and down as a stranger in the earth" (S. 10). Die verfügbaren Kommunikationscodes stoßen ihn wegen ihrer Unwahrhaftigkeit ab, ja er entwickelt eine Art Konversationsangst, denn er fürchtet, daß durch Gespräche sein inneres Selbst verletzt werden könnte: „For I durst not stay long in any place, being afraid both of professor and profane, lest (...) I should be hurt by conversing much with either" (S. 10). Proportional zur fortschreitenden

---
[6] *The Journal of George Fox*, hg. J.L. Nickalls, Cambridge 1952, S. 2.

Distanzierung von der Welt nimmt die Bedeutung der Selbstgespräche und der Einsamkeit als Raum ungestörter Zwiegespräche mit sich selbst und mit Gott zu:

> I kept myself retired in my chamber.
> I walked many nights by myself.
> I woud get into the orchard or the fields, with my Bible by myself. (S. 4f.)

Solche und ähnliche Aussagen häufen sich in jener Phase, in der die Suche nach der Glaubenswahrheit in ihr kritisches Stadium tritt. Nagende Selbstzweifel treiben ihn immer weiter in einen Zustand hinein, in dem Welt vollständig ausgeblendet zu sein scheint. Die folgende Passage ist typisch für diese Erfahrung:

> But my troubles continued, and I was often under great temptations; and I fasted much, and walked abroad in solitary places many days, and often took my Bible and went and sat in hollow trees and lonesome places till night came on; and frequently in the night walked mournfully about myself, for I was a man of sorrows in the times of the first workings of the Lord in me. (S. 9f.)

Da Rat und Hilfsangebote anderer die Zweifel nur verstärken, ist er auf das Gespräch mit sich selbst und auf ermutigende Eingebungen der inneren Stimme („openings") zurückgeworfen. Diese Zwiesprache und das Schreiben des Journals werden zur einzigen Stütze seiner gepeinigten Seele. Zwei Stimmen bilden sich aus, die im Widerstreit sein Ich zu zerreißen drohen: „Yet it was so with me that there seemed to be two pleading in me" (S. 14). Gezwungen, unter den einschränkenden Bedingungen des Ich die zentrale Problematik zu umkreisen, spaltet sich dieses Ich.

Die Sprache, derer sich Fox bedient, ist betont schlicht. Ihr fehlt der rhetorische Schmuck der herrschenden Konventionen völlig. Die Bibel ist die einzige akzeptierte ‚literarische' Hilfe. Sie hat aber für ihn nicht die Wichtigkeit, wie sie ihr andere lutherische und calvinistische Glaubensrichtungen zubilligten. Deshalb kann das Bibelwort auch nicht die Glaubensgewißheit vermitteln. Diese kommt vielmehr schlagartig als innere Erleuchtung, als Höhepunkt ekstatischer Meditation (Fox schreibt: „experimentally"[7]). In diesem Augenblick verstummen auch die beiden Stimmen. Er hat seine neue Identität gefunden. In diesem Augenblick springt aber auch ein missionarischer Impuls ins Leben. Er gibt die Zurückgezogenheit auf und sucht den Kontakt mit anderen, um sich deren Ablehnung oder deren Zustimmung zu versichern. Es sieht fast so aus, als treibe ihn die Erfahrung des unerträglichen Auf-sich-allein-gestellt-Seins in einen ungeheuren Bekehrungseifer. In der wachsenden Gruppe der Jünger stabilisiert sich das Ich, findet eine Plattform für die intersubjektive Geltung der eigenen Erfahrungen, des eigenen Wortes und eine Basis, die ihm bei seinen Auseinandersetzungen mit ‚der Welt' den Rücken stärkt. Da er unbarmherzig eine buchstabengetreue Befolgung christlicher Gebote fordert und gnadenlos in den Vertretern aller anderen Glaubensrichtungen sowie der staatlichen Macht die vom gesellschaftlichen Leben erzwungenen Kompromisse geißelt, führt er sich selbst und seine Anhänger in immer härtere Konfrontationen mit den Kritisierten.

Die prompt einsetzenden Verfolgungen wertet Fox als Beweis für die Richtigkeit seiner Überzeugungen und die Gewißheit seiner Auserwähltheit. Ja die Verachtung ‚der Welt' ist für ihn geradezu der beste Garant für seine innere Stabilität und die seiner An-

---

[7] S. 11; „experimentally" = „through experience".

hängerschar. So wird Distanz zur Welt zur Funktion der Glaubensgewißheit. Die Deckung von innen und außen, Denken und Handeln, Tun und Sagen ist offenbar nur gegen die herrschende Praxis in der gewünschten Absolutheit zu erreichen. Ein Glaube, der allein aus der inneren Überzeugung sich nährt, mithin ohne Stützen der Ritualisierungen und Institutionalisierungen auskommen muß, braucht solche scharfen Markierungen, um sich selbst treu bleiben zu können.

Wie unerläßlich dies ist, zeigt sich in der Warnung, die Fox in einem Rundbrief den Freunden zukommen läßt, als James II mit einem Toleranzedikt Katholiken und Quäker außer Verfolgung setzt. Fox warnt in diesem Brief vor der „danger in time of liberty"[8], einer Gefahr, die offensichtlich darin liegt, daß religiöse Toleranz als ein Angebot oder eine Versuchung zur gesellschaftlichen Reintegration verstanden wird, und gesellschaftliche Reintegration die Notwendigkeit zum Ausgleich zwischen den bestehenden Verhältnissen und den rigorosen Normen der Sekte nahelegt. Diese Versuchung fürchtet Fox mit Recht, weil sie genau jene Distanz mindert, die er selbst als unerläßlich für die Herausbildung und Bewahrung seiner Identität erfahren hat.

Fox' Journal zeigt, wie sehr im Kontext der in jener Zeit so zentralen Glaubensfragen Einsamkeit und Distanz zur Welt Bedingungen der Möglichkeit neuer Formen von Identität sind. Es zeigt aber auch, daß die Unfähigkeit zum Kompromiß und moralischer Rigorismus zum gesellschaftlichen Außenseitertum verdammt. Die Quäker haben den Schritt zurück in die Gesellschaft nicht getan, sondern es vorgezogen, sich in Amerika ein Gemeinwesen nach eigenen Vorstellungen zu bauen.

Das Gespräch zwischen Quäkern und Gesellschaft reißt in dem Maße ab, in dem es sich innerhalb der Sekte zu festen Formen und Konventionen ausbildete. Es verliert dabei den für breite gesellschaftliche Schichten vorbildhaften Charakter, den andere Gesprächsformen vom „written talk" der Autobiographien und Tagebücher bis hin zum offenen Gespräch der vor Gott und der Frage der Erwähltheit Gleichen zu gewinnen suchen. Im Spektrum religiöser Identitätssuche stehen Fox und das Quäkertum somit für jene extremistischen Randgruppen, für die gesellschaftliche Integration auch unter veränderten Umständen unmöglich sein wird. Andere, weniger radikale Gruppen hingegen bemühen sich darum, ihre in der Einsamkeit des Selbstgesprächs gewonnenen religiösen und moralischen Einsichten zu einem gesellschaftsweit akzeptierten Modell des Handelns auszuformulieren.

Um dies zu illustrieren, möchte ich kurz auf John Bunyans „spiritual autobiography" *Grace Abounding to the Chief of Sinners* eingehen. Die Erfahrungsmuster der Ausgangssituation sind dort ähnlich wie bei Fox, aber die Zielrichtung ist weniger isolationistisch. Dies läßt sich vor allem aus Bunyans späteren Werken ablesen. Im *Pilgrim's Progress*, in *The Life and Death of Mr. Badman* und in *The Holy War* greift er nämlich zu bewußt literarischen Gestaltungsmitteln, um die individuellen Erfahrungen einem breiten Publikum zugänglich und als Modell für die Interpretation der eigenen Erfahrungen annehmbar zu machen.

Bunyans Jugend erscheint im Rückblick der Autobiographie als ein gedankenloses Eintauchen in die „ways of the world": „I was the very ringleader of all the youth that

---

[8] Geschrieben im März 1687 nach dem Jahrestreffen in London. Das Zitat lautet im ganzen: „(...) for there is great danger in time of liberty, of getting up into ease, looseness, and false liberty."

kept me company, into all manner of vice and ungodliness"[9]. Nach seiner Heirat bemüht er sich um äußere Konformität mit den Geboten der traditionellen Glaubensausübung. Zu einer Änderung seines Lebenswandels kommt es jedoch nicht. Er ist immer noch „the ungodliest fellow for swearing" (S. 13). Auch des fortwährenden „Sabbathbreaking" macht er sich schuldig. Zunehmend macht sich jedoch ein Sündenbewußtsein bemerkbar. Eine innere Stimme meldet sich zu Wort, die ihn mehr und mehr gegenüber der Frage nach der göttlichen Bestimmung des Menschen sensibilisiert. Diese Sensibilisierung artikuliert sich z.B. in der Sehnsucht nach Restituierung eines Zustands kindlicher Unschuld. Bezeichnenderweise äußert sich das Unschuldsverlangen in erster Linie als Verlangen nach einer reinen Sprache: „I wished with all my heart that I might be a little child again, that my father might learn me to speak without this wicked way of swearing" (S. 13). Dennoch bleibt es vorerst bei seiner eher äußerlichen Bekehrung. Seine gelegentlich mahnende innere Stimme beschwichtigt er mit den Gefühl der Genugtuung darüber, daß Verwandte und Bekannte ihm für sein verändertes Verhalten hohes Lob zollen. Glaubensausübung und Innenleben sind noch so gegeneinander isoliert, daß Konflikte und daraus resultierende Gewissensbisse nur punktuell auftreten und schnell neutralisiert werden können.

Ein Schlüsselerlebnis ändert diese Situation aber von Grund auf. Er belauscht das Gespräch einiger einfacher Frauen in Bedford. Diese Frauen unterhalten sich in ihm rein und wahrhaftig erscheinender Sprache über die spirituelle Neugeburt, die ihnen durch die Überzeugung der eigenen Erwähltheit zuteil geworden ist. Die Selbstsicherheit und Heiterkeit, die aus ihren Worten spricht, erschüttern Bunyan zutiefst. In der Folge treten die Konflikte zwischen den Forderungen eines durch und durch christlichen Lebens und seiner alltäglichen Praxis immer deutlicher in sein Bewußtsein und können fortan nicht mehr verdrängt werden.

Dies hat Konsequenzen. Zuerst bricht er den Kontakt mit all jenen ab, die bisher als Kumpane sein sündiges Leben geteilt hatten (vgl. S. 17 u. 25). Das Reduzieren der sozialen Kontakte korrespondiert wie bei Fox mit einer rapiden Zunahme selbsterforschender Zwiesprache in der Innerlichkeit. Er versucht, wie Fox, den Weg zur certitudo salutis abzukürzen, indem er sich hilfesuchend an die Glaubensgemeinschaft wendet, der die Frauen von Bedford angehören. Aber so sehr sie sich auch um ihn bemühen, er findet bei ihnen keinen Trost; vielmehr verschärft ihre Zuwendung nur sein Sündhaftigkeitsbewußtsein. So wird er schockartig zu der Einsicht getrieben, daß er mit diesem Problem alleine fertig werden muß, bevor er ein Glied der Gemeinschaft der Erwählten werden kann, ja daß Erwähltheit nur selbst erfahren und nicht vermittelt werden kann. Er zieht sich nun noch weiter auf sich selbst zurück. Die äußere Welt und die familiären Bindungen seines Lebens versinken vollständig.

In dieser Phase nehmen die Selbstgespräche und inneren Dialoge mit der Bibel und mit den Stimmen, die ihn immer wieder in Versuchung führen, noch an Intensität zu. Wachsende seelische Spannungen treiben ihn noch tiefer in die Verzweiflung: „I was driven to my wits' end, not knowing what to say, or how to answer these temptations" (S. 22). Oder an anderer Stelle: „I fell (...) at the sight of my own vileness, deeply into despair" (S. 28). Nicht nur Verzweiflung, sondern auch das Gefühl der Verlorenheit und die Er-

---

[9] John Bunyan, *Grace Abounding to the Chief of Sinners*, London 1976, S. 9.

fahrung der Sprachlosigkeit charakterisieren diese Krisen: „I counted myself alone, and above the most of men unblessed" (S. 30). Mit der Zeit wächst sich das Medium des Selbstgesprächs, in dem er wenigstens phasenweise Klarheit über sich und damit auch Ansätze zur Hoffnung gefunden hatte, zum Ort eines überwältigenden Schuldbewußtseins aus und wird dabei nicht nur zu einer psychischen, sondern auch zu einer physischen Bedrohung. So stark war oft die Versuchung, mit Worten wider den heiligen Geist zu sündigen, daß er sich am liebsten ganz von der Fähigkeit zum Sprechen befreit hätte:

(...) and in so strong a measure was this temptation upon me, that often I have been ready to clap my hand under my chin, to hold my mouth from opening, and to that end I had also thoughts at other times, to leap with my head downward, into some muck-hill or other, to keep my mouth from speaking. (S. 34)

Psychische Distanzerfahrung schlägt in physische Distanzerfahrung um, die innere Bedrohung des Ich wird nach außen projiziert und verdichtet sich schließlich zu einer Bedrohung des Ich durch die Welt schlechthin:

(...) and, after long musing, I lifted up my head, but methought I saw as if the sun that shineth in the heavens did grudge to give light, and as if the very stones in the street, and tiles upon the houses, did bend themselves against me; methought that they were all combined together to banish me out of the world; I was abhorred of them, and unfit to dwell among them, or be partaker of their benefits, because I had sinned against the Saviour. (S. 59)

Erst nach dem Auslöschen seiner bisherigen sozialen Identität, nach dem Verlust der Geborgenheit in seiner Welt und dem Durchschreiten des Fegefeuers der Identitätskrise mit allen Begleiterscheinungen eines horror vacui, d.h. erst nachdem er moralisch und physisch auf den innersten Kern seines Selbst reduziert ist, baut sich langsam und in einer spiralförmigen, immer wieder durch neue Krisen retardierten Bewegung die innere Gewißheit der Erwähltheit auf. Die Selbstgespräche kommen wieder in Gang und spenden Trost, seine Bibelinterpretationen werden sicherer, seine Sprache festigt sich mit dem Aufbau einer neuen Identität und schließlich wird er wieder fähig, in dieser, durch seine neue Identität zu verläßlicher Bedeutung gebrachten Sprache mit anderen zu kommunizieren. Er wird Mitglied der Bedforder Glaubensgemeinschaft und nach einiger Zeit sogar deren geistiger Führer. Zuerst wagt er es nur, seine Erkenntnisse im privaten Kreis der Gleichgesinnten zu vermitteln, doch dann weitet er sein Predigen aus zu großangelegter missionarischer Tätigkeit.

Dies vollzieht sich aber sehr langsam und nicht nur gegen äußere, sondern auch gegen innere Widerstände, denn so sehr ihm auch seine Erwähltheit zur inneren Gewißheit geworden ist, so sehr bleibt doch der Zweifel an seiner Fähigkeit, diese Gewißheit einer breiteren Öffentlichkeit zu vermitteln. Innere Gewißheit und das Medium der öffentlichen Predigt sind offenbar nicht immer und oft nur unter beträchtlichen Anstrengungen aufeinander abzustimmen.

So berichtet er von der Erfahrung, daß er vor öffentlichen Auftritten von der Furcht überfallen wird, „that I should not be able to speak the word at all to edification; nay, that I should not be able to speak sense unto the people" (S. 89). Deshalb verläßt er sich auch nicht allein auf die Wirkung seiner Predigten, sondern präsentiert seinem Publikum eine Autobiographie als Modell für das Verständnis der eigenen Erfahrungen und greift schließlich in den oben genannten Werken zur Fiktion, weil offenbar der innere Widerspruch zwischen der nur individuell zu gewinnenden Gnadensgewißheit und der Notwendigkeit einer intersubjektiven Stabilisierung dieser Erfahrung nur mit ästhetischen Mitteln auflösbar ist.

In der Autobiographie tritt das Ich noch aus sich heraus in einer bewußt einfachen, gegenüber den herrschenden Ausdruckskonventionen abgesetzten Sprache, die aber offenbar gerade wegen ihrer eindimensionalen Funktion als Medium der Glaubenserfahrung auf Dauer den aus der Gesellschaftlichkeit des Individuums sich ergebenden Kommunikationserfordernissen nicht hinreichend entspricht.

Bunyan begründet die Einfachheit seiner Sprache so:

> I could also have stepped into a style much higher than this in which I have here discoursed, and could have adorned all things more than here I have seemed to do, but I dare not. God did not play in convincing of me, the devil did not play in tempting of me, neither did I play when I sunk into a bottomless pit, when the pangs of hell caught hold upon me; wherefore I may not play in my relating of them, but the plain and simple, and lay down the thing as it was. (S. 5, „Preface")

Die geforderte Deckung von Sprache und Bedeutung läßt sich aber nur unter den einschränkenden Bedingungen der individuell verbürgten Erfahrung und einer durch persönliche Kontakte immer wieder neu an sie zu bindenden Zuhörergemeinschaft aufrechterhalten. In dem Augenblick, wo die gewonnenen Überzeugungen und die damit verbundenen Normen der Lebensführung aus dem engen Kreis der religiösen Gemeinschaft herausgetragen werden und in die komplexen Prozesse der gesellschaftlichen Praxis hineinwirken wollen, muß die Sprache eine Vielfalt von anderen Funktionen mit abdecken. Gesichtspunkte der wirtschaftlichen Selbstbehauptung, der Selbstpräsentation, der gesellschaftlichen Konfliktbewältigung und der unvermeidbaren gegenseitigen Rücksichtnahme kommen ins Spiel. Die Sprache und das Gespräch, das den engen Rahmen der Heilssuche verlassen, müssen all diesen Bedürfnissen durch entsprechend komplexe Strategien entgegenkommen. Deshalb geht auch Bunyan dazu über, „truth within a fable" zu vermitteln[10].

III. Samuel Pepys

Wie vielschichtig die Probleme sind, die sich mit dem Bemühen einstellen, ein individualistisches Identitätsverständnis in allgemeingültige Formen der Sozialität sprachlich umzusetzen, das zeigen die Tagebuchaufzeichnungen eines Mannes wie Pepys. Samuel Pepys stammt aus puritanischem Kleinbürgermilieu, steigt aber durch Protektion und Leistung zu der bedeutenden Stellung eines „Secretary for Naval Affairs" auf. Da er als hoher Beamter der Marineverwaltung in enger Verbindung zum Hof steht und in der Hauptsache von adeligen Mitarbeitern umgeben ist, fühlt er sich als Bürger unter einem besonderen Anpassungs- und Selbstbehauptungsdruck. Er merkt bald, daß er mit einem Verhalten, das sich an den Geboten strikter christlicher Lebensführung orientiert, in diesem Kontext nicht weit kommen würde. Deshalb entwickelt sich bei ihm die Identitätsproblematik, soweit sie an seinen Tagebucheintragungen ablesbar ist, auch nicht primär als Frage nach der certitudo salutis, sondern als Frage nach den Voraussetzungen der Steigerung

---

[10] „The Author's Apology for His Book", in *The Pilgrim's Progress*.

und Festigung seines Sozialstatus. Schwankungen der Gemütslage und seiner Selbsteinschätzung hängen weit mehr von der Bewertung seines Verhaltens durch andere ab, als von dem Bewußtsein, moralisch gehandelt zu haben. Selbst in der Praxis des Tagebuchschreibens, die er doch mit ihren Motiven der Selbsterforschung und der Selbstdisziplinierung unzweifelhaft aus seinem puritanischen Hintergrund übernommen hat, weicht er mehr und mehr von ihrer ursprünglichen Bestimmung ab und gerät in den Sog gesellschaftlicher Anpassungsprozesse. Passagen, in denen er sein Verhalten kritisch unter die Lupe nimmt, werden immer seltener. Moralische Impulse schlagen nur unter extremer Belastung auf sein Innerstes durch; meist erschöpfen sich solche Regungen in der Kritik an anderen, vorzugsweise Angehörigen des Adels.

Mehr und mehr in den Vordergrund treten Fragen, die mit seinen finanziellen Verhältnissen zu tun haben (an die Stelle der moralischen tritt die finanzielle Inventur) oder mit dem Erwerb von Standessymbolen (prächtige Kleidung, Livrees für seine Diener, Neueinrichtung seines Hauses, seine eigene Kutsche etc.). Das heißt, das Tagebuch als Ort der Selbstkritik wird zu einem Ort der Selbstbestätigung. Hinsichten der Öffentlichkeit infiltrieren so immer deutlicher den Privatbereich und verdrängen das eigentlich Private und Intime aus den Eintragungen. Das Pepys'sche Ego stabilisiert sich an seinen sozialen Erfolgen und ihrer Manifestation in den gängigen Symbolen. Dadurch aber geht die ursprünglich anvisierte Einheit des Ich in Denken und Handeln verloren. Einheitliche Normen des Verhaltens sind nicht mehr erkennbar. So spielt er sich im häuslichen Leben moralisch auf, bei seinen Liebesabenteuern aber spürt er nicht die geringsten Skrupel. So hält er seine Frau kurz, er selbst gönnt sich aber allerlei Luxuriöses. So kritisiert er die Mätressenwirtschaft am Hof, erpreßt aber zugleich die Gefügigkeit einer Frau, deren Mann von ihm abhängig ist. Dabei tut er alles, um in der Öffentlichkeit als solide, gewandt, gebildet und kompetent zu erscheinen, also als moralisch gereiftes, nützliches und gewichtiges Glied der Gesellschaft.

In dieser Entwicklung spaltet sich das Ich in ein öffentliches, ein privates und ein heimliches. Dieser Dreiteilung entsprechen die drei Ebenen der Sprachverwendung. In der Öffentlichkeit präsentiert er sich als gewandter Unterhalter, privat als schimpfender, fluchender Herr im Hause und für seine Liebesabenteuer erfindet er sogar eine Art Kauderwelsch, mit dem dieser besonders geheim zu haltende Lebensbereich im Tagebuch von den anderen Eintragungen abgegrenzt wird.

Pepys' Tagebuch zeigt deutlich, daß der Versuch, puritanisch-individualistische Formen der Identitätsfindung in einem gesellschaftlichen Kontext zu praktizieren, der vom Repräsentationskodex einer höfisch orientierten Sozialität bestimmt wird, zum Scheitern verurteilt ist. Deshalb spaltet das Ich seine Welt und sich selbst in drei weitgehend voneinander abgeschirmte Sphären und entwickelt für jede von ihnen einen eigenen Verhaltenskodex. Das Gespräch mit sich selbst als Medium der Identitätsbildung reißt weitgehend ab. Das Tagebuch wird so zur Dokumentation der in separate Rollen institutionalisierten Aspekte des Ich. Gemessen an diesen komplexen Verhältnissen gewinnt die Vorstellung eines Konsenses in der public opinion wahrlich mythisches Profil.

Eintragungen, in denen man ihn mit der Widersprüchlichkeit seines Verhaltens konfrontiert sieht, fehlen – bis auf eine wichtige Ausnahme – ganz, und es bedurfte schon eines massiven äußeren Anstoßes, bevor es überhaupt dazu kam. Es handelt sich dabei um eine Episode, in der es ihm nicht mehr gelingt, die verschiedenen Rollen, in die sein Ich sich aufgelöst hat, gegeneinander abzugrenzen. Er ist nämlich gefordert, sich als Mensch zu zeigen, der sich in allen Bereichen des Lebens von den gleichen Normen leiten läßt. Da er das nicht kann, bricht die sorgfältig errichtete Hierarchie der Rollen, als Amtsperson von Rang und Charakter, als Herr im Hause und als Liebhaber, zusammen; er steht – zumindest für Augenblicke – bewußt vor den Trümmern seiner Identität. Ehe ich daraus noch weitergehende Folgerungen in Hinsicht auf das Problem der Vergesellschaftung individueller Erfahrung ziehe, möchte ich diese Krisensituation im Hause Pepys analysieren, weil sie das Gesagte besonders anschaulich macht.

Seine Frau überrascht ihn eines Tages dabei, wie er die verborgenen Schönheiten des Hausmädchens Deb handgreiflich erkundet. Er kommentiert diese böse Überraschung folgendermaßen: „This occasioned the greatest sorrow to me that ever I knew in this world"[11]. Seine Frau ist aufs Äußerste erbost über seine Untreue und auch darüber, daß er so ein Mädchen („sorry girl") ihr vorzieht. Pepys zeigt sich wenig beeindruckt. Er streitet ab, beschwichtigt und ist erst beunruhigt, als seine Frau ihm damit droht, seine ‚Schande' hinauszuposaunen („publishing my shame" (S. 339)). Erste Anzeichen von Gewissensbissen stellen sich ein, aber sie beziehen sich mehr auf Deb als auf seine Frau. Diese moralischen Regungen verschwinden aber bald wieder, denn er versucht – nicht ohne einen gewissen Erfolg – die verschiedenen Probleme, die sich ergeben haben, durch getrennte Bearbeitung in den Bereichen, zu denen sie nach seinem Verständnis gehören, zu lösen. Deb wird wieder zum Gegenstand heimlicher Lüste: „(...) the truth is, I have a great mind for to have the maidenhead of the girl" (S. 361), die Auseinandersetzung mit seiner Frau zur Frage der häuslichen Machtverhältnisse: „I was deeply troubled to see how my wife is by this means likely for ever to have her hand over me, that I shall for ever be a slave to her" (S. 363). Seine ‚öffentlichen' Interessen bleiben von beidem vorerst unberührt. Nachdem Deb das Haus verlassen hat, erkundigt er sich sofort nach ihrer Adresse und sucht sie auf. Nun nicht mehr befürchten müssend, daß seine Frau ihn überrascht und sein Doppelleben offenkundig wird, setzt er mit ungebrochenem Elan seine Verführung Debs fort. Obwohl dabei durch Handgreiflichkeiten beider der ‚point of no return' schon beinahe erreicht ist, treibt es Pepys doch nicht bis zur Vollendung, da er Ort und Zeitpunkt nicht für günstig hält. Zum Trost verabschiedet er Deb mit einer väterlichen Mahnung: „And did nevertheless give her the best counsel I could, to have care of her honour and to fear God and suffer no man para haver to do con her – as yo have done – which she promised" (S. 366f.). Vom Bemühen um moralische Integrität ist hier nichts mehr übrig geblieben. Moral verkümmert zu einem Mittel der Sicherstellung eigener Ansprüche. Es scheint Pepys gar nicht in den Sinn zu kommen, daß er der letzte ist, der ein Recht darauf hat, dem Mädchen solche Ratschläge zu erteilen. Da er aber glaubt, die verschiedenen Aspekte der Affäre gegen wechselseitige Störungen gesichert zu haben, bleibt er gegenüber der himmelschreienden Widersprüchlichkeit seiner Eintragungen völlig unempfindlich. Ja er äußert sogar Gefühle des Triumphs angesichts dieser seiner, wie er meint, meisterlichen Lösung eines kniffligen Problems: „Up, and at the office all the morning, with my heart full of

---

[11] *The Diary of Samuel Pepys*, hgg. R. Latham / W. Matthews, London 1970–1976, Bd IX (1668–69), S. 337.

joy to think in what a safe condition all my matters now stand between my wife and Deb and me" (S. 367). In der reihenden Anordnung „my wife and Deb and me" wird noch einmal schlaglichtartig deutlich, wie unvermittelt die Lebensdimensionen der Lustbefriedigung, der häuslichen Ordnung und der Öffentlichkeit als Ort inszenierter Selbstdarstellung einander gegenüberstehen. Jede dieser Dimensionen kann intakt bleiben, solange sie nicht unter ein einziges Bewertungsprinzip gezwungen werden. Als dies doch wider Erwarten unvermeidlich wird, erleidet Pepys eine radikale Erschütterung seines ausgeprägten Selbstbewußtseins und sieht sich vor die Notwendigkeit gestellt, sein angeschlagenes Ego nach dem Muster religiöser Exerzitien ins moralische Kreuzverhör zu nehmen. Seine Frau kommt ihm nämlich abermals auf die Schliche, und dieses Mal wird sie so massiv und zeigt so offenkundig ihre Betroffenheit und ihr Leid, daß Pepys selbst über sein Verhalten tief erschüttert ist:

So, within most perfect confusion of face and heart, and sorrow and shame, in the greatest agony of the world, I did pass this afternoon. (...) being most absolutely resolved, never to give her occasion while I live of more trouble of this or any other kind, there being no curse in the world so great as this of the difference between myself and her; and therefore I do by the grace of God promise never to offend her more, and did this night begin to pray to God upon my knees but I hope God will give me the grace more and more every day to fear him, and to be true to my poor wife. (S. 367f.)

Dieser vielversprechende Ansatz zur Umkehr bleibt jedoch Episode. Nachdem sich die Wellen des häuslichen Sturms durch einige Zugeständnisse finanzieller Art, durch liebende Zuwendung und durch zeitweisen Verzicht auf Eskapaden einigermaßen gelegt haben, setzen sich die verschiedenen Lebensdimensionen mit ihren Forderungen wieder durch, und er restituiert die alte Kompartmentalisierung in „secret self", „private self" und „public self".

IV. Vom Selbstgespräch zum Dialog

Wir begegnen in Pepys' *Diary* einer Individualität, die ihre disparaten Handlungsorientierungen und die dazugehörigen Formen der Artikulation in einem Zustand der Unvermitteltheit beläßt. Dabei zeigt sich, daß die Einheit des Ich als religiös-moralisch gefestigte Identität, wie wir sie bei Fox und Bunyan kennengelernt haben, im Sich-Einlassen auf eine gesellschaftliche Praxis, die vom Repräsentationsdenken beherrscht ist, aufs höchste gefährdet ist bzw. sich gar nicht erst herstellt.

Solange das Postulat der vollständigen moralischen Durchdringung des Lebens in Kraft bleibt, sind dem Bürger die Grenzen seiner Gesellschaftsfähigkeit im Konventikel gesetzt. Und solange eine höfisch-galante, auf eingeübtes Rollenverhalten basierende Öffentlichkeit normgebend ist, kann der Bürger sich nur um den Preis dessen gesellschaftlich integrieren, was er in der Einsamkeit des Selbstgesprächs als moralisches Fundament seiner Identität erfahren hat. Hier deutet sich ein Grunddilemma bürgerlicher Selbstlegitimation an, denn die bürgerliche Öffentlichkeit mußte auch dann noch an ihrem Anspruch moralischer Überlegenheit festhalten, als die Komplexitäten gesellschaftlicher Praxis die diesen Anspruch begründende Deckung von Überzeugung und Handeln, von ‚Innen' und ‚Außen' unmöglich gemacht hatten.

Der Prozeß der gesellschaftlichen Transformation, der von dem Bedürfnis angestoßen und in Bewegung gehalten wird, die Einsamkeit der Identitätssuche in der gemeinschaftlichen Institutionalisierung der individuellen Erfahrungsmuster zu überwinden, vollzieht sich dann auch für das aufsteigende Bürgertum in einer doppelten Frontstellung: gegen den Rigorismus im Innern, der die Ausbildung differenzierter Gesellschaftlichkeit verhindert, und zugleich gegen die herrschenden gesellschaftlichen Normen, die der Entfaltung bürgerlicher Individualität im Wege stehen. Ziel dieser Bewegung war ein Ausgleich zwischen den Erfordernissen der Identitätsbewahrung und den Notwendigkeiten des gesellschaftlichen Lebens, also den ökonomischen Erfordernissen, den politischen Gegebenheiten und dem, was die zwischenmenschlichen Verhältnisse und die individuellen Bedürfnisse auf Dauer regelbar machte.

Um dieses Ziel zu erreichen, tritt das bürgerliche Individuum zunehmend aus der selbstgewählten Isolation heraus und attackiert die geltenden nicht-bürgerlichen Normensysteme. Man kann einige Etappen dieses Prozesses an der einsetzenden Kontroverse um „false wit" und „true wit", an den sich häufenden Klagen über die Verderbtheit der Zeit, an der wachsenden Bedeutung der „Societies for the Reformation of Manners", an der von Jeremy Collier angestoßenen Umbildung der Bühne zur moralischen Anstalt und schließlich auch an der Entwicklung eines neuen Gesprächsideals ablesen, in dem die bürgerliche Individualität sich gesellschaftlich sprachfähig macht.

‚Intern' wird parallel dazu der moralische Rigorismus des puritanischen Selbstverständnisses zu „benevolence", zu „good nature" und „good will" herabgemildert, d.h. die steigende Popularität dieser Begriffe als Ausdruck neuer Normen zwischenmenschlicher Beziehungen zeigen, wie sehr man sich schon auf die gesellschaftliche Praxis eingestellt hat. Das Wissen um die Notwendigkeit gegenseitigen Respekts und gegenseitiger Toleranz ersetzt als zentrale Vorstellung die Härte des spirituellen Einzelkämpfertums. Einsamkeit als gemeinsame Ursprungserfahrung verklärt sich zum Mythos eines Publikums, das sich von der Gesellschaft nicht mehr distanzieren muß, weil es sich mit ihr weitgehend identisch und deshalb in ihr aufgehoben weiß.

Das Medium, in dem sich dieser Transformationsprozeß am augenfälligsten vollzieht, ist das Gespräch mit sich selbst – dokumentiert in Tagebüchern, Autobiographien und autobiographischen Romanen – und das Gespräch mit anderen. Im Gespräch mit sich selbst bildet sich das Individuum zum Gesprächspartner für andere, im Gespräch mit anderen bewährt sich das so ‚gebildete' Individuum in der Welt. Die Gesprächssituation wird so zur Urzelle einer neuen Sozialität. Dieses Gespräch aber unterscheidet sich wesentlich von bereits bestehenden Modellen des Redens miteinander. Es dient gänzlich anderen Zwecken. Während die „polite conversation" der galanten Gesellschaft nach strenger Etikette geführt wird und fast ausschließlich der Selbstpräsentation eines ausgeprägten Standes- und Rollenbewußtseins dient, mithin die Fähigkeit zur „dissimulation" voraussetzt, sprechen die Bürger durch die Praxis der Selbsterforschung scheinbar von Rollenzwängen befreit miteinander unter dem Banner der Wahrhaftigkeit und Aufrichtigkeit. D. Berger hat in seinem Buch über *Die Konversationskunst in England* diesen wesentlichen Unterschied herausgearbeitet: „Aufrichtigkeit anstelle von formvollendeter

Etikette und rhetorischer Brillanz, Gutmütigkeit anstelle von bewunderungsheischender Schlagfertigkeit, das waren die neuen Grundprinzipien der bürgerlichen Konversation"[12]. Zuerst spricht man, wie ich bereits unterstrichen habe, in der eng begrenzten Glaubensgemeinschaft über Glaubensfragen. In einem fortgeschrittenen Stadium der Vergesellschaftung spricht jeder mit jedem über alles und jedes in den „coffee-houses", Autoren beginnen intensive Gespräche mit ihren Lesern, Leser fragen, Magazine antworten (*Athenian Mercury, Tatler, Spectator*). Das Gespräch der Bürger institutionalisiert sich. Es bilden sich Vorstellungen von einem „place of conversation" und von einer „time of conversation"[13], womit das Reden miteinander zeitlich wie räumlich einen festen Platz in der gesellschaftlichen Routine erhält.

In einer solchen Gesprächskonzeption scheint es möglich zu sein, seine Individualität zu bewahren und zugleich Gemeinsamkeit mit anderen zu suchen. Das Ich kann seine psychische Robinsoninsel verlassen und seine Erfahrungen und Meinungen mitteilen, in der Erwartung der Bestätigung durch andere. Welt kann als gemeinsame Welt angeeignet, Verhaltensnormen als allgemein akzeptierte herausgebildet werden. „True happiness", schreibt Addison im *Spectator* No. 15, „arises, in the first place, from the enjoyment of one's self, and in the next, from the friendship and conversation of a few select companions". Wie Defoe versucht hier der *Spectator* „solitude" and „conversation" als komplementäre Räume der Selbstverwirklichung darzustellen.

Daß aber diese Verbindung trotz aller Lobpreisungen nicht problemlos ist, das läßt sich auch daran ablesen, daß fast alle, die sich in dieser Zeit zur „conversation" äußern, die Bedingungen für ein Glücken solchen Austausches außerordentlich einschränken. Der kleine Kreis vertrauter Freunde und die intime Atmosphäre müssen es sein. Das heißt aber doch: im selben Maße, in dem das bürgerliche Gespräch den Anspruch erhebt, Entstehungsort der public opinion zu sein, wird seine Offenheit und Wahrhaftigkeit durch „ceremony", wie Shaftesbury sagt, beeinträchtigt[14]. Das neue Gesprächsideal kann sich offenbar nur in einem restriktiven Rahmen erfüllen, der es der ursprünglichen Form des Austausches in der religiösen Kleingruppe annähert. Dazu noch einmal Addison (*Spectator* No. 68):

(...) the most open, instructive, and unreserved discourse, is that which passes between two persons who are familiar and intimate friends. On these occasions, a man gives a loose to every passion and every thought that is uppermost, discovers his most retired opinion of persons and things, tries the beauty and strength of his sentiments, and exposes his whole soul to the examination of his friend.

Uneingeschränkte Öffentlichkeit kann mithin als Bedrohung für das, was Gespräche leisten können, verstanden werden. Offensichtlich müssen Fortschritte im Prozeß der Vergesellschaftung des neuen Sprechens mit einem Verlust an Individualität und Offenheit bezahlt werden. Diese Verluste werden durch Mythenbildung kompensiert, von Robinsons Inselbewährung bis hin zu dem Jeder-ist-seines-Glückes-Schmied, der „Virtue rewarded". Ein solcher, höchst notwendiger und wirksamer Mythos ist auch der vom „law of opinion"

---

[12] München 1978, S. 197.
[13] Vgl. *Tatler* No. 62.
[14] „Advice to an Author", in *Characteristics,* hg. J.M. Robertson, Gloucester/Mass. 1963, Bd. I, S. 134.

als Resultat eines „consent of private men"[15]. In ihm leuchtet hinter der Sicherheit gemeinschaftlich getragener Normen gleichsam tröstend Individualität als ihr Ursprung auf.

Im Laufe dieser Entwicklung scheint das Bewußtsein dafür zu wachsen, daß der Ausgleich zwischen den Notwendigkeiten der Individuation und der Sozialisation im Gespräch immer schwieriger wird. Deshalb wird auch die Liste der Bedingungen, die für seine erfolgreiche Herstellung genannt werden, immer länger. Man soll nicht mehr von sich selbst reden, weil das für die anderen langweilig sein könnte, und man soll alles Kontroverse vermeiden, weil dies dem Gebot der „benevolence" widerspricht. Unter solchen Bedingungen degeneriert die Konversation schließlich zum „small talk" der hoch-bürgerlichen Teegesellschaften.

Retten läßt sich das Ideal nur noch im literarisch-philosophischen Dialog, in dem aber durch die thematischen Schwerpunktsetzungen die Individualitätsproblematik in den Hintergrund gedrängt wird. Dabei kommt selbst Shaftesbury, der Meister dieses Genre, der Grenze zur rein rhetorischen Verwendung oft bedenklich nahe, d.h. die Ursituation miteinander gleichberechtigter und in voller Offenheit des Geistes und des Herzens sprechender Individuen droht ständig, zu einer bloß literarischen Strategie ausgehöhlt und so ihres existentiellen Sinns beraubt zu werden. Shaftesbury sieht dies, beklagt es und entzieht sich diesem Dilemma, zumindest gelegentlich, durch Flucht in den von vornherein unverblümt magistralen Monolog (vgl. *Soliloquy, or Advice to an Author*).

Individualität aber kann sich nur in der Literatur durch immer komplexer werdende Strategien der Vermittlung ihre Geltung bewahren, während ihr Ursprung schon längst auf den Grund eines Vorwissens abgesunken ist, der nur noch über den Mythos zugänglich gemacht werden kann. Einen vorläufigen Schlußpunkt setzt, wie in so manch anderer Hinsicht auch, Laurence Sterne mit seinen völlig in ihren Idiosynkrasien gefangenen Shandy-Figuren, die nur noch über eine *sprachlose* „benevolence" einander verstehen, während sie im Gespräch ständig Mißverständnisse erzeugen, weil sie nie über sich selbst hinauskommen. Individuation ist hier nicht mehr der Anfang, sondern das Ende jeden Gesprächs.

---

[15] John Locke, *An Essay Concerning Human Understanding,* Book II, Chapt. XXVIII, 7. und 12.

BERNHARD LYPP

EINE ANTICARTESIANISCHE VERSION DES SELBST
Zu Rousseaus Selbstgesprächen*

Reinhart Koselleck zum 60. Geburtstag

Das Interesse, das dem ‚Gespräch' und seinen verschiedenen Verfahrensweisen entgegengebracht wird, hat seinen Grund wohl in der Vermutung, daß sich in ihm eine unhintergehbare Form menschlicher Lebensdeutung wenn nicht verwirklichen, so doch wenigstens als Möglichkeit verankern läßt. Danach haben die problemlösende Diskussion strittiger Sachverhalte und der nach verbindlichen Normen des Handelns suchende Dialog ihre grundlegende Bedeutung darin, daß sich die Analytik von Sachverhalten und deren Mitteilungsform zu der Vision eines kommunikativen Universalismus vereinigen lassen. Ich möchte anhand eines Beispiels zeigen, daß eine extreme Variante des Gesprächs, das Selbstgespräch, eine ausgezeichnete Bedeutung erhält und zur Konstitution menschlicher Erfahrung geradezu nötig wird, wenn es nicht möglich ist, den Grund der Rationalität dieser Erfahrung in einem platonischen Ideal kommunikativen Universalismus zu suchen. Ein solches Ideal mag viele Voraussetzungen haben, eine ist aber von entscheidendem Gewicht. Diese besteht in der Behauptung, wissenschaftliche und lebenspraktische Deutungssysteme der Situation des Menschen ließen sich in der Einheit eines Ganges entfalten. Wenn man meint, eine solche Voraussetzung ließe sich unter den Bedingungen moderner Lebensverhältnisse nicht praktizieren, vertritt man zunächst eine historische These. Damit ist man nicht zu der Konsequenz gezwungen, den exemplarischen Charakter von Mitteilungsformen zu negieren. Ich möchte an einem historischen Beispiel zeigen, daß eine solche Sicht der Dinge unhaltbar wäre.

In den Gesprächen Rousseaus, deren Adressat sein eigenes Selbst ist, erhält eine von ihm durchgängig gebrauchte Gedankenfigur, die lautet, man müsse eine gegebene Situation als Mittel ihrer Überwindung nehmen, ihre einzig mögliche Plausibilität. Von einer allgemeinen Gedankenfigur verwandelt sie sich am Beispiel des Selbstgesprächs in eine bestimmte These; diese besagt, man müsse die Situation der Einsamkeit und Verlassenheit als Mittel der Selbstreflexion und als Weg zur Selbstfindung nehmen. Rousseau hat wie keiner der alten Modernen die Analyse des Menschen als eines psychischen Systems und dessen Entwicklungsmechanismen betrieben. Diese Analyse läßt sich aber erst im nachhinein psychologisieren und in eine scheinbare Konkretheit überführen. Es ist die genannte Gedankenfigur, die man als sein Mittel verstehen muß, einem aufklärerischen Psychologismus zuvorzukommen, indem sie den Menschen als ein metaphysisch zu bestimmendes Wesen vorzustellen zwingt. Rousseau bezeichnet sich zwar, indem er sich in das Glücksverlangen der Modernen hineinwühlt, als Geschichtsschreiber der menschlichen Seele und der Ausdrucksweisen, in denen sie sich zu einem selbstständig zu analysierenden System

---

* Für Hinweise und Fingerzeige zum Verständnis von Rousseaus Texten danke ich Birgit Bruning.

ausdifferenziert. Aber erst die Gedankenfigur, vermöge derer man den Menschen als ein metaphysisches Wesen bestimmen muß, macht es notwendig, die Gleichsetzung wissenschaftlicher und lebenspraktischer Deutungsversuche der Situation des Menschen zu verwerfen. Nach Rousseau muß man das Altern der Moderne sogar mit der wachsenden Unmöglichkeit zusammenbringen, die Artikulationsformen eines psychischen Systems als Zeichen zu interpretieren, die einen symptomatischen Wert haben und zugleich die metaphysische Situation des Menschen zur Darstellung bringen. Der Versuch, diese Verbindung nicht in psychologische Kommentare auf der einen, in Selbstdeutungen einer Individualität auf der anderen Seite zu zerschneiden, liegt in seinen Meditationen über die Folge der Zustände des eigenen Selbst vor. In diesen Versuchen wendet sich Rousseau einer erneuten Selbstaufklärung zu und bringt eine Version des Selbstseins zum Vorschein, die man als Vision einer unsichtbaren Persönlichkeit bezeichnen kann. Diese Vision findet in den Selbstgesprächen die ihr angemessene Mitteilungsform. In diesem rhetorischen Medium bringt Rousseau die Geschichte seiner selbst als sich bildender *Innerlichkeit* zum Abschluß. Wollte man sich zu dieser Geschichte in das Verhältnis des Geschichtsschreibers setzen, dann müßte man sie als ein Kapitel einer *Archäologie* moderner Subjektivität betrachten, das Rousseau in seinen Selbstgesprächen sichtbar werden läßt.

Ich will also Rousseaus Selbstgespräche als ‚Versuche' begreifen, in denen er den Prozeß der Bildung von Innerlichkeit zu einem Abschluß bringt. Diese Versuche sind durch die Zurückweisung der Annahme gekennzeichnet, die Wege, auf denen sich das Selbst zu einem innerlichen Verhältnis bildet, ließen sich als Erklärung der Bewegungsgesetze ausgedehnter Substanzen zur Darstellung bringen. Darin beruht ihr versuchsweiser Charakter. Das heißt aber nicht, daß ihnen kein gemeinsames Zentrum zukommen würde. Der zentrierende Punkt dieser Versuche ist vielmehr im Willen gegeben, die Macht der Persönlichkeit aus dieser selbst heraus zum Ausdruck zu bringen und in diesem Ausdruck eine Geschichte vorzustellen, die ihr eigenes Recht und einen unreduzierbaren Mitteilungswert besitzt. Das ist auch dann noch der Fall, wenn der Träger dieser Geschichte am Ende des Weges seiner Bildung nur in der Erinnerung seiner selbst ankommen kann. Rousseau hat nicht nur die Freiheit des Selbst erfunden, er hat auch das Faktum ihrer Unaushaltbarkeit zum Thema gemacht.

Die Selbstgespräche, in denen Rousseau eine Selbstbeziehung gewinnen und mitteilen will, sind nicht in der Auffassung begründet, man müsse die Situation der Einsamkeit, von welcher sie ihren Ausgang nehmen, als Beginn einer Operation auffassen, die die Begründung unerschütterlicher und geregelter Objekterkenntnis zum Ziele hat. Vielmehr sind sie als Aufforderungen zu verstehen, sich über sich selbst zu verständigen. Aufgrund dieses Sachverhalts stößt Rousseau auf die grundsätzliche Tatsache, daß jedes Programm solcher Selbstverständigung — die Maximen seiner Durchführung mögen so flexibel wie immer gehalten sein — in ein Selbstverhältnis übergehen und in der Person selbst gesetzt werden muß, wenn es zu einem wirklichen Motiv des Handelns werden soll. Im Gange solcher Verwirklichung muß das Selbst über Einsamkeit und Rebellion bis zu einem Punkt der *Indifferenz* sich selbst und anderen gegenüber gelangen. Diesen Punkt der Indifferenz will Rousseau in seinen Selbstgesprächen bezeichnen. Darin unterscheiden sie sich von seinen sonstigen autobiographischen Versuchen.

Der Fall des Daseins

Ich beziehe mich in der Darstellung der genannten Gesichtspunkte auf Rousseaus letzten Text, die *Rêveries du promeneur solitaire*. In diesem Text bringt er seine Versuche und Projekte, die Struktur und die Bewegungsgesetze der menschlichen Psyche anhand von Selbstanalysen aufzuklären und diese mit einer Diagnose moderner Lebensverhältnisse zu verbinden, zu einem Abschluß. In der *Erinnerung seiner selbst* will er eine Version des Selbst sichtbar werden lassen, die man als unsichtbare Persönlichkeit bezeichnen kann. Rousseau will zur Aufklärung dieser unsichtbaren Persönlichkeit gelangen, indem er sich willkürlich dem Schmerz der Einsamkeit und Verlassenheit unterwirft, um deren Ursachen in der Selbstreflexion nach und nach wegzuarbeiten. Die Formen dieser Selbsteinkehr und des erneuten Versuchs, sich unter den Bedingungen der Einsamkeit zu sich selbst in ein unerschütterliches Verhältnis zu bringen, gewinnen ihre Mitteilungsform im Selbstgespräch. Dieses artikuliert sich in *Meditationen* über die Möglichkeit dessen, was man hätte sein können und nicht geworden ist; sie sind aber auch als Reflexionen über den wirklichen Stand der Dinge und des eigenen Selbst zu werten. Die meditative Selbsteinkehr richtet sich nicht zuletzt gegen die von Rousseau selbst bis zum Exzess getriebene These, man müsse sich nur im aufrichtigen Bekenntnis offenbaren, um die Einheit der Persönlichkeit zugleich ins Verhältnis zu den anderen zu setzen. Demgegenüber meint er nun, die Bestimmung eigener Existenz sei in einem Grundverhältnis zu suchen, das man als Aufrichtigkeit sich selbst und anderen gegenüber nicht kennzeichnen kann.

Das Verhältnis der Persönlichkeit, das sich als ein ‚innerliches' charakterisieren läßt, muß von der Selbsterhaltung und der Daseinskontinuierung eines lebendigen Wesens unterschieden werden können. Mit der Hinfälligkeit der Natur und der Relativität gesellschaftlicher Verhältnisse kann diese Form der Erhaltung seiner selbst nämlich nicht zusammenbestehen. Rousseau hat zwar von der Selbsterhaltung eines sein Dasein empfindenden Wesens gehandelt, er hat sie sogar als eine natürliche Eigenschaft des Lebendigen gekennzeichnet. Die unsichtbare Macht der Persönlichkeit läßt sich aber durch eine solche natürliche Eigenschaft nicht ausreichend beschreiben. Darum muß man in der Suche nach der Struktur von Innerlichkeit und in den Versuchen, diese aufzuklären, einen Schritt weiter tun. Aus der Einsicht in diese Notwendigkeit entspringt die Gewißheit, daß die Maxime der Selbsterkenntnis, als deren Praxis Rousseau seine Geschichtsphilosophie konzipiert und in das Bekenntnis eigener Individualität überträgt, keine angemessene Verwirklichung gefunden hat. Man muß den Delphischen Imperativ, das ‚Erkenne dich selbst', darum als ganzen problematisieren – diese Folgerung zieht Rousseau in den Meditationen über die Zustände seines eigenen Selbst, die in seinem letzten Text vorliegen. Die Form der Selbsterkenntnis muß einen weiteren Charakter annehmen, als der es war, den er in der Geschichtsphilosophie und in dem Bekenntnis eigener Aufrichtigkeit praktiziert hat. Und diese Neubestimmung muß vollzogen werden, obgleich sich der Raum der Erfahrung des Selbst verengt hat, da sich seine Lebensbahn unabweisbar ihrem Ende nähert.

Der Einsatz dieser Betrachtungen ist in einem durchgängigen Skeptizismus und der existentiellen Verzweiflung gegeben. Diese sind in dem Ausruf bezeichnet, in dem Rousseau seine Meditationen eröffnet: ‚So bin ich denn nun allein auf Erden' („Me voici donc seul sur la terre"[1]). Es ist nicht möglich, dieses Faktum zum Gegenstand eines Berichts zu nehmen. Es läßt sich nicht als eine Situation kennzeichnen, von der nun endlich vorurteilslose und gewisse Erkenntnisse über das Dasein der materiellen Dinge, über Gott und die Unsterblichkeit der Seele ihren Anfang nehmen können. Man kann die Erschütterung, die in diesem Ausruf zum Ausdruck kommt, nicht zum methodischen Zweifel umbiegen und die existentielle Verzweiflung nicht in methodischen Operationen der Erkenntnis einklammern. Darum ist der methodische Individualismus, der sich in solchen Verfahren vollzieht, vom existentiellen Individualismus, den der Ausruf der Einsamkeit zum Ausdruck bringt, unterschieden. Die Faktizität von Einsamkeit und Verlassenheit erfordert die Selbstdeutung und die Praxis eines Selbstverhältnisses von Beginn an. Rousseau erinnert sich in dieser anticartesianischen Wende der skeptischen ‚Versuche' Montaignes und stellt seine Meditationen über das Faktum seiner Existenz und die unabweisbare Kontingenz menschlichen Daseins in deren Nachfolge.

Die Grundlosigkeit eigener Existenz, die sich in die Erschütterung über Einsamkeit und Verlassenheit wendet, beschreibt Rousseau in seiner zweiten Meditation, indem er ein Datum erzählt und diese Erzählung zu einer Parabel stilisiert. Das Thema dieser Stilisierung ist das Dasein als grundloser Fall. Rousseau erzählt ihn als eine Begebenheit, die sich an einen seiner Spaziergänge anschloß, nicht ohne die Bemerkung zu unterdrücken, diese Begebenheit sei einem unvorhersehbaren Zufall gleichzusetzen. Plötzlich nämlich sieht er sich einer vor einer Kutsche herjagenden dänischen Dogge konfrontiert, er kann ihr nicht ausweichen und wird von ihr zu Boden geschleudert. In diesem Zusammenstoß kommt eine Kette von ursächlich miteinander verbundenen Ereignissen zur Wirkung, und dennoch kann er nur als ein absurder und grundloser Zufall verstanden werden. So wie der Zusammenstoß zufällig erfolgt, so ist man in die kontingenten Umstände des Daseins geworfen. Rousseau meint sogar, man könne diesen Fall gar nicht empfinden, man könne sich erst nachträglich zu ihm in ein Verhältnis setzen. Er geschehe einem im Zustand der Bewußtlosigkeit. Da kann es nicht helfen, die Bewegungen in Erfahrung zu bringen und von den Umständen zu wissen, die den Zusammenstoß und den Fall der Körper herbeigeführt haben. Über seine Grundlosigkeit kommt man damit nicht hinweg. Der parabolische Charakter, den Rousseau in die Episode des Zusammenstoßes mit der dänischen Dogge hineinliest, läßt sich als Erfahrung der Grundlosigkeit an beliebig vielen Beispielen und Ereignissen, aus denen die Bahn einer Biographie besteht, veranschaulichen.

Es muß ein derartiger unausweichlicher Zufall gewesen sein, der nach Rousseaus Geschichtsphilosophie die Menschen veranlaßte, in die Ordnung einer bürgerlich-politischen Gesellschaft zu flüchten. Diese Flucht hat aber, einmal geschehen, den Charakter einer notwendigen Ereignisfolge angenommen. Aufgrund ihrer faktischen Notwendigkeit bringt sie dann Mechanismen der Abwehr gegen Zufälle jeder Art hervor. Obgleich dies nun alles mit Notwendigkeit geschieht, muß man doch sehen, daß alles hätte anders kommen können, als es tatsächlich gekommen ist. Rousseau behauptet schon in seiner politischen Theorie, es sei ein naturalistischer Fehlschluß, von der faktisch eingerichteten bürgerlichen Gesellschaft aus auf die Notwendigkeit ihrer Entstehung zurückzuschließen.

---

[1] J.J. Rousseau, *Les Rêveries du promeneur solitaire*, in *Œuvres Complètes* (Ed. de la Pléiade), Bd I, S. 995 (*Rêveries*).

Ein solches Verfahren kann nur dazu führen, daß man einmal entstandene Lebensverhältnisse mit dem Schein der Legitimität umgeben muß. Den Spitzfindigkeiten der Vernunft wird es immer gelingen, nachträgliche Legitimationen für vollzogene Entwicklungen zu finden. Es ist das Ziel von Rousseaus Meditationen, im Hinblick auf die Folge eigener Daseinszustände auf deren nachträgliche Legitimation zu verzichten und die Bewegung der Flucht in diese zu unterbrechen. Dieser Verzicht kennzeichnet den exterritorialen Charakter seiner Meditationen.

Die Richtung der Flucht vor einem dem Zufall ausgesetzten Leben erfolgt zunächst einmal in mechanisch ablaufenden Bewegungen. Ihre Ausgangsbedingungen entsprechen der Beziehung physischer Körper, die in dem Zusammenstoß der dänischen Dogge mit dem einsamen Spaziergänger gegeben ist. Als ein denkendes Wesen reagiert man aber auf den Zusammenstoß der Körper und reflektiert ihn, um sich vor seiner Wiederholung zu schützen. Im Gebrauch der Mittel, die man zu diesem Schutz einsetzt, ist die natürliche Freiheit des Menschen als seine physische Ungebundenheit unterbrochen. Alle weiteren Handlungen, mögen sie den Lebenslauf eines Einzelnen oder die Geschichte eines Verbandes von Individuen betreffen, sind darum auch den Handelnden als ihre Taten zuzurechnen. Sie sind Ausdrücke ihres Willens. Im Rahmen einer solchen Vorstellung von der Geschichte des Menschen läßt sich dann auch zeigen, daß sich seine Willensausdrücke in eine Folge von Handlungen nach Maßgabe egoistischer Selbsterhaltung umbilden können, welche ihrerseits in den Verhältnissen der bürgerlich-politischen Gesellschaft zur universalen Geltung kommen. Sie haben dann den Schein der Notwendigkeit. Mag sich dieser so undurchdringlich wie immer darstellen, so geht er doch auf die Wahl der Mittel zur Beherrschung eines unbegreifbaren Zufalls zurück.

Rousseau möchte in den Meditationen seiner selbst den Gang der Ereignisse, der mit Notwendigkeit zu den Formen egoistischer Selbsterhaltung zu führen scheint, offen halten; schließlich möchte er ihn sogar umkehren. Er weiß zu berichten, daß er nach seinem Sturz zu einer Selbstempfindung erwacht sei, die sich erst in der nachträglichen Selbstbeobachtung und in den Reflexionen über die Folgen des Unfalls verloren habe. Die Tatsache dieses Selbstgefühls, das sich erst im Bericht über den eigenen Fall verliert, stellt Rousseau als eine Gegenwendung gegen die zu Beginn des zweiten Spaziergangs geäußerte Verzweiflung, in welcher er sein Altern und seinen unaufhaltsamen Verfall feststellt: ‚ich sterbe, ohne gelebt zu haben' („je meurs sans avoir vécu"[2]) – in dieser Feststellung setzt sich die Erschütterung über die Verlassenheit fort, mit der seine Meditationen über die Kontingenz des Daseins beginnen. Es ist eigentümlich, daß sich genau diese Sorge in dem Gefühl eigener Existenz, welches dem Fall seines Körpers auf das Straßenpflaster folgte, verloren hat. Umgekehrt ist es so, daß sich nun erst die Nachricht verbreitet, Rousseau sei an den Folgen eines Unfalls gestorben. So ist die Hinfälligkeit des Lebens eigentlich als eine soziale Zuschreibung und als eine Konsequenz der Reflexion zu betrachten, in der man solche Zuschreibungen verinnerlicht. Rousseaus Meditationen haben zuletzt eigentlich nur den einen Zweck, sich ein Verhältnis zu sich selbst vorzustellen, in dem der Schmerz, den man sich in der Reflexion und der Selbstbeobachtung antut, aufgehoben ist.

---

[2] *Rêveries* S. 1004.

Aufgrund dieser Richtung, welche die Gespräche Rousseaus mit sich selbst nehmen, muß man das Selbstverhältnis, welches sie zum Ausdruck bringen, von der Selbstbeobachtung unterscheiden. Rousseau will einen Unterschied zwischen den Erinnerungen seiner selbst und der ‚traurigen Wissenschaft' („triste science"[3]) des Selbst machen. Diese besteht eben in der Selbstbeobachtung und der Reflexion über die eigenen körperlichen Zustände. Ist man einmal auf eine introspektionistische Psychologie festgelegt, dann wird man sich auch in ihren Abgründen verlieren, indem man sich fortwährend gegen diese behaupten muß. Rousseau will die Erinnerungen seiner selbst an die Stelle der Selbstbeobachtung setzen. Indem er das tut, will er sich von sich selbst distanzieren. Zwar sind auch die Meditationen über die unabweisbare Kontingenz eigenen Daseins Versuche der Bestimmung dessen, was man ‚von Natur' aus ist. Aber diese Bestimmung ist als Wende gegen die Selbstrechtfertigung zu verstehen, zu der er das Bekenntnis eigener Aufrichtigkeit und Wahrhaftigkeit gesteigert hat. In der Bestimmung dessen, was man von Natur aus ist, liegt der weiteste Anspruch seiner Meditationen vor. Dieser ist nicht an dem Widerruf der eigenen Projekte und Selbstdeutungen orientiert. Aber sie müssen ihre Nützlichkeit in bezug auf das Verständnis und die Aufklärung des eigenen Lebenslaufs erst einmal erweisen. Rousseau will sich in solchen Überlegungen zugleich der öffentlichen Polemik und der aufgeklärten Besserwisserei, von denen er selbst ein Teil ist, entziehen. Obgleich er wie kein anderer seiner Zeitgenossen den Prozeß der Selbstfindung als öffentlichen begriff, stellt er nun fest, daß es für diesen Prozeß gar keine verbindliche Mitteilungsform gibt. Indem er zu seinen Projekten in ein distanziertes Verhältnis tritt, stellt sich überhaupt erst die Notwendigkeit ein, sich über die Situation eines modernen Autors Rechenschaft zu geben.

Rousseau setzt die Geschichte seiner Autorschaft von literarischen und philosophischen Werken in die Parabel vom Fall des Daseins ein. Mit seinem Eintritt in eine literarische Laufbahn ist er von seiner ‚natürlichen' Bestimmung abgewichen. Erst in den Reflexionen, welche diese Abweichung begleitet haben, ist auch das Verhältnis der *Schuldigkeit* sich selbst und anderen gegenüber entstanden. Dieses Verhältnis, das in den modernen Wissenschaften und Künsten insgesamt zum Ausdruck kommt, kann vielleicht gar nicht ertragen werden. In seinen Selbstgesprächen will er nun dem endlichen Schicksal dieser Reflexionen zuvorkommen. Und ein solches Schicksal ist erst dann gegeben, wenn es keine verbindliche Mitteilungsform gibt, in deren Rahmen sich die Künste und Wissenschaften bewegen können. Rousseau meint, er formuliere in dieser Einsicht die Situation eines jeden modernen Autors.

Aufgrund dieser Einsicht, die die literarischen und philosophischen Projekte Rousseaus immer begleitet hat, mußte er mit Notwendigkeit in den Streit mit den neuen Philosophen geraten. In der enzyklopädischen Allerweltsaufklärung, die diese praktizieren, liegt eine trostlose Vernünftelei vor, die ihren Gegensatz, die besessene Inspiriertheit, immer mit sich führen wird. Rousseau möchte diesen falschen Universalismus entlarven. Deshalb erinnert er sich der ‚Versuche' Montaignes, um deren Skeptizismus gegen die dogmatische Aufklärung zu stellen und zum ‚sich vollbringenden' zu steigern. In der Steigerung des Skeptizismus sucht Rousseau die Heilung von ihm; in der Steigerung des Skeptizismus

---

[3] *Rêveries* S. 1001.

praktiziert er die Gedankenfigur, welche besagt, man müsse die Übel einer gegebenen Situation als Mittel der Heilung von ihnen nehmen.

Die Freiheit der Aufrichtigkeit

Rousseau holt in seinen Meditationen die Projekte und Entwürfe zurück, aufgrund derer er Anhänger und Gegner gefunden hat. Er erinnert sich seines *Emile,* dessen Erziehungslehre im Glaubensbekenntnis des Savoyischen Vikars zusammengezogen ist; und er bezieht sich auf seine Selbstdarstellung, die, wie er in den *Confessions* betont hat, das aufrichtige und wahrhaftige Verhältnis zu sich selbst der Mitwelt offenbaren sollte. Er stellt sich die Frage, welchen Nutzen diese Projekte eigentlich ihm selbst gebracht haben und pointiert sie zu dem systematischen Problem, wie denn ein Programm, das man in der Lehre vertritt, in ein datierendes Selbstverhältnis und in eine affirmative Selbstdeutung übergehen kann. Rousseau hat immer die These vertreten, daß sich dieser Übergang nicht mit Sicherheit ausrechnen läßt. Zumal anhand seines Lieblingsprojektes, anhand der Glaubensartikel, in denen der Savoyische Vikar die Konzeption einer natürlichen Religion vorstellt, ergibt sich die Frage nach ihrem Übergang in ein Selbstverhältnis mit zwingender Notwendigkeit. Unter günstigen Umständen können die Grundsätze der natürlichen Religion eine Umkehr in der Denkungsart der Menschen bewirken; beantwortet wäre die Frage nach den Gründen ihres Zustandekommens aber dadurch nicht. Man wüßte nicht, wie sie eigentlich zur Wirkung gekommen ist. Die Lücke im Prozeß der Verwirklichung eines Erziehungsprogramms macht deutlich, daß dieser sich von den Absichten, die ihn geleitet haben, lösen, sogar in den Gegensatz zu ihnen treten kann.

Die Grundsätze der natürlichen Religion leben geradezu davon, daß die Möglichkeit ihrer Anwendung offen bleibt. Darin ist das Basisproblem jeder Erziehung bezeichnet. Daß Rousseau zu diesem Basisproblem überhaupt vorgedrungen ist, muß die wütenden Reaktionen auf sein Erziehungsprogramm von Seiten der kirchlichen Orthodoxie und der dogmatischen Aufklärung hervorgerufen haben. Die grundlegenden Maximen einer Erziehungskonzeption mögen nämlich in Hinsicht auf ihre situationsgebundene Anwendung so flexibel wie immer gehalten sein, man kann sogar versuchen, sie der menschlichen Natur gemäß oder den gesellschaftlichen Umständen entsprechend zu formulieren, so bleiben sie dennoch leer, wenn sie demjenigen, an den sie gerichtet sind, nicht selbst *subjektiv* werden. Rousseau will diesen Hiatus, der sich zwischen einem Erziehungsprogramm und seiner Anwendung auftut, in seinen Meditationen wenigstens in der Selbstanwendung überbrücken. Die Bedingung ihrer subjektiven Erfüllung ist aber zunächst einmal der praktizierte Skeptizismus. Nur die skeptische Verzweiflung kann die Veranlassung sein, nach einer grundsätzlichen Selbstdeutung überhaupt zu suchen.

Die Situation der Veranlassung der Grundsätze, welche als ganze die natürliche Religion ausmachen, läßt sich in folgendem Satz benennen: es ist dem Menschen wesentlich, lieber noch sich zu täuschen als nicht zu glauben. Diese Tatsache hat die enzyklopädische Aufklärung nicht erkannt. Sie hat nicht gesehen, daß sich die Deutungssysteme, die aufgrund dieser Tatsache erforderlich werden, nicht mit den Fähigkeiten und Kenntnissen des Menschen im Umgang mit der Natur und seinen gesellschaftlichen Einrichtungen gleichsetzen lassen. Auch ist der methodisch-artifizielle Zweifel, wird er als ein solches Deutungssystem genommen, unaushaltbar. Dieser Unaushaltbarkeit setzt Rousseau die Glaubensartikel der natürlichen Religion entgegen und läßt sie den Savoyischen Vikar, einen Mann des Friedens und der moralischen Überzeugungskraft, im *Lehrgespräch* vertreten. Dieser grenzt das Lehrgespräch von der gelehrten Disputation und der erkenntniskritischen Operation ab. Die Wahl seines methodischen Mittels läßt sich von der Bedeutung der vorgetragenen Grundsätze des Handelns nicht lösen. Im Lehrgespräch sollen die Prozesse der begrifflichen Beschreibung von Sachverhalten, die Urteile über den faktischen Lauf und die Natur der Dinge mit den Formen zusammengreifen, in denen Lehrender und Lernender zu diesen in ein deutendes Verhältnis treten. Der Gesichtspunkt aber, unter dessen Geltung sie im Lehrgespräch zusammengeführt werden, ist die Wichtigkeit des Wissens für den Lernenden selbst. Er muß das von ihm erworbene Wissen in einem Selbstverhältnis praktizieren. Das wird man aber nicht erreichen, wenn man in einer neutralen Sprache auf die Natur und die Entwicklung der Dinge Bezug nimmt. Ebensowenig kann der orientierende Bezugspunkt des Lehrgesprächs in die kanonische Bedeutung schriftlich fixierter und dogmatisch zu vertretender Lebensweisheit gelegt werden. Aus solchen Formen positiven Wissens wird sich niemals ein innerliches Verhältnis des Lernenden zu sich selbst ergeben.

Die Glaubensartikel der natürlichen Religion sind mit Notwendigkeit an ihre mündliche Mitteilungsform gebunden. Der Savoyische Vikar verweist am Ende ihrer Präsentation auf Sokrates und Jesus und stellt sie als Lehrer einer reinen, d.i. nicht schriftlich fixierten und dem Streit um die richtige Auslegung unterworfenen Moral vor. Sokrates und Jesus haben keine Gelehrten- und keine Priesterreligion vertreten. Man muß sehen, daß ihre Lehre eigentlich nur in der Vorführung einer Lebenspraxis und in ihrem vorbildlichen Charakter besteht. Rousseau polemisiert auch in anderen Kontexten gegen Lehrsysteme, deren Maximen nicht in der mündlichen Rede vermittelt werden können. Er polemisiert gegen sie, sobald sie nur als institutionalisierte Auslegungssysteme schriftlich fixierter Bedeutungen in Erscheinung treten. Darin wiederholt er die Platonische Herabsetzung der Schrift gegenüber der lebendigen Rede und der in ihr ausgetragenen agonalen Lebensperspektiven. Er tut dies aber mit dem Zusatz, daß auch die mündliche Rede ihre Verwirklichung offen lassen muß, weil sie ihre Platonische Verbindlichkeit verloren hat. Es ist ein Faktum, daß die öffentlich-politische Rede in modernen Gesellschaften nicht in ihr selbst ihr Bestehen hat; sie ist bloßer Ausdruck von gegebenen Verhältnissen und kann als Instrument politischer Verführung gebraucht werden. Wenn Rousseau meint, eine politische Rede könne nur auf einem öffentlichen Platz, dessen Ausmaße die Reichweite der menschlichen Stimme nicht übersteigt, ihre Wirksamkeit entfalten, dann votiert er nicht für einen politischen Romantizismus, sondern er beharrt auf der Möglichkeit der *Selbstkonstitution* einer politischen Organisation. Das ist genau jenes Verhältnis, zu dem das Lehrgespräch, in dem der Savoyische Vikar die Grundsätze natürlicher Religion vorstellt, den Zuhörer auffordert.

Selbstkonstitution kann man auch als eine Umschreibung für *Freiheit* auffassen. Daß ihre Verwirklichung als ein Verhältnis der Bürger zu sich selbst Hand in Hand mit der Einrichtung öffentlicher Lebensformen gehen muß, hat Rousseau in seiner politischen Theorie zum Ausdruck gebracht. Im Lehrgespräch des Savoyischen Vikars ist der Möglichkeit der Selbstkonstitution des Lernenden in dem Grundsatz der Freiheit des Willens Rechnung getragen. Kann diese Selbstkonstitution nicht vollzogen werden, kann die These von der Freiheit des Willens nicht zu einem *Datum* für denjenigen werden, an den sich das Lehrgespräch wendet, dann ist das in ihm vorgetragene Erziehungsprogramm nichtig. Rousseau erinnert sich in den Meditationen seiner selbst an die Situation der Verzweiflung, die zu seiner Erziehungskonzeption Anlaß gegeben hat; er stellt sich nun die Frage, wie sie denn in der Selbstanwendung zu einem datierenden Verhältnis für ihn selbst werden kann. In diesen Erinnerungen haben nun seine selbstanalytischen Projekte, zumal die *Confessions,* eine entscheidende Stelle inne. In diesen ist er als Person vor die Öffentlichkeit getreten, indem er der Voraussetzung zustimmte, das Selbst ließe sich nur zugleich mit seinem Verhältnis zu anderen aufklären. In dieser Form der Selbstanalyse hat er Deutungsfiguren psychischer Differenzierung erfunden, von denen eine sich selbst thematisierende Moderne in immer größerer Beschleunigung Gebrauch gemacht hat. Rousseau hat als Kriterium ihrer Wahrheit und zugleich als Punkt der Einheit einer Person allein die *Aufrichtigkeit* ihrer Mitteilung genommen.

Aufrichtigkeit als ein Verhältnis zu sich selbst ist auch jenes Kriterium, anhand dessen die Grundsätze natürlicher Religion in die Selbstkonstitution übergehen. In der Aufrichtigkeit erfahren diese Grundsätze, die in der Behauptung der Willensfreiheit kulminieren, ihre Verwirklichung; in dieser Einstellung werden sie demjenigen, an den sie gerichtet sind, subjektiv. Rousseau kennzeichnet diese Verwirklichung der Freiheit als Fähigkeit, eine moralische Gesinnung haben zu können; diese zeigt sich als Zustimmung zu sich selbst und den anderen ‚in der Aufrichtigkeit des Herzens' („dans la sincérité de mon cœur"[4]). Darum kann Rousseau meinen, er habe in seinen Bekenntnissen, in denen er sich als Individualität in das Verhältnis der Aufrichtigkeit zu sich selbst und den anderen setzt, im Grunde nur den entscheidenden Grundsatz der natürlichen Religion, die Freiheit des Willens, vollzogen. Dieser Vollzug ist nicht durch den Glauben an dogmatische Lehrsätze einer positiven Religion gesteuert, sondern im Kriterium der Freiheit selbst verankert. Als ein innerlich gewordener Selbstvollzug begleitet die Freiheit dann die verschiedenen Lebenslagen des Individuums; die Einheit einer Person ist in der Fähigkeit zu suchen, eine moralische Gesinnung haben und äußern zu können.

Mit Hinsicht auf sich als Person ist man aufgrund dieses Kriteriums nicht frei, das eigene Wohl nicht zu wollen. Man ist ebenfalls nicht frei, das Unheil der anderen zu wollen – niemand könnte beiden Möglichkeiten in der Aufrichtigkeit seines Herzens zustimmen. Diese ist eine Vollzugsform des *Gewissens.* Will man sich in Übereinstimmung mit sich selbst bewegen, dann muß man der Stimme seines Gewissens gegenüber aufrichtig sein. Indem man auf diese hört, lernt man zwischen guten und bösen Taten zu unterscheiden. Die Unaufrichtigkeit ist darum ein Zeichen von Korruption, weil in ihr das Leben als ein gewissenhaftes verletzt ist. Darum muß man den Weg, auf dem sich ein Individuum zur Einheit einer Persönlichkeit formt, als ein Geschehen bezeichnen, das sich zu einer vorbehaltlosen Lebensbeichte verdichten läßt. Es geht in der Verdichtung dieses Weges weniger um einen Bericht von Lebensepisoden als um die Erforschung guter und böser Taten einer Person. Durch das Gewissen ist man darauf festgelegt, sein eigener und

---

[4] J.J. Rousseau, *Emile,* in *Œuvres Complètes* (ed. de la Pléiade), Bd IV, S. 57c (*Emile*).

der ‚Großinquisitor' der anderen zu sein[5]. Das ist aber eine trostlose Verwirklichung der Freiheit. Rousseau nennt sie nun die traurige Wissenschaft des Selbst; in dieser *verkehrt* sich das Kriterium der Freiheit des Menschen in ein Symptom seiner Unfreiheit.

Im Verlauf der Entwicklung der Grundsätze natürlicher Religion legt Rousseau dem Savoyischen Vikar ein Bild in den Mund, in dem dieser der Verkehrung der Freiheit in der Praxis der Aufrichtigkeit zuvorkommen will. Diese Verkehrung ist nämlich dann gegeben, wenn sich die Person im Bekenntnis der eigenen Aufrichtigkeit selbst zum Zentrum der bestehenden Ordnung der Dinge macht. Rousseau will anhand dieses Bildes zugleich den Unterschied in der Bedeutung von ‚Gut' und ‚Böse' verständlich machen. Eine böse Handlung ist jene, in der sich der Handelnde selbst zum Mittelpunkt der Natur der Dinge nimmt. Der gute Mensch dagegen, den Rousseau ins Dasein zwingen will, ‚mißt seinen Halbmesser und hält sich an der Peripherie. Alsdann ist er in Beziehung auf den gemeinsamen Mittelpunkt, welcher Gott ist, und in Beziehung auf alle konzentrischen Kreise, welche die Geschöpfe sind, eingeordnet' („(...) mesure son rayon et se tient à la circonférence. Alors il est ordonné par rapport au centre commun qui est Dieu, et par rapport à tous les cercles concentriques qui sont les créatures."[6]).

Daraus kann man folgern, daß der gute Mensch, wenn es diesen Mittelpunkt nicht gibt, in Beziehung auf den seine Handlungen gut sind, ein Dummkopf ist, da mag er so aufrichtig sein wie er will. Jener aber, der sich von Beginn an über diese Relation hinwegsetzt, handelt, wenn nicht gut, so doch vernünftig. Auch die Formen, in denen man die Natur der Dinge beurteilt, sind von dieser Grundentscheidung abhängig. Diese ist aber auf eine Unbekannte gebaut. In der Parabel vom Dasein als einem grundlosen Fall, die Rousseaus Meditationen einleitet, kommt diese Unbekanntheit zum Ausdruck. Will man die Kausalität dieses Falles überwinden, dann kann dies nicht in einer Selbstgewißheit geschehen, die nur darum als ein Verhältnis der Freiheit bestimmt werden kann, weil sie sich zum Adressaten ihrer selbst nimmt. Darum vermutet Rousseau in der Erinnerung seiner selbst, die Freiheit der Aufrichtigkeit sei in undurchsichtiger Weise mit der ‚Eigenliebe' verbunden. In einer seiner Meditationen will er allein diese Verbindung deutlich werden lassen. Wenn sie zutrifft, dann fällt der Schatten der Eigenliebe auch auf das Kriterium der Freiheit zurück, das Rousseau in seinen eigenen Projekten und Entwürfen in Anspruch genommen hat. Das Dilemma, in das die Aufrichtigkeit des Bekenntnisses eigener Individualität gerät, deutet sich schon in dem Rahmen der Grundsätze natürlicher Religion an. Die These der Willensfreiheit des Menschen bestimmt sich nämlich dahingehend, daß er die Freiheit der Wahl zwischen guten und bösen Handlungen hat. Er kann demnach seine Freiheit auch in Handlungen verwirklichen, die dem Gewissen zuwiderlaufen, mag er diese dann auch in der Aufrichtigkeit als schuldhafte bekennen. Die Ordnung der Dinge ist aber durch das aufrichtige Bekenntnis einer Schuld nicht restituierbar. So läßt sich das Kriterium der Freiheit, die Aufrichtigkeit des Herzens, in Wahrheit nur als ein kathartischer Prozeß beschreiben. In Wahrheit wird die Freiheit der Aufrichtigkeit als ein Selbst-

---

[5] Diese Formulierung verdanke ich O. Marquard, der sie in der Diskussion der Thesen dieser hier vorgelegten Abhandlung gebraucht hat, um anhand ihrer die Gnadenlosigkeit eines ‚aufrichtigen' Selbstreinigungsprozesses zu bezeichnen.
[6] *Emile* S. 602.

reinigungsprozeß vollzogen. Dieser macht die Kontinuität der Persönlichkeit aus, die sich im Bekenntnis ihrer selbst zu sich selbst verhält. Ein gnadenloser Selbstreinigungsprozeß muß zudem der Möglichkeit zuvorkommen, daß Aufrichtigkeit und Unaufrichtigkeit sich einander nähern, sogar zusammenfallen können.

Rousseau potenziert diesen Selbstreinigungsprozeß noch zu seinen analytischen *Dialogues*. Diese Dialoge sind nur die Fortsetzung der Selbstbeziehung, die sich im aufrichtigen Bekenntnis der Individualität vollziehen läßt. Sie wollen das Verständnis für die eigene Individualität gegenüber den externen Weisen ihrer Wahrnehmung erzwingen. Die Dialoge, die Rousseau praktiziert, sind zu verstehen als die Behauptung grundsätzlicher *Differenz*, die in dem Verhältnis einer sich auf sich selbst beziehenden Individualität zu den anderen vorliegt. Darum vollzieht er in diesen Dialogen die Trennung zwischen den Formen der Selbstdeutung dieser Individualität und den Rollen, vermöge derer sie sich als öffentliche Person bestimmen läßt. Die Entscheidung über die Richtigkeit dieser Trennung muß aber einem Wesen vorbehalten bleiben, das in den Prozeß dieser Trennung selbst nicht eingreifen kann. Die Parteien, die sich in ihm gegenüberstehen, können ihn selbsttätig nicht zu Ende führen. Man muß sich sogar vorstellen, daß Rousseau die Ansätze seiner Ethik des Mitleids weniger als eine grundlegende Form gesellschaftlichen Austauschs konzipiert hat; er betrachtet sie vielmehr als ein Mittel, den gnadenlosen Prozeß der Individualisierung und dessen erzwungene Aufrichtigkeit zu mildern. Das Mitleid ist ein Zurückschrecken vor den Konsequenzen dieses Prozesses, die sich die Individualität selbst abverlangt. Zugleich ist es als ein Mittel der Distanzierung von ihr als je einzelner zu verstehen.

In den Meditationen über die Folge der Zustände seiner selbst sucht Rousseau nach einer anderen Verwirklichung der Freiheit als es im Bekenntnis eigener Aufrichtigkeit geschehen kann; er erkennt, daß die Verwirklichung der Grundsätze, in denen die natürliche Religion ausgedrückt ist, von Neuem beginnen muß. Rousseau verbindet diesen Neubeginn mit der Frage nach sich selbst und der Bestimmung der eigenen Lage. Darum eröffnet er seine Meditationen mit dem Ausruf seiner Einsamkeit und zugleich mit der Äußerung des Willens, ein Selbstverhältnis zu praktizieren, das in ihm selbst Bestand haben kann. Dieser Wille läßt sich eben nur in den artifiziellen Mechanismen der Erinnerung seiner selbst repräsentieren. Diese müssen an die Stelle des Bekenntnisses eigener Aufrichtigkeit und des Prozesses der Selbstrechtfertigung treten. So ist der Ausruf ‚So bin ich denn nun allein auf Erden' als das endliche Resultat des Selbstverhältnisses zu verstehen, das sich im Bekenntnis eigener Individualität verwirklicht hat.

Die Freiheit der Indifferenz

In seinem letzten Text versucht Rousseau, sein Selbst als ein Verhältnis vorzustellen, das affirmativ in sich ist und seine Differenzierung nicht im Hinblick auf andere suchen muß. Er will diesen affirmativen Selbstbezug dem Prozeß entziehen, in dem man sich zu einer öffentlich wahrnehmbaren Person macht. Rousseau hält an der Behauptung fest, die öffentliche Person sei als ein Ensemble von Masken eines innerlichen Verhältnisses zu verstehen. Man muß nur nicht gegen diese Maskierungen anprozessieren wollen, indem man seine Aufrichtigkeit als Verwirklichung der Freiheit hervorkehrt. Das Verhältnis zu sich selbst, in dem sich die Grundsätze natürlicher Religion verwirklichen lassen, muß man darum als Freiheit der *Indifferenz* vollziehen. Die meditativen Selbstgespräche dienen nun nur dem einen Zweck, die Erschütterung über den Fall des eigenen Daseins in die Erinnerung eines Verhältnisses zu wenden, das mit Hinsicht auf das eigene Selbst und die anderen einen *gleichgültigen* Charakter hat. In den Erinnerungen seiner selbst muß man sich demgemäß erst einmal zu einem Stein machen, um in dieser Versteinerung die eigene Kontingenz zu überbieten. Darum sind die Meditationen Rousseaus, in denen er mit dieser Möglichkeit des Selbstbezugs experimentiert, als Einübungen in die Leidenschaftslosigkeit zu verstehen. In den Erinnerungen seiner selbst will er eine Selbstgenügsamkeit erreichen, die man als ein autarkes, ein in sich selbst ruhendes Verhältnis bezeichnen kann. Dieses Verhältnis nennt er die ‚Selbstliebe', indem er es von den Relationen abgrenzt, aufgrund derer man sich als je einzelnes Individuum zu verstehen hat. Ein Verhältnis der Indifferenz ist dieses darum, weil es nicht als Sorge um die eigene Selbsterhaltung beschrieben werden kann. Selbstliebe und Selbsterhaltung, begreift man die letzte nun als den natürlichen Instinkt eines lebendigen Wesens oder als Einheit der Aufrichtigkeit, die in der moralischen Gesinnung einer Person gegeben ist, haben einen verschiedenen Bedeutungsumfang.

Das Verhältnis der Selbstliebe ist zu verstehen als die einzig mögliche Anzeige auf eine Dauer, in welcher die Kontingenz faktischer Lebensumstände *suspendiert* ist. Dieses Grundverhältnis kann also nicht als einfache Einwilligung in den Zufall verstanden werden. Es ist ein Verhältnis, das entsteht, wenn man nicht von der Voraussetzung ausgehen kann, das Selbst sei eine Substanz und darum unzerstörbar, ganz gleich ob man diese als ausgedehnt oder als immateriell bestimmt. Rousseau läßt einen der Grundsätze der natürlichen Religion, die Unsterblichkeit der Seele, erst einmal fallen; oder vielmehr ist es so, daß er über seine Bedeutung jetzt erst zu reflektieren beginnt; er betrachtet ihn nicht als eine Folge, die mit der Behauptung der Freiheit des Willens schon gegeben ist, wie es in dem Lehrgespräch des Savoyischen Vikars geschehen ist.

Rousseau imaginiert in seinen Meditationen ein Verhältnis der Dauer zu sich selbst und will die Anzeichen solcher Dauer und Autarkie auch in den Objekten äußerer Natur wiederfinden. Er grenzt den Bericht über die Tatsachen, aus denen ein Lebenslauf besteht, die Aufrichtigkeit des Bekenntnisses, in denen er sich zur Einheit einer moralischen Gesinnung zusammenfügen läßt und die Erdichtungen, in denen die Freiheit der Indifferenz ihren Ausdruck findet, voneinander ab. In dieser Abgrenzung will er dem Schicksal der eigenen Entwürfe und Projekte zuvorkommen, er will sich in den Fiktionen seiner selbst der eigenen Kontingenz in Gestalt der Psychologisierung seiner Projekte entziehen, obgleich er diese doch selbst betrieben hat. In dem Versuch, sich in der Erinnerung seiner selbst der Psychologisierung seines Selbst zu entziehen, nimmt die Restitution der Teleologie der Natur eine entscheidende Stelle ein. Versteht man die Natur als ein selbstbezügliches System, dann wird man sich auch selbst, indem man ein Teil von ihr ist, so verstehen. Erst dann wird man sich in der Selbstliebe auf das beziehen, was man von Natur aus ist. Man darf diese Restitution der Teleologie aber nicht so verstehen, als bringe sie einen natürlichen Determinismus zur Geltung. Die Rousseausche Restitution der Teleologie der Natur ist artifiziell durch und durch und so ist auch das Verhältnis, das man in der Erinnerung dessen erreicht, was man von Natur aus ist, ein artifizielles.

Rousseau vollzieht die Restitution der Teleologie der Natur, indem er zwischen der ‚Pharmazeutik' und der ‚Botanik' unterscheidet. Aufgrund dieser Unterscheidung ersetzt er die Beobachtung der Natur als eines Haushalts, der der Erhaltung des Menschen dient oder diese gefährdet, durch die *Betrachtung* ihrer eigentümlichen Formationen. Diese Betrachtung findet ihren Höhepunkt darin, daß er die Natur als ‚Schauspiel' („spectacle") bezeichnet. Sie ist ein artifizieller Haushalt, der aber nicht nach willkürlichen Zwecksetzungen geordnet ist. Man kann ihn nicht einmal begreifen, indem man seine Gestalten in einem ‚System' der Natur zusammenfaßt. Die Klänge und die Gestalten dieses Systems haben alle einen gleich gültigen Charakter. Es kommt den Objekten der Natur eine Zeichenhaftigkeit zu, die sie als artifiziell gemachte erscheinen läßt. Jedes einzelne dieser Exemplare ist ein Ausdruck von Vollkommenheit. Rousseau bezeichnet sich, als er diese Vollkommenheit entdeckt, als einen ‚zweiten Kolumbus' („un autre Colomb"[7]). Anders als dem ersten ist es diesem möglich, die Mischung ursprünglicher Natur und der Kultur menschlicher Tätigkeit als ein Zeichensystem zu verstehen, das den Wert eigener Vollkommenheit in sich trägt. In den Landschaften der Schweiz sieht Rousseau die Vision kultureller Bedeutsamkeit verwirklicht. Er ruft diese Vision in sich zurück, indem er in der Umgebung von Paris botanisiert, sein Herbarium betrachtet und als ein Zeichensystem einer solchen Vision entziffert. So kann er sagen, er sei alt, seine Bewegungsfähigkeit sei eingeschränkt und er lerne erst jetzt, was die Freiheit der Indifferenz eigentlich bedeutet. Über das Paradoxon, daß sie sich nur in *Erinnerungen* einstellen kann, kommt er nicht hinweg. So weiß man auch, was man von Natur aus ist, nur in der Künstlichkeit der Erinnerung seiner selbst.

Die exemplarische Macht, die eine solche Künstlichkeit zum Ausdruck bringt, erläutert Rousseau anhand der Abgrenzung von Handlungen, die allein aufgrund ihrer Unwillkürlichkeit gut sind, von solchen, die nur innerhalb einer Kette von Verpflichtungen gut sein können. Nur in den ersten, so meint er, materialisiere sich die Stimme des Herzens in Spontaneität, während die zweiten zur bloßen Gewohnheit der Tugend werden können. Die Unwillkürlichkeit einer geneigten Handlung läßt sich nicht in die Dauer einer Gewohnheit überführen. Darum kann es eine Pflicht, Gutes zu tun, nur aufgrund eines Vertrages entgegengesetzter Parteien geben. Innerhalb seiner Geltung ist die unwillkürliche Geneigtheit einer guten Handlung aber nur mehr an ihrem Obligationscharakter zu messen, und dieser wird auch ein Gefühl des Zwangs nach sich ziehen. Ist man einmal in den Verpflichtungszusammenhang einer Gesellschaft eingetreten, dann ist es unmöglich, zu unterlassen, was man unwillkürlich und aus Neigung *nicht* tun will. Die Neigung, so und nicht anders zu handeln, kann in diesen überhaupt nicht eingehen. Das bedeutet aber auch, daß die Freiheit der Indifferenz in der gesellschaftlichen Verkettung von Verdienen und Schulden nicht praktiziert werden kann. Selbst wenn diese Verkettung nach Prinzipien distributiver Gerechtigkeit geregelt ist, kann man sich in ihrem Rahmen die Freiheit der Untätigkeit nicht nehmen. Alle untätigen Mitglieder müssen aus einem Gesellschaftsverband als unnütze ausgeschlossen werden. Das ist aber ein Unrecht, denn der Grund solchen Ausschlusses kann nur in der Gleichsetzung von Untätigkeit und Schädlichkeit gegeben sein.

---

[7] *Rêveries* S. 1071.

Schädliche Handlungen können aber als solche nur bestimmt werden, wenn man sie von den Prinzipien ihrer Durchführung her als böse werten darf. Kann man das aber bei der Neigung, nicht handeln zu wollen, tun? Dazu kommt noch die Gewißheit, daß man innerhalb der Verkettung von Verdienen und Schulden auf Dauer gar nicht zwischen guten und bösen Handlungen unterscheiden kann. Rousseau bezeichnet sich selbst als unfähig, ein nützliches Mitglied einer bürgerlich-politischen Gesellschaft zu sein und in der dazu notwendigen Gewohnheit der Tugend zu leben.

Stattdessen imaginiert er mögliche Situationen, in denen sich die Freiheit der Indifferenz praktizieren läßt. Man muß sich diese Form der Freiheit als eine Macht der Persönlichkeit vorstellen, die in sichtbare und gegenständliche Verhältnisse nicht eintreten kann. Wollte man sie verwirklichen, dann müßte man eine Allmacht wie Gott besitzen oder den Ring des Gyges in Händen halten. Man müßte die Fähigkeit haben, Ereignisse in die Welt zu bringen und mit unsichtbarer Hand zu lenken; wenn das aber faktisch nicht geschehen kann, dann soll es wenigstens in den artifiziellen Erinnerungen geschehen, in denen man sich zu sich selbst verhält. Die Meditationen über eine mögliche Freiheit der Indifferenz sind darum als Versuche zu verstehen, sich von der Notwendigkeit zu befreien, die die Kontingenz des Daseins angenommen hat. Diese Notwendigkeit nämlich ist die Ursache dafür, daß man den Platz, der einem in unwillkürlicher Neigung entspricht, verläßt.

Rousseau widmet eine seiner Meditationen allein dem Versuch, Situationen seines Lebenslaufs in der Erinnerung wachzurufen, in denen es ihm gelungen ist, den Lauf dieser Notwendigkeit auf den Kopf zu stellen. Damit das gelingen kann, muß man freilich eine Macht der Manipulation von Ereignissen besitzen, zugleich darf man diese Macht nicht in den Dienst eines wohlverstandenen eigenen Interesses stellen. Das Grundverhältnis zu sich, das Rousseau ‚Selbstliebe‘ nennt, ist eine Vokabel, anhand derer eine solche Möglichkeit des Daseins bezeichnet ist. Er gibt diesem Begriff und seiner Geschichte damit eine eigentümliche Bedeutungwende, indem er ihn der Bezeichnung zur Durchsetzung von Interessen entzieht. Selbstliebe bedeutet vielmehr die Fähigkeit, auch zu dem eigenen Willen nach solcher Durchsetzung in ein gleichgültiges Verhältnis treten zu können. Denn der Grund eines Willens, der sein eigenes Interesse durchsetzen muß, kann nur darin liegen, daß dieser Wille sich als Mangel erfährt. Ein solcher Wille wird das Dasein als Fall erleben und in den Handlungen, die sich an dieses Erlebnis anschließen, seine Zufälligkeit in kausaler Notwendigkeit perpetuieren.

Rousseau bemüht zur Charakteristik der Macht der Persönlichkeit, in der die kausale Kette des Daseins durchbrochen werden kann, die Mythe von Gyges und seinem Ring und modifiziert sie dahingehend, daß er sie als ein ‚Inkognito‘ sich selbst und anderen gegenüber kennzeichnet[8]. In den Erinnerungen seiner selbst will er sich als Individualität vergessen, in ihrem Vollzug weiß man nicht, wer man als individuierter Einzelner eigentlich ist. Das ist wohl die schärfste Entgegensetzung gegen eine Form des Beisichseins der Person, die sich im aufrichtigen Bekenntnis ihrer selbst zur Persönlichkeit formt. Erst wenn man sich von dem Zwang der Aufrichtigkeit befreit hat, wird man aufhören, sein eigener und der ‚Großinquisitor‘ der anderen zu sein. Rousseau möchte nun beweisen, daß der Wunsch nach dem Inkognito nicht in einem Eigeninteresse begründet ist, er

---

[8] *Rêveries* S. 1096.

möchte zeigen, daß er mit dem Wohl anderer zusammenbestehen kann. Dazu erinnert er sich einer Episode, in der der Ausgang eines Glücksspiels von ihm manipuliert worden ist. Aufgrund seiner Absprachen mit einem Losverkäufer gelang es ihm, ein Lotteriespiel so einzurichten, daß jedes Los ein Treffer, daß jeder Griff in die Lotterietrommel für die Spieler zum Glückstreffer wurde. Der Manipulateur des Spiels und die Spieler aber blieben einander fremd. Sie können ihre Taten einander nicht zurechnen. Es bedarf nur der Macht einer Instanz, die dem Zufall des Lotteriespiels zuvorkommt. Und es bedarf der Negation eines jeglichen Eigennutzes dieser Macht. Gelänge es, die Persönlichkeit zu einer solchen unsichtbaren Macht zu steigern, dann wäre sie das, was sie von Natur aus sein will. Rousseau möchte in seinen Meditationen in ein solches Verhältnis zu sich selbst treten. Es ist klar, und das Rousseausche Beispiel zeigt es, daß dieses Selbstverhältnis nicht mit der Fähigkeit gleichgesetzt werden kann, eine moralische Gesinnung zu praktizieren.

Man könnte aber sagen, der Wille zu sein, was man von Natur aus ist, sei in Wahrheit gleichbedeutend mit der Praxis eines naiven Naturalismus, in der man sich seinen Antrieben und Bedürfnissen überläßt. In diese Vermutung fügt sich, daß Rousseau nach einem ‚Epikureismus der Vernunft' gesucht hat, in dem der Vernunft des Menschen der Charakter der Unwillkürlichkeit zurückgegeben werden soll. In den Erinnerungen an seinen Aufenthalt auf der Petersinsel im Bieler See steigert er diese Suche sogar, indem er den Ort dieses Aufenthalts als einen Garten des Eudämonismus schildert. In dieser Schilderung scheint er die These zu formulieren, vollendetes Glück bestehe darin, die Frage nach einem Selbstsein und einem Selbstverhältnis gar nicht erst aufkommen zu lassen; es genüge an dem Platz zu verharren, der einem von Natur aus zukommt, um mit sich selbst im Einklang zu leben und sich in der Natur der Dinge zu vergessen. Aber Rousseau schildert diesen Garten als einen *idealen* Ort, es ist die Sehnsucht nach dem entschwundenen Glück, die ihn zu dieser Schilderung treibt. Diese sucht sich die ihr angemessene Mitteilungsform in den meditativen Selbstgesprächen. Rousseau revoziert das Glücksverlangen der Modernen, in das er sich hineingewühlt hat, in ihnen nicht. Dieses hat nämlich zu seinem Kern, daß es nur im Konjunktiv an einen festen Ort gebunden werden kann. Die Erinnerungen seiner selbst sind Mitteilungsformen solcher *Ungebundenheit;* in diesen muß man die unsichtbare Macht der Persönlichkeit suchen. Rousseau gebraucht zu ihrer Kennzeichnung nun eine andere Platonische Vorstellung als sie in der Vision eines kommunikativen Universalismus gegeben ist. Er gesteht ein, die artifiziellen Mechanismen der Erinnerung seiner selbst seien nur auf den Flügeln der Einbildungskraft zu erreichen, obgleich sie es doch sind, die das Dasein des Menschen in die Unruhe der Ungebundenheit versetzen. Die Natur dieser Flügel besteht nämlich in der Eigenschaft, die Schwere der Körper und die Zeit ihres Falles außer Kraft zu setzen. Man kann die artifiziellen Erinnerungen, in denen Rousseau die Ungebundenheit seines Selbst zum Ausdruck bringt, nicht mehr als ‚autobiographischen' Bericht auffassen. Der ihnen angemessene Begriff ist der eines artifiziellen Selbstverhältnisses, das der Savoyische Vikar in seinem Lehrgespräch als eine Gewißheit der Freiheit bezeichnet hat, die sich nur im Selbstvollzug erreichen läßt.

HANS ROBERT JAUSS

DER DIALOGISCHE UND DER DIALEKTISCHE *NEVEU DE RAMEAU*
oder:
Wie Diderot Sokrates und Hegel Diderot rezipierte*

I

Wenn sich die Epochen danach charakterisieren lassen, ob in ihrer Literatur die Mehrstimmigkeit des Gesprächs oder die Einstimmigkeit des Diskurses vorherrscht, steht die europäische Aufklärung gewiß im Zeichen einer wachsenden Dialogisierung der literarischen wie der philosophischen Kommunikation. Dafür ist das Werk Diderots wie kaum ein anderes symptomatisch. Seine literarische Prosa scheint die erzählende Form nurmehr zu benutzen, um das erwartete Telos des Erzählten fortgesetzt aufzubrechen, das heißt in einen unendlichen Dialog umschlagen zu lassen, der gegen die Ordnung, die der narrative Diskurs dem Kontingenten zu geben verspricht, den Horizont des Fraglichen und Ungelösten wieder öffnet. Desgleichen hat Diderot in seinen philosophischen Essays den dialogischen Wahrheitsbegriff in seiner ursprünglichen ‚sokratischen' Intention gegen den Monologismus des philosophischen Traktats restituiert. In diesen Perspektiven läßt sich die These von Roland Galle weiterführen, das Werk Diderots sei durchgängig als eine fortschreitende „Dialogisierung der Aufklärung" zu verstehen[1]. Seine Interpretation konnte von den *Pensées philosophiques* bis zum *Neveu de Rameau* Schritt für Schritt zeigen, wie Diderot die asymmetrische Form des magistralen Dialogs verwandelt, den einseitigen Vorrang der Lehrerautorität abbaut, die Gegenstimme gleichberechtigt macht und die wiedergewonnene Gesprächsoffenheit durch eine Kasuistik von Frage und Antwort verschärft, um den provozierten Leser am Ende selbst mit der ungelösten Aporie zu entlassen.

Hatte der Humanismus der Renaissance gegen den institutionalisierten Diskurs der Scholastik die Form des platonischen Dialogs wieder zum Leben erweckt und ein neues Gespräch eröffnet, in dem die ferne Autorität der Antike in der Rolle des Dritten als Instanz der Wahrheit stets mit im Spiel war, so führt die Aufklärung dieses Gespräch gleichsam als Dialog gegen diese nun selbst in Frage gestellte Instanz, als Kritik an aller normativen Geltung des Überkommenen weiter. War es der emanzipatorischen Bewegung der Aufklärung im 18. Jahrhundert eigentümlich, daß sie in der Kritik an der bisherigen Verwirklichung der Zwecke der Menschheit diese Zwecke selbst verändern wollte[2], so konnte ihr gerade der Dialog dank seiner offenen, sokratischen Form zum didaktisch bevorzug-

---

* Inzwischen auch erschienen in *Ästhetische Erfahrung und Literarische Hermeneutik*, Frankfurt/M. 1982, S. 467–504; französ. Version in der Diderot-Gedächtnisnummer der *Revue de Métaphysique et de Morale* (1984).
[1] „Diderot – oder die Dialogisierung der Aufklärung", in *Neues Handbuch der Literaturwissenschaft*, Bd 13, hg. J. v. Stackelberg, Wiesbaden 1980, S. 209–248.
[2] Nach J. Mittelstraß, im Artikel „Aufklärung" der von ihm hg. *Enzyklopädie Philosophie und Wissenschaftstheorie*, Mannheim 1980, Bd I, S. 213.

ten Medium werden. Dem Siegeszug der dialogischen Form, die nunmehr allerorts erscheint und in konventionell monologische Gattungen der Literatur und der Rede eindringt, entspricht eine Dialogisierung aller Inhalte, deren sich die Kritik bemächtigt. Die fortschreitende Dialogisierung der Aufklärung hat dabei das antike Vorbild des platonischen Dialogs zugleich erneuert und überschritten, indem sie den Wahrheitsbegriff der klassischen Ontologie selbst in Frage zog.

Das Vorbild der platonischen Dialektik hat in der Geschichte ihrer Rezeption nicht allein die Offenheit des Fragens immer wieder ins Recht gesetzt, sondern damit auch die Frage neu aufgeworfen, wie offen die Offenheit des platonischen Dialogs eigentlich sei. Wenn zumindest in den früheren Dialogen das sokratische Fragen mit seiner Umwegstruktur auch nicht auf eine schon vorentschiedene Antwort zielte, war es doch durch eine latent vorgegebene Wahrheit begrenzt, die als Ergebnis des gemeinsamen Suchens durch die ontologische Vorgabe der Anamnesis verbürgt blieb. Der Philosoph der Aufklärung, der diese platonische Rückversicherung des Wahren preisgeben mußte, stand nun vor dem Problem, wie sich ein neues, sokratisch geführtes Gespräch eröffnen ließe, das erlaubte, die Widersprüche der gegenwärtigen Gesellschaft aufzuklären und den Gegensatz der Parteien ungesichert durch die Autorität eines Dritten zu überwinden. War es möglich, durch die Aporie der Meinungen zu einer Wahrheit zu gelangen, die als nicht mehr vorgegebene aus dem Gespräch selbst hervorging? Die Offenheit des sokratischen Dialogs solcherart beim Wort zu nehmen, um das für wahr Geltende bis zu den ‚angeborenen Ideen' durch das wissende Nichtwissen zu prüfen, war – so lautet meine These – das Problem, auf das Diderots *Neveu de Rameau* antwortet. Um es formal zu lösen, griff Diderot auf eine literarische Gattung zurück, die – wie mir scheint – verkannt wurde, solange man diesen Text – fehlgeleitet durch den Untertitel: „Satyre seconde" – als eine Satire in der Art des Horaz ansah: auf die menippeische Satire.

Die subversive Tradition der menippeischen Satire hat vor allem M. Bachtin wieder ans Licht gebracht. Seine Ästhetik des mehrstimmigen Worts zeichnet die fiktionale Prosa durch die Möglichkeit aus, zum Medium der reflektierten Rede des anderen zu werden. Das polyphone, das heißt: fremde Rede in sich aufnehmende Wort setzt sich als dialogisches Prinzip sowohl der monologischen Poesie wie auch dem Monologismus des philosophischen Diskurses entgegen. Historisch hat dies Bachtin am polyphonen Roman (am eindrucksvollsten an Rabelais und Dostoevskij) erläutert, der letztlich auf den sokratischen Dialog und dessen Ernst und Scherz mischendes Seitenstück, die menippeische Satire, zurückgehe[3]. Während der platonische Dialog die sokratische Vorstellung von der dialogischen Natur der Wahrheit, die nur in gemeinsamer Suche über den Widerstand der Meinung des andern gefunden werden kann, in dem Maße wieder eingebüßt habe, wie Platon in seiner späteren Schaffensphase mehr und mehr monologisch eine vorgegebene, schon fertige Wahrheit zu behaupten und im einseitig magistralen Dialog darzulegen suchte, habe die menippeische Satire die Funktion einer dialogischen Prüfung der Idee und des Menschen, der sie vertritt, übernommen (S. 125).

Im *Neveu de Rameau* ist nicht allein das antike Vorbild des sokratischen Dialogs mit

---

[3] M. Bachtin, *Probleme der Poetik Dostoevskijs,* München 1971 (russ. Originalausgabe ²1963), bes. S. 121.

Händen zu greifen und zudem die historische Filiation gesichert, seit man weiß, daß Diderot in den Kerker von Vincennes einen „petit Platon" mitnahm und daraus die *Apologie des Sokrates* übersetzte[4]. Das Rezeptionsproblem ist damit indes noch nicht gelöst, sondern erst gestellt. Denn die Frage, was in Diderots Dialog noch, wieder und nicht mehr ‚sokratisch' ist, wer im *Neveu de Rameau* die sokratische Gesprächsrolle übernimmt und zu welchem — den Leser zunächst gewiß konsternierenden — Ende, kann erst dann mit größerer Sicherheit beantwortet werden, wenn man auch die Funktion der von Diderot benutzten menippeischen Muster aufgedeckt hat. Dazu gehören: die Ausnahmesituation eines Menschen, „der auf der Schwelle steht", die exzentrische Freiheit in der „Erfindung der philosophischen Idee", die skandalöse Prüfung der „letzten Wahrheiten", ein moralisch-psychologisches Experimentieren, das bis zur „Spaltung der Persönlichkeit" führen kann, und bei alledem eine Verwandlung des Menschen in Rollen, die durch Inszenierung der fremden Rede erreicht wird[5].

Daß Diderot nicht allein Sokrates eine tiefe, lebenslange Verehrung entgegengebracht hat, sondern gegen seine skeptischeren Freunde und vor allem gegen Rousseaus Sokrateskritik sich für ihn verfochten, sich mit ihm moralisch identifiziert, ja sich insgeheim in der Rolle des Sokrates der französischen Aufklärung gefühlt und verstanden hat, ist seit Jean Seznecs *Diderot et l'antiquité* wohlbekannt[6]. Die biographischen Zeugnisse, der dramatische Entwurf *La mort de Socrate* und der Artikel „Philosophie socratique" in der *Encyclopédie* belegen dies auf das Schönste. Gleichwohl ist — soweit ich sehe — zwar zur Frage des personalen sokratischen Vorbilds das Nötige, zur Frage der Rezeption der sokratischen Form des Dialogs im *Neveu de Rameau* indes noch wenig gesagt worden. Wer diesen Text als ‚Satire in der Art des Horaz' versteht, verstellt sich den Blick auf seine eigentümliche, dort nicht vorgegebene dialogische Struktur und verfehlt damit auch den dialektischen Sinn der Beziehung von Moi und Lui. Die „Gegenüberstellung des durch Not, Bedürfnisse, Lüste, Leidenschaften versklavten Toren und des bedürfnislosen, darum allein freien Weisen" aus der siebten Satire von Horaz — das hat Herbert Dieckmann gegen E.R. Curtius erwiesen — „vermittelt bestimmt nicht den Sinn des *Neveu de Rameau*"[7]. Die Gattungsbezeichnung „satyre seconde", die dem Titel erst nachträglich hinzugefügt wurde, verweist auf Diderots *Satire I,* mit der *Satire II* eine Thematik gemeinsam hat, die erkennen läßt, für welchen modernen Gebrauch Diderot die satirische Stillage einsetzte. Es ist das „Interesse an den Äußerungen der individualité naturelle", der „mots de caractère" und „cris de la nature", die in ihrer Unmittelbarkeit, „frei von Konvention, Absicht oder Kunstgriff" zu erfassen die offene Form des Dialogs wie die Inszenierung fremder Rede erforderte (S. 149). Dieckmann blickt dabei auf die pantomimischen Leistungen des Neffen, macht auf Lukian, Terenz und auf die besondere Nähe des *Satyricon* des Petronius aufmerksam, dessen Gattung er Diderots Dialog am ehesten zurechnen möchte (S. 154). Die Spur dieser Namen weist auf die menippeische Satire, die „Gattung der letzten

---

[4] J. Seznec, *Essais sur Diderot et l'antiquité,* Oxford 1975, S. 2.
[5] Zusammengefaßt nach Bachtin, *Probleme* S. 124–133.
[6] S. dort Kap. I: „Le Socrate imaginaire".
[7] „Das Verhältnis zwischen Diderots *Satire I* und *Satire II*", in H. Dieckmann, *Diderot und die Aufklärung,* Stuttgart 1972, S. 155.

Fragen" zurück[8], deren polyphone Form Diderot sich in der Tat für seine erzählende Prosa wie für seinen letzten philosophischen Dialog zunutze machte. Werfen wir zunächst einen Blick auf die erstere, um zu sehen, wie Diderot die Metaphysik der letzten Fragen dialogisch aufgelöst und dabei auch seinen Leser mit ins Gespräch gezogen hat.

Die allzu großen, letzten Fragen werden gleich am Eingang von *Jacques le fataliste* aufgeworfen, um den geneigten Leser durch die versagte Antwort aus den Erwartungen, die der Roman gemeinhin befriedigt, und damit zugleich aus seinem eingespielten Weltverständnis aufzustören:

Comment s'étaient-ils recontrés? Par hasard, comme tout le monde. Comment s'appelaient-ils? Que vous importe? D'où venaient-ils? Du lieu le plus prochain. Où allaient-ils? Est-ce que l'on sait où l'on va? Que disaient-ils? Le maître ne disait rien; et Jacques disait que son capitaine disait que tout ce qui nous arrive de bien et de mal ici-bas était écrit là-haut.

Die fünf Fragen des impliziten Lesers bringen nicht allein die fiktionalen Vorgaben des traditionellen Romans zutage, der die Teleologie von Anfang, Mitte und Ende zu erfüllen pflegt. Die Negierung der selbstverständlichsten Erwartungen trifft hintergründig das Welterklärungsmodell des christlichen Glaubens, die Teleologie der autoritativen Antworten auf das Woher, Wohin und Wozu der menschlichen Existenz, und ironisiert die Antinomien von namhafter Individualität und namenlosem Geschick, Zufall und Vorherbestimmung, Herr und Knecht. Der Anspruch der Religion wie der Metaphysik, die Antwort auf die letzten Fragen zu besitzen, wird im Verlauf der Erzählung durch eine ironische Verschränkung von Theorie und Praxis in die Aporie getrieben: der Herr, der die Willensfreiheit theoretisch verficht, erweist sich in praxi als willenloser ‚Automat', während der Diener, der dem Fatalismus seines Hauptmanns anhängt, sich bei jeder Mißlichkeit der Reise als Herr der Situation bewährt. Die „Prüfung der Ideen" durch die Widerfahrnisse von *Jacques et son maître* verläuft negativ. Die allzu großen Fragen der Metaphysik enden in einer Aporie, die keine letzte Antwort mehr zu lösen vermag. An deren Stelle wird an den Leser appelliert, durch praktische Vernunft selbst zu meistern, was die theoretische Vernunft nicht lösen kann.

Diderot läßt Erzählung und Dialog nicht länger gattungshaft voneinander geschieden, sondern spielt die offene Form des Dialogs ständig gegen die geschlossene Form der Erzählung aus. Man kann in der Tat sagen, daß Diderots Prosa zum Ort einer fortgesetzten Auseinandersetzung des dialogischen Prinzips mit dem monologischen Diskurs geworden ist. Im ständigen Umschlag von Erzählung in Dialog kann sich die ordnungstiftende Leistung des monologischen Erzählens nie ganz erfüllen. Die Reisefabel gelangt so wenig zu einem letzten Ende, mit dem sich alles löst, wie die Vorgeschichten von *Jacques et son maître* zu einem ersten Anfang, der alles Dunkel aufhellt; wo immer die fortschreitende Handlung einen Ruhepunkt zu erreichen scheint, tritt das Erzählte in entgegengesetzte Positionen des Urteils auseinander, die zu vereinen dem Leser anheimgestellt ist. Das vorherrschende Verhältnis von Frage und Antwort ist demgemäß nicht prozeßhaft dialektisch, über Widerspruch, Begründungen und Begriffserklärung zur gemeinsamen Bildung einer Einsicht führend, sondern wiederkehrend kasuistisch. Hier werden Fragen so gestellt, daß eine unmittelbare Antwort gar nicht erwartet werden darf: dem Leser ist vielmehr

---

[8] Bachtin, *Probleme* S. 129.

„das Wägen, nicht aber das Resultat des Wägens" auferlegt[9]. Er muß nach der Berechtigung der moralischen Normen fragen, nach denen dieser Fall entschieden werden könnte, und wird in solchem Abwägen zu einem Weiterfragen veranlaßt, das ihn immer tiefer in die Problematik der Vereinbarkeit von individuellem Fall und allgemeiner Norm hereinzieht. In dieser Absicht läßt Diderot den unendlichen Dialog seiner Protagonisten umgekehrt auch wieder in ‚lebenswahre Geschichten' umschlagen, die der romanhaften Fiktion nunmehr die selbst wieder zum Kasus verdichtete Wirklichkeit des Lebens entgegensetzen[10]. Was derart aus den Perspektiven von Herr und Diener dem Leser zur Diskussion gestellt wird, verlagert die Fragerichtung von den Aporien der metaphysischen Systeme auf die Probleme der Alltagswelt. Gegen die Fluchtwelt der Fiktion wird die Antifiktion aufgeboten, angesichts der unlösbaren letzten Fragen nach dem Sinn der Welt die nächstliegende Frage: „Est-il bon? Est-il méchant?" aufgeworfen, wie sie sich im Alltag des Lebens auf Schritt und Tritt stellt. Dieses Näherrücken der Frage macht sie indes keineswegs leichter lösbar: der moralische Fall verstrickt den Leser erneut in eine Kasuistik, aus der ihn nur seine persönliche Entscheidung freisetzen kann.

Diderots Erzählung *Ceci n'est pas un conte* ist dafür ein treffendes Beispiel. Der Eingang rechtfertigt das dialogische Prinzip damit, daß im alltäglichen Erzählen der Redende ja auch ständig durch den Zuhörer unterbrochen werde, daß eine gute Erzählung geeignet sein müsse, in allen Kreisen der Stadt wochenlang eine Debatte über das Pro und Contra auszulösen. In diesem Fall entspringt der Kasus der Gegenüberstellung von zwei Geschichten mit spiegelverkehrter Konstellation: ist es erst ein Mann, „le bon Tanié", der sich aus Leidenschaft für eine Frau ruiniert, in der Ferne Fortune macht, am Ende umkommt und von ihr auf das schnödeste hintergangen wird, so widerfährt sodann einer Frau, der unglücklichen Mlle de La Chaux, das gleiche, da sie Vermögen, Familie, Arbeitskraft und Gesundheit aufopfert, um von dem unwürdigen Geliebten im Augenblick seines größten Erfolgs mit dem Argument verstoßen zu werden: „je ne vous aime plus". Die beiden Geschichten wären, je für sich genommen, auch als erbaulich-moralische Exempla von blinder Leidenschaft und schnödem Undank erzählbar. Erst ihre gegenläufige Zuordnung bringt den Kasus ans Licht und verstrickt den Leser in eine Normenabwägung, die nacheinander die gesellschaftliche Moral (kann man den Charakter eines Menschen nach einer einzigen Handlung verurteilen?), die menschliche Natur (kann man Liebe erzwingen, wenn Leidenschaft erlischt?) und die göttliche Gerechtigkeit (kann die Vorsehung denn nicht Menschen zusammenführen, um sie glücklich zu machen?) in Frage zieht. Im Ausgang der Erzählung werden diese Fragen in einen regressus in infinitum gestellt, den schließlich eine quereinschießende Frage an den Opponenten (und an den impliziten Leser) durchschlägt: „Mais mettez la main sur la conscience, et dites-moi, vous, monsieur l'apologiste des trompeurs et des infidèles, si vous prendriez le docteur de Toulouse pour votre ami? ... Vous hésitez? Tout est dit"[11]. Der Kasus, der für die Moralphilosophie

---

[9] A. Jolles, *Einfache Formen*, Halle 1929 (²1956).
[10] Dafür einschlägig die Analyse des „Leser als Kasuist" in Diderots Roman von R. Warning in *Rezeptionsästhetik – Theorie und Praxis*, hg. R. Warning, München 1975, S. 467–493.
[11] Diderot, *Œuvres romanesques*, hg. H. Bénac, Paris 1959, S. 812.

immer unlösbarer zu werden schien, kann für die praktische Moral doch noch entschieden werden — vermöge einer Frage ad personam, die das Gewissen des Einzelnen zur normgebenden Instanz erkennt.

II

Die Lösung dieses fiktionalen Dialogs, den Konflikt zwischen den Instanzen der moralischen Konvention und der amoralischen Natur des Menschen durch den direkten Appell an den Leser zu entscheiden, der damit zur dritten Instanz erhoben wird, hat sich Diderot für den *Neveu de Rameau*, seinen philosophischen Dialog par excellence, versagt. Eben darin liegt die Crux dieses Textes, wie seine Interpretationsgeschichte zeigt. Sie läßt sich für den Zweck meiner Interpretation am knappsten referieren[12], wenn man die ins Spiel gebrachten Instanzen der dialogischen Rede hervorkehrt. Solange man das Hauptproblem der Deutung in der Frage sah, hinter welcher der beiden Personen sich eigentlich Diderot als Autor verberge, konnte man die Antithese von Moi und Lui, Philosoph und Musiker, nach der ersten oder nach der zweiten Instanz des Gesprächs auflösen. Setzte man Diderot mit Moi gleich, so trat dem philosophischen Wortführer der Enzyklopädisten in Lui die Verkörperung ihrer Feinde entgegen und erschien die Widerlegung der ins Extrem geführten Amoral des Neffen als Ziel des Dialogs. Auch wenn aktuelle Polemik gegen Diderots Feinde in diesem Text unverkennbar ist, wird Identifikation von Diderot und Moi heute kaum noch vertreten (außer etwa von P. Meyer oder R. Desné). Seit D. Mornet hat man im *Neveu de Rameau* vielmehr einen unterschwelligen Dialog des Autors mit sich selbst gesehen, in welchem der gereifte Philosoph seinen früheren Materialismus überwunden, mit einer Konfrontation von Ich und Es den spezifischen inneren Monolog des modernen Menschen eingeleitet (L. Trilling) oder in der Schöpfung des ‚moralischen Monsters' als Möglichkeit des Genies einen Akt der Selbstbefreiung von der eigenen deterministischen Philosophie vollzogen habe (J. Fabre).

Demgegenüber hat J. Doolittle bestritten, daß der Dialog zwischen Moi und Lui mit den Augen des ersteren zu sehen sei, und die stärkere, Diderot ungleich näherkommende Gesprächsrolle des Neveu gleichsam beim Wort genommen. Demnach wäre der *Neveu de Rameau* als ein dialogischer Prozeß zu verstehen, in dem die anfänglich behauptete Überlegenheit der ersten über die zweite (grammatikalisch durch die Er-Form distanzierte) Instanz

---

[12] Als einschlägig für meine Fragestellung habe ich herangezogen: D. Mornet, „La véritable signification du Neveu de Rameau" in *Revue des deux mondes* (1927) S. 881–908; L. Trilling, „The Legacy of Sigmund Freud", in *Kenyon Review* (1940) S. 153ff.; J. Fabre, *Le Neveu de Rameau*, Genève 1950 (Intr. à l'édition critique); P. Meyer, „The Unity and Structure of Diderot's Neveu de Rameau", in *Criticism* (1960); J. Doolittle, „Rameau's Nephew", Genf 1960; R. Laufer, „Structure et signification du Neveu de Rameau", in *Revue des Sciences humaines* (1960) S. 399–423; L.G. Crocker, „Le Neveu de Rameau — Une expérience morale", in *Cahiers de l'Association Internationale des Etudes Françaises* (1961) S. 133–155; G. May, „L'Angoisse de l'échec et la genèse du Neveu de Rameau", in *Studies on Voltaire* 25 (1963) S. 493–507; H. Josephs, *Diderot and the Dialogue of Gesture and Language*, Princeton 1963; C. Sherman, „Diderot and the Art of Dialogue", in *Histoire des idées et critique littéraire*, Bd 156, Genève 1976; M. Duchet / M. Launay, *Entretiens sur le Neveu de Rameau*, Paris 1967.

der Rede allmählich umgekehrt wird: der dogmatische Philosoph und vorgebliche Repräsentant der Tugend wird von dem genialischen Musiker und zynischen Repräsentanten der gesellschaftlichen Amoral so in die Aporie getrieben, daß er sich am Ende nur noch in die Tonne des Diogenes zu retten weiß[13]. Doolittles Interpretation läßt sich J. Starobinskis Ansatz gegenüberstellen, der das dialektische Gleichgewicht der beiden Stimmen und ihre ‚Metakomik' aus der verwandelten Form der Satire begreift[14]. Die Stimme von Lui, der Objekt der Satire ist, aber nicht bleibt, erhebt sich als ‚persona inaequalis', die offen für ihre Laster und ihr ridiculum einsteht, zur Freiheit einer Reflexion, die das Lachen gegen die Gesellschaft wendet, indem sie die Hierarchie ihrer Werte verkehrt; die Stimme von Moi, der als Erzähler Subjekt der Satire ist und das Gespräch vermittelt, antwortet auf die Herausforderung mit Lachen und Empörung – den Affekten, die von der Satire aufzurühren sind – und stellt das bedrohte Gleichgewicht der moralischen Ordnung wieder her, indem er die reflexive Freiheit, die sich in bloßer Nachahmung verausgabt, mit der Frage „Qu'avez vous fait?", dem Postulat der praktischen Vernunft, in Verlegenheit setzt.

Das Skandalon der ungelösten Aporie in Diderots philosophischem Dialog hat eine weitere Deutungstradition zu beseitigen versucht. In ihr glaubte man, den unversöhnten Gegensatz von Moi und Lui durch den Standpunkt einer dritten Instanz überbrücken zu können, indem man Diderot als Autor seinen Personen überordnete. Auf diese Weise läßt sich der *Neveu de Rameau* als eine Satire lesen, in welcher verschiedene Morallehren einem Realitätstest unterzogen werden; der Autor wäre dann nicht mehr in seinen Personen repräsentiert, sondern figurierte gegenüber Moi und Lui, den Subjekten seines moralischen Experiments, in wachsender ironischer Distanz als abgerückter Dritter oder Erzähler (L. Crocker). Die Hypothese des Autors als des im Gespräch implizierten Dritten, dem damit stillschweigend die Instanz der Wahrheit zuerkannt ist, erlaubt die Programmierung einer implizierten Leserolle. Sie führt über die unvereinbaren Standpunkte des Moralphilosophen und des amoralischen Musikers hinweg und hebt das Entweder-Oder von kommunikationsloser Isolierung und von parasitärer Anpassung in der abgeklärten Ironie Diderots auf, sofern der Leser im Gang des Dialogs einen Dreischritt zu erkennen vermag: „la bonne conscience du philosophe dialoguant détruite par la conscience déchirée du neveu, puis dépassée à son tour par la conscience supérieure du philosophe-écrivain". So gelesen, entspräche der Text nach R. Laufer[15] schon in der Intention Diderots dem Kommentar in Hegels *Phänomenologie des Geistes*!

Bleibt nur die Frage, welchen Standpunkt denn eigentlich das höhere Bewußtsein des Philosophen Diderot einnehmen soll, der im Text selbst nicht mehr ausgesprochen ist. Es dürfte schwerlich mit dem Hegels identisch sein, wenn man bedenkt, daß zwischen der Antithetik von Moi und Lui im *Neveu de Rameau* und der dialektischen Überwinduung des *sich entfremdeten Geistes,* den Hegel mit Zitaten aus Goethes Diderotübersetzung erläutert, eine Rezpetionsschwelle liegt. Es ist wiederum eine Schwelle zwischen Dialog

---

[13] J. Doolittle, „Rameau's Nephew" S. 121–126.
[14] „Le Dîner de Bertin", in *Das Komische* (Poetik und Hermeneutik VII), hgg. W. Preisendanz / R. Warning, München 1976, S. 191–204.
[15] „Structure et signification du Neveu de Rameau" S. 400.

und Diskurs, zwischen der dialogischen Antithetik der fortgeschrittenen und der monologischen Dialektik der vollendeten Aufklärung: indem Hegel die antagonistischen Individuen Diderots zu Gestalten der allgemeinen Dialektik der Geschichte erhebt, geht der Dialog in den erzählenden Diskurs der *Phänomenologie* über und löst sich die Antithese der Standpunkte in Schritte auf dem Weg des Geistes zu sich selbst auf. Erst die Auflösung der dialogischen Beziehung von Moi und Lui macht die erste Person Diderots zum naiven oder herrlichen, die zweite zum zerrissenen, aber *sich selbst klaren* Bewußtsein und erhöht die Tragik des Neffen, kein Genie zu sein, zum Leiden an der Gesellschaft, die ihren Selbstwiderspruch noch nicht erkennt.

Die hermeneutische Konsequenz aus diesem historischen Sachverhalt erfordert, die eigentümlich aporetische Form des *Neveu de Rameau* aus der Reprise des sokratischen Dialogs neu zu bestimmen und die Antithetik seiner Standpunkte gerade in der Differenz zu ihrer Auflösung in Hegels Rezeption zu interpretieren[16]. Wenn ein übergeordneter Standpunkt des Autors im Suspens bleiben muß, weil Diderot eine neue, dritte Instanz im Sinne der Hegelschen Dialektik noch nicht zu Gebote stand, so ist zu fragen, ob der wiedereröffnete sokratische Dialog seine dritte Instanz nicht in der alten Metaphysik des Wahren, Guten und Schönen hat, die Moi als Philosoph behauptet und Lui als amoralisches Subjekt bestreitet. Die Ironie des Autors läge dann in dem hintergründigen Verfahren, den platonischen Dialog in seiner offenen, sokratischen Form zu erneuern, um ihn gegen den philosophischen Dogmatismus und im besonderen gegen die platonische Einheit des Guten und Schönen aufzubieten, wobei die sokratische Gesprächsrolle gerade nicht dem Moralphilosophen, sondern seinem amoralischen Widerpart zufällt.

Zu der Frage, wie Diderot selbst den sokratischen Dialog aufgefaßt hat, gibt sein Artikel „Philosophie socratique" einigen Aufschluß. Dort wird das antike Vorbild in unverkennbarer, obschon unausgesprochener Analogie zur gegenwärtigen Aufklärung darin gesehen, daß Sokrates gegen eine herrschende Philosophie, die sich vornehmlich mit dem System der Welt und den Erscheinungen der Natur beschäftigte, das Studium der Moral und die Frage nach dem wahren Glück des Lebens zum höchsten Gegenstand erhob. Die sokratische Wendung der Philosophie ist ihre Heimholung aus den chimärischen Höhen der Spekulation („il ramena sur la terre la philosophie égarée dans les régions du soleil") auf den Boden der Praxis des Lebens und der Polis („sa philosophie n'était pas une affaire d'ostenation et de parade, mais de courage et de pratique"). Die sokratische Aufklärung verwirklicht sich im Gespräch mit jedermann. Ihre vorzüglichen Mittel sind Ironie und Induktion: „un usage étonnant de l'ironie (...) qui dévoilait sans efforts le ridicule des opinions; de l'induction, qui de questions éloignées en questions éloignées, vous conduisait imperceptiblement à l'aveu de la chose même qu'on niait". Die sokratische Ironie läßt kein Vorurteil unangerührt, verschont keine gesellschaftliche Instanz und deckt — wie dann auch Rameaus Neffe in seinen Pantomimen der Menschengattung (S. 476) — die „folie" in allen Positionen der Gesellschaft auf. Die sokratische Induktion hat Diderot erst mit der Umwegstruktur des elenktischen Fragens eingeführt, später in einer merkwür-

---

[16] Zitiert wird nach der kritischen Ausgabe von J. Fabre (Paris 1950), zumeist aber nach der — rezeptionshistorisch relevanten — Übersetzung Goethes, in D. Diderot, *Ästhetische Schriften*, hg. F. Bassenge, Berlin/Weimar 1967, S. 405–480.

digen Lichtmetapher als Erkennen einer Wahrheit beschrieben, deren Anfang und Ende sich im Dunkel verliere:

> (Socrate) s'était aisément apperçu que la vérité est comme un fil qui part d'une extrémité des ténèbres et se perd de l'autre dans les ténèbres; et que dans toute question la lumière s'accroît par degrés jusqu'à un certain terme placé sur la longueur du fil délié, au-delà duquel elle s'affaiblit peu à peu et s'éteint. Le philosophe est celui qui fait s'arrêter juste; le sophiste imprudent marche toujours, et s'égare lui-même et les autres: toute sa dialectique se résout en incertitudes. (*Encyclopédie*, XV, 263)

Diese Erläuterung der Offenheit des sokratischen Dialogs erscheint mir in mancherlei Hinsicht bemerkenswert. Die antisystematische Funktion des Dialogs, die sich schon in der Umwegstruktur des Fragens anzeigte, wird durch seine zweifache Offenheit zu einem Anfang wie zu einem Ende verschärft. Die Wahrheit erscheint als Mitte des Gesprächsfadens, sie gründet weder in einem Ersten, noch verwirklicht sie sich in einem Letzten. Sie von einer letzten Antwort zu erwarten, ist die Illusion der sophistischen Dialektik. Wahrheit, wie sie das Gespräch zutage fördert, ist situationsgebunden und kann darum auch nicht in einem ersten angeborenen Wissen verankert sein. Hinter dem Dunkel, in dem sich der Gesprächsfaden verliert, leuchtet dem suchenden Erinnern keine platonische Ideenwelt mehr auf. Der neue sokratische Dialog, der Diderot vorschwebt, ist nicht länger durch die metaphysische Rückbindung der Anamnesis gesichert. Schließlich hat Diderot auch noch die antieristische Funktion des sokratischen Dialogs preisgegeben. In seiner Erläuterung fehlt gewiß nicht zufällig die Prämisse des Gesprächs unter Freunden, das am ehesten gelingen kann, wenn das Frage-und-Antwort-Spiel mit der Vergewisserung eines noch gemeinsamen Vorverständnisses eingeleitet oder wenn dieses erst noch durch die Feststellung gemeinsamer Unwissenheit gewonnen wird. Der sokratische Dialog, den die französische Aufklärung eröffnet, darf bei ihren Gegnern auf kein Vorverständnis hoffen; er ist wieder ein Streitgespräch, das den anderen in seiner Meinung vernichten kann, kein Gespräch unter Freunden, das nur auf das Nichtwissen des andern zielt.

Meine Behauptung, daß im *Neveu de Rameau* gerade der Antiphilosoph, Lui als amoralisches Subjekt, und nicht der Philosoph, Moi als moralischer Idealist, die sokratische Gesprächsrolle übernimmt, mag auf den ersten Blick überraschen, zumal es zunächst und zumeist Moi ist, der die Überlegenheit des Fragenden auszuspielen sucht. Doch schon die Einführung des Neffen, die Beschreibung seiner äußeren Erscheinung, die Charakteristik seiner Person und ihrer Wirkung rufen im Leser ständig sokratische Reminiszenzen auf, die der eigentliche Dialog hernach in dem Maße bestätigt, wie der selbstüberhebliche Philosoph von seinem unwürdigen Kontrahenten immer tiefer in die Aporie getrieben wird. Gleich der Ort und der zufällige Anlaß der Begegnung: die Bank im Palais Royal und dann das Café de la Régence als Stationen des promenierenden Philosophen, stecken einen quasi-peripatetischen Rahmen ab für das Gespräch, das der hinzutretende Neffe unversehens vom Zaun bricht. Und er tut dies — wiederum ganz sokratisch — mit dem nächstbesten Thema, das sich für die Zuschauer der Schachspieler anbietet, als ob er den Philosophen beim Wort nähme, der eingangs mit der Leichtfertigkeit seines Geistes kokettiert hatte: ‚Mag er doch die erste Idee verfolgen, die sich zeigt, sie sei weise oder töricht. (...) Meine Gedanken sind meine Dirnen' (S. 405). Hier haben wir eine der schönsten Metaphern für den offenen Dialog, die erst für das Selbstgespräch des Philosophen gelten sollte, dann aber für die überraschende Umkehrung der Gesprächspositionen einstehen kann: Lui wird es sein, der seinen Gedanken ‚wie seinen Dirnen' folgt und sie wieder aufgibt, während Moi auf seine vorgefaßte Idee rekurriert und sie dogmatisch verteidigt. Die ‚wunderliche Personnage' des Neffen hat schon äußerlich zwei Züge der überlieferten Sokratesgestalt: den Bart, den Silenenbauch und das häßliche Gesicht (S. 408). Sein Charakter erstaunt den Philosophen zunächst durch eine ungewöhnliche ‚Zusammensetzung von Hochsinn und Niederträchtigkeit, von Menschenverstand und Unsinn, (...) von Ehrbarem und Unehrbarem', dann aber auch durch seine sokratisch-provokatorische Aufrichtigkeit („parrhesia"): ‚denn er zeigt, was ihm die Natur an guten Eigenschaften gegeben hat, ohne Prahlerei, und was sie ihm an schlechten gab, ohne Scham' (S. 405/6).

Dem sokratischen Vorbild am nächsten kommt der Neffe indes dort, wo Moi nolens volens eingesteht, warum er ‚dergleichen Originale' zwar nicht immer schätzen könne, sie aber doch in einer Gesellschaft für nützlich halten müsse, die durch Erziehung und Herkommen in Konventionen erstarrt sei:

> Kommt ein solcher in eine Gesellschaft, so ist er ein Krümchen Sauerteig, das das Ganze hebt und jedem einen Teil seiner natürlichen Individualität zurückgibt. Er schüttelt, er bewegt, bringt Lob oder Tadel zur Sprache, treibt die Wahrheit hervor, macht rechtliche Leute kenntlich, entlarvt die Schelme, und da horcht ein Vernünftiger zu und sondert seine Leute. (S. 407)

Hier ist das antike Bildfeld des Zitterrochens, mit dem Menon (80 a) die sokratische Kunst vergleicht, andere in Verwirrung und zum Eingeständnis des Nichtwissens zu bringen, auf das vortrefflichste in ein modernes Seitenstück, das Bildfeld vom Sauerteig, umgesetzt! Damit ist Rameaus Neffe ausdrücklich in die sokratische Position der maieutischen Gesprächsführung eingesetzt. Er wird denn auch wie Sokrates immer wieder darauf bestehen, daß er selbst nichts wisse[17], und im Gespräch de facto die Hebammenrolle ausüben, die hier im Unterschied zum sokratischen Vorbild meist erfordert, das Vorurteil des anderen durch intrikate Antworten auf seine oft simplen Fragen zu erschüttern. Diderot hat das Gleichnis vom sokratischen Geburtshelfer selbst herangezogen und es an bedeutungsvoller Stelle in seinen Dialog eingesetzt. Auf die letzte Frage, die der Philosoph an Rameaus Neffe richtet: ‚aber bei so vielen Fähigkeiten, warum versuchet Ihr nicht ein schönes Werk?' (S. 471), antwortet dieser durch eine Demonstration — die Pantomime einer mißlingenden Geburtshilfe:

> Er stellte einen Menschen vor, der böse wird, befiehlt, bittet, und ohne Vorbereitung sprach er Reden des Zorns, des Mitleidens, des Hasses, der Liebe. Er entwarf die Charaktere der Leidenschaft mit einer Feinheit, einer erstaunenden Wahrheit. Dann setzt er hinzu: ‚So ist's recht, glaub ich. Nun kommt's. Da sieht man, was ein Geburtshelfer tut, der die Schmerzen reizt und beschleunigt und eilig das Kind bringt. Bin ich allein und nehm ich die Feder, will ich schreiben, so zerbeiß ich mir die Nägel, nütze die Stirn ab. Gehorsamer Diener, guten Abend! der Gott ist abwesend. Ich glaubte Genie zu haben; am Ende der Zeile lese ich, daß ich dumm bin, dumm, dumm. Aber wie will man auch fühlen, sich erheben, denken, mit Stärke malen, wenn man mit Leuten umgeht, wie die sind, denen man aufwarten muß, um zu leben?' (S. 472)

---

[17] S. 409: ‚aber ich weiß keine Geschichte, weil ich nichts weiß'; S. 415: ‚Ihr wißt, ich bin unwissend, töricht, närrisch, unverschämt, gaunerisch, gefräßig', S. 426: ‚Ihr unterweist (...) und wußtet gar nichts davon? ER: Nein, bei Gott! und deswegen waren jene viel schlimmer als ich, die sich einbildeten, sie verstünden was.'

Die beiden berühmten sokratischen Reminiszenzen, der Zitterrochen (alias: Sauerteig) und der Geburtshelfer, umrahmen die Gesprächsrolle des Neveu gewiß nicht zufällig. Nimmt man sie ernster als bisher[18], so ist die Frage nach dem Sinn der Wiederaufnahme des sokratischen Dialogs durch Diderot neu zu stellen.

Wenn schon die sokratische Gesprächsrolle des Neveu so markant, durch die aufgerufenen loci classici der Maieutik, eröffnet und beschlossen wird, ist dann nicht auch der dialektische Gehalt seiner Reden und damit sein persönlicher Einsatz, die tragische Seite seiner Rolle, vor dem Horizont des antiken Vorbilds zu verstehen? Aus dieser Sicht gewinnt die Interpretation Doolittles an Gewicht, nach der sich die anfänglich ausgespielte Überlegenheit von Moi und Lui im Verlauf des Gesprächs so umkehrt, daß man geneigt ist, Moi immer weniger und Lui immer mehr mit Diderots Denken zu identifizieren. Der Philosoph, der zunächst — seiner Zunft gemäß — das traditionelle Vorrecht des Fragens für sich beansprucht, gibt in Diderots Dialog mehr und mehr die eigentlich sokratische, d.h. maieutische Gesprächsrolle an seinen Widerpart ab, der zumeist nur antwortet und ihn gleichwohl in Aporien versetzten kann. Der Antiphilosoph erweist sich mehr und mehr als die sokratische Instanz des Dialogs, der es gegeben ist, die ‚Wahrheit hervorzutreiben', den philosophischen Dogmatismus, auf dem sein Gesprächspartner — ganz unsokratisch — verharrt, zu erschüttern und ihm virtuos die gesellschaftliche Welt im ganzen als ein Maskenspiel zu enthüllen.

Sokratisch ist an diesem Sokrates redivivus der französischen Aufklärung indes nur die Funktion, nicht aber die Art und Weise der Maieutik. Denn der Neveu triumphiert nicht so sehr durch das Spiel von Frage und Antwort als durch das Genie des Pantomimen, dem es gegeben ist, seine Individualität in die unbegrenzte Vielheit ‚fremder Stimmen' zu entäußern. So wird in Diderots Dialog die ‚Pantomime der Bettler' am Ende zum ‚großen Hebel der Erde' (S. 477), zum vollkommenen Instrument, den Mitmenschen in seinem Anderssein zu repräsentieren und zugleich seine Rolle im gesellschaftlichen Maskenspiel aufzudecken. Mit der viermal im Text wiederkehrenden und immer reicher inszenierten ‚Pantomime der Menschengattung' (S. 476) überschreitet Diderots *Neveu de Rameau* die dialogische Form des erneuerten sokratischen Dialogs zur Polyphonie der menippeischen Satire. Deren Funktion auf diesem modernen Gipfel der Gattung ist es, ‚jedem einen Teil seiner natürlichen Individualität' zurückzugeben (S. 407), und dabei die gesellschaftliche Ordnung als ein Rollenspiel uneingestandener Abhängigkeit zu dekuvrieren. Daß diese Funktionen gerade von dem amoralischen Subjekt wahrgenommen werden und nicht von dem philosophischen Moralisten, dessen Amtes sie eigentlich wären, gehört zu der ironischen Umkehrung der platonischen Metaphysik, die ein Leitthema des Dialogs ist.

So sehr sich Diderots Neveu als Genie der Pantomime vom antiken Sokrates entfernt, steht er ihm doch in einer wesentlichen Hinsicht nahe: wie Sokrates, der das Wahre nicht selbst hervorbringen, sondern nur andere aus sich selbst finden lassen kann (‚Geburts-

---

[18] H. Josephs, *Diderot and the Dialogue of Gesture and Language* S. 127f., möchte Moi auch in der Geburtshelferrolle sehen und interpretiert zu diesem Zweck dieselbe Stelle (S. 472) so, als beziehe sich: „voilà ce que c'est que de trouver un accoucheur qui sait irriter ..." auf Moi. Doch im Kontext bezieht sich „accoucher" auf die vorangegangene Pantomime, in der Lui selbst die ‚Geburt eines Gedankens', mit Faustschlägen an den Kopf eingeleitet, vorgestellt hatte.

hilfe leisten nötigt mich der Gott, erzeugen aber hat er mir verwehrt', *Theaitet* 150 c), vermag auch der Neveu nicht kreativ zu sein, kein eigenes Werk hervorzubringen, sondern nurmehr das Werk anderer durch vollkommene Nachahmung transparent zu machen. Doch während dem antiken Sokrates seine Beschränkung auf die Geburtshelferfunktion selbstverständlich ist (der Nachordnung der Poiesis hinter die Episteme gemäß?), leidet sein modernes Seitenstück darunter, nicht selbst — wie sein Onkel Rameau — ein schöpferisches ‚Genie', sondern nur ein Original zu sein. Es war kein anderer als H. Dieckmann, der auf einem Kolloquium des Szondi-Instituts das Leiden des Neveu, „daß er nur spielen kann, was er sein möchte", als einen Teil seiner Tragik interpretiert hat, deren anderer Teil es sei, „nicht zur Person werden zu können"[19]. Das Leiden des Neveu ist darum gerade nicht — oder noch nicht — ein Leiden am Zustand der Gesellschaft, die er ja als Schmarotzer selbst wieder ausbeutet und von der er mit zynischem Recht sagen kann, daß sie ihn gerade so will. Sein Leiden ist primär das Bewußtsein, ein verfehltes Genie zu sein, das Ungenügen eines Nicht-Sein-Könnens, sich immer nur Spielen-Müssens, sei es im Ästhetischen oder im Moralischen, denn der Neveu vermag weder zu schaffen wie der ‚große Rameau', den er darum haßt, noch auch selbst einer der großen Schurken zu sein, die er so vollkommen mimt.

Die Tragik des Neveu liegt darin, die Schwelle zu erkennen, die er überschreiten müßte, und es doch nicht zu vermögen — eine Schwelle, die im Ästhetischen zwischen dem antiken Prinzip der Nachahmung und dem modernen Prinzip der Schöpfung liegt und die im Moralischen durch die Frage bezeichnet werden kann, wie sich ohne Rekurs auf die eingeborenen Ideen des Wahren, Guten und Schönen das Postulat des rechten Handelns begründen lasse. Vom Dialog, den Moi und Lui vor dieser Schwelle führen (denn der *Neveu de Rameau* steht auch als Schwellendialog in der Tradition der menippeischen Satire), kann nicht erwartet werden, daß er Fragen schon so formuliert, wie sie erst nach dieser Schwelle, vom Standpunkt des deutschen Idealismus aus, gestellt worden sind. Für Moi lautet die Frage, die ihm die Existenz von Lui so beunruhigend macht, noch so: ‚Wie kommt's, daß, mit einem so feinen Gefühl, einer so großen Reizbarkeit für die Schönheiten musikalischer Kunst, Ihr so blind gegen sittliche Schönheit sein könnt, so gefühllos für den Reiz der Tugend?' (S. 465).

Diese Frage kehrt im „décousu de la conversation", inmitten der unerwartbaren Folge von angeschlagenen, abgebrochenen, wieder aufgegriffenen, doch nie beendeten Themen, gegenläufigen Digressionen und eingestreuten pantomimischen Szenen, in verschiedener Gestalt wieder. Sie kann als eine Leitfrage des *Neveu de Rameau* angesehen werden, die aufgeworfen wird, um dem Leser die Antwort zu versagen und ihn damit in eine Aporie hineinzuziehen, die sich auf alle Bereiche erstreckt, die der Dialog berührt: Gesellschaft und Gerechtigkeit, Kunst und Moral, Erziehung und Lebensglück, menschliche Natur und Theodizee. Es ist der Widerspruch, der in der fortgeschrittenen Neuzeit zwischen dem Ästhetischen und dem Moralischen aufgebrochen ist — die erschütterte, in die Aporie getriebene Prämisse der platonischen Metaphysik, daß alles Schöne erst durch die Beziehung

---

[19] Zitiert nach dem Protokoll dieses Kolloquiums vom 13. Juni 1969, S. 29f. (inzwischen erschienen in *Diderot und die Aufklärung* (Wolfenbütteler Forschungen Bd 10), München 1980, S. 161–194, hier S. 182).

auf das Gute schön, daß alle Lust am Schönen, die nicht auf Besserung der Seele abzielt, zu verwerfen, und daß Unrecht leiden dem Unrecht tun vorzuziehen sei. Ich habe Formulierungen aus dem *Gorgias* (474 d/e, 503 a, 482 b) benutzt, weil sie dort in der Widerlegung von Kallikles gewonnen werden, der als antiker Immoralist dem Neveu Diderots noch am nächsten steht[20]. Man könnte Diderots Text geradezu als ein Weiterführen des platonischen Dialogs nach dem Wegfall seiner idealistischen Prämissen interpretieren. Der moderne Immoralist, der auf die Frage nach dem Grund seiner Fühllosigkeit für den Reiz der Tugend barsch erwidert: ‚Wahrscheinlich, weil es für diese einen Sinn gibt, den ich nicht habe' (S. 465), kann durch den Philosophen des Dialogs nicht mehr widerlegt werden. Über seinen moralischen Idealismus kann andererseits aber auch der Materialismus des Neveu nicht triumphieren, der nur scheinbar als moderne Reprise des von Kallikles behaupteten Rechtes der Natur als des Rechtes des Stärkeren und Besseren über Gesetz und Sitte als Institution zum Schutz der Schwachen gelten kann *(Gorgias,* 483). Denn die von Kallikles vorgenommene Gleichsetzung des Stärkeren mit dem Besseren und Edleren trifft in Diderots Dialog nicht allein der sarkastische Spott des Parasiten, sondern sie fällt auch als Trugbild der Besitzenden am Ende der gleichen Dekuvrierung anheim, die der amoralische Pantomime in sokratischer Funktion an allen Positionen der gesellschaftlichen Hierarchie vollzieht. Diderot, der die offene Form des platonischen Dialogs erneuert hat, um sie gegen das geschlossene System der platonischen Triade des Wahren, Schönen und Guten ins Feld zu führen, bringt den Gegensatz des idealistischen und des materialistischen Standpunkts in den Gestalten von Moi und Lui als eine letzte, unlösbare Aporie vor den Blick. Das kommt am Thema der neu gesehenen Interferenz des Ästhetischen und des Moralischen am schärfsten zum Vorschein, die ich im folgenden als einen durchgängigen Faden aus dem irritierenden Muster des Textes herausheben will.

Das Thema des ‚Manns von Genie', beim Schachspiel zur Gesprächseröffnung schon angeschlagen, wird mit der Frage nach dem Onkel: ‚Tut er Euch denn nichts Gutes?' vom persönlichen zum allgemeinen Problem hochgespielt: ‚Tut er jemandem Gutes, so weiß er gewiß nichts davon' (S. 409). Obschon der Neveu zuvor im Schachspiel wie in der Poesie, Redekunst und Musik allein dem Genie auf Kosten der Mittelmäßigkeit die Daseinsberechtigung zuerkennen wollte, spricht er sie ihm nun im Namen der ‚wahren Weisheit für unsre Ruhe', des Ideals der mittleren, maßvollen bürgerlichen Existenz ab:

und besonders weiß ich an Leuten von Genie zu schätzen, daß sie nur zu einer Sache gut sind, darüber hinaus zu nichts. Sie wissen nicht, was es heißt, Bürger, Väter, Mütter, Vettern und Freunde zu sein. Unter uns, man sollte ihnen durchaus gleichen, aber nur nicht wünschen, daß der Same zu gemein würde. Menschen muß es geben, Menschen von Genie nicht. (S. 409)

Das Genie, das ästhetisch unersetzbar ist, ist moralisch — und diese These kommt paradoxerweise aus dem Munde des Immoralisten — nicht zu rechtfertigen. Der Philosoph pariert zunächst mit einer Frage ad personam (‚Und also habt ihr einen schrecklichen Haß gegen das Genie gefaßt?'), die hier wie später seine Verlegenheit um eine eigene Antwort überbrückt. Dann holt Moi zu einer Rechtfertigung des Genies aus, die ihn Zug um Zug zu einer unvermuteten Geschichtsphilosophie weitertreibt. Der Mann von Genie, der einen allgemeinen Irrtum verschreit, müsse auf längere Sicht gewürdigt werden: ‚Sokrates

---

[20] Darauf wies D. O'Gorman, *Diderot the Satirist,* Toronto 1971, S. 93, hin.

oder das Gericht, das ihm den Schierling reichte, wer von beiden ist nun der Entehrte?' (S. 410). Dem weiß Lui gleich mehrere intrikate Fragen entgegenzusetzen: ‚Das hilft ihm auch was Rechts! Ist er deswegen weniger verdammt worden? Ist sein Todesurteil weniger vollzogen? War er nicht immer ein unruhiger Bürger, und indem er ein schlechtes Gesetz verachtete, hat er nicht die Narren zur Verachtung der guten angeregt?' Die Langzeitwirkung der Wahrheit, der das Genie die Bahn brach, ist ein schwacher Trost, aber kein gerechter Ausgleich für persönlich erlittenes Unrecht. Der Neveu blickt auf die Gegenwart und macht sich zum Anwalt von Ruhe und Ordnung, sei es um den Preis der Wahrheit; der Philosoph blickt auf die Zukunft und sucht die Diskrepanz zwischen Genie und Gesellschaft im Fortschritt der Menschheit aufzuheben. Der Gegensatz spitzt sich auf die kasuistische Frage zu: ‚Was würdet Ihr nun vorziehen, daß Racine ein guter Mann gewesen (...) und nichts weiter; oder daß er schelmisch, verräterisch, ehrgeizig, neidisch gewesen wäre, aber Verfasser von Andromache (etc)?' (S. 411). Der Kasus, der die Normen des Schönen und des Guten in Konflikt bringt, wird bis zur Ebene der Theodizee hochgespielt, ohne seine Lösung zu finden. Wiederum ist Lui – im Widerspruch zu seinem Verhältnis zur Musik – gesonnen, das Schöne der Kunst für das gute, in vollen Zügen genießbare Leben preiszugeben. Andererseits wird Moi bei der Abwägung des Kasus vom Genie, das mit dem Bösen erkauft ist, zu der Behauptung einer verborgenen Weisheit im Plan der Natur geführt, die auf die Theorie der List der Natur von Kant und Hegel vorweist: ‚denken wir an das Wohl unserer Gattung, und wenn wir hierzu nicht groß genug sind, verzeihen wir wenigstens der Natur, daß sie weiser war als wir' (S. 413). Für Lui verschiebt das philosophische Postulat, den Glücksanspruch des Individuums am ‚Wohl unserer Gattung' und ihrer Zukunft zu bemessen, das Problem nur an die Adresse der Natur: ‚Aber wenn die Natur so mächtig als weise war, warum machte sie diese Männer nicht ebenso gut als groß?' (S. 413). Die Antwort des Philosophen fällt in den abstrakten Idealismus zurück: ‚wäre hier unten alles vortrefflich, so gäb es nichts Vortreffliches'. Das provoziert Lui zu seinem stärksten Argument gegen die alte Metaphysik: ‚Die beste Ordnung der Dinge scheint mir, ist immer die, worein auch ich gehöre, und hole der Henker die beste Welt, wenn ich nicht dabei sein sollte'. So endet der erste Gang des Dialogs im offenen Widerspruch des idealistischen und des materialistischen Standpunkts. Der Neveu, der von Philosophie nichts versteht, hat sich als Anwalt der konkreten Interessen des Individuums dem Moralphilosophen gewachsen gezeigt, der im Ansatz seiner Rechtfertigung der Diskrepanz von Kunst und Moral, Genie und Gesellschaft stecken blieb. Deren dialektische Lösung stand Diderot offensichtlich noch nicht zu Gebote: sie war die Antwort der Geschichtsphilosophie des deutschen Idealismus, mit der Kant, Hegel und Fichte die Provokation der französischen Aufklärung aufnehmen sollten.

Die anfängliche Überlegenheit der Gesprächsrolle von Moi wird im nächsten Gang des Dialogs am stärksten erschüttert, als seine arrogante Frage: ‚Und kennt Ihr denn dieses Gefühl?' (S. 418) in Lui etwas trifft, was er bei ihm nicht erwartete: ein verletzbares Selbstgefühl, das sich zur Wehr setzt. Hier wendet der Neveu die schmähliche Erfahrung, die er als Parasit im Hause Bertin machen mußte, gegen sich selbst und zugleich gegen die Gesellschaft. Sein Selbstwiderspruch zeigt sich formal als Selbstgespräch innerhalb des Gesprächs an. Lui richtet die Fragen, die auf die Amoral des gesellschaftlichen Erfolgs zielen, ironisch an die eigene Person: ‚Wie, du solltest nicht schmeicheln können wie ein andrer, nicht lügen, schwören, falsch schwören, versprechen, halten oder nicht halten wie ein andrer?' (etc., S. 418). Er gerät dabei mehrfach in Widerspruch zu sich selbst. So, wenn er erst das Recht beansprucht, ‚wie ein anderer' zu handeln, und hernach darauf pocht, einzigartig und unersetzbar für die Gesellschaft bei Bertin zu sein, der ihn bei dem Rauswurf doch nur behandelt hat ‚wie einen andern' (S. 417). Er erzählt sein Desaster auf die vergnüglichste Weise, in der komischen Brechung, daß derselbe Rameau, der sein Verhalten als Parasit völlig auf Opportunität abstellen, allein das Nützliche zum Kriterium seiner Moral erheben wollte, diese Prinzipien bei Tisch selbst dementierte, indem er sie für ein riskantes Bonmot preisgab[21]. Daß er diesen ‚Fehler' nachträglich damit beschönigt, er habe alles verloren, weil er ein einziges Mal ‚ein bißchen Geist' bewiesen habe, machte seine ‚Fehlleistung' um so mehr zum Zeugnis der Unbotmäßigkeit des Ästhetischen, das sich in der unwiderstehlichen Lust am Bonmot gleichsam am Prinzip des Nützlichen rächt. Der Neveu gerät schließlich, als er den Unterwerfungsvorschlag des Philosophen ablehnt, in den selbst bemerkten Widerspruch, daß im Fall Bertins bei ihm das Gefühl einer ‚gewissen Würde, mit der menschlichen Natur innig verknüpft', erwacht sei, obschon er bereits andere Tage absieht, ‚da mich's gar nichts kostete, so niederträchtig zu sein, als man wollte' (S. 417). Die Pantomime der Verführung einer blutjungen bürgerlichen Unschuld, durch die er den niederträchtigen Rameau mit seiner ungenutzten Gabe der Schmeichelei vorstellt, bringt den Philosophen außer Fassung, weil er sich selbst nun auch bei einem Widerspruch antrifft:

Ich hörte ihm zu, und als er diese Szene des Verführers und des jungen Mädchens vortrug, fühlte ich mich von zwei entgegengesetzten Bewegungen getrieben: ich wußte nicht, ob ich mich der Lust zu lachen oder dem Trieb zur Verachtung hingeben sollte. Ich litt. (...) Ich war betroffen von so viel Geschick und so viel Niedrigkeit, von so richtigen und wieder falschen Ideen, von einer so völligen Verkehrtheit der Empfindung, einer so vollkommenen Schändlichkeit und einer so seltenen Offenheit. (S. 420)

Die entgegengesetzte Bewegung, die ihn ‚zwanzigmal in Lachen ausbrechen' und sich jedesmal darüber ärgern läßt, ist ein Konflikt zwischen ästhetischer Wirkung und moralischer Entrüstung: der Zorn verrät eine uneingestandene Bewunderung. Diese Aporie, die im Unterschied zur sokratischen rein affektiv herbeigeführt wird, bringt den Philosophen zu keiner lösenden Einsicht, weshalb er nur noch vorzuschlagen weiß, den Gesprächsgegenstand zu wechseln: ‚ER: Aber was ratet Ihr mir denn? ICH: Von etwas anderem zu reden. Unglücklicher! zu welchem verworfenen Zustand seid Ihr geboren oder verleitet' (S. 420). — Wie hier nach der zur Schau gestellten Rhetorik eines abgefeimten Verführers, so zeigt auf einem weiteren Höhepunkt des Dialogs, der Demonstration des sublim Bösen am Fall des Renegaten von Avignon, der Abbruch des Themas und das (nur an diesen beiden Stellen) eingetretene Schweigen an, daß Verständigung im Moralischen unmöglich geworden ist und ein Abbruch der Kommunikation droht, dem das Gespräch sodann durch eine Rückwendung zum Ästhetischen entgeht: ‚Die Gegenwart eines Menschen fing mir an unerträglich zu werden, der eine schreckliche Tat, ein abscheuliches Verbrechen eben behandelte wie ein Kenner der Malerei oder Poesie die Schönheiten irgendeines vor-

---

[21] Hier folge ich der Interpretation von J. Starobinski, „Le Dîner de Bertin" S. 197ff.

trefflichen Werkes' (S. 456). So pendelt beidemal das Gespräch nach der Unterbrechung vom Extrem der von Lui eingestandenen Immoralität, worauf Moi mit Vernunftgründen nichts mehr entgegensetzen kann, zum Gegenthema des sublim Schönen der Musik. Auf dieser Seite wird das Extrem mit der Demonstration des Triumphs der neuen italienischen Oper über den französischen Stil der Musik des ‚göttlichen Lullys' und des ‚lieben Onkels' erreicht (S. 458).

Die Prophezeihung ihres unaufhaltsam nahenden Untergangs läßt den Neveu zur höchsten Metaphorik, seiner berühmten Symbiose von platonischer Triade und christlicher Dreifaltigkeit, greifen. Das ‚Reich der Natur', das sich wie ein fremder Gott an die Seite des Landesgötzen setzt, um ihn ohne Blutvergießen zu stürzen, meint als ‚Reich meiner Dreieinigkeit' für Lui nichts anderes als: ‚Das Wahre, das der Vater ist, der das Gute zeugt, das der Sohn ist, aus dem das Schöne hervorgeht, das der Heilige Geist ist'. Was Lui jetzt für das Ästhetische beansprucht: ‚Das Wahre, das Gute, das Schöne haben ihre Gerechtsame', hatte er zuvor für das Moralische gerade bestritten! Hegel wird das Ärgernis dieses bizarren Rückfalls in die platonische Metaphysik auf interessante Weise korrigieren. Diderot läßt der theoretischen Legitimation der neuen Musik als „imitation des accents de la passion ou des phénomènes de la nature" ihre praktische Erläuterung, die sinnfällige Repräsentation einer ganzen Oper auf dem Fuße folgen. Was der Neveu auf diesem Höhepunkt pantomimischer Kunst vollbringt, schlägt Moi derart in Bann, daß er erneut in einen aporetischen Zwiespalt seines Gemüts gerät: ‚So bemächtigte er sich unserer Seelen und hielt sie in der wunderbarsten Lage schwebend, die ich jemals empfunden habe. (...) Ich war gerührt und mitleidig, doch ein lächerlicher Zug war in diese Gefühle verschmolzen und nahm ihnen ihre Natur' (S. 462). Wo der Bewunderung des Philosophen keine moralische Entrüstung mehr widersprechen muß, mischt sich Mitleid, aber auch ein Gran Lächerlichkeit in das Gefühl. Der ungesagte Grund ist das An-sich-selbst-Leiden des Pantomimen, das der letzte Gang des Gesprächs mit der Selbstgenügsamkeit des Philosophen konfrontieren wird.

Wie offen ist der dialogische Vollzug des von Diderot erneuerten sokratischen Gesprächs am Ende des *Neveu de Rameau* nun eigentlich geblieben? Das Fehlen eines irreversiblen Gangs der Argumentation, die sprunghafte Abfolge von singulären und wiederkehrenden, abgebrochenen und variierten Themen und bei alledem die unverkennbare Absicht, den Gegensatz der Standpunkte nicht durch ein zielgerichtetes Frage-und-Antwort-Spiel in einer neuen, höheren Einsicht aufzuheben, sondern immer nur aporetisch bis zum Äußersten zu verschärfen, liegt auf der Hand. Etwas anders verhält es sich wohl mit der Antithetik der Gesprächspartner: sie sind mehr und mehr — mit dem Abbau der magistralen Überlegenheit des Fragenden — in ein festes Rollenverhältnis hineingewachsen, das ihren Charakteren mehr personhaftes Profil gibt als es die bloße Vertretung ideologischer Positionen erfordern würde. Der Neveu, der als ein moderner Proteus eingeführt ist (‚nichts gleicht ihm weniger als er selbst', S. 406), gewinnt durch den Selbstwiderspruch, den er — gereizt durch die Fragen des Philosophen — ohne Scheu austrägt, eine eigene Konsistenz (‚Ist's nicht wahr, Herr Philosoph, ich bin immer derselbe?', S. 480). Der Philosoph, der als prinzipientreuer Moralist seinen Standpunkt konsequent durchfechten will, wird durch seinen unbotmäßigen Widerpart mehrfach — am überraschendsten bei der Frage nach dem historischen Nutzen des Genies (S. 410 ff.) und nach den unfreiwilligen Pantomimen der Gesellschaft (S. 477) – dazu getrieben, sich in kühnen Spekulationen zu versuchen. Die letzte Kontroverse entbrennt erneut über einer Frage der Theodizee:

> ICH: Die Natur bestimmte jeden dazu, wozu er sich Mühe geben mag. ER: Doch sie vergreift sich oft. Was mich betrifft, ich betrachte die irdischen Dinge nicht von solcher Höhe, wo alles einerlei aussieht. (...) so finde ich, daß es keine gute Ordnung sei, nicht immer etwas zu essen zu haben. (...) Und dann ist die gezwungene Stellung, in der uns das Bedürfnis hält, das allerschlimmste. Der bedürftige Mensch geht nicht wie ein andrer: er springt, er kriecht, er krümmt sich, er schleppt sich und bringt sein Leben zu, indem er Positionen erdenkt und ausführt. (S. 476)

Wiederum durchkreuzen sich die Auffassungen von Moi und Lui in der Antithetik ihrer Gesprächsrollen auf überraschende Weise. Der Antiphilosoph, der die Dinge nicht von oben betrachten will, gelangt gleichwohl – da er sich trefflich auf Pantomimen versteht – zu einer durchaus philosophischen Kritik an der Ordnung der Natur: sie habe ihre Güter ungerecht verteilt und den bedürftigen Menschen in die Zwangslage gebracht, daß er im Leben analog zur Bühne ständig ‚Positionen‘ einnehmen und seine Pantomime tanzen müsse. Was in diesem Gedanken von Lui und seiner folgenden pantomimischen Ausführung an kritischem Potential steckt, wird dieses Mal gerade von Moi – bislang Anwalt der bestehenden Ordnung der Dinge – erkannt. Er verallgemeinert den Gedanken zu der These: ‚Wer einen andern braucht, ist bedürftig und nimmt eine Position an‘ und folgert daraus, die gegenwärtige Gesellschaft sei insgesamt ein System von undurchschauten Abhängigkeiten, aus welchem selbst der Souverän nicht ausgenommen werden könne: ‚Vor seiner Geliebten nimmt der König eine Position an, und vor Gott macht er einen Pantomimenschritt. (...) Wahrlich, was Ihr die Pantomime der Bettler nennt, ist der große Hebel der Erde. Jeder hat seine kleine Hus und seinen Bertin‘ (S. 477). Wenn Lui daraufhin bemerkt: ‚Das tröstet mich‘, scheint zuguterletzt doch noch eine von beiden geteilte Einsicht erreicht zu sein, die über die Aporetik des Dialogs hinaus und zu einer Lösung führen könnte. Doch Moi dementiert seinen kühnen Anlauf sogleich wieder, wenn er unter Berufung auf Diogenes, ‚der über die Bedürfnisse spottet‘, sich als Philosoph von der universellen Pantomime freisprechen will. Und Lui kann ihn daraufhin mehr und mehr in die Ecke treiben, indem er die behauptete Bedürfnislosigkeit des Diogenes redivivus Schritt für Schritt in Frage zieht, bis hin zu einem letzten, fatalen Dilemma:

> ER: Begab sich's aber, daß die Schönheit sonst beschäftigt war und der Zyniker nicht warten konnte. – ICH: So ging er in sein Faß und suchte sie entbehrlich zu finden. ER: Und Ihr rietet mir, ihn nachzuahmen? ICH: Ich will sterben, wenn es nicht besser wäre, als zu kriechen, sich wegzuwerfen, sich zu beschimpfen. ER: Aber ich brauche ein gutes Bett, eine gute Tafel, ein warmes Kleid im Winter, ein kühles Kleid im Sommer, Ruhe, Geld und mehr andre Dinge, die ich lieber dem Wohlwollen schuldig sein, als durch Arbeit erwerben mag. (S. 479)

Der moralische Idealist, der die Selbstbefriedigung im Faß als ultima ratio anerkennen muß, wird am Ende des Dialogs in eine extreme Position getrieben, die nicht weniger grotesk erscheint als die ultima ratio des jegliche Arbeit verweigernden Immoralisten, wenn dieser sich dazu versteigt, für die Befriedigung seiner materiellen Bedürfnisse selbst noch die eigene Frau zu verkuppeln und im selben Atemzug ihren unzeitigen Tod beweint. So endigt Diderots sokratischer Dialog im offenen Widerspruch der wieder aufgenommenen und menippeisch – in dekuvrierender Pantomimik – durchgespielten Gegenpositionen der antiken Moralphilosophie. Man kann diese letzte Antithese von Moi und Lui wohl auch als eine groteske Aufhebung des ethischen Ideals des ‚sibi constare' interpretieren, das den Dialog als Leitmotiv durchzieht und noch im letzten Satz des Neveu reflektiert wird, der den offenen Ausgang ironisch besiegelt: „rira bien qui rira le dernier."

III

Selten dürfte die Rekonstruktion der Lektüre eines berühmten Textes durch einen nicht weniger berühmten Leser unter so interessanten hermeneutischen Perspektiven möglich sein wie im Fall der Rezeption des *Neveu de Rameau* durch Hegel. Die ungewöhnliche Faszination, die der posthum ans Licht gekommene Text auf Leser wie Schiller und Goethe (später auch auf Marx und Freud, um nur wenige Namen zu nennen) ausgeübt hat, bestätigt im Falle Hegels, daß er seine Lektüre sogleich dem soeben entstehenden Text seiner *Phänomenologie des Geistes* einverleibte. Von ‚einverleiben' kann hier fast im wörtlichen Sinn gesprochen werden, wie nicht allein drei markante Zitate aus Goethes Übersetzung (zum Teil wörtlich, zum Teil montiert, durch Anführungszeichen abgehoben, doch ohne Diderot zu nennen, obschon ihm allein die Ehre zuteil wurde, in der *Phänomenologie* zitiert zu werden!) belegen, sondern vor allem die Promotion von Moi und Lui zu Gestalten des Bewußtseins in der allgemeinen Dialektik des Geistes und der Geschichte bezeugt. Wer die Partialität und Gewaltsamkeit dieses Verfahrens nur zu rügen weiß oder als ‚Mißverständnis' der Intention Diderots abtun will, mißt Hegels philosophische Applikation an dem, was sie nicht sein will und sein kann — an einer philologischen Interpretation, in der es darum geht, die Bedeutung zu rekonstruieren, die dem Text in seinem primären historischen Kontext zugekommen sein dürfte. Demgegenüber läßt sich zeigen, daß Hegel trotz der eklatanten Partialität seiner herausgegriffenen drei Zitate den Text Diderots als ganzen gedeutet hat und daß sein Verständnis zwar gewiß nicht mehr dem ersten historischen Kontext der französischen Zeitgenossen vor 1774, wohl aber dem späteren historischen Kontext des deutschen Idealismus um 1805 adäquat war. Das vermeintliche Mißverständnis erweist sich damit als ein exemplarischer Fall produktiver und zugleich normbildender Rezeption (ich ziehe diese Formulierung dem sog. „fruchtbaren Mißverständnis" vor, weil letzteres noch eine Ästhetik der Identität involviert).

Die Bedeutung des *Neveu de Rameau* für Hegels Lektüre ist an den Übernahmen in der *Phänomenologie* abzulesen: dort erscheinen (im Kapitel: „Der sich entfremdete Geist — Die Bildung") Moi und Lui als Gestalten des „ehrlichen" und des „zerrissenen Bewußtseins"; das Diner bei Bertin als Erläuterung der „Verworfenheit, die der Reichtum (...) mit dem Klienten teilt"[22], die Musikpantomime als „Sprache der Zerrissenheit", die fähig wird, das „verkehrte Tun der ganzen realen Welt" aufzudecken (S. 374), der „sich entfremdete Geist" des Neffen als der dem Philosophen überlegene „Geist der Bildung" (S. 373) und schließlich der Sturz des Götzen als der kampflose Sieg der „reinen Einsicht" über den Aberglauben (S. 388). Diese Übernahmen sind in der *Phänomenologie* Hegels — wie Jean

---

[22] *Phänomenologie des Geistes*, hg. J. Hoffmeister, Leipzig ⁵1949 (Der Philosophischen Bibliothek Band 114), S. 369; nach dieser Ausgabe wird von nun an im Text nur mit Seitenzahl zitiert.

Hyppolite zeigte[23] — dialektisch sowohl als Moment der Rückkehr des sich entfremdeten Geistes zu sich selbst wie auch als (historisch durchaus konkretisierbare) Momente der geschichtlichen Wirklichkeit — der Vollendung der französischen Aufklärung in der Revolution von 1789 — zu verstehen. Sie interpretieren andererseits aber auch Diderots Dialog aus einer neuen, durch den späteren Standort allererst ermöglichten Sicht. Hegels Lektüre, die den Text seines Vorgängers so lapidar verkürzend und zugleich verjüngend interpretiert, erschließt eine Bedeutung des *Neveu de Rameau*, die Diderot gewiß noch nicht absehen konnte. Die Bedeutung des Textes für Hegel ist darum gleichwohl keine nur subjektive, willkürliche Vereinnahmung für das spätere Werk. Sie ist die objektive, da öffentlich anerkannte Konkretisation eines Sinns, den das frühe Werk durch Hegels formgebende, hinfort nicht mehr wegzudenkende Interpretation erlangte und nur erlangen konnte, weil sie — mit W. Benjamin zu sprechen — „die kritische Konstellation bewußt (machte), in der gerade dieses Fragment der Vergangenheit mit dieser Gegenwart sich (befand)"[24].

Die Bedeutung eines Textes für eine spätere Zeit kann, gemessen an seiner Bedeutung für die Zeit seiner Entstehung, einen Zugewinn an Sinn erbringen, der durch einen Verlust erkauft ist. In unserem Fall wird bei der Rekonstruktion der Hegelschen Lektüre zu fragen sein, ob die dialektische Lösung, der in der *Phänomenologie* die unversöhnten Standpunkte von Moi und Lui zugeführt werden, die personhafte Entfaltung und offene dialogische Beziehung bewahren konnte oder vereinseitigen mußte, die Moi und Lui in Diderots Text charakterisiert. Das Rezeptionsproblem ist hier also auch hermeneutisch und historisch als ein Fall der Aufhebung des dialogischen Prinzips im wieder monologisch erzählenden Diskurs einer Philosophie interessant, die sich als eine Erneuerung der Dialektik verstand, also auch wohl beanspruchen konnte, die Polyphonie der Stimmen des sokratischen Dialogs in der Wissenschaft der Erfahrung, welche das Bewußtsein über sich macht, zu bewahren.

Das erste Diderot-Zitat dient Hegel dazu, den Begriff der Bildung aus der notwendigen „Entfremdung des natürlichen Seins" (S. 351) zu erläutern. Bildung erlangt das Individuum erst im „Aufheben des natürlichen Selbst", nicht also in der „Besonderheit einer Natur", wofür Hegel erst das deutsche Wort „Art", dann das französische „Espèce" einsetzt:

die Besonderheit einer Natur, die Zweck und Inhalt wird, ist etwas ‚Unmächtiges' und ‚Unwirkliches'; sie ist eine Art, die sich vergeblich und lächerlich abmüht, sich ins Werk zu setzen (...) jene vermeintliche Individualität ist eben nur das ‚gemeinte' Dasein, welches in der Welt, worin nur das Sichselbstentäußernde und darum nur das Allgemeine Wirklichkeit erhält, kein Bleiben hat. — Das ‚Gemeinte' gilt darum für das, was es ist, für eine Art. Art ist nicht ganz dasselbe, wie *Espèce, von allen Spitznamen der fürchterlichste; denn er bezeichnet die Mittelmäßigkeit und drückt die höchste Stufe der Verachtung aus.* (S. 352)

Hegel greift auf die französische Bedeutung von „espèce" (seit 1740 im abschätzigen Sinn von: ‚une pauvre espèce d'homme') zurück, weil das deutsche Wort „Art" dieser Bedeu-

---

[23] *Génèse et structure de la phénoménologie de l'esprit de Hegel,* Paris 1949 (Nachdruck 1967), Teil V, Kap. 3 und 4, bes. S. 375, 398ff., 401, 415, 420.
[24] Aus „Eduard Fuchs, der Sammler und der Historiker" in W. Benjamin, *Gesammelte Schriften* (Werkausgabe), Frankfurt/M. 1980, II.2, S. 465.

tung „die ehrliche Miene" hinzufüge. Ihm aber kommt es darauf an, mit diesem Schimpfnamen das natürliche Selbst als ungebildet herabzusetzen. Die hintergründige Pointe dieser Zitierung tritt erst ganz ans Licht, wenn man bedenkt, daß in der Rede des Neveu die so verächtliche Mittelmäßigkeit einer „espèce" mit einem Ideal der Vollkommenheit kontrastiert wird, an das Hegels Begriff von Individuum und Bildung kaum denken läßt – der vollkommenen Verworfenheit des Immoralisten. Denn auf die zitierte Stelle folgt bei Diderot: ‚Ein großer Taugenichts ist ein großer Taugenichts, aber er ist keine Espèce. Käme ich nun meinem Sohn durch Erziehung in die Quere, so verlör er seine schönsten Jahre, ehe die väterliche Faser sich wieder in ihre Rechte gesetzt und ihn zu der vollkommenen Verworfenheit gebracht hätte, zu der ich gekommen bin' (S. 466). Gewiß wird die so zynisch behauptete Unmoral im Kontext Hegels nicht schon als Bedingung der Bildung zum Individuum interpretiert; doch läßt die Zitierung gleichwohl retrospektiv erkennen, daß Diderots amoralisches Subjekt auch schon im primären Kontext schwerlich ein ‚natürliches Selbst' repräsentieren kann. Man darf nicht übersehen, daß die Rede des Neveu ironisch ist, zunächst gegen das Ideal der natürlichen Erziehung gerichtet, dann aber auch im Blick darauf, daß er selbst so vollkommen verworfen gar nicht ist, sondern nur vollkommen als Pantomime der Verworfenheit anderer, und daß er in Wahrheit unter seiner Mittelmäßigkeit leidet und ständig zwischen den beiden Polen des Schönen und des Nützlichen, des Sublimen der Musik und der Not seiner materiellen Bedürfnisse, hin und hergerissen wird. Für ihn selbst gilt, was er seinem Sohn ersparen will: ‚wie durch zwei entgegengesetzte Kräfte gezogen, den Weg des Lebens nur schwankend (zu) gehen' (ebd.). In Diderots Beschreibung der „espèce", die Hegels Zitat auf die Funktion des „fürchterlichsten Spitznamens" reduziert, sind indes schon Bestimmungen des „niederträchtigen" und des „zerrissenen Bewußtseins" involviert, die das Faszinosum besser erkennbar machen, das der Neveu für Hegel bedeutet haben muß, wenn er ihn sodann an so hervorragender Stelle in die dialektische Gestaltenfolge der Geschichte des sich entfremdeten Geistes einbezog.

Denn die Stelle, an welcher der Neveu gleichsam in die Szene der *Phänomenologie* tritt, ist die Auflösung des Gegensatzes von „edelmütigem" und „niederträchtigem Bewußtsein" im Moment, da die allgemeine Macht „unter das Fürsichsein" gebracht, das heißt die „in sich reflektierte Staatsmacht" (die absolute Monarchie Ludwigs XIV.) aufgeopfert ist und hinfort als „Reichtum" existiert (S. 366). Damit aber, daß sich das Selbstbewußtsein im Reichtum, in einer Sache und nicht mehr in einer anderen Person oder geistigen Macht entäußert findet, ist die tiefste Entfremdung eingetreten, in der „das reine Ich sich außer sich und zerrissen anschaut" (S. 369). Im Bewußtsein dieser absoluten Zerrissenheit fällt der Unterschied, „als edelmütiges gegen das niederträchtige bestimmt zu sein, hinweg, und beide sind dasselbe". Hegel hat diesen dialektischen Umschlag offensichtlich im Rekurs auf das Diner bei Bertin erläutert:

> Der Reichtum teilt also mit dem Klienten die Verworfenheit, aber an die Stelle der Empörung tritt der Übermut. Denn er weiß nach der einen Seite, wie der Klient, das ‚Fürsichsein' als ein zufälliges ‚Ding'; aber er selbst ist diese Zufälligkeit, in deren Gewalt die Persönlichkeit steht. In diesem Übermute, der durch eine Mahlzeit ein fremdes Ichselbst erhalten, und sich dadurch die Unterwerfung von dessen innerstem Wesen erworben zu haben meint, übersieht er die innere Empörung des Andern. (S. 369)

In Hegels Kontext gewinnt das resümierte Diner bei Bertin die Bedeutung hinzu, daß hier der Ort ist, an dem die tiefste Schmach des Parasiten in eins seine Überlegenheit, letztlich die Chance der Rückkehr des Wesens in sich selbst, anzeigt. Die Empörung des Selbstbewußtseins, das seine Verworfenheit verwirft, findet ihre Sprache — die „Sprache der Zerrissenheit". Die unedle „Sprache der Schmeichelei" kehrt sich im Munde des Neveu um in die edle „Sprache der Zerrissenheit". Sie ist die vollkommene Sprache, weil sie fähig ist, die „absolute und allgemeine Verkehrung und Entfremdung der Wirklichkeit und des Gedankens" auszusprechen (S. 371). Die neue Gestalt im Bildungsprozeß des Bewußtseins, die den Antagonismus des edelmütigen und des niederträchtigen Bewußtseins ablöst, geht — als „wirkliche Mitte" zwischen den Extremen der Herrschaft und des Reichtums — aus dem Geist der Sprache hervor! Der Neveu, dessen Dasein in Diderots Dialog „das allgemeine ‚Sprechen' und zerreißende ‚Urteilen' " war (S. 372), repräsentiert danach in der *Phänomenologie* das Bewußtsein jener „Verworfenheit, (die) zum Adel der gebildetsten Freiheit des Selbstbewußtseins umschlägt" (S. 371). Nimmt man diese Interpretation beim Wort, so muß zunächst befremden, daß Hegel, der das ‚moralische Monstrum' Diderots derart als den wahren und zukunftsträchtigen Geist der Bildung auszeichnet, seine zur Schau gestellte moralische Verworfenheit zu ignorieren scheint oder sie doch nur dazu benutzt, um kontrastiv das moralische Räsonnieren des „ehrlichen Bewußtseins" als die „ungebildete Gedankenlosigkeit" zu erweisen (S. 372). Die Auszeichnung des amoralischen Musikers als „zerrissenes Bewußtsein" vor dem Philosophen als dem „einfachen Bewußtsein des Wahren und Guten" (S. 373) hat indes im primären Kontext seinen Rechtsgrund in einem Motiv, das wiederum erst in der retrospektiven Erhellung einer Zitierung seine tiefere Bedeutung erkennen läßt.

Das zweite Diderot-Zitat, mit dem Hegel die Rede des Neveu als die vollkommene Sprache der Zerrissenheit erläutert, ist genau besehen eine Montage aus wenigstens drei Entlehnungen. Die Auswahl und das Gewaltsame des Zusammenfügens verraten die Fragerichtung, in der Hegel den Text Diderots interpretierte. Der Neveu interessiert Hegel als die Gestalt des zerrissenen Bewußtseins, das er näherhin als Bewußtsein der Verkehrung aller Begriffe und Realitäten bestimmt: „der allgemeine Betrug seiner selbst und der andern, und die Schamlosigkeit, diesen Betrug zu sagen, ist eben darum die größte Wahrheit" (S. 372). Die darum „geistreich" genannte Rede des Neveu wird nun aber nicht etwa an seinen Auslassungen über reich und arm, Tyrannen und Sklaven, Ideal und Bedürfnis erläutert, sondern an der „Verrücktheit des Musikers, der dreißig Arien (...) häufte und vermischte" (etc., S. 372), mithin durch ein Zitat aus der großen Musikpantomime. Hegel dürfte dabei nicht so sehr die Wirkung der italienischen Oper als das Talent des Musikers, in der Pantomime das polyphone Rollenspiel der Gesellschaft als ein System uneingestandener Abhängigkeiten zu enthüllen, im Blick gehabt haben. Die denkwürdige Reaktion, die er sodann dem Moi zuschreibt, ist offenbar Hegels eigener Zusatz: „Dem ruhigen Bewußtsein, das ehrlicherweise die Melodie des Guten und Wahren in die Gleichheit der Töne, d.h. in eine Note setzt, erscheint diese Rede als ‚eine Faselei von Weisheit und Tollheit' " (etc., S. 373). Denn in Diderots Text löste diese Rede bei Moi im Gegenteil gerade Bewunderung, Rührung und Mitleid aus (S. 462): dort schätzt der Philosoph den Musiker durchaus, der immer nur dann seine sittliche Entrüstung herausfordere, wenn er sich als ‚Moralist' gebärde. Der Zusatz, mit dem sich Hegel souverän über alle Spielregeln des Zitierens hinwegsetzt, entspräche in meiner Perspektive am ehesten der Absicht, die polyphone Rede des zerrissenen Bewußtseins ironisch dem Monologismus der fertigen Wahrheit des Philosophen entgegenzusetzen. Dafür spricht, daß das nächste Zitatstück gerade die — wohl einzige — Stelle aus Diderots Dialog ist, an der Moi erkennt, daß sich Lui bei all seinen Widersprüchen von Seinesgleichen durch ‚eine so seltene Offenheit' (S. 420) auszeichnet:

> Dem ruhigen Bewußtsein (...) erscheint diese Rede als ‚eine Faselei von Weisheit und Tollheit, als ein Gemische von ebensoviel Geschick als Niedrigkeit, von ebenso richtigen als falschen Ideen, von einer so völligen Verkehrtheit der Empfindung, so vollkommener Schändlichkeit, als gänzlicher Offenheit und Wahrheit'. (S. 373)

In Diderots Dialog betraf diese Stelle die sittliche Entrüstung des Philosophen über die Szene der perfekten Verführung eines naiven Mädchens. Hegels Zitierung unterstellt Moi dieselbe Reaktion bei der Musikpantomime, so daß der Gegensatz zwischen Moi und Lui das Moralische und das Ästhetische einschließt: der Philosoph wird damit zum Platoniker, der die Monotonie der alten gegen die Polyphonie der modernen Musik und in eins damit die vorgegebene Einheit des Wahren, Guten und Schönen gegen die „offene und ihrer bewußte Beredsamkeit des Geistes der Bildung" (S. 373) aufrechterhalten will. Das ausschlaggebende Moment für Hegels eingreifende (und wiederum verschwiegene) Korrektur scheint mir in der damit zur Geltung gebrachten „Offenheit" von Lui zu liegen. Das in Hegels Kontext durch Deplacierung so stark herausgehobene Moment „gänzlicher Offenheit und Wahrheit" blieb in Diderots Kontext ein beiläufiger Zug im widersprüchlichen Wesen des Neveu. Die hermeneutische Differenz der Bedeutung von Offenheit im primären und im sekundären Kontext macht sowohl eine bei Diderot ungesagte Voraussetzung der Beziehung von Moi und Lui als auch die neue Frage rekonstruierbar, auf welche die „Rede dieser sich selbst klaren Verwirrung" für Hegel die Antwort ist.

Bei Diderot war es vordergründig der vielfach variierte Widerspruch von ästhetischer Virtuosität und moralischer Verworfenheit, der Moi an Lui faszinierte und den Philosophen in eine Kasuistik verstrickte, die er ehrlicherweise nicht lösen konnte, ohne seine idealistische Grundüberzeugung der Einheit des Schönen und Guten preiszugeben. Hintergründig spielte in die Verwirrung von Moi aber auch herein, daß gerade der Immoralist, der alle ethischen Normen der Sozialität verhöhnt und einzig dem Prinzip des amour propre zu folgen scheint, einer „franchise si peu commune" (S. 24) fähig war, die seine Mitwelt eigentlich beschämen mußte. Bei Hegel spricht sich in dieser Offenheit nunmehr die Wahrheit des sich entfremdeten Geistes als Bewußtsein des Zustands aus, an dem die gegenwärtige Gesellschaft leidet, ohne dessen im „allgemeinen Betrug seiner selbst" gewahr zu werden. Bei Diderot hingegen war die „franchise" des Neveu nurmehr ein privater, obschon überraschend konstanter Zug seines Charakters, nicht aber der provokative Grund für ein öffentlich sich prosternierendes Leiden an der Gesellschaft.

Der *Neveu de Rameau* ist zwar nicht mehr ein Alceste, der in Molières Komödie verlacht werden konnte, weil er sich für den einzig Aufrichtigen in einer korrumpierten Gesellschaft hielt. Anderseits aber ist Diderots Neveu auch noch nicht das tragische Individuum der Moderne, das in romantischer Einsamkeit den Selbstwiderspruch der Gesellschaft in sich auszutragen hat. Diderot hat den Selbstwiderspruch des Neveu gerade nicht durch die Einsicht Rousseaus motiviert, daß der Fortschritt im Wissen und in den Künsten komplementär ist dem Niedergang von Moral und Sitten; ihm liegt der Gedanke noch fern, daß die gegenwärtige Gesellschaft, die das Leben entfremdet und den Glücksanspruch des Individuums unerfüllbar gemacht hat, vom Menschen selbst geschaffen und nicht von der Natur so gewollt ist. Für Diderots Neveu sind seine Laster selbst ‚natürlich', ohne Arbeit erworben und mit den Sitten seiner Nation ganz übereinstimmend (S. 434): ‚man hat mich lächerlich haben wollen, und dazu habe ich mich gebildet. Bin ich lasterhaft, so hat die Natur allein den Aufwand gemacht. Wenn ich lasterhaft sage, so rede ich nur Eure Sprache. Denn wenn wir uns erklären wollten, so wäre wohl möglich, Ihr hießet Laster, was ich Tugend nenne, und was ich Laster nenne, Tugend' (S. 446). Der Ehrentitel eines ‚unglücklichen Bewußtseins' könnte demnach für den Neveu im primären Kontext noch nicht im vollen Sinne gelten: der Widerspruch von Individuum und Gesellschaft ist nicht der Grund seines Leidens. Sein Unglück wird ihm immer nur dann bewußt, wenn sein musikalisches und pantomimisches Talent an die Schranke der Kreativität stößt und er den Gegensatz von Kunst und Moral als Widerspruch seines Wesens erfahren muß.

Die historische Schwelle, die zwischen Diderot und Hegel anzusetzen ist, läßt sich hier danach bestimmten, wie die „franchise si peu commune" des Neffen umbewertet wird. Aufrichtigkeit, in Diderots Dialog für Moi der einzig verbliebene positive Wert oder moralische Rest, der ihn an Lui überrascht[25], wird in der *Phänomenologie* zur negativen Kategorie einer Offenheit, die das zerrissene Bewußtsein auszeichnet und befähigt, im Widerspruch seiner selbst die Verkehrtheit der realen Welt im Gedanken zu erfassen. Das letzte Teilstück des zweiten Diderot-Zitats nimmt (offenbar in zunächst freier Paraphrase) die Musikpantomime wieder auf, um ihre Wirkung derart zu kommentieren, daß am Ende auch noch das Lächerliche, das bei Diderot die Bewunderung des Philosophen durchkreuzt, in der Offenheit dieser „sich selbst klaren Verwirrung" sich auflösen kann:

Es wird es nicht versagen können, in alle diese Töne einzugehen, und die ganze Skale der Gefühle von der tiefsten Verachtung und Verwerfung bis zur höchsten Bewunderung und Rührung auf und nieder zu laufen; in diese wird ein lächerlicher Zug verschmolzen sein, der ihnen ihre Natur benimmt; jene werden an ihre Offenheit selbst einen versöhnenden, an ihrer erschütternden Tiefe den allgewaltigen Zug haben, der den Geist sich selbst gibt. (S. 373)

Das Neue in Hegels Interpretation nimmt davon seinen Ausgang, daß in Diderots Dialog die Offenheit des zerrissenen Bewußtseins für sich allein genügt hätte, Lui vor Moi auszuzeichnen. Demzufolge ist die Rede des Musikers der des Philosophen allein schon darum überlegen, weil die erstere in ihrer Verwirrung „sich selbst klar" bleibt, während die letztere zwar geordnet erscheinen, doch Ordnung weder Neues noch Anderes sagen, noch sich selbst in Frage stellen kann. Daß Hegel die Rede des Philosophen „einsilbig" nennt, kennzeichnet sie als monologischen Diskurs, dem der Musiker das polyphone Prinzip der „offenen und ihrer bewußten Beredsamkeit" entgegensetzt. Damit wird die Rede des

---

[25] Das möchte ich insbesondere L. Trilling entgegenhalten, der im Kap. II seines Buches *Sincerity and Authenticity* (Harvard Univ. Press, 1971) Hegels Diderot-Rezeption so interpretiert, als ob Aufrichtigkeit, wie sie Diderots Philosoph repräsentiert, von Hegel als Tugend einer hinabgegangenen Zeit mißverstanden worden sei. In meiner Sicht geht gerade umgekehrt aus der „franchise" des Neffen die neue, durch Negativität charakterisierte Form der Authentizität des zerrissenen Bewußtseins (d.h. die „Rede dieser sich selbst klaren Verwirrung") hervor.

Neveu zum „Geist der Bildung", demgegenüber der moralische Idealismus des Philosophen – als Rede des „einfachen Bewußtseins des Wahren und Guten" – einsilbig bleiben muß: „denn es kann diesem nichts sagen, was er nicht selbst weiß und sagt" (S. 373). Die Gestalten des einfachen und des zerrissenen Bewußtseins in der *Phänomenologie* – soviel wird jetzt sichtbar – sind der Antithetik von Moi und Lui in Diderots Dialog nicht einfach übergeordnet oder unabhängig von ihm entstanden und nur eben zur Erläuterung herangezogen. Sie setzen Diderots Text voraus und wachsen augenscheinlich aus der Lektüre des *Neveu de Rameau* in Hegels Interpretation zu ihrer dialektischen Gestalt empor. Daß sie genetisch ihr fundamentum in re im vorausgegangenen sokratischen Dialog der französischen Aufklärung haben, erweist sich schließlich auch daran, daß Hegels Interpretation den Streit von Moi und Lui nicht nur zitiert, sondern inhaltlich – vom Kasus Racines bis zum Kasus des Diogenes, die Diderots Dialog eröffnen und beschließen – aufarbeitet und seiner dialektischen Lösung zuführt.

Mit dem nächsten Schritt meiner Interpretation dürfte die Frage, ob der Zugewinn an Sinn, den die dialektische Lösung für den *Neveu de Rameau* erbrachte, durch einen Verlust erkauft werden mußte, eine Antwort finden. Mit der Auflösung der dialogischen Form im narrativen Diskurs der Dialektik geht in der Tat nicht allein das Gleichgewicht der antagonalen Stimmen, sondern auch die Offenheit des Suchens und Findens verloren. Hatte Diderot in seiner Reprise des sokratischen Dialogs gegen die Tradition mehr und mehr dem Musiker und nicht dem Philosophen die maieutische Gesprächsrolle gegeben, so blieb die dialogische Beziehung zwischen Moi und Lui doch offen und symmetrisch, weil die beiden Personen im kontingenten Verlauf des Gesprächs sich wechselseitig in extreme Positionen trieben und ihre Charaktere reicher als erwartbar entfalteten. Mit den Augen Hegels gesehen hat hingegen das „zerrissene Bewußtsein" von Anbeginn ein Übergewicht (d.h. „den allgewaltigen Zug (...), der den Geist sich selbst gibt", S. 373) über das einfache Bewußtsein (d.h. „die ungebildete Gedankenlosigkeit, nicht zu wissen, daß es ebenso das Verkehrte tut", S. 372). Auch ersteht im Gang der Argumentation eine unentrinnbare Konsequenz, der zuliebe Hegel mit dem dritten Diderot-Zitat die platonische Triade kurzerhand in gegenteiliger Zuordnung dem Sieg der reinen Einsicht einverleiben wird.

Der Kasus des Genies, das nicht nach Maßstäben der Moral zu rechtfertigen ist, wurde bei Diderot mit dem Argument des Philosophen angeführt, daß „das Gute und Edle (...) seinen Wert nicht darum verliere, weil es an das Schlechte ‚geknüpft' oder mit ihm ‚gemischt' sei", denn „hierin bestehe die ‚Weisheit' der Natur" (S. 373). In Hegels Interpretation wird dies als triviale, vom einfachen Bewußtsein „gedankenlos" vollzogene Wiederholung der Rede des zerrissenen Bewußtseins abgewertet, sofern das erstere im Grunde auch nichts anderes sage als dies, „daß das edel und gut Genannte in seinem Wesen das Verkehrte seiner selbst, so wie das Schlechte umgekehrt das Vortreffliche ist" (S. 373/74). Obschon Diderots Philosoph mit seinem Argument Kants These von der unbemerkten Naturabsicht, die sich erst in der Geschichte der menschlichen Gattung verwirklichen kann, wie auch Hegels *List der Vernunft* antizipierte, verwirft Hegel hier die geschichtsphilosophische Rechtfertigung des Bösen und führt Diderots Kasus auf die Einsicht des zerrissenen Bewußtseins in das verkehrte Tun der ganzen realen Welt zurück. Soll man daraus folgern, daß an diesem Punkte auf dem Weg des Geistes zu sich selbst die Aufhebung seiner Entfremdung nicht durch eine Theorie oder verkappte moderne Theodizee erfolgen darf, sondern ein Handeln erfordert?

Diese Folgerung legt auch die Anführung der Diogenes-Anekdote nahe, mit welcher Diderots Philosoph seine Unabhängigkeit im System gesellschaftlicher Abhängigkeiten glaubte erweisen zu können. Hegel unterstellt ihm zunächst die radikalere Forderung einer „Auflösung dieser ganzen Welt der Verkehrung" um ihn hernach desto gründlicher zu widerlegen. Dieser Forderung könne nicht das Individuum als ein Diogenes im Faß genügen, weil seine Entfernung aus der Welt gerade das sei, „was für das Schlechte gilt, nämlich ‚für sich' als Einzelnen" zu sorgen (S. 374). Damit nicht genug, erweitert Hegel diese Kritik auf den Rousseauismus, der sich in dem Wahn befinde, daß die Vernunft „das geistige gebildete Bewußtsein, zu dem sie gekommen ist, wieder aufgebe, den ausgebreiteten Reichtum ihrer Momente in die Einfachheit des natürlichen Herzens zurückversenke". Wenn die Vernunft nurmehr in die Unschuld der Natur zurückfiele, beließe sie diese ganze Welt der Verkehrung, wie sie schon ist; die Forderung nach ihrer Auflösung kann darum nur an den „Geist der Bildung" selbst gehen, „daß er aus seiner Verwirrung als ‚Geist' zu sich zurückkehre und ein noch höheres Bewußtsein gewinne" (S. 374).

Diderots Dialog, der aporetisch im unversöhnten Gegensatz von moralischem Dogmatismus und zynischem Libertinage endigte, gewinnt in Hegels Interpretation einen übergeordneten Standpunkt, der nicht mit dem Standpunkt eines abgerückten, als dritte Instanz des Gesprächs von Anbeginn über diesem schwebenden Autors verwechselt werden darf. Mit den Augen Hegels gesehen kann die Antithetik von Moi und Lui nur immanent, als Negation der Negation, in einem „höheren Bewußtsein" aufgehoben werden, das aus der zweiten Instanz des Gesprächs, der Rede des zerrissenen Bewußtseins, hervorgehen muß, weil diese allein – als „Hohngelächter über das Dasein sowie über die Verwirrung des Ganzen und über sich selbst" (S. 374) – das verkehrte Tun der gegenwärtigen Welt auszusprechen vermag. Von einer dritten Instanz des Gesprächs kann hier nur in dem Sinne geredet werden, daß sie in Diderots Dialog als Autorität der platonischen Metaphysik aufgerufen und in Frage gestellt ist und daß ihre Auflösung in der Gestaltenfolge der *Phänomenologie* den Geist der Bildung zur dritten Instanz einer Wahrheit in statu nascendi werden läßt. Hat Hegel damit dem amoralischen Subjekt in Diderots Dialog den höchsten Ehrentitel vergeben, die Gesprächsrollen von Moi und Lui gegen die Konvention umbewertet und der künftigen Deutung ein irritierendes, nicht leicht wegzuräumendes Paradigma vorgegeben, so kommt der Repräsentation des Neveu im dialektischen Prozeß der *Phänomenologie* aber doch nicht schon die Rolle zu, die Rückkehr des entfremdeten Geistes zu sich selbst zu vollziehen. Dazu bedarf es noch des Schrittes, mit dem das zerrissene Bewußtsein im Aussprechen der Eitelkeit aller Dinge „seine eigene Eitelkeit" überwinden muß, um sich von der bloß geistreichen Rede zur „reinen Einsicht" zu erheben. Diese löst das einzelne Einsehen in die allgemeine Einsicht auf und gelangt zu „eigentlicher Tätigkeit, insofern sie gegen den Glauben auftritt" (S. 385).

Die reine Einsicht und der Glaube sind die neue Doppelgestalt, in die das Bewußtsein jetzt auseinandertreten muß, um in der Auflösung ihres Widerspruchs – historisch expliziert als Kampf der Aufklärung mit dem Aberglauben – die Rückkehr des Geistes aus seiner Entfremdung in das Selbst zu vollenden. In diesem Kapitel findet sich das letzte

Diderot-Zitat an einer wiederum bedeutungsvollen Stelle. Es ist der Moment, an dem die reine Einsicht auf stille Weise — „einer ruhigen Ausdehnung oder dem ‚Verbreiten' wie eines Duftes in der widerstandslosen Atmosphäre zu vergleichen" — das Ziel der Aufklärung erreicht hat:

> (...) ein unsichtbarer und unbemerkter Geist, durchschleicht sie die edlen Teile durch und durch und hat sich bald aller Eingeweide und Glieder des bewußtlosen Götzen gründlich bemächtigt, und *an einem schönen Morgen* gibt sie mit dem Ellbogen dem Kameraden einen Schubs, und bauz! baradauz! der Götze liegt am Boden.' (S. 388)

Bei Diderot hatte der Neveu dasselbe Bild weiter ausgesponnen, um den unaufhaltsamen Triumph der wahren musikalischen Kunst zu prognostizieren. Ihr Sieg über den noch herrschenden falschen Geschmack werde so unaufhaltsam und dabei so gewaltlos sein wie das Kommen des ‚Reiches der Natur', das der Musiker als ‚Reich meiner Dreieinigkeit' ansieht und ironisch mit Hilfe der platonischen Triade erläutert. Worauf aber zielte die Ironie des schon zitierten Satzes: ‚Das Wahre, das der Vater ist, der das Gute zeugt, das der Sohn ist, aus dem das Schöne hervorgeht, das der Heilige Geist ist' (S. 460)? Man kann sich darüber streiten, ob diese Formel, in der die christliche Trinität zum generativen Schema der platonischen Triade umgewandelt wird, parodistisch gemeint war und ob sie auf die religiöse oder auf die ästhetische Instanz zielte. Mir scheint, daß im 18. Jahrhundert die Trinitätsspekulation des Neveu allenfalls die auslaufende Tradition der Allegorese parodiert haben kann und weder für die eine noch für die andere Orthodoxie ein sonderliches Ärgernis bedeuten konnte. Der Ärgernis liegt nicht in der ingeniösen Formel selbst, sondern im Gebrauch, den der Neveu von ihr macht: daß sich das Wahre, Gute und Schöne so gut platonisch wie christlich gegen die Herrschaft des Vorurteils durchsetzen soll, nimmt sich im Munde des Immoralisten so überraschend wie unglaubwürdig aus. Und es hieße nur, auf die parodierte Allegorese eine zweite aufsetzen, wollte man die Stelle so deuten, daß schon Diderot vom Reich des Schönen erhoffte, was die politische Realität versagte, und damit das Ideal der ästhetischen Bildung der deutschen Klassik hätte vorwegnehmen müssen[26].

Hegels Zitierung korrigiert die platonisierende Anwandlung des Neveu dadurch, daß die Trinitätsspekulation in eine Fußnote verwiesen und das Motiv zum Sturz des Götzen aus dem Ästhetischen ins Moralische und Politische umgesetzt wird. Im Kontext der *Phänomenologie* interpretiert die freche Metaphorik des Neveu den welthistorischen Moment von 1789 in zweifacher Hinsicht: als gewaltlose Realisierung der reinen Einsicht, die das „Reich des Irrtums" zum Einsturz bringt, und — im Blick auf die politische Revolution — als „gewaltsamer Kampf mit Entgegengesetztem" (S. 388). Das gewaltsame Ereignis der Revolution konnte nur gelingen, nachdem das gewaltlose Wirken der reinen Einsicht den Boden der Herrschaft unterhöhlt hatte. Vornehmlich diese subversive Verwirklichung der Aufklärung scheint Hegel fasziniert zu haben. Denn er kann sich nicht genug tun, in poetischen und medizinischen Bildern („Verbreiten wie eines Duftes; wenn die Ansteckung

---

[26] Vgl. dazu J. Fabre im Kommentar zu seiner Ausgabe, S. 222: „Si cette ‚trinité' chère à Diderot, est autre chose que du verbiage d'école rajeuni par une parodie d'un goût douteux, elle signifie que par l'intermédiaire du beau, qui est ‚le saint esprit', l'homme accède à la moralité et à la vérité. Cette primauté, reconnue pratiquement à l'esthétique, pourrait bien être le dernier mot de la philosophie de Diderot."

alle Organe (...) durchdrungen hat") auszumalen, was bei Diderot erst anekdotisch – in der politischen Methode der Jesuitenmission in China – angelegt war. Offenbar sah Hegel in dieser Interpretation seine Antwort auf die Frage, wie die Aufklärung hoffen konnte, gegen die herrschenden Mächte – „den Willen der betrügenden Priesterschaft und des unterdrückenden Despoten" – anzukommen, wenn nicht allein dadurch, daß sie sich auf die schwächste der drei Seiten ihres Feindes einließ: auf die „falsche Einsicht" der willenlosen Masse. Der einsame „Geist der Bildung", den der dialektisch gewordene *Neveu de Rameau* in der *Phänomenologie* repräsentierte, findet nunmehr in der „willenlosen, nicht zum Fürsichsein sich vereinzelnden Einsicht" der allgemeinen Masse des Bewußtseins seine „wahre Beziehung auf das andere Extrem" (S. 386), aus der die neue Gestalt des Geistes hervorgeht.

Damit endigt die Rezeption von Diderots Dialog in Hegels Text, nicht aber die Bildungsgeschichte des Bewußtseins in der *Phänomenologie*. Der Sieg der Aufklärung ist für Hegel beileibe nicht die Vollendung der Geschichte, nach welcher die Menschheit dem Ennui der – heute wieder einmal modisch gewordenen – ‚Posthistoire' anheimfiele. Nachdem das Reich des Irrtums zum Einsturz gebracht ist, erhebt eine neue Gestalt des Geistes ihr Haupt, die dem Eingeweihten ihre fatale Abkunft – als „neue für die Anbetung erhöhte Schlange der Weisheit" (S. 388) – nicht verbergen kann. Die realisierte reine Einsicht schlägt denn auch im Moment ihrer Erfüllung sogleich in das Negative ihrer selbst um: in den Wahn, etwas Anderes bekämpfen zu müssen, wie hernach die erreichte absolute Freiheit durch die abstrakte Herrschaft der Tugend in Schrecken umschlagen wird. Wenn die hier unabgeschlossene Dialektik der Aufklärung heute, nachdem sie sich im Gang der Geschichte seit 1789 als unabschließbar erwies, uns mehr beunruhigt als das Ende der Hegelschen *Phänomenologie* im absoluten Wissen und seinen mutmaßlichen Folgen, dem unlängst noch vieldiskutierten ‚Ende der Kunst', dem ‚Ende der Geschichtsphilosophie' und was sonst alles vermeintlich zu Ende ging, fühlt sich die literarische Hermeneutik bemüßigt, noch eine Frage an die dafür kompetentere philosophische Hermeneutik zu richten. Diderots *Neveu de Rameau* hatte gezeigt, wie offen die Offenheit des sokratischen Dialogs zu sein oder wieder zu werden vermag. Hegels *Phänomenologie des Geistes,* die den Antagonismus des Philosophen und des Musikers dialektisch zu lösen wußte, hinterläßt vielleicht nicht nur für mich allein die Frage: wie geschlossen ist die Geschlossenheit der Dialektik, was auch besagen kann: ist sie notwendig monologisch? Muß die philosophische Dialektik ihre Lösung immer schon wissen, wenn sie wie Hegel den Weg zur Wissenschaft als Erfahrung des Bewußtseins über sich selbst rückblickend erzählen will? Ist darum auch Frage und Antwort im Diskurs der *Phänomenologie* verschwunden? Hört darum die Wahrheit im Schritt von der Dialogik zur Dialektik notwendig auf, offen zu sein für den Streit der Interpretationen, dem sie im Gespräch zwischen den Zeiten de facto doch immer erst entsprang? Könnte sich die dialektische Bewegung auch dialogischer vollziehen, als sie es bei Hegel tut, und neue Wahrheit aus der Polyphonie der Stimmen entspringen lassen, ohne der Stimme des anderen das traurige Schicksal zu bereiten, das dem Philosophen Diderots in der Interpretation Hegels zufällt?

JÜRGEN SCHLAEGER

WARUM IST DIE PHILOSOPHIE SO WENIG DIALOGISCH?

Trotz zahlreicher Fürsprecher hat der sokratisch-platonische Dialog als praktizierte Form der Wahrheitssuche und Wissensbildung in der neuzeitlichen Philosophie nicht jene Bedeutung erlangt, die ihm eigentlich hätte zukommen müssen. Er ist weitgehend Postulat geblieben gegenüber einer Praxis, die nur partiell und in einem sehr übertragenen Sinne als διαλέγεσθαι zu verstehen ist.

Für diese Diskrepanz zwischen zugesprochener Relevanz und tatsächlicher Vermeidung lassen sich eine Reihe von Gründen benennen. Zum einen stand einer Übernahme der dialogischen Form das Descartes'sche cogito entgegen. Wer das Sein im Denken und das Denken im raisonnierenden Subjekt begründet, der braucht den anderen als Redepartner allenfalls in rhetorischer, d.h. für die eigene Wahrheitssuche subsidiärer Funktion. Die Fürsprache für den Dialog ist im Kontext einer so definierten Aufgabe des Philosophierens als Ausdruck des schlechten Gewissens einer Denktradition zu lesen, die, in der Absolutheit des cogito gefangen, sich nach Versicherung im Du, nach intersubjektiver Begründung sehnt, ohne letztlich bereit zu sein, die Gewißheit des bei sich bleibenden Denkens aufgeben zu wollen. Der Dialog ist aber die Form, die das Miteinander der Wahrheitssuche vor die Vernunft des Einzel-Ichs stellt, für die Wissensbildung ein unabschließbarer kommunikativer Vollzug und nicht die Entfaltung eines Denksystems nach ehernen logischen Gesetzen ist. Mit einem logo- und egozentrischen Begriff vom Philosophieren läßt sich der Dialog deshalb nicht vereinbaren. Das cogito drängt den Dialog als Ausdruck eines unverbindlichen cogitamus an die literarisch-rhetorische Peripherie des Philosophierens.

Ein zweiter Grund für die Dialogdefizite der Philosophie des 19. u. 20. Jahrhunderts mag darin gelegen haben, daß Hegels Begriff vom dialektischen Wesen der Wahrheitsentfaltung das andere, fremde Bewußtsein voll integriert und die Ich-Du-Problematik der Cartesianischen Philosophie in sich aufgehoben zu haben scheint. Das Ich hat Anteil an der weltgeschichtlichen dialektischen Bewegung des Geistes. Dieser steht in kontinuierlichem „Dialog" mit seiner eigenen Vorgeschichte und findet auf diesem Wege zur Synthese der höchsten Wahrheit. Insofern erübrigt sich der Dialog als Form der Wahrheitssuche, er ist als Dialektik Grundprinzip der Entfaltung des Geistes. Dialektik legitimiert Philosophieren als Gespräch des Geistes mit sich selbst, der Dialog wäre demgegenüber geschichtlich gebundene, zur Überschau des Geistes unfähige Praxis.

Ein dritter Grund für die Zurückhaltung der Philosophie gegenüber dem Dialog liegt in der Struktur des Mediums. Als praktizierter Dialog, d.h. als Wechselrede und nicht als „Gespräch" in nur metaphorischem Sinn, ist er nicht nur eine Form des Miteinander-Redens und Argumente-Austauschens, sondern er ist auch immer Situation. Der andere, soll er überzeugend sein, muß auch als Person unterscheidbar sein, und dies ist er nur, wenn er situativ verankert ist, wenn er in ein Rollenspiel eintritt und seine Stellung und Geschichte im Hintergrund aufleuchten läßt. Gerade dieser situative Charakter des Dialogs aber steht im Widerspruch zum Bemühen des Philosophierens, sich situationsunabhängig um die Sache zu bemühen. Der Philosoph denkt allenfalls über die situativen Aspekte des Menschseins nach, aber sie, die Situation, kann nicht Teil seiner Praxis sein. So kann der philosophische Dialog nur gelingen, wenn er auf das Rollenspiel verzichtet; er braucht nur die Stimme, er braucht nicht die unterschiedliche gesellschaftliche und persönliche Verfaßtheit der Gesprächspartner. Zwischenmenschlichkeit bestimmende Verhaltensformen müssen um der Konsistenz der Argumente willen auf den formalen Gegensatz von These und Antithese eingeschränkt werden. Der Dialog hat mithin in seiner plausiblen Ausformung soziale, pädagogische und ästhetische Dimensionen, die die dialogisch-philosophische Wissensbildung erschweren bzw. unmöglich machen, solange an einem Begriff von Wahrheit festgehalten wird, der sich im Gegensatz zur lebensweltlich-kommunikativen Praxis sieht.

Die hier angesprochenen Probleme der dialogischen Wissensbildung treten besonders prägnant in jener Zeit hervor, die eigentlich prädestiniert war, dem Dialog als Medium der Wahrheitsentfaltung zum Durchbruch zu verhelfen: dem Zeitalter der Aufklärung. Die tiefgreifenden Wandlungen, die — und England soll hier als Beispiel dienen — alle Bereiche des Lebens erfaßten und die sich in heftigen religiösen, politischen und philosophischen Kontroversen ebenso äußerten wie, in handgreiflicherem Sinne, im Bürgerkrieg und in Veränderungen der Wirtschafts- und Gesellschaftsstruktur, schufen eine Situation von solch prinzipieller Offenheit, daß sich der Dialog als *das* adäquate Medium ihrer philosophischen Bewältigung geradezu anbot. Doch auch hier mündet die manifeste Dialektik der geschichtlichen Bewegung nur äußerst selten und sehr zaghaft in den Dialog als Form ihrer Aufarbeitung ein. Die Propagandisten der Aufklärung, Steele, Addison und vor allem Shaftesbury wissen sehr wohl um die strategische Bedeutung des Dialogs in einer solchen Situation, aber die Betreiber des *Tatler* und des *Spectator* bemühen sich dann doch mehr um die Formulierung eines Konversationsideals, das einen von der Benevolenz getragenen Konsens ermöglicht, mithin also die jeweils anstehende Sache gerade nicht in ihrer letzten Konsequenz und nicht mit letzter Schärfe der Standpunkte zur Sprache kommen läßt, während Shaftesbury zwar viel stringenter in seinem Plädoyer für den Dialog als Form der Wissensbildung ist, aber dann doch die ästhetischen und pädagogischen Vorzüge den epistemologischen überordnet. „Reason" als letztlich transsubjektiv gültiges Prinzip läßt dem Gedanken an eine grundsätzliche Offenheit und Unvermittelbarkeit der Fragen und Antworten und damit letztlich auch dem Dialog als erkenntnistheoretischem Instrument wenig Raum. Der Dialog ist Ausdrucksmedium erkenntnistheoretischer Skepsis, den Optimisten der Aufklärung mußte er deshalb als Mittel der Wahrheitssuche fragwürdig erscheinen.

Im *Advice to an Author* hebt Shaftesbury die Vorzüge des philosophischen Dialogs gegenüber „the whole writing of this age", das nichts als eine Art von „memoir-writing" ist, hervor. Der Neo-Platoniker Shaftesbury setzt diese Schreibweise des „memoir-writing", in der Tagesmeinungen und persönliche Vorurteile das Bemühen ersetzen, einer Sache mit gebotener Sorgfalt auf den Grund zu gehen, von der der „ancients" ab, in der „was neither the *I* nor *thou* throughout the whole work. So that all this pretty amour and intercourse of caresses between the author and reader was thus entirely taken away"[1].

---

[1] Anthony Earl of Shaftesbury, *Characteristics of Men, Manners, Opinions, Times, etc.*, hg. John M. Robertson, Gloucester/Mass. 1963, Bd I, S. 132.

Diese ‚alte' Schreibweise fand nach Meinung Shaftesburys ihren perfektesten Ausdruck im sokratisch-platonischen Dialog:

> Much more is this the case in dialogue. For here the author is annihilated, and the reader, being no way applied to, stands for nobody. The self-interesting parties both vanish at once. The scene presents itself as by chance and undesigned. You are not only left to judge coolly and with indifference of the sense delivered, but of the character, genius, elocution, and manner of the persons who deliver it. These two are mere strangers, in whose favour you are no way engaged. Nor is it enough that the persons introduced speak pertinent and good sense at every turn. It must be seen from what bottom they speak; from what principle, what stock or fund of knowledge they draw; and what kind or species of understanding they possess. For the understanding here must have its mark, its characteristic note, by which it may be distinguished.

In dieser Skizzierung eines idealen philosophischen Dialogs benennt Shaftesbury eine Reihe von Bedingungen, die das wahre διαλέγεσθαι ermöglichen. Die Last des kommunikativen Vollzugs wird ganz auf die Schultern der Dialogpartner gelegt. Jede Spur der Präsenz eines Autors wird ausgelöscht, der Leser als Adressat wird ignoriert und in die abstrakte Rolle des distanzierten Richters gedrängt. Um diese Entpersönlichung des Autors und Lesers gleichsam zu kompensieren, sollen die Dialogpartner in ihrem „character, genius, elocution and manner" voll entwickelt sein, natürlich nicht zu einzigartigen Individuen, sondern nur insoweit es notwendig ist, ihrem „understanding" eine charakteristische Eigenart zu geben. Was hier aus der Feder Shaftesburys so leicht klingt, ist bei näherem Hinsehen doch voller Widersprüche und Probleme. Wie ist es möglich, das Prinzip der Individuation bei Autor und Leser auszuschalten, es zugleich aber bei jenen, die sich um allgemeine Wahrheiten bemühen sollen, großzuschreiben? Wie kann es gelingen, beim Leser den Eindruck zu erwecken, daß sich alles „as by chance and undesigned" ergibt, wenn doch dadurch bei ihm der Verdacht aufkommen muß, es ist dies alles nur ein rhetorischer Kniff? Und wie läßt sich überhaupt der Dialog als „a certain way of questioning and douting"[2] favorisieren, wenn doch zugleich „understanding" und „common sense" als Prinzipien hochgehalten werden, unter deren Herrschaft alle Widersprüche prinzipiell ausräumbar erscheinen?

Shaftesbury selbst hat diese Probleme und Widersprüche offenbar gesehen, denn er fügt eine nostalgische Reflexion über die für diese Art des Philosophierens idealen Zustände im alten Griechenland an, wo

> Reason and Wit had their academy, and underwent this trial, *not in a formal way, apart from the world, but openly, among the better sort, and as an exercise of the genteeler kind.* This greatest men were not ashamed to practise in the intervals of public affairs, in the highest stations and employments, and at the latest hour of their lives. Hence that way of dialogue, and patience of debate and reasoning, of which we have scarce a resemblance left in any of our conversations at this season of the world[3].

Es scheint so zu sein, daß der philosophische Dialog nur dann wirklich gelingt, wenn er Teil der Lebenspraxis ist, daß er aber sonst nur rhetorische Strategie bleiben kann.

Shaftesburys Eintreten für den philosophischen Dialog ist auch in anderer Hinsicht nicht ganz überzeugend. Nur der kleinere Teil seines eigenen Philosophierens wird in dia-

---

[2] Bd II, S. 7.
[3] Ebd. S. 9.

logische Form gefaßt und er fühlt sich bemüßigt, *The Moralists* durch die „monologischen" *Miscellaneous Reflections* zu ergänzen, in denen gewissermaßen das vorher in der dialogischen Unentschiedenheit Gelassene auf den Begriff gebracht wird.Vernunft, moral sense, sense of beauty, common sense sind für Shaftesbury bindend in einem Maße, das es letztlich möglich macht, den Dialog aus anderen als pädagogischen und ästhetischen Gründen zu verwenden. So scheint doch hinter allem immer der Sokrates-Shaftesbury auf, der dem nicht philosophisch gebildeten Publikum auf ansprechende Weise Wahrheiten über das Menschsein vermittelt.

Mit der wachsenden Kritik an der idealistischen Systemphilosophie wächst im 20. Jahrhundert die Bereitschaft, dialogische Formen als philosophische Praxis dialektischen Denkens erneut ins Spiel zu bringen, aber bislang hat der Dialog trotz des Rufes nach herrschaftsfreier Kommunikation, trotz der Einsicht, daß sich Welt und Wahrheit in der Sphäre des Zwischen konstituieren, trotz der zunehmenden Attraktivität eines offenen, ‚dezentrierten' Wahrheitsbegriffs sein pädagogisches und belletristisches Stigma nicht abschütteln können. Vielleicht liegt es auch daran, daß das heute verbreitete pluralistische Wahrheitsverständnis in den binären Strukturen des Dialogs eine unzulässige Vereinfachung sieht.

GESPRÄCH UND AUFRICHTIGKEIT
Repräsentierendes und historisches Bewußtsein bei Stendhal

I

Stendhals Programmschrift *Racine et Shakespeare* (1823) zählt neben Hugos *Préface de Cromwell* (1827) zu den wichtigsten Programmschriften der französischen Romantik. Radikaler als die Hugos sind Stendhals Reflexionen geprägt von der Erfahrung sich überstürzender geschichtlicher Ereignisse: „Quel changement de 1785 à 1824! Depuis deux mille ans que nous savons l'histoire du monde, une révolution aussi brusque dans les habitudes, les idées, les croyances, n'est peut-être jamais arrivée" (S. 106)[1]. Diese neue Erfahrung einer bisher ungeahnten Beschleunigung politischer und gesellschaftlicher Umwälzungen artikuliert sich in dem, was man bezeichnen könnte als Stendhals Poetik der Diskontinuität. Stendhals Begriff des Romantischen selbst ist von dieser Diskontinuität geprägt. Romantisch, so Stendhal, ist jene Literatur, die sich orientiert an den Bedürfnissen des jeweiligen „état actuel" (S. 71), das heißt an der gesellschaftspolitischen Gegenwart, klassisch hingegen eine solche, deren Werke nicht dieser Gegenwart, sondern der Generation ihrer Urgroßväter Vergnügen bereiteten. Preisgegeben ist damit jene Definition des Romantischen als eines Epochenbegriffs, an dem noch Hugo in seiner *Préface* zu *Cromwell* festhalten wird. Romantik ist dort bestimmt im Rahmen einer geschichtsphilosophischen Konstruktion dreier Weltzeitalter, der „temps primitifs", der „temps antiques" und der – romantischen – „temps modernes", die mit dem Einbruch des Christentums in die antike Welt einsetzen und bis in die Gegenwart des 19. Jahrhunderts reichen. Die französische Revolution ist für Hugo ein markantes Ereignis in der Fortschrittsgeschichte der Menschheit, nicht aber eine welthistorische Zäsur, die eine völlig neue Geschichtserfahrung begründen könnte. Kontinuität charakterisiert die Epoche der Romantik ebenso wie die ihr vorausgehenden, und selbst die welthistorischen Einschnitte zwischen Vorzeit und Antike einerseits und Antike und Christentum andererseits verlieren angesichts der geschichtsphilosophischen Prämisse den Charakter des Diskontinuierlichen. Was Hugo an Neuerungen proklamiert – insbesondere also die Mischung des Erhabenen mit dem Grotesken und die Absage an die Einheiten des Ortes und der Zeit – sind denn auch nur Neuerungen angesichts der in seinen Augen anachronistischen Ästhetik der französischen Klassik. Begründet sind sie epochal, das heißt unter Bezugnahme auf einen christlich interpretierten Wahrheits- und Totalitätsbegriff.

---

[1] Zur Entlastung des Anmerkungsapparats werden Stendhal-Zitate im laufenden Text nach folgenden Editionen ausgewiesen: *Racine et Shakespeare*, hg. R. Fayolle, Paris 1970; *Romans et Nouvelles*, hg. H. Martineau, 2 Bde, Paris 1952; *De l'Amour*, hg. H. Martineau, Paris 1959; *Vie de Henry Brulard*, hg H. Martineau, Paris 1961; *Œuvres*, éd. Le Divan, Paris 1933.

Anders wiederum Stendhal. Die dramatischen Gattungen sollen sich der Einheiten entschlagen, um Raum zu gewinnen für die Entfaltung leidenschaftlicher Handlungen. Diese Leidenschaften aber sind das Mittel, einer durch Kälte und Leidenschaftslosigkeit gekennzeichneten Restaurationsgesellschaft ästhetisches Vergnügen zu bereiten: die Tragödie mit der Inszenierung heroischer Taten der nationalen Vergangenheit, die Komödie mit Leidenschaftsverirrungen, die aristophanische Heiterkeit entfesseln. Entsprechend anders ist die Funktion der Vorbilder. Shakespeare ist für Hugo bedeutsam, insofern in seinem Theater alle romantischen Postulate bereits exemplarische Erfüllung gefunden haben. Stendhal hingegen sieht Ähnlichkeiten der gesellschaftspolitischen Konstellation im England des ausgehenden 16. und im Frankreich des beginnenden 19. Jahrhunderts, und es sind diese Ähnlichkeiten des zeitgeschichtlichen Bezugs, die Shakespeare so aktuell erscheinen lassen. Die romantische Dramatik ist daher auch nicht eine im Prinzip bereits erfüllte, sondern eben diese Erfüllung steht noch aus. Wie in etwa sie aussehen wird, dafür indes gibt es schon Anzeichen, so die Romane Walter Scotts, die Stendhal bestimmt als „de la tragédie romantique, entremêlée de longues descriptions" (S. 53). Er fragt sich nicht, weshalb er auf einen Romanautor zurückgreifen muß, und in diesem Ausfall hat seine Poetik der Diskontinuität ihre blinde Stelle. Woran sie festhält – und dies gilt für die Poetik der französischen Romantik generell –, ist die führende Rolle des Dramas:

Une tragédie romantique est écrite en prose, la succession des événements qu'elle présente aux yeux des spectateurs dure plusieurs mois, et ils se passent en des lieux différents. Que le ciel nous envoie bientôt un homme à talent pour faire une telle tragédie, qu'il nous donne *La Mort de Henri IV*, ou bien *Louis XIII au Pas-de-Suze*. Nous verrons le brillant Bassompierre dire à ce roi, vrai Français, si brave et si faible: „Sire, les danseurs sont prêts, quand Votre Majesté voudra, le bal commencera." Notre histoire, ou plutôt nos mémoires historiques, car nous n'avons pas d'histoire, sont remplis de ces mots naïfs et charmants, et la tragédie romantique seule peut nous les rendre. (S. 98f.)

In dieser klassizistischen Respektierung der tradierten Gattungshierarchie manifestiert sich ein Kontinuitätsdenken, das erst die schriftstellerische Praxis überwinden wird. Denn sieben Jahre später hat sich das herbeigewünschte Talent gefunden. Es ist Stendhal selbst, aber er inszeniert Renaissanceheroismus nicht als Tragödie, nicht als dramatische Handlung, sondern als Phantasiespiel einer Romanfigur. Es ist Mathilde de La Mole, die dem Ennui der zeitgenössischen Restaurationsgesellschaft zu entkommen sucht, indem sie sich zurücksehnt in eben jene Zeiten Heinrichs III. und Bassompierres, Katharinas de Medici und Ludwigs XIII. (I_{512}). Nicht die Tragödie, sondern der Roman hat heroische Leidenschaftlichkeit realisiert, und zwar nicht als ein die Gegenwart mit idealen Gegenbildern konfrontierender historischer Roman, sondern als ein solcher, der den unheroischen „état actuel" selbst zum Thema macht und innerhalb dieses „état actuel" Leidenschaftlichkeit nicht mehr handelnd inszeniert, sondern nur noch in Form imaginärer Rollenspiele.

Die Stendhal-Literatur hat diesen eigentümlichen Bruch zwischen einer dramenorientierten Poetik und einer dominant narrativen Praxis kaum je zum Thema gemacht. Dabei liegt es doch nahe, diesen Bruch, der sich mutatis mutandis auch bei anderen Romantikern findet, als einen epochalen Funktionsübergang Drama/Roman zu interpretieren und auf seine historischen Voraussetzungen und Konsequenzen zu befragen. Einen ersten

Hinweis, in welcher Richtung die Antwort zu suchen wäre, liefert Stendhal selbst mit seiner aktualistischen, auf ein außerordentliches geschichtliches Bewußtsein abhebenden Bestimmung des Romantischen. Leidenschaftlichkeit ist Signatur nicht der Gegenwart, sondern einer heroischen Vergangenheit. Historische Reflexion ist Stendhals Begriff der „passion" eingeschrieben, ein Moment der Gebrochenheit, das quersteht zur Spontaneität dramatischen Handelns. Was damit problematisch werden muß, ist die dramatische Sprache, der von Haus aus performative, d.h. mit dramatischem Handeln selbst identische dramatische Dialog. Was das Drama voraussetzt, ist eine ‚repräsentierende' Sprache, eine, wie M. Bachtin sagt, „einheitliche Sprache, die einzig von den dramatis personae individualisiert wird. Der dramatische Dialog wird vom Konflikt zwischen Individuen innerhalb ein und derselben Welt und im Rahmen einer einheitlichen Sprache strukturiert"[2]. Im Drama ist Redevielfalt funktionalisiert im Hinblick auf das Sujet. Die pragmatischen Zwänge erlauben nicht, diese Rede als solche zu modellieren, sie zum ‚Bild' zu objektivieren. Das heißt nicht, daß dem Drama solche Modellierung grundsätzlich verwehrt wäre. Wohl aber gerät jeder Versuch in dieser Richtung zwangsläufig in Spannung zu jenem Gattungsprinzip, das schon Aristoteles bestimmte als Modellierung von Handlung und nicht von Bewußtsein und Rede. Umgekehrt der Roman. In ihm, so Bachtin, ist das Sujet funktionalisiert im Hinblick auf inszenierte Redevielfalt. Daher auch ist der Dialog im Roman von besonderer Art. Er erschöpft sich nicht in den „sujethaft-pragmatischen Dialogen der handelnden Personen. Er trägt in sich den Keim einer unendlichen Mannigfaltigkeit von sujethaft-pragmatischen dialogischen Gegenüberstellungen, die ihn nicht entscheiden und nicht entscheiden können, die diesen ausgangslosen, tiefgreifenden Dialog von Sprachen gleichsam nur (als einen von vielen möglichen) illustrieren, einen Dialog, der vom sozioideologischen Prozeß der Sprachen und der Gesellschaft mitbestimmt wird. (...) Das Sujet selbst ist dieser Aufgabe – die Sprachen miteinander ins Verhältnis zu bringen und sich wechselseitig erschließen zu lassen – untergeordnet. Das Romansujet muß die Erschließung der sozialen Sprachen und Ideologien, ihre Demonstration und ihre Erprobung organisieren"[3].

Ich will hier nicht erörtern, was an dieser Bachtinschen Entgegensetzung von Drama und Roman idealtypische Abstraktion und was an ihr eher normative Setzung ist. Sicher ist sie von heuristischem Wert für eine Erhellung jener Bedingungen, die dem Funktionswandel Drama/Roman in der französischen Romantik zugrunde lagen. Die antiklassische Polemik, mit der Stendhal und mehr noch Hugo ihre dramenpoetologischen Postulate vortragen, darf nicht verkennen lassen, was als unbefragte Voraussetzung bestehen bleibt: die in den Prämissen klassisch-universalistischer Anthropologie gegründete Konzeption, daß die sprachlichen Zeichen die Inhalte unserer Vorstellungen in vollkommener Transparenz zu repräsentieren vermögen, jene Grundannahme der klassischen Episteme also, deren exemplarische Beschreibung wir M. Foucault[4] verdanken. Stendhal ist mit dieser Sprachkonzeption, die sich ausspannt zwischen der *Logique de Port-Royal* und den *Eléments d'idéologie* Destutt de Tracys, großgeworden, und er hat sie an einer Stelle auch

---

[2] *Die Ästhetik des Wortes,* Frankfurt/M. 1979 (edition suhrkamp 967), S. 285.
[3] Ebd. S. 250.
[4] *Les Mots et les choses,* Paris 1966.

ausdrücklich in *Racine et Shakespeare* eingebracht: „Peut-être faut-il être *romantique* dans les idées", so heißt es dort, „le siècle le veut ainsi: mais soyons *classiques* dans les expressions et les tours; ce sont des choses de convention, c'est-à-dire à peu près immuables ou du moins fort lentement changeables" (S. 189). Romantische Leidenschaftlichkeit soll sich präsentieren im Gewand klassischer Einheitssprache – als ob letztere von den rapiden gesellschaftspolitischen Umwälzungen, von der Diskontinuität des „état actuel" unberührt geblieben wäre. Daß sie es tatsächlich nicht war, konstatiert Stendhal selbst in einer Anhangs-Notiz zu *Racine et Shakespeare* aus dem Jahre 1825. Er beobachtet einen Identitätsschwund der ‚guten Gesellschaft' und damit einhergehend einen solchen des ‚guten Sprachgebrauchs', eine zunehmende Dispersion des „bon usage" als Folge sozialer Differenzierung: „En y regardant bien, l'on pourrait découvrir jusqu'à trois ou quatre langues différentes dans Paris. Ce qui est grossier rue Saint-Dominique n'est que naturel au faubourg Saint-Honoré, et court le risque de paraître recherché dans la rue du Mont-Blanc. Mais la langue écrite, faite pour être comprise par tous et non pas seulement à l'Œil-de-Bœuf, ne doit avoir nul égard à ces modes éphémèmeres" (S. 210f.). Stendhal konstatiert hier, daß die Beschleunigung der gesellschaftspolitischen Umwälzungen offenbar doch auch jenen Bereich erfaßt hat, den er noch zwei Jahre zuvor als „à peu près immuable" davon glaubte ausnehmen zu können. Bezeichnend jedoch ist die Art, in der er diese Feststellung sogleich wieder zurückzunehmen sucht. Was 1823 als revolutionärer Elan der Gegenwart polemisch gegen die Unbeweglichkeit der klassizistischen Doktrin gewendet wurde, ist hier zur bloß ephemeren Mode heruntergespielt, gegen die Stendhal die Kontinuität der Schriftsprache glaubt behaupten zu können.

Dieser eigentümliche Widerspruch von emphatischem Geschichtsbewußtsein einerseits und sprachlicher Normativität andrerseits wurde von Stendhal reflektiv nicht gelöst. Es gibt bei Stendhal so etwas wie eine unausrottbare Klassizität, eine theoretisch nie preisgegebene Identifikation mit der Sprachphilosophie der Ideologen[5], insbesondere mit der Destutt de Tracys, eines der von Foucault als Kronzeugen zitierten Vertreter des klassischen Repräsentationskonzepts. Die Vermutung scheint aber nicht abwegig, den Funktionsübergang vom Drama auf den Roman, wie ihn Stendhal in praxi vollzieht, auf diese theoretisch nicht bewältigte Widersprüchlichkeit zu beziehen, ihn einzusetzen in das, was man als die blinde Stelle in Stendhals Poetik der Diskontinuität bezeichnen kann, und also seine narrative Praxis daraufhin zu befragen, inwieweit sie sich interpretieren läßt als Dekonstruktion des Repräsentationskonzepts durch das historische Bewußtsein. Diese Dekonstruktion freilich vollzieht sich – und darin liegt das eigentlich fruchtbare Moment der benannten Widersprüchlichkeit – nicht schlicht in dem Sinne, daß der im klassischen Repräsentationskonzept vorausgesetzten Selbsttransparenz des Bewußtseins eine über originäre Sinnstiftung und sprachliche Kreativität definierte romantische Subjektsmetaphysik entgegengesetzt würde[6]. Zwar ist für Stendhals Verständnis des Ro-

---

[5] Siehe dazu M. Crouzet, *Stendhal et le langage*, Paris 1981, insbes. Kap. X: „D'une linguistique beyliste (Stendhal dans la grammaire générale)".

[6] Zur Ironisierung romantischer Ichaussprache schon in den frühen *Souvenirs d'Egotisme* (1832), auf die ich hier nicht eingehe, siehe H. R. Jauß, „Das Ende der Kunstperiode – Aspekte der literarischen Revolution bei Heine, Hugo und Stendhal" in *Literaturgeschichte als Provokation*, Frankfurt/M.

mantischen ein emphatischer Individualitätsbegriff durchaus zentral, aber fundiert ist er nicht metaphysisch, sondern psychologisierend, d.h. in einem Leidenschaftskonzept, das wiederum klassische, insbesondere moralistische Vorgaben ins Spiel bringt. Der Hinweis auf den Kristallisationsbegriff, wie er in *De l'Amour* entwickelt wird, mag hier einstweilen genügen. So manifestiert sich Diskontinuität bei Stendhal in einer eigentümlichen Überlagerung zweier Diskurse, kraft derer jeweils die Prämissen des einen die Dekonstruktion des anderen in Gang setzen. Es wird daher im Folgenden nicht etwa um eine Dekonstruktion Stendhals in dem Sinne gehen, daß sein Œuvre von einer Position diesseits des abendländischen Logozentrismus interpretiert werden sollte. Derartige Selbstlokalisierungen gegenwärtiger Philosophien dezentrierter Subjektivität sind nämlich durchweg erkauft um den Preis einer neuen Metaphysik von Abwesenheit und Unverfügbarkeit, und sie laufen folglich stets Gefahr, in ihren hermeneutischen Explikationen nur das zutage zu fördern, was sie zunächst in die Tiefen der Absenz hineinprojiziert haben. Vielmehr möchte ich versuchen, dem mittlerweile arg strapazierten Begriff sein hermeneutisches Potential dadurch zu bewahren oder zurückzugewinnen, daß ich ihn als Kategorie der literarischen Fiktion selbst interpretiere. Wenn es so etwas wie eine essentielle ideologische Unbotmäßigkeit der literarischen Fiktion gibt – Platon hat sie bekanntlich als erster nachdrücklich behauptet – dann könnte man sie darin sehen, daß der fiktionale Diskurs von Haus aus immer schon Konstruktion und Dekonstruktion zugleich ist. Der literarischen Fiktion, so könnte die These lauten, ist ein dekonstruktives Moment in dem Sinne eigen, daß sie die semantischen Oppsitionen, in denen sie strukturell fundiert ist, zugleich auch wieder problematisiert, erschüttert und damit um ihre strukturierende Kraft bringt. Gerade in dieser Ambivalenz wäre dann ihre ästhetische Dimension zu sehen: weniger in der puren Affirmation oder in der puren Negation jenes kulturellen Wissens, das sie in ihren Basisoppositionen zitiert, sondern in einer Thematisierung, einem Durcharbeiten dieser Oppositionen, das nicht, wie es die klassische Hermeneutik wollte, in die Antwort auf geschichtlich vorgegebene Fragen einmündet, sondern geschichtlich vorgegebene Antworten überführt in die Offenheit von Fragen[7].

1970 (edition suhrkamp 418), S. 131ff. Auch ohne direkte Bezugnahme implizieren die Analysen von Jauß eine Modifizierung der Bemerkungen Valérys zu Stendhals ‚égotisme' (siehe unten Anm. 19).

[7] Ich greife damit einen Gedanken auf, den ich bereits in anderem historischen Kontext und an einem anderen Gattungsparadigma entwickelt habe: „Imitatio und Intertextualität – Zur Geschichte lyrischer Dekonstruktion der Amortheologie: Dante, Petrarca, Baudelaire", in *Interpretation – Festschrift für A. Noyer-Weidner*, hgg. K.W. Hempfer/G. Regn, Wiesbaden 1983, S. 288–317; auch in *Kolloquium Kunst und Philosophie 2*, hg. W. Oelmüller, Paderborn 1982 (UTB 1178), S. 168–207, Diskussion S. 283–317. Das hermeneutische Potential des ‚Dekonstruktivismus' läßt sich zusammenziehen auf seine Kritik an der strukturalistischen Handhabung des Oppositionsbegriffs. So gewiß Opposition zu definieren ist als Relation alternativer Terme innerhalb desselben Paradigmas, so wenig ist damit schon ausgesagt über ihre sinnstiftende Funktion, die sich erst aus der jeweiligen Hierarchisierung der Terme ergibt. Insofern aber diese Hierarchisierung über den Text hinaus auf das kulturelle Wertsystem verweist, innerhalb dessen der Text seinen Ort und seine Funktion hat, erschüttert sie das Immanenzpostulat der am linguistischen Vorbild orientierten literaturwissenschaftlichen Strukturalismen der 60er Jahre und ihrer Nachfolger. Daher kann auch für dieses Problem die linguistische Markiertheitstheorie keine Modellvorgabe bieten, ganz abgesehen davon, daß sie sich über Phonologie und Morphologie noch kaum hinausgewagt hat. Auf Textebene verdankt sich die Markierung eines Terms der Basisopposition

Das die Romane Stendhals beherrschende Thema ist das von Sein und Schein, von Aufrichtigkeit und Heuchelei, ein von Haus aus moralistisches Thema, das in immer neuen begrifflichen Oppositionen paradigmatisch gesetzt und in immer neuen Sujetvarianten syntagmatisch durchgespielt wird. In *Racine et Shakespeare* ist es als Stendhals Zentralthema noch nicht zu erkennen. Es ist ein Produkt des Funktionsübergangs Drama/Roman und also ein Produkt der Krise des Repräsentationskonzepts. Aufrichtigkeit wird Stendhal in dem Maße zum Problem, wie sich jenseits bloßer Denunziation gesellschaftlicher Heuchelei die Frage nach der Selbsttransparenz des Bewußtseins stellt. Diese Frage aber ist Thema nicht mehr der dramatischen Gattungen, sofern diese das Subjekt unter Ausklammerung der Versprachlichungsproblematik schlicht als performativ redendes begreifen, sondern des Romans, der das sprechende Subjekt in der ganzen Breite narrativer Möglichkeiten, das heißt sowohl in äußerer und innerer Rede wie auch in den verschiedenen Modalitäten der Redewiedergabe, zum Thema machen kann. Aufrichtigkeit konnte dem repräsentierenden Bewußtsein nur als moralisch-moralistisches Problem in den Blick kommen, nicht in Hinsicht auf Sprachlichkeit. Erst das in der emphatischen Erfahrung eines Epochenbruchs geborene historische Bewußtsein, das hinter vordergründiger Transparenz die Opazität diskursiver Vermitteltheit entdeckt, schafft die Voraussetzung einer Befragung, die mit dem Aufrichtigkeitsideal zugleich auch dessen romantische Steigerung zur Authentizität des gesellschaftlichen Außenseiters erfaßt. Was dieser Befragung zum Opfer fällt, ist die Markierung des Terms Aufrichtigkeit. Dies aber bedeutet nichts anderes, als daß Stendhal selbst eben jene Opposition dekonstruiert, auf die eine naive Stendhal-Literatur unter dem Stichwort ‚demaskierender Gesellschaftskritik' die Komplexität seines Œuvres bis in unsere Tage hinein stets erneut reduziert.

---

kulturellen Axiologien, was übrigens J. Lotman sehr klar gesehen hat, wenn er anläßlich seiner Sujettheorie ausdrücklich feststellt, daß „keine einzige Beschreibung irgendeiner Tatsache oder Aktion wegen ihrer Beziehung zu einem realen Denotat oder zum semantischen System der natürlichen Sprachen als Ereignis oder Nichtereignis definiert werden kann, *solange die Frage nach ihrer Stelle in dem vom Kulturtyp bestimmten sekundären semantischen Strukturfeld nicht beantwortet ist*" (*Die Struktur literarischer Texte*, München 1972 (UTB 103), S. 332, Unterstreichung R.W.). Die Vernachlässigung der Markierungs- bzw. Hierarchisierungsfrage in allen Spielarten des linguistisch orientierten literaturwissenschaftlichen Strukturalismus ist daher nicht zufällig, sondern notgeboren. Desgleichen erklärt sich aus dieser Vernachlässigung die Tatsache, daß der Strukturalismus zwar von zeitgenössischen Ästhetiken deskriptiv in Anspruch genommen wurde, selbst aber keine Ästhetik auszubilden vermochte. Wo er sich auf Ästhetik einließ, mußte er unter Begriffen wie ‚Abweichung', ‚Offenheit', ‚ästhetischer Spezialcode' etc. sein genuines Territorium verlassen. Bei der oben angedeuteten These vom dekonstruktiven Moment der Fiktion selbst geht es mir also nicht – und die folgenden Ausführungen werden dies hoffentlich hinreichend verdeutlichen – um eine Preisgabe des Oppositionsbegriffs, sondern um die Frage, was der literarische Text mit ihm macht, wie er ihn handhabt, wie er markiert, hierarchisiert bzw. vorgegebene Markierungen und damit Hierarchisierungen problematisiert. Einen informativen Überblick über die verschiedenen Richtungen innerhalb des Dekonstruktivismus bietet J. Culler, *On Deconstruction – Theory and Criticism after Structuralism*, London 1983.

II

In einer Arbeitsnotiz zu Stendhals Spätwerk *Lamiel* findet sich folgende Bemerkung: „Pour chaque incident se demander: faut-il raconter ceci philosophiquement ou le raconter narrativement, selon la doctrine de l'Arioste?" (II_{862}). Diese Reflexion zielt auf ein für Stendhals Erzählweise charakteristisches Spannungsverhältnis zwischen einem ‚narrativen‘, das heißt an Handlungsprogression orientierten Erzählen einerseits, und einem ‚philosophischen‘, das heißt an der Entfaltung von Bewußtseinsprozessen orientierten Erzählen andrerseits. Führt dieses Spannungsverhältnis zu je unterschiedlichen Lösungen, so ist doch das ‚philosophische‘ Erzählen das eindeutig dominante. Sein eigentlicher Gegenstand ist weniger das Handeln der Figuren als ihre – äußere wie innere – Rede und der Dialog dieser fremden Rede der Figuren mit der eigenen Rede des Erzählers. Stendhals Romane modellieren eine Wirklichkeit, in der weniger gehandelt als vielmehr geredet wird, in der das Handeln dem Reden nachgeordnet ist. Handlungsintentionen müssen die Umwegigkeit bestimmter Redestrategien durchlaufen, bevor sie sich realisieren lassen. Dieser Abstand zwischen Intention und Durchführung einer Handlung ist wesentlich undramatisch, wesentlich spannungslos, und in dieser Spannungslosigkeit erkennt Stendhal nunmehr die Besonderheit des gesellschaftspolitischen „état actuel". Als Monsieur de Maugiron Julien Sorel bei Madame de Rênal abwerben will und Julien hinhaltend antwortet, kommentiert der Erzähler: „Julien atteignit à un tel degré de perfection dans ce genre d'éloquence, qui a remplacé la rapidité d'action de l'Empire, qu'il finit par s'ennuyer lui-même par le son de ses paroles" (I_{346}). Spontanes Handeln gehört der napoleonischen Vergangenheit an, Mittelbarkeit, die sich in innerer und äußerer Rede artikuliert, ist Signatur der Restaurationsepoche.

Angesichts dieser Dominanz des „raconter philosophiquement" über das „raconter narrativement" werden die Schwierigkeiten verständlich, die sich immer dann ergeben, wenn man die Geschichtsebene eines Stendhalschen Romans mit handlungstheoretischen Beschreibungsmodellen zu erfassen sucht. G. Genette hat zu Recht gesprochen von einer „discrétion sur les fonctions cardinales", von einem „déplacement presque systématique du récit par rapport à l'action"[8]. Gewiß wäre es nicht unmöglich, in manchen Fällen wie etwa in *Le Rouge et le Noir* sogar leicht, Stendhalsche Helden auch als Handelnde zu beschreiben. Wählte man etwa das Lotmansche Sujetmodell[9], so fände man alle Bedingungen der Sujetkonstitution eingelöst: semantische Teilräume, Grenzmarkierungen, den Helden als zentralen Handlungsträger, ereignishafte Grenzüberschreitungen mit anschließenden Sanktionen usf. Gleichwohl würde ein solcher Zugang nur eine Konstitutionsebene der Geschichte erfassen, die, isoliert betrachtet, eine wichtigere ausblendet. Bachtins oben zitierte These, daß das Romansujet der Aufgabe, soziale Redevielfalt zu modellieren, untergeordnet sei, mag in dieser Allgemeinheit nicht haltbar sein. Für Stendhal aber trifft sie zu. Der Weg seiner Helden erschließt soziale Sprachen und Ideologien, organisiert ihre Demonstration und ihre Erprobung.

---

[8] „‚Stendhal‘ ", in *Figures II,* Paris 1969, S. 181.
[9] *Die Struktur literarischer Texte* S. 329ff.

Bezeichnet ist damit zugleich auch schon eine erste Differenz zur Romantik. Gewiß haben Stendhals Helden vieles gemeinsam mit jenen romantischen Außenseitern, deren exemplarische Beschreibung Musset in seiner *Confession d'un enfant du siècle* gegeben hat: hineingeboren noch in die napoleonische Ära, aufgewachsen in der Erwartung heroischer Taten, sah diese Jugend sich plötzlich mit einer Gesellschaft konfrontiert, für die Heroismus Vergangenheit geworden war. Wählte man nicht die Verweigerung, so war gesellschaftlicher Erfolg nur möglich um den Preis der Anpassung. Ist Verweigerung die genuin romantische Lösung, so suchen Stendhals Helden den zweiten Weg, und dieser Weg der Anpassung besteht wesentlich darin, sich auf fremde Rede einzulassen, sie zu lernen, um dank ihrer Beherrschung Karriere machen zu können. Am Ende des Lernprozesses steht durchweg die Einsicht, daß sich unter der Oberfläche der Sprache der ‚guten Gesellschaft', so wie sie seit der französischen Klassik normative Geltung beansprucht, eine bestimmte diskursive Ordnung und damit ein Machtdispositiv verbirgt, das in der nachrevolutionären Gesellschaft in rivalisierende Ideologien zerfällt. Stendhal sucht diesen Zerfall an jenem Ort auf, da die klassische Einheitssprache ihren Charakter einer diskursiven Ordnung von jeher zugleich am deutlichsten offenbare und am raffiniertesten verbarg: in der aristokratisch-großbürgerlichen Gesprächskultur.

Als Octave de Malivert, der Held des frühen Romans *Armance,* von einer Soiree auf einem benachbarten Schloß zum Familiensitz Andilly zurückkehrt, klagt er seiner Geliebten den eben erfahrenen Überdruß: „Que ces conversations sont insipides, dit-il à Armance! Toujours la chasse, la beauté de la campagne, la musique de Rossini, les arts! et encore ils mentent en s'y intéressant. Ces gens ont la sottise d'avoir peur, ils se croient dans une ville assiégée et s'interdisent de parler des nouvelles du siège. La pauvre espèce! et que je suis contrarié d'en être!" (I_{100}). Worunter er leiden mußte, war offenbar eine Konversation, die sich durchaus an die klassischen Konversationsmaximen gehalten hatte, insbesondere an die, nicht zu lange bei einem Gegenstand zu verweilen, das Thema vielmehr häufig zu wechseln. Themawechsel sollte die Gefahr des Ennui bannen, und insofern die Konversation selbst eben diese Gefahr der Langeweile zu bekämpfen hatte, war Themawechsel ihr oberstes Gebot: „Car enfin", so heißt es bei Mlle de Scudéry, „il n'y a rien de plus ennuieux, que de se trouver en conversation avec ces sortes de Gens, qui s'attachent à la première chose dont on parle: & qui l'approfondissent tellement, qu'en toute apresdinée on ne change jamais de discours"[10]. Warum also war es auf dem picardischen Schloß trotzdem langweilig? Offenbar deswegen, weil der Themawechsel zwar beachtet wurde, aber nur noch in reduzierter Form stattfand. Und diese Reduktion war nicht Ausdruck konversationellen Unvermögens, sondern Ausdruck der Angst: man spricht nicht von dem, was einen wirklich beschäftigt, eben von der wachsenden Macht der anderen Seite, von der man ökonomisch bereits abhängig ist, sondern weiterhin und nun erst recht und nun ganz bewußt von den ‚klassischen' Gegenständen. Was wirklich interessiert, ist tabuiert, und dieses Tabu ist die Lüge, ist der Selbstbetrug, die Heuchelei.

---

[10] „De la Conversation", in *Conservations sur divers sujets,* Bd 1, Amsterdam 1682, S. 1–20, hier S. 15.

Jede diskursive Ordnung lebt, wie Foucault gezeigt hat, vom Tabu, von der „parole interdite"[11]. Solche Tabuierung zählt zu den elementaren Exklusionsstrategien, über die sich eine diskursive Ordnung konstituiert. Keine diskursive Ordnung kann zulassen, daß über alles geredet wird. Solche Redeverbote beziehen sich im allgemeinen auf die Machtzentren des Diskurses — in der französischen Klassik also insbesondere auf Sinn und Rechtfertigung der monarchischen Instanz —, um ihn gerade damit unverwundbar zu machen, den Diskurs selbst als Machtinstrument zu stabilisieren. Denn Diskurse, darauf weist Foucault zu Recht hin, übersetzen nicht einfach Macht und Begehren, sondern sie sind als Dispositiv der Macht immer auch Objekt des Begehrens. An konversationeller Kompetenz bemißt sich der Rang des „honnête homme" innerhalb der Gesellschaft von „la cour et la ville", und diese konversationelle Kompetenz ist zugleich ein Instrument, mit der diese Gesellschaft aufsteigende Randgruppen auf Distanz hält. Im Anhang zu *Racine et Shakespeare* findet sich ein Artikel „De la conversation", in dem Stendhal ausführt, daß und weshalb die gesellschaftspolitischen Voraussetzungen klassischer Konversation mit der französischen Revolution hinfällig geworden sind:

Notre conversation est dans une situation bien différente; nous n'avons que trop de choses intéressantes. L'art ne consiste plus à économiser une petite source d'intérêt sans cesse sur le point de tarir, et à la faire suffire à tout, et porter la vie jusque dans les dissertations les plus arides; il faut retenir, au contraire, le torrent des passions qui, prêtes à s'élancer à chaque mot, menacent de renverser toutes les convenances et de disperser au loin les habitants du salon. Il faut écarter des sujets si intéressants qu'ils en sont irritants, et le grand art de la conversation d'aujourd'hui, c'est de ne pas se noyer dans l'*odieux*. (S. 205)

Die Aristokratie sucht — im Interesse der Erhaltung einer ars conversationis — dieses „odieux", d.h. die sie existentiell betreffenden Fragen zu vermeiden: „ils se croient dans une ville assiégée et s'interdisent de parler des nouvelles du siège", so hieß es in unserer Stelle aus *Armance*. Die Tabus dieser Konversation betreffen also nicht mehr allein die Machtzentren der diskursiven Ordnung selbst, sondern ebenso rivalisierende Diskurse. Es sind Tabus nicht aus Stärke, sondern aus Schwäche. Die Konversation verdrängt das eigentlich Interessante und wird damit selbst uninteressant, langweilig. In der Behebung von Ennui aber fand eben diese Salonkonversation ursprünglich ihren eigentlichen ‚Sitz im Leben'. Sie war „divertissement", lebte vom kunstvollen Umgang mit ihren Themen, vom witzigen Einfall, von der nicht vorhersehbaren Pointe, vom „imprévu". J. Mukařovský spricht von den überraschenden „semantischen Wenden" als dem wichtigsten Merkmal dieses Dialogtyps: „Sein Ziel und auch seine Grenzlinie ist das reine Spiel der Bedeutungen. Sein Postulat ist die Konzentration der Aufmerksamkeit auf den Dialog selbst als die Kette der semantischen Wenden"[12]. Das kunstvolle Ausspielen dieser semantischen Wenden setzt indes voraus, daß man sich ganz auf sie konzentrieren kann, daß also über die Thematik, auf der sie operieren, vorgängiges Einvernehmen herrscht. Wo hingegen diese Thematik bedroht ist von einer im Grunde viel interessanteren, da verlagert sich die Aufmerksamkeit vom „imprévu" dieser semanti-

---

[11] *L'Ordre du discours*, Paris 1971, S. 21.
[12] „Zwei Studien über den Dialog" (1937), in *Kapitel aus der Poetik*, Frankfurt/M. 1967 (edition suhrkamp 428), S. 108–153, hier S. 122.

schen Wenden auf die restriktive Stabilisierung der zulässigen Themen selbst. Produkt dieser restriktiven Stabilisierung ist das Klischee. Stendhal ist, noch vor Flaubert, der Entdecker des konversationellen Klischees. Mit dem Klischee dringt das Zitat, dringt Repetition ein in eine Konversation, deren höchstes Ziel dereinst darin bestanden hat, das Gelernte und Beherrschte so darzubieten, daß es den Anschein des Gelernten vollkommen verlor, daß die ars conversationis erst dort zu sich selbst kam, wo sie „naturel" wirkte. Dieses „naturel" hat sich in der zeitgenössischen Salonkultur auf wenige Inseln zurückgezogen, so in den Salon der Mme d'Hocquincourt in Nancy, der sich auszeichnet durch ein „naturel impossible à Paris" (I_{1001}), so im Faubourg Saint-Germain in den Kreisen junger Adliger um den Chevalier de Beauvoisis oder um Mathilde de La Mole. Solche Ausnahmen aber bilden nur die Folie für die „asphyxie morale" der „conversation ordinaire" (I_{458}). Sie ist petrifiziert, sie lebt vom Gelernten und Imitierten, das sich als solches nicht mehr zu verleugnen vermag.

All diese Verfallserscheinungen freilich sind eigentümlich ambivalent. In dem Maße nämlich, wie diese Konversation ihr ‚naturel' verliert, werden jene diskursiven Zwänge erkennbar, die ihr von Anfang an eigneten und die zu verbergen zentrale Funktion eben dieses „naturel" war. In der perspektivischen Wahrnehmung der Konversation durch Außenseiter, in ihrer verfremdenden Distanzierung wird sie transparent auf jene Exklusionsstrategien, die sie immer schon geleitet hatten. Die Sprache bleibt die des klassischen „bon usage", aber indem sie zunehmenden Restriktionen unterworfen, indem sie klischeehaft und damit zitierbar wird, verliert sie ihre klassische Transparenz, wird der Kurzschluß von Wort und Sache aufgehoben, wird das Wort in seiner diskursiven Bedingtheit aktualisiert. Als in der Chapelle des Pénitents zu Nancy für den bankrotten, aber regimetreuen M. Cochin gesammelt werden soll, meint die Marquise de Marcilly:

„Je donnerais bien la pièce d'or, disait une des figures singulières qui entouraient le docteur (Lucien apprit, en sortant, que c'était madame la marquise de Marcilly); mais ce M. Cochin, après tout, n'est pas *né* (n'est pas noble). Je ne porte sur moi que de l'or, et je prie le bon docteur d'envoyer sa servante chez moi demain, après la messe de huit heures et demie, je remettrai quelque argent". (I_{863})

Man gibt, weil man politisch von Bürgerlichen abhängig ist, aber man rächt sich mit der Macht des Diskurses, die immer noch so groß ist, daß sie den, den man braucht, zugleich als inexistent erklärt. „Il n'est pas né", wer nicht adlig geboren ist, ist überhaupt nicht geboren: das ist das letzte Aufbäumen einer untergehenden Gesellschaft, der Einsatz der letzten Waffe, die man noch besitzt.

Noch auch wird man um sie beneidet von eben jener Großbourgeoisie, die über den aristokratischen Diskurs nicht verfügt, ihn aber begehrt als Krönung ihrer eigenen Macht. Die Konversation im juste-milieu-Salon des Pariser Bankiers Grandet kennt nicht die äußeren Tabus der aristokratischen Salons. Man redet hier über das, was interessant ist, also über Geld und Politik. Gleichwohl hat man auch hier Angst. Von einer „sottise d'avoir peur" sprach Octave de Malivert im Blick auf die aristokratischen Salons. In der Tat haben die Gegner selber Angst. Das ist eine der ersten Beobachtungen, die Lucien Leuwen im Hause Grandet macht: „Au lieu de jouir de leur position, ces gens-ci s'amusent à *avoir peur*, comme mes amis les gentilshommes de Nancy" (I_{1178}). Was man fürchtet, ist jener jakobinische Diskurs, wie man ihn zum Beispiel in der „rapsodie républicaine et désorganisatrice" des *National* findet (I_{1177}). Gegen diese Gefahr sucht man sich abzusichern durch Anpassung an die Aristokratie, durch Partizipation an der noch immer bestehenden Macht ihrer Rede. Da indes der Adel eben diese Partizipation verweigert, da er auf der Ebene des Diskurses nicht wahrhaben will, was auf der Ebene nichtdiskursiver Praktiken längst Realität ist, da die Chaussée d'Antin und der Faubourg Saint-Germain sich allenfalls auf dem neutralen Territorium der Opéra oder des Théâtre-Italien begegnen und selbst hier nicht konversationellen Umgang pflegen, bleibt die bürgerliche Imitation adliger Konversation höchst unvollkommen. Heterogenität ist ihr wesentliches Merkmal. Wo sie spontan ist, wirkt sie auf Lucien unerträglich roh und laut, wo sie die Spontaneität verläßt, verfällt sie in aufgesetzte Stilisierungen, in eine „emphase lente et monotone" (I_{1181}), die deutlich ihre livreske Herkunft erkennen läßt: Nodier, Chateaubriand, Rousseau. Kommt es gleichwohl vor, daß man Trivialitäten mit „noblesse et délicatesse" vorträgt, so wirkt selbst dies wie angelesen aus Lehrbüchern guten Tons als den Substituten der – unzulänglichen – Konversation in den aristokratischen Salons. Der „style noble" kann nicht verhindern, daß Mme Grandet wie eine „bavarde effrénée" wirkt (I_{1120}). Nicht mehr in den gesellschaftlich institutionalisierten Formen der Konversation vermag Lucien noch das „naturel" zu finden, sondern allenfalls an der Peripherie, bei den Balletteusen der Oper:

„Ne ferais-je pas bien, se dit-il, de transférer ma grande passion de madame Grandet à mademoiselle Elssler ou à mademoiselle Gosselin? Elles sont fort célèbres aussi, mademoiselle Elssler n'a ni l'esprit, ni l'imprévu de Raimonde, mais même chez mademoiselle Gosselin, un Torpet est impossible. Et voilà pourquoi la bonne compagnie, en France, est arrivée à une époque de décadence. Nous sommes arrivés au siècle de Sénèque et n'osons plus agir ni parler comme du temps de madame de Sévigné et du grand Condé. Le naturel se réfugie chez les danseuses". (I_{1182})

Daß Lucien hier als Sprachrohr seines Autors fungiert, zeigt eine Notiz Stendhals zu diesem Roman aus dem Jahre 1835, in der es heißt:

Une société très noble qui n'a plus de passions, la vanité exceptée, en arrive à vouloir désirer ne se servir que de mots qui ne sont pas à l'usage des gens de boutique et des articles de journaux. Par malheur, les gens de boutique, par le moyen des imitations du vaudeville ou des journaux, arrivent à avoir quelque idée de ce style noble, et le copient. La société s'empresse de changer ses mots. Le cœur d'une jeune fille brillante d'esprit et de sensibilité, mais fille d'un marquis à cent mille livres de rente, finit par ne plus pouvoir être ému que par le mot qui se trouvait en usage quand elle avait seize ans et a commencé à voir la vie. De là, ce me semble, la décadence des langues quand elle arrive non par la conquête, mais par l'extrême civilisation. (I_{1388})

Stendhal reflektiert hier jenen Prozeß, den er in *Racine et Shakespeare* noch nicht wahrhaben wollte: daß nämlich Diskontinuität auch die Sprache erfaßt hat. Bezeichnend aber ist, wie er das Phänomen interpretiert: nicht als Ende einer diskursiven Ordnung, die sich selbst überlebt hat, sondern als sprachliche Dekadenz. Dahinter steht wiederum die Sprachkonzeption der Ideologen: angesichts des Repräsentationsverhältnisses von Sprache und Wissen läßt ‚Sprachreinigung' schließen auf Reduktion an Wissensbeständen, auf geistige Anämie, auf schwindende Originalität. Daß sich jedes für wahr gehaltene Wissen immer schon der Exklusionsstruktur einer „volonté de vérité"[13] verdankt, daß also von Wahrheit immer schon und immer nur in bezug auf eine gegebene diskursive Ordnung geredet werden kann, bleibt im Repräsentationskonzept der Ideologen ungesagt: „C'est

---

[13] *L'Ordre du discours* S. 21.

qu'entre le signe et son contenu, il n'y a aucun élément intermédiaire, et aucune opacité. Les signes n'ont donc pas d'autres lois que celles qui peuvent régir leur contenu: toute analyse de signes est en même temps, et de plein droit, déchiffrement de ce qu'ils veulent dire"[14]. Stendhals narrative Praxis hingegen läuft dieser Grundannahme der Ideologen zuwider, indem sie eben jene Zwischenebene des Diskurses herausarbeitet, auf der geschichtlicher Wandel nicht als sprachliche Dekadenz, sondern als Diskontinuität diskursiver Praktiken erscheint, nicht als geistige Anämie, sondern als Bedrohung des Diskurses als eines Machtinstruments. Begrifflich aber bleibt er dem klassischen Repräsentationskonzept verhaftet. Das gilt für die Rede von der „décadence" ebenso wie für den Vorwurf der „hypocrisie" im Sinne bloßer Rollenhaftigkeit: „On peut toujours dire à un habitant du faubourg Saint-Germain: ‚Est-ce vous qui parlez, ou si c'est votre rôle?'" (I_{1399}), so notiert er 1835. Rollenhaftigkeit wird hier in Opposition gesetzt zu einer offenbar als rollenlos gedachten Ich-Identität. Die Rolle aber ist gerade die opake Vermittlungsinstanz zwischen Zeichen und Inhalt, und nicht schon Rollenhaftigkeit per se ist Heuchelei, sondern erst eine diskursive Rollenhaftigkeit, die bewußt gegen eine sie dementierende nichtdiskursive Praxis durchgehalten wird. Die Heuchelei der Salonkonversation besteht eben hierin: im kontrafaktischen Festhalten an Gesprächsrollen, mit denen man eine Konversation inszeniert, die sich selbst überlebt hat.

Wenn aber Heuchelei solchermaßen nicht schlicht in Opposition zu einer als rollenlos gedachten Ich-Identität steht, wie ist es dann um ihren Gegenpol bestellt, um die Aufrichtigkeit? Aufrichtigkeit im Rahmen des klassischen Repräsentationskonzepts zu denken, ist nicht schwierig. Schwierig aber muß werden, sie einerseits historisch zu denken, nämlich als Signatur einer aus gesamtgesellschaftlicher Perversion sich ausgrenzenden heroischen Exzentrizität, sie aber sprachlich weiterhin ‚repräsentierend' zu inszenieren. Wir werden sehen, wie sich Stendhals narrative Praxis schrittweise in diese Schwierigkeit hineinmanövriert und sie nur lösen kann um den Preis einer Dekonstruktion jener Opposition von Aufrichtigkeit und Maske, unter der er Held und Gesellschaft einander gegenüberstellt.

III

Der Zerfall klassischer Gesprächskultur erscheint bei Stendhal in der Perspektive von Helden, die sozial gesehen den verschiedensten Schichten angehören und auch politisch identitätslos sind. Zumeist haben sie republikanische Neigungen, verweigern aber das republikanische Engagement. Positiv geschilderte Republikaner finden sich bei Stendhal äußerst selten. M. Gauthier, der Herausgeber der *Aurore* in Nancy, ist ein solcher Ausnahmefall. Aber schon bei seinen Mitarbeitern wird das republikanische Bekenntnis ambivalent:

Quoique se disant et se croyant républicains austères, ces jeunes gens étaient navrés au fond de l'âme de se voir séparés, par un mur d'airain, de ces jeunes femmes nobles, dont la beauté et les grâces

---

[14] *Les Mots et les choses* S. 80.

charmantes ne pouvaient, à tout jamais, être admirées d'eux qu'à la promenade ou à l'église, ils se vengeaient en accueillant tous les bruits peu favorables à la vertu de ces dames, et ces médisances remontaient tout simplement à leurs laquais, car en province, il n'y a plus aucune communication, même indirecte, entre les classes ennemies. (I$_{816}$)

So groß ist noch immer die Macht des aristokratischen Diskurses, daß selbst der republikanische Diskurs nicht frei ist von jenem Imitationsstreben, das auch das juste milieu charakterisiert. Man schreibt gegen die Aristokratie, aber nichts sehnt man so herbei wie das Unmögliche: den Umgang mit jenen „jeunes femmes nobles", von denen man durch eherne Mauern getrennt ist. Diese Ambivalenz gilt auch für Lucien Leuwen selbst. Was ihn auszeichnet, ist die Reflexion auf diese Frustration und sein Wille, im Prinzip unüberwindbare Grenzen gleichwohl zu überwinden durch vollkommenes Maskenspiel. Der republikanische Diskurs wird bei Stendhal nicht modelliert zu einer wirklichen Alternative gegenüber dem der Aristokraten und des juste milieu, und das Proletariat schließlich tritt zwar mit dem Hinweis auf drohende Arbeiteraufstände mit in den Darstellungshorizont, noch nicht aber erscheint es als Träger eines eigenen Diskurses. Alle institutionalisierten Diskurse stehen im Sog des aristokratischen, der sich seinerseits ständig ‚reinigt', um eine Identität zu wahren, die doch nur noch eine Scheinidentität ist. Heuchelei im Sinne einer Inkongruenz von diskursiver und nichtdiskursiver Praxis ist die Signatur aller institutionalisierten Diskurse unter der Restauration und der Julimonarchie, wie sie das Stendhalsche Diskursuniversum modelliert.

Freilich gewinnen nun auch jene Helden in dem Maße, wie sie die Hypokrisie bewußt und mit besonderem Eifer mitmachen, nur eine Scheinidentität. Ihr Lernprozeß besteht nicht allein im Erlernen einer Rede, zu der man nicht steht, sondern ebenso in der Einsicht, daß das Erlernen entfremdeter Rede auch nur zu einem entfremdeten Ich führen kann. Aufrichtigkeit wäre demgemäß nur über eine ganz andere Rede zu gewinnen, die sich von allen Formen gesellschaftlich institutionalisierten Diskurses abzusetzen hätte. Erst relativ spät, in der *Chartreuse de Parme,* hat Stendhal diese beiden Redetypen begrifflich prägnant zueinander in Opposition gesetzt, wenn er unterscheidet zwischen der „conversation de salon" einerseits und der „conversation intime" andrerseits (II$_{336/344}$). Der Sache nach aber beherrscht diese Opposition auch schon die früheren Texte. Sie ist nicht einfach identisch mit der von öffentlicher und privater Rede. Heuchelei hat, wie Stendhal an Beispielen wie dem Ehepaar de Rênal oder dem Ehepaar Grandet vorführt, längst auch den Bereich des Privaten erfaßt. Die „conversation intime" ist jenseits dieser globalen Entgegensetzung öffentlich/privat angesiedelt. Ihr Ort ist einer aus dem Bereich des Privaten wiederum ausdifferenzierte Welt ausgezeichneter Privatheit: die Intimität der Liebesbeziehung.

Es liegt nahe, bei der Betrachtung dieser Intimität mit *De l'Amour* zu beginnen, jener Frühschrift unseres Autors, die in der Stendhal-Literatur noch immer eine relativ marginale Position einnimmt. Es handelt sich dabei indes um eine Marginalisierung weniger aus Geringschätzung denn aus Verlegenheit. Außerordentlich schwierig nämlich gestaltet sich der Versuch, diesen unter der Leitmetapher der „cristallisation" entwickelten Traktat in einer historischen Semantik der Liebe[15] zu situieren. Daß Liebe eine

---

[15] Ich beziehe mich hier generell auf die Arbeiten zur historischen Semantik von N. Luhmann, im

Illusion sei, daß sie blind mache, daß sich der Liebende die Geliebte nach seinem Bilde forme, ist, wie man weiß, ein uralter Gedanke. Er gehört zur Symptomatologie der Liebe als Krankheit, gegen die es entsprechende Heilmittel gibt. „Remèdes à l'amour" lautet denn auch noch ein Kapitel (Nr. 39/40) in Stendhals Traktat, aber das Zitat der traditionellen remedia selbst tritt hier ganz zurück hinter die skeptische Frage, wieweit angesichts der totalisierenden Macht illusionärer Belehnung des geliebten Partners überhaupt noch von einer Heilungsmöglichkeit die Rede sein könne. Was sich in solcher Skepsis abzeichnet, ist die Neubewertung des Illusionsgedankens, egal ob man ihn aus der überkommenen Krankheitssymptomatologie ableitet oder aus dem engeren Kontext dekuvrierender Moralistik. „Il semble que l'amour", so heißt es einmal bei Chamfort, „ne cherche pas les perfections réelles. On dirait qu'il les craint. Il n'aime que celles qu'il crée, qu'il suppose"[16]. Stendhal ist in moralistischer Tradition großgeworden, und ohne Zweifel ist der psychologisierende Argumentationsduktus seines Liebestraktats dieser Tradition verpflichtet. Gleichwohl ist der Bezugsrahmen nicht mehr auf diese Traditon beschränkt. Einbezogen ist zugleich auch eine neue, auf die Empfindsamkeit des 18. Jahrhunderts zurückgehende Vorstellung von Subjektivität, die in der ‚kristallisierenden' Belehnung des anderen ihre je eigene Welthaftigkeit gewinnt. Die Pointe der Metapher vom Reisigzweig in den Salzburger Minen liegt ja nicht etwa darin, daß sich unter kristalliner Vollkommenheit Banales verbirgt — das wäre noch moralistisch-dekuvrierend gedacht —, sondern daß das eine, die imaginäre Kristallisation, das andere, die Realität zum Verschwinden bringt. Nicht auf den Gegensatz zwischen der ‚Wahrheit' des Reisigzweigs und der ‚Illusion' der Kristallisation kommt es an, wie denn auch ein solcher Gegensatz in Stendhals Romanen nirgends greifbar geschweige denn thematisch würde, sondern auf den zwischen kontingenter Wirklichkeit und einem totalisierenden Weltverhältnis, das nicht wahrheitsfähig, aber auch nicht wahrheitsbedürftig ist, weil das Begehren in der Immanenz idealisierender Projektion ansetzt und sich in dieser Immanenz erfüllen kann, sofern auch der andere einlöst, was das Ich für beide projiziert.

Daß Liebe totalisiere, ist ein Gedanke, der auch der Klassik nicht fremd ist. Aber wenn es z.B. bei Bussy-Rabutin heißt, in der Liebe gebe es keine Bagatelle, so meint Totalisie-

---

vorliegenden Kontext speziell auf seine Studie *Liebe als Passion — Zur Codierung von Intimität*, Frankfurt/M. 1982.

[16] *Maximes et pensées, Caractères et anecdotes*, hg. G. Renaux, Paris 1965, S. 114 (Nr. 380), zit. bei Luhmann, *Liebe als Passion* S. 62, Anm. 20, dort aber ohne den aufgipfelnden Vergleich des Schlußsatzes. Luhmann selbst will mit diesem — allerdings, wie er einräumt, „recht späten" — Beleg den bereits für das 17. Jahrhundert postulierten Übergang des Codes vom Prinzip der „Idealisierung" zu dem der „Paradoxierung" dokumentieren. Gelegentliche Bezugnahmen auf Luhmann meinerseits bedeuten nicht, daß ich mich mit seiner zentralen These, also der historischen Sequenz von "Idealisierung", „Paradoxierung", „Reflexion von Autonomie" und „Problemorientierung im Alltag" identifiziere. Mir scheinen diese Kategorien so hoch angesetzt, daß sie selbst wieder der Spezifizierung und Differenzierung bedürften, bevor sie ihrerseits einer historischen Semantik der Liebe als Gerüst dienen könnten. Dies dürfte insbesondere für das Verhältnis von „Idealisierung" und „Paradoxierung" gelten, die von der höfischen Liebe des Mittelalters bis in die Romantik hinein gleichermaßen als einheitsstiftende Prinzipien des Codes gewirkt haben und daher am wenigsten geeignet scheinen, eine historische Sequenz zu beschreiben. Aber solche Bedenken können und sollen natürlich keine Auseinandersetzung mit der in ihren Einzelbeobachtungen äußerst reichhaltigen und anregenden Untersuchung Luhmanns ersetzen.

rung hier nur die Bezogenheit der gesamten Interaktion auf binäre Schematismen wie wahr/falsch, aufrichtig/unaufrichtig[17]. Totalisierung ist Sicherungsmechanismus einer Intimbeziehung, der in der Scheinwelt höfischer Galanterie bei Fehlinterpretationen die Gefahr der Lächerlichkeit droht. Bei Stendhal hingegen zielt Totalisierung auf die Einzigartigkeit eines subjektiven Weltverhältnisses, das wesentlich an die Einzigartigkeit einer Leidenschaftsfähigkeit gebunden ist, den „amour-passion" außergewöhnlicher Naturen, die mit dem Glücksdispositiv ihrer imaginären Belehnung zugleich auch aus der zur Heuchelei abgesunkenen gesellschaftlichen Scheinwelt ausbrechen.

Der „amour-passion" steht damit im Zeichen einer historischen Besonderheit, die jedoch erst Stendhals narrative Praxis als solche entfalten wird. Der Traktat selbst bleibt weithin noch der klassischen Konzeption einer Intimität verpflichtet, die sich nicht gegen die, sondern immer nur in der Gesellschaft selbst ausdifferenzieren kann, wie dies insbesondere das für unseren Fragezusammenhang zentrale Kapitel Nr. 32 zeigt. „Dans l'amour-passion", so heißt es dort, „l'intimité n'est pas tant le bonheur parfait que le dernier pas pour y arriver" (S. 95), und im folgenden sucht Stendhal die Bedingungen zu erfassen, unter denen allein die Erfüllung möglich scheint. Diese Bedingungen zieht er zusammen auf den Begriff des „naturel", verstanden im Sinne einer in absoluter Spontaneität gründenden Aufrichtigkeit der Rede: „Un homme vraiment touché dit des choses charmantes, il parle une langue qu'il ne sait pas. (...) Tout l'art d'aimer se réduit, ce me semble, à dire exactement ce que le degré d'ivresse du moment comporte, c'est-à-dire, en d'autres termes, à écouter son âme" (S. 96). Solch vollkommene Adäquanz von Sprache und Gefühl aber unterliegt zwangsläufig der Gefahr, nur momentan zu gelingen und also das eben Gewonnene sogleich auch wieder zu verlieren:

> il vaut mieux se taire que de dire hors de temps des choses trop tendres; ce qui était placé, il y a dix secondes, ne l'est plus du tout, et fait tache en ce moment. Toutes les fois que je manquais à cette règle, et que je disais une chose qui m'était venue trois minutes auparavant, et que je trouvais jolie, Léonore ne manquait pas de me battre. Je me disais ensuite en sortant: Elle a raison; voilà de ces choses qui doivent choquer extrêmement une femme délicate, c'est une indécence de sentiment. Elles admettraient plutôt, comme les rhéteurs de mauvais goût, un degré de faiblesse et de froideur. N'ayant à redouter au monde que la fausseté de leur amant, la moindre petite insincérité de détail, fût-elle la plus innocente du monde, les prive à l'instant de tout bonheur et les jette dans la méfiance. (S. 97)

Ich habe so breit zitiert, weil dieser Passus sehr schön verdeutlicht, in welchem Bezugsrahmen Stendhal sich hier bewegt. Es ist der des klassischen „art de plaire", einer Galanterie, die Intimbeziehungen nur demjenigen ermöglicht, der in der allgemeinen Dissimulation gesellschaftlichen Rollenspiels zu unterscheiden vermag zwischen wahrer und falscher Liebe, zwischen Aufrichtigkeit und Unaufrichtigkeit. Ungenannte Voraussetzung war dabei und ist es hier noch für Stendhal, daß solch vollkommene Adäquanz von Gefühl und Sprache möglich sei, also die noch ganz der klassischen Episteme verhaftete Sprachkonzeption der Ideologen. Absolute Aufrichtigkeit ist absolute Exaktheit des Ausdrucks: „dire exactement ce que l'âme suggère", „détendre l'âme de l'empesé du monde, jusqu'à ce degré d'intimité et de naturel d'exprimer naïvement ce qu'elle sent dans le moment"

---

[17] „Enfin, pour vous le faire court, Rien n'est bagatelle en amour" zit. bei Luhmann, *Liebe als Passion* S. 85, nach Bussy Rabutin, *Histoire amoureuse des Gaules,* Paris 1856, Neudruck Nendeln/Liechtenstein 1972, Bd 1, S. 378.

(S. 97). Auch die subjektive Gefühlsaussprache ist dem clare et distincte unterworfen, sie mag sich der „ivresse du moment" verdanken, an der transparenten Benennbarkeit bleibt kein Zweifel. Daher die ambivalente Einstellung Stendhals zu Rousseau: was er auf der Ebene der Emotionen bewundert, verurteilt er auf der Ebene des Ausdrucks[18]. Leidenschaftlichkeit fordert gerade nicht Emphase, sondern ein schlichtes Benennen, wenn sie sich dem anderen glaubhaft mitteilen will. Wo das nicht gelingt, liegt dies an der „insincérité" des Sprechenden, die Sprache selbst ist immer unschuldig.

Damit aber tritt bereits in diesem Frühwerk eine Widersprüchlichkeit zutage, die das Gesamtœuvre Stendhals in immer neuen Varianten austrägt. Unter dem Begriff der „cristallisation" sucht er – romantisierend – eine Intimität zu charakterisieren, die sich als ästhetische Totalisierung eine aus gesellschaftlicher Heuchelei ausgegrenzte Welt heroischer Einzigartigkeit schafft: eine Welt im Zeichen des „amour-passion", der „imagination", der „folie". In diese neue Konzeption von Intimität aber trägt das 32. Kapitel eine – klassische – Sprachkonzeption hinein, die von Haus aus gerade Orientierung innerhalb scheinhafter Umgangsformen, Orientierung innerhalb einer bereits ästhetisierten gesellschaftlichen Interaktion ermöglichen sollte. Und so wird denn dieses 32. Kapitel von De l'Amour zu einem zentralen Dokument in der Entdeckung des Spannungsverhältnisses von Intimität und Kommunikabilität bis hin zu dem Punkt, wo ‚aufrichtige' Rede von Reflexion gelöst, damit aber zugleich auf einen kontingenten Momentanismus reduziert wird. Angesichts dieser prekären Spontaneität kann es besser sein, zu schweigen: „il vaut mieux se taire que de dire hors de temps des choses trop tendres". Mit dieser Evokation des Schweigens nähert sich Stendhal der romantischen Position einer letztlichen Inkommunikabilität leidenschaftlichen Begehrens, aber es bleibt dies ein obliques Verhältnis. Denn das Schweigen schließt bei ihm nicht einen hermeneutischen Prozeß ab, überführt nicht die per se defiziente Kommunikation zweier irreduzibler Subjekte in eine quasimystische unio, sondern es erscheint lediglich als die gegebenenfalls bessere Alternative zu einer Kommunikation, deren „naturel" immer wieder der Gefahr reflexibler Zersetzung ausgesetzt ist.

Die gesamte Argumentation des Kapitels spitzt sich damit zu auf den Begriff des „naturel", den zu bestimmen Stendhal selbst als alles andere denn einfach bezeichnet (S. 98). Er geht aus von der – wiederum klassischen – Konzeption, der zufolge das „naturel" nicht jenseits gesellschaftlicher Interaktion angesetzt, sondern als vollkommen internalisierte Konventionalität, als „manière habituelle d'agir" bestimmt wird. Dann aber differenziert er unter dem Aspekt gesteigerter „sensibilité" zwischen „naturel" und „habituel": der Verliebte ist in einer Ausnahmesituation, die zu bewältigen seine „habitudes" nicht ausreichen, sie bleiben gleichsam zurück hinter den außergewöhnlichen Anforderungen der Situation:

Un homme sensible, dès que son cœur est ému, ne trouve plus en soi de traces d'habitude pour guider ses actions, et comment pourrait-il suivre un chemin dont il n'a plus le sentiment? Il sent le poids

---

[18] Zu Stendhals ambivalenter Einstellung gegenüber Rousseau siehe vor allem Œuvres, Bd 39, S. 108ff. In Lucien Leuwen greift Mme Grandet, schlaflos in der Erwartung Luciens, auf die von ihr getadelte Nouvelle Heloïse zurück: „Il se trouva que l'emphase un peu pédantique qui fait fermer ce livre par les lecteurs un peu délicats était justement ce qu'il fallait pour la sensibilité bourgeoise et commerçante de madame Grandet" (I_{1364}).

immense qui s'attache à chaque parole qu'il dit à ce qu'il aime, il lui semble qu'un mot va décider de son sort. Comment pourra-t-il ne pas chercher à bien dire? ou du moins comment n'aura-t-il pas le sentiment qu'il dit bien? Dès lors il n'y a plus de candeur. Donc il ne faut pas prétendre à la candeur, cette qualité d'une âme qui ne fait aucun retour sur elle-même. On est ce qu'on peut, mais on sent ce qu'on est. Je crois que nous voilà arrivés au dernier degré de naturel que le cœur le plus délicat puisse prétendre en amour. (S. 99)

Was Stendhal hier formuliert, ist eine Aporie, aus der er sich nur noch mit einem puren Postulat herauszufinden vermag. Denn wenn die „habitudes" gerade dort nicht ausreichen, wo ‚ein Wort über das Schicksal des Liebenden entscheidet', dann kommt unweigerlich eine Reflexion ins Spiel, die das angestrebte „naturel" als Kriterium der Aufrichtigkeit außer Kraft setzt. Wer aufrichtig sein will, ist bereits befangen in Problemen der Selbstdarstellung, Aufrichtigkeit ist sprachlich nicht einholbar und also auch nicht einklagbar.

Und so treten denn die kriterienlose „folie" der Kristallisation und das am Aufrichtigkeitskriterium des sprachlichen Repräsentationskonzepts orientierte „naturel"-Postulat in ein Spannungsverhältnis, das der Traktat selbst noch für prinzipiell lösbar hält – „S'il y a le naturel parfait, le bonheur de deux individus arrive à être confondu." (S 98) –, auch wenn diese Lösbarkeit bereits unter dem Vorbehalt eines bloßen Momentanismus erscheint. Die Fiktion wird für diese Lösung zur Probe aufs Exempel werden. Daß Stendhal die Liebesbeziehungen seiner Romane als Exemplifikationen seines Kristallisationskonzepts angelegt hat, ist bekannt. Nichts wäre jedoch steriler, als das bekannte Kategorienarsenal („admiration", „espérance", „première cristallisation" etc.) rein deskriptiven Zwecken dienstbar zu machen. Aufregend wird das Verhältnis von Traktat und Fiktion erst in dem Maße, wie man letztere auf die Ungelöstheiten des Traktats bezieht, wie man verfolgt, wie hier das Begehren zu jener Instanz wird, welche die im klassischen Repräsentationskonzept vorausgesetzte Identität der Bezeichnung überführt in eine unaufhebbare Differenz, welche die Glückserfahrung temporalisiert zu einer „chasse au bonheur", welche das „naturel parfait" nicht mehr repräsentativ zur Anschauung zu bringen erlaubt, sondern nur noch im Negativ komischer Rollenspiele, welche schließlich die klassischen Oppositionen von wahr und falsch, von aufrichtig und unaufrichtig ebenso dekonstruiert wie ihre Steigerung zur emphatischen Entgegensetzung von gesellschaftlicher Vermitteltheit und unvermittelter Authentizität romantischen Heldentums.

IV

Das Liebesverhältnis Julien Sorels zu Madame de Rênal liest sich auf den ersten Blick als eine etwas umwegige Einlösung jenes „naturel parfait", wie wir es in *De l'Amour* beschrieben fanden. Es gibt hier eine ‚unaufrichtige' und eine ‚aufrichtige' Intimität zwischen den beiden Liebenden. ‚Unaufrichtig' ist sie immer dann, wenn Julien aus dem Ressentiment des Rotüriers heraus bewußt verführen will, wenn er sich sieht in der Rolle Napoleons oder Don Juans, ‚aufrichtig' hingegen wird sie in dem Maße, wie er sich der spontanen, der unreflektierten Eingebung des Augenblicks überläßt, wie er, und dies nun ist Stendhals eigene begriffliche Fixierung der Opposition, den „rôle à jouer" vergißt zugunsten des „rôle naturel" ($I_{302/298}$).

Ein plastisches Beispiel für dieses Changieren zwischen Spontaneität und Reflexivität findet sich in Kapitel 30 des ersten Teils. Julien kehrt vor seiner Reise von Besançon nach Paris noch einmal nach Verrières zurück, er überrascht die Geliebte zu nächtlicher Stunde, stürzt sich in ihre Arme, „réellement sans projet et hors de lui" (I_{424}), wie es ausdrücklich heißt, er ist kaum des Wortes mächtig, und als er schließlich von Besançon zu erzählen beginnt, geschieht dies zunächst wiederum „sans penser à ce qu'il racontait" (I_{424}). Aber bei dieser Spontaneität bleibt es nicht. Die Angst erwacht, womöglich unverrichteter Dinge wieder abziehen zu müssen, er wird zum „froid politique" (I_{425}), er entdeckt die strategischen Möglichkeiten, die ihm seine Erzählung bietet, er setzt sie ein als Ablenkungsmanöver, dann, mit der pathetischen Ankündigung endgültigen Abschieds, als Überrumpelungscoup:

Ainsi, après trois heures de dialogue, Julien obtint ce qu'il avait désiré avec tant de passion pendant les deux premières. Un peu plus tôt arrivés, le retour aux sentiments tendres, l'éclipse des remords chez madame de Rênal eussent été un bonheur divin, ainsi obtenus avec art, ce ne fut plus qu'un plaisir. (I_{426})

Der „rôle à jouer" hat Julien jenes vollkommene Glück verfehlen lassen, dem er zunächst, als er noch ganz seinem „rôle naturel" sich überließ, so nahe war. Erst bei der Ankunft in Paris wird ihm dies bewußt. Was die Erinnerung ihm wieder zuträgt, ist nicht der Erfolg des wortgewandten Verführers, sondern sind jene beiden ersten Stunden unreflektierter ‚Natürlichkeit':

Mais aussi quelles délices les deux premières heures, quand son amie voulait sincèrement le renvoyer et qu'il plaidait sa cause, assis auprès d'elle dans l'obscurité!
Une âme comme celle de Julien est suivie par de tels souvenirs durant toute une vie. Le reste de l'entrevue se confondait déjà avec les premières époques de leurs amours, quatorze mois auparavant. (I_{439})

Damit ist implicite auch schon gesagt, wie der Konflikt von ‚natürlicher' und ‚gespielter' Rolle ausgehen wird. Auf der Ebene seines öffentlichen Wirkens wird Juliens Weg ein Weg sein in die universelle gesellschaftliche Hypokrisie, in die Inauthentizität der „langues étrangères" (I_{460}), in seiner Beziehung zu Madame de Rênal hingegen hat sich hier bereits jene Einsicht durchgesetzt, welche die Schlußbegegnungen mit der Geliebten im Donjon zu Besançon beherrschen wird. In diesen Schlußbegegnungen — so scheint es zumindest — ist der anfängliche Rollenkonflikt überwunden, sie führen zu einer Glückserfahrung, die selbst die Gewißheit des bevorstehenden Todes nicht erschüttern kann.

Bekanntlich hat R. Girard in seiner vielbeachteten Studie *Mensonge romantique et vérité romanesque* die These vertreten, daß Inauthentizität bei Stendhal auch den sich selbst in Opposition zur Gesellschaft sehenden Helden charakterisiere und daß Stendhal die romantische Opposition von authentischem Ich und inauthentischer Gesellschaft nicht etwa einlöse, sondern als Selbstbetrug zu dekuvrieren suche. Was Girard beschreibt mit dem Modell des „désir triangulaire"[19], das heißt der Vermitteltheit alles sich authen-

---

[19] *Mensonge romantique et vérité romanesque*, Paris 1961, Kap. I, S. 11ff.

tisch wähnenden Begehrens über dritte Instanzen, scheint sich insofern mit unseren bisherigen Befunden zu decken. Girards Begriff des „médiateur" ist ja so weit gefaßt, daß er nicht nur die mannigfaltigen Formen gesellschaftlicher Hypokrisie meint, sondern ebenso das, was uns bei Julien als nur gespielte Heldenrolle begegnet. Was indes bei Girard offenbleibt, ist die Frage, wie es denn um jene „vérité romanesque" näherhin bestellt ist, die nach dem Durchgang durch den „mensonge romantique" als wahrhaft authentische bestehen bleibt. Man könnte ja die Beziehung zwischen Julien und Madame de Rênal durchaus auch so lesen, daß Stendhal der romantischen Opposition von Individuum und Gesellschaft nur Reflexion einschreibt, ohne den „médiateur" selbst zu leugnen. Immerhin sind die zentralen Stationen der Liebesgeschichte von Julien und Madame de Rênal in Kirchen lokalisiert, und Juliens großer Monolog im vorletzten Kapitel kulminiert in Reflexionen über die Existenz Gottes bis hin zu dem Punkt, wo mit dem – romantischen – Gedanken der Geliebten als einer göttlichen Mittlerin gespielt wird, wie umgekehrt Madame de Rênal drei Tage nach Juliens Hinrichtung einen durchaus romantisch lesbaren Liebestod stirbt.

Girard selbst scheint hier tatsächlich einen Rückfall zu sehen, wenn er Stendhal die Suche nach einem – wohl existentialistisch zu verstehenden – „humanisme moderne" unterstellt, die aber deswegen unbefriedigend bleibe, weil als Lösung letztlich doch wieder die religiöse angeboten würde: „Jamais Stendhal n'a réussi a créer un héros passionné qui ne fût pas croyant. (...) Stendhal veut se convaincre qu'on peut échapper à la vanité sans recourir au christianisme, mais cet idéal ne s'est jamais incarné dans l'œuvre romanesque"[20]. Diese Aporie in Girards Argumentation gibt Anlaß zu der Frage, ob nicht seine Grundthese von der imitativen Natur des Begehrens und deren Überwindung in der nichtimitativen Authentizität eines existentialontologischen „humanisme moderne" der Modifikation bedarf. Zu Juliens Konversion gehört, darauf ist wiederholt hingewiesen worden, seine explizite Verabschiedung des Heroismus. Aber diese Verabschiedung wird durch eine andere Reflexion eigentümlich gebrochen, die wiederum im Kontext des eben bereits erwähnten Schlußmonologs erscheint: „Le devoir que je m'étais prescrit, à tort ou à raison ... a été comme le tronc d'un arbre solide auquel je m'appuyais" (I_{691}). Jener am napoleonischen Vorbild orientierte „devoir", jener nach Girard allein in die Inauthentizität führende „médiateur" war doch immerhin auch jene Instanz, in bezug auf welche Juliens Identitätsbildung überhaupt erst möglich wurde. Was Juliens „vanité" von der seiner Umgebung unterscheidet, ist ja gerade dieser selbstgesetzte „devoir", der nicht geradewegs in die Inauthentizität führt, sondern in eine heroische Identität, die, und das ist ihre historische Signatur, nicht mehr in heroischem Handeln zu gewinnen ist, sondern nur noch im imaginären Nachvollzug dessen, was dereinst als Handlung realisierbar war.

Stendhals eigentümliche Bewertung des Lächerlichen, des „ridicule", enthüllt sich in dieser Perspektive als durchaus konsequent. Die Lächerlichkeit seiner Helden gründet in ihrem Rollenspiel, in ihrer ‚Fremdbestimmtheit'[21] durch den „rôle à jouer". Fremdbe-

---

[20] Ebd. S. 71f.
[21] Der Begriff komischer Fremdbestimmtheit stammt von K. Stierle („Komik der Handlung, Komik der Sprachhandlung, Komik der Komödie", in *Das Komische*, hgg. W. Preisendanz/R. Warning (Poetik und Hermeneutik VII), München 1976, S. 237–268, hier insbes. S. 238ff.). Der Sache nach steht er in der Tradition jener Inkongruenz- oder Kontrasttheorien, unter denen man seit dem ausgehenden 18. Jahrhundert des Komische häufig zu bestimmen suchte. Auf die Grenzen

stimmt aber ist dieses Rollenspiel nur aus der Perspektive einer Gesellschaft, deren ‚Selbstbestimmtheit' in universeller Anpassung besteht, das heißt in einem Identitätsverlust, gegen den sich die Helden auflehnen. So ist ihre lächerliche ‚Fremdbestimmtheit' in Wahrheit Selbstbestimmtheit, das „ridicule" wird – und hier nimmt Stendhal den Grundgedanken der Molière-Kritik Rousseaus auf – positiv valorisiert, Lächerlichkeit ist Signatur einer Positivierung des gesellschaftlich Negativierten[22], Signatur weniger einer fiktiven Identität als vielmehr einer heroischen Identität, die sich allein noch in der Fiktion, im „rôle à jouer" konstituieren kann. Wenn aber solchermaßen die scheinbare Stigmatisierung des Rollenspiels als „ridicule" in Wahrheit einer positiven Wertung gleichkommt, dann kann nicht gleichzeitig der „rôle naturel" als markierter Term bestehen bleiben: die komische Positivierung von Negativität dekonstruiert die Opposition von ‚natürlicher' und ‚gespielter' Rolle, von der Stendhal ausgegangen war. Sprachen wir im Blick auf *Racine et Shakespeare* von einer Poetik der Diskontinuität, so enthüllt sich uns nunmehr seine narrative Praxis als Inszenierung jener Gründe, die das klassische Repräsentationskonzept zum Einsturz brachten: die Temporalisierung des Selbstbewußtseins, die Reflexion auf sich wandelnde diskursive Ordnungen, die Erfahrung einer Geschichtlichkeit also, die den universalistischen Prämissen repräsentierenden Bewußtseins zuwiderläuft. Stendhal trägt das im Postulat einer völligen Selbsttransparenz des Bewußtseins gründende klassische Repräsentationskonzept in die Welt des historischen Bewußtseins hinein, und er verstrickt sich damit in Widersprüchlichkeiten, die er nur lösen kann unter Preisgabe jener Oppositionen, die noch ganz der klassisch-klassifikatorischen Episteme verpflichtet sind.

Wir können damit auf die Aporie in Girards These zurückkommen. Daß bei ihm die Dimension der Sprache überhaupt nicht problematisch wird, kann nach dem bisher Ausgeführten nicht mehr verwundern. Vielmehr zeigt sich in diesem Ausfall der einer Problematisierung des Subjektbegriffs, womit sich das gesamte Modell des „désir triangulaire" als normatives Konstrukt enthüllt. Was Girard unter diesem Modell der Sache nach entwickelt, entzieht sich Kategorien wie Authentizität und Inauthentizität. Es ist vielmehr zu denken als ein je historischer Bedingungszusammenhang, in dem das Imaginäre als ein unvordenkliches immer nur über die Fiktionen faßbar wird, in denen es sich konkretisiert[23], pointiert formuliert: die „vérité romanesque" liegt bei Stendhal nicht schlicht

---

dieser Theorien hat erstmals und eindringlich G. Ritter aufmerksam gemacht, der am Komischen das Moment der insgeheimen Involviertheit des Lachenden selbst herausstellt, das Unterlaufen der Norm im Schein ihrer Affirmation („Über das Lachen" (1940), jetzt in *Subjektivität*, Frankfurt/M. 1974, S. 62–92). Unter Bezugnahme auf diese Rittersche These habe ich seinerzeit bereits die Reichweite des Stierleschen Begriffs skeptisch beurteilt (siehe *Das Komische* S. 376ff.), und die Verhältnisse bei Stendhal geben mir Anlaß, hier noch einmal auf diesen Dialog zurückzukommen.

[22] Die einschlägigen Belege für Stendhals Problematisierung der klassischen Konzeption des Lächerlichen, insbesondere für seine Deutung des „ridicule" als Indiz für Leidenschaftlichkeit und Genialität, sind zusammengestellt bei G. Blin, *Stendhal et les problèmes de la personnalité*, Paris 1958, S. 145ff.

[23] Ich beziehe mich hier auf die grundlegende Abhandlung von W. Iser, „Akte des Fingierens. Oder: Was ist das Fiktive im fiktionalen Text?", in *Funktionen des Fiktiven*, hgg. D. Henrich/W. Iser (Poetik und Hermeneutik X), München 1983, S. 121–151. Iser ersetzt dort die überkommene Zweistelligkeit von Fiktion und Wirklichkeit durch eine dreistellige, das Imaginäre einbeziehende

in der Denunziation des „médiateur", sondern in der gleichzeitigen Entdeckung seiner Unhintergehbarkeit. Im „médiateur" und nur im „médiateur" entdeckt sich das Subjekt in jener Geschichtlichkeit des „état actuel", wie sie Stendhal in *Racine et Shakespeare* so nachdrücklich auf den Begriff gebracht hatte. Girards Modell trägt allein der paradigmatischen Opposition von Spontaneität und Reflexivität Rechnung, nicht aber ihrer syntagmatischen Dekonstruktion, die auch, wie noch zu zeigen ist, die abschließende Konversion Juliens miterfaßt.

Gewiß ist dieser Schluß vordergründig lesbar als Einlösung romantischer Authentizität in dem Sinne, daß das Begehren sich gleichsam reinigt im Blick auf eine göttliche Transzendenz, zu der die Geliebte als Mittlerin hinführt, ohne damit selbst wiederum zum „médiateur" im Sinne des „modèle triangulaire" zu werden. Differenz wird scheinbar in Identität überführt. Allein, Religiosität ist in Juliens Schlußmonolog nicht thematisch als problemloses Beisichsein des Subjekts im Glauben, sondern als Rollenhaftigkeit ausgezeichneter Art. Julien wird nicht gläubig, sondern er bleibt auch hier Spieler, er spielt mit der Frage der Existenz Gottes, und dieses Spiel färbt ab auf die Schlußdialoge mit der Geliebten selbst. Thematisch ist in diesen Schlußbegegnungen das Gefängnis als Ort des bevorstehenden Endes, und folglich geht es bei Juliens qualitativ neuer Glückserfahrung, bei dem „bonheur tout nouveau pour lui" (I_{684}), um eine ekstatische Erfahrung, die sich bereits mit der Gewißheit der endgültigen Trennung verbindet, ja die gerade aus dieser Gewißheit heraus ihre emotionale Intensität gewinnt. Luhmann spricht im Anschluß an L. Abercrombie von einer typisch romantischen „*Steigerung* des Sehens, Erlebens, Genießens *durch Distanz*"[24]. Diese Einheit von Ekstase und Distanz aber wird bei Stendhal ihrerseits reflexiv. Juliens Schlußmonolog über göttliche Transzendenz und die Mittlerschaft der Geliebten ‚unterbricht' die Schlußdialoge mit der Geliebten selbst und bricht deren scheinbares „naturel". Auch die qualitativ neue Glückserfahrung ist präformiert durchs romantische Modell des gemeinsamen Liebestods.

Mit einer subtilen strukturellen Ironie hat Stendhal denn auch dieses Ende um seinen romantischen Authentizitätsanspruch gebracht. Julien besteigt das Schafott im Gedenken der „plus doux moments qu'il avait trouvés jadis dans les bois de Vergy" (I_{697}), und Madame de Rênal folgt ihm drei Tage später in den Tod. Aber die Hinrichtung bleibt nur vordergründig ganz in den Handlungsstrang Julien/Madame de Rênal eingebunden. In Wahrheit gehört sie auch zur Parallelhandlung, der Beziehung Juliens zu Mathilde de La Mole, ist sie doch die gleichsam typologische Erfüllung jener Rolle, die Mathilde ihrem Geliebten zugedacht hat: die Rolle eines neuen Boniface de La Mole.

Relation, wobei er sicherlich gut daran tut, das Imaginäre von allen ontologisierenden Bestimmungen freizuhalten und rein differentiell zu fassen (siehe hierzu das Fazit seiner Replik auf E. Ströker: „Gibt das Fiktive als Medium dem Imaginären seine Konkretion, so zeichnet sich dieses dem Medium als eine unvordenkliche Differenz ein. Die Differenz ist das Imaginäre im Zustand des Sich-Sperrens gegen seine begriffliche Erfaßbarkeit", S. 486). Nur scheinbar nähert sich Iser hier Lacan, ist doch bei diesem die Instanz des „Autre" mit einer artikulierten Mythologie des Unbewußten besetzt, die ihren historischen Ort in freudianischer Tiefenpsychologie und damit in einem Diskurs des 19. Jahrhunderts hat (siehe hierzu die einschlägigen Passagen der Derridaschen Lacan-Kritik: „Le facteur de la vérité", in *Poétique* 21 (1975) S. 96–145, insbesondere das Fazit S. 133).

[24] *Liebe als Passion* S. 172.

V

Man muß dieses subtile Unterlaufen einer einsinnigen Konversionsgeschichte berücksichtigen, will man den dialektischen Zusammenhang erkennen, den Stendhal zwischen der Rênal-Handlung und Juliens Verhältnis zu Mathilde de La Mole herstellt. Demjenigen, dem diese vordergründige Einsinnigkeit nicht problematisch wird, kann die Parallelhandlung leicht zur Bestätigung einer solchen Lesung werden: die dort syntagmatisch ausgetragene Opposition von Sein und Schein erhält hier eine zusätzliche Markierung in der paradigmatischen Entgegensetzung dessen, was der Text selbst als „amour vrai" einerseits und „amour de tête" andrerseits qualifiziert (I_{556}). In der Tat scheint Mathilde de La Mole ungeeignet, Julien zu jener „vérité romanesque" hinzuführen, die Girard als den Zielpunkt der Identitätssuche des Stendhalschen Helden bezeichnet. Sie wird denn auch bei ihm eher beiläufig erwähnt, als negative Kontrastfolie für den Weg des Helden von der „folie" zur „sérénité", der für Girard identisch ist mit der Beziehung des Helden zum ‚naiven' Typ der Geliebten. Hier freilich ist schon Girards Handhabung der Stendhalschen Begrifflichkeit verräterisch für den parti pris seiner Lesung. Was er nämlich völlig verkennt, ist die Bedeutung des Begriffs der „folie" bei Stendhal[25]. „Folie" ist, wie wir bereits sahen, Voraussetzung der Kristallisation und damit zugleich Voraussetzung heroischer Identitätsfindungen in einer unheroischen Welt. Girards Aussage, daß bei Stendhal der „amour véritable" nicht der Kristallisation unterliege und daß die „passion véritable" allenfalls der „folie" folge, die „folie" selbst also noch Manifestation eines bloß imitativen Begehrens sei[26], ist ein gravierender Irrtum, der sich auf fast jeder Seite eines Stendhalschen Textes widerlegen läßt. Mit den Zentralbegriffen des Kristallisationskonzepts wird Juliens Liebe zu Madame de Rênal ebenso beschrieben wie die zu Mathilde de La Mole, Fabrice del Dongos Beziehung zu Clélia Conti ebenso wie die zu Gina Sanseverina. „Folie" wird damit zu jener Instanz, die die zentrale semantische Opposition von Sein und Schein, von Spontaneität und Reflexivität nicht etwa markiert, sondern die die Markierung der Spontaneität, des „naturel" aufhebt und damit die Opposition selbst dekonstruiert. Gerade an Juliens Verhältnis zu Mathilde läßt sich dies besonders eindringlich demonstrieren. Gewiß ist Mathilde de La Mole im Unterschied zu Madame de Rênal Rollenspielerin durch und durch. Sie projiziert sich selbst in die Rolle einer Reine Marguerite de Navarre und einer Madame Roland, um Julien dann die jeweilige Komplementärrolle zuzuschreiben. So trifft der Rollenspieler aus Ressentiment auf die Rollenspielerin aus Frustration, wobei der eine am Ende ‚aussteigt' — „il était fatigué d'héroïsme" (I_{663}) —, die andere hingegen ihre Heroinenrolle bis hin zur makabren Begräbnisszene durchspielt. Inauthentizität im Sinne Girards scheint demgemäß gerade auch die Höhepunkte ihrer Beziehung zu kennzeichnen: die Intimität der nächtlichen Begegnungen in Mathildens Gemach. Der „vaniteux", so heißt es im Eingangskapitel zu *De l'Amour,* sei besessen von Romanlektüren, aus deren Reminiszenzen er sich eine nur gespielte Leidenschaft attribuiere. So auch Julien, wenn er Mathilde, wie zuvor bereits Amanda Binet in Besançon,

---

[25] Grundlegend ist hier die Studie von S. Felman, *La „folie" dans l'oeuvre romanesque de Stendhal,* Paris 1971.
[26] *Mensonge romantique* S. 26ff.

„plusieurs des plus belles phrases" aus der *Nouvelle Heloïse* rezitiert (I_{541}). Und ähnlich Mathilde. Sie redet nicht spontan und unreflektiert, sondern weil man in solchen Situationen reden muß: „on parle à son amant" (I_{542}). Kein Wunder also, daß man ganz im Imitieren befangen bleibt: „L'amour passionné était encore plutôt un modèle qu'on imitait qu'une réalité" (I_{543}). Das scheint sich erst in der folgenden Begegnung zu ändern. Ungleich spontaner als beim erstenmal hat Julien den Entschluß zu diesem zweiten Abenteuer gefaßt, enthusiastisch wird er von Mathilde in die Arme geschlossen, indes, als sie zu reden beginnt, kommen nun ihr, die sie so gut wie Julien Liebesromane gelesen hat, nur die Klischees vom Herrn und seiner Sklavin in den Sinn, von der Dienerin, die dem Fliehenden als Zeichen ewigen Gehorsams „tout un côté de ses cheveux" (I_{560}) zuwirft.

Allein, auch die durchgängige Rollenhaftigkeit der Szene vermag offenbar nicht zu verhindern, daß beiden eine Glückserfahrung beschieden ist, die ihnen bisher verweigert blieb. „Ivre de bonheur et d'amour" heißt es von Mathilde, einen „excès de bonheur" empfindet Julien ($I_{559/560}$). Das muß nicht Ironie sein, hat doch der Erzähler auch dem „amour de tête" kurz zuvor ausdrücklich zumindest momentane Glückserfahrungen, „des instants d'enthousiasme" (I_{556}) zugestanden. Die Frage ist indes, ob Stendhal in solchen expliziten Kommentierungen nicht noch einem Bezugsrahmen verhaftet bleibt, den der Text selbst längst gesprengt hat. Die Frage ist, ob diese „instants d'enthousiasme" tatsächlich nur eine Reduktionsform des „amour vrai", also des Verhältnisses Juliens zu Madame de Rênal darstellen, oder ob nicht umgekehrt in diesem Glücksmomentanismus die „folie" der Kristallisation bis zu einem Punkt vorgetrieben ist, an dem ihr Dekonstruktionspotential überhaupt erst voll zur Geltung kommt. Denn offenbar hebt ja in den Begegnungen Juliens mit Mathilde die Glückserfahrung nicht die Distanz auf, die die Rollen setzen, ja selbst die Spontaneität, wie sie in diesen Begegnungen thematisiert wird, steht nicht gegen Rollenhaftigkeit, sondern sie erscheint als integrales Moment der Rollenhaftigkeit selbst.

Was damit im Verhältnis Juliens zu Mathilde an- und ausgespielt wird, ist nicht etwa der negative Gegenpol zur ‚Natürlichkeit' der Rênal-Handlung, sondern eine implizite Negation dieses Natürlichkeitspostulats durch Insistenz gerade auf der Differenz zwischen Gefühl und sprachlicher Artikulation. Man sieht sich hier an Luhmanns Beschreibung der Liebe als eines „Kommunikationsmediums" erinnert, ein Begriff, den er zunächst in die kritische Auseinandersetzung mit der Diskurstheorie von J. Habermas einbrachte und den er unlängst zum Ausgangspunkt der oben bereits zitierten Monographie zur historischen Semantik der Liebe gemacht hat[27]. Kommunikationsmedien wie Liebe, Geld oder Macht sind nicht selbst schon die mit ihnen gemeinten Sachverhalte, sondern sozial vermittelte Kommunikationsanweisungen, Verhaltensmodelle, die die sprachliche Artikulation vorgängig steuern, codieren. Dahinter steht der Gedanke, daß Sprache allein nicht leisten könne, was eine idealistische Diskurstheorie ihr zumutet. Sprache vermöge zwar gesellschaftlich nicht Vorgesehenes oder Zulässiges auszudrücken und als andere Möglichkeit anzubieten, nicht aber neben dieser Variationsleistung zugleich auch

---

[27] J. Habermas/N. Luhmann, *Theorie der Gesellschaft oder Sozialtechnologie – Was leistet die Systemforschung?*, Frankfurt/M. 1971, S. 363ff.; *Liebe als Passion* S. 21ff.

Selektions- und Stabilisierungsleistungen zu erbringen. Eben hier springen die Kommunikationsmedien ein, indem sie Selektion und Übertragungs- bzw. Annahmemotivation zugleich steuern und von dieser Leistung die Sprache entlasten.

Was Luhmann damit gegen die Überforderung der Sprache durch idealistische Diskurstheorien entwickelt, dürfte sich heuristisch fruchtbar machen lassen für das hier in Frage stehende Verhältnis Stendhals zur Sprachkonzeption der Ideologen. Stendhal geht aus von deren Prämisse einer vollkommenen sprachlichen Transparenz, er sieht diese Prämisse in dem Maße erschüttert, wie es das Transparenzpostulat mit der Opazität leidenschaftsunterworfener Rede zu vermitteln gilt, und er findet die ‚Lösung' in einer das Repräsentationskonzept erschütternden Differenz zwischen dem Begehren selbst und seiner immer schon modellhaft präformierten sprachlichen Artikulation. Das ist der historische Index dezentrierter Subjektivität, wie sie sich bei Stendhal findet: gegen das repräsentierende Bewußtsein der Ideologen setzt er einen romantischen Subjektivitätsbegriff, der jedoch nicht zur Abgründigkeit einer letztlich sprachlosen Individualität dramatisiert, sondern über Kommunikationsmedien in sozialer Dimension gehalten wird, so daß Begehren und Rolle einander nicht ausschließen, sondern das Begehren der Rolle bedarf, um sich überhaupt artikulieren zu können. Mit dieser unhintergehbaren Rollenhaftigkeit der Rede auch und gerade in der „conversation intime" seiner Helden projiziert Stendhal eine Erfahrung, die er in bezug auf seine Liebe zu Mélanie Guilbert einmal wie folgt beschreibt: „Tous mes propos d'amour avec elle ont été joués, il n'y en avait pas un de naturel. Tout ce que je lui disais était du Fleury tout pur; j'aurais presque pu indiquer la pièce où je prenais chaque geste, et cependant je l'aimais. Fiez-vous ensuite à l'apparence!"[28]. Stendhal erfährt in der ‚gespielten' Rolle nicht die schlechte Alternative zur ‚natürlichen', sondern nur deren andere Seite. Er kann Authentizität nur denken im Sinne einer vorgegebenen Wahrheit, die sprachlich adäquat zu benennen ist. „Sincérité", „vérité", „naïveté" sind die Schlüsselbegriffe dieses noch dem traditionellen Repräsentationskonzept verhafteten Authentizitätssyndroms. Was er aber inszeniert, sind Liebesverhältnisse, die sich unterhalb der Ebene sprachlicher Artikulation entwickeln und deren Stabilisierung bisweilen geradezu übers sprachliche Dementi läuft.

In diesem Kontext höchst aufschlußreich ist eine Szene, die vielleicht zu den kühnsten des ganzen Romans zählt. Sie findet sich im 30. Kapitel des zweiten Teils, und es geht in ihr um Juliens neuerlichen Sieg über den Stolz der Geliebten, zu dem ihm die Korrespondenz mit der Scheinrivalin Madame de Fervaques verholfen hat. Mathilde, eifersuchtsbesessen, wirft sich ihm in der ihr eigenen Pathetik zu Füßen, man findet sich auf dem Kanapee, aber Julien spielt seine Rolle weiter, weil er aus Erfahrung weiß, daß eine Preisgabe seiner wahren Gefühle wiederum den Stolz Mathildens auf den Plan rufen und sein Glück in Verzweiflung umschlagen lassen würde:

Ces yeux n'exprimeront bientôt que le plus froid dédain, se dit Julien, si je me laisse entraîner au bonheur de l'aimer. Cependant, d'une voix éteinte et avec des paroles qu'elle avait à peine la force

---

[28] Diesen Eintrag in Stendhals *Journal* (*Œuvres intimes*, Paris 1955, S. 626) in seiner Bedeutung erkannt und gewürdigt zu haben, ist das Verdienst von J. Starobinski („Stendhal pseudonyme", in *L'Œil vivant*, Paris 1961, S. 190–240, hier S. 230), dem mein Versuch wichtige Anregungen verdankt.

d'achever, elle lui répétait en ce moment l'assurance de tous ses regrets pour des démarches que trop d'orgueil avait pu conseiller.
— J'ai aussi de l'orgueil, lui dit Julien d'une voix à peine formée, et ses traits peignaient le point extrême de l'abattement physique.
Mathilde se retourna vivement vers lui. Entendre sa voix était un bonheur à l'espérance duquel elle avait presque renoncé. En ce moment, elle ne se souvenait de sa hauteur que pour la maudire, elle eût voulu trouver des démarches insolites, incroyables, pour lui prouver jusqu'à quel point elle l'adorait et se détestait elle-même.
— C'est probablement à cause de cet orgueil, continua Julien, que vous m'avez distingué un instant ; c'est certainement à cause de cette fermeté courageuse et qui convient à un homme que vous m'estimez en ce moment. Je puis avoir de l'amour pour la maréchale...
Mathilde tressaillit ; ses yeux prirent une expression étrange. Elle allait entendre prononcer son arrêt. Ce mouvement n'échappa point à Julien ; il sentit faiblir son courage.
Ah! se disait-il en écoutant le son des vaines paroles que prononçait sa bouche, comme il eût fait un bruit étranger ; si je pouvais couvrir de baisers ces joues si pâles, et que tu ne le sentisses pas!
— Je puis avoir de l'amour pour la maréchale, continuait-il... et sa voix s'affaiblissait toujours ; mais certainement je n'ai de son intérêt pour moi aucune preuve décisive...
Mathilde le regarda : il soutint ce regard, du moins il espéra que sa physionomie ne l'avait pas trahi. Il se sentait pénétré d'amour jusque dans les replis les plus intimes de son cœur. Jamais il ne l'avait adorée à ce point ; il était presque aussi fou que Mathilde. Si elle se fût trouvée assez de sang-froid et de courage pour manœuvrer, il fût tombé à ses pieds, en abjurant toute vaine comédie. Il eut assez de force pour pouvoir continuer à parler. Ah! Korasoff, s'écria-t-il intérieurement, que n'êtes-vous ici! quel besoin j'aurais d'un mot pour diriger ma conduite! Pendant ce temps sa voix disait :
— A défaut de tout autre sentiment, la reconnaissance suffirait pour m'attacher à la maréchale ; elle m'a montré de l'indulgence, elle m'a consolé quand on me méprisait. Je puis ne pas avoir une foi illimitée à de certaines apparences extrêmement flatteuses sans doute, mais peut-être, aussi, bien peu durables. (I₆₁₆f.)

Angesichts dieser vom Subjekt sich emanzipierenden Stimme, der Julien lauscht gleich einem „bruit étranger", sieht man sich erinnert an Derridas Analyse des von ihm so genannten „système de s'entendre parler"[29], jener Einheit von Sprechen und Hören, in der das Hören zugleich auch problemloses Verstehen ist und in der Derrida den von ihm denunzierten Phonozentrismus gleichsam auf den Begriff gebracht sieht. Eben damit aber macht unser Passus deutlich, was ich meinte, wenn ich eingangs sagte, es werde hier weniger um eine Dekonstruktion Stendhals gehen als vielmehr um den Aufweis eines Dekonstruktivismus der Stendhalschen Fiktion selbst. Daß uns Derrida den hermeneutischen Blick für derartige Textstrategien geöffnet oder doch zumindest geschärft hat, zwingt ja keineswegs, deren Analyse an seine eigenen Prämissen zu binden. Nicht eine Fundamentalontologie der Abwesenheit bringt bei Stendhal die dem repräsentierenden Bewußtsein entspringenden Klassifikationen zum Einsturz, sondern der Konflikt, dem er diese Klassifikationen innerhalb einer Fiktion aussetzt, die die Geschichtlichkeit des „état actuel" reflektiert. Gewiß kann Julien Mathilde nur in der Rolle des Verführers an sich binden, weil nur diese Rolle Mathildens eigene rollenhafte Projektion ihres Verhältnisses einlöst. Und so kommt es zu jener Doppelung von manifestem und latentem Dialog, in der sich Julien von seiner eigenen Stimme gesprochen sieht. Thematisiert aber wird diese Differenzerfahrung nicht etwa als Mangel, als Selbstentfremdung oder Unverfügbarkeit, sondern wiederum in der uns bereits bekannten reflektierten Einheit von Ekstase und Distanz. Unter dem distanzstiftenden Rollenspiel, unter dem Leerlauf der Worte sehnt sich Julien danach, die bleichen Wangen der Geliebten zu küssen — „et que tu ne le sentisses

---
[29] *De la grammatologie*, Paris 1967, S. 17.

pas". Fühlte sie es, hätte er sich verraten und seine prekäre Überlegenheit liefe Gefahr zu kollabieren. Das ist die auf den Punkt extremer Selbstreferentialität gebrachte „folie" der Kristallisation: der ekstatische Kuß, den der Partner nicht spüren darf, um das prekäre Gebilde nicht zu zerstören, und der deshalb ein imaginärer bleiben muß.

Man erkennt damit zugleich den Irrweg einer Interpretation, die Juliens Verhältnis zu Mathilde reduzieren würde auf die Veranschaulichung gesellschaftlicher Selbstentfremdung. „Ce n'est pas votre position avec le monde qui fait obstacle, c'est par malheur votre caractère" (I_{621}), läßt Stendhal Julien wenig später sagen, und wenn dieser Charakter, wie es andernorts heißt, „tout à fait d'imagination" ist (I_{556}), wenn er Mathilde also gerade nicht als Sozialcharakter begreift, sondern als ein Phantasieprodukt, das sie von gesellschaftlicher Mediokrität abhebt, so wird erneut deutlich, daß Juliens Verhältnis zu Mathilde nicht die inauthentische Variante zur Rênal-Handlung darstellt, sondern eine Dekonstruktion der Grundopposition von ‚gespielter' und ‚natürlicher' Rolle. Der scheinbar merkmalhafte Term der Opposition, der in Mme de Rênal inkarnierte „rôle naturel", verliert seine emphatische Markiertheit angesichts der Unhintergehbarkeit von Rollenhaftigkeit, angesichts jenes fundamentalen „Doppelgängertums" des Menschen, von dem H. Plessner spricht[30], und so konfrontiert denn der Roman seinen Leser mit der Frage, ob nicht eher jene Rolle als die wahrhaft markierte anzusehen wäre, die so bewußt gespielt wird wie die heroische Rolle der Mathilde de La Mole.

Es scheint, als sei damit schließlich auch eine angemessene Perspektive gewonnen für jene intrikate Doppelung des Romanschlusses, vor der die Stendhal-Literatur eher auszuweichen geneigt ist. Vor dem Hintergrund einer als authentisch interpretierten Glückserfahrung Juliens mit Madame de Rênal muß das hochpathetische Verhalten Mathildens auf den ersten Blick wie das Inauthentische schlechthin wirken. Selbst hier noch scheint sie bloße Rollenspielerin zu bleiben, besessen von dem Gedanken, es dem Heroismus ihrer Renaissance-Vorfahren bis in die makabre Begräbnisszene hinein gleichzutun. Aber der an versteckten Parallelen so reiche Text Stendhals gibt auch hier einen Hinweis, der eine solche kontrastive Lesung des Romanschlusses irritiert:

— Je veux le voir, lui dit-elle.
Fouqué n'eut pas le courage de parler ni de se lever. Il lui montra du doigt un grand manteau bleu sur le plancher, là était enveloppé ce qui restait de Julien.
Elle se jeta à genoux. Le souvenir de Boniface de La Mole et de Marguerite de Navarre lui donna sans doute un courage surhumain. Ses mains tremblantes ouvrirent le manteau. Fouqué détourna les yeux.
Il entendit Mathilde marcher avec précipitation dans la chambre. Elle allumait plusieurs bougies. Lorsque Fouqué eut la force de la regarder, elle avait placé sur une petite table de marbre, devant elle, la tête de Julien, et la baisait au front ... (I_{698})

---

[30] „Soziale Rolle und menschliche Natur" (1960), in *Dieseits der Utopie*, Frankfurt/M. 1974, S. 23–35, hier insbes. S. 31f., wo Plessner das Theorem vom Doppelgängertum explizit gegen die Marxsche Lehre von der Selbstentfremdung stellt, in der er ein „Prinzip des Idealismus virulent gehalten" sieht. In Wahrheit sei der Mensch „ein Wesen, das sich nie einholt. Entäußerung bedeutet keine Entfremdung seiner selbst, sondern (...) die Chance, ganz er selbst zu sein". Und wenn es wenig später heißt: „Die Freiheit muß eine *Rolle spielen* können, und das kann sie nur in dem Maße, als die Individuen ihre sozialen Funktionsleistungen nicht als eine bloße Maskerade auffassen, in der jeder dem anderen in Verkleidung gegenübertritt", so können wir wiederum im Blick auf unseren Text sagen, daß in der Figur Mathildes dieses Spiel gerade dadurch vor dem Verdacht bloßer Maskerade bewahrt wird, daß es zu einer exzentrischen, in der zeitgenössischen Gesell-

Mathildens Rollenspiel findet seine letzte Aufgipfelung im Kuß auf die Stirn des toten Geliebten. Dieser wird zur emblematischen Verdichtung einer Kristallisation, die sich erfüllt in der nunmehr vollends sprachlosen Einheit von Ekstase und Distanz, und damit zum genauen Komplement jenes von Julien ersehnten Kusses auf die bleichen Wangen der Geliebten – „et que tu ne le sentisses pas".

VI

Einer Bemerkung G. Genettes zufolge lädt das Werk Stendhals ein zu einer „lecture *paradigmatique,* où la considération des enchaînements narratifs s'efface devant l'évidence des relations d'homologie: lecture harmonique, donc, au verticale, lecture à deux ou plusieurs registres, pour qui le véritable texte commence avec le dédoublement du texte"[31]. Das ist eine treffende, aber kommentarbedürftige Beobachtung, suggeriert sie doch als Effekt dieser paradigmatischen Lektüre die stabilisierende, allenfalls die variierende Reprise identischer Themen. Unsere bisherigen Beobachtungen legen demgegenüber eher die Hypothese nahe, daß der Text seine konstitutiven Oppositionen zugleich setzt und um ihren organisierenden Anspruch bringt, so daß die Evidenz der Homologien eher einer Vordergründigkeit gerecht wird, das eigentlich Aufregende hingegen gerade darin zu sehen wäre, wie im jeweils neuen syntagmatischen Durchspielen der paradigmatischen Oppositionen die mit ihnen suggerierte Evidenz von Antworten überführt wird in die Offenheit von Fragen.

So ist in *Lucien Leuwen* das Verhältnis Luciens zu Madame de Chasteller deutlich als Reprise der Konstellation Julien/Madame de Rênal angelegt, allerdings mit einigen Varianten, kraft derer die bekannte Thematik unter neuen Voraussetzungen erscheint. Ausgangspunkt und Kontrastfolie sind diesmal die Salons der Adelsgesellschaft von Nancy, die sich in seltenen Fällen noch etwas von der Lebendigkeit klassisch-höfischer Galanterie bewahrt haben, im allgemeinen aber dahindämmern unter den Verkrustungen bloßer Konversationsrituale. Zu den Ausnahmen zählt der Salon von Madame d'Hocquincourt. Madame d'Hocquincourt erinnert in vielem an Mathilde de La Mole. Häufig ist von ihrer „folie" die Rede, ihrer Sehnsucht nach Abenteuern, die das Steife und Eintönige ihres Alltags unterbrechen könnten. Lucien wird so zum willkommenen Partner eines Spiels, das jedoch stets die Grenzen klassisch-höfischer Galanterie wahrt, das nie jene heroische Exzentrizität sucht, wie wir sie aus *Le Rouge et le Noir* kennen, und in dem nur um diesen Preis einer noch vorromantischen Subjektivität „folie" und „naturel" als problemlos vermittelbar erscheinen. Indem aber Stendhal diese überkommene Galanterie noch einmal relativ ungebrochen inszeniert, profiliert er zugleich das Neuartige des Verhältnisses zwischen Lucien und Madame de Chasteller – ein Verhältnis, dessen Tiefendimension eine unproblematische Vermittlung von Leidenschaft und repräsentierendem Bewußtsein nicht mehr zuläßt.

---

schaft nicht mehr vorgesehenen Heroinenrolle gesteigert wird. In der Rolle bewahrt sich Mathilde ihre Freiheit und sichert sie ihre Identität.
[31] „ ‚Stendhal' " S. 179f.

Bereits die Zurückgezogenheit, in der Madame de Chasteller lebt, signalisiert diese Distanz. Im Unterschied zu Madame de Rênal ist sie zwar nicht die naive Provinzlerin, sondern die Pariserin, die es nach den Julitagen in die Provinz verschlagen hat und die also in ganz anderer Weise als Madame de Rênal von gesellschaftlicher Rücksichtnahme, von „prudence" charakterisiert ist, andrerseits aber umgibt sie die geheimnisvolle Aura einer schlummernden Leidenschaftlichkeit, die in der Trostlosigkeit des Provinzgefängnisses ihrer Befreiung harrt. In der Rolle dieses Erlösers enthüllt sich ihr Lucien auf einem Ball im Hause der Marquise de Marcilly, der Stendhal Gelegenheit gibt, eine neuartige „conversation intime" vor dem Hintergrund einer bereits in Gang befindlichen „conversation de salon" zu inszenieren. Lucien, zunächst befangen, verstockt und unfähig, auf das offenkundige Interesse Bathildes angemessen zu reagieren, findet erst in dem Moment die Sprache, als Madame de Chasteller ihn ihrerseits anspricht:

> Au mot que lui adressa madame de Chasteller, Lucien devint un autre homme. Par le noble regard qui daignait s'arrêter sur lui, il se crut affranchi de tous les lieux communs, qui l'ennuyaient à dire, qu'il disait mal, et qui, à Nancy, font encore l'élément essentiel de la conversation entre gens qui se voient pour la huit ou dixième fois. Tout à coup il osa parler, et beaucoup. Il parlait de tout ce qui pouvait intéresser ou amuser la jolie femme qui, tout en donnant le bras à son grand cousin, daignait l'écouter avec des yeux étonnés. Sans perdre rien de sa douceur et de son accent respectueux, la voix de Lucien s'éclaircit et prit de l'éclat. Les idées nettes et plaisantes ne lui manquèrent pas plus que les paroles vives et pittoresques pour les peindre. Dans la simplicité noble du ton qu'il osa prendre spontanément avec madame de Chasteller, il sut faire apparaître, sans se permettre assurément rien qui pût choquer la délicatesse la plus scrupuleuse, cette nuance de familiarité délicate qui convient à deux âmes de même portée, lorsqu'elles se rencontrent et se reconnaissent au milieu des masques de cet ignoble bal masqué qu'on appelle le monde. Ainsi des anges se parleraient qui, partis du ciel pour quelque mission, se rencontreraient, par hasard, ici-bas. (I_{923})

Die Metaphorik verweist deutlich auf die romantische Opposition von transzendent garantiertem „naturel" und pervertiertem Gesellschaftsspiel. Luciens Rede ist eine Rede mit Engelszungen, den Umstehenden, so insbesondere dem Mme de Chasteller begleitenden M. de Blancet ist sie „inintelligible", verständlich allein der Geliebten. Wie genau aber diese Rede lautet, erfahren wir nicht. Bathilde fällt auf, daß Lucien von all den „choses indifférentes" spricht, die auf dem Ball passieren, nie hingegen von sich selbst. Nicht von sich selbst zu sprechen aber gehörte zu den Maximen klassischer Konversation. Sollte also Lucien doch nur ein Meister der galanten Konversation, sollte er nur ein „habile comédien" sein, der einen „rôle aimable" spielt? Ihre Faszination weicht skeptischer Reflexion, sie will mit Lucien brechen, indes: „tout en faisant cette belle réflexion, tout en formant cette magnifique résolution, son cœur était occupé de lui, elle l'aimait déjà" (I_{925}). Zwischen spontaner Zuneigung und sprachlicher Artikulation tut sich eine Differenz auf, die die gesamte weitere Entwicklung des Verhältnisses bestimmt. Kaum hat Luciens „adresse sans adresse" das gestörte Einvernehmen wiederhergestellt, wird es gerade durch das spontan und unreflektiert, also ‚aufrichtig' fallengelassene Wort vom „affreux soupçon" wieder erschüttert (I_{928}). Madame de Chasteller reagiert spontan mit einer Nachfrage, reflektiert zugleich aber diese Nachfrage als hochgradig unschicklich, sie errötet, verunsichert Lucien, der sie nun seinerseits verdächtigt, weniger in ihn selbst als in seine Uniform verliebt zu sein. Unaufhebbar scheint die Kluft zwischen Begehren und Verbalisierung. Das manifeste Gespräch wird gedoppelt von einem inneren Monolog, der jedes gesprochene Wort interpretierend begleitet, es gegen die subjektive Erfahrung

dem Verdacht der Eitelkeit, des bloßen Spiels aussetzt, andrerseits aber, mit eben diesem Verdacht, der ja insgeheim entkräftet werden will, das manifeste Gespräch immer wieder in Gang bringt. Stendhal, nicht erst Nathalie Sarraute, ist der Erfinder dieser Doppelung von „conversation" und „sous-conversation". Sie verleiht dem Gespräch eine Komplexität, die implizit die Prämissen des Repräsentationskonzepts widerlegt und damit zugleich den Roman, nicht aber mehr das Drama als die Gattung erweist, die solche Komplexität zu modellieren vermag.

Paradigmatisierung der Syntagmatik als Grundstruktur des Stendhalschen Textes erfaßt so auch das Gespräch. Wiederholung des aufgezeigten Schemas charakterisiert seinen weiteren Fortgang, und zwar eine Wiederholung, die, da der „rôle à jouer" im Unterschied zu *Le Rouge et le Noir* hier nicht mehr an bestimmten Vorgaben orientiert ist, sondern sich zu reziproker Verdächtigung interiorisiert hat, potentiell unendlich wird. Bezeichnend für diese Iterativität sind die beiden Chasseur-vert-Episoden, in denen jedesmal das gesamte „naturel"-Vokabular wie „sincérité", „vérité", „simplicité", „naïveté" in fast obsessioneller Dichte erscheint, nie aber zum Gegenstand verbalisierten Einvernehmens wird. Nicht im Reden, sondern im Schweigen stellt sich dieses Einvernehmen her, die Rede selbst folgt ihm nur zögernd. „Eh bien! je vous crois sincère, mon ami, lui dit-elle, après un grand quart d'heure de silence" (I_{967}), so heißt es in der ersten Episode. Am Tag darauf indes fragt Bathilde sich bereits wieder, ob Lucien nicht doch ein „fat" sei, und parallel dazu wächst bei Lucien das neuerliche Ressentiment, die Geliebte sei wohl doch nur an militärischen Graden interessiert, die er mit den Epauletten eines bloßen Leutnants nicht bieten kann. Wie erwartbar, kommt es in der zweiten Chasseur-vert-Episode zu einem neuerlichen „aveu sincère", aber unbedacht haben sich einige Klischees aus dem traditionellen Galanterie-Vokabular in dieses Bekenntnis geschlichen, und diese Klischees von den ‚Ketten' und dem ‚Gift' genügen, um Madame de Chasteller wiederum zweifeln zu lassen: „C'est clair, ce n'est qu'un fat. Y a-t-il moyen, se disait-elle, de prendre ceci au sérieux? Dois-je croire que c'est l'aveu naïf d'une âme tendre?" (I_{984}). Als Lucien wenig später selbst auf die Lächerlichkeit der ‚Ketten' und des ‚Giftes' zu sprechen kommt, verfliegt bei Bathilde der „comédien"-Verdacht. Sie sieht sich bestätigt in neuerlichen Aufrichtigkeitsbeteuerungen, die Lucien in Worte faßt „comme quelqu'un qui les trouve à mesure qu'il les prononce" (I_{987}), man findet sich in einem „bonheur intime", aber es ist ein Glück des Schweigens, nicht ein Glück dialogischen Einvernehmens: „Madame de Chasteller et lui n'avaient garde de se rien dire: ils étaient trop heureux ainsi" (I_{988}). Und so geht es fort, jedes Gespräch droht das schweigende Einvernehmen zu gefährden, ruft das Mißtrauen Bathildes und die Komplexe Luciens auf den Plan, in der Intimität der Abende im Hause Chasteller ebenso wie in der Waldeinsamkeit des Chasseur-vert:

Il se parlaient de tout avec une sincérité parfaite, qui quelquefois eût semblé bien impolie à un indifférent, et toujours trop naïve. Il fallait l'intérêt de cette franchise sans bornes sur tout pour faire oublier un peu le sacrifice qu'on faisait en ne parlant pas d'amour. Souvent un petit mot indirect amené par la conversation les faisait rougir; alors, il y avait un petit silence. C'était lorsqu'il se prolongeait trop que madame de Chasteller avait recours aux échecs. (I_{1038})

Die Offenheit des Gesprächs geht hin bis zur potentiellen Unhöflichkeit, es herrscht eine „franchise sans bornes", aber die „prudence" als Instanz des gesellschaftlichen Ichs läßt sich aus dieser Intimität nicht vertreiben: „Elle disait cette prudence: ,Ceci est un jeune homme d'infiniment d'esprit et fort adroit qui joue la comédie avec vous'" (I_{1038}).

Nancy und der Chasseur-vert, diese beiden Räume sind also zunächst romantisierend semantisiert im Sinne von gesellschaftlicher Hypokrisie und allein gesellschaftsfern realisierbarer Aufrichtigkeit, aber aus der Rückschau ergibt sich, daß der Text wieder einmal diese Opposition in ihrer syntagmatischen Entfaltung aufhebt. Auch in die Intimität der Gespräche im Chasseur-vert bricht eine Rollenhaftigkeit ein, aus der man allein ins Schweigen sich retten kann. Das erinnert an das 32. Kapitel aus *De l'Amour*. Während aber dort, wie wir sahen, das Schweigen nur erschien als Alternative in Situationen mißlingender Vollkommenheit der Verbalisierung, das Aufrichtigkeitspostulat also von diesem Ausweg im Prinzip unberührt blieb, verlagert nunmehr die Fiktion – und das ist der entscheidende Schritt über den Traktat hinaus – die Unaufrichtigkeit vom Sprecher in die Sprache selbst. Gerade in Situationen der Intimität, so hieß es in *De l'Amour*, kommt dem Wort eine Bedeutung zu wie nirgends sonst: „il lui semble qu'un mot va décider de son sort". Stendhals Fiktionen inszenieren derartige Belastungen, und sie zeigen zugleich, wie unter ihnen die Sprache ihre Transparenz verliert, wie das Zeichen, statt sich im Dienste bloßer Repräsentation zum Verschwinden zu bringen, in eine Differenz zum Referenten tritt, die unaufhebbar ist. Gegen das Wort vom „affreux soupçon", von Lucien in einer „naïveté imprudente" Bathilde gegenüber geäußert, kommen in der Folge alle Aufrichtigkeitsbeteuerungen nicht mehr an – und zwar nicht etwa, weil die böse Gesellschaft herrschaftsfreie Kommunikation abgeschafft hätte, sondern weil die Liebe auf das Kommunikationsmedium angewiesen ist, weil auch und gerade die Sprache der Intimität immer nur als Rede und damit als Rolle gegeben ist, ohne die sich der Liebende als solcher überhaupt nicht zur Darstellung bringen könnte. In *Le Rouge et le Noir* stand das als Differenzerfahrung thematisierte „s'entendre parler" noch weithin im Zeichen ,bloß' gespielter Rollen, mit Girard gesprochen also im Zeichen einer „médiation externe". *Lucien Leuwen* weitet diese Differenzerfahrung aus auf den Natürlichkeitsanspruch der Sprache selbst. Sie selbst enthüllt sich als unhintergehbarer „médiateur interne", womit dieser Text die Dekonstruktionsarbeit von *Le Rouge et le Noir* einen entscheidenden Schritt weitertreibt: auch bei Ausfall bestimmter Rollenvorgaben bleibt dem „naturel" generell Rollenhaftigkeit eingezeichnet, da Sprache nie als transparentes Zeichen, sondern immer schon als opaker Diskurs aktualisiert wird, immer schon in rollenhafter Vermittlung – und sei es in der Rolle des Aufrichtigseinwollens[32]. Das „naturel" auch der Chasseur-vert-Episoden bleibt daher ein gebrochenes, und es ist für diesen Zusammenhang erhellend, daß bei Stendhal die Orte dieses „naturel" nicht Orte reiner Natur sind, sondern Orte wie ein Waldrestau-

---

[32] Von einem „vouloir-être-sincère-avec-moi" spricht auch Valéry in seinem Stendhal-Essai, wobei er aber unterstellt, daß diese gewollte Aufrichtigkeit gegen Stendhals eigene Intention umschlage in eine „comédie de sincérité qu'il se jouait". Mir scheint dabei verkannt, daß Stendhal diese komödiantische Brechung, diese von Valéry gegen ihn eingeklagte „division du sujet" selbst inszeniert, und dies nicht nur in den Romanen, sondern auch in den autobiographischen Schriften, deren ,égotisme' die „croyance à un *Moi naturel*" nicht einfach voraussetzt, sondern immer schon antiromantisch problematisiert („Stendhal", in *Œuvres*, hg. J. Hytier, 2 Bde, Paris 1957, Bd I, S. 553–582, hier insbes. S. 564 und 570–73; zu Stendhals ,égotisme' siehe auch den Artikel von Jauß, zit. oben Anm. 6).

rant oder – im Falle von *Le Rouge et le Noir* – der Landsitz Vergy. Es sind hybride Orte, die das „naturel" der „conversation intime" selbst hybridisieren, es in Beziehung setzen zur nie ganz abgeschiedenen Sprache der Zivilisation. Stendhal will, wie wir eingangs sahen, eine ‚bloße' Rollenhaftigkeit der Salonkonversation kontrastieren mit der Rollenlosigkeit der Intimität, und inmitten dieser Intimität entdeckt er wiederum die unaufhebbare Rollenhaftigkeit eines jeden Gesprächs. „Hypocrisie" und „sincérité" stehen in Stendhals Diskursuniversum einander nicht gegenüber als Rollenhaftigkeit und Rollenlosigkeit, sondern als kontrafaktische Übernahme einer Rolle als Machtdispositiv einerseits und reziproke Rolleninterpretation als Glücksdispositiv andrerseits.

Reziproke Rolleninterpretation als Glücksdispositiv aber ist unabschließbar. Das Widerspiel von Beteuerung, Verdächtigung, Unsicherheit und kompexhaftem Ressentiment, das schon die Sprache in den Chasseur-vert-Episoden beherrschte, setzt sich, wie wir bereits sahen, in Nancy fort, der Text überführt semiotische Differenz in die Zeitstruktur der von Derrida so genannten „différance"[33]. Als „chasse au bonheur" ist Stendhals Glücksbegriff diese „différance" eingeschrieben. Die Lösung im schließlich auch verbalisierten Einvernehmen, mit der er in der Schlußbegegnung Julien Sorels und Mme de Rênals noch einmal gespielt hatte, ist in *Lucien Leuwen* preisgegeben. Bezeichnend hierfür ist die in ihrer Komödienhaftigkeit sich zeigende Künstlichkeit, mit der Stendhal den ersten Teil des Romans zum Abschluß bringt, bezeichnend aber ist vor allem die durch seine Notizen genährte Frage nach der Abgeschlossenheit oder Unabgeschlossenheit des Ganzen. Diese Notizen legen bekanntlich eine Aufklärung des von Du Poirier inszenierten Mißverständnisses nahe, die Rückkehr Luciens zu Bathilde mit Versöhnung und Eheschließung (cf. I$_{1589}$). Ausgeführt aber hat Stendhal diese Variante nicht, und was auch immer die Gründe hierfür gewesen sein mögen: das vorliegende ‚Ende' ist konsequenter. Es modelliert, indem es eine neuerliche Begegnung der Liebenden verweigert, eine „chasse au bonheur", die ihrer Unabschließbarkeit eingedenk ist, ihrer Vorläufigkeit, ihres prekären Momentanismus, kurz: es modelliert „différance".

VII

Stendhals letzter großer Roman, die *Chartreuse de Parme*, hat speziell einer am ‚Realismus'-Klischee verhafteten Kritik seit je die größten Schwierigkeiten gemacht. Entweder ließ man sich nicht recht auf ihn ein, oder aber man versuchte sich in Kontinuitätskonstruktionen, was z.B. bei H. Friedrich so aussieht, daß sie „die zeitbedingte Erfahrung des Julien Sorel und des Lucien Leuwen weitete zum überzeitlichen Gesetz", daß Stendhal hier „den endgültigen Schritt von der ‚Zeit'-Anschauung zur ‚Welt'-Anschauung tut", einer Weltanschauung, die sich für Friedrich reduziert auf die „Apotheose der großen Na-

---

[33] Siehe hierzu die programmatische Abhandlung „La Différance" in Tel Quel, *Théorie d'ensemble*, Paris 1968, S. 41–66, insbes. S. 46: „Différer, c'est temporiser, c'est recourir, consciemment ou inconsciemment, à la médiation temporelle et temporisatrice d'un détour suspendant l'accomplissement ou le remplissement du ‚désir' ou de la ‚volonté', l'effectuant aussi bien sur un mode qui en annule ou en tempère l'effet".

turen", wie sie allein in Italien, auf diesem „günstigsten Boden der absoluten Leidenschaft" möglich sei[34]. Daran ist sicher so viel richtig, daß es in keinem anderen Roman Stendhals so sehr um die „folie" sich auslebender Leidenschaften geht wie in diesem, und sicher ist auch richtig, daß es irrig wäre, die *Chartreuse* zu deuten als realistische Widerspiegelung italienischer Gesellschaftsverhältnisse des beginnenden 19. Jahrhunderts. Aber das heißt nicht schon zeitlose Weltanschauung. Die Suche nach dem Glück hat auch in diesem Text ihren historischen Ort in der Problematisierung des klassischen Repräsentationskonzepts, und vielleicht liegt eine seiner vielberufenen Schwierigkeiten darin begründet, daß klassisches Erbe und zitierte Romantik in ihm eine besonders komplexe Verbindung eingehen.

Ich kehre damit zugleich zu unserer Fragestellung zurück und konzentriere mich auf jenes Liebesverhältnis zwischen Fabrice del Dongo und Clélia Conti, dem Friedrich bei seiner Konzentration auf die „großen Figuren" wie den Grafen Mosca und die Sanseverina ganze vier Zeilen gewidmet hat[35]. Nach flüchtiger Bekanntschaft wird wiederum ein Gefängnis zum Ort der Intimität. Was aber diesmal diese Ortswahl zu inszenieren erlaubt, ist weniger, wie in *Le Rouge et le Noir*, ein Einvernehmen im Zeichen des bevorstehenden Endes, als vielmehr eine „conversation intime", die Hindernisse besonderer Art zu überwinden hat. Man kann sich zwar sehen, nicht aber von Fenster zu Fenster über den Kopf der Wachen hinweg mündlich miteinander reden. So muß man nach anderen Möglichkeiten suchen. Zunächst ist es die Sprache der Augen, dann die der Musik, schließlich die des Alphabets. Fabrice zeichnet mit Kohleresten Lettern auf die herausgerissenen Seiten eines Breviers, Clélia tut's ihm nach mit einem in prächtiger Tinte gemalten Alphabet, und so kommt es zu jenen langen Stunden einer „conversation intime" in Form einer „conversation avec les alphabets" (II_{335}), die, bald darauf noch ergänzt um eine lebhafte Korrespondenz, das Gefängnis in einen Ort glücklichen Einvernehmens verwandelt. Die Hindernisse dieses Gespräches auf Distanz aber lassen Fabrice nichts sehnlicher herbeiwünschen als ein Gespräch, in dem das gesprochene Wort die Schrift ersetzt. Mit List ermöglicht er dieses Gespräch, das für Clélia zu einem unfreiwilligen Geständnis wird und – mit der Aufforderung zur Flucht – zugleich auch das Ende der ganzen Episode einleitet.

Ihre metasprachlichen Implikate sind offenkundig, sie näherhin zu identifizieren hingegen ist schwierig. Auf den ersten Blick will es so scheinen, und in diesem Sinne hat P. Brooks[36] die Szene interpretiert, als wolle Stendhal die Rousseausche Dekadenzgeschichte der Sprache aufheben: Schriftlichkeit, bei Rousseau Konvention zweiten Grades, erscheine bei Stendhal nur als Zwischenstadium zu einem neugefundenen ‚langage naturel', der sich als Sprache der Authentizität absetze von den pervertierten Sprachen am Hof zu Parma. Mir scheint indes, daß der Stendhalsche Text sich einer solchen Sicht widersetzt. Denn das mündliche Gespräch wird keineswegs mit der Aura eines neugefundenen ‚langage naturel' umgeben, sondern deutlich ironisiert: Clélias Geständnis wird vom Erzähler als verkrampft-gestelzter „discours historique" apostrophiert, Fabrices Antwort als dem

---

[34] *Drei Klassiker des französischen Romans*, Frankfurt/M. ³1960, S. 77f.
[35] Ebd. S. 83.
[36] „L'Invention de l'écriture (et du langage) dans la Chartreuse de Parme", in *Stendhal Club* 20 (1977/78) S. 185–190.

Leser zur Ausmalung anheimgestellte „belles choses", die indes schon sehr bald von der Kammerzofe Clélias unterbrochen werden (II$_{350f.}$) Alles Gewicht liegt nicht auf diesem die Episode beendenden mündlichen Gespräch, sondern auf dem ‚Zwischenstadium' der Schriftlichkeit:

> Jamais il ne put obtenir le moindre aveu qui ressemblât à de l'amour, mais il avait le bonheur de vivre de la manière la plus intime avec Clélia. Tous les matins, et souvent les soirs, il y avait une longue conversation avec les alphabets; chaque soir, à neuf heures, Clélia acceptait une longue lettre, et quelquefois y répondait par quelques mots; elle lui envoyait le journal et quelques livres". (II$_{335}$)

Dieses Zwischenstadium aber enthüllt sich uns damit als neue Variante eines bekannten Paradigmas: Einvernehmen nicht als ‚authentische' Verbalisierung, sondern im Modus der Differenz, dies nun aber in der Radikalität, daß der Kristallisationsprozeß von vornherein im Zeichen dieser Differenz ansetzt und trotzdem oder vielleicht: gerade deswegen ekstatische Glückserfahrung nicht ausschließt.

Die Substitution der Rede durch die Schrift taucht hier nicht erstmals auf. Julien flattert Mathildens Liebesgeständnis in Briefform auf den Tisch der Bibliothek, Lucien und Bathilde wählen die noch kompliziertere Umwegigkeit postalischer Zustellung, und hier nun kommuniziert man zwar ‚face to face', aber wiederum indirekt mittels der Buchstaben des Alphabets. Genette hat auf die verschiedenen Manifestationsformen solcher „communication indirecte" hingewiesen, er hat ihre anti-Rousseauistischen Implikate gesehen und, zumal im Hinblick auf die Gefängnisszene der *Chartreuse,* ihren Substitutionscharakter betont: „La liaison (de substitution) entre l'échange d'écriture et le rapport amoureux est ici presque trop manifeste"[37]. Wesentlich scheint mir dabei gerade das Überdeutliche dieser ‚Substitutionen', das auf ihren Zusammenhang mit dem Kristallisationskonzept verweist. Die ‚Substitutionen' sind Inszenierungen dieses Konzepts, und sie erfahren damit eine ästhetische Positivierung, die wiederum die historische Besonderheit Stendhalscher „différance" ausmacht: die illusionär-prekäre Einheit von Ekstase und Distanz. Nur so wird verständlich, daß Stendhal das ‚Substitut' mit Erfüllung gleichsetzen kann. „Pourquoi jouit-on", so fragt er einmal in *De l'Amour,* „avec délices de chaque nouvelle beauté que l'on découvre dans ce qu'on aime?" Und er antwortet:

> C'est que chaque nouvelle beauté vous donne la satisfaction pleine et entière d'un désir. Vous la voulez tendre, elle est tendre; ensuite vous la voulez fière comme l'Emilie de Corneille, et, quoique ces qualités soient probablement incompatibles, elle paraît à l'instant avec une âme romaine. Voilà la raison morale pour laquelle l'amour est la plus forte des passions. Dans les autres, les désirs doivent s'accommoder aux froides réalités; ici ce sont les réalités qui s'empressent de se modeler sur les désirs; c'est donc celles des passions où les désirs violents ont les plus grands jouissances. (S. 31)

Der Passus böte, gerade weil er von allem Metaphysikverdacht frei ist, Gelegenheit zu einer breiteren Erörterung der Schwierigkeiten, die der Dekonstruktivismus mit dem Ästhetischen hat. Er böte insbesondere Anlaß zu einer Diskussion der Lacanschen Variante dezentrierter Subjektivität, seiner Theorie des Imaginären, die sich womöglich geradezu als (tiefen-)metaphysische Besetzung dessen interpretieren ließe, was Stendhals Kristallisationstheorie im beschriebenen Sinne differentiell zu fassen sucht. Ich muß hier auf eine

---

[37] ,,‚Stendhal'" S. 165.

solche schnell in Unabsehbarkeiten führende Diskussion verzichten, möchte aber darauf hinweisen, daß sich an genau diesem Punkt die Wege Lacans und Derridas trennen. Zwar sähe sich auch Derrida von seinem Ansatz her gezwungen, das Ästhetische generell dem Logozentrismusverdacht auszusetzen. Aber er hat hier doch immer wieder gezögert, hat nicht nur Autoren wie Artaud, Bataille, Mallarmé oder Sollers von solchem Verdacht ausnehmen wollen, sondern auch früheren Autoren Wegbereiterschaft des Dekonstruktivismus zugestanden, was freilich solange die Gefahr retrospektiver Teleologie mit sich bringt, wie man den Ansatz selbst nicht entschieden historisiert[38]. Mit einer solchen Historisierung aber fällt auch jene letzte Opposition, an der Derrida, uneingestandenermaßen fundamentalontologisch, festhalten muß: die Opposition von — logozentristischer — Präsenz und — dekonstruktivistischer — Absenz. Die Denkzwänge des Repräsentationskonzepts haben die Fiktion nie daran gehindert, sich als ästhetischer Schein in ein Spannungsverhältnis zum metaphysischen Sein zu setzen, ja aus diesem Spannungsverhältnis ihre spezifische Identität zu gewinnen. Die Geschichte des fiktionalen Diskurses in diesem Sinne als Geschichte eines wesentlich ambivalenten Diskurses zu lesen, der in je anderer Akzentuierung im Prinzip immer beides ineins ist, metaphysische Absenz und ästhetische Präsenz, scheint mir jedenfalls sinnvoller und angemessener, als einer Totaldenunziation abendländischen Logozentrismus auch noch das Ästhetische anheimzugeben. Unsere Szene stellt eine historische Figur dieser Ambivalenz. Man ‚dialogisiert' mit dem anderen in jenem Bild, das man sich von ihm macht, man dialogisiert mit dem Produkt der Kristallisation, mit dem idealisierend belehnten Partner und das heißt: in der Selbstreferentialität einer Liebe, die zehrt von dem, was sie sich selbst erschaffen hat. Spielte die Gefängsnisszene in *Le Rouge et le Noir* noch mit der Möglichkeit eines metaphysisch garantierten „naturel", so ist in der *Chartreuse* die Nahwelt des Gefängnisses totalisiert zum Raum einer Glückserfahrung, deren ‚Authentizität' mit dem Imaginären und seinen fiktiven Projektionen identisch wird. Nur so kann das Alphabet, in romantischer Sicht Inbegriff äußerster Abstraktion der Sprache und damit äußerster Inauthentizität, zum Medium dieser Erfahrung werden. Die ‚bloße' Schrift leidet nicht an ihrer Differenz zur ‚erfüllten' Rede, vielmehr scheint sie gerade in dieser Differenz zu faszinieren. In Clélias „alphabet magnifique écrit avec de l'encre" ($II_{334f.}$) spiegelt sich die Graphomanie ihres Autors, die Entdeckung einer „écriture", deren Zeichen das Begehren nur in dem Sinne ‚repräsentieren', daß sie sich fügen nach den Gesetzen der Kristallisation. Für Stendhal ist die poetische Sprache selbst zu einer jener Realitäten geworden, „qui s'empressent de se modeler sur les désirs".

Fabrice und Clélia sind nicht die einzigen, die in der kuriosen Welt des Hofes zu Parma nur auf Distanz miteinander kommunizieren können. Vier Monate lang hat auch Gina Sanseverina versucht, mit ihrem Signalalphabet à la Monaco den geliebten Gefangenen auf sich aufmerksam zu machen, bis es ihr endlich gelungen ist, die ersehnte Antwort zu erhalten. Gewiß kann Gina in Fabricens Gunst mit Clélia nicht mithalten, aber wie immer bei Stendhal, so verbirgt sich auch hier hinter der Evidenz oppositiver Sinnorganisation insgeheim deren Auflösung. Im Zeichen der „folie" kann es nurmehr um rivalisierende Passionen gehen, nicht um Aufrichtigkeit und um Unaufrichtigkeit. Ich will

---

[38] Ich beziehe mich hier auf entsprechende Ausführungen Derridas in *Positions*, Paris 1972, S. 92ff.

aber hier nicht diese Handlungsdoppelung im einzelnen weiterverfolgen, sondern gleich jene Schlußphase betrachten, in der sich Stendhal in ähnlicher Weise wie in *Le Rouge et le Noir* wieder der romantisierenden Lösung zu nähern scheint: die Wiederbegegnungen des inzwischen zum Erzbischof avancierten Fabrice mit der inzwischen wider Willen dem Marquis de Crescenzi angetrauten Clélia. Der Rahmen ist jetzt nicht mehr die abgeschiedene Welt des Gefängnisses, sondern die Öffentlichkeit des Hofes, und mit dieser Öffentlichkeit kontrastiert nunmehr die Intimität jener nächtlichen Begegnungen im Palais Crescenzi, wo Clélia in geschickter Respektierung ihres Gelöbnisses allein in der Dunkelheit ihres Gemaches den Geliebten empfangen kann. „Entre ici, ami de mon cœur" (II_{488}), mit diesen Worten ist eine Ebene einvernehmlichen Gesprächs bedeutet, in dem alle Distanz aufgehoben scheint. Wie aber diese erfüllte Kommunikation näherhin aussieht, wie sich eine „conversation intime" gestaltet, in der die Stimme nun doch die Schrift ersetzt hat, das erfahren wir nicht. Diese Phase einer an ihr Ziel gekommenen „chasse au bonheur" fällt einem Schweigen anheim, weniger einem Schweigen der Partner als vielmehr einem Verschweigen Stendhals, der an dieser Stelle den Leser um Nachsicht bittet für die wohl größte – volle drei Jahre umfassende – Ellipse seines an Ellipsen so reichen Gesamtwerks.

Allein, die Ellipse hat ein verborgenes Komplement in einer Rede, die das Schweigen in dem uns nun schon bekannten Sinne substituiert. Es ist die der Ellipse unmittelbar vorausgehende Rede des Monsignore del Dongo in der kleinen, unmittelbar dem Palais Crescenzi gegenübergelegenen Kirche Sainte Marie de la Visitation. Was in dieser Kirche statthat, ist der Höhepunkt jener Predigten, mit denen Fabrice die Aufmerksamkeit von ganz Parma auf sich gezogen hat. Es sind Meisterwerke in der Tradition klassischer Kanzeleloquenz, einer Rhetorik, die ihre persuasiven Strategien Ereignis werden läßt, die aber dieses Ereignis nur sucht um eines anderen willen: der Wiederbegegnung mit Clélia. Was in der Kirche Mariä Heimsuchung statthat, ist in den Worten des Höflings Gonzo nichts anderes als eine Komödie, „une comédie bien montée (…) dans laquelle la marquise jouerait le premier rôle, la petite Anetta la soubrette, et monsignore del Dongo l'amoureux!" (II_{485}). Was also diese Komödie ins Bild setzt, ist wiederum die Dekonstruktion romantischer Authentizität, inszeniert in Form einer Karnevalisierung persuasiver Kanzelrhetorik. Die romantische Kontrastfolie ist allzeit präsent: der zwischen göttlichem Auftrag und irdischer Neigung zerrissene Priester, die Geliebte als Inspirationsquelle – „bientôt les idées lui arrivèrent en foule" –, die ‚unaufrichtige' Rede als Perversion des transzendentalen Signifikats – „En ayant l'air de s'adresser au public, il ne parlait qu'à la marquise" –, schließlich das offene Eingeständnis der Perversion – „Adieu les prédications" –, der Fall in die „folie" (II_{487}).

Gewiß bleibt diese „folie" nicht eindeutig „folie" bis zum Schluß. Was mit karnevalisierter Rhetorik begann, endet mit dem Tod Sandrinos, den Clélia als göttliche Strafe deutet, mit ihrem eigenen Tod und schließlich mit dem von Fabrice selbst, von dem es ausdrücklich heißt, daß er zu gläubig sei, um Hand an sich zu legen, der die Geliebte aber nur um ein Jahr überlebt und in der Hoffnung stirbt, sie in einer besseren Welt wiederzusehen. Wie am Ende von *Le Rouge et le Noir*, so sind wir also auch am Ende der *Chartreuse* Girards „mensonge romantique" näher als seiner „vérité romanesque". Dekonstruktion romantischer Authentizität ist der Stendhalschen Fiktion eingeschrieben, aber sie ist ein Moment dieser Fiktion, das bald in artikulierter Prägnanz sich zeigt, bald auch zurückgenommen, ambiguiert wird. Eine Kontrastierung Stendhals mit Flaubert könnte an genau diesem Punkt ansetzen: Stendhal spielt mit Möglichkeiten, die Flaubert konsequent zum Programm machen wird.

VIII

Am 2. Fructidor des Jahres XIII (20.8.1805) schreibt Stendhal an seine Schwester Pauline: „Il ne faut écrire que lorsqu'on a des choses grandes ou profondément belles à dire, mais alors il faut les dire avec le plus de simplicité possible, comme si l'on prenait à tâche de les empêcher d'être remarquées" (*Œuvres* Bd 41, S. 12f.) Der Republikaner will stilistisch Klassiker bleiben, will festhalten an einer Sprache äußerster Transparenz. Im Jahre 1812 fordert er im Rahmen einer Fénelon-Kritik einen Stil, der klare und distinkte Eindrücke zu vermitteln habe, was nur möglich sei, wenn er sich selbst zum Verschwinden bringe gleich einem „vernis transparent" (*Œuvres* Bd 39, S. 98). 1823 konstatiert er, wie wir eingangs sahen, eine Auflösung dieser Einheitssprache in die Pluralität von „langues différentes", der er indes eine einheitliche „langue écrite" entgegensetzen zu können glaubt. Wie aber steht es, das muß unsere letzte Frage sein, um die modellierende Einheitssprache selbst? Kann die Erzählerrede, kann Redewiedergabe tatsächlich in klassischer Transparenz erhalten bleiben, wenn sich die wiedergegebene Rede, wie gezeigt, eben diesem Transparenzideal entzieht?

Ein auf den ersten Blick unbedeutsam erscheinendes linguistisches Detail aus den Eingangskapiteln zu *Le Rouge et le Noir* ist geeignet, der Antwort die Richtung zu weisen. Stendhal konstituiert hier eine scheinbar typisch auktoriale Erzählsituation, d.h. er projiziert einen fiktiven Erzähler, der sein Pendant, einen fiktiven Adressaten, in ein einführendes Gespräch über Verrières verwickelt. Dieser auktoriale Erzähler aber hat eine Besonderheit, die sich in den kanonischen Ausprägungen der Rolle, etwa bei Balzac, nicht findet: er manifestiert sich pronominal, als „je" und zwar zunächst, gleichsam einschleichend, über Formeln wie „je ne sais combien de milliers de clous" oder „je ne sais quoi de borné" (I_{220}), dann, in den folgenden Kapiteln, über Personal- und Possessivpronomina deutlich markiert: „mes regards", „moi libéral", „je ne trouve, quant à moi", „quoique je veuille vous parler de la province", „Nous ne dissimulerons pas" ($I_{223ff.,\ 229}$). Natürlich ist das kein Zufall, sondern Absicht. Das Pronomen nämlich zeigt die Rolle, die die auktoriale Erzählsituation à la Balzac im Interesse der Suggestion quasi-göttlicher Allwissenheit verschweigt. Erscheint der Erzähler dort als bloße Stimme, gleichsam als Sachwalter des transzentendalen Signifikats, das der Repräsentation ihren Wahrheitsanspruch sichern soll, so stilisiert sich der Erzähler in den Eingangskapiteln von *Le Rouge et le Noir* zu einem Fremdenführer durch Verrières, der mit persönlichen Bekenntnissen und subjektiven Wertungen nicht hintanhält und damit die typisch auktoriale Distanz wo nicht kassiert, so doch verringert.

Das braucht nicht immer über pronominale Selbstmanifestation zu geschehen. Letztere ist vielmehr nur eine Variante in einem facettenreichen Spiel, das Stendhal mit der Erzählerrolle treibt. So kann er sich aus der Rolle des Fremdenführers unmerklich zurückziehen und die Perspektive einer erzählten Figur einnehmen. Solch unpersönliches Erzählen kann dann wieder unvermittelt in auktorialen Kommentar übergehen, wobei freilich nicht selten das Auktoriale selbstironisch gebrochen wird. Als Lucien Leuwen in der Handkußszene angesichts der aufgebrachten Bathilde hilflos und stumm dasteht, sagt der Erzähler, was er eigentlich hätte tun müssen:

Cette lâcheté de sa part augmenta le courage de madame de Chasteller. Il aurait dû se lever, saluer froidement madame de Chasteller, et lui dire: ,,Vous exagérez, madame. D'une petite imprudence sans conséquence, et peut-être sotte chez moi, vous faites un crime in-folio. J'aimais une femme aussi supérieure par l'esprit que par la beauté, et, en vérité, je ne vous trouve que jolie en ce moment." En disant ces belles paroles, il fallait prendre son sabre, l'attacher transquillement et sortir. (I_{1000})

Aber sind diese „belles paroles" tatsächlich eine auktorial eingeblendete Alternative? Oder steckt hinter dieser besserwisserischen Einblendung nicht weniger ein auktorialer Erzähler als vielmehr der Autor selbst, der nur ironisch nach Art eines solchen Erzählers kommentiert[39]? In *Le Rouge et le Noir* tritt ja in jenen beiden Metakommentaren, die den Roman explizit als Produkt der Imagination ausweisen, auch explizit ein „auteur" auf ($I_{556/575f.}$). Aber weshalb distanziert sich Stendhal gerade hier, wo sich die pronominale Selbstnennung anböte, zum „auteur", wohingegen das Pronomen dort erschien, wo es gerade um die fiktive Rolle eines Fremdenführers ging? Offensichtlich ist die narrative Vermittlungsinstanz bei Stendhal greifbar nicht in Form eines selbstidentischen Sprecher-Ichs, sondern nur in Form eines Spektrums gespielter Rollen, die jeden Wahrheitsanspruch auflösen bis hin zu dem Punkt, wo schlicht und quasi selbstverständlich von „romanciers" (I_{981}) die Rede ist und wo entsprechend auch der Text selbst entweder explizit oder fiktionsironisch-implizit benannt ist als das, was er ist: als Roman[40].

Was somit auf der Ebene der Erzähler/Leser-Kommunikation das klassische Repräsentationskonzept in Frage stellt, ist eine hochgradig dynamisierte Erzählsituation[41], in der sich ein selbstidentisches Sprecher-Ich hinter der Pluralität seiner Rollenmasken zum Verschwinden bringt. Auch hier antizipiert Stendhal moderne, ja zeitgenössische Formen problematisierten Erzählens. Freilich zwingt gerade diese Nähe wiederum zur Betonung der Distanz, findet doch bei Stendhal diese Problematisierung der Erzählinstanz ihre historische Besonderheit darin, daß er Dezentriertheit zum Gegenstand einer komödienhaften Inszenierung macht, womit sich auf Darstellungsebene wiederholt, was uns auf der Ebene des Dargestellten bereits begegnete nicht als ‚Fremdbestimmtheit', sondern als deren komische Positivierung. Die Dekonstruktion des Repräsentationskonzepts – und dies ist unsere letzte These – findet beim Stendhalschen Text in dieser seiner komisch-komödiantischen Brechung ihre deutlichste Manifestation.

---

[39] Aus derartigen Ambivalenzen hat bereits Genette auf den ‚fragwürdigen' Status der Erzählinstanz bei Stendhal geschlossen: „L'image du narrateur est donc, chez Stendhal, essentiellement problématique, et lorsque le récit stendhalien laisse, si peu que ce soit, la parole au discours, il est souvent bien difficile, et parfois impossible de répondre à cette question, d'apparence toute simple: *qui parle?"* („,Stendhal'" S. 188f.).

[40] Explizit in der bekannten Spiegelmetapher von *Le Rouge et le Noir* (I_{557}), fiktionsironisch-implizit im selben Text z. B. $I_{285, 298, 531, 639}$.

[41] Begriff nach F. K. Stanzel, *Theorie des Erzählens,* Göttingen 1979 (UTB 904), S. 88ff.

Die Beschäftigung mit dem Komischen hat Stendhal lebenslang begleitet und ist äußerst vielschichtig. Schon früh, in den Jahren 1801 bis 1805, hat er sich selbst als Komödienautor versucht, und in *Racine et Shakespeare* wird neben der romantischen Tragödie auch eine romantische Komödie gefordert. Erst sehr viel später hat er ausdrücklich reflektiert, weshalb die Komödie dem gesellschaftspolitischen „état actuel" nicht mehr angemessen sei. In einer Abhandlung mit dem Titel *La Comédie est impossible en 1836* benennt er die Gründe: die Komödie lebt von einer homogenen Gesellschaft, von einem homogenen Publikum, vom Einverständnis über jene Normen, an denen sich das Lächerliche bemißt. Bei seinen eigenen Theaterbesuchen aber mußte er feststellen, daß in der zeitgenössischen Gegenwart eben diese Voraussetzung für die Schaffung einer homogenen Lachgemeinde nicht mehr gegeben ist:

Et l'auteur comique, à peine âgé de trente ans, et qui a eu le malheur de perdre sa mère en naissant, ne pouvant plus essayer d'amuser un public dont une moitié siffle le personnage de Dorante, et l'autre moitié M. Jourdain, qui lui rappelle trop la maison paternelle, en est réduit à écrire la comédie-roman, ou bien la comédie de Goldoni, celle qui s'exerce sur de bas personnages, ou enfin des romans tout court. Dans ces derniers du moins, il n'a affaire qu'à un spectateur à la fois. (*Œuvres* Bd 39, S. 433)

Was der einen Seite als unangemessene Eitelkeit erscheint, ist der anderen Seite erstrebenswertes Ziel und umgekehrt. Erst der Roman eröffnet die Möglichkeit, jene umfassende gesellschaftliche Komödie zu inszenieren, zu der beide Seiten beitragen: der Altadel, der nur noch sich selbst imitiert, und die Bourgeoisie, die den Adel imitiert. „Je regarde le Roman comme la Comédie du XIXe siècle" lautet denn auch konsequent das von Stendhal selbst gezogene Fazit (*Œuvres* Bd 39, S. 417).

In solchen Reflexionen freilich ist der Gedanke transparenter Repräsentation noch nicht problematisiert. In dieser Hinsicht aufschlußreicher ist eine Stelle aus der *Vie de Henry Brulard*, der man geradezu eine Schlüsselfunktion bezüglich jener Thematik zusprechen kann, die ich hier verfolge: „Je ne puis être touché", so heißt es dort, „jusqu'à l'attendrissement qu'après un passage comique. De là mon amour presque exclusif pour l'opera buffa. (...) Là seulement dans l'opera buffa je puis être attendri jusqu'aux larmes. La prétention de toucher qu'a l'opera seria à l'instant fait cesser pour moi la possibilité de l'être" (S. 368). Nicht mehr einfach um komisierende Darstellung geht es hier, sondern um die Definition einer historischen Situation, die ‚Authentizität' nur noch in der ‚Inauthentizität' der Maske auszudrücken erlaubt. Die Maske der opera buffa konkurriert mit dem speculum consuetudinis, mit der Spiegelmetapher traditioneller, satirischer Komödientheorie, wie sie unter Stendhals eigener Formel vom „roman-miroir" noch deutlich erkennbar ist. Das Kapitel von *Le Rouge et le Noir* aber, in dem diese Spiegelmetapher erscheint, ist gewiß nicht zufällig überschrieben mit „L'Opéra Bouffe" (I$_{554}$). Nur vordergründig ist mit diesem Titel auf jenen Opernbesuch Mathildens Bezug genommen, von dem zunächst die Rede ist. In Wahrheit zielt er — fiktionsironisch — auf den Darstellungsmodus der anschließenden Liebesnacht mit Julien, in dem alle Requisiten der Komödie bemüht sind, angefangen von der Leiter, die so unglücklich steht, daß sich das Fenster nicht öffnen läßt, über den komisch chargierten Dialog der Liebenden bis hin zu jener Abschiedsszene, in der Mathildens Locke genau in jenem Moment auf Juliens Hand fällt, da dieser die Spuren der Leiter im Boden zu verwischen sucht, um den Ruf der Geliebten nicht zu gefährden. Dasselbe gilt für die letzte Liebesnacht Juliens mit Madame de

Rênal vor seiner Abreise nach Paris. Auch hier haben wir die „énorme échelle" (I_{427}), die ewige Komödienleiter, die alles ermöglicht und immer auch alles zu zerstören droht, wir haben den Liebhaber, der sich vor dem eifersüchtigen Ehemann unter dem Kanapee verstecken muß, den verräterischen Hut auf dem Stuhl, auf den die Geliebte im letzten Moment ihr Kleid wirft, schließlich den rettenden Sprung aus dem Fenster – kurz: wir haben eine Stilisierung nach der Art Beaumarchais', dem Stendhals besondere Liebe galt[42]. Auch die Komik der vom Prinzen Korasoff inspirierten Korrespondenz zwischen Julien und Madame de Fervaques bringt als Vorgabe die Dekonstruktion des empfindsamen Briefromans durch Laclos' *Liaisons dangereuses* ins Spiel. *Lucien Leuwen* ist nicht denkbar ohne Marivaux. Bathildes Konflikt zwischen „amour-propre" und „amour", zwischen „raison" und „cœur", die permanenten Mißverständnisse und Selbsttäuschungen, durch die sich die Dialoge durcharbeiten müssen, all das erinnert deutlich an die Komik der sich zugleich zeigenden und verbergenden „tendresse", wie sie Stendhal an Marivaux schätzte. Beaumarchais wiederum ist natürlich auch präsent in der Gefängnisszene der *Chartreuse de Parme*, insbesondere in der musikalischen Botschaft Clélias an den Geliebten, die die Arie der Rosine aus dem *Barbier de Séville* zitiert.

Auf dem Zitatcharakter solcher Beispiele, die sich leicht vermehren ließen, ist zu insistieren, macht er doch deutlich, daß mit dem Schritt von der Komödie zur „comédieroman" nicht einfach eine dem gesellschaftlichen „état actuel" angemessenere Gattung gesucht und gefunden wurde, sondern daß der Gattungswechsel einhergeht mit der Erschütterung des Repräsentationskonzepts. Zitierte Komik ist nicht mehr dargestellte Komik, sondern eine Darstellung, die sich als solche zeigt, die ein Verhältnis zu sich selbst mit ins Spiel bringt. Die Pluralität der „langues différentes" macht bei Stendhal auch vor der „langue écrite" nicht halt. Nur manifestiert sie sich hier nicht in der Pluralität schichtenspezifischer Dispersion der klassischen Einheitssprache, wie sie Stendhal bereits in *Racine et Shakespeare* erkannte, sondern in der Pluralität zitierter Stile, die ihrerseits durchweg noch dem klassischen Repräsentationskonzept verpflichtet sind. Indem sich aber Stendhals Stil wesentlich über solche Stilisierungen bestimmt, wird bei ihm das Erzählerwort zum im Bachtinschen Sinne „bedingten Wort"[43] und damit zum genauen Gegenteil jenes „vernis transparent", von dem in Stendhals Fénelon-Kritik die Rede war. Die notorische ‚Nüchternheit' der Stendhalschen „écriture" ist nicht die eines gegen die romantische Emphase durchgehaltenen klassisch-klassizistischen transparenten Stils, sondern es ist die ‚Nüchternheit' klassisch-klassizistischer Stilisierungen, in denen zitierende und zitierte, eigene und fremde Stimme im Bachtinschen Sinne hybridisiert und das heißt: ununterscheidbar werden.

Wir können damit zurückkommen auf die sich zeigenden Rollenmasken des Sprecher-Ichs. Was dieses Spiel nämlich auch und vor allem bewirkt, ist eine Schrumpfung der Distanz zwischen Erzählerrolle und erzählter Rolle. Dekonstruktion erfaßt damit – und hierin wird Stendhal zu einem Flaubert durchaus ebenbürtigen Überwinder des ‚Realis-

---

[42] Bis hin zum Pastiche des Figaro-Monologs (*Mariage* V_3) anläßlich der Salongespräche im Hôtel de La Mole, I_{457}.
[43] „Bedingt kann nur das werden, was einmal nicht bedingt, ernsthaft war. Diese ursprüngliche, direkte und unbedingte Bedeutung dient jetzt neuen Zielen, die von innen von ihr Besitz ergreifen und sie bedingt machen" (*Probleme der Poetik Dostoevskijs*, München 1971, S. 211).

mus' bereits zu Zeiten seiner vermeintlichen Geburt — Dekonstruktion erfaßt damit tendenziell bereits jene elementarste Opposition eines normativen Erzählbegriffs, mit deren Problematisierung die Moderne beginnt: die Opposition von Erzählen und Erzähltem. Erzählen im Zeichen repräsentierenden Bewußtseins setzt allemal die Konstitution einer selbstidentischen Erzählinstanz voraus. Indem sich diese Erzählinstanz bei Stendhal auflöst in ein Spektrum sich zeigender Rollenmasken, werden die erzählten Rollen aus ihrer traditionellen Abhängigkeit von der Erzählerrolle entlassen. Beide, Erzählerrollen wie erzählte Rollen treten damit in jenes Komplementärverhältnis zum dezentrierten Sprecher-Ich, das nicht mehr in narrativer Repräsentation, sondern allein noch in reflexivem Rollenspiel seine Identität gewinnt. Mit einem Begriff von W. Preisendanz könnte man dieses Rollenspiel, das „Rollendistanz selbst zur Rolle macht", geradezu als „Anti-Rolle"[44] charakterisieren: ein eigentümliches Oszillieren zwischen Identifikation und Distanz, ein ambivalenter Erzählgestus, der hinter seinen komisch-ironischen Brechungen nie den Spieler vergessen läßt, der seine Identität in eben diesen Brechungen und nur in solchen Brechungen zu inszenieren vermag.

Der Begriff der Anti-Rolle vermag indes nicht nur die Distanz Stendhals zum repräsentierenden Erzähler-Ich zu bezeichnen, sondern zugleich auch die Distanz zu jenem Rollenspiel des romantischen Humoristen, wie es Jean Paul beschrieben hat und von dem das Preisendanzsche Konzept seinen Ausgang nimmt. Beim Humoristen, so Jean Paul in der *Vorschule der Ästhetik,* spiele „das Ich die erste Rolle; wo er kann, zieht er sogar seine persönlichen Verhältnisse auf sein komisches Theater, wiewohl nur, um sie poetisch zu vernichten. Da er sein eigner Hofnarr und sein eignes italienisches Masken-Quartett ist, aber auch selber Regent und Regisseur dazu: so muß der Leser einige Liebe, wenigstens keinen Haß gegen das schreibende Ich mitbringen, und dessen Scheinen nicht zum Sein machen"[45]. Romantisch-humoristisches Rollenspiel, das wird hier unübersehbar, ist nicht ein dezentriertes. Es bleibt ich-zentriert, Entäußerung einer Subjektivität an die Welt, die sie nur vernichtet, um in solcher Vernichtung das Ganze zu gewinnen. Dieser romantische Subjektivitätsbegriff ist Stendhal, wie wir bereits sahen, gewiß nicht unvertraut, ja Jean Paul selbst erscheint einmal in der Palette jener Motti, die den einzelnen Kapiteln von *Le Rouge et le Noir* vorangestellt sind (I_{563}). Gleichwohl wird diese Subjektivität bei ihm nicht wirklich ergriffen, allenfalls angespielt. Wenn sich der romantische Humorist, um nochmals Jean Paul zu zitieren, als „der immer neue Darsteller der immer neuen Abweichungen" begreift[46], so bleibt doch diese Differenzerfahrung bezogen auf einen metaphysischen Totalitätsbegriff, welcher der humoristischen Subjektivität ihre Selbstidentität sichert. Es bedurfte wohl eines spezifisch französischen Erfahrungshintergrundes, um unter dem Begriff des Romantischen dem klassischen Repräsentationskonzept nicht eine solche Tiefenmetaphysik entgegenzusetzen, sondern einen aktualistischen Geschichtsbegriff, der abhebt auf personalen wie sozialen Identitätsverlust. Damit aber ändert sich alles, auch die Art des Rollenspiels. Rollenspiel ist in seiner ästhetischen Dimension bei

---

[44] „Humor als Rolle", in *Identität,* hgg. O. Marquard/K. Stierle (Poetik und Hermeneutik VIII), München 1979, S. 423–434, hier S. 432.
[45] *Vorschule* § 34, in *Werke,* hg. N. Müller, Darmstadt 1959ff., Bd 5, S. 124f., zit. bei Preisendanz, „Humor als Rolle" S. 423 (am Ende des dortigen Zitats ist „Schein" durch „Sein" zu ersetzen).
[46] *Vorschule* § 34, S. 133, zit. wiederum bei Preisendanz, „Humor als Rolle" S. 429.

Stendhal, wie der Gang unserer Argumentation deutlich gemacht hat, nicht vorgegeben, sondern Produkt eines Dekonstruktionsdiskurses, der beim moralisch-moralistischen Begriff der Maske ansetzt und die ästhetische Dimension einer Lust an der Maske erst entdeckt als das andere der Demaskierung selbst.

Diese Entdeckung wird nicht selten erkauft um den Preis offenkundiger Brüche in der Erzählhaltung, die romantischem Humor fremd sind. Ein schönes Beispiel hierfür findet sich im Fortgang jener Stelle in *Lucien Leuwen,* die wir oben bereits interpretierten. Die Begegnung Luciens mit Bathilde auf dem Ball im Hause Marcilly identifiziert die Rollenmaske noch ganz und gar als Inbegriff des Inauthentischen, Intimität konstituiert sich antithetisch zu den „masques de cet ignoble bal masqué" qu'on appelle le monde" (I_{923}). Gut hundert Seiten später, beim „aveu manqué" im Salon d'Hocquincourt, erscheint diese Intimität vor einer ganz anders valorisierten Folie, eingebunden nämlich in eine „conversation vivante et même brillante, car rien n'est amusant comme le commérage bien fait" (I_{1016}). Die Denunziation des „ignoble bal masqué" ist einer Lust an der Maske gewichen, die selbst vor den „grâces de la médisance" (I_{1016}) nicht haltmacht, und inmitten dieser Maskerade inszeniert Stendhal jene komödienhaften Hindernisse, an denen das Geständnis Madame de Chastellers, zu dem sie innerlich durchaus bereit ist, dann doch – und wieder einmal – scheitert. Demaskierung und Lust an der Maske, diese Duplizität ist in Stendhals Rollenbegriff unaufhebbar. Er will die Heuchelei entlarven, aber er entdeckt keine Aufrichtigkeit, die nicht immer schon die Aufrichtigkeit der Maske wäre. Ob man auch dieses Rollenspiel in einem weiteren Begriffsgebrauch noch als humoristisch bezeichnen will oder eher als ironisch, wie man dann Humor von Ironie unterscheiden sollte, all dies scheint mir weniger wichtig als die Frage, ob nicht jenes Konzept der Anti-Rolle im Preisendanzschen Verständnis auf Stendhal gerade deswegen so gut paßt, weil, wie ich meine, ein spezifisch romantischer Subjektivitätsbegriff in ihm bereits preisgegeben ist.

Ich komme damit abschließend noch einmal auf jenes Bild zurück, das Stendhal über den Rahmen einer Liebespsychologie hinaus zur Kernmetapher seiner Konzeption poetischer Imagination ausgeweitet hat: die Metapher der Kristallisation. Ihre psychologisierende Begründung hebt sich deutlich ab vom metaphysisch fundierten ‚Trieb' romantischer Phantasie, und entsprechend ist das mit ihr bedeutete totalisierende Weltverhältnis als ein illusionärer Schein reflektiert, der nicht zu verwechseln ist mit jenem von Jean Paul apostrophierten „Scheinen", dem, so wenig es der Leser zum Sein machen soll, gleichwohl das Bewußtsein utopischer Einheit eingeschrieben ist. Damit wird schließlich auch der kommunikative Aspekt, das ‚Gespräch' mit dem Leser, in einer Weise problematisch, die nicht schon romantischem Rollenspiel, sondern allererst der in der Anti-Rolle sich artikulierenden Differenzerfahrung entspricht. Humoristisches Rollenspiel im Sinne Jean Pauls kennt nicht jene Selbstreferentialität, wie sie in Stendhals Kristallisationskonzept angelegt ist und die nicht nur, wie gezeigt, für die Rollenspiele der dargestellten Figuren gilt, sondern ebenso für die des fingierenden Ichs selbst[47]. Diese Selbstre-

---

[47] Bei Jean Paul wird Selbstreferentialität am ehesten dort greifbar, wo das fingierende Ich mit seinen Projektionen vollkommen eins wird, sich als Subjekt hinter der Maske zum Verschwinden bringt, statt, wie es in der *Vorschule* heißt, am Kontrast zwischen Bewußtsein und Spiel festzuhalten

ferentialität verbietet jenen ungebrochenen Erzähler/Leser-Dialog, den der Roman im Zeichen der Repräsentation ausgebildet hatte und an dem im Prinzip auch noch die Romantik festhält. In Stendhals Fiktion entspricht der Anti-Rolle des Erzählers eine Leserrolle, die sich, wiederum gemessen am traditionellen Erwartungshorizont, ebenfalls als Anti-Rolle enthüllt. Der ideale Leser Stendhals ist nicht der belehrt werden wollende, sondern derjenige, der sich seinerseits einläßt auf den Text als Glücksdispositiv. Nicht zufällig kommt Stendhal gerade in *De l'Amour* auf die Situation der Romanlektüre zu sprechen:

> Quant aux nouvelles vues qu'un roman suggère pour la connaissance du cœur humain, je me rappelle fort bien les anciennes; j'aime même à les trouver notées en marge. Mais ce genre de plaisir s'applique aux romans, comme m'avançant dans la connaissance de l'homme, et nullement à la rêverie qui est le vrai plaisir du roman. Cette rêverie est innotable. La noter, c'est la tuer pour le présent, car l'on tombe dans l'analyse philosophique du plaisir. (S. 36)

Der Kontext von *De l'Amour* macht deutlich, daß auch der Begriff der „rêverie" hier von romantischen Konnotationen freizuhalten und in der psychologischen Immanenz des Kristallisationskonzepts zu sehen ist. Die Fiktion wird zum Glücksdispositiv des Erzählers wie des Lesers, sie suggeriert nicht mehr ein Sich-Mitteilen des einen an den anderen, sie bindet ekstatische „rêverie" an reflektierte Distanz. Der Erzähler ist nicht anders präsent denn in seiner „écriture", aber mit dieser „écriture" stellt er jenen Reisigzweig bereit, an dem die Kristallisation nun auch des Lesers ansetzen kann.

Von fiktionsimmanenter Spiegelung dieser „écriture" sprach ich anläßlich der „communication avec les alphabets" in der Gefängnisszene der *Chartreuse de Parme*. Andere Stellen legen ähnliche Lesungen nahe, auch wenn sie sich einer begrifflich stringenten Bestimmung als mises en abyme entziehen. Ich denke dabei insbesondere an jene Komplementarität von elliptisch verschwiegener Intimität und karnevalisierter Kanzelrhetorik wiederum in der *Chartreuse de Parme*. Man kann Genettes bereits zitierte Beobachtung eines „déplacement presque systématique du récit par rapport à l'action" verschärfen, wenn man die so häufige komische Brechung dieser Substitute, ihren Opera-buffa-Charakter mitberücksichtigt. Die Komplementarität von Ellipse und buffoneskem Substitut wird dann tatsächlich lesbar als immanente Spiegelung einer Fiktion, die sich insgesamt darbietet als Selbstinszenierung dezentrierter Subjektivität. In dieser Ambiguität hat Stendhals Dekonstruktion der Aufrichtigkeit ihren historischen Ort. Stendhal bietet weder, wie Valéry dies nahelegt, das komische Bild gewollter Aufrichtigkeit, noch antizipiert er Dezentrierung als Unverfügbarkeit von Sprache. Sprache bleibt ihm verfügbar als „écriture", verfügbar in einer graphomanischen Exuberanz, die ihm das Schreiben zu einem unabschließbaren Maskenspiel werden läßt, zu einer unabschließbaren „chasse au bonheur", an der teilzuhaben er den Leser einlädt.

(§ 39, S. 157, Anm. 1). Die von Preisendanz S. 427 zitierte Stelle aus *Siebenkäs* faßt diesen Prozeß seinerseits in ein höchst eindringliches metapoetisches Bild: „denn ich raste nicht, bis ich mir weisgemacht, ich hätte den guten Leuten den ganzen Termin nur einstudieren lassen als Gastrolle und wäre also wirklich ihr Theaterdichter und Direktor. So trag ich im Grunde meinen stummen Kopf munter als ein umhergehendes Taschentheater der Deutschen durch deren edelste Behausungen (z. B. der Universität, der Regierung) und erhöhe im stillen – hinter der herabgelassenen Gardine der Gesichtshaut – Komisches der Natur zu Komischem der Kunst" (*Werke* Bd 2, S. 288f.). Die ‚Erhöhung' endet hier in und mit der Kunst, der Transzendenzbezug ist gleichsam vergessen, die Oppositon von Scheinen und Sein, an der die *Vorschule* festhält, dekonstruiert.

HANS ROBERT JAUSS

ANMERKUNGEN ZUM IDEALEN GESPRÄCH

Die soziologische Bestimmung des Gesprächs, dessen lebensweltliche Grundfunktion es ist, Phasen zwischenmenschlicher Kommunikation zu fixieren, zu institutionalisieren und immer auch wieder zu erneuern, hat die Frage hinterlassen, wie im Repertoire der Redegattungen und kommunikativen Funktion des Alltagsgesprächs der Typus des Gesprächs im engeren Sinn abgegrenzt werden kann, der durch ein Höchstmaß an Unmittelbarkeit und Wechselseitigkeit gekennzeichnet, mithin nicht als „rationales Handeln" im Weberschen Sinn erfaßbar ist. Hier könnte der Wissenssoziologie wie der linguistischen Pragmatik, die uns ihre Schwierigkeiten bei der empirischen Ermittlung von beweglichen, d.h. nicht völlig normierbaren Gattungen oder Phasen des Gesprächs mit so beredten Worte geschildert haben, die literarische Hermeneutik mit dem Versuch zu Hilfe kommen, literarisch erfolgreiche Gesprächsmuster zu erfassen, die das diffuse Alltagsgespräch nicht nur überlagern, sondern als idealisierte Vorgabe gewiß auch auf seine Konstitution zurückwirken, so daß zu erwarten ist, daß sich die Dialogizität des Verstehens vielleicht aus der Differenz von idealem Gespräch und pragmatisch bedingter Kommunikation am ehesten erhellen läßt.

Ein idealisiertes Gespräch kann zunächst dahingehend bestimmt werden, daß es einerseits den personalen Bezug – das Sich-Verstehen im andern – der Funktion des Mitteilens – dem Sich-Verstehen in einer Sache – überordnet und andererseits aus dem kontingenten, potentiell unabschließbaren Weiterfließen von Rede und Gegenrede emphatische Phasen ausgrenzt, um ihre Bedeutung zu steigern, sie prägnant, erinnerbar oder verbindlich und damit weiterwirkend zu machen. Dafür hat R. Herzog bereits erste Beispiele gebracht, die zur Weiterführung einladen und eine gewiß höchst reizvolle historische Typologie idealer Gesprächsmuster in Aussicht stellen. Ich greife hier nur die berühmtesten aus der Liebesdichtung heraus, die in mittelalterlicher Tradition (und analog schon in der Dido-Episode der *Aeneis*) als emphatische Gesprächsphasen erscheinen, zusammengereiht einen Roman ergeben, sich aber bald auch verselbständigt und eigene Gattungsmuster gebildet haben: erste Gesprächseröffnung – Werbung – Geständnis – Erhörung – letztes (Abschieds-) Gespräch. Der emphatische Moment der sich eröffnenden Kommunikation (Petrarca: „Benedetto sia l' giorno e l' mese e il anno") verkörpert sich in der kürzesten Gestalt von Gruß und erster Anrede; der altprovenzalische „Salut d'amor" nimmt den beginnenden Dialog sogleich wieder in die monologische Form eines Liebesbriefs zurück. Das werbende Gespräch steht unter der Forderung, die erwartbare Rede oder Gegenrede durch überraschende Varianten zu überbieten; die spielerische Einübung in gesellschaftliche Normen der höfischen Liebesethik lebt im Sprachspiel des Flirts weiter, der den Suspens von unmittelbarer Bitte und Erhörung zum Selbstzweck zu machen erlaubt. Das Geständnis, das in der profanen Liebesdichtung die Stelle der christlichen Beichte einnimmt, steigert der moderne Roman zur Idealität vollkommener reziproker Transparenz (der „sincérité"); in Rousseaus *Nouvelle Héloïse* wird es vorzüglich zum Medium eines neuen Konflikts von Leidenschaft und Norm, in dem sich die Genese des Individuums aus der Autonomie des Selbstgefühls vollzieht[1]. Den emphatischen Gipfel der Erhörung erreicht der Liebesdialog wohl im altprovenzalischen Roman *Flamenca*[2], hier unter der extremen Erschwerung, daß sich der Liebende der eifersüchtig gehüteten Dame nur an Festtagen in der Messe nähern und immer nur zwei Silben beim Reichen der Hostie flüstern kann, so daß sich der Liebesdialog in Frage und Antwort über fast 2.000 Verse, unterbrochen durch lange, einseitig kasuistische Erörterungen des Konflikts, hinzieht und dabei alle Phasen erotischer Kommunikation — vom ersten ‚ach!' („ai las!") bis zum einwilligenden ‚es gefällt mir' („Plas mi") in exemplarischer Summierung durchläuft. Das letzte Gespräch verkürzt sich in mittelalterlicher Tradition auf die Szene des Abschieds, die mit der lyrischen Gattung des Tagelieds („alba") ihre berühmteste, vor allem mit Shakespeares *Romeo und Julia* weiterlebende Gestalt gewann. Wahrscheinlich als Kontrafaktur des geistlichen Tagelieds entstanden (in dem das Kommen des Tages begrüßt wird, das die Liebenden als Ende der Liebesnacht beklagen), sublimiert die Alba die erotische Begegnung, da die auch sonst meist ausgesparte oder stumme Phase der Erhörung nur noch ex negativo, im Schmerz der Trennung zur Sprache kommt.

Würde man die Paradigmen des idealen Gesprächs schon historisch überschauen, so könnte sich wohl im Roman Stendhals eine Schwelle anzeigen, nach der die Literatur der Moderne fortschreitend auf emphatische Phasen des Gesprächs verzichtet und statt dessen zur Sprache bringt, was die Idealisierung des Gesprächs in der literarischen Tradition aus der Darstellung zwischenmenschlicher Kommunikation ausschloß. R. Warning hat in seiner Vorlage gezeigt, wie sich im Werk Stendhals der Bruch zwischen klassischer und moderner Episteme, zwischen dem Prinzip unmittelbarer Repräsentation und der Diskontinuität der Erfahrung von Zeit, Geschichte und Sozialität ankündigt und wie die Kritik am gesellschaftlich institutionalisierten Diskurs, der Rollenhaftigkeit und Heuchelei der Salonkonversation, von den problematischen ‚Helden' der Romane ausgetragen wird. Ihre moderne Problematik ist eine in sich gebrochene Leidenschaftlichkeit, die eine Sprache der Authentizität nur noch im Rückgriff auf den schon abgelebten romantischen Diskurs gewinnen, also nur noch im Imaginären verwirklichen kann. Während die Ironie des Erzählers die entfremdete Rede der nachrevolutionären Gesellschaft dekuvriert und ihren Authentizitätsanspruch rhetorisch vernichtet, halten seine Personen im Privaten am idealen Gespräch einer „conversation intime" fest, die indes nur um den Preis einer reziproken Idealisierung des Partners (der verklärenden „cristallisation", die seine unvollkommene Individualität überdeckt) zu gewinnen ist und sein Anderssein erst im Mißverständnis entdecken läßt, das den kontrastiven Authentizitätsanspruch einer ‚Rollenlosigkeit der Intimität' gerade im Liebesdialog in Frage stellt.

Warnings These hat eine späte Rückzugsgestalt des idealen Gesprächs ans Licht gebracht, das hinfort den nur noch zitierbaren, als Erinnerung oder Utopie aufrufbaren Horizont bildet, vor dem die avantgardistische Literatur der Moderne beginnt, die Tiefendimension zwischenmenschlicher Kommunikation auszuloten, die von den klassischen

---

[1] Hierzu kann ich auf die Konstanzer Habilitationsschrift von R. Galle, *Geständnisstruktur und Subjektivität im Roman*, verweisen.
[2] Dazu I. Nolting-Hauff, *Die Stellung der Liebeskasuistik im höfischen Roman*, Heidelberg 1959.

Maximen der Konversation wie von dem Authentizitätsanspruch der romantischen Subjektivität als inauthentisch ausgeschlossen wurden. Demgegenüber muß es — nebenbei bemerkt — höchst merkwürdig erscheinen, daß die klassischen Normen des idealen Gesprächs aus der literarischen Tradition unvermerkt in die wissenschaftlichen Diskurse anderer Disziplinen eingegangen sind, wo Postulate des Gelingens von Sprechakten, der Aufrichtigkeit oder Wahrhaftigkeit des Sprechers, der Symmetrie der Gesprächspositionen, wenn nicht gar der präsumptiven Anerkennung kritisierbarer Geltungsansprüche die empirische Gesprächsanalyse vororientieren. Wenn die analytische Bedeutungstheorie sogleich beim gelungenen Sprechakt einsetzt oder von vornherein annimmt, daß Sprecher und Hörer sich bei den Worten per se dasselbe denken, verfällt sie dann nicht unweigerlich in eine Idealisierung, die zwischenmenschliche Kommunikation um den eigentlichen Prozeß der Verständigung verkürzt, bei dem stets mit Mißverstehen gerechnet werden muß? Ist die Opposition von Gelingen und Mißlingen nicht an sich selbst eine Kategorie emphatischer Rede, bei der ausgegrenzt wird, daß in der Alltagskonversation ein Gespräch auch dann noch Leistungen der Kommunikation erbringen kann, wenn das Sich-Verstehen in einer Sache mißlingt? Verstehen wir einen Sprechakt in der Tat nur dann, „wenn wir wissen, was ihn akzeptabel macht"[3], oder nicht auch dann, wenn ihn ego als eine Äußerung von alter aufnimmt, die den andern als Person charakterisiert, mithin ohne daß nach einem rationalen Wahrheitsanspruch überhaupt gefragt wird?

Dem sind die Ergebnisse der Vorlage von W.-D. Stempel entgegenzuhalten, der in seiner Analyse der Alltagsrhetorik zeigte, wie die Gesprächspraxis durchaus funktionieren kann, auch wenn die Maxime der Wahrhaftigkeit nicht respektiert wird, ja, daß sie u.U. gerade deshalb erfolgreich sein kann. An die Stelle der Triade von propositionaler Wahrheit, normativer Richtigkeit und expressiver Wahrhaftigkeit (J. Habermas) tritt dann das dialogische Prinzip wechselseitiger Identitätskonstitution, bei der erwartet wird, daß der Adressat den Entwurf des andern sanktioniert und ihn wiederum als Voraussetzung seiner eigenen Identitätsprojektion nutzt. Wenn derart die Dichotomie von wahr oder falsch, authentisch oder fiktiv, für die Alltagsrhetorik zu hoch angesetzt ist, die schon auf der mittleren Ebene des Wahrscheinlichen ein reziprokes Verstehen — ein nicht rational begründbares Gelten und Sich-Gelten-Lassen — ermöglicht, kann der Literatur die kritische Funktion zuwachsen, die latenten Normierungen des Alltagsgesprächs bewußt zu machen und aufzudecken, was aus der öffentlichen Konversation ausgeschlossen bleibt, dabei aber auch verschüttete oder immer schon verdrängte Möglichkeiten des Sich-Verstehens im andern freizusetzen und so der ästhetischen Erfahrung eine neue Authentizität zurückzugewinnen, die das ideale Gespräch mit seinen emphatischen Höhepunkten nicht mehr benötigt.

Wer wüßte sich an ein Liebesgespräch zwischen Emma und Charles Bovary, Albertine und Marcel, der weiblichen und der männlichen Stimme im *Portrait d'un inconnu* zu erinnern? Alle emphatischen Muster des Gesprächs sind aus ihren Geschichten ausgespart, und doch erreichen Flaubert, Proust und Nathalie Sarraute in der gewollten Beschränkung auf ‚inauthentische Rede' eine Tiefe der zwischenmenschlichen Beziehung, die der ideali-

---

[3] J. Habermas, *Theorie des kommunikativen Handelns,* Frankfurt/M. 1982, S. 400.

sierte Dialog und die direkte Charakterisierung des realistischen Romans vom Typ Balzacs kaum ahnen ließ. Bei Flaubert ist es das neue Verfahren der ‚erlebten Rede', die in kritischer Funktion die entfremdete, ins Klischee der „idées reçues" verfallene Sprache der „bürgerlichen Dummheit' anprangert, zugleich aber in ästhetischer Funktion, als Inszenierung einer fremden, kommentarlos präsentierten Stimme, den Leser unvermittelt in ein verfangenes Bewußtsein versetzt und ihm eben dadurch den fremden Horizont der Erfahrung des andern erschließt.

Das Gesprächsklischee, das der ironisch zitierende Gebrauch als Sprache eines ‚falschen Bewußtseins' denunziert, kann bei Flaubert aber paradoxerweise auch wieder einer authentischen Erfahrung Ausdruck verschaffen, wie gerade der letzte, höchst emphatische Gipfel der Romanhandlung, der Dialog zwischem dem unglücklichen Charles und dem Lebemann Rodolphe zeigt. Der so triviale wie berühmte Ausspruch, den Charles angesichts des Mannes findet, der Emma — wie erst ihre hinterlassenen Briefe verrieten — auf die Bahn ihres Untergangs gebracht hatte: „Je ne vous en veux pas (...) C'est la faute de la fatalité" rührt in seiner abgründigen Ironie letztlich ans Sublime. Denn dieses ‚große Wort' ist beileibe nicht Charles eigene Schöpfung, sondern der letzte, von der einstigen Höhe der Poesie des Lebens zur flachsten Trivialität herabgesunkene Gemeinplatz der Romantik. Rodolphe hatte ihn für seinen Abschiedsbrief verwendet, um Emma die schnöde Trennung zu vergolden, und den Satz dabei für sich mit den Worten kommentiert: „Voilà un mot qui fait toujours de l'effet"[4]. Das Gespräch mit Rodolphe ist ein ‚letztes Gespräch', mit dem Charles sein Leben vollendet. Das wieder zitierte Wort kehrt die längst vergangene Situation um und erhält erst durch diesen Rückbezug seinen unausschöpfbaren Sinn. Charles Bovary, der vor dem Angesicht des Mannes, ‚den sie geliebt hatte', in tiefes Sinnen gerät, findet zuletzt sein ‚großes Wort' und gibt damit dem sinnentleerten Klischee die Einmaligkeit seiner Prägung zurück. Denn mit diesem „grand mot, le seul qu'il ait jamais dit", hebt sich der von schöngeistigen Dingen nie berührte, flache, prosaische und nun völlig ruinierte Landarzt in die höhere, poetische Welt der romantischen Illusion seiner Frau herauf, die er sein Leben lang nie verstanden hatte, und weist in eins damit seinen Nebenbuhler, auf den es seine Wirkung verfehlt, mit der großmütigen, von Rodolphe eher komisch gefundenen Gebärde des Verzeihens in die von Emma verneinte, prosaische Alltagswelt zurück. Die Ironie des unbewußt zitierten Klischees: „C'est la faute de la fatalité" fällt darum in letzter Instanz nicht mehr auf Charles, sondern auf den verständnislosen Rodolphe zurück, „qui avait mené cette fatalité". Indem Flaubert das letzte Wort, das den prosaischen Untergang seiner ‚Heldin' nun ganz in ihrem Sinne romantisch deutet, gerade dem beschränktesten Kopf in den Mund legt und ihn allein tiefer, unbeirrbarer Liebe fähig sein läßt, hebt der Erzähler das falsche Bewußtsein ironisch auf: gerade der unromantische Antiheld, der vor der prosaischen Wirklichkeit sein Recht verliert, bleibt durch die Einfalt seines Herzens allein im Wahren.

In *A la recherche du temps perdu* findet sich das idealisierte Gespräch auch nicht mehr in einer kontrafaktischen Schwundstufe. Der einzige, im eigentlichen Sinn emphatische Moment der äußeren Romanhandlung, die Schwelle der ‚Pubertät des Kummers', als der

---

[4] Flaubert, *Œuvres* (éd. de la Pléiade), Paris 1951, Bd 1, S. 510, zum folgenden S. 644f.

Vater die Mutter bittet, an der Seite des weinenden Knaben in seinem Zimmer zu schlafen, ist ein einseitiger Sprechakt („va donc le consoler"). Das Ich des Proustschen Romans konstituiert sich nie in der dialogischen Begegnung mit dem Du, sondern einzig im monologischen Wiederfinden seines Selbst durch die prekäre Chance der Wiedererinnerung; aber auch für die übrigen Sprechenden erweist es sich als unmöglich, über das Wort das Selbst des andern zu erreichen. Die fast handlungslosen Gesellschaftsschilderungen sparen jeden authentischen persönlichen Bezug aus und dekuvrieren statt dessen die öffentliche Konversation als einen Spielplatz von Selbstinszenierungen und nachgesprochenen Meinungen, der Flauberts *Dictionnaire des idées reçues* gleichsam fortzusetzen scheint. Aber auch in der Beziehung zu Albertine, die fast den ganzen Zyklus durchzieht, kommt es, genauer besehen, zu keiner „conversation intime"; jeder Ansatz dazu verfällt sogleich der Proustschen Kritik der Liebe, die erlischt, sobald sie ihren Gegenstand erreicht, und wieder auflebt, sobald er sich entzieht. Statt der versagten Kommunikation bringt die merkwürdige Geschichte der Liebe zu Albertine zutage, woran die klassische Darstellung der Eifersucht nicht rührte: die abgründige Faszination durch das unkenntliche Wesen des geliebten andern[5]. Als ‚Wesen der Flucht' und ‚Wesen der Ferne' (die Stadien der Abwesenheit, der Erfahrung ihres Todes und des langsamen Vergessens nehmen in *Albertine disparue* nahezu denselben Raum ein wie das gemeinsame Leben mit der *Prisonnière*!) ist Albertine, die als Eingeschlossene paradoxerweise die Qualen der Eifersucht noch verschärft, vor allem eine ‚Magierin der Zeit'. Die Macht, die sie in den Rollen der Geliebten, Schwester, Tochter, Mutter auf Marcel ausübt, kommt ihr einerseits aus verschiedenen, sie nicht als Person betreffenden Projektionen seiner Vergangenheit, andererseits aus dem Verdacht zu, Lesbierin zu sein — ein Verdacht, der zuletzt auch die Natur ihrer Lust unkenntlich macht, die Eifersucht auf ihr undurchdringliches vergangenes Leben ausdehnt und in dem zwanghaften Versuch ad absurdum führt, von der gesamten raum-zeitlichen Existenz des andern Besitz zu ergreifen. So zerstört der solipsistische Zirkel der Leidenschaft die letze Hoffnung auf Kommunikation, die sich für Proust nicht mehr dialogisch erfüllen kann. Wenn das ‚wahre Bad des Juvencus' gleichwohl auch für ihn darin läge, ‚die Welt mit den Augen eines andern zu sehen', ist diese Hoffnung doch nur durch die einsame Suche nach der verlorenen Zeit zu erfüllen, die als wiedergefundene zwar nicht das Selbst des anderen zu erreichen, dafür aber dem andern das eigene Selbst in der unerahnten Totalität seiner erinnerten Welt zu erschließen vermag.

Nathalie Sarrautes *Portrait d'un inconnu* schließlich bringt zutage, was Prousts Erzähler noch im Unbekannten beließ: die bislang inauthentische Alltagskonversation wird auf die anonyme Tiefe der ‚Subkonversation' geöffnet und damit gleichsam zu einer authentischen Rede zweiten Grades erhöht. Hatte Proust die Introspektion auf Bereiche des Unbewußten und Vergessenen erweitert und die Fähigkeit zur Entdeckung von Wahrheit an das unfreiwillig Erfahrene gebunden, so wahrte seine Rekonstruktion der Welt durch die aisthetische Leistung der Erinnerung noch die Grenzen einer klassischen Psychologie der Subjektivität. Im Nouveau roman hingegen wird nun gerade der Rest des Vertrauens auf

---

[5] Belege zum folgenden in Verf., *Zeit und Erinnerung in M. Prousts ‚A la recherche du temps perdu'*, Heidelberg 1955, S. 131–145.

ein auch in der Pluralität des Ich sich wiederfindendes Selbstbewußtsein preisgegeben und seine Entgrenzung des Subjekts unternommen[6], die mit dem Verzicht auf Charaktere auch die personhafte Beziehung des Dialogs auflöst. Dafür wird die Polyphonie einer anonymen Rede freigesetzt, die allen Sprechenden gemeinsam ist und öffentliche Konversation nunmehr als Oberfläche und Endergebnis eines unterschwelligen Prozesses feinster Regungen aus meist tabuierten Antrieben („tropismes") erscheinen läßt. Hatte Proust alle Zeitangaben vermieden oder versteckt, um das unablässige Verfließen der Zeit allein an der Veränderung der Dinge fühlbar zu machen, so baut Nathalie Sarraute alle Attribute der klassischen Charaktere: Name, Herkunft, Gesicht, Körper, Kleidung ab, um ihre ‚personae' ganz allmählich aus dem anonymen Strom der Subkonversation auftauchen zu lassen. Für einen Leser, dem ein hochgradiger kriminalistischer Spürsinn zugemutet wird, gewinnen die nur mit Personalpronomen figurierenden Subjekte am Ende wieder eine neue Kontur, die trotz des Fehlens aller konventionellen Beschreibung doch der Prägnanz und Unvergeßlichkeit Balzacscher Charaktere (die dem Leser auswendig und inwendig vollständig beschrieben und kommentiert werden) nicht nachsteht. Obschon im *Portrait d'un inconnu* alle emphatischen Momente einer Balzacschen ‚Tragödie des Lebens' fehlen und es im Grunde um nicht viel mehr geht als um den Streit von Tochter und Vater über Geld für eine Reise, wächst aus den ‚minimalen Dramen' der alltäglichsten Konversationsfetzen, die ein namenloses Ich belauscht, allmählich ein Konflikt mythischen Ausmaßes heraus, der sich ebenso unerwartet wieder gelegt hat, wenn am Ende das Trio von Je, Elle und Lui friedlich und gleichgültig in einem Restaurant sitzen (der letzte Umschlag in plane Erzählung und realistischen Dialog läßt das Faszinosum der vorangegangenen Subkonversation desto alptraumhafter erscheinen!). Der letzte Ruhmestitel, der an Nathalie Sarraute vergeben werden kann, ist eine gelungene Überraschung, die meine skizzierte Rückschau auf das ideale Gespräch noch zu krönen vermag: kein Indiz und schon gar nicht eine Spur von intimer Konversation spricht während der Lektüre dafür, daß die Faszination, die Elle auf Je ausübt, den simpelsten aller möglichen Gründe hat – daß das *Portrait d'un inconnu* eine Liebesgeschichte unter der modernen Prämisse ist, alle emphatischen Gesprächsmuster des Dialogs der Liebenden zu vermeiden und eben damit – naturam expellas furca, tamen usque recurret – die unausrottbare Idealität der Liebe zu erweisen.

---

[6] Zu der analogen Position von Virginia Woolf und im besonderen zu der Innovation ihres Romans *The Waves*, das innere Sprechen gegen die Grenzen des Bewußtseins im Medium eines inneren, adressatenlosen und doch interpersonalen Dialogs artikulierbar zu machen, kann ich auf die Konstanzer Habilitationsschrift von Gabriele Schwab, *Entgrenzung und Entgrenzungsmythen – Zur Anthropologie der Subjektivität im modernen angloamerikanischen Roman* verweisen.

ZUR ÄSTHETIZITÄT DES GESPRÄCHS BEI FONTANE

I

Die Anregung, zum Rahmenthema etwas über Fontanes Romane beizutragen, bringt den Ausersehenen in eine zwiespältige Lage. Auf der einen Seite drängt sich natürlich ein Autor auf, der das Gespräch in zunehmendem Maß zum Haupterzählmittel gemacht hat. Auf der anderen Seite bildet diese konstitutive Funktion der Gesprächs- und Rededarstellung in Fontanes Gesellschafts- und Zeitromanen seit M.E. Gilberts grundlegendem Buch von 1930[1] beständig ein zentrales Thema der Fontaneforschung. Aus der langen Reihe einschlägig-akzentuierter Beiträge, in die ich mich selbst einreihen darf, seien nur die Namen H. Meyer, W. Killy, P. Demetz, H. Turk, R. Brinkmann, H. Ohl, I. Mittenzwei genannt[2]. Sie haben zu einem (gerade von einem daran Beteiligten) schwer überbietbaren Erkenntnisstand geführt:

Die dargestellte Wirklichkeit ist bei Fontane eine in sich selbst reflektierte. Daraus ergibt sich der Vorrang des Gesprächs, das hier auf eine in der deutschen Romanliteratur bis dahin fast beispiellose Weise zum beherrschenden Medium der Wirklichkeitsmodellierung wird. Schon dem Umfang nach; bestehen doch die letzten seiner Romane zu drei Vierteln aus Dialog, Konversation, Briefen; Ereignishaftes tritt immer mehr zurück. Vom *Stechlin* schreibt der Autor selbst: „Zum Schluß stirbt ein Alter und zwei Junge heiraten sich; – das ist so ziemlich alles, was auf 500 Seiten geschieht. Von Verwicklungen und Lösungen, von Herzenskonflikten oder Konflikten überhaupt, von Spannungen und Überraschungen findet sich nichts. Einerseits auf einem altmodischen märkischen Gut, andererseits in einem neumodischen gräflichen Hause (Berlin) treffen sich verschiedene Personen und sprechen da Gott und die Welt durch. Alles Plauderei, Dialog, in dem sich die Charaktere geben, mit und in ihnen die Geschichte. Natürlich halte ich dies nicht nur für die richtige, sondern sogar für die gebotene Art, einen Zeitroman zu schreiben"[3]. Depotenzierung des Ereignishaften bis zur Schwundstufe der Sujethaftigkeit, Dominanz der

---

[1] M.-E. Gilbert, *Das Gespräch in Fontanes Gesellschaftsromanen*, Leipzig 1930.
[2] H. Meyer, *Das Zitat in der Erzählkunst*, Stuttgart 1961, S. 155–185; W. Killy, „Abschied vom Jahrhundert – Fontanes ‚Irrungen, Wirrungen'", in ders., *Wirklichkeit und Kunstcharakter*, München 1963, S. 143–211; Verf., *Humor als dichterische Einbildungskraft – Studien zur Erzählkunst des poetischen Realismus*, München ²1976, S. 214–240; P. Demetz, *Formen des Realismus: Theodor Fontane – Kritische Untersuchungen*, München 1964; H. Turk, „Realismus in Fontanes Gesellschaftsroman", in *Jahrbuch der Wittheit zu Bremen* 11 (1965) S. 407–456; R. Brinkmann, *Theodor Fontane – Über die Verbindlichkeit des Unverbindlichen*, München 1967, S. 127–155; H. Ohl, *Bild und Wirklichkeit – Studien zur Romankunst Raabes und Fontanes*, Heidelberg 1968, S. 156–199; I. Mittenzwei, *Die Sprache als Thema – Untersuchungen zu Fontanes Gesellschaftsroman*, Bad Homburg v.d.H. 1970.
[3] Zit. nach J. Petersen, „Fontanes Altersroman", in *Euphorion* 29 (1928), S. 13f.

Gesprächsdarstellung und damit Vermehrung der Interpretanten, der Subjekt-Bezüge, Verlegung der semantischen Oppositionen in diese Modellierung von Gesprächswirklichkeit und Zeitroman gehören damit für Fontane ausdrücklich zusammen.

Natürlich erfüllen diese alles beherrschenden Gespräche auch die in anderen Romanen üblichen Aufgaben der Auseinandersetzung, der Handlungsmotivierung, der direkten und indirekten Charakterisierung, der Diversifikation handlungs- oder raumrelevanter Standpunkte und Perspektiven, der Milieusuggestion, der Vermittlung eines raum-zeitlichen Bezugsrahmens, der mittelbaren, an Figuren delegierten narrativen und deskriptiven Information[4]. Natürlich tragen die vielen ausgiebigen „Causerien" über das Verschiedenste, das je nach Milieu Gesprächsstoff sein kann, zur Wahrscheinlichkeit der Darstellung zeitgenössischer Gesellschaft und zur Mobilisierung sozialen Wissens auf der Leserseite bei. Aber das erklärt noch nicht, warum Fontane so dezidiert durch das Gespräch facettiert, warum er die Realitäten aller Art durch den Dialog in den unterschiedlichsten Brechungen erscheinen läßt und warum er endlich, in den *Poggenpuhls* oder im *Stechlin,* die Spiegelung und Brechung von Leben und Welt im Sprechen zum eigentlichen Sujet macht. Entscheidend ist dafür, daß Fontane den perspektivischen Charakter des Daseins und der Wirklichkeit bewußt machen will, und zwar insbesondere des gesellschaftlichen Daseins und der gesellschaftlichen Wirklichkeit. Er stellt nicht nur dar, wie die Realitäten in je individuellen oder gruppenspezifischen Perspektiven erlebt und behandelt werden, sondern er führt zugleich vor, wie erst die Vielfalt dieser Perspektiven jene gesellschaftliche Wirklichkeit bestimmt und schafft, mit der es der einzelne zu tun hat. In der dichten Folge der Gespräche vollzieht sich die vielfältig facettierte Spiegelung der Zeitwirklichkeit und wie diese den einzelnen betrifft, beschäftigt oder auch unberührt läßt, vollzieht sich aber auch das Tun und Lassen des einzelnen, fallen seine Entscheidungen, zeigen sich seine Einstellungen, kommt der Hintergrund (Psyche, Sozialisation, Mentalität, Ideologie, Normenwelt, Rollenverständnis, sozialer Status) des jeweiligen Verhaltens, Fühlens und Denkens zum Vorschein. Der moderne Roman solle das Bild seiner Zeit geben, hat Fontane unermüdlich gefordert. Aber wie diese abstrakte Zeit konkret darstellen? Ihm gelingt es in erster Linie, indem er am Sprechen seiner Figuren in Erscheinung treten läßt, wie die Zeit in ihnen zur subjektiv und gesellschaftlich vermittelten Wirklichkeit wird. In einer anders kaum erreichbaren Weise rückt das Gespräch die Menschen mit ihrer Charakter-, Situations- und Epochenbedingtheit ins Blickfeld. Das Gespräch — und nicht etwa die Diskussion ausgeprägter Probleme. Gerade das Kontingente, gerade die lockerste Unterhaltung und der privateste Dialog bilden eine Oberfläche, an der die Tiefenstruktur zeitbestimmter menschlicher Verhältnisse und Beziehungen transparent wird. Und diese Umsetzung der Welt- und Gesellschaftsverhältnisse in Gesprächswirklichkeit wird schließlich dadurch akzentuiert, daß in den Romanen selbst immer wieder die Interpretation sprachlicher Performanz thematisiert und reflektiert wird.

Diese Synopsis soll anzeigen, daß ich auf der funktional-strukturellen Ebene keine Chance für innovatorische Befunde sehe. Es bleibt mir — soll es nicht bei einem textbe-

---

[4] Vgl. E. Lämmert, *Bauformen des Erzählens,* Stuttgart ⁵1972, S. 195–242; M.M. Bachtin, „Das Wort im Roman", in ders., *Die Ästhetik des Wortes,* hg. R. Grübel, Frankfurt/M. 1979, S. 154–251, M. Głowiński, „Der Dialog im Roman", in *Poetica* 6 (1974) S. 1–16.

zogenen Forschungsbericht bleiben — nichts übrig als die skizzierten Erkenntnisse sozusagen zu unterlaufen, indem ich mich auf einen Aspekt richte, den sie letztlich allesamt voraussetzen oder implizieren, der aber bislang nicht eigens und konzentriert thematisiert wurde, der wohl auch für ein weniger an Fontaneproblemen als an speziellen Serviceleistungen interessiertes Kolloquium brauchbar ist. Im folgenden soll denn versucht werden, die Aufmerksamkeit auf eine Intensivierung der ästhetischen Qualität der Gesprächsdarstellung zu richten, die dazu führt, daß Gesprächsdarstellung bei Fontane zum *unmittelbaren* und *besonderen* Referenten ästhetischer Einstellung und Erfahrung werden kann. Wenn sich dann am Ende einer ziemlich beschränkten Paradigmenfolge herausstellen sollte, daß sowohl mein Ansatz als auch meine Darlegungen dem Vorwurf der Verdinglichung und Partialisierung ausgesetzt bleiben, so könnte dies — das sei vorweg vermerkt — paradoxerweise die Perspektive legitimieren.

II

Das erste Beispiel stammt aus *Der Stechlin*, es ist im 1. Kapitel in die Schilderung der Aussicht eingeblendet[5], die sich Dubslav von seiner Veranda bietet:

Rechts daneben lief ein sogenannter Poetensteig, an dessen Ausgang ein ziemlich hoher, aus allerlei Gebälk zusammengezimmerter Aussichtsturm aufragte. Ganz oben eine Plattform mit Fahnenstange, daran die preußische Flagge wehte, schwarz und weiß, alles schon ziemlich verschlissen. Engelke hatte vor kurzem einen roten Streifen annähen wollen, war aber mit seinem Vorschlag nicht durchgedrungen. „Laß. Ich bin nicht dafür. Das alte Schwarz und Weiß hält gerade noch; aber wenn du was Rotes dran nähst, dann reißt es gewiß." (8, S. 12)[6]

Um einen ersten Ansatzpunkt zu gewinnen, stelle man sich eine Alternative vor, die Koexistenz von Referenzen und Kontexten zur Sprache zu bringen, die sich in Dubslavs Entgegnung darstellt. Wie wäre durch das Wort des Erzählers oder einer anderen Figur und mithin analytisch-deskriptiv einzubringen, was in der Gesprächsdarstellung synthetisiert ist, indem diese den Verweischarakter des Dargestellten festhält, der im Verhältnis von Denotation und Konnotation liegt: daß er Engelkes Vorschlag ablehnt, weil das Fahnentuch brüchig ist; daß er den Bestand Preußens durch die Reichsgründung gefährdet sieht; daß er damit die durchschnittliche Position des altmärkischen Adels jener Zeit repräsentiert; daß er ein Mann ist, der gerne humoristisch das Besondere mit dem Allgemeinen vermittelt; daß in diesem Gespräch die Assoziation von Fahnentuch und Zeitgeschichte eher den Charakter des Monologs als einer für das Verständnis des Dieners gemünzten Beurteilung hat? Zusammengeschlossen ist in Dubslavs Worten die Darstellung

---
[5] Die perspektivische Beziehung zwischen Erzählerrede und Gesprächsdarstellung muß in diesem Beitrag ebenso beiseite bleiben wie die analytische Tendenz, die sich in der Gesprächsdarstellung mittels indirekter Rede zeigt; vgl. V.N. Vološinov, *Marxismus und Sprachphilosophie*, hg. S.M. Weber, Frankfurt/Berlin/Wien 1975, S. 189–210.
[6] Zitate aus Fontanes Romanen (innerhalb des Texts durch eingeklammerte Band- und Seitenzahlen nachgewiesen) folgen der Nymphenburger Ausgabe *Sämtliche Werke*, hgg. E. Groß / K. Schreinert / R. Bachmann / Ch. Jolles / J. Neuendorff-Fürstenau, München 1959ff. Zitate aus Fontanes Briefen sind durch Angabe des Datums und des Empfängers nachgewiesen.

einer Mentalität, eines politischen Standpunkts, einer Äußerungsweise, einer Herr-Diener-Beziehung, für welche die Mischung von Vertraulichkeit und Reserve charakteristisch ist. Und mit alldem hat das Gespräch das den ganzen Roman bestimmende Thema des Spannungsverhältnisses von Altem und Neuem, Beharrung und Wandel, Versinkendem und Anhebendem zum Fluchtpunkt: es evoziert an früher Stelle die fundamentale topologische Opposition[7] dieser Romanwelt.

Der Gesprächsausschnitt ist gleichsam als Anekdote in den Erzählerbericht eingestreut[8]; er ist in bezug auf den Handlungsverlauf „relativ stellungsungebunden" und hat mithin beschreibenden Status (W.-D. Stempel[9]). Aber es zeigt sich schon an diesem minimalen Beispiel, daß diese deskriptive Leistung eines Gesprächs eine andere ästhetische Qualität hat, als eine unmittelbar beschreibende Aussage: was in einer solchen in auswählender Hinsicht sukzessiv entfaltet werden müßte, bietet sich in Dubslavs Worten als ein Integral von Implikationen, die der Leser durch seine eigene Auflösungsfähigkeit realisieren muß.

Das nächste Beispiel stammt aus der Schilderung der kleinbürgerlichen Hochzeitsfeier in *Mathilde Möhring:*

Die Schmädicke saß neben der alten Möhring und sprach viel von dem Hochzeitsgeschenk, das sie zum Polterabend (der aber ausfiel) geschenkt hatte. Es war eine rosafarbene Ampel an drei Ketten. Die Schmädicke war sehr geizig.
„Ich habe es mir lange überlegt, was wohl das beste wäre, da mußte ich dran denken, wie duster es war, als Schmädicke kam. Ich kann wohl sagen, es war ein furchtbarer Augenblick und hatte so was, wie wenn ein Verbrecher schleicht. Und Schmädicke war doch so unbescholten, wie nur einer sein kann. Und seitdem, wenn 'ne Hochzeit ist, schenk ich so was. Zuviel Licht ist auch nich gut, aber so gedämpft, da geht es."
Die alte Möhring nickte mit dem Kopf, schwieg aber, denn sie hatte sich über die Ampel geärgert. (6, S. 281f.)

Rein von der Funktion im Erzählzusammenhang her gesehen, scheint es sich bei diesem (wiederum fragmentarisch dargestellten) Gespräch nur um die Diskrepanz zwischen dem vom Erzähler genannten und dem von der Figur vorgeschobenen Motiv des Geschenks zu handeln. Jedoch gewinnt die Begründung der Schmädicke einen diesen narrativen Stellenwert weit überschießenden Selbstwert, den man ohne Übertreibung im Aufriß eines Kultur- und Gesellschaftsbilds en miniature sehen darf. Was sich in der Erinnerung der Schmädicke an die eigene Hochzeitsnacht für den Leser verdichtet, das ist die traumatische Erfahrung des ersten und mithin den Normen entsprechend ehelichen Geschlechtsakts seitens der Frau, zu welch traumatischer Erfahrung in diesem Fall auch — im Gegensatz zur Möglichkeit des brutalen Überfalls — die Hemmschwelle, die Skrupel des Neuver-

---

[7] Vgl. Ju.M. Lotman, *Die Struktur literarischer Texte,* dt. R.-D. Keil, München 1972, S. 311–328.
[8] Auf die Konvertibilität und Kommutation alternativer Grundoperationen im Rahmen der Gesprächsdarstellung kann hier nur hingewiesen werden: Erzählen kann als Argument, Argumentation als Beschreibung, Beschreibung als Erzählung (Anekdote) auftreten, usf. Die eben zitierte Gesprächspassage fungiert mit Rücksicht auf den Erzähler als Anekdote zwecks Beschreibung; mit Rücksicht auf die Gesprächspartner, dialogimmanent, als Argument; mit Rücksicht auf das Leser und Autor verbindende kollektive Wissen als Verweis auf ein zeitgeschichtliches Problem.
[9] „Erzählung, Beschreibung und der historische Diskurs", in *Geschichte – Ereignis und Erzählung* (Poetik und Hermeneutik V), hgg. R. Koselleck / W.-D. Stempel, München 1973, S. 332.

mählten gehören; das ist zudem die keineswegs bizarre Bedeutung der Beleuchtungsfrage für die Einstellung zum Geschlechtsakt, das ist kurzum ein recht prägnantes Konzentrat viktorianischer Erziehung, Moral und Sexualanschauung; ein Konzentrat jedenfalls, das die explikative Realisierung kaum ausschöpfen kann. Denn überdies bleibt dem Leser überlassen, die Argumentation der Schmädicke in den vorausliegenden Romankontext zu integrieren und sie auf die Hochzeitsnacht des kümmerlichen Hugo und der sinnlich verarmten Mathilde zu beziehen, womit wiederum ein den ganzen Roman bestimmendes Oppositionsverhältnis als Fluchtpunkt in Betracht käme. Fontane hat einmal geschrieben: „Liebesgeschichten in ihrer schauderösen Ähnlichkeit haben etwas Langweiliges — aber der Gesellschaftszustand, das Sittenbildliche, das versteckt und gefährlich Politische, das diese Dinge haben, (...) *das* ist es, was mich so sehr daran interessiert"[10]. Man darf behaupten, daß es genau dieses Interesse ist, das sich in den Worten der Schmädicke vermittelt und diesen einen die Funktion im situativen Kontext und im Handlungsverlauf übersteigenden Sinn gibt.

Als Zwischenergebnis läßt sich demnach schon anhand der beiden winzigen Beispiele folgendes festhalten: Der Leser wird erstens auf Bezüge verwiesen, die im Gespräch aufscheinen, ohne im Gesprochenen artikuliert oder auch nur intendiert zu sein, so daß das Gespräch eine Vielfalt vom Erzähler offengelassener Verweise in sich birgt, die der Lesereinlösung überlassen bleiben. Die vom Autor stipulierte Lektüre hat sich zweitens nicht nur auf die Funktion des Gesprächs im syntagmatischen Nexus zu richten, sondern auch auf die in der phänomenalen Gegebenheit des Gesprächs konnotierten paradigmatischen Bedeutungen. Diese paradigmatischen Bedeutungen ergeben sich aber drittens nicht allein durch die Beziehungen, in denen das Gespräch zur Handlung, zur Charakteristik der Figuren, zu den romaninternen Kontexten überhaupt steht, sie verweisen vielmehr, ohne diese Beziehungen je preiszugeben, auf die empirische Wirklichkeit, in die sich die dargestellte, die fiktionale Wirklichkeit einschreibt; das Gespräch ist damit ein wesentliches Moment jenes ‚Kommunizierens' zwischen Erfahrungswelt und Roman, das eine auf den ersten Blick für unseren theoretischen Standard gewiß sehr schlicht anmutende Romandefinition Fontanes postuliert: „Aufgabe des modernen Romans scheint mir die zu sein, ein Leben, eine Gesellschaft, einen Kreis von Menschen zu schildern, der ein unverzerrtes Wiederspiel *des* Lebens ist, das wir führen. Das wird der beste Roman sein, dessen Gestalten sich in die Gestalten des wirklichen Lebens einreihen, so daß wir in der Erinnerung an eine bestimmte Lebensepoche nicht mehr genau wissen, ob es gelebte oder gelesene Figuren waren, ähnlich wie manche Träume sich unserer mit gleicher Gewalt bemächtigten, wie die Wirklichkeit. — Also noch einmal: darauf kommt es an, daß wir in

---

[10] Brief vom 2.7. 1894 an Fr. Stephany. Vgl. die Kritik von Turgenjews *Natalie* (1889): „Ich bin im Prinzip gegen Dramen und Romane, die das vielgestaltete Ding, das man Leben heißt, nur unter dem Liebesgesichtspunkt sehn. Auch das Leben, das Verliebte führen, verläuft nicht ausschließlich in Liebesszenen, und die Mißachtung dieser meinetwegen prosaischen Tatsache schafft ein Lebensbild, das der vollen Realität entbehrt. Ich weiß wohl, daß man dies Verfahren als ‚Ausscheidung alles Nebensächlichen' bezeichnet und als Vorzug ansieht, ich persönlich kann mich zu dieser Anschauung aber nicht bequemen und finde, daß dadurch Zwang angetan und in die Kunst etwas mehr oder weniger Gekünsteltes hineingetragen wird." *(Sämtl. Werke,* hg. W. Keitel, München ²1970ff., Abt. III, Bd 2, S. 805).

den Stunden, die wir einem Buche widmen, das Gefühl haben, unser wirkliches Leben fortzusetzen, und daß zwischen dem erlebten und erdichteten Leben kein Unterschied ist, als der jener Intensität, Klarheit, Übersichtlichkeit und Abrundung und infolge davon jener Gefühlsintensität, die die verklärende Aufgabe der Kunst ist"[11].

Denkt man an das oben dargelegte Verfahren, eine bis dahin kaum vorfindliche Kontingenz und Partikularität der Gesprächsstoffe mit der Omnipräsenz der dem Gesellschaftszustand inhärenten semantischen Grenzen und Oppositionen zu vermitteln, bedenkt man zudem das Faktum, daß Gespräch und Rede das einzige Objekt des Romanautors bilden, das nicht in Sprache transformiert werden muß, sondern identisch abgebildet werden kann, so mag die Bevorzugung von Gesprächsdarstellung aufgrund der zitierten Romandefinition erklärlich sein. Weil in der Gesprächsdarstellung Zeichen und Referent zusammenfallen, Zeichenverwendung abgebildet wird, kann die dargestellte Zeichenverwendung selbst in den Rang eines ästhetischen Zeichens erhoben werden. Das Gespräch hat in Fontanes Romanen nicht die schlichte Funktion, auf den Handlungsverlauf einzuwirken, Figuren zu entfalten oder Figurenkonstellationen zu konkretisieren; es kommuniziert auf eigene Weise mit dem raumzeitlichen Bezugsrahmen, der die dargestellte Wirklichkeit fundiert; es erscheint als eine Wirklichkeit sui generis, die der Leser im Hinblick auf ihre intensiven Kontexte, Dimensionen und Spannungen thematisieren muß.

Um diese Intensivierung der ästhetischen Funktion des Gesprächs weiterzuverfolgen, wende ich mich einer ausgedehnteren, in sich relativ geschlossenen Gesprächsepisode aus *Der Stechlin* (gegen Ende des 33. Kap.) zu. Die Gesprächspartnerinnen sind die Baronin Berchtesgaden und die Gräfin Melusine Ghiberti, geborene Komtesse Barby; sie haben zusammen mit anderen die Neuvermählten Woldemar und Armgard, Melusines jüngere Schwester, auf dem Bahnsteig zur Hochzeitsreise verabschiedet:

Die Baronin und Melusine grüßten noch mit ihren Tüchern. Dann bestiegen sie wieder den draußen haltenden Wagen. Es war ein herrliches Wetter, einer jener Vorfrühlingstage, wie sie sich gelegentlich schon im Februar einstellen.
„Es ist so schön," sagte Melusine. „Benutzen wir's. Ich denke, liebe Baronin, wir fahren hier zunächst am Kanal hin in den Tiergarten hinein und dann an den Zelten vorbei bis in Ihre Wohnung."
Eine Weile schwiegen die beiden Damen; im Augenblick aber, wo sie von dem holprigen Pflaster in den stillen Asphaltweg einbogen, sagte die Baronin: „Ich begreife Stechlin nicht, daß er nicht ein Coupé apart genommen."
Melusine wiegte den Kopf.
„Den mit der goldenen Brille," fuhr die Baronin fort, „den nehm ich nicht schwer. Ein Sachse tut keinem was und ist auch kaum eine Störung. Aber der andre mit dem Juchtenkoffer. Er schien ein Russe, wenn nicht gar ein Rumäne. Die arme Armgard. Nun hat sie ihren Woldemar und hat ihn auch wieder nicht."
„Wohl ihr."
„Aber Gräfin ..."
„Sie sind verwundert, liebe Baronin, mich das sagen zu hören. Und doch hat's damit nur zu sehr seine Richtigkeit: gebranntes Kind scheut das Feuer."
„Aber Gräfin ..."
„Ich verheiratete mich, wie Sie wissen, in Florenz und fuhr an demselben Abende noch bis Venedig. Venedig ist in einem Punkte ganz wie Dresden: nämlich erste Station bei Vermählungen. Auch Ghiberti – ich sage immer noch lieber ‚Ghiberti' als ‚mein Mann'; ‚mein Mann' ist überhaupt ein furchtbares Wort – auch Ghiberti also hatte sich für Venedig entschieden. Und so hatten wir denn den großen Apenninntunnel zu passiern."

---
[11] *Sämtl. Werke*, hg. W. Keitel, Abt. III, Bd 1, S. 568f.

„Weiß, weiß. Endlos."
„Ja, endlos. Ach, liebe Baronin, wäre doch da wer mit uns gewesen, ein Sachse, ja selbst ein Rumäne. Wir waren aber allein. Und als ich aus dem Tunnel heraus war, wußt ich, welchem Elend ich entgegenlebte."
„Liebste Melusine, wie beklag ich Sie; wirklich, teuerste Freundin, und ganz aufrichtig. Aber so gleich ein Tunnel. Es ist doch auch wie ein Schicksal." (8, S. 274f.)

Daß Melusines Ehe nach kurzer Zeit geschieden wurde und daß sie „in ihrer Empörung den Namen Ghiberti abgetan" hat, weiß der Leser seit dem 10. Kapitel. Welche Bewandtnis es mit diesem empörten Scheidungsbegehren hatte, erfahren wir jetzt hinter dem Schleier der dezenten Selbstironie einer Frau, die für die bei Tunneldurchfahrten hervortretende Dimension der Liebe eben nicht geschaffen ist. Die Art, wie Melusine ihre Tunnelerfahrung auf das Ganze ihres Ehetraumas bezieht, liegt in puncto Vermittlung von Sachbezug und Allgemeinheit auf derselben Ebene wie Dubslavs Äußerung über den Zustand seiner Flagge. Denn Melusines Distanz zum Sexuellen, ihre Reserviertheit gegenüber der ‚natürlichen Bestimmung des Weibes' wird im 44. Kapitel wieder aufgenommen. Dort kommt es zu einem gereizten Gespräch (8, S. 354) zwischen ihr und Adelheid, der Domina des Damenstifts Kloster Wutz, zwischen „Stiftsdame und Weltdame, Wutz und Windsor", in dem Melusine ausdrücklich dem „Unnatürlichen" das Wort redet, sofern darunter die Ablehnung von Ehe und Familiengründung verstanden wird. Mit Rücksicht auf jenen Disput wie auf das vorliegende Gespräch erweist sich folglich auch die gegen Ende des Romans aufkeimende Idee des Hauptmanns von Czako, sich um die Hand der in gesellschaftlicher, ökonomischer und persönlicher Beziehung so attraktiven „Doppelgräfin" zu bemühen, als gründlich illusionär.

Ich habe diese Bezüge eines scheinbar episodisch-verselbständigten Gesprächs zum Handlungszusammenhang nur deshalb markiert, weil wiederum die Frage profiliert werden soll, inwiefern diese Gesprächsdarstellung diese funktionale Relevanz übersteigt. Um es aber vorweg zu sagen: man kann das Wahrnehmungsangebot dieser Gesprächsszene nur bis zu einer Grenze zu bestimmen suchen, jenseits derer sich die prägnante ästhetische Komplexität des Gesprächs als letztlich unauflösbare erweist.

Nun also einige Explikationen: Daß die Gräfin Melusine über etwas so Intimes und Heikles gerade mit der Baronin Berchtesgaden plaudert, ist in syntagmatischer Beziehung belanglos. In paradigmatischer Beziehung jedoch kann unter allen Romanfiguren nur diese in Betracht kommen. Nur im Gespräch unter vier Augen mit einer verheirateten, gesellschaftlich gleichrangigen Dame mit — wie das Gespräch selbst zeigt — der nötigen Delikatesse kann Melusine sagen, was sie sagt, und sprechen, wie sie spricht: in einem Ton der Amüsierlichkeit, der unter anderen Umständen der Frivolität bezichtigt würde, wenigstens nach Maßgabe dessen, was des öfteren von Figuren des Romans als frivol bezeichnet wird. Weder ein Herr, und sei es ihr Vater, noch eine unverheiratete Dame, und sei es die Schwester, noch eine Vertraute aus einer anderen Schicht kämen also als Gesprächspartner in Frage; und zwar nicht aus Gründen, die im Geschehenszusammenhang lägen, sondern mit Rücksicht auf den kulturellen Kontext, dem sich der Roman zuordnet, auf die ‚sittenbildliche' Dimension.

Das konzentrierte Gesprächsthema ergibt sich, indem die Baronin beanstandet, daß die Neuvermählten nicht ein eigenes Abteil haben; denn, so hat man zuvor erfahren: „In dem von dem jungen Paare gewählten Coupé befanden sich noch zwei Reisende; der eine blond und artig und mit goldener Brille, konnte nur ein Sachse sein, der andre dagegen, mit Pelz und Juchtenkoffer, war augenscheinlich ein ‚Internationaler' aus dem Osten oder selbst aus dem Südosten Europas"˙(8, S. 273f.). Bereits diese Beschreibung des Erzählers signalisiert – zumal sie sich deutlich die Optik der Figuren zu eigen macht –, was der Besorgnis der Baronin ihren eigenwertigen paradigmatischen Sinn gibt, ihren sozialpsychologischen Schlaglichteffekt, der darin liegt, wie in einer bestimmten Vorstellungswelt bestimmte Virilitätsbezeugungen gleichsam ethnologisch eingestuft werden von der Harmlosigkeit eines Sachsen über den eventuellen Russen bis zu dem ebenso möglichen Rumänen als Gipfel des Exotischen und damit in so engem Verein mit einer jungen Dame Unabsehbaren.

Daß die Baronin (wie vermutlich der Leser) zunächst über Melusines „Wohl ihr" stutzt, dann aber nach den folgenden Erläuterungen ohne Zaudern mit Melusine einig geht, kann zweierlei besagen. Es kann sich um eine unverbindliche Zustimmung zwecks Wahrung des „konversationellen Friedens"[12] handeln, um rücksichtsvolle Konzilianz: „mehr gesinnungstüchtig als artig" wird im 13. Kapitel des *Stechlin* ein Konversationsverhalten im Hause Barby genannt, das Armgard sofort veranlaßt, „das Gespräch auf harmlosere Gebiete hinüberzuspielen" (8, S. 119). Oder aber die Baronin vollzieht zwischen dem Einwand: „Aber Gräfin ..." und ihren abschließenden Worten eine Sinnesänderung. Das könnte bedeuten, daß sie sich zunächst, bei ihrem Einspruch, von einer abstrakten, klischeehaften Bewertung der Sachlage leiten läßt und daß sie sich dann, nach Melusines Argumentation, von deren Begriff ehelichen Elends irgendwie berührt fühlt.

Man kann beides und vielleicht noch mehr, auch anderes herauslesen. Denn wie gesagt, ist ein Gespräch wie dieses weit davon entfernt, in seiner Relation zum Geschehenskontext aufzugehen; seine Bedeutungen resultieren vielmehr ebenso aus der ‚Osmose' von Empirie und Fiktion, die Fontanes Romanauffassung rezeptionsästhetisch zum Programm erhebt. Funktionale Relevanz und Suspension von Funktionalität sind (im Sinn der Quantentheorie) komplementäre Aspekte. Insofern weist das Gespräch bei Fontane eine Verschlossenheit in seinen eigenen, mit sich identischen Wirklichkeitsstatus auf, die ihm ein Eigenleben verleiht, das ich in Anlehnung an ein Statement D. Henrichs als prägnante Komplexität ästhetischer Struktur definieren möchte: „Prägnant ist eine Struktur dann, wenn ihre Elemente zu nur einem Zusammenhang zwingend zusammentreten, komplex ist sie, wenn die Zuordnung der Elemente nach einer Vielzahl von Regeln und so erfolgt, daß die Kontinuität und Dichte der möglichen Anordnung der Elemente eine vollständige Rekonstruktion der Anordnung nach Regeln ausschließt"[13].

(In Rücksicht auf die suspendierte Funktionalität als komplementären Aspekt sei eingeschoben, daß sich bei Fontane immer wieder eine werküberschreitende Seite der Gespräche bzw. Konversationen beobachten läßt. Es gibt nämlich jenseits der einzelnen Romane ein wiederkehrendes Repertoire von Gesprächsthemen und Gesprächspositionen, und es gibt einen von Roman zu Roman wandernden Bestand an „phraseologischen

---

[12] Vgl. C. Henn-Schmölders, „Ars conversationis – Zur Geschichte des sprachlichen Umgangs", in *Arcadia* 10 (1975), S. 18f.
[13] D. Henrich, „Ästhetische Perzeption und Personalität", in *Positionen der Negativität* (Poetik und Hermeneutik VI), hg. H. Weinrich, München 1975, S. 544.

Standpunkten"[14] und Jargons, der weit über die von Fontane selbst vermerkte Alternative von Causerie, „Bummel- oder Geistreichigkeitssprache" und „Simplizitätssprache"[15] hinausgeht, wie etwa die ‚Stimmen' des Zynismus und der Frivolität, der Abgebrühtheit und der Jovialität, der Apodiktik und der Gravität; es gibt sozusagen disponible Idiolekt-Rollen, die in wechselnder Besetzung konkretisiert werden. Und mit diesem Doppelaspekt der Rekurrenz und der unterschiedlichen Besetzung kommt wiederum das oben spezifizierte Verhältnis von syntagmatischer und paradigmatischer Bedeutung ins Spiel.)

Funktionale Relevanz und suspendierte Funktionalität als komplementäre Aspekte: das bedeutet, daß sich das Gespräch bei Fontane zugleich als Schnittpunkt von Bezügen und als in sich konzentrierter Erfahrungsbereich darbietet. Es gewinnt horizontale Bedeutsamkeit im Hinblick auf den Romankontext, und es hat vertikale Bedeutsamkeit in der Erzeugung dessen, was R. Barthes mit Bezug auf gewisse Details den „effet du réel"[16] nennt. Ich will diesen Befund (der seinen Differenzierungswert wohl erst vor dem Hintergrund der Gesprächsdarstellung in anderen Romanen des 19. Jahrhunderts erweisen kann) abschließend an einem umfänglicheren, besonders dichten und reichhaltigen Beispiel konkretisieren; es handelt sich um den Großteil des 30. Kapitels von *Effi Briest*, den ich als Anhang beifüge.

Ich möchte die Kenntnis dieses berühmtesten Fontane-Romans voraussetzen dürfen und begnüge mich daher mit der groben Einordnung der Szene in den Erzählzusammenhang: Effi ist in Begleitung der Geheimrätin Zwicker, eines eher prekären Chaperon, zur Kur gereist; nach Bad Schwalbach, weil es in den sieben Ehejahren bei der einzigen Tochter geblieben ist, nach Bad Ems wegen Anfälligkeit der Atemwege. Gegen Ende des Emser Aufenthalts sitzen nun die beiden Damen nach dem Frühstück bei Handarbeiten vor ihrem Domizil. Die Post, deren Ausbleiben das Gespräch in Gang setzt, wird am Ende des Kapitels eintreffen. Sie stammt aber nicht – der Leser kann es sich schon denken – vom Gatten, sondern von der Mutter, und sie offenbart die Katastrophe: „Vor einer Stunde noch eine glückliche Frau, Liebling aller, die sie kannten, und nun ausgestoßen" (7, S. 390). Instetten wird sich scheiden lassen, und für Effi heißt es Abschied nehmen „von dem, was sich ‚Gesellschaft' nennt" (7, S. 391); auch das elterliche Haus wird ihr verschlossen sein, und das Kind wird man selbstverständlich dem Vater lassen. Denn – der Leser hat es bereits erfahren – Instetten ist durch einen Zufall an die Briefe Crampas', auf den verjährten Ehebruch geraten, er hat den Major im Duell erschossen, die Zeitungsnachricht davon ist in Berlin erschienen. Vor dem Hintergrund dieser der Heldin noch verborgenen Katastrophe präsentiert sich das Gespräch dem Leser.

In bezug auf den Ereigniszusammenhang erfüllt es weder eine konstitutive noch eine explikative Funktion; mit dem Eintreffen des fatalen Briefs danach steht es in keinem kausalen Zusammenhang. Sein Profil im Erzählzusammenhang gewinnt es zunächst aus der Opposition von Effis Ahnungslosigkeit und der nur im Leserwissen aktuellen Ereigniskette; diese Opposition verleiht der ganzen Unterhaltung ein Verhältnis von situativem Kontext und Leserkontext, das man der tragischen Ironie gleichstellen kann. Darüber

---
[14] Vgl. B.A. Uspenskij, *Poetik der Komposition*, hg. K. Eimermacher, Frankfurt/M. 1975, S. 26–68.
[15] Briefe von 24.8.1882 an Mete, vom 9.5.1888 an Theo Fontane.
[16] „L'Effet du réel", in *Communications* 11 (1968) S. 84–89.

hinaus weist das Gespräch von vornherein ein ironisches Verhältnis seiner immanenten Kontexte auf. Denn von Anfang bis Ende macht die Zwicker den überfälligen Brief Instettens zum Anlaß, sehr anzüglich auf die zweifelhafte Tugend der Ehemänner zu verweisen. Mit dem Zuspruch, „daß er gesund ist, ganz gesund", spielt sie süffisant genug auf die Opportunitäten eines Strohwitwers an; die Erinnerung an Effis hübsches Hausmädchen läßt sie die Anfechtung aufs Tapet bringen, die von attraktivem weiblichen Personal ausgehen kann; schließlich landet sie bei den ängstlichen Assoziationen, die sich für eine Ehefrau mit den sonderbaren Namen bevorzugter Ziele der Herrenpartien von Pichelsberg bis Wuhlheide verbinden müßten. Alles dreht sich um die sittlichen Gefährdungen der Männer in einem Gespräch, dessen Partnerin selbst einen „Schritt vom Wege" hinter sich hat. So entsteht in doppelter Beziehung ein prekäres Verhältnis zwischen Gespräch und Kontexten: die Sorgen und Befürchtungen, die Frau Zwicker Effi nahebringen will, müssen für diese im Fall Instettens völlig grundlos sein, dagegen müssen sie in Effi Sorgen und Befürchtungen rücksichtlich des eigenen Fehltritts wachrufen, weil gerade die Ahnungslosigkeit der Zwicker daran erinnert, etwas verbergen zu müssen. (Wobei die Ahnungslosigkeit der Geheimrätin, pointiert durch die Bemerkung, Effi nehme „die Liebesworte vorweg aus dem Briefe heraus", wieder in ironischer Relation zum antizipierenden Leserwissen steht.) Wenn sich also Effi „wenig angenehm berührt" fühlt von dem Thema, so deshalb, weil sie sowohl im Recht wie im Unrecht ist, wenn sie behauptet, sie könne sich „in Befürchtungen, wie Sie sie aussprechen, nicht recht zurechtfinden".

Ich ziele nicht darauf ab, die intensiven Spannungen und Dimensionen des Gesprächs exhaustiv zu beschreiben. Einigermaßen sollte sichtbar sein, warum man von prägnanter Komplexität sprechen darf und welche Vielfalt interferierender Wahrnehmungsrelevanzen und Wahrnehmungskontexte ein kompetenter Leser zusammenschließen muß, wenn sich das Gespräch mit einer restlos integrierenden Lektüre vereinbar erweisen soll: die Konstellation der Figurenkontexte ironisiert erstens den Gesprächspart der Figur, die spricht, zweitens den Part des Partners, und drittens wird diese wechselseitige Ironisierung wieder im Leserkontext durch die Ereignisse ironisiert, die nur im Leserwissen aktuell sind. Es mag nun aber gerade der Eindruck entstanden sein, eben dieses in puncto Ereigniskonstitution und deskriptiver Vermittlung funktionslose Gespräch gehe aufgrund seines kompositorischen Stellenwerts und seiner semantischen Oppositionen vollständig in den romanimmanenten Bezügen auf, die der Leser realisiert. Doch hieße das einer reduzierten und depotenzierten Lektüre das Wort reden. Nochmals ist auch für das letzte Beispiel ein alle Integrationsmöglichkeiten überschießendes Eigenleben geltend zu machen, ein nicht erst vom Werkganzen bedingter und bestimmter ästhetischer Eigenwert. Es dürfte darin bestehen, daß Fiktionalität und (ich finde keinen zufriedenstellenden Begriff) ‚Genre‘[17], Präsentation von nicht schon, nicht erst vom Sujet her belangvoller ‚Lebensbildlichkeit‘ wiederum komplementäre Aspekte sein können. Ich meine damit natürlich nicht das ‚Sitten‘-, Kultur-, Gesellschaftsbildliche der Gesprächsstoffe und des Gesprächstils; ich meine auch nicht das — mit Fontane zu sprechen — „Unterhaltliche", das etwa in den Auslassungen der Zwicker über ihre Konnotationszwänge in bezug auf Kiekebusch und

---

[17] Vgl. R. Brinkmann, „Der angehaltene Moment — Requisiten, Genre, Tableau bei Fontane", in *Deutsche Vierteljahrsschrift* 53 (1979) S. 429–462.

Wuhlheide liegt, und ich meine auch nicht die ästhetischen Valenzen, die auf der phänomenalen Authentizität des Gesprächs beruhen. Ich meine das Resultat all dessen, wenn ich die Komplementarität von Fiktion und Genre dahingehend zu verdeutlichen suche, daß Gespräche bei Fontane erlauben können, die Einstellung auf Funktionalität sozusagen einzuklammern zugunsten einer ‚naiven', vom Bewußtsein der Fiktionszugehörigkeit unabhängigen Einstellung auf ihre Thematik und auf ihre Bewegung. Was etwa am Anfang des Kapitels das hübsche Hausmädchen Afra aufgrund seiner durch die Bonner Studentenschaft und Garnison geprägten Erfahrungen und Ansprüche über den Postboten sagt, ist einerseits selbstverständlich ‚verrechenbar' mit dem Ausgangsthema der beiden Damen, sofern die Verführbarkeit von Ehemännern durch solche Afras, auf die die Geheimrätin anspielt, noch potenziert wird durch den von Afra bekundeten elitären Geschmack. Die Afra-Episode leistet also mehr, als nur – durch die Erwähnung ihrer verschiedenen Vorzüge – der Zwicker einen anzüglichen Gesprächsstoff zu liefern. Aber andererseits partizipiert das Gespräch zwischen Effi und Afra gerade durch diese Verrechenbarkeit doch auch an der ‚lebensbildlichen' Selbstgenügsamkeit, mit der das anschließende Gespräch der beiden Damen seine Bedeutung für die Konstitution und Explikation des Geschehens überschließt. Die Konkurrenz von narrativer Vermitteltheit und ‚lebensbildlicher' Repräsentanz machen die Gesprächsdarstellung doppelwertig.

Das alles ist schwer zu definieren, aber es kann erklären, warum eine Anthologie isolierter Gespräche aus Fontanes Romanen reizvoll sein kann; ich kann mir eine solche kontextberaubte Lektüre von Gesprächen anderer Romanautoren des 19. Jahrhunderts, und seien es Jane Austen oder George Meredith, kaum vorstellen, vor allem nicht unter der Voraussetzung, daß es um die Einlösung des Anspruchs auf ästhetische Erfahrung geht.

III

Um zu veranschaulichen, wie gespannt das Verhältnis von narrativer Funktion und ästhetischer Verselbständigung durch die inhaltliche Überbestimmtheit von Gesprächen und durch die Bündelung thematisch auseinanderlaufender Verweise in Gesprächen werden kann, müßte ich die Darlegung mit Textbelegen überfrachten. Es wären ganze Kapitelfolgen vorzulegen, die mit Gesprächen ausgefüllt sind, deren Bezug zur Romanthematik bzw. zur Romanhandlung sich erstens nur ganz versteckt, sporadisch und in weiten Intervallen zeigt und sich zweitens während einer Reihe kontingenter, aber breit ausgefalteter Unterhaltungen und Plaudereien über okkasionelle Themen und Stoffe stets als ein und derselbe erweist. Ich denke z.B. an die Kapitel um Kapitel einnehmenden Ausflugskonversationen und Tischgespräche in *Cecile,* deren Bezug zum Geschehenszusammenhang sich nur punktuell dadurch ergibt, daß für die Titelheldin aufgrund ihrer prekären Vergangenheit völlig zufällige Gespräche abwechselnd im Zeichen der Verfänglichkeit und Unverfänglichkeit, der Indifferenz und Peinlichkeit stehen. Jedoch ergibt sich keine Redundanz, weil in der Gesprächsexpansion eine Vielzahl verschiedener Konnotationsachsen ins Spiel gebracht und durch die Vervielfältigung der Konnotationen eine gesprächsimmanente Polysemie produziert wird. Der Befund lautet auch hier, daß der Leser eine an die Schwundstufe geratende Wahrnehmung funktionaler Bedeutsamkeit durch das Interesse an der Vielfalt der Konnotationen und am ästhetischen Reiz konversationeller Qualitäten kompensieren muß.

Man muß zum Schluß nach dem roman- bzw. literaturgeschichtlichen Ort und Index der Ästhetizität des Gesprächs bei Fontane fragen, die ich zu zeigen suchte. Dazu bedürfte es natürlich des in diachroner wie synchroner Richtung vergleichenden Blicks auf andere Werke und Autoren. Letztlich wäre auf eine Funktionsgeschichte des Gesprächs im Roman und sogar auf das Verhältnis dieser zur Funktionsgeschichte des Romans abzuheben. Das liegt für mich in weiter Ferne. Ich kann daher nur unvorgreiflich vermuten, das hier thematisierte Phänomen lasse sich weniger einem romangeschichtlichen Prozeß zuordnen als einem individuellen, den Autor Fontane betreffenden Aspekt. Nicht alles in der Literaturgeschichte muß sich historisch verrechnen lassen. Selbst wenn ich nur an solche Romanwerke denke, in denen – von Sterne über Dostoevskij bis zur „sous-conversation" bei Nathalie Sarraute – die Gesprächsdarstellung eine Schlüsselfunktion hat, oder an Romane, in denen gesellschaftliche Wirklichkeit fast ausschließlich als Gesprächswelt modelliert ist wie in *Pride and Prejudice* oder in *The Egoist* – selbst dann kann ich keine vergleichbaren Einbrüche des Marginalen in die Fiktion sehen wie in Fontanes Gesprächen; seine Intensivierung der ästhetischen Qualität des Gesprächs bleibt also ein sehr eigentümliches Phänomen.

Freilich bleibt auch diese Intensivierung der ästhetischen Qualität der Gesprächsdarstellung, als eine Idealisierung in Rücksicht auf empirische Gespräche, an die Funktion zurückgebunden, eine bestimmte Wirklichkeitsfiktion zu erzeugen: die Fiktion einer perspektivisch unendlich vermittelten Wirklichkeit. Fontanes Plädoyer für einen Roman, „der uns eine Welt der Fiktion auf Augenblicke als eine Welt der Wirklichkeit erscheinen lassen"[18] solle, impliziert natürlich den Kunsteffekt einer solchen Vertauschbarkeit der Prädikate fiktional und real, also das Moment der „Modelung", an welche „die künstlerische Wirkung" und damit der Unterschied, „zwischen dem Bilde, das das Leben stellt, und dem Bilde, das die Kunst stellt"[19], haftet. Denn indem die fiktionale Gesprächsdarstellung zum Repräsentanten einer Vielzahl auseinanderlaufender, narrativ nicht integrierter Verweise gemacht wird, kommt etwas zustande, das lebensweltlich so nicht erfahrbar ist: ein ‚Offensein' des Wirklichen, das Wirklichkeit in ihrer Perspektivik zu thematisieren anregt.

Gleichwohl kann man beobachten, daß diese Funktionalität der Gesprächsdarstellung immer wieder einmal durch die zweckfreie Imagination von Gesprächswirklichkeit suspendiert wird, daß ein ganz unmittelbarer Impuls der Autor-Persönlichkeit[20] ins Spiel kommt. Daher scheint es erlaubt, auf einen Faktor zurückzugreifen, der in Fontanes Briefen, Aufzeichnungen oder Erinnerungen immer wieder zum Vorschein kommt, nämlich eine ausdrücklich als solche gekennzeichnete ästhetische Beziehung und Einstellung zu realen Gesprächs- und Konversationserfahrungen. Ästhetische Qualität und Wirkung,

---

[18] *Sämtl. Werke*, hg. W. Keitel, Abt. III, Bd 1, S. 317.
[19] *Sämtl. Werke*, hg. W. Keitel, Abt. III, Bd 3, S. 347.
[20] Vgl. M. Červenka, *Der Bedeutungsaufbau des literarischen Werks*, hgg. F. Boldt/W.-D. Stempel, München 1978, S. 169ff.

das „Schönheitliche und Ästhetische" von Lebensformen, Kommunikationsweisen, Gestaltungen des gesellschaftlichen Verkehrs werden immer wieder als Kriterien genannt. Fontane rühmt „die englische Inszenierung des Lebens" gegenüber dem heimischen „Knotismus" im Vergleich mit der „Ruppsackigkeit", der „Prätention", dem „Steifleinenen" zu Hause. Er bewertet eine bourgeoise Soiree als „gesellschaftlich und ästhetisch gesehen (...) lächerliche Leistung". Von der Geselligkeit in einem anderen Hause heißt es dagegen: „wenn sich dies doch einfach in Worten wiedergeben ließe; es wäre das entzückendste und zugleich lieblichste Romankapitel auf der Welt". Mit Rücksicht auf sein Interesse an den Inszenierungen des kommunikativen Lebens spricht Fontane ausdrücklich „vom Genuß", „von einer ganz feinen Sinnlichkeit, wie sie der künstlerisch beanlagte Mensch immer hat und haben muß, so lange er als Künstler sieht und empfindet"[21]. Und im 5. Kapitel des Bandes *Fünf Schlösser* der *Wanderungen durch die Mark Brandenburg* wird die an der Tafelrunde des Prinzen Karl in Dreilinden gepflogene Form der Unterhaltung systematisierend als ein wesentlich ästhetischer Genuß beschrieben. Kurzum, noch und noch charakterisiert Fontane die Erfahrung konversationeller, dialogischer ‚Darbietungen' als Erfahrung ästhetischer Qualitäten. Zugleich, und sei es zwischen den Zeilen, aber auch als eine im eigenen Dasein viel zu kärglich oder unzulänglich gebotene Erfahrung.

Man disqualifiziert sich wohl nicht als Fiktionstheoretiker, wenn man die Kompensation von lebensweltlich Versagtem, Entbehrtem, von ungestillten Bedürfnissen als Faktor fiktionaler Wirklichkeitsdarstellung in Anschlag bringt. W. Benjamin hat mit Recht von Kellers beschreibender Prosa gesagt, sie verdanke sich nicht so der Sinnenlust des Schauens als der des Schilderns[22]. Ich habe kürzlich Ähnliches, eine Wollust des Beschreibens, für Balzacs luxurierende Schilderungen von Mätressen, Boudoirs, Toiletten, Negligés oder auch von finanziellen Operationen und Transaktionen zu erwägen gegeben. Und bei Fontane dürfte sich jenseits aller Funktionen und Zwecke, die das Gespräch als Referent wie als Interpretant in der Wirklichkeitsfiktion erfüllt, ein ‚sentimentalisches' Verhältnis zum Gespräch, zur Konversation geltend machen: sentimentalisch nicht in bezug auf das ‚gute', sondern auf das semiotisch reiche Gespräch. So mag sich darin, wie in seinen Gesprächsdarstellungen Produktivität und Rezeptivität des Autors als reziproke Momente wirken, die Kompensation einer Wahrnehmungslust abzeichnen, die in der Erfahrungswelt nicht auf ihre Kosten kam.

---

[21] Briefe vom 5.5.1883 und vom 26.3.1892 an Mete; vom 5.7.1886 an G. Friedländer; vom 15.6.1878 und vom 2.7.1889 an seine Frau. – Überhaupt zeigen Fontanes Briefe in unzähligen Mitteilungen, welch hohen Stellenwert für ihn die ästhetische Dimension menschlichen Verhaltens und gesellschaftlicher Erscheinungen hatte und wie gern er sich durch „Schönbildlichkeit", durch ästhetische Satisfaktion mit nach anderen Urteilskriterien eher negativen Aspekten versöhnen ließ.
[22] *Schriften II*, Frankfurt/M. 1955, S. 291f.

Effi Briest 30. Kap. (Auszug)

„Ich begreife nicht", sagte Effi, „daß ich schon seit vier Tagen keinen Brief habe; er schreibt sonst täglich. Ob Annie krank ist? Oder er selbst?" Die Zwicker lächelte: „Sie werden erfahren, liebe Freundin, daß er gesund ist, ganz gesund."

Effi fühlte sich durch den Ton, in dem dies gesagt wurde, wenig angenehm berührt und schien antworten zu wollen, aber in ebendiesem Augenblicke trat das aus der Umgebung von Bonn stammende Hausmädchen, das sich von Jugend an daran gewöhnt hatte, die mannigfachsten Erscheinungen des Lebens an Bonner Studenten und Bonner Husaren zu messen, vom Salon her auf den Vorplatz hinaus, um hier den Frühstückstisch abzuräumen. Sie hieß Afra.

„Afra", sagte Effi, „es muß doch schon neun sein; war der Postbote noch nicht da?"

„Nein, noch nicht, gnäd'ge Frau."

„Woran liegt es?"

„Natürlich an dem Postboten; er ist aus dem Siegenschen und hat keinen Schneid. Ich hab's ihm auch schon gesagt, das sei die ‚reine Lodderei'. Und wie ihm das Haar sitzt; ich glaube, er weiß gar nicht, was ein Scheitel ist."

„Afra, Sie sind mal wieder zu streng. Denken Sie doch: Postbote, und so tagaus, tagein bei der ewigen Hitze ..."

„Ist schon recht, gnäd'ge Frau. Aber es gibt doch andere, die zwingens; wo's drin steckt, da geht es auch." Und während sie noch so sprach, nahm sie das Tablett geschickt auf ihre fünf Fingerspitzen und stieg die Stufen hinunter, um durch den Garten hin den näheren Weg in die Küche zu nehmen.

„Eine hübsche Person", sagte die Zwicker. „Und so quick und kasch, und ich möchte fast sagen von einer natürlichen Anmut. Wissen Sie, liebe Baronin, daß mich diese Afra ... übrigens ein wundervoller Name, und es soll sogar eine heilige Afra gegeben haben, aber ich glaube nicht, daß unsere davon abstammt ..."

„Und nun, liebe Geheimrätin, vertiefen Sie sich wieder in Ihr Nebenthema, das diesmal Afra heißt, und vergessen darüber ganz, was Sie eigentlich sagen wollten ..."

„Doch nicht, liebe Freundin, oder ich finde mich wenigstens wieder zurück. Ich wollte sagen, daß mich diese Afra ganz ungemein an die stattliche Person erinnert, die ich in Ihrem Hause ..."

„Ja, Sie haben recht. Es ist eine Ähnlichkeit da. Nur unser Berliner Hausmädchen ist doch erheblich hübscher und namentlich ihr Haar viel schöner und voller. Ich habe so schönes flachsenes Haar, wie unsere Johanna hat, überhaupt noch nicht gesehen. Ein bißchen davon sieht man ja wohl, aber solche Fülle ..."

Die Zwicker lächelte. „Das ist wirklich selten, daß man eine junge Frau mit solcher Begeisterung von dem flachsenen Haar ihres Hausmädchens sprechen hört. Und nun auch noch von der Fülle! Wissen Sie, daß ich das rührend finde. Denn eigentlich ist man doch bei der Wahl der Mädchen in einer beständigen Verlegenheit. Hübsch sollen sie sein, weil es jeden Besucher, wenigstens die Männer, stört, eine lange Stakete mit griesem Teint und schwarzen Rändern in der Türöffnung erscheinen zu sehen, und ein wahres Glück, daß die Korridore meistens so dunkel sind. Aber nimmt man wieder zu viel Rücksicht auf solche Hausrepräsentation und den sogenannten ersten Eindruck und schenkt man wohl gar noch einer solchen hübschen Person eine weiße Tändelschürze nach der andern, so hat man eigentlich keine ruhige Stunde mehr und fragt sich, wenn man nicht *zu* eitel ist und *zu* viel Vertrauen zu sich selber hat, ob da nicht Remedur geschaffen werden müsse. Remedur war nämlich ein Lieblingswort von Zwicker, womit er mich oft gelangweilt hat; aber freilich, alle Geheimräte haben solche Lieblingsworte."

Effi hörte mit sehr geteilten Empfindungen zu. Wenn die Geheimrätin nur ein bißchen anders gewesen wäre, so hätte dies alles reizend sein können, aber da sie nun mal war wie sie war, so fühlte sich Effi wenig angenehm von dem berührt, was sie sonst einfach erheitert hätte.

„Das ist schon recht, liebe Freundin, was Sie da von den Geheimräten sagen. Instetten hat sich auch dergleichen angewöhnt, lacht aber immer, wenn ich ihn daraufhin ansehe, und entschuldigt sich hinterher wegen der Aktenausdrücke. Ihr Herr Gemahl war freilich schon länger im Dienst und überhaupt wohl älter ..."

„Um ein geringes", sagte die Geheimrätin spitz und ablehnend.

„Und alles in allem kann ich mich in Befürchtungen, wie Sie sie aussprechen, nicht recht zurechtfinden. Das, was man gute Sitte nennt, ist doch immer noch eine Macht ..."

„Meinen Sie?"

„ ... Und ich kann mir namentlich nicht denken, daß es gerade Ihnen, liebe Freundin, beschieden gewesen sein sollte, solche Sorgen und Befürchtungen durchzumachen. Sie haben, Verzeihung, daß ich diesen Punkt hier so offen berühre, gerade das, was die Männer einen ‚Charme' nennen, Sie sind heiter, fesselnd, anregend, und, wenn es nicht indiskret ist, so möcht' ich angesichts dieser Ihrer Vorzüge wohl fragen dürfen, stützt sich das, was Sie da sagen auf allerlei Schmerzliches, das Sie persönlich erlebt haben?"

„Schmerzliches?" sagte die Zwicker. „Ach, meine liebe, gnädige Frau, Schmerzliches, das ist ein zu großes Wort, auch dann noch, wenn man vielleicht manches erlebt hat. Schmerzlich ist einfach zu viel, viel zu viel. Und dann hat man doch schließlich auch seine Hilfsmittel und Gegenkräfte. Sie dürfen dergleichen nicht zu tragisch nehmen."

„Ich kann mir keine rechte Vorstellung von dem machen, was Sie anzudeuten beliebten. Nicht, als ob ich nicht wüßte, was Sünde sei, das weiß ich auch; aber es ist doch ein Unterschied, ob man so hineingerät in allerlei schlechte Gedanken oder ob einem derlei Dinge zur halben oder auch wohl zur ganzen Lebensgewohnheit werden. Und nun gar im eigenen Hause ..."

„Davon will ich nicht sprechen, das will ich nicht so direkt gesagt haben, obwohl ich, offen gestanden, auch nach dieser Seite hin voller Mißtrauen bin, oder, wie ich jetzt sagen muß, war; denn es liegt ja alles zurück. Aber da gibt es Außengebiete. Haben Sie von Landpartien gehört?"

„Gewiß. Und ich wollte wohl, Insetten hätte mehr Sinn dafür ..."

„Überlegen Sie sich das, liebe Freundin. Zwicker saß immer in Saatwinkel. Ich kann Ihnen nur sagen, wenn ich das Wort höre, gibt es mir noch jetzt einen Stich ins Herz. Überhaupt diese Vergnügungsörter in der Umgebung unseres lieben, alten Berlin! Denn ich liebe Berlin trotz alledem. Aber schon die bloßen Namen der dabei in Frage kommenden Ortschaften umschließen eine Welt von Angst und Sorge. Sie lächeln. Und doch, sagen Sie selbst, liebe Freundin, was können Sie von einer großen Stadt und ihren Sittlichkeitszuständen erwarten, wenn Sie beinah unmittelbar vor den Toren derselben – denn zwischen Charlottenburg und Berlin ist kein rechter Unterschied mehr – auf kaum tausend Schritte zusammengedrängt, einem Pichelsberg, einem Pichelsdorf und einem Pichelswerder begegnen. Dreimal Pichel ist zuviel. Sie können die ganze Welt absuchen, das finden Sie nicht wieder."

Effi nickte.

„Und das alles", fuhr die Zwicker fort, „geschieht am grünen Holze der Havelseite. Das alles liegt nach Westen zu, da haben Sie Kultur und höhere Gesittung. Aber nun gehen Sie, meine Gnädigste, nach der andern Seite hin, die Spree hinauf. Ich spreche nicht von Treptow und Stralau, das sind Bagatellen, Harmlosigkeiten, aber wenn Sie die Spezialkarte zur Hand nehmen wollen, da begegnen Sie neben mindestens sonderbaren Namen wie Kiekebusch, wie Wuhlheide ... Sie hätten hören sollen, wie Zwicker das Wort aussprach ... Namen von geradezu brutalem Charakter, mit denen ich Ihr Ohr nicht verletzten will. Aber natürlich sind das gerade die Plätze, die bevorzugt werden. Ich hasse diese Landpartien, die sich das Volksgemüt als eine Kremserpartie mit ‚Ich bin ein Preuße' vorstellt, in Wahrheit aber schlummern hier die Keime einer sozialen Revolution. Wenn ich sage ‚soziale Revolution', so meine ich natürlich moralische Revolution, alles andere ist bereits wieder überholt, und schon Zwicker sagte mir noch in seinen letzten Tagen: ‚Glaube mir, Sophie, Saturn frißt seine Kinder.' Und Zwicker, welche Mängel und Gebrechen er haben mochte, das bin ich ihm schuldig, er war ein philosophischer Kopf und hatte ein natürliches Gefühl für historische Entwicklung ... Aber ich sehe, meine liebe Frau von Insetten, so artig sie sonst ist, hört nur noch mit halbem Ohr zu; natürlich, der Postbote hat sich drüben blicken lassen, und da fliegt denn das Herz hinüber und nimmt die Liebesworte vorweg aus dem Briefe heraus ... Nun, Böselager, was bringen Sie?" (7, S. 385–389)

RENATE LACHMANN

BACHTINS DIALOGIZITÄT UND DIE AKMEISTISCHE MYTHOPOETIK ALS PARADIGMA DIALOGISIERTER LYRIK

Das Wort ist kein Ding, sondern das ewig bewegliche, ewig veränderliche Medium der dialogischen Kommunikation. Es genügt nie nur einem Bewußtsein, nur einer Stimme, sondern geht von Mund zu Mund, von einem Kontext zum anderen. Dabei vergißt es seinen Weg nicht und kann sich bis zuletzt nicht von der Macht der konkreten Kontexte befreien, deren Bestandteil es jeweils war.
(Michail Bachtin, 1929)[1]

Ist das Ding etwa der Herr des Wortes? (...) Das lebendige Wort bezeichnet nicht einen Gegenstand, sondern es wählt – gleichsam als Wohnsitz – diese oder jene gegenständliche Bedeutung, Gegenständlichkeit (...). Um das Ding herum wandern die Worte frei wie die Seele um einen weggeworfenen, aber nicht vergessenen Leib.
(Osip Mandel'štam, 1921)[2]

Jedes Wort ist ein Strahlenbündel, der Sinn bricht in verschiedene Richtungen aus und strebt keineswegs auf einen einzigen, offiziellen Punkt zu.
(Osip Mandel'štam, 1933)[3]

Es ist nicht Gegenstand dieser Vorlage, die Antizipation zentraler Theoreme des Bachtinkreises durch die neben dem Futurismus wichtigste nachsymbolistische Poetik – den Akmeismus – zu illustrieren oder Klage darüber zu führen, daß M. Bachtin den lyrischen Dialogismus aus seinem Weltbild der Sprache ausgespart hat.

Es geht vielmehr darum, auf dem Hintergrund einer Interpretation der Bachtinschen Dialogik, die immer schon über die im Text präsente Doppel- und Mehrstimmigkeit hinaus die Replik auf dem Text vorausliegende Texte, also Intertextualität, meint, die Mythopoetik des Akmeismus als eine intertextuelle Konzeption zu profilieren. Dieser Versuch setzt die Überzeugung voraus, daß intertextuelle Konzeptionen Kulturkonzeptionen sind, die bestimmte Text-, Sprach- und Zeichentheoreme implizieren.

---

[1] „Slovo ne vešč', a večno podvižnaja, večno izmenčivaja sreda dialogičeskogo obščenija. Ono nikogda ne dovleet odnomu soznaniju, odnomu golosu. Žizn' slova – v perechode iz ust v usta, iz odnogo konteksta v drugoj kontekst, ot odnogo social'nogo kollektiva k drugomu, ot odnogo pokolenija k drugomu pokoleniju. Pri etom slovo ne zabyvaet svoego puti i ne možet do konca osvobodit'sja ot vlasti tex konkretnych kontekstov, v kotorye ono vchodilo."
M. Bachtin, *Problemy poetiki Dostoevskogo*, Moskau ²1963, S. 270. M. Bachtin, *Probleme der Poetik Dostoevskijs*, dt. A. Schramm, München 1971, S. 225. (Dort wird „vešč' " mit ‚Sache' übersetzt).

[2] „Razve vešč' chozjain slova? (...). Živoe slovo ne označaet predmeta, a svobodno vybiraet, kak by dlja žil'ja, tu ili inuju predmetnuju značimost', veščnost' (...). I vokrug vešči slovo bluždaet svobodno, kak duša vokrug brošennogo, no ne zabytogo tela."
O. Mandel'štam, „Slovo i kul'tura" (Wort und Kultur), in *Sobranie sočinenij v trech tomach*, New York 1971, Bd 2, S. 226. Sämtliche Mandel'štam-Zitate aus dieser Ausgabe. Die Übersetzungen stammen, wenn nicht anders angegeben, von Verf.

[3] „Ljuboe slovo javljaetsja pučkom, i smysl torčit iz nego v raznye storony, a ne ustremljaetsja v odnu oficial'nuju točku."
O. Mandel'štam, „Razgovor o Dante" in *Sobranie*, Bd 2, S. 374. Dt. Übersetzung von W. Beilenhoff / G. Leupold, *Gespräch über Dante*, Berlin 1984, S. 20/21.

Es gilt zunächst die akmeistische Topik (Gedächtnis, Stimme/Schrift, Dialog) zu interpretieren und die poetische Praxis des Akmeismus, das erinnernde lyrische Gespräch mit der Kultur, als spezifische Leistung der dialogischen Intertextualität zu bestimmen. (Dabei ist der Übergang vom Paradigma ‚Dostoevskij' — polyphoner Roman als Destruktion des kulturellen Raums durch Ironie, Polemik und Zynismus — zum Paradigma ‚Akmeismus' — polyphone Lyrik als Konstruktion und Rekonstruktion des kulturellen Raums durch Aneignung, Bewahrung und Umchiffrierung — mitzudenken.)

Folgender Exkurs zur russischen poetologischen und wissenschaftsgeschichtlichen Situation soll den intertextuellen Bezug zwischen dem Bachtinkreis und den Akmeisten herstellen. M. Bachtin und V. Vološinov haben vom Akmeismus keine konstruktive Notiz genommen, wie umgekehrt der Akmeismus die dialogische Prosapoetik Bachtins übersehen hat. Der Kontakt zwischen den sich ergänzenden und stark überlappenden Positionen wurde — im Sinne eines prospektiven konzeptuellen Gedächtnisses — 40 Jahre später, zu Beginn der 60er Jahre hergestellt. (Anna Achmatova lebte zu diesem Zeitpunkt noch, ihre Anfänge liegen jedoch wie die Osip Mandel'štams, Nikolaj Gumilevs sowie die gesamte lyrische Dialogaktivität der Akmeisten, Spätsymbolisten und der diesen Gruppierungen Nahestehenden — wie Aleksandr Blok, Marina Cvetaeva, Michail Kuz'min, Boris Pasternak — in den Jahren zwischen 1910 und 1922). Der späte Kontakt entstand im Zuge einer (historisch begründeten) Neulektüre der Schriften des Bachtinkreises und der Lyrik der Akmeisten, speziell der Werke der Achmatova und Mandel'štams (Mandel'štam wurde nach Bekanntwerden eines von ihm verfaßten lyrischen Stalinpamphlets verhaftet und kam 1938 in einem Lager um; Achmatova hatte ab Mitte der 20er Jahre quasi Publikationsverbot). Diese Neulektüre führte innerhalb des sowjetischen Strukturalismus zu einer ausdifferenzierten Theorie des Subtextes und begründete eine neue Stufe intertextueller Analyse. Gleichzeitig entwickelte der amerikanische Slavist K. Taranovsky anhand einer Mandel'štam-Interpretation ein für die Analyse folgenreiches Subtext-Instrumentarium[4].

Die Koinzidenz der Subtext-Konzeption, die im russischen strukturalen Denken durch die der Bachtinschen Dialogizität hindurchgegangen ist (mit Verlagerung des Akzents von Prosa auf Lyrik) mit der Intertext-Analysekonzeption von M. Riffaterre, die ebenfalls der Lyrik gilt (Riffaterres Intertextualitätsbegriff verdankt sich in letzter Instanz J. Kristeva, deren Abhängigkeit von Bachtin Riffaterre allerdings nicht zu notieren scheint), ist durch die Rezeption der Saussureschen Anagramm-Studien, ebenfalls ein später Fund der 60er Jahre, inklusive der Starobinskischen Interpretation[5], vermittelt, wie sie Riffaterre und einige sowjetische Intertext-Strukturalisten vollzogen haben. Die Intertextualitätsdebatte der 70er Jahre, die sich in die 80er zu verlängern scheint, die einerseits mit einer Text-Philosophie, zum andern mit einer Texttheorie mit sich allmählich präzisierendem analytischen Instrumentarium zusammengeht, die breite Bachtin-Rezeption, das Weiterschreiben der ‚gescheiterten' Anagramm-Studien de Saussures durch Vl. Toporov[6], die Flut von Untersuchungen übe den Akmeismus bei den Russen, die in den Versuch münden, ein neues semantisches Paradigma innerhalb der sowjetischen Semiotik zu formulieren[7], die zunehmende Komplexität der Intertext-Prosaliteratur, — bei den Russen speziell im Anschluß die auch intertextuelle Praxis Andrej Belyjs und Vladimir Nabokovs —, erlauben, von einer Hypostase dialogisch-intertextueller Figuren zu sprechen, die womöglich eine neue Stufe jener poetischen und poetologischen ‚Episteme' anzeigt, die für Foucault erstmals in Flauberts *Versuchung des Hl. Antonius* als Phänomen faßbar wird[8].

---

[4] *Essays on Mandel'štam*, Cambridge/Mass. 1976, S. 18: „(...) the subtext may be defined as an already existing text (or texts) reflected in a new one. There are four kinds of subtexts: 1. that which serves as a simple impulse for the creation of an image; 2. ‚zaimstvovanie po ritmu i zvučaniju' (borrowing of a rhythmic figure and the sounds contained therein); 3. the text which supports or reveals the poetic message of a later text; 4. the text which is treated polemically by the poet."

[5] J. Starobinski, *Les mots sous les mots – Les textes inédits de Ferdinand de Saussure*, Paris 1966.

[6] „Die Quellen der indoeuropäischen Poetik", in *Poetica* 12 (1981) S. 1–63.

[7] Vgl. die Darstellung von E. Rusinko, „Intertextuality: The Soviet Approach to Subtext", in *Dispositio* IV, 11/12 (1979) S. 213–235.

[8] „Un ‚fantastique' de bibliothèque – Nachwort zu Gustave Flauberts ‚Die Versuchung des heiligen Antonius' ", in *Schriften zur Literatur*, dt. K. v. Hofer, Frankfurt/M. 1979, S. 157–177.

(In Bachtins Entwurf einer neuen Literaturgeschichte beginnt die dialogische Texttradition in der Antike und setzt sich über Rabelais, Cervantes, Grimmelshausen, Sterne, Gogol, Dostoevskij ins 20. Jahrhundert fort, während Foucault Flaubert als Voraussetzung für Mallarmé, Proust, Roussel, Joyce und Borges sieht. – Das Foucaultsche Konzept insistiert auf dem Aspekt eines Zeichenraums, der sich zwischen den ‚Büchern' ausbreitet, das Bachtinsche auf dem des Zeichengeschehens im implikativen Raum der Texte selbst. –)

Die linguistische Beschäftigung mit dem Dialog und der Frage der genetischen Priorität monologischer oder dialogischer Rede setzt in Rußland im Kontext des Funktionalismus ein. L. Jakubinskijs Studie *Über die dialogische Rede* behauptet die dialogische Priorität. Diese Position sowie die Spitzersche in *Italienische Umgangssprache* werden im Bachtinkreis elaboriert, nicht ohne Kontakt mit einigen umstrittenen Thesen N. Marrs. J. Mukařovský rekurriert auf diese Ansätze sowie auf die Kontext-Theorie J. Tynjanovs (die Berührung der Elemente verändert ihre Semantik) und kommt in seiner Studie über die poetische Sprache und in seinen Dialogarbeiten zu einer Theorie der semantischen Dynamik des Kontextes und zum Aspekt des Dialogs als akkumulativer Potenz.

Der Aspekt der ‚Replik' wird im Denken des Bachtinkreises fundamental. Jede Äußerung, jede Zeichenhandlung findet Äußerung und Zeichenhandlung vor. Die Differenz wird in der Replik entworfen, der Replik, die aufnimmt, verwirft, polemisiert oder weiterspricht, ergänzt, die vorgefundene Äußerung in neue mögliche öffnet. Es geht um die Qualifizierung bestimmter Gestaltungsformen der Replik. Bachtin hat sie bei Dostoevskij als ‚fremde Rede', ‚versteckte Polemik', ‚Rede mit Seitenblick' untersucht, und zwar einerseits als Verweis auf Auseinandersetzungen mit fremden Sinnpositionen anderer Texte – konkret faßbar als andere Romane (z.B. Černyševskijs *Was tun?*) oder Ideologeme der Zeit (z.B. Linkshegelianismus, Sozialutopismus etc.), andererseits als Konstruktionsprinzip des Textes selbst: die Dialogstruktur im Text wiederholt den Dialog mit den vor dem Text liegenden Äußerungen.

Der Replik-Aspekt wird von den Akmeisten, besonders Achmatova und Mandel'štam, radikalisiert. Die Replik ereignet sich über historische Distanz: Mandel'štam/Achmatova → Dante. Auch hier ist Replik Teil eines Dialogs, der im Text selbst zentraler konstruktiver Faktor wird. Bei den Akmeisten kommt hinzu der direkte, d.h. konkret vollzogene lyrische Dialog zwischen den Lyrikern, eine ausdifferenzierte Replik-, Zitat- und Allusionspoetik mit stark esoterischen Zügen. Es entwickelt sich eine Orientierung auf die andere vorausliegende Literatur als auf das ‚fremde Wort'; genauer: alle bereits existierenden Texte (Subtexte) können potentiell die Funktion des fremden Worts übernehmen, wissenschaftliche Texte, Texte, die eine intersemiotische Transposition von Elementen anderer nichtsprachlicher Systeme (Kunst, Architektur) darstellen. Mehr noch, es existieren akmeistische Texte, in denen die semantische Verschiebung, die semantische Differenz, als Resultat der intersemiotischen Transposition erfolgt[9]. Entscheidend für den Akmeismus ist die Konstruktion eines Weltmodells durch die ‚Transposition' anderer kultureller Systeme. Der akmeistische Text wird damit metakulturell und metaliterarisch[10] (der Text über einen Text, der an einen Text gerichtet ist, vgl. Bachtins Wort über das Wort, das einem Wort gilt).

---

[9] J.M. Lotman erweitert (in „Stichotvorenija rannego Pasternaka i nekotorye voprosy strukturnogo izučenija teksta", in *Trudy po znakovym sistemam* 4 (1969) S. 206–238, dt. „Gedichte des frühen Pasternak und einige Fragen zur strukturellen Textuntersuchung", in J.M. Lotman, *Aufsätze zur Theorie und Methodologie der Literatur und Kultur*, hg. K. Eimermacher, Kronberg/Ts. 1974, S. 99–156) den Begriff des Subtextes durch den der Transposition, indem er andere nichtsprachliche Zeichensysteme in den Dialog und Intertext-Austausch mitaufnimmt. J. Kristeva hat in ihren späteren Arbeiten den Begriff der „intertextualité", der im übrigen seinerseits bereits andere nichtverbale Systeme berücksichtigt hat, durch den Lotmanschen Begriff („transposition") ersetzt.

[10] E. Rusinko, „Intertextuality" S. 225.

I. Die Bachtinsche Dialogik: Die Unabschließbarkeit des Dialogs

Zwei Sprachkunstwerke, zwei Äußerungen, hintereinandergerückt, treten in eine spezifische Art semantischer Beziehungen ein, die wir dialogisch nennen. (Bachtin, 1975)[11]

Es gibt keine Lyrik ohne Dialog. (Mandel'štam, 1913)[12]

Die Rigorosität, mit der Bachtin seinem Dialogizitäts- und Ambivalenzkonzept für den Bereich der Prosasprache exklusiv zur Geltung verhilft, rührt aus der Zweipoligkeit seiner Sprachvorstellung. Die Befunde des Dialogischen haben keinerlei Relevanz für die poetische Sprache im engeren Sinn, diese steht für das monologische Prinzip. „Die Sprache der poetischen Gattung ist die einheitliche und einzige ptolemäische Welt, außerhalb derer es nichts gibt und nichts zu geben braucht. Die Idee der Pluralität sprachlicher Welten (...) ist dem poetischen Stil verschlossen"[13]. Bachtin geht davon aus, daß die poetische Sprache als Sondersprache die natürliche Dialogizität der Sprache unterdrücke und zum Autoritär-Dogmatischen tendiere. Er begreift das poetische Wort als etwas Voraussetzungsloses, das keines Kontextes bedarf, das sich selbst genügt und jeder Wechselbeziehung mit einem fremden Wort entsagen kann. Der Dichter erscheint als einheitliches Sprechersubjekt, allein mit seiner einzigen Sprache und der noch unbesprochenen Welt. Eine so begriffene Sprache kann keinen Abstand zu sich nehmen, jedes Wort ist in der Distanzlosigkeit zu sich selbst als zu einem Signifikanten nur dem Gegenstand verpflichtet, nicht anderen möglichen Signifikanten. Ein textüberschreitender Dialog mit anderen Texten ist ebenso ausgeschlossen wie die Alterität des Dichtersubjekts.

Indem Bachtin einräumt, daß sich diese Urteile in bezug auf die moderne, er meint die futuristische, Lyrik revidieren ließen (der er allerdings die Idee der gesonderten, einheitlichen und einzigen Sprache der Poesie als utopisches Philosophem vorwirft), beharrt er dennoch auf der dem Prosawort diametral entgegengesetzten Spachhaltung der poetischen Monologizität. Seine Folie ist hier offenbar die etablierte, offizialisierte Sprache der Lyrik, die den Rigoren eines hierarchisch gegliederten Stilsystems, einer Figuren- und Tropenlehre unterworfen ist und in der Kontinuität einer scharf dichotomisch orientierten Sprachkonzeption steht, die zwischen trivial und erhaben, eigentlich und uneigentlich unterscheidet. Sie deckt sozusagen die gesamte offizielle Sprachtradition auf, die Bachtin in de Saussure ebenso entgegentritt wie im Dichotomiedenken der Formalisten, deren konventionalisierte Gegenüberstellung von poetischer und praktischer Sprache an einem stabilen rhetorischen Denken partizipiert, einem dichotomischen Denken, das zur Frage nach der Bestimmbarkeit der Poetizität — bei den Formalisten und besonders Jakobson — geführt hat.

---

[11] „Dva rečevych proizvedenija, vyskazyvanija, sopostavlennye drug s drugom, vstupajut v osobogo roda smyslovye otnošenija, kotorye my nazyvaem dialogičeskimi. (Bachtin, „Problema teksta v lingvistike, filologii i drugich gumanitarnych naukach", in *Estetika slovesnogo tvorčestva*, Moskau 1979, S. 297).
[12] „Net liriki bez dialoga." (Mandel'štam, „O sobesednike", in *Sobranie*, Bd 2, S. 239).
[13] M.M. Bachtin, *Die Ästhetik des Wortes*, hg. R. Grübel, dt. R. Grübel / S. Reese, Frankfurt/M. 1979, S. 178.

Das dichotomische Sprachdenken des Bachtinkreises verläuft nicht entlang der von den Formalisten reaktualisierten, von der Rhetorik vorformulierten Linie, die Alltagssprache von poetischer trennt, sondern teilt den Gesamtbereich von Sprache des Gebrauchs und Sprache der Kunst nach den Kriterien von Monologizität und Dialogizität. Gegen die einheitliche Sprache der Poesie (die mit der offizialisierten Sprache den Zug des Sinnzentralismus, der Durchsetzung eines Wertakzents und der Geschlossenheit gemeinsam hat — in der Poesie von der Autorität des seinem Wort allein verantwortlichen Dichters, in der offiziellen Sprache von der Autorität der herrschenden Klasse getragen —) wird die Idee der Vielheit der Sprachen, die Idee der Differenzierung und Auffächerung gesetzt. Die in ständiger Umgruppierung befindliche Koexistenz von Sprachen verschiedener Epochen und Perioden des sozioideologischen Lebens („jeder Tag hat seine eigene sozioideologische, semantische Konjunktur, sein Lexikon, sein Akzentsystem", S. 182) läßt die sprachliche Gegenwart zugleich als Bilanz und als Potentialität sehen, facettiert sie, schichtet sie. Die „Aufspaltung" — und in dieses Konzept gipfelt der Gedankengang —, die die Sprache erfährt, ist gegen die Zentralisierung des Sinns gerichtet, gegen den Prozeß der Ent-Stimmlichung, der die Vielzahl der Intonationen verschweigt. „Die Dichtung löscht die Besonderheit der Tage in der Sprache aus, die Prosa hingegen trennt sie (...) voneinander, verleiht ihnen personifizierte Repräsentanzen und stellt sie einander in endlosen Romandialogen gegenüber" (S. 182). Personifizierte Repräsentanzen sind die Stimmen, die die Sprache unendlich aufspalten und ihren gerinnenden Sinn zersetzen. Die Sprache — spaltbares Material. Dies ist ein Gedanke, der auch den der Unendlichkeit des Dialogs mitbegründet. Der Roman ist der Ort, an dem die Spaltung stattfindet, die Möglichkeit der Entfaltung jener restlosen Dialogizität immer wieder aufzehrend: „Immer weniger neutrale, feste (‚eherne Wahrheit'), nicht in den Dialog eingewobene Elemente bleiben (im Roman) übrig. Der Dialog führt in molekulare und schließlich inneratomare Tiefen" (S. 191)[14].

Ohne den Begriff der Stimme läßt sich der des dialogischen Wortes nicht fassen. Die Stimme ist die Spur vor jeder Spur, sie trägt die Ablagerungen des Wortes vor, dringt in die Geschichte des Wortes vor, dringt in die Geschichte des Wortes im Wort ein (deren Erforschung Vološinov als die Hauptaufgabe jeder Beschäftigung mit Sprache sieht[15]). Die Stimme dezentriert, überschreitet den Zeichenraum, den das Wort, indem es mit der anderen, der fremden Stimme sich kreuzt, absteckt. Im Wort intoniert die Stimme den Wertakzent — die punktuelle, transitorische ideologische Entscheidung in der verbalen Interaktion. Das Wort wird in seiner Zeichenhaftigkeit und in seiner Materialität durch die Stimme konstituiert, die das psychische Innen mit dem sozialen Außen verknüpft. Der Chronotop der Stimme ist die antizipierte Vergangenheit, die Nicht-Präsenz.

---

[14] Der Dialog bei Dostoevskij ist nicht mehr Mittel, sondern Selbstzweck, nicht Schwelle zur Handlung, sondern selbst Handlung, die potentielle Unendlichkeit des Dialogs suspendiert auch das Sujet. Und noch pointierter: „Alles ist Mittel, der Dialog allein ist das Ziel. Eine einzelne Stimme beendet nichts und entscheidet nichts. Zwei Stimmen sind das Minimum des Lebens (...)." (Bachtin, *Probleme* S. 285)

[15] V. Vološinov, *Marxismus und Sprachphilosophie*, dt. R. Horlemann, Frankfurt/M. 1975, S. 235. Die folgenden Zitate aus dieser Ausgabe.

Wenn ihre Materialität auch unverzichtbar ist (Vološinov beharrt auf der materiell-sinnlichen Seite des Zeichens, der Zeichenwerdung in der Materie), so ist die Stimme doch nicht phonetisch, das heißt sie läßt sich nicht auf Daten der Phonetik reduzieren. Bachtin beklagt das Beharrungsvermögen der phonetischen Qualitäten des Wortes, die eine Permanenz simulieren, der keine Sinnidentität des Wortes entsprechen kann. Es ist die Stimme, die die Indexikalität des Wortes zerstört, den wiedererkennbaren Sinn falsifiziert. So wird die Endlichkeit und Fixierung, die Präsenz des Wortes eingeholt, indem die Stimme das Wort in immer andere fremde Kontexte einstimmt oder Stimmen re-voziert, die im Wort sedimentiert sind. Denn die Stimme setzt im Wort die Stimme voraus. Die Rolle der Stimme ist subversiv: sie läßt das Wort nicht zur Ruhe kommen, löscht (vorläufig) Wertakzente, die es artikuliert hat, überlagert es mit neuen, hebt alte hervor. Die Stimme, die Stimmen schaffen Dezentrierung, Aufspaltung, Differenzierung. Das vielstimmige Wort wird zum Ort einer verbalen Interaktion, die keinem Zeichenzentralismus unterworfen ist, die sich der Vereinheitlichung widersetzt und die Dominanz des einen Wertakzents, des einen Ideologems unterläuft.

Vološinov wendet sich gegen einen oberflächlichen phonetischen Empirismus (S. 95) – als ob man die Sprache besäße, wenn man sie hört –, diese Kritik geht mit de Saussures Abrücken von der Phonetik zusammen, das J. Derrida gegen dessen Verdammung der Schrift ausspielt. Aber die Ablehnung der rein akustischen, physikalischen Seite der Sprache, die sich in Bachtins Feststellung (S. 167) artikuliert, gerade in der Phonetik schlügen sich die eindeutigsten Momente der Sprache nieder, so daß diese einem zentralisierenden System unterworfen werden könne, gibt dem Aspekt der Stimme seine Problematik zurück.

Bachtin und Vološinov polemisieren gegen den „abstrakten Objektivismus" der linguistischen Schule de Saussures, deren Objekt die „Kadaver geschriebener Sprachen" (S. 127) seien. Die Kritik an der Fiktion eines vereindeutigenden, sinnidentifizierenden Wortes, das auf der Basis eines Zeichenbinarismus funktioniert, in dem das Zeichen zum Signal gerinnt, – lediglich Wiedererkennen von Sinn, nicht Verstehen garantierend – berührt sich mit Derridas Logozentrismuskritik. Bachtins Begründung dieser Kritik aber ist eng mit dem Konzept der Stimme und des Dialogs, des Kontextes und Kontaktes verbunden und kehrt die Opposition, die Derrida in der Grammatologie entwickelt, um: nicht phonē (logos) vs. gramma, sondern gramma (logos) vs. phonē.

Der abstrakte Objektivismus, der mit der Fiktion des Systems, der Isolierung des Einzelwortes, der Identifikation des Sinns arbeitet, tendiert in der Interpretation des Bachtinkreises zum Sprachzentralismus, in dessen Konsequenz die Gefahr eines Systems liegt, das in der Etablierung eines dominierenden Wertakzents und einer Hierarchie einheitlicher (unbezweifelbarer) Bedeutungen seinen offiziellen Herrschaftsraum abzustecken beginnt. In der Unterdrückung der ‚natürlichen' Dialogizität der Sprache, des „sozialen Ereignisses der sprachlichen Interaktion, welche durch Äußerung und Gegenäußerung realisiert wird" (S. 157), setzt sich der Monologismus als sekundäre, usurpierende Kraft durch, die das Wort als Antwort verhindert und die Bedeutungsentstehung auf der Grenze zwischen zwei Sprachen (aus der Berührung zweier Zeichen) durch das Bedeutungsinventar verdrängt. Das so disziplinierte Wort gibt seine Vieldeutigkeit als konstitutives Merkmal ab. Der Substantialisierung der Bedeutung entspricht die Fiktion eines einheitlichen und realen Gegenstandes, dem das Wort auf immer gleiche Weise entsprechen soll.

Die Sprache als — rest- und grundlos — dialogische Rede (Antwort, Übersetzung, Widerlegung, Bestätigung, Antizipation) wird als Prozeß gedacht, der sein erstes und letztes Wort verneint. Sein Ort ist nicht fixierbar, flüssig: „Als Ganzes verwirklicht sich die Äußerung (in Vološinovs Konzeption das dialogische Pendant zum monologischen Satz der Linguistik) nur im Strom der sprachlichen Kommunikation. Denn das Ganze definiert sich durch seine Grenzen, und die Grenzen liegen an der Berührungslinie der jeweiligen Äußerung zum außersprachlichen und sprachlichen Milieu (d.h. zu anderen Äußerungen)" (S. 159). S. Weber hat in seiner Vološinov-Lektüre — im Kontext der Derridaschen différence und absence — auf die Äußerung als nachträgliches und vorläufiges Produkt der Interaktion hingewiesen: „Als Übersetzung ohne Original ist die Äußerung eher Reproduktion denn Identität, differentielles Moment einer Übertragung (...) sie ist Re-aktion und Re-petition, doch nicht als Abschwächung einer vorgegebenen Identität, sondern als Bewegung einer Differenz, die die Äußerung hervorbringt, und sie gleichzeitig ‚aufhebt und vernichtet' "[16].

Ebenso wie Sinn im Wort durch die Kreuzung zweier Kontexte entsteht als Explosion in der Berührung zweier Horizonte, ist das Sinnverstehen ein Akt der Berührung und Kreuzung. Die Dialogizität im Wort verlangt ein Verstehen als Dialog. Nur das aktive Verstehen, das „den Keim der Antwort in sich"[17] trägt, kann sich eines punktuellen Sinns auf der Grenze zweier Kontexte bemächtigen. Das Verstehen der fremden Äußerung bedeutet eine antwortende Einstellung, den Versuch der Einbettung in einen „aktiv antwortenden Kontext" (S. 167). Damit ist „jedes Verstehen dialogisch" (S. 167). Hier entsteht ein Wechselbezug zwischen Innen und Außen, den Vološinov als Zeichengeschehen interpretiert. Verstehen wird als Zeichenverstehen zur Antwort auf Zeichen mit Zeichen. Im Wortzeichen materialisiert sich Verstehen, im Verstehensakt — Erwiderung und Antizipation — erlangt das Wortzeichen seine Dialogizität. Die Berührung (der Sinn auf der Grenze zweier Kontexte) und die Überschneidung (das Leben der Sprache beginnt erst dort, wo eine Äußerung die andere Äußerung überschneidet) bestimmen jene nur punktuelle Identität erlangende Sinnwerdung. Doch ist auch „diese Punktualität fiktiv" (Vorwort von Weber, S. 29). Der Sinn gewinnt keine Präsenz, denn er ist Rekurs und Projekt.

Die Schriften Bachtins und Vološinovs arbeiten an der Profilierung dieses gegen den abstrakten Objektivismus, die Systemlinguistik gerichteten Konzepts, das immer wieder — vehement und unüberhörbar — das Sinnmonopol eines zentripetal geordneten Sprach- und Herrschaftsraums als Bedrohung des Wortlebens (des Lebens) ausruft. Erst die Exzentrik des Sinns, die Kreuzung der Wertakzente, die in der Äußerung intoniert werden, verweigern die Präsenz eines Konsensus, der die zentrifugalen Zeichenhandlungen (die den akkumulierten und den potentiellen Sinn aufwirbeln) verbietet.

Der Begriff der Wertung oder des Wertakzents, der die Vorstellung einer vorläufigen Eindeutigkeit und Sinnentscheidung oder „Setzung, die ihre Entstehung und Beschaffenheit als Übersetzung vergißt oder vergessen machen will" (Vorwort von Weber, S. 36),

---

[16] S. Weber „Der Einschnitt — Zur Aktualität Vološinovs", Vorwort zu V. Vološinov, *Marxismus*, S. 9–45, hier S. 32.
[17] V. Vološinov, *Marxismus* S. 167. Auch die folgenden Zitate aus dieser Ausgabe.

suggeriert, ist unverzichtbar für das Dialogizitätskonzept. Der Wertakzent konstituiert die verbale Interaktion als soziale, fungiert als Interpretant der Zeichenhandlung. Als widerstreitende inszenieren die Wertakzente den Dialog im Wort, das Wort als Dialog.

Während Vološinov in seinem Versuch einer marxistischen Auslegung verbaler Interaktion Zeichengeschehen als ideologisches Geschehen bestimmt und die militante Ablösung der Wertakzente, die Sinn als ‚Interesse' artikulieren, verfolgt (das Wort als „Arena des Klassenkampfes", S. 71), geht es Bachtin um den Abbau auch der punktuellen Wertkonsolidierung. Das Sinnmonopol zerstäuben, die Spracheinheit auseinandertreiben, das wird zum Tenor der Sprachsubversion, die Bachtin betreibt[18]. Seine Vorstellung einer nicht reduzierbaren und letztlich nicht einholbaren Sprachen- und Redevielfalt orientiert sich an der Idee einer alles zergliedernden, unaufhörlichen Bewegung der „Spaltung". Das Konzept der Spaltung, von dem schon die Rede war, wird mit dem der „Intention" zusammengeführt. Bachtin spricht vom Moment der „Intention" als der „spaltenden und differenzierenden Kraft", vom „intentionalen Aspekt der Spaltung", der „spaltenden Sättigung"[19] der Sprache mit Intentionen und Akzenten. Der Begriff der Intention, so scheint es, führt hier zu dem des Wertakzents zurück und umschließt den des „Horizonts" und der „Weltsicht". Die „gesellschaftliche Kraft" (S. 184), die die Spaltung der Sprache vollzieht, das heißt die Vielzahl der Horizonte, die sich der Sprache, sie spaltend, bemächtigen, hinterlassen „Spuren". Im dialogischen Wort, dem Wort auf der „Grenze zwischen dem Eigenen und dem Fremden", dem eigentlich „halbfremden Wort" (S. 185) wird diese spaltende Sättigung manifest. Es ist der Prosaschriftsteller, der die Intentionen, Wertakzente, Kontexte aufeinanderbeziehend darstellt, in wechselseitiger Erhellung, Bespiegelung, Bespitzelung. Er gestaltet nicht Welt, sondern Sprache als gespaltenes, differenziertes Ensemble von Weltansichten.

Poesie dagegen ist Sprache ohne Verweischarakter, zwischen Sprecher und Wort gibt es keine Distanz, die der Reflexion des Wortes auf ein fremdes Raum böte. „Alles was in das (poetische) Werk Eingang findet, muß (...) sein vorläufiges Leben in fremden Kontexten vergessen" (S. 188). So bietet der Dichter als *eine* Person sprechend, durch *eine* Stimme intonierend, *eine* Sprache für einen einzigen Horizont auf zur „Vernichtung aller Spuren von sozialer Redevielfalt und Sprachvielfalt" (S. 189).

Der *eine* Sinn kann sich nicht halten angesichts der vielen Sinne. Das Eindringen der vielen Sinne in den einen, ihn atomisierend, das ist der eine Gedankenzug Bachtins, der sich mit jenem der Sinnexplosion, die durch die Berührung verschiedener Sinne geschieht, irritierend verknüpft. Das heißt, Spaltung und Differenzierung, Speicherung und Spur sind im Wort zusammenzudenken. Das Wort, das die Kontexte erinnert, durch die es gegangen ist, zeichnet die Spuren des Sinns auf, der in ihm intoniert wurde. Jeder neue Sinn, der in es eindringt, findet die Spuren vor: die Spaltung geschieht in der Akkumulation, die

---

[18] Vgl. zur Problematik Einheitssprache („edinyj jazyk") und Vielsprachigkeit („raznorečie") J. Lehmann, „Ambivalenz und Dialogizität – Zur Theorie der Rede bei Michail Bachtin" in *Urszenen – Literaturwissenschaft als Diskursanalyse und Diskurskritik*, hgg. F.A. Kittler / H. Turk, Frankfurt/M. 1977, S. 355–380; insbesondere seinen Hinweis (S. 372) auf das Sprachverhalten des späten L. Wittgenstein und dessen diesbezügliche sprachtheoretische Reflexion sowie auf H. Marcuses kritisches Konzept der ‚eindimensionalen Sprache' in *Der eindimensionale Mensch*.
[19] M. Bachtin, *Ästhetik* S. 184. Auch die folgenden Zitate aus dieser Ausgabe.

Akkumulation durch die Spaltung. Das Bild des Wucherns, das Lehmann aus Foucault für Bachtin entleiht[20], faßt die Sinnexplosion, das Aufwirbeln des Sinn(staub)s. Es ist das Foucaultsche Wuchern des inoffiziellen gegen den offiziellen Diskurs.

Bachtins Weltmodell der wachsenden Zeichenkomplexion oszilliert zwischen vorweggenommener Utopie und utopischem Abschluß. „Bei den Erinnerungen berücksichtigen wir auch die nachfolgenden Ereignisse (im Rahmen des Vergangenen), d.h. wir rezipieren das Erinnerte im Kontext des unvollendeten Vergangenen"[21]. Die Leugnung des ersten und des letzten Wortes läßt den Dialog in die „unbegrenzte Vergangenheit" und in die „unbegrenzte Zukunft" (S. 357) vordringen. „Selbst ein vergangener, das heißt im Dialog früherer Jahrhunderte entstandener Sinn kann niemals stabil (ein für allemal vollendet, abgeschlossen) werden (...). In jedem Moment der Entwicklung des Dialogs liegen gewaltige, unbegrenzte Massen vergessenen Sinns beschlossen, doch in bestimmten Momenten der weiteren Entwicklung des Dialogs werden sie je nach seinem Gang von neuem in Erinnerung gebracht und leben (im neuen Kontext) in erneuerter Gestalt auf. Es gibt nichts absolut Totes: Jeder Sinn wird – in der ‚großen Zeit' – seinen Tag der Auferstehung haben" (S. 357).

Alle Prozesse der Dezentrierung, Pluralisierung und Zersetzung von Sinn, von denen die Rede war, implizieren den Begriff der Stimme als der Instanz, die jene Berührung von eigen und fremd in das Wort einspielt. Der innere Wortdialog ist Ergebnis der Zweistimmigkeit und, extremer, der Polyphonie. Die Stimme als Viel-Stimme ist das eigentliche Äquivalent der Derridaschen écriture, und beide treffen sich in der Abgrenzung von de Saussure, als dem Verfasser des *Cours de linguistique générale*, zugeschriebenen Konzepten. Allerdings ist diese Koinzidenz nicht etwa über die Auslegung der Begriffe Stimme und Schrift zu zeigen. Die Stimme Bachtins ist nicht de Saussures oder Derridas, ebenso wenig wie die écriture Derridas diejenige de Saussures ist. Die Koinzidenz kann durch die Heterogenität hindurch konstruiert werden. De Saussure meint mit écriture, so scheint es, das Alphabet als ein sekundäres Zeichensystem, das in bezug auf das phonetische System der Sprache Lautwerte festschreibt, die die tatsächliche Lautevolution nicht wiedergibt. Es ist eigentümlich, daß de Saussure hier dem Alphabet eine Gewaltsamkeit, eine deformative Kraft in bezug auf die langue parlée zuschreibt und damit genau jene Position preisgibt, die Bachtin und Vološinov dem abstrakten System-Linguismus vorgeworfen haben. Nämlich die synchron gesehene Sprache als stabiles, fixiertes System – mortifizierte Sprache –, die der Fiktion des einhelligen Sinns aufsitzt, den Strom, der unaufhaltsam durch das Wort geht, und das Strömen des Wortes durch die Kontexte zum Stillstand bringend. Das durch seine distinktiven Merkmale, seine reine Signifikanten-Differenz identifizierbare Einzelwort gibt das Wort aus dem Sinnstrom genauso wenig wieder wie eine historische Schreibweise den aktuellen Lautwert. Dieses von Derrida als „vulgär" apostrophierte Verständnis von Schrift als Alphabet[22] korrespondiert dem „vulgären" Verständnis der System-Sprache (des Lexikons) bei Bachtin.

---

[20] J. Lehmann, „Ambivalenz" S. 356.
[21] M. Bachtin, *Ästhetik* S. 355. Die folgenden Zitate aus dieser Ausgabe.
[22] J. Derrida, *De la grammatologie,* Paris 1967, S. 83.

Das Schrift-Verständnis Derridas, das er gegen de Saussure geltend macht, – J. Hörisch hat es mit einem glänzenden Zitat des romantischen Naturforschers J.W. Ritter in einer Tradition[23] identifiziert, in die auch Äußerungen Hjelmslevs und Russels gehören, – enthält jedoch Konzepte, die zur Phono-Manie Bachtins ebenso passen wie zu Ansätzen in der Anagrammatik de Saussures. Ritters Satz: Die „erste, und zwar absolute, Gleichzeitigkeit (gemeint ist die Gleichzeitigkeit von gesprochenem Wort und Schrift) lag darin, daß das Sprachorgan selbst schreibt, um zu sprechen. Nur der Buchstabe spricht, oder besser: Wort und Schrift sind gleich an ihrem Ursprung eines, und keines ohne das andere möglich"[24], zeigt jene ‚ideale' Allianz, in die die „befreite" Stimme Derridas und die „befreite" Schrift Bachtins eintauchen könnten.

Die Umkehrung der von Derrida entlarvten Koalititon von Logos und Phonē (oder wie Hörisch sagt, der „Wahlverwandtschaften von Präsenz, Phono-, Logo- und Subjektzentrismus)[25] in eine solche von Logos und Gramma bei Bachtin ändert nichts an dem Befund einer generellen Gemeinsamkeit, auf die bereits Weber in seiner die Modernität Vološinovs betonenden Untersuchung hingewiesen hat. Sie läßt sich insbesondere über den Begriff der „poly-phonē" bestätigen. Die Dezentrierung von Subjekt und Sinn, das Konzept der antizipierten Vergangenheit, der immer offen gehaltenen Zukunft, des verweigerten ersten und letzten Wortes und die explizite Logozentrismuskritik des Bachtinkreises (die herrschende Klasse und das herrschende Sprachverständnis im Blick – obgleich Parallelen zwischen dem Stalinismus und der Linguistik de Saussures zu denken absurd ist) sind solche Koinzidenzen. Der den Monologismus apostrophierende Objektivismus wird als Gefahr erkannt, die auf dem Wege der Durchsetzung einer einheitlich strukturierten Zeichengemeinschaft alle Aufspaltung und Differenzierung verhindert. Das System erstickt die Stimme. Die Schrift Derridas als „differentielle Aufschubstruktur" und als „uneinholbare Nachträglichkeit"[26] gibt der Bachtinschen Stimme ihre logoskritische Kontur. Die Schrift ist für Bachtin jene disziplinierende Kraft, die den Sinnpluralismus und die Vielstimmigkeit einebnet, zugleich aber die Schrift zum Speicher der Stimmen werden läßt, es gilt die Schrift zu deskriptualisieren, sie zum Klingen zu bringen. So bewegt sich die Stimme in einem Prozeß zwischen Grammatisierung und Entgrammatisierung. Unter der Vielzahl der Intonationen, die den einen Sinn zersetzen, verstummt das Stimmwort in die Schrift[27], doch um eben diese Intonationen, die vielfach gekreuzten Sinnintentionen zu erfassen, bedarf es wiederum der ‚lauten' Lektüre. Das heißt die Sinnmasse bringt die ‚phonetischen' Stimmen zum Verstummen, und die Schrift, in die sie einsinken, zum Klingen. Während Vološinov für lautes Lesen plädiert[28], faßt Bachtin diesen Vorgang abstrakter: es geht ihm um die Wahrnehmung der Stimmspuren, die in der schriftlichen Fi-

---

[23] J. Hörisch, „Das Sein der Zeichen und die Zeichen des Seins – Marginalien zu Derridas Ontosemiologie", in J. Derrida, *Die Stimme und das Phänomen – Ein Essay über das Problem des Zeichens in der Philosphie Husserls*, dt. J. Hörisch, Frankfurt/M. 1979, S. 7–50, hier S. 14.
[24] J.W. Ritter, *Fragmente aus dem Nachlaß eines jungen Physikers – Ein Taschenbuch für Freunde der Natur. Zweytes Bändchen*, Heidelberg 1810, S. 229, zitiert nach Hörisch, ebd.
[25] J. Hörisch, „Das Sein" S. 13.
[26] Ebd. S. 11f.
[27] Vološinov, *Marxismus* S. 232.
[28] Ebd. S. 233.

xierung eine Art vorläufiger Eindeutigkeit ‚erlitten' haben. Die Schrift ist ohne die zusätzliche Anstrengung, sie zu verstimmlichen, nicht dialogisch. Nur im Roman gelingt diese Verstimmlichung der Schrift:

> Im Gegensatz dazu (d.h. dem einen Gegenstand, dem das eine poetische Wort des Dichters entspricht) enthüllt der Gegenstand dem Prosaschriftsteller vor allem gerade diese soziale, in der Rede differenzierte Vielfalt seiner Namen, Definitionen und Wertungen. Anstelle der jungfräulichen Fülle und Unerschöpflichkeit des Gegenstandes selbst eröffnet sich dem Prosaschriftsteller die Vielfalt der Wege, Bahnen und Tropen, die das soziale Bewußtsein in ihm angelegt hat. Zusammen mit den inneren Widersprüchen im Gegenstand selbst enthüllt sich dem Prosaschriftsteller die soziale Redevielfalt ringsum, – jenes babylonische Sprachgewirr, das jeden Gegenstand umgibt; die Dialektik des Gegenstandes verflicht sich mit dem ihn umgebenden sozialen Dialog. Für den Prosaschriftsteller ist der Gegenstand eine Konzentration von in der Rede differenzierten Stimmen, unter denen auch seine eigene Stimme erklingen muß; diese Stimmen bilden den notwendigen Hintergrund für seine Stimme, einen Hintergrund für seine Stimme, einen Hintergrund, ohne den die Nuancen seiner künstlerischen Prosa nicht wahrnehmbar sind, „nicht klingen"[29].

So verstanden läßt sich vom ‚vokalischen' Text des Romans sprechen, dessen Ambivalenzspannung in der unüberwindbaren Differenz zwischen der schriftlichen Fixierung, die auktoriale Garantien für die eine Wahrheit zu geben scheint, und der Polyphonie, die als antiauktoriale, zentrifugale Kraft auftritt, sich aufbaut. Es ist eine Ambivalenz, die diejenige der Zeichengemeinschaft abbildet.

Die Übertretung jenes „Raum(es), den unsere Kultur unseren Gebärden und unserem Sprechen einräumt"[30], findet im Roman statt. Der Roman, der immer als Kritik der Kodes auftritt, denen er sich verdankt, entwirft sich in der Replik auf die konkreten anderen Texte. Indem er seine Tradition schafft und aufhebt, kann er als Gattung gedacht werden, die zwischen Retrospektive und infiniter Potentialität die Fixierung der Schrift – den Beginn des Archivs – ambivalentisiert. In der homophonen Redundanz des verschrifteten Textes muß die polyphone Entropie lesbar/hörbar bleiben.

Zwei Extreme des Denkens und der moralischen Praxis unterscheidend – das naturwissenschaftliche Erkennen, das es mit dem Ding ohne Stimme, und das humanwissenschaftliche, das es mit dem Ding, das das Wort als Keim in sich trägt, zu tun hat –, führt Bachtin in den den Dialog konstituierenden Verstehensprozeß eine Personalisierung ein, die einen schwer eingrenzbaren Subjektbegriff impliziert. „Personifikation (in der humanwissenschaftlichen Erkenntnis gegen die Verdinglichung gesetzt) ist jedoch keinesfalls Subjektivierung. Das Extrem ist hier nicht ‚ich', sondern ‚ich' in Wechselbeziehung mit anderen Personen"[31]. Subjekt interessiert da, wo es im Dialog, in der Sinnkreuzung sich mit einem anderen trifft. „‚Sinn' ist personalistisch: in ihm liegen immer Frage, Appell und Vorwegnahme der Antwort, in ihm sind immer zwei (als dialogisches Minimum) gegenwärtig. Es ist dies keine psychologische Personalität, sondern eine Sinn-Personalität"[32].

Das Abrücken von einem psychologischen Subjektbegriff (das in einer Auseinandersetzung mit zentralen Positionen der Freudschule gründet)[33], indem statt Psyche Sinn,

---

[29] M. Bachtin, *Ästhetik* S. 171.
[30] M. Foucault, *Schriften* S. 70.
[31] M. Bachtin, *Ästhetik* S. 354.
[32] Ebd. S. 352.
[33] Vgl. die Auseinandersetzung mit der Freudschen Theorie bei V. Vološinov, *Frejdizm – Kritičeskij očerk*, Moskau/Leningrad 1927, frz. Übersetzung: M. Bakhtine, *Le Freudisme*, frz. G. Verret,

statt Subjekt Person, Personalität, Personifikation gesetzt werden, ist wiederum dem Dialog-Gedanken und dem des Sinnverstehens als eines Zeichenprozesses verpflichtet. Das sprechende, zeichenhandelnde Subjekt ist nie nur Eines, es konstituiert sich als Person (als Stimme) im Wort des anderen. Das Wort wird so als zweiseitiger Akt und zugleich als Produkt dieses Aktes gesehen: „Jedes Wort drückt den ‚einen' in Beziehung zum ‚anderen' aus"; „Im Wort gestalte ich mich vom Standpunkt des anderen"[34]. Lehmann hat darauf hingewiesen, daß die „ ‚Rede des anderen' als die ‚Rede des Anderen' nicht diejenige des Unbewußten im Sinne Lacans" sei, „sondern der soziale Bereich aller sprechenden Subjekte"[35]. M. Bubers *Ich und Du*[36] und der von V. Vološinov und P. Medvedev[37] entwickelte Gedanke der Zeichengemeinschaft, d.h. des sozialen und nicht des individuellen Subjekts, fließen hier zusammen. Die Stimme zeigt die Subjekt-Dezentrierung an ebenso wie der infinitive Dialog den sozialen Ort des Sprachstroms.

Die Dezentrierung von Subjekt und Sinn wird von Bachtin immer im Angesicht der Pluralität und des Werdens gedacht, gedacht gegen das Vergessen der Spuren. Der Logozentrismus im Sinne Derridas als Epoche der „parole pleine", des sinnidentischen Wortes, hat die Reflexion über „Ursprung und Status der Schrift" als Spur der Spur unterdrückt. Die „écriture en général", die weder „image" noch „figuration" noch „signe de signe"[38] ist, wird von einem bestimmten Schriftmodell unterschieden, das als Instrument und Technik der Repräsentation eines Sprachsystems dient (womit Derrida de Saussures reduktionistischem Schriftbegriff entgegenkommt). Konzepte aber wie „signe, technique, représentation, langue" (S. 67) werden in einem Sprachsystem denkbar, das der phonetisch-alphabetischen Schrift verbunden ist, einem System, in dem die logozentrische Metaphysik entstand, die den Sinn des Seins als Präsenz determiniert.

Derrida, der den *Cours de linguistique générale* gegen den Strich grammatologisch liest, was besonders bei der Diskussion der Arbitraritätsthese deutlich wird, läßt seinen écriture-Begriff zwischen zwei Polen oszillieren, dem der Fixierung und dem der Emanzipation des Zeichens, womit er sich Bachtin nähert und gleichzeitig von ihm entfernt:

Si ‚écriture' signifie inscription et d'abord institution durable d'un signe (et c'est le seul noyau irréductible du concept d'écriture), l'écriture en général (also nicht jenes spezielle Modell einer phonetisch-alphabetischen Schrift mit sekundärer, aufzeichnender Funktion) couvre tout le champ des signes linguistiques.

Und noch klarer: „L'idée même d'institution – donc d'arbitraire du signe – est impensable avant la possibilité de l'écriture et hors de son horizon" (S. 65). Das heißt, Derrida macht

---

Lausanne 1980; zur Problematik der Autorschaft der Schriften des Bachtinkreises vgl. die Darstellung bei R. Grübel, „Michail M. Bachtin – Biographische Skizze", in Bachtin, *Ästhetik* S. 7–20.

[34] Vološinov, *Marxismus* S. 146.
[35] Lehmann, „Ambivalenz" S. 370.
[36] Zur Situierung Bachtins im Kontext der philosophischen Dialogtheorie vgl. R. Grübel, „Zur Ästhetik" S. 42–69.
[37] Gemeint ist die unter dem Namen von P. Medvedev publizierte Arbeit *Formal'nyj metod v literaturovedenii*, Leningrad 1928, dt. Ausgabe *Die formale Methode in der Literaturwissenschaft*, hg. und übers. H. Glück, Stuttgart 1976, die neben den erwähnten Arbeiten von Bachtin und Vološinov – s. Fußnote 33 – konstitutiver Bestandteil der Theorie des Bachtinkreises ist.
[38] Derrida, *Grammatologie* S. 63. Auch die folgenden Zitate aus dieser Ausgabe.

sich gerade die Arbitraritätsthese (gegen Jakobson) zu eigen, um die Schrift als nichtäußerlichen, nicht-natürlichen und nicht-ikonographischen Signifikanten zu etablieren. Und von hier aus versucht er die Dekonstruktion dessen, was er die logozentristische Metaphysik nennt, die, ohne die Frage nach der Schrift zu stellen, ihre Methoden der Analyse, Erklärung, Lektüre und Interpretation entworfen habe.

Mit demselben Begriff liest Derrida das Wort als Schrift, mit dem Bachtin es als Stimme hört — dem der Spur: „Avant même d'être lié à l'incision, à la gravure, au dessin ou à la lettre (...), le concept de graphie implique, comme la possibilité commune à tous les systèmes de signification, l'instance de la trace instituée" (ebd.). Das Wort selbst ist Schrift als „trace instituée" und als „trace immotivée". Der kryptische Dogmatismus dieser These — die Idee der ‚Institution der Spur' macht sie dogmatisch — wird gemildert durch das Konzept der ständigen Versetzung der Zeichenidentität: „L'identité à soi du signifié se dérobe et se déplace sans cesse. Le propre du representamen, c'est d'être soi et un autre, de se produire comme une structure de renvoi, de se distraire de soi" (S. 72) — eine klare Parallele zu Bachtins und Vološinovs Zeichenverständnis als Doppeltes, Alterität Umschließendes, als eine ständig sich umstrukturierende Verweisung. Die Spur, „l'origine de l'origine" oder „archi trace" (S. 90), konstituiert die Schrift als „archiécriture" (S. 99), die nicht mehr Objekt einer Wissenschaft ist — nicht reduzierbar auf die Form der Präsenz. Das antiszientistische Pathos, das dem Definitorischen (Vereindeutigenden) und dem Ver-Gegenwärtigenden die Bewegung der Spur entzieht, trifft sich mit Bachtins Profilierung des Erkennens der Stimmspur. Bachtin deckt wie Derrida die ‚Unterdrückung' der Spur auf, der Spur als Archi-Phänomen des Gedächtnisses, die Löschung des im Wortgedächtnis gespeicherten und abgelagerten Sinns. Die Unterdrückung der Spur ist die Unterdrückung der Antwort-Struktur des Wortes, der Dialogizität als Setzung in der Übersetzung. Die Archi-Schrift Derridas ist die Archi-Stimme Bachtins, die immer schon die Spur der anderen Stimmen trägt.

Das Konzept des Gedächtnisses entwickelt Bachtin auf der Folie der Dichotomie von Mono- und Dialogizität. Das Dialogwort als Wort der ‚Kultur' ist Speicher des ‚lebendigen' Gedächtnisses; das erstarrte Gedächtnis (Monument), das das monologische, auf einer Wahrheit beharrende Wort erzwingt, ist ein Gedächtnis des Gesetzes. Es ist das Romanwort, das die dialogische Interpretation des Gedächtnisses vorführt, während das lyrische weder Akkumulation noch Reminiszenz leistet und gewissermaßen außerhalb der Kultur, kulturlos bleibt. Es ist ein Wort ohne Antezedens, ein Wort der Spurlosigkeit, ein Wort, das nicht gedächtnismächtig ist. Im folgenden soll gezeigt werden, daß der Akmeismus die Wertung des lyrischen Wortes in seiner Poetologie und poetischen Praxis umgekehrt hat und durch die Instanz des Gedächtnisses eine ‚lyrische' Kulturkonzeption entwickeln konnte, deren zentrale Äußerungsform der Dialog ist.

II. Der akmeistische Dialog mit der Kultur

Der Akmeismus ist die Sehnsucht nach der Weltkultur.   (Mandel'štam, 1922)[39]

Ein Zitat ist keine Abschrift. Ein Zitat ist eine Zikade. Es läßt sich nicht zum Schweigen bringen.
(Mandel'štam, 1933)[40]

Der Akmeismus als Sehnsucht (Begehren) nach der Weltkultur greift mythopoetische Denkfiguren auf, um die semantische Aneignung, Verarbeitung und Transformation von Kultur zu beschreiben. Entgegen dem Analogiewahn des russichen Symbolismus, der Adressatenverneinung und der Korrespondenzfigur der Ähnlichkeit entwickelt er eine metonymische Semantik, eine Semantik der Partizipation (die ‚magische' Berührung der Kultur). Die Ablösung ikonischer Semantik, die Aufgabe auch der repräsentativen Funktion des Zeichens führt zum Aufbau einer Kontiguitätspoetik, die anagrammatische, implikative, kontaminatorische und palimpsestische Formen bevorzugt.

Der Gebrauch des literarischen Zeichens eröffnet den Eintritt in die Zeichenschichten der Kulfur, der mit dem ‚scharfen', ‚klaren' Bewußtsein (akme) der eigenen historischen Differenz, des Einbringens einer weiteren Zeichenschicht vollzogen wird. Und es ist diese neue Zeichenschicht, die im persönlichen Gedächtnis, das das kulturelle wiederholt, das diachrone Anwachsen der Erfahrung aufzeichnet. Die mythopoetische Kulturkonzeption, die in der memoria gipfelt, erlaubt einen Zeichengebrauch der ‚vorklassischen' ternären Periode im Sinne Foucaults[41]. Der Signifikant verweist auf ein Signifikat, indem er auf andere Signifikanten verweist; Verweisen ist Partizipieren, Similarität ist Kontiguität. Es entwickelt sich eine Art ‚Berührungsmagie' gegenüber allem, was kulturelles Zeichen geworden ist (das Florenz Dantes, sein: „Il mio bel San Giovanni"; der von Puškin betretene und besungene Park in Carskoe Selo, die von ihm gesehenen Statuen). Der Wunsch der Berührung mündet in einen doppelgängerischen ‚Wiederholungszwang', der die semantische Spanne zwischen dem Wiederholten (Wiedergeholten) und dem Akt des Wiederholens auskostet. Die Lust am kulturellen Zeichen, in die das Leben der elitären Gruppe (Akmeisten), das eigene Leben (das synekdochisch interpretiert wird) eintauchen, tauscht Ähnlichkeit in Teilhabe: Dantes Verbannung aus Florenz wiederholt sich in Mandel'štams Verbannung

---

[39] „Akmeizm – eto toska po mirovoj kul'ture", zit. von seiner Frau Nadežda Mandel'štam in dies., *Vospominanija,* New York 1970, S. 264.
[40] „Citata ne est' vypiska. Citata est' cikada. Neumolkaemost' ej svojstvenna." (O. Mandel'štam, „Razgovor o Dante" S. 368), dt. Ausgabe S. 12.
[41] Allerdings müßte das ternäre Zeichenmodell, das Foucault für die vorklassische Zeit definiert („Die Zeichentheorie implizierte (...) drei völlig voneinander getrennte Elemente: das, was markiert wurde, das, was markierend war, und das, was gestattete, im Einen die Markierung des Anderen zu sehen. Dieses letzte Element war die Ähnlichkeit: das Zeichen markierte insoweit, als es ‚fast die gleiche Sache' war wie das, was es bezeichnete", in *Die Ordnung der Dinge,* dt. U. Köppen, Frankfurt/M. 1971, S. 98), im Aspekt der Ähnlichkeit modifiziert werden. Das „fast-die-gleiche-Sache"-Sein bestimmt die Differenzidentität eher als die Analogie. Die „Markierung des Anderen" überlagert das primär Markierte und läßt einen den „Zeichen äußerlichen oder vorausgehenden Sinn", die „implizite Präsenz eines vorher existierenden Diskurses" hervortreten, was Foucault in bezug auf den binären Zeichentyp gerade ausschließt (ebd. S. 101).

an den Rand des Reiches, nach Voronež, und in Achmatovas Evakuierung zur Zeit der Blockade aus Leningrad nach Taškent (Voronež und Taškent als Gegenorte begriffen, ausgespart aus dem intertextuellen Raum, in denen die Zeichenhandlungen sich aufeinander berufen, einander aufrufen), Florenz wiederholt sich in Petersburg. Das Wiederholen der kulturellen Zeichen wird hier als letzte Empörung gegen die physische Gewalt, das Chaos des Vergessens, die letale Aphasie und Aphonie (der Todeslager) verstanden.

Die akmeistische Lyrik ist programmatisch ‚Dialog'. Die programmatische Dialogizität einer Lyrik, deren jedes Wort (Stimme) die Evokation und Revokation der fremden Worte (Stimmen) vollziehen muß, interpretiert das Subtext-Wissen vom immer schon besprochenen, besungenen und beschriebenen semantischen Raum als moralisch-ästhetische Aufgabe[42], diesen Raum zum Sprechen (Klingen) zu bringen. Die akmeistische Mythopoetik will die intertextuelle als poetische Handlung gegen den Tod begründen, – indem sie die nicht zum Verstummen zu bringende „Zikade des Zitats", das „Murmeln gegen den Tod"[43] aufbietet.

Den Eintritt in den verschlingenden Zeichenhaushalt der Kulturen beschreibt Mandel'štam in „Wort und Kultur":

Jetzt gibt es die Erscheinung der Glossolalie. In heiliger Verzückung sprechen die Dichter in den Sprachen aller Zeiten, aller Kulturen. (...) Alles ist zugänglich: alle Labyrinthe, Geheimorte und -gänge. Das Wort ist nicht eine Schalmei mit sieben, sondern mit tausend Rohren, in einem Augenblick vom Atem aller Jahrhunderte belebt. In der Glossolalie ist das erschütterndste, daß der Sprechende die Sprache nicht kennt, in der er spricht. Er spricht eine völlig unbekannte Sprache. Ihm scheint, er spreche griechisch oder chaldäisch. Dies ist etwas der Bildung vollkommen Entgegengesetztes. (...) Für ihn, den synthetischen Dichter der Gegenwart, ist die ganze Komplexität der alten Welt jene Puškinsche Schalmei. (S. 227)[44]

Wenn behauptet wird[45], der Unterschied in der Ideologie der Intertextualität zwischen dem westlichen Avantgarde-Roman und akmeistischer Lyrik, beziehungsweise der daraus

---

[42] V. Toporov und M. Mejlach betonen in „Achmatova i Dante", in *International Journal of Slavic Linguistics and Poetics* 15 (1972), S. 51, die „religiöse Motivierung" des Gedächtniskonzepts besonders bei Achmatova. Der Autor, der sich und seine aktuelle Realität mit seiner eigenen Vergangenheit und dem bereits durch Erfahrung Gegebenen identifiziere, bringe sein Leben in einem biblischen Sinne in die Geschichte ein. Die Aktualisierung des Erinnerten werde zum Ereignis der Gegenwart; die Gedächtnisethik umschließe die Verantwortung für sich selbst und die Gesellschaft, in der sich die eigene Geschichte vollzieht. Das Zurückgreifen auf die eigenen Spuren (formale Vereinigung von Texten verschiedener Jahre in thematischen Zyklen, das Einfügen früherer Texte in immer neue Kontexte) und die Textspuren der Zeitgenossen und Vorläufer (durch offene und verborgene Zitierung und vermittels einer Querverbindungen durch die Jahrhunderte herstellenden Epigraph-Technik) deckt diese Verantwortung für die eigenen und fremden Zeichen auf.

[43] Vgl. M. Foucault, „Das unendliche Sprechen", in *Schriften* S. 90 und explizit S. 91: „An der Grenzlinie des Todes reflektiert sich das Sprechen: es trifft auf so etwas wie einen Spiegel"; „Vielleicht ist die sich ins Unendliche verlängernde Spiegelkonfiguration, die gegen die schwarze Wand des Todes steht, fundamental für jedes Sprechen, seitdem es nicht mehr spurlos vergehen will."

[44] „Nyne proischodit kak by javlenie glossolalii. V svjaščennom isstuplenii poėty govorjat na jazykach vsech vremen, vsech kul'tur. (...). Vse dostupno: vse labirinty, vse tajniki, vse zapovednye chody. Slovo stalo ne semistvol'noj, a tysjačestvol'noj cevnicej, oživljaemoj srazu dychan'em vsech vekov. V glossolalii samoe porazitel'noe, čto govorjaščij ne znaet jazyka, na kotorom govorit. On govorit na soveršenno neizvestnom jazyke. I vsem, i emu kažetsja, čto on govorit po-grečeski ili po-chaldejski. Nečto soveršenno obratnoe ėrudicii. (...). Sintetičeskij poėt sovremennosti (...). Dlja nego vsja složnost' starogo mira – ta že puškinskaja cevnica." (Mandel'štam, „Slovo i kul'tura" S. 227).

[45] E. Rusinko, „Intertextuality" S. 252, vertritt diese Position.

entwickelten Konzeption des sowjetischen Strukturalismus, ließe sich als Opposition: Destruktion einer toten Tradition („disruption of culture") vs. Bewahrung, Rekonstruktion von Kultur („Acmeism has as its raison d'être the preservation and resurrection of traditional culture") bestimmen, so wird ein zentraler Aspekt übersehen, der im dialogischen, keineswegs konservierenden Charakter der Intertextualität liegt und in die semantische Explosion, in die ‚Aufwirbelung' allen Sinns, in die Kultur-Glossolalie führt (es geht um den dionysischen, nicht den apollinischen Aspekt von Kultur).

Die Partizipation an der Kulturkette ist nicht nur summativer Nachvollzug, sondern die späte Antwort der Nachgeborenen, der Weiterschreibenden, der Sinnerfüller, die sich ihrer semantischen Differenzleistung in der Prägung neuer kultureller Hieroglyphen, die zugleich vorwärts und rückwärts weisen, ebenso bewußt sind wie ihrer Rolle der späten Doppelgänger, die die kulturellen Zeichen weder nachahmen (im Sinne der Imitation der Vorbilder) noch überbieten, sondern in einem magischen Wiederholungsritual beschwören. Die über die Distanz der Jahrhunderte Antwortenden, im Doppelspiel des jetzt und immer schon Gesagten und Gesungenen, die die ungeheure Last der kulturellen Zeichenbürde in die Lust des Gedächtnisses transformieren, selegieren das Dialogische aus dem Kulturspeicher.

So wird für die Akmeisten Dante zum Paradigma des intertextuellen dialogischen Autors. In seinem *Gespräch über Dante* nennt Mandel'štam den 4. Gesang des *Inferno* „eine wahre Zitatorgie", „eine pure (...) Demonstration der Danteschen Anspielungsklaviatur", einen „Tastenspaziergang durch den gesamten Gesichtskreis der Antike"[46], eben hier entdeckt Mandel'štam die nicht verstummende Zikade des Zitats. Mandel'štams Begriff der Kultur umschließt einen solchen der Zeit, den er wiederum in seiner Dante-Interpretation anklingen läßt: „Durch die Vereinigung des Unvereinbaren hat Dante die Struktur der Zeit verändert, oder auch umgekehrt, er war buchstäblich gezwungen zu einer Glossolalie der Fakten, zu einer Synchronie von durch die Jahrhunderte getrennten Ereignissen, Namen und Traditionen, und zwar deshalb, weil er die Obertöne der Zeit hörte"[47]. Diese nicht mehr chronologische Zeit macht die übereinander lagernden Zeichenschichten transparent und interpretiert die jeweilige synkretistische Synchronie als ein doppeltes Abwesendes umschließend, das Abwesende der Vergangenheit und das Abwesende der Zukunft.

V. Toporov und M. Mejlach[48] charakterisieren den spezifischen Zugang von Anna Achmatova zur *Divina Commedia* als den zu einer Lebens- und Kulturgrammatik, die es erlaubt, für jede literarische und Lebenssituation eine vorgeprägte Invariante zu finden. So erklären sich die „zweistufigen Reminiszenzen" in Achmatovas Texten, in denen das ‚Material' der *Divina Commedia* als Metasprache dient, mit deren Hilfe kulturelle hetero-

---

[46] „nastojaščaja citatnaja orija", „čistuju (...) demonstraciju upominatel'noj klaviatury Danta", „progulka po vsemu krugozoru antičnosti" (S. 368), dt. Ausg. S. 12.
[47] „Soediniv nesoedinimoe, Dant izmenil strukturu vremeni, a, možet byt', i naoborot: vynužden byl pojti na glossolaliju faktov, na sinchronizm razorvannych vekami sobytij, imen i predanij imenno potomu, čto slyšal obertony vremeni." (S. 409), dt. Ausg. S. 66.
[48] „Achmatova i Dante" S. 43.

gene realia Ausdruck finden können. Die ‚Verflechtungstechnik' Achmatovas ist auf dem Hintergrund des Danteschen, von Mandel'štam hervorgehobenen „synkretistischen Zugangs zur kulturellen Erfahrung" zu sehen.

Puškin ist ein weiterer paradigmatischer Autor der Akmeisten. Achmatova arbeitet in mehreren Textanalysen die Intertexte Puškins heraus und erkennt das, was A. Sinjawski[49] den „parodistischen (...) Umformungstrieb" Puškins nennen wird, der „die Texte der ersten Autoritäten hin und her wendet", dessen „nachäffendes Echo" die „Tradition foppt" und zugleich bewahrt. Aber auch die zeitgenössischen Intertextualisten, vor allem die Imagisten, (gerade auch in ihrer Dante-Rezeption) werden mit aufgerufen[50].

Der Dialog mit den Abwesenden wird im Dialog mit den Anwesenden wiederholt. Der lyrische Dialog erscheint als Kommunikationsform der akmeistischen und spätsymbolistischen Dichter (lyrische Séancen mit aufeinander replizierenden Rezitationen), die zwischen zwei Dichtern auch über einen längeren Zeitraum hin durchgehalten wird (als Zitieren der Texte und Zitate des Anderen). Das gilt insbesondere für den Zitatdialog zwischen Achmatova und Mandel'štam: vgl. das folgende Beispiel:

Slyšu, slyšu rannij led,　　　　　　　　　Znaju, znaju – snova lyži
Šelestjaščij pod mostami, (...).　　　　　　Sucho zaskripjat.
(O. Mandel'štam, 1937)　　　　　　　　　(A. Achmatova, aus Četki, 1913)[51]
Ich höre, ich höre das frühe Eis,　　　　　　Ich weiß, ich weiß – wieder
Raschelnd unter den Brücken, (...).　　　　 Knirschen trocken die Ski.

Der Mandel'štamsche Text benutzt, die Verbwiederholungen als Replik-Signal aufnehmend, die Achmatova-Zeilen als semantisches Anagramm (als „donné sémantique" im Sinne Riffaterres). Das „slyšu, slyšu" repliziert nicht nur konkretisierend auf das „znaju, znaju", das Achmatova durch „snova" verstärkt (die Verbwiederholung steht metonymisch für ‚Wiederholung', was durch „snova" kommentiert wird), sondern auch auf „sucho zaskripjat". Damit stellt Mandel'štam eine Impression wieder her (‚ich höre trocken knirschen') und verknüpft sie mit der seinen („šelestjaščij" und „sucho zaskripjat" rücken nebeneinander), die Achmatova durch ‚ich weiß, ich weiß – wieder (...)' als unvermittelt erfahrbare verhindert hat. Das Gedächtnis von 1913 führt zur in der Replik gebrochenen Quasi-Spontaneität von 1938, die das Gedächtnis im Anagramm impliziert.

Das Netz von Querverweisen, Allusionen, Wechselzitaten, Repliken, das Mandel'štam und Achmatova miteinander geknüpft haben, hat einen Text-Dialog entstehen lassen, der es erlaubt, von einem gemeinsamen Text zu sprechen, der als eine „Serie von Doppelspiegeln" konstruiert ist[52].

Nicht diese Dialogform, sondern das Dialogisieren mit dem abwesenden Anderen hat Mandel'štam in seinem „Über den Gesprächspartner" zum Gegenstand gemacht. Der dia-

---

[49] *Promenaden mit Puschkin*, dt. S. Geier, Frankfurt/M. 1977, S. 43.
[50] Vgl. die Untersuchung von V. Toporov, „K otzvukam zapadnoevropejskoj poèzii u Achmatovoj. (T.S. Eliot)." in *International Journal of Slavic Linguistics and Poetics* 16 (1973) S. 157–176.
[51] Sämtliche Achmatova-Zitate aus der Ausgabe *Sočinenija*, 2 Bde, New York ²1967. Übersetzungen, wenn nicht anders angegeben, von Verf.
[52] Ju. Levin / D. Segal / R. Timenčik / V. Toporov / T. Civ'jan, „Russkaja semanticeskaja poetika kak potencial'naja kulturnaja paradigma", in *Russian Literature* 7/8 (1974) S. 47–82, hier S. 70. Vgl. dazu die Darstellung bei Rusinko, „Intertextuality" S. 221f.

logische Charakter der Lyrik wird hier in bezug auf den „geheimen Adressaten" der Zukunft gefaßt, das „fremde Ich", den unbestimmten Leser als Koautor der Nachfolgezeit, der die „Flaschenpost" des Gedichts finden und entschlüsseln wird. Die zeitliche Distanz zwischen Dichter und Gesprächspartner wird zum entscheidenden Faktor für einen immer möglichen, neu sich vollziehenden Dialog. Gegenüber dem zeitgenössischen Gesprächspartner, der bestimmbar und bekannt ist, der dem Gedicht „die Flügel stutzt" es „einengt und verkürzt", wird der immer wieder mögliche zukünftige, unbestimmbare Gesprächspartner, der ferne, unbekannte Adressat profiliert, der das Gedicht, den Text Ereignis bleiben läßt. Der unbekannte, in der Zukunft antwortend verstehende Adressat, weist gemeinsame Züge mit Bachtins Konzept des „Dritten" im Dialog auf, der allerdings — und hier bricht nicht nur die Parallele ab, sondern in gewisser Weise auch das Bachtinsche Konzept des „unabschließbaren Dialogs" — als utopische Instanz des richtigen und vollen Verstehens den Dialogdynamismus abschließt:

> Der Verstehende wird zwangsläufig zu einem ‚Dritten' im Dialog (...), doch ist die Dialogposition dieses ‚Dritten' eine ganz besondere Position. Eine jede Äußerung hat ja immer einen Adressaten, (...) dessen antwortendes Verständnis der Autor des Redegebildes sucht und vorwegnimmt. Dies ist der ‚Zweite'. (...) Aber außer diesem Adressaten (dem ‚Zweiten') setzt der Autor der Äußerung mehr oder weniger bewußt einen höheren ‚Überadressaten' (den ‚Dritten') voraus, dessen absolut richtiges Verständnis entweder in metaphysischer Ferne oder aber in ferner historischer Zeit angenommen wird[53].

Auch für Mandel'štam entwirft die zeitliche Ferne das semantische Potential (der Gesprächspartner der Zukunft wird für Mandel'štam zum unbestimmten Gegenüber, so wie Mandel'štam Dante als Unbestimmter gegenübertritt). Doch Mandel'štams Dialog mit Dante ist ebenso unabschließbar wie jener, den der Leser der Zukunft mit Mandel'štam führen wird.

Die semantische Differenzleistung, die der Gesprächspartner aufbieten muß, ist gegen das Verstummen der Texte, gegen das Vergessen und den Verlust der Zeichen gerichtet. Das Wiederfinden, Wiederhören des Lesers/Hörers setzt die Kombinatorik des akmeistischen Textes fort, der Überadressat der Zukunft zieht Bilanz, sichtet die semantische Akkumulation, die die eigene Antwort umschließt, führt aber keinem Schlußpunkt zu. Die Antworten der nachfolgenden Gesprächspartner sind nicht limitierbar. Es ist klar, daß der Subtext der Akmeisten als Prinzip funktioniert, dessen semantischer Rahmen entsprechend der Replik-Kompetenz von unterschiedlichem Ausmaß ist. Die akmeistische Textarbeit, in ihrer Tendenz zu maximaler semantischer Besetzung jedes Elements, expandiert die semantischen Grenzen quasi über die Intentionen des Autors hinaus, d.h. die semantischen Grenzen sind tatsächlich weiter gesteckt als das mögliche Wissen jeder einzelnen Person (Autor, Leser, Kritiker), so daß der „konkrete Subtext nur die Manifestation des Prinzips"[54] ist.

---

[53] M. Bachtin, „Problemy teksta — Opyt filosofskogo analiza", in *Voprosy literatury* 10 (1976) S. 122–151, hier S. 149. Zitiert nach dt. Übersetzung von R. Grübel, „Zur Ästhetik" S. 47/48. Der Überadressat Bachtins nimmt unterschiedlichen „ideologischen Ausdruck" an als „Gott, die absolute Wahrheit, das Urteil des unparteiischen menschlichen Gewissens, das Volk, das Urteil der Geschichte, die Wahrheit usw.". Hierzu die Interpretation von Grübel, „Zur Ästhetik" S. 48.
[54] Vgl. Rusinko. „Intertextuality" S. 229.

Es können Subtexte auftreten, die bei der Herstellung des Textes nicht präsent waren; entscheidend für das scheinbar arbiträre Aufdecken der Subtextsemantik eines gegebenen Textes ist der Geltungsbereich des kulturellen Enthymemas, von dem die sinnzuweisende Tätigkeit des Rezipienten geprägt ist.

Ein Teil der semantischen Differenzleistung wird im Text selbst in der Entfaltung der metatextuellen Aussage – in bezug auf Verfahren des Zitierens, Schichtens, Kontaminierens und Anagrammatisierens – erbracht.

Auf eine sehr elementare Weise wird die Präsenz der fremden Texte als Unentrinnbarkeit reflektiert:

I snova skal'd čužuju pesnju složit	Und wieder komponiert der Skalde ein fremdes
I kak svoju ee proizneset.	Lied
(O. Mandel'štam, „Ja ne slychal rasskazov Ossiana", 1914)	Und trägt es vor wie sein eigenes.
Ot strannoj liriki, gde každyj šag – sekret, (...)	Vor fremder Lyrik, wo jeder Schritt Geheimnis ist, (...)
Po-vidimomu, mne spasen'ja net. ... (A. Achmatova, 1944)	Gibt es für mich, so scheint es, keine Rettung ...
Ne povtorjaj – duša tvoja bogata – Togo, čto bylo skazano togda-to, No možet byt', poezija sama Odna velikolepnaja citata. (A. Achmatova, aus *Tajny remesla*, 1956)	Wiederhole nicht – deine Seele ist reich – Was längst schon gesagt war. Doch, mag sein, die Dichtung selbst Ist ein einziges großartiges Zitat. (aus dem Zyklus *Geheimnisse des Handwerks*)

Die Thematisierung des parcours durch die Kulturschichten konstituiert eine Metapoetik, die auf die nicht zu tilgende Vorgabe jedes Textes verweist. Jene Vorgabe ist zum einen das anonyme „sous-ensemble" J. Starobinskis, zum anderen der konkrete Subtext, „le mot inducteur" de Saussures, den eine (kreative) Selektion aus dem Thesaurus der Texte gelöst hat.

Die mythopoetische Konzeption des Akmeismus interpretiert diese Selektion als Dichten: „Als ob ich mich erinnere, spreche ich" (Achmatova)[55] und erhebt das Gedächtnis zur zentralen Instanz. Kreativität ist Gedächtnis, Erinnerung ist die Fähigkeit, kulturelle Zeichen zu erkennen und wiederzuerkennen. Das Gedächtnis ist das generative Prinzip, und es fungiert als Ort, an dem das Gespräch mit der Vergangenheit sich ereignet.

Die mythopoetische Gedächtnisinterpretation rückt in die Nähe der rhetorischen memoria mit ihrem Doppelaspekt als rezeptives Vermögen der Speicherung von Erfahrungen und Kenntnissen und als heuristisches Vermögen der Suche nach ihnen, eine vorwärts und rückwärts gerichtete (re-) inventio. Die rhetorische memoria als Mnemotechnik, in der es um Strategien des schnellen Erinnerns[56], eines durch Regeln manipulierbaren

---

[55] V. Toporov hat in „Achmatova i Eliot" S. 169f. die Rekurrenz der Lexeme aus dem semantischen Feld Erinnern/Vergessen aufgewiesen (pamjat', pomnju, zapomnju, vspomnju, vospominan'e, prapamjat', podval pamjati, zabudu, Leta etc.).

[56] Vgl. H. Plett, „Topik und Memoria – Strukturen mnemonischer Bildlichkeit in der englischen Literatur des XVII. Jahrhunderts", in *Topik*, hgg. D. Breuer / H. Schanze, München 1981, S. 307–333.

Erinnerns aufgrund elaborierter Topoi geht, wird durch allegorische Räume, die Erinnerungsbilder aufgezeichnet haben, fixiert. Die Transformation der Gedächtnisinhalte in mnemonische imagines führt zu einer Raum-Bild-Vorstellung, zu einem künstlichen Gedächtnis, das die Schrift ersetzt. Die Räume des Gedächtnisgebäudes tragen die Gravur des Erinnerbaren; das mnemonische Abschreiten des Gebäudes führt zur Deutung der in Embleme und Hieroglyphen verkürzten Gedächtnisinhalte.

Die akmeistische memoria konkretisiert das Konzept der Gedächtnisarchitektur durch das der ‚erlebten' Architektur, die das Erfahrene notiert. Das heißt, diese ist zugleich Gedächtnisort, an dem die Kompetenz des Erinnerns zum Beginn der poetischen Erfahrung von Welt wird, und selbst erinnerbarer, erinnerter Ort, – Bezeichnendes und Bezeichnetes ineins.

Die große Gedächtnisarchitektur der Akmeisten, besonders Achmatovas, ist Petersburg[57]. Das Erleben der Stadt und ihrer konkreten Architektur eröffnet die Erinnerungsschichten der persönlichen memoria, prägt das Erinnern-Dichten als mythopoetische Handlung der Zeichenevokation, des Weiterschreibens in die Zukunft. Die Stadt (Winterpalais, Peter-Pauls-Festung, Neva) wird als tätowierte erfahren: tätowiert durch die Beschreibung Puškins, Gogols, Dostoevskijs und durch den historischen ‚Gebrauch' der Stadt, die um weitere Schichten wächst: Petrograd (die Stadt der Revolution und des Bürgerkriegs), Leningrad (die Stadt der Blockade und des massenhaften Hunger- und Erfrierungstodes und die Stadt der Rückkehr)[58].

---

[57] Vgl. ihr Gedicht von 1914:
1 V poslednij raz my vstretilis' togda
2 Na naberežnoj, gde vsegda vstrečalis'.
3 Byla v Neve vysokaja voda,
4 I navodnen' ja v gorode bojalis'.

5 On govoril o lete i o tom,
6 Čto byt' poetom ženščine – nelepost'.
7 Kak ja zapomnila vysokij carskij dom
8 I Petropavlovskuju krepost'! –

9 Zatem, čto vozduch byl sovsem ne naš,
10 A kak podarok Božij – tak čudesen.
11 I v etot čas byla mne otdana
12 Poslednjaja iz vsech bezumnych pesen.
Dies ist eines ihrer ersten Gedichte über das Dichten, in denen die Gedächtnistopoi als generatives Inventar erscheinen: Neva (3) / hohes Zarenhaus (7) / Peter-Paulsfestung (8), in denen das Sich-Erinnern als Dichten – mit dionysischer Konnotation – bestimmt wird: ‚ich prägte mir ein' (7) / ‚da war mir das letzte aller wahnsinnigen Lieder gegeben' (11, 12); das Gedicht selbst bettet sich in die Tradition der Petersburgdichtungen: ‚Die Neva führte Hochwasser / Man fürchtete Überschwemmung in der Stadt' (3, 4), indem das Hauptmotiv des Puškinschen Poems *Der Eherne Reiter* rekapituliert wird.

[58] Im Epilog zu *Poema bez geroja* (*Epos ohne Held*) wird die Verbindung Autor und Gedächtnisort deutlich:

Rasstavanie naše mnimo,	Unsere Entfernung ist scheinbar,
Ja s Toboju nerazlučima,	Ich bin untrennbar von Dir (Petersburg)
Ten' moja na stenach tvoich.	Mein Schatten liegt auf Deinen Mauern.

(1942, in Taškent geschrieben)
Die Erinnernde hat der Stadt ihre Tätowierung gegeben: so entsteht die neue Spur der Dichterin Achmatova im Gedächtnisgebäude von Petersburg/Leningrad. – In der Achmatovaschen Metonymik sind ‚Schatten', ‚Spiegel', ‚Doppelgänger' Bilder der Partizipation, nicht der Repräsentation.

So entsteht eine Topik des Gedächtnisses: Petersburg als diachrones Emblem mit aufeinanderfolgenden, einander überlagernden inscriptiones; die vielfach kodierte imago Leningrad.

Der Gedächtnisort wird zum Speicher („sokrovišče")[59] der persönlichen und historischen Erfahrung, der Literatur, der Kultur, der ganzen Epoche, der eigenen und der fremden Texte hypostasiert; die Stadt Petersburg wird Allegorie des Gedächtnisses. In ihrem *Epos ohne Held* hat Achmatova diese Topik entfaltet. Der Vorgang des Sich-Erinnerns wird thematisiert als der Blick[60] vom Turm als treppenförmiger Abstieg und das langsame Hineinschreiten in die Gedächtnisorte. Das *Epos ohne Held* ist das Epos von der memoria, wird aber selbst zum Ort des Erinnerns, dem nicht nur die wieder aufgerufenen Schichten (das Jahr 1913 in seiner epochalen Fülle als literarisches, persönliches, gesellschaftliches und politisches Leben aus der Sicht des Jahres 1940) eingeschrieben sind, sondern auch die literarischen Zeichen einer konkreten Phase russischer Dichtung: Zitate aus symbolistischer, spätsymbolistischer, akmeistischer Lyrik, Eigenzitate aus früheren Gedichten, Repliken auf Antwortgedichte der Freunde, Zitate aus der rezipierten Literatur der Zeit: Dante, Puškin, Dostoevskij, von den Zeitgenossen vor allen Eliot.

So dementieren in der Dichtung als vielschichtiger Gedächtnisarchitektur die Erfahrungen, die Literatur, die Kultur, die Epochen, die eigenen und die fremden Texte die Leere des Zeichenvergessens. Es geht um „ein Gedächtnis von Worten und keines der Sachen mehr, ein Gedächtnis von Zeichen und keines von Wirkungen mehr"[61].

Der Dialog mit dem Jahr 1913 vollzieht sich in der Gedächtnis-Dichtung von 1940, die aber fortgeschrieben und endlos umgeschrieben wird (die Varianten von 1960 treten autonom neben die früheren Texte, ohne sie zu löschen). Die neue Zeitschicht der Niederschrift der Spuren wird ebenso thematisiert wie die mögliche Kritik auf solche Verfahren. Der starke Ausbau der metapoetischen Ebene führt zu einem Dialog des Textes mit sich selbst, zu einem ständigen Umchiffrieren der Textzeichen. Der Text, zugleich Dialog und Thema eines Dialogs, schreibt sich im Gespräch mit sich selbst fort, über seine Grenzen hinaus. Das akmeistische Textkonzept impliziert die Figur der Überschreitung der Textgrenzen in bezug auf die eigenen und die fremden Texte und in bezug auf den Außertextbereich: Leben, Person, Ereignis funktionieren wie ein Text, an den der künstlerische anschließt (nicht Mimesis, sondern Kontiguität). Die Kommunikationssituation, in der der Text als Replik entsteht, geht in die Replik ein. Der Text wird so zum Bestandteil der ‚realen' Situation, der nur in der Synthese mit ihr ein Zeichen bildet. Die Figur der Überschreitung/Entgrenzung gilt ebenso für die Textsorte (Synchronisierung der Gattungen und Stilkonventionen aller Epochen), das Werk eines Autors (alle Texte eines Autors bilden einen Text), die Texte einer Strömung (z.B. alle Texte des Akmeismus bilden einen Makrotext) und die Texte verschiedener Epochen (Makrotext der Kultur)[62]. Die Meto-

---

[59] Vgl. *The Immortal Scrine* Spensers, s. Plett, „Topik" S. 307.
[60] Zum Zusammenhang von Blick, Gedächtnis und der dichterischen ‚Re-Kreation' des Vergangenen vgl. M. Mejlach / V. Toporov, „Achmatova i Dante" S. 69.
[61] Zu Nietzsches Gedächtnisbegriff vgl. G. Deleuze / F. Guattari, *Anti-Ödipus*, Frankfurt/M. 1974, S. 184.
[62] Vgl. Levin u.a., „Russkaja semantičeskaja poètika".

nymie als zentrales Verfahren akmeistischer Lyrik referiert nicht auf eine Realität, sondern auf eine Vielzahl von Ensembles kultureller Zeichen, welche Realitätserfahrung kodiert haben. Die Heterogenität der Zeichen, die versammelt werden, bestimmt auch die intertextuellen Figuren des Anagramms, der Syllepse, des Zitats und der alludierenden Replik.

Die Texte von Anna Achmatova werden in diesem Sinne als „Paradigma einer komplexen Kreuzung kultureller Realien"[63] bezeichnet. Ihr Dialog mit den subtextuellen Stimmen wird vermittels einer ausdifferenzierten Zitiertechnik (neben den direkten Zitaten vor allem Verfahren indirekten, verschleierten Zitierens) entwickelt, die das Wiedererkennen des zu evozierenden Referenztextes durch Umkehrung, semantische Verschiebung und Verzerrung[64] erschwert. Die Herstellung der Referenztexte wird damit der Gedächtnisarbeit des Lesers überlassen. Das ‚verquere' Zitat liefert die Chiffre, hinter der sich ein und mehrere Texte verbergen. Auch das direkte Zitat (im Sinne der Wiederholung von Textfragmenten eines Referenztextes) weist durch die extreme Ausnutzung der metonymisch-synekdochischen Funktion des Zitats eine komplexe Struktur auf. (Der Mikrotext des Zitats ruft den Referenztext in toto auf oder referiert gleichzeitig auf verschiedene Einzelteile desselben; das Zitat als Mikrotext wird zerlegt und erscheint in Einzellexemen über verschiedene Texte verteilt, die Zusammensetzung und letztlich die ‚Herstellung' des Referenztextes kann nur durch eine synoptische Lektüre geschehen). Entscheidend für diesen Umgang mit den Texten ist bei Achmatova wie bei Mandel'štam die Mischung von Mikrotexten verschiedener Autoren, die ein dichtes Zitatgeflecht bilden. Die in einen engen Kontakt geführten heterogenen Textstimmen konstituieren die lyrische ‚Polyphonie'.

R. Timenčik verweist auf Fälle von Zitat-Zitaten und solche der Zitierung eines identischen Elements, das seine Referenz in zwei Texten hat, also der Verdoppelung des Referenztextes sowie auf Fälle der Selektion solcher Zitatstellen, die dialogische Echos in anderen Texten erhalten haben, so daß auch hier mehr als ein fremder Text evoziert wird. In jedem Fall führt die Leistung des Zitats, das in den Text eine Vielzahl fremder Stimmen einläßt, zu einer Vergrößerung seines semantischen Volumens.

In der akmeistischen Konzeption ist das semantische Volumen allerdings bereits in den Texten der Vorläufer angelegt. Als nicht mehr zu überbietendes semantisches Volumen gilt die *Divina Commedia*, das Buch der Bücher der Akmeisten, das als Enzyklopädie, als memoria gelesen wird, in die das konkrete Dantesche Leben ebenso eingegangen ist wie die Kultursumme, die Dante als Autor zu ziehen vermochte. Immer wieder werden die Details dieser memoria zitiert. (Mandel'štams die Dantesche wiederholende Sehnsucht nach Florenz, sein Heimweh nach der Toskana − „toska po Toskane", den zufälligen Zusammenklang der Sprachen nutzend − gehört ebenso in diesen Zusammenhang wie Achmatovas wiederholte Anspielungen auf das Verbannungsurteil, besonders in ihrem Gedicht „Dante", in dem sie beklagt, daß der Dichter auch „nach dem Tode nicht in die Heimat zurückkehrte").

---

[63] M. Mejlach / V. Toporov, „Achmatova i Dante" S. 42.
[64] Vgl. die Untersuchung von R. Timenčik, „Principy citirovanija u Achmatovoj v sopostavlenii s Blokom", in *Tezisy I vsesojuznoj (III) konferencii „Tvorčestvo A. A. Bloka i russkaja kul'tura XX veka*, Tartu 1975, S. 124–127.

Es ist das Gedächtnis der Vorläufer, das das akmeistische affiziert, neben dem Danteschen das Puškinsche. Auf Puškins *Vospominaija v Carskom Sele* (Erinnerungen in Carskoe Selo) antwortet Achmatova in *Vozvraščenie* (Rückkehr, 1941):

Carskosel'skij vozduch	... Die Luft von Carskoe Selo war
Byl sozdan čtoby pesni povtorjat'.	Geschaffen, um Gedichte zu wiederholen

womit sie Puškin dem Gedächtnisort Carskoe Selo verpflichtete Liebesgedichte nach- und weiterzuschreiben beginnt, die „tiefe Freude der Wiederholung" (Mandel'štam) erfahrend. Aber gerade im Verhältnis zur Puškinschen memoria bildet Achmatova eine spezifische Differenz heraus, die das reine Wiederholen, die Restitution trübt. Wenn Puškins Dichtung in der „Erinnerung an bereits vernommene Töne und einst gesehene Träume"[65] gründet, so gilt für Achmatova die Mischung der Zeichen, die Einschmelzung der fremden Stimme in die eigene.

In Puškins *Wiedergeburt* (1819)[66] und in Achmatovas Eingangsversen zu *Epos ohne Held*[67] wird diese Differenz im Umgang mit den Texten und Zeichen der Anderen deutlich. Die memoria ist für Puškin Ort der utopischen Vergangenheit, das Neue legt sich dem Alten als Zerstörung auf, der Palimpsest wird rückgängig gemacht; bei Achmatova schimmern die alten Zeichen durch die neuen hindurch und vermischen sich, der Palimpsest muß fortgeschrieben werden.

---

[65] A. Sinjawski, *Promenaden* S. 107. Sinjawski beschreibt die Gedächtnisstruktur Puškins: „Sich erinnern – das bestimmte schließlich und endlich seine Manier, einen Satz zu bauen, ein Sujet zu konstruieren" (S. 103); „Den Dingen kommt in seinen Versen die Bedeutung von Merkzeichen für die Erinnerung zu (,Eine vertrocknete, duftlose Blume') – sie sind Talisman und Souvenir." (S. 103) „Seine Helden leben weniger, als daß sie vielmehr das bereits Erlebte noch einmal sichten. Sie halten inne, sie überlegen. Sie reden und handeln nicht im Sinne eines einmaligen Aktes, sondern scheinen ein bereits aufgeführtes, früher schon gesprochenes Fragment zu rezitieren, schlaftrunken (...)". (S. 102).

[66] Vozroždenie

Chudožnik-varvar kist'ju sonnoj	Mit trägem Pinsel beschmiert
Kartinu genija černit	Ein Barbar von Maler das Bild des Genies
I svoj risunok bezzakonnyj	Trägt frevlerisch die eigne Zeichnung
Nad nej bessmyslenno čertit.	Verständnislos darüber auf.
No kraski čuždye, s letami,	Doch mit den Jahren fallen
Spadajut vetchoj češuej;	Fremde Farben wie trockene Schuppen ab;
Sozdan'e genija pred nami	Das Werk des Genius erscheint
Vychodit s prežnej krasotoj.	Vor uns in früherer Schönheit wieder.
Tak isčezajut zabluždenj'a	So schwinden Irrungen
S izmučennoj duši moej,	Aus meiner gemarterten Seele,
I voznikajut v nej viden'ja	Und in ihr entstehen Visionen
Pervonačal'nych, čistych dnej.	Uranfänglich reiner Tage.

(A.S. Puškin, *Polnoe sobranie sočinenij v desjati tomach*, Moskau ²1956, Bd 1, S. 377. Dt. Übersetzung von S. Geier, aus Sinjawski, *Promenaden* S. 105.

[67]
......	......
... a tak kak mne bumagi ne chvatilo,	und weil das Papier nicht reichte,
ja na tvoem pišu černovike.	Schreibe ich auf Dein Manuskript,
I vot čužoe slovo prostupaet,	Und siehe, ein fremdes Wort tritt hervor,
(...).	(...).
(Pervoe posvjaščenie)	(Erste Widmung)

Das Gedächtnisbewußtsein ist ein Bewußtsein der intertextuellen Spannung, in der jedes Zeichen steht. In diesem Konzept gilt der Vorrat benutzter kultureller Zeichen, nicht aber das abstrakte System. An die Stelle der langue tritt das konkrete Repertoire des Gedächtnisses, tritt das Ensemble der Texte: die Bibliothek: „Das Imaginäre konstituiert sich nicht mehr im Gegensatz zum Realen, um es abzuleugnen oder zu kompensieren; es dehnt sich von Buch zu Buch zwischen den Schriftzeichen aus, im Spielraum des Noch-einmal-Gesagten und der Kommentare; es entsteht und bildet sich heraus im Zwischenraum der Texte. Es ist ein „Bibliotheksphänomen"[68]. Foucault zeigt am intertextuellen Beispiel der *Versuchung des heiligen Antonius* die Diskrepanz zwischen der Lust der Wiederholung (als kreativer Handlung) und der Mühe der Aneignung des Bibliotheksraums, der diese Lust ermöglicht: „Es mag verwundern, (...) daß Flaubert selbst als Sprudeln delirierender Einbildungskraft empfunden hat, was doch so offenkundig der Geduld des Wissens angehörte"[69]. Die Geduld des Wissens, das nicht Erudition sein will, begleitet auch das akmeistische Begehren nach der Weltkultur. Die Glossolalie-Entzückung folgt auf die Lektüre der Bibliothek.

Die Ambivalenz des glossolalisch-gebildeten Gedächtnisses ist die Ambivalenz von Stimme und Schrift, die im Konzept der Akmeisten ebenso konstitutiv ist wie bei Bachtin. So wie Bachtin durch die Stimme die Schriftlichkeit der Literatur zu transzendieren sucht, um ihren dialogischen Charakter aufzudecken, sieht die akmeistische Mythopoetik die Ohnmacht der in die Schrift eingeschlossenen Stimme, die dieser gleichwohl zustrebt.

Verdichtet sind die Aspekte akmeistischer Lyrik in den Musen-Gedichten Anna Achmatovas, in denen ein archaisches Sediment des Musenmythos profiliert wird (die vorapollinische Rolle der Muse) und die Elemente koinzidieren, von denen die Rede war: Erinnern-Vergessen, Stimme-Schrift, Doppelgänger, Gespräch. Die Muse erscheint in dieser Auslegung des Mythos als archaisches Prinzip des Dichtens, das zwei Instanzen hervortreten läßt: das Gedächtnis (die Muse als Gedächtnisträgerin, Erinnern als Dichten) und den ‚Wahnsinn' (als Inspiration und Entzückung). Der Mythos wird bei Achmatova über Dante und Puškin und in Korrespondenz mit Mandel'štam als Teil ihres Intertext-Dialogs entwickelt. Die Musengedichte sind wie fast alle Gedichte der Achmatova als Replik und als Adresse an ein DU konstruiert. Die Dialogstruktur gilt der Aufzeichnung des Gesprächs zwischen Muse und Dichterin, einem Doppelgängergespräch, sie gilt dem Gespräch zwischen Autor und Text — einer der Relationen, die Bachtin als dialogische bezeichnet.

In dem Gedicht „Muza" (1924)

Kogda ja noč' ju ždu ee prichoda,
Žizn', kažetsja, visit na voloske.
Čto počesti, čto junost', čto svoboda
Pred miloj gost'ej s dudočkoj v ruke.

I vot vošla. Otkinuv pokryvalo,
Vnimatel'no vzgljanula na menja.

---

[68] Foucault, „Un ‚fantastique' " S. 160.
[69] Ebd. S. 159.

Ej govorju: „Ty l' Dantu *diktovala*
Stranicy Ada?" Otvečaet: „Ja".[70]

erscheint das Thema der Inspiration als Musendiktat (zusammen mit den in Achmatovas Musengedichten konstitutiven Elementen der Musenattributierung: die Muse als Gast, als Schwester, als Doppelgängerin, mit der Flöte in der Hand) zunächst als Replik auf Mandel'štams *Gespräch über Dante* (1921), was durch „Dantu diktovala" angezeigt wird. Mandel'štam hatte in seiner Dante-Interpretation der ‚ingegnosità', der ‚fantasia' das Dantesche Schreiben unter Diktat entgegengesetzt („On pišet pod diktovku, on perepiščik, on perevodčik") und das Dantesche Amor-Musen-Motiv durch das des „dittator" expliziert[71] (Dante schreibe nach dem Diktat der grausamsten und ungeduldigsten Diktierer; der Diktierer und Anweiser sei weit wichtiger als der sogenannte Dichter). Auch das Musenattribut der ‚Flöte' taucht in Mandel'štams Dantegespräch auf („Die komplexesten Bauteile des Poems werden auf einer Hirtenflöte (...) gespielt"). Achmatova repliziert über Mandel'štam auf Dante, indem sie spezifische Dantesche Verfahren zitiert. Dazu gehört die formelhafte Einführung direkter Rede („ed egli a me, ed io a lui", vgl. „ej govorju, otvečaet"), ein Verfahren, das in einem Großteil ihrer als Replik oder Gespräch mit Wechselrede gestalteten Gedichte benutzt wird. Dazu gehört auch der Ersatz von Eigennamen durch Pronomina („ona" steht für „Muza"), ein Verfahren, das in anderen Musentexten Achmatovas expressiver eingesetzt ist, in denen das Dantesche Prinzip der Chiffrierung voll übernommen wird.

Im Konzept der Diktat-Inspiration ist nicht nur das Motiv des Wiederholens des Vorgesagten einer anderen Instanz (Muse-Gedächtnis), die letztlich mit der eigenen zusammenfällt (Muse-Doppelgängerin), sondern auch die ambivalente ‚Synästhesie' von Stimme und

---

[70] Muse (1924)
Da ich des Nachts auf ihre Ankunft warte,
Hängt, scheint's, das Leben nur an einem Haar.
Was sind denn Ehre, Jugend, selbst die Freiheit
Vor ihr, dem lieben Gast, die Flöte in der Hand.

Da trat sie ein. Den leichten Schleier hebend,
Betrachtet sie mich aufmerksam.
Ich sprech zu ihr: „Diktiertest Du einst Dante
Der Hölle Seiten?" Sie erwidert: „Ich."

[71] Vgl. Purg. XXIV, 52–54:
Ed io a lui: I'mi son un che quando
Amor mi spira, noto, e a quel modo
Ch'e' ditta dentro vo significando,
Purg. XXIV, 58–61:
Io veggio ben come le vostre penne
Di retro al dittator sen vanno strette;
Che delle nostre certo non avenne.
Inf. II, 6–9.
O Muse o alto ingegno, or m'aiutate,
O mente che scrivesti ciò ch' io vidi,
Qui si parrà la tua nobilitate.
Mandel'štam, *Gespräch über Dante* S. 61: „Er schreibt nach Diktat, er ist Kopist, ein Übersetzer."

Schrift deutlich. Die Stimme, die in die Schrift gedrängt wird, die Evokation der Stimmen aus der Schrift. Dem Vokabular der Stimme (Lied, singen, Laut, Echo, Widerhall, Verstummen, Taubwerden der Muse) steht das der Schrift (niederschreiben, Papier, Heft, Seite, Tinte, Spiegelschrift) gegenüber. In „diktovat' " ist diese Synästhesie enthalten: eine fremde Stimme (die die eigene ist) sagt vor, die diktierten Zeilen legen sich auf das weiße Papier[72].

Zum Bereich der Schrift gehört neben dem Palimpsest-Aspekt, der programmatisch das *Epos ohne Held* eröffnet, der Aspekt der Doppelkodierung:

No soznajus', čto primenila	Ich gebe zu, Geheimtinte
Simpatičeskie černila,	Wandte ich an,
Čto zerkal'nym pis'mom pišu.	In Spiegelschrift schreibe ich.
(2. Teil, XVII)	

Die Spiegelschrift als Doppelschrift (das heißt ihr ‚normal' geschriebener Text muß als Spiegelschrift gelesen werden) soll die Verdopplung der Signifikanten imaginieren und die Chiffrierverfahren ankündigen, die die Verschränkung von fremdem und eigenem Text zum Rätsel gestaltet.

Achmatova hat die Verfahren des Verbergens und Verschränkens der Subtexte, die sie selbst anwendet, in ihren Analysen einiger Puškintexte aufgedeckt, ebenso wie sie durch eine intertextuelle Lektüre Beziehungen zwischen Dante, Petrarca, Tasso und anderen Autoren für sich notiert, die sie in die eigenen Texte verlängert. So etwa stellt sie einen Bezug zwischen Byrons *Don Juan* und Dantes *Inferno* im Bild des davonsegelnden Schiffes her, das sie dann selbst in einigen Gedichten wiederholt. Gerade die poetische Praxis Achmatovas belegt die Übertragbarkeit der Bachtin/Vološinovschen Thesen auf die Sprache der Lyrik. Diese trägt wie die Sprache der Prosa die Spuren ihres Gebrauchs. Die lyrische Welt, besungen und besprochen, erweist sich als unabschließbarer Zeichenraum

---

[72] Tvorčestvo (1936)

Byvaet tak: kakaja-to istoma;	Das Gedicht
V ušach ne umolkaet boj časov;	Mattigkeit manchmal, oder wie erschöpft;
Vdali raskat stichajuščego groma.	Der Schlag der Uhren will nicht aus dem Ohr;
Neuznannych i plennych golosov	Abflauend grollt, schon fern, Donner.
Mne čudjatsja i žaloby i stony,	Und dann wie Klageruf, oder wie Stöhnen,
Sužaetsja kakoj-to tajnyj krug,	Und welcher Stimmen, unerkannt, gefangen,
No v etoj bezde šepotov i zvonov	Geheimnis, und ein Kreis wird immer enger,
Vstaet odin vse pobedivšij zvuk.	Doch aus dem Grund von Flüstern und Geklirr
Tak vkrug nego nepopravimo ticho,	Erhebt ein Laut sich und besiegt sie alle.
Čto slyšno, kak v lesu rastet trava,	Und rings um ihn so unabänderlich still,
Kak po zemle idet s kotomkoj licho.	Daß man wie Gras im Wald wächst hört, oder das Böse
No vot uže poslyšalis' slova	Von Land zu Land ziehn mit dem Bettelsack ...
I legkich rifm signal'nye zvonočki, –	Doch da schon Worte, wie geboren, kaum,
Togda ja načinaju ponimat',	Signal: der zarte Klingelton des Reims –
I prosto prodiktovannye stročki	Und nun Beginn, fast, ich versteh, hör, seh:
Ložatsja v belosnežnuju tetrad'.	Es legen sich die vordiktierten Zeilen
(aus: Tajny remesla)	Einfach und schwarz aufs reine Weiß des Hefts.

Dt. Übersetzung von R. Kirsch, aus Anna Achmatowa, *Ein niedagewesener Herbst*, Düsseldorf 1967, S. 69

der schon geprägten Bilder und Lexeme. Das Schiff bei Achmatova ist das Schiff Byrons und das Schiff Dantes. Es trägt eine literarische Fracht, die Enzyklopädie seiner Kontexte. Das Vološinovsche Diktum: „Jede Äußerung, die abgeschlossene, geschriebene, nicht ausgenommen, antwortet auf etwas und ist auf eine Antwort hin ausgerichtet. Sie ist nur ein Glied in der kontinuierlichen Kette sprachlicher Handlungen"[73], gilt für den akmeistischen Dialog mit der Kultur, der sich in einer schier endlosen Reihe von Zeichen-Reinkarnationen vollzieht.

---

[73] V. Vološinov, *Marxismus* S. 129

RENATE LACHMANN

ZUR SEMANTIK METONYMISCHER INTERTEXTUALITÄT

Bessonnica. Gomer. Tugie parusa.
Ja spisok korablej pročel do serediny:
Sej dlinnyj vyvodok, sej poezd žuravlinyj,
Čto nad Ėlladoju kogda-to podnjalsja.

Kak žuravlinyj klin v čužie rubeži, –
Na golovach carej božestvennaja pena, –
Kuda plyvete vy? Kogda by ne Elena
Čto Troja vam odna, achejskie muži?

I more, i Gomer – vse dvižetsja ljubovju.
Kogo že slušat' mne? I vot Gomer molčit,
I more černoe, vitijstvuja, šumit
I s tjažkim grochotom podchodit k izgolov'ju.

1915 (Osip Mandel'štam)[1]

Schlaflosigkeit. Homer. Die Segel, die sich strecken.
Ich las im Schiffsverzeichnis, ich las, ich kam nicht weit:
Der Strich der Kraniche, der Zug der jungen Hecke
Hoch über Hellas, einst, vor Zeit und Aberzeit.

Wie jener Kranichkeil, in Fremdestes getrieben –
Die Köpfe, kaiserlich, der Gottesschaum drauf, feucht –
Ihr schwebt, ihr schwimmt – wohin? Wär Helena nicht drüben,
Achäer, solch ein Troja, ich frag, was gält es euch?

Homer, die Meere, beides: die Liebe, sie bewegt es.
Wem lausch ich, und wen hör ich? Sieh da, er schweigt, Homer
Das Meer, das schwarz beredte, an dieses Ufer schlägt es,
Zu Häupten hör ichs tosen, es fand den Weg hierher.

(Deutsch von Paul Celan)

---

[1] In: O. Mandel'štam, *Sobranie sočinenij v trech tomach I*, S. 48f.
Wörtliche Übersetzung:
Schlaflosigkeit. Homer. Die straffen Segel.
Ich las den Schiffskatalog bis zur Mitte:
Diese langgezogene Brut, dieser Kranichzug,
Der irgendwann über Hellas sich erhob.

Wie ein Kranichkeil in fremde Gebiete –
Auf den Köpfen der Kaiser der göttliche Schaum, –
Wohin schwimmt ihr? Wann / wenn / nicht Helena wäre,
Was wäre Troja euch, ihr achäischen Männer?

Und das Meer und Homer – alles ist durch Liebe bewegt.
Wen soll ich hören? Und siehe Homer schweigt.
Und das schwarze Meer lärmt, in / tönender / Rede,
Und drängt mit schwerem Tosen zum Kopfende / meines Bettes /.

Der Partizipationsgedanke, der die elaborierten Kontiguitätsverfahren akmeistischer Dichtung motiviert, verweist in den Kontext der Mimesisproblematik, wie ihn R. Warning in „Imitatio und Intertextualität — Zur Geschichte lyrischer Dekonstruktion der Amortheologie: Dante, Petrarca, Baudelaire"[2] entwickelt hat. Die akmeistische Partizipationsvorstellung — Variante jenes Mimesiskonzepts, das „allen Inspirationstheorien von der antiken Poetik bis hin zur Romantik" (S. 169) zugrundeliegt — dementiert solche Verortung zugleich, denn die Partizipation wird durch die gebrochene Mimesis intertextueller Arbeit ermöglicht und damit als Teilhabe an Texten, d.h. an semiotischer Praxis interpretiert. Die intertextuelle Auslegung der rhetorischen imitatio — die Texte sind Paradigma und Regelinventar ineins — überführt die Teilhabe am ‚Sein' in eine solche an der Kultur als unabschließbarer Signifikantenpraxis. Die Gestalt dieser Teilhabe ist der erinnernde Dialog. Der Dialog dekonstruiert die Substanz-Mimesis und projiziert zugleich eine Kultursubstanz, die in der selbstreflexiven Fiktion sich ständig verflüchtigt. So fügt sich Mandel'štams Gedicht „Bessonnica", Entwurf einer Fiktion vom Schreiben als Kulturinspiration und als Evokation erinnerter Textfolien, in den von Warning im Anschluß an Paul de Mans Derrida-Korrektur abgesteckten Problemhorizont: „Alle Dekonstruktion bedarf, will sie nicht ihrerseits dem transzendentalen Signifikat aufsitzen, der literarischen Fiktion, deren metaphysische Unbotmäßigkeit gleich am Anfang der Geschichte abendländischer Metaphysik, in der Aggressivität der Platonischen *Politeia*, exemplarisch sichtbar wird" (S. 171).

Beides, die anamnestische Fiktion und das poetische Argument der Metonymie, ist als Paradigma einer Kultursemiose lesbar, das die Heterogenität kultureller Zeichen in eine Chiffre der Berührung umdeutet. „Bessonnica" ist ein Text, den ein komplexes Netz textueller, vor- und rückverweisender Konnotationen und subtextueller Strukturen prägt. Die korrelierenden Verweisstrukturen, die sich als Mikroelemente aus der *Ilias*, aus der *Divina Commedia*, aus *Faust II*, aus Gedichten von F. Tjutčev und A. Achmatova, aus poetischen Texten Mandel'štams und einigen seiner poetologischen über Dante identifizieren lassen, sind auf unterschiedliche Weise in den manifesten Text überführt[3]. Die Evokation der fremden Texte offenbart in Verfahren wie direktem Namenszitat (Homer, Helena, Troja), Quasi-Zitat (das modifzierte Kranich-Bild), verdecktem Eigenzitat (der göttliche Schaum), vor allem aber im Einsatz von Doppelzeichen wie Syllepse und Anagramm verschiedene Stufen der Entfernung und Annäherung, d.h. der Verarbeitung der fremden Zeichen. Die intertextuelle Arbeit des Textes oszilliert zwischen der Setzung manifester und latenter Verweisstrukturen, zwischen signalisiertem Intertext und Subtext, was für die Isotopiebildungen bestimmte Konsequenzen hat. Intertexte und Subtexte dienen der Herstellung eines Textes, in dem die Auffindung von Verweisstrukturen als kulturelle Handlung thematisch wird.

---

[2] In *Kolloquium Kunst und Philosophie* Bd 2: *Ästhetischer Schein*, hg. Willi Oelmüller, Paderborn 1982, S. 168–207 (UTB 1178) (auch in *Interpretation — Festschrift für Alfred Noyer-Weidner*, hgg. K.W. Hempfer/G. Regn, Wiesbaden 1983, S. 288–317).

[3] Hier sei an O. Ronens These erinnert, der in „Leksičeskij povtor, podtekst i smysl v poètike Osipa Mandel'štama" (Lexikalische Wiederholung, Subtext und Sinn in der Poetik von Osip Mandel'štam), in *Slavic Poetics — Essays in Honor of Kiril Taranovsky*, The Hague 1973, S. 367–387, hier S. 371, das Gesamtwerk Mandel'štams aufgrund des dichten Netzwerks von Selbstreferenzen als einen einzigen Text zu betrachten vorschlägt.

Mit den Ausdrücken „bessonnica" zu Beginn und „izgolov'ju" am Ende des Gedichts wird der Chronotop der Erinnerung, der Schlaflosigkeit, der Wachtraumvision fingiert, in dem die Gedächtnisarbeit beginnt (vgl. Dantes „solingo luogo della mia camera", in Kap. 3 der *Vita Nuova,* als Ort der Vision, wo — nach der Begegnung mit Beatrice — deren Niederschrift beginnt). Die Fiktion der Erinnerung als Schreibprozeß konstituiert Text und Metatext ineins: die schlaflose Lesesituation ermöglicht die Kulturvision, das erinnernde Lesen, das Schreiben des Gedichts, das eben diesen Prozeß thematisiert. Die Parallelität von poetologischem, kulturmythischem Konzept und poetischer Praxis bei Mandel'štam erlaubt, eine Reflexionsstufe anzunehmen, die das „redoublement spéculaire" als bewußte Strategie fundiert.

Der Chronotop der „bessonnica" umschließt zumindest zwei Subtexte: des Spätromantikers Tjutčev gleichnamiges Gedicht[4] gilt nicht dem Schreibprozeß als Erinnern, sondern dem Erinnern als Sterben. Die in einer semantischen Opposition erfaßte bessonnica-Erfahrung Tjutčevs kehrt Mandel'štam um[5]. Seine Replik setzt sich über die barocke vanitas-Konnotation des Tjutčevschen Todesgedächtnisses mit dem Erinnern der fremden Texte hinweg, die ‚prophetische Abschiedsstimme' („proročeskij proščal'nyj glas") im zeichenlosen ‚universalen Schweigen' („sredl vsemirnogo molčan'ja") wird Kulturstimme, die weiterredet. Der zweite Subtext ist Achmatovas Gedicht „Bessonnica"[6], das denselben Chronotyp entwirft. Inspiration ist hier nicht sosehr die Kultur als die Schlaflosigkeit selbst, die aber als Gesprächspartnerin („Ty (...) so mnoj, bessonnica" / ‚Du bist bei mir, Schlaflosigkeit') und mit der Apostrophierung „krasavica" ‚Schöne' und „bezzakonnica" ‚Gesetzlose' deutliche Musenzüge erhält und so — vermittelt — denselben Kontext signalisiert, in dem Mandel'štam sich bewegt. Die Verkehrung des homerischen „Sage mir Muse" in ‚Singe ich dir / Muse / etwa schlecht?' suggeriert diesen Kontext. Beides, die umgepolte Musenanrufung und die Gleichsetzung der Inspirationsquelle mit der Inspirierten, ist Spiel mit der Folie des antiken Topos, der präsent bleibt. Auch hierauf repliziert Mandel'štam. Der Chronotop der „bessonnica" ist intertextuell besetzt, ist syleptisch zu lesen, bündelt Lesarten der Schlaflosigkeit und schreibt sie weiter.

Die intratextuelle Isotopie der wachenden erinnernd-lesenden Audiovision, die um die *Ilias*-Lektüre[7] zentriert ist, wird dort gestört, wo die Zitierung des homerischen Kranich-Bildes andere Repliken assoziiert (Dante, Goethe, Achmatova). Die Subtexte inszenieren jeweils eigene semantische Felder mit Spezialisotopien. Diese Strategie schafft einen poly-

---

[4] F.I. Tjutčev, „Bessonnica", in *Polnoe sobranie stichotvorenij,* Biblioteka Poeta, B.S., Leningrad 1957, S. 94.

[5] Allerdings ist der Bezug komplizierter, da Tjutčev Gedanken antizipiert, die Mandel'štam in „Puškin i Skrjabin" (Fragmente), Bd II, S. 317, radikalisiert in der Formel: „ (...) es triumphiert das Gedächtnis — und sei es um den Preis des Todes: sterben bedeutet erinnern, erinnern bedeutet sterben (...). Man muß das Vergessen überwinden." Zum Thema Gedächtnis und Vergessen vgl. den Beitrag von O. Ronen, „The Dry River and the Black Ice — Anamnesia and Amnesia in Mandel'štam's Poem ‚Ja slovo pozabyl, čto ja chotel skazat' (Ich vergaß das Wort, das ich sagen wollte)", in *Slavica Hierosolymitana* 1 (1977) S. 177–184.

[6] A. Achmatova, *Sočinenija I,* 1967, S. 90, „Bessonnica", 1912.

[7] *Ilias,* Schiffskatalog, II, 494–759. Zur Ilias-Quelle in „Bessonnica" vgl. V. Terras, „Classical Motives in the Poetry of Osip Mandel'štam" in *Slavic and European Journal* 10 (1966) S. 251–267, hier S. 258.

isotopischen Text, der die Syllepse (im Riffaterreschen Sinne), die die Störung der manifesten Isotopie anzeigt, nicht nur als Doppelzeichen, sondern als mehrfach kodiertes Zeichen einsetzt.

Die semantische Kohärenz des manifesten Textes resultiert aus der Identifizierung der *Ilias*-Stelle, die in elliptischen Zitaten evoziert wird. Es ist vornehmlich die Metonymie, die die Kombinatorik der Elemente reguliert. Sie wird doppelt eingesetzt als Formel der Kontiguität (Erzeuger-Werk-Bild), die die Bruchstücke der Vision verknüpft, und als Index für das lesende Schreiben, das diese Vision flektiert. Metonymisch ist auch die inszenierte Frage des Dichters an die Achäer (Mandel'štam als Dialogpartner von Gestalten eines fremden Textes) zu lesen, die seinen Eintritt in den fremden Zeichenraum indiziert. Die Semantik der Grenzverschiebung und nicht des Sprungs gilt auch für die Zitierung des Bildelements der Kraniche (das Kranichbild steht in der *Ilias* zum einen für die Schiffe der Achäer, zum andern für die Troer[8]), das Mandel'štam als Vogelzug („poezd žuravlinyj") und Schiffsformation („žuravlinyj klin") ambiguisiert, ebenso wie für die verkappte Musenanrufung (Homer als Muse: „Kogo že slušat' mne? I vot Gomer molčit"), die die homerische Anrufung der Musen[9] (als Beistand vor der Aufzählung der Schiffe) rekapituliert. Auch das Anagramm „more" / „Gomer" (‚Meer' / ‚Homer') ist keine Form der Repräsentation, der Analogie oder des Vergleichs, sondern die Form einer Fast-Identifikation und Berührung. Homer, der schweigende, ist Teil des beredten Meeres, des Kulturmeeres, das auch den neuen Dichter erfaßt. Es scheint, als sei die Replik auf Homer – die Inspiration durch das Vorbild tritt an die Stelle der Museninvokation – in der größeren Antwort des Kulturgedächtnisses aufgehoben.

Als eine weitere Strategie der intertextuellen Rhetorik Mandel'štams war der Aufbau sekundärer Isotopien genannt worden: der horizontalen Semantik werden vertikale, semantisch kohärente Ketten eingefügt. In der Kreuzung von horizontaler und vertikaler Kette erfahren die manifesten Quasi-Zitate eine zunehmende semantische Sättigung[10]. Das homerische Kranichbild gehört in der vertikalen Kette in weitere Kontexte, die sich in der Mandel'štamschen Synopse gegenseitig kommentieren. In Dantes *Inferno* wird das Bild vor dem Katalog der bestraften Liebenden eingesetzt[11], zu dem auch Helena gehört.

---

[8] *Ilias* II, 459ff.; III, 3ff.
[9] Ebd. II, 484ff.
[10] Auf das Verfahren des verdeckten Zitats, das sich mit immer neuem „okkasionellen" Sinn auflädt, sowie auf die „kulturo-logische" Funktion solcher Maskierung weist I. Smirnov in *Chudožestvennyj smysl i evoljucija poetičeskich sistem* (Der künstlerische Sinn und die Evolution poetischer Systeme), Moskau 1977, S. 152, hin. So etwa würde der Einbezug einer weiteren Assoziation, V. Chlebnikovs Poem „Žuravl' " (Kranich), das den Vogel als Mensch und Zeit verschlingendes Fabelungeheuer und neuen Gott mythisiert, die semantische Spirale höher drehen. G. Levinton zeigt bei Mandel'štam, daß die vereindeutigende Zitatanalyse die neu entstehende ‚Sprache' des Texts übersieht, innerhalb derer die semantischen Relationen überhaupt erst als literarische Assoziationen bestimmt werden können. („K probleme literaturnoj citacii." in *Materialy XXVI naučnoj studenčeskoj konferencii*, Tartu 1971, S. 53. Auch A. Puškins Zeilen „ ... Vse molčit;/ Liš' more Černoe šumit ..." (‚ ... Alles schweigt;/ Nur das Schwarze Meer rauscht ...') am Ende des Reisekapitels von *Evgenij Onegin* („Otryvki iz putešestvija Onegina") gehören in den Kontext von „Bessonnica".
[11] *Inferno*, V, 46–49: „E come i gru van cantando lor lai, / facendo in aere di sè lunga riga; / cosi vid'io venir, traendo guai, / ombre portate dalla detta briga"; 64: „Elena vedi".

Die Homer und Meer bewegende Liebe – im manifesten Text mit dem Namen Helenas verbunden – läßt nun den Amor-Begriff Dantes assoziieren. In *Faust II* (im Helena-Akt) wird das Kranichbild für die Achäer gebraucht[12]; in Achmatovas Kranich-Gedicht[13] ist der flügellahme Vogel die verstummte Dichterin, unfähig zu Flug und Gesang. Gerade diese Verknüpfung verleiht dem Mandel'štamschen Kranichzug und Kranichkeil eine neue Konnotation: die fremden Gebiete, in die er eindringt, geraten zu einem Bild, dessen ambivalente Prägung zwischen metonymischer (zitiertes Mikroelement eines größeren Textes, den der Schreibende usurpiert) und metaphorischer Funktion steht. So wird das Thema Lesen-Schreiben-Inspiration gewissermaßen mit anderer ‚Besetzung' durchgespielt. Der göttliche Schaum, Helena, Liebe, Homer und Meer konstituieren durch das Dantesche Spektrum hindurch ein Bildfeld, das weitere Elemente erschließt. Aphrodite als Schaum (vgl. Mandel'štams Gedicht „Silentium" mit der Zeile: „Ostan'sja penoj, Afrodita" / ‚Bleib Schaum, Aphrodite'), als noch nicht Geborene – aufgeschobene Identität und Nicht-Erfüllung – kompliziert die Revokation der Danteschen Amortheologie, die im (gewaltsamen) Anagramm: „more-Gomer-amore" (als Berührung der puren Lautzeichen verschiedener Alphabete ohne phonische Implikation) geschieht. Der göttliche Schaum als die noch-nicht-Verkörperung entspricht jenem Mandel'štamschen Konzept, das in der Wiederholung der Kulturzeichen die Vergangenheit als Werden interpretiert. Die Amortheologie Dantes, dem Anagramm eingeschrieben, wird zum Kulturdiktat, das wortgewaltige Meer zum ‚Diktor'. Seine eigene intertextuelle Arbeit fundierend, dekonstruiert Mandel'štam die Dantesche Amortheologie, indem er den Widerspruch zwischen Amordiktat und rhetorischer imitatio der Vorbilder im Diktat der Texte aufhebt. Die Metaphysik der göttlichen Inspiration weicht der Semeiophysik kultureller Praxis (oder einer neuen Metaphysik der Zeichen?).

‚Meer', „more", enthält weitere kryptische Referenzen: „more černoe" ist zunächst ‚schwarzes Meer', aber sicher auch „Černoe more" ‚Schwarzmeer', für jenen Kulturraum stehend, an dem – aus akmeistischer Sicht – Hellas und Rußland partizipieren, ein hellenisch-akmeistisches Meer. Dieses Bildenthymema entwirft Kulturgeschichte als Berührung[14]. Die Syllepse „vitijstvuja" ‚feierlich redend' verweist auf die imitatioheischende russische Panegyrik des 18. Jahrhunderts; das Tosen des Meers, „grochot", assoziiert lautsemantisch „gromkost' " ‚lautes Tönen', ein Epitheton Lomonosovscher Odendichtung, auch dies, wie es scheint, eine Variante des Motivs der Inspiration und ihrer rhetorischen Fundierung. Daß die semantische Opposition von Schrift/Lektüre und Rede/Lauschen im manifesten Text Profil gewinnt, resultiert aus dem Einbezug dieses verdeckten Verweises: der „spisok korablej" ‚Schiffskatalog', das Aufgeschriebene, wird vom Reden eingeholt. Die straffen Segel, „tugie parusa", leiten die Homervision ebenso ein wie sie Dante, den

---

[12] *Faust II:* „Euch find' ich nun, ihr Frechen, aus der Fremde her. / Mit Übermut ergossen, gleich der Kraniche / Laut-heiser klingendem Zug, der über unser Haupt / In langer Wolke krächzend sein Getön herab / Schickt, (...)".
[13] *Sočinenija I* S. 150, „Tak ranenogo žuravlja", 1915.
[14] Um das Berührungsbild zu ermöglichen, wird das „kogda-to" ‚irgendwann' achronisiert und das „kak" ‚wie' entikonisiert. (vgl. Mandel'štams Charakterisierung der Danteschen Semantik, in der das „quando" wie „come" klinge, in „Razgovor o Dante" S. 66).

Mandel'štam den Kenner der Segelkunst nannte[15], assoziieren. Segelreise und Vogelflug (Dantes Feder, „penna", ist von Vogelfleisch[16]) bestimmen jene Bewegung des Dichtens, die Mandel'štam ‚Aufschwung', „poryv"[17] nennt. „Bessonnica" enthält eine poetologische Programmatik, die die Transformation der fremden Texte zum Gegenstand hat und sich in eben dieser Transformation artikuliert.

Nicht in Figuren der Similarität und Analogie vollzieht sich diese Transformation, sondern in solchen der Berührung und Partizipation. Sylleptische und anagrammatische Kontiguität schafft in einer merkwürdigen Raffung der Zeit eine neue Solidarität der Zeichen. Im Überfliegen der Epochenschwellen geht es nicht um die Fixierung des Paradigmas, nicht um das Stanzen von Äquivalenzstrukturen, sondern um die Beschwörung der „durée irréversible". Mandel'štam hat dieses Bergsonsche Konzept als ‚dauernde' Offenheit und ‚dauernde' Nichterfüllung interpretiert. Die Kulturzeichen, die er aufruft, bleiben immer different, indem sie ihre Identität nicht einholen können. In der Dauer des Aufschubs bleiben sie Gegenstand des Begehrens. Es ist Mandel'štams Weigerung, die Zeichen gerinnen zu lassen, dem Gedichteten als Produkt Identität zuzuerkennen[18], die er in der Opposition von Aufschwung und Text, „proyv i tekst", formuliert. Das Dichten als Sprechen, im Gehen, „na chodu", im Atmen, das seine Mittel im Entwurf zurücknimmt, verleugnet das Hervorgebrachte[19]. Nicht die Niederschrift also, sondern das Erinnern wird zur Zeichenhandlung, die die Präsenz des Erinnerten zugleich verhindert. In diesem Sinne ist das Mandel'štamsche Begehren nach dem nichthistorischen Ovid, Puškin und Catull[20] zu verstehen, nach jener Nichtidentität des Werdens.

In eben diesem für die Mythopoetik Mandel'štams konstitutiven Moment wird die „Dialektik von intertextueller ‚différance' und diskursiver Einheit der Rede, von potentiell unendlicher Verweisstruktur und deren jeweiliger Arretierung zu fiktionalen Prägnanzen" konzeptualisiert, die Warning gegen Derrida und Kristeva hervorhebt (S. 182). Damit entwirft Mandel'štam eine Fiktion, die zu jenen gehört, „die Metapher der semiotischen Differenz selbst sind" (ebd.), eine Fiktion, die die „confusion of sign and substance"

---

[15] Ebd. S. 385.
[16] Ebd. S. 63, „pero-kusoček ptič'ej ploti". Es geht Mandel'štam darum, bei Dante die Überwindung des Geschriebenen zu benennen: „Technika pis'ma s ego nažimami i zakruglenijami pererastaet v figurnyj polet ptič'ich staj", dt. Übersetzung von W. Beilenhoff / G. Leupold: ‚Die Feder ist vom Fleisch und Blut des Vogels (...) Die Technik des Schreibens mit ihren Strichen und Bögen wird zur Flugfigur eines Vogelschwarms', O.M., *Gespräch über Dante*, Berlin 1984, S. 63).
[17] Ebd. S. 413.
[18] Ebd.: „ / Poėtičeskaja materija / suščestvuet liš' v ispolnenii. Gotovaja vešč', est' ne čto inoe, kak kalligrafičeskij produkt, neizbežno ostajuščijsja v rezul'tate ispolnitel'skogo poryva". ‚Allein in der Ausführung existiert die poetische Materie. Das fertige Ding ist nichts anderes als jenes kalligraphische Produkt, zu dem der Aufschwung der Ausführung notwendigerweise gerinnt'.
[19] Ebd. S. 404: „Poėtičeskaja reč' sozdaet svoi orudija na chodu, i na chodu ich uničtožaet". ‚Die poetische Rede erschafft ihre Instrumente im Gehen und im Gehen tilgt sie sie auch'.
[20] „Slovo i kul'tura" S. 224: „A ja govorju: včerašnyj den' ešče ne rodilsja. Ego ešče ne bylo ponastojaščemu. Ja choču snova Ovidija, Puškina, Katulla, i menja ne udovletvorjajut istoričeskij Ovidij, Puškin, Katull". ‚Ich aber sage: Gestern ist noch nocht geboren, es hat noch gar nicht richtig stattgefunden. Von neuem suche ich Ovid, Puškin und Catull, denn der historische Ovid, Puškin und Catull stellt mich nicht zufrieden'.

selbst reflektiert, die Warning im Anschluß an P. de Man zitiert. Die Mandel'štamsche Fiktion arbeitet daher nicht gegen das an, was auf semiotischer Ebene passiert, sondern manifestiert sich im renvoi. Das heißt, die Fiktion des im Verweis auf die anderen Texte werdenden und im Werden verzehrten Textes läßt die „structures de renvoi" zur Chiffre ihrer selbst werden.

Und diese Chiffre ist von klassischer Prägnanz. Daß dieser polyisotopische Text um einen Sinn sich zentriert, „le leadership du sens"[21] zu erkennen gibt, korrespondiert einem Schreiben, dem als letzte Instanz das metonymische Argument gilt, das die Konkordanz der Zeichen und ihre geordnete Berührung begründet. Die aus den horizontalen und vertikalen Isotopien entstehende Polyvalenz führt über eine klar strukturierte Kombinatorik zu einer Sinnbündelung, nicht zu einer Sinnzerstäubung.

---

[21] L. Jenny, „La stratégie de la forme", in *Poétique* 27 (1976) S. 257–281, hier S. 262.

PERSONENREGISTER

Abaelard 221
Abercrombie, L. 445
Achmatova, A. 490f., 503f., 508f., 510–515, 518f., 521
Adamson, L. 52
Addison 375, 422
Agathon 282
Algarotti 311
Allen, D.E. 114
Als, H. 52
Apel, K.-O. 29, 33ff., 39f., 47, 82f.
Ariost 310f., 325
Aristoteles 193–210, 278, 308, 427
Artaud 458
Auernheimer, R. 308
Augustin 213–250, 307
Austen, J. 483
Austin, J.L. 66, 69, 77, 243

Bachtin, M. 133, 146, 186ff., 297f., 312, 319, 335f., 346, 349, 354, 394, 427, 431, 463, 489–515
Bacon, F. 206
Bally, Ch. 113
Balzac 460, 470, 472, 485
Barthes, R. 481
Bataille 458
Bauch, K. 288
Baudelaire 149f., 518
Bauer, G. 251–255, 269, 273ff., 278, 281
Baumgartner, H.-M. 33
Beaumarchais 463
Belyj, A. 490
Benjamin, W. 45, 320, 411, 485
Ben-Porat, Z. 136
Benveniste, E. 242
Berger, D. 374
Berger, P. 60, 177
Bergson 522
Berkeley 89
Betti, E. 124
Birge-Vitz, E. 221
Black, M. 66
Blanchot, M. 128
Blok, A. 490
Bloom, H. 134
Blumenberg, H. 238, 248
Boccaccio 307f., 333f.
Boeckh, A. 125, 132
Brecht 237
Brinkmann, R. 473
Brooks, P. 456

Brown, P. 160–163, 165
Bruner, J.S. 52f.
Buber, M. 251, 269, 500
Buck, G. 43
Bühler, K. 71, 300, 328
Bunyan 365, 367f., 373
Burckhardt, J. 29, 32
Burdach, K. 283
Busch, W. 86
Bussy-Rabutin 438
Byron 514f.

Catull 522
Cavalcanti, B. 310
Chamfort 438
Chateaubriand 435
Celan, P. 517
Cernyševskij, B. 491
Cervantes 491
Chladen, J.-M. 89f.
Chlebnikov 520
Chomsky, N. 70f.
Collier, J. 374
Compton-Burnett, I. 184f.
Cortes, D. 37
Cremerius, J. 77
Crocker, L. 399
Curtius, E.R. 395
Cvetaeva, M. 490

Dante 309, 491, 502, 504ff., 509f., 512–515, 518–521
Defoe 361ff.
Demetz, P. 473
Derrida, J. 103, 128ff., 133, 232, 449, 458, 494, 497f., 500f., 518, 522
Descartes 35, 39, 297, 299, 320–333, 421
Desné, R. 398
Destutt de Tracy 427f.
Diderot 393–419
Dieckmann, H. 395, 404
Dilthey, W. 94, 204
Diogenes 409, 416
Dionysius Areopagita 271
Doolittle, J. 398f., 403
Dore, J. 53
Dostoevskij 394, 484, 491, 493, 508f.

Ebreo, L. 311
Edie, J.M. 71
Ehrenzweig, A. 359
Eliot 509

Engler, R. 121
Erasmus 205

Fabre, J. 398
Felman, S. 446
Fénelon 460
Fichte 27, 34, 65, 95, 108, 193, 406
Ficino, M. 308, 310
Flahault, F. 164
Flaubert 434, 469ff., 490f., 512
Fontane 185, 473–487
Foucault, M. 29, 90, 132, 139, 297, 299, 427f., 433, 490f., 497, 502f., 512
Fox 365–368, 370, 373
Fränkel, H. 214
Frege 88, 114
Fregesch 242
Freud 34, 42, 134, 176f., 180f., 356, 410
Freund, G.W. 178
Friedrich, H. 321, 455f.
Fritz, K.v. 21

Gadamer 71, 75f., 83, 85, 116f., 242–248, 297–301, 340
Gaiser, K. 21
Galle, R. 393
Gebsattel, E.v. 44
Gehlen, A. 29, 65
Genette, G. 133, 138, 149, 431, 451, 457, 459, 466
Gilbert, M.E. 473
Girard, R. 442–446
Godel, R. 121
Goethe 142, 254, 399f., 410, 519
Goffman, E. 55, 72ff., 85, 160, 165
Gogarten, F. 251
Gogol 491, 508
Goldman, A.J. 67
Greimas, A.J. 130
Grice, H.P. 115, 162–167
Grimm, J. 92, 113
Grimmelshausen 491
Guez de Balzac, J.L. 242
Gumbrecht, H.U. 62
Gumilev, N. 490
Guthrie, W.K.C. 22
Guy, R.F. 114

Habermas, J. 34, 38, 44, 47, 67, 83, 90, 93, 110, 165f., 175, 179, 181, 297, 364, 447, 469
Halliday, M.A.K. 55
Hamann 97
Heckscher, W.S. 287ff.
Hegel 27, 31, 41ff., 96, 99f., 111, 120, 205, 207, 305f., 333, 393, 399f., 406, 410–419, 421
Heidegger, M. 36, 79, 145

Henrich, D. 349, 480
Henn-Schmölders, C. 252, 480
Heraklit 16, 21
Herbart 192, 197
Herder 65, 91ff., 97, 106f.
Herzog, R. 467
Hildebrand, D.v. 68
Hirsch, E.D. 120, 124
Hirzel, R. 301
Hjelmslev, L. 128, 498
Hölderlin 11, 303
Hörisch, J. 498
Homer 520
Horaz 394f.
Hubley, P. 52
Hugo 425, 427
Humboldt, W.v. 93, 106, 113, 126, 327
Hume 89, 249
Husserl, E. 51, 165, 167
Hyppolite, J. 410f.

Ingarden, R. 157
Iser, W. 66, 444

Jäger, L. 113, 121
Jakobson, R. 154, 492, 501
Jakubinskij, L. 491
Janssen, H. 145
Jantzen, H. 289, 291f.
Jauß, H.R. 61, 282, 297, 428
Jean Paul 464f.
Jenny, L. 134, 138
Johannes Scotus Eriugena 276
Jolles, A. 397
Josephs, H. 403
Joyce 491

Kallikles 405
Kambartel, F. 23
Kant 27, 30–34, 43, 46, 86, 95, 106, 108f., 132, 145, 197, 200, 220, 327, 406, 416
Keller, G. 485
Kemper, H.-G. 258
Killy, W. 473
Knauer, G.N. 236
Knöll, P. 225
Kokemohr, R. 168
Koselleck, R. 32, 361, 364
Krämer, H.J. 21
Kriele, M. 37
Krings, H. 33
Kristeva, J. 128, 133, 135, 137, 142f., 146, 149, 490, 522
Kutschera, F.v. 65

La Boëtie 313
Lacan, J. 97, 115ff., 129, 445, 457f., 500
Laclos 463

PERSONENREGISTER

Lakatos, I. 25
Langer, S.K. 71
Laufer, R. 399
Lavardin, H.v. 282
Lehmann, J. 496f., 500
Leibniz 105
Lejeune, Ph. 151ff.
Leonardo 311
Lessing 89, 144, 222, 253
Lévi-Strauss, C. 139
Levinson, S. 160–163, 165
Liebrucks, B. 65, 75, 77, 79, 81
Locke, J. 361, 376
Lodge 335
Løgstrup, K. 79
Lomonosov 521
Lorenz, K. 12
Lotman, J. 430, 491
Lotze, H. 99
Luckmann, T. 85, 177
Lübbe, H. 32, 47
Luhmann, N. 40f., 179, 437f., 445, 447f.
Lukian 205, 395
Luther 209, 218

Macchiavelli 310
Mallarmé 333, 458, 491
Man, P. de 518, 522
Mandel'štam, O. 489f., 502–506, 510–513, 518–522
Marivaux 463
Marquard, O. 45–48, 83, 85, 147, 297, 386
Marr, N. 491
Martinez-Bonati, F. 352
Marx, K. 92, 410
Maurer, K. 147
McLuhan, M. 134
Mechthild von Magdeburg 256–277, 285
Medici, C. de' 308
Medvedev, P. 500
Mejlach, M. 503f.
Menon 402
Meredith, G. 483
Merleau-Ponty 127
Meyer, H. 473
Meyer, P. 398
Mittelstraß, J. 45–48, 393
Mittenzwei, I. 473
Mörike 144
Mohr, W. 275
Molière 414
Montaigne 145, 249, 299, 311–323, 328ff., 332f., 380
Morgenthaler, F. 181
Mornet, D. 398
Müller, A. 110
Mukařovský, J. 491
Muratori, L. 311

Musil, R. 132
Musset 432

Nabokov, V. 490
Neumann, H. 257
Nietzsche 65, 109, 141, 176
Nodier 435
Novalis 100, 104, 123, 132

Ohl, H. 473
Orosius 221
Otto, B. 204
Ovid 522

Pannenberg, W. 77, 79, 85f.
Pascal 297, 299, 328–333
Pasternak, B. 490
Paulinus von Nola 241
Peirce, C.S. 42
Pelagius 237
Pepys, S. 364, 370–373
Perrault, Ch. 305
Petrarca 307, 514, 518
Petronius 395
Piaget, J. 52, 66
Platon 11, 13, 15–18, 21, 26ff., 29, 102–105, 121, 204f., 214, 299, 308, 313, 428
Plenzdorf, U. 142
Plessner, H. 450
Preisendanz, W. 30, 185, 464ff.
Proust, M. 142, 469, 471f., 491
Puškin 503, 505, 508f., 511, 522

Quine, O. 75, 107
Quint, J. 270

Rabelais 298, 312, 394, 491
Racine 416
Raffael 308f.
Reiner, H. 68
Rembrandt 287–296
Ricœur, P. 242ff., 352
Riegl, A. 290ff., 295
Rieser, H. 243
Riffaterre, M. 133, 135, 138, 490, 520
Ritter, G. 444
Ritter, J.W. 498
Rousseau 202, 208, 249, 377–392, 395, 415, 435, 440, 444, 456, 467
Roussel 491
Russel 498
Ryle, G. 26

Salinger, J.D. 142
Sarraute, N. 453, 469, 471f., 484
Sartre 40, 92, 118ff., 124, 126, 132, 151ff., 155, 303f.
Šaumjan, S. 135

Saussure 87f., 105, 108, 113, 117, 121–125, 128f., 132f., 135, 490, 494, 497–500
Savonarola 310
Schelling 96f., 100, 107, 109
Schiller 34, 410
Schlegel 93, 99f.
Schleiermacher 76, 88, 93f., 96–112, 114, 117, 120, 124, 128, 131, 297, 307
Schmitt, C. 37
Schrey, H.-H. 251
Schröter, K. 179, 181
Schütz, A. 53, 60, 65ff., 165, 167
Schopenhauer 65
Searle, J. 66, 114f., 243
Seebaß, G. 70
Sechehaye, A. 113
Serdonati, F. 310
Seznec, J. 395
Shaftesbury 375f., 422f.
Shakespeare 335–360, 425, 468
Sinjawski, A. 505, 511
Skutella, M. 225
Snell, B. 214
Sokrates 15, 18, 20, 27, 29–34, 104, 207f., 214, 282, 384, 393, 395, 400, 402–405
Solger 96, 98ff.
Sollers, Ph. 458
Sperber, D. 163
Spinoza 249
Starobinski, J. 133, 135, 138, 249, 317, 399, 407, 490, 507
Steele 422
Stempel, W.-D. 85, 221, 469, 476
Stendhal 425–466, 468
Stenzel, J. 74
Sterne, L. 376, 491
Stetter, C. 121, 127
Stierle, K. 46f., 62, 85, 442

Taranovsky, K. 490

Tasso 514
Tepl, J.v. 283
Terenz 395
Theunissen, M. 251
Tieck 99f., 254
Tjutčev, F. 518f.
Todorov, T. 127
Toporov V. 490, 503f., 507
Trevarthen, C. 52
Trilling, L. 398, 415
Tronik, E. 52
Tugendhat, E. 67, 72, 125
Turk, H. 473
Tynjanov, J. 491

Valéry, P. 141, 321, 454, 466
Vergil 230, 335
Vesalius 289
Vignaux, G. 304
Vološinov, V. 137, 490, 493–498, 500f., 514f.
Vosskamp, W. 62

Wagenschein, M. 193
Waliullah, A.-M. 156
Warning, R. 80, 146, 397, 468, 518, 522
Watzlawik, P. 154, 179
Weber, M. 56, 67, 364, 467
Weber, S. 495, 498
Weinrich, H. 37, 234
Wieland, W. 21, 247
Windelband 86
Wittgenstein 79, 107, 125, 182, 213, 220, 243f., 247ff.
Wolff, C. 200
Wolff, H.W. 73
Wunderlich, D. 66f.
Wygotski 52
Wyss, D. 68

SACHREGISTER

Absolutheit, diskursive 333
Adressat, doppelter 239
   Rolle eines zweiten Adressaten 237
Aedificatio 241
Ästhetik, augustinische 235, 240
  –, caritative 241
  –, christliche 238
  – der diversità 312
Agonalität 14, 16, 26
Akademie 308
  –, platonische 309
Akmeismus 489, 491, 501
Allgemeine, das individuelle 100
Alltagsgespräch 156
Als-Ob 354
Ambivalenz 429
Anagramm 135, 137
Analogie 202
Analytiker 176
Anamnesislehre 17
  Anamnesis-Theorem 16f.
Anrede Gottes 229
Antithese von moi und lui 398, 417
Antwort 208, 301
Apodeixis 194, 199
Apologie 331
Aporie 396, 399, 404, 407
Applikation, juristische 220
  –, philosophische 410
Argumentation, Form der 16
  Argumentationskunst 283
  Argumentationsverfahren 15
Arkadien 340
Asymmetrie 120, 178, 305
  – von Text und Auslegungstext 247
Aufklärung 91, 393, 400, 417ff.
  –, französische 411, 416
  –, sokratische 400
Aufmerksamkeit, multiple 359f.
  –, Bewegung der 316
Aufrichtigkeit 385, 415, 425, 430, 436ff., 441, 454, 483
  –, absolute 439
Aufschubstruktur, differentielle 498
Autobiographie 215

bavardage 156
Bedeutung 123
  –, paradigmatische 477
  –, Einheit der 120
  Bedeutungskonstitution 123
Befehl 294
  Befehlen und Gehorchen 58

Beispiel 43, 201
Bekenntnis 386ff.
Beratungen 12
Bewußtsein, historisches 430, 444
  –, höheres 417
  –, repräsentierendes und historisches 425–466
  –, zerrissenes 412f., 415, 417
    polyphone Rede des zerrissenen Bewußtseins 414
  Selbsttransparenz des Bewußtseins 444
Bibelästhetik 242, 249
Bibelmeditation 241
Bild 340
  -szene 287
Bildung, Geist der 416f., 419
Bruch, epistemologischer 90

Caritas-Ästhetik 240
Cartesianisierung der Ethik 33
  – der Moral 35, 38
Cento 234
Code 50, 113, 336, 342, 352f.
  –, analoger 153f.
  –, digitaler 153
  petrarkistischer 354
  -Modell 114, 116, 121
  Fiktionalisierung des Codes 353
  Kodierung, verbale 155
condition de l'homme 330
condition humaine 329, 332
confessio 249
conversazione, sacra 290
conversio 229, 231, 234

Darstellen 198
Darstellung 358
Debatte, parlamentarische 36f.
Dekonstruktion 348f., 460, 463f.
  Dekonstruktionsarbeit 454
  Dekonstruktionsdiskurs 465
  Dekonstruktivismus 429
Demaskierung 465
Denken, dialogisches 251
  –, monogisches 26
  –, platonisches 103
Denotation 144, 475
Dezentrierung 142, 500
Dialektik 14f., 88, 95f., 206, 419
  –, bildende 103
  –, platonische 104f., 394
  – der Aufklärung 419
  – der Geschichte 400

Dialektik, des Geistes 410
  –, Diskurs der 416
  –, Geschlossenheit der 419
Dialog 173, 191, 196, 202, 254, 266, 273, 355
  –, akmeistischer 502
  –, analytischer 178
  –, dialektischer 98
  –, dramatischer 427
  –, erotischer 277f.
  –, experimentierender 253
  –, fiktionaler 398
  –, gebundener 252
  –, hermeneutischer 219, 221, 223
    Zeitstruktur des hermeneutischen Dialogs 222, 234
  –, herrschaftsfreier 191
  –, idealer 196, 183
  –, institutionalisierter 361
  –, lyrischer 505
  –, mystischer 251, 256, 273
  –, philosophischer 11, 20, 98, 398f., 422
  –, idealer philosophischer 423
    Subjekt des philosophischen Dialogs 20
  –, platonischer 17, 103f., 393
  –, sokratischer 11–27, 45, 394, 400, 416
    Offenheit des sokratischen Dialogs 419
  –, spekulativer 104
  –, unabschließbarer 506
  –, ungebundener 252f.
  – im Roman 427
  – mit den Abwesenden 505
  – mit der Kultur 514
  -erfahrung, philosophische 24
  -partner 216
  -regel 183, 185f., 356
  -regel, Phänomenologie der 183–189
  -situation 185, 338
  -struktur 175
  -struktur, personale 279
  -struktur der politischen Welt 342
  -teilnehmer 204
  -typen 252
  -wissen 23
  Aporetik des Dialogs 409
  Finalität des Dialogs 184, 356f.
  offene Form des Dialogs 396
  Inszenierung des Dialogs 189
  Unabschließbarkeit des Dialogs 492–502
  Verschriftung des Dialogs 185
  Weltoffenheit des Dialogs 306
  Wiederholung des Dialogs 268
  Schwelle zwischen Dialog und Diskurs 400
  Alltagsdialog 186, 188, 360
  Liebesdialog 468
    –, mystischer 276
  Schein-Dialog 116
  Schwellendialog 404

  Subdialog 230
  Text-Dialog 505
  Wortdialog 497
Dialogik 201, 251, 419
  –, Bachtinsche 489
dialogisches Modell 25
dialogische Oberfläche 234
dialogische Relation 318
Dialogisierung 393
  – der Aufklärung 393
Dialogismus, lyrischer 489
Dialogizität 295f., 293, 489ff.
  – der Literatur 188
  – der Sprache 494
  – des menschlichen Seins 251
  – einer Lyrik 503
  – im Wort 495
Dichotomiedenken 492
Differenz (différence) 346, 349, 352, 358, 387, 441, 455, 457
  –, didaktische 193
  –, semiotische 455
  –, Aufhebung der 349
  -erfahrung 454
  -leistung, semantische 506
Diskontinuität 435
  Poetik und Diskontinuität 425, 428
discours 116, 321
Diskurs 112, 117, 297, 436
  –, absoluter 33, 38, 42, 45, 83
  –, ethischer 40
  –, fiktionaler 429
  –, herrschaftsfreier 29
  –, linearer 328
  –, monologischer 396, 415
  –, narrativer 268
    Verhältnis zwischen narrativem Diskurs und Dialog 267
  –, republikanischer 437
  –, Begriffsgeschichte von 310
  –, Wille zum 305, 322
  -ethik 29–45, 81
  -maximen 110, 131
  -moral 38
  -skepsis 321
  -theorie, idealistische 447
  -wechsel 321
  Identität des Diskurses 328, 332
  Linearität des Diskurses 305
  Macht des Diskurses 434
  Monogismus des philosophischen Diskurses 394
  Neubegründung des Diskurses 322
  Ordnung des Diskurses 327, 331
  Antidiskurs 315
Disput 204
Disputation 281
diverbium 227

diversité 327
divertissement 433
Divination 131
Doppel 336
Doppeldeutigkeit 347
Doppelgänger 504, 512
  -gespräch 512
Doppelheit 338
  — der Sprache 339
Doppelkodierung 134, 514
Doppelrolle 335, 344
Doppelsinn 186, 189, 335ff.
  — der Sprache 343
  Code des Doppelsinns 342
  Dramatisierung des Doppelsinns 335–360
  Rhetorik des Doppelsinns 348, 350
Doppelstruktur des psychoanalytischen Dialogs 179
Doppelung von manifestem und latentem Dialog 449
Doppelung der Welt 339
Drama 426f.
Du-Begegnung 279
Du-Erfahrung 269

écriture 315, 466, 497, 499f.
Einsamkeit 324, 361, 380
Einsinnigkeit 355
Einvernehmen, dialogisches 453
Einverständnis und Vielsinnigkeit 87–132
Ekloge 335
Elementarformen, epagogische 205
energeia 327
Entfremdung 350, 411
Entgrenzung, semantische 128
Entlastung, ästhetische 239
Epagoge 196, 199, 200
Epagogik 198f., 201
Episteme, klassische 427, 439, 444
  Bruch zwischen klassischer und moderner Episteme 468
  epistemologischer Bruch 90
Epoche, dialogische 307
Erfahrung 32
  —, ästhetische 48, 469
  —, imaginäre 360
  Erfahrungsschemata 52
  Erfahrungsverlust 32, 47
  Welterfahrung, Negativität der 323
ergon 51, 327
Erinnerung seiner selbst 386, 391
Erwartung 32
Erzählerrede 460
Erzählinstanz, Problematisierung der 461
Erzählsituation 461
  —, auktoriale 460
Erzählung, geschlossene Form der 396
esprit de finesse 331

esprit de géométrie 331
Essai 312
Exempel 312
Existenz, dialogische 278

Fiktion 444
  —, literarische 428
Fiktionalität 189
Form, dialogische 102
  —, dogmatische 24
Frage 18, 208, 246, 301
  Frage und Antwort 21, 349
  Frage-Richtung, Inversion der 209
  Kinderfrage 209
  Lehrerfrage 209
  Fragen, elenktisches 400
  Umwegstruktur des Fragens 401
Fragment 320, 333
Fremdbestimmtheit 443
Funktionalität, suspendierte 481
Funktionsübergang Drama/Roman 426, 430
Funktionswandel Drama/Roman 427

Gattungen, kommunikative 59
  —, mündliche 63
Gattungskanon 61
Gedächtnis 507
  -architektur 508
  Topik des Gedächtnisses 509
Gegenbild 350
Gegenbildlichkeit 340f.
Geist, entfremdeter 414
Gemälde 287
Genie 405
Geschichtlichkeit 445, 449
Geschichtsphilosophie des deutschen Idealismus 406
Geselligkeit 361
  —, freie 100
  —, ideale 304
  —, Theorie der 101
Gesellschaft, ideale 307
Gespräch 44, 49–63, 65, 85ff., 178, 297
  —, ärztliches 171
  —, aktuales 245
  —, dialektisches 111
  Unhintergehbarkeit des dialektische Gesprächs 106
  —, eigentliches 87, 88, 96, 111, 114
  Dialektik des eigentlichen Gesprächs 110
  Theorie des eigentlichen Gesprächs 131
  —, entgrenztes 128
  —, entlastetes 219, 234
  —, entspanntes 250
  —, gelingendes 72, 76, 85f.
  —, gelungenes 78, 84
  —, hermeneutisches 244
  —, ideales 467–472

Gespräch, idealisiertes 470
–, lyrisches 490
–, magistrales 193, 195f., 198
–, manifestes 452
–, mündliches 456
–, mystisches 256, 270f., 274, 277f.
  Funktion des mystischen Gesprächs 267
–, personales 269, 274, 278
–, platonisches 308
–, psychoanalytisches 171–282, 185
–, sokratisches 408
–, therapeutisches 185, 188
–, unendliches 36, 37, 38, 96, 112
–, ungebundenes 255, 273
–, unmittelbares 243
–, verstehendes 249
– auf Distanz 456
– der Bürger 375
– mit Gott 213–250
  Gespräch mit Gott vs zwischenmenschliches Gespräch 236
– mit dem unvergleichlichen Partner 251–280
– und Aufrichtigkeit 425–466
– und Diskurs 297–334
Gesprächsanalyse 469
  -chancen 100
  -charakter 293
  Gesprächscharakter der verbildlichten Szene 293
  -darstellung 475, 478f.
  Funktionalität der Gesprächsdarstellung 484
  ästhetische Qualität der Gesprächsdarstellung 475
  -dynamik 162
  -elemente, Verkettung der 234
  -führung 104
  -horizont, innerer 269
  -klischee 470
  -konstitution 228, 234
  -konstitution, augustinische 243
  -konstitution, theologische 235
  -kreis, idealer 313
  -kultur 432
  -kultur, klassische 436
  -offenheit 180
  -rolle 436
  -rolle, maieutische 416
  -rolle, sokratische 401, 403
  -situation 158, 374
  -situation, Gelingen der 350
  -sprache 246
  -sprache als Schrifttext 247
  -technik, platonische 103
  -text, permanenter 247
  -theorie, romantische 102
  -typen 270

-wirklichkeit 474
-wirklichkeit, Imagination von 484
Ästhetizität des Gesprächs 473–487
Bewegungen des Gesprächs 315
Dialektik des Gesprächs 111
Dualität des Gesprächs 239
Einheit des Gesprächs 75
institutionalisierte Formen des Gesprächs 85
Fundamentalität des Gesprächs 88
ästhetische Funktion des Gesprächs 478
emotionale Funktion des Gesprächs 172
Funktionsgeschichte des Gesprächs 484
Geist eines Gesprächs 72
Grundregel des Gesprächs 183
Intersubjektivität des Gesprächs 118
ästhetische Komplexität des Gesprächs 479
Kontinuität des Gesprächs 302
philosophisches Gespräch der Romantiker 100
Rollenhaftigkeit eines jeden Gesprächs 455
Theorie des Gesprächs 114, 269
Theorie des offenen Gesprächs 128
Tiefenstruktur des Gesprächs 234
Universalität des Gesprächs 300
Ursprünglichkeit des Gesprächs 300
Voraussetzung des Gesprächs 172
Wirklichkeit des Gesprächs 87
Typologie idealer Gesprächsmuster 467
Alltagsgespräch 156, 467
  Kommunikation im Alltagsgespräch 151–169
Doppelgängergespräch 512
Gottesgespräch, augustinisches 244
Lehrgespräch 191–210, 384f., 392
–, magistrales 199
  Struktur des Lehrgesprächs 196
Liebesgespräch 254f., 274
Psalmengespräch 233, 235
Selbstgespräch 97, 214, 314, 361, 365, 367f., 377ff.
–, projiziertes 285
– im Medium der Schriftlichkeit 316
  Schriftlichkeit eines Selbstgesprächs 315
  Vom Selbstgespräch zum institutionalisierten Dialog 361–376
Streitgespräch 281, 284, 286, 401
–, mittelalterliches 282
Gestaltung, lineare 156
Gestik 54
Gewissen 385
Gleichheit 57

Handeln 77
–, argumentatives 20, 23
–, dialogisches 196
–, kommunikatives 53
–, sprachliches 203
Handlung 12

Handlung, Einheit der 12
Hermeneutik 38, 41, 92f.
 –, augustinische 237
 –, dialogischer Prozeß der 234
 –, Universalitätsanspruch der 94
hermeneutischer Prozeß 234
hermeneutische Reflexion 106
Heterogenität kultureller Zeichen 518
Heuchelei 430, 436f.
histoire 321
Horizont, gemeinsamer 269
 –, semantischer 117
-Verschmelzung 116
Humor 465
Hypokrisie 454f.
Hypothese 129ff.

Identität, semantische 106, 121, 128
   – der Bezeichnung 441
   – der Zeichen 121
   – des Subjekts 328
   – eines Terms 130
   – eines Zeichens 124
Identitätsprojektion 159
Identitätsrhetorik 162, 165, 168
Identitätssuche 446
 –, säkularisierte 364
Inszenierung von sozialer Identität 159
Rhetorik des Identitätsentwurfs 162
Nicht-Identität 121
Imaginäre, das 444f.
 Topik des Imaginären 360
Implikation des Gesagten 337
Implikationen 341, 343, 349, 476
Implikatur 166
Indirektheit 160
Innerlichkeit 378
Innovation, semantische 131
Inszenierung 186
Intention 496
 –, dialektische 15
Interpretation 124
Interpretationsleistung, schöpferische 122
Intersubjektivität 143
Intertextualität 133, 504
 –, dialogische 490
 –, metonymische 517–523
Intertextualitätsbegriff 133
 Ebenen des Intertextualitätsbegriffs 133–138
Intimität 248, 437, 439ff., 454f., 456, 465
 –, entlastete 250
 – der confessio 249
 – mit Gott 237
Ironie 98, 400
 –, sokratische 104, 400
Isotopie, intratextuelle 519
 –, sekundäre 520

Jenaer Kreis 100

Karnevalisierung 188f., 357, 459
 – der Rhetorik 349
Kasuistik 397, 414
Kasus 397, 406
 – des Genies 416
Katechismen 209
Kippbewegung 344f., 347, 349, 357
Klischee 434, 470
Kohärenz, semantische 520
Komik 350, 356f.
 –, zitierte 463
 – als scheiternde Handlung 357
Komische, das 462
Kommunikation 50, 467
 –, mündliche 153
 –, nonverbale 154
 –, partnerschaftliche 180
 –, religiöse 218
 face-to-face-Kommunikation 56, 58, 154
 Naturgeschichte menschlicher Kommunikation 49
Kommunikationsformen, institutionalisierte 60
Kommunikationsgemeinschaft, ideale 83
Kommunikationspartner 89
Gegenseitigkeit des Kommunikationsverhältnisses 154
Komödie 336ff., 358, 462
Komplexität, prägnante 480, 482
Konnotation 144, 187, 336, 475
Konnotationsachsen 483
Kontext 302, 305, 482
Konstellation der Figurenkontexte 482
Kontiguität 522
 Kontiguitätsbeziehung 136
 Kontiguitätspoetik 502
Konventionen 348
Konversation 114f., 253, 313, 432, 434, 438
 –, klassische 433
 – mit Gott 237
Konversations-Analyse 114, 130
Konversationsmaximen 162, 166
Konversationsmaximen, klassische 432
Konversationsrituale 451
Alltagskonversation 469
conversation de salon 433, 436, 437, 452, 455, 468
conversation intime 437, 452, 455f., 459, 468
sous-conversation 453
Subkonversation 472
konversationelle Kompetenz 433
Koordination 472
Kristallisation (cristallisation) 437f., 440f., 446f., 458, 466
Kultur, kommunikative 56

Lächerliche, das 443
Lebenserfahrung 30, 43
Lebensform 16, 20, 26
Leerstelle, semantische 346
Lehre, dialogische 201
Lektüre, divinatorische 132
Leser 319f.
Linearität 322
Logos, didaskalischer 194f., 205
Logozentrismus 500
Lyrik, dialogisierte 489ff.
 —, dialogischer Charakter der 506

Mäeutik 105, 207, 403
 —, epistemische 19
manifest/latent 342f., 353
 Differenz zwischen dem Latenten und dem Manifesten 338
Maske 340f., 343, 350, 352, 354, 359, 462, 465
 —, Aufrichtigkeit der 465
 —, Funktion der 351
 Maskerade 341, 348, 465
 Maskenspiel 351, 437, 466
 Rollenmasken 461, 465
Maximen 325
Meditation 225, 239, 380ff.
 —, monologische 21
Mehrsinnigkeit 355
memoria 219, 234, 237, 502, 507
Metapher 166, 319
 —, ontologische 276
 Spiegelmetapher 462
 Wegmetapher 324
Metaphorik, mystische 276
Metaphysik, platonische 404, 408
 —, Fragen der 396
 —, des Wahren, Guten und Schönen 400
Methode 322, 324f.
Metonymie 509f.
Mimik 54
Mißverstehen 469
Mittelbarkeit 431
Monolog 12, 225, 376
 —, innerer 452
 —, philosophischer 13
 —, unechter 226
 monologisches Prinzip 492
Monologismus der fertigen Wahrheit 414
Monologizität 493
 — poetische 492
Moral, provisorische 39
Mündlichkeit 62
Mythopoetik 489ff.

Narr 343, 345f., 348
narratio 221
 —, providentielle 234

—, hermeneutische Fundierung der 222
Negation 338
 — der Negation 417
Neurose 177
Norm, schriftsprachliche 155

Objektbeziehung 173
Öffentlichkeit 289
 —, bürgerliche 91
Offenheit 414
Ordnung 331
 —, diskursive 433, 435
 —, hierarchische 289
 —, lineare 305
ordre 331
 — par dialogues 332
Orientierung, philosophische 11, 13, 16, 19, 20, 23f., 27
Orientierungswissen 45
paideia 197
Palimpsest 134, 511, 514
Pantomime 402f., 407, 409
Paradeigma 205
Parnass 309
Partimen 281
Partizipation 522
Performanz, sprachliche 474
Personifikation 499
Perspektivismus, subjektiver 307
Phänomenologie des Denkens 330
Platonismus 26
Poesie 496
Polylog 34
Polyphonie 472, 497
 —, lyrische 510
 — der menippeischen Satire 403
 — der Stimmen 411, 419
Polysemie, gesprächsimmanente 483
Pragmatik 187, 203, 356
 — dialogischen Sprechens 356
 — des Dialogs 356
 — des psychoanalytischen Gesprächs 174
Praxis 94, 204
 —, dialogische 14
Prinzip, dialogisches 394, 396f., 469
 Aufhebung des dialogischen Prinzips 411
Problem 12
Projektunterricht 210
Prozeß, dialogischer 398
 —, mystischer 258
public opinion 361

Qualitäten, metaphysische 157
questio 216, 221, 224

Rede, emphatische 469
 —, fremde 432
 —, leere 115

SACHREGISTER

Rede, Offenheit der 78
–, Sinn der 337
-form, Aufbau der 299
-vielfalt 186, 427
-vielfalt, soziale 431
-wiedergabe 460
Bedeutung fremder Rede 129
mediale Besonderheiten mündlicher Rede 155
Miteinander-Reden 94
Reflexion, monologische 324
Reflexionsmodell 116
Rekonstruktion der Lektüre 410
Rekonstruktion fremder Zeichen 110
Relevanz, funktionale 481
Renaissance 306
Replik 491
Repräsentation 185
Repräsentationskonzept 435, 448, 453
–, klassisches 428, 444
Destruktion des klassischen Repräsentationskonzepts 428, 461
Problematisierung des klassischen Repräsentationskonzepts 456
Erschütterung des Repräsentationskonzepts 463
Krise des Repräsentationskonzepts 430
Repräsentations-Modell 90, 95, 112
– der Sprache 89
Rezeption, dialogische 308
–, produktive 410
–, normbildende 410
Rhetorik 159
–, Karnevalisierung der 349
Ritual 287
Rolle 354, 436, 442, 445f., 448f.
–, erzählte 463
–, Konflikt von natürlicher und gespielter 442
Rollenhaftigkeit 436, 445, 447, 455
– der Rede 448
–, Unhintergehbarkeit von 450
Rolleninterpretation, reziproke 455
Rollenkonflikt 351, 442
Rollenlosigkeit 455
Rollenmasken 463
Rollenspiel 441, 443, 451, 464
–, humoristisches 465
Anti-Rolle 464
Erzählerrolle 461, 463
Gesprächsrolle 409
–, sokratische 395
Leserrolle 466
–, implizierte 399
rôle à jouer 442
rôle naturel 442
Roman 186, 427, 430, 499
Rousseauismus 417

Satire, menippeische 394f.
Schäferroman 335, 339
Schein 338, 356, 358, 430, 465
–, ästhetischer 358, 458
– der Maske 359
Schema 108
–, narratives 332
Schrift 126, 227, 315, 457f., 498f., 514
–, Autorität der 309
-auslegung 227
-hermeneutik 242
-kritik 21
-sprache 155
-text 243, 246
Schriftlichkeit 456f.
Schweigen 115, 232, 268, 440, 453f., 459
Selbst 377
eine anticartesianische Version des Selbst 377–392
Selbstdarstellung 159
Selbstdeutung 383
Selbstgespräch 319, 377
Selbstkonstitution 385
Selbstliebe 390
Semantik, metonymische 502
 der Liebe 437
Similaritätsbeziehung 136
Sinn 336
–, individueller 128
–, Vielfalt von 345
Sinnkonstitution, plurale 138
Sinnphantasien 131
Sinnpluralismus 498
Sinnprägnanz 349
Exzentrik des Sinns 495
Unvorhersehbarkeit des Sinns 106
Situation 21, 302, 305, 345
–, hermeneutische 218
–, komplexe semiotische 155
–, Entlastung der 304
face-to-face-Situation 55
Skeptizismus 93
Spaltung 496
Spiegelstadium 356
Spiel 340, 342, 354
–, semiotisches 346
– im Spiel 356f.
-welt 343
Spontaneität 197
Sprache, biblische 248
–, gesprochene 153
–, mystische 271
– der Herrschaft 339
– der Intimität 454
– der Lüge 348
– der Zerrissenheit 413
Sprachhandlung, scheiternde 339
Sprachlosigkeit 296

Sprachspiele 107, 248
　Einheit des Sprachspiels 182
Sprachlichkeit der Auslegung 246
Sprechakt 65
　–, indirekter 160
　– und Gespräch 65–76
　Phänomenologie religiöser Sprechakte 243
　Sprechakttheorie 242
Sprechen 54, 77
　–, indirektes 160
　–, kindliches 300
　– mit Gott 219
　– und Handeln 77–84
　Finalität des Sprechens 354
Spur 493, 496, 501
Sterblichkeit 38
Stimme 336, 493f., 497
　Ambivalenz von Stimme und Schrift 512
　Vielfalt der Stimmen 187
Streit 11, 13, 45–48, 302
　–, dialektischer 112
　– der Interpretationen 419
　– mit Worten 15
Subjekt 13
　Subjektbegriff 499
　Autonomie des Subjekts 328
Subjektivität 324
　–, dezentrierte 448, 466
　–, humoristische 464
　–, lebensweltliche 26
　Archäologie moderner Subjektivität 378
　Intersubjektivität 143
Subordination 294
Subtext 507
Sujetmodell, Lotmansches 431
Symbolsituation 300
Symphilosophie 100
Synchronisation 54
Synthesis, semiologische 118
Szene 293
Szenenbild 290
Szenische Einheit 287

Tabu 432f.
　Tabus der aristokratischen Salons 434
Teilhabe 502
　–, zugehörende 238
　– am Gespräch mit Gott 238
Text 258
　–, impliziter 137
　Textgrammatik 127
　Texthermeneutik 243
　Unerschöpfbarkeit des Textes 245
Textualität, narrative 234
Theodizee 409, 417
Theologie, mystische 275
Topik, akmeistische 490
　–, epagogische 205

　– des Gedächtnisses 509
　– des Imaginären 360
Totalisierung 438
　–, ästhetische 440
Transkription 151
　Transkriptionen spontaner Sprache 155
type-token 88
Über-Ich 34
Über-Wir 29–44
Übertragung 173
Üblichkeiten 38f., 42–43
Unausdeutbarkeiten 129
Unbestimmtheiten, strukturelle 107
Unbewußte, das 171
Ungesagtes 184, 352, 357
　Versprachlichung des Ungesagten 184
Unhintergehbarkeit des dialektischen Gesprächs 106
Unterhaltung 11
Unterricht 103, 192

Verdrängung 349
Verheißung 218
Vermittlung, rollenhafte 454
Vernunft 25f.
　–, dialektische 105
　–, dialogische 25f.
　–, Anfang der 14, 19
　–, List der 416
Verschränkung 228
　– der Sprechweise 228
Verschweigen 354
Versöhnung 45–48, 301
Verständigung 11
　Verständigungsgemeinschaft 91f.
　Verständigungsorientierung 14
Verständlichkeit 101
Nicht-Verständnis 94
Verstehen 93
　– als Dialog 495
Verstummen 232
Vielfalt der Weltzuwendung 312
Vielsinnigkeit 87
Vielstimmigkeit 345, 498
Vorverständnis 206f.
Wahrheit, Wille zur 326
Wahrnehmungskontexte 482
Wahrnehmungsrelevanzen 482
Wechselseitigkeit 50, 57, 119
Weg 16, 321, 325f.
　Weg des Denkens 326
Weltzuwendung, Vielfalt der 312
Wertakzent 495
Widersinn 336
Widerspruch, dialektischer 97
Wiedererinnerung 17
Wiederholung 453
Wirklichkeit, gesellschaftliche 474

SACHREGISTER

Wissen 11, 13, 16f., 18, 305, 512
Wissen, exemplarisches 24
   –, philosophisches 21f.
   –, theoretisches 18
   – des Mittelalters 307
Wissensbildung 19
Wissenshorizont 18
Nicht-Wissen 18
   –, wissendes 18
Rezeptwissen 60
Wissenschaft 318
Wort, dialogisches 319, 338, 493
   –, geschriebenes 21
   –, lyrisches 501
   –, mehrstimmiges 394
   –, monologisches 345
   –, vielstimmiges 494
   – und Intertextualität 139–150
Wortspiel 337

Zeichen 454
   –, transparentes 454
Zeichenhaftigkeit 51
Zeichensysteme, historische 51
Zeichenverstehen 495
Zeichenverwendung 478
   Bedeutung eines Zeichens 118
   Einheit eines Zeichens 109
   Wiederholen der kulturellen Zeichen 503
Zeigen 354
Zeigen und Verschweigen 185f., 342, 349, 360
   –, Differenz von 184
   –, Doppelheit von 339
   –, Zusammenspiel von 354f.
Zerrissenheit, absolute 412
Zitat 509f.
Zweistimmigkeit 335